RECUEIL DE TEXTES EN DROIT DE LA SANTÉ AU MALI

Collection Etudes Eurafricaines
Dirigée par André Julien Mbem

Le Sahara et la Méditerranée, frontières entre l'Afrique et l'Europe, sont aussi des passerelles par lesquelles, depuis des siècles, au-delà des tragédies et des drames, se rapprochent et se remodèlent ces deux ensembles géographiques et leurs civilisations. La collection « Etudes Eurafricaines » encourage la diffusion d'études historiques et prospectives sur les symbioses dont cette partie du monde est l'antique théâtre.

Déjà parus

BOAFO Rodrigue Komikuma, *Les dispositifs d'accompagnement scolaire en France et au Togo. Analyse de deux politiques éducatives de lutte contre les difficultés d'apprentissage*, 2023.
OUEDRAOGO Adama, *Le jumeau africain dans tous ses états. Perceptions, démographie et santé des naissances gémellaires en Afrique subsaharienne,* 2023.
SANOGO N'DOURE Kadiatou, *L'accès au financement bancaire des petites et moyennes entreprises maliennes*, 2023.
SYLLA Abdoulaye, *Droit international et constitutions dans des États post-conflits*, 2023.
AMIBIAKA, *Tchad, les voies de l'émergence*, 2023.
G. NJANJO SIKE LOBE Roxane, *Le contrat de partenariat public-privé au regard de la théorie générale des contrats. Etude de droit camerounais à la lumière du droit français*, 2023.
J. PETER Simon Gérard et MATARI Hermine, *Les réalités de la violence au sein des organisations. Etudes de cas en milieux scolaire, académique et socio-professionnel*, 2022.
KANE Abdoulaye Bleck, *Les pratiques administratives coloniales dans les communautés religieuses en Afrique occidentale. Le cas du Sénégal (1816-1957),* 2022.
MAIGA Mariam, *La responsabilité du professionnel de la santé en contexte africain. Etude de droit malien*, 2022.
BERTE Oumar, *La CEDEAO face aux changements anticonstitutionnels de pouvoir en Afrique de l'Ouest*, 2022.
MATABISHI NAMASHUNJU Samuel, *Education au développement durable en République démocratique du Congo. Cadre théorique et approches historique et linguistique*, 2022.
DEMOUSSA Eugénie, *Evolution de la formation des enseignants en Afrique subsaharienne. Etude comparative entre le Sénégal et la France*, 2022.

Mariam Maiga & Amadou Sow

RECUEIL DE TEXTES EN DROIT DE LA SANTÉ AU MALI

Médecine – Pharmacie - Recherche biomédicale et médicale – Santé et environnement

TEXTES JURIDIQUES :
internationaux, régionaux, communautaires et nationaux

JURISPRUDENCE DES COURS ET TRIBUNAUX DU MALI

Préface de Laurent Vidal

L'Harmattan

5-7, rue de l'École-Polytechnique, 75005 Paris

http://www.editions-harmattan.fr

ISBN : 978-2-14-034216-5
EAN : 9782140342165

PREFACE

Laurent VIDAL
Représentant de l'IRD au Mali

Il y a 20 ans, alors que je menais des recherches en anthropologie de la santé au Sénégal, Charles Becker, historien au CNRS en France, grand connaisseur du Sénégal, travaillait à une somme sur les textes législatifs et réglementaires relatifs à la santé au Sénégal dans sa double dimension historique et de santé publique[1]. Au-delà de l'objectif de compilation de textes, il s'agissait de fournir un outil pour les chercheurs désireux de pénétrer le monde du droit de la santé, dans les textes le définissant et le gérant, comme pour les personnes en charge de la santé publique au Sénégal.

Vingt ans plus tard, j'ai été fort intéressé quand Mariam Maïga m'a parlé du projet de « recueil de textes en droit de la santé au Mali » qu'elle finissait de concevoir avec Amadou Sow. Immédiatement me vint l'analogie avec le recueil de Charles Becker que les collègues non seulement connaissait, bien évidemment, mais dont ils avaient contacté l'auteur. C. Becker a donc accepté de relire et fournir des conseils aux auteurs de cet imposant recueil et M. Maïga comme A. Sow ont souhaité que j'en fasse la préface. Une fois achevée la boucle de cette petite histoire personnelle dans une plus grande histoire d'itérations voire de transmission des connaissances, je dois commencer par saluer l'entreprise.

Juristes, enseignants-checheurs à l'Université des Sciences juridiques et politiques de Bamako, M. Maïga et A. Sow ont effectué un patient travail

---

[1] Becker C., 2001, Rapport final. *Eléments d'un Code de la santé publique au Sénégal, Introduction générale*, Dakar, 48 p.
Becker C. avec René Collignon, avec le concours de Saliou Mbaye et Mariama Sadio, Partie 1, *Répertoire des textes législatifs et réglementaires relatifs à l'histoire de la santé au Sénégal, 1822-2001*, Dakar, VI-281 p.
Becker C. Partie 2, *Recueil de textes législatifs et règlementaires relatifs à la santé. Eléments d'un Code de la santé publique au Sénégal*, 5 vol., VII-1191 p.
Becker C. avec le concours de B. Ouattara, A. Diallo et P. Diouf, Partie 3, *Références bibliographiques diverses sur le thème du droit de la santé et sur le droit de la santé au Sénégal*, Dakar, 110 p.

d'archivistes, collectant des centaines de textes, les classant en 9 grands secteurs, le tout sur plus de 800 pages. Travail colossal, mais qui doit être saisi à la lumière de ses objectifs : un ouvrage de référence pour les chercheurs comme pour les acteurs nationaux, comme internationaux, de la santé publique au Mali.

Une première remarque s'impose ici. Peut-être par modestie les auteurs ont souhaité afficher dans le titre de cet ouvrage « le Mali », ceci alors même qu'une partie, la première, est consacrée à des textes internationaux qui gouvernent la santé mondiale. Une autre originalité de ce travail réside dans le travail de catégorisation des textes. Partant du constat juste qu'une compilation de textes juridiques est nécessairement un exercice aride et peut donner un résultat guère parlant en se contentant de faire se succéder des textes, de façon par exemple chronologique, les auteurs les ont ordonnés en fonction d'angles judicieux : les professions (médecins, pharmaciens), les questions de santé (santé de le reproduction, maladies infectieuses) et les enjeux, contemporains (santé et environnement). Ultime originalité fort utile, la partie compilant des arrêtés de jurisprudence, permet se faisant au lecteur de « plonger » dans des débats, des procédures, des confrontations sur des questions, très précises, mettant en jeu la santé des personnes.

Partant de là on saisit sans peine les usages et les destinataires possibles de ce travail. D'abord le monde de la recherche. Dans un mouvement global vers une plus grande judiciarisation de la santé, d'une part, et marqué par une circulation immédiate et intense des informations sur les risques sanitaires, d'autre part, il est essentiel de pouvoir revenir à la lettre des textes quand on mène une recherche, par exemple, sur les risques de stigmatisation de personnes atteintes par une maladie contagieuse, sur la réparation des erreurs médicales ou sur le risque en matière de santé publique par l'exposition à des pesticides : que dit le droit sur ces questions ? Couvre-t-il tous les aspects du problème tel que le chercheur peut le décrypter ?

Ce recueil permet de mesurer par conséquent la concordance entre les problèmes et les textes (que ceux-ci existent, mais apparaissent datés au regard de l'évolution des problèmes ou qu'ils fassent défaut). Le chercheur trouvera donc dans ce travail non seulement des matériaux permettant de contextualiser son étude (son cadre juridique), mais aussi des idées de sujets de recherche, dès lors qu'il pourrait constater des lacunes dans l'arsenal juridique. Une autre vertu de ce recueil réside dans le fait qu'il ne s'adresse pas qu'à la communauté de spécialistes de la santé, quelle que soit leur discipline. Les personnes étudiant les transformations du climat, les régimes fonciers, ou encore les organisations familiales dans leurs dimensions juridiques peuvent y trouver matière à comparaisons. En somme, les textes juridiques qui gèrent ces questions peuvent-ils s'inspirer de ceux répertoriés ici pour le champ de la santé ? Les spécialistes du droit comparé disposent ici d'un « point de comparaison » essentiel.

Les administrateurs et concepteurs des politiques de santé publique me semblent être les seconds destinataires de ce travail. Tout informés qu'ils soient des textes régissant leur domaine d'intervention, ils ont avec le livre de M. Maïga et A. Sow un document unique leur permettant de retracer l'historique des lois et de les comparer avec celles d'autres secteurs de la santé. On ne peut que souhaiter qu'ils se l'approprient dans le sens où ils en feraient un document, régulièrement consulté, pour contextualiser et fonder juridiquement leurs décisions avec possiblement plus de recul qu'en se contentant de consulter les textes cadrant tel ou tel exercice. Ce recul, permis parce que l'on dispose là d'un seul document, facilite le repérage des manques dans l'arsenal de textes. Symétriquement et cela me semble être une vertu essentielle de ce travail, même si aucune lacune n'est constatée, la question que le décideur ne manquera pas de se poser est celle de l'application de ces lois. On peut alors espérer que le lecteur de cet ouvrage – chercheur, étudiant, acteur en *et* de la santé – essaiera de comprendre dans quelle mesure ces lois rencontrent des difficultés dans leur application et les raisons de celles-ci. C'est là un enjeu essentiel de cohésion sociale dans un contexte qui dépasse largement celui de la santé et où se pose la question du hiatus entre la profusion de lois (tout le contraire d'un supposé vide juridique) et leur complexe application. Sur ce point comme sur d'autres, passer par « la santé » pour répondre à des questions très générales peut s'avérer utile et efficace. Le lecteur en décidera, et en lui souhaitant une bonne lecture et de belles découvertes dans ce « Recueil de textes en droit de la santé au Mali » je veux pour conclure saluer la détermination de ses auteurs, Mariam Maïga et Amadou Sow.

Bamako, mai 2022.

AVANT-PROPOS

Le présent recueil de textes constitue une compilation d'un grand nombre de textes en droit de la santé, notamment sur les aspects sectoriels de la santé ou sur des questions afférentes à la santé au Mali telles que l'environnement, l'alimentation, les produits stupéfiants, etc. Ce lot de textes sur la santé va des textes internationaux, régionaux, communautaires, jusqu'aux textes nationaux qui renferment, suivant la hiérarchie des normes, diverses catégories de textes (lois, décrets, arrêtés, etc.). On peut constater qu'outre la constitution du 25 février 1992 qui jette la base juridique du droit à la santé, plusieurs textes de portée générale ou d'autres textes de portée spécifique, c'est-à-dire visant tel ou tel aspect de la santé, contribuent à l'élaboration du corpus juridique de la santé au Mali.

À ce jour, malgré leur diversité, ces textes sont très épars et par conséquent difficile à exploiter par les acteurs de la santé et du droit et aussi par le grand lot de lecteurs qui s'intéressent à ces questions. L'idée d'un recueil a germé pour la première fois à la suite de la rédaction de la thèse de doctorat des auteurs, qui ont constaté le caractère très disparate des textes juridiques en matière de santé.

Le présent recueil constituera la première édition avec pour objectif de faciliter l'accès et l'exploitation des textes juridiques sur la santé à un public diversifié notamment aux chercheurs (en droit, médecine, pharmacie, etc..), aux praticiens du droit et aux professionnels de la santé. L'usage du mot santé ici est extensif et concerne l'ensemble des domaines qui s'intéressent à la prévention de la maladie ; au diagnostic, au traitement et au suivi des soins ; en somme la médecine, la santé publique, la pharmacie et la recherche biomédicale forment la grande famille de la santé. Ce vaste domaine de la santé interfère avec un domaine non moindre auquel ce travail s'intéressera. Il s'agit de l'environnement dont l'influence est grande dans la réussite des activités de santé et de soins.

Le recueil se compose de 9 grandes parties.

- La première partie est composée de textes supranationaux en matière de santé (internationaux, régionaux, et communautaires) ;
- La deuxième partie est composée de politiques nationales et des lois sur le cadre institutionnel de la santé ;

- La troisième partie comprend les lois sur les ordres de la santé et des lois portant code de déontologie ;
- La quatrième partie concerne la médecine humaine et animale ;
- La cinquième partie concerne la pharmacie humaine et animale ;
- La sixième partie s'intéresse à la recherche biomédicale et médicale ;
- La septième partie traite les lois sur la prise en charge des questions spécifiques de santé telles que la santé de la reproduction, la procréation médicale assistée, la lutte contre les épidémies, la lutte contre le VIH-Sida) ;
- La huitième partie concerne la loi sur la santé (tabac et stupéfiants) et l'environnement ;
- La neuvième partie rassemble les jurisprudences de l'ordre judiciaire et de l'ordre administratif.

Chaque partie est divisée en titres et en chapitres. Cette sous-division des parties en titres suit une certaine cohérence pour l'ensemble du recueil. Le nombre de titres contenu dans les parties dépend des questions traitées. Il en est de même pour les chapitres. À titre d'exemple la partie I sur les textes supranationaux contient deux (2) titres, divisés en (titre I) textes internationaux et en (titre II) textes régionaux et communautaires, tandis que la partie III sur les lois sur les ordres de la santé et les lois portant code de déontologie comporte six (6) titres relatifs à : l'ordre des médecins (titre I), l'ordre des pharmaciens (titre II), ordre des chirurgiens-dentistes (titre III), l'ordre des sages-femmes (titre IV), l'ordre des infirmiers et infirmières (titre V), loi portant code de déontologie médicale et code de déontologie de la pharmacie (titre VI).

Une présentation détaillée des parties contenues dans le recueil s'impose.

Dans cette logique, la partie I consacrée aux textes supranationaux traite dans son titre I, des textes internationaux sur la santé avec différents chapitres. Le chapitre I fait ressortir le contenu de la constitution de l'OMS de 1948, et le chapitre II porte sur les autres textes internationaux en matière de santé. Ces textes concernent : le règlement sanitaire international, le code d'éthique médical de l'association médicale mondiale, la déclaration d'Helsinski sur les principes applicables à la recherche médicale impliquant des êtres humains de juin 1964, la convention pour la protection des droits de l'homme et de la dignité de l'être humain à l'égard des applications de la biologie et de la médecine autrement appelée convention sur les droits de l'homme et la biomédecine signée à Oviedo en avril 1997, la déclaration d'Alma Ata du 6 septembre 1978. Quant au titre II de la partie I, il est consacré aux textes régionaux et communautaires africains. Le chapitre I traite les textes régionaux et le chapitre II les textes communautaires.

Au niveau des textes régionaux, le chapitre I est consacré à la loi type de l'Union africaine sur la réglementation des produits médicaux et le chapitre II sur les textes communautaires concernent certains textes de l'UEMOA et de la CEDEAO. Pour l'UEMOA Il s'agit entre autres du règlement n° 007/ 2007/ CM/UEMOA relatif à la sécurité sanitaire des végétaux, des animaux et des aliments dans l'Union, du règlement n° 002/ 2005/ CM/UEMOA relatif à l'harmonisation de la réglementation pharmaceutique dans les États membres de l'UEMOA, du règlement n° 08/ 2010/ CM/ UEMOA portant modification du règlement n°02/ 2006/ CM/UEMOA établissant des procédures communautaires pour l'autorisation de mise sur le marché et la surveillance des médicaments vétérinaires et instituant un comité régional du médicament vétérinaire, du règlement n° 07/ 2009/ CM/ UEMOA du 26 juin 2009 portant réglementation de la mutualité sociale au sein de l'UEMOA, de la directive n° 06/ 2005/ CM UEMOA du 16 décembre 2005 à Bamako sur la libre circulation et à l'établissement des médecins ressortissants de l'Union au sein de l'espace UEMOA.

Pour la CEDEAO, il s'agit du code harmonisé de déontologie et d'exercice des médecins et chirurgiens dans l'espace CEDEAO, du règlement C/ REG. 3/5/2008 du 18 mai 2008 portant harmonisation des règles régissant l'homologation des pesticides dans l'espace CEDEAO, etc.

Il y a lieu de remarquer que les textes communautaires varient entre les règlements, les directives, les décisions etc. Ils réglementent divers domaines portant sur les êtres humains, les végétaux et sur les animaux. Ce qui signifie que la médecine vétérinaire également y est largement réglementée.

La partie II concerne le cadre institutionnel en matière de santé. Le titre I de cette partie porte sur les textes législatifs qui renferme la loi d'orientation sur la santé de 2002, et son texte modifié, la loi hospitalière de 2002 et son texte modifié, la loi de 2018 portant création de l'hôpital du district sanitaire, la loi n° 03-043 du 30 décembre 2003 portant création de l'agence nationale de la sécurité sanitaire des aliments, la loi n° 09-030 du 27 juillet 2009 portant institution du régime d'assistance médicale, loi n° 20016-065/ du 30 Décembre 2016 portant modification de la loi n° 09-030 du 27 juillet 2009 portant institution du régime d'assistance médicale, la loi n° 01- 008/ du 28 mai 2001 portant ratification de l'ordonnance n° 00-058 PRM du 28 septembre 2000 portant création de l'inspection de la santé, la loi n° 99-041 du 12 août 1999 portant code de prévoyance sociale.

Quant au titre II, il porte sur les textes règlementaires sur le cadre institutionnel. Ces textes sont entre autres, l'ordonnance n° 2019-011/ P-RM du 29 mars 2019 portant création de l'institut national de santé publique, l'ordonnance n° 00-039/ P-RM du 20 septembre 2000 portant création de la direction de la pharmacie et du médicament, du décret n° 04- 065/ P-RM du 4 mars 2004 fixant l'organisation et les modalités de fonctionnement de l'Agence nationale de sécurité sanitaire des aliments, le décret n° 00-587/ P-RM du 23 novembre 2000 fixant l'organisation et les modalités de fonctionnement du centre national de transfusion sanguine, de l'arrêté n° 92-0779/ PSPAS-PF-CAB portant réglementation de la transfusion sanguine, etc.

La partie III traite les lois sur les ordres de la santé et les lois portant code de déontologie. Elle renferme plusieurs titres consacrés respectivement à l'ordre des médecins, des pharmaciens, des chirurgiens-dentistes, des sages-femmes, des infirmiers et infirmières ; et le titre VI sur les lois portant code de déontologie médicale et code de déontologie de la pharmacie. Il faut rappeler que les textes régissant les ordres de la santé ont subi tous des révisions en 2017. Cette réforme de 2017 a d'ailleurs conduit à la création de nouvel ordre tel l'ordre des infirmiers et infirmières, mais aussi à la scission d'autres ordres tel celui des médecins et des chirurgiens- dentistes. Le code de déontologie médical est annexé à la loi n° 86-35/ AN-RM du 12 avril 1986 portant institution de l'ordre national des médecins, cette loi a été abrogée depuis 2017 par la loi 2017-030 du 14 juillet 2017 portant création de l'ordre des médecins du Mali. Ce qui pose la nécessité de réviser également le code ou les codes qui sont annexés aux lois de 1986 sur les ordres de la santé dans l'ensemble. Par ailleurs avec le code harmonisé de déontologie des médecins et des chirurgiens-dentistes de l'espace CEDEAO de 2013, une transposition s'impose au niveau national de ce document qui même s'il reproduit le contenu de notre code de 1986, réglemente nombre de questions qui n'ont pas été prises en compte par le code national. Il s'agit par exemple de l'acharnement thérapeutique et de l'euthanasie, les mesures préventives d'épidémies, la procréation médicale assistée (articles 142, 143, 151, 171). La profession des sages-femmes a également fait l'objet d'une harmonisation des législations nationales.

La partie IV traite la médecine humaine et la médecine vétérinaire avec deux titres dont un titre pour chaque type de médecine. Les titres à leur tour sont divisés en chapitres. Le chapitre I du titre I sur la médecine humaine comporte les textes de lois. Il s'agit par exemple de la loi n° 85-41/ AN-RM portant autorisation de l'exercice des professions sanitaires. Le chapitre II du titre I traite les textes règlementaires tels le décret n° 02-311/ P6RM du 4 juin 2002 fixant le régime de rémunération des actes médicaux et de l'hospitalisation dans les établissements publics de santé, le décret n° 05-350/ P-RM du 04 aout 2005 relatif à la prise en charge gratuite de la césarienne, l'arrêté n° 95-1319/ MSS-PA/SG fixant les règles d'organisations, de fonctionnement de cabinets privés de consultation et de soins traditionnels, d'herboristeries et d'unités de production de médicaments traditionnels améliorés, l'arrêté n°08-2716§MS-SG du 6 octobre 2008 portant charte du malade dans les établissements hospitaliers. Le titre II de la partie IV sur la médecine vétérinaire est aussi divisé en deux chapitres consacrés respectivement aux textes de lois et aux textes règlementaires.

La partie V est consacrée à la pharmacie avec deux titres. Le titre I sur la pharmacie à usage humain et le titre II sur la pharmacie à usage animal. Les titres contiennent des chapitres qui traitent les textes légaux et règlementaires. Le titre II sur la pharmacie à usage animal comprend également un chapitre consacré aux textes de lois (il s'agit essentiellement de la loi n° 2016-004/ du 12 février 2016 régissant la pharmacie vétérinaire) ; et un chapitre sur les textes règlementaires (il s'agit de l'arrêté n° 91-2776 sur les conditions d'importations des produits pharmaceutiques et vétérinaires).

La partie VI traite la recherche biomédicale et médicale. Son titre I porte sur la recherche biomédicale et est divisé en chapitres. Les chapitres renferment les textes légaux et réglementaires. Le titre II traite la recherche médicale. Son chapitre I renferme les textes de lois et le chapitre II les textes règlementaires.

La partie VII traite les lois sur la prise en charge des questions spécifiques de santé. Elle contient deux titres. Le titre I sur la santé de la reproduction et le titre II sur la lutte contre le VIH/ SIDA. Le titre I sur la santé de la reproduction comporte en son chapitre I, les textes de lois tels que la loi n° 02-044 du 24 juin 2002 relative à la santé de la reproduction et en son chapitre II les textes règlementaires tels que le circulaire 99-0019, sur l'interdiction de l'excision dans les établissements de santé, la lettre-circulaire n° 004/ MSP –AS/ CAB sur la planification familiale. Le titre II porte sur la lutte contre le VIH/ SIDA. Son chapitre I sur les textes de loi contient la loi n° 06-028 du 29 juin 2006 fixant les règles relatives à la prévention, à la prise en charge et au contrôle du VIH/SIDA et son chapitre II sur les textes règlementaires contient le décret n° 05-147/ P-RM du 31 mars 2005 fixant les conditions et les modalités d'octroi de l'assistance particulière de l'État aux malades du SIDA et personnes vivant avec le VIH et de la garantie de leur confidentialité. Il y contient également le décret n° 05-546/ P-RM du 20 décembre 2005 relatif aux centres de conseil et de dépistage volontaire, anonyme et gratuit (CCDV) de l'infection par le virus de l'immunodéficience humaine (VIH). Le titre III de la partie VII traite la procréation médicale assistée. Son chapitre I porte sur les textes de lois comme la loi n° 09-030/ du 27 juillet 2009 portant institution du régime d'assistance médicale, le chapitre II porte sur les autres textes législatifs, car il n'existe pas pour l'instant de textes réglementaires sur la question. Le titre IV porte sur la lutte contre les épidémies. Son chapitre I porte sur les textes de lois tel que la loi n° 98-035 du 20 juillet 1998 régissant le contrôle sanitaire aux frontières, la loi n° 98-036 régissant la lutte contre les épidémies et les vaccinations obligatoires contre certaines maladies. Le chapitre II traite les textes règlementaires notamment le décret n° 07-165/ P-RM du 23 mai 2007 fixant la liste des maladies à déclaration obligatoire et les conditions de cette déclaration.

La partie VIII traite la santé et l'environnement. Son titre I porte sur la santé, particulièrement sur le tabac et les stupéfiants. Le chapitre I est consacré aux textes de lois sur le tabac tels que la loi n° 10-033 du 12 juillet 2010 relative à la commercialisation et à la consommation du tabac et des produits du tabac, la loi n° 96-041 portant restriction de la publicité et de l'usage du tabac. Le chapitre II est consacré aux textes réglementaires sur le tabac notamment le décret n° 2012-343/P-RM du 27 juin 2012 déterminant les modalités d'application de la loi n° 10-033 du 12 juillet 2012 relative à la commercialisation et à la consommation du tabac et des produits du tabac, l'arrêté interministériel n° 2019-1184/MCCMEF-MDIPI/GD du 17 avril 2019 instituant un système de suivi de traçabilité des produits du tabac fabriqués et importés au Mali. Le chapitre III du titre I porte sur les textes de lois sur les stupéfiants tels la loi n° 83-14 relative à la répression des infractions en matière de substances vénéneuses et de stupéfiants, la loi n° 62-65§ AN-RM autorisant le gouvernement à adhérer à la convention unique sur les stupéfiants. Le chapitre IV du titre I est consacré aux textes règlementaires sur les stupéfiants tels le décret n° 96-302§ P-RM portant création d'une commission nationale de lutte contre la drogue, le décret 88-199 fixant la liste des stupéfiants.

Le titre II de la partie VIII traite les textes sur l'environnement. Son chapitre I porte sur la loi sur les pollutions et nuisances notamment la loi n° 01-020/ AN-RM du 30 mai 2001 relative aux pollutions et aux nuisances. Le chapitre II sur la loi sur le contrôle phytosanitaire et la sécurité en biotechnologie c'est-à-dire la loi n° 02-013 du 03 juin 2002 instituant le contrôle phytosanitaire en République du Mali, la loi n°02-014 du 03 juin instituant l'homologation et le contrôle des pesticides en République du Mali, le décret n° 01- 395/ P-RM du 06 septembre 2001 fixant les modalités de gestion des eaux usées et des gadoues, le décret n° 01- 396/ P-RM du 06 septembre 2001 fixant les modalités de gestion des pollutions sonores, le décret n° 02- 306/ P-RM du 03 juin 2002 fixant les modalités d'application de la loi instituant l'homologation et le contrôle des pesticides en République du Mali.

La partie IX porte sur la jurisprudence de l'ordre judiciaire et de l'ordre administratif. Cette première édition est donc axée sur un travail de compilation permettant de donner plus de visibilité aux textes sur la santé. Il faut rappeler que ces textes portent en autres sur le cadre international de la santé, l'organisation des professions de santé, l'organisation des établissements de santé, les maladies sectorielles de la santé, les pratiques nuisibles à la santé, la médecine animale. Cependant dans une édition future, nous aspirons à mettre à la disposition de nos lecteurs un recueil de textes commenté.

Aussi, nous espérons que cet ouvrage servira le législateur dans sa mission de mise en état future d'un code de la santé publique au Mali. Ce projet a été initié depuis plus de 20 ans sans pouvoir se concrétiser. Sa réalisation demande certes un travail rigoureux de rassemblement et d'implication de différents acteurs, mais aussi demande une volonté politique soutenue.

Ce recueil peut se substituer à un recueil virtuel de la santé publique au Mali en attendant l'adoption d'un texte digne du code de la santé publique.

PARTIE I

LES TEXTES SUPRANATIONAUX

TEXTES INTERNATIONAUX SUR LA SANTÉ

LE TEXTE FONDAMENTAL DE L'OMS CONSTITUTION DE L'ORGANISATION MONDIALE DE LA SANTÉ DE 1948[2]

Les États parties à cette Constitution déclarent, en accord avec la Charte des Nations Unies, que les principes suivants sont à la base du bonheur des peuples, de leurs relations harmonieuses et de leur sécurité : La santé est un état de complet bien-être physique, mental et social, et ne consiste pas seulement en une absence de maladie ou d'infirmité. La possession du meilleur état de santé qu'il est capable d'atteindre constitue l'un des droits fondamentaux de tout être humain, quelles que soient sa race, sa religion, ses opinions politiques, sa condition économique ou sociale. La santé de tous les peuples est une condition fondamentale de la paix du monde et de la sécurité ; elle dépend de la coopération la plus étroite des individus et des États. Les résultats atteints par chaque État dans l'amélioration et la protection de la santé sont précieux pour tous. L'inégalité des divers pays en ce qui concerne l'amélioration de la santé et la lutte contre les maladies, en particulier les maladies transmissibles, est un péril pour tous. Le développement sain de l'enfant est d'une importance fondamentale ; l'aptitude à vivre en harmonie avec un milieu en pleine transformation est essentielle à ce développement. L'admission de tous les peuples au bénéfice des connaissances acquises par les sciences médicales, psychologiques et apparentées est essentielle pour atteindre le plus haut degré de santé. Une opinion publique éclairée et une coopération active de la part du public sont d'une importance capitale pour l'amélioration de la santé des populations. Les gouvernements ont la

---

[2] La Constitution a été adoptée par la Conférence internationale de la Santé, tenue à New York du 19 juin au 22 juillet 1946, signée par les représentants de 61 États le 22 juillet 1946 (Actes off. Org. mond. Santé, 2, 100) et est entrée en vigueur le 7 avril 1948. Les amendements adoptés par la Vingt-Sixième, la Vingt-Neuvième, la Trente-Neuvième et la Cinquante et Unième Assemblée mondiale de la Santé (résolutions WHA26.37, WHA29.38, WHA39.6 et WHA51.23) sont entrés en vigueur le 3 février 1977, le 20 janvier 1984, le 11 juillet 1994 et le 15 septembre 2005 respectivement ; ils sont incorporés au présent texte.

responsabilité de la santé de leurs peuples ; ils ne peuvent y faire face qu'en prenant les mesures sanitaires et sociales appropriées.

ACCEPTANT CES PRINCIPES, dans le but de coopérer entre elles et avec tous autres pour améliorer et protéger la santé de tous les peuples, les Parties contractantes acquiescent à ladite Constitution et établissent par les présentes l'Organisation mondiale de la Santé comme une institution spécialisée aux termes de l'article 57 de la Charte des Nations Unies.

CHAPITRE I – BUT

Article 1 : Le but de l'Organisation mondiale de la Santé (ci-après dénommée l'Organisation) est d'amener tous les peuples au niveau de santé le plus élevée possible.

CHAPITRE II – FONCTIONS

Article 2 : L'Organisation, pour atteindre son but, exerce les fonctions suivantes :
a) agir en tant qu'autorité directrice et coordonnatrice, dans le domaine de la santé, des travaux ayant un caractère international ;
b) établir et maintenir une collaboration effective avec les Nations Unies, les institutions spécialisées, les administrations gouvernementales de la santé, les groupes professionnels, ainsi que telles autres organisations qui paraîtraient indiquées ;
c) aider les gouvernements, sur leur demande, à renforcer leurs services de santé ;
d) fournir l'assistance technique appropriée et, dans les cas d'urgence, l'aide nécessaire, à la requête des gouvernements ou sur leur acceptation ;
e) fournir ou aider à fournir, à la requête des Nations Unies, des services sanitaires et des secours à des groupements spéciaux tels que les populations des territoires sous tutelle ;
f) établir et entretenir tels services administratifs et techniques jugés nécessaires, y compris des services d'épidémiologie et de statistique ;
g) stimuler et faire progresser l'action tendant à la suppression des maladies épidémiques, endémiques et autres ;
h) stimuler, en coopérant au besoin avec d'autres institutions spécialisées, l'adoption de mesures propres à prévenir les dommages dus aux accidents ;
i) favoriser, en coopérant au besoin avec d'autres institutions spécialisées, l'amélioration de la nutrition, du logement, de l'assainissement, des loisirs, des conditions économiques et de travail, ainsi que de tous autres facteurs de l'hygiène du milieu ;
j) favoriser la coopération entre les groupes scientifiques et professionnels qui

contribuent au progrès de la santé ;
k) proposer des conventions, accords et règlements, faire des recommandations concernant les questions internationales de santé et exécuter telles tâches pouvant être assignées de ce fait à l'Organisation et répondant à son but ;
l) faire progresser l'action en faveur de la santé et du bien-être de la mère et de l'enfant et favoriser leur aptitude à vivre en harmonie avec un milieu en pleine transformation ;
m) favoriser toutes activités dans le domaine de l'hygiène mentale, notamment celles se rapportant à l'établissement de relations harmonieuses entre les hommes ;
n) stimuler et guider la recherche dans le domaine de la santé ;
o) favoriser l'amélioration des normes de l'enseignement et de celles de la formation du personnel sanitaire, médical et apparenté ;
p) étudier et faire connaître, en coopération au besoin avec d'autres institutions spécialisées, les techniques administratives et sociales concernant l'hygiène publique et les soins médicaux préventifs et curatifs, y compris les services hospitaliers et la sécurité sociale ;
q) fournir toutes informations, donner tous conseils et toute assistance dans le domaine de la santé ;
r) aider à former, parmi les peuples, une opinion publique éclairée en ce qui concerne la santé ;
s) établir et réviser, selon les besoins, la nomenclature internationale des maladies, des causes de décès et des méthodes d'hygiène publique ;
t) standardiser, dans la mesure où cela est nécessaire, les méthodes de diagnostic ;
u) développer, établir et encourager l'adoption de normes internationales en ce qui concerne les aliments, les produits biologiques, pharmaceutiques et similaires ;
v) d'une manière générale, prendre toute mesure nécessaire pour atteindre le but assigné à l'Organisation.

CHAPITRE III – MEMBRES ET MEMBRES ASSOCIÉS

Article 3 : La qualité de Membre de l'Organisation est accessible à tous les États.
Article 4 : Les États membres des Nations Unies peuvent devenir Membres de l'Organisation en signant, ou en acceptant de toute autre manière, cette Constitution, conformément aux dispositions du chapitre XIX et conformément à leurs règles constitutionnelles.
Article 5 : Les États dont les gouvernements ont été invités à envoyer des observateurs à la Conférence internationale de la Santé, tenue à New York en 1946, peuvent devenir Membres en signant, ou en acceptant de toute autre

manière, cette Constitution, conformément aux dispositions du chapitre XIX et conformément à leurs règles constitutionnelles, pourvu que leur signature ou acceptation devienne définitive avant la première session de l'Assemblée de la Santé.
Article 6 : Sous réserve des conditions de tout accord à intervenir entre les Nations Unies et l'Organisation et qui seront approuvées conformément au chapitre XVI, les États qui ne deviennent pas Membres conformément aux dispositions des articles 4 et 5 peuvent demander à devenir Membres et seront admis en cette qualité lorsque leur demande aura été approuvée à la majorité simple par l'Assemblée de la Santé.
Article 7: Lorsqu'un État membre ne remplit pas ses obligations financières vis-à-vis de l'Organisation, ou dans d'autres circonstances exceptionnelles, l'Assemblée de la Santé peut, aux conditions jugées par elle opportunes, suspendre les privilèges attachés au droit de vote et les services dont bénéficie l'État Membre. L'Assemblée de la Santé aura pouvoir de rétablir ces privilèges afférents au droit de vote et ces services.
Article 8 : Les territoires ou groupes de territoires n'ayant pas la responsabilité de la conduite de leurs relations internationales peuvent être admis en qualité de Membres associés par l'Assemblée de la Santé, sur la demande faite pour le compte d'un tel territoire ou groupe de territoires par l'État Membre ou par une autre autorité ayant la responsabilité de la conduite de leurs relations internationales. Les représentants des Membres associés à l'Assemblée de la Santé devraient être qualifiés par leur compétence technique dans le domaine de la santé et devraient être choisis dans la population indigène. La nature et l'étendue des droits et obligations des Membres associés seront déterminées par l'Assemblée de la Santé.

CHAPITRE IV – ORGANES

Article 9 : Le fonctionnement de l'Organisation est assuré par :
a) l'Assemblée mondiale de la Santé (ci-après dénommée l'Assemblée de la Santé) ;
b) le Conseil exécutif (ci-après dénommé le Conseil) ;
c) le Secrétariat.

CHAPITRE V – ASSEMBLÉE MONDIALE DE LA SANTÉ

Article 10 : L'Assemblée de la Santé est composée de délégués représentant les États Membres.
Article 11 : Chaque État Membre est représenté par trois délégués au plus, l'un d'eux étant désigné par l'État Membre comme chef de délégation. Ces délégués devraient être choisis parmi les personnalités les plus qualifiées par leur compétence technique dans le domaine de la santé et qui, de préférence,

représenteraient l'administration nationale de la santé de l'État Membre.
Article 12 : Des suppléants et des conseillers sont admis à accompagner les délégués.
Article 13 : L'Assemblée de la Santé se réunit en session ordinaire annuelle et en autant de sessions extraordinaires que les circonstances peuvent l'exiger. Les sessions extraordinaires seront convoquées à la demande du Conseil ou d'une majorité des États Membres.
Article 14 : L'Assemblée de la Santé, lors de chaque session annuelle, choisit le pays ou la Région dans lequel se tiendra sa prochaine session annuelle, le Conseil en fixant ultérieurement le lieu. Le Conseil détermine le lieu où se tiendra chaque session extraordinaire.
Article 15 : Le Conseil, après consultation du Secrétaire général des Nations Unies, arrête la date de chaque session annuelle et de chaque session extraordinaire.
Article 16 : L'Assemblée de la Santé élit son président et les autres membres du bureau au début de chaque session annuelle. Ils demeurent en fonctions jusqu'à l'élection de leurs successeurs.
Article 17 : L'Assemblée de la Santé adopte son propre règlement.
Article 18 : Les fonctions de l'Assemblée de la Santé consistent à :
a) arrêter la politique de l'Organisation ;
b) élire les États appelés à désigner une personnalité au Conseil ;
c) nommer le Directeur général ;
d) étudier et approuver les rapports et les activités du Conseil et du Directeur général, donner au Conseil des instructions en des matières où certaines mesures, certaines études et recherches, ainsi que la présentation de rapports pourrait être considérées comme désirables ;
e) créer toute commission nécessaire aux activités de l'Organisation ;
f) contrôler la politique financière de l'Organisation, examiner et approuver son budget ;
g) donner des instructions au Conseil et au Directeur général pour appeler l'attention des États Membres et des organisations internationales, gouvernementales ou non gouvernementales, sur toute question concernant la santé que l'Assemblée de la Santé pourra juger dignes d'être signalés ;
h) inviter toute organisation internationale ou nationale, gouvernementale ou non gouvernementale, assumant des responsabilités apparentées à celles de l'Organisation, à nommer des représentants pour participer, sans droit de vote, à ses sessions ou à celles des commissions et conférences réunies sous son autorité, aux conditions prescrites par l'Assemblée de la Santé ; cependant, s'il s'agit d'organisations nationales, les invitations ne pourront être envoyées qu'avec le consentement du gouvernement intéressé ;
i) étudier des recommandations ayant trait à la santé, émanant de l'Assemblée générale, du Conseil économique et social, des Conseils de sécurité ou de tutelle des Nations Unies et faire rapport à ceux-ci sur les mesures prises par

l'Organisation en exécution de telles recommandations ;
j) faire rapport au Conseil économique et social, conformément aux dispositions de tout accord intervenu entre l'Organisation et les Nations Unies ;
k) encourager ou diriger tous travaux de recherche dans le domaine de la santé en utilisant le personnel de l'Organisation, ou en créant des institutions qui lui seront propres, ou en coopérant avec des institutions officielles ou non officielles de chaque État Membre, avec le consentement de son gouvernement ;
l) créer telles autres institutions jugées souhaitables ;
m) prendre toute autre mesure propre à réaliser le but de l'Organisation.
Article 19 : L'Assemblée de la Santé a autorité pour adopter des conventions ou accords se rapportant à toute question entrant dans la compétence de l'Organisation. La majorité des deux tiers de l'Assemblée de la Santé sera nécessaire pour l'adoption de ces conventions ou accords, lesquels entreront en vigueur au regard de chaque État Membre lorsque ce dernier les aura acceptés conformément à ses règles constitutionnelles.
Article 20 : Chaque État Membre s'engage à prendre, dans un délai de dix-huit mois après l'adoption d'une convention ou d'un accord par l'Assemblée de la Santé, les mesures en rapport avec l'acceptation de telle convention ou de tel accord. Chaque État Membre notifiera au Directeur général les mesures prises et, s'il n'accepte pas cette convention ou cet accord dans le délai prescrit, il adressera une déclaration motivant sa non-acceptation. En cas d'acceptation, chaque État Membre convient d'adresser un rapport annuel au Directeur général conformément au chapitre XIV.
Article 21 : L'Assemblée de la Santé aura autorité pour adopter les règlements concernant : a) telle mesure sanitaire et de quarantaine ou toute autre procédure destinée à empêcher la propagation des maladies d'un pays à l'autre ;
b) la nomenclature concernant les maladies, les causes de décès et les méthodes d'hygiène publique ;
c) des standards sur les méthodes de diagnostic applicables dans le cadre international ;
d) des normes relatives à l'innocuité, la pureté et l'activité des produits biologiques, pharmaceutiques et similaires qui se trouvent dans le commerce international ;
e) des conditions relatives à la publicité et à la désignation des produits biologiques, pharmaceutiques et similaires qui se trouvent dans le commerce international.
Article 22 : Les règlements adoptés en exécution de l'article 21 entreront en vigueur pour tous les États Membres, leur adoption par l'Assemblée de la Santé ayant été dûment notifiée, exception faite pour tels Membres qui pourraient faire connaître au Directeur général, dans les délais prescrits par la

notification, qu'ils les refusent ou font des réserves à leur sujet.
Article 23 : L'Assemblée de la Santé a autorité pour faire des recommandations aux États Membres en ce qui concerne toute question entrant dans la compétence de l'Organisation.

CHAPITRE VI – CONSEIL EXÉCUTIF

Article 24 : Le Conseil est composé de trente-quatre personnes, désignées par autant d'États Membres. L'Assemblée de la Santé choisit, compte tenu d'une répartition géographique équitable, les États appelés à désigner un délégué au Conseil, étant entendu qu'au moins trois de ces Membres doivent être élus parmi chacune des organisations régionales établies en application de l'article 44. Chacun de ces États enverra au Conseil une personnalité, techniquement qualifiée dans le domaine de la santé, qui pourra être accompagnée de suppléants et de conseillers.
Article 25 : Ces Membres sont élus pour trois ans et sont rééligibles ; cependant, parmi les Membres élus lors de la première session de l'Assemblée de la Santé qui suivra l'entrée en vigueur de l'amendement à la présente Constitution portant le nombre des membres du Conseil de trente-deux à trente-quatre, le mandat des Membres supplémentaires élus sera, s'il y a lieu, réduit d'autant qu'il le faudra pour faciliter l'élection d'au moins un Membre de chaque organisation régionale chaque année.
Article 26 : Le Conseil se réunit au moins deux fois par an et détermine le lieu de chaque réunion.
Article 27 : Le Conseil élit son président parmi ses membres et adopte son propre règlement.
Article 28 : Les fonctions du Conseil sont les suivantes :
a) appliquer les décisions et les directives de l'Assemblée de la Santé ;
b) agir comme organe exécutif de l'Assemblée de la Santé ;
c) exercer toute autre fonction à lui confiée par l'Assemblée de la Santé ;
d) donner des consultations à l'Assemblée de la Santé sur les questions qui lui seraient soumises par cet organisme et sur celles qui seraient déférées à l'Organisation par des conventions, des accords et des règlements ;
e) de sa propre initiative, soumettre à l'Assemblée de la Santé des consultations ou des propositions ;
f) préparer les ordres du jour des sessions de l'Assemblée de la Santé ;
g) soumettre à l'Assemblée de la Santé, pour examen et approbation, un programme général de travail s'étendant sur une période déterminée ;
h) étudier toutes questions relevant de sa compétence ;
i) dans le cadre des fonctions et des ressources financières de l'Organisation, prendre toute mesure d'urgence dans le cas d'événements exigeant une action immédiate. Il peut en particulier autoriser le Directeur général à prendre les moyens nécessaires pour combattre les épidémies, participer à la mise en

œuvre des secours sanitaires à porter aux victimes d'une calamité et entreprendre telles études ou recherches sur l'urgence desquelles son attention aura été attirée par un État quelconque ou par le Directeur général.
Article 29 : Le Conseil exerce, au nom de l'Assemblée de la Santé tout entière, les pouvoirs qui lui sont délégués par cet organisme.

CHAPITRE VII –SECRÉTARIAT

Article 30 : Le Secrétariat comprend le Directeur général et tel personnel technique et administratif nécessaire à l'Organisation.
Article 31 : Le Directeur général est nommé par l'Assemblée de la Santé, sur proposition du Conseil et suivant les conditions que l'Assemblée de la Santé pourra fixer. Le Directeur général, placé sous l'autorité du Conseil, est le plus haut fonctionnaire technique et administratif de l'Organisation.
Article 32 : Le Directeur général est de droit Secrétaire de l'Assemblée de la Santé, du Conseil, de toute commission et de tout comité de l'Organisation, ainsi que des conférences qu'elle convoque. Il peut déléguer ces fonctions.
Article 33 : Le Directeur général ou son représentant peut mettre en œuvre une procédure, en vertu d'un accord avec les États Membres, lui permettant, pour l'exercice de ses fonctions, d'entrer directement en rapport avec leurs divers départements ministériels, spécialement avec leurs administrations de la santé et avec les organisations sanitaires nationales, gouvernementales ou non. Il peut de même entrer en relations directes avec les organisations internationales dont les activités sont du ressort de l'Organisation. Il doit tenir les bureaux régionaux au courant de toutes questions intéressant leurs zones respectives d'activité.
Article 34 : Le Directeur général doit préparer et soumettre au Conseil les rapports financiers et les prévisions budgétaires de l'Organisation.
Article 35 : Le Directeur général nomme le personnel du Secrétariat conformément au Règlement du personnel établi par l'Assemblée de la Santé. La considération primordiale qui devra dominer le recrutement du personnel sera de pourvoir à ce que l'efficacité, l'intégrité et la représentation de caractère international du Secrétariat soient assurées au plus haut degré. Il sera tenu compte également de l'importance qu'il y a à recruter le personnel sur une base géographique le plus large possible.
Article 36 : Les conditions de service du personnel de l'Organisation seront, autant que possible, conformes à celles des autres organisations des Nations Unies.
Article 37 : Dans l'exercice de leurs fonctions, le Directeur général et le personnel ne devront solliciter ou recevoir d'instructions d'aucun gouvernement ou d'aucune autorité étrangère à l'Organisation. Ils s'abstiendront de toute action qui puisse porter atteinte à leur situation de fonctionnaires internationaux. Chaque État Membre de l'Organisation

s'engage, de son côté, à respecter le caractère exclusivement international du Directeur général et du personnel et à ne pas chercher à les influencer.

CHAPITRE VIII – COMMISSIONS

Article 38 : Le Conseil crée telles commissions que l'Assemblée de la Santé peut prescrire et, sur sa propre initiative ou sur la proposition du Directeur général, peut créer toutes autres commissions jugées souhaitables pour des fins ressortissantes à l'Organisation.
Article 39 : Le Conseil examine de temps en temps, et en tout cas une fois par an, la nécessité de maintenir chaque commission.
Article 40 : Le Conseil peut procéder à la création de commissions conjointes ou mixtes avec d'autres organisations ou y faire participer l'Organisation ; il peut assurer la représentation de l'Organisation dans des commissions instituées par d'autres organismes.

CHAPITRE IX – CONFÉRENCES

Article 41 : L'Assemblée de la Santé ou le Conseil peut convoquer des conférences locales, générales, techniques ou toute autre d'un caractère spécial pour étudier telle question rentrant dans la compétence de l'Organisation et assurer la représentation, à ces conférences, d'organisations internationales et, avec le consentement des gouvernements intéressés, d'organisations nationales, les unes ou les autres pouvant être de caractère gouvernemental ou non. Les modalités de cette représentation sont fixées par l'Assemblée de la Santé ou le Conseil.
Article 42 : Le Conseil pourvoit à la représentation de l'Organisation dans les conférences où il estime que celle-ci possède un intérêt.

CHAPITRE X – SIÈGE

Article 43 : Le lieu du Siège de l'Organisation sera fixé par l'Assemblée de la Santé, après consultation des Nations Unies.

CHAPITRE XI – ARRANGEMENTS RÉGIONAUX

Article 44 : a) L'Assemblée de la Santé, de temps en temps, détermine les Régions géographiques où il est désirable d'établir une organisation régionale.
b) L'Assemblée de la Santé peut, avec le consentement de la majorité des États Membres situés dans chaque Région ainsi déterminée, établir une organisation régionale pour répondre aux besoins particuliers de cette Région. Il ne pourra y avoir plus d'une organisation régionale dans chaque Région.
Article 45 : Chacune des organisations régionales sera partie intégrante de

l'Organisation, en conformité avec la présente Constitution.

Article 46 : Chacune des organisations régionales comporte un comité régional et un bureau régional.

Article 47 : Les comités régionaux sont composés de représentants des États Membres et des Membres associés de la Région en question. Les territoires ou groupes de territoires d'une Région n'ayant pas la responsabilité de la conduite de leurs relations internationales et qui ne sont pas des Membres associés ont le droit d'être représentés à ces comités régionaux et d'y participer. La nature et l'étendue des droits et des obligations de ces territoires ou groupes de territoires vis-à-vis des comités régionaux seront fixées par l'Assemblée de la Santé, en consultation avec l'État Membre ou toute autre autorité ayant la responsabilité de la conduite des relations internationales de ces territoires et avec les États Membres de la Région.

Article 48 : Les comités régionaux se réunissent aussi souvent qu'il est nécessaire et fixent le lieu de chaque réunion.

Article 49 : Les comités régionaux adoptent leur propre règlement.

Article 50 : Les fonctions du comité régional sont les suivantes :

a) formuler des directives se rapportant à des questions d'un caractère exclusivement régional ;

b) contrôler les activités du bureau régional ;

c) proposer au bureau régional la réunion de conférences techniques ainsi que tout travail ou toute recherche additionnelle sur des questions de santé qui, de l'avis du comité régional, seraient susceptibles d'atteindre le but poursuivi par l'Organisation dans la Région ;

d) coopérer avec les comités régionaux respectifs des Nations Unies et avec ceux d'autres institutions spécialisées ainsi qu'avec d'autres organisations internationales régionales possédant avec l'Organisation des intérêts communs ;

e) fournir des avis à l'Organisation, par l'intermédiaire du Directeur général, sur les questions internationales de santé d'une importance débordant le cadre de la Région ;

f) recommander l'affectation de crédits régionaux supplémentaires par les gouvernements des Régions respectives si la part du budget central de l'Organisation allouée à cette Région est insuffisante pour l'accomplissement des fonctions régionales ;

g) toutes autres fonctions pouvant être déléguées au comité régional par l'Assemblée de la Santé, le Conseil ou le Directeur général.

Article 51 : Sous l'autorité générale du Directeur général de l'Organisation, le bureau régional est l'organe administratif du comité régional. Il doit en outre exécuter, dans les limites de la Région, les décisions de l'Assemblée de la Santé et du Conseil.

Article 52 : Le chef du bureau régional est le directeur régional nommé par le Conseil en accord avec le comité régional.

Article 53 : Le personnel du bureau régional est nommé conformément aux règles qui seront fixées dans un arrangement entre le Directeur général et le directeur régional.
Article 54 : L'Organisation sanitaire panaméricaine, [3] représentée par le Bureau sanitaire panaméricain et les Conférences sanitaires panaméricaines, et toutes autres organisations régionales intergouvernementales de santé existant avant la date de la signature de cette Constitution seront intégrées en temps voulu dans l'Organisation. Cette intégration s'effectuera dès que possible par une action commune, basée sur le consentement mutuel des autorités compétentes exprimé par les organisations intéressées.

CHAPITRE XII – BUDGET ET DÉPENSES

Article 55 : Le Directeur général prépare et soumet au Conseil les prévisions budgétaires de l'Organisation. Le Conseil examine ces prévisions budgétaires et les soumet à l'Assemblée de la Santé, en les accompagnants de telles recommandations qu'il croit opportunes.
Article 56 : Sous réserve de tel accord entre l'Organisation et les Nations Unies, l'Assemblée de la Santé examine et approuve les prévisions budgétaires et effectue la répartition des dépenses parmi les États Membres, conformément au barème qu'elle devra arrêter.
Article 57 : L'Assemblée de la Santé, ou le Conseil agissant au nom de l'Assemblée de la Santé, a pouvoir d'accepter et d'administrer des dons et legs faits à l'Organisation, pourvu que les conditions attachées à ces dons ou legs paraissent acceptables à l'Assemblée de la Santé ou au Conseil et cadrent avec les buts et la politique de l'Organisation.
Article 58 : Un fonds spécial, dont le Conseil disposera à sa discrétion, sera constitué pour parer aux cas d'urgence et à tous événements imprévus.

CHAPITRE XIII – VOTE

Article 59 : Chaque État Membre aura droit à une voix dans l'Assemblée de la Santé.
Article 60 :
a) Les décisions de l'Assemblée de la Santé à prendre sur des questions importantes sont acquises à la majorité des deux tiers des États Membres présents et votants. Ces questions comprennent : l'adoption de conventions ou d'accords ; l'approbation d'accords liant l'Organisation aux Nations Unies, aux organisations et aux institutions intergouvernementales, en application des articles 69, 70 et 72 ; les modifications à la présente Constitution.

---

[3] Devenue l'Organisation panaméricaine de la Santé par décision de la Quinzième Conférence sanitaire panaméricaine, septembre-octobre 1958

b) Les décisions sur d'autres questions, y compris la fixation de catégories additionnelles de questions devant être décidées par une majorité des deux tiers, sont prises à la simple majorité des États Membres présents et votants.
c) Le vote, au sein du Conseil et des commissions de l'Organisation, sur des questions de nature similaire s'effectuera conformément aux dispositions des paragraphes a) et b) du présent article.

CHAPITRE XIV – RAPPORTS SOUMIS PAR LES ÉTATS

Article 61 : Chaque État Membre fait rapport annuellement à l'Organisation sur les mesures prises et les progrès réalisés pour améliorer la santé de sa population.
Article 62 : Chaque État Membre fait rapport annuellement sur les mesures prises en exécution des recommandations que l'Organisation lui aura faites et en exécution des conventions, accords et règlements.
Article 63 : Chaque État Membre communique rapidement à l'Organisation les lois, règlements, rapports officiels et statistiques importants concernant la santé et publiés dans cet État.
Article 64 : Chaque État Membre fournit des rapports statistiques et épidémiologiques selon des modalités à déterminer par l'Assemblée de la Santé.
Article 65 : Sur requête du Conseil, chaque État Membre doit transmettre, dans la mesure du possible, toutes informations supplémentaires se rapportant à la santé.

CHAPITRE XV – CAPACITÉ JURIDIQUE, PRIVILÈGES ET IMMUNITÉS

Article 66 : L'Organisation jouira sur le territoire de chaque État Membre de la capacité juridique nécessaire pour atteindre son but et exercer ses fonctions.
Article 67 : a) L'Organisation jouira sur le territoire de chaque État Membre des privilèges et immunités nécessaires pour atteindre son but et exercer ses fonctions.
b) Les représentants des États Membres, les personnes désignées pour faire partie du Conseil et le personnel technique et administratif de l'Organisation jouiront également des privilèges et immunités nécessaires au libre exercice de leurs fonctions se rapportant à l'Organisation.
Article 68 : Cette capacité juridique, ces privilèges et immunités seront déterminés dans un arrangement séparé, lequel devra être préparé par l'Organisation, en consultation avec le Secrétaire général des Nations Unies, et sera conclu entre les États Membres.

CHAPITRE XVI – RELATIONS AVEC D'AUTRES ORGANISATIONS

Article 69 : L'Organisation est rattachée aux Nations Unies comme une des institutions spécialisées prévues par l'article 57 de la Charte des Nations Unies. Le ou les accords établissant les rapports de l'Organisation avec les Nations Unies doivent être approuvés à la majorité des deux tiers de l'Assemblée de la Santé.
Article 70 : L'Organisation doit établir des relations effectives et coopérer étroitement avec telles autres organisations intergouvernementales jugées souhaitables. Tout accord officiel conclu avec ces organisations doit être approuvé à la majorité des deux tiers de l'Assemblée de la Santé.
Article 71 : L'Organisation peut, en ce qui concerne les questions de son ressort, prendre toutes dispositions convenables pour se concerter et coopérer avec des organisations internationales non gouvernementales et, avec l'approbation du gouvernement intéressé, avec des organisations nationales, gouvernementales ou non gouvernementales.
Article 72 : Sous réserve de l'approbation des deux tiers de l'Assemblée de la Santé, l'Organisation peut reprendre à d'autres organisations ou institutions internationales, dont les buts et les activités entrent dans le domaine de la compétence de l'Organisation, telles fonctions, ressources et obligations dont ladite organisation serait chargée aux termes d'un accord international ou aux termes d'arrangements acceptables pour les deux parties et passés entre les autorités compétentes des organisations respectives.

CHAPITRE XVII – AMENDEMENTS

Article 73 : Les textes des amendements proposés à cette Constitution seront communiqués par le Directeur général aux États Membres six mois au moins avant qu'ils ne soient examinés par l'Assemblée de la Santé. Les amendements entreront en vigueur à l'égard de tous les États Membres lorsqu'ils auront été adoptés par les deux tiers de l'Assemblée de la Santé et acceptés par les deux tiers des États Membres conformément à leurs règles constitutionnelles respectives.

CHAPITRE XVIII – INTERPRÉTATION

Article 74[4] : Les textes anglais, chinois, espagnol, français et russe de cette

---

[4] L'amendement à cet article [à quelle date ?] adopté par la Trente et Unième Assemblée mondiale de la Santé (résolution WHA31.18) n'est pas encore entré en vigueur.

Constitution sont considérés comme également authentiques.
Article 75 : Toutes questions ou différend concernant l'interprétation ou l'application de cette Constitution, qui n'aura pas été réglé par voie de négociation ou par l'Assemblée de la Santé, sera déféré par les parties à la Cour internationale de justice conformément au Statut de ladite Cour, à moins que les parties intéressées ne conviennent d'un autre mode de règlement.
Article 76 : Sous le couvert de l'autorisation de l'Assemblée générale des Nations Unies ou sous le couvert de l'autorisation résultant de tout accord entre l'Organisation et les Nations Unies, l'Organisation pourra demander à la Cour internationale de justice un avis consultatif sur toute question juridique éventuelle du ressort de l'Organisation.
Article 77 : Le Directeur général peut représenter devant la Cour l'Organisation dans toute procédure se rapportant à toute demande d'avis consultatif. Il devra prendre les dispositions nécessaires pour soumettre l'affaire à la Cour, y compris celles nécessaires à l'exposé des arguments se rapportant aux vues différentes exprimées sur la question.

CHAPITRE XIX – ENTRÉE EN VIGUEUR

Article 78 : Sous réserve des dispositions du chapitre III, cette Constitution demeurera ouverte à signature ou à acceptation à tous les États.
Article 79 : a) Les États pourront devenir parties à cette Constitution par : i) la signature, sans réserve d'approbation ;
ii) la signature sous réserve d'approbation, suivie de l'acceptation ; iii) l'acceptation pure et simple.
b) L'acceptation deviendra effective par le dépôt d'un instrument officiel entre les mains du Secrétaire général des Nations Unies.
Article 80 : Cette Constitution entrera en vigueur lorsque vingt-six États Membres des Nations Unies en seront devenus parties, conformément aux dispositions de l'article 79.
Article 81 : Conformément à l'article 102 de la Charte des Nations Unies, le Secrétaire général des Nations Unies enregistrera cette Constitution lorsqu'elle aura été signée sans réserve d'approbation par un État ou au moment du dépôt du premier instrument d'acceptation.
Article 82 : Le Secrétaire général des Nations Unies informera les États parties à cette Constitution de la date de son entrée en vigueur. Il les informera également des dates auxquelles d'autres États deviendront parties à cette Constitution.

EN FOI DE QUOI les représentants soussignés, dûment autorisés à cet effet, signent la présente Constitution.

FAIT en la ville de New York, ce vingt-deux juillet 1946, en un seul original établi en langues anglaise, chinoise, espagnole, française et russe, chaque texte étant également authentique. Les textes originaux seront déposés dans les archives des Nations Unies. Le Secrétaire général des Nations Unies délivrera des copies certifiées conformes à chacun des gouvernements représentés à la Conférence.

AUTRES TEXTES INTERNATIONAUX EN MATIERE DE SANTÉ

RÈGLEMENT SANITAIRE INTERNATIONAL[5] : Voir (https : www.who.int-legal issues).

CODE INTERNATIONAL D'ETHIQUE MÉDICALE DE L'ASSOCIATION MÉDICALE MONDIALE[6]

Adopté par la 3e Assemblée Générale de l'AMM Londres (Italie), Octobre 1949 et amendé par les 22e Assemblée Médicale Mondiale Sydney (Australie), 1968 et 35e Assemblée Médicale MoItalie Venise (Italie), Octobre 1983

DEVOIRS GENERAUX DES MÉDECINS
Le medecin devra toujours avoir une attitude professionnelle exemplaire.
LE MÉDECIN NE DEVRA jamais laisser le profit influencer son jugement professionnel libre et indépendant, et ce au plus grand bénéfice de son patient.
LE MÉDECIN DEVRA, quelles que soient ses conditions d'exercice, se consacrer en toute indépendance technique et morale à la prestation de soins de qualité avec compassion et respect pour la dignité humaine.
LE MÉDECIN DEVRA être honnête envers ses patients et ses collègues, et il s'efforcera de dénoncer les médecins qui manquent de caractère et de compétence, ou qui ont recours à la fraude et à la tromperie.
Les pratiques suivantes sont contraires à l'éthique :
a) la publicité faite par les médecins pour 'ux-mêmes, à moins qu'elle ne soit autorisée par la loi du pays concerné et par le code d'éthique de l'association médicale nationale.
'b) le versement ou l'acceptation d'honoraires ou autres avantages dans le seul but de fournir un client à un confrère, une prescription à un pharmacien ou de faire acquérir tout appareillage médical.
LE MÉDECIN DEVRA respecter les droits des patients, des collègues et des autres professionnels de santé, et préservera les confidences de son patient.

---

[5] Vu le caractère tres volumineux du texte, nous avons jugé necessaire de donner la reference.
[6] www.ceomecmo.eu/sites/default/files/documents/code_international_dethique_medicale_de_lamm.pdf

LE MÉDECIN DEVRA agir uniquement dans l'intérêt 'e son patient lorsqu'il lui procurera des soins qui peuvent avoir pour conséquence un affaiblissement de sa condition physique ou mentale.
LE MÉDECIN DEVRA faire preuve de beaucoup'p de prudence lorsqu'il divulguera des découvertes ou des techniques nouvelles par des voies non professionnelles.
LE MÉDECIN NE DEVRA certifier que ce qu'il aura personnellement vérifié.

DEVOIRS DES MÉDECINS ENVERS LES MALADES

Le MÉDECIN DEVRA toujours avoir à l'esprit le souci de conserver la vie humaine.
LE MÉDECIN DEVRA à ses patients la plus complète loyauté, ainsi que toutes les ressources de sa science. Lorsqu'un examen ou traitement dépasse ses capacités, le médecin devrait faire appel un collègue qui dispose des compétences nécessaires.
LE MÉDECIN DEVRA préserver le secret absolu sur tout ce qu'il sait de son patient, et ce même après la mort de ce dernier.
LE MÉDECIN DEVRA considérer les soins d'urgence comme un devoir humanitaire à moins qu'il soit assuré que d'autres désirent apporter ces soins et en sont capables.

DEVOIRS DES MÉDECINS ENVERS LEURS COLLÈGUES

LE MÉDECIN DEVRA traiter ses confrères comme il souhaiterait être traité par eux.
Le MÉDECIN NE DEVRA PAS attirer les patients de ses confrères.
Le MÉDECIN DEVRA observer les principes du Serment de Genève approuvé par l'Association Médicale Mondiale.

SERMENT DE GENEVE

Adopté par la 2e Assemblée générale de l'Association Médicale Mondiale Genève (Suisse), Septembre 1948 et amendé par les 22e Assemblée Médicale Mondiale Sydney (Australie), Août 1968, 35e Assemblée MédicItaliendiale Veni e (Italie)· Octobre 1983 ; et 46e Assemblée générale Stockholm (Suède), Septembre 1994.

AU MOMENT D'ÊTRE ADMIS AU NOMBRE DES MEMBRES DE LA PROFESSION MÉDICALE :
JE PRENDS L'ENGAGEMENT SOLENNEL de consacrer ma vie au service de l'humanité ;
JE GARDERAI pour mes maîtres le respect et la reconnaissance qui leur sont dus ;
J'EXERCERAI mon art en toute conscience et dignité ;
JE CONSIDERERAI la santé de mon patient comme mon premier souci ;
JE RESPECTERAI le secret de celui qui se sera confié à moi, même après la

mort du patient ;
JE MAINTIENDRAI, dans toute la mesure de mes moyens, l'honneur et les nobles traditions e la profession médicale ;
MES COLLÈGUES seron mes sœurs et mes frères ;
JE NE PERMETTRAI PAS que des considérations d'affiliation politique, d'âge, de croyance, de maladie ou d'i'firmité, de nationalité, d'origine ethnique, de race, de sexe, de statut social ou de t'ndance sexuelle viennent s'interposer entre on devoir et mon patient ;
JE GARDERAI le respect absolu de la vie humaine dès son commencement, 'ême sous la menace et je n'utiliserai pas mes connaissances médicales cont e les lois de l'humanité ;
JE FAIS CES PROMESSES solennellement, librement, sur l'honneur.

DÉCLARATION D'HELSINKI DE L'AMM - PRINCIPES ETHIQUES APPLICABLES À LA RECHERCHE MÉDICALE IMPLIQUANT DES ETRES HUMAINS DE JUIN 1964[7]

Adoptée par la 18e Assemblée générale de l'AMM, Helsinki, Finlande, Juin 1964 et amendée par les :
29e Assemblée générale de l'AMM, Tokyo, Japon, Octobre 1975
35e Assemblée Italiele de l'AMM· Venise, Italie, Octobre 1983
41e Assemblée générale de l'AMM, Hong Kong, Septembre 1989
48e Assemblée générale de l'AMM, Somerset West· Afrique du Sud, Octobre 1996
52e Assemblée générale de l'AMM, Edimbourg, Ecosse, Octobre 2000
53e Assemblée générale de l'AMM, Washington DC, Etats Unis, Octobre 2'02
55e Assemblée générale de l'AMM· Tokyo, Japon, Octobre 2104
59e Assemblée générale de l'AMM, Séoul, République de Corée, Octobre'2008
64e Assemblée générale de l'AMM, Fortaleza, Brésil, Octobre 2013

Préambule

1. L'Association Médicale Mondiale (AMM) a élaboré la Déclaration d'Helsinki comme un énoncé de principes éthiques applicables à la recherche médicale impliquant des êtres humains, y compris la recherche sur du matériel biologique humain et sur des données identifiables. La Déclaration est conçue comme un tout indissociable. Chaque paragraphe doit être appliqué en tenant compte de tous les autres paragraphes pertinents.
2. Conformément au mandat de l'AMM, cette Déclaration s'adresse en priorité aux médecins. L'AMM invite cependant les autres personnes engagées dans la recherche médicale impliquant des êtres humains à adopter ces principes.

Principes généraux

3. La Déclaration de Genève de l'AMM e les médecins en ces termes : « La santé de mon patient prévaudra sur toutes les autres considérations » et le Code International d'Ethique Médicale déclare qu'un « médecin doit agir dans le meilleur intérêt du patient lorsqu'il le soigne ».
4. Le devoir du médecin est de promouvoir et de sauvegarder la santé, le bien-être et les droits des patients, y compris ceux des personnes impliquées dans la recherche médicale. Le médecin consacre son savoir et sa conscience à

[7] Disponile sur : https://www.fhi360.org.

l'accomplissement de ce devoir.
5. Le progrès médical est basé sur la recherche qui, en fin de compte, doit impliquer des êtres humains.
6. L'objectif premier de la recherche médicale impliquant des êtres humains est de comprendre les causes, le développement et les effets des maladies et d'améliorer les interventions préventives, diagnostiques et thérapeutiques (méthodes, procédures et traitements). Même les meilleures interventions éprouvées doivent être évaluées en permanence par des recherches portant sur leur sécurité, leur efficacité, leur pertinence, leur accessibilité et leur qualité.
7. La recherche médicale est soumise à des normes éthiques qui promeuvent et assurent le respect de tous les êtres humains et qui protègent leur santé et leurs droits.
8. Si l'objectif premier de la recherche médicale est de générer de nouvelles connaissances, cet objectif ne doit jamais prévaloir sur les droits et les intérêts des personnes impliquées dans la recherche.
9. Il est du devoir des médecins engagés dans la recherche médicale de protéger la vie, la santé, la dignité, l'intégrité, le droit à l'autodétermination, la vie privée et la confidentialité des informations des personnes impliquées dans la recherche. La responsabilité de protéger les personnes impliquées dans la recherche doit toujours incomber à un médecin ou à un autre professionnel de santé et jamais aux personnes impliquées dans la recherche même si celles-ci ont donné leur consentement.
10. Dans la recherche médicale impliquant des êtres humains, les médecins doivent tenir compte des normes et standards éthiques, légaux et réglementaires applicables dans leur propre pays ainsi que des normes et standards internationaux. Les protections garanties par la présente Déclaration aux personnes impliquées dans la recherche ne peuvent être restreintes ou exclues par aucune disposition éthique, légale ou réglementaire, nationale ou internationale.
11. La recherche médicale devrait être conduite de sorte qu'elle réduise au minimum les nuisances éventuelles à l'environnement.
12. La recherche médicale impliquant des êtres humains doit être conduite uniquement par des personnes ayant acquis une éducation, une formation et des qualifications appropriées en éthique et en science. La recherche impliquant des patients ou des volontaires en bonne santé nécessite la supervision d'un médecin ou d'un autre professionnel de santé qualifié et compétent.
13. Des possibilités appropriées de participer à la recherche médicale devraient être offertes aux groupes qui y sont sous-représentés.
14. Les médecins qui associent la recherche médicale à des soins médicaux devraient impliquer leurs patients dans une recherche uniquement dans la mesure où elle se justifie par sa valeur potentielle en matière de prévention, de diagnostic ou de traitement et si les médecins ont de bonnes raisons de

penser que la participation à la recherche ne portera pas atteinte à la santé des patients concernés.
15. Une compensation et un traitement adéquats doivent être garantis pour les personnes qui auraient subi un préjudice en raison de leur participation à une recherche.

Risques, contraintes et avantages
16. Dans la pratique médicale et la recherche médicale, la plupart des interventions comprennent des risques et des inconvénients.
Une recherche médicale impliquant des êtres humains ne peut être conduite que si l'importance de l'objectif dépasse les risques et inconvénients pour les personnes impliquées.
17. Toute recherche médicale impliquant des êtres humains doit préalablement faire l'objet d'une évaluation soigneuse des risques et des inconvénients prévisibles pour les personnes et les groupes impliqués, par rapport aux bénéfices prévisibles pour eux et les autres personnes ou groupes affectés par la pathologie étudiée.
Toutes les mesures destinées à réduire les risques doivent être mises en œuvre.
Les risques doivent être constamment surveillés, évalués et documentés par le chercheur.
18. Les médecins ne peuvent pas s'engager dans une recherche impliquant des êtres humains sans avoir la certitude que les risques ont été correctement évalués et pourront être gérés de manière satisfaisante.
Lorsque les risques s'avèrent dépasser les bénéfices potentiels ou dès l'instant où des conclusions définitives ont été démontrées, les médecins doivent évaluer s'ils continuent, modifient ou cessent immédiatement une recherche.
Populations et personnes vulnérables
19. Certains groupes ou personnes faisant l'objet de recherches sont particulièrement vulnérables et peuvent avoir une plus forte probabilité d'être abusés ou de subir un préjudice additionnel.
Tous les groupes et personnes vulnérables devraient bénéficier d'une protection adaptée.
20. La recherche médicale impliquant un groupe vulnérable se justifie uniquement si elle répond aux besoins ou aux priorités sanitaires de ce groupe et qu'elle ne peut être effectuée sur un groupe non vulnérable. En outre, ce groupe devrait bénéficier des connaissances, des pratiques ou interventions qui en résultent.

Exigences scientifiques et protocoles de recherche
21. La recherche médicale impliquant des êtres humains doit se conformer aux principes scientifiques généralement acceptés, se baser sur une connaissance approfondie de la littérature scientifique, sur d'autres sources pertinentes d'informations et sur des expériences appropriées en laboratoire et, le cas

échéant, sur les animaux. Le bien-être des animaux utilisés dans la recherche doit être respecté.

22. La conception et la conduite de toutes les recherches impliquant des êtres humains doivent être clairement décrites et justifiées dans un protocole de recherche.

Ce protocole devrait contenir une déclaration sur les enjeux éthiques en question et indiquer comment les principes de la présente Déclaration ont été pris en considération. Le protocole devrait inclure des informations concernant le financement, les promoteurs, les affiliations institutionnelles, les conflits d'intérêts potentiels, les incitations pour les personnes impliquées dans la recherche et des informations concernant les mesures prévues pour soigner et/ou dédommager celles ayant subi un préjudice en raison de leur participation à la recherche. Dans les essais cliniques, le protocole doit également mentionner les dispositions appropriées prévues pour l'accès à l'intervention testée après l'essai clinique.

Comités d'éthique de la recherche

23. Le protocole de recherche doit être soumis au comité d'éthique de la recherche concerné pour évaluation, commentaires, conseils et approbation avant que la recherche ne commence. Ce comité doit être transparent dans son fonctionnement, doit être indépendant du chercheur, du promoteur et de toute autre influence indue et doit être dûment qualifié. Il doit prendre en considération les lois et réglementations du ou des pays où se déroule la recherche, ainsi que les normes et standards internationaux, mais ceux-ci ne doivent pas permettre de restreindre ou exclure l'une des protections garanties par la présente Déclaration aux personnes impliquées dans la recherche.

Le comité doit avoir un droit de suivi sur les recherches en cours. Le chercheur doit fournir au comité des informations sur le suivi, notamment concernant tout évènement indésirable grave. Aucune modification ne peut être apportée au protocole sans évaluation et approbation par le comité. À la fin de la recherche, les chercheurs doivent soumettre au comité un rapport final contenant un résumé des découvertes et des conclusions de celle-ci.

Vie privée et confidentialité

24. Toutes les précautions doivent être prises pour protéger la vie privée et la confidentialité des informations personnelles concernant les personnes impliquées dans la recherche.

Consentement éclairé

25. La participation de personnes capables de donner un consentement éclairé à une recherche médicale doit être un acte volontaire. Bien qu'il puisse être opportun de consulter les membres de la famille ou les responsables de la communauté, aucune personne capable de donner un consentement éclairé ne

peut être impliquée dans une recherche sans avoir donné son consentement libre et éclairé.

26. Dans la recherche médicale impliquant des personnes capables de donner un consentement éclairé, toute personne pouvant potentiellement être impliquée doit être correctement informée des objectifs, des méthodes, des sources de financement, de tout éventuel conflit d'intérêts, des affiliations institutionnelles du chercheur, des bénéfices escomptés et des risques potentiels de la recherche, des désagréments qu'elle peut engendrer, des mesures qui seront prises après à l'essai clinique et de tout autre aspect pertinent de la recherche. La personne pouvant potentiellement être impliquée dans la recherche doit être informée de son droit de refuser d'y participer ou de s'en retirer à tout moment sans mesure de rétorsion. Une attention particulière devrait être accordée aux besoins d'informations spécifiques de chaque personne pouvant potentiellement être impliquée dans la recherche ainsi qu'aux méthodes adoptées pour fournir les informations. Lorsque le médecin ou une autre personne qualifiée en la matière a la certitude que la personne concernée a compris les informations, il doit alors solliciter son consentement libre et éclairé, de préférence par écrit. Si le consentement ne peut pas être donné par écrit, le consentement non écrit doit être formellement documenté en présence d'un témoin. Toutes les personnes impliquées dans des recherches médicales devraient avoir le choix d'être informées des conclusions générales et des résultats de celles-ci.

27. Lorsqu'il sollicite le consentement éclairé d'une personne pour sa participation à une recherche, le médecin doit être particulièrement attentif lorsque cette dernière est dans une relation de dépendance avec lui ou pourrait donner son consentement sous la contrainte. Dans ce cas, le consentement éclairé doit être sollicité par une personne qualifiée en la matière et complètement indépendante de cette relation.

28. Lorsque la recherche implique une personne incapable de donner un consentement éclairé, le médecin doit solliciter le consentement éclairé de son représentant légal. Les personnes incapables ne doivent pas être incluses dans une recherche qui n'a aucune chance de leur être bénéfique sauf si celle-ci vise à améliorer la santé du groupe qu'elles représentent, qu'elle ne peut pas être réalisée avec des personnes capables de donner un consentement éclairé et qu'elle ne comporte que des risques et des inconvénients minimes. Lorsqu'une personne considérée comme incapable de donner un consentement éclairé est en mesure de donner son assentiment concernant sa participation à la recherche, le médecin doit solliciter cet assentiment en complément du consentement de son représentant légal. Le refus de la personne pouvant potentiellement être impliquée dans la recherche devrait être respecté.

30. La recherche impliquant des personnes physiquement ou mentalement incapables de donner leur consentement, par exemple des patients

inconscients, peut être menée uniquement si l'état physique ou mental empêchant de donner un consentement éclairé est une caractéristique nécessaire du groupe sur lequel porte cette recherche. Dans de telles circonstances, le médecin doit solliciter le consentement éclairé dureprésentant légal. En l'absence d'un représentant légal et si la recherche ne peut pas être retardée, celle-ci peut être lancée sans le consentement éclairé. Dans ce cas, le protocole de recherche doit mentionner les raisons spécifiques d'impliquer des personnes dont l'état les rend incapables de donner leur consentement éclairé et la recherche doit être approuvée par le comité d'éthique de la recherche concerné. Le consentement pour maintenir la personne concernée dans la recherche doit, dès que possible, être obtenu de la personne elle-même ou de son représentant légal.

31. Le médecin doit fournir des informations complètes au patient sur la nature des soins liés à la recherche. Le refus d'un patient de participer à une recherche ou sa décision de s'en retirer ne doit jamais nuire à la relation patient-médecin.

32. Pour la recherche médicale utilisant des tissus ou des données d'origine humaine, telles que les recherches sur tissus et données contenues dans les biobanques ou des dépôts similaires, les médecins doivent solliciter le consentement éclairé pour leur analyse, stockage et/ou réutilisation. Il peut se présenter des situations exceptionnelles où il est impraticable, voire impossible d'obtenir le consentement. Dans de telles situations, la recherche peut être entreprise uniquement après évaluation et approbation du comité d'éthique de la recherche concerné.

Utilisation du placebo

33. Les bénéfices, les risques, les inconvénients, ainsi que l'efficacité d'une nouvelle intervention doivent être testés et comparés à ceux des meilleures interventions avérées, sauf dans les circonstances suivantes :

lorsqu'il n'existe pas d'intervention avérée, l'utilisation de placebo, ou la non-intervention, est acceptable ; ou lorsque pour des raisons de méthodologie incontournables et scientifiquement fondées l'utilisation de toute intervention moins efficace que la meilleure éprouvée, l'utilisation d'un placebo, ou la non-intervention, est nécessaire afin de déterminer l'efficacité ou la sécurité d'une intervention, et lorsque les patients recevant une intervention moins efficace que la meilleure éprouvée, un placebo, ou une non-intervention, ne courent pas de risques supplémentaires de préjudices graves ou irréversibles du fait de n'avoir pas reçu la meilleure intervention éprouvée. Le plus grand soin doit être apporté afin d'éviter tout abus de cette option

Conditions de l'accès à l'intervention testée après l'essai clinique

34. En prévision d'un essai clinique, les promoteurs, les chercheurs et les gouvernements des pays d'accueil devraient prévoir des dispositions pour que tous les participants qui ont encore besoin d'une intervention identifiée

comme bénéfique dans l'essai puissent y accéder après celui-ci. Cette information doit également être communiquée aux participants au cours du processus de consentement éclairé.

Enregistrement des recherches, publication et dissémination des résultats

35. Toute recherche impliquant des êtres humains doit être enregistrée dans une banque de données accessible au public avant que ne soit recrutée la première personne impliquée dans la recherche.

36. Les chercheurs, auteurs, promoteurs, rédacteurs et éditeurs ont tous des obligations éthiques concernant la publication et la dissémination des résultats de la recherche. Les chercheurs ont le devoir de mettre à la disposition du public les résultats de leurs recherches impliquant des êtres humains. Toutes les parties ont la responsabilité de fournir des rapports complets et précis. Ils devraient se conformer aux directives acceptées en matière d'éthique pour la rédaction de rapports. Les résultats aussi bien négatifs et non concluants que positifs doivent être publiés ou rendus publics par un autre moyen. La publication doit mentionner les sources de financement, les affiliations institutionnelles et les conflits d'intérêts. Les rapports de recherche non conformes aux principes de la présente Déclaration ne devraient pas être acceptés pour publication.

Interventions non avérées dans la pratique clinique

37. Dans le cadre du traitement d'un patient, faute d'interventions avérées ou faute d'efficacité de ces interventions, le médecin, après avoir sollicité les conseils d'experts et avec le consentement éclairé du patient ou de son représentant légal, peut recourir à une intervention non avérée si, selon son appréciation professionnelle, elle offre une chance de sauver la vie, rétablir la santé ou alléger les souffrances du patient. Cette intervention devrait par la suite faire l'objet d'une recherche pour en évaluer la sécurité et l'efficacité. Dans tous les cas, les nouvelles informations doivent être enregistrées et, le cas échéant, rendues publiques.

CONVENTION POUR LA PROTECTION DES DROITS DE L'HOMME ET DE LA DIGNITÉ DE L'ÊTRE HUMAIN À L'EGARD DES APPLICATIONS DE LA BIOLOGIE ET DE LA MÉDECINE : CONVENTION SUR LES DROITS DE L'HOMME ET LA BIOMÉDECINE SIGNÉE À OVIEDO LE 4 AVRIL 1997[8]

Préambule

Les États membres du Conseil de l'Europe, les autres États et la Communauté européenne signataires de la présente Convention,
Considérant la Déclaration universelle des Droits de l'Homme, proclamée par l'Assemblée générale des Nations Unies le 10 décembre 1948 ;
Considérant la Convention de sauvegarde des Droits de l'Homme et des Libertés fondamentales du 4 novembre 1950 ;
Considérant la Charte sociale européenne du 18 octobre 1961 ;
Considérant le Pacte international sur les droits civils et politiques et le Pacte international relatif aux droits économiques, sociaux et culturels du 16 décembre 1966 ;
Considérant la Convention pour la protection des personnes à l'égard du traitement automatisé des données à caractère personnel du 28 janvier 1981 ;
Considérant également la Convention relative aux droits de l'enfant du 20 novembre 1989 ;
Considérant que le but du Conseil de l'Europe est de réaliser une union plus étroite entre ses membres, et que l'un des moyens d'atteindre ce but est la sauvegarde et le développement des droits de l'homme et des libertés fondamentales ;
Conscients des rapides développements de la biologie et de la médecine ;
Convaincus de la nécessité de respecter l'être humain à la fois comme individu et dans son appartenance à l'espèce humaine et reconnaissant l'importance d'assurer sa dignité ;
Conscients des actes qui pourraient mettre en danger la dignité humaine par un usage impropre de la biologie et de la médecine ;
Affirmant que les progrès de la biologie et de la médecine doivent être utilisés pour le bénéfice des générations présentes et futures ;
Soulignant la nécessité d'une coopération internationale pour que l'Humanité tout entière bénéficie de l'apport de la biologie et de la médecine ;
Reconnaissant l'importance de promouvoir un débat public sur les questions posées par l'application de la biologie et de la médecine, et sur les réponses à y apporter ;
Désireux de rappeler à chaque membre du corps social ses droits et ses responsabilités ;

---

[8] Disponible sur : oviedo.pdf (cfef.org).

Prenant en considération les travaux de l'Assemblée parlementaire dans ce domaine, y compris la Recommandation 1160 (1991) sur l'élaboration d'une convention de bioéthique ;
Résolus à prendre, dans le domaine des applications de la biologie et de la médecine, les mesures propres à garantir la dignité de l'être humain et les droits et libertés fondamentales de la personne,
sont convenues de ce qui suit :

CHAPITRE I –DISPOSITIONS GENERALES

Article 1 –Objet et finalité
Les Parties à la présente Convention protègent l'être humain dans sa dignité et son identité et garantissent à toute personne, sans discrimination, le respect de son intégrité et de ses autres droits et liberté fondamentale à l'égard des applications de la biologie et de la médecine.
Chaque Partie prend dans son droit interne les mesures nécessaires pour donner effet aux dispositions de la présente Convention.
Article 2 –Primauté de l'être humain
L'intérêt et le bien de l'être humain doivent prévaloir sur le seul intérêt de la société ou de la science.
Article 3 –Accès équitable aux soins de santé
Les Parties prennent, compte tenu des besoins de santé et des ressources disponibles, les mesures appropriées en vue d'assurer, dans leur sphère de juridiction, un accès équitable à des soins de santé de qualité appropriée.
Article 4 –Obligations professionnelles et règles de conduite
Toute intervention dans le domaine de la santé, y compris la recherche, doit être effectuée dans le respect des normes et obligations professionnelles, ainsi que des règles de conduite applicables en l'espèce.

CHAPITRE II –CONSENTEMENT

Article 5 –Règle générale
Une intervention dans le domaine de la santé ne peut être effectuée qu'après que la personne concernée y a donné son consentement libre et éclairé.
Cette personne reçoit préalablement une information adéquate quant au but et à la nature de l'intervention ainsi que quant à ses conséquences et ses risques.
La personne concernée peut, à tout moment, librement retirer son consentement.
Article 6 –Protection des personnes n'ayant pas la capacité de consentir
1 Sous réserve des articles 17 et 20, une intervention ne peut être effectuée sur une personne n'ayant pas la capacité de consentir, que pour son bénéfice direct.
2 Lorsque, selon la loi, un mineur n'a pas la capacité de consentir à une

intervention, celle-ci ne peut être effectuée sans l'autorisation de son représentant, d'une autorité ou d'une personne ou instance désignée par la loi. L'avis du mineur est pris en considération comme un facteur de plus en plus déterminant, en fonction de son âge et de son degré de maturité.
3 Lorsque, selon la loi, un majeur n'a pas, en raison d'un handicap mental, d'une maladie ou pour un motif similaire, la capacité de consentir à une intervention, celle-ci ne peut être effectuée sans l'autorisation de son représentant, d'une autorité ou d'une personne ou instance désignée par la loi. La personne concernée doit dans la mesure du possible être associée à la procédure d'autorisation.
4 Le représentant, l'autorité, la personne ou l'instance mentionnés aux paragraphes 2 et 3 reçoivent, dans les mêmes conditions, l'information visée à l'article 5.
5 L'autorisation visée aux paragraphes 2 et 3 peut, à tout moment, être retirée dans l'intérêt de la personne concernée.
Article 7 –Protection des personnes souffrant d'un trouble mental
La personne qui souffre d'un trouble mental grave ne peut être soumise, sans son consentement, à une intervention ayant pour objet de traiter ce trouble que lorsque l'absence d'un tel traitement risque d'être gravement préjudiciable à sa santé et sous réserve des conditions de protection prévues par la loi comprenant des procédures de surveillance et de contrôle ainsi que des voies de recours.
Article 8 –Situations d'urgence
Lorsqu'en raison d'une situation d'urgence le consentement approprié ne peut être obtenu, il pourra être procédé immédiatement à toute intervention médicalement indispensable pour le bénéfice de la santé de la personne concernée.
Article 9 –Souhaits précédemment exprimés
Les souhaits précédemment exprimés au sujet d'une intervention médicale par un patient qui, au moment de l'intervention, n'est pas en état d'exprimer sa volonté seront pris en compte.

CHAPITRE III –VIE PRIVEE ET DROIT A L'INFORMATION

Article 10 –Vie privée et droit à l'information
1 Toute personne a droit au respect de sa vie privée s'agissant des informations relatives à sa santé.
2 Toute personne a le droit de connaître toute information recueillie sur sa santé. Cependant, la volonté d'une personne de ne pas être informée doit être respectée.
3 À titre exceptionnel, la loi peut prévoir, dans l'intérêt du patient, des restrictions à l'exercice des droits mentionnés au paragraphe 2.

CHAPITRE IV –GENOME HUMAIN

Article 11 –Non-discrimination
Toute forme de discrimination à l'encontre d'une personne en raison de son patrimoine génétique est interdite.
Article 12 –Tests génétiques prédictifs
Il ne pourra être procédé à des tests prédictifs de maladies génétiques ou permettant soit d'identifier le sujet comme porteur d'un gène responsable d'une maladie soit de détecter une prédisposition ou une susceptibilité génétique à une maladie qu'à des fins médicales ou de recherche médicale, et sous réserve d'un conseil génétique approprié.
Article 13 –Interventions sur le génome humain
Une intervention ayant pour objet de modifier le génome humain ne peut être entreprise que pour des raisons préventives, diagnostiques ou thérapeutiques et seulement si elle n'a pas pour but d'introduire une modification dans le génome de la descendance.
Article 14 –Non-sélection du sexe
L'utilisation des techniques d'assistance médicale à la procréation n'est pas admise pour choisir le sexe de l'enfant à naître, sauf en vue d'éviter une maladie héréditaire grave liée au sexe.

CHAPITRE V –RECHERCHE SCIENTIFIQUE

Article 15 –Règle générale
La recherche scientifique dans le domaine de la biologie et de la médecine s'exerce librement sous réserve des dispositions de la présente Convention et des autres dispositions juridiques qui assurent la protection de l'être humain.
Article 16 –Protection des personnes se prêtant à une recherche
Aucune recherche ne peut être entreprise sur une personne à moins que les conditions suivantes ne soient réunies :
i- il n'existe pas de méthode alternative à la recherche sur des êtres humains, d'efficacité comparable ;
ii- les risques qui peuvent être encourus par la personne ne sont pas disproportionnés par rapport aux bénéfices potentiels de la recherche ;
iii- le projet de recherche a été approuvé par l'instance compétente, après avoir fait l'objet d'un examen indépendant sur le plan de sa pertinence scientifique, y compris une évaluation de l'importance de l'objectif de la recherche, ainsi que d'un examen pluridisciplinaire de son acceptabilité sur le plan éthique ;
iv -la personne se prêtant à une recherche est informée de ses droits et des garanties prévues par la loi pour sa protection ;
v -le consentement visé à l'article 5 a été donné expressément, spécifiquement, et est consigné par écrit. Ce consentement peut, à tout moment, être librement retiré.

Article 17 – Protection des personnes qui n'ont pas la capacité de consentir à une recherche

1 Une recherche ne peut être entreprise sur une personne n'ayant pas, conformément à l'article 5, la capacité d'y consentir que si les conditions suivantes sont réunies :

i -les conditions énoncées à l'article 16, alinéas i à iv, sont remplies ;

ii -les résultats attendus de la recherche comportent un bénéfice réel et direct pour sa santé ;

iii -la recherche ne peut s'effectuer avec une efficacité comparable sur des sujets capables d'y consentir ;

iv -l'autorisation prévue à l'article 6 a été donnée spécifiquement et par écrit ; et

v -la personne n'y oppose pas de refus.

2 À titre exceptionnel et dans les conditions de protection prévues par la loi, une recherche dont les résultats attendus ne comportent pas de bénéfice direct pour la santé de la personne peut être autorisée si les conditions énoncées aux alinéas i, iii, iv et v du paragraphe 1 ci-dessus ainsi que les conditions supplémentaires suivantes sont réunies :

i -la recherche a pour objet de contribuer, par une amélioration significative de la connaissance scientifique de l'état de la personne, de sa maladie ou de son trouble, à l'obtention, à terme, de résultats permettant un bénéfice pour la personne concernée ou pour d'autres personnes dans la même catégorie d'âge ou souffrant de la même maladie ou trouble ou présentant les mêmes caractéristiques ;

ii -la recherche ne présente pour la personne qu'un risque minimal et une contrainte minimale.

Article 18 –Recherche sur les embryons in vitro

1 -Lorsque la recherche sur les embryons in vitro est admise par la loi, celle-ci assure une protection adéquate de l'embryon.

2 -La constitution d'embryons humains aux fins de recherche est interdite.

CHAPITRE VI – PRELEVEMENT D'ORGANES ET DE TISSUS SUR LS DONNEURS VIVANTS A DES FNS DE TRANSPLANTATION

Article 19 –Règle générale

1 Le prélèvement d'organes ou de tissus aux fins de transplantation ne peut être effectué sur un donneur vivant que dans l'intérêt thérapeutique du receveur et lorsque l'on ne dispose pas d'organe ou de tissu appropriés d'une personne décédée ni de méthode thérapeutique alternative d'efficacité comparable.

2 Le consentement visé à l'article 5 doit avoir été donné expressément et spécifiquement, soit par écrit soit devant une instance officielle.

Article 20 – Protection des personnes qui n'ont pas la capacité de consentir au

prélèvement d'organe
1 Aucun prélèvement d'organe ou de tissu ne peut être effectué sur une personne n'ayant pas la capacité de consentir conformément à l'article 5.
2 à titre exceptionnel et dans les conditions de protection prévues par la loi, le prélèvement de tissus régénérables sur une personne qui n'a pas la capacité de consentir peut être autorisé si les conditions suivantes sont réunies :
i -on ne dispose pas d'un donneur compatible jouissant de la capacité de consentir ;
ii -le receveur est un frère ou une sœur du donneur ;
iii -le don doit être de nature à préserver la vie du receveur ;
iv -l'autorisation prévue aux paragraphes 2 et 3 de l'article 6 a été donnée spécifiquement et par écrit, selon la loi et en accord avec l'instance compétente,
v -le donneur potentiel n'y oppose pas de refus.

CHAPITRE VII –INTERDICTION DU PROFIT ET UTILISATION D'UNE PARTIE DU CORPS HUMAIN

Article 21 –Interdiction du profit
Le corps humain et ses parties ne doivent pas être, en tant que tels, source de profit.
Article 22 –Utilisation d'une partie du corps humain prélevée
Lorsqu'une partie du corps humain a été prélevée au cours d'une intervention, elle ne peut être conservée et utilisée dans un but autre que celui pour lequel elle a été prélevée que conformément aux procédures d'information et de consentement appropriées.

CHAPITRE VIII –ATTEINTE AUX DISPOSITIONS DE LA CONVENTION

Article 23 –Atteinte aux droits ou principes
Les Parties assurent une protection juridictionnelle appropriée afin d'empêcher ou faire cesser à bref délai une atteinte illicite aux droits et principes reconnus dans la présente Convention.
Article 24 –Réparation d'un dommage injustifié
La personne ayant subi un dommage injustifié résultant d'une intervention a droit à une réparation équitable dans les conditions et selon les modalités prévues par la loi.
Article 25 –Sanctions
Les Parties prévoient des sanctions appropriées dans les cas de manquement aux dispositions de la présente Convention.

CHAPITRE IX – RELATION DE LA PRESENTE CONVENTION AVEC D'AUTRES DISPOSITIONS

Article 26 –Restrictions à l'exercice des droits

1 L'exercice des droits et les dispositions de protection contenues dans la présente Convention ne peuvent faire l'objet d'autres restrictions que celles qui, prévues par la loi, constituent des mesures nécessaires, dans une société démocratique, à la sûreté publique, à la prévention des infractions pénales, à la protection de la santé publique ou à la protection des droits et libertés d'autrui.

2 Les restrictions visées à l'alinéa précédent ne peuvent être appliquées aux articles 11, 13, 14, 16, 17, 19, 20 et 21.

Article 27 –Protection plus étendue

Aucune des dispositions de la présente Convention ne sera interprétée comme limitant ou portant atteinte à la faculté pour chaque Partie d'accorder une protection plus étendue à l'égard des applications de la biologie et de la médecine que celle prévue par la présente Convention.

CHAPITRE X –DEBAT PUBLIC

Article 28 –Débat public

Les Parties à la présente Convention veillent à ce que les questions fondamentales posées par les développements de la biologie et de la médecine fassent l'objet d'un débat public approprié à la lumière, en particulier, des implications médicales, sociales, économiques, éthiques et juridiques pertinentes, et que leurs possibles applications fassent l'objet de consultations appropriées.

CHAPITRE XI –INTERPRETATION DE LA CONVENTION

Article 29 –Interprétation de la Convention

La Cour européenne des Droits de l'Homme peut donner, en dehors de tout litige concret se déroulant devant une juridiction, des avis consultatifs sur des questions juridiques concernant l'interprétation de la présente Convention à la demande :

– du Gouvernement d'une Partie, après en avoir informé les autres Parties ;

– du Comité institué par l'article 32, dans sa composition restreinte aux Représentants des Parties à la présente Convention, par décision prise à la majorité des deux tiers des voix exprimées.

Article 30 –Rapports sur l'application de la Convention

Toute Partie fournira, sur demande du Secrétaire Général du Conseil de l'Europe, les explications requises sur la manière dont son droit interne assure l'application effective de toutes les dispositions de cette Convention.

CHAPITRE XII –PROTOCOLES

Article 31 –Protocoles

Des protocoles peuvent être élaborés conformément aux dispositions de l'article 32, en vue de développer, dans des domaines spécifiques, les principes contenus dans la présente Convention.

Les protocoles sont ouverts à la signature des signataires de la Convention. Ils seront soumis à ratification, acceptation ou approbation. Un signataire ne peut ratifier, accepter ou approuver les protocoles sans avoir antérieurement ou simultanément ratifié, accepté ou approuvé la Convention.

CHAPITRE XIII –AMENDEMENTS DE LA CONVENTION

Article 32 –Amendements à la Convention

1 Les tâches confiées au « comité » dans le présent article et dans l'article 29 sont effectuées par le Comité directeur pour la bioéthique (CDBI), ou par tout autre comité désigné à cette fin par le Comité des Ministres.

2 Sans préjudice des dispositions spécifiques de l'article 29, tout État membre du Conseil de l'Europe ainsi que toute Partie à la présente Convention qui n'est pas membre du Conseil de l'Europe peut se faire représenter au sein du comité, lorsque celui-ci accomplit les tâches confiées par la présente Convention, et y dispose d'une voix.

3 Tout État visé à l'article 33 ou invité à adhérer à la Convention conformément aux dispositions de l'article 34, qui n'est pas Partie à la présente Convention, peut désigner un observateur auprès du comité. Si la Communauté européenne n'est pas Partie, elle peut désigner un observateur auprès du comité.

4 Afin de tenir compte des évolutions scientifiques, la présente Convention fera l'objet d'un examen au sein du comité dans un délai maximum de cinq ans après son entrée en vigueur, et par la suite à des intervalles que le comité pourra déterminer.

5 Toute proposition d'amendement à la présente Convention ainsi que toute proposition de protocole ou d'amendement à un protocole, présentée par une Partie, par le comité ou le Comité des Ministres, est communiquée au Secrétaire Général du Conseil de l'Europe et transmise par ses soins aux États membres du Conseil de l'Europe, à la Communauté européenne, à tout signataire, à toute Partie, à tout État invité à signer la présente Convention conformément aux dispositions de l'article 33, et à tout État invité à y adhérer conformément aux dispositions de l'article 34.

6 Le comité examine la proposition au plus tôt deux mois après qu'elle a été transmise par le Secrétaire Général conformément au paragraphe 5.

Le Comité soumet le texte adopté à la majorité des deux tiers des voix exprimées à l'approbation du Comité des Ministres. Après son approbation, ce texte est communiqué aux Parties en vue de sa ratification, son acceptation ou son approbation.
7 Tout amendement entrera en vigueur, à l'égard des Parties qui l'ont accepté, le premier jour du mois qui suit l'expiration d'une période d'un mois après la date à laquelle cinq Parties, y compris au moins quatre États membres du Conseil de l'Europe, auront informé le Secrétaire Général qu'elles l'ont accepté.
Pour toute Partie qui l'aura accepté ultérieurement, l'amendement entrera en vigueur le premier jour du mois qui suit l'expiration d'une période d'un mois après la date à laquelle ladite Partie aura informé le Secrétaire Général de son acceptation.

CHAPITRE XIV –CLAUSES FINALES

Article 33 –Signature, ratification et entrée en vigueur
1 La présente Convention est ouverte à la signature des États membres du Conseil de l'Europe, des États non membres qui ont participé à son élaboration et de la Communauté européenne.
2 La présente Convention sera soumise à ratification, acceptation ou approbation. Les instruments de ratification, d'acceptation ou d'approbation seront déposés près le Secrétaire Général du Conseil de l'Europe.
3 La présente Convention entrera en vigueur le premier jour du mois qui suit l'expiration d'une période de trois mois après la date à laquelle cinq États, incluant au moins quatre États membres du Conseil de l'Europe, auront exprimé leur consentement à être liés par la Convention, conformément aux dispositions du paragraphe précédent.
4 Pour tout Signataire qui exprimera ultérieurement son consentement à être lié par la Convention, celle-ci entrera en vigueur le premier jour du mois qui suit l'expiration d'une période de trois mois après la date du dépôt de son instrument de ratification, d'acceptation ou d'approbation.
Article 34 –États non membres
1 Après l'entrée en vigueur de la présente Convention, le Comité des Ministres du Conseil de l'Europe pourra, après consultation des Parties, inviter tout État non membre du Conseil de l'Europe à adhérer à la présente Convention par une décision prise à la majorité prévue à l'article 20, alinéa d, du Statut du Conseil de l'Europe et à l'unanimité des voix des représentants des États contractants ayant le droit de siéger au Comité des Ministres.
2 Pour tout État adhérent, la Convention entrera en vigueur le premier jour du mois qui suit l'expiration d'une période de trois mois après la date du dépôt de l'instrument d'adhésion près le Secrétaire Général du Conseil de l'Europe.

Article 35 –Application territoriale

1 Tout Signataire peut, au moment de la signature ou au moment du dépôt de son instrument de ratification, d'acceptation ou d'approbation, désigner le territoire ou les territoires auxquels s'appliquera la présente Convention. Tout autre État peut formuler la même déclaration au moment du dépôt de son instrument d'adhésion.

2 Toute Partie peut, à tout moment par la suite, par une déclaration adressée au Secrétaire Général du Conseil de l'Europe, étendre l'application de la présente Convention à tout autre territoire désigné dans la déclaration et dont elle assure les relations internationales ou pour lequel elle est habilitée à stipuler. La Convention entrera en vigueur à l'égard de ce territoire le premier jour du mois qui suit l'expiration d'une période de trois mois après la date de réception de la déclaration par le Secrétaire Général.

3 Toute déclaration faite en vertu des deux paragraphes précédents pourra être retirée, en ce qui concerne tout territoire désigné dans cette déclaration, par notification adressée au Secrétaire Général. Le retrait prendra effet le premier jour du mois qui suit l'expiration d'une période de trois mois après la date de réception de la notification par le Secrétaire Général.

Article 36 –Réserves

1 Tout État et la Communauté européenne peuvent, au moment de la signature de la présente Convention ou du dépôt de l'instrument de ratification, d'acceptation, d'approbation ou d'adhésion, formuler une réserve au sujet d'une disposition particulière de la Convention, dans la mesure où une loi alors en vigueur sur son territoire n'est pas conforme à cette disposition. Les réserves de caractère général ne sont pas autorisées aux termes du présent article.

2 Toute réserve émise conformément au présent article comporte un bref exposé de la loi pertinente.

3 Toute Partie qui étend l'application de la présente Convention à un territoire désigné par une déclaration prévue en application du paragraphe 2 de l'article 35 peut, pour le territoire concerné, formuler une réserve, conformément aux dispositions des paragraphes précédents.

4 Toute Partie qui a formulé la réserve visée dans le présent article peut la retirer au moyen d'une déclaration adressée au Secrétaire Général du Conseil de l'Europe. Le retrait prendra effet le premier jour du mois qui suit l'expiration d'une période d'un mois après la date de réception par le Secrétaire Général.

Article 37 –Dénonciation

1 Toute Partie peut, à tout moment, dénoncer la présente Convention en adressant une notification au Secrétaire Général du Conseil de l'Europe.

2 La dénonciation prendra effet le premier jour du mois qui suit l'expiration d'une période de trois mois après la date de réception de la notification par le Secrétaire Général.

Article 38 –Notifications

Le Secrétaire Général du Conseil de l'Europe notifiera aux États membres du Conseil, à la Communauté européenne, à tout Signataire, à toute Partie et à tout autre État qui a été invité à adhérer à la présente Convention :

a- toute signature ;

b -le dépôt detout instrument de ratification, d'acceptation, d'approbation ou d'adhésion ;

c -toute date d'entrée en vigueur de la présente Convention, conformément à ses articles33 ou 34 ;

d -tout amendement ou protocole adopté conformément à l'article 32, et la date à laquelle cet amendement ou protocole entre en vigueur ;

e -toute déclaration formulée en vertu des dispositions de l'article 35 ;

f -toute réserve et tout retrait de réserve formulés conformément aux dispositions de l'article 36 ;

g -tout autre acte, notification ou communication ayant trait à la présente Convention.

En foi de quoi, les soussignés, dûment autorisés à cet effet, ont signé la présente Convention.

Fait à Oviedo (Asturies), le 4 avril 1997, en français et en anglais, les deux textes faisant également foi, en un seul exemplaire qui sera déposé dans les archives du Conseil de l'Europe. Le Secrétaire Général du Conseil de l'Europe en communiquera copie certifiée conforme à chacun des États membres du Conseil de l'Europe, à la Communauté européenne, aux États non membres qui ont participé à l'élaboration de la présente

DECLARATION D'ALMA ATA DU 6 AU 12 SEPTEMBRE 1978 À GENÈVE[9]

La Conférence internationale sur les soins de santé primaires réunie à Alma-Ata ce douze septembre mil neuf cent soixante-dix-huit, soulignant la nécessité d'une action urgente de tous les gouvernements, de tous les personnels des secteurs de la santé et du développement ainsi que de la communauté internationale pour protéger et promouvoir la santé de tous les peuples du monde, déclare ce qui suit :

I

La Conférence réaffirme avec force que la santé, qui est un état de complet bien-être physique, mental et social et ne consiste pas seulement en l'absence de maladie ou d'infirmité, est un droit fondamental de l'être humain, et que l'accession au niveau de santé le plus élevé possible est un objectif social extrêmement important qui intéresse le monde entier et suppose la participation de nombreux secteurs socioéconomiques autres que celui de la santé.

II

Les inégalités flagrantes dans la situation sanitaire des peuples, aussi bien entre pays développés et pays en développement qu'à l'intérieur même des pays, sont politiquement, socialement et économiquement inacceptables et constituent de ce fait un sujet de préoccupation commun à tous les pays.

III

Le développement économique et social, fondé sur un nouvel ordre économique international, revêt une importance fondamentale si l'on veut donner à tous le niveau de santé le plus élevé possible et combler le fossé qui sépare sur le plan sanitaire les pays en développement des pays développés. La promotion et la protection de la santé des peuples est la condition sine qua non d'un progrès économique et social soutenu en même temps qu'elles contribuent à une meilleure qualité de la vie et à la paix mondiale.

IV

Tout être humain a le droit et le devoir de participer individuellement et

---

[9] Disponible sur : Déclaration d'Alma-Ata (who.int).

collectivement à la planification et à la mise en œuvre des soins de santé qui lui sont destinés.

V

Les gouvernements ont vis-à-vis de la santé des populations une responsabilité dont ils ne peuvent s'acquitter qu'en assurant des prestations sanitaires et sociales adéquates. L'un des principaux objectifs sociaux des gouvernements, des organisations internationales et de la communauté internationale tout entière au cours des prochaines décennies doit être de donner à tous les peuples du monde, d'ici l'an 2000, un niveau de santé qui leur permette de mener une vie socialement et économiquement productive. Les soins de santé primaires sont le moyen qui permettra d'atteindre cet objectif dans le cadre d'un développement empreint d'un véritable esprit de justice sociale.

VI

Les soins de santé primaires sont des soins de santé essentiels fondés sur des méthodes et des techniques pratiques, scientifiquement valables et socialement acceptables, rendus universellement accessibles à tous les individus et à toutes les familles de la communauté avec leur pleine participation et à un coût que la communauté et le pays puissent assumer à tous les stades de leur développement dans un esprit d'autoresponsabilité et d'autodétermination. Ils font partie intégrante tant du système de santé national, dont ils sont la cheville ouvrière et le foyer principal que du développement économique et social d'ensemble de la communauté. Ils sont le premier niveau de contacts des individus, de la famille et de la communauté avec le système national de santé, rapprochant le plus possible les soins de santé des lieux où les gens vivent et travaillent, et ils constituent le premier élément d'un processus ininterrompu de protection sanitaire.

VII

Les soins de santé primaires :

1. reflètent les conditions économiques et les caractéristiques socio-culturelles et politiques du pays et des communautés dont ils émanent et sont fondés sur l'application des résultats pertinents de la recherche sociale et biomédicale et de la recherche sur les services de santé, ainsi que sur l'expérience de la santé publique ; 2. visent à résoudre les principaux problèmes de santé de la communauté, en assurant les services de promotion, de prévention, de soins et de réadaptation nécessaires à cet effet ; 3. comprennent au minimum : une éducation concernant les problèmes de santé qui se posent ainsi que les méthodes de prévention et de lutte qui leur sont applicables, la promotion de bonnes conditions alimentaires et nutritionnelles, un approvisionnement suffisant en eau saine et des mesures d'assainissement de base, la protection maternelle et infantile y compris la planification familiale, la vaccination

contre les grandes maladies infectieuses, la prévention et le contrôle des endémies locales, le traitement des maladies et lésions courantes et la fourniture de médicaments essentiels ; 4. font intervenir, outre le secteur de la santé, tous les secteurs et domaines connexes du développement national et communautaire, en particulier l'agriculture, l'élevage, la production alimentaire, l'industrie, l'éducation, le logement, les travaux publics et les communications, et requièrent l'action coordonnée de tous ces secteurs ; 5. exigent et favorisent au maximum l'autoresponsabilité de la collectivité et des individus et leur participation à la planification, à l'organisation, au fonctionnement et au contrôle des soins de santé primaires, en tirant le plus large parti possible des ressources locales, nationales et autres, et favorisent à cette fin, par une éducation appropriée, l'aptitude des collectivités à participer ; 6. doivent être soutenus par des systèmes d'orientation/recours intégrés, fonctionnels et se soutenant mutuellement, afin de parvenir à l'amélioration progressive de services médico-sanitaires complets accessibles à tous et accordant la priorité aux plus démunis ; 7. font appel tant à l'échelon local qu'à celui des services de recours aux personnels de santé—médecins, infirmières, sages-femmes, auxiliaires et agents communautaires, selon le cas, ainsi que, s'il y a lieu, praticiens traditionnels—tous préparés socialement et techniquement à travailler en équipe et à répondre aux besoins de santé exprimés par la collectivité.

VIII

Tous les gouvernements se doivent d'élaborer au plan national des politiques, des stratégies et des plans d'action visant à introduire et à maintenir les soins de santé primaires dans un système national de santé complet et à les coordonner avec l'action d'autres secteurs. À cette fin, il sera nécessaire que s'affirme la volonté politique de mobiliser les ressources du pays et d'utiliser rationnellement les ressources extérieures disponibles.

IX

Tous les pays se doivent de coopérer dans un esprit de solidarité et de service en vue de faire bénéficier des soins de santé primaires l'ensemble de leur population, puisque l'accession de la population d'un pays donné à un niveau de santé satisfaisant intéresse directement tous les autres pays et leur profite à tous. Dans ce contexte, le rapport conjoint FISE/OMS sur les soins de santé primaires constitue une base solide pour l'avenir du développement de la mise en œuvre des soins de santé primaires dans le monde entier.

X

L'humanité tout entière pourra accéder à un niveau acceptable de santé en l'an 2000 si l'on utilise de façon plus complète et plus efficace les ressources mondiales dont une part considérable est actuellement dépensée en armements et en conflits armés. Une politique authentique d'indépendance, de paix, de détente et de désarmement pourrait et devrait permettre de dégager des ressources supplémentaires qui pourraient très utilement être consacrées à des fins pacifiques et en particulier à l'accélération du développement économique et social dont les soins de santé primaires, qui en sont un élément essentiel, devraient recevoir la part qui leur revient.

TEXTES RÉGIONAUX ET COMMUNAUTAIRES AFRICAINS

TEXTES RÉGIONAUX

UNION AFRICAINE

TRAITE PORTANT CRÉATION DE L'AGENCE AFRICAINE DU MÉDICAMENT DISPONIBLE SUR LE SITE DE L'UNION AFICAINE Voir (au. int « traité – portant-création de l'agence du médicament).

LA LOI TYPE DE L'UNION AFRICAINE SUR LA RÉGLEMENTATION DES PRODUITS MÉDICAUX[10]

Préambule

NOUS, États Membres de l'Union Africaine ; RECONNAISSANT que le droit à la santé est un droit humain international tel qu'il est exprimé dans l'article 25 de la Déclaration des droits de l'homme et dans l'article 12 du Pacte international relatif aux droits civils et politiques ;
RÉAFFIRMANT le droit à la santé garanti par l'article 16 de la Charte africaine ;
CONSCIENTS de l'obligation des États de protéger la santé de leurs peuples pour la réalisation du bien-être physique et mental le plus élevé possible de tous ;
CONVAINCUS qu'il revient à l'État de réglementer les produits médicaux et de fournir des mécanismes adéquats pour garantir leur qualité, sécurité et efficacité ;
CONSCIENTS de la nécessité de promouvoir et de protéger la santé publique des citoyens en développant des systèmes réglementaires qui satisfont la capacité de réglementation minimale ;
CONSCIENTS de la nécessité de mettre en œuvre les politiques, les lois, directives et normes connexes, telles que recommandées par l'Organisation mondiale de la santé (OMS) ;
RAPPELANT la décision de l'Assemblée {Assembly / AU / Dec.55 (IV)} prise lors du Sommet d'Abuja en Janvier 2005, qui a demandé à la Commission de l'UA d'élaborer un plan de fabrication de produits pharmaceutiques pour l'Afrique (PMPA) dans le cadre du Nouveau Partenariat pour le Développement de l'Afrique NEPAD ; RAPPELANT la Décision de la 19ème Assemblée de l'Union africaine {Assemblée de l'UA / Dec.442 (XIX)} sur la Feuille de route sur la Responsabilité partagée et la

[10] Disponible sur : NEPAD Booklet proof (au.int).

Solidarité Mondiale dans la lutte contre le SIDA, la Tuberculose et le Paludisme en Afrique qui, entre autres, souligne la nécessité d'accélérer et de renforcer les initiatives d'harmonisation régionale des réglementations sur les médicaments et de jeter les bases pour la création d'un seul organisme de réglementation africain ;
RAPPELANT la Décision du Conseil exécutif, {EX.CL/Dec.857 (XXVI)}, qui a approuvé les étapes pour la création d'un organisme unique de réglementation des médicaments en Afrique dans le contexte du Programme d'harmonisation de l'homologation des médicaments en Afrique (HHMA), qui fait partie du cadre du PMPA, et contribue au développement d'un capital humain sain pour la réalisation du programme de développement humain et social de l'Union africaine, tel qu'inscrit dans l'Agenda 2063 ;
PRÉOCCUPÉS du fait que la prolifération des produits médicaux contrefaits /de qualité inférieure/ falsifiés / faussement étiquetés (SSFFC) sur le continent constitue une menace majeure pour la santé publique et NOTANT que malgré l'ímportance du cadre législatif et règlementaire (normatif) sur les produits médicaux pour assurer la santé publique nationale, les systèmes réglementaires de nombreux pays africains restent insuffisants ;
RECONNAISSANT la nécessité de l'harmonisation des politiques, des lois et des cadres juridiques relatifs aux produits médicaux par les Communautés Economiques Régionales (CER) et l'Union africaine comme un moyen efficace d'assurer l'accès à des produits médicaux sûrs, efficaces et de qualité à la population africaine ;
CONVAINCUS que l'adoption et l'adaptation nationale d'une loi type sur la réglementation des produits médicaux en Afrique sont essentielles pour la création d'un environnement de réglementation harmonisé sur le continent ;
Sommes convenus de la présente loi type de l'union africaine sur la règlementation des produits médicaux.

DISPOSITIONS GÉNÉRALES

Article 1 : Objet
1) La présente loi est intitulée ‘‘Loi sur la réglementation des produits médicaux”.
Article 2 : Champ d'application et autres lois
1) La présente loi s'applique aux produits médicaux sous réserve des lois en vigueur relatives aux produits médicaux.
2) En cas de conflit avec toute autre loi sur les produits médicaux, les dispositions de la présente loi l'emportent.
3) Les dispositions d'une loi existante en conflit avec la présente loi doivent selon le degré d'incohérence être abrogées ou modifiées.

Article 3 : But
Le but de cette loi est d'établir un système efficace et efficient de réglementation et de contrôle des produits médicaux et de veiller à ce que ces produits répondent aux normes requises de sécurité, d'efficacité et de qualité.
Article 4 : Définitions
Au sens de la présente loi et sauf disposition contraire, on entend par : « Publicité » : par rapport à un produit médical, tout dispositif pictural, visuel ou autrement descriptif ou des déclarations ou des références verbales :
a) apparaissant dans une publication ou support imprimé ou électronique ;
b) diffusé à la télévision ou à la radio ; où
c) porté à la connaissance des membres du public de quelque manière que ce soit, destiné à avertir directement ou indirectement de l'existence et des avantages d'un produit médical, et "faire de la publicité" a un sens correspondant ;
« Agence/autorité » : l'Agence/Autorité nationale de réglementation, comme indiqué dans cette loi ;
« Autorité de nomination/supervision » : l'organisme gouvernemental, le ministre ou le fonctionnaire auquel l'Agence/Autorité [Nationale] de réglementation des produits médicaux est responsable ;
« Conseil » : le conseil de l'Agence/Autorité nationale de réglementation constituée en vertu de la présente loi ;
« Essai clinique » : toute étude systématique des produits pharmaceutiques sur des sujets humains, que ce soit chez les patients ou d'autres volontaires, afin de découvrir ou de vérifier les effets des, et/ou d'identifier tout effet indésirable des produits de recherche et/ou d'étudier l'absorption, la distribution, le métabolisme et l'excrétion des produits dans le but de s'assurer de leur efficacité et de leur sécurité ;
« Code de conduite » : un document officiel de l'Agence / Autorité décrivant le comportement attendu du personnel, des membres du conseil et des comités techniques, et des entrepreneurs ;
« Usage compassionnel » : l'accès à des produits médicaux non enregistrés dans des situations spéciales ou d'urgence. En général, soit le patient souffre d'une maladie grave, voire mortelle, et la thérapie existante a échoué, ou la maladie est une maladie rare pour laquelle les médicaments spécialisés n'ont pas d'autorisation de mise sur le marché local. Les produits médicaux sont encore au stade expérimental, ou en tout cas leur efficacité n'est pas prouvée, et le gouvernement n'est pas obligé de financer leur approvisionnement ;
« Administrer » : préparer et fournir à un patient un traitement sur la base d'une ordonnance ; « Dispensateur » : toute personne qui distribue des médicaments. Le terme est spécifiquement utilisé pour désigner tout individu qui n'est pas un pharmacien diplômé, mais qui est formé pour administrer des médicaments, tenir des registres de stocks et aider dans les activités d'achat ;
« Distribution » : la répartition et la circulation des produits médicaux, depuis

les locaux du fabricant de ces produits, ou d'un autre point central, à l'utilisateur final, ou à un point intermédiaire au moyen de diverses méthodes de transport, via différents lieux de stockage et/ou établissements de santé ;
« Comité d'éthique / comité d'examen institutionnel » : un organisme multidisciplinaire chargé d'examiner la recherche biomédicale pour la sauvegarde de la dignité, des droits, de la sécurité et du bien-être de tous les participants réels ou potentiels à la recherche ;
« Exportation » : la livraison ou la fourniture dans le pays pour envoi vers une destination à l'extérieur du pays ;
« Harmonisation » : l'alignement ou l'ajustement des différences et des incohérences entre les différentes lois, règlements, méthodes, procédures, programmes, spécifications, ou systèmes d'Agence/Autorité nationale de réglementation des produits médicaux ;
« Importation » : faire entrer sur le territoire national que ce soit sur soi-même, par voie terrestre, maritime ou aérienne avec l'intention de distribuer, délivrer et de vendre au détail et de consommer ;
« Système de gestion de l'information » : un système de gestion de base de données et des transactions qui est conçu pour faciliter le stockage, l'organisation, et la récupération de l'information au sein de l'Agence / Autorité ;
« Inspection » : un examen effectué officiellement (c'est à dire, examen du déroulement de l'essai, y compris l'assurance de la qualité, le personnel impliqué, toute délégation de pouvoir et audit) par les autorités compétentes sur le site de recherche et/ou sur le site du sponsor afin de vérifier le respect des bonnes pratiques cliniques (BPC) et des bonnes pratiques de laboratoire (BPL) telles que défini dans le présent document ;
« Inspecteur » : une personne autorisée à exercer des activités d'inspection par l'Agence [nationale] de réglementation des produits médicaux, conformément à la présente loi ; « Produit pharmaceutique interchangeable » : un produit pharmaceutique qui présente une équivalence thérapeutique à un produit de référence ;
« Fabrication » : toutes les opérations d'achat de matériaux et de matières premières, de préparation de l'ingrédient pharmaceutique actif (IPA) et du produit pharmaceutique, y compris l'emballage et le reconditionnement, l'étiquetage et le ré-étiquetage, le contrôle de qualité, la libération, le stockage et la distribution et les contrôles connexes.
« Marché » : une variété de systèmes, d'institutions, de procédures, de relations sociales et d'infrastructures pour la vente et le troc ou l'échange ou la fourniture ou la disposition en faveur d'une personne des produits médicaux.
« Autorisation de mise sur le marché » : un document juridique publié par l'Agence / Autorité compétente pour des fins de marketing ou de distribution gratuite d'un produit après l'évaluation de la sécurité, de l'efficacité et de la

qualité.
« Dispositif médical » : tout instrument, équipement, outil, machine, appareil, implant, réactif ou étalonneur in vitro, logiciel, matériel ou autre article similaire ou connexe :

a) destiné par le fabricant à être utilisé, seul ou en combinaison, pour les êtres humains ou les animaux pour :
(i) le diagnostic, la prévention, le contrôle, le traitement ou l'atténuation d'une maladie ;
(ii) le diagnostic, le contrôle, le traitement, l'atténuation ou la compensation d'une blessure ;
(iii) l'étude, le remplacement, la modification ou le soutien de l'anatomie ou d'un processus physiologique ;
(iv) le soutien ou le maintien des fonctions vitales ;
(v) la maîtrise de la conception ;
(vi) la désinfection des dispositifs médicaux ; où
(vii) la provision d'informations à des fins médicales ou de diagnostic au moyen d'un examen in vitro d'échantillons provenant du corps humain ; et
b) qui n'atteint pas l'effet primaire escompté dans ou sur le corps humain ou animal par des moyens pharmacologiques, immunologiques ou métaboliques, mais qui peut être assisté dans sa fonction prévue par de tels moyens
c) « Produits médicaux » : les médicaments, les vaccins, les dispositifs de diagnostics et médicaux.
« Médicament » : toute substance ou mélange de substances utilisées ou censées être adaptées à l'utilisation ou fabriquées ou vendues pour utilisation dans :
a) le diagnostic, le traitement, l'atténuation, la modification ou la prévention de la maladie, d'un état physique ou mental anormal ou de leurs symptômes chez l'homme ; où
b) la restauration, la correction ou la modification de toute fonction somatique ou psychique ou organique chez l'homme, et comprend toute la médecine vétérinaire ;
« Ministre » : le ministre chargé des questions de santé ;
« Reconnaissance mutuelle » : l'acceptation de la certification faite par une Agence nationale de réglementation des produits médicaux des normes et des procédures de réglementation des produits médicaux par une autre Agence nationale de réglementation des produits médicaux ; « Autres produits réglementés » : des médicaments complémentaires, des cosmétiques, des aliments et des produits connexes ;
« Pharmacien » : un titulaire d'un diplôme en pharmacie d'un établissement supérieur d'apprentissage reconnu et qui est inscrit ou autorisé à exercer la pharmacie ;
« Pharmacovigilance » : la science et les activités relatives à la détection,

l'évaluation, la compréhension et la prévention des effets indésirables ou de tout autre problème lié aux médicaments ;
« Pharmacie » : la science et la technique de production et d'administration de produits médicaux qui relie les sciences de la santé aux sciences chimiques et vise à assurer l'utilisation sûre et efficace des produits médicaux ;
« Prescrire » : émettre une instruction par écrit d'un traitement médical donné, ou d'un médicament particulier uniquement sur ordonnance, pour un patient ou animal particulier par un médecin, un dentiste ou un vétérinaire agrée pour la collecte d'un médicament ou d'un traitement d'une unité de distribution ;
« Produit médical interdit » : des produits médicaux dont la toxicité ou les effets secondaires l'emportent sur leur utilité thérapeutique, de sorte que la santé et le bienêtre du public sont protégés en interdisant leur production, leur fabrication, leur exportation, leur importation, leur commerce, leur distribution, leur approvisionnement, leur possession ou leur utilisation, excepté en quantités requises pour la recherche médicale ou scientifique. Les médicaments interdits seront déterminés par l'autorité d'enregistrement / délivrance de licence nationale ou supranationale ; « Promotion » ; toutes les activités de diffusion d'information et d'incitation menées par les fabricants et les distributeurs, dont l'effet est d'induire la prescription, la délivrance, l'achat et/ou l'utilisation des médicaments (aux fins de la présente loi, la promotion comprend la publicité) ;
« Personne technique qualifiée » : une personne responsable de la libération des lots de produits finis à la vente. Dans certains pays, les documents relatifs à un lot de produits finis doivent être signés par une personne autorisée du département de production et les résultats des tests sur le lot par une personne autorisée du département de contrôle de qualité pour permettre la libération des lots ;
« Système de gestion de la qualité » : un ensemble de politiques, processus et procédures nécessaires à la planification et à l'exécution des activités clés d'une Agence / Autorité ;
« Produit de Référence » : signifie un produit médical qui a été accordé une autorisation de mise sur le marché par une Agence/Autorité compétente sur la base d'un dossier complet, c'est-à-dire avec la présentation des données de la qualité, des précliniques et cliniques ;
« Substance classifiée » : tout médicament ou une autre substance prescrite en vertu de l'article 21 ;
« Vendre » : vendre en gros ou au détail, et comprend importer, offrir, annoncer, conserver, exposer, transmettre, consigner, transporter ou livrer pour la vente ou autoriser, ordonner ou permettre une vente, ou préparer ou posséder à des fins de vente, et de troc ou d'échange ou de fourniture ou de disposition en faveur d'une personne, que ce soit pour une contrepartie ou autrement, et comprend également offrir ou tenter de vendre, ou recevoir pour la vente, ou avoir en sa possession pour la vente, ou l'exposer à la vente,

envoyer ou livrer pour la vente occasionner ou permettre d'être vendu, d'être offert ou exposé pour la vente, et « vente » et « vendu » ont un sens correspondant ;
« Stockage » : le stockage des produits médicaux jusqu'à leur utilisation ;
« Produits médicaux de qualité inférieure / faux / falsifiés / faussement étiquetés / contrefaits » : signifie les produits de même nom tel que défini par l'Organisation Mondiale de la Santé ;
« Autorité de contrôle » : l'organisme gouvernemental, le ministre ou le fonctionnaire devant lequel l'Agence/Autorité [nationale] de réglementation des produits médicaux est responsable ;
« Approvisionnement », avoir en sa possession dans le but d'approvisionnement ;
« Vente en gros » la vente de marchandises en grandes quantités pour la revente par des détaillants.

ADMINISTRATION ET GOUVERNANCE

Article 5 : Création de l'Agence / Autorité
1) L'Agence / Autorité [nationale] de réglementation des produits médicaux, ci-après "l'Agence / Autorité" est instituée par la présente en tant que personne morale.
2) L'Agence / Autorité nationale est un organe autonome.
3) L'Agence / Autorité nationale est fonctionnellement / financièrement responsable devant le ministère de tutelle.
4) L'Autorité / Agence est composée de :
a) Conseil de l'Agence / Autorité
b) Le chef de l'Agence / Autorité
c) Les comités techniques de l'Agence / Autorité
Article 6 : Pouvoirs de l'Agence / Autorité
L'Agence / Autorité dispose des pouvoirs suivants :
1) formuler des règlements et des directives pour réglementer la fabrication, l'importation et l'exportation, la distribution, la vente et l'utilisation de produits médicaux ;
2) accorder ou retirer l'autorisation de mener des essais cliniques des produits médicaux ;
3) accorder ou retirer l'autorisation de mise sur le marché de produits médicaux soumise à des conditions appropriées et réexaminer de telles conditions d'autorisation de commercialisation, le cas échéant ;
4) rappeler les produits médicaux du marché ;
5) accorder ou retirer les licences aux fabricants, grossistes, détaillants, importateurs, exportateurs et distributeurs ;

6) enquêter sur la conduite liée à la fabrication, l'importation, l'exportation, le stockage, la distribution, la vente et l'utilisation de produits médicaux ;
7) prélever, recueillir et utiliser les paiements pour services rendus ;
8) prescrire les normes appropriées pour les nouveaux produits médicaux ; pour les nouvelles utilisations, posologie et formulation de produits médicaux existants ; et tout autre catégorie, le cas échéant ;
9) instituer des procédures administratives, civiles et/ou pénales ;
10) exercer tout autre pouvoir selon la nécessité, pour l'accomplissement de ses fonctions.

Article 7 : Fonctions de l'Agence / Autorité

L'Agence / Autorité est chargée entre autres de :
1) réglementer la fabrication, l'importation et l'exportation, le stockage, la distribution, la vente et l'utilisation de produits médicaux ;
2) réglementer, contrôler et inspecter le personnel et les locaux qui sont impliqués dans la fabrication, l'importation et l'exportation, le stockage, la distribution, la vente, l'utilisation et l'élimination des produits médicaux ;
3) tenir un registre des produits médicaux pour lesquels une autorisation de mise sur le marché a été accordée ;
4) réglementer les essais cliniques des produits médicaux ;
5) tester les produits médicaux réglementés en vertu de la présente loi ;
6) effectuer une surveillance après leur mise sur le marché de la sécurité et de la qualité des produits médicaux ;
7) réglementer la promotion, la publicité et la commercialisation de produits médicaux ;
8) réglementer l'utilisation de produits médicaux non enregistrés à des fins d'essai ou pour usage compassionnel ;
9) diffuser des informations sur la qualité et la sécurité des produits médicaux aux professionnels de la santé et au public ;
10) diffuser des informations sur les produits médicaux aux professionnels de la santé et au public afin de promouvoir leur utilisation responsable ;
11) collaborer avec d'autres institutions nationales, régionales et internationales sur la réglementation des produits médicaux ;
12) exercer toute autre fonction qui pourrait être confiée par le Conseil.

Article 8 : Etablissement du Conseil

1) Le Conseil de l'Agence / Autorité est institué par la présente loi.
2) Le Conseil de l'Agence / Autorité et son président sont nommés par l'autorité de nomination, selon des modalités à déterminer par règlement.
3) Le Conseil est composé d'au plus onze membres, nommés comme suit :
a) cinq membres qui ont chacun une expertise dans au moins un des domaines suivants :
- la médecine, la pharmacie, les soins infirmiers, la médecine vétérinaire et la santé publique ;
b) un membre nommé en raison de sa connaissance de la loi ;

c) un membre nommé en raison de sa connaissance des questions financières et/ou de comptabilité ;
d) un représentant de l'association de l'industrie pharmaceutique ;
e) un représentant de la société civile ou de la communauté.

Article 9 : Fonctions du Conseil

1) Le Conseil est chargé de :
a) fournir une orientation stratégique à l'Agence / Autorité dans l'exercice de ses fonctions.
b) approuver le plan de travail stratégique et annuel et le budget de l'Agence / Autorité ;
c) examiner les rapports annuels présentés par l'Agence / Autorité ;
d) suivre et évaluer les activités de l'Agence / Autorité ;
e) créer les comités que le Conseil estime nécessaires à son fonctionnement ;
f) recommander des personnes pour la nomination à la tête de l'Agence / Autorité à l'autorité compétente :
g) approuver la nomination ou la destitution des membres de la haute direction de l'Agence / Autorité ;
h) exercer toute autre fonction qui peut être attribuée par l'autorité de contrôle.
2) Le Conseil doit fournir à l'autorité de nomination un rapport annuel qui sera présenté au Parlement.

Article 10 : Gestion de l'Agence / Autorité

1) Nomination des fonctionnaires de l'Agence / Autorité
a) Le chef de l'Agence / Autorité est nommé par l'autorité de nomination, sur recommandation du Conseil et doit détenir une qualification appropriée en médecine, pharmacie, soins infirmiers, médecine vétérinaire ou en santé publique.
b) Le chef de l'Agence / Autorité est le chef de la direction et est responsable devant le Conseil de la gestion des activités et des affaires de l'Agence / Autorité.
c) Les cadres supérieurs de l'Agence / Autorité sont nommés par le Conseil sur recommandation du chef de l'Agence / Autorité ;
2) Devoirs et responsabilités du chef de l'Agence / Autorité Le chef de l'Agence / Autorité est responsable de :
a) la gestion des activités et des affaires de l'Agence / Autorité ;
b) la mise en œuvre de la présente loi régissant les activités de l'Agence / Autorité et la présentation de rapports à l'autorité de nomination à travers le Conseil ;
c) l'exécution des décisions et des directives du Conseil et faire des rapports périodiques au Conseil.
3) Directions de l'Agence / Autorité
L'Agence / Autorité est dotée de directions en charge de faciliter l'exécution de ses activités et fonctions jugées appropriées, qui peuvent comprendre :
a. la planification, le suivi- évaluation ; la recherche et la statistique ;

b. l'évaluation et l'enregistrement des produits ;
c. Inspection et application de la loi ;
d. Surveillance après la mise sur le marché ;
e. Contrôle de la qualité ;
f. Harmonisation et coopération internationale ;
g. Ressources humaines, administration et finances.

Article 11 : Comités techniques

1) Le chef de l'Agence / Administration doit, avec l'approbation du Conseil, mettre en place des comités techniques, pour faciliter le travail de l'Agence / Autorité, qu'il jugera appropriée.

2) Les rapports des comités techniques doivent former la base pour la prise de décision par l'Agence / Autorité.

Article 12 : Financement de l'Agence / Autorité

1) Les ressources de l'Autorité / Agence sont constituées de :
a) fonds alloués par l'État ;
b) honoraires reçus pour services rendus ;
c) revenus que l'Agence / Autorité peut recevoir des investissements ;
d) subventions et dons.

2) L'Agence / Autorité peut, sous réserve des dispositions de toute autre loi écrite et l'approbation du ministre responsable des finances, recevoir des fonds sous forme de prêts de n'importe quelle source à l'intérieur ou en dehors du pays, dont elle a besoin pour l'exercice de ses fonctions.

3) La réception des fonds par l'Agence / Autorité doit en tout temps être soumise aux objectifs de cette loi et sera libre de tout conflit d'intérêt.

SYSTEME NATIONAL DE REGLEMENATION

Article 13 : Autorisation de mise sur le marché (AMM)

1) Tous les produits médicaux, qui circulent dans le territoire de compétence de cette loi doivent être enregistrés et avoir une autorisation de mise sur le marché valide et un certificat de conformité sauf exception.

2) L'Agence / Autorité peut de temps en temps déterminer qu'un produit médical ou une catégorie de produits médicaux ou partie d'une classe ou catégorie de produits médicaux sont soumis à l'exemption d'autorisation de mise sur le marché aux termes de cette loi.

3) Une telle décision doit être publiée dans le journal officiel du gouvernement par le chef de l'Agence / Autorité et entrera en vigueur à la date prévue dans l'avis.

4) Dans le cas d'un produit médical qui était disponible à la vente dans le domaine de compétence de cette loi immédiatement avant la date de publication par laquelle il est soumis à l'autorisation de mise sur le marché aux termes de la présente loi, les dispositions de l'art. 13 (1) entreront en

vigueur si aucune demande d'autorisation de mise sur le marché de ce produit médical n'est effectuée pendant la période de douze mois suivant immédiatement cette date, à l'expiration de cette période.
5) Les dispositions de l'art. 13 (1) ne s'appliquent pas à l'égard de la vente de tout produit médical préparé par un pharmacien pour un patient particulier dans le cadre de ses activités professionnelles en quantité non supérieure à la quantité nécessaire pour le traitement telle que déterminée par un prescripteur autorisé ou par le pharmacien si :
a) le produit médical ne contient aucune composante dont la vente est interdite par une loi ou si une demande d'autorisation de mise sur le marché de ladite composante a été rejetée ; et
b) le composant actif du produit médical apparaît dans un autre produit médical qui a été autorisé aux termes de cette loi.
Article 14 : Examen des demandes de l'AMM
1) Toute demande d'autorisation de commercialisation des produits médicaux doit être soumise au chef de l'Agence / Autorité à l'aide d'un formulaire réglementaire et doit être accompagnée des renseignements prescrits, des échantillons des produits médicaux pertinents, des renseignements sur une personne technique qualifiée et les frais de dossier prescrits.
2) L'Agence / Autorité doit prescrire les normes appropriées des nouveaux produits médicaux ; des nouveaux usages, posologies et formulations de produits médicaux existants ; des médicaments de sources multiples interchangeables (également appelés équivalents génériques) ; et des autres catégories, le cas échéant.
3) L'Agence / Autorité peut prescrire des normes et des procédures pour le référencement en s'appuyant sur, ou encore, en examinant les évaluations de la commercialisation et les approbations délivrées par d'autres autorités réglementaires de produits médicaux ou par des mécanismes d'évaluation.
4) L'Agence / Autorité donne son approbation pour un produit médical si elle est convaincue ;
a) qu'il est approprié pour le but recherché en termes de qualité, de sécurité et d'efficacité ; et
b) que l'autorisation de mise sur le marché est d'utilité publique.
5) Si l'Agence / Autorité n'est pas tellement satisfaite, elle en avise le demandeur par écrit en y incorporant les raisons pour lesquelles elle n'est pas si satisfaite, et le demandeur doit fournir à l'Agence / Autorité une réponse dans un délai d'un mois après la notification.
6) Si aucune réponse n'est soumise par le demandeur dans le délai précité, ou si, après examen de la réponse fournie l'Agence / Autorité n'est toujours pas satisfaite, elle rejette la demande.
7) L'Agence / Autorité publie le registre des médicaments dans la publication officielle du gouvernement et sur le site officiel de l'Agence / Autorité.
Article 15 : Octroi de licences aux fabricants, importateurs, exportateurs,

grossistes et distributeurs
1) Aucune personne ne peut fabriquer, importer, exporter, fournir, stocker, distribuer ou vendre en gros tout produit médical, sauf si la personne a reçu une licence de l'Agence / Autorité.
2) Les conditions d'octroi d'une licence de fabrication, d'importation, d'exportation, de vente en gros et de distribution de produits médicaux doivent être précisées dans les directives émises par l'Agence / Autorité qui spécifient les conditions de délivrance, de renouvellement, de suspension, d'exemptions ou d'exceptions, d'annulation et de révocation de telles licences. 3) Des dispositions doivent être prises exigeant de tous les fabricants, importateurs, exportateurs, grossistes et distributeurs de se conformer aux bonnes pratiques de fabrication (BPF) et aux bonnes pratiques de distribution (BPD) et à d'autres bonnes pratiques comme stipulé dans les directives.
4) L'autorité de contrôle désigne les ports d'entrée des produits médicaux importés sur le territoire de juridiction.
5) L'Agence / Autorité tient un registre de tous les lieux autorisés et en publie la liste dans la publication officielle du gouvernement et sur le site officiel de l'Agence / Autorité.
Article 16 : Surveillance après mise sur le marché et contrôle de la sécurité
L'Agence/Autorité effectue les fonctions suivantes :
1) Pharmacovigilance
a) Un programme national de pharmacovigilance dont les fonctions de surveillance et de préparation de rapports sur la sécurité des produits médicaux sont menées par l'Agence/Autorité sera mis en place.
b) Le Programme entreprend :
i) le suivi et l'analyse des effets ou des événements indésirables relatifs aux produits réglementés par la Loi ;
ii) l'identification et la déclaration des événements indésirables liés aux essais cliniques ;
iii) établir la causalité, prendre des mesures correctives, et faire des rapports aux systèmes internationaux de surveillance de la sécurité ;
iv) prendre des mesures réglementaires appropriées lorsque cela est nécessaire, y compris, mais non limité à la révision de l'autorisation de mise sur le marché ou des exigences d'étiquetage / d'avertissement du produit médical.
c) L'Agence / Autorité émet des directives demandant aux fabricants et aux distributeurs de fournir des déclarations obligatoires et de soumettre des mises à jour périodiques sur la sûreté, et aux professionnels de soins de santé et au public de faire des déclarations volontaires.
2) Surveillance de la qualité
L'Agence / Autorité peut instituer un programme de tests du risque consistant en l'échantillonnage de produits médicaux sur toute la chaîne d'approvisionnement, afin d'identifier les produits les plus à risque ou

susceptibles d'être falsifiés ou de ne pas respecter les normes de qualité, et prend les mesures appropriées pour protéger la santé publique, dont des mesures d'exécution de la présente loi.
3) Rappel et retrait des produits médicaux
a) Chaque fois que le chef de l'Agence / Autorité constate que tout produit médical n'est pas conforme aux normes d'identité, de force, de qualité et de pureté, ou à toute autre exigence spécifiée dans la documentation d'enregistrement, le chef de l'Agence / Autorité :
- i) ordonne au titulaire de la licence à cesser la vente du reste du lot dans la mesure du possible ;
ii) rappelle toute partie du lot déjà vendue.
b) L'Agence / Autorité par décret, publié dans la publication officielle du gouvernement, effectuer le retrait et la radiation du registre d'un produit médical qui, selon les dernières données scientifiques disponibles est déclaré dangereux pour la santé publique et le bien-être, ou comporte un risque, est inefficace ou est de qualité inacceptable.
c) À la survenance de l'événement de l'art. 16 (3) (b) ci-dessus, l'Agence / Autorité publie des avis au public sur les produits médicaux retirés du marché.
d) L'information sera diffusée aussi largement que possible, notamment par l'utilisation des médias électroniques.
4) Élimination des produits médicaux Si l'Agence / Autorité est d'avis qu'il n'est pas dans l'intérêt public qu'un produit médical soit mis à la disposition du public, l'Agence / Autorité peut ordonner que ces produits soient retirés du marché et éliminés conformément aux lois pertinentes et de la manière prévue dans le règlement.
Article 17 : Inspection réglementaire et exécution
1) Nomination, autorisation et reconnaissance des inspecteurs
a) L'Agence/Autorité :
i) recommande à l'autorité de nomination la nomination d'inspecteurs ayant les compétences requises en pharmacie ou en sciences connexes, et ayant la connaissance et l'expérience dans le contrôle des produits médicaux et des installations pour la fabrication, le stockage et le transport de produits médicaux ; et
ii) autorise les inspecteurs à effectuer des fonctions telles que stipulées par la présente loi.
b) Tous les inspecteurs nommés en vertu de la présente loi doivent avoir une pièce d'identité valide lors de l'exercice de leurs fonctions.
c) Tous les inspecteurs nommés en vertu de la présente loi sont liés par un code de conduite. d) Les inspecteurs exerçant les pouvoirs qui leur sont conférés par la présente loi doivent présenter, sur demande, un document dûment authentifié confirmant leur autorité à exercer les pouvoirs qui leur sont conférés.

2) Pouvoirs des inspecteurs
a) Les inspecteurs nommés en vertu de la présente loi peuvent à tout moment raisonnable, pénétrer dans ;
i) tous les locaux qui figurent sur le registre des lieux ;
ii) tout autre local à l'égard de toute personne qui est autorisée par la présente loi ;
iii) tous les locaux utilisés pour la fabrication, la commercialisation ou la distribution de tout produit médical qui fait l'objet d'une autorisation de mise sur le marché ou d'une demande de licence ;
iv) tous les locaux suspectés d'être liés ou liés aux produits réglementés aux termes de la présente loi. b) Les inspecteurs peuvent, dans un délai raisonnable :
i) examiner ou inspecter tout certificat d'autorisation de mise sur le marché, toute licence, livre, système de stockage de l'information électronique ou autre document se trouvant sur les lieux et, à cette fin, peuvent effectuer des actions comprenant la prise d'extraits de documents en la possession de la personne, selon la nécessité, pour examen ou inspection ; et
ii) prélever des échantillons pour analyse, ou pour tout autre examen, de produits médicaux ou de toute substance susceptible d'être utilisée dans la fabrication des produits médicaux.
c) Les inspecteurs peuvent :
i) saisir et retenir tout produit, substance ou article médical consistant en, ou contenant des substances interdites pour lesquelles ils ont des motifs raisonnables de soupçonner qu'elles sont passibles de confiscation par la présente loi ;
ii) saisir et retenir tout produit, article, document médical ou tout autre élément qui leur semble constituer ou contenir des preuves d'une contravention aux dispositions de la présente loi ;
iii) fermer les locaux reconnus d'être en contravention de la présente loi ; et
iv) recommander l'institution de procédures administratives, civiles et/ou pénales.
3) Perquisition et saisie
a) Nonobstant toute disposition contraire dans toute autre loi, si des inspecteurs ont des motifs raisonnables de croire que toute personne est en possession illégale de tout produit médical interdit, ils peuvent, avec un mandat de perquisition :
i) entrer dans tout lieu où cette personne est censée être présente ; où
ii) fouiller ces lieux ou la personne ; à condition que la fouille soit effectuée avec le souci de la décence et de la bienséance.
b) Tout produit médical illicite dans la possession de cette personne doit être saisi, et des procédures judiciaires intentées tel que stipulé par la présente loi.
Article 18 : Contrôle des essais cliniques de produits médicaux
1) Il est interdit d'effectuer des essais cliniques de produits médicaux chez

l'homme sans l'autorisation pertinente du Comité national d'éthique / Conseil d'examen institutionnel et l'autorisation de l'Agence / Autorité

2) Tous les essais cliniques doivent être effectués conformément aux directives émises par l'Agence / Autorité, dont les dispositions relatives aux bonnes pratiques cliniques (BPC) et les bonnes pratiques de laboratoire (BPL).

3) Nul ne doit vendre, distribuer, fournir, assembler ou fabriquer des produits médicaux destinés aux essais cliniques ou à la recherche médicale à moins que la personne soit autorisée à le faire ou a obtenu une dérogation par l'Agence / Autorité.

4) L'Agence / Autorité tient un registre de tous les essais cliniques menés dans sa juridiction.

Article 19 : Contrôle de la Promotion et de la publicité des produits médicaux

1) Toute promotion et publicité des produits médicaux doivent être approuvées par l'Agence / Autorité.

2) L'Agence / Autorité émet des directives relatives à la promotion et à la publicité des produits médicaux et d'un code de pratique de commercialisation exécutoire.

Article 20 : Laboratoire de contrôle qualité

1) Un laboratoire national de contrôle qualité faisant partie de l'Agence / Autorité sera crée.

2) Le laboratoire doit effectuer toutes les fonctions relatives à la qualité des produits réglementés par la présente loi et en particulier doit effectuer les tâches suivantes :

a) analyser les produits médicaux et tout autre produit réglementé qui peut être réputé constituer un produit médical aux fins de la présente loi ;

b) mener de la recherche et de la formation ; et

c) entreprendre toute autre fonction que doit être déterminée par l'Agence / Autorité.

3) Dans l'exercice de ses fonctions, l'Agence / Autorité peut utiliser n'importe quel laboratoire accrédité l'intérieur ou à l'extérieur du pays pour l'analyse des produits médicaux et des fonctions auxiliaires.

4) L'Agence / Autorité nomme des analystes ayant des qualifications, des connaissances et une expérience pertinente dans l'analyse des produits médicaux et d'autoriser ces analystes a exercé les fonctions tel que prévu par la présente loi.

Article 21 : Ordonnancement, classification et contrôle des produits médicaux

1) L'ordonnancement et la classification de tout produit ou substance médicale doivent être déterminés par l'Agence / Autorité et publiés dans la publication officielle du gouvernement.

2) Le contrôle des produits médicaux doit être basé sur l'état d'ordonnancement des substances, attribué par l'Autorité / Agence, comme suit :

a) Substances classifiées qui seront disponibles pour la vente générale dans n'importe quel point de vente ;
b) Substances classifiées qui seront disponibles sur les conseils professionnels d'un pharmacien, sans ordonnance d'un prescripteur autorisé et disponibles uniquement dans les pharmacies agréées ;
) Substances classifiées qui seront disponibles uniquement sur ordonnance d'un prescripteur autorisé, et distribuées par un pharmacien ou un distributeur agréé ; d) Substances classifiées qui seront disponibles uniquement sur ordonnance d'un prescripteur autorisé, et distribué par un pharmacien ou un distributeur agréé, soumises aux mesures de contrôle prévues en conformité avec soit la Convention unique sur les stupéfiants de 1961, la Convention sur les substances psychotropes de 1971, et la Convention des Nations Unies contre le trafic illicite de drogues et de substances psychotropes, 1988 ;
e) Les substances classifiées qui ne peuvent être vendues, sauf en conformité avec un permis à des fins d'éducation, d'analyse ou de recherche, ou pour des patients spécifiques.
3) Des règlements doivent être délivrés par le ministre, après consultation avec l'Autorité / Agence, portant sur :
a) les exigences d'une prescription légale pour une substance classifiée ;
b) la reconnaissance des catégories de prescripteurs autorisés ;
c) l'octroi de licences à des distributeurs autres que les pharmaciens ;
d) les registres à tenir sur les substances classifiées vendues sur les conseils professionnels d'un pharmacien ou sur prescription d'un prescripteur autorisé ;
e) les mesures de contrôle à mettre en œuvre en ce qui concerne les substances classifiées telles que les psychotropes ou les stupéfiants ;
f) le processus d'obtention des permis d'accès aux substances classifiées, à des fins d'éducation, d'analyse ou de recherche ou pour des patients individuels ;
g) l'octroi de licences aux importateurs, exportateurs et fabricants de substances psychotropes ou de stupéfiants et les exigences de déclaration de ces substances.
4) Il est interdit d'importer, d'exporter ou de fabriquer des substances classifiées comme substances psychotropes ou stupéfiants, sauf en possession d'un permis spécifique délivré par l'Agence / Autorité à cette fin.
5) L'Agence / Autorité recueille les données nécessaires relatives à l'importation, l'exportation et la fabrication de substances psychotropes ou de stupéfiants qui sont requises pour la déclaration à l'Organe international de contrôle des stupéfiants, comme indiqué dans les règlements.
Article 22 : Interdiction de produits médicaux de qualité inférieure / faux / falsifiés / faussement étiquetés / contrefaits (SSFFC)
1) Nul ne peut fabriquer, importer, exporter, fournir, stocker, distribuer ou vendre des produits médicaux SSFFC.

2) L'Agence / Autorité émet des directives stipulant procédures de traitement des produits médicaux SSFFC en collaboration avec d'autres institutions compétentes.

TEXTES COMMUNAUTAIRES
TEXTES DE L'UEMOA

RÈGLEMENT n° 007/2007/CM/UEMOA RELATIF À LA SÉCURITÉ SANITAIRE DES VEGETAUX, DES ANIMAUX ET DES ALIMENTS DANS L'UNION ÉCONOMIQUE ET MONÉTAIRE OUEST AFRICAINE (UEMOA)[11]

VU le Traité de l'Union Economique et Monétaire Ouest Africaine, notamment en ses articles 4, 5, 6, 7, 16, 20, 24, 25, 42, 43, 44, 45, 76, 79, 80, 81, 101 et 102 ;
VU le Protocole Additionnel n° II relatif aux politiques sectorielles de l'UEMOA, notamment en ses articles 13, 14, 15 et 16 ;
Vu l'Acte additionnel n° 03/2001 du 19 décembre 2001 portant adoption de la politique agricole de l'UEMOA, notamment en ses articles 3, 4, 5, 9, 10, 12 et 13 ;
VU l'Acte additionnel n° 03/2006 du 23 mars 2006 instituant un Fonds Régional de Développement Agricole dénommé FRDA ;
VU le Règlement n° 01/2005/CM/UEMOA du 04 juillet 2005 portant schéma d'harmonisation des activités d'accréditation, de certification, de normalisation et de métrologie dans l'UEMOA ;
VU le Règlement n° 01/2006/CM/UEMOA du 23 mars 2006 portant création et modalités de fonctionnement d'un comité vétérinaire au sein de l'UEMOA ;
VU le Règlement n° 02/2006/CM/UEMOA du 23 mars 2006 établissant les procédures communautaires pour l'autorisation de mise sur le marché et la surveillance des médicaments vétérinaires et instituant un Comité Régional du Médicament Vétérinaire ;
VU la Décision n° 05/99/CM/UEMOA du 06 août 1999 portant adoption du Programme Spécial Régional pour la Sécurité Alimentaire dans les États membres de l'UEMOA ;
Reconnaissant la nécessité de promouvoir au sein des États membres une agriculture durable permettant d'améliorer la sécurité alimentaire des populations et de réduire la pauvreté en milieu rural ;
Soucieux de mettre en place les mesures et actions indispensables aux fins d'harmonisation des normes techniques et sanitaires relatives aux processus de production et aux produits agricoles et alimentaires, en conformité avec les exigences internationales en matière d'innocuité des produits alimentaires, de

---

[11] Disponible sur : UEMOA - Reglement n°07/2007/CM/UEMOA du 6 avril 2007 relatif a la securite sanitaire des vegetaux, des animaux et des aliments dans l'UEMOA (www.droit-afrique.com).

protection de la santé des animaux et de préservation des végétaux, établies respectivement par le Codex alimentarius, l'Organisation Mondiale de la Santé Animale et la Convention Internationale de la Protection des Végétaux ;
Soucieux de protéger les ressources végétales, de prévenir l'introduction et de contrôler la propagation d'organismes nuisibles et d'animaux ravageurs de végétaux, et de faciliter le commerce intra et extra communautaire des végétaux et des produits végétaux ;
Reconnaissant que la protection sanitaire des animaux est le fondement de la santé des animaux et de la sécurité sanitaire des produits animaux dans l'utilisation et les échanges d'animaux, de produits animaux et d'origine animale ;
Considérant que la transhumance est un mode d'élevage utile à l'exploitation des ressources pastorales et à l'accroissement de la production du bétail dans l'espace UEMOA, qu'elle constitue, cependant, une source de nombreux problèmes d'ordre sanitaire, et qu'à cet effet, elle a déjà fait l'objet de règlementation communautaire dans le cadre de la Communauté Economique des États de l'Afrique de l'Ouest (CEDEAO) par Décision A/DEC.5/10/98 de la Conférence des Chefs d'État et de Gouvernement ;
Conscient de la nécessité fondamentale de protéger la santé des consommateurs, d'empêcher la propagation des maladies et de faire respecter les procédures appliquées aux échanges de produits alimentaires ;
Désireux de renforcer la protection sanitaire des végétaux, des animaux ainsi que de la qualité et de la sécurité sanitaire des aliments pour promouvoir le développement de l'agriculture dans le cadre d'un marché ouvert, concurrentiel et favorisant l'allocation optimale des ressources et leur exploitation durable ;
Considérant la nécessité de réaliser la sécurité alimentaire, d'assurer un niveau élevé de protection de la santé des personnes, des végétaux et des animaux et de garantir la protection de l'environnement tout en réduisant la dépendance alimentaire de l'Union et en améliorant le fonctionnement des marchés de produits agricoles ;
Considérant que les États membres, en vue de poursuivre leur politique sanitaire selon un schéma progressif d'harmonisation, devraient procéder à la mise en place d'une structure adéquate de coordination ainsi que de mécanismes de coopération et d'expertise apte à évaluer le niveau et la qualité des législations et à émettre des avis consultatifs en matière de sécurité phytosanitaire, zoosanitaire et des aliments au sein de l'Union, afin de permettre leur reconnaissance mutuelle entre les États membres ;
Considérant que l'harmonisation des législations nationales en matière de sécurité phytosanitaire, zoosanitaire et des aliments en conformité avec les exigences sanitaires internationales contribuera à améliorer les échanges des végétaux, des animaux et des aliments dans l'espace communautaire ainsi que leur commerce régional et international et constituera le cadre d'actions visant

à approfondir et à consolider le marché commun tout en assurant une meilleure protection des agents économiques et notamment des consommateurs ;

Sur proposition de la Commission de l'UEMOA ;
Après avis du Comité des Experts Statutaire, en date du 23 mars 2007 ;

ADOPTE LE RÈGLEMENT DONT LA TENEUR SUIT :

TITRE PRELIMINAIRE : TERMINOLOGIES

Article Premier : Définitions
Au sens du présent Règlement et aux fins de son application, on entend par :
Accord(s) OTC ou OTC : Accord sur les obstacles techniques au commerce ;
Accord(s) SPS ou SPS : Accord sur l'application des mesures sanitaires et phytosanitaires ;
Action phytosanitaire : toute opération officielle telle que l'inspection, l'analyse, la surveillance ou le traitement, entreprise pour appliquer des réglementations ou procédures phytosanitaires ;
Affecté : infecté ou infesté par un organisme nuisible des végétaux, ou des animaux ;
Aliment, Denrée ou Produit alimentaire : toute substance traitée, partiellement traitée ou brute, destinée à la consommation humaine, et englobant les boissons, les gommes à mâcher et toutes les substances utilisées dans la fabrication, la préparation et le traitement des aliments, à l'exclusion des substances employées uniquement sous forme de médicaments, de cosmétiques ou de tabac ;
Aliments nouveaux : produits ou denrées alimentaires pour lesquels la consommation humaine dans l'Union est jusqu'à ce jour inconnue ou marginale ainsi que les aliments et ingrédients alimentaires produits à partir d'organismes génétiquement modifiés ;
Aliment pour animal : tout produit destiné à la nutrition ou l'alimentation des animaux ;
Analyse des risques : processus comportant l'évaluation des risques, la gestion des risques et la communication sur les risques ;
Animal : comprends tous les animaux domestiques et sauvages, terrestres et aquatiques ; autorité vétérinaire : le service vétérinaire de l'État membre ayant compétence pour mettre en œuvre dans le pays, les mesures zoosanitaires, les procédures, la supervision et, ou la délivrance de certificat vétérinaire international selon les formes retenues par la Commission et en surveiller ou auditer l'application ; Pour les questions relatives aux animaux aquatiques et produits halieutiques, l'autorité Biotechnologie : toute application

technologique qui utilise des systèmes biologiques, des organismes vivants ou des dérivés de ceux-ci, pour réaliser ou modifier des produits ou des procédés à usage spécifique ;

CEDEAO : Communauté Economique des États de l'Afrique de l'Ouest ;

Certificat vétérinaire international : certificat établi conformément aux dispositions sur la notification et l'information épidémiologiques de l'Organisation Mondiale de la Santé Animale (OIE) et décrivant les exigences auxquelles répondent les marchandises exportées en matière de santé animale et/ou publique ;

Commercialisation : offre à titre onéreux, gratuite ou promotionnelle, d'un produit ou service à un ou plusieurs opérateurs économiques ou consommateur(s) ;

Communication sur les risques : Echange interactif, tout au long du processus d'analyse des risques, d'informations et d'opinions sur les risques, les facteurs liés aux risques et les perceptions des risques, entre les responsables de leur évaluation et de leur gestion, les consommateurs, l'industrie, les milieux universitaires et les autres parties intéressées, et notamment l'explication des résultats de l'évaluation des risques et des fondements des décisions prises en matière de gestion des risques. ;

Consommateur : toute personne physique ou morale qui achète ou offre d'acheter, utilise ou est bénéficiaire en tant qu'utilisatrice finale, d'un bien, service ou technologie, quelle que soit la nature publique ou privée, individuelle ou collective des personnes ayant produit, facilite leur fourniture ou leur transmission

Certificat phytosanitaire : certificat conforme aux modèles préconisés par la Convention Internationale pour la Protection des Végétaux (CIPV) ;

Certification phytosanitaire : utilisation de méthodes phytosanitaires permettant la délivrance d'un certificat phytosanitaire ;

Certificat vétérinaire : certificat conforme aux modèles préconisés par l'Organisation Mondiale de la Santé Animale (OIE) ;

CIPV : Convention Internationale pour la Protection des Végétaux ;

Commission : la Commission de l'UEMOA ;

Conformité : fait pour un produit déterminé de répondre aux prescriptions techniques, règlements techniques et mesures sanitaires ;

État membre : tout Etat partie prenante au Traité de l'UEMOA ; Étiquetage : ensemble des informations figurant sur le produit et/ou son emballage, destinées à l'information du consommateur ;

Evaluation des risques : processus à base scientifique comprenant l'identification et la caractérisation des dangers, l'évaluation de l'exposition, et la caractérisation des risques ;

Gestion des risques : processus consistant à mettre en balance les différentes politiques possibles en consultation avec toutes les parties intéressées, en tenant compte de l'évaluation des risques et d'autres facteurs ayant une importance sur la protection de la santé des consommateurs et la promotion de pratiques commerciales loyales et, au besoin, à choisir les mesures de prévention et de contrôle appropriées ;

Gestion du risque phytosanitaire (pour les organismes de quarantaine) : évaluation et sélection des options permettant de réduire le risque d'introduction et de dissémination d'un organisme nuisible ;

Inspection zoosanitaire : examen méthodique pratiqué sur un animal vivant, un produit animal et/ou un produit d'origine animale afin de déterminer les points de non-conformité sanitaire (présence d'une maladie contagieuse transmissible à d'autres animaux ou à l'homme) ou la présence de résidus ou contaminants chez les animaux et l'inspection des aliments pour animaux en vue d'assurer un niveau de protection optimale de la santé et le bien-être des consommateurs ;

Maladie à déclaration obligatoire : maladie inscrite sur une liste établie par l'Autorité vétérinaire en charge du contrôle zoosanitaire et dont la détection ou la suspicion doit être portée immédiatement à la connaissance de l'Autorité vétérinaire en charge du contrôle zoosanitaire ;

Mandat sanitaire : acte administratif par lequel l'État confie à un vétérinaire exerçant à titre privé, l'exécution pour l'État et en son nom, d'interventions zoosanitaires et vétérinaires concernant la prophylaxie collective, la police zoosanitaire, la surveillance épidémiologique ou le contrôle des animaux et de produits d'origine animale ;

Marché commun ou espace UEMOA : marché unifié constitué entre les États parties au traité de l'UEMOA ;

Mesure sanitaire : toute mesure appliquée sur le territoire de l'Union pour :

- protéger la santé et la vie des animaux ou préserver les végétaux des risques découlant de l'entrée de l'établissement ou de la dissémination des parasites, maladies, organismes porteurs de maladies ou organismes pathogènes ;
- protéger la santé et la vie des personnes et des animaux des risques découlant des additifs, contaminants toxines ou organismes pathogènes présents dans les aliments ou les aliments pour animaux ;

La préservation des végétaux, les normes, directives et recommandations internationales élaborées par la CIPV ;

- et pour les questions qui ne relèvent pas des organisations susmentionnées, les normes, directives et recommandations appropriées promulguées par d'autres organisations internationales compétentes, telles que l'OIE et le Codex Alimentarius.

Norme : document établi par consensus et approuvé par un organisme reconnu, qui fournit, pour des usages communs et répétés, des règles, des lignes directrices ou des caractéristiques, pour des activités ou leurs résultats ;

Norme internationale pour les mesures phytosanitaires : norme internationale adoptée par la conférence de la FAO ou la Commission des mesures phytosanitaires établie par la CIPV ;

Signalement d'un organisme nuisible : document fournissant des informations concernant la présence ou l'absence d'un organisme nuisible déterminé, à une époque et en un lieu précis à l'intérieur d'une zone, généralement un pays, et dans des circonstances décrites ;
Notification en matière vétérinaire : procédure par laquelle l'Autorité vétérinaire porte à la connaissance des autorités vétérinaires sous-régionales et internationales compétentes, l'apparition d'une maladie, d'une infection ou la survenance d'un événement épidémiologique, conformément aux dispositions du Code des animaux terrestres et aquatiques de l'OIE.
OIE : Organisation Mondiale de la Santé Animale ;
OMC : Organisation Mondiale du Commerce ;
Opérateur économique : toute personne physique ou morale exerçant une activité de production, fabrication, préparation, traitement, emballage, conditionnement, transport, manutention, entreposage ou de vente de végétaux, produits végétaux, plantes, d'animaux, produits animaux, produits d'origine animale ou d'aliments, denrées ou produits alimentaires ;
Organisation Nationale de la Protection des Végétaux ou ONPV : service officiel établi par le gouvernement d'un État membre pour mettre en œuvre les fonctions spécifiées par la CIPV ; Organisme national de sécurité sanitaire des aliments : service officiel établi par le gouvernement d'un État membre en charge du secteur de la sécurité sanitaire des aliments ;
Organisme génétiquement modifié : toute entité biologique capable de se reproduire ou de transférer du matériel génétique, à l'exception de l'espèce humaine, dont le matériel génétique a été modifié d'une manière qui ne se produit ni naturellement dans l'environnement ni par recombinaison naturelle ; Organisme de quarantaine : organisme nuisible qui a une importance potentielle pour l'économie de la zone menacée et qui n'est pas encore présent dans cette zone ou bien qui y est présent mais n'y est pas largement disséminé et fait l'objet d'une lutte officielle ;
Organisme non de quarantaine : organisme nuisible qui n'est pas un organisme de quarantaine pour une zone donnée ;
Organisme nuisible : toute espèce, souche ou biotype de végétal, d'animal ou d'agent pathogène nuisible pour les végétaux ou produits végétaux ;
Organisme nuisible réglementé : organisme de quarantaine ou organisme réglementé non de quarantaine ;
Police zoosanitaire ou police sanitaire des animaux : ensemble des mesures hygiéniques, médicales, légales et réglementaires, ainsi que les règles administratives fixant l'organisation du contrôle officiel des animaux et de leurs produits dérivés destinées à prévenir l'apparition ou la diffusion des maladies à déclaration obligatoire et la présence des résidus et contaminants chez les animaux, dans les produits animaux et les produits d'origine animale et dans les aliments pour animaux, en vue d'assurer un niveau de protection optimale de la santé et le bienêtre des humains et des animaux ; Poste

vétérinaire de contrôle : tout aéroport, tout port ou tout poste ferroviaire, routier ou fluvial ouvert aux échanges internationaux des animaux, produits animaux, produits d'origine animale et des aliments pour animaux, où il peut être procédé à des inspections sanitaires à l'importation et à l'exportation ainsi qu'au transit ;

Points d'entrée phytosanitaire de frontière : tout aéroport, tout port ou tout poste ferroviaire, routier ou fluvial ouvert aux échanges intra et extra communautaires des végétaux et produits végétaux ou il peut être procédé au contrôle phytosanitaire, par l'autorité officielle désignée chargée de délivrer un certificat phytosanitaire. ;

Prescriptions techniques : règles de droit fixant des exigences dont la réalisation constitue une condition de l'offre, de la mise sur le marché, de l'utilisation ou de l'élimination d'un produit et qui porte notamment sur :

-la composition, les caractéristiques, l'emballage, l'étiquetage ou le signe de conformité des produits ;

-la production, le transport ou l'entreposage des produits ;

-l'évaluation de la conformité, l'enregistrement, l'homologation ou la procédure d'obtention du signe de conformité. ;

Produits animaux : produits obtenus à partir d'animaux ainsi que les produits issus de ceux-ci, destinés à la consommation humaine ;

Produits végétaux : produits non manufacturés d'origine végétale (y compris les grains), ainsi que les produits manufacturés qui, étant donné leur nature ou celle de leur transformation, peuvent constituer un risque d'introduction ou de dissémination des organismes nuisibles ;

Produit sûr : toute denrée alimentaire, agricole ou d'origine agricole destinée à l'alimentation humaine ou animale qui, dans des conditions d'utilisation normales ou raisonnablement prévisibles, ne présente aucun risque ou seulement un risque réduit à un niveau considéré comme acceptable, compte tenu des connaissances du moment ;

Quarantaine : confinement officiel d'articles réglementés, pour observation et recherche ou pour inspection, analyses et/ou traitements ultérieurs ;

Règlement technique : document qui énonce les caractéristiques d'un produit ou les procédés et méthodes de production s'y rapportant, y compris les dispositions administratives qui s'y appliquent dont le respect est obligatoire. Il peut aussi traiter en partie ou en totalité de terminologie, de symbole, de prescription en matière d'emballage, de marquage ou d'étiquetage, pour un produit, un service, un procédé ou une méthode de production donnés ;

Réseau d'alerte phytosanitaire : dispositif permettant d'étendre à l'ensemble des partenaires concernés une organisation de surveillance du territoire, en vue de permettre de constater une anomalie phytosanitaire grave, sans se limiter aux seuls maladies et organismes de quarantaine et d'agir dans le cadre de la prévention par le moyen d'un circuit d'alerte rapide, induisant une mobilisation concertée, pour des actions de lutte collective ;

Réseau : mise en relation et en complémentarité des ressources humaines, matérielles, financières ou d'information ;
Risque : fonction de la probabilité d'un effet adverse pour la santé et de sa gravité, du fait de la présence d'un (de) danger(s) dans un aliment ;
Semences végétales : végétal ou partie de végétal à semer ou destiné à la plantation et non à la consommation ou à la transformation ;
Sécurité sanitaire : couvre les secteurs de sécurité sanitaire des végétaux, des animaux et des aliments afin d'assurer la santé des consommateurs, des animaux et des plantes et de garantir la protection de l'environnement dans l'espace de l'Union. ;
Toxi-infection alimentaire : contamination provoquée à l'occasion de l'alimentation due à un micro-organisme ou à une toxine ;
UEMOA ou Union : Union Economique et Monétaire Ouest Africaine ;
Végétaux et produits végétaux : plantes vivantes et parties de plantes vivantes, y compris les semences et le matériel génétique ;
Vétérinaire officiel : vétérinaire désigné par l'Autorité vétérinaire d'un État membre pour effectuer la police zoosanitaire et la certification des animaux et des produits animaux, et des aliments pour animaux pour la protection de la santé animale et de la santé publique ;
Zone indemne : zone dans laquelle l'absence de la maladie considérée a été démontrée par le respect des conditions stipulées dans le code sanitaire pour les animaux terrestres de l'OIE pour la reconnaissance du statut de zone indemne. À l'intérieur et aux limites de cette zone, un contrôle vétérinaire officiel est effectivement exercé sur les animaux et les produits d'origine animale, ainsi que sur leur transport.

TITRE I

DISPOSITIONS GÉNÉRALES

CHAPITRE I : OBJET, CHAMP D'APPLICATION

Article 2 : Objet

Le présent Règlement vise à établir les principes généraux ainsi que les dispositions et procédures organisationnelles permettant d'assurer la sécurité sanitaire des végétaux, des animaux et aliments, au niveau communautaire et au niveau national. Il institue les structures et mécanismes de coopération en matière de sécurité sanitaire au sein de l'Union. Il s'applique à toutes étapes de la production, de la transformation et de la distribution des végétaux, des animaux et des aliments commercialisés.

Il a, notamment pour objet :
- la réglementation de la protection sanitaire des végétaux et des produits végétaux et autres articles réglementés, y compris les produits issus des biotechnologies modernes tels que définis dans le présent Règlement ;
- la protection sanitaire des animaux, des produits animaux, des produits d'origine animale, de l'alimentation animale et de la santé publique vétérinaire, y compris les produits issus des biotechnologies modernes ;
- la protection sanitaire des produits alimentaires, y compris les produits issus des biotechnologies modernes.

Article 3 : Champ d'application

Le présent Règlement s'applique à toutes les activités et à toutes les dimensions de la sécurité sanitaire des végétaux, des animaux et des aliments, y compris les produits issus des biotechnologies.

CHAPITRE II : PRINCIPES GÉNÉRAUX

Article 4 : Reconnaissance mutuelle

Conformément aux articles 9 à 11 du Règlement No 01/2005/CM/UEMOA du 04 juillet 2005 portant schéma d'harmonisation des activités d'accréditation, de certification, de normalisation et de métrologie dans l'UEMOA et aux dispositions du présent règlement, les États membres mettent en oeuvre le principe de reconnaissance mutuelle des prescriptions techniques et normes ainsi que des procédures d'homologation et de certification de même que les mesures sanitaires en matière de protection sanitaire des végétaux, des animaux et des aliments en vigueur dans les États membres en les reconnaissant comme équivalentes.

Article 5 : Reconnaissance des normes internationales

Afin de permettre la libre circulation dans l'Union des végétaux et produits végétaux, des animaux, produits animaux, produits d'origine animale et aliments pour animaux, des denrées alimentaires, ainsi que les produits issus des biotechnologies modernes et de favoriser leur commerce international et régional dans des conditions sanitaires satisfaisantes, les États membres :
- fondent leurs mesures sanitaires sur les normes, directives et autres recommandations internationales notamment celles du Codex Alimentarius, de l'OMC (Accords SPS et OTC), de la CIPV, de l'OIE ainsi que celles établies par le Protocole de Carthagène sur la prévention des risques biotechnologiques ;
- prêtent leurs concours aux structures de sécurité sanitaire de l'Union instituées par le présent Règlement, en vue d'évaluer l'opportunité et l'étendue de l'adoption de normes internationales.

Article 6 : Niveau de protection et évaluation des risques

En conformité avec les normes internationales, les États membres, en étroite collaboration avec la Commission de l'UEMOA, déterminent, à travers les structures de sécurité sanitaire de l'Union instituées par le présent Règlement, le niveau de protection sanitaire des végétaux, des animaux et des aliments qu'ils jugent approprié pour leur territoire, en évitant les distinctions arbitraires ou injustifiables entre les niveaux de risque qu'ils considèrent appropriés dans différentes situations. À cet effet, les États membres :

-procèdent à une évaluation appropriée des risques sanitaires reposant sur des données scientifiques, pour autant que l'approche suivie soit cohérente et non arbitraire selon les modalités prévues à l'article 9 du présent Règlement ;

- élaborent, adoptent et appliquent les mesures de gestion du risque nécessaires et proportionnées au risque encouru afin d'assurer la sécurité sanitaire des végétaux, des animaux et des aliments ainsi que de protéger la santé humaine et l'environnement. Ils peuvent toutefois être conduits à maintenir ou à édicter des mesures portant atteinte à la libre circulation des marchandises dans les conditions prévues à l'article 79 du Traité de l'UEMOA.

Article 7 : Principe de précaution

Afin d'assurer un niveau élevé de protection de la santé des personnes, des végétaux et des animaux et de garantir la protection de l'environnement, des mesures de précaution sont appliquées par les États membres selon leurs capacités.

En cas de risque de dommage grave ou irréversible en matière de sécurité sanitaire, l'absence de certitude scientifique absolue ne doit pas servir de prétexte pour remettre à plus tard l'adoption de mesures effectives visant à prévenir de tels risques. Dans le cas où il existe une incertitude scientifique, mais où une évaluation des informations disponibles indique des possibilités d'effets nocifs sur la santé des personnes, des végétaux et des animaux, l'Union et ses États membres peuvent adopter, dans l'attente d'informations scientifiques, des mesures provisoires de prévention des risques pour assurer un niveau élevé de protection de la santé. Ces mesures doivent être proportionnées et ne doivent pas imposer plus de restrictions au commerce qu'il ne soit nécessaire pour obtenir le niveau élevé de protection de la santé choisi par l'Union en tenant compte de ses capacités techniques et économiques.

Article 8 : Harmonisation

Sous réserve de l'article 79 du Traité de l'UEMOA et aux fins de la réalisation de l'objectif d'harmonisation, l'Union contribue au rapprochement des politiques et des actions en matière de sécurité sanitaire.

Article 9 : Analyse des risques

Dans le cadre du Marché commun et de la mise en œuvre de la Politique Agricole de l'Union, l'Union a recours à l'analyse des risques comme méthode objective et justifiable pour évaluer et gérer les risques sanitaires et pour communiquer sur ces risques.

Article 10 : Principe de libre circulation des produits et d'équivalence

Les végétaux, produits végétaux, les animaux, produits animaux et les produits alimentaires circulent librement sur le territoire de l'Union dès lors qu'ils sont conformes, aux normes de sécurité et de qualité prévus par les textes communautaires en vigueur.
Chaque État membre accepte sur son territoire tous végétaux, produits végétaux, animaux, produits animaux et produits alimentaires conformes aux normes techniques et sanitaires adoptées par un autre État membre

Article 11 : Garantie des droits dans le cadre des procédures d'inspection sanitaire

Dans le cadre des procédures d'inspection sanitaire, les personnes physiques et morales bénéficient au sein de l'Union des garanties de transparence, d'impartialité et de proportionnalités reconnues aux personnes faisant l'objet d'une mesure d'inspection.

Article 12 : Participation et accès à l'information

Les États membres organisent la participation des acteurs concernés, aux niveaux appropriés, aux processus de prise de décision concernant la sécurité sanitaire des végétaux, des animaux et des aliments.
Ils prennent, en fonction de la nature, de la gravité et de l'ampleur des risques pour la sécurité sanitaire des végétaux, des animaux et des aliments, des mesures appropriées pour informer les acteurs concernés, de la nature de ces risques et les mesures qui sont prises pour prévenir, réduire ou éliminer ces risques.
Ils garantissent l'accès aux informations relatives à la sécurité sanitaire qu'ils détiennent, y compris les informations concernant les substances et activités dangereuses.

TITRE II

DISPOSITIONS INSTITUTIONNELLES

CHAPITRE I : COMITE RÉGIONAL DE SÉCURITÉ SANITAIRE DES VÉGÉTAUX, DES ANIMAUX ET DES ALIMENTS

Article 13 : Création

Il est créé, dans l'Union, un Comité régional de sécurité sanitaire des végétaux, des animaux et des aliments, ci-après dénommé « le Comité régional de sécurité sanitaire », placé sous l'autorité de la Commission de l'UEMOA.
Le Comité régional de sécurité sanitaire est la structure technique consultative compétente dans le domaine sanitaire au sens des articles 5 à 8 du Règlement n° 01 /2005/CM/UEMOA du 04 juillet 2005 portant schéma d'harmonisation

des activités d'accréditation, de certification, de normalisation et de métrologie dans l'UEMOA.

Article 14 : Missions
Le Comité régional de sécurité sanitaire est chargé d'assister la Commission dans l'organisation de la coopération sanitaire entre les États membres et de contribuer à la cohérence de la politique de sécurité sanitaire de l'Union en lui fournissant les avis techniques appropriés.
Il appuie la Commission et les États membres dans le suivi des négociations commerciales internationales relatives aux accords SPS.
Il coordonne les positions des États membres afin de faciliter leur représentation auprès des organisations internationales compétentes en matière phytosanitaire, zoosanitaire et de sécurité sanitaire des aliments.
Article 15 : Sous-comités
Aux fins de la réalisation de ses missions, pour les questions relatives à la sécurité sanitaire des végétaux et à la sécurité sanitaire des aliments, le Comité Régional de Sécurité Sanitaire s'appuie sur les deux sous-comités ci-après :
- Sous-comité de sécurité sanitaire des végétaux ;
- Sous-comité de sécurité sanitaire des aliments.
Concernant les questions relatives à la sécurité sanitaire des animaux, le Comité Régional de Sécurité Sanitaire s'appuie sur le Comité vétérinaire, tel que prévu par le Règlement n° 01/2006/CM/UEMOA du 23 mars 2006 portant création et modalités de fonctionnement d'un Comité vétérinaire au sein de l'UEMOA.
Il peut être établi, en tant que de besoin, d'autres sous-comités techniques spécialisés.
Article 16 : Financement
Le financement du fonctionnement du Comité Régional de Sécurité Sanitaire et de ses sous-comités est assuré par le budget général des organes de l'Union.

CHAPITRE II : MÉCANISME D'EXPERTISE ET DE COOPÉRATION

Article 17 : Réseaux et observatoires
Dans la mise en œuvre de ses missions, le Comité régional de sécurité sanitaire s'appuie sur les mécanismes d'expertise et de coopération basés sur les réseaux et les observatoires, ci-après.
Article 18 : Réseaux
En application de l'article 17, il est institué au sein de l'Union, dans chaque secteur de sécurité sanitaire, les réseaux ci-après :
- le réseau d'experts ;
- le réseau des laboratoires ;
- le réseau d'alerte ;

- le réseau des organismes nationaux ;
- le réseau des institutions de formation ;

18.1 Réseau d'experts

Sur requête des structures régionales de sécurité sanitaire, le réseau d'experts appuie celles-ci par des avis scientifiques, notamment lors des crises sanitaires.

18.2 Réseau des laboratoires

Le réseau régional des laboratoires d'analyse, ci-après dénommé « réseaux des laboratoires », rassemble l'ensemble des laboratoires publics ou privés des États membres susceptibles de constituer des structures de référence pour l'analyse.

18.3 Réseau d'alerte

Le réseau régional d'alerte, ci-après dénommé « réseau d'alerte » est chargé de la veille et de la transmission immédiate de l'information relative au risque sanitaire, aux structures appropriées.

18.4 Réseau des organismes nationaux

Le réseau régional des organismes nationaux de sécurité sanitaire ci-après dénommé « Réseau régional des organismes nationaux » renforce la coopération sanitaire et assure la circulation de l'information dans les domaines des politiques sanitaires de l'Union.

18.5 Réseau des institutions de formation

Le réseau régional des institutions de formation, ci-après dénommé « réseau des formations », contribue à l'amélioration de l'offre de formation.

Article 19 : Observatoires Sans préjudice des activités menées par les structures régionales et les autres outils d'information mis en place au sein de l'Union et en vue de répondre aux besoins spécifiques dans certains secteurs de sécurité sanitaire, des observatoires sont mis en place.

Ils sont chargés de créer et de gérer les bases de données nécessaires à la coopération sanitaire et d'établir l'inventaire des textes et accords internationaux de sécurité sanitaire qui lient les États membres de l'Union.

CHAPITRE III : APPLICATION DES DISPOSITIONS INSTITUTIONNELLES

Article 20 : Règlement d'exécution

Conformément à l'article 24 du Traité de l'UEMOA, la Commission précise, par voie de règlement d'exécution, les attributions, l'organisation et le fonctionnement des structures régionales de sécurité sanitaire des végétaux, des animaux et des aliments, créées par le présent Règlement ainsi que la liste des laboratoires de référence sur proposition du Comité régional de sécurité sanitaire.

RÈGLES GÉNÉRALES DE MISE EN ŒUVRE DES MESURES DE SÉCURITÉ SANITAIRE DES VÉGÉTAUX, DES ANIMAUX ET DES ALIMENTS

CHAPITRE I : NOTIFICATION ET PROCÉDURES DE NOTIFICATION

Article 21 : Procédures de notification
Sans préjudice des procédures de notification et d'information prévues par les articles 13 à 18 du Règlement n° 01 /2005/CM/UEMOA du 04 juillet 2005 portant schéma d'harmonisation des activités d'accréditation, de certification de normalisation et de métrologie dans l'Union, les États membres informent la Commission des notifications prévues par l'accord SPS, selon les procédures et modes de présentation établis par l'OMC.
Article 22 : Revue annuelle des réglementations sanitaires
En application de l'article 79 du Traité de l'UEMOA et des articles 13 à 18 du Règlement n° 01 /2005/CM/UEMOA du 04 juillet 2005 sus-visé, le Comité régional de sécurité sanitaire fournit à la Commission, les éléments permettant de procéder à la revue annuelle des réglementations sanitaires ayant un effet direct ou indirect sur le commerce régional, en vue de proposer leur harmonisation ou leur élimination progressive.

CHAPITRE II : HARMONISATION DES MESURES SANITAIRES

Article 23 : Etablissement d'une stratégie commune de sécurité sanitaire des végétaux, des animaux et des aliments
Dans le cadre de la mise en œuvre de la Politique Agricole de l'Union, la Commission élabore, sur la base des travaux du Comité régional, une stratégie commune de l'Union dans le domaine de la sécurité sanitaire des végétaux, des animaux et des aliments visant à :
- coordonner et harmoniser les actions dans ce domaine ;
- mettre au point des programmes d'action sanitaires en vue de répondre aux besoins spécifiques du Marché commun, en collaboration avec les organisations internationales, les autres organisations régionales compétentes et les organisations représentatives des producteurs et des consommateurs ; - renforcer les infrastructures existantes et rationaliser leur utilisation afin de les rendre accessibles à l'ensemble des États membres.
Article 24 : Harmonisation des mesures sanitaires
En vue de l'approfondissement du marché commun dans le secteur agricole et afin de contribuer à la mise en œuvre de la stratégie commune de sécurité sanitaire de l'Union, la Commission :
- dresse l'inventaire des reconnaissances mutuelles de législation dans le

domaine de la sécurité sanitaire ; - organise et administre les procédures de notification des mesures sanitaires adoptées par les États membres ; - adopte les mesures sanitaires communautaires ; - coordonne les positions des États membres aux travaux des organisations internationales et régionales compétentes.

Dans le cadre de l'article 79 du Traité de l'UEMOA et dans le respect des normes internationales de sécurité sanitaire, les États membres :
- mettent en conformité les activités en matière de réglementation sanitaire ; - alignent ou créent des structures et pratiques de leurs organismes nationaux de sécurité sanitaire ; - développent leurs capacités techniques et juridiques de manière à permettre une coopération efficace et rationnelle ; - assurent la promotion et l'application des prescriptions et règlements techniques en matière sanitaire pour une protection appropriée de leurs populations et de leur environnement ; - appliquent des règles et des procédures de l'UEMOA, telles qu'adoptées et mises en œuvre par l'Union.

Article 25 : Elaboration des prescriptions et règlements techniques

Les États membres édictent des prescriptions techniques dans le domaine de la sécurité sanitaire des végétaux, des animaux et des aliments et assurent leur information mutuelle par les procédures de notification prévues par l'article 22 du Règlement n° 01 /2005/CM/UEMOA du 04 juillet 2005 portant schéma d'harmonisation des activités d'accréditation, de certification de normalisation et de métrologie dans l'Union.

Les États membres coordonnent les activités de leurs différents ministères, administrations et services impliqués dans l'élaboration des règlements techniques dans le domaine de la sécurité sanitaire des végétaux, des animaux et des aliments en adéquation avec le schéma d'harmonisation communautaire prévu par l'article 26 du Règlement n° 01 /2005/CM/UEMOA du 04 juillet 2005 portant schéma d'harmonisation des activités d'accréditation, de certification de normalisation et de métrologie dans l'Union.

Ces prescriptions et règlements techniques sont formulés de manière à ne pas engendrer d'entraves sanitaires et techniques au commerce ou autres obstacles ou mesures non nécessaires au commerce et sont élaborées de manière à être compatibles avec les accords internationaux et régionaux.

Les prescriptions et règlements techniques dans le domaine de la sécurité sanitaire doivent être cohérents, simples et transparents et impliquer des charges administratives et d'exécution aussi faibles que possible.

Article 26 : Collecte des normes

Le Secrétariat Régional de la Normalisation, de la Certification et de la Promotion de la Qualité (NORMCERQ), s'appuie sur le Comité régional de sécurité sanitaire, pour la collecte des normes nationales et les programmes annuels de normalisation des États membres en matière de sécurité sanitaire, conformément au Règlement n° 01/2005/CM/UEMOA du 04 juillet 2005 portant schéma d'harmonisation des activités d'accréditation, de certification, de normalisation et de métrologie dans l'UEMOA.

Article 27 : Appui à l'analyse des risques sanitaires

La Commission a recours à l'analyse des risques comme méthode objective et justifiable pour évaluer les risques sanitaires dans l'Union.

À cet effet, elle :

- appuie les politiques sanitaires des différents États membres ; - réunit régulièrement un groupe d'experts chargé d'analyser les risques sanitaires et lui fournit, par l'intermédiaire du Comité régional de sécurité sanitaire, les avis appropriés ; - fait procéder par des laboratoires accrédités du réseau à la réalisation d'analyses selon les normes et les procédures définies par les organisations internationales compétentes ; - rassemble et rend disponibles les informations nécessaires à la constitution d'un territoire sanitaire commun et, en particulier met en place des bases de données juridiques, techniques et scientifiques.

Article 28 : Systèmes d'information mutuelle

Les États membres conviennent d'adopter, dans le cadre du dispositif d'information agricole de l'Union, des systèmes de gestion compatibles pour la documentation et les informations dans le domaine de la sécurité sanitaire en vue de faciliter les échanges entre le Comite régional de sécurité sanitaire, les mécanismes de coopération et d'expertise et les organismes internationaux correspondants.

Les mécanismes de coopération et d'expertise fournissent au Comité régional de sécurité sanitaire tous les renseignements nécessaires à l'harmonisation des activités normatives en matière de sécurité sanitaire.

Le Comité régional de sécurité sanitaire applique les dispositions du système général d'information mutuelle et les procédures d'information prévues entre les États membres, dans le domaine des normes et spécifications techniques fixées par les articles 15 à 17 du Règlement n° 01 /2005/CM/UEMOA du 04 juillet 2005 portant schéma d'harmonisation des activités d'accréditation, de certification de normalisation et de métrologie dans l'Union.

Article 29 : Participation aux travaux des organismes internationaux

La Commission encourage les États membres à participer aux travaux des organisations internationales de sécurité sanitaire que sont la CIPV, l'OIE et la Commission du Codex alimentarius.

La Commission coordonne les positions des États membres aux travaux des organisations internationales compétentes, notamment la CIPV, l'OIE, le Codex alimentarius et l'OMC (Accords SPS et OTC).

Dans la mesure où les statuts de ces organisations internationales compétentes le permettent, la Commission participe, à travers le Comité régional de sécurité sanitaire, à côté des États membres, à leurs travaux.

CHAPITRE III : RECONNAISSANCE MUTUELLE ET ÉQUIVALENCE DES SYSTEMES DE SÉCURITÉ SANITAIRE

Article 30 : Mise en œuvre du principe de reconnaissance mutuelle
En application des articles 9 à 11 du Règlement n° 01/2005/CM/UEMOA du 4 juillet 2005 portant schéma d'harmonisation des activités d'accréditation, de certification, de normalisation et de métrologie dans l'UEMOA et sous réserve de l'article 79 du Traité de l'UEMOA, tout opérateur économique a le droit de commercialiser ses produits végétaux, animaux et alimentaires sur le marché d'un État membre, lorsque ceux-ci ont été importés, fabriqués ou commercialisés dans un autre État membre de l'Union conformément aux règlements ou prescriptions techniques et mesures sanitaires en vigueur dans l'Union.
Article 31 : Niveau de reconnaissance mutuelle
L'équivalence de la qualité ou de la conformité en matière de sécurité sanitaire au sein des États membres intervient par la reconnaissance mutuelle :
- des règlements techniques, des prescriptions techniques et des, mesures sanitaires ;
- des procédures d'inspection et de contrôle, de prélèvement et de vérification par analyses ; - des méthodes de prélèvement et de vérification par analyses ainsi que ses systèmes d'interprétation des résultats d'analyse.
Article 32 : Mise en œuvre du principe d'équivalence
Au niveau intracommunautaire et extracommunautaire, chaque État membre doit être en mesure de prouver que :
- les végétaux et produits végétaux sont produits ou commercialisés dans le respect des règlements en vigueur et qu'ils sont conformes aux prescriptions techniques, aux règlements techniques et aux mesures sanitaires de protection des végétaux internationales en vigueur ;
- les animaux et produits animaux circulent et sont commercialisés dans le respect des règlements en vigueur et qu'ils sont conformes aux prescriptions techniques, aux règlements techniques et aux mesures sanitaires des animaux en vigueur ;
- les produits alimentaires sont fabriqués ou commercialisés dans le respect des règlements en vigueur et qu'ils sont conformes aux prescriptions techniques, aux règlements techniques et aux mesures internationales de sécurité sanitaire des aliments en vigueur.

CHAPITRE IV : MESURES DE PRÉVENTION, D'ALERTE ET D'ÉVALUATION DES RISQUES

Article 33 : Mise en œuvre de l'évaluation des risques
En application du principe posé à l'article 6 du présent Règlement, les États membres prennent les mesures sanitaires destinées à assurer le niveau de

protection national approprié. Celles-ci reposent sur des données scientifiques et leur maintien doit être fondé sur les preuves disponibles.
Ces mesures ne doivent pas être plus restrictives pour le commerce qu'il n'est nécessaire pour assurer le niveau de protection approprié, en tenant compte de la faisabilité technique et économique.
Tout État membre qui procède à une telle évaluation doit, en s'appuyant si nécessaire sur le Comité régional de sécurité sanitaire, tenir compte :
- des évaluations de risques similaires effectuées par les organismes internationaux de sécurité sanitaire ; - des preuves scientifiques et de tous les renseignements techniques disponibles - des procédés ou méthodes de production ou de transformation susceptibles de modifier les particularités du produit végétal, animal ou alimentaire ; - des méthodes d'exploitation, d'inspection, d'évaluation de la conformité, d'échantillonnage ou d'essai et des paramètres de l'environnement ; - de la destination et de l'utilisation des végétaux, produits végétaux, animaux, produits animaux et produits alimentaires.
Si l'évaluation d'un risque sanitaire révèle un danger important pour la santé des végétaux, des animaux, des produits végétaux, animaux ou alimentaires et de l'environnement, les organismes nationaux de sécurité sanitaire informent sans délai les autorités des pays concernés et le Réseau d'Alerte de sécurité sanitaire de l'Union ainsi que, en tant que de besoin, les organisations internationales compétentes.
Les États membres rendent disponible la documentation pertinente relative aux procédures d'évaluation des risques dont ils ont tenu compte pour établir leur niveau de protection justifiant les mesures d'interdiction ou de restriction concernées.
Article 34 : Mesures de sauvegarde et d'alerte sanitaire
En cas de suspicion de crise sanitaire, le ou les États membres concernés informent immédiatement la Commission et les autres États membres par l'intermédiaire du réseau d'alerte. La Commission saisit le Comité régional de sécurité sanitaire pour avis.
En cas de crise sanitaire avérée, le ou les États membres prennent immédiatement toute mesure sanitaire de sauvegarde propre à l'éradiquer. Le cas échéant, et pour des motifs légitimes dûment justifiés, ils peuvent prendre des mesures provisoires de restriction des échanges à leurs frontières intra et extra-communautaires dans les mêmes conditions de précaution que celles prévues dans l'accord SPS. Ils en informent immédiatement le réseau d'alerte et la Commission et, dans le cas de crise zoosanitaire, l'OIE.
La Commission et les États membres prêtent leur concours sans restriction aux mesures prises en vue de prévenir ou de maîtriser la crise sanitaire.
Les mesures sanitaires de sauvegarde prennent fin une fois la crise sanitaire entièrement éradiquée. L'État membre ayant pris lesdites mesures notifie la fin de leur exécution à la Commission et aux autres États membres et, dans le

cas de crise zoosanitaire, à l'OIE.

CHAPITRE V : RENFORCEMENT DES CAPACITÉS

Article 35 : Formation et équipement

Dans le cadre des structures régionales de sécurité sanitaire mises en place par le présent Règlement, les États membres, en s'appuyant notamment sur le réseau des formations, conviennent de :

- se consulter sur leurs besoins communs de formation dans le domaine de la sécurité sanitaire ;
- coordonner entre eux l'utilisation des infrastructures existantes et des moyens pédagogiques en vue de les rendre accessibles aux autres États membres ;
- mettre au point des programmes de formation dans le domaine de la sécurité sanitaire visant à répondre aux besoins spécifiques du Marché commun ;
- renforcer leurs infrastructures et équipements de contrôle et de surveillance sanitaires.

Article 36 : Communication et vulgarisation

L'Union et les États membres font connaître, par l'intermédiaire des structures régionales de sécurité sanitaire mises en place par le présent Règlement, leurs activités en matière de sécurité sanitaire aux populations de l'Union ainsi qu'à tous les partenaires concernés, notamment par l'organisation de séminaires de sensibilisation, la diffusion publicitaire, ou la publication de rapports et d'avis. Les activités de communication et de vulgarisation doivent contribuer à promouvoir une dynamique participative des populations à la détection, l'évaluation, la prévention et la gestion des risques sanitaires au sein de l'Union.

CHAPITRE VI : RÔLE DE L'UNION EN CAS DE CRISE SANITAIRE AVÉRÉE

Article 37 : Pouvoirs de la Commission

En cas de crise sanitaire avérée, la Commission s'assure que les mesures sanitaires de sauvegarde et les autres mesures de précaution sont prises par les États membres en vue de maîtriser le risque sanitaire.

En cas de carence avérée des mesures sanitaires de sauvegarde dans un ou plusieurs Etat(s) membre(s) concerné(s) par la crise sanitaire, la Commission convoque d'urgence les Organismes nationaux compétents pour arrêter d'un commun accord, les mesures d'injonction ou de substitution que requiert la situation.

Article 38 : Fonds d'urgence

L'Union encourage les États membres à mettre en place des fonds nationaux d'urgence sanitaire auxquels elle contribue, notamment à travers le Fonds

Régional de Développement Agricole de l'UEMOA, pour répondre aux interventions d'urgence en cas de crise sanitaire avérée

TITRE IV

RÈGLES SECTORIELLES

CHAPITRE I : SÉCURITÉ SANITAIRE DES VÉGÉTAUX

Section 1 : Obligations des acteurs du secteur phytosanitaire

Article 39 : États membres
Les États membres interdisent dans l'espace UEMOA, l'introduction, la détention, le transport, la diffusion d'organismes, parties d'organismes ou produits constituant un risque connu, identifié, ou potentiel pour les végétaux.
Ils s'assurent que les dons en vivres, semences ou tout autre matériel végétal fournis par la Communauté internationale respectent les prescriptions techniques, règlements techniques ou mesures sanitaires de l'Union.
Article 40 : Organisation Nationale de Protection des Végétaux
Chaque État membre doit se doter d'une organisation nationale officielle chargée de la protection des végétaux et de la gestion des risques phytosanitaires, dont les attributions doivent être conformes à celles décrites par les organisations internationales et régionales compétentes opérant dans le cadre de la Convention Internationale pour la Protection des Végétaux (CIPV).
L'ONPV est rattachée aux autorités administratives ou ministérielles chargées de l'Agriculture qui collaborent aux travaux de l'Organisation régionale de la protection des végétaux, au sens de l'article IX de la CIPV.
Chaque État membre est responsable de la composition, du statut et des principes de fonctionnement de l'ONPV. Il lui assure en particulier des moyens de fonctionnement lui permettant d'accomplir ses missions de gestion des risques phytosanitaires et de participer aux politiques de l'Union en matière de contrôle et de lutte contre les organismes nuisibles aux végétaux et aux produits végétaux.
L'ONPV est chargée de la mise en œuvre de la législation phytosanitaire élaborée en conformité avec les accords internationaux, et notamment l'Accord sur les Mesures Sanitaires et Phytosanitaires (SPS) et la CIPV.
L'ONPV participe aux travaux et appuie notamment les missions du Comité régional de sécurité sanitaire, des Réseaux d'alerte phytosanitaire, de

Formation sanitaire de l'Union, et de toute mission de coopération sanitaire telle que prévue au présent Règlement.
L'ONPV dresse et met à jour les listes des exigences phytosanitaires des pays importateurs et exportateurs et les communique au secrétariat du Comité régional de sécurité sanitaire de l'UEMOA.
Article 41 : Conseil consultatif de la protection des végétaux
Chaque État membre doit se doter d'un Conseil consultatif de protection des végétaux, en vue d'assister l'autorité ministérielle en charge de la protection des végétaux et afin d'arrêter toute ou partie des mesures nécessaires à la prévention des risques phytosanitaires.
Chaque État membre assure la bonne représentation des administrations, des organisations professionnelles et des consommateurs au sein dudit conseil.
Article 42 : Structures nationales et mécanismes de coopération
Les États membres mettent en place les structures et dispositifs nationaux en vue de leur participation aux mécanismes de coopération et d'expertise de sécurité sanitaire des végétaux prévus au titre II du présent Règlement.
À cet effet, ils :
- désignent les experts qui participent au Réseau d'experts dans le domaine de sécurité sanitaire de l'Union ;
- proposent à la Commission, la liste des laboratoires nationaux dans le domaine de la sécurité sanitaire des végétaux, susceptibles de s'intégrer au Réseau des laboratoires de référence de l'Union ;
- assurent leur participation au réseau d'alerte dans le domaine de la sécurité sanitaire des végétaux ; - désignent les membres du Comité régional de sécurité sanitaire ;
- définissent l'offre et la demande en matière de formation dans le domaine de la sécurité sanitaire des végétaux ; - organisent les procédures propres à alimenter les bases de données de l'Observatoire dans le domaine de la sécurité sanitaire des végétaux.
Article 43 : Opérateurs économiques
Toute personne physique ou morale, publique ou privée, possédant ou exploitant un domaine rural ou urbain est tenue de maintenir le matériel végétal et les organismes nuisibles qui s'y trouvent, en conformité avec les prescriptions techniques, les règlements techniques et mesures sanitaires de l'Union.
Toute personne physique ou morale, publique ou privée, responsable de la production, du stockage, du transport et de la commercialisation de matériel végétal et d'organismes nuisibles qui s'y trouvent, doit maintenir ledit matériel végétal en bon état phytosanitaire, tels que défini par les prescriptions techniques, les règlements techniques et mesures sanitaires de l'Union. Cette obligation s'étend aux entrepôts de stockage ainsi qu'au matériel de transport et de distribution.
Toute personne physique ou morale, publique ou privée, se livrant à titre

habituel ou professionnel à une activité de production, de stockage, de transport et de commercialisation de matériels végétaux et des organismes nuisibles qui s'y trouvent, est tenue d'en effectuer la déclaration auprès du bureau de l'ONPV dont elle relève, selon les modalités fixées par les prescriptions techniques, les règlements techniques et mesures sanitaires de l'Union. Toute personne physique ou morale, publique ou privée qui, soit sur un domaine rural ou urbain lui appartenant ou exploité par elle, soit sur des produits ou matériels qu'elle détient en magasin, constate la présence et la prolifération d'organismes tel que définis par le présent Règlement, est tenue d'en faire immédiatement la déclaration auprès du bureau de l'ONPV dont elle relève. Section 2 : Contrôle et inspections phytosanitaires

Article 44 : Objectifs légitimes des vérifications de conformité

Les vérifications de conformité sont menées par les administrations publiques ou les organismes de contrôle habilités, dans chaque État membre, afin de prévenir la production ou la mise sur le marché de végétaux et de produits végétaux nonconformes à la réglementation et aux prescriptions techniques, les règlements techniques et mesures sanitaires en vigueur dans l'Union.

Les ONPV ont l'obligation de s'assurer que les opérateurs économiques concernés répondent à leurs obligations de conformité et de sécurité telles que définies aux articles 7 et 43 du présent Règlement et, sont en mesure de fournir aux agents vérificateurs tous les justificatifs documentaires exigés.

À l'occasion de ces vérifications, les informations propres à assurer la meilleure prévention des risques phytosanitaires sont également recueillies afin de servir aux réseaux d'alerte national et communautaire et d'assurer une lutte efficace contre les organismes nuisibles.

Article 45 : Mesures d'inspection phytosanitaire

L'ensemble des mesures d'inspection des produits végétaux prévues au présent Règlement a pour objet de prévenir les risques phytosanitaires.

Les mesures doivent :

- être utilisées de manière proportionnée à l'objectif poursuivi et à la gravité du risque mis en évidence par les contrôles effectués par les agents d'inspection habilités ;
- préciser les conditions dans lesquelles s'exercent les mesures individuelles nécessaires pour prévenir la mise sur le marché des marchandises nonconformes ;
- faire l'objet d'une information auprès du Comité phytosanitaire de l'Union et du réseau des ONPV des États membres.

Article 46 : Pouvoirs des agents de vérification

La liste des agents de vérification qui sont sous l'autorité de l'ONPV ou des personnes placées sous son autorité directe, habilités à effectuer les inspections, est fixée par les États membres qui doivent être en mesure de justifier de leur qualification technique au sens de l'article V (a) de la CIPV relatif à la certification phytosanitaire. Les États membres reconnaissent aux agents de vérification phytosanitaire habilités, le pouvoir d'effectuer notamment les missions suivantes :

- contrôler les végétaux, produits végétaux ou d'autres articles importés soumis aux prescriptions techniques, les règlements techniques et mesures sanitaires, que ces articles soient en conditions de culture, de dépôt ou de transit, de façon à identifier l'existence, les infestations et la dissémination d'organismes nuisibles et/ou d'animaux ravageurs des végétaux dont la liste est fixée par règlement d'exécution de la Commission ;
- inspecter des cargaisons de végétaux, produits végétaux ou d'autres articles importés soumis aux prescriptions techniques, les règlements techniques et mesures sanitaires destinés à l'importation afin de déterminer si nécessaire, au moyen du prélèvement d'échantillons ou de tout autre moyen approprié, si ces cargaisons sont infectées ;
- assurer la désinfection des cargaisons de végétaux, produits végétaux ou autres articles

Infectés destinés à l'importation ou à l'exportation à partir du territoire de l'UEMOA, ainsi que celle de leurs conteneurs, emballages, lieux d'entreposage ou moyens de transport ;

- vérifier que les déchets déchargés d'aéronefs, de bateaux ou de tout autre moyen de transport arrivant sur le territoire de l'Union, ne présente aucune menace pour les ressources végétales du territoire communautaire ;
- émettre des certificats phytosanitaires conformément aux normes prescrites par les organisations internationales et régionales compétentes opérant dans le cadre de la CIPV ;
- inspecter et certifier les exportations de végétaux, de produits végétaux et d'autres articles soumis aux prescriptions techniques, les règlements techniques et mesures sanitaires ;
- conduire des activités de détection et recueillir toutes informations pour maintenir à jour les listes nationales et communautaires d'organismes nuisibles et d'animaux ravageurs ;
- initier toutes enquêtes et rechercher toutes informations ou documentation, en cas de suspicion de violation des prescriptions du présent Règlement et des textes en vigueur ;
- assurer toutes les autres missions confiées à l'ONPV par les États membres.

Les agents de vérification peuvent également, dans le cadre de leurs vérifications et investigations, demander l'assistance d'autres compétences afin de garantir l'efficacité de toute mesure nécessaire à la protection des végétaux ou des produits végétaux notamment en cas de propagation de risque phytosanitaire. Les États membres harmonisent leurs pratiques d'inspection phytosanitaire par l'entremise du Sous-comité de sécurité sanitaire des végétaux, du Comité régional de sécurité sanitaire et autorisent en tant que de besoin, des inspections conjointes entre ONPV des États membres, notamment en cas d'inspections au champ.

Article 47 : Garanties reconnues aux personnes faisant l'objet d'une inspection. À l'occasion des contrôles de conformité, les personnes physiques ou morales inspectées peuvent se prévaloir des garanties prévues à l'article 11 du présent Règlement, notamment :

- le secret professionnel auquel sont tenues les personnes habilitées à effectuer les vérifications ;
- le caractère représentatif des prélèvements servant de base à la mesure administrative contestée ;
- le droit d'accéder à une expertise contradictoire et d'exercer un recours selon les procédures en vigueur dans chaque État membre concerné. Ces personnes physiques ou morales peuvent notamment exiger dans le cadre des procédures engagées :
- la notification des mesures prises à leur encontre et la communication des motifs de la décision ;
- la remise des récépissés de prélèvements et du procès-verbal de saisie de marchandises ou de produits ;
- la communication des résultats d'analyse les concernant ou la justification technique écrite de la mesure prise à leur encontre ; - la copie de leurs déclarations et de tout document ayant contribué à servir de base à la décision individuelle les concernant.

Article 48 : Actions de lutte

La lutte contre les organismes nuisibles est menée en concertation avec les institutions de coopération et d'expertise phytosanitaire de l'UEMOA, en vue d'harmoniser et de renforcer la sécurité phytosanitaire dans l'Union.

Les États membres au travers des ONPV et des institutions phytosanitaires, enquêtent, inspectent, étudient, analysent et effectuent des recherches en laboratoire pour détecter et identifier les ennemis de végétaux et de l'environnement et préconiser les méthodes de lutte intégrée.

Ces actions s'accompagnent de missions d'information, de sensibilisation et de vulgarisation visant à associer les populations aux actions de lutte intégrée, notamment en cas d'alerte phytosanitaire.

En cas d'alerte phytosanitaire présentant une menace transfrontalière, la Commission coordonne les actions de lutte au niveau régional, en collaboration avec les institutions de coopération et d'expertise phytosanitaire de l'Union et les États membres. La Commission et les États membres prennent les dispositions nécessaires pour assurer les coûts engendrés par ces actions de lutte.

Article 49 : Stations de quarantaine et points d'entrée

Les États membres créent des stations de quarantaine et des points d'entrée aux endroits où ceux-ci sont jugés nécessaires et les mettent en réseau. Ils en informent le secrétariat du Comité régional de sécurité sanitaire.

Les États membres dotent lesdits stations et points d'entrée de moyens nécessaires pour leur fonctionnement.

Article 50 : Mise en quarantaine et information commune

Les États membres, au travers de leur ONPV, prennent les dispositions nécessaires à la mise en quarantaine de tout espace, superficie ou local affecté ou suspecté d'être affecté par un organisme nuisible aux végétaux ou aux produits végétaux, en dressent la liste et en informent le secrétariat du Comité régional de sécurité sanitaire.

Ils déclarent la mise en quarantaine de tout espace, superficie ou local affecté ou suspecté d'être affecté par les organismes nuisibles, végétaux et matériel végétal figurant sur les listes fixées par la réglementation de l'État concerné et communiquées au secrétariat du Comité régional de sécurité sanitaire aux fins d'harmonisation communautaire.

Ils prescrivent des mesures nécessaires au traitement ou à la destruction des végétaux, produits végétaux ou autres marchandises importés soumis aux règlements, ainsi qu'au traitement de leurs lieux de stockage ou moyens de transport, afin de prévenir toute dissémination des organismes nuisibles présents ou suspectés.

Les États membres définissent la durée de la période de quarantaine nécessaire à l'éradication du risque ainsi que les modalités de la vérification des prescriptions de mise en conformité mises en œuvre ou pratiquées.

Article 51 : Prérogatives des agents de vérification en cas de quarantaine

Les États membres habilitent leurs agents de vérification, en cas de suspicion ou de présence d'un organisme nuisible affectant des végétaux ou produits végétaux dans un local affecté ou suspecté d'être affecté - à pénétrer dans un tel local, à tout moment raisonnable, à inspecter tous végétaux, produits végétaux ou autres marchandises soumis à la réglementation et à effectuer tous prélèvements d'échantillons aux fins d'analyses nécessaires ;

- à exiger en tant que de besoin, par voie de notification écrite, du propriétaire ou du locataire du local concerné, de prendre pour une période déterminée, les mesures appropriées permettant de contenir ou réduire la dissémination ou d'éradiquer l'organisme nuisible.

En cas de négligence du propriétaire ou du locataire des locaux concernés par l'application des termes d'une notification émise, les États membres prennent les dispositions nécessaires pour que chaque ONPV permette à ses agents de vérification de pénétrer dans ces lieux, d'exécuter les instructions de l'avis et de procéder si nécessaire à la destruction des végétaux, produits végétaux ou autres marchandises concernés par le risque identifié.

Article 52 : Mesures d'alerte et d'éradication sous quarantaine

Les États membres, au travers de leur ONPV, sur la base d'une inspection réalisée au vu des résultats d'analyses des échantillons, déclarent une urgence phytosanitaire auprès du réseau d'alerte visé aux articles 18 et 41 du présent Règlement.

Article 53 : Levée de la quarantaine

Les États membres, au travers de leur ONPV, réévaluent régulièrement la situation des lieux mis en quarantaine, et après vérification de l'éradication de l'organisme nuisible, donnent mainlevée, par notification écrite délivrée aux personnes concernées, de la quarantaine pour la superficie considérée comme n'étant plus quarantenaire.

Les États membres, au travers de leur ONPV, malgré la levée de la quarantaine, prennent toutes les mesures phytosanitaires visant à instituer un système de surveillance pour conserver les surfaces concernées indemnes d'organisme nuisible et/ou d'animal ravageur des végétaux et pour les déclarer comme telles.

Lorsque qu'un organisme nuisible et/ou un animal ravageur des plantes reste présent à un faible taux dans une superficie définie, les États membres, à travers leur ONPV, adoptent des mesures phytosanitaires visant à maintenir sa présence, à un faible niveau et instituent un système de surveillance à ces fins, dans le but de déclarer cette zone comme une zone de faible prévalence de cet organisme nuisible et/ou animal ravageur des végétaux.

Article 54 : Liste des hôtes et organismes de quarantaine

Les États membres se réfèrent pour l'application du présent Règlement à la liste des hôtes et des organismes de quarantaine non existants dans l'espace phytosanitaire UEMOA (A1) et existants, mais réglementés (A2).

Cette liste est arrêtée par la Commission par voie de Règlement d'exécution.

Section 2 : Circulation des végétaux et produits végétaux

Article 55 : Circulation de végétaux et produits végétaux importés

Conformément aux principes de libre circulation, de reconnaissance mutuelle et de reconnaissance des normes internationales et sous réserve du respect du principe d'équivalence tel qu'énoncé par le présent Règlement, les végétaux, plantes et produits végétaux importés peuvent librement circuler sur le territoire de l'Union. Lesdits produits doivent être conformes ou au moins équivalents aux prescriptions techniques, règlements techniques et mesures sanitaires prescrites par les organisations internationales et régionales compétentes opérant dans le cadre de la CIPV.

Article 56 : Obligation de vérification à l'entrée de l'espace UEMOA

Tout matériel végétal, ainsi que tout produit susceptible de véhiculer des organismes nuisibles réglementés mettant hors d'état les végétaux et de nuire à l'environnement, même en transit, doit être :

- soumis à un contrôle phytosanitaire aux points d'entrée sur l'espace communautaire, selon les conditions définies par l'Union et,
- accompagnés d'un certificat phytosanitaire délivré par les services officiels chargés de la protection des végétaux du pays d'origine, ou par des personnes placées sous leur autorité directe, attestant qu'ils sont sans danger pour les végétaux et le matériel végétal et libellé conformément aux modèles reproduits en annexe de la CIPV.

Article 57 : Restrictions à la circulation et à l'importation

Des restrictions peuvent être apportées à la libre circulation des végétaux et produits végétaux au sein de l'Union conformément à l'article 79-1 du Traité. Les États membres qui édictent de telles restrictions doivent justifier à tout État exportateur ou à tout opérateur économique, le fondement de la restriction ou l'évaluation du risque détecté ou suspecté, selon les principes directeurs internationaux édictés par les organisations internationales et régionales compétentes opérant dans le cadre de la CIPV et sur la base des preuves scientifiques, des données techniques ou des facteurs climatiques dûment établis.

Toutefois, à des fins de recherche, les personnes physiques ou morales, sont soumises à autorisation préalable auprès du bureau de l'ONPV dont elles relèvent, pour toute introduction sur le territoire communautaire, de tout matériel végétal susceptible de nuire ou d'apporter des organismes nuisibles, des matériels pouvant véhiculer des organismes nuisibles ou des organismes ou parties d'organismes vivants pouvant avoir un effet direct ou indirect sur les cultures. Elles doivent être en mesure d'en apporter la preuve. Article 58 : Contrôle phytosanitaire pour les échanges intra et extra-communautaires

Dans le cadre des échanges intra et extra communautaire, tous les végétaux, plantes, produits végétaux, matériels végétaux ou autres articles concernés par le présent Règlement, sont soumis, au contrôle phytosanitaire, aux points d'entrée des frontières par l'autorité officielle désignée chargée de délivrer un certificat phytosanitaire établi conformément aux modèles reproduits en annexe de la CIPV.

Article 59 : Certificat phytosanitaire

La Commission établit les procédures de vérification aboutissant à la certification phytosanitaire, conformément aux principes directeurs internationaux d'inspection et d'évaluation des risques.

Article 60 : Mesures de protection phytosanitaire

Toutes les mesures nécessaires pour contenir et juguler la dissémination de tout organisme considéré comme nuisible dans l'espace UEMOA, au sens du présent Règlement, doivent être prises par les États membres.

Article 61 : Contrôle des produits issus des biotechnologies modernes

L'importation des végétaux et produits végétaux issus des biotechnologies modernes sur le territoire de l'Union est subordonnée à une autorisation préalable de l'autorité compétente en matière de biosécurité. La Commission, au travers du sous-comité de sécurité sanitaire des végétaux, en est informée par l'Autorité compétente en matière de biosécurité.

CHAPITRE II : SÉCURITÉ SANITAIRE DES ANIMAUX

Section 1 : Obligations des acteurs du secteur de la sécurité sanitaire des animaux

Article 62 : États membres
Chaque État membre est tenu :
- d'assurer la sécurité sanitaire des animaux et des produits d'origine animale par le personnel technique du secteur public ou privé sous la responsabilité de l'autorité vétérinaire en charge du contrôle sanitaire dans le pays ;
- de déclarer à la Commission ainsi qu'aux autorités internationales compétentes en charge du contrôle sanitaire, les maladies à déclaration obligatoire constatées sur son territoire.

La Commission arrête par voie de règlement d'exécution la liste précisant les produits animaux et produits d'origine animale faisant l'objet de ladite mesure sanitaire ainsi que celle des maladies à déclaration obligatoire et les mesures à prendre pour chacune de ces maladies. Elle met à jour les mesures générales et spéciales applicables aux maladies animales à déclaration obligatoire sur avis du Comité Vétérinaire.

Article 63 : Administrations nationales compétentes chargées des contrôles officiels
Chaque État membre doit se doter d'une administration vétérinaire ayant pour compétence la mise en œuvre des mesures zoosanitaires et les procédures de certification vétérinaire retenues par l'Union et en surveiller ou auditer l'application conformément aux prescriptions de l'OIE.

L'administration vétérinaire de chaque État membre de l'Union participe aux travaux et appuie les missions du Comité régional de sécurité sanitaire en conformité avec les accords internationaux et notamment l'Accord SPS et l'OIE. Elle désigne l'autorité compétente à laquelle incombe directement la responsabilité des mesures zoosanitaires dans le territoire du pays ainsi que la délivrance des certificats vétérinaires internationaux.

Article 64 : Structures nationales et mécanismes de coopération
Les États membres mettent en place les structures et dispositifs nationaux en vue de leur participation aux mécanismes de coopération et d'expertise de sécurité sanitaire des animaux prévus au titre II du présent Règlement.
À cet effet, ils :
- désignent les experts qui participent au Réseau d'experts dans le domaine de sécurité sanitaire de l'Union ; - proposent à la Commission la liste des laboratoires nationaux dans le domaine de la sécurité sanitaire des animaux, susceptibles de s'intégrer au Réseau des laboratoires de référence de l'Union ;
- assurent leur participation au réseau d'alerte dans le domaine de la sécurité sanitaire des animaux ; - désignent, les personnes qui siègent au Comité régional de sécurité sanitaire et les services vétérinaires qui seront associés au

Réseau régional des organismes nationaux intervenant dans le domaine de la sécurité sanitaire des animaux de l'Union ;
- définissent l'offre et la demande en matière de formation dans le domaine de la sécurité sanitaire des animaux ;
- organisent les procédures propres à alimenter les bases de données de l'Observatoire dans le domaine de la sécurité sanitaire des animaux.

Article 65 : Mandat sanitaire

Afin de renforcer la protection zoosanitaire de manière efficace et de favoriser une allocation optimale des ressources, l'Autorité vétérinaire dans chaque État membre, confie, par un acte, le mandat sanitaire à un vétérinaire exerçant à titre privé, en vue de l'exécution pour l'État et en son nom, d'interventions zoosanitaires et vétérinaires.

Cet acte fixe les conditions d'attribution et les domaines d'intervention, notamment la prophylaxie de masse, la surveillance épidémiologique ainsi que l'inspection sanitaire des animaux et des produits animaux.

Section 2 : Contrôle et inspection zoosanitaires

Article 66 : Procédures de protection zoosanitaire

Après constatation d'une maladie à déclaration obligatoire, l'autorité administrative nationale compétente, sur proposition de l'autorité en charge du contrôle zoosanitaire, prend un acte administratif approprié. Cet acte porte déclaration d'infection et indique l'application dans un périmètre déterminé, des mesures prescrites, conformément aux mesures spéciales applicables aux maladies à déclaration obligatoire et leurs conditions d'application arrêtées par voie de règlement d'exécution de la Commission.

Article 67 : Mesures de protection zoosanitaire

Il appartient à l'État membre concerné, mentionné à l'article 66 ci-dessus, d'organiser sur son territoire les mesures de protection zoosanitaire appropriées.

La Commission, sur proposition du Comité Vétérinaire, prend les mesures appropriées pour l'harmonisation des pratiques de protection zoosanitaire.

Article 68 : Procédures d'urgence pour la protection zoosanitaire

Les États membres organisent les mesures d'urgence appropriées pour la prévention et la réponse rapide contre les maladies émergentes ou ré-émergentes.

La Commission, sur proposition du Comité Vétérinaire, prend les mesures appropriées pour l'harmonisation des pratiques d'urgence pour la protection zoosanitaire et établit un plan d'intervention d'urgence.

Le plan d'intervention d'urgence définit toutes les mesures appropriées en cas de crise zoosanitaire tant pour prévenir l'apparition que pour circonscrire les maladies à risque zoosanitaire au niveau de l'Union.

La Commission, sur proposition du Comité Vétérinaire, prend les mesures

nécessaires pour mettre en place un fonds d'urgence destiné au financement des interventions zoosanitaires d'urgence pour la prévention et la réponse rapide contre les maladies transfrontalières des animaux ainsi qu'aux mesures d'accompagnement telles que, notamment, les actions de compensation.
Article 69 : Déclaration de zone indemne
La déclaration de pays ou de zone indemne d'une maladie se fait au niveau national par chaque État membre.
Les États membres informent la Commission de cette déclaration et de la soumission d'une demande de certification de zone indemne auprès des instances régionales ou internationales compétentes.
Article 70 : Etablissements soumis à inspection vétérinaire
Tout établissement exerçant des activités relevant du domaine de la sécurité sanitaire des animaux est soumis à inspection vétérinaire.
Article 71 : Contrôle des produits issus des biotechnologies modernes
L'importation sur le territoire de l'Union, d'animaux, de produits animaux ou d'origine animale issus des biotechnologies modernes est subordonnée à une autorisation spéciale et préalable de l'Autorité compétente en matière de biosécurité. La Commission, au travers du Comité Vétérinaire, en est informée par l'Autorité compétente en matière de biosécurité.

Section 3 : Circulation des animaux et produits animaux

Article 72 : Certificats vétérinaires
Aux fins de contrôle de l'état sanitaire des animaux un certificat vétérinaire international est délivré par un vétérinaire officiel pour tout animal admis à l'importation au sein de l'espace UEMOA. Ce certificat doit être présenté aux postes vétérinaires de contrôle situés sur l'itinéraire suivi.
Pour les échanges intracommunautaires, un certificat vétérinaire est délivré par un vétérinaire officiel pour tout animal mis en circulation sur le territoire de l'Union. Ce certificat doit être présenté aux postes vétérinaires de contrôle situés sur l'itinéraire suivi.
Article 73 : Mesures de police sanitaire à l'importation des animaux et produits animaux
Afin d'éviter l'introduction sur le territoire de l'Union des maladies à déclaration obligatoire, les animaux présentés à l'importation ou en transit par voie terrestre, ferroviaire, maritime ou aérienne sont soumis, aux postes frontaliers, à une visite sanitaire vétérinaire.
Les visites sanitaires sont opérées par le vétérinaire officiel chargé du contrôle au niveau du poste frontalier.
Les animaux présentés à l'importation doivent être accompagnés d'un certificat vétérinaire international établi selon les normes de l'OIE par un vétérinaire officiel du pays exportateur.
L'entrée sur le territoire de l'Union des animaux n'est autorisée qu'après

présentation au service des douanes du certificat vétérinaire délivré par le vétérinaire officiel chargé de la visite sanitaire au poste frontalier concerné. Seuls les animaux reconnus sains sont admis à l'importation. Ils seront identifiés selon un procédé agrée par la Commission sur proposition du Comité Vétérinaire. Les frais liés à la visite sanitaire des animaux aux frontières sont à la charge des importateurs des animaux.
Les animaux non accompagnés du certificat sanitaire à l'importation seront refoulés ou mis en quarantaine aux frais de leurs propriétaires.
Au terme de la quarantaine, les animaux sont soumis aux examens vétérinaires et aux interventions nécessaires, notamment aux soins et vaccinations, aux frais de leurs propriétaires, en conformité avec le programme de surveillance épidémiologique en vigueur dans le territoire de l'Union.
Un laissez-passer zoosanitaire est délivré pour les animaux admis sur le territoire de l'Union. Il est présenté pour visa aux postes vétérinaires situés sur l'itinéraire suivi aux fins de contrôle de l'état sanitaire des animaux.
Les produits d'origine animale sont soumis à la visite de salubrité avant de pénétrer sur le territoire de l'Union.
Ils doivent être dans tous les cas accompagnés d'un certificat sanitaire de salubrité, délivré par le service vétérinaire officiel du pays d'origine, attestant que ces produits :
- proviennent d'animaux sains ;
- ont été préparés, manipulés et conservés selon les règles d'hygiène alimentaire.

Article 74 : Mesures de police sanitaire à l'exportation des animaux et produits animaux

Les animaux destinés à l'exportation par voie terrestre, ferroviaire, maritime, fluviale ou aérienne, sont soumis, aux frais des exportateurs, à une visite sanitaire vétérinaire effectuée par le vétérinaire officiel au poste de sortie autorisé. Ils doivent être accompagnés au poste de sortie d'un certificat vétérinaire établi par un vétérinaire officiel du lieu de provenance.
À la sortie, l'exportation des animaux n'est autorisée qu'après présentation au service des douanes d'un certificat sanitaire délivré par le vétérinaire officiel chargé du contrôle au poste de sortie concerné.
Sont également soumis à la visite de salubrité tous les produits animaux, frais ou conservés, destinés à l'exportation. Un certificat de salubrité est établi.
Les autres produits animaux, tels que les peaux vertes ou salées, les peaux sèches, les poils, les plumes et les cornes, doivent être accompagnés :
- d'un certificat d'origine ;
- d'un certificat de désinfection.

Article 75 : Transhumance transfrontalière

Les États membres mettent en œuvre les procédures et actions nécessaires afin de faciliter la circulation des animaux transhumants et, en particulier, adoptent le certificat international de transhumance de la CEDEAO.

Article 76 : Mesures de police sanitaire spécifiques aux échanges intracommunautaires

Chaque État membre veille à ce que soient expédiés de son territoire, vers le territoire d'un autre État membre, des animaux et produits animaux accompagnés d'un certificat vétérinaire délivré par un vétérinaire officiel. Ce certificat doit être présenté aux postes vétérinaires de contrôle situés sur l'itinéraire suivi aux fins de contrôle de l'état sanitaire des animaux.

Chaque État membre communique à la Commission et aux autres États membres la liste des postes frontaliers qui doivent être utilisés lors de l'introduction d'animaux et de produits animaux dans son territoire. Le choix des postes frontaliers doit tenir compte des circuits de commercialisation et des modes de transport utilisables.

Chaque État membre destinataire peut interdire l'introduction, dans son territoire d'animaux, s'il a été constaté, à l'occasion d'une inspection au poste frontalier par un vétérinaire officiel, que ces animaux sont atteints ou contaminés d'une maladie soumise à déclaration obligatoire. L'État membre destinataire peut prendre les mesures nécessaires, y compris la quarantaine, en vue d'éclaircir, les cas d'animaux suspects d'être atteints ou contaminés d'une maladie à déclaration obligatoire ou constituer un danger de propagation d'une telle maladie. Un État membre peut, s'il y a danger de propagation de maladies des animaux par l'introduction sur son territoire d'animaux en provenance d'un autre État membre, prendre les mesures suivantes : - en cas d'apparition d'une maladie épizootique dans cet autre État membre, interdire ou restreindre temporairement l'introduction d'animaux en provenance des parties du territoire de cet État membre où cette maladie est apparue ;

- dans le cas où une maladie épizootique prend un caractère extensif ou en cas d'apparition d'une nouvelle maladie grave et contagieuse des animaux, interdire ou restreindre temporairement l'introduction d'animaux à partir de l'ensemble du territoire de cet État membre.

Les mesures prises par un État membre doivent être communiquées immédiatement, autant que faire se peut, à la Commission et aux États membres avec l'indication précise des motifs. Si l'État membre intéressé estime que l'interdiction ou la restriction est injustifiée, il s'adresse à la Commission afin d'obtenir l'ouverture immédiate de pourparlers.

Article 77 : Postes vétérinaires de contrôle

En relation avec les États membres et après avis du Comité Vétérinaire, la Commission fixe, par voie de Règlement d'exécution, la liste des postes vétérinaires de contrôle de passage portuaire, aéroportuaire, ferroviaire et terrestre autorisés, pour l'importation et l'exportation des animaux.

CHAPITRE III : SÉCURITÉ SANITAIRE DES ALIMENTS

Section 1 : Obligations des acteurs du secteur de la sécurité sanitaire des aliments

Article 78 : États membres
Les États membres interdisent dans l'espace UEMOA, la mise à la consommation de tout aliment, denrée ou produit alimentaire préjudiciable à la santé et impropre à la consommation humaine et à l'alimentation animale.

À cet effet, ils :
- respectent les principes et mesures sanitaires édictés par l'Union ;
- organisent la sécurité sanitaire de la production, l'importation, l'exportation et la circulation intracommunautaire des aliments ; - arrêtent les mesures permettant la vérification de conformité des denrées alimentaires à ces prescriptions ;
- définissent le contenu des obligations de sécurité et de loyauté des différents opérateurs économiques et les précautions propres à assurer la sécurité et la santé des hommes et des animaux, la prévention des risques pour l'environnement.

Article 79 : Structures nationales et mécanismes de coopération
Les États membres mettent en place les structures et dispositifs nationaux en vue de leur participation aux mécanismes de coopération et d'expertise de sécurité sanitaire des aliments prévus au titre II du présent Règlement.

À cet effet, ils :
- désignent les experts qui participent au Réseau d'experts dans le domaine de la sécurité sanitaire ;
- proposent à la Commission la liste des laboratoires nationaux dans le domaine de la sécurité sanitaire des aliments, susceptibles de s'intégrer au Réseau des laboratoires de référence de l'Union ;
- assurent leur participation au réseau d'alerte dans le domaine de la sécurité sanitaire des aliments ;
- désignent les personnes qui siègent au Comité régional de sécurité sanitaire et à l'Organisme National de Sécurité Sanitaire des Aliments qui sera associé au Réseau régional des organismes nationaux intervenant dans le domaine de la sécurité sanitaire des aliments de l'Union ;
- définissent l'offre et la demande en matière de formation dans le domaine de la sécurité sanitaire des aliments ;
- ils organisent les procédures propres à alimenter les bases de données de l'Observatoire dans le domaine de la sécurité sanitaire des aliments.

Article 80 : Opérateurs économiques du secteur alimentaire
Les opérateurs économiques du secteur alimentaire sont responsables de la

qualité sanitaire des denrées alimentaires qu'ils mettent sur le marché de l'Union.
Ils mettent sur le marché des produits sûrs pour la santé du consommateur.
Dans l'exercice de leurs activités respectives, ils ont une obligation de suivi adaptée aux denrées alimentaires qu'ils fournissent, en s'informant sur les risques que pourraient présenter ces denrées et en engageant des mesures propres à éviter ces risques.
Les opérateurs économiques du secteur alimentaire, veillent, à toutes les étapes de la production, de la transformation, du stockage et de la distribution des produits qu'ils mettent sur le marché, à ce que ces produits répondent aux prescriptions de la législation alimentaire applicables à leurs activités et, vérifient le respect de ces prescriptions.
En vertu de l'obligation de prudence à laquelle est soumise son activité, tout opérateur économique du secteur alimentaire informe les autorités compétentes lorsqu'il considère ou a des raisons de penser qu'une denrée alimentaire qu'il a mise sur le marché peut être préjudiciable à la santé humaine ou animale. Il lui est fait obligation d'adopter toute mesure pour empêcher tout dommage chez le consommateur et en informe les autorités.
Les contraintes légitimes résultant du respect de l'obligation de sécurité et exigibles dans le cadre des vérifications de conformité doivent être proportionnées à l'objectif poursuivi.
L'appréciation de la sécurité présentée par le produit ou la denrée tient compte non seulement de ses propriétés, caractéristiques et effets connus, mais aussi de son emballage, de son étiquetage et des catégories de consommateurs auxquelles elle est destinée.
Article 81 : Obligations d'autocontrôle et de suivi
La mise en œuvre de l'autocontrôle préalable incombe au responsable de la première mise sur le marché qui est tenu d'en apporter les justifications nécessaires. Il incombe également aux différents opérateurs économiques d'effectuer, chacun pour les opérations qui le concernent, ces vérifications préalables et, d'en justifier.
Les Etats-membres, après avoir recueilli les avis scientifiques appropriés, en particulier auprès de l'autorité scientifique et des structures et mécanismes de coopération et d'expertise de l'Union, évaluent et arrêtent les mesures concrètes satisfaisant aux obligations d'autocontrôle, de prudence et de suivi, compte tenu de la nature du produit, de ses conditions de production, de commercialisation ou de consommation.
S'agissant des denrées importées, l'obligation d'autocontrôle incombe à l'importateur suivant des modalités prenant en compte les garanties objectives et vérifiables offertes dans les échanges internationaux par le pays exportateur ou le fournisseur étranger.
Article 82 : Organisme national de sécurité sanitaire des aliments
Les États membres assurent la coordination des différents services et autorités

publics concernés par la sécurité sanitaire des aliments. Ils désignent l'administration nationale responsable de ce secteur ci-après désigné « organisme national de sécurité sanitaire des aliments ».
Les États membres sont responsables de la composition, du statut et des principes de fonctionnement de l'Organisme national de sécurité sanitaire des aliments. Ils leur assurent en particulier la crédibilité et les moyens de fonctionnement pour accomplir leurs missions de gestion des risques sanitaires et de participation aux politiques sanitaires de l'Union.
L'Organisme national de sécurité sanitaire des aliments est chargé de la gestion du risque sanitaire. Il participe aux travaux et appuie les missions de sécurité sanitaire des aliments de l'UEMOA, notamment celles des structures et mécanismes de coopération et d'expertise.
Article 83 : Autorité de sécurité sanitaire chargée de l'analyse des risques sanitaires
Chaque État membre doit se doter d'un Conseil consultatif d'analyse des risques de sécurité sanitaire des aliments afin d'assister l'autorité ministérielle en charge de la sécurité sanitaire des aliments et afin d'arrêter toute ou partie des mesures nécessaires à l'analyse des risques pour la prévention des risques, Il assure la bonne représentation des administrations, des organisations professionnelles et des consommateurs au sein dudit conseil. Ce Conseil travaille en étroite collaboration avec les structures et mécanismes de coopération et d'expertise de l'Union, notamment le réseau d'expert, le réseau des laboratoires et le réseau d'alerte. Il participe en particulier à la définition de la politique nationale de précaution nécessaire à la sécurité et à la santé des personnes et à la protection de l'environnement.

Section 2 : Contrôle et inspection des aliments

Article 84 : Objectifs des vérifications de conformité
Les vérifications de conformité ont pour objectif de prévenir la production ou la mise sur le marché des denrées alimentaires :
- dangereuses pour la santé des hommes et des animaux ;
- ne répondant pas à l'obligation d'information des consommateurs ;
- ne répondant pas au code de déontologie du commerce international des denrées alimentaires de la Commission du Codex Alimentarius des Nations Unies ;
- ne répondant pas aux obligations de précaution attachées à l'expérimentation ou à la mise sur le marché d'aliments ou ingrédients nouveaux ;
Les vérifications de conformité ont également pour objet de s'assurer que les opérateurs économiques du secteur alimentaire concernés ont rempli eux-mêmes leurs obligations de vérification de conformité, de prudence, de suivi, d'information du consommateur et de sécurité des denrées alimentaires. Ces opérateurs doivent être en mesure de fournir aux agents vérificateurs les

justificatifs de leurs propres autocontrôles et les informations commerciales relatives aux denrées alimentaires ayant fait l'objet de ces vérifications.

À l'occasion de ces contrôles, sont également recueillies, les informations propres à assurer une meilleure prévention des risques et notamment celles relatives à la réglementation applicable aux denrées alimentaires.

Article 85 : Pouvoirs des agents de vérification

Les États membres fixent la liste des agents habilités à effectuer des vérifications de conformité des denrées alimentaires.

Pour accomplir leurs missions, les agents habilités à effectuer des vérifications disposent des pouvoirs d'enquête permettant notamment :

- la visite des locaux professionnels ;
- la saisie et la communication des documents ;
- la saisie des objets, produits et éléments d'appréciation des risques ;
- les prélèvements d'échantillon, tout en s'assurant de leur représentativité et de la possibilité d'examen contradictoire ; - la consignation provisoire des denrées, produits ou instruments. Dans le cadre de ces enquêtes, les agents habilités peuvent également demander aux autorités administratives compétentes qu'il soit procédé à des prolongations de consignation, des saisies, des destructions ou des changements de destination des denrées reconnues non conformes.

Article 86 : Mesures de police renforcées en cas d'urgence

En cas de danger grave ou immédiat pour la santé humaine, des mesures de police sont mises en œuvre par l'organisme national de sécurité sanitaire des aliments. En vue de faire cesser le danger, l'organisme national de sécurité sanitaire des aliments prend les mesures les plus appropriées. Il peut, à cet effet :

- suspendre la production, la fabrication, l'importation, l'exportation ou la mise sur le marché de la denrée considérée ;
- faire procéder à son retrait en tous lieux où elle se trouve ;
-procéder ou faire procéder à sa destruction lorsque celle-ci est le moyen le plus approprié de faire cesser le danger.

Les mesures précitées cessent d'être applicables dès que la preuve est apportée que la denrée considérée répond à nouveau à l'obligation de sécurité sanitaire des aliments.

En cas d'urgence motivée, les mesures de police visées ci-dessus sont mises en œuvre par les autorités locales pour une durée ne pouvant excéder un mois, à charge d'en informer l'Organisme national de sécurité sanitaire des aliments dans les vingt quatre heures. Passé le délai d'un mois, les mesures conservatoires cessent d'être applicables, à moins d'une notification officielle de dispositions spéciales par l'organisme national de sécurité sanitaire des aliments dans les conditions énoncées ci-dessus.

Article 87 : Reconnaissance officielle de conformité

Les aliments à importer et ceux à exporter et ayant satisfait aux contrôles

officiels organisés avant leur dédouanement, sont présumés conformes aux prescriptions définies par les mesures sanitaires communautaires en la matière.
La Commission fixe les procédures de vérifications officielles des denrées alimentaires avant leur dédouanement. Elle fixe en particulier les conditions dans lesquelles peuvent être établies des listes d'opérateurs économiques pouvant bénéficier d'un allégement des contrôles effectués a priori.
Les aliments circulant sur le territoire de l'Union et ayant fait l'objet des vérifications nécessaires sont considérés conformes aux prescriptions définies par les mesures sanitaires communautaires en la matière.

Section 3 : Circulation des aliments, denrées ou produits alimentaires

Article 88 : Principe de libre circulation des aliments importés
Les aliments importés, lorsqu'ils sont conformes aux prescriptions techniques, aux règlements techniques et aux mesures sanitaires en vigueur au sein de l'Union, et notamment à la réglementation de qualité et de sécurité, peuvent librement circuler sur le territoire de l'Union. Les opérateurs économiques s'assurent de la conformité de ces aliments à l'ensemble des règlements techniques, prescriptions techniques et mesures sanitaires et doivent apporter les preuves de leurs vérifications. Sous condition de réciprocité et sauf disposition contraire, et sous réserve d'être au moins équivalentes aux normes recommandées par la Commission mixte FAO/OMS du Codex Alimentarius, les aliments reconnus conformes à la réglementation de sécurité et de qualité du pays exportateur, peuvent circuler librement sur le territoire de l'Union. Toutefois, des restrictions peuvent être apportées à ce principe, si la commercialisation du produit est susceptible de porter atteinte à la santé publique.
Article 89 : Régime de l'autorisation préalable pour les aliments nouveaux
La production et la commercialisation d'aliments nouveaux sont subordonnées à une autorisation préalable délivrée par l'organisme national de sécurité sanitaire des aliments, à sa demande, à la personne responsable de leur préparation, de leur mise en culture ou de leur première mise sur le marché. Ledit organisme recueille l'avis du Conseil consultatif d'analyse des risques de sécurité sanitaire des aliments qui en informe la Commission de l'UEMOA.
Cette autorisation doit répondre au principe de précaution qui s'impose particulièrement aux opérateurs économiques et aux autorités publiques, et être notamment conforme à l'avis émis par le Conseil consultatif d'analyse des risques de sécurité sanitaire des aliments. Elle peut être donnée à titre provisoire, pour une durée déterminée.
Cette autorisation peut être révoquée à tout moment sur décision motivée ou être limitée dans sa portée concernant les conditions de production, de

commercialisation ou de consommation.

Article 90 : Information renforcée du consommateur pour les aliments nouveaux

Les aliments nouveaux sont accompagnés d'un étiquetage informatif, jusqu'au consommateur, signalant notamment la présence d'organismes génétiquement modifiés ou de tout autre traitement subi par la denrée ou le produit. L'étiquetage informe, en outre, le consommateur sur les précautions d'emploi pour une bonne utilisation de l'aliment nouveau.

Article 91 : Procédures considérées comme équivalentes à la reconnaissance officielle de conformité

Sont conformes à la réglementation, les aliments, denrées ou produits alimentaires :

- accompagnés d'un certificat de conformité répondant aux critères de la réglementation du pays exportateur et émanant des autorités officielles, sous réserve de réciprocité et sauf prescription contraire ;
- présentant les garanties commerciales ou contractuelles considérées comme équivalentes aux procédures administratives de contrôle ;
- en provenance des États membres.

TITRE V

DISPOSITIONS FINALES

Article 92 : Mise en œuvre

Les États membres mettent en commun les moyens techniques et scientifiques disponibles aux fins de l'harmonisation progressive des règlements et normes sanitaires de l'Union.

La Commission est habilitée à faire appel à tous opérateurs économiques, personnalités, organismes ou entités susceptibles de fournir à l'Union les aides techniques, scientifiques et financières nécessaires.

Article 93 : Entrée en vigueur

Le présent Règlement, qui entre en vigueur à compter de sa date de signature, sera publié au Bulletin officiel de l'Union.

Pour le Conseil des Ministres
Le Président Jean-Baptiste M.P. COMPAORE

RÈGLEMENT n° 02/2005/CM/UEMOA RELATIF À L'HARMONISATION DE LA RÉGLEMENTATION PHARMACEUTIQUE DANS LES ÉTATS[12]

Le Conseil des Ministres de l'Union Économique et Monétaire Ouest-Africaine (UEMOA)

VU le Traité de l'Union Économique et Monétaire Ouest Africaine (UEMOA), notamment en ses articles 6, 16, 20, 25, 42, 43, 60, 101 et 102 ;
VU le Protocole Additionnel n° II relatif aux politiques sectorielles de l'Union Économique et Monétaire Ouest-Africaine (UEMOA), notamment en son article 3 ;
Vu la Déclaration des Chefs d'État et de Gouvernement en date du 10 mai 1996 en ses orientations relatives à la santé ;
VU l'Accord-cadre de coopération signée en mai 2000 entre le Bureau Régional pour l'Afrique de l'Organisation Mondiale de la Santé et l'UEMOA;
VU les Recommandations des Ministres de la Santé des pays de la Zone Franc et des Pays associés lors des rencontres de Libreville en mars 1998 ;
VU les Recommandations de la deuxième réunion des Ministres chargés de la Santé des pays de l'UEMOA à Cotonou en mars 2000 ;
VU la Recommandation n° 01/00/CM du 29 juillet 2000 relative à la mise en œuvre d'actions communes en matière de santé des populations de l'Union.

TITRE I

DES DISPOSITIONS GÉNÉRALES

CHAPITRE I : DES OBJECTIFS

Article 1er : La réglementation pharmaceutique intègre plusieurs activités complémentaires qui se renforcent mutuellement et qui visent toutes à promouvoir et à protéger la santé publique.
La réglementation pharmaceutique s'exerce dans un cadre légal et exige des connaissances et des compétences médicales, scientifiques et techniques.
Article 2 : L'harmonisation de la réglementation pharmaceutique, au sens du présent Règlement, s'entend de l'adoption de mesures en vue de disposer de procédures communautaires dans le domaine pharmaceutique en général et du

[12] Disponible sur : pages_-_regl_02_2005_cm.pdf (uemoa.int).

médicament en particulier.
L'harmonisation de la réglementation pharmaceutique est un processus dynamique que les États membres de l'Union entendent utiliser pour améliorer l'accessibilité, la disponibilité et la libre circulation des médicaments de qualité dans l'espace communautaire.
Article 3 : L'harmonisation de la réglementation pharmaceutique est une nécessité pour les États membres de l'Union en vue :
-d'améliorer l'accès des populations aux médicaments de qualité ;
- d'utiliser rationnellement les ressources ;
- de développer le système d'information et les échanges dans le domaine pharmaceutique ;
- d'améliorer l'application de la réglementation pharmaceutique.

CHAPITRE II : DES PRINCIPESET DE LA NÉCESSITÉ DE L'HARMONISATION DE LA RÉGLEMENTATION PHARMACEUTIQUE

Article 4 : Les États membres de l'union s'engagent à confronter leurs points de vue et à s'accorder sur les aspects d'intérêt commun en matière de réglementation pharmaceutique.
Ils favorisent, dans le cadre du processus d'harmonisation, l'édiction par l'Union des règles communes, visant à organiser et à administrer le secteur.
Ils s'engagent ainsi à donner à l'individu et à la communauté un niveau de santé permettant de mener une vie socialement acceptable et économiquement productive.
Article 5 : Les États membres de l'Union s'engagent à mettre en place les structures et les moyens nécessaires pour la réussite de l'harmonisation.

TITRE II

DE LA STRUCTURE CHARGEÉE DE L'HARMONISATION DE LA RÉGLEMENTATION ET LA COOPÉRATION PHARMACEUTIQUES

CHAPITRE I : DE LA CRÉATION DE LA STRUCTURE

Article 6 : Il est créé, au sein de la Commission de l'UEMOA, une structure dénommée Cellule pour l'Harmonisation de la Réglementation et la Coopération Parmaceutique, en abrégé CHRCP ou "Cellule".

CHAPITRE II : DE L'OBJET DE LA CELLULE

Article 7 : L'objet de la Cellule est d'impulser et de suivre progressivement l'harmonisation des réglementations pharmaceutiques des États membres de l'Union en vue de contribuer à l'amélioration de la qualité de vie des populations à travers l'accessibilité à des médicaments de qualité et de sécurité garanties.

CHAPITRE III : DES MISSIONS DE LA CELLULE

Article 8 : La Cellule a pour missions :
d'harmoniser les normes, les standards, les lignes directrices et les procédures utilisées au niveau de la réglementation pharmaceutique dans les États membres de l'Union ;
de renforcer la capacité de réglementation pharmaceutique dans les pays de l'Union par la formation du personnel dans les domaines de la réglementation, de l'enregistrement, de l'inspection et de l'assurance qualité des médicaments;
de renforcer les capacités des Autorités nationales de réglementation pharmaceutique ;
de promouvoir et de susciter la mise en œuvre de projets d'harmonisation de la réglementation et la coopération pharmaceutique ;
de renforcer les systèmes de gestion et d'échange des informations entre les Autorités nationales de réglementation pharmaceutique ;
d'encourager le travail en réseau et la coopération technique.
La Cellule peut être sollicitée pour toute autre question relevant du domaine de l'harmonisation de la réglementation et la coopération pharmaceutiques.

CHAPITRE IV : DE LA COMPOSITION ET DE L'ORGANISATION DE LA CELLULE

Article 9 : La Cellule est composée des organes suivants :
- un Comité de pilotage, dénommé "Comité" ;
-des Groupes de travail techniques, dénommés "Groupes de travail" ;
-un Secrétariat.

Article 10 : Le Comité est l'organe principal d'aide à la décision en matière d'harmonisation de la réglementation et la coopération pharmaceutiques.

Article 11 : Le Comité est composé :
- des Directeurs chargés de la Pharmacie et du Médicament des pays membres de l'Union ou de leurs représentants dûment mandatés ;
- des représentants de la Commission de l'UEMOA ;
des représentants de l'Organisation Mondiale de la Santé (OMS) et de l'Organisation Ouest Africaine de la Santé (OOAS).

Article 12 : Le Comité peut faire appel à toute personne ressource en matière

de réglementation pharmaceutique et aux autres partenaires qui interviennent en qualité d'observateurs.
Article 13 : Les Groupes de travail se composent d'experts nationaux, régionaux et/ou internationaux dont la compétence est reconnue dans la matière considérée.
Les Groupes de travail examinent les différences d'exigences entre les pays et recherchent les conditions et les solutions susceptibles de concilier les différentes positions.
Article 14 : Le secrétariat est assuré par la Commission de l'UEMOA.
Dans le cadre de sa mission, le secrétariat exécute les tâches ci--après :
- la préparation matérielle et technique des réunions ;
- la proposition d'un ordre du jour de chaque réunion ;
- l'organisation matérielle des réunions et la diffusion des conclusions des réunions.

CHAPITRE V : DU FONCTIONNEMENT DES ORGANES DE LA CELLULE

Article 15 : Le Comité se réunit au moins une fois par an.
Article 16 : Le Comité élabore son Règlement intérieur.
Les différents organes de la Cellule fonctionnent conformément auxdispositions du Règlement intérieur.
Article 17 : Le Comité élabore un plan de travail pluriannuel.
Article 18 : La Commission de l'UEMOA assure la disponibilité des ressources nécessaires au fonctionnement de la Cellule.

TITRE III

DU PROCESSUS D'HARMONISATION DE LA RÉGLEMENTATION ET LA COOPÉRATION PHARMACEUTIQUES

CHAPITRE I : DES DOMAINES D'HARMONISATION

Article 19 : Les thèmes d'intérêt commun portent, entre autres, sur les domaines suivants :
- Production ;
- Homologation ;
- Assurance qualité ;
- Inspection ;

- Approvisionnement ;
- Veille sanitaire ;
- Exercice de la profession pharmaceutique ;
- Publicité sur les médicaments ;
- Echanges d'informations et coopération technique ;
- Formations ;
- Médecine et pharmacopée traditionnelles.

CHAPITRE II : DES MÉCANISMES DE LA SAISINE

Article 20 : Toute initiative d'harmonisation peut provenir soit du Comité soit de tout État membre de l'Union.
Article 21 : La partie initiatrice de l'action d'harmonisation doit présenter un sommaire de la proposition indiquant le type d'harmonisation préconisée.
Article 22 : La requête d'harmonisation d'un pays membre de l'Union est adressée au Secrétariat du Comité.

TITRE IV

DES DISPOSITIONS FINALES

Article 23 : La Commission et les États membres de l'Union doivent, chacun en ce qui le concerne, prendre toutes les dispositions et mesures nécessaires pour l'application du présent Règlement.
Article 24 : Le présent Règlement entre en vigueur à la date de sa signature et sera publié au Bulletin Officiel de l'Union.

Fait à Dakar, le 04 juillet 2005 Pour le Conseil des Ministres

Pour le Conseil des Ministres
Le Président
Cosme SEHLIN

RÈGLEMENT n° 02 /2006/CM/UEMOA ETABLISSANT DES PROCÉDURES COMMUNAUTAIRES POUR L'AUTORISATION DE MISE SUR LE MARCHÉ ET LA SURVEILLANCE DES MÉDICAMENTS VÉTERINAIRES ET INSTITUANT UN COMITE REGIONAL DU MÉDICAMENT VÉTERINAIRE[13]

Le Conseil des Ministres de l'Union Economique et Monetaire Ouest Africaine (UEMOA)
Vu le Traité de l'Union Economique et Monétaire Ouest Africaine, notamment en ses articles 4, 6, 16, 20 à 25, 42 à 45, 55, 101 et 102 ;
Vu le Protocole additionnel n° II relatif aux politiques sectorielles de l'Union, notamment en ses articles 13 à 16 ;
Vu l'Acte additionnel n° 03/2001 du 19 décembre 2001portant adoption de la Politique Agricole de l'UEMOA, notamment en son article 10 ;
Vu l'Acte additionnel n° 04/96 du 10 mai 1996, instituant un régime tarifaire préférentiel transitoire des échanges au sein de l'UEMOA et son mode de financement ;
Vu le Règlement n° 01/2006/CM/UEMOA du 23 mars 2006 portant création et modalités de fonctionnement du Comité vétérinaire au sein de l'UEMOA ;
Considérant l'hétérogénéité des dispositions nationales en matière d'autorisation de mise sur le marché des médicaments vétérinaires ;
Considérant les risques pour la santé publique humaine et animale et pour l'environnement que peut entraîner une surveillance insuffisante de la circulation et de l'utilisation des médicaments vétérinaires ;
Considérant la nécessité d'harmoniser les procédures d'autorisation de mise sur le marché, par l'institution d'une instance communautaire chargée de l'évaluation des dossiers et par l'instauration d'une surveillance centralisée du marché.

Sur proposition de la Commission de l'UEMOA
Après avis du Comité des Experts Statutaire en date du 17 mars 2006

ADOPTE LE RÈGLEMENT DONT LA TENEUR SUIT

[13] Disponible sur : http://www.uemoa.int/fr.

TITRE I

DÉFINITIONS

Article 1 :

Aux fins du présent Règlement on entend par :

1) Médicament vétérinaire

Toute substance ou composition présentée comme possédant des propriétés curatives ou préventives à l'égard des maladies animales.

Toute substance ou composition pouvant être administrée à l'animal en vue d'établir un diagnostic médical ou de restaurer, corriger ou modifier des fonctions physiologiques chez l'animal est également considérée comme médicament vétérinaire.

2) Substance

Toute matière quelle qu'en soit l'origine, celle-ci pouvant être :

- animale, telle que : les micro-organismes, animaux entiers, parties d'organes, sécrétions animales, toxines, substances obtenues par extraction, produits dérivés du sang,
- végétale, telle que : les micro-organismes, plantes, parties de plantes, sécrétions végétales, substances obtenues par extraction,
- chimique, telle que : les éléments, matières chimiques naturelles et les produits chimiques de transformation et de synthèse.

3) Spécialité pharmaceutique

Tout médicament préparé à l'avance, mis sur le marché sous une dénomination spéciale et sous un conditionnement particulier.

4) Médicament vétérinaire préfabriqué

Tout médicament vétérinaire, préparé à l'avance et ne répondant pas à la définition des spécialités pharmaceutiques, mis sur le marché sous une forme pharmaceutique utilisable sans transformation.

5) Médicament immunologique vétérinaire

Tout médicament vétérinaire administré aux animaux en vue de provoquer une immunité active ou passive ou de diagnostiquer l'état d'immunité.

6) Prémélange médicamenteux

Tout médicament vétérinaire préparé à l'avance en vue de la fabrication ultérieure d'aliments médicamenteux.

7) Aliments médicamenteux

Tout mélange de prémélange(s) médicamenteux vétérinaire(s) et d'aliment(s) préparé préalablement à sa mise sur le marché et destiné à être administré aux animaux sans transformation, en raison des propriétés curatives ou préventives ou des autres propriétés du prémélange telles que visées au point1.

8) Médicament générique

Tout médicament vétérinaire qui a la même composition qualitative et quantitative en substances actives et la même forme pharmaceutique que le médicament de référence et dont la bioéquivalence avec le médicament de référence a été démontrée par des études appropriées de biodisponibilité.

9) Préparation extemporanée

Toute préparation réalisée sur prescription d'un docteur vétérinaire et au moment de l'utilisation pour répondre à un besoin thérapeutique bien défini dans les lieux et le temps.

10) Temps d'attente

La période nécessaire entre la dernière administration du médicament vétérinaire à l'animal dans les conditions normales d'emploi et l'obtention des denrées alimentaires provenant de cet animal, afin de garantir qu'elles ne contiennent pas de résidus en quantités supérieures aux limites maximales de résidus établies.

Les limites maximales de résidus à prendre en compte pour préserver la santé du consommateur sont autant que possible celles établies par le Codex Alimentarius en attendant l'établissement par l'UEMOA de limites maximales de résidus au niveau communautaire.

11) Expérimentation

Tous essais, recherches ou expérimentations, ci-après dénommés essais, auxquels il est procédé en vue d'obtenir une autorisation de mise sur le marché ou une modification.

12) Promoteur

Toute personne physique ou morale qui prend l'initiative d'une expérimentation de médicament vétérinaire.

13) Expérimentateur

Toute personne physique qui dirige et surveille la réalisation des essais non cliniques, à savoir des essais analytiques, des essais d'innocuité, de l'étude des résidus et des essais précliniques.

Toute personne physique qui dirige et surveille la réalisation des essais cliniques, et dans le cas des médicaments vétérinaires immunologiques des essais d'efficacité.

15) Entreprise vétérinaire

Toute entité à caractère économique effectuant des opérations industrielles ou commerciales dans le domaine du médicament vétérinaire.

Une entreprise vétérinaire peut exploiter plusieurs établissements pharmaceutiques vétérinaires.

16) Organisme

Tout établissement public ou association se livrant à une activité pharmaceutique vétérinaire par l'intermédiaire d'un établissement pharmaceutique vétérinaire.

17) Etablissement pharmaceutique vétérinaire
Tout site géographique où sont regroupés des moyens humains et matériels affectés à des opérations industrielles ou commerciales dans le domaine du médicament vétérinaire. Un site peut consister en une partie d'immeuble ou un ou plusieurs immeubles regroupés à une même adresse géographique.
18) Fabricant
Toute entreprise ou organisme comportant un ou plusieurs établissements pharmaceutiques vétérinaires se livrant, en vue de leur vente en gros, de leur cession à titre gratuit ou de leur utilisation lors d'essais sur l'animal, à la fabrication de médicaments vétérinaires autres que les aliments médicamenteux.
19) Fabrication de médicaments vétérinaires
Toute activité pharmaceutique à caractère industriel qui conduit à la production d'un médicament vétérinaire tel que défini au point 1), à savoir l'approvisionnement ou l'acquisition des matières premières et des articles de conditionnement, la mise en forme galénique, le contrôle de la qualité, la libération des lots de médicaments ainsi que les opérations de stockage correspondantes, telles qu'elles sont définies par les bonnes pratiques applicables à cette activité.
Pour les médicaments soumis à des essais, les opérations de suivi des médicaments et, s'il y a lieu, de retrait sont effectuées par le fabricant, sous la responsabilité du promoteur de l'essai.
20) Exploitant
Toute entreprise ou organisme comportant un ou plusieurs établissements pharmaceutiques vétérinaires se livrant à l'exploitation de médicaments vétérinaires autres que ceux soumis à des essais.
21) Exploitation
Toute opération de vente en gros ou de cession à titre gratuit, de publicité, d'information, de pharmacovigilance, de suivi des lots et, s'il y a lieu, de leur retrait, ainsi que, le cas échéant, les opérations de stockage correspondantes.
L'exploitation est assurée soit par le titulaire de l'autorisation de mise sur le marché, soit, pour le compte de ce titulaire, par une autre entreprise ou organisme, soit par l'un et l'autre, chacun assurant dans ce cas une ou plusieurs catégories d'opérations constitutives de l'exploitation du médicament vétérinaire.
22) Dépositaire
Toute entreprise ou organisme comportant un ou plusieurs établissements pharmaceutiques vétérinaires se livrant, d'ordre et pour le compte d'un ou plusieurs titulaires d'autorisation de mise sur le marché (AMM) ou exploitant, au stockage de médicaments vétérinaires dont il n'est pas propriétaire et à leur distribution en gros et en l'état.

23) Distributeur en gros
Toute entreprise ou organisme comportant un ou plusieurs établissements pharmaceutiques vétérinaires se livrant à l'achat ou à l'importation de médicaments vétérinaires autres que ceux soumis à des essais cliniques et que les aliments médicamenteux, à leur stockage et à leur distribution en gros et en l'état ou à leur exportation.
24) Distribution en gros des médicaments vétérinaires
Toute activité pharmaceutique à caractère commercial qui comprend l'achat, la vente, l'importation ou l'exportation de médicaments vétérinaires ou toute autre opération commerciale portant sur des médicaments vétérinaires, à des fins lucratives ou non, à l'exclusion de la fourniture par un fabricant, de médicaments vétérinaires fabriqués par lui-même, ou de la vente au détail de médicaments vétérinaires par les personnes habilitées à exercer cette activité conformément à la réglementation nationale de chaque État membre.
25) Fabricant d'aliments médicamenteux
Toute entreprise ou organisme comportant un ou plusieurs établissements pharmaceutiques vétérinaires se livrant, en vue de leur vente, de leur cession à titre gratuit ou de la réalisation d'essais cliniques sur l'animal, à la fabrication d'aliments médicamenteux ; cette fabrication comprend les opérations concernant l'achat du ou des prémélanges médicamenteux, des articles de conditionnement, le mélange, le contrôle de la qualité, les opérations de stockage correspondantes, les contrôles correspondants notamment en matière d'homogénéité, ainsi que le suivi des lots et, s'il y a lieu, leur retrait.
Pour les aliments médicamenteux soumis à des essais cliniques, les opérations de distribution, de suivi desdits médicaments et, s'il y a lieu, de leur retrait sont effectués par le fabricant, sous la responsabilité du promoteur.
26) Importateur d'aliments médicamenteux
Toute entreprise ou organisme comportant un ou plusieurs établissements pharmaceutiques vétérinaires se livrant, en vue de leur vente, de leur cession à titre gratuit ou de la réalisation d'essais cliniques sur l'animal, à l'importation, au stockage, au contrôle de la qualité des lots d'aliments médicamenteux ainsi qu'au suivi et, s'il y a lieu, au retrait des lots d'aliments médicamenteux en provenance d'États non-membres de l'Union. Pour les aliments médicamenteux soumis à des essais cliniques, les opérations de distribution, de suivi et, s'il y a lieu, de retrait sont effectuées par l'importateur, sous la responsabilité du promoteur.
27) Distributeur d'aliments médicamenteux
Toute entreprise ou organisme comportant un ou plusieurs établissements pharmaceutiques vétérinaires se livrant à l'achat et au stockage d'aliments médicamenteux autres que ceux soumis à des essais cliniques et à leur distribution en l'état.

28) Importation
L'entrée sur le territoire de l'Union de lots de médicaments vétérinaires, en vue de leur vente en gros, de leur cession à titre gratuit ou de leur utilisation lors d'essais cliniques sur l'animal, en provenance d'États non-membres de l'Union.
29) Exportation
L'expédition hors du territoire de l'Union de lots de médicaments vétérinaires fabriqués dans ces limites territoriales ou précédemment importés.
30) Circulation intracommunautaire
L'échange de lots de médicaments vétérinaires entre les États Membres de l'Union que ces médicaments aient été fabriqués dans un État membre ou importés d'un pays tiers.
31) Effet indésirable
Toute réaction nocive et non voulue, se produisant aux posologies normalement utilisées chez l'animal pour la prophylaxie, le diagnostic ou le traitement d'une maladie ou la modification d'une fonction physiologique.
32) Effet indésirable sur l'être humain
Toute réaction nocive et non voulue, se produisant chez un être humain à la suite d'une exposition à un médicament vétérinaire.
33) Effet indésirable grave
Tout effet indésirable qui entraîne la mort, ou est susceptible de mettre la vie en danger, ou qui provoque un handicap majeur ou une incapacité importante ou se traduit par une anomalie/malformation congénitale ou qui provoque des symptômes permanents ou prolongés chez l'animal traité.
34) Risque lié au médicament vétérinaire
Tout risque lié à la qualité, la sécurité et l'efficacité du médicament vétérinaire pour la santé humaine, animale ou pour l'environnement.

TITRE II

CHAMP D'APPLICATION

Article 2
Les dispositions du présent Règlement s'appliquent aux médicaments vétérinaires destinés à être mis sur le marché, qu'ils soient présentés notamment sous la forme de spécialités pharmaceutiques, de médicaments vétérinaires préfabriqués, de prémélanges médicamenteux.
Article 3
Le présent Règlement ne s'applique pas aux aliments médicamenteux. Toutefois, les aliments médicamenteux ne peuvent être préparés qu'à partir de prémélanges médicamenteux ayant reçu une autorisation de mise sur le

marché conformément au présent Règlement.

Article 4

Le présent Règlement a pour objet l'établissement de procédures communautaires, pour l'autorisation et pour la surveillance des médicaments à usage vétérinaire, et l'institution d'un Comité régional des médicaments vétérinaires pour l'évaluation des médicaments.

Les dispositions du présent Règlement n'affectent pas les compétences des autorités des États membres en matière de contrôle des établissements d'importation et de distribution en gros, des conditions de distribution en gros et au détail des médicaments vétérinaires qui dans un but d'harmonisation feront l'objet d'une directive.

Article 5

Le responsable de la mise sur le marché d'un médicament vétérinaire doit demander qu'une autorisation de mise sur le marché du médicament vétérinaire lui soit délivrée par la Commission de l'Union Economique et Monétaire Ouest Africaine conformément aux dispositions du présent Règlement.

Le Comité Régional du Médicament Vétérinaire (CRMV), institué au titre III procède à une évaluation scientifique de données selon les dispositions du titre IV et émet un avis assorti d'une proposition de décision à l'attention de la Commission de l'UEMOA.

La Commission de l'UEMOA, avant de délivrer les autorisations de mise sur le marché des médicaments vétérinaires, consulte, sauf dans les cas de modifications mineures, le Comité vétérinaire défini dans le Règlement n° 01/2006/CM/UEMOA du 23 mars 2006 portant création et modalités de fonctionnement d'un Comité Vétérinaire au sein de l'UEMOA.

La Commission de l'UEMOA adopte les décisions qui sont notifiées au demandeur, aux États membres et publiées au Bulletin officiel de l'Union.

TITRE III

DU COMITE REGIONAL DU MÉDICAMENT VÉTERINAIRE ET DE SON SECRETARIAT PERMANENT

Article 6

1. En vue de mettre en place une procédure centralisée d'autorisation de mise sur le marché des médicaments vétérinaires, sur la base des critères scientifiques de qualité, de sécurité et d'efficacité, et de permettre ainsi la libre circulation des médicaments vétérinaires dans les États Membres de l'Union Economique et Monétaire Ouest Africaine, il est institué un Comité Régional

du Médicament Vétérinaire dénommé ci-après « Comité Régional ». Le Comité Régional relève de la Commission de l'UEMOA.

2. Le Comité Régional est chargé à la demande de la Commission de l'UEMOA d'évaluer les dossiers d'autorisation de mise sur le marché et leurs modifications majeures, de la préparation des propositions d'octroi, de refus, de demande d'informations complémentaires, de suspension, de retrait de l'autorisation de mise sur le marché. Il se prononce sur toutes les mesures relatives à la pharmacovigilance.

Article 7

1. Le Comité Régional s'appuie sur un secrétariat permanent dénommé ci-après « Secrétariat du Comité Régional », logé au siège de la Commission de l'UEMOA et chargé de la gestion des procédures administratives.

2. Le Secrétariat du Comité Régional est de plus chargé de l'étude de la recevabilité administrative des dossiers présentés suivant la procédure centralisée en vue de l'octroi d'une autorisation de mise sur le marché d'un médicament vétérinaire, de sa modification, de son renouvellement, de son transfert à un nouveau titulaire, conformément aux dispositions du titre IV, ainsi que de la gestion de la pharmacovigilance.

3. Le Secrétariat du Comité Régional établit, met à jour et diffuse de manière régulière la liste des médicaments vétérinaires autorisés.

Article 8

1. Le Comité Régional est constitué de neuf experts et d'un président, ressortissants de l'Union, nommés par la Commission de l'UEMOA pour une période de trois ans, renouvelable. Le président ne peut effectuer que deux mandats successifs.

2. Les experts sont nommés à titre personnel, en fonction de leur compétence et de leur expérience scientifique en particulier dans l'évaluation des médicaments vétérinaires. Les critères de compétence et d'expérience seront déterminés par voie de règlement d'exécution par la Commission.

3. Le processus de sélection des experts est géré par la Commission de l'UEMOA. Il comprend un appel à candidature ouvert au niveau régional.

La Commission de l'UEMOA peut faire appel à l'Organisation Internationale des Epizooties (Organisation mondiale de la santé animale) ou à tout autre organisme compétent pour l'assister dans ce processus de sélection. Le Comité Vétérinaire institué par le Règlement n° 01/2006/CM/UEMOA du 23 mars 2006 susvisé est également sollicité pour donner son avis lors de la sélection des experts.

4. Les experts doivent présenter les garanties nécessaires de compétence et d'intégrité morale et disposer des moyens suffisants à l'accomplissement des travaux d'expertise.

Article 9

Lorsque, en application du présent Règlement, le Comité Régional est chargé d'évaluer un médicament vétérinaire, l'un de ses membres est désigné pour agir en qualité de rapporteur et coordonner l'évaluation. En tant que de besoin, un ou deux experts supplémentaires appartenant à la liste d'experts du médicament vétérinaire (LEMV) mentionnée à l'article 10 du présent Règlement sont désignés pour assister le rapporteur dans l'élaboration du rapport d'évaluation.

Le président du Comité Régional nomme après consultation des membres de ce Comité, le rapporteur et le ou les experts qui lui sont associés pour l'élaboration du rapport d'évaluation.

Le président du Comité Régional et son Secrétariat veilleront à ce que tous les membres du Comité soient appelés successivement à assurer le rôle de rapporteur.

Sur proposition du rapporteur, le Secrétariat du Comité Régional, en concertation avec le président du Comité Régional, peut soumettre le médicament vétérinaire à une analyse réalisée par un laboratoire appartenant au réseau des laboratoires de contrôle de qualité des médicaments vétérinaires ou le cas échéant par un laboratoire agréé par l'Organisation mondiale de la santé animale.

Le Comité Régional se réunit selon une fréquence définie en fonction du nombre de dossiers déposés et en moyenne quatre fois par an. Il peut être convoqué d'urgence par son président en concertation avec le secrétariat.

Lors de la préparation de l'avis, le Comité Régional déploie tous ses efforts pour parvenir à un consensus scientifique. Si un tel consensus ne peut être atteint, l'avis est constitué par la position de la majorité absolue des membres. Le Comité peut y inclure, à la demande des intéressés, les positions divergentes avec leurs motifs de divergences.

Le président ne prend pas part au vote.

Article 10 : Les États membres transmettent à la Commission de l'UEMOA une liste d'experts possédant une expérience confirmée en matière d'évaluation des médicaments dans les domaines de l'immunologie, de la qualité, de l'innocuité et de l'efficacité des médicaments vétérinaires en indiquant leurs qualifications et leurs domaines d'expertise.

Cette liste d'experts inclut les experts des laboratoires appartenant au réseau des laboratoires de contrôle de qualité des médicaments vétérinaires

Cette liste d'experts du médicament vétérinaire est mise à jour en tant que de besoin.

Les experts peuvent être sollicités pour intervenir dans le cadre de l'évaluation des dossiers d'autorisation de mise sur le marché ou pour participer à des groupes de travail spécifiques mis en place par le Comité Régional en accord avec la Commission de l'UEMOA ou pour réaliser des analyses des médicaments vétérinaires.

Article 11 : La participation des membres du Comité Régional à une session plénière, leur prestation en tant que rapporteur, la prestation des experts mentionnés à l'article 10 et leur participation à des réunions spécifiques ouvrent droit à une indemnité forfaitaire définie par décision du président de la Commission de l'UEMOA.

Article 12 :1. La composition du Comité Régional du médicament vétérinaire est rendue publique. Lors de la publication de chaque nomination, les qualifications professionnelles de chaque membre sont spécifiées.

2. Les membres du Comité Régional et les experts mentionnés à l'article 10, ne peuvent avoir d'intérêts financiers ou autres, dans l'industrie pharmaceutique, qui seraient de nature à mettre en question leur impartialité. Tout intérêt indirect en liaison avec cette industrie est déclaré dans un registre détenu par le Secrétariat du Comité Régional et accessible au public.

TITRE IV

MISE SUR LE MARCHÉ

CHAPITRE 1 : AUTORISATION DE MISE SUR LE MARCHE

Article 13

1. Exception faite des aliments médicamenteux, aucun médicament vétérinaire ne peut être mis sur le marché d'un Etat membre à titre gratuit ou onéreux sans qu'une autorisation de mise sur le marché n'ait été délivrée par la Commission de l'UEMOA. Les aliments médicamenteux ne peuvent être préparés qu'à partir des prémélanges médicamenteux ayant reçu une autorisation de mise sur le marché conformément au présent Règlement.

2. L'autorisation de mise sur le marché est délivrée à une personne physique ou morale dénommée ci-après le titulaire de l'autorisation de mise sur le marché pour un médicament vétérinaire correspondant à une spécialité pharmaceutique ou à un médicament préfabriqué définis à l'article 1er, pour une composition qualitative et quantitative et une forme pharmaceutique données ainsi que pour une ou plusieurs espèces de destination.

L'autorisation de mise sur le marché est délivrée à un titulaire établi dans un des États membres de l'Union. Si ce dernier n'est pas établi dans un des États membres de l'Union, il désigne un représentant local en charge du suivi de la procédure d'autorisation de mise sur le marché et après son obtention, de la pharmacovigilance, de la gestion des réclamations, du suivi des lots et de leur retrait si nécessaire.

3. Elle n'est accordée que si le titulaire justifie :

- qu'il dispose d'une méthode de fabrication et de procédés de contrôle garantissant la qualité du médicament au niveau de la production en série,
- qu'il a procédé à la vérification des propriétés pharmacologiques et à celle

de l'innocuité du médicament vis à vis de l'animal, de l'homme et de l'environnement,
- que, pour les médicaments destinés aux animaux producteurs de denrées destinées à la consommation humaine, une limite maximale de résidus en fonction des substances actives qu'ils contiennent et de leurs résidus potentiellement dangereux pour l'homme dans les denrées issues de ces animaux est établie et que le temps d'attente nécessaire à leur obtention est justifié et qu'il dispose d'une méthode de détection de ces résidus,
- qu'il a procédé à la vérification de l'efficacité du médicament au regard des indications thérapeutiques qu'il propose.
4. L'autorisation de mise sur le marché est délivrée pour une durée de cinq ans et elle est ensuite renouvelable par période quinquennale selon les modalités figurant à l'article 36. Elle peut être modifiée ou transférée à la demande de son titulaire selon les modalités figurant aux articles 34, 35 et 37 ci-dessous. Toute modification ou transfert, à l'initiative du demandeur, doit être préalablement autorisée par la Commission de l'UEMOA.

Article 14

1. À titre exceptionnel, lorsque le médicament, compte tenu de l'état des connaissances, justifie l'octroi d'une autorisation de mise sur le marché, mais qu'il nécessite une surveillance particulière après sa mise sur le marché, l'autorisation peut être soumise à un réexamen annuel et à certaines obligations spécifiques visant, après son obtention, à la réalisation d'études complémentaires ou à la notification d'effets indésirables.
2. Lorsque, du fait de la rareté des indications prévues ou du fait de l'état d'avancement de la science, la demande n'est pas assortie de l'ensemble des justifications prévues, une autorisation de mise sur le marché peut être accordée, sous réserve que le médicament vétérinaire soit délivré sur prescription d'un docteur vétérinaire et administré par ce dernier.

Article 15

L'autorisation de mise sur le marché peut être assortie :
1. de l'obligation de mentionner sur le conditionnement primaire ou sur le conditionnement extérieur ainsi que sur la notice des mentions essentielles pour la sécurité ou pour la protection de la santé, notamment des précautions particulières d'emploi et autres avertissements résultant des essais cliniques et pharmacologiques prévus à l'article 25, paragraphe 3, et à l'article 26, paragraphe 1 ou qui, après la commercialisation, résultent de l'expérience acquise lors de l'emploi du médicament vétérinaire.
2. de règles de prescription particulières et de conditions restrictives de délivrance nécessaires à la protection de la santé humaine ou de la santé animale.
3. des conditions techniques que doit respecter le fabricant des aliments médicamenteux correspondants, ainsi que des modalités d'emploi de ces aliments médicamenteux, lorsqu'elle porte sur un prémélange

médicamenteux.

Article 16

L'autorisation de mise sur le marché est refusée s'il apparaît :

- soit que la demande et le dossier qui l'accompagne ne sont pas conformes au contenu fixé par les articles 25 ou 26,
- soit que le médicament vétérinaire n'a pas la composition qualitative ou quantitative déclarée,
- soit qu'il est nocif dans les conditions d'emploi indiquées dans le dossier de demande,
- soit que l'effet thérapeutique annoncé fait défaut sur l'espèce animale de destination,
- soit que la mise sur le marché d'un médicament vétérinaire est de nature à compromettre gravement la protection de la santé humaine ou de la santé animale,
- soit, pour les médicaments destinés à être administrés à des animaux producteurs de denrées destinées à la consommation humaine, que le temps d'attente indiqué dans le dossier est insuffisant pour que les denrées alimentaires provenant de l'animal traité ne contiennent pas de résidus à des niveaux susceptibles d'être dangereux pour leur consommateur ou qu'il est insuffisamment justifié,
- soit que le médicament vétérinaire est présenté pour une utilisation interdite sur le territoire de l'UEMOA.

Article 17

1. L'autorisation de mise sur le marché est suspendue pour une durée ne pouvant excéder un an par le Président de la Commission de l'UEMOA lorsqu'il apparaît :

- soit qu'il n'a pas la composition qualitative ou quantitative,
- soit que les contrôles prévus dans le dossier n'ont pas été effectués,
- soit que le médicament vétérinaire est nocif dans les conditions d'emploi indiquées dans le dossier de demande d'autorisation de mise sur le marché d'après les données de pharmacovigilance recueillies après sa mise sur le marché dans le territoire de l'Union ou en provenance d'un État tiers, - soit que le médicament présente un risque pour la santé humaine ou pour la santé animale,
- soit que, pour les médicaments destinés à être administrés à des animaux producteurs de denrées destinées à la consommation humaine, le temps d'attente indiqué s'avère insuffisant pour que les denrées alimentaires provenant de l'animal traité ne contiennent pas de résidus pouvant présenter des dangers pour la santé du consommateur,
- soit que l'effet thérapeutique annoncé fait défaut sur l'animal de destination,
- soit que l'utilisation pour laquelle le médicament vétérinaire est présenté fait l'objet d'une interdiction en vertu d'autres dispositions communautaires,
- soit que la documentation et les renseignements fournis dans le dossier de

demande s'avèrent erronés,
- soit que la documentation et les renseignements fournis dans le dossier de demande n'ont pas été modifiés conformément à l'article 34 paragraphes 1 et 2,
- soit que le titulaire de l'autorisation de mise sur le marché n'a pas informé le Comité Régional de tout élément nouveau conformément à l'article 34 paragraphe 3,
- soit lorsque l'étiquetage ou la notice ne sont pas conformes aux prescriptions des articles 39 à 42.
2. Le Président de la Commission de l'UEMOA peut retirer l'autorisation de mise sur le marché si les motifs de la suspension n'ont pas été corrigés à l'expiration du délai imparti.
Article 18 : Le Président de la Commission de l'UEMOA peut modifier d'office l'autorisation de mise sur le marché d'un médicament vétérinaire pour en restreindre les indications, en limiter les conditions de délivrance, en modifier la posologie, ajouter une contre-indication ou toute autre mesure préventive lorsqu'il apparaît, à la suite de l'évaluation des données de pharmacovigilance, que le médicament vétérinaire ne satisfait plus aux conditions mentionnées à l'article 25.
Article 19 : Les décisions de modification, de suspension ou de retrait sont motivées et indiquent les voies et délais de recours. Sauf en cas d'urgence, la décision intervient après que le titulaire de l'autorisation de mise sur le marché ait été invité à présenter ses observations. Ces décisions sont notifiées au titulaire de l'autorisation de mise sur le marché et aux autorités compétentes des États membres.
Lorsque l'autorisation est suspendue, retirée ou modifiée d'office, le titulaire informe immédiatement les détenteurs de stocks afin que ceux-ci puissent prendre toutes dispositions utiles pour faire cesser la distribution du médicament vétérinaire concerné. Si ces dispositions n'interviennent pas dans des délais compatibles avec l'intérêt de la santé publique, définis dans la décision, le Président de la Commission de l'UEMOA prend en relation avec les autorités compétentes des États membres toutes mesures appropriées.
Article 20 : Indépendamment des décisions de suspension, de modification d'office et de retrait susmentionné et à titre conservatoire, le Président de la Commission de l'UEMOA peut interdire la délivrance de certains lots de médicaments vétérinaires autorisés qui font l'objet de contestation et demander au titulaire de l'autorisation de mise sur le marché de procéder au rappel de ces lots.
Article 21 : Aucun médicament vétérinaire ne peut être cédé à titre gratuit ou onéreux ni administré par un vétérinaire à un animal si une autorisation de mise sur le marché n'a pas été délivrée, sauf dans le cas d'essais cliniques de médicaments vétérinaires, déclarés et acceptés par la Commission dans les conditions décrites à l'article 29.

Article 22 : Toutefois, en cas d'épizooties graves, un État membre peut provisoirement permettre l'importation par un établissement pharmaceutique vétérinaire et l'utilisation par un ou des docteurs vétérinaires, de médicaments vétérinaires, sur son territoire national, sans l'autorisation de mise sur le marché mentionnée à l'article 13, en l'absence de médicaments adéquats et après avoir informé la Commission sur les conditions détaillées d'utilisation.
Dans un délai de six mois, la Commission de l'UEMOA après avis du Comité Régional devra se prononcer sur la poursuite de l'utilisation du médicament en délivrant au besoin une autorisation spéciale limitée dans le temps.
En cas de besoin, la Commission de l'UEMOA peut étendre cette autorisation d'utilisation à d'autres États membres.

L'État membre adresse trimestriellement à la Commission de l'UEMOA un bilan de la situation épidémiologique et de l'utilisation du médicament.
Article 23 : 1. Lorsqu'il n'existe pas de médicaments vétérinaires autorisés pour une affection donnée, un docteur vétérinaire peut, à titre exceptionnel, administrer à un animal ou aux animaux d'une exploitation, notamment afin de leur éviter des souffrances inacceptables :
a) un médicament vétérinaire autorisé en vertu du présent Règlement pour des animaux d'une autre espèce ou pour des animaux de la même espèce, mais pour une affection différente ou,
b) si le médicament visé au point a) n'existe pas, un médicament à usage humain autorisé dans l'Etat membre concerné en vertu de la réglementation nationale,
c) si les médicaments visés aux points a) et b) n'existent pas, un médicament vétérinaire autorisé dans un pays tiers. Dans ce cas, le docteur vétérinaire sollicite une autorisation exceptionnelle d'importation et d'utilisation, limitée à sa clientèle, auprès de l'autorité vétérinaire de son pays. L'autorité vétérinaire de chaque État membre adresse annuellement à l'UEMOA la liste des médicaments importés par cette procédure.
2. Les dispositions du paragraphe 1 s'appliquent à condition que le médicament, s'il est administré à des animaux producteurs de denrées destinées à la consommation humaine, contienne seulement des substances déjà présentes dans un médicament vétérinaire autorisé chez de tels animaux dans l'Union et que le docteur vétérinaire responsable de l'administration fixe un temps d'attente approprié.
Si aucun temps d'attente pour les animaux concernés n'est prévu pour le médicament utilisé, le temps d'attente spécifié ne doit pas être inférieur à :
- 7 jours pour le lait ; - 14 jours pour la viande de volaille ;
- 28 jours pour la viande de mammifères, y compris les graisses et les abats ;
- 500 degrés-jour pour la viande de poisson.
Article 24
Lors de la mise en oeuvre des dispositions de l'article 23 par un docteur

vétérinaire, celuici tient un registre de toutes les informations appropriées à savoir :
- la date d'examen des animaux, - l'identification du propriétaire, - le nombre d'animaux traités, - le diagnostic, - les médicaments prescrits, - les doses administrées, - la durée du traitement ainsi que les temps d'attente recommandés.
Il tient cette documentation à la disposition des autorités compétentes, à des fins d'inspection, pendant trois ans au moins.
Article 25 : 1. En vue de l'octroi d'une autorisation de mise sur le marché d'un médicament vétérinaire, une demande doit être introduite auprès de la Commission de l'UEMOA accompagnée du versement d'une redevance prévue aux articles 2 à 7 du Règlement n° 03/2006/CM/UEMOA du 23 mars 2006 concernant les redevances dues à la Commission de l'UEMOA.
Cette demande comporte les renseignements indiqués au paragraphe 2, le dossier mentionné au paragraphe 3 et le résumé des caractéristiques du produit (RCP) prévu à l'article 28.
La demande, les propositions de RCP, d'étiquetage et de notice sont rédigées en français. Le dossier est rédigé en français à l'exception des renseignements prévus aux points e, h du paragraphe 3 ci-après, qui peuvent être rédigés en anglais.
En outre, le demandeur remet à la Commission des échantillons du médicament et tient à sa disposition des échantillons des matières premières, des substances de référence et des autres constituants, en quantité suffisante pour procéder aux contrôles prévus au paragraphe 2 de l'article 31.
2. Toute demande d'autorisation de mise sur le marché d'un médicament vétérinaire comporte les renseignements suivants :
a) La dénomination du médicament (nom commercial, dénomination commune, assortie ou non d'une marque ou du nom du titulaire ou dénomination scientifique ou formule, assorties ou non d'une marque ou du nom du titulaire),
b) La composition qualitative et quantitative de tous les composants du médicament vétérinaire en termes usuels, à l'exclusion des formules chimiques brutes, et avec la dénomination commune internationale recommandée par l'Organisation Mondiale de la Santé, si une telle dénomination existe,
c) La forme pharmaceutique, le dosage et les présentations,
d) Les modes et les voies d'administration,
e) Les espèces de destination et la posologie pour chacune des différentes espèces animales auxquelles le médicament vétérinaire est destiné,
f) Les indications thérapeutiques, contre-indications et effets indésirables
g) La durée limite d'utilisation,
h) L'indication du temps d'attente pour les espèces animales productrices de denrées destinées à la consommation humaine ; le demandeur propose et

justifie un niveau de résidus acceptable dans les denrées alimentaires sans risque pour le consommateur,
i) Le nom ou la dénomination sociale et l'adresse du demandeur et, le cas échéant, celui du représentant local,
j) Le nom ou la dénomination sociale et l'adresse du ou des fabricants,
k) La désignation des lieux de fabrication, y compris de conditionnement et de contrôle de qualité,
l) Le cas échéant, la liste des pays tiers qui ont accordé une autorisation de mise sur le marché à ce médicament ou dans lesquels une demande est en cours d'examen,
m) Le nombre et le titre des volumes de documentation présentés à l'appui de la demande.
3. À la demande doivent être joints les renseignements et documents suivants, présentés conformément aux Normes et protocoles analytiques, d'innocuité, précliniques et cliniques en matière d'essais de médicaments vétérinaires :
a) La description de la méthode de fabrication,
b) La description des méthodes de contrôle utilisées par le fabricant (analyse qualitative et quantitative des composants et du produit fini, essais particuliers, par exemple essais de stérilité, essais pour la recherche des substances pyrogènes, recherche des métaux lourds, essais de stabilité, essais biologiques et de toxicité, contrôles sur les produits intermédiaires de la fabrication),
c) les méthodes d'analyse de routine pouvant être utilisées par les autorités compétentes pour le dépistage des résidus,
d) s'il y a lieu, les explications sur les mesures de précaution et de sécurité à prendre lors du stockage du médicament, de son administration aux animaux et de l'élimination des déchets, ainsi que l'indication des risques potentiels que le médicament pourrait présenter pour l'environnement, la santé humaine et animale et pour les plantes,
e) les résultats des essais, à savoir les essais analytiques, les essais d'innocuité, l'étude des résidus, les essais précliniques et les essais cliniques ou essais d'efficacité,
f) les rapports d'experts relatifs à ces documentations et essais, des échantillons du modèle-vente du médicament vétérinaire ainsi que de la notice,
g) la copie des décisions d'autorisation administrative des établissements de fabrication délivrées au fabricant du médicament concerné, en application de la législation nationale de l'établissement, et le cas échéant un document dont il ressort que le fabricant est inspecté par les autorités compétentes et fonctionne conformément aux principes des Bonnes Pratiques de Fabrication en vigueur au plan international,
h) une copie de toute autorisation de mise sur le marché obtenue pour ce médicament vétérinaire dans un pays tiers, ainsi qu'une copie de la notice

proposée dans ce pays, les détails de toute décision de refus d'autorisation et les motifs de cette décision.
4. Un règlement d'exécution de la Commission indiquera les normes et protocoles analytiques, d'innocuités, précliniques et cliniques en matière d'essais de médicaments vétérinaires mentionnés au paragraphe 3 et 4 de l'article 25.

Article 26

1. Par dérogation à l'article 25, paragraphe 3, point e) et sans préjudice des droits relatifs à la protection de la propriété industrielle et commerciale, le demandeur n'est pas tenu de fournir les résultats des essais toxicologiques, pharmacologiques et cliniques s'il peut démontrer :
a) soit que le médicament vétérinaire est essentiellement similaire à un médicament autorisé dans l'Union et que le titulaire de l'autorisation de mise sur le marché du médicament vétérinaire original a consenti à ce que la documentation toxicologique, pharmacologique et/ou clinique figurant au dossier du médicament vétérinaire original soit utilisé en vue de l'examen de la demande en question ;
b) soit que le ou les composants du médicament vétérinaire sont d'un usage médical bien établi et présentent une efficacité reconnue ainsi qu'un niveau acceptable de sécurité, au moyen d'une bibliographie scientifique détaillée ;
c) soit que le médicament vétérinaire est un générique d'un médicament autorisé dans l'Union selon les dispositions communautaires en vigueur ou dans un pays tiers, depuis au moins dix ans et commercialisé dans l'Union.
2. Le Règlement d'exécution mentionné à l'article 25, paragraphe 4, s'applique par analogie lors de la présentation d'une bibliographie scientifique détaillée en vertu du paragraphe 1, point b.

Article 27

1. Les documents relatifs aux essais mentionnés à l'article 25, paragraphe 3, point e) sont établis et signés par des expérimentateurs ou investigateurs,
Tout essai donne lieu à un rapport établi par l'expérimentateur ou l'investigateur qui a réalisé cet essai. Ce rapport doit comporter :
- l'identité du ou des expérimentateurs ou investigateurs, leurs titres, expériences et fonctions ;
- les dates et lieux de réalisation de l'essai ;
- les renseignements relatifs au médicament soumis à l'essai ;
- les renseignements relatifs au médicament de référence ou au placebo ;
- l'exposé des résultats des essais pratiqués.
Les essais doivent respecter, selon le cas, les principes des bonnes pratiques de laboratoire ou de bonnes pratiques cliniques fixées au plan international.
2. Les documents mentionnés à l'article 25, paragraphe 3, point f) et à l'article 26, paragraphe 1, sont établis et signés par des experts possédant les qualifications techniques ou professionnelles nécessaires, avant d'être présentés à la Commission de l'UEMOA.

a) Les qualifications et l'expérience requises pour les experts mentionnés ci-dessus sont les suivantes :
i) Pour l'expert se prononçant sur la documentation relative aux essais analytiques : selon le cas, un diplôme de doctorat vétérinaire ou doctorat en pharmacie ou un diplôme dans le domaine de la chimie, de la biologie, de la microbiologie ou de la biotechnologie et une expérience pratique d'au moins cinq ans, soit dans la recherche et le développement, soit dans la production, soit dans le contrôle des médicaments ;
ii) Pour l'expert se prononçant sur la documentation relative aux essais d'innocuité : un diplôme de doctorat vétérinaire ou doctorat en pharmacie ou un diplôme en toxicologie générale ou spécialisée et une expérience pratique d'au moins cinq ans dans cette discipline ;
iii) Pour l'expert se prononçant sur la documentation relative à l'étude des résidus : un diplôme attestant d'une qualification générale ou spécialisée dans le domaine de la pharmacologie, de la toxicologie, de la biologie, de la chimie ou de la biochimie et une expérience pratique d'au moins cinq ans ;
iv) Pour l'expert se prononçant sur la documentation relative aux essais précliniques : un diplôme attestant d'une qualification en pharmacologie, en toxicologie ou en biologie et une expérience pratique d'au moins cinq ans ;
v) Pour l'expert se prononçant sur la documentation relative aux essais cliniques : un diplôme de doctorat vétérinaire et une expérience pratique d'au moins cinq ans.
b) Selon leur qualification, le rôle des experts est :
i) de procéder aux travaux relevant de leur discipline (analyse, pharmacologie et sciences expérimentales analogues, clinique) et de décrire objectivement les résultats obtenus (quantitatifs et qualitatifs) ;
ii) de décrire les constatations qu'ils ont faites conformément aux Normes et protocoles analytiques, d'innocuité, précliniques et cliniques en matière d'essais de médicaments vétérinaires mentionnés au paragraphes 3 et 4 de l'article 25, et notamment :
- pour l'analyste, de se prononcer sur la conformité du médicament à la composition déclarée, et de justifier les méthodes de contrôle qui seront utilisées par le fabricant ;
- pour le pharmacologue ainsi que pour le spécialiste ayant les compétences adéquates en toxicologie de se prononcer sur l'innocuité ou l'éventuelle toxicité du médicament, ses propriétés pharmacologiques, la tolérance vis-à-vis du médicament et la validité du temps d'attente ;
- pour le clinicien, de valider les données portant sur l'efficacité du médicament sur les animaux traités, à la posologie préconisée, sur la tolérance au médicament et sur les éventuelles contre-indications et effets indésirables.
iii) Lorsqu'il est fait référence à la littérature scientifique publiée, les experts doivent justifier le recours à cette documentation bibliographique et démontrer qu'elle satisfait aux exigences des protocoles figurant à l'annexe

II, compte tenu notamment de la forme pharmaceutique et des constituants de l'excipient.
c) Les experts doivent présenter les critères de compétence et d'intégrité garanties d'honorabilité nécessaires et disposer des moyens suffisants à l'accomplissement des travaux d'expertises. Un bref curriculum vitae de l'expert figure en annexe de chaque rapport. Le cas échéant, les liens professionnels avec le promoteur sont déclarés
Article 28
Le résumé des caractéristiques du produit comporte les renseignements suivants et dans l'ordre indiqué :
1° dénomination du médicament vétérinaire ;
2° composition qualitative et quantitative en substances actives et composants de l'excipient dont la connaissance est nécessaire à une bonne administration du médicament. Sont employées les dénominations communes internationales recommandées par l'Organisation Mondiale de la Santé chaque fois que ces dénominations existent ou, à défaut, les dénominations communes usuelles ou les dénominations chimiques ;
3° forme pharmaceutique ;
4° propriétés pharmacologiques et, dans la mesure où ces renseignements sont utiles pour l'utilisation thérapeutique, éléments de pharmacocinétique ;
5° informations cliniques :
- espèces cibles,
- indications d'utilisation, en spécifiant les espèces cibles,
- contre-indications,
- effets indésirables (fréquence et gravité),
- précautions particulières d'emploi,
- utilisation en cas de gravidité et de lactation,
- interactions médicamenteuses et autres,
- posologie et mode d'administration,
- surdosage (symptômes, conduite d'urgence, antidotes le cas échéant),
- mise en garde particulière à chaque espèce cible,
- temps d'attente,
- précautions particulières à prendre par la personne qui administre le médicament aux animaux ;
6° informations pharmaceutiques :
- incompatibilités majeures,
- durée limite d'utilisation, si nécessaire après reconstitution du médicament ou lorsque le récipient est ouvert pour la première fois,
- précautions particulières de conservation,
- nature et contenu du récipient,
- précautions particulières à prendre lors de l'élimination de médicaments non utilisés ou de déchets, le cas échéant ;
7° nom ou raison sociale et domicile ou siège social du titulaire de

l'autorisation de mise sur le marché et ceux du représentant local défini à l'article 13 paragraphe 2.

Article 29

Dans un délai de trois mois précédant tout essai clinique d'un médicament vétérinaire, le promoteur fait connaître son intention à la Commission de l'UEMOA en adressant un dossier comportant les informations suivantes :

1° L'identité du promoteur ;

2° Le cadre de l'essai :

- le titre et l'objectif de l'essai,
- le ou les lieux de l'essai,
- l'identité du ou des investigateurs, leur titres, expériences et fonctions,
- si celui-ci est distinct du promoteur, l'identité du fabricant du médicament soumis à essai et du placebo ou du médicament de référence,
- s'il y a lieu, l'identité de l'importateur,
- les références des autorisations de mise sur le marché obtenues dans un pays tiers pour le médicament soumis à essai ainsi que celles des éventuelles décisions de refus, de suspension ou de retrait de ces autorisations, - la date à laquelle il est envisagé de commencer l'essai et la durée probable de celui-ci ;

3° Le protocole de l'essai précisant en particulier :

- le type d'essai,
- l'indication thérapeutique faisant l'objet de l'essai,
- la posologie du médicament étudié et, s'il y a lieu, celle du médicament de référence,
- la durée du traitement,
- le nombre d'animaux qu'il est prévu d'inclure dans l'essai et les principaux critères d'inclusion ;

4° Pour le médicament vétérinaire soumis à l'essai :

- sa dénomination telle que définie à l'article 25, paragraphe 2 ou son nom de code,
- sa forme pharmaceutique,
- sa composition qualitative et quantitative en utilisant, s'il y a lieu, les dénominations internationales lorsqu'elles existent ou à défaut les dénominations de la pharmacopée européenne ou française,
- la présence éventuelle d'un principe actif nouveau,
- l'indication, si elle est connue, des classes chimique, pharmacologique et clinique auxquelles appartient le principe actif,
- le lieu de fabrication,
- la voie d'administration,
- les animaux de destination,
- le temps d'attente proposé, s'il y a lieu ;

5° Pour un médicament de référence :

- sa dénomination,
- sa forme pharmaceutique,

- sa composition qualitative et quantitative en principe actif,
- le temps d'attente, s'il y a lieu ;
6° Pour un placebo :
- sa forme pharmaceutique,
- son lieu de fabrication,
- sa composition qualitative et quantitative ;
7° La synthèse des autres essais effectués au préalable mentionnés à l'article 25, accompagnée des références des principaux travaux exploités pour cette synthèse.

Le Président de la Commission de l'UEMOA après avis du Comité Régional peut, dans un délai de trois mois après réception des informations visées ci-dessus, s'opposer à la mise en oeuvre de cet essai par une décision motivée. Il notifie sa décision au promoteur et informe l'autorité compétente de l'État membre où doit se dérouler l'essai.

CHAPITRE II : PROCÉDURE RELATIVE À L'AUTORISATION DE MISE SUR LE MARCHÉ

Article 30 : La durée de la procédure pour l'octroi de l'autorisation de mise sur le marché d'un médicament vétérinaire n'excède pas deux cent quarante jours (240) à compter de la présentation d'une demande valide.

Au dépôt du dossier le Secrétariat du Comité Régional procède à l'étude de sa recevabilité au regard des dispositions des articles 25 et 26 paragraphes 1. Lorsque le dossier de demande d'autorisation de mise sur le marché est incomplet ou irrégulier, le Secrétariat du Comité Régional invite le demandeur à le compléter ou à le régulariser. Suivant le cas il procède au classement sans suite d'une demande irrecevable et en informe le demandeur ou notifie au demandeur la date à laquelle sa demande est reconnue valide et à partir de laquelle court le délai de deux cent quarante jours précités.

Lorsque le dossier est reconnu vide, le président du Comité Régional en liaison avec le Secrétariat désigne un rapporteur et le cas échéant des experts conformément à l'article 9.

Article 31 : Pour instruire la demande d'autorisation de mise sur le marché, le rapporteur et les experts du Comité Régional :

1. doivent vérifier la conformité avec l'article 25 et l'article 26, paragraphe 1, du dossier présenté et examiner, sur la base des rapports établis par les experts, conformément à l'article 27, paragraphe 2, si les conditions de délivrance de l'autorisation de mise sur le marché sont remplies ;
2. peuvent soumettre le médicament vétérinaire, ses matières premières et, si nécessaire, ses produits intermédiaires ou ses autres composants et spécialement les médicaments qui n'ont pas d'AMM au contrôle d'un laboratoire appartenant au réseau des laboratoires de contrôle qualité des médicaments vétérinaires ou à un laboratoire agréé par l'Organisation

mondiale de la santé animale, et s'assurent que les méthodes de contrôle utilisées par le fabricant et décrites dans le dossier de demande, conformément à l'article 25, paragraphe 3, sont satisfaisantes ; Ils font procéder, le cas échéant, au contrôle de la méthode analytique proposée par le demandeur pour le dépistage des résidus ;
3. peuvent exiger du demandeur qu'il fournisse des substances en quantités nécessaires pour contrôler la méthode de détection analytique proposée par le demandeur conformément à l'article 25 paragraphe 3, et pour la mettre en oeuvre dans le cadre des contrôles de routine visant à déceler la présence de résidus des médicaments vétérinaires concernés ;
4. peuvent, le cas échéant, exiger du demandeur qu'il complète le dossier en ce qui concerne les éléments visés à l'article 25 paragraphe 3 et à l'article 26, paragraphe 1. Lorsque le Comité Régional des médicaments vétérinaires se prévaut de cette faculté, le délai prévu à l'article 30 est suspendu jusqu'à ce que les données complémentaires requises aient été fournies. De même, ce délai est suspendu pendant le temps laissé, le cas échéant, au demandeur pour s'expliquer oralement ou par écrit.
Article 32 : À la demande du Comité Régional, la Commission de l'UEMOA s'assure auprès des autorités compétentes des États membres ou des pays tiers que les fabricants des médicaments vétérinaires soumis à l'autorisation de mise sur le marché sont en mesure de réaliser la fabrication et d'effectuer les contrôles dans le respect des indications fournies en application de l'article 25, paragraphe 3 et conformément aux bonnes pratiques de fabrication. Elle peut, en outre, demander aux autorités compétentes une inspection ou une étude sur place des conditions de fabrication et de contrôle.
Article 33 : Le Comité Régional délibère sur le rapport d'évaluation établi par le rapporteur, le résumé des caractéristiques du produit, la notice et l'étiquetage. Ce rapport finalisé et les documents annexes précités sont transmis avec une proposition de décision au Président de la Commission de l'UEMOA, au plus tard soixante jours avant la fin du délai prévu à l'article 30. Ce délai de soixante (60) jours comprend la consultation du Comité Vétérinaire.
Le Comité Régional tient à jour ce rapport d'évaluation.
Le Président de la Commission de l'UEMOA se prononce dans un délai de deux cent quarante jours à compter de la présentation d'un dossier de demande complet et régulier prolongé le cas échéant des périodes nécessaires à la soumission des éléments complémentaires prévues à l'article 31 paragraphe 4. Le silence gardé par le Président de la Commission de l'UEMOA vaut refus d'autorisation à l'expiration du délai précité jusqu'à la notification de la décision expresse motivée, qui interviendra au plus tard dans les quatre mois suivants ledit délai.
La décision est notifiée au demandeur, aux autorités vétérinaires et aux autorités chargées de l'élevage, du commerce et de la douane des États

membres. La décision d'octroi de l'autorisation de mise sur le marché est accompagnée du résumé des caractéristiques du produit mentionné à l'article 28 tel qu'il est approuvé par le Comité Régional et du projet de notice et d'étiquetage validé par ce même Comité.
Les décisions relatives aux autorisations de mise sur le marché sont publiées au bulletin officiel de l'Union.
Article 34 : 1. Après la délivrance d'une autorisation de mise sur le marché, le titulaire doit tenir compte des progrès scientifiques et techniques et introduire tous les changements nécessaires dans les méthodes de fabrication et de contrôle mentionnées à l'article 25, paragraphe 3 pour que le médicament vétérinaire soit fabriqué et contrôlé selon des méthodes scientifiques généralement acceptées.
Ces modifications sont soumises à l'approbation de la Commission de l'UEMOA.
2. À la demande de la Commission de l'UEMOA, le titulaire de l'autorisation de mise sur le marché examine en outre les méthodes de détection analytique des résidus prévues à l'article 25, paragraphe 3, et propose toute modification qui se révélerait nécessaire pour tenir compte des progrès scientifiques et techniques.
3. Le titulaire de l'autorisation de mise sur le marché doit immédiatement transmettre au Comité Régional tout élément nouveau qui pourrait entraîner une modification des renseignements et documents prévus à l'article 25 et à l'article 26, paragraphe 1 ou du résumé approuvé des caractéristiques du produit. Il informe en particulier sans délai ce dernier de toute interdiction ou restriction imposée par l'autorité compétente des pays dans lesquels le médicament vétérinaire est commercialisé et de tout effet indésirable sur l'être humain ou de tout effet indésirable grave chez les animaux traités.
Article 35 : 1. Le titulaire de l'autorisation de mise sur le marché informe immédiatement le Comité Régional de toute modification prévue à l'article 34 qu'il se propose d'apporter aux renseignements et documents prévus à l'article 25 paragraphe 3 et à l'article 26, paragraphe 1.
Les modifications sont classées dans les deux catégories suivantes :
- modifications mineures : modifications administratives et modifications techniques n'affectant pas la qualité, l'innocuité ou l'efficacité du médicament vétérinaire et ne nécessitant pas d'évaluation scientifique ;
- modifications majeures : modifications techniques affectant la qualité, l'innocuité ou l'efficacité du médicament vétérinaire et nécessitant une évaluation scientifique.
Une décision de la Commission de l'UEMOA précise la liste des modifications mineures et majeures.
2. Les modifications concernant les renseignements et documents prévus au paragraphe 1 doivent être préalablement autorisées par la Commission de l'UEMOA.

Toute demande de modification est présentée et instruite dans les conditions suivantes :
a) la demande est adressée au Secrétariat du Comité Régional, accompagnée du versement de la redevance prévue à l'article 3 du Règlement n° 03/2006/CM/UEMOA du 23 mars 2006 concernant les redevances dues à la Commission de l'UEMOA et, en fonction de la modification envisagée, des renseignements ou des éléments du dossier mentionnés aux articles 25 et 26 paragraphes 1.
b) au dépôt du dossier, le Secrétariat du Comité Régional procède à l'étude de sa recevabilité au regard des dispositions des articles 25 et 26 paragraphe 1. Lorsque le dossier de demande de modification majeure est incomplet ou irrégulier, le Secrétariat du Comité Régional invite le demandeur à le compléter ou à le régulariser. Suivant le cas, il procède au classement sans suite d'une demande irrecevable et en informe le demandeur ou il notifie au demandeur la date à laquelle sa demande est reconnue valide et à partir de laquelle court le délai prévu au point 2. Il précise en outre le type de modification retenue.
c) Les demandes de modifications mineures sont directement traitées par le Secrétariat du Comité régional. Au plus tard quinze (15) jours avant la fin du délai, le Secrétariat adresse un avis et une proposition de décision à la Commission de l'UEMOA.
d) Pour les modifications majeures, lorsque le dossier est reconnu valide, le président du Comité Régional en liaison avec le Secrétariat désigne un des membres du Comité Régional pour agir en qualité de rapporteur et assurer ou coordonner l'évaluation. Le cas échéant, il peut être fait appel à des experts supplémentaires appartenant au groupe d'experts mentionné à l'article 10. Ils sont désignés pour assister le rapporteur dans l'élaboration du rapport d'évaluation.
Le Secrétariat peut requérir du demandeur toute information complémentaire que le Comité Régional estime nécessaire, au regard des renseignements ou des éléments du dossier, pour se prononcer sur la demande, en faisant connaître les motifs de sa décision. Le délai prévu au paragraphe 2 ci-dessus est alors suspendu jusqu'à la réception des éléments demandés.
Le Comité Régional se prononce sur le rapport d'évaluation établi par le rapporteur, et les modifications à apporter le cas échéant au résumé des caractéristiques du produit, à la notice et à l'étiquetage. Ce rapport finalisé et les documents annexes sont transmis avec une proposition de décision au Président de la Commission de l'UEMOA, au plus tard soixante (60) jours avant la fin du délai prévu au paragraphe 3.
3. Le Président de la Commission de l'UEMOA adopte une décision dans un délai de soixante (60) jours pour les modifications mineures et de cent cinquante (150) jours pour les modifications majeures, à compter de la présentation d'un dossier de demande de modification complet et régulier.

Le silence gardé par le Président de la Commission vaut refus d'autorisation de modification à l'expiration des délais précités.
Les demandes de modification sont refusées pour les mêmes motifs que ceux prévus à l'article 16.
Le Président de la Commission de l'UEMOA notifie sa décision au demandeur et aux autorités compétentes des États membres.
4. Tout autre changement doit faire l'objet d'une nouvelle demande présentée dans les conditions prévues à l'article 25 ou au paragraphe 1 de l'article 26 et instruite conformément aux articles 30 à 33.
Article 36 : La demande de renouvellement est introduite par le titulaire de l'autorisation de mise sur le marché au moins trois (3) mois avant la date d'expiration de l'autorisation de mise sur le marché. La demande de renouvellement est accompagnée d'un récapitulatif des modifications autorisées depuis l'obtention de l'autorisation initiale ou du dernier renouvellement ou d'un document attestant qu'aucune modification n'est intervenue dans les éléments produits à l'appui de la demande d'autorisation initiale ou de la dernière demande de renouvellement.
La demande est adressée à la Commission de l'UEMOA, accompagnée du versement de la redevance prévue à l'article 4 du Règlement n° 03/2006/CM/UEMOA du 23 mars 2006 concernant les redevances dues à la Commission de l'UEMOA. Au dépôt du dossier, le Secrétariat du Comité Régional procède à l'étude de sa recevabilité. Lorsque le dossier de renouvellement est incomplet ou irrégulier, le secrétariat du Comité Régional invite le demandeur à le compléter ou à le régulariser. Suivant le cas, il procède au classement sans suite d'une demande irrecevable et en informe le demandeur ou il notifie au demandeur la date à laquelle sa demande est reconnue valide et à partir de laquelle court le délai prévu au dernier paragraphe. Au plus tard quinze (15) jours avant la fin du délai, le Secrétariat adresse un avis et une proposition de décision à la Commission de l'UEMOA.
Le Président de la Commission de l'UEMOA notifie sa décision au demandeur et aux autorités compétentes des États membres.
Si aucune décision n'est notifiée ou si aucune demande de justification complémentaire n'est adressée au demandeur dans un délai de trois (3) mois suivant la réception de sa demande complète et régulière, l'autorisation est considérée comme renouvelée à l'expiration de ce délai.
Article 37 : Tout transfert de l'autorisation de mise sur le marché à un autre titulaire est subordonné à une décision du Président de la Commission de l'UEMOA. En cas de silence du président, le transfert est réputé être autorisé à l'expiration d'un délai de trois (3) mois.
La demande comprend, le nom ou la dénomination sociale et l'adresse du demandeur et, le cas échéant, ceux de son représentant local, la désignation des lieux de fabrication, y compris de conditionnement et de contrôle et les projets de conditionnements extérieur et primaire et, s'il y a lieu, de notice.

Elle comprend également :
a) l'accord du titulaire de l'autorisation de mise sur le marché,
b) l'engagement du responsable pharmaceutique de l'entreprise bénéficiaire du transfert ou de l'établissement fabricant de se soumettre à l'ensemble des conditions auxquelles a été subordonnée l'autorisation de mise sur le marché et, notamment, de respecter les méthodes de fabrication et de contrôle.
La demande est adressée au Secrétariat du Comité Régional, accompagnée du versement de la redevance prévue à l'article 5 du Règlement n°03/2006/CM/UEMOA du 23 mars 2006 concernant les redevances dues à la Commission de l'UEMOA. Au dépôt du dossier, le Secrétariat du Comité Régional procède à l'étude de sa recevabilité. Lorsque le dossier de renouvellement est incomplet ou irrégulier, le Secrétariat du Comité Régional invite le demandeur à le compléter ou à le régulariser. Suivant le cas, il procède au classement sans suite d'une demande irrecevable et en informe le demandeur ou il notifie au demandeur la date à laquelle sa demande est reconnue valide et à partir de laquelle court le délai prévu au premier paragraphe. Au plus tard quinze (15) jours avant la fin du délai, le Secrétariat adresse un avis et une proposition de décision à la Commission de l'UEMOA. Le Président de la Commission de l'UEMOA notifie sa décision au demandeur et à l'administration vétérinaire des États membres.
Article 38 : L'autorisation de mise sur le marché ne porte pas atteinte à la responsabilité de droit commun du fabricant et, le cas échéant, du titulaire de l'autorisation de mise sur le marché.

CHAPITRE III : ÉTIQUETAGE ET NOTICE DES MADICAMENTS VETERINAIRES

Article 39 : 1. Les étiquettes ou impressions des récipients et les emballages extérieurs des médicaments vétérinaires doivent porter en caractères lisibles les informations suivantes, conformes aux renseignements et documents fournis en vertu de l'article 25 et de l'article 26 paragraphe 1 et approuvées par la Commission de l'UEMOA :
a. la dénomination du médicament, qui peut être un nom commercial ou une dénomination commune, assortie d'une marque ou du nom du titulaire ou une dénomination scientifique ou formule, assortie d'une marque ou du nom du titulaire, b. lorsque la dénomination particulière d'un médicament ne contenant qu'une substance active est un nom commercial, ce nom doit être assorti, en caractères lisibles, de la dénomination commune internationale recommandée par l'Organisation Mondiale de la Santé, quand elle existe ou, à défaut, de la dénomination commune usuelle, c. la composition qualitative et quantitative en substances actives par unité de prise ou selon la forme d'administration pour un volume ou un poids déterminé, en utilisant les dénominations communes internationales recommandées par l'Organisation

Mondiale de la Santé, quand elles existent ou à défaut, la dénomination commune usuelle,
d. le numéro du lot de fabrication, e. le numéro de l'autorisation de mise sur le marché,
f. le nom ou la raison sociale et le domicile ou le siège social du titulaire de l'autorisation de mise sur le marché et, le cas échéant, du représentant local,
g. les espèces animales auxquelles le médicament vétérinaire est destiné, le mode et la voie d'administration,
h. le temps d'attente, même s'il est égal à zéro, pour les médicaments vétérinaires administrés aux animaux producteurs de denrées animales destinées à la consommation humaine,
i. les dates de fabrication et de péremption en clair,
j. les précautions particulières de conservation, s'il y a lieu,
k. les précautions particulières d'élimination de médicaments inutilisés ou de déchets dérivés des médicaments, s'il y a lieu,
l. les informations relatives aux conditions de prescription et de délivrance, s'il y a lieu,
m. la mention « à usage vétérinaire ».
2. Les informations prévues au paragraphe 1 doivent être rédigées sur l'emballage extérieur et sur le récipient des médicaments au moins en français et éventuellement dans la ou les langues du pays de mise sur le marché. Le cas échéant des pictogrammes correspondant aux informations essentielles en matière d'administration et de sécurité d'emploi sont ajoutés.
Article 40
1. Lorsqu'il s'agit d'ampoules, les informations visées à l'article 39, paragraphe 1, sont à mentionner sur les emballages extérieurs. Par contre, sur les récipients, seules les informations suivantes sont nécessaires :
- la dénomination du médicament vétérinaire,
- la quantité des substances actives, - la voie d'administration,
- le numéro du lot de fabrication, - les dates de fabrication et de péremption en clair, - la mention « à usage vétérinaire ».
2. En ce qui concerne les petits récipients autres que les ampoules ne contenant qu'une dose d'utilisation et sur lesquels il est impossible de mentionner les informations prévues au paragraphe 1, les prescriptions de l'article 39, paragraphe 1 et 2, sont applicables au seul emballage extérieur.
Article 41 : À défaut d'emballage extérieur, toutes les informations qui, en vertu des articles 39 et 40, devraient figurer sur cet emballage doivent être portées sur le récipient.
Article 42 : 1. Il est obligatoire de joindre une notice au conditionnement du médicament vétérinaire, à moins que tous les renseignements exigés en vertu du présent article figurent sur le récipient et les emballages extérieurs. La notice ne peut concerner que le médicament vétérinaire auquel elle est jointe. La notice doit être rédigée au moins en français et dans la ou les langues

officielles des États membres. Le cas échéant des pictogrammes correspondant aux informations essentielles en matière d'administration et de sécurité d'emploi sont ajoutés.
2. La notice doit comporter au moins les informations suivantes, conformes aux renseignements et documents fournis en vertu de l'article 25 et de l'article 26, paragraphe 1, et approuvées par la Commission de l'UEMOA :
a. nom ou raison sociale et domicile ou siège social du titulaire de l'autorisation de mise sur le marché et, le cas échéant, du représentant local,
b. dénomination et composition qualitative et quantitative du médicament vétérinaire en substances actives. Les dénominations communes internationales recommandées par l'Organisation Mondiale de la Santé doivent être employées chaque fois que ces dénominations existent, c. indications thérapeutiques,
d. contre-indications, effets indésirables et quand ils existent les antidotes, dans la mesure où ces informations sont nécessaires pour l'utilisation du médicament vétérinaire,
e. espèces animales auxquelles le médicament vétérinaire est destiné, posologie en fonction de chaque espèce, mode et voie d'administration, indications pour une administration correcte, s'il y a lieu,
f. temps d'attente, même s'ils sont égaux à zéro, pour les médicaments vétérinaires administrés à des animaux producteurs de denrées destinées à la consommation humaine,
g. précautions particulières de conservation, s'il y a lieu,
h. informations relatives aux conditions de prescription et de délivrance, s'il y a lieu,
i. précautions particulières pour l'élimination de médicaments inutilisés ou de déchets dérivés des médicaments vétérinaires, s'il y a lieu.
3. Les autres informations doivent être nettement séparées des informations visées au paragraphe.

TITRE V

SURVEILLANCE DU MARCHÉ

CHAPITRE I : PHARMACOVIGILANCE

Article 43 : La Commission de l'UEMOA et les États membres prennent toutes les mesures appropriées pour encourager la notification des effets indésirables présumés des médicaments vétérinaires à l'UEMOA par les professionnels de santé.

Les déclarations d'effets indésirables sont adressées aux autorités vétérinaires qui les transmettent à la Commission de l'UEMOA qui en fonction de l'urgence de la situation et de la gravité des effets indésirables prendra après consultation du président du Comité Régional les mesures adéquates. Les déclarations des effets indésirables sont soumises au Comité Régional.

Article 44

Le titulaire de l'autorisation de mise sur le marché doit avoir de façon permanente et continue à sa disposition une personne possédant les qualifications appropriées, responsable en matière de pharmacovigilance. Cette personne est soit le représentant local soit une personne liée par convention à ce dernier et résidant dans un des États membres.

Cette personne qualifiée possède un diplôme permettant l'exercice de la profession vétérinaire dans un des États membres.

Cette personne qualifiée est chargée de :

a) l'établissement et de la gestion d'un système qui garantit que les informations relatives à tous les effets indésirables présumés qui lui sont signalés ou qui sont signalés aux importateurs, sont rassemblées et traitées de manière à être accessibles à la demande de la Commission de l'UEMOA ;

b) garantir que toute demande provenant de la Commission de l'UEMOA visant à obtenir des informations complémentaires nécessaires pour l'évaluation des risques et des bénéfices que présente un médicament vétérinaire, trouve une réponse complète et rapide, y compris en ce qui concerne le volume des ventes pour le médicament vétérinaire concerné ;

c) fournir à la Commission de l'UEMOA toute autre information présentant un intérêt pour l'évaluation des risques et des bénéfices que présente un médicament vétérinaire ;

Article 45

1. Le titulaire de l'autorisation de mise sur le marché ou son représentant local est tenu de conserver des rapports détaillés de tous les effets indésirables présumés survenus à l'intérieur de l'Union.

2. Le titulaire de l'autorisation de mise sur le marché ou son représentant local est tenu d'enregistrer toute présomption d'effet indésirable grave et d'effet indésirable sur l'être humain ayant accompagné l'utilisation de médicaments vétérinaires, dont il est raisonnablement censé avoir connaissance ou qui a été portée à son attention, et de la notifier aussitôt aux autorités vétérinaires, au plus tard dans les quinze (15) jours calendaires suivant sa communication.

Les registres établis sont conservés sur le territoire de l'Union, au moins cinq ans et sont mis à la disposition des autorités compétentes de l'Union, sur demande.

Article 46 : 1. Quand, à la suite de l'évaluation de données sur la pharmacovigilance vétérinaire, le Comité Régional considère qu'il faut suspendre, retirer ou modifier l'autorisation de mise sur le marché pour réduire les indications ou la disponibilité, modifier la posologie, ajouter une

contre-indication ou une nouvelle mesure préventive, il en informe immédiatement la Commission de l'UEMOA.
2. En cas d'urgence, la Commission de l'UEMOA peut suspendre l'autorisation de mise sur le marché d'un médicament vétérinaire selon les modalités prévues à l'article 17.

CHAPITRE II : CONTROLE DES MEDICAMENTS VETERINAIRES

Article 47 : La Commission de l'UEMOA peut soumettre, à un contrôle officiel par un laboratoire du réseau régional des laboratoires de contrôle qualité des médicaments vétérinaires ou à un autre laboratoire agréé, des échantillons d'un lot de médicament importé, à l'occasion de la première importation après l'AMM ou lorsqu'il suspecte un problème de qualité ou de santé publique sur un lot de médicament.
Article 48 : La Commission de l'UEMOA peut mandater un ou plusieurs inspecteurs des États membres en vue de réaliser des inspections jugées nécessaires sur ou hors du territoire de l'Union.

TITRE VI : DISPOSITIONS TRANSITOIRES

Article 49 : La Commission dispose d'un délai d'un an, à compter de l'entrée en vigueur du présent Règlement, pour la mise en place du système centralisé d'autorisation de mise sur le marché des médicaments vétérinaires.
Durant cette période, les procédures applicables dans les États membres de l'Union, aux demandes d'autorisation de mise sur le marché desdits médicaments, demeurent en vigueur.
De même, les médicaments commercialisés de manière régulière dans un des États membres de l'Union, selon la réglementation en vigueur dans cet État, peuvent continuer à être mis sur le marché, si les conditions suivantes sont remplies :
- le titulaire d'une autorisation nationale déclare dans les douze (12) mois qui suivent la publication du présent Règlement qu'il commercialise ces médicaments et s'engage à déposer un dossier conforme auprès de la Commission de l'UEMOA au plus tard deux (2) ans après la date d'entrée en application du présent Règlement ;
- l'autorisation nationale invoquée ci-dessus figure sur une liste fournie à la Commission de l'UEMOA par chaque État membre dans les trois (3) mois de la publication du présent Règlement.
La commercialisation pourra être poursuivie dans l'État membre jusqu'à ce que la Commission de l'UEMOA ait statué sur la demande.
Les délais d'instruction prévus à l'article 30 ne s'appliquent pas à l'instruction

des dossiers déposés au titre des dispositions transitoires du présent article.
À l'issue de la période de deux (2) ans, mentionnée à l'aliéna 3 du présent article, l'absence de dépôt d'un dossier entraînera la suppression des autorisations et l'arrêt de la commercialisation, sans préjudice des sanctions applicables en la matière, dans chaque État membre.

TITRE VII

DISPOSITIONS FINALES

Article 50 : Un an après l'entrée en vigueur du présent Règlement, la Commission soumettra au Conseil des Ministres, un rapport sur l'état d'application des mesures visées à l'article 49.
Ce rapport précisera notamment les délais relatifs à l'instruction des demandes introduites par les titulaires d'autorisation nationale pour l'obtention de l'autorisation de mise sur le marché centralisée.
Sur proposition de la Commission, le Conseil des Ministres adoptera, le cas échéant, tout acte communautaire nécessaire pour compléter le présent Règlement.
Article 51 : Le présent Règlement, qui entre en vigueur à compter de sa date de signature, sera publié au Bulletin Officiel de l'Union.

Fait à Abidjan, le 23 mars 2006
Pour le Conseil des Ministres, Le Président Jean Baptiste M.P. COMPAORE

RÈGLEMENT n° 08/2010/CM/UEMOA PORTANT MODIFICATION DU RÈGLEMENT n° 02 /2006/CM/ UEMOA ETABLISSANT DES PROCÉDURES COMMUNAUTAIRES POUR L'AUTORISATION DE MISE SUR LE MARCHÉ ET LA SURVEILLANCE DES MÉDICAMENTS VÉTERINAIRES ET INSTITUANT UN COMITE REGIONAL DU MÉDICAMENT VÉTERINAIRE[14]

Vu le Traité de l'Union Economique et Monétaire Ouest Africaine, notamment en ses articles 4, 6, 16, 20 à 25, 42 à 45, 55, 101 et 102 ;
Vu le Protocole additionnel n° II relatif aux politi ques sectorielles de l'Union, notamment en ses articles 13 à 16 ;
Vu l'Acte additionnel n° 03/2001 du 19 décembre 2001portant adoption de la Politique Agricole de l'UEMOA, notamment en son article 10 ;
Vu l'Acte additionnel n° 04/96 du 10 mai 1996, insti tuant un régime tarifaire préférentiel transitoire des échanges au sein de l'UEMOA et son mode de financement ;
Vu le Règlement n° 01/2006/CM/UEMOA du 23 mars 2006 portant création et modalités de fonctionnement du Comité vétérinaire au sein de l'UEMOA ;
Vu le Règlement n° 02/2006/CM/UEMOA du 23 mars 2006, é tablissant des procédures communautaires pour l'autorisation de mise sur le marché et la surveillance des médicaments vétérinaires et instituant un comité régional du médicament vétérinaire ;
Considérant l'hétérogénéité des dispositions nationales en matière d'autorisation de mise sur le marché des médicaments vétérinaires ;
Considérant les risques pour la santé publique humaine et animale et pour l'environnement que peut entraîner une surveillance insuffisante de la circulation et de l'utilisation des médicaments vétérinaires ;
Considérant la nécessité d'harmoniser les procédures d'autorisation de mise sur le marché, par l'institution d'une instance communautaire chargée de l'évaluation des dossiers et par l'instauration d'une surveillance centralisée du marché ;
Considérant la nécessité d'adapter les mesures transitoires à la situation qui prévaut aux fins de proposer des échéances réalistes, pour la mise en œuvre efficace par les États membres des dispositions du Règlement n°02/2006/CM/UEMOA du 23 mars 2006 susvisé ;

Sur proposition de la Commission de l'UEMOA ;
Après avis du Comité des Experts Statutaire en date du 24 septembre 2010 ;

---

[14]http://www.uemoa.int/efault/files/bibliotheque/reg_08_2010_cm_uemoa.pdf.

ADOPTE LE RÈGLEMENT DONT LA TENEUR SUIT :

Article 1 :
Les dispositions de l'article 49 du Règlement n° 0 2/2006/CM/ UEMOA du 23 mars 2006 précité sont modifiées comme suit :
Article 49 nouveau :
« La Commission dispose d'un délai d'un an, à compter de l'entrée en vigueur du présent Règlement, pour la mise en place du système centralisé d'autorisation de mise sur le marché des médicaments vétérinaires.
Durant cette période, les procédures applicables dans les États membres de l'Union, aux demandes d'autorisation de mise sur le marché desdits médicaments, demeurent en vigueur.
De même, les médicaments commercialisés de manière régulière dans un des États membres de l'Union, selon la réglementation en vigueur dans cet État, peuvent continuer à être mis sur le marché, si les conditions suivantes sont remplies :
- le titulaire d'une autorisation nationale déclare qu'il commercialise ces médicaments et s'engage à déposer un dossier conforme auprès de la Commission de l'UEMOA au plus tard le 31 décembre 2011 ;
- l'autorisation nationale invoquée ci-dessus figure sur une liste fournie à la Commission de l'UEMOA par chaque État membre dans les trois (3) mois de la publication du présent Règlement.
La commercialisation pourra se poursuivre dans l'État membre jusqu'à ce que la Commission de l'UEMOA statue sur la demande.
Les délais d'instruction prévus à l'article 30 ne s'appliquent pas à l'instruction des dossiers déposés au titre des dispositions transitoires du présent article.
Au delà de la date mentionnée à l'aliéna 3 du présent article, l'absence de dépôt d'un dossier entraînera la suppression des autorisations et l'arrêt de la commercialisation, sans préjudice des sanctions applicables en la matière, dans chaque État membre ».
Article 2 : Les autres dispositions du Règlement n° 02/2006/CM /UEMOA du 23 mars 2006 restent inchangées.
Article 3 : Le présent Règlement, qui entre en vigueur à compter de sa date de signature, sera publié au Bulletin officiel de l'Union.

Fait à Ouagadougou, le 1er octobre 2010
Pour le Conseil des Ministres
Le Président,
José Mário VAZ

RÈGLEMENT n° 04/2020/CM/UEMOA RELATIF AUX PROCÉDURES D'HOMOLOGATION DES PRODUITS PHARMACEUTIQUES À USAGE HUMAIN DANS LES ÉTATS MEMBRES DE L'UEMOA[15]

LE CONSEIL DES MINISTRES DE L'UNION ÉCONOMIQUE ET MONÉTAIRE OUEST AFRICAINE (UEMOA),

Vu le Traité modifié de l'Union Economique et Monétaire Ouest Africaine ;
Vu le Protocole additionnel n° Il relatif aux Politiques sectorielles de l'Union Economique et Monétaire Ouest Africaine, notamment en son article 3 ;
Vu le Règlement n° 02/2005/CM/UEMOA du 4 juillet 2005 relatif à l'harmonisation de la réglementation pharmaceutique dans les États membres de l'UEMOA ;
Vu la Décision n° 06/2010/CM/UEMOA du 1er octobre 2010 portant adoption des lignes directrices pour l'homologation des compléments nutritionnels dans les États membres de l'UEMOA ;
Vu la Décision n° 07/2010/CM/UEMOA du 1er octobre 2010 portant adoption des lignes directrices pour l'homologation des produits cosmétiques dans les États membres de l'UEMOA ; Vu la Décision n° 08/2010/CM/UEMOA du 1er octobre 2010 portant adoption du guide de bonnes pratiques de fabrication des produits pharmaceutiques à usage humain dans les États membres de l'UEMOA ;
Vu la Décision n° 09/2010/CM/UEMOA du 1er octobre 2010 portant adoption du guide de bonnes pratiques de distribution et d'importation des produits pharmaceutiques à usage humain dans les États membres de l'UEMOA ;
Vu Considérant Reconnaissant Soulignant Ayant à l'esprit Prenant en compte Soucieux Considérant Considérant Notant que Considérant Sur Après la Décision n° 10/2010/UEMOA du 1er octobre 2010 portant adoption des lignes directrices pour le contrôle de l'information et la publicité sur les médicaments auprès des professionnelsde la santé dans les États membres de l'UEMOA ; le rôle du médicament dans la promotion et la protection de la santé des populations ; que la majorité des populations a un accès limité aux médicaments de qualité ; la nécessité de l'harmonisation de la réglementation pharmaceutique au niveau communautaire et de la mise en commun des moyens en vue de promouvoir une utilisation rationnelle des ressources ; le besoin de coopération technique entre les États membres de l'UEMOA pour renforcer la production, la distribution et l'accessibilité à des médicaments de qualité et de sécurité garanties ; le Référentiel pour l'harmonisation des

[15] Règlement n04-2020_procedures d'homologation des produits pharmaceutiques a usage humain dans les Etatats de l'UEMOA.pdf (dphmt-msp.ne).

procédures d'enregistrement des médicaments essentiels génériques dans les pays de la zone franc et pays associés, adopté à Ouagadougou en février 1999 ; d'agir contre la menace que font peser sur la santé des populations des États membres de l'UEMOA le marché illicite et les médicaments de qualité inférieure ou falsifiés ; les difficultés liées à la mise en œuvre du Règlement n° 06/2010/CM/UEMOA du 1er octobre 2010 relatif aux procédures d'homologation des produits pharmaceutiques à usage humain dans les États membres de l'UEMOA ; la nécessité d'actualiser les exigences réglementaires en matière d'homologation des produits pharmaceutiques dans les États membres de l'Union pour prendre en compte les exigences des Documents Techniques Communs (CTD) harmonisés validés dans l'espace CEDEAO ; ces documents techniques communs organisent les dossiers de demande d'Autorisation de mise sur le marché des produits pharmaceutiques à usage humain ; les conclusions des réunions des experts sectoriels et des Ministres en charge de la santé des États membres de l'UEMOA, tenues du 12 au 15 novembre 2019 ; proposition de la Commission de l'UEMOA ; avis du Comité des Experts statutaire, en date du 24 septembre 2020

ÉDICTE LE RÈGLEMENT DONT LA TENEUR SUIT :

TITRE 1

DISPOSITIONS GÉNÉRALES

CHAPITRE I : DÉFINITIONS

Article premier : Définitions Aux fins du présent Règlement, on entend par : Autorisation de Mise sur le Marché (AMM) : le document juridique délivré par l'agence ou l'autorité compétente pour des fins de commercialisation ou de distribution gratuite d'un produit après évaluation de sa sécurité, de son efficacité et de sa qualité. « Autorisation de Mise sur le Marché (AMM) » = Certificat d'homologation = Certificat d'enregistrement ; Autorité de réglementation pharmaceutique (ARP) : l'organisme national responsable des activités de réglementation des médicaments, y compris au moins toutes les fonctions suivantes :
- autorisation de mise sur le marché de nouveaux produits et de modifications de produits existants ;
- contrôle de la qualité des essais en laboratoire ;
- surveillance des effets indésirables des médicaments ;
- information sur les médicaments et promotion de l'utilisation rationnelle des

médicaments ;
- inspections des bonnes pratiques de fabrication (BPF) et octroi de licences aux fabricants, aux grossistes et aux canaux de distribution ;
- opérations de contrôle de l'application de la réglementation ;
- surveillance du marché et de l'utilisation des médicaments ; Biodisponibilité : la fraction maximale de la dose administrée qui parvient dans l'organisme (vitesse et taux de libération) ; Bioéquivalence : deux produits pharmaceutiques sont bioéquivalents s'ils sont équivalents du point de vue pharmaceutique ou des alternatives pharmaceutiques et leurs biodisponibilités (en termes de pics (Cmax et Tmax) et d'exposition totale (aire sous la courbe (AUC)) après l'administration de la même dose molaire dans les mêmes conditions, sont similaires de telle sorte que l'on peut s'attendre à ce que leurs effets soient essentiellement identiques ; Bonnes pratiques de fabrication : l'aspect de l'assurance de la qualité garantissant que les médicaments sont constamment fabriqués et contrôlés selon des normes de qualité adaptées à leur utilisation prévue et conformément aux conditions de l'AMM ; Certaines procédures peuvent compléter la documentation originale du dossier de lot d'un produit déterminé ; Conditionnement : toutes les opérations, y compris le remplissage et l'étiquetage, qu'un produit en vrac doit subir pour devenir un produit fini. Remarque : le remplissage stérile ne fait normalement pas partie du conditionnement, le produit en vrac étant alors réparti dans des récipients primaires qui ne sont pas le conditionnement final du produit ; Conditionnement primaire : le récipient ou toute autre forme de conditionnement avec lequel le médicament se trouve en contact direct ; Conditionnement secondaire : l'emballage dans lequel est placé le conditionnement primaire ;
Contrôle de la qualité : dans le cadre des BPF, pratique recouvrant l'échantillonnage, la caractérisation et les essais des produits, ainsi que les procédures d'organisation, de documentation et de sortie des produits. Il permet de veiller à ce que tous les tests nécessaires aient bien été effectués et à ce qu'aucun matériel ne soit proposé à l'utilisation, ni qu'aucun produit ne soit proposé à la vente ou à l'approvisionnement, sans que leur qualité ait été jugée satisfaisante ;
Date de fabrication : date fixée pour chaque lot, correspondant à la date d'achèvement de la fabrication. Elle est normalement exprimée par un mois et une année. On peut prendre comme date de fabrication la date de l'analyse ayant conduit à la mise en circulation du lot, à condition que la période entre le début de la production et la mise en circulation du produit ne dépasse pas un vingtième de la durée de conservation ; Date limite d'utilisation (date de péremption) : la date limite d'utilisation figurant sur le récipient d'un médicament est la date jusqu'à laquelle (inclusivement) le produit est supposé rester conforme aux spécifications s'il est convenablement stocké. Elle est obtenue pour chaque lot d'après la durée de conservation, à partir de la date

de fabrication ; Demandeur de l'autorisation de mise sur le marché : la personne ou l'entreprise qui soumet une demande d'autorisation de mise sur le marché d'un nouveau produit pharmaceutique, une mise à jour d'une autorisation de mise en marché existante ou une modification d'une autorisation de mise sur le marché existante ; Dénomination commune internationale : le nom donné à la molécule par l'Organisation Mondiale de la Santé (OMS) ; Dosage du médicament : la quantité de (des) principe (s) actif (s) contenue dans une forme unitaire d'un médicament ; Dossier de lot : le dossier de lot est l'ensemble des documents constituant l'historique de fabrication de chaque lot de produits vrac ou finis et des circonstances liées à la qualité du produit ; Dossier- maitre ou Master record : un document ou ensemble de documents servant de base au dossier de lot ; Drug Master File : le fichier renfermant un ensemble d'informations sur le principe actif. Dans certains pays, ce terme peut aussi renfermer les données sur l'excipient ou la composante d'un produit tel que le récipient ; Durée de conservation : la période pendant laquelle un médicament, s'il est convenablement stocké, reste conforme aux spécifications ; Enregistrement : la procédure conduisant à l'octroi d'une Autorisation de Mise sur le Marché d'un médicament pour la première fois ; Essai clinique : toute étude systématique des produits pharmaceutiques sur des sujets humains, que ce soit chez les patients ou d'autres volontaires, afin de découvrir ou de vérifier les effets des, et 1 ou d'identifier tout effet indésirable des produits de recherche et 1 ou d'étudier l'absorption, la distribution, le métabolisme et l'excrétion des produits dans le but de s'assurer de leur efficacité et de leur sécurité ; Essais de stabilité : l'ensemble des études menées sur la molécule ou le médicament, visant à déterminer la durée et les conditions de conservation ;
4 Excipient à effet notoire : l'excipient capable de développer des effets indésirables chez le patient ; Excipient : la substance sans activité thérapeutique, entrant dans la formulation d'un médicament, en vue de faciliter sa préparation, sa conservation et son administration ; Exploitant d'AMM : l'entreprise ou organisme se livrant à l'exploitation de médicaments autres que des médicaments expérimentaux, des générateurs, des trousses et des précurseurs. Au titre du présent texte, l'exploitation comprend les opérations de gestion des affaires réglementaires, de publicité, d'information, de pharmacovigilance, de suivi des lots et, s'il y a lieu, de leur retrait. L'exploitation est assurée soit par le titulaire de l'autorisation de mise sur le marché, soit pour le compte de ce titulaire par une autre entreprise ou un autre organisme. L'exploitant doit être autorisé dans le pays où il veut exercer cette activité ; Fabricant : l'entreprise qui effectue des opérations de production et/ou de conditionnement, reconditionnement, étiquetage et ré-étiquetage de produits pharmaceutiques ; Fabrication : l'ensemble d'opérations couvrant l'achat des matières et des produits de départ, la production, le contrôle qualité, la libération, le stockage et la distribution des produits finis, ainsi que

les contrôles correspondants ; Forme galénique : la présentation physique du produit fini ; Forme pharmaceutique : la présentation du médicament dans son conditionnement final ; Formule de lot ou Master Formula : un document ou un ensemble de documents spécifiant la nature et la quantité des matières premières et des articles de conditionnement, et comportant la description des procédures à appliquer et des précautions à prendre pour produire une quantité spécifiée de produit fini, ainsi que les instructions de fabrication, y compris les contrôles à effectuer au cours de la fabrication ; Homologation : l'ensemble des processus conduisant à l'obtention d'une Autorisation de Mise sur le Marché à savoir : l'enregistrement, le renouvellement et les variations ; Informations sur le produit : l'information destinée au corps médical et au public (notice de conditionnement) telle qu'elle a été approuvée dans le pays exportateur et, lorsqu'il existe, une fiche de données ou un résumé des caractéristiques du produit approuvé par l'ARP ; Inspection : l'examen effectué officiellement (c'est à dire, examen du déroulement de l'essai, y compris l'assurance de la qualité, le personnel impliqué, toute délégation de pouvoir et audit) par les autorités compétentes sur le site de recherche et/ou sur le site du sponsor afin de vérifier le respect des bonnes pratiques cliniques (BPC) et des bonnes pratiques de laboratoire (BPL) telles que défini dans le présent document ; Les produits Multi-sources : les produits pharmaceutiques multi-sources sont des produits équivalents du point de vue pharmaceutique qui peuvent être ou non équivalent sur le plan thérapeutique. Seuls les produits pharmaceutiques multi-sources qui sont équivalents sur le plan thérapeutique sont interchangeables ; Libération de lot : la procédure qui consiste à assurer la conformité de la fabrication et du contrôle du lot aux exigences de l'AMM, aux principes et lignes directrices des Bonnes 5 Pratiques de Fabrication et de toute autre exigence légale pertinente avant sa mise sur le marché. Elle est sous la responsabilité du pharmacien responsable ; Lot : la quantité définie de médicament devant présenter des caractéristiques uniformes produites au cours du même processus de fabrication ; Médicament à usage humain (Produit pharmaceutique à usage humain) :la substance ou la composition présentée comme possédant des propriétés curatives ou préventives à l'égard des maladies humaines, ainsi que tout produit pouvant être administré à l'homme en vue d'établir un diagnostic médical ou de restaurer, corriger ou modifier leurs fonctions organiques ; on y retrouve les médicaments traditionnels améliorés, les produits sanguins, les médicaments d'origine chimique y compris les gaz médicaux, les produits biologiques y compris les vaccins ; Médicament innovant, Médicament de référence ou Spécialité pharmaceutique : le médicament qui a bénéficié de la première AMM sur la base de la documentation présentée pour établir son efficacité, sa sécurité et sa qualité (conformément aux normes en vigueur à l'époque). Dans le cas des médicaments commercialisés depuis de nombreuses années, il n'est pas toujours possible d'identifier le produit innovant ; Médicaments essentiels :

les médicaments essentiels sont ceux qui satisfont les besoins de santé de la majorité de la population. Chaque pays peut générer sa propre liste de médicaments essentiels. Tout médicament satisfaisant aux besoins sanitaires de la majorité de la population et répondant aux critères d'efficacité, de qualité prouvée, d'utilisation facile, de disponibilité permanente, d'un minimum d'effets indésirables et d'une bonne accessibilité géographique et financière ; Modèle vente du médicament : le modèle d'échantillon médical qui sera commercialisé ; Pays d'origine : le pays du fabricant du médicament ; Prix Grossiste Hors Taxe : le prix de cession au grossiste du pays dans lequel le produit est commercialisé et qui apparait sur les factures du grossiste dans le cadre de la surveillance du marché. Ce prix doit être porté sur l'AMM ; Procédures opérationnelles standardisées : une procédure écrite et approuvée donnant des informations nécessaires pour l'exécution des opérations qui ne s'appliquent pas forcement de façon spécifique à un produit ou à un matériel (par exemple : utilisation, entretien et nettoyage du matériel, validation, nettoyage des locaux et contrôle de l'environnement, échantillonnage et inspection.) ; Production : l'ensemble des opérations participant à la préparation d'un produit pharmaceutique, depuis la réception des matières premières, en passant par leur transformation, leur conditionnement et leur reconditionnement, leur étiquetage et leur ré-étiquetage, jusqu'à l'obtention du produit fini ; Produit fini : la forme galénique finale qui a subi toutes les étapes de la fabrication, y compris le conditionnement et l'étiquetage ; Produit Générique : le produit pharmaceutique, habituellement destiné à être interchangeable avec le produit innovant, qui est généralement fabriqué sans une licence 6 de la société innovatrice et commercialisé après expiration du brevet ou d'autres droits d'exclusivité ; Produit Intermédiaire : le produit partiellement manufacturé qui doit encore passer par d'autres étapes de fabrication avant de devenir un produit vrac ; Produit pharmaceutique interchangeable : un produit pharmaceutique qui présente une équivalence thérapeutique à un produit de référence ; Produit vrac : le produit qui a subi toutes les étapes de la fabrication, à l'exclusion du conditionnement final ; Renouvellement : la procédure suivie par le titulaire d'une AMM, qui a été attribuée pour une période déterminée et qui arrive à expiration, s'il souhaite continuer à commercialiser le médicament autorisé. Ce renouvellement sera ainsi l'occasion pour l'autorité de mettre à jour et de consolider l'information détenue sur ce médicament ;

Résumé des caractéristiques du produit : l'information sur le produit, telle qu'elle a été approuvée par l'ARP. Ce résumé sert de document de base pour la production de l'information destinée au corps médical et aux consommateurs (étiquettes et notices de conditionnement) ainsi que pour le contrôle de la publicité (voir aussi Information sur le produit selon le model CEDEAO) ;

Spécification : la liste décrivant en détail les exigences auxquelles doivent

répondre les produits ou les matériels ou produits utilisés ou obtenus au cours de la fabrication. Elle sert de base à l'évaluation de la qualité ;
Stabilité : l'aptitude d'un médicament à conserver ses propriétés dans des limites déterminées, pendant toute sa durée de conservation ;
Substance active : un autre terme utilisé pour désigner le principe actif ;
Titulaire de l'Autorisation de Mise sur le Marché : l'entreprise au nom de laquelle l'AMM a été accordée. Cette entreprise est responsable de tous les aspects du produit y compris la qualité et le respect des conditions d'autorisation du produit. Le titulaire de l'AMM doit être soumis à la législation du pays qui a délivré l'AMM, ce qui signifie normalement être physiquement situé ou représenté dans le pays ;
Variation majeure de l'Autorisation de Mise sur le Marché : toute modification ayant des répercussions sur la qualité, la sécurité et l'efficacité du médicament. Le dossier est entièrement réexaminé par le Comité d'experts et la Commission nationale du médicament ;
Variation mineure de l'Autorisation de Mise sur le Marché : toute modification n'ayant aucune répercussion sur la qualité, la sécurité et l'efficacité du médicament. Le dossier n'est pas réexaminé par la Commission nationale du médicament.

CHAPITRE II : OBJET ET CHAMP D'APPLICATION

Article 2 : Objet Le présent Règlement a pour objet de définir les procédures d'homologation des produits pharmaceutiques à usage humain dans les États membres de l'Union.
Article 3 : Champ d'application Les dispositions du présent Règlement s'appliquent aux produits pharmaceutiquesà usage humain destinés à être mis sur le marché d'un État membre de l'Union, sous la forme de spécialité pharmaceutique, de médicament générique ou multi source.

TITRE II

RÔLES DES ACTEURS DU PROCESSUS D'HOMOLOGATION

Article 4 : L'Autorité de réglementation pharmaceutique L'autorité de réglementation pharmaceutique, dans chaque État membre est chargée de l'homologation des produits pharmaceutiques et des autres activités réglementaires en rapport avec les produits pharmaceutiques à usage humain. L'autorité de réglementation pharmaceutique instruit et suit les dossiers de demande d'homologation des produits pharmaceutiques.
Article 5 : Le Comité d'experts Chaque État membre met en place à travers

son autorité de réglementation pharmaceutique, un Comité d'experts chargé de : procéder à l'évaluation technique des dossiers de demande d'homologation des produits pharmaceutiques à usage humain ; donner un avis sur la qualité, la sécurité, l'innocuité et l'efficacité des produits pharmaceutiques à usage humain soumis à homologation. Le Comité d'experts est constitué par des personnes ressources ès qualité, provenant des universités, des instituts de recherche, des centres hospitaliers et des centres de santé. Le Comité d'experts peut s'adjoindre toute autre personne ressourcée.

La composition et le mode de fonctionnement dudit Comité sont définis par l'autorité compétente. Les activités du Comité d'experts sont coordonnées par l'autorité de réglementation pharmaceutique. Les membres du Comité d'experts sont tenus au respect des principes de confidentialité et de transparence. Ils doivent signer une déclaration de conflit d'intérêt et d'engagement de confidentialité. Les membres du Comité d'experts perçoivent une rémunération pour leur expertise, dont le montant et les modalités sont fixés par l'autorité compétente.

Article 6 : La Commission Nationale du Médicament Chaque État membre met en place une Commission Nationale du Médicament chargée, d'une part, de valider les travaux du Comité d'experts, et d'autre part, de donner un avis technique définitif sur : les dossiers de demande d'Autorisation de Mise sur le Marché ; les suspensions temporaires d'Autorisation de Mise sur le Marché ; les projets de retrait définitif de l'Autorisation de Mise sur le Marché ;

les variations de l'Autorisation de Mise sur le Marché ; les transferts de l'Autorisation de Mise sur le Marché ; l'évaluation/réévaluation du bénéfice/risque des produits ayant obtenu une AMM.

Les activités de la Commission Nationale du Médicament sont coordonnées par l'autorité de réglementation pharmaceutique. La Commission Nationale du Médicament est composée de membres répartis comme suit :

un représentant de la Direction en charge de la santé ;

un représentant de l'autorité de réglementation pharmaceutique ; un représentant du laboratoire national chargé de contrôle de la qualité des médicaments ;

des médecins cliniciens et des professionnels de la santé des centres hospitaliers universitaires ; des représentants désignés par les Ordres professionnels (pharmaciens, médecins et chirurgiens-dentistes) ; des professeurs de l'enseignement supérieur notamment les pharmacologues, les chirurgiens, les toxicologues, les pharmaciens galénistes.

La Commission Nationale du Médicament peut faire appel à toute autre personne ressource. Les membres de la Commission Nationale du Médicament sont tenus au respect des principes de confidentialité et doivent signer une déclaration de conflit d'intérêt avant chaque session de la Commission. Les rémunérations des experts et les frais de fonctionnement de la Commission Nationale du Médicament, de contrôles de qualité, de l'inspection des bonnes pratiques de fabrication, des systèmes de pharmacovigilance sont en partie assurées par les redevances d'homologation et les autres redevances définies à cet effet. Les modalités de fonctionnement, y compris le montant et les modalités de rémunération de la Commission Nationale du Médicament sont définies par l'autorité compétente. La Commission Nationale du Médicament peut également donner son avis sur les dossiers des autres produits de santé soumis à son appréciation. Les résultats des sessions de la Commission Nationale du Médicament doivent faire l'objet d'une publication par l'autorité de réglementation pharmaceutique.

TITRE III

PROCÉDURE D'HOMOLOGATION

CHAPITRE I : DISPOSITIONS GÉNÉRALES

Article 7 : Autorisation de Mise sur le Marchédes produits pharmaceutiquesà usage humain Aucun produit pharmaceutique à usage humain ne peut être mis sur le marché à titre gratuit ou onéreux dans un État membre de l'UEMOA, s'il n'a au préalable obtenu une Autorisation de Mise sur le Marché.
Article 8 : Demande d'Autorisation de Mise sur le Marché des produits pharmaceutiques à us~ge humain L'Autorisation de Mise sur le Marché d'un produit pharmaceutique à usage humain est sollicitée auprès de l'autorité de réglementation pharmaceutique. La demande introduite à cette fin auprès de cette autorité est accompagnée du récépissé de paiement des redevances prévues aux articles 23 à 27 du présent Règlement. Le dossier de demande d'Autorisation de Mise sur le Marché comprend un dossier administratif et un dossier technique déclinés en cinq modules organisés ainsi qu'il suit :

• Module 1 ou dossier administratif ;
• Module 2 ou résumé du dossier technique ;
• Module 3 ou dossier qualité ;
• Module 4 ou dossier non clinique ;
Module 5 ou dossier clinique.

Le contenu et les exigences des dossiers de demande d'Autorisation de Mise sur le Marché des différents types des produits pharmaceutiques sont décrits dans les Annexes qui font partie intégrante du présent Règlement.

CHAPITRE II : PROCÉDURE D'ÉVALUATION D'UN DOSSIER DE DEMANDE D'HOMOLOGATION ET CRITERES DE VALIDATION

Article 9 : Procédure de traitement d'un dossier de demande d'homologation La procédure d'évaluation d'un dossier de demande d'homologation est décrite dans l'annexe IV du présent Règlement dont elle est partie intégrante. Les autorités de réglementation pharmaceutique des États membres doivent rédiger la procédure décrivant les différentes étapes du processus d'homologation ainsi que les délais y afférant. Dans le cadre de la procédure d'évaluation, les autorités de réglementation pharmaceutique des États membres sont tenues au respect des principes de confidentialité et de transparence. Le personnel de l'autorité de réglementation pharmaceutique doit signer périodiquement une déclaration de conflit d'intérêt et d'engagement de confidentialité.

Article 10 : Evaluation administrative du dossier de demande d'Autorisation de Mise sur le Marché des produits pharmaceutiques à usage humain Le dossier de demande d'Autorisation de Mise sur le Marché doit faire l'objet d'une évaluation administrative par la structure en charge de l'homologation de l'autorité de réglementation pharmaceutique.

Article 11 : Obligation d'évaluation technique et de validation du dossier de demande d'Autorisation de Mise sur le Marché Toute demande d'Autorisation de Mise sur le Marché doit faire l'objet d'une évaluation technique préalable par un Comité d'experts visé à l'article 5 du présent Règlement, suivie de la validation par la Commission Nationale du Médicament à usage humain, visé à l'article 6 du présent Règlement et dont les délais sont précisés à l'annexe 4.

Article 12 : Critères de validation du dossier de demande d'homologation par la Commission nationale du médicament La Commission Nationale du Médicament procède à la validation des dossiers de demande d'Autorisation de Mise sur le Marché par référence aux éléments d'appréciation suivants :

- le rapport et l'avis technique du comité d'experts ;
- l'intérêt et l'efficacité thérapeutiques ;
- l'innocuité dans les conditions normales d'emploi ;
- le Prix Grossiste Hors Taxe (PGHT) ;
- le coût des traitements journalier et total ;
- le nombre de produits finis multi-sources similaires sur le marché.

Article 13 : Collaboration et Coopération entre les autorités de réglementation pharmaceutique Dans le processus d'octroi d'une Autorisation de Mise sur le Marché d'un médicament à usage humain, un État membre peut se référer aux résultats de l'expertise technique d'une autorité de réglementation d'un autre État membre. Le rapport d'évaluation des dossiers et la synthèse des délibérations des Commissions Nationales du Médicament des pays sont, à ce titre, mis à la disposition du Secrétariat de la Cellule pour l'Harmonisation de la Réglementation et la Coopération Pharmaceutiques, et peut être utilisé par une autre autorité nationale de réglementation. Dans le cadre du processus d'octroi d'une Autorisation de Mise sur le Marché d'un médicament à usage humain, un État membre peut participer à des sessions d'évaluation technique conjointe organisées entre plusieurs États membres.

CHAPITRE III : DÉLIVRANCE DE L'AUTORISATION DE MISE SUR LE MARCHÉ

Article 14 : Délivrance de l'Autorisation de Mise sur le Marché L'Autorisation de Mise sur le Marché est délivrée à une personne morale, pour un produit pharmaceutique correspondant à une spécialité pharmaceutique ou à un médicament générique. Une autorisation spéciale d'importation peut être accordée, à titre exceptionnel par l'autorité compétente, pour des raisons de santé publique. Article 15 : Contenu et libellé de l'Autorisation de Mise sur le Marché Chaque État membre de l'UEMOA délivre une Autorisation de Mise sur le Marché national. Le contenu et le libellé de cette autorisation sont précisés dans les annexes du présent Règlement.

CHAPITRE IV : DURÉE DE VALIDITÉ, SURVEILLANCE DU MARCHÉ, VARIATION ET RENOUVELLEMENT D'UNE AUTORISATION DE MISE SUR LE MARCHÉ

Article 16 : Durée de validité de l'Autorisation de Mise sur le Marché La durée de validité d'une Autorisation de Mise sur le Marché est de cinq (5) ans. Article 17 : Surveillance du marché Tout titulaire d'une Autorisation de Mise sur le Marché doit adhérer au système national de pharmacovigilance et fournir à l'autorité de réglementation pharmaceutique des rapports périodiques actualisés de pharmacovigilance. Les États membres doivent mettre en place un système de surveillance du marché des produits pharmaceutiques. Article 18 : Variation de l'Autorisation de Mise sur le Marché Toute variation des éléments du dossier d'une Autorisation de Mise sur le Marché doit faire l'objet d'une notification justifiant la modification à l'autorité compétente. Le contenu et les exigences du dossier de demande de variation sont précisés dans les annexes du présent Règlement.

Article 19 : Renouvellement de l'Autorisation de Mise sur le Marché Toute Autorisation de Mise sur le Marché doit faire l'objet d'un renouvellement dont les modalités sont précisées dans les annexes du présent Règlement, et ce, 120 jours avant l'expiration de sa durée de validité.

CHAPITRE V : REFUS, SUSPENSION OU RETRAIT D'UNE AUTORISATION DE MISE SUR LE MARCHÉ

Article 20 : Refus de l'Autorisation de Mise sur le Marché L'Autorisation de

Mise sur le Marché peut être refusée, après un avis motivé de la Commission nationale du médicament à usage humain. Dans ce cas, l'Autorité de réglementation pharmaceutique notifie la décision de refus au demandeur, dans un délai maximal de 30 jours ouvrables à compter de la date de tenue de la session de la Commission Nationale du Médicament.

Article 21 : Suspension de l'Autorisation de Mise sur le Marché L'Autorisation de Mise sur le Marché peut faire l'objet d'une suspension pour une durée maximale de 6 mois renouvelable lorsque le médicament concerné présente un risque pour la santé publique. La décision de suspension est prise par l'autorité de réglementation pharmaceutique. Tout médicament à usage humain faisant l'objet d'une mesure de suspension doit être retiré sans délai du circuit de distribution, conformément aux règles de Bonnes Pratiques de Distribution des Médicaments. La décision de suspension est notifiée au demandeur de l'Autorisation de Mise sur le Marché, qui a la faculté de fournir toute information nécessaire. L'annulation de la décision de suspension doit être sollicitée à l'issue de la période de suspension, si le retrait de l'Autorisation de Mise sur le Marché n'a pas été prononcé dans un délai rie six (6) mois ~ compter du jour où la suspensionaura été notifiée La mesure de suspension n'ouvre droit à aucune indemnisation.

Article 22 : Retrait de l'Autorisation de Mise sur le Marché Toute Autorisation de Mise sur le Marché peut faire l'objet d'un retrait, après avis motivé de la Commission Nationale du Médicament. La décision de retrait est prononcée par l'autorité compétente.

TITRE IV

REDEVANCES DUES POUR L'AUTORISATION DE MISE SUR LE MARCHÉ D'UN PRODUIT PHARMACEUTIQUE À USAGE HUMAIN

Article 23 : Redevance due à l'autorité de réglementation dans le cadre d'une demande d'Autorisation de Mise sur le Marché Il est institué une redevance versée à l'autorité de réglementation pour toute demande d'Autorisation de Mise sur le Marché dont le montant de base est fixé par voie réglementaire. La redevance est une somme versée par le demandeur d'une Autorisation de Mise sur le Marché au moment du dépôt du dossier de demande. Elle contribue au financement des actes administratifs, de l'expertise technique posée dans le cadre de l'évaluation d'un dossier et de la surveillance du marché, conformément aux dispositions visées aux articles 4, 5 et 6 du présent Règlement. Des pénalités sont appliquées en cas de retard de dépôt d'une demande de renouvellement et d'une variation d'AMM. Chaque État membre

fixe le montant et les modalités de perception de ces redevances et des pénalités de retard. La redevance de base est réduite de 50 % pour les médicaments produits localement dans les États membres de l'Union.
Article 24 : Redevance de base pour l'Autorisation de Mise sur le Marché d'un produit pharmaceutique à usage humain La redevance de base est exigée pour chaque dosage, chaque forme pharmaceutique et chaque présentation.
Article 25 : Redevance pour une demande de variation majeure de l'Autorisation de Mise sur le Marché d'un produit pharmaceutique à usage humain
La redevance due au titre d'une demande de variation majeure d'une Autorisation de Mise sur le Marché correspond à la redevance de base.
Article 26 : Redevance pour une demande de variation mineure de l'Autorisation de Mise sur le Marché d'un produit pharmaceutique à usage humain La redevance due au titre d'une demande de variation mineure d'une Autorisation de Mise sur le Marché correspond à 10 % de la redevance de base.
Article 27 : Redevance pour une demande de renouvellement de l'Autorisation de Mise sur le Marché d'un produit pharmaceutique à usage humain La redevance due au titre d'une demande de renouvellement d'une Autorisation de Mise sur le Marché correspond à 50 % de la redevance de base.

TITRE V : DISPOSITIONS FINALES

Article 28 : Abrogation Le présent Règlement abroge et remplace le Règlement n° 06/2010/CM/ UEMOA du 1er octobre 2010 relatif aux procédures d'homologation des produits pharmaceutiques à usage humain dans les États membres de l'UEMOA.
Article 29 : Mise en œuvre La Commission prend des Règlements d'exécution pour la mise à jour des annexes du présent Règlement.
Article 30 : Entrée en vigueur Le présent Règlement, qui entre en vigueur à compter de sa date de signature, sera publié au Bulletin Officiel de l'Union.

Fait à Lomé, le 28 septembre 2020
Pour le Conseil des Ministres
Le Président, Sani YAYA

RÈGLEMENT n° 04 /2006/CM/UEMOA, INSTITUANT UN RESEAU DE LABORATOIRES CHARGES DU CONTROLE DE LA QUALITE DES MÉDICAMENTS VÉTERINAIRES DANS LA ZONE UEMOA[16]

Vu le Traité de l'Union économique et Monétaire Ouest Africaine, notamment en ses articles 4, 7, 16, 20 à 25, 42 à 45, 55, 101 et 102 ;
Vu le Protocole additionnel relatif n° II aux politiques sectorielles de l'Union, notamment en ses articles 13 à 16 ;
Vu l'Acte additionnel n° 03/2001 du 19 décembre 2001 portant adoption de la Politique Agricole de l'UEMOA ;
Vu le Règlement n° 01/2005/CM/UEMOA du 04 juillet 2005 portant schéma d'harmonisation des activités d'accréditation, de certification, de normalisation et de métrologie dans l'UEMOA ;
Vu le Règlement n° 01/2006/CM/UEMOA du 23 mars 2006 portant création et modalités de fonctionnement d'un Comité vétérinaire au sein de l'UEMOA ;
Vu le Règlement n° 02/2006/CM/UEMOA du 23 mars 2006 établissant des procédures communautaires pour l'autorisation de mise sur le marché et la surveillance des médicaments vétérinaires et instituant un Comité Régional du Médicament Vétérinaire ;
Vu la Directive n° 07/2006/CM/UEMOA du 23 mars 2006 relative à la pharmacie vétérinaire ;
Considérant la nécessité de s'assurer de la qualité des médicaments vétérinaires commercialisés dans la zone UEMOA qui est la condition de leur efficacité et de leur innocuité ;
Considérant l'insuffisance actuelle des ressources disponibles qui ne permet pas à chaque pays membre de l'UEMOA de se doter d'un laboratoire spécifiquement dévolu au contrôle de la qualité des médicaments Vétérinaires ;
Considérant la nécessité d'organiser le travail des laboratoires en réseau et d'harmoniser leur fonctionnement pour en optimiser l'efficacité ;
Considérant la vocation de ce réseau à œuvrer pour l'ensemble de la zone UEMOA ;

Sur proposition de la Commission de l'UEMOA ;
Après avis du Comité des Experts Statutaire en date du 17 mars 2006 ;

---

[16] Disponible sur : Règlement 04 laboratoires decontrole qualité médicaments vet.doc (uemoa.int)

Adopte le règlement dont la teneur suit.

Article premier. – *Création d'un réseau de laboratoires*
Il est créé un réseau de laboratoires chargés de contrôler la qualité des médicaments vétérinaires dans la zone UEMOA.
Article 2. – *Objectifs du réseau*
Le réseau des laboratoires de contrôle de la qualité des médicaments vétérinaires a pour objectifs :
- d'apporter aux états membres un soutien technique dans le domaine du contrôle de la qualité des produits pharmaceutiques et des vaccins ;
- de développer le savoir faire des laboratoires qui en font partie en :
• stimulant leur coopération technique ;
• facilitant leur accès à de nouvelles techniques d'analyse ;
• améliorant la formation continue de leurs personnels ;
• accélérant la mise sous assurance qualité de leurs activités ;
• mettant à leur disposition des ressources financières supplémentaires ;
• leur donnant, le cas échéant, le statut de laboratoire de référence pour certaines analyses.
Article 3. – *Modalités de gestion du réseau*
Le réseau est placé sous la responsabilité de la Commission de l'UEMOA qui le gère avec l'aide du Comité Vétérinaire et du Secrétariat du Comité Régional du Médicament Vétérinaire institués par le Règlement n° 01/2006/CM/UEMOA du 23 mars 2006 portant création et modalités de fonctionnement d'un Comité vétérinaire et le Règlement n° 02/2006/CM/UEMOA en date du 23 mars 2006 établissant des procédures communautaires pour l'autorisation et la surveillance des médicaments vétérinaires et instituant un Comité Régional du Médicament Vétérinaire.
Les objectifs et les plans annuels de travail du réseau sont définis par la Commission de l'UEMOA sur proposition du Comité Vétérinaire en concertation avec les laboratoires du réseau.
La coordination du programme annuel de travail du réseau est assurée par le secrétariat du Comité Régional des Médicaments Vétérinaires avec l'appui des laboratoires de référence.
Article 4. – *Modalités de mise en place du réseau*
Les laboratoires pressentis doivent confirmer, par écrit, leur intérêt à faire partie de ce réseau.
La Commission de l'UEMOA, en concertation avec les états membres, détermine avec chaque laboratoire pressenti, et ayant exprimé son intérêt d'intégrer le réseau :
- les objectifs à atteindre en matière de contrôle de la qualité des médicaments vétérinaires ;
- les modalités de ce contrôle ;
- les obligations de l'UEMOA vis à vis de ce laboratoire en matière de soutien

technique et financier ;
- les obligations de l'autorité de tutelle de ce laboratoire en matière de soutien technique et financier et de conditions de gestion financière lui permettant d'assumer ses responsabilités.

Article 5. – *Conditions à remplir par les laboratoires du réseau*

Chaque laboratoire du réseau doit respecter les conditions suivantes :
- le maintien au meilleur niveau de son expertise scientifique et technique en
- matière de contrôle de la qualité des médicaments vétérinaires ;
- l'actualisation régulière des méthodes analytiques qu'il utilise par l'intégration des progrès de la connaissance réalisés dans le domaine ;
- la mise en œuvre d'un plan de formation continue de son personnel scientifique et technique de manière à garantir :
• l'optimisation de l'utilisation des appareils d'analyse ;
• la qualité des résultats obtenus ;
• la capacité du laboratoire à intégrer les acquis de la connaissance scientifique dans le domaine du contrôle de la qualité des médicaments vétérinaires ;
- la contribution au développement de la nécessaire coopération avec les autres laboratoires du réseau par son implication dans :
• les échanges d'information sur les méthodes d'analyse ;
• l'harmonisation de ces méthodes ;
• l'organisation de stages de formation ;
• la mise en place de tests circulaires si le laboratoire est désigné laboratoire de référence dans un domaine particulier ;
- le développement des contacts et coopérations techniques avec d'autres laboratoires impliqués dans le même domaine ;
- l'amélioration, en particulier grâce au réseau internet, de l'accès à la bibliographie pertinente au regard du contrôle de la qualité des médicaments vétérinaires ;
- la mise sous assurance qualité de ses activités de contrôle. Cette mise sous assurance qualité et l'obtention de la part d'un organisme internationalement reconnu de l'accréditation qui doit en découler, se programmeront sur la base d'un chronogramme adapté à la situation du laboratoire à la date de son intégration dans le réseau ;
- l'application du plan de travail annuel arrêté par la Commission de l'UEMOA ;
- le respect des délais prévus pour la remise des résultats d'analyse.

Ces conditions seront consignées dans un cahier des charges élaboré par la Commission de l'UEMOA.

Article 6. – *Organisation du travail du réseau*

La Commission, sur proposition du Comité Vétérinaire, programme le travail annuel assigné au réseau.

Elle définit les modalités de travail du réseau avec l'aide du Comité Vétérinaire et des laboratoires du réseau.

La Commission désigne au sein de ce réseau, un laboratoire de référence pour chaque groupe de médicaments qui sera chargé :
- de codifier les méthodes de contrôle ;
- d'assurer la formation des personnels des autres laboratoires au sujet de ces méthodes ;
- d'organiser des tests d'intercomparaison pour s'assurer de la bonne maîtrise de ces méthodes par les laboratoires du réseau.

Article 7. – *Prélèvement d'échantillons*

Les échantillons à analyser par les laboratoires du réseau sont prélevés par des inspecteurs désignés à cet effet par les administrations des états membres chargés de la pharmacie vétérinaire.

Ces prélèvements d'échantillons, étant effectués dans le cadre d'une politique de protection de la santé publique, n'ouvriront pas droit à un versement d'indemnités par l'UEMOA au profit des opérateurs économiques chez qui ces prélèvements auront été opérés.

Article 8. – *Appui technique et financier*

Les laboratoires participant aux activités de contrôle de la qualité des médicaments vétérinaires du réseau peuvent, en tant que de besoin et dans la limite des ressources disponibles, bénéficier de la part de l'UEMOA d'appui au niveau de :
- leurs équipements scientifiques et techniques ;
- la formation de leurs personnels ;
- la mise sous assurance qualité de leurs activités.

La tarification des contrôles de qualité des médicaments vétérinaires sera harmonisée et fixée par voie de Règlement d'Exécution par la Commission de l'UEMOA.

Article. – *Désignation des membres du réseau*

Les laboratoires membres du réseau sont désignés par voie de Décision par la Commission de l'UEMOA, après avis du Comité vétérinaire.

Article 10. – *Entrée en vigueur*

Le présent Règlement, qui entre en vigueur à compter de sa date de signature, sera publié au *Bulletin Officiel* de l'Union.

Fait à Abidjan, le 23 mars 2006

Pour le Conseil des Ministres,
Le Président
Jean-Baptiste M.P. Compaoré

RÈGLEMENT n° 03 /2006/CM/UEMOA, INSTITUANT DES REDEVANCES DANS LE DOMAINE DES MÉDICAMENTS VÉTERINAIRES AU SEIN DE L'UEMOA[17]

Le Conseil des Ministres de l'Union Economique et Monétaire Ouest Africaine (UEMOA)

Vu le Traité de l'Union Economique et Monétaire Ouest Africaine, notamment ses articles 4, 6, 16, 20 à 25, 42 à 45, 55, 101 et 102 ;
Vu le Protocole additionnel n° II relatif aux politiques sectorielles de l'Union, notamment en son article 14.c ;
Vu l'Acte additionnel n° 03/2001 du 19 décembre 2001 portant adoption de la Politique Agricole de l'UEMOA, notamment en son article 10 ;
Vu le Règlement n° 01/2006/CM/UEMOA en date du 23 mars 2006 portant création et modalités de fonctionnement du Comité vétérinaire au sein de l'Union Economique et Monétaire Ouest Africaine (UEMOA) ;
Vu le Règlement n° 02/2006/CM/UEMOA en date du 23 mars 2006 établissant des procédures communautaires pour l'autorisation de mise sur le marché et la surveillance des médicaments vétérinaire et instituant un comité régional du Médicament Vétérinaire ;
Vu la Directive n° 07/2006/CM/UEMOA en date du 23 mars 2006 relative à la pharmacie vétérinaire ;
Considérant la nécessité de prévoir les dispositions financières nécessaires pour asseoir la mise en œuvre de la réglementation communautaire en matière de médicaments vétérinaires ;

Sur proposition de la Commission de l'UEMOA ;
Après avis du Comité des Experts Statutaires en date du 17 mars 2006 ;

Adopte le présent règlement :

Article premier. – Institution des redevances
Il est institué au sein de l'Union, des redevances qui seront perçues en contrepartie des prestations fournies pour l'obtention et le maintien des autorisations de mise sur le marché (AMM) des médicaments vétérinaires, ainsi que pour les autres services fournis dans ce cadre.

---

[17]BECKER Charles, Projet de loi portant Code de la Santé au sénégal, sous la forme d'un CD-ROM daté de juillet 2016 (263,5 mégaoctets). Disponible aussi sur : UEMOA - Reglement n°03/2006/CM/UEMOA du 23 mars 2006 instituant des redevances dans le domaine des medicaments veterinaires au sein de l'UEMOA (www.droit-afrique.com)

Article 2. – Redevances pour l'autorisation de mise sur le marché d'un médicament vétérinaire

1. *Redevance de base*

Une redevance de base est perçue pour une demande d'autorisation de mise sur le marché d'un médicament, accompagnée d'un dossier complet. Cette redevance couvre un seul dosage, associé à une forme pharmaceutique.

Cette redevance est majorée de 10 % pour chaque dosage et/ou forme pharmaceutique supplémentaire lorsqu'ils sont présentés simultanément à la demande d'autorisation complète. Cette majoration couvre un dosage et/ou une forme pharmaceutique supplémentaire.

Au titre du présent point, le nombre d'espèces de destination n'intervient pas.

2. *Redevance réduite*

Une redevance réduite de 50 % s'applique aux demandes d'autorisation de mise sur le marché d'un médicament pour lequel la présentation d'un dossier complet n'est pas nécessaire, conformément aux dispositions de l'article 26, paragraphe 1, du Règlement n° 02/2006/CM/UEMOA du 23 mars 2006 établissant des procédures communautaires pour l'autorisation de mise sur le marché et la surveillance des médicaments vétérinaires et instituant un Comité Régional du Médicament Vétérinaire. Cette redevance couvre un seul dosage associé à une forme pharmaceutique de ce médicament.

Cette redevance est majorée de 10 % pour chaque dosage et/ou forme pharmaceutique supplémentaire lorsqu'ils sont présentés simultanément à la demande d'autorisation réduite. Cette majoration couvre un dosage et/ ou une forme pharmaceutique supplémentaire.

Au titre du présent point, le nombre d'espèces de destination n'intervient pas.

Article 3. – Redevances pour la modification d'une autorisation de mise sur le marché

1. *Redevances d'extension d'une autorisation de mise sur le marché*

Une redevance correspondant à 25 % de la redevance de base est perçue pour chaque extension d'une autorisation de mise sur le marché déjà octroyée lorsque cette extension couvre un nouveau dosage ou une nouvelle forme pharmaceutique ou une nouvelle espèce ou une nouvelle indication ou un nouveau mode d'administration qui ne figurent pas dans le dossier initial.

2. *Redevances pour modifications mineures*

Une redevance correspondant à 5 % de la redevance de base est perçue en cas de modification d'importance mineure de l'autorisation de mise sur le marché. En cas de modification identique concernant plusieurs autorisations de mise sur le marché du même titulaire, la redevance couvre toutes ces autorisations.

3. *Redevances pour modifications majeures*

Une redevance correspondant à 30 % de la redevance de base est perçue en cas de modification d'importance majeure de l'autorisation de mise sur le marché.

En cas de modification identique, concernant plusieurs autorisations de mise sur le marché du même titulaire, la redevance couvre toutes ces autorisations.

Article 4. – Redevances pour renouvellement d'une autorisation de mise sur le marché

Une redevance correspondant à 50 % de la redevance de base est perçue pour l'examen du dossier de renouvellement quinquennal d'une autorisation de mise sur le marché d'un médicament. Elle est perçue pour chaque dosage associé à une forme pharmaceutique.

Article 5. – Redevances pour transfert d'une autorisation de mise sur le marché

Une redevance correspondant à 5 % de la redevance de base est perçue lors du transfert de l'autorisation de mise sur le marché à un nouveau titulaire.

Article 6. – Redevances d'inspection

Une somme forfaitaire est perçue pour toute inspection effectuée sur le territoire communautaire ou en dehors de l'Union. Pour les inspections effectuées en dehors de l'Union, les frais de déplacement sont facturés en sus sur la base du coût réel.

Article 7. – Modalités de calcul des redevances

Les montants respectifs des différentes redevances sont calculés en francs FCFA conformément au tableau annexé au présent Règlement et dont il fait partie intégrante. Le montant des redevances peut être modifié sur décision de la Commission de l'UEMOA.

Article 8. – Modalités de gestion des redevances

Les redevances perçues au titre de la procédure de l'AMM serviront à financer le fonctionnement du système centralisé et à renforcer les structures nationales impliquées (services vétérinaires et laboratoires).

La Commission de l'UEMOA est habilitée à définir, par voie de Règlement d'Exécution les modalités de perception et de gestion de ces redevances, conformément aux dispositions en vigueur de la réglementation financière de l'UEMOA.

Article 9. – Dispositions transitoires

Une redevance réduite de 50 % est perçue sur les demandes d'Autorisation de Mise sur le Marché déposées au titre des dispositions transitoires du Règlement n° 02/2006/CM/UEMOA en date du 23 mars 2006 établissant des procédures communautaires pour l'autorisation de mise sur le marché et la surveillance des médicaments vétérinaires et instituant un comité régional du médicament vétérinaire .

Article 10. – *Publication*

Le présent Règlement, qui entre en vigueur à compter de sa date de signature, sera publié au Bulletin Officiel de l'Union.

Fait à Abidjan, le 23 mars 2006

Pour le Conseil des Ministres,
Le Président
Jean-Baptiste M.P. Compaoré

RÈGLEMENT n° 07/2009/CM/UEMOA DU 26 JUIN 2009 PORTANT RÈGLEMENTATION DE LA MUTUALITE SOCIALE AU SEIN DE L'UEMOA[18]

Le Conseil des ministres de l'Union économique et monétaire ouest africaine (UEMOA)
Vu le Traité de l'UEMOA, notamment en ses articles 3 et 4 ;
Vu le Protocole additionnel n° 11 relatifs aux politiques sectorielles de l'UEMOA. Notamment en ses articles 1er à 4 ;
Considérant l'engagement de l'ensemble des États membres de l'Union à lutter résolument contre la pauvreté ;
Considérant la nécessité de mettre en place avec la pleine implication des populations des États membres une politique de gestion des risques sociaux en vue de favoriser l'accès aux services sociaux de base pour ces populations ;
Considérant le faible impact des systèmes de protection sociale tant public que privé en vigueur dans les États membres sur les populations ;
Considérant le développement, ces dernières années, de formes originales de solidarité, de redistribution et de mutualisation visant à étendre la protection sociale aux populations qui en sont traditionnellement exclues ;
Convaincu de la nécessité de rationaliser le système de protection sociale en expansion par la mise en place d'un cadre juridique spécifique qui codifie les modalités de création, d'organisation et de fonctionnement des organismes relevant de la mutualité sociale ;
Persuadé qu'il convient, eu égard à l'absence dans la plupart des états membres d'un cadre légal national en matière de mutualité sociale, d'adopter une règlementation uniforme en vue d'atteindre la plus grande transparence ct la plus grande efficacité et partant d'assurer une saine promotion de la mutualité sociale dans l'espace UEMOA ;
Considérant les recommandations issues de la réunion des Ministres chargés de la mutualité sociale des États membres de l'UEMOA, tenue à Ouagadougou, le 07 novembre 2008.

Sur proposition de la Commission ;
Après avis du Comité des Experts statuaire, en date du 19 juin 2009 ;

---

[18] BECKER Charles, Projet de loi portant Code de la Santé au sénégal, sous la forme d'un CD-ROM daté de juillet 2016 (263,5 mégaoctets).Disponible aussi sur : UEMOA - Reglement n°07/2010/CM/UEMOA du 1er octobre 2010 portant statut du personnel de l'UEMOA (www.droit-afrique.com).

Adopte le règlement dont la teneur suit :

TITRE PRELIMINAIRE

DISPOSITIONS GENERALES

CHAPITRE 1. – DEFINITIONS

Article premier. – Aux fins du présent Règlement on entend par :
UEMOA. – l'Union économique et monétaire Ouest Africaine ;
UNION – l'Union économique et monétaire Ouest Africaine ;
COMMISSION. – la Commission de l'Union économique et monétaire Ouest Africaine ;
MUTUALITé SOCIALE. – système de solidarité comprenant l'ensemble des mutuelles sociales et leurs structures faîtières et assis sur les principes de solidarité, d'entraide et de prévoyance ;
MUTUELLE SOCIALE. – groupement qui, essentiellement au moyen des cotisations de leurs membres, se proposent de mener, dans l'intérêt de ceux-ci et de leurs ayants droit, une action de prévoyance, d'entraide et de solidarité visant la prévention des risques sociaux liés à la personne et la réparation de leurs conséquences ;
UNION DE MUTUELLES SOCIALES. – regroupement de mutuelles sociales ayant une unité d'objet sur une base géographique ou professionnelle ;
FéDéRATION. – regroupement d'unions ayant une identité d'objet sur une base géographique ou professionnelle ;
STRUCTURE FAÎTIèRE. – Structure regroupant plusieurs mutuelles sociales ou plusieurs regroupements de mutuelles sociales.

CHAPITRE II. – CHAMP D'APPLICATION

Article 2. – Le présent Règlement fixe les principes fondamentaux régissant la mutualité sociale au sein de l'UEMOA, ainsi que les modalités de création, d'organisation et de fonctionnement des mutuelles sociales, unions de mutuelles sociales et fédérations.
Article 3. – Le présent Règlement s'applique aux mutuelles sociales et à leurs structures faîtières qui exercent dans l'espace UEMOA. Il ne s'applique pas

aux organismes mutualistes ayant un autre objet et relevant d'une législation ou d'une règlementation spécifique.

TITRE I

– STATUT JURIDIQUE – PRINCIPES - OBJET

CHAPITRE I. – STATUT JURIDIQUE

Article 4. – Les mutuelles sociales sont des personnes morales de droit privé à but non lucratif.

Article 5. – Les mutuelles sociales ont la possibilité de se regrouper en structures faîtières dotées ou non de la personnalité juridique.

Les structures faîtières dotées de la personnalité juridique sont régies par le présent Règlement. Ce sont les unions de mutuelles sociales et les fédérations.

Article 6. – Une union de mutuelles sociales est une personne morale de droit privé à but non lucratif, créée par plusieurs mutuelles sociales.

Article 7. – Une fédération est une personne morale de droit privé à but lucratif créée par plusieurs unions de mutuelles.

Article 8. – La forme et les modalités de regroupement de plusieurs mutuelles sociales, autrement que dans le cadre d'une structure faîtière dotée de la personnalité juridique, sont laissées au libre choix des mutuelles sociales ou des unions de mutuelles sociales initiatrices.

Article 9. – Nonobstant les dispositions de l'article 5 du présent Règlement, il est interdit à une mutuelle sociale d'appartenir à plusieurs structures faîtières ayant le même objet.

Article 10. – Les mutuelles sociales et les structures faîtières dotées de la personnalité juridique possèdent un patrimoine propre.

Elles ont la faculté de contracter, d'acquérir, d'aliéner des biens, et sont habilitées à accomplir tous les actes de la vie civile. Elles peuvent ester en justice.

CHAPITRE II. – PRINCIPES DE BASE DE LA MUTUALITE SOCIALE

Article 11. – Les membres des mutuelles sociales font leurs les valeurs fondamentales que traduisent les principes mutualistes de transparence, de responsabilité sociale, de démocratie, d'égalité, d'équité et de solidarité.

Article 12. – Les principes mutualistes définissent égaiement des valeurs de références caractéristiques auxquelles s'identifie une mutuelle sociale, notamment :

- L'adhésion volontaire et non discriminatoire consiste en un acte volontaire

de participation à une mutuelle sociale non fondé sur le sexe, la race, la nationalité, l'appartenance politique ou religieuse ;
- Le but non lucratif suppose que les activités sont conduites dans un but autre que de faire du profit ;
- Le fonctionnement démocratique et participatif s'entend de la participation des adhérents, soit directement soit par l'intermédiaire de leurs représentants, au fonctionnement de l'institution ;
- L'engagement solidaire repose sur l'entraide mutuelle entre les membres dans un souci de partage des risques ;
- L'autonomie et l'indépendance impliquent la libre administration du patrimoine de l'institution dans le respect des règles prudentielles ;
- Le bénévolat consiste en la gratuité des fonctions exercées par les membres de l'organe dirigeant ;
- La participation responsable oblige l'adhérent à observer une certaine loyauté envers l'institution et envers les autres membres.

CHAPITRE III. – OBJET DES MUTUELLES SOCIALES, DES UNIONS DE MUTUELLES SOCIALES ET FEDERATIONS

Section 1. L'Objet des mutuelles sociales

Article 13. – Les mutuelles sociales ont pour objet, à titre principal, la prévention des risques sociaux liés à la personne et à la réparation de leurs conséquences. Elles peuvent. à titre accessoire, exercer toute activité ayant pour objet l'amélioration des conditions de vie et l'épanouissement de leurs membres, notamment :
- créer, conformément à la législation en vigueur, des établissements ou services à caractère sanitaire, médico-social ou culturel ;
- mener des activités économiques en vue d'améliorer les prestations servies à leurs membres dans le strict respect de la réglementation en vigueur en la matière.

Section 2. – L'Objet des Unions de mutuelles sociales et fédérations

Article 14. – Les unions de mutuelles sociales et les fédérations ont pour objet :
- d'assurer une meilleure prise en charge des risques et partant l'amélioration des prestations aux membres ;
- d'agir en qualité d'organisme de supervision, d'appui conseil et de suivi des activités des structures affiliées ;
- de promouvoir le développement la viabilité et la performance du mouvement mutualiste ;
- d'assurer la représentation des structures affiliées aux différents niveaux ;

- d'assurer des services communs de gestion.

TITRE II

CONSTITUTION ET AGREMENT

CHAPITRE I – CONSTITUTION

Section 1. – Dispositions générales

Art. 15. – Les mutuelles sociales, unions de mutuelles sociales ou fédérations se créent librement et sans autorisation préalable.

Art. 16. – Peut être membre d'une mutuelle sociale :

- toute personne physique ayant la majorité civile et jouissant de la pleine capacité juridique ;
- toute personne morale de droit public ou de droit privé ayant souscrit un contrat collectif.

Section 2. – Affiliation à une structure faîtière

Art. 17. – L'affiliation à une structure faîtière existante est subordonnée à l'inscription de cette faculté dans les statuts des mutuelles sociales ou des unions de mutuelles sociales.

La décision d'affiliation est prise par l'Assemblée générale sur la base du quorum et du mode de décision prévus par les statuts.

Sections 3. – Formalités de constitution des mutuelles sociales

Article 18. – Les personnes désirant constituer une mutuelle sociale doivent tenir une Assemblée générale constitutive.

Section 4. – Statuts et règlement intérieur des mutuelles sociales

Article 19. – Les statuts des mutuelles sociales ou des structures faîtières sont établis par acte sous seing privé et déterminent :

- l'objet, les buts, la durée, le siège social de la mutuelle sociale ;
- les conditions et les modes d'admission, de démission, de suspension, de radiation et d'exclusion des adhérents et éventuellement des membres honoraires, ainsi que les conditions dans lesquelles une personne est considérée comme ayant droit d'un membre participant ;
- le cas échéant, l'existence d'un droit d'adhésion versé par chacun des membres, dont le montant, déterminé par l'Assemblée générale, est dédié au fonds d'établissement ;

- les modalités de fixation des cotisations ;
- les règles de participation des membres au fonctionnement de la mutuelle sociale ou des structures faîtières ;
- l'organisation, le fonctionnement, la gestion et le contrôle de la mutuelle sociale ;
- la composition du bureau du Conseil d'administration et de l'organe de contrôle, le mode d'élection et de remplacement de leurs membres, la nature et la durée de leurs pouvoirs ;
- les conditions et les modalités du vote à l'Assemblée générale et du droit pour les membres de s'y faire représenter ainsi que l'organisation en section, le cas échéant ;
- les modes de placement et de retrait des fonds ;
- les modes de représentation des délégués des unions des mutuelles sociales et fédérations en Assemblée générale ;
- les conditions de dissolution volontaire de la mutuelle sociale, de l'union de mutuelles sociales et fédérations ainsi que de sa liquidation ;
- les conditions dans lesquelles les pouvoirs sont délégués aux dirigeants salariés ;
- la représentation de la mutuelle sociale ou de l'union des mutuelles sociales et fédérations pour les actes de la vie civile et les actions en justice.

Article 20. – Le règlement intérieur, établi par acte sous seing privé, a pour but de préciser et de compléter les statuts. Il détermine les modalités d'organisation, notamment
- la qualité de membre (types de membres, acquisition et perte de la qualité de membre, droits et obligation des membres) ;
- l'organisation et le fonctionnement des organes statuaires (composition, conditions et mode de délibération, mode de désignation des dirigeants, compétence) ;
- les ressources et leurs emplois ;
- les sanctions (nature des sanctions, procédure de sanction) ;
- le mode de règlement des différends.

Article 21. – Les formalités de constitution, ainsi que les dispositions des statuts et du règlement intérieur des mutuelles sociales, unions de mutuelles sociales et fédérations, ayant un caractère obligatoire, sont déterminées par un Règlement d'exécution du présent Règlement

CHAPITRE II. – AGREMENT

Article 22. – Aucune mutuelle sociale, union de mutuelles sociales ou fédérations ne peut fonctionner avant d'avoir été préalablement agréée par le Ministre en charge de la Mutualité sociale.

L'agrément est subordonné à la production d'une étude de faisabilité permettant d'apprécier la pertinence, la cohérence, la viabilité et la pérennité

des mutuelles sociales à agréer.
L'agrément prend effet à compter de l'inscription de la mutuelle sociale, de l'union de mutuelle sociale ou de la fédération au registre national d'immatriculation des mutuelles sociales. L'agrément leur confère la personnalité juridique ainsi que la qualité de mutuelles sociales.
Article 23. – Il est créé dans chaque État membre un organe administratif de la mutualité sociale ainsi qu'un registre national d'immatriculation des mutuelles sociales
L'organe administratif de la mutualité sociale est un établissement public ou une entité de droit public dotée de la personnalité juridique, de l'autonomie financière et de gestion.
L'organe administratif de la mutualité sociale relève du Ministère en charge de la mutualité sociale et est chargé de l'instruction des dossiers d'agrément.
Article 24. – Les conditions, modalités et procédures d'agrément des mutuel les sociales, des unions de mutuelles sociales ou fédérations sont définies dans un Règlement d'exécution du présent Règlement. Le même Règlement d'exécution précise les règles d'organisation du registre national d'immatriculation.
Article 25. – Les mutuelles sociales, unions ou fédérations de mutuelles sociales dûment agrées sont soumises aux dispositions du présent Règlement dès leur immatriculation.
Sauf exception résultant d'une disposition législative expresse, il est interdit de donner toute appellation comportant les termes « mutuelle sociale », « mutualité sociale » à des groupements dont les statuts ne sont pas approuvés conformément à la procédure d'agrément prévue par le Règlement d'exécution visé à l'article 24 du présent Règlement.
Il est également interdit à tout autre groupement de faire figurer dans ses statuts, contrats, documents et publicités, toute appellation susceptible de faire naître une confusion avec les groupements régis par le présent Règlement.

TITRE III

DROITS ET OBLIGATIONS DES MUTUELLES SOCIALES, DES UNIONS DE MUTUELLES SOCIALES ET FEDERATIONS

CHAPITRE I. – DROITS ET OBLIGATION DES MUTUELLES SOCIALES

Section 1. – Les droits des mutuelles sociales

Article 26. – Les mutuelles sociales jouissent de la personnalité juridique ct des droits y afférent, dès leur inscription au registre national d'immatriculation des mutuelles sociales. Elles ont donc les mêmes droits que

les personnes morales de droit privé à but non lucratif.
Elles se voient également reconnaître, sous certaines conditions, le droit au bénéfice de subventions, dons et legs et le droit à l'appui technique de l'état ou de ses démembrements.
Article 27. –Les mutuelles sociales jouissent de mêmes privilèges fiscaux reconnus aux organismes publics de prévoyance sociale. Ces privilèges fiscaux ne concernent que les activités de prévoyance sociale qu'elles entreprennent.

Section 2. Les obligations des mutuelles sociales
Article 28. – Les mutuelles sociales ont l'obligation :
- d'avoir leur siège social sur le territoire de l'État où elles sont immatriculées ;
- de respecter la législation en vigueur ainsi que leurs textes statutaires ;
- de se conformer aux normes de gestion établies (règles prudentielles, comptabilité et production d'états financiers.) ;
- de veiller à la qualité des prestations fournies ;
- de produire et communiquer les rapports annuels (technique, moral et financier) à l'organe administratif de la mutualité sociale et aux membres ;
- de se soumettre au contrôle de l'organe administratif de la mutualité sociale et, le cas échéant, au contrôle d'autres organismes prévus à cet effet ;
- de mentionner dans les documents officiels et dans leurs publicités, leur nature mutualiste et la législation qui les régit ;
- d'adhérer au fonds national de garantie destiné à préserver les droits de leurs membres participants et leurs ayants droit, ainsi que ceux de leurs membres

CHAPITRE II. – DROITS ET OBLIGATIONS DES UNIONS DE MUTUELLES SOCIALES ET FEDERATIONS

Section 1. – Les droits et obligations des membres d'une structure faîtière
Article 29. – Les droits reconnus aux structures affiliées sont :
- l'égalité en droits et en devoirs des membres de la structure faîtière ;
- le droit aux prestations et avantages inhérents à l'affiliation.
Article 30. – Les structures affiliées ont l'obligation :
- de s'acquitter de leurs cotisations ;
- de respecter les statuts et le règlement intérieur de la structure faitière ;
- d'informer la structure faîtière ;
- de se soumettre au contrôle ou à la supervision des structures faîtières.

Section 2. – Les droits et obligations de la structure faîtière
Article 31. – Les structures faîtières ont le droit :
- d'être informées par les structures affiliées de superviser et contrôler le fonctionnement des structures affiliées ;

- de bénéficier de l'appui technique de l'UEMOA, de l'état et de ses démembrements ;
- de bénéficier de privilèges fiscaux.
Elles peuvent également recevoir des subventions, dons et legs.
Article 32. – Les structures faîtières ont l'obligation :
- d'informer les structures affiliées ;
- de veiller à l'application par les structures affiliées des règles prudentielles et de gestion, dans le respect de leur libre administration ;
- d'assister les structures affiliées ;
- de représenter et défendre les intérêts des structures affiliées ;
- de produire et communiquer les rapports annuels (technique, moral et financier) à l'organe administratif de la mutualité sociale et aux membres ;
- de se soumettre au contrôle de l'organe administratif de la mutualité sociale et, le cas échéant, au contrôle d'autres organismes prévus à cet effet ;
- de mentionner dans les documents officiels et dans leurs publicités leur nature mutualiste et la législation qui les régit ;
- d'adhérer au fonds national de garantie.

TITRE IV

ORGANISATION ET FONCTIONNEMENT

CHAPITRE I – DISPOSITIONS GENERALES

Section 1. – Adhésions et catégories de membres

Art. 33. – Toute personne qui souhaite être membre d'une mutuelle sociale doit faite acte d'adhésion dans les conditions définies par les statuts.
Nonobstant le principe de la liberté d'adhésion, il peut être décidé, par voie de mesure spéciale, en fonction de la particularité de la situation professionnelle des adhérents, que l'adhésion à la mutuelle sociale est acquise du seul fait de l'appartenance à une catégorie professionnelle.
L'acte d'admission confère soit le statut de membre participant soit celui de membres honoraires.
Par dérogation aux alinéas précédents, l'adhésion peut s'opérer par la voie d'un contrat collectif entre une personne morale et une mutuelle sociale.
Article 34. – Les membres participants d'une mutuelle sociale sont les personnes physiques ou personnes morales ayant souscrit un contrat collectif qui, en contrepartie du versement d'une cotisation, ont vocation à bénéficier des avantages sociaux et des prestations offertes par la mutuelle sociale et d'en

ouvrir le droit à leurs ayants droit.
Article 35. – Les mutuelles sociales peuvent admettre en qualité de membres honoraires, les personnes physiques ou morales qui font des contributions ou des dons sans bénéficier de leurs prestations ou qui, de façon désintéressée, appuient les activités des mutuelles sociales.

Section 2. – Droits et obligations des membres participants

Article 36. – Les membres participants sont égaux en droits et en obligations. Toutefois, les mutuelles sociales ont la faculté d'instaurer des régimes spécifiques en raison de la nature des risques supportés et des cotisations fournies. Les cotisations peuvent également être modulées en fonction de la capacité contributive des membres participants.
Tout membre participant en règle vis-à-vis de la mutuelle sociale :
- bénéficie des prestations et services de la mutuelle sociale ;
- est électeur et éligible ;
- jouit d'un droit de regard et d'accès à l'information sur le fonctionnement de la mutuelle sociale.

Article 37. – Les membres participants sont tenus :
- de respecter les statuts et le règlement intérieur de la mutuelle sociale ;
- de s'acquitter régulièrement de leur cotisation et des contributions qui viendraient à être instituées ;
- de participer activement à la vie de la mutuelle sociale ;
- de participer aux réunions de l'organe de décision ;
- de se conformer aux décisions de l'organe de décision de la mutuelle sociale ;
- de se soumettre à l'obligation de loyauté envers la mutuelle sociale, notamment en s'abstenant de produire de faux documents pour le bénéfice de prestations.

Section 3. – Droits et obligations des membres honoraires

Article 38. – Les membres honoraires ont le droit :
- de participer aux Assemblées générales, mais sans voix délibérative ;
- d'être informés sur le fonctionnement de la mutuelle sociale.

Article 39. – Les membres honoraires sont tenus de se soumettre :
- à l'obligation de loyauté ;
- aux statuts et au règlement intérieur.

CHAPITRE II – ORGANISATION ET FONCTIONNEMENT DES ORGANES

Article 40. – Sans que la présente énumération soit limitative, la structure institutionnelle des mutuelles sociales, unions de mutuelles sociales et fédérations comprend les organes suivants :
- l'Assemblée générale ;
- le Conseil d'administration ;
- l'Organe de contrôle.

Section 1. – L'Assemblée générale

Article 41. – L'Assemblée générale est composée de l'ensemble des membres participants, en règle vis-à-vis des obligations prescrites par les statuts et le règlement intérieur des mutuelles sociales régies par le présent Règlement.Toutefois, lorsque la mutuelle sociale est organisée en section, l'Assemblée générale peut être composée des seuls représentants élus des sections dans les conditions définies par les statuts et le règlement intérieur.
Article 42. – L'Assemblée générale est l'instance suprême de la mutuelle sociale, de l'union des mutuelles sociales ou de la fédération. Elle prend toutes les décisions relatives à leur vie.
Elle est notamment compétente pour :
- l'adoption et la modification des statuts et du règlement intérieur ;
- l'appréciation de la gestion financière, morale et technique de la mutuelle sociale ;
- l'élection ou la révocation des membres du Conseil d'administration et de l'organe de contrôle ;
- la détermination, sur proposition du Conseil d'administration, des modalités et des montants des indemnités prévues à l'article 46 du présent Règlement ;
- l'adhésion ou le retrait d'une structure faîtière ;
- la fixation du montant des droits d'adhésion et des montants ou des taux de cotisation et des prestations offertes ;
- la définition de la politique générale de la mutuelle sociale et la détermination des prestations offertes ;
- les décisions relatives à la fusion, la scission, la dissolution ou la liquidation de la mutuelle sociale ;
- l'approbation des comptes annuels et du rapport de gestion du Conseil d'administration ;
- l'approbation du budget ;
- l'autorisation d'emprunts pour les investissements ;
- les décisions d'investissements.
L'Assemblée générale peut donner délégation au Conseil d'administration pour adopter le budget.

Article 43. – Les adhérents ont des droits de vote égaux qui s'expriment à travers des mécanismes qui garantissent la libre expression et le secret du vote. Chaque membre d'une mutuelle sociale dispose d'une voix à l'Assemblée générale.
Pour les Assemblées générales constituées de représentants élus des sections, les statuts peuvent prévoir :
- soit que chaque délégué élu par la section dispose d'une seule voix à l'Assemblée générale ;
- soit que le délégué unique élu par la section dispose, dans les votes à l'Assemblée générale d'un nombre de voix égal au nombre de membres de la section ;
Les statuts et le règlement intérieur fixent les conditions de quorum et le les majorités nécessaires aux prises de décisions des Assemblées générale.
Nonobstant les dispositions de l'alinéa précédent, l'Assemblée générale des mutuelles sociales ou des structures faîtières ne délibère valablement, dans les cas ci-après, que si une majorité qualifiée de membres est présente ou représentée conformément aux dispositions statutaires :
- modification des statuts, des activités exercées, des montants ou du taux de cotisation et des prestations offertes ;
- délégation de pouvoir au Conseil d'administration ;
- décision de fusion, de scission, de dissolution ou d'affiliation à une structure faîtière.
Les décisions régulièrement prises par l'Assemblée générale d'une mutuelle sociale, d'une union de mutuelles sociales ou d'une fédération s'imposent à l'organisme et à ses membres sous réserve de leur conformité aux dispositions du présent Règlement.
Article 44. – L'Assemblée générale se réunit en session ordinaire au moins une fois par an, au plus tard six mois après la clôture de l'exercice social.
Des Assemblées générales extraordinaires peuvent être convoquées en cas de besoin selon les procédures définies dans les statuts et le règlement intérieur.

Section 2. – Le Conseil d'administration

Article 45. – Les mutuelles sociales régies par le présent Règlement sont administrées par un Conseil d'administration composé d'administrateurs élus par l'Assemblée générale parmi les membres participants ayant atteint la majorité civile.
Le nombre et les modalités d'élection des membres du Conseil d'administration sont déterminés par les statuts et le règlement intérieur de la mutuelle sociale, de l'union de mutuelles sociales ou de la fédération.
Les personnes privées de leurs droits civiques et civils ne peuvent occuper les fonctions de membre du Conseil d'administration.

Article 46. – Les fonctions de membre du Conseil d'administration sont gratuites. Toutefois, l'Assemblée générale peut décider exceptionnellement d'allouer une indemnité à ceux des administrateurs qui, en raison des attributions permanentes qui leur sont confiées, supportent des sujétions particulièrement importantes.
Cette indemnité ne doit en aucun cas être généralisée, ni être une compensation du salaire normalement perçu par les intéressés, et doit rester compatible avec le principe du bénévolat.
Il est interdit aux administrateurs de faire partie du personnel rétribué par la mutuelle sociale, l'union de mutuelles sociales ou la fédération ou de recevoir, à l'occasion de l'exercice de leurs fonctions, toute rémunération ou avantage autre que ceux prévus par le présent article.
Article 47. – Le Conseil d'administration détermine les orientations de l'organisme et veille à leur application.
Il opère les vérifications et contrôles qu'il juge opportuns et se saisit de toute question intéressant la bonne marche de l'organisme mutualiste. Chaque administrateur reçoit toutes les informations nécessaires à l'accomplissement de sa mission et se fait communiquer les documents qu'il estime utiles.
Le Conseil d'administration a notamment en charge :
- l'administration et la gestion de la mutuelle sociale ;
- l'élaboration du budget ;
- la rédaction des rapports (normal, technique et financier) ;
- la convocation des assemblées générales selon un ordre du jour défini.
À la clôture de chaque exercice, le Conseil d'administration arrête les comptes annuels et établit un rapport de gestion qu'il présente à l'Assemblée générale. Le Conseil d'administration, sur délégation expresse de l'Assemblée générale, peut adopter le budget.
Article 48. – Le Conseil d'administration élit parmi ses membres un Président qui organise et dirige ses travaux. Il veille au bon fonctionnement des organes de la mutuelle sociale, de l'union de mutuelles sociales ou de la fédération. Le Président est élu pour une durée qui ne peut excéder celle de son mandat d'administrateur. Il est rééligible. Le Conseil d'administration peut à tout moment le révoquer.
Article 49. – Le Conseil d'administration a la faculté d'élire en son sein lin bureau exécutif auquel il peut déléguer certains de ses pouvoirs.
Article 50. – Le Conseil d'administration se réunit aussi souvent que nécessaire, sur convocation de son Président.
Article 51. – Il est interdit aux administrateurs de prendre ou conserver un intérêt, direct ou indirect, dans une entreprise ayant traité avec la mutuelle ou la structure faîtière ou dans un contrat passé avec celle-ci.
Article 52. – La responsabilité civile des administrateurs est engagée individuellement ou solidairement, selon les cas, envers la mutuelle sociale, l'union de mutuelles sociales ou la fédération ou envers les tiers, à raison des

infractions à toutes dispositions législatives ou règlementaires, des violations des statuts ou des fautes commises dans leur gestion.
Si plusieurs administrateurs ont participé aux mêmes faits, la juridiction compétente détermine la part contributive de chacun dans la réparation du dommage.
L'action en responsabilité contre les administrateurs, à titre individuel ou collectif se prescrit par trois ans, à compter du fait dommageable ou, s'il a été dissimulé, de sa révélation.

Section 3. – L'Organe de contrôle

Article 53. – L'Organe de contrôle est composé de membres élus par l'Assemblée générale.
Leur nombre et les modalités de leur élection sont déterminés par les statuts et le règlement intérieur de la mutuelle sociale.
Nul ne peut prétendre aux fonctions de membres de l'Organe de contrôle que s'il jouit de ses droits civiques et civils. En outre, les membres de l'Organe de contrôle sont obligatoirement choisis en raison de leur compétence particulière en matière de contrôle de gestion el de vérification des comptes ou de leur expérience professionnelle dans ces domaines.
Il est interdit aux membres de l'organe de contrôle d'être administrateurs, ou de faire partie du personnel rétribué par la mutuelle sociale, l'union de mutuelles sociales ou la fédération, ou de recevoir, à l'occasion de l'exercice de leurs fonctions, toute rémunération ou avantage autre que ceux prévus par les statuts et le règlement intérieur.
Article 51. – L'Organe de contrôle a pour mission :
- de contrôler la gestion technique, administrative et financière de la mutuelle sociale, les règles prudentielles ;
- de vérifier la régularité des opérations comptables et la tenue régulière des livres comptables de la mutuelle sociale ;
- d'élaborer un rapport de contrôle directement transmis à l'Assemblée générale.
À tout moment, l'Organe de contrôle peut :
- procéder aux vérifications et contrôles qu'il juge opportun ;
- se faire communiquer sur place, tous les documents utiles à l'exercice de sa mission, notamment tour contrat, livre, pièce comptable, registre et procès verbal ;
- entendre toute personne pouvant lui apporter des informations utiles dans l'exercice de sa mission.
Il doit contrôler la mutuelle sociale ou la structure faîtière au moins deux fois dans l'année d'exercice. À cet effet, il peut s'adjoindre les services d'un organe de contrôle externe.
Article 55. – Il est interdit aux membres des organes de contrôle ou conserver

un intérêt, direct ou indirect, dans une entreprise ayant traité avec la mutuelle sociale ou la structure faîtière ou dans un contrat passé avec celle-ci.

CHAPITRE III – REGLES APPLICABLES AUX DIRIGEANTS SALARIES

Article 56. – Dans les mutuelles sociales régies par le présent Règlement nommant un ou plusieurs dirigeants salariés, notamment en qualité de directeur ou de gérant, le Conseil d'administration nomme ceux-ci et fixe leur rémunération. Ces dirigeants assistent à chaque réunion du Conseil d'administration, Ils sont révocables à tout moment par le Conseil d'administration. La liste des dirigeants est publiée au registre national d'immatriculation des mutuelles sociales.
Les personnes privées de leurs droits civiques et civils ne peuvent occuper les fonctions de dirigeant salarié.
Les dispositions de l'article 51 du présent Règlement sont applicables aux dirigeants salariés,

CHAPITRE IV. – DISPOSITIONS FINANCIERES ET COMPTABLES

Section 1. – Les différentes ressources et dépenses

Article 57. – Les ressources principales de la mutuelle sociale et des structures faîtières sont :
- les droits d'adhésion ;
- les cotisations ;
- les contributions des membres honoraires.

Toutefois, les ressources peuvent être améliorées :
- par les emprunts ;
- les produits des activités génératrices de revenus ;
- les produits financiers.

Article 58. – Les produits financiers et ceux des activités génératrices de revenus, les emprunts contractés, les dons, legs et subventions doivent être acquis conformément à l'objet social de la mutuelle sociale ou des structures faîtières.
Un Règlement d'exécution du présent Règlement définira les règles prudentielles devant encadrer les conditions de gestion des ressources financières des mutuelles sociales et des structures faîtières.
Article 59. – Les dépenses comprennent :
- les différentes prestations accordées aux membres participants et à leurs ayans droits ;
- les dépenses nécessitées par l'activité de la mutuelle sociale ;
- les versements faits aux unions de mutuelles sociales et aux fédérations ;

- plus généralement, toute autre dépense non contraire à l'objet de la mutuelle sociale.

Section 2. – Les Règles de gestion

Article 60. – Les mutuelles sociales, les unions de mutuelles sociales et les fédérations ont l'obligation de tenir une comptabilité conformément aux règles comptables et au plan comptable qui seront définis par la voie d'un Règlement spécifique.
L'exercice comptable correspond à l'année civile.
Dans les trois mois qui suivent la clôture de l'exercice, le Conseil d'administration prépare les documents à soumettre à la réunion annuelle de l'Assemblée générale à savoir :
- le rapport annuel de gestion ;
- les états financiers ;
- le programme d'activités ;
- le budget prévisionnel pour la réalisation du programme d'activités ;
- tout autre renseignement requis par les statuts.

Article 61. – Les mutuelles sociales, unions de mutuelles sociales et fédérations sont tenues de placer leurs fonds soit dans un compte ouvert dans les établissements bancaires ou tout autre établissement financier agréé, soit auprès des structures faîtières auxquelles elles sont affiliées.

Section 3. – La répartition des excédents

Article 62. – La répartition des excédents a pour finalité d'accroître la marge de solvabilité de la mutuelle sociale en vue d'améliorer les prestations, par la constitution :
- d'un fond de réserve obligatoire ;
- d'un fond d'établissement ;
- de réserves libres.

Les modalités et la clé de répartition des excédents se feront selon des ratios prudentiels spécifiques à chaque groupe de risques couverts par les mutuelles sociales, unions de mutuelles sociales et fédérations.
Les ratios prudentiels spécifiques sont déterminés par la Commission de l'UEMOA, après avis du Comité consultatif de la mutualité sociale.

Section 4. - Le Fonds national de Garantie

Article 63. – Il est institué, au sein de chaque État membre, un Fonds national de Garantie destiné à préserver les droits des membres participants des mutuelles sociales, unions de mutuelles sociales, des fédérations et de leurs ayants droit.

Les mutuelles sociales, unions de mutuelles sociales et fédérations régies par le présent Règlement sont tenues d'adhérer au fonds national de garantie conformément aux dispositions des articles 28 et 32 du présent Règlement.

CHAPITRE II – SCISSION

L'organisation, les modalités d'alimentation et d'intervention du fonds seront fixées par un Règlement d'exécution du présent Règlement.

TITRE V – FUSION ET SCISSION

CHAPITRE I – FUSION

Section 1. – Les modalités de fusion

Article 64. – La fusion de mutuelles sociales, d'unions de mutuelles sociales ou de fédérations peut intervenir de deux manières :
- soit par la création d'une nouvelle entité mutualiste par des mutuelles sociales ou structures faîtières qui disparaissent ;
- soit par l'absorption d'une mutuelle sociale ou de la structure faîtière par une autre, que l'entité absorbée soit saine ou en liquidation.

Section 2. – Les conditions de fusion

Article 65. – Les mutuelles sociales, les unions de mutuelles sociales ou les fédérations engagées dans un processus de fusion doivent élaborer un projet de fusion qui est soumis aux Assemblées générales des mutuelles sociales impliquées dans l'opération.
Le projet de fusion doit être approuvé par décision des Assemblées générales de chacune des mutuelles sociales, des unions de mutuelles sociales ou des fédérations appelées à disparaître et de la mutuelle sociale nouvelle, de l'union de mutuelles sociales nouvelle ou de la fédération nouvelle ou absorbante dans les conditions prévues par les statuts de la mutuelle sociale, de l'union de mutuelles sociales ou de la fédération.
La fusion ne devient définitive qu'après agrément de la nouvelle mutuelle sociale ou de la nouvelle union de mutuelles sociales ou de la nouvelle fédération dans les conditions définies aux articles 22 à 24 du présent Règlement. Elle prend effet à la date d'enregistrement de l'agrément au registre national d'immatriculation des mutuelles sociales conformément aux dispositions de l'article 23 du présent Règlement.

Section 3. – Les finalités de la fusion

Article 66. – La fusion vise à améliorer les prestations servies aux membres participants ou à assurer une meilleure gestion de la mutuelle sociale ou de la structure faîtière.

Section 4. – Les conséquences de la fusion

Article 67. – La réalisation de la fusion entraîne la transmission du patrimoine à la nouvelle mutuelle sociale ou à la mutuelle sociale absorbante. Cette règle s'applique également aux structures faîtières.

CHAPITRE II : LA SCISSION

Section 1. – Les modalités de scission

Article 68. – La scission peut intervenir de deux manières :
- soit par l'éclatement de la mutuelle sociale, de l'union de mutuelles sociales ou de la fédération en plusieurs entités avec disparition de la mutuelle, de l'union de mutuelles sociales ou de la fédération d'origine ;
- soit par le maintien de la mutuelle sociale, de l'union de mutuelles sociales ou de la fédération d'origine, avec création par séparation d'une ou de plusieurs nouvelles mutuelles sociales.

Section 2. – Les conditions de scission

Article 69. – Une mutuelle sociale ou une structure faîtière engagée dans un processus de scission doit élaborer un projet de scission qui est soumis à l'Assemblée générale de la mutuelle sociale ou de la structure faîtière.
Le projet de scission doit être approuvé par décision de l'Assemblée générale dans les conditions prévues par les statuts et le règlement intérieur de la mutuelle sociale.
La scission ne devient définitive qu'après agrément des nouvelles mutuelles sociales dans les conditions définies aux articles 22 et 24 du présent Règlement. Elle prend effet à compter de son inscription au registre national d'immatriculation des mutuelles sociales tel que prévu par les articles 22 et 25 du présent Règlement.

Section 3. – Les finalités de la scission
Art. 70. – Le scission vise à améliorer les prestations servies aux membres participants ou à assurer une meilleure gestion de la mutuelle sociale, de l'union de mutuelles sociales ou de la fédération.

Section 4. – Les conséquences de la scission

Article 71. – La réalisation de la scission entraîne la transmission ou le partage du patrimoine aux nouvelles mutuelles sociales ou aux nouvelles structures faîtières sur la base du projet de scission approuvé par l'Assemblée générale.

TITRE VI

DISSOLUTION, LIQUIDATION ET PROCEDURES COLLECTIVES D'APUREMENT DU PASSIF

CHAPITRE I – LA DISSOLUTION

Section 1. – Les modalités de dissolution

Article 72. – La dissolution de la mutuelle sociale, de l'union de mutuelles sociales ou de la fédération peut intervenir par décision volontaire ou judiciaire.

Section 2. – Les conditions de dissolution

Article 73. – La dissolution volontaire, prononcée en Assemblée générale, doit être obtenue dans les conditions fixées par les statuts et le règlement intérieur de la mutuelle sociale.

Article 74. – La dissolution judiciaire peut être prononcée par la juridiction compétente, après avis conforme du Ministre en charge de la Mutualité sociale, en cas de manquement aux obligations légales et/ou statutaires de nature à mettre en péril la vie de la mutuelle sociale, de l'union de mutuelles sociales ou de la fédération. Elle peut intervenir à l'initiative du Ministre en charge de la Mutualité sociale ou de toute personne intéressée.

Préalablement à la saisine de la juridiction compétente par le Ministre en charge de la Mutualité sociale, celui-ci procède au retrait de l'agrément conformément aux dispositions de l'article 85 du présent Règlement.

Lorsque la dissolution intervient à l'initiative du Ministre en charge de la Mutualité sociale, elle entraîne en plein droit la perte de l'agrément.

Section 3. – Les conséquences de la dissolution

Article. 75. – La dissolution entraîne la liquidation de la mutuelle sociale ou de la structure faîtière et partant, le retrait d'office de l'agrément de la

radiation de la mutuelle sociale ou de la structure faîtière du registre national d'immatriculation des mutuelles sociales avec insertion au *Journal officiel*.
L'excédent de l'actif net sur le passif est dévolu, par décision de l'Assemblée générale, à d'autres mutuelles sociales, unions de mutuelles sociales ou fédérations.

CHAPITRE II – LA LIQUIDATION

Article 76. – La mutuelle sociale est en liquidation dès l'instant de sa dissolution pour quelque cause que ce soit. L'opération de liquidation implique :
- la désignation d'un liquidateur par l'Assemblée générale en cas de dissolution volontaire ou par la juridiction compétente en cas de liquidation judiciaire ;
- l'affectation, le cas échéant, du boni de liquidation à une autre mutuelle sociale ou organisation faîtière de mutuelles sociales ;
- la survivance de la personne morale, exclusivement pour les besoins de la liquidation, jusqu'à sa clôture.

Article 77. – La mutuelle sociale ou la structure faîtière ainsi liquidée est considérée comme définitivement éteinte.

CHAPITRE III – LES PROCEDURES COLLECTIVES D'APUREMENT DU PASSIF

Article78. – L'acte uniforme de l'OHADA pariant organisation des procédures collectives d'apurement du passif est applicable aux mutuelles sociales, unions de mutuelles sociales et fédérations en cas de cessation de paiement.
Par dérogation aux dispositions de l'acte uniforme de l'OHADA portant organisation des procédures collectives d'apurement du passif, une procédure de redressement judiciaire ou de liquidation des biens ne peut être ouverte à l'égard des mutuelles sociales et des structures faîtières régies par le présent Règlement qu'à la requête du Ministre en charge de la Mutualité sociale. Toutefois, la juridiction compétente peut également se saisir d'office ou, après avis conforme du Ministre en charge de la Mutualité sociale, être saisie d'une demande d'ouverture de cette procédure par le Procureur de la République.
Le Président de la juridiction compétente ne peut être saisi d'une demande de règlement préventif instituée par l'acte uniforme de l'OHADA portant organisation des procédures collectives d'apurement du passif à l'égard d'une mutuelle sociale ou d'une union de mutuelles sociales régie par le présent Règlement, qu'après avis conforme du Ministre en charge de la Mutualité sociale.

Le juge-commissaire, désigné par la juridiction compétente, et chargé de contrôler les opérations de redressement ou de liquidation, est assisté, dans l'exercice de sa mission, par un ou plusieurs commissaires désignés par le Ministre en charge de la Mutualité sociale.
Le juge-commissaire peut à tout moment faire effectuer des vérifications sur pièces et sur place par les commissaires.

TITRE VII

RELATIONS AVEC L'ETAT

CHAPITRE 1. – CONTROLE DE L'ETAT

Section 1. – L'Organe de contrôle

Article 79. – L'organe administratif de la mutualité sociale visé à l'article 23 du présent Règlement est chargé du suivi et contrôle des mutuelles sociales agréées.

Section 2. – Les modalités du contrôle

Article 80. – L'organe administratif de la mutualité sociale procède à un contrôle externe sur pièce et sur place, portant sur les éléments suivants :
- la constitution des mutuelles sociales ou des structures faîtières ;
- le fonctionnement des mutuelles sociales ou des structures faîtières ;
- la situation financière des mutuelles sociales ou des structures faîtières.

Section 3. – Les mesures de sauvegarde

Article 81. – En cas de défaillance caractérisée dans la gestion de la mutuelle sociale ou de la structure faîtière, ou d'irrégularités graves constatées à la suite d'une inspection ou d'opérations de contrôles, l'organe administratif de la mutualité sociale peut prendre toutes mesures conservatoires nécessaires à la sauvegarde des intérêts des membres ou des tiers concernés.
L'organe administratif de la mutualité sociale peut solliciter le concours du Fonds national de garantie en faveur des mutuelles sociales ou des structures faîtières qui ne sont plus en mesure de faire face à leurs engagements.
L'organe administratif de la mutualité sociale peut préconiser l'adossement à une autre mutuelle sociale ou à un regroupement de mutuelles sociales.

Article 82. – Les modalités ainsi que les procédures de contrôles et sauvegarde des intérêts des membres ou des tiers sont déterminées par un Règlement d'exécution du présent Réglement.

CHAPITRE II – LES SANCTIONS ADMINISTRATIVES

Section 1. – Les sanctions administratives autres que le retrait d'agrément

Article 83. – Sont passibles de sanctions administratives autres que le retrait d'agrément, tous manquements aux dispositions du présent Règlement, aux règles statutaires et aux règles prudentielles applicables aux mutuelles sociales et à leurs structures faîtières, notamment :
- la non production des états financiers et documents comptables ;
- la non tenue des instances statutaires ;
- le non respect des règles comptables prudentielles durant un exercice ;
- la communication volontaire de fausses informations ;
- le défaut d'adhésion ou l'absence de versement au fonds national de garantie de la cotisation appelée.

Ces manquements peuvent faire l'objet de sanctions administratives suivantes :
- l'avertissement de la mutuelle sociale ;
- l'injonction de régularisation ;
- la suspension provisoire de l'agrément.

Ces sanctions sont prononcées, par le Ministre en charge de la Mutualité sociale, sans préjudice des sanctions pénales déterminées par la législation nationale en vigueur, ou des sanctions disciplinaires prononcées par les instances de la mutuelle sociale, en application des dispositions statutaires.

Section 2. – Le retrait de l'agrément

Article 84. – Le retrait d'agrément peut intervenir dans les cas ci-après :
- la pratique d'activité contraire à l'objet de la mutuelle sociale ou de la structure faîtière ;
- le non-démarrage des activités dans l'année qui suit l'octroi de l'agrément ;
- la cessation d'activité pendant un an ;
- la fusion ou scission intervenue en violation des dispositions du présent Règlement ;
- le non-respect des règles prudentielles sur deux exercices ;
- la non-production pendant deux années consécutives des états financiers ;
- la faillite constatée.

Le retrait de l'agrément emporte de' plein droit, à compter de sa publication au *Journal officiel* la dissolution de la personne morale.

Le défaut d'immatriculation dans le délai imparti par l'article 91 du présent Règlement entraîne la perte de l'agrément de plein droit.

Article 85. – Les procédures de prise de décision de sanction administrative ou de retrait d'agrément sont définies dans un Règlement d'exécution du présent Règlement.

CHAPITRE III – DISPOSITIONS FINALES

Section 1. – Les différentes infractions

Article 86. – Sont constitutifs d'infractions pénales :
- l'usage abusif de la dénomination de mutuelle sociale ou de mutualité sociale ;
- la publication et la communication de faux documents et/ou d'état financiers inexacts ;
- l'abus de biens de la mutuelle sociale ou de la structure faîtière ;
- le refus de se soumettre à un contrôle de l'organe compétent ;
- la banqueroute ;
- le défaut d'établissement des documents comptables.

Section 2. – Les sanctions pénales

Article 87. – Les infractions ci-dessus énumérées sont passibles et sanctions pénales conformément aux lois pénales de chaque État membre.

Titre VIII. – Dispositions diverses, transitoires et finales

CHAPITRE 1. – L'INCITATION A L'ACTION MUTUALISTE

Section 1. – Mesures incitatives nationales

Article 88. – Les États membres mettent en œuvre au profit des mutuelles sociales et de leurs structures faîtières des mesures incitatives, et ce, en raison de leur intervention dans le domaine de la prévoyance sociale.
Ces mesures proviennent des États ou des collectivités locales sous la forme de subventions et d'avantages fiscaux et/ou d'appui technique et financier aux mutuelles sociales et aux structures faîtières.
Ces mesures doivent être compatibles avec la législation fiscale communautaire.

Section 2. – Mesures incitatives communautaires

Article 89. – L'UEMOA met en œuvre des mesures incitatives au profit du développement de la mutualité sociale, notamment par l'octroi de subventions et/ou par des appuis techniques el financiers aux structures faîtières représentatives.

Article 90. – Il est créé au sein de l'Union, un Comité consultatif de la mutualité sociale, organisme consultatif chargé d'assister la Commission dans la mise en œuvre du présent Règlement. Les attributions, la composition et les modalités de fonctionnement dudit Comité seront fixées par voie de décision de la Commission.

CHAPITRE II – DISPOSITIONS TRANSITOIRES

Article 91. – Les mutuelles sociales et structures faîtières constituées selon les législations nationales des États membres, antérieurement à l'entrée en vigueur du présent Règlement, sont soumises aux dispositions dudit Règlement.

Elles sont considérées comme agréées.

Elles sont tenues, sous peine de dissolution de plein droit, de procéder à leur immatriculation au registre national des mutuelles sociales dans un délai de trois ans à compter de l'entrée en vigueur du présent Règlement.

Elles devront, dans le même délai, mettre leurs statuts et règlement intérieur en harmonie avec les dispositions du présent Règlement.

CHAPITRE III – DISPOSITIONS FINALES

Article 92. – Le présent Règlement abroge toutes dispositions antérieures contraires.

Article 93. – Conformément aux dispositions de l'article 24, alinéa 1er, du Traité de l'UEMOA, la Commission est habilitée à édicter les Règlements d'exécution du présent Règlement.

Article 94. – Le présent Règlement est applicable à compter du 1er juillet 2011, à l'exception des dispositions des articles 23, 63 et 90 qui sont applicables dès sa publication au *Bulletin officiel* de l'Union.

Fait à Dakar, le 26 juin 2009

Pour le Conseil des Ministres :
Le Président,
Charles Koffi DIBY

DIRECTIVE n° 07/2006/CM/UEMOA RELATIVE À LA PHARMACIE VÉTERINAIRE[19]

LE CONSEIL DES MINISTRES DE L'UNION ÉCONOMIQUE ET MONÉTAIRE OUEST AFRICAINE (UEMOA)

Vu le Traité de l'Union Economique et Monétaire Ouest Africaine, notamment ses articles 4, 6, 16, 20 à 25, 42 à 45, 55, 101 et 102 ;
Vu le Protocole additionnel n° II relatif aux politiques sectorielles de l'Union, notamment, en ses articles 13 à 16 ;
Vu l'Acte additionnel n° 04/96 du 10 mai 1996, instituant un régime tarifaire préférentiel transitoire des échanges au sein de l'UEMOA et son mode de financement notamment, en ses articles 2, 7 et 9 ;
Vu l'Acte additionnel n° 03/2001 du 19 décembre 2001 portant adoption de la Politique Agricole de l'UEMOA, notamment son article 10 ;
Vu le Règlement n° 02 /2006/CM/UEMOA en date du 23 mars 2006 établissant des procédures communautaires pour l'autorisation de mise sur le marché et la surveillance des médicaments vétérinaires et instituant un Comité Régional du Médicament Vétérinaire ;
Considérant la nécessité de réglementer l'importation, la fabrication, la préparation, la distribution en gros, la détention des médicaments vétérinaires pour une meilleure prise en charge des risques pour la santé publique humaine et animale et pour l'environnement ;
Considérant l'intérêt au plan communautaire d'une réglementation proportionnée et harmonisée ;

Sur proposition de la Commission de l'UEMOA ;
Après avis du Comité des Experts Statutaire en date du 17 mars 2006 ;

ADOPTE LA DIRECTIVE DONT LA TENEUR SUIT :

TITRE I

DÉFINITIONS ET CHAMP D'APPLICATION

Article 1 : Les définitions figurant à l'article premier du Règlement n° 02/2006/CM/UEMOA en date du 23 mars 2006 établissant des procédures

[19] Disponible sur : Directive 07 relative pharmacie vétérinaire.doc (uemoa.int).

communautaires pour l'autorisation de mise sur le marché (AMM) et la surveillance des médicaments vétérinaires et instituant un Comité Régional du Médicament Vétérinaire sont applicables à la présente directive.
Pour l'application du présent texte, l'autorité vétérinaire est celle définie par le code des animaux terrestres de l'Organisation Internationale des Epizooties (Organisation mondiale de la santé animale).
Article 2 : Les dispositions de la présente directive décrivent les dispositions que les États membres doivent mettre en œuvre en matière de contrôle à l'importation, à la circulation à l'intérieur de l'Union, de mise sur le marché, de contrôle des conditions d'ouverture et de fonctionnement des établissements de fabrication, de détention à des fins commerciales, d'importation et de distribution en gros des médicaments vétérinaires. Les dispositions de la présente directive s'appliquent aux médicaments vétérinaires destinés à être expérimentés ou mis sur le marché, présentés notamment sous la forme de spécialités pharmaceutiques, de médicaments vétérinaires préfabriqués, de prémélanges médicamenteux.
Des dispositions particulières sont prévues pour les aliments médicamenteux.

TITRE II

AUTORISATION DE MISE SUR LE MARCHÉ, IMPORTATIONS ET CIRCULATION INTRACOMMUNAUTAIRE

Article 3 : Les États membres prennent toutes les dispositions juridiques et administratives nécessaires pour que, exception faite des aliments médicamenteux, aucun médicament vétérinaire ne puisse être mis sur le marché du territoire de l'Union, délivré au public ou administré à l'animal s'il n'a reçu au préalable une autorisation de mise sur le marché délivrée par la Commission de l'UEMOA dans les conditions mentionnées au Règlement n° 02/2006/CM/UEMOA du 23 mars 2006 établissant des procédures communautaires pour l'autorisation de mise sur le marché et la surveillance des médicaments vétérinaires et instituant un Comité Régional du Médicament Vétérinaire.
Par dérogation au paragraphe 1 :
- un médicament vétérinaire peut faire l'objet d'une expérimentation préclinique ou clinique après autorisation de la Commission de l'UEMOA dans les conditions mentionnées au Règlement n° 02/2006/CM/UEMOA susvisé,
- un médicament vétérinaire peut être utilisé dans un État membre après avoir bénéficié d'une autorisation exceptionnelle d'utilisation dans les conditions mentionnées aux articles 22 et 23 du Règlement susvisé.

Article 4 : L'importation en provenance de pays tiers de tout médicament vétérinaire est soumise à une autorisation préalable de l'autorité vétérinaire de l'État membre où a lieu l'importation. Les modalités d'application sont fixées par chaque État membre.

L'autorisation d'importation est sollicitée :

- dans le cas d'un médicament bénéficiant d'une Autorisation de Mise sur le Marché, par le responsable d'un établissement bénéficiant de l'autorisation administrative mentionnée à l'article 6 en tant que dépositaire agissant pour le compte du titulaire de l'AMM ou par le responsable d'un établissement autorisé en tant que distributeur en gros ;
- dans le cas d'une importation à des fins expérimentales par le responsable d'un établissement bénéficiant de l'autorisation administrative, telle que prévue à l'article 7 de la présente Directive, et agissant pour le compte du promoteur de l'expérimentation ou par les investigateurs ou expérimentateurs eux-mêmes sur justification de leur qualité ;

La demande d'autorisation d'importation de médicaments vétérinaires autorisés doit au minimum comporter les éléments suivants :

- le nom du médicament et le titulaire de l'AMM,
- le nombre et les références des lots de médicaments concernés,
- l'origine des médicaments et le destinataire,
- les quantités demandées,
- la copie de l'autorisation de mise sur le marché.

La demande d'autorisation d'importation de lots de médicaments à des fins expérimentales précise le nom du promoteur de l'essai, la quantité à importer, la destination du produit et la référence à l'expérimentation ou à l'autorisation d'expérimentation.

Dans tous les cas, l'autorisation d'importation n'est valable que pour une opération.

Les autorisations exceptionnelles d'utilisation prévues aux articles 22 et 23 du Règlement n° 02/2006/CM/UEMOA établissant des procédures communautaires pour l'autorisation de mise sur le marché et la surveillance des médicaments vétérinaires et instituant un Comité régional du médicament vétérinaire valent autorisation d'importation. Les médicaments importés, à ce titre, ne peuvent circuler au sein de l'Union qu'à titre de transit jusqu'à l'État ayant octroyé l'autorisation.

Article 5 : Tout médicament autorisé par la procédure centralisée et importé est libre de circuler dans l'espace de l'Union à condition qu'il soit accompagné de l'autorisation de mise sur le marché et de l'autorisation d'importation délivrée par l'État membre d'entrée dans l'Union.

Tout médicament autorisé par la procédure centralisée fabriqué dans un des États membres de l'Union est libre de circuler dans l'espace de l'Union à condition qu'il soit accompagné de l'autorisation de mise sur le marché et du certificat d'origine défini par l'Acte additionnel n° 04/96 du 10 mai 1996, instituant un régime tarifaire préférentiel transitoire des échanges au sein de l'UEMOA et son mode de financement.

TITRE III

PREPARATION INDUSTRIELLE, IMPORTATION, DISTRIBUTION EN GROS ET EXPORTATION

Article 6 : Les États membres prennent les dispositions juridiques et administratives pour que la fabrication, l'importation, la distribution en gros et l'exportation de médicaments vétérinaires y compris les aliments médicamenteux, la fabrication, l'importation et la distribution de médicaments soumis à des essais cliniques, ainsi que l'exploitation de médicaments vétérinaires, ne soient effectuées que par des entreprises ou organismes disposant d'un ou plusieurs établissements pharmaceutiques vétérinaires autorisés et fonctionnant dans les conditions régies par le présent titre.

Article 7 : 1. L'ouverture, la modification ou le changement de propriété d'un établissement pharmaceutique vétérinaire est soumis à autorisation préalable délivrée par l'autorité vétérinaire sans préjudice des autres conditions nécessaires à l'exercice de l'activité industrielle ou commerciale correspondante.

2. L'autorisation d'ouverture d'un établissement pharmaceutique vétérinaire est délivrée à l'entreprise ou à l'organisme dont il dépend par l'autorité vétérinaire, après enquête de l'inspection compétente et après avis du conseil de l'ordre dont dépend le responsable pharmaceutique.

Lorsqu'une entreprise ou un organisme comporte plusieurs établissements pharmaceutiques vétérinaires, chacun d'entre eux doit faire l'objet d'une autorisation distincte.

Pour les établissements où est effectuée la fabrication ou l'importation de médicaments vétérinaires, l'autorisation précise les formes pharmaceutiques concernées ou, le cas échéant, la nature des médicaments concernés à savoir chimique, immunologique, à base de plantes médicinales.

L'autorisation d'ouverture précise l'activité au titre de laquelle elle est accordée. Pour un même établissement, l'autorisation peut mentionner plusieurs activités.

La durée de la procédure d'autorisation ne doit pas excéder un délai de quatre-vingt- dix (90) jours à compter de la date de réception d'une demande complète.

L'autorité vétérinaire peut requérir du demandeur toutes informations complémentaires nécessaires à l'instruction de la demande. Le délai prévu ci-

dessus est dans ce cas suspendu jusqu'à fourniture des informations.
Toute décision positive ou négative doit être notifiée.
Si, dans le délai de deux (2) ans qui suit la notification de l'autorisation d'ouverture, l'établissement ne fonctionne pas, cette autorisation perd sa validité. Toutefois, sur justification produite avant l'expiration dudit délai, celle-ci peut être prorogée par l'autorité vétérinaire.
3. L'autorisation préalable est nécessaire pour toute modification concernant les locaux et l'équipement technique de l'établissement tels que décrits dans le dossier pris en compte pour l'octroi de l'autorisation initiale.
Pour les établissements se livrant à la fabrication ou à l'importation, cette autorisation préalable est également nécessaire pour toute extension d'activité à de nouvelles formes pharmaceutiques ou, le cas échéant, à des médicaments vétérinaires d'une autre nature que ceux figurant dans l'autorisation initiale.
La durée de la procédure est de quatre-vingt dix (90) jours à compter de la date de réception de la demande complète.
L'autorité compétente peut requérir du demandeur toutes informations complémentaires nécessaires à l'instruction de la demande. Le délai prévu ci-dessus est en ce cas suspendu jusqu'à fourniture des informations.
4. En cas de changement de propriété d'un établissement pharmaceutique vétérinaire, une demande de transfert de l'autorisation d'ouverture à la nouvelle entreprise ou au nouvel organisme est adressée à l'autorité vétérinaire.
5. L'autorisation administrative peut être, après mise en demeure, suspendue ou retirée par l'autorité vétérinaire en cas d'infraction aux dispositions du présent titre.
La suspension, dont la durée ne peut excéder un (1) an, et le retrait de l'autorisation d'ouverture, sont prononcés par l'autorité vétérinaire. Sauf en cas d'urgence, ces décisions ne peuvent intervenir qu'après que l'intéressé ait été invité à présenter ses observations.
Article 8 : 1. Toute entreprise qui comporte au moins un établissement visé à l'article 7 doit être la propriété soit d'un pharmacien, soit d'un docteur vétérinaire, soit d'une société à la gérance ou à la direction générale de laquelle participe un pharmacien ou un docteur vétérinaire selon les dispositions du droit des sociétés en vigueur dans l'État membre. 2. Tout organisme qui comporte au moins un établissement visé à l'article 7 doit disposer au sein de sa direction générale, soit d'un pharmacien, soit d'un docteur vétérinaire.
3. Les pharmaciens ou docteurs vétérinaires mentionnés aux alinéas précédents sont dénommés : « responsables pharmaceutiques ». Ils sont personnellement responsables du respect des dispositions relatives à la pharmacie vétérinaire, ayant trait à leur activité, sans préjudice, le cas échéant, de la responsabilité solidaire de la société.
4. Dans chaque établissement pharmaceutique de l'entreprise ou de

l'organisme, un pharmacien délégué ou un docteur vétérinaire délégué veille au respect des dispositions du présent titre sous l'autorité du responsable pharmaceutique de l'entreprise ou de l'organisme. Lorsque le responsable pharmaceutique exerce ses fonctions dans l'un des établissements pharmaceutiques de l'entreprise ou de l'organisme, la désignation d'un pharmacien délégué ou d'un docteur vétérinaire délégué n'est pas obligatoire dans cet établissement.

5. Les responsables pharmaceutiques et les pharmaciens ou docteurs vétérinaires délégués doivent justifier d'une expérience pratique appropriée :

- dans les entreprises ou organismes et leurs établissements fabriquant ou exploitant, le responsable pharmaceutique et le(s) pharmacien(s) ou docteur(s) vétérinaire(s) délégué(s) doivent justifier d'une expérience pratique d'au moins un (1) an, dans un ou plusieurs établissements autorisés à fabriquer des médicaments vétérinaires dans un État membre de l'Union ou un pays tiers où des dispositions similaires sont en vigueur. Toutefois, tout ou partie de cette expérience peut avoir été acquise soit dans un ou plusieurs établissements autorisés à fabriquer des médicaments à usage humain dans un État membre de l'Union ou un pays tiers où des dispositions similaires sont en vigueur. Le responsable pharmaceutique et le pharmacien délégué ou le docteur vétérinaire délégué doivent justifier que cette expérience pratique comporte des activités d'analyse qualitative des médicaments, d'analyse quantitative des principes actifs ainsi que d'essais et vérifications nécessaires pour assurer la qualité des médicaments ; - dans les entreprises ou organismes et leurs établissements de distribution en gros (distributeur en gros ou dépositaire), le responsable pharmaceutique et le(s) pharmacien(s) délégué(s) ou docteur(s) vétérinaire(s) délégué(s) doivent justifier d'une expérience pratique d'au moins six mois dans un établissement pharmaceutique de médicament à usage humain ou un établissement pharmaceutique vétérinaire.

Article 9 : Les États Membres prennent les dispositions juridiques et administratives pour que la fabrication, l'importation et la distribution en gros de médicaments vétérinaires soient réalisées en conformité avec des bonnes pratiques dont les principes sont définis par arrêté du ministre chargé de l'élevage.

Article 10 : Les États membres s'assurent que les médicaments vétérinaires sont commercialisés par des professionnels de santé animale habilités dans le respect des conditions suivantes :

- le fabricant assure lui-même l'exploitation, c'est à dire il vend en gros, ou cède à titre gratuit les médicaments qu'il a fabriqués ;
- s'il ne le fait pas lui-même, le fabricant ou le titulaire de l'autorisation de mise sur le marché a recours à un exploitant qui peut être le représentant légal.

Les exploitants et les dépositaires de médicaments vétérinaires ne peuvent distribuer les médicaments qu'à d'autres entreprises autorisées à les distribuer en gros ou à des personnes physiques ou morales habilitées à les délivrer.

Les distributeurs de médicaments soumis à des essais ne peuvent distribuer ces médicaments qu'à d'autres distributeurs de médicaments soumis à des essais, aux investigateurs ou à des personnes physiques ou morales habilitées à exercer des activités analogues hors du territoire national.
Les entreprises ou organismes peuvent exporter en dehors du territoire de l'Union les médicaments vétérinaires qu'ils fabriquent ou vendent ou cèdent à titre gratuit ou distribuent.
Les cessions effectuées par ces entreprises ou organismes vers d'autres États Membres de l'Union ne peuvent être destinées qu'à des personnes physiques ou morales autorisées à exercer des activités analogues ou habilitées à délivrer ces médicaments ou, dans le cas des aliments médicamenteux, à les utiliser dans ces États.
Tous ces intervenants doivent stocker les médicaments vétérinaires, objets des opérations de vente en gros ou de distribution de cession à titre gratuit.
Article 11 : Les établissements pharmaceutiques vétérinaires ne sont pas autorisés à délivrer au public les médicaments vétérinaires, sauf en ce qui concerne les aliments médicamenteux fournis aux groupements dans les conditions fixées ci-dessous ou aux éleveurs sur prescription d'un docteur vétérinaire.
Le ministère chargé de l'élevage d'un État membre ou les établissements publics ou parapublics relevant de ce ministère peuvent acquérir directement auprès des établissements pharmaceutiques vétérinaires, en vue de les faire utiliser par des agents habilités à cet effet, les médicaments vétérinaires nécessaires à la réalisation des missions dont ils sont chargés au titre des prophylaxies ou des mesures de police sanitaire.
Article 12 : Les États membres s'assurent que les établissements pharmaceutiques vétérinaires fonctionnent sous la responsabilité effective d'un pharmacien ou d'un docteur vétérinaire en instaurant des règles de fonctionnement.
1. Tout acte concourant aux activités pharmaceutiques vétérinaires doit être effectué sous le contrôle effectif d'un pharmacien ou d'un docteur vétérinaire qui remplit, selon le cas, les conditions d'exercice de la pharmacie ou de la médecine vétérinaire dans l'État membre. Le responsable pharmaceutique d'une entreprise ou d'un organisme ou le pharmacien délégué ou le docteur vétérinaire délégué de son établissement exerce ses fonctions de façon permanente et continue. Ces fonctions sont incompatibles, notamment avec l'exploitation d'une officine de pharmacie, avec l'exercice de la médecine vétérinaire et avec les fonctions des pharmaciens et des docteurs vétérinaires de groupement d'éleveurs.
Le diplôme du responsable pharmaceutique ne peut être enregistré que pour une seule entreprise. Le diplôme du pharmacien ou du docteur vétérinaire ne peut être enregistré que pour un seul établissement.
2. En cas d'absence ou d'empêchement du responsable pharmaceutique ou du

pharmacien délégué ou docteur vétérinaire délégué, il doit être pourvu à leur remplacement qui ne peut excéder une année. Les pharmaciens ou docteurs vétérinaires assurant un remplacement des responsables pharmaceutiques ou délégués doivent se consacrer exclusivement à cette activité pendant la période où ils en ont la charge.

3. Il est désigné en tant que de besoin des adjoints pour assister le responsable pharmaceutique ou le délégué. Pour l'application du présent titre, on entend par pharmaciens ou docteurs vétérinaires adjoints les personnes qui, remplissant les conditions d'exercice de la pharmacie ou de la médecine vétérinaire dans l'État membre, exercent leur activité dans un établissement pharmaceutique, avec le pharmacien ou le docteur vétérinaire responsable ou délégué.

4. En cas de cessation définitive des fonctions du responsable pharmaceutique ou du délégué, il est procédé sans délai à la désignation d'un nouveau responsable ou délégué par les organes compétents de la société, de l'organisme ou les héritiers.

5. Les docteurs vétérinaires ou pharmaciens qui exercent dans les établissements pharmaceutiques vétérinaires en tant que responsables pharmaceutiques, délégués ou adjoints doivent être inscrits au tableau de l'ordre compétent. Ils sont soumis aux règles déontologiques et à la discipline de leur profession.

Article 13 : En vue de l'application des règles édictées dans l'intérêt de la santé publique, les États membres veillent à ce que le responsable pharmaceutique assume les missions suivantes dans la mesure où elles correspondent aux activités de l'entreprise dans laquelle il exerce et définies à l'article 1er du Règlement n° 02/2006/CM/UEMOA établissant des procédures communautaires pour l'autorisation de mise sur le marché et la surveillance des médicaments vétérinaires et instituant un Comité Régional du Médicament Vétérinaire :

1. il organise et surveille l'ensemble des opérations pharmaceutiques de l'entreprise ou de l'organisme, dans le domaine de la fabrication, la publicité, l'information, la pharmacovigilance, le suivi et le retrait des lots, la distribution, l'importation et 'exportation des médicaments vétérinaires ainsi que les opérations de stockage correspondantes ;

2. il veille à ce que les conditions de transport garantissent la bonne conservation, l'intégrité et la sécurité de ces médicaments vétérinaires ;

3. il signe, après avoir pris connaissance du dossier, toute demande d'autorisation administrative liée aux activités qu'il organise et surveille ;

4. il a autorité sur les pharmaciens ou les docteurs vétérinaires délégués et adjoints ; il donne son agrément à leur engagement et est consulté sur leur licenciement ;

5. il signale aux autres dirigeants de l'entreprise ou de l'organisme tout obstacle ou limitation à l'exercice de ces attributions.

Article 14 : Les États membres prennent les dispositions juridiques et administratives pour que :
1. Les établissements pharmaceutiques vétérinaires fonctionnent conformément aux bonnes pratiques qui leur sont applicables et possèdent notamment :
a) des locaux aménagés, agencés et entretenus en fonction des opérations pharmaceutiques qui y sont effectuées,
b) les moyens en personnel et en matériel nécessaires à l'exercice de ces activités.
2. Les établissements prennent toutes les mesures nécessaires pour que le transport et la livraison des médicaments vétérinaires soient effectués dans des conditions garantissant leur bonne conservation, leur intégrité et leur sécurité.
Article 15 : Outre, les obligations générales prévues à l'article 14, les fabricants de médicaments vétérinaires :
1. doivent pouvoir justifier, à tout moment, que tous les produits qu'ils utilisent, fabriquent et livrent sont conformes aux caractéristiques auxquelles ils doivent répondre et qu'il a été procédé aux contrôles nécessaires ;
2. veillent à ce que toutes les opérations de fabrication de médicaments vétérinaires faisant l'objet d'une autorisation de mise sur le marché soient conduites dans le respect des données du dossier de cette autorisation acceptées par la Commission de l'UEMOA. Ils sont tenus de réévaluer et, si nécessaire, de modifier leurs méthodes de fabrication en fonction des progrès scientifiques et techniques. Le cas échéant, le fabricant avise le titulaire de l'autorisation de mise sur le marché et, s'il est distinct, l'exploitant du médicament vétérinaire de ces modifications ;
3. s'assurent que chaque lot de médicaments vétérinaires bénéficiant d'une autorisation de mise sur le marché a fait l'objet du contrôle du produit fini prévu au dossier de cette autorisation avant de procéder à la libération de ce lot ; lorsque des lots de médicaments vétérinaires bénéficiant d'une autorisation de mise sur le marché sont importés d'un autre État membre de l'Union, les comptes rendus du contrôle correspondant à ces lots peuvent être détenus par l'établissement fabricant situé dans cet État membre, titulaire d'une autorisation de fabrication ou d'importation mentionnée à l'article 7. Le titulaire de l'autorisation de mise sur le marché tient l'autorité vétérinaire informée de l'identité du détenteur de ces comptes rendus ;
4. s'assurent que les médicaments vétérinaires dont ils ont soustraité la fabrication ont été fabriqués par des fabricants dûment autorisés au titre de la législation ou de la réglementation de l'État concerné et ont été soumis à des normes de bonnes pratiques au moins équivalentes à celles en vigueur dans l'Union ;
5. doivent avoir au moins un laboratoire de contrôle de la qualité. Ce

laboratoire doit être placé sous l'autorité d'une personne possédant les qualifications requises et hiérarchiquement indépendante des autres responsables notamment de production. Le laboratoire de contrôle possède des moyens suffisants en personnel et en matériel pour effectuer les contrôles et essais nécessaires sur les matières premières et articles de conditionnement ainsi que les contrôles des produits intermédiaires et finis ;
6. doivent disposer d'un système de documentation comportant les spécifications, les formules de fabrication, les procédures et les relevés, comptes rendus et enregistrements, couvrant les différentes opérations qu'ils effectuent. Les documents relatifs à chaque lot sont conservés par l'établissement pharmaceutique vétérinaire qui en assure la fabrication, pendant au moins un an après la date de péremption du lot concerné et pendant au moins cinq ans après sa libération ;
7. doivent enregistrer et immédiatement déclarer à l'autorité vétérinaire lorsqu'ils en ont connaissance, après la commercialisation d'un lot de médicaments vétérinaires, tout incident ou d'un accident survenu lors de la fabrication ou de la distribution de ce lot et susceptible d'entraîner un risque pour la santé publique.
Article 16 : Outre les obligations générales prévues à l'article 14,
1. Tout établissement pharmaceutique vétérinaire de distribution en gros :
1° doit conserver, pour chaque transaction d'entrée et de sortie, au moins les informations suivantes :
a) la date de la transaction, b) la dénomination du médicament vétérinaire, c) le numéro du lot de fabrication et la date de péremption, d) la quantité reçue ou fournie, e) les noms et adresses du fournisseur et du destinataire.
Ces informations peuvent être enregistrées par tout système approprié permettant une édition immédiate à la demande des autorités de contrôle et n'autorisant aucune modification des données après validation de leur enregistrement.
Les informations conservées ou enregistrées sont tenues, pendant cinq ans, à la disposition de l'inspection compétente et de la Commission de l'UEMOA.
2° doit s'assurer que les personnes morales ou physiques destinataires de sa livraison sont habilitées à délivrer au détail des médicaments vétérinaires, conformément à la législation de l'État membre où ils sont installés.
3° déclare à l'autorité vétérinaire le territoire sur lequel il exerce son activité de distribution en gros. Cette déclaration est effectuée à l'occasion de l'ouverture de l'établissement ; elle est modifiée lors de tout changement du territoire de distribution initialement déclaré. Sur le territoire de distribution déclaré, chaque établissement pharmaceutique vétérinaire doit être en mesure de satisfaire à tout moment les besoins de sa clientèle habituelle.
2. Tout établissement pharmaceutique vétérinaire se livrant à la vente en gros, à la cession à titre gratuit ou à la distribution en gros de médicaments vétérinaires doit s'être doté d'un plan d'urgence qui garantit la mise en oeuvre

effective de tout retrait de lots de ces médicaments organisés par l'exploitant. Cette obligation s'impose dans les mêmes conditions aux établissements se livrant à la vente en gros, à la cession à titre gratuit ou à la distribution en gros de médicaments vétérinaires soumis à des essais cliniques ou à la distribution d'aliments médicamenteux, dont le retrait est organisé par le fabricant.

3. Les dépositaires exercent leurs activités dans les conditions prévues par un contrat écrit qui fixe, conformément aux bonnes pratiques applicables à ces activités, les obligations respectives du dépositaire et de l'exploitant pour le compte duquel il agit. Ils ne peuvent distribuer que des lots de médicaments vétérinaires ayant fait l'objet d'une libération par le pharmacien ou le docteur vétérinaire responsable de l'entreprise ou de l'organisme qui en assure la fabrication ou l'importation.

Article 17 : Les États membres prévoient des règles relatives à la publicité concernant les médicaments vétérinaires et les établissements complétant les règles déontologiques de la profession vétérinaire.

TITRE IV

ALIMENTS MÉDICAMENTEUX

Article 18 : Les États membres prévoient des dispositions particulières pour les établissements des entreprises fabriquant, important ou distribuant des aliments médicamenteux compatibles avec les dispositions communautaires relatives à l'alimentation animale.

Article 19 : Dans ces entreprises, les dirigeants doivent faire appel à un pharmacien ou un docteur vétérinaire qui exerce au moins les attributions suivantes :

1° il est responsable de la qualité des aliments médicamenteux fabriqués, importés ou distribués par les établissements concernés,

2° il organise et contrôle les activités de fabrication, d'importation ou de distribution dans le respect des bonnes pratiques applicables à ces activités et assure la liaison avec la personne mentionnée chargée de la pharmacovigilance vétérinaire au sein des entreprises exploitant les prémélanges médicamenteux utilisés, ainsi qu'avec le pharmacien ou docteur vétérinaire responsable de ces entreprises en ce qui concerne leur publicité,

3° il contrôle les registres ou enregistrements prévus ci-dessous,

4° il vérifie le respect des conditions de délivrance prévues par la réglementation nationale,

5° il organise un plan d'urgence pour le retrait des lots d'aliments médicamenteux,

6° il propose toutes mesures d'amélioration qu'il juge utiles pour assurer la mise en œuvre des bonnes pratiques.
Pour l'exercice de ces attributions, le pharmacien ou le docteur vétérinaire procède à des visites régulières dont la périodicité, qui doit être adaptée à la nature et à l'importance des opérations concernant les aliments médicamenteux, est fixée par les bonnes pratiques applicables à cette activité.
Le pharmacien ou le docteur vétérinaire enregistre les dates de ses visites ainsi que ses observations par tout système approprié permettant une édition immédiate à la demande des autorités de contrôle et n'autorisant aucune modification des données après validation de leur enregistrement.
Les dispositions relatives à l'exercice à temps plein et au remplacement figurant à l'article 12 ne sont pas applicables au pharmacien ou au docteur vétérinaire mentionné à l'article 19. Toutefois, en cas d'absence ou d'empêchement, l'entreprise doit pourvoir au remplacement du pharmacien ou du docteur vétérinaire par un pharmacien ou un docteur vétérinaire lié par convention avec l'entreprise à ce titre.
En cas de décès ou de cessation définitive d'activité, en cas d'interdiction d'exercice du pharmacien ou du docteur vétérinaire, l'entreprise procède immédiatement à la désignation d'un nouveau pharmacien ou docteur vétérinaire.
Article 20 : Outre les obligations générales prévues à l'article 19, le fabricant d'aliments médicamenteux veille à ce que :
1° seuls soient utilisés des prémélanges médicamenteux bénéficiant d'une autorisation de mise sur le marché délivré par la Commission de l'UEMOA, conformément aux conditions décrites par cette autorisation ;
2° l'aliment utilisé dans la fabrication d'aliments médicamenteux ne contienne pas le même antibiotique ou le même coccidiostatique en tant qu'additif que celui utilisé comme principe actif dans le prémélange médicamenteux et seuls soient utilisés des aliments ou des combinaisons de ceux-ci satisfaisant aux dispositions nationales ou communautaire concernant les aliments pour animaux ;
3° l'aliment médicamenteux :
a) fasse l'objet de contrôles réguliers permettant de s'assurer de son homogénéité, de sa stabilité et de sa bonne conservation,
b) se conserve pendant la période couverte par la prescription,
4° la composition de l'aliment médicamenteux soit compatible avec la ration alimentaire journalière des animaux traités ; lorsque les aliments médicamenteux sont fabriqués en vue de la réalisation d'un essai clinique, cette fabrication est effectuée selon les indications du promoteur. Le responsable s'assure que les aliments médicamenteux ainsi fabriqués sont utilisés exclusivement dans le cadre de l'essai clinique réalisé.
5° toutes les dispositions nécessaires soient prises afin d'éviter toute contamination par les aliments médicamenteux des autres catégories

d'aliments ainsi que toute contamination des aliments médicamenteux à l'occasion des opérations de fabrication, d'importation, de distribution ou de transport.
6° les prémélanges médicamenteux et les aliments médicamenteux soient stockés dans des locaux fermant à clé ou dans des récipients hermétiques séparés par catégorie et spécialement conçus pour la conservation de ces produits.
7° lorsque les aliments médicamenteux sont cédés à un distributeur ou à un éleveur dans des emballages ou récipients fermés, le mode de fermeture de ces emballages ou récipients ne permette pas une réutilisation après ouverture.
Article 21 :
Toute importation d'aliments médicamenteux est soumise à la production d'une autorisation préalable d'importation délivrée par les autorités nationales compétentes, sous réserve que les prémélanges médicamenteux utilisés aient bénéficié d'une AMM délivrée par la Commission de l'UEMOA telle que définie à l'article 20 ci-dessus.
Article 22 : 1. Outre les obligations générales prévues à l'article 19, les renseignements suivants sont consignés :
1° dans les établissements autorisés à fabriquer et à importer des aliments médicamenteux :
a) la date de la fabrication, de l'importation, de la cession ou de la délivrance suivant le cas ; b) la dénomination, la quantité et le numéro de lot du ou des prémélanges médicamenteux utilisés ;
c) la nature et la quantité des aliments utilisés ;
d) la dénomination commerciale ou, à défaut, la nature ainsi que la quantité d'aliments médicamenteux fabriqués, importés, détenus et cédés ;
e) le numéro de lot de l'aliment médicamenteux et la date de péremption ;
f) selon le cas, le nom et l'adresse du docteur vétérinaire qui a établi la prescription ainsi que le nom et l'adresse de l'éleveur ou du détenteur d'animaux destinataire de l'aliment médicamenteux ou le nom et l'adresse du distributeur d'aliment médicamenteux auquel il a été cédé.
2° dans les établissements autorisés à distribuer des aliments médicamenteux :
a) la date de l'acquisition, de la cession ou de la délivrance ;
b) la dénomination commerciale ou, à défaut, la nature ainsi que la quantité d'aliment médicamenteux acquis et cédé ;
c) le numéro de lot de l'aliment médicamenteux et la date de péremption ;
c) le nom et l'adresse du fabricant ou du distributeur fournisseur des aliments médicamenteux ;
e) le nom et l'adresse du docteur vétérinaire qui a établi la prescription ;
f) le nom et l'adresse de l'éleveur ou du détenteur d'animaux ou du distributeur destinataire des aliments médicamenteux.
3. Les renseignements mentionnés aux 1° et 2° du paragraphe
1. ci-dessus sont, immédiatement après chaque opération, enregistrés par tout

système approprié permettant une édition immédiate à la demande des autorités de contrôle et n'autorisant aucune modification des données après validation de leur enregistrement. Les registres, les enregistrements ainsi que les éditions papier de ces enregistrements par périodes maximales d'un mois sont conservés pendant une durée de cinq ans et sont tenus à la disposition des autorités de contrôle pendant cette durée.
Article 23 : Les États membres s'assurent que :
- la commercialisation des aliments médicamenteux reste dans un circuit de personnes habilitées ou d'établissements autorisés,
- la délivrance au détail est subordonnée à la présentation d'une prescription d'un docteur vétérinaire établie conformément à la réglementation nationale.

TITRE V

PREPARATION EXTEMPORANEE, VENTE ET DISTRIBUTION AU DETAIL

CHAPITRE I : VENTE ET DISTRIBUTION AU DETAIL

Article 24 : Les États membres prennent toutes dispositions utiles pour que l'acquisition, la détention en vue de la délivrance au détail, la cession à titre gratuit ou onéreux aux utilisateurs des médicaments vétérinaires soient réservées à des personnes habilitées et dans les conditions définies par chaque État membre.
Ces personnes habilitées dans le cadre d'un plein exercice peuvent être :
- les docteurs vétérinaires titulaires d'une officine vétérinaire, - les docteurs en pharmacie titulaires d'une officine pharmaceutique, - les professeurs des écoles vétérinaires, pour le traitement des animaux admis en consultation ou hospitalisés.
À titre dérogatoire, pour des catégories limitées de médicaments à définir par chaque État membre, les personnes habilitées peuvent être :
- les docteurs vétérinaires inscrits à l'ordre pour une activité au sein de groupements d'éleveurs ou professionnels agricoles soumis à une procédure d'agrément dans l'État membre en ce qui concerne les médicaments vétérinaires d'usage courant tels que définis ci-dessous et pour le bénéfice exclusif de leurs adhérents,
- les agents des services vétérinaires de l'État en ce qui concerne les médicaments nécessaires à la mise en œuvre des prophylaxies obligatoires dirigées par eux et pour les autres médicaments dans la mesure où aucun docteur vétérinaire praticien ou groupement n'exerce dans la zone.

Article 25 : 1. Les États membres déterminent des règles de prescription et d'étiquetage pour la distribution au détail des médicaments vétérinaires en fonction des catégories suivantes :
1° les médicaments vétérinaires contenant un ou plusieurs principes actifs pouvant présenter soit une toxicité pour l'animal soit un danger pour l'utilisateur de médicament ou le consommateur des produits d'origine animale par l'intermédiaire de résidus nocifs :
a) Matières virulentes et produits d'origine microbienne destinés au diagnostic, à la prévention et au traitement des maladies des animaux,
b) Substances d'origine organique destinées aux mêmes fins à l'exception de celles qui ne renferment que des principes chimiquement connus, c) Substances hormonales, d) Produits susceptibles de demeurer à l'état de résidus toxiques ou dangereux dans les denrées alimentaires d'origine animale,
e) Produits dont les effets sont susceptibles d'être à l'origine d'une contravention la législation sur les fraudes, f) Produits susceptibles d'entraver le contrôle sanitaire des denrées provenant des animaux auxquels ils ont été administrés ;
2° Les médicaments vétérinaires ne présentant pas de toxicité pour l'animal, de danger pour l'utilisateur du médicament ou le consommateur des produits d'origine animale par l'intermédiaire de résidus nocifs.
2. Les États membres prévoient que :
- la délivrance au détail à titre gratuit ou onéreux des médicaments vétérinaires visés au point 1° du paragraphe 1, ci-dessus soit subordonnée à la rédaction par un docteur vétérinaire d'une prescription qui sera remise à l'utilisateur ;
- les substances visées au point 1° dudit paragraphe ne puissent être délivrées en l'état aux éleveurs ou groupements d'éleveurs agréés, ou détenues ou possédées par ces éleveurs ou groupements, sauf si elles sont autorisées et destinées à être employées pour des usages agricoles ou phytosanitaires.
Article 26 : Les États membres prennent les dispositions juridiques pour que : Toute personne habilitée à délivrer au détail tienne une documentation détaillée comportant pour chaque entrée ou sortie de médicament soumis à prescription :
a) la date de l'opération,
b) l'identification du médicament (nom, forme pharmaceutique, dosage, espèce de destination),
c) le numéro de lot de fabrication,
d) la quantité reçue ou délivrée,
e) le nom et l'adresse du fournisseur ou du destinataire,
f) le nom et l'adresse du prescripteur.
Ces enregistrements sont tenus à la disposition des autorités compétentes et de leurs corps de contrôle.
Article 27 : Les États membres prennent toutes dispositions juridiques pour

permettre la prescription de médicaments appropriés dans le cadre de l'article 20 du Règlement n°02/ 2006/CM/UEMOA établissant des procédures communautaires d'autorisation de mise sur le marché et de surveillance des médicaments vétérinaires et instituant un Comité régional du médicament vétérinaire.
Article 28 : Les États membres encouragent les propriétaires d'animaux producteurs de denrées destinées à la consommation humaine à enregistrer l'acquisition et l'administration de médicaments vétérinaires soumis à prescription.

CHAPITRE II : PREPARATION EXTEMPORANEE

Article 29 : Les États membres prennent toutes dispositions utiles pour que la préparation extemporanée des médicaments vétérinaires soit réservée :
- aux docteurs vétérinaires titulaires d'une officine vétérinaire, - aux pharmaciens titulaires d'une officine sur prescription d'un docteur vétérinaire,
- aux agents des services vétérinaires officiels dans les conditions prévues à l'article 22.

Article 30 : Les États membres prennent toutes dispositions pour s'assurer que la préparation extemporanée des aliments médicamenteux ne soit effectuée qu'à partir d'un prémélange médicamenteux ayant obtenu une autorisation de mise sur le marché. La préparation extemporanée des aliments médicamenteux est réalisée par une personne désignée à l'article 29 au moyen d'installations dont dispose l'utilisateur.

TITRE VI

CONTRÔLE ET INSPECTION

Article 31 : 1. L'autorité vétérinaire s'assure par des inspections répétées, le cas échéant inopinées, que les prescriptions juridiques administratives et techniques nationales et communautaires concernant les médicaments vétérinaires et les établissements pharmaceutiques vétérinaires sont respectées.
Les inspections sont effectuées par des agents relevant des autorités vétérinaires, qui doivent présenter des garanties d'intégrité et d'indépendance, qui disposent d'une compétence suffisante et qui sont habilités à :
a) procéder à des inspections dans les établissements ou structures de fabrication ;
b) importer, distribuer en gros et au détail des médicaments vétérinaires ;

c) prélever des échantillons ;
d) avoir accès à tous les documents concernant leur domaine de compétence.
2. Ces agents établissent un rapport à l'issue de chaque inspection qui se prononce sur le respect par ces établissements ou structures des dispositions adoptées en fonction de cette directive. Les responsables sont destinataires de ces rapports.
3. L'autorité vétérinaire peut suspendre ou retirer l'autorisation administrative de fabrication ou de distribution en gros lorsque les exigences de fonctionnement ne sont plus remplies. Cette décision doit être motivée et ne peut intervenir qu'après que les responsables aient eu la possibilité de présenter leurs observations.
4. L'autorité vétérinaire peut interdire l'importation d'un lot de médicaments vétérinaires en provenance de pays tiers en cas de suspicion d'un problème de qualité ou en cas de problème de pharmacovigilance. Cette décision doit faire l'objet d'une information préalable de la Commission de l'UEMOA. En cas d'urgence, l'interdiction peut être décidée sans information préalable.
5. L'autorité vétérinaire fait procéder à des prélèvements d'échantillons et en confie l'analyse à un laboratoire du réseau des laboratoires de contrôle qualité des médicaments vétérinaires institué par le Règlement n° 04/2006/CM/UEMOA en date du 23 mars 2006 instituant un réseau de laboratoires chargés du contrôle de la qualité des médicaments vétérinaires dans la zone UEMOA ou d'autres laboratoires agrées en cas de nécessité.
6. Dans le cadre de la destruction de médicaments vétérinaires par les autorités compétentes et compte tenu du caractère potentiellement dangereux pour la santé comme pour l'environnement, les États membres doivent prendre des dispositions adaptées permettant de limiter les nuisances éventuelles.

Article 32

Les autorités vétérinaires reconnaissent les inspections effectuées par les autres États membres et se communiquent mutuellement les informations utiles sur les établissements.

Sur demande motivée, l'autorité vétérinaire peut demander la communication d'un rapport d'inspection ou les résultats d'un contrôle réalisé par le laboratoire d'un autre État membre.

TITRE VII

PHARMACOVIGILANCE

Article 33 : Les États membres encouragent les docteurs vétérinaires et autres professionnels de santé à déclarer à l'autorité vétérinaire tout effet indésirable survenant sur l'homme ou l'animal susceptible d'être imputé à un médicament vétérinaire.

Les informations sont transmises sans délai à la Commission de l'UEMOA en cas d'effet indésirable sur l'homme ou l'animal.

TITRE VIII

DISPOSITIONS TRANSITOIRES ET FINALES

Article 34 : L'Autorité vétérinaire de chaque État membre élabore et transmet annuellement à la Commission de l'UEMOA un rapport de synthèse relatif à la mise en œuvre de la présente Directive. La Commission de l'UEMOA précisera en temps utile la nature des informations qu'il est nécessaire de lui adresser.

Article 35 : La circulation des médicaments déjà autorisés au plan national à la parution de la présente directive n'est permise qu'au sein de l'État jusqu'à ce que la Commission de l'UEMOA ait statué définitivement sur les dossiers d'autorisation de mise sur le marché conformément à l'article 49 du Règlement n° 02/2006/CM/UEMOA en date du 23 mars 2006 établissant des procédures communautaires pour l'autorisation de mise sur le marché et la surveillance des médicaments vétérinaires et instituant un Comité Régional du Médicament Vétérinaire.

Article 36 : Les États membres prennent les dispositions législatives, réglementaires et administratives nécessaires à la mise en œuvre de la présente Directive, au plus tard le 31 décembre 2007. Notification en sera faite à la Commission.

Les actes juridiques arrêtés contiendront une référence à la présente Directive ou seront accompagnés d'une telle référence lors de leur publication officielle.

Article 37 : La présente Directive, qui entre en vigueur à compter de sa date de signature, sera publiée au Bulletin officiel de l'Union.

Fait à Abidjan, le 23 mars 2006

Pour le Conseil des Ministres,
Le Président
Jean Baptiste M.P. COMPAORE

DIRECTIVE n° 06/2008/CM/UEMOA RELATIVE À LA LIBRE CIRCULATION ET À L'ETABLISSEMENT DES PHARMACIENS RESSORTISSANTS DE L'UNION AU SEIN DE L'ESPACE UEMOA[20]

LE CONSEIL DES MINISTRES DE L'UNION ÉCONOMIQUE ET MONÉTAIRE OUEST AFRICAINE (UEMOA)

Vu le Traité de l'Union Economique et Monétaire Ouest Africaine, notamment en ses articles 4, 6, 16, 20 à 26, 42 à 45, 60, 61, 76, 91 à 93 ;
Considérant qu'aux termes des articles 4, 91 et 92 dudit Traité, les États membres se sont engagés à créer un marché commun basé sur la libre circulation des personnes, des biens, des services, des capitaux et le droit d'établissement des personnes exerçant une activité indépendante ou salariée ;
Considérant l'approbation, faite à NIAMEY le 30 mars 2005 par la Conférence des Chefs d'État et de Gouvernement, de la démarche progressive proposée par la Commission en vue d'une mise en œuvre efficiente des libertés de circulation des personnes, de résidence, de prestation de services et du droit d'établissement au sein de l'Union ;
Considérant que la réalisation des objectifs communautaires, notamment la libre circulation des personnes et le droit d'établissement des personnes exerçant des professions libérales, nécessite, entre autres, la faculté pour les Pharmaciens d'exercer librement leur profession au sein de l'espace communautaire ;
Considérant les recommandations issues de la quatrième session du Conseil sectoriel des Ministres chargés de la Santé des États membres de l'UEMOA, tenue à Ouagadougou le 29 septembre 2005 ;

Sur proposition de la Commission ;
Après avis du Comité des Experts Statutaire, en date du 20 juin 2008 ;

ÉDICTE LA DIRECTIVE DONT LA TENEUR SUIT :

CHAPITRE I : DES DÉFINITIONS

Article premier : Aux fins de la présente Directive, on entend par :
- CAMES : Conseil Africain et Malgache pour l'Enseignement Supérieur ;
- Collège des Présidents : Collège regroupant tous les Présidents en exercice des Ordres des Pharmaciens des États membres de l'Union ;
- Conseil National de l'Ordre des Pharmaciens : structure de gestion de

[20] Disponible sur : Directive 06-2008 portant libre circulation des pharmaciens (uemoa.int)

l'Ordre chargée de la mise en œuvre de la loi portant organisation des Ordres et du respect du code de déontologie ;
- Droit d'établissement : le droit reconnu aux ressortissants de l'UEMOA par l'article 92 de son Traité ;
- Enregistrement : indication portée dans un registre concernant un Pharmacien en exercice temporaire par l'Ordre des Pharmaciens du pays d'accueil ;
- Etablissement pharmaceutique : toute structure dont l'ouverture, l'exploitation et le fonctionnement exigent l'engagement du diplôme et la présence d'un Pharmacien ;
- État membre : Tout Etat partie prenante au Traité de l'UEMOA ;
- Inscription : indication portée dans un Tableau concernant un Pharmacien, en exercice permanent, par l'Ordre des Pharmaciens d'un État membre de l'Union ;
- Lettre d'introduction : lettre par laquelle le Président de l'Ordre du pays d'origine ou de provenance atteste de la moralité et de l'aptitude du requérant à s'expatrier ;
- Liberté de circulation : la liberté reconnue aux ressortissants de l'UEMOA par l'article 91 de son Traité ; - Ordre : Ordre National des Pharmaciens ;
- Pays d'accueil : pays de l'espace UEMOA au sein duquel le Pharmacien postulant souhaite exercer son art ;
- Pays d'origine : pays de l'espace UEMOA au sein duquel le Pharmacien peut exercer son art et en possède la nationalité ; - Pays de provenance : pays de l'espace UEMOA au sein duquel le postulant exerce son art sans en avoir la nationalité ; - Pharmacien : Pharmacien ressortissant de l'Union titulaire d'un diplôme d'État de Docteur en Pharmacie ou de tout autre diplôme de pharmacien reconnu équivalent ; - UEMOA : Union Economique et Monétaire Ouest Africaine ; - Union : Union Economique et Monétaire Ouest Africaine.

CHAPITRE II : DE L'OBJET ET DU CHAMP D'APPLICATION

Article 2 : La présente Directive a pour objet de faciliter la libre circulation et l'établissement des Pharmaciens ressortissants de l'Union au sein de l'espace UEMOA.
Article 3 : Les dispositions nationales, législatives, réglementaires ou conventionnelles demeurent applicables à condition qu'elles ne soient pas contraires aux dispositions de la présente Directive.

CHAPITRE III : DE LA LIBERTE DE CIRCULATION ET DU DROIT D'ETABLISSEMENT DES PHARMACIENS RESSORTISSANTS DE L'UNION AU SEIN DE L'ESPACE UEMOA

Article 4 : La liberté de circulation et d'exercice de la profession de pharmacien comporte le droit d'exercer toutes les activités pharmaceutiques ou de procéder à tous les actes pour lesquels le Pharmacien est dûment habilité dans son pays d'origine ou de provenance et ce, dans les limites de la validité de son acte d'enregistrement dans le pays d'accueil.

Indépendamment de l'obligation de se soumettre dans les mêmes conditions aux règles déontologiques et aux prescriptions légales régissant la profession de pharmaciens du pays d'accueil, le pharmacien demeure soumis à l'obligation d'exercice personnel édictée par les règles professionnelles et déontologiques de son art. .

Article 5 : Tout Pharmacien ressortissant de l'Union régulièrement inscrit à l'Ordre National des Pharmaciens d'un État membre de l'UEMOA peut librement exercer sa profession de façon temporaire, à titre indépendant ou salarié, dans tout autre État membre de l'Union, aux conditions ci-après :

- être titulaire d'un diplôme d'État de Docteur en Pharmacie ou de tout autre diplôme de pharmacien reconnu équivalent et, en plus, pour le spécialiste, du ou des diplômes ou certificats de spécialités reconnus par le Conseil Africain et Malgache pour l'Enseignement Supérieur (CAMES) ;
- être en possession d'une lettre d'introduction du Président du Conseil National de l'Ordre des Pharmaciens du pays d'origine ou de provenance ;
- être enregistré au Conseil National de l'Ordre des Pharmaciens du pays d'accueil.

Article 6 : Tout Pharmacien ressortissant de l'Union, régulièrement inscrit à l'Ordre National des Pharmaciens d'un État membre de l'UEMOA a le droit de s'établir, à titre permanent, dans tout État membre de l'Union pour y exercer son art.

Le droit de s'établir et d'exercer, à titre permanent, la profession de Pharmacien comporte notamment le droit d'être propriétaire d'un établissement pharmaceutique.

Toutefois, nul ne peut être inscrit à deux Ordres à la fois.

Article 7 : Toute demande d'établissement doit contenir les pièces ci-après : - les documents exigés pour l'installation de ses nationaux par la législation et la réglementation du pays d'accueil ;

- un rapport du Président du Conseil National de l'Ordre des Pharmaciens du pays d'origine ou de provenance sur la situation professionnelle et disciplinaire du postulant ;
- une copie certifiée conforme du certificat d'inscription à l'Ordre du pays d'origine ou de provenance.

La demande est adressée par le postulant, en trois exemplaires, au Conseil national de l'Ordre des Pharmaciens du pays d'origine ou de provenance aux fins de transmission au Conseil national de l'Ordre des Pharmaciens du pays d'accueil, et, de soumission à l'autorité sanitaire compétente du pays d'accueil, laquelle est tenue de statuer dans un délai maximum de trois (3) mois, par décision motivée à partir de la date de réception du dossier.

Article 8 : Le droit d'établissement, tel que prévu à l'Article 6, est subordonné à l'autorisation du Ministre chargé de la Santé du pays d'accueil après avis du Conseil National de l'Ordre. L'autorisation visée à l'alinéa précédent implique la cessation de l'appartenance à l'Ordre National du pays d'origine ou de provenance, sur rapport du Président du Conseil National de l'Ordre du pays d'accueil.

CHAPITRE IV : DES PROCÉDURES DISCIPLINAIRES

Article 9 : Les règles de procédures, les sanctions disciplinaires et les voies de recours prévues par la législation du pays d'accueil sont applicables aux Pharmaciens y exerçant en application de la présente Directive.

Article 10 : Le Conseil National de l'Ordre des Pharmaciens du pays d'accueil informe le Conseil National de l'Ordre des Pharmaciens du pays d'origine ou de provenance ainsi que le Collège des Présidents des Conseils Nationaux des Ordres des Pharmaciens, visé à l'article 13, de toutes sanctions disciplinaires à l'encontre du Pharmacien concerné.

Article 11 : La radiation ainsi que les décisions prononçant des sanctions disciplinaires doivent être motivées. Elles sont susceptibles de recours conformément aux règles applicables dans le pays d'accueil.

Article 12 : Le Conseil National de l'Ordre des Pharmaciens du pays d'origine ou de provenance et le Collège des Présidents des Conseils Nationaux, visé à l'Article 13, sont informés de la décision prise par le Conseil National de l'Ordre des Pharmaciens du pays d'accueil.

La décision disciplinaire produit ses effets dans le pays d'accueil et le pays d'origine ou de provenance dès sa notification à l'intéressé ; elle produit ses effets dans les autres États membres de l'Union à compter de sa notification aux Ordres Nationaux et à la Commission de l'UEMOA.

CHAPITRE V : DES DISPOSITIONS FINALES

Article 13 : Dans le cadre de la mise en œuvre de la présente Directive, il est institué un Collège des Présidents en exercice des Conseils Nationaux des Ordres des Pharmaciens des États membres de l'UEMOA. La Commission de l'UEMOA est habilitée à définir par voie de décision les attributions, l'organisation et les modalités de fonctionnement dudit Collège.

Article 14 : Les États membres de l'Union prennent les dispositions législatives, réglementaires et administratives nécessaires à la mise en œuvre

de la présente Directive, au plus tard le 31 décembre 2009. Ces dispositions sont notifiées à la Commission de l'UEMOA dès leur adoption.
Les actes juridiques arrêtés contiendront une référence à la présente Directive ou seront accompagnés d'une telle référence lors de leur publication officielle.

Chapitre VI : DE L'ENTRÉE EN VIGUEUR

Article 15 : La présente Directive qui entre en vigueur à compter de sa date de signature, sera publiée au Bulletin Officiel de l'UEMOA.

Fait à Dakar, le 26 juin 2008

Pour le Conseil des Ministres, Le Président, Charles Koffi DIBY

DIRECTIVE N° 06/CM/UEMOA RELATIVE À LA LIBRE CIRCULATION ET À L'ETABLISSEMENT DES MÉDECINS RESSORTISSANTS DE L'UNION AU SEIN DE L'ESPACE UEMOA[21]

LE CONSEIL DES MINISTRES DE L'UNION ÉCONOMIQUE ET MONÉTAIRE OUEST AFRICAINE (UEMOA)

VU le Traité de l'Union Economique et Monétaire Ouest Africaine, notamment en ses articles 4, 6, 16, 20, 21, 25, 26, 42 à 45, 60, 61, 76, 91 à 93 ;
CONSIDERANT qu'aux termes des articles 4, 91 et 92 dudit Traité, les États membres se sont engagés à créer un marché commun basé sur la libre circulation des personnes, des biens, des services, des capitaux et le droit d'établissement des personnes exerçant une activité indépendante ou salariée ;
CONSIDERANT l'approbation, faite à Niamey le 30 mars 2005, par la Conférence des Chefs d'État et de Gouvernement, de la démarche progressive proposée par la Commission en vue d'une mise en œuvre efficiente des libertés de circulation des personnes, de résidence, de prestation de services et du droit d'établissement au sein de l'Union ;
CONSIDERANT que la réalisation des objectifs communautaires, notamment la libre circulation des personnes et le droit d'établissement des personnes exerçant des professions libérales, nécessite, entre autres, la faculté pour les Médecins d'exercer librement leur profession au sein de l'espace communautaire ;
CONSIDERANT les recommandations issues de la quatrième session du Conseil Sectoriel des Ministres chargés de la Santé des États membres de l'UEMOA, tenue à Ouagadougou le 29 septembre 2005 ;

Sur proposition de la Commission ;
Après avis du Comité des Experts Statutaire, en date du 03 décembre 2005 ;

ÉDICTE LA DIRECTIVE DONT LA TENEUR SUIT :

CHAPITRE I : DES DÉFINITIONS

Article 1 : Aux fins de la présente Directive, on entend par :
- CAMES : Conseil Africain et Malgache pour l'Enseignement Supérieur ;
- Collège des Présidents : Collège regroupant tous les Présidents des Ordres des Médecins des pays membres ;
- Conseil National de l'Ordre des Médecins : structure de gestion de l'Ordre chargée de la mise en œuvre de la loi portant organisation des Ordres et du

[21] Disponible sur : Directive 06-CM-UEMOA Médecins.doc

respect du code de déontologie ;
- Droit d'établissement : le droit reconnu aux ressortissants de l'UEMOA par l'article 92 de son Traité ;
- Enregistrement : indication portée dans un registre concernant un Médecin en exercice temporaire par l'Ordre des Médecins du pays d'accueil ;
- États membres : Tout Etat partie prenante au Traité de l'UEMOA ;
- Lettre d'introduction : lettre par laquelle le Président de l'Ordre du pays d'origine se porte garant de la moralité et de l'aptitude du requérant à s'exporter ;
- Liberté de circulation : la liberté reconnue aux ressortissants de l'UEMOA par l'article 91 de son Traité ;
- Médecin : Médecin ressortissant de l'Union ;
- Ordre : Ordre National des Médecins ;
- Pays d'accueil : pays de l'espace UEMOA au sein duquel le Médecin postulant souhaite exercer son art ;
- Pays d'origine : pays de l'espace UEMOA au sein duquel le Médecin exerce son art et en possède la nationalité ;
- Pays de provenance : pays de l'espace UEMOA au sein duquel le postulant exerce son art sans en avoir la nationalité ;
- UEMOA : l'Union Economique et Monétaire Ouest Africaine ;
- Union : l'Union Economique et Monétaire Ouest Africaine.

CHAPITRE II : DE L'OBJET ET DU CHAMP D'APPLICATION

Article 2 : La présente Directive a pour objet de faciliter la libre circulation ainsi que l'établissement pour l'exercice de la profession de Médecin dans les États membres par un Médecin ressortissant de l'Union déjà inscrit à l'Ordre National des Médecins d'un des États membres.
Article 3 : Les dispositions nationales, légales, réglementaires ou conventionnelles demeurent applicables à condition qu'elles ne soient pas contraires aux dispositions de la présente Directive.

CHAPITRE III : DE LA LIBERTÉ DE CIRCULATION ET DU DROIT D'ÉTABLISSEMENT DES MÉDECINS RESSORTISSANTS DE L'UNION AU SEIN DE L'ESPACE DE L'UEMOA

Article 4 : La liberté de circulation et d'exercice de la profession médicale comporte :
- le droit de procéder ponctuellement à tous les actes médicaux et de prodiguer des soins de toute nature pour lesquels le Médecin est dûment habilité dans son pays d'origine ou de provenance ;
- l'obligation de se soumettre dans les mêmes conditions aux règles d'éthique et de déontologie ainsi qu'aux prescriptions légales régissant la profession

médicale du pays d'accueil.
Article 5 : Tout Médecin ressortissant de l'Union régulièrement inscrit à l'Ordre National des Médecins d'un pays membre de l'UEMOA peut librement exercer sa profession, à titre indépendant ou salarié, dans tout autre pays membre de l'Union, aux conditions ci-après :
- être titulaire d'un diplôme de doctorat en médecine et en plus, pour le spécialiste, du ou des diplômes ou certificats de spécialités reconnus par le Conseil Africain et Malgache pour l'Enseignement Supérieur (CAMES) ;
- être en possession d'une lettre d'introduction du Président du Conseil National de l'Ordre des Médecins du pays d'origine ou de provenance ;
- être enregistré au Conseil National de l'Ordre des Médecins du pays d'accueil.
Article 6 : Tout Médecin ressortissant de l'Union, régulièrement inscrit à l'Ordre National des Médecins d'un pays membre de l'UEMOA, a le droit de s'établir à titre permanent dans tout pays membre de l'Union pour y exercer son art.
Toutefois, nul ne peut être inscrit à deux Ordres à la fois.
Article 7 : Toute demande d'établissement doit être adressée par le postulant en trois exemplaires à l'autorité sanitaire compétente du pays d'accueil et doit contenir les pièces ci-après :
- les pièces exigées pour l'installation de ses nationaux, par la législation du pays d'accueil ;
- une attestation du Président du Conseil National de l'Ordre des Médecins du Pays d'origine ou de provenance, indiquant que le postulant ne fait l'objet d'aucune poursuite ou de condamnation disciplinaire ;
- une copie certifiée conforme du certificat d'inscription à l'Ordre du pays d'origine ou de provenance.
L'autorité compétente saisie, statue dans un délai maximum de trois (3) mois, par la voie d'une décision motivée.
Article 8 : L'établissement, tel que prévu à l'Article 6, est subordonné à l'autorisation du Ministre chargé de la Santé du pays d'accueil après avis du Conseil National de l'Ordre.
L'autorisation visée à l'alinéa précédent implique la suppression à l'Ordre National du pays d'origine ou de provenance, sur rapport du Président du Conseil de l'Ordre National du pays d'accueil.

CHAPITRE IV : DES PROCÉDURES DISCIPLINAIRES

Article 9 : Les règles de procédures, les sanctions disciplinaires et les voies de recours prévues par la législation du pays d'accueil sont applicables aux Médecins y exerçant en application de la présente Directive.
Article 10 : Le Conseil National de l'Ordre des Médecins du pays d'accueil informe le Conseil National de l'Ordre des Médecins du pays d'origine ou de

provenance de toutes instances disciplinaires à l'encontre du Médecin concerné, ainsi que le Collège des Présidents des Conseils Nationaux des Ordres des Médecins, visé à l'article 13.

Article 11 : La radiation ainsi que les décisions prononçant des sanctions disciplinaires doivent être motivées. Elles sont susceptibles de recours conformément aux règles applicables dans le pays d'accueil.

Article 12 : Le Conseil National de l'Ordre des Médecins du pays d'origine ou de provenance et le Collège des Présidents des Conseils Nationaux, visé à l'article 13, sont informés de la décision prise par le Conseil National de l'Ordre des Médecins du pays d'accueil.

CHAPITRE V : DES DISPOSITIONS FINALES

Article 13 : Dans le cadre de la mise en œuvre de la présente Directive, il est institué un Collège des Présidents en exercice des Conseils Nationaux des Ordres des Médecins des pays membres de l'UEMOA.

La Commission de l'UEMOA est habilitée à définir par voie de Décision les attributions, l'organisation et les modalités de fonctionnement dudit Collège.

Article 14 : Les États membres prennent les dispositions législatives, réglementaires et administratives nécessaires à la mise en oeuvre de la présente Directive, au plus tard le 31 décembre 2007. Notification en sera faite à la Commission.

Les actes juridiques arrêtés contiendront une référence à la présente Directive ou seront accompagnés d'une telle référence lors de leur publication officielle.

CHAPITRE VI : DE L'ENTRÉE EN VIGUEUR

Article 15 : La présente Directive, qui entre en vigueur à compter de sa date de signature, sera publiée au Bulletin Officiel de l'UEMOA.

Fait à Bamako, le 16 décembre 2005
Pour le Conseil des Ministres,

Le Président Cosme SEHLIN

DIRECTIVE n° 07/2008/CM/UEMOA RELATIVE À LA LIBRE CIRCULATION ET À L'ETABLISSEMENT DES CHIRURGIENS-DENTISTES RESSORTISSANTS DE L'UNION AU SEIN DE L'ESPACE UEMOA[22]

LE CONSEIL DES MINISTRES DE L'UNION ÉCONOMIQUE ET MONÉTAIRE OUEST AFRICAINE (UEMOA)

Vu le Traité de l'Union Economique et Monétaire Ouest Africaine, notamment en ses articles 4, 6, 16, 20 à 26, 42 à 45, 60, 61, 76, 91 à 93 ;
Considérant qu'aux termes des articles 4, 91 et 92 dudit Traité, les États membres se sont engagés à créer un marché commun basé sur la libre circulation des personnes, des biens, des services, des capitaux et le droit d'établissement des personnes exerçant une activité indépendante ou salariée ;
Considérant l'approbation, faite à NIAMEY le 30 mars 2005 par la Conférence des Chefs d'État et de Gouvernement, de la démarche progressive proposée par la Commission en vue d'une mise en œuvre efficiente des libertés de circulation des personnes, de résidence, de prestation de services et du droit d'établissement au sein de l'Union ;
Considérant que la réalisation des objectifs communautaires, notamment la libre circulation des personnes et le droit d'établissement des personnes exerçant des professions libérales, nécessite, entre autres, la faculté pour les Chirurgiens-Dentistes d'exercer librement leur profession au sein de l'espace communautaire ;
Considérant les recommandations issues de la quatrième session du Conseil sectoriel des Ministres chargés de la Santé des États membres de l'UEMOA, tenue à Ouagadougou le 29 septembre 2005 ;

Sur proposition de la Commission ;
Après avis du Comité des Experts Statutaire, en date du 20 juin 2008 ;

ÉDICTE LA DIRECTIVE DONT LA TENEUR SUIT :

CHAPITRE I : DES DÉFINITIONS

Article 1 : Aux fins de la présente Directive, on entend par :
- CAMES : Conseil Africain et Malgache pour l'Enseignement Supérieur ;
- Chirurgien-Dentiste : Chirurgien-Dentiste ressortissant de l'Union titulaire d'un diplôme d'État de Docteur en Chirurgie dentaire ou de tout autre diplôme de Chirurgien-Dentiste reconnu équivalent ;

---

[22] Disponible sur : Directive 07-2008 portant libre circulation des chirurgiens-dentistesProjet (uemoa.int)

- Collège des Présidents : Collège regroupant tous les Présidents en exercice des Ordres des Chirurgiens-Dentistes des États membres de l'Union ;
- Conseil National de l'Ordre des Chirurgiens-Dentistes : structure de gestion de l'Ordre chargée de la mise en œuvre de la loi portant organisation des Ordres et du respect du code de déontologie ;
- Droit d'établissement : le droit reconnu aux ressortissants de l'UEMOA par l'article 92 de son Traité ;
- Enregistrement : indication portée dans un registre concernant un Chirurgiendentiste en exercice temporaire par l'Ordre des Chirurgiens-Dentistes du pays d'accueil ;
- État membre : Tout Etat partie prenante au Traité de l'UEMOA ;
- Inscription : indication portée dans un Tableau concernant un Chirurgien-Dentiste, en exercice permanent, par l'Ordre des Chirurgiens-Dentistes d'un État membre de l'Union ;
- Lettre d'introduction : lettre par laquelle le Président de l'Ordre du pays d'origine ou de provenance atteste de la moralité et de l'aptitude du requérant à s'expatrier ;
- Liberté de circulation : la liberté reconnue aux ressortissants de l'UEMOA par l'article 91 de son Traité ; - Ordre : Ordre National des Chirurgiens-Dentistes ;
- Pays d'accueil : pays de l'espace UEMOA au sein duquel le Chirurgien-Dentiste postulant souhaite exercer sa profession ;
- Pays d'origine : pays de l'espace UEMOA au sein duquel le Chirurgien-Dentiste peut exercer sa profession et en possède la nationalité ;
- Pays de provenance : pays de l'espace UEMOA au sein duquel le postulant exerce sa profession sans en avoir la nationalité ;
- UEMOA : Union Economique et Monétaire Ouest Africaine ;
- Union : Union Economique et Monétaire Ouest Africaine.

CHAPITRE II : DE L'OBJET ET DU CHAMP D'APPLICATION

Article 2 : La présente Directive a pour objet de faciliter la libre circulation et l'établissement des Chirurgiens-Dentistes ressortissants de l'Union au sein de l'espace UEMOA.

Article 3 : Les dispositions nationales, légales, réglementaires ou conventionnelles demeurent applicables à condition qu'elles ne soient pas contraires aux dispositions de la présente Directive.

CHAPITRE III : DE LA LIBERTÉ DE CIRCULATION ET DU DROIT D'ÉTABLISSEMENT DES CHIRURGIENS-DENTISTES RESSORTISSANTS DE L'UNION AU SEIN DE L'ESPACE UEMOA

Article 4 : La liberté de circulation et d'exercice de la profession de Chirurgien-Dentiste comporte :
- le droit de procéder ponctuellement à tous les actes de chirurgie dentaire pour lesquels le Chirurgien-Dentiste est dûment habilité dans son pays d'origine ou de provenance ;
- l'obligation de se soumettre dans les mêmes conditions aux règles d'éthique et de déontologie ainsi qu'aux prescriptions légales régissant la profession de Chirurgien Dentiste du pays d'accueil.

Article 5 : Tout Chirurgien-Dentiste ressortissant de l'Union régulièrement inscrit à l'Ordre National des Chirurgiens-Dentistes d'un État membre de l'UEMOA peut librement exercer sa profession de façon temporaire, à titre indépendant ou salarié, dans tout autre État membre de l'Union, aux conditions ci-après :
- être titulaire d'un diplôme d'État de Docteur en chirurgie dentaire ou de tout autre diplôme de Chirurgien-Dentiste reconnu équivalent et, en plus, pour le spécialiste, du ou des diplômes ou certificats de spécialités reconnus par le Conseil Africain et Malgache pour l'Enseignement Supérieur (CAMES) ;
- être en possession d'une lettre d'introduction du Président du Conseil National de l'Ordre des Chirurgiens-Dentistes du pays d'origine ou de provenance ;
- avoir obtenu son enregistrement au Conseil National de l'Ordre des ChirurgiensDentistes du pays d'accueil.

Article 6 : Tout Chirurgien-Dentiste ressortissant de l'Union, régulièrement inscrit à l'Ordre National des Chirurgiens-Dentistes d'un État membre de l'UEMOA, a le droit de s'établir, à titre permanent, dans tout État membre de l'Union pour y exercer sa profession.

Toutefois, nul ne peut être inscrit à deux Ordres à la fois.

Article 7 : Toute demande d'établissement doit être adressée par le postulant, en trois exemplaires, à l'autorité compétente du pays d'accueil et doit contenir les pièces ci-après :
- les documents exigés pour l'installation de ses nationaux par la législation et la réglementation du pays d'accueil ;
- une attestation du Président du Conseil National de l'Ordre des ChirurgiensDentistes du pays d'origine ou de provenance indiquant que le postulant ne fait objet d'aucune poursuite ou de condamnation disciplinaire ;
- une copie certifiée conforme du certificat d'inscription à l'Ordre du pays d'origine ou de provenance.

L'autorité compétente statue dans un délai maximum de trois (3) mois, par la voie d'une décision motivée.

Article 8 : L'établissement, tel que prévu à l'Article 6, est subordonné à l'autorisation du Ministre chargé de la Santé du pays d'accueil après avis du Conseil National de l'Ordre. L'autorisation visée à l'alinéa précédent implique la cessation de l'appartenance à l'Ordre National du pays d'origine ou de provenance, sur rapport du Président du Conseil National de l'Ordre du pays d'accueil.

CHAPITRE IV : DES PROCÉDURES DISCIPLINAIRES

Article 9 : Les règles de procédures, les sanctions disciplinaires et les voies de recours prévues par la législation du pays d'accueil sont applicables aux Chirurgiens-Dentistes y exerçant en application de la présente Directive.
Article 10 : Le Conseil National de l'Ordre des Chirurgiens-Dentistes du pays d'accueil informe le Conseil National de l'Ordre des Chirurgiens-Dentistes du pays d'origine ou de provenance ainsi que le Collège des Présidents des Conseils Nationaux des Ordres des Chirurgiens-Dentistes, visé à l'article 13, de toutes sanctions disciplinaires à l'encontre du Chirurgien-Dentiste concerné.
Article 11 : La radiation ainsi que les décisions prononçant des sanctions disciplinaires doivent être motivées. Elles sont susceptibles de recours conformément aux règles applicables dans le pays d'accueil.
Article 12 : Le Conseil National de l'Ordre des Chirurgiens-Dentistes du pays d'origine ou de provenance et le Collège des Présidents des Conseils Nationaux, visé à l'Article 13, sont informés de la décision disciplinaire prise par le Conseil National de l'Ordre des Chirurgiens-Dentistes du pays d'accueil.
La décision disciplinaire produit ses effets dans le pays d'accueil et le pays d'origine ou de provenance dès sa notification à l'intéressé ; elle produit ses effets dans les autres États membres de l'Union à compter de sa notification aux Ordres Nationaux et à la Commission de l'UEMOA.

CHAPITRE V : DES DISPOSITIONS FINALES

Article 13 : Dans le cadre de la mise en œuvre de la présente Directive, il est institué un Collège des Présidents en exercice des Conseils Nationaux des Ordres des ChirurgiensDentistes des États membres de l'UEMOA.
La Commission de l'UEMOA est habilitée à définir par voie de décision les attributions, l'organisation et les modalités de fonctionnement dudit Collège.
Article 14 : Les États membres de l'Union prennent les dispositions législatives, réglementaires et administratives nécessaires à la mise en œuvre de la présente Directive, au plus tard le 31 décembre 2009. Ces dispositions sont notifiées à la Commission de l'UEMOA dès leur adoption.
Les actes juridiques arrêtés contiendront une référence à la présente Directive

ou seront accompagnés d'une telle référence lors de leur publication officielle.

CHAPITRE VI : DE L'ENTRÉE EN VIGUEUR

Article 15 : La présente Directive qui entre en vigueur à compter de sa date de signature, sera publiée au Bulletin Officiel de l'UEMOA.

Fait à Dakar, le 26 juin 2008

Pour le Conseil des Ministres, Le Président,
Charles Koffi DIBY

DÉCISION n° 06/2010/CM/UEMOA PORTANT ADOPTION DES LIGNES DIRECTRICES POUR L'HOMOLOGATION DES COMPLEMENTS NUTRITIONNELS DANS LES ÉTATS MEMBRES DE L'UEMOA[23]

LE CONSEIL DES MINISTRES DE L'UNION ÉCONOMIQUE ET MONÉTAIRE OUEST AFRICAINE (UEMOA)

Vu le Traité de l'Union Economique et Monétaire Ouest Africaine (UEMOA) en ses articles 6, 7, 16, 20 à 25, 42 à 46 ;
Vu le Protocole additionnel n° II relatif aux Politiqu es sectorielles de l'Union Economique et Monétaire Ouest Africaine (UEMOA), notamment en son article 3 ;
Vu le Règlement n° 02/2005/CM/UEMOA du 4 juillet 2005 r elatif à l'harmonisation de la réglementation pharmaceutique dans les États membres de l'UEMOA ;
Convaincu de la nécessité de l'harmonisation de la réglementation pharmaceutique au niveau communautaire ;
Conscient de la nécessité de mise en commun des moyens en vue de promouvoir une utilisation plus rationnelle des ressources ;
Conscient du besoin de coopération technique entre les pays de l'UEMOA pour renforcer la sécurité d'utilisation des compléments nutritionnels afin de minimiser les nombreux risques pour la santé causés par ce type de produit ;
Conscient des risques pour la santé causée par ces compléments nutritionnels ;
Convaincu de la nécessité de définir une réglementation stricte afin d'assurer et de garantir la sécurité d'utilisation de ces produits ;
Déterminé à faciliter le commerce et la libre circulation de compléments nutritionnels de bonne qualité entre les États membres ;

Sur proposition de la Commission de l'UEMOA ;
Après avis du Comité des Experts statutaire, en date du 24 septembre 2010 ;

DECIDE :

Article premier :
Sont adoptées les lignes directrices pour l'homologation des compléments nutritionnels telles qu'annexées à la présente Décision dont elles font partie intégrante.
Article 2 : Les États membres de l'Union à travers les autorités de

[23] Disponible sur : Décision 06-2010-CM-UEMOA adoption lignes directrices homologation des compléments nutritionnels.

réglementation sont tenus de délivrer les autorisations de commercialisation des compléments nutritionnels, conformément aux lignes directrices visées à l'article 1er de la présente Décision.
Article 3 : Les États membres et la Commission sont chargés chacun en ce qui le concerne de l'exécution de la présente Décision.
À compter de l'entrée en vigueur de la présente Décision, les États membres disposent d'un délai de douze (12) mois pour mettre en place un cadre institutionnel et juridique conformément aux lignes directrices pour l'homologation des compléments nutritionnels visées à l'article 1er de la présente Décision.
Article 4 : La présente Décision qui entre en vigueur à compter de sa date de signature, sera publiée au Bulletin Officiel de l'Union.

Fait à Ouagadougou, le 1er octobre 2010 Pour le Conseil des Ministres
Le Président,
José Mário VAZ

DÉCISION n° 07/2010/CM/UEMOA PORTANT ADOPTION DES LIGNES DIRECTRICES POUR L'HOMOLOGATION DES PRODUITS COSMETIQUES DANS LES ÉTATS MEMBRES DE L'UEMOA[24]

LE CONSEIL DES MINISTRES DE L'UNION ÉCONOMIQUE ET MONÉTAIRE OUEST AFRICAINE (UEMOA)

Vu le Traité de l'Union Economique et Monétaire Ouest Africaine (UEMOA) en ses articles 6, 7, 16, 20 à 25, 42 à 46 ;
Vu le Protocole additionnel n° II relatif aux Politiques sectorielles de l'Union Economique et Monétaire Ouest Africaine (UEMOA), notamment en son article 3 ;
Vu le Règlement n° 02/2005/CM/UEMOA du 4 juillet 2005 relatif à l'harmonisation de la réglementation pharmaceutique dans les États membres de l'UEMOA ;
Soulignant la nécessité de l'harmonisation de la réglementation pharmaceutique au niveau communautaire et de mise en commun des moyens en vue de promouvoir une utilisation rationnelle des ressources ;
Ayant à l'esprit le besoin de coopération technique entre les États membres de l'UEMOA pour renforcer la sécurité d'utilisation des produits cosmétiques afin de minimiser les nombreux risques pour la santé causés par ce type de produit ;
Conscient des risques pour la santé causée par les produits cosmétiques ;
Convaincus de la nécessité de définir une réglementation stricte afin d'assurer et de garantir la sécurité d'utilisation de ces produits ;
Déterminés à faciliter le commerce et la libre circulation des produits cosmétiques de bonne qualité entre les États membres ;
Sur proposition de la Commission de l'UEMOA ;
Après avis du Comité des Experts statutaire, en date du 24 septembre 2010 ;

DECIDE :

Article 1 : Sont adoptées les lignes directrices pour l'homologation des produits cosmétiques telles qu'annexées à la présente Décision dont elles font partie intégrante.
Article 2 : Les États membres de l'Union à travers les autorités de réglementation pharmaceutique, sont tenus de délivrer les autorisations de

[24] Disponible sur : Décision n°07/2010/CM/UEMOA portant adoption des lignes directrices pour l'homologation des produits cosmétiques dans les Etats membres de l'UEMOA | Union Economique et Monétaire Ouest Africaine

commercialisation des produits cosmétiques, conformément aux lignes directrices visées à l'article 1er de la présente Décision.
Article 3 : Les États membres et la Commission sont chargés chacun en ce qui le concerne de l'exécution de la présente Décision.
À compter de l'entrée en vigueur de la présente Décision, les États membres disposent d'un délai de douze (12) mois pour mettre en place un cadre institutionnel et juridique conformément aux lignes directrices pour l'homologation des produits cosmétiques visées à l'article 1er de la présente Décision.
Article 4 : La présente Décision qui entre en vigueur à compter de sa date de signature, sera publiée au Bulletin Officiel de l'Union.

Fait à Ouagadougou, le 1er octobre 2010

Pour le Conseil des Ministres
Le Président, José Mário VAZ

DÉCISION n° 08/2010/CM/UEMOA PORTANT ADOPTION DU GUIDE DE BONNES PRATIQUES DE FABRICATION DES PRODUITS PHARMACEUTIQUES À USAGE HUMAIN DANS LES ÉTATS MEMBRES DE L'UEMOA[25]

LE CONSEIL DES MINISTRES DE L'UNION ÉCONOMIQUE ET MONÉTAIRE OUEST AFRICAINE (UEMOA)

Vu le Traité de l'Union Economique et Monétaire Ouest Africaine en ses articles 6, 7, 16, 20 à 25, 42 à 46 ;
Vu le Protocole additionnel n° II relatif aux Politiqu es sectorielles de l'Union Economique et Monétaire Ouest Africaine, notamment en son article 3 ;
Vu le Règlement n° 02/2005/CM/UEMOA du 4 juillet 2005 relatif à l'harmonisation de la réglementation pharmaceutique dans les États membres de l'UEMOA ;
Considérant le rôle du médicament dans la promotion et la protection de la santé des populations ;
Reconnaissant que la majorité de nos populations a un accès limité aux médicaments de qualité ;
Ayant à l'esprit le besoin de coopération technique entre les États membres de l'UEMOA pour renforcer la production, la distribution et l'accessibilité à des médicaments de qualité et de sécurité garanties ;
Conscient de la menace que font peser sur la santé des populations des États membres de l'UEMOA le marché illicite et la contrefaçon des médicaments ;
Convaincu de la nécessité de l'harmonisation de la réglementation pharmaceutique au niveau communautaire et de la mise en commun des moyens en vue de promouvoir une utilisation rationnelle des ressources ;
Déterminé à faciliter le commerce et la libre circulation des médicaments de qualité entre les États membres ;

Sur proposition de la Commission de l'UEMOA ;
Après avis du Comité des Experts statutaire, en date du 24 septembre 2010 ;

DECIDE :

Article 1 : Est adopté le Guide de bonnes pratiques de fabrication (BPF) des produits pharmaceutiques à usage humain tel qu'annexé à la présente Décision dont il fait partie intégrante.

---

[25] Disponible sur : http://www.uemoa.int/fr/decision -ndeg082010cmuemoa-portant-adoption-du-guide-de-bonnes-pratiques-de-fabrication-des-produits.

Article 2 : Les établissements de fabrication de produits pharmaceutiques à usage humain établis dans l'espace UEMOA sont tenus de se conformer à ces bonnes pratiques de fabrication des produits pharmaceutiques à usage humain et aux différentes évolutions s'y rapportant.
Article 3 : Les États membres et la Commission sont chargés de l'application de la présente Décision.
À cet effet, ils prennent toutes les dispositions et mesures nécessaires pour assurer le respect des bonnes pratiques de fabrication des produits pharmaceutiques à usage humain sur leur territoire dans un délai de douze (12) mois après l'entrée en vigueur de la présente Décision.
Article 4 : La présente Décision qui entre en vigueur à compter de sa date de signature, sera publiée au Bulletin Officiel de l'Union.

Fait à Ouagadougou, le 1er octobre 2010

Pour le Conseil des Ministres Le Président,
José Mário VAZ

DÉCISION n° 09/2010/CM/UEMOA PORTANT ADOPTION DU GUIDE DE BONNES PRATIQUES DE DISTRIBUTION ET D'IMPORTATION DES PRODUITS PHARMACEUTIQUES À USAGE HUMAIN DANS LES ÉTATS MEMBRES DE L'UEMOA[26]

LE CONSEIL DES MINISTRES DE L'UNION ÉCONOMIQUE ET MONÉTAIRE OUEST AFRICAINE (UEMOA)

Vu le Traité de l'Union Economique et Monétaire Ouest Africaine en ses articles 6, 7, 16, 20 à 25, 42 à 46 ;
Vu le Protocole additionnel n° II relatif aux Politiqu es sectorielles de l'Union Economique et Monétaire Ouest Africaine, notamment en son article 3 ;
Vu le Règlement n° 02/2005/CM/UEMOA du 4 juillet 2005 relatif à l'harmonisation de la réglementation pharmaceutique dans les États membres de l'UEMOA ;
Considérant le rôle du médicament dans la promotion et la protection de la santé des populations ;
Reconnaissant que la majorité de nos populations a un accès limité aux médicaments de qualité.
Ayant à l'esprit le besoin de coopération technique entre les États membres de l'UEMOA pour renforcer la production, la distribution et l'accessibilité à des médicaments de qualité et de sécurité garanties ;
Conscient de la menace que font peser sur la santé des populations des États membres de l'UEMOA le marché illicite et la contrefaçon des médicaments ;
Convaincu de la nécessité de l'harmonisation de la réglementation pharmaceutique au niveau communautaire et de la mise en commun des moyens en vue de promouvoir une utilisation rationnelle des ressources ;
Déterminé à faciliter le commerce et la libre circulation des médicaments de qualité entre les États membres ;

Sur proposition de la Commission de l'UEMOA. Après avis du Comité des Experts statutaire, en date du 24 septembre 2010 ;

DECIDE :

Article 1 : Est adopté le Guide de bonnes pratiques de distribution et d'importation (BPD) des produits pharmaceutiques à usage humain tel qu'annexé à la présente Décision dont il fait partie intégrante.
Article 2 : Les établissements de distribution et d'importation de produits

[26] Disponible sur : http://www.uemoa.int/Décision 09-2010-CM-UEMOA adoption guide bonnes pratiques produits pharmaceutiques à usage humain

pharmaceutiques à usage humain, établis dans l'espace UEMOA sont tenus de se conformer à ces bonnes pratiques de distribution et d'importation des produits pharmaceutiques à usage humain et aux différentes évolutions s'y rapportant.

Article 3 : Les États membres et la Commission sont chargés de l'application de la présente Décision.

À cet effet, ils prennent toutes les dispositions et mesures nécessaires pour assurer le respect des bonnes pratiques de distribution et d'importation des produits pharmaceutiques à usage humain sur leur territoire dans un délai de (12) mois après l'entrée en vigueur de la présente Décision.

Article 4 : La présente Décision qui entre en vigueur à compter de sa date de signature, sera publiée au Bulletin Officiel de l'Union.

Fait à Ouagadougou, le 1er octobre 2010

Pour le Conseil des Ministres
Le Président, José Mário VAZ

DÉCISION n° 10/2010/CM/UEMOA PORTANT ADOPTION DES LIGNES DIRECTRICES POUR LE CONTRÔLE DE L'INFORMATION ET LA PUBLICITE SUR LES MÉDICAMENTS AUPRES DES PROFESSIONNELS DE LA SANTÉ DANS LES ÉTATS MEMBRES DE L'UEMOA[27]

LE CONSEIL DES MINISTRES DE L'UNION ÉCONOMIQUE ET MONÉTAIRE OUEST AFRICAINE (UEMOA)

Vu le Traité de l'Union Economique et Monétaire Ouest Africaine (UEMOA) en ses articles 6, 7, 16, 20 à 25, 42 à 46 ;
Vu le Protocole additionnel n° II relatif aux Politiques sectorielles de l'Union Economique et Monétaire Ouest Africaine (UEMOA), notamment en son article 3 ;
Vu le Règlement n° 02/2005/CM/UEMOA du 4 juillet 2005 r elatif à l'harmonisation de la réglementation pharmaceutique dans les États membres de l'UEMOA ;
Soulignant la nécessité de l'harmonisation de la réglementation pharmaceutique au niveau communautaire et de la mise en commun des moyens en vue de promouvoir une utilisation rationnelle des ressources ;
Convaincu que le bon usage des médicaments est une composante essentielle et fondamentale pour sécuriser l'utilisation des médicaments ;
Conscient que l'information et la publicité sur les médicaments sont des outils essentiels pour favoriser le bon usage des médicaments ;
Sur proposition de la Commission de l'UEMOA ;
Après avis du Comité des Experts statutaire, en date du 24 septembre 2010 ;

DECIDE :

Article 1 : Sont adoptées les lignes directrices pour le contrôle de l'information sur les médicaments et la publicité auprès des professionnels de santé dans les États membres de l'UEMOA, telles que annexées à la présente Décision dont elles font partie intégrante.
Article 2 : Les autorités compétentes des États membres sont tenues de contrôler l'information et la publicité sur les médicaments auprès des professionnels de la santé, conformément aux dispositions des lignes directrices visées à l'article 1er de la présente Décision.
Article 3 : Les États membres et la Commission sont chargés chacun en ce qui

[27]Disponible sur : http://www.uemoa.int.

le concerne de l'exécution de la présente Décision.
À compter de l'entrée en vigueur de la présente Décision, les États membres disposent d'un délai de douze (12) mois pour mettre en place un cadre institutionnel et juridique pour le contrôle de l'information et de la publicité sur les médicaments auprès des professionnels de santé dans les États membres de l'UEMOA visés à l'article 1er de la présente Décision.
Article 4 : La présente Décision qui entre en vigueur à compter de sa date de signature, sera publiée au Bulletin Officiel de l'Union.

Fait à Ouagadougou, le 1er octobre 2010

Pour le Conseil des Ministres
Le Président,
José Mário VAZ

TEXTES DE LA CEDEAO

CODES HARMONISES DE DÉONTOLOGIE ET D'EXERCICE DES MÉDECINS ET CHIRURGIENS DENTISTES DANS L'ESPACE CEDEAO[28]

Préambule

La pratique médicale a connu, au cours de ces dernières années, une évolution importante avec l'introduction généralisée de nouvelles techniques médicales et chirurgicales stimulées par des progrès scientifiques et technologiques sans précédent. Ainsi de nouvelles responsabilités sont conférées aux praticiens.
L'État, garant du service public, doit veiller à l'accès équitable de tous à des soins de qualité. L'État doit mettre en place un dispositif réglementaire qui concilie la protection du patient et celle du praticien.
Jusqu'à présent les règles de l'activité du médecin et du chirurgien-dentiste, dans l'espace CEDEAO, ont été régies par des Codes de Déontologie nationaux dont certaines dispositions sont actuellement inadaptées à l'exercice de la médecine, de la chirurgie dentaire et à l'organisation du système sanitaire dans nos pays respectifs.
En effet, l'augmentation du nombre de structures sanitaires et du nombre de praticiens nécessite l'élaboration de nouvelles dispositions réglementaires ordinales pour veiller de façon permanente au respect scrupuleux de ces règles. Celles-ci doivent être définies en tenant compte du droit communautaire dont la mise en œuvre devient une exigence.
Les praticiens doivent être conscients de la noblesse et de l'honorabilité de leur profession. Ils doivent être exemplaires et maintenir des normes professionnelles acceptables dans leur pratique quotidienne en conformité avec la Déontologie.

Définitions

- Le terme « Médecin » désigne toute personne qui prétend exercer la médecine et est enregistrée par le Conseil approprié.
- Le terme « Chirurgien-dentiste » désigne toute personne qui prétend exercer la médecine dentaire et est enregistrée par le Conseil approprié.

Le terme « Praticien » se réfère à un médecin ou un chirurgien-dentiste tel que défini ci-dessus. Le terme « Il ou Lui-même » dans le contexte de ce document recouvre autant le genre masculin que féminin.

---

[28] Disponible sur : Codes Harmonisés de Déontologie et d`Exercice | CEDEAO (studylibfr.com)

ORDRES DES MÉDÉCINS ET DES CHIRURGIENS-DENTISTES

Les Ordres sont des organes statutaires prévus par la loi et chargés de la responsabilité de la réglementation de la profession et de la pratique de la médecine et de la chirurgie-dentaire.

Article Premier

Principes de base

Les dispositions du présent Code s'imposent aux praticiens remplissant les conditions légales et réglementaires et en conséquence inscrits au tableau de l'Ordre. Selon les pays, les étudiants autorisés à remplacer ou aider un praticien, sont tenus de respecter les présentes règles. Les Ordres sont chargés de veiller au respect de ces dispositions. Les infractions à celles-ci relèvent des juridictions disciplinaires respectives selon les pouvoirs conférés par la Loi.

TITRE I

DEVOIRS GÉNÉRAUX DES PRATICIENS

Article 2 : Respect de la vie et de l'Être Humain

Le respect de la vie, de la personne humaine, de sa dignité et de l'environnement constitue en toutes circonstances le devoir primordial du praticien. Un praticien doit se destiner à fournir des soins médicaux compétents, avec compassion et respect pour les droits de l'homme et la dignité des patients. Le respect dû à la personne humaine ne cesse pas de s'imposer après la mort.

Article 3 : Conscience professionnelle, Intégrité, Honneur et Dignité

Le praticien doit en toutes circonstances respecter les principes de moralité, de probité et de dévouement indispensables à l'exercice de son art. Le praticien doit être une personne intègre, de haute moralité et de bonne foi. Il doit s'abstenir de toutes formes d'activités illégales. En aucun cas, le praticien ne doit exercer sa profession dans des conditions qui puissent compromettre la qualité des soins et des actes médicaux ou la sécurité des patients examinés. Le praticien doit respecter et préserver l'honneur, la dignité et le niveau élevé de la profession. Un praticien ne doit sous aucun prétexte refuser une option de traitement efficace pour un motif quelconque.

Article 4 : Indépendance professionnelle

Le praticien ne peut aliéner son indépendance professionnelle sous quelque forme que ce soit.

Article 5 : La Non-Discrimination

Le praticien doit recevoir, écouter, examiner et traiter avec le même niveau de conscience, tous les patients indépendamment de leur origine, des mœurs, la situation familiale, l'origine ethnique, la croyance, l'orientation religieuse ou sexuelle, la profession, l'âge, du sexe, la culture, l'appartenance politique, la nationalité, la race, du statut socio-économique, la nature de la maladie, du handicap, la réputation et des sentiments qu'il peut avoir à leur égard.

Article 6 : Secret professionnel

Tout praticien est astreint au secret professionnel ; il peut en être délié dans les cas prévus par la loi. Il doit veiller à ce que les personnes qui l'assistent dans son travail soient avisées de leurs obligations en matière de secret professionnel. Il doit veiller à ce qu'aucune atteinte ne soit portée par son entourage au secret qui s'attache à son exercice. Le secret couvre tout ce qui est venu à la connaissance du praticien dans l'exercice de sa profession, c'est-à-dire non seulement ce qui lui a été confié, mais aussi ce qu'il a vu, entendu ou compris.

Article 7 : Libre choix

Le praticien doit respecter le droit que possède toute personne de choisir librement son praticien. Le praticien doit faciliter la réalisation de ce droit.

Article 8 : Liberté de prescription

Le praticien est libre de ses prescriptions, mais il doit tenir compte de son devoir d'assistance morale et limiter ses prescriptions et ses actes à ce qui est nécessaire à la qualité, à la sécurité et à l'efficacité des soins. Il doit facturer des frais proportionnels aux soins effectués.

Article 9 : Assistance à personne en danger et obligation de sauvegarder la vie humaine

Lorsque le praticien est en présence d'un malade ou un blessé en péril ou lorsqu'il est informé d'une telle situation, il doit lui porter secours, à défaut, il doit s'assurer qu'il reçoit les soins nécessaires. Dans le cas d'un conflit armé, la mission de base des praticiens est la sauvegarde des vies humaines et de la santé en conformité avec les dispositions des articles 1, 2, 3, 4 et 5 du présent Code.

Article 10 : Collaboration avec les autorités de santé

Dans l'intérêt de la santé publique, le praticien doit apporter son concours à l'action des autorités médicales et administratives pour la protection de la santé, la collecte, l'enregistrement, le traitement et la transmission d'informations autorisées par les lois et règlements. Sur réquisition, le praticien doit donner des soins comme un devoir humanitaire dans les situations d'urgence en tenant compte de sa propre sécurité, de sa compétence et de la possibilité d'autres options pour les soins.

Article 11 : Environnement de travail propice et protection

En aucun cas, le praticien ne doit pratiquer dans des conditions qui peuvent nuire à la qualité des soins, des actes médicaux ou à la sécurité des personnes examinées. Les autorités de la santé doivent créer un environnement de travail favorable pour dispenser des soins et actes médicaux. Les membres des professions médicales et dentaires devraient recevoir la protection nécessaire pour exercer leurs activités professionnelles, à tout moment. Toute l'assistance doit leur être donnée pour l'accomplissement de leur mission. Ils ont le droit de circuler librement à toute heure et d'aller à tous les endroits où leur présence est requise. Un praticien est libre de prendre rapidement des mesures pour se protéger des patients peu scrupuleux et douteux.

Article 12 : Formation médicale continue

Un praticien doit maintenir et améliorer ses connaissances médicales et ses compétences de façon continue afin d'être en mesure de pratiquer en conformité avec les principes scientifiques et éthiques reconnus.

Article 13 : Participation à la santé publique et à l'éducation pour la santé

Le praticien doit participer à l'évaluation des pratiques professionnelles. Il peut participer à des activités d'information du public relatives à la sensibilisation et à l'éducation pour la santé.

Article 14 : Interdiction d'activités illégales, Incapacité et Légalité d'exercice

Un praticien doit s'abstenir de toutes les formes d'activités illégales. Tout praticien dont l'incapacité d'exercice médical a été prouvée par un rapport d'expertise médico-légale doit cesser immédiatement ses fonctions. Seuls les praticiens inscrits à l'Ordre, peuvent exercer la profession de médecin et de chirurgien-dentiste.

Article 15 : Prévention d'actes dommageables sur les personnes privées de liberté Lorsqu'un praticien examine ou traite une personne privée de liberté, il ne peut directement ou indirectement, ne serait-ce que par sa seule présence, favoriser ou cautionner une atteinte à l'intégrité physique, mentale ou à la dignité de cette personne. Notamment, lorsqu'il s'agit des cas de torture aussi bien dans les conflits armés que dans les troubles civils.

Article 16 : Torture La torture est le fait d'infliger délibérément et systématiquement des dommages physiques et/ou mentaux ou les deux à la fois, en occasionnant un préjudice par une ou plusieurs personnes agissant seule ou avec d'autres ou sur les ordres de toute autorité pour forcer ou intimider les victimes afin d'obtenir des informations, faire une confession ou autre. Ce qui est un outrage à la raison et à la dignité de la personne.

Article 17 : Prévention d'actes dégradants envers la profession médicale et la chirurgie dentaire Le praticien doit s'abstenir, même en dehors de sa pratique ; de tout acte qui puisse ternir l'image de la profession, notamment toutes les pratiques illégales. Il ne peut pas entreprendre une autre activité qui n'est pas compatible avec la dignité de la profession.

Article 18 : Usage du nom et de la compétence du praticien

Le praticien doit veiller à l'usage qui est fait de son nom, de sa compétence ou de ses déclarations. Il ne doit ni permettre, ni tolérer que les organismes publics ou privés où il exerce ou auxquels il prête son concours utilisent à des fins publicitaires son nom ou son activité professionnelle.

Article 19 : Interdiction de la publicité

La médecine ne doit pas être pratiquée comme un commerce. Il est interdit aux praticiens de distribuer à des fins lucratives des remèdes, appareils ou produits présentés comme ayant un intérêt pour la santé. Sont spécialement interdits : - tout procédé direct ou indirect de publicité ou de réclame. - les manifestations spectaculaires touchant à la médecine et n'ayant pas exclusivement un but scientifique ou éducatif. - tout aménagement ou signalisation donnant aux locaux une apparence commerciale.

- toute commercialisation d'un remède secret ou non approuvé.
- la prescription de remède ou d'appareil sur lesquels il a un intérêt financier.

Le praticien doit se prémunir contre la publicité dans les médias impliquant des compétences particulières ou exposant l'identité d'un patient. Un praticien ne doit pas, directement ou indirectement appliquer ou chercher à faire de sa profession un commerce, ou de permettre la pratique de tout acte ou chose qui peuvent raisonnablement être considérés comme de la publicité ou visant à lui attirer des profits indûment.

Article 20 : Collecte de sang et tissus, prélèvements d'organes et procréation assistée

Le prélèvement d'organe, de tissus, de cellules, de sang ou d'autres produits du corps humain, sur la personne vivante ou décédée ne peut être pratiqué que dans les cas et conditions prévus par la loi.

Article 21 : L'interruption volontaire de grossesse (IVG)

L'interruption volontaire de grossesse, ne peut être pratiquée que dans les cas et conditions prévus par la loi. Cependant le praticien est libre de s'y refuser, mais doit en informer l'intéressée dans les conditions et délais prévus par la loi.

Article 22 : Information sur des procédés nouveaux

Le praticien ne doit pas divulguer dans le public non médical de nouveaux procédés de diagnostic ou de traitement insuffisamment éprouvés. Il peut le faire dans le milieu médical avec l'obligation d'émettre les réserves nécessaires.

Article 23 : Participation à la recherche biomédicale

La recherche biomédicale dans laquelle le praticien peut participer, doit être prévue par la loi. Il doit s'assurer que la recherche et les résultats sont légaux, pertinents et objectifs. Une telle recherche ne doit pas saper la confiance basée sur la relation entre le patient et son praticien de famille, ainsi que la continuité des soins.

Article 24 : Délivrance non autorisée de médicaments et autres produits

Il est interdit à tout praticien de délivrer des médicaments non autorisés ainsi que des remèdes, appareils ou produits présentés comme ayant un intérêt pour la santé sauf dérogation accordée dans les conditions prévues par la loi. De même, il est interdit à tout praticien de distribuer dans un but lucratif, des médicaments, dispositifs ou produits présentés comme ayant un effet positif sur la santé.

Article 25 : Ristournes. Sont interdits :

- tout acte de nature à procurer à un praticien ou à un patient un avantage injustifié ou illicite.
- toute ristourne en argent ou en nature faite à un praticien ou à un patient. - tout versement, acceptation ou partage clandestin d'argent entre praticiens.
- toute commission à quelque personne que ce soit.
- toute acceptation d'une commission pour un acte médical quelconque ou une prescription.

Article 26 : Compérage

Tout compérage entre praticiens et pharmaciens, auxiliaires médicaux ou toute autre personne physique ou morale est interdit. Sous réserve des règlementations nationales des États membres, il est interdit aux praticiens de donner des consultations, de pratiquer un acte médical dans les locaux où sont mis en vente des médicaments ou des appareils médicaux qu'ils prescrivent où qu'ils utilisent. Le compérage est une entente entre deux ou plusieurs personnes en vue d'obtenir des avantages au détriment du patient ou des tiers.

Article 27 : Honoraires, fraude et abus de cotations Les praticiens sont en droit de facturer des honoraires raisonnables. Ces honoraires doivent être limités et proportionnels à des services effectivement rendus. Un praticien doit fournir des explications à la demande des patients sur les honoraires de ses actes et soins. Toute fraude, abus de cotation, indication inexacte des honoraires perçus et des actes effectués, toute facilité accordée à quiconque se livre à un exercice illégal sont interdits.

Article 28 : Partage d'honoraires Tout partage d'honoraires entre praticiens, sous quelque forme que ce soit, est interdit, sauf dans les cas d'associations de praticiens, des cliniques en copropriété, sous réserve des dispositions spécifiques relatives à des professionnels des sociétés civiles et la médecine du travail au sein des entreprises.

Article 29 : Utilisation incorrecte d'un mandat électif ou d'une fonction administrative pour attirer de la patientèle Il est interdit à un praticien qui a un mandat électif ou une fonction administrative de les utiliser à des fins professionnelles avec l'intention d'augmenter sa patientèle.

Article 30 : Fautes professionnelles et Conduites déshonorantes

La faute professionnelle se définit comme une attitude contraire aux règles professionnelles, aux pratiques professionnellement reconnues et à l'environnement de travail. Les circonstances dans lesquelles un praticien peut être accusé de négligence dans le cadre de la prise en charge d'un patient, sont entre autres : a. La non prise en charge du patient dans un délai raisonnable.

b. L'incompétence dans l'évaluation clinique du patient.

c. La pose d'un diagnostic erroné, en particulier lorsque les signes cliniques sont évidents.

d. L'incapacité à bien conseiller le patient sur les risques liés à sa prise en charge médicale. e. L'erreur évitable et flagrante en cours de traitement. f. Toute action susceptible de porter préjudice au patient par d'autres professionnels de santé agissant sous sa supervision.
Nonobstant les dispositions de l'article 27 sont considérées comme conduites déshonorantes :
a. L'abus de l'alcool et autres drogues dans son lieu de travail et dans tout lieu public.
b. Consultation et traitement de patients sous l'influence d'alcool et d'autres drogues.
c. L'utilisation abusive de drogues et de substances dangereuses auxquelles sa profession lui donne légalement accès.
d. La commercialisation d'un remède secret ou non approuvé scientifiquement.
e. La preuve d'une négligence grave et /ou prolongée dans sa pratique.
f. La fuite établie de ses responsabilités vis-à-vis du patient.
g. L'exigence et la perception irrégulières de frais d'un patient dans le cadre du service de santé publique à la réglementation.
h. L'obtention d'un paiement auquel il n'a pas droit en toute connaissance de cause.
i. La prescription ou la délivrance de médicaments ou d'appareils pour lesquels il a un intérêt financier.
j. Le partage d'honoraires sous forme de ristourne payée par le patient au praticien référent ou par toute autre personne. La collusion avec d'autres praticiens ou des pharmaciens pour des gains financiers contraires à l'éthique.
k. L'abus de ces privilèges dans une relation inappropriée avec un patient.
Article 31 : Conduite du praticien
Un praticien doit toujours s'efforcer de s'habiller de façon appropriée que ce soit au travail ou en dehors du travail. Le praticien doit éviter de fumer dans tous les établissements de soins de santé.
Article 32 : Protection du public et de la profession
Un praticien doit protéger le public et la sauvegarde de la profession contre les praticiens incompétents et/ou ayant des actes contraires à l'éthique.
Article 33 : Obligation de vérification et Certificat de complaisance
Un praticien ne doit pas certifier ce qu'il n'a pas personnellement vérifié. Toute délivrance d'un rapport tendancieux ou d'un certificat médical de complaisance ou de tout autre document prescrit par les lois et règlements qui ne correspondent pas aux constatations médicales constitue une faute grave.
Article 34 : Délégation de tâches et de fonctions
Un praticien ne peut déléguer des tâches et fonctions à d'autres collaborateurs de soins de santé, comme prévu par la loi, que s'il les contrôle directement et les supervise. Le praticien peut donner des ordres permanents de lignes directrices à d'autres collaborateurs de soins de santé dans l'exercice de toute

tâche ou fonction en tenant compte de leur compétence.
Article 35 : Obligation de se conformer aux engagements du Serment d'Hippocrate
Le praticien doit respecter les préceptes du Serment qui regroupe les lignes directrices et comportementales entre le praticien et ses patients, les collègues, les agents de santé et autres collaborateurs publics.
Article 36 : Connaissance des textes réglementaires Tous les praticiens ont le devoir de se familiariser avec : - le texte portant création de leur Ordre respectif, - les règles de Déontologie et Éthiques, - les statuts de leur association professionnelle et l'ensemble des textes d'application.
Article 37 : Confidentialité et Commentaires en public sur les affaires judiciaires pendantes Un praticien ne doit pas divulguer des décisions disciplinaires, commenter publiquement sur les affaires juridiques /judiciaires pendantes.
Article 38 : Courtoisie envers les patients et prévention d'allégations d'actes répréhensibles
Le praticien doit faire preuve de courtoisie appropriée envers les patients et prendre des mesures pour se prémunir de situations qui peuvent donner lieu à des allégations équivoques d'actes répréhensibles.

TITRE II

LA PRATIQUE DE LA PROFESSION

CHAPITRE I : RÈGLES COMMUNES À TOUTES LES PRATIQUES

Article 39 : Obligation d'allégeance des praticiens
Tout praticien a l'obligation d'allégeance à la Corporation médicale conformément aux prescriptions du Serment d'Hippocrate. Le rôle fondamental de cette Corporation est le maintien à un niveau élevé de la pratique médicale, de guider les praticiens et de protéger le public, la profession médicale contre l'envahissement injustifié des charlatans et des imposteurs. Cette Corporation médicale est constituée des Ordres nationaux et des associations professionnelles. Ces deux branches, lorsqu'elles coexistent partagent les mêmes objectifs ci-dessus énumérés et reçoivent l'allégeance de tous les praticiens.
Article 40 : Obligation de dénonciation d'actes répréhensibles
Dans l'intérêt de la santé et de la sécurité des patients, de la santé publique et de la profession, tout praticien est dans l'obligation de dénoncer auprès de l'Ordre tout acte criminel, corruption, malhonnêteté ou tout acte jugé contraire à l'éthique et à la déontologie médicale.

Article 41 : Responsabilité personnelle du praticien

La pratique de la médecine/chirurgie dentaire est personnelle ; chaque praticien est responsable de ses décisions et de ses actes.

Article 42 : Exigences relatives à la prescription de documents et certificats médicaux

L'exercice de la médecine comporte normalement l'établissement par le praticien conformément aux constatations médicales qu'il est en mesure de faire : des certificats, attestations ou documents dont la production est prescrite par les lois et règlements. Ces documents doivent être rédigés lisiblement et permettre l'identification du praticien dont il émane et être signés par lui.

Article 43 : Violation du Code et Conseil de discipline

Toute violation des dispositions du présent Code sera soumise au Conseil de discipline qui statue après délibération. Toutefois les droits de la défense sont reconnus à tout contrevenant qui peut être assisté devant le Conseil par une personne de son choix y compris un Avocat.

Article 44 : Violation du Code et Sanctions disciplinaires

Lorsque la violation des dispositions du Code par un praticien, est établie par le Conseil de l'Ordre, celui –ci se réserve le droit de prononcer une sanction disciplinaire.

Article 45 : Sanctions disciplinaires

Les sanctions prévues sont dans la limite compatible avec la loi des États membres :

- l'avertissement
- le blâme - la radiation temporaire
- la radiation definitive
- toutes autres mesures que le Conseil jugera appropriées

Article 46 : Principes et Normes de travail

Le praticien doit exercer sa profession dans les locaux et installations convenables et adéquats pour permettre le respect du secret professionnel. Il doit disposer de moyens techniques suffisants en rapport avec la nature des actes qu'il pratique ou de la population qu'il prend en charge. Il doit veiller à la stérilisation et à la décontamination du matériel et des produits médicaux qu'il utilise. Il doit également veiller à la compétence des personnes qui lui apportent leur concours.

Article 47 : Principes et Normes de soins thérapeutiques

Tout praticien est en principe, habilité à pratiquer tous les actes de diagnostic, de prévention et de traitement. Mais il ne doit pas, sauf circonstances exceptionnelles entreprendre ou poursuivre des soins, ni formuler des prescriptions dans des domaines qui dépassent ses connaissances, son expérience et les moyens dont il dispose.

Article 48 : Secret professionnel et confidentialité de l'exercice médical

Le praticien doit protéger contre toute indiscrétion les documents médicaux concernant les personnes qu'il a conseillées, soignées ou examinées quelque soient le contenu et le support de ces documents ; Il en va de même des informations médicales dont il peut être détenteur. Le praticien doit faire en sorte que, lorsqu'il utilise son expérience ou ses documents à des fins de publication scientifique ou d'enseignement, l'identification des personnes ne soit pas possible ; à défaut leur accord doit être obtenu.
Article 49 : Interdiction de la médecine foraine L'exercice de la médecine foraine est interdit ; toutefois des dérogations peuvent être accordées par le Conseil national de l'Ordre ou par le Conseil régional ou départemental de l'Ordre dans l'intérêt de la Santé publique.
Article 50 : Interdiction du pseudonyme Il est interdit à tout praticien d'exercer la médecine sous un pseudonyme. Toutefois, tout praticien se servant d'un pseudonyme pour les activités se rattachant à sa profession est tenu d'en faire la déclaration à l'Ordre.
Article 51 : Modalités des permanences de soins, astreintes et gardes
Le praticien doit participer à la permanence des soins dans le cadre des lois et règlements qui l'organisent. Lorsque le praticien participe dans un service de garde d'urgences ou d'astreinte, il doit prendre toutes les dispositions pour être joint au plus vite. Il est autorisé, pour faciliter sa mission, à apposer sur son véhicule une plaque amovible portant la mention « médecinurgences » à l'exclusion de toute autre. Il doit la retirer dès que sa participation à l'urgence prend fin. Il doit tenir informé de son intervention le praticien habituel du patient.
Article 52 : Indications devant figurer sur l'ordonnancier
Les seules indications qu'un praticien est autorisé à mentionner sur ses feuilles d'ordonnances sont :
- nom, Prénom, adresse professionnelle et électronique, numéros de téléphone et de télécopie, jours et heures de consultations,
- les noms des praticiens associés, si le praticien exerce en association ou en société, sa situation vis-à-vis des organismes d'assurance-maladie,
- la qualification qui lui aura été reconnue par le Conseil national de l'Ordre,
- les diplômes, titres et fonctions lorsqu'ils ont été reconnus par le Conseil National de l'Ordre,
- les distinctions honorifiques reconnues par la République.
Article 53 : Indications devant figurer dans les annuaires
Les seules indications qu'un praticien est autorisé à faire figurer dans les annuaires à l'usage du public quel qu'en soit le support sont :
- les noms, prénoms, adresses professionnelle et électronique, numéros de téléphone et de télécopie, jours et heures de consultations ;
- la situation vis-à-vis des organismes d'assurance-maladie ; - la qualification qui lui a été reconnue par le Conseil National de l'Ordre, les diplômes d'études spécialisées complémentaires et les compétences dont il est titulaire et

reconnu par le Conseil National de l'Ordre.
Article 54 : Indications devant figurer sur la plaque du lieu d'exercice
Les seules indications qu'un praticien est autorisé à faire figurer sur une plaque à son lieu d'exercice sont ses noms, prénoms, numéro de téléphone, jours et heures de consultations, ses diplômes, titres et qualifications reconnus par le Conseil National de l'Ordre. Ces indications doivent être présentées avec discrétion, conformément aux usages de la profession et ne doit pas faire l'objet de publicité contraire à l'éthique médicale.
Article 55 : Modalités d'annonces de presse Lors de son installation ou d'une modification de son exercice, le praticien peut faire paraître dans la presse une annonce sans caractère publicitaire dont le texte et les modalités de publication doivent être préalablement communiqués au Conseil National de l'Ordre ou au Conseil régional ou départemental de l'Ordre pour visas avant toute publication.
Article 56 : Obligation de contrat écrit pour toute activité médicale
L'exercice de la médecine au sein d'une entreprise, d'une institution de droit privé, d'une administration de l'État, d'une collectivité territoriale ou au sein d'un établissement public doit faire l'objet d'un contrat écrit, sauf dans les cas prévus par les lois et règlements. Ce contrat définit les obligations respectives des parties et doit préciser les moyens permettant aux praticiens de respecter les dispositions du présent Code. Ce contrat doit être communiqué par le praticien au Conseil national ou au Conseil régional ou départemental de l'Ordre. Il ne pourra être mis en œuvre qu'après avis favorable du Conseil National de l'Ordre dans un délai de deux mois.
Toutefois, le silence gardé par ces Organes vaut décision implicite d'acceptation à l'expiration du délai de deux mois à compter de la date de réception du contrat. Les observations que le Conseil national ou le Conseil régional ou départemental aurait à formuler sont adressées à l'autorité administrative compétente et aux praticiens concernés.

CHAPITRE II : PRATIQUE MÉDICALE EN CLIENTÈLE PRIVÉE

Article 57 : Résidence professionnelle
Le praticien ne dispose que d'une seule résidence professionnelle. Cependant il peut disposer d'un seul site secondaire d'exercice lorsqu'il est constaté par le Conseil national ou Conseil départemental/régional de l'Ordre dans un secteur géographique, une carence ou une insuffisance de l'offre de soins, préjudiciable aux besoins des patients ou à la permanence des soins.
Article 58 : Facturation/Factures
Le praticien peut établir lui-même sa note d'honoraires avec tact et mesure en tenant compte des tarifs et des honoraires tels que déterminés par les lois et règlements en vigueur. Les honoraires sont révisés périodiquement par une commission comprenant les représentants du Conseil national de l'Ordre et

des organisations professionnelles médicales. Un praticien n'est jamais en droit de refuser à son patient des explications sur sa note d'honoraires. Il est interdit à tout praticien d'abaisser ses honoraires dans un intérêt de concurrence en dessous des barèmes publiés par les organismes professionnels qualifiés.

Article 59 : Pratique de groupe

Le regroupement de praticiens de même discipline ou de disciplines différentes peut se faire dans le cadre de cabinet de groupe à l'exclusion de la radiologie et de la biologie. Leur but est l'amélioration de l'organisation matérielle de leur travail, la mise en commun de leurs équipements professionnels et de leurs locaux.

Article 60 : Nom / Plaque de pratique de groupe

Les praticiens exerçant dans un cabinet de groupe sont tenus de faire figurer sur la plaque apposée à la porte du cabinet ou à l'entrée de l'immeuble la mention « cabinet de groupe » suivie des noms et prénoms des praticiens y exerçant. Cette plaque ne doit pas dépasser 45 cm sur 60 cm. Les mots « clinique du groupe » doivent également apparaître sur tous les documents.

Article 61 : Règles spécifiques régissant la pratique de groupe

L'exercice de la médecine dans le cadre d'un cabinet de groupe doit tenir compte également des règles particulières suivantes :

a) Le respect de l'indépendance professionnelle de chaque praticien,

b) La liberté de choix du praticien par le malade,

c) L'obligation pour chaque praticien de disposer d'un cabinet d'examen personnel,

d) Tout document médical doit porter le nom du praticien signataire,

e) Les remplacements mutuels doivent se faire dans le cabinet d'examen du praticien remplacé,

f) L'obligation d'établir un contrat écrit définissant les moyens d'exercice ainsi que les droits et obligations des médecins concernés. Ce contrat doit être communiqué au Conseil national sous couvert du Conseil régional ou départemental de l'Ordre pour visa après vérification de sa conformité aux lois et règlements en vigueur.

g) Les actes d'anesthésie générale sont interdits.

Article 62 : Intégrité personnelle dans la pratique de groupe

L'exercice de la médecine dans les cabinets de groupe reste personnel. Cependant l'examen du malade par un ou plusieurs médecins exerçant dans le cabinet de groupe ne doit faire l'objet d'aucun honoraire supplémentaire.

Article 63 : Limitation de la participation dans la pratique de groupe

Un praticien membre d'un cabinet de groupe ne peut être membre d'un autre cabinet de groupe ou d'une société civile professionnelle de praticiens. Il lui est interdit d'exercer la médecine/chirurgie-dentaire à titre individuel sous forme libérale.

Article 64 : Centres de diagnostic Les centres de diagnostic sont constitués sous la forme d'un cabinet individuel ou de groupe.
Dans ces centres sont pratiqués exclusivement les examens biologiques, radiologiques et d'imagerie médicale à visée diagnostique et thérapeutique.
Article 65 : Conditions de suppléance Il est interdit à un praticien d'employer pour son compte dans l'exercice de sa profession un autre praticien et de faire gérer son cabinet par un confrère sous réserve des dispositions relatives au remplacement temporaire. Toutefois, le Conseil national ou le Conseil régional ou départemental peut autoriser pendant une période de 6 mois renouvelable une fois, la tenue par un praticien du cabinet d'un confrère décédé.
Article 66 : Exigences en matière de collaboration Le praticien peut par dérogation à l'article 61 s'attacher le concours d'un praticien collaborateur libéral dans l'exercice de la médecine d'entreprise. Chacun d'entre eux exerce son activité en toute indépendance et dans le respect des règles de la profession, notamment le libre choix du praticien par les patients et l'interdiction du compérage.
Article 67 : Assistance par un étudiant praticien Le praticien peut, sur autorisation, être assisté dans son exercice par un étudiant praticien lorsque les besoins de la santé publique l'exigent, en cas d'afflux exceptionnel de population, ou lorsque momentanément, son état de santé le justifie. L'autorisation est accordée par le Conseil national de l'Ordre ou par le Conseil régional ou départemental. Le silence gardé par ces Organes vaut décision implicite d'acceptation à l'expiration d'un délai de deux mois à compter de la date de réception de la demande. L'étudiant doit avoir validé au moins les deux premiers cycles de sa formation.
Article 68 : Interdiction de rémunération liée à la rentabilité Un praticien ne peut accepter que, dans le contrat qui le lie à l'établissement de santé figure une clause faisant dépendre sa rémunération à la rentabilité de la structure sanitaire.

CHAPITRE III : PRATIQUE SALARIÉE DE LA MÉDECINE / CHIRURGIE DENTAIRE

Article 69 : Indépendance professionnelle
Le fait pour un praticien d'être lié dans son exercice professionnel par un contrat ou un statut à un autre praticien, une administration, une collectivité ou tout autre organisme public ou privé n'enlève rien à ses devoirs professionnels et en particulier à ses obligations concernant le secret professionnel et l'indépendance de ses décisions. En aucune circonstance, le praticien ne peut accepter de limitation à son indépendance dans son exercice médical de la part d'un autre praticien, de l'entreprise ou de l'organisme qui

l'emploie. Il doit toujours agir en priorité en faveur de la santé publique et dans l'intérêt des personnes et de leur sécurité au sein des entreprises ou des collectivités où il exerce.

Article 70 : Interdiction de rémunération liée à la rentabilité-Indépendance professionnelle-Maintenance de la qualité des soins

Un praticien salarié ne peut en aucun cas accepter une rémunération fondée sur des normes de productivité, de rendement horaire, ou sur toute autre disposition qui auraient pour conséquence une limitation ou un abandon de son indépendance, ou une atteinte à la qualité des soins.

Article 71 : Utilisation d'une fonction pour accroître les patients

Le praticien qui exerce dans un service privé, public de soins ou de prévention ne peut user de sa fonction pour accroître sa patientèle.

Article 72 : Limitation de la divulgation de renseignements contenus dans les dossiers médicaux Les renseignements d'ordre médical contenus dans les dossiers médicaux établis par le praticien salarié ne peuvent être communiqués ni aux personnes autres que le praticien responsable du service médical ni à une autre administration en dehors des cas prévus par la loi.

Article 73 : Responsabilité des dossiers médicaux

Sous réserve des dispositions applicables aux établissements de santé, les dossiers médicaux sont conservés sous la responsabilité du praticien qui les a établis.

Article 74 : Médecine / Chirurgie dentaire du Travail

La médecine du travail s'exerce conformément à la législation en vigueur. Le praticien du travail a une mission essentiellement préventive. Il a l'obligation de veiller sur la sécurité des travailleurs et la protection de leur santé et au respect des règles d'hygiène.

Article 75 : Préservation du secret professionnel et procédés Le praticien du travail doit respecter scrupuleusement le secret professionnel et tous procédés dont il pourrait prendre connaissance à l'occasion de l'exercice de ses fonctions.

CHAPITRE IV : PRATIQUE DE LA MÉDECINE DE CONTRÔLE / D'EXPERTISE

Article 76 : Nul ne peut être à la fois, sauf cas d'urgence, praticien contrôleur et praticien traitant d'un même malade, ni devenir ultérieurement son praticien pendant une durée d'un an à compter du dernier acte de contrôle. Cette interdiction s'étend aux membres de la famille du malade vivant avec lui, et si le praticien est accrédité auprès d'une collectivité, aux membres de celle-ci.

Article 77 : Le praticien de contrôle doit informer la personne qu'il va examiner de sa mission et du cadre juridique prescrit. Il doit être très circonspect dans ses propos et s'interdire toute révélation ou commentaire. Il doit être parfaitement objectif dans ses conclusions.

Article 78 : Lorsqu'il est investi de sa mission, le praticien de contrôle ou le praticien expert doit se récuser, s'il estime que les questions qui lui sont posées sont étrangères à la technique proprement médicale, à ses connaissances, à ses possibilités ou qu'elles l'exposeraient à contrevenir aux dispositions du présent Code.
Article 79 : Exerçant un contrôle médical, le praticien ne doit pas s'immiscer dans le traitement ni le modifier. Si à l'occasion d'un contrôle il se trouve en désaccord avec le praticien traitant sur le diagnostic, le pronostic ou s'il lui apparait qu'un élément important et utile à la conduite du traitement semble avoir échappé à son confrère, il doit le lui signaler personnellement. En cas de difficultés à ce sujet, il peut en faire part au Conseil régional ou départemental ou au Conseil national de l'Ordre qui essaiera de rapprocher les points de vue des deux praticiens dans l'intérêt du malade.
Article 80 : Le praticien chargé du contrôle est tenu au secret envers l'administration ou l'organisme qui fait appel à ses services. Il ne peut et ne doit lui fournir que ses conclusions sur le plan administratif sans indiquer les raisons d'ordre médical qui les motivent. Les renseignements médicaux contenus dans les dossiers établis par ce praticien ne peuvent être communiqués aux personnes étrangères au service médical ni à un autre organisme sauf dans les cas prévus par la loi.
Article 81 : Nul ne peut être à la fois praticien expert et praticien traitant d'un même malade. Il est interdit à un praticien d'accepter une mission d'expertise dans laquelle sont en jeu ses propres intérêts, ceux d'un de ses patients, d'un de ses proches, d'un de ses amis ou d'un groupement qui fait habituellement appel à ses services.

TITRE III

LA RECHERCHE BIOMÉDICALE

CHAPITRE I : PRINCIPES GÉNÉRAUX DE LA RECHERCHE BIOMÉDICALE

Article 84 : La recherche sur l'être humain doit suivre les principes généralement reconnus, moraux et scientifiques, qui justifient la recherche en médecine humaine et devraient être fondés sur les analyses effectuées de manière adéquate et après avoir fait l'expérimentation animale. Elle doit être menée par une ou plusieurs personnes qui possèdent les compétences requises, les connaissances scientifiques et l'expérience. En outre, elle ne doit être menée que par des personnes scientifiquement qualifiées et placées sous la

supervision d'un praticien compétent sur le plan clinique.
Article 85 : Une expérience ne peut légitimement être effectuée que seulement si l'importance de l'objectif à atteindre peut compenser les risques encourus par le sujet.
Article 86 : Avant d'entreprendre une expérience, une évaluation rigoureuse des risques et des avantages pour le sujet et pour d'autres personnes concernées par la recherche, doit être faite. La responsabilité doit toujours incomber à une personne médicalement qualifiée et ne jamais reposer sur le sujet de la recherche, même si celui-ci a donné son consentement libre et éclairé.
Article 87 : Le praticien doit observer une prudence particulière lorsqu'il entreprend une expérience qui peut modifier la personnalité du sujet en raison des médicaments ou des procédés utilisés.
Article 88 : La nature et les motifs de l'expérience et les effets sur la vie et la santé du sujet concerné devraient être expliqués par le praticien dans un langage compris par ce dernier.
Article 89 : Nonobstant les dispositions de l'article 88 du présent Code ci-dessus, aucune expérience sur un être humain ne peut être entreprise sans le consentement libre et éclairé du sujet par écrit. Un consentement éclairé de tous les sujets humains doit être demandé avant leur enrôlement.
Article 90 : Le sujet soumis à l'expérience devrait être dans un état physique, mental et de discernement adéquat pour pouvoir exercer pleinement sa faculté à prendre des décisions.
Article 91 : Le consentement doit être fait en termes généraux et rédigé par écrit.
La responsabilité éventuelle d'une expérience sur un être humain incombe toujours au scientifique et jamais au sujet qui subit librement l'expérience.
Article 92 : Le droit de tout individu de sauvegarder son intégrité physique doit être assuré par le scientifique, en particulier lorsque le sujet est dans un état de dépendance vis-à-vis du scientifique. Toutes les précautions doivent être prises pour respecter la vie privée du sujet et minimiser l'impact de l'étude sur son intégrité physique et mentale et sur sa personnalité.
Article 93 : La conception et la performance de chaque procédure expérimentale impliquant des sujets humains doivent être clairement définies dans un protocole expérimental qui doit être transmis à un comité indépendant (d'éthique) désigné spécialement pour examen, commentaires et des conseils.
Article 94 : Dans la publication des résultats de sa recherche, le praticien est tenu de préserver l'exactitude des résultats. Si les rapports de l'expérimentation ne sont pas en conformité avec les principes d'éthique, il ne doit pas les accepter pour publication.
Article 95 : Le sujet ou ses représentants légaux doivent être libres à tout moment d'arrêter l'expérience. Le scientifique et ses collaborateurs doivent arrêter l'expérience, si à leur avis individuellement et/ou collectivement, la

poursuite du processus peut exposer le sujet à tous les dangers.
Article 96 : Nonobstant les dispositions des articles 88 et 89 du présent Code ci-dessus, dans toute recherche sur des êtres humains, chaque sujet potentiel doit être correctement informé des objectifs, méthodes, bénéfices escomptés et des dangers potentiels de l'étude et des désagréments qu'elle peut engendrer.
Article 97 : Seul un praticien agréé peut légalement effectuer des recherches impliquant des sujets humains.
Article 98 : Dans le cas de l'obtention du consentement éclairé pour un projet de recherche, le praticien doit être particulièrement prudent si le sujet est dans une relation de dépendance vis-à-vis de lui, et veiller à ce qu'il ne consente sous la contrainte. Dans ce cas, le consentement éclairé doit être obtenu par un praticien qui n'est pas engagé dans l'enquête et complètement indépendant de cette relation officielle.
Article 99 : En cas d'incapacité juridique du sujet, le consentement éclairé doit être obtenu auprès du représentant légal du sujet en conformité avec la législation nationale en vigueur. S'il est impossible d'obtenir le consentement éclairé, ou lorsque le sujet est un mineur, l'autorisation du parent/tuteur légal se substitue au consentement du sujet en conformité avec la législation nationale.
Article 100 : Le praticien doit superviser la sécurité des sujets humains tout au long de la période de recherche.
Article 101 : La recherche doit être fondée sur l'expérimentation en laboratoire et sur les animaux de façon appropriée et une connaissance approfondie de la littérature scientifique.
Article 102 : Le praticien doit cesser tout ou partie des investigations, si les risques encourus l'emportent sur les avantages potentiels.
Article 103 : Le praticien doit informer le patient qu'il est libre à tout moment de se retirer de la recherche sans avoir à subir un désavantage à la suite de sa décision.
Article 104 : Le praticien ne peut refuser un traitement efficace pour une raison quelconque.
Article 105 : Le sujet de recherche doit bénéficier des meilleures méthodes diagnostiques, prophylactiques et thérapeutiques existantes. Cependant, cela ne devrait pas empêcher l'utilisation d'un placebo en l'absence d'une autre méthode diagnostique ou thérapeutique existantes.
Article 106 : Le protocole de recherche doit toujours contenir une déclaration sur les considérations éthiques et devrait indiquer que les principes éthiques et déontologiques sont respectés.

CHAPITRE II : LA RECHERCHE MÉDICALE ASSOCIEE AUX SOINS MEDICAUX (RECHERCHE CLINIQUE)

Article 107 : Dans le traitement de la personne malade, le praticien doit être libre d'utiliser une nouvelle méthode diagnostique et thérapeutique, si dans son jugement, cette méthode offre un espoir de sauver la vie, rétablir la santé ou soulager les souffrances.

Article 108 : Les avantages potentiels, les risques et l'inconfort d'une nouvelle méthode doivent être mis en balance avec les avantages de meilleures méthodes actuelles de diagnostic et thérapeutiques.

Article 109 : Nonobstant les dispositions de l'article 105 ci-dessus, dans toute étude, tous les patients - y compris ceux d'un groupe de contrôle, les cas échéants doivent être assurés de bénéficier des meilleures méthodes éprouvées de diagnostic et de thérapeutique.

Article 110 : Le refus d'un patient de participer à une étude ne doit jamais interférer avec la relation praticien - patient.

Article 111 : Le praticien peut combiner la recherche médicale avec les soins professionnels, l'objectif étant l'acquisition de nouvelles connaissances médicales, uniquement dans la mesure où la recherche médicale est justifiée par sa valeur prophylactique, diagnostique ou thérapeutique potentielle pour le patient.

CHAPITRE III : LA RECHERCHE BIOMÉDICALE NON THERAPEUTIQUE IMPLIQUANT DES SUJETS HUMAINS (RECHERCHE BIOMÉDICALE NON CLINIQUE)

Article 112 : Dans l'application purement scientifique de la recherche médicale réalisée sur un être humain, il est du devoir du praticien de rester le protecteur de la vie et de la santé de cette personne sur laquelle la recherche biomédicale est en cours.

Article 113 : Les sujets doivent être des bénévoles, soit des personnes en bonne santé ou des patients pour lesquels le protocole expérimental n'est pas lié à une maladie.

Article 114 : Le scientifique ou l'équipe de recherche doit arrêter la recherche si sa poursuite peut porter préjudice à l'individu, objet de la recherche.

Article 115 : Dans la recherche sur l'être humain, l'intérêt de la science et de la société ne doivent jamais prévaloir sur les considérations liées au bien-être du sujet.

TITRE IV

DEVOIRS DE CONFRATERNITÉ
- RAPPORTS AVEC LES AUTRES PROFESSIONNELS DE SANTÉ

CHAPITRE I : DEVOIRS DE CONFRATERNITÉ

Article 116
Les praticiens doivent entretenir entre eux des rapports de bonne confraternité. Ils se doivent une assistance morale. Celui qui a un dissentiment professionnel avec son confrère doit d'abord tenter de se réconcilier avec lui. S'il n'a pu réussir, il peut en aviser le Conseil départemental/régional ou le Président du Conseil de l'Ordre qui doit entreprendre immédiatement une mission de réconciliation. Il est interdit de calomnier un confrère, de médire de lui, ou de se faire l'écho de propos qui pourraient lui nuire dans l'exercice de sa profession. Il est de bonne confraternité de prendre la défense d'un confrère injustement attaqué.
Article 117
Un praticien ne doit pas faire des critiques infondées ou malveillantes contre des collègues, susceptibles de nuire à la confiance des patients dans les soins ou le traitement reçus ou dans le jugement de ceux qui sont soignés. Le praticien ne doit pas engager des poursuites contre un collègue ou un établissement de santé directement ou indirectement par malveillance.
Article 118
Le détournement ou la tentative de détournement de patientèle est interdit.
Article 119
Le praticien consulté pour un patient ou appelé auprès d'un malade que soigne un de ses confrères doit respecter les règles suivantes :
- l'intérêt du malade, en traitant notamment toute situation d'urgence,
- le libre choix du malade qui désire s'adresser à un autre praticien ou à une autre structure de santé. Le praticien consulté ou appelé doit avec l'accord du patient, informer le praticien traitant et lui faire part de ses constatations et décisions. En cas de refus du patient, il doit informer celui-ci des conséquences qu'entraînerait son refus.
- un praticien qui a été appelé en consultation ne doit pas revenir auprès du malade examiné en commun, en l'absence du praticien traitant ou sans son approbation, au cours de l'affection ayant motivé la consultation, sauf à la demande expresse du patient.
Article 120
Le praticien consulté d'urgence, doit, si celui-ci doit être revu par son praticien traitant ou un autre praticien, rédiger à l'intention de son confrère un compte-

rendu détaillé de son intervention et de ses prescriptions qu'il remet au malade ou l'adresse directement à son confrère en informant le malade. Il en conserve le double.

Article 121 Le praticien traitant d'un malade doit proposer une consultation d'un autre confrère dès que les circonstances l'exigent. Il doit accepter de référer le patient à sa demande et/ou celle de son entourage. Il doit respecter le choix du malade et sauf objection sérieuse, l'adresser ou faire appel à tout consultant qu'il juge le plus qualifié en situation régulière d'exercice. Si le praticien traitant ne croit pas devoir donner son agrément au choix du malade, il peut se récuser, mais aussi, il peut conseiller de recourir à un autre praticien consultant, comme il doit le faire à défaut du choix exprimé par le malade. À l'issue de la consultation, le consultant de référence informe par écrit le praticien traitant de ses constatations, conclusions, et éventuelles prescriptions en avisant le patient ou lui adresse un rapport circonstancié.

Article 122

Les praticiens qui examinent ou traitent un malade en collaboration doivent se tenir mutuellement informés ; chacun des praticiens assume ses responsabilités personnelles et veille à l'information du patient. Chacun des praticiens peut mettre fin à son concours comme le prévoit la réglementation, à condition de ne pas nuire au malade et d'en avertir ses confrères.

Article 123

Quant au cours d'une consultation, les avis du consultant et du praticien traitant diffèrent profondément sur la maladie du patient, le malade doit en être informé. Le praticien traitant est libre de cesser ses soins si l'avis du consultant prévaut auprès du malade ou de son entourage.

Article 124

Le praticien consultant ne peut convoquer ou réexaminer le malade, sauf urgence, au cours de la maladie ayant motivé la consultation à l'insu du praticien traitant. Il ne doit pas poursuivre les soins exigés par l'état du patient lorsque ces soins sont de la compétence du praticien traitant sauf si le patient exprime une volonté contraire.

Article 125

Sans préjudice des dispositions applicables aux établissements publics de santé et aux établissements privés participant au service public hospitalier, le praticien qui prend en charge un malade à l'occasion d'une hospitalisation doit en aviser le praticien désigné par le malade ou son entourage. Il doit le tenir informé par écrit dans un rapport circonstancié des décisions essentielles auxquelles ce praticien sera associé dans un esprit de bonne confraternité.

Article 126

Un étudiant en médecine/chirurgie-dentaire qui a validé ses cycles d'études et fait un remplacement de trois mois ne devrait pas s'installer avant deux ans dans une clinique où il peut être en concurrence directe avec le praticien qu'il a remplacé et avec les praticiens qui travaillent en association avec celui-ci. À moins qu'un accord ne soit conclu entre les parties. Le Conseil départemental, régional ou national de l'Ordre doit être informé de l'accord. Si un accord ne peut être conclu, l'affaire doit être soumise par l'une des parties au Conseil national qui prend une décision qui s'impose à toutes les parties.

Article 127

Lorsque le remplacement est terminé, l'étudiant doit cesser toute activité s'y rapportant et transmettre les informations pertinentes au praticien remplacé pour la continuité des soins.

Article 128

Un praticien ne doit pas s'installer dans un immeuble où exerce un confrère de même spécialité sans l'accord écrit préalable de celui-ci pour éviter une concurrence malsaine. Cette disposition s'applique également à la médecine générale considérée comme une spécialité.

Article 129

Le praticien est libre de donner gratuitement ses soins. Cependant il lui est interdit toute pratique tendant à baisser dans un but de concurrence le tarif de ses honoraires. Il est d'usage qu'un praticien soigne gratuitement ses parents proches, ses confrères et les personnes à sa charge, les étudiants en médecine, le personnel de son service, ses collaborateurs et auxiliaires directs.

CHAPITRE II : RAPPORTS DES PRATICIENS AVEC LES AUTRES PROFESSIONNELS DE SANTÉ

Article 130

Dans l'intérêt de la prise en charge des patients, les praticiens doivent entretenir de bons rapports avec les autres professionnels de santé. Ils doivent respecter l'indépendance professionnelle de ceux-ci et le libre choix du malade. De même qu'un esprit de bonne confraternité est souhaitable entre praticiens, de bonnes relations doivent être entretenues avec les autres professionnels de santé.

Article 131

Le praticien peut s'associer sur le plan professionnel avec d'autres professionnels de santé lorsque cela est nécessaire pour la prise en charge adéquate des patients. Cependant dans le cadre d'une telle collaboration le praticien doit s'assurer que les personnes impliquées sont reconnues par leur profession et sont compétentes pour effectuer les tâches qui leur sont confiées. Le praticien doit conserver une autorité, un contrôle et une responsabilité absolue vis-à-vis du professionnel de santé avec lequel il collabore.

Article 132

Le praticien a le droit de donner les ordres et directives aux autres professionnels de la santé sous sa responsabilité, dans l'exercice de leur fonction, s'il est en mesure de les contrôler et de les superviser. Ces ordres doivent être exécutés même en l'absence du praticien.

Article 133
Un praticien doit éviter de traiter sa propre famille ou lui-même, sauf pour des affections mineures, dans les situations d'urgence ou de premiers secours de sauvetage de vie jusqu'à ce qu'un autre collègue compétent puisse prendre en charge la prestation des soins.
Article 134
Un praticien ne doit pas sciemment prendre en charge les soins d'un patient d'un autre praticien sans consultation avec le collègue à moins qu'il soit convaincu que le patient a notifié à l'ancien praticien que ses services ne sont plus requis. Un praticien ne doit pas, directement ou indirectement attirer les patients d'un autre collègue.
Article 135
Le partage d'informations avec d'autres professionnels de la santé est important pour des soins sûrs et efficaces et doit être encouragé et accepté par tous les praticiens.
Article 136 Un praticien qui réfère un patient doit fournir toutes les informations pertinentes à son sujet, y compris les antécédents médicaux et l'état actuel, pour le praticien de référence. Il est de bonne pratique clinique de communiquer un rapport complet à un collègue de référence.
Article 137
Un praticien doit dénoncer au Conseil, sans crainte, ni faveur, un acte criminel ou pratique de corruption, toute conduite malhonnête ou non professionnelle ou tout acte d'omission ou de commission de la part de tout praticien qui est médicalement ou éthiquement inacceptable. Cependant, une telle dénonciation doit être volontaire et utile pour la santé et la sécurité du patient, doit être dans l'intérêt du public ou pour l'honneur de la profession et ne doit pas être entachée de malveillance.

TITRE V

DEVOIRS DES PRATICIENS ENVERS LES PATIENTS

Article 138 : Soins d'urgences et Autorité parentale/tutoriale
Dans le cas où le patient est incapable d'exprimer sa volonté, le praticien ne peut décider de limiter ou d'arrêter les traitements dispensés sans avoir préalablement mis en œuvre une procédure collégiale dans les conditions suivantes :
- la décision est prise par le praticien en charge du patient après concertation avec l'équipe de soins si elle existe et sur avis motivé d'au moins un praticien consultant sans rapport hiérarchique avec le praticien responsable.

- l'avis du consultant ne peut être demandé que par l'un d'eux s'il l'estime utile. La décision prend en compte les souhaits que le patient aurait antérieurement exprimés en particulier dans des instructions antérieures, s'il en a rédigé, l'avis de la personne de confiance qu'il aurait désignée ainsi que celui de la famille ou, à défaut, celui de ses proches.
- l'avis de la famille ou de l'autorité parentale/tutoriale est nécessaire lorsqu'il s'agit d'un patient mineur ou d'un majeur protégé sauf urgence et en cas d'impossibilité d'obtenir le consentement requis avant l'intervention. Tous les éléments de cette procédure doivent être documentés dans le dossier du patient.

Article 139 : Obligation de moyens et Révélation d'informations sensibles

Le praticien doit toujours élaborer son diagnostic avec la plus grande attention en s'aidant des méthodes scientifiques les mieux adaptées et s'il y a lieu du concours des compétences appropriées. Un pronostic grave peut légitimement être dissimulé au malade. Un pronostic fatal ne peut lui être révélé qu'avec la plus grande circonspection, mais il peut l'être généralement à sa famille ou à défaut à un proche qualifié.

Article 140 : Préservation des données médicales

Un praticien doit respecter la vie privée de ses patients et protéger les dossiers médicaux avec sureté. La responsabilité de la protection des registres incombe au praticien en tout temps. Le patient a cependant le droit d'accéder à ses dossiers médicaux sans aucune entrave. Tout praticien doit traiter les informations sur ses patients de manière strictement confidentielle, y compris après la mort du patient, sauf si la divulgation est exigée par la loi, un tribunal de juridiction compétent, dans l'intérêt public ou d'une menace de dommage grave à un tiers. Lorsque la violation de la confidentialité est nécessaire, le praticien doit clairement informer le patient sur la violation de la confidentialité, la nature, le but et les conséquences probables de cette violation.

Article 141 : Avortement thérapeutique

Il ne peut être procédé à un avortement thérapeutique que si cette intervention est le seul moyen susceptible de sauvegarder la vie de la mère. Lorsque la sauvegarde de la vie de la mère, gravement menacée, exige un avortement thérapeutique ou l'emploi d'une thérapeutique susceptible d'interrompre la grossesse, le médecin devra obligatoirement prendre l'avis de deux médecins consultants qui après examen et discussion, attesteront par écrit que la vie de la mère ne peut être sauvée qu'au moyen d'un tel avortement ou thérapeutique. Un protocole de la consultation sera remis à la malade, les deux autres étant conservés par les deux médecins consultants. En outre une copie du protocole de la décision prise, n'indiquant pas le nom de la malade, doit être adressée sous pli recommandé à l'Ordre des médecins. En cas d'indication d'avortement thérapeutique, le médecin doit s'incliner devant le refus éventuel de la malade dûment informée. Cette règle ne peut supporter d'exception que dans le cas d'urgence et lorsque la malade est hors d'état de donner son consentement. Si le médecin, en raison de ses convictions, estime qu'il lui est interdit de conseiller, de pratiquer l'avortement, il peut se retirer tout en faisant assurer la continuité des soins par un confrère qualifié. Un praticien qui procure, aide, encourage, incite, sollicite ou tente de pratiquer un avortement illégal est passible de poursuites pénales sans préjudice des sanctions disciplinaires.

Article 142 : De l'acharnement thérapeutique

Le praticien doit toujours s'efforcer de soulager les souffrances du malade par des moyens appropriés à son état et l'assister moralement. Il doit s'abstenir de toute obstination déraisonnable dans les investigations ou thérapeutiques et peut renoncer à entreprendre ou poursuivre des traitements qui apparaissent inutiles, disproportionnés ou qui n'ont d'autre objet ou effet que le maintien artificiel de la vie.

Article 143 : Euthanasie Il est strictement interdit pour le praticien de provoquer délibérément la mort. L'un des points cardinaux de serment du médecin est la préservation de la vie et par conséquent l'aide au suicide ou l'euthanasie sont contraires à ce principe. Un praticien viole le Code d'éthique de la pratique médicale s'il est reconnu coupable d'avoir encouragé ou participé à une des situations suivantes :

a. L'interruption de la vie d'un patient par l'administration de médicaments, même à sa demande explicite.

b. La prescription ou la fourniture de médicaments avec l'intention explicite de permettre au patient de mettre fin à sa vie.

c. L'interruption de la vie du patient par l'administration de médicaments à la demande explicite ou non du patient même en pensant comme lui que cela est dans son intérêt.

Le praticien doit plutôt accompagner le mourant jusqu'aux derniers moments de sa vie, en lui assurant, par des soins et des mesures appropriés la qualité de vie que permettent les circonstances. Le praticien doit sauvegarder la dignité du patient et réconforter ses proches.

Article 144 : Interdiction de traitement illusoire

Le praticien ne peut prescrire un remède ou appliquer un procédé illusoire insuffisamment éprouvé.

Article 145 : Charlatanisme, Mutilations et Risques injustifiés

Sont interdits :

- toute pratique de charlatanisme ;
- toutes investigations, interventions et thérapeutiques qui font courir au patient un risque injustifié ;
- toute intervention mutilante sans motif médical sérieux.

Article 146 : Assistance en cas de danger

Le praticien ne peut pas abandonner ses malades en cas de danger public, sauf sur ordre formel donné par une autorité qualifiée, conformément à la loi.

Article 147 : Secret professionnel et Institutions sociales
Pour faciliter l'obtention par le patient des avantages sociaux auxquels il a droit, le praticien est autorisé, sauf opposition du patient, à communiquer les renseignements médicaux strictement indispensables au médecin conseil nommément désigné de l'organisme de sécurité sociale dont il dépend ou à un autre médecin relevant d'un organisme public décidant de l'attribution d'avantages sociaux.
Article 148 : Prescription aux patients
Le praticien doit formuler ses prescriptions avec toute la clarté indispensable, veillé à leur compréhension par le patient et/ou son entourage. Il doit s'efforcer à l'exécution correcte des prescriptions, particulièrement si la vie du malade est en danger. En cas de refus de la prescription de la part du patient, le praticien peut cesser ses soins dans les conditions des articles 149 et 150 du présent Code.
Article 149 : Arrêt des soins aux patients Hors le cas d'urgence où il manquerait à ses devoirs d'humanité, le praticien peut être amené à refuser ses soins au patient ou se dégager de sa mission pour des raisons de compétences professionnelles ou de convenances personnelles. Toutefois, le praticien doit s'assurer de la continuité des soins en référant le patient au praticien désigné par celui-ci et en l'informant de la transmission de toutes les informations médicales pertinentes.
Article 150 : Consentement ou refus de traitement par les patients
Le praticien ne peut prodiguer des soins au patient lorsqu'il est sous l'influence de l'alcool ou autres substances nocives.
Le praticien doit toujours rechercher le consentement éclairé de la personne examinée ou soignée. Lorsque celle-ci, en état d'exprimer sa volonté, refuse les investigations ou le traitement proposé, le praticien peut se retirer de la prise en charge du patient après l'avoir informé des risques encourus. Si le patient est incapable d'exprimer sa volonté, le praticien intervient, après avoir prévenu et informé les proches, sauf urgence ou impossibilité. Les obligations du médecin à l'égard d'un patient mineur ou d'un majeur protégé sont définis à l'article 138 alinéa 3.
Article 151 : Mesures préventives d'épidémie
En situation d'épidémie, le praticien appelé à donner des soins dans une famille, dans un établissement public ou privé ou dans une collectivité quelconque doit, en présence d'une affection grave et contagieuse, informer les malades et leur entourage de leurs responsabilités et devoirs vis-à-vis d'eux-mêmes et des tiers. Il doit tout mettre en œuvre pour obtenir le respect des règles d'hygiène et de prophylaxie. Dans le cadre d'une menace d'épidémie, le praticien est dans l'obligation d'en informer les autorités administratives et médicales compétentes.
Article 152 : Fraude et Tromperie
Lorsque le praticien découvre qu'il est victime de fraude ou de tromperie pour

accepter un patient, en particulier lorsqu'il s'agit d'un acte criminel, il a l'obligation d'informer l'autorité compétente. Si ce patient doit être pris en charge par le praticien, cela se fera à la suite d'une requête officielle.

Article 153 : Soins d'urgences aux mineurs et majeurs protégés

Lorsqu'il est consulté pour prendre en charge un mineur ou un majeur protégé, le praticien doit s'efforcer d'obtenir le consentement des parents ou du représentant légal. Dans l'impossibilité de recueillir en temps utile le consentement de ceux-ci, il doit donner les soins qui s'imposent.

Article 154 : Accouchement dystocique

Au cours d'un accouchement dystocique ou prolongé, le praticien doit se considérer comme étant le seul juge des intérêts médicaux de la mère et du futur nouveau-né, sans se laisser influencer par toutes autres considérations de quelque nature que ce soit.

Article 155 : Défense des mineurs et protection des patients

Le praticien doit être le défenseur de l'enfant lorsqu'il estime que l'intérêt de sa santé est mal compris ou mal préservé par sa famille/son tuteur. Le praticien doit protéger la personne auprès de laquelle il est appelé lorsqu'il constate que celle-ci est victime de sévices ou de privations. S'il s'agit d'une personne mineure ou d'un majeur incapable de se protéger en raison de son âge ou de son état physique il doit, sauf circonstances particulières qu'il apprécie en conscience, alerter les autorités judiciaires, médicales ou administratives.

Article 156 : Non immixtion dans les affaires de famille Le praticien doit s'abstenir de s'immiscer sans raison professionnelle dans les affaires de famille et dans la vie privée de ses patients.

Article 157 : Dossier médical du patient Le praticien doit judicieusement établir le dossier de chaque malade examiné ou suivi dans lequel sont inscrits tous les éléments actualisés, nécessaires au diagnostic et au traitement. Ce dossier est confidentiel et est sous la responsabilité du praticien. Cependant, il doit à la demande expresse du patient, transmettre aux praticiens participant à sa prise en charge ou à ceux qu'il entend consulter toutes les informations pertinentes et documents utiles à la continuité des soins.

Article 158 : Propriété du dossier médical Lorsque le patient est traité ou suivi dans un établissement hospitalier quelle que soit sa nature, son dossier médical reste la propriété du dit établissement. Cependant, le praticien traitant est dans l'obligation de lui établir un résumé du dossier médical, un certificat médical ou un rapport à la fin du suivi médical en cas de changement du praticien traitant.

Article 159 : Refus de traitement contre avis médical

Un patient conscient, jouissant de toutes ses facultés mentales, a le droit de quitter l'établissement de santé ou de refuser un traitement contre l'avis médical après avoir été informé des conséquences et risques encourus. Toutefois, il doit attester par écrit sa décision dont il assume seul la responsabilité. Lorsque le patient est un mineur ou un incapable juridique, la

décision doit être prise par les parents ou les représentants légaux. Cependant, le praticien peut s'opposer à cette décision lorsque la vie du patient est sérieusement menacée dans le but de le protéger. Son retour dans l'établissement de santé ne doit souffrir d'aucune contestation ni préjudice.
Article 160 : Honoraires du praticien
En sa qualité d'expert médical, le praticien a le droit de facturer des frais au patient ou à toute autre institution ou personne faisant appel à ses compétences. Il en est de même pour l'établissement de certificat médical, de rapport ou de résumé du dossier médical sauf dans les cas d'arrêt de travail pour convalescence. Lorsque plusieurs praticiens collaborent pour la prise en charge d'un patient, leur note d'honoraires doit être personnelle et distincte. Une note d'honoraires forfaitaires pour la durée ou l'efficacité d'un traitement est interdite en toutes circonstances. La rémunération dû ou des aides opératoires choisies par le praticien et travaillant sous son contrôle et sa supervision et payés par lui, peut être incluse dans ses honoraires.

TITRE VI

DISPOSITIONS DIVERSES

Condamnation de praticiens par les tribunaux
Article 161
Le Conseil est légalement tenu d'accepter une condamnation définitive d'une autre juridiction. Une telle décision peut constituer un motif de radiation du praticien dans le registre après examen des circonstances de l'infraction commise.
Article 162
Les faits qui ont conduit à une condamnation dans un pays peuvent laisser présumer une conduite professionnelle indigne et peut donner lieu à l'ouverture d'une enquête en vue d'éventuelles sanctions disciplinaires.
Stagiaires et Internes
Article 163
Avant de participer à l'interruption des services de soins, les stagiaires et les internes doivent garder à l'esprit leur obligation de respecter la durée requise des stages dans le cadre de leur formation. Les périodes de grève ne sont pas prises en compte dans la durée des stages.
Les enseignes et panneaux de signalisation
Article 164
Les praticiens peuvent indiquer leurs lieux de pratique par le biais d'enseignes ou panneaux de signalisation. La taille des enseignes ou des panneaux ne devrait pas être supérieure à 120 cm sur 90 cm et doit porter le seul nom de

l'hôpital ou de la clinique, les types d'installations disponibles et les horaires. Elles peuvent être placées devant les locaux que lorsque ceux-ci sont exclusivement des établissements de santé. Dans les cas où ces installations sont situées dans des locaux partagés, seule une plaque ne dépassant pas plus de 60cm par 45 cm de taille peut être placée sur la devanture des locaux appropriés. Dans les quartiers non illuminés, des enseignes directionnelles « Hôpital » ou « Clinique » peuvent être installées.

Article 165

La connaissance de ce présent Code est obligatoire pour tout praticien aspirant à exercer la médecine. Il doit s'engager sous serment et par écrit à le respecter lors de son inscription à l'Ordre. Toute déclaration inexacte ou incomplète faite au Conseil de l'Ordre peut donner lieu à des poursuites disciplinaires.

Article 166

Lorsqu'un praticien modifie ses conditions d'exercice il doit en informer le Conseil régional de l'Ordre ou le Conseil National. Un praticien qui s'installe dans une localité doit informer ses confrères de sa présence tout en précisant sa ou ses spécialités. Cela peut faire l'objet d'une annonce dans un journal médical local sans revêtir un caractère publicitaire.

Article 167

Les décisions prises par les Conseils départementaux/régionaux peuvent être modifiées ou annulées par le Conseil National soit d'office, soit à la demande des intéressés. Le recours doit être présenté au Conseil National dans un délai de deux mois à compter de la date de notification de la décision. En application de ce présent Code, toute décision de l'Ordre doit être motivée.

Article 168

Comparution en qualité d'expert-témoin

Un praticien ne doit pas participer à une compromission dans tout autre organisme dans le but d'obtenir des avantages indus en contrepartie de sa comparution en qualité d'experttémoin. Toutefois, agissant en qualité d'expert-témoin le praticien peut facturer son expertise.

Article 169

Démarchage

Tout démarchage dans quelque lieu que ce soit et à l'aide de quelque support que ce soit dans le but d'accroître sa patientèle est formellement interdit à tout praticien.

Article 170

Aptitude professionnelle

Les conditions suivantes peuvent rendre un praticien dangereux et constituent des obstacles à l'aptitude à exercer la médecine ou la chirurgie-dentaire :

a. Une démence sénile.

b. Toute condition physique ou mentale qui rend le rend dangereux pour lui même, ses patients ou susceptible d'embarrasser ses collègues professionnels ou encore discréditer la profession.

c. La dépendance à l'alcool ou aux stupéfiants pouvant provoquer des violences qui rendent le praticien dangereux pour les patients et son entourage.

Article 171 Procréation assistée

Le progrès de la technologie biomédicale dans les procédés de reproduction de l'homme, a rendu possible l'émergence de technologies de procréation assistée dans le monde entier. Ces technologies et procédés de fécondation in vitro (FIV), don de gamètes, gestation pour autrui, maternité de substitution, et d'autres procédés doivent strictement se conformer aux réglementations nationales.

RÈGLEMENT C/REG.3/5/2008 DU 18 MAI 2008 PORTANT HARMONISATION DES REGLES REGISSANT L'HOMOLOGATION DES PESTICIDES DANS L'ESPACE CEDEAO[29]

Le Conseil des Ministres

Vu les Articles 10, 11 et 12 du traité de la CEDEAO tels qu'amendés portant création du conseil des Ministres et définissant sa composition et ses fonctions ;
Vu la Décision A/DEC. 11/01/05 portant adoption de la politique agricole de la CEDEAO ;
Vu la Décision A/DEC. 1/05/83 relative aux programmes à court terme sur la mise en œuvre de la stratégie régionale de développement agricole ;
Vu la Décision A/DEC.5/5/82 relative à la production de semences sélectionnées de base et aux choix des stations de production ;
Vu la Décision C/DEC.1/5/81 relative à une politique agricole commune ;
CONSIDéRANT le Code international de conduite de la FAO sur la distribution et l'utilisation des Pesticides ;
CONSIDéRANT la Convention de Rotterdam sur la procédure de consentement préalable en connaissance de cause applicable à certains produits chimiques et pesticides dangereux qui font l'objet d'un commerce international ;
CONSIDéRANT la Convention de Stockholm sur les polluants organiques persistants ;
CONCIDéRANT la Convention de Bâle sur le contrôle des mouvements transfrontaliers des déchets dangereux et de leur élimination ;
CONSIDéRANT la Convention de Bamako sur l'interdiction d'importer des déchets dangereux et sur le contrôle de leurs mouvements transfrontaliers et la gestion des déchets dangereux produits en Afrique ;
CONSIDéRANT le rôle stratégique que joue le secteur agricole dans les économies des états membres, l'alimentation des populations et la réduction de la pauvreté en milieu rural ;
CONSCIENT que la promotion d'une agriculture durable, permettant d'assurer la sécurité alimentaire et d'améliorer le niveau de vie de nos populations, nécessite l'utilisation de toute substance ou association de substances susceptibles d'atteindre de tels résultats ;

---

[29] BECKER Charles, Projet de loi portant Code de la Santé au sénégal, sous la forme d'un CD-ROM daté de juillet 2016 (263,5 mégaoctets).

CONVAINCU que les pesticides pourraient contribuer au développement d'une agriculture durable dans nos états membres, au regard de la preuve de leur efficacité dans les milieux agricoles de par le monde ;
CONSCIENT de la nécessité de promouvoir et de créer dans la sous région les conditions d'une agriculture soutenue par un approvisionnement régulier du marché en pesticides de qualité accessibles aux producteurs ;
RECONNAISSANT cependant que l'utilisation des pesticides est susceptible de présenter des dangers aussi bien pour nos populations que pour l'environnement dans nos états membres ;
DÉSIREUX de développer au sein de la CEDEAO une coopération inter états devant permettre la vente et l'utilisation des pesticides de bonne qualité à travers une harmonisation des règles régissant l'homologation des pesticides dans l'espace CEDEAO ;
SE FéLICITANT de l'implication active et de la contribution positive d'autres organisations sous régionales, notamment le CILSS et l'UEMOA, dans l'élaboration du présent Règlement ;
SUR RECOMMANDATION de la réunion des Ministres chargés de l'agriculture et de l'Alimentation des états membres de la CEDEAO qui s'est tenue à Ouagadougou le 8 novembre 2007.

Édicte :

TITRE I

DISPOSITIONS GENERALES

CHAPITRE I. – DEFINITIONS

Article Premier. – Définitions
On entend par :
CEDEAO : la Communauté économique des états de l'Afrique de l'Ouest.
COAHP : le Comité Ouest africain d'Homologation des Pesticides qui est chargé de l'évaluation et de l'homologation des pesticides en Afrique de l'Ouest
Applicateur : toute personne physique ou morale qui réalise pour son compte ou pour un tiers la protection phytosanitaire des cultures, le traitement des denrées entreposées, l'assainissement des locaux et matériels de stockage de produits agricoles, l'assainissement des moyens de transport et d'entreposage des produits agricoles, l'assainissement des lieux publics, des locaux d'habitation et de ceux abritant les animaux ainsi que le déparasitage externe

des animaux.
Autorisation Provisoire de Vente (APV) : l'autorisation temporaire de mise sur le marché d'un pesticide, en attendant la collecte des données complémentaires nécessaires y afférentes pour son homologation.
Biocide : tout produit utiliser pour combattre des organismes nuisibles : ex. les produits contre les moustiques, puces, cafards ; les désinfectants d'étables etc.
Biopesticide : tout pesticide dérivé de matériaux naturels comme les animaux, les plantes, les bactéries et certains minéraux.
Conditionnement : tout contenant avec son emballage protecteur utilisé pour amener les pesticides jusqu'au consommateur par les circuits de distribution de gros et de bétail.
Distributeur : toute personne physique ou morale agréée qui importe ou se procure des pesticides homologués à des fins de commercialisation.
Fabricant : toute société, autre organisme du secteur public ou privé ou particulier dont l'activité ou la formation consiste, soit directement, soit indirectement par l'intermédiaire d'un agent ou d'un organisme qu'il contrôle ou avec lequel il a passé un contrat, à fabriquer des matières actives de pesticides ou à préparer des formulations et des produits à partir de celles-ci.
Formulation : toute combinaison de divers composés visant à rendre le produit utilisable efficacement pour le but recherché ; forme sous laquelle le pesticide est commercialisé.
Homologation : le processus par lequel les autorités nationales ou régionales compétentes approuvent la vente et l'utilisation d'un pesticide après examen de données scientifiques complètes montrant que le produit contribue efficacement aux objectifs fixés et ne présente pas de risques inacceptables pour la santé humaine et animale ou pour l'environnement.
Matière active : la partie biologiquement active du pesticide qui est présente dans une formulation.
Nom commun : le nom donné à la matière active d'un pesticide par l'Organisation Internationale de Normalisation ou adopté par l'organisme national de normalisation comme terme générique ou comme dénomination courante pour désigner uniquement cette matière active uniquement.
Non commercial (nom de marque) : le nom sous lequel le pesticide est étiqueté, homologué et commercialisé par le fabricant et qui, s'il est protégé par la législation nationale ou régionale, peut être utilisé exclusivement par le fabricant pour distinguer le produit des autres pesticides contenant la même matière active.
Norme : tout élément de référence permettant d'apprécier la qualité d'un pesticide.
Pesticide : toute substance ou association de substances qui est destinée à :
a) repousser, maitriser ou contrôler les organismes nuisibles y compris les vecteurs de maladies humaines ou animales et les espèces indésirables de

plantes ou d'animaux causant des dommages ou se montrant autrement nuisibles durant la production, la transformation, le stockage, le transport ou la commercialisation des denrées alimentaires, des produits agricoles, du bois et des produits ligneux, ou des aliments pour animaux ;
b) être administrée aux animaux pour combattre les insectes, les arachides et les autres endo ou ectoparasites ;
c) être utilisée comme régulateur de croissance des plantes, défoliants, agents de dessiccation, agent d'éclaircissage de fruits ou pour empêcher la chute prématurée des fruits ainsi que les substances appliquées sur les cultures, avant ou après la récolte, pour protéger les produits contre la détérioration durant l'entreposage et le transport.
Pesticide Interdit : tout pesticide dont toutes les utilisations ont été interdites par mesure réglementaire définitive afin de protéger la santé humaine et animale ; et l'environnement.
S'applique à un pesticide dont l'homologation a été rejetée pour une première utilisation ou qui a été retiré par l'industrie soit du marché intérieur, soit du processus national ou régional d'homologation, lorsqu'il est clair qu'une telle mesure a été prise pour protéger la santé humaine ou l'environnement.
Pesticides sévèrement réglementés : tout pesticide dont la quasi-totalité des utilisations a été interdite par décision finale de l'autorité compétente afin de protéger la santé humaine et animale ; et l'environnement, mais pour lequel une ou plusieurs utilisations spécifiques demeurent autorisées. L'expression s'applique à un pesticide dont l'homologation de la quasi-totalité des utilisations a été refusée ou qui a été retiré par l'industrie soit du marché intérieur, soit du processus national ou régional d'homologation, lorsqu'il est clair qu'une telle mesure a été prise pour protéger la santé humaine ou l'environnement.
Produit ou produit pesticide : toute matière active et autres composantes, dans la forme sous laquelle elles sont conditionnées et vendues.
Polluant organique persistant (POP) : toute substance chimique qui possède des propriétés toxiques, résiste à la dégradation, s'accumule dans les organismes vivants et est propagé par l'air, l'eau et les espèces migratrices par-delà les frontières internationales et déposé loin de son site d'origine, où il s'accumule dans les écosystèmes terrestres et aquatiques.
Résidu : toute substance spécifique laissée par un pesticide dans les aliments, les produits agricoles ou les aliments pour les animaux ou l'environnement. Le terme comprend tous les dérivés de pesticides, comme les produits de conversion, les métabolites et les produits de réaction, ainsi que les impuretés jugées importantes du point de vue toxicologique.
L'expression (résidus de pesticides) comprend les résidus de sources inconnue ou inévitable comme ceux contenus dans l'environnement, ainsi que ceux qui résultent des utilisations connues de produits chimiques.
Revendeur : toute personne physique ou morale agréée qui se procure des

pesticides à des fins de commercialisation auprès des distributeurs ou des fabricants sur territoire national.

CHAPITRE II – OBJET ET CHAMP D'APPLICATION

Article 2. – Objet
Le présent acte institue une réglementation commune à tous les états membres de la CEDEAO sur l'homologation des pesticides (ci-après appelée la Réglementation commune).
Cette réglementation vise à :
a) protéger les populations et l'environnement ouest africain contre des dangers potentiels de l'utilisation des pesticides ;
b) faciliter le commerce inter et intra états de pesticides, par l'application de principes et règles régionalement convenues qui minimisent les entraves aux échanges commerciaux ;
c) faciliter l'accès des agriculteurs aux pesticides de qualités en temps et lieux opportuns ;
d) assurer l'utilisation rationnelle et judicieuse des pesticides ;
e) contribuer à la création d'un environnement favorable à l'investissement privé dans l'industrie des pesticides ;
f) promouvoir le partenariat entre le secteur public et le secteur privé.
Article 3. – Champ d'application
Le présent Règlement s'applique à l'ensemble des activités relatives à l'expérimentation, l'autorisation, la mise sur le marché, l'utilisation et le contrôle des pesticides et biopesticides dans les états membres.

CHAPITRE III – PRINCIPES DIRECTURS

Article 4. – Principe d'harmonisation
Aux fins de la réalisation de l'harmonisation visée par le présent Règlement, la CEDEAO contribue au rapprochement des législations des états membres en matière de pesticides.
Article 5. – Principe de libre circulation des pesticides
Afin de garantir l'organisation d'un marché régional dans le cadre de la mise en œuvre de la politique agricole régionale, les pesticides circulent librement sur le territoire des états membres de la CEDEAO dès lors qu'ils sont homologués et déclarés conformes aux normes de qualité prévues par les textes en vigueur.
Article 6. – Principe de reconnaissance mutuelle et d'équivalence
Les états membres mettent en œuvre le principe de reconnaissance mutuelle des homologations fondées sur des prescriptions techniques et normes communautaires en matière de pesticides ainsi que des conditions et procédures d'homologation en vigueur dans la CEDEAO, en les reconnaissant

comme équivalentes.
Article 7. – Principe de reconnaissance des normes internationales
En vue d'assurer la libre circulation des pesticides dans l'espace CEDEAO et favoriser leur commerce régional et international, les états membres fondent leurs règlements techniques en matière de pesticides sur :
a) les normes, directives et recommandations internationales notamment celles prescrites par les Conventions de Rotterdam, de Stockholm, de Bâle et de Bamako ;
b) les spécifications FAO et normes OCDE ;
c) les obligations des états membres qui ont ratifié lesdites Conventions.
Article 8. – Principe de participation et d'information
1. Les états membres assurent la pleine participation des différents acteurs du secteur des pesticides au processus de décisions publiques relatives aux pesticides.
2. Les états membres organisent l'accès du public à l'information relative aux pesticides que détiennent les autorités publiques.
3. Les états membres contribuent à la formation et à la sensibilisation des acteurs du secteur des pesticides.

CHAPITRE IV. – ORGANE ET INSTRUMENTS DE GESTION DES PESTICIDES

Article 9. – Comité Ouest Africain d'Homologation des Pesticides
1. Il est créé un Comité Ouest Africain d'Homologation des Pesticides, ci-après dénommé COAHP. Cet organe est chargé d'exécuter la Réglementation commune pour le compte de la Commission de la CEDEAO. À ce titre, il est placé sous la tutelle institutionnelle directe de la Commission.
2. Le COAHP est organisé en démembrements pour améliorer son fonctionnement.
3. Le siège de la cellule de coordination du COAHP est logé dans les locaux de la Commission de la CEDEAO à Abuja. Toutefois, il peut être transféré dans tout autre état membre de la CEDEAO.
4. Le COAHP travaille en étroite collaboration avec les comités nationaux de gestion des pesticides pour le développement de la filière. À cette fin, chaque état membre met en place un Comité National de Gestion des Pesticides (CNGP) là où il n'existe pas.
5. Les CNGP examinent et approuvent les demandes d'homologation, préalablement à la saisine de la Commission aux mêmes fins.
6. Toute demande d'homologation est soumise à la Commission de la CEDEAO qui assure la vérification de conformité par le biais du COAHP. Dans le processus d'homologation, le CNGP est chargé de la pré-homologation (expérimentation) et de la post-homologation (contrôle).
7. Les attributions, la composition, le fonctionnement et le financement du

COAHP ainsi que le nombre de démembrements sont précisés par la Commission par voie de Règlement d'exécution.
Article 10. – Instruments de gestion des pesticides
1. Il est institué cinq listes de pesticides en vue d'une meilleure gestion des pesticides dans la CEDEAO et au sein de ses états membres :
a) Liste des pesticides homologués ou en Autorisation Provisoire de Vente (APV) ;
b) Liste des pesticides sévèrement réglementés ;
c) Liste des pesticides sous toxicovigilance ;
d) Liste des pesticides interdits ;
e) Liste des pesticides homologués retenus dans chaque état membre.
2. Ces listes constituent les instruments officiels de gestion des pesticides dans les états membres.
3. La liste des pesticides homologués et retenus par chaque état membre est établie sur la base de la liste des pesticides homologués par la Commission de la CEDEAO.
4. Toutefois, les états membres peuvent s'abstenir d'autoriser la mise sur le marché national d'un pesticide homologué, ou ayant reçu une Autorisation Provisoire de Vente (APV).
À cet effet, ils doivent adresser à la Commission une demande motivée justifiant leur refus.
La Commission de la CEDEAO informe les états membres de sa décision.

TITRE II

HOMOLOGATION DES PESTICIDES

CHAPITRE V. – OBLIGATIONS ET RESPONSABILITE D'HOMOLOGATION

Article 11. – Obligation d'homologation
Un pesticide ne peut être mis sur le marché et utilisé sur le territoire des états membres que s'il bénéficie d'une homologation ou d'une APV conformément aux dispositions de la présente Réglementation commune, à moins que l'usage auquel il est destiné ne soit couvert par les dispositions des Articles 19 et 28 ci-après.
Article 12. – Responsabilité pour l'homologation
1. L'examen et l'analyse des dossiers d'homologation des pesticides sont du ressort du COAHP. Ils se font pour l'ensemble des états membres.
2. Les décisions d'homologation sont prises par la Commission de la CEDEAO sur proposition du COAHP.

3. Les conditions et procédures d'homologation sont respectivement décrites dans les chapitres VI et VII du présent Règlement.

Article 13. – *Mise en œuvre*

Conformément aux dispositions de l'article 7 du présent Règlement, le COAHP évalue toutes les notifications et les Documents d'Orientation de Décisions (DOD) au titre des Conventions visées. Il soumet à la Commission ses avis, laquelle en saisit les états membres pour leur mise en œuvre.

Article 14. – *Usage approprié*

1. Les pesticides font l'objet d'un usage approprié.

2. Un usage approprié comporte :

a) Le respect des conditions fixées dans les articles 15 et 16 et celles mentionnées sur l'étiquette ;

b) L'application des principes de bonne pratiques phytosanitaires, vétérinaires ou de lutte antivectorielle ; ainsi que celles de la gestion intégrée des nuisibles chaque fois que cela est possible.

CHAPITRE VI. – CONDITIONS D'HOMOLOGATION

Article 15. – Conditions requises

1. Un pesticide est homologué sur la base d'un dossier d'homologation dont le contenu est défini et précisé par la commission de la CEDEAO.

2. Un pesticide est homologué lorsqu'il est conforme aux prescriptions définies dans ce dossier.

3. Le demandeur d'homologation d'un pesticide doit avoir un siège ou une représentation dans un des états membres.

4. L'homologation d'un pesticide est donnée pour un usage bien déterminé qui est le seul autorisé dans un des états membres.

5. L'homologation est donnée avec des restrictions spécifiques d'utilisation.

Article 16. – Critères d'homologation

1. Les critères d'homologations concernent l'efficacité biologique, la qualité des formulations mises en vente, la toxicité et le risque du produit pour l'homme, ainsi que les effets nocifs et le risque du produit pour l'environnement.

2. Ils sont précisés par la Commission en relation avec le COAHP et les états membres par voie de Règlement d'exécution.

Article 17. – Frais d'examen du dossier d'homologation

Il est institué des frais d'examen du dossier d'homologation de tout pesticide dont le montant est fixé par la Commission de la CEDEAO sur proposition du COAHP. Ces frais sont à la charge du demandeur.

Article 18. – Durée de validité de l'homologation

La durée de validité de l'homologation est d'une période de cinq (5) ans renouvelables.

Article 19. – Situations d'urgence

1. L'utilisation d'un pesticide non homologué ou n'ayant pas reçu une APV de la Commission est exceptionnellement acceptée dans le cas d'une urgence phytosanitaire, vétérinaire ou sanitaire, comme l'invasion imprévue d'un ravageur ou l'apparition inattendue d'un vecteur de maladie.

2. L'utilisation d'un pesticide non homologué ou n'ayant pas reçu une APV est seulement acceptable si aucune autre alternative de gestion de l'organisme nuisible n'est disponible. Son utilisation doit être d'envergure et de durée limitée.

3. L'état membre qui souhaite utiliser un pesticide non homologué ou n'ayant pas reçu une APV pour des raisons d'urgence le notifie immédiatement à la Commission en lui soumettant un dossier contenant les arguments motivant sa requête. La commission après examen approuve ou rejette la demande.

CHAPITRE VII. – PROCEDURE D'HOMOLOGATION

Article 20. – Examen des demandes d'homologation

Les procédures d'examen des demandes d'homologation sont établies et définies par la Commission.

Article 21. – Décisions d'homologation

1. La Commission peut :

a) décider d'homologuer un pesticide pour cinq (5) ans renouvelables ;

b) donner une autorisation Provisoire de Vente (APV) en attendant des études complémentaires ;

c) maintenir le dossier en étude pour complément d'informations ;

d) refuser l'homologation en pesticide ;

e) retirer l'homologation ou l'APV.

2. Le pesticide homologué ou ayant reçu une APV porte un numéro unique commun à tous les états membres.

3. Les homologations et APV attribuées par la Commission sont signées en deux exemplaires. Un exemplaire est envoyé au demandeur. Le second est gardé au COAHP.

4. Le COAHP est tenue de mettre à jour la liste des homologations et APV après chaque réunion. La liste mise à jour est envoyée à chaque état membre et est publiée dans le journal officiel de la CEDEAO.

Article 22. – *Autorisation provisoire de vente (APV) et durée de validité*

1. L'autorisation Provisoire de Vente (APV) est accordée lorsque des données et informations complémentaires sont jugées nécessaires afin de répondre d'une manière satisfaisante aux conditions indiquées à l'article 15 du présent Règlement.

2. L'autorisation Provisoire de Vente (APV) a une validité limitée de trois (3) ans non renouvelables.

Article 23. – Maintien en étude

Un dossier de demande d'homologation est maintenu en étude lorsque les informations fournies ne sont pas suffisantes pour remplir les conditions stipulées à l'article 15 du présent Règlement. Dans ce cas, la Commission, par le biais du COAHP, exige du demandeur les informations complémentaires.

Article 24. – Refus d'homologation

L'homologation est refusée lorsque les conditions prévues par les Articles 15 et 16 du présent Règlement ne sont pas remplies.

Article 25. – Réexamen, modification ou annulation des homologations et des APV

1. L'APV et l'homologation peuvent être réexaminés. Dans ce cas, il peut donner lieu à retrait et, le cas échéant, à poursuites judiciaires.

2. L'APV ou l'homologation est annulée si :

a) une des exigences requises pour son obtention n'est plus remplie ;

b) les informations nécessaires à son obtention sont jugées fausses ou fallacieuses.

3. L'APV ou l'homologation peut être modifiée si, en tenant compte de l'évolution des connaissances scientifiques et techniques,

a) le mode d'utilisation et les quantités recommandées en application peuvent être modifiées ;

b) l'évaluation des données fournies dans le dossier de demande d'homologation a changé.

Article 26. – Confidentialité

1. Les données fournies par le demandeur en vue de l'homologation sont confidentielles/

2. La confidentialité ne s'applique pas en cas de demande formulée par un état membre relativement :

a) aux dénominations et à la teneur de la ou des matières actives, ni à la dénomination du produit commercial ;

b) aux noms des autres substances considérées comme dangereuses pour l'homme ou l'environnement ;

c) aux données physico-chimiques concernant la matière active, les matières de dégradation ou métabolites d'importance (éco) toxicologique et le produit commercial ;

d) aux moyens utilisés pour rendre la matière active ou le produit commercial inoffensif ;

e) au résumé des résultats des essais destinés à établir l'efficacité du produit et son innocuité pour l'homme, les animaux, les végétaux et l'environnement ;

f) aux méthodes et précautions recommandées pour réduire les risques lors de la manipulation, du stockage, du transport ou autres ;

g) aux méthodes d'analyses de la ou des matières actives, de ses ou de leurs résidus après application, ainsi que des métabolites ou autres composantes

considérés importants du point de vue (éco) toxicologique ;
h) aux méthodes d'élimination du produit et de son emballage ;
i) aux mesures de décontamination à prendre en cas d'application ou fuite accidentelle ;
j) aux premiers soins et au traitement médical à appliquer en cas d'exposition accidentelle ou d'intoxication.

CHAPITRE VIII. - EXPERIMENTATION

Article 27. – Protocoles d'expérimentation
Les conditions détaillées concernant les protocoles et méthodes d'expérimentation en vue de l'homologation d'un pesticide sont décrites dans le contenu du dossier d'homologation des pesticides de la Commission.
Article 28. – *Essais avec émission de produits non autorisés.*
Les essais ou les tests effectués dans un état membre à des fins de recherche ou de développement et impliquant l'émission dans l'environnement d'un produit phytosanitaire non autorisé par la Commission, ne peuvent avoir lieu que lorsqu'une autorisation est délivrée par l'autorité compétente de l'état membre dans lequel l'essai ou le test est exécuté et selon la législation nationale en vigueur.
Article 29. – Essais d'efficacité biologique
1. Les essais d'efficacité biologique en vue de l'homologation sont réalisés par des établissements publics ou privés retenus par la Commission de la CEDEAO sur proposition du COAHP.
2. Les essais sont effectués selon les protocoles élaborés par la commission de la CEDEAO sur proposition du COAHP.

CHAPITRE IX. – RECOURS

Article 30. – Droit de recours
1. Le refus d'homologation tel que défini à l'article 24 du présent Règlement et la modification ou l'annulation d'une APV ou d'une homologation, comme prévu à l'Article 25 ci-dessus, peuvent faire l'objet de recours devant le Président de la Commission ou son représentant ou, le cas échéant, devant la cour de justice de la Communauté.
2. La procédure de recours est précisée par la Commission de la CEDEAO sur proposition de COAHP.

TITRE III

COMMERCIALISATION DES PESTICIDES

CHAPITRE X. – CONDITIONS REQUISES

Article 31. – Agrément

1. L'exercice de la profession de producteur, d'importateur, de distributeur, de revendeur, d'applicateur, exportateur, de formulateur, de re-conditionneur et de transporteur de pesticides est subordonné à l'obtention d'un agrément délivré par l'état membre concerné.
2. L'agrément est renouvelable à la demande du titulaire et pour la même période. Il peut être suspendu ou retiré.
3. Les conditions et modalités d'obtention de l'agrément, de sa suspension ou son retrait sont précisées par chaque état membre, conformément aux dispositions pertinentes du présent Règlement.

Article 32. – Comptabilité matière

1. Tout distributeur de pesticides tient une comptabilité matière détaillée des entrées et sorties de stocks de pesticides, dans un registre qui peut être consulté et vérifié à tout moment par le service Officiel de contrôle ou tout autre organisme prié agrée ainsi que par les services compétents du ministère chargé du commerce ou tout autre ministère concerné.
2. Les quantités de pesticides reçues, achetées et entreposées ne doivent pas constituer un stock obsolète.

Article 33. – Conditions tenant aux magasins de stockage

Afin de permettre une bonne conservation des pesticides, tous les magasins de stockage de pesticides destinés à la commercialisation doivent :

a) avoir une température et une humidité adéquates

b) être propres et bien aérés.

Article 34. – Conditions de stockage des produits

1. Les pesticides sont conservés dans leur contenant d'origine et avec leur étiquette intacte. Ils sont entreposés séparément dans des armoires fermées à clé. Les armoires d'entreposage sont disposées à l'air libre et leur accès est contrôlé pour éviter toute utilisation non autorisée.
2. Des conditions de stockage des pesticides plus détaillées et conformes aux directives internationales sont précises ultérieurement par la Commission sur proposition du COAHP.

Article 35. – Conditions de transport

1. Les pesticides sont transportés dans un compartiment isolé du conducteur et des passagers.
2. Les pesticides ne sont pas transportés dans le même compartiment que des

animaux, des aliments, des vêtements, des articles ménagers ni d'autres effets personnels.
3. les conditions de transport des pesticides plus détaillées sont précisées ultérieurement par la Commission sur proposition du COAHP.
Article 36. – Installation des usines
Tout établissement de fabrication et /ou de conditionnement de pesticides fait l'objet d'une autorisation nationale préalable conformément aux normes internationales.
Article 37. - Régime d'importation et d'exportation
1. Sans préjudice de la règlementation communautaire en matière de commerce extérieur, l'importation et l'exportation des pesticides sont soumises à une autorisation nationale préalable sur la base de la liste des pesticides homologués retenue par l'état membre concerné.
2. L'importateur ou l'exportateur fournit les renseignements précisés dans des fiches prévues à cette fin par la Commission.

CHAPITRE XI. – ÉTIQUETAGE

Article 38. – Obligation d'étiquetage
1. Tout emballage contenant des pesticides homologués est muni d'une étiquette.
2. L'information des utilisateurs est assurée par les étiquettes et les notices jointes au dossier de demande d'homologation.
Article 39. – *Contenu des étiquettes*
1. Le minimum d'information à apparaitre sur l'étiquette et /ou les notices est précisé par la commission. Les étiquettes et/ou notices doivent être écrites en langue (s) officielle (s) du pays ou le produit est commercialisé.
2. Des pictogrammes doivent compléter le texte de l'étiquette.
3. L'étiquette comporte en bas une bande toxicologique conformément à la classification FAO/OMS des pesticides.

CHAPITRE XII. - EMBALLAGE

Article 40. – Caractéristiques des emballages
Les caractéristiques des emballages sont celles arrêtées par la Commission de la CEDEAO.
Ces caractéristiques doivent être conformes aux normes internationales.

TITRE IV

CONTROLE DES PESTICIDES

CHAPITRE XIII. – RESPONSABILITES ET PROCEDURES

Article 41. – Responsabilité générale du contrôle
1. Les états membres ont la responsabilité générale du contrôle post-homologation, de la distribution et l'utilisation des pesticides. Ils mettent à la disposition des services compétents les pouvoirs et les moyens humains et financiers y afférents.
2. La gestion des emballages et des stocks de pesticides obsolètes est du ressort des états membres et se fait conformément aux normes fixées par la Commission de la CEDEAO.
Article 42. – Habilitation et pouvoirs des agents de contrôle
1. Les états membres dressent la liste des agents phytosanitaires assermentés à effectuer les contrôles.
2. Ces agents disposent de pouvoirs d'enquête et d'investigation leur permettant notamment :
a) de pénétrer dans les locaux professionnels tels que les enceintes et les bâtiments de fabrication et formulation, de distribution de pesticides, les dépôts, entrepôts, magasins et lieu de stockage de ces produits ;
b) d'accéder et de se faire communiquer tout document relatif au fonctionnement de l'exploitation du formulateur, du reconditionneur et du distributeur de pesticides ;
c) d'inspecter les installations, véhicules et appareils de traitement relatifs aux pesticides ;
d) de procéder à des prélèvements d'échantillons, tout en s'assurant qu'ils sont représentatifs et suffisants en quantité pour permettre un examen contradictoire.
3. Les vérifications lors de la production et de la commercialisation s'effectuent en présence du formateur, du re-conditionneur, du distributeur ou de son représentant.
Article 43. – Toxicovigilance
Les produits homologués ou ayant reçu une APV et qui sont sur la liste de toxicovigilance prévue par l'article 10 ci-dessus font l'objet de suivi particulier par les structures habilitées des états membres.
Article 44. – Champ du contrôle
1. Le contrôle des pesticides dans l'espace CEDEAO s'exerce en tout temps et en tout lieu de leur production, importation, exportation, stockage, transport, formulation et reconditionnement, mise sur le marché et de leur

utilisation ou de leur destruction.
2. Les états membres sont tenus de contrôler le respect des conditions requises par cette Réglementation commune, notamment :
a) la détention de l'agrément ;
b) la conformité aux conditions d'importation et d'exportation prévue dans l'Article 36 ;
c) la qualité des formulations mises sur le marché ;
d) les domaines d'utilisation autorisés et les restrictions données sur les APV et les homologations ;
e) la conformité de l'étiquette ;
f) l'utilisation des pesticides commercialisés selon les indications mentionnées sur les étiquettes ;
g) la conformité des conditions de stockage et du transport ;
h) les effets des pesticides sur l'environnement ;
i) toutes autres conditions définies par la réglementation.

Article 45. – Procédure de contrôle

1. La procédure de contrôle des pesticides se fait conformément aux dispositions règlementaires communautaires.
2. Toutefois, les contrôles s'effectuent en présence, du producteur, de l'importateur, du distributeur, de l'applicateur, de l'exportateur, du formateur, du re-conditionneur et du transporteur de pesticides ou de son représentant agréé et font l'objet d'un rapport dans lequel sont consignées les observations faites. Ce rapport contient en outre des recommandations ou instructions techniques.
3. Le modèle du rapport de contrôle est précisé par la Commission sur la proposition du COAHP

Article 46. – *Droit de recours et expertise contradictoire*

1. En cas de contestation du rapport de contrôle, le formulateur, le reconditionneur, le distributeur, les applicateurs et le transporteur ont le droit de recourir à une expertise contradictoire.
2. La procédure de recours est celle en vigueur dans les états membres.

TITRE V

DISPOSITIONS PARTICULIERES

CHAPITRE XIV – SANCTIONS

Article 47. – Sanctions

1. Les états membres prennent les mesures nécessaires pour sanctionner les violations des dispositions du présent Règlement et de ses textes d'application.
2. Sont constitutifs de violations des dispositions du présent Règlement et de ses textes d'application :
a) la production, l'importation ou l'exportation de pesticides non autorisés ;
b) la commercialisation de pesticides sans agrément ;
c) les déclarations mensongères sur l'étiquette d'un pesticide et l'utilisation de tout artifice en vue d'induire les tiers en erreur sur la qualité dudit pesticide ;
d) la modification ou l'altération volontaire d'une étiquette ;
e) la non tenue du registre de comptabilité matière ;
f) l'entrave à l'exercice de fonctions officielles de contrôle ;
g) toutes autres violations du présent Règlement et de ses textes d'application.

TITRE VI

DISPOSITIONS FINALES

Article 48. – Mise en œuvre.
Dans le cadre de ses activités, le COAHP est ouvert aux institutions sous-régionales opérant dans le secteur des pesticides. Des conventions spécifiques définiront les modalités de cette ouverture.
Article 49. – Publication
Le présent Règlement sera publié par la Commission dans le Journal Officiel de la Communauté dans les trente (30) jours de sa date de signature par la Présidente du Conseil des Ministres. Il sera également publié par chaque état membre dans son *Journal officiel* dans le même délai.
Article 50. – Entrée en vigueur

Le présent Règlement entre en vigueur dès sa publication.

Fait à Abuja, le 18 mai 2008

Pour le Conseil,
La Présidente
S.E Mme MINATA SAMATE CESSOUMA

RÈGLEMENT C/REG.4/05/2008 PORTANT HARMONISATION DES RÈGLES REGISSANT LE CONTRÔLE DE QUALITE, LA CERTIFICATION ET LA COMMERCIALISATION DES SEMENCES VEGETALES ET PLANTES DANS L'ESPACE CEDEAO[30]

Le Conseil des ministres

Vu les articles 10, 11 et 12 du Traité de la CEDEAO tels qu'amendés portant création du Conseil des Ministres et définissant sa composition et ses fonctions ;
Vu la Décision A/DEC.11/01/05 portant adoption de la politique agricole de la CEDEAO ;
Vu la Décision C/DEC.1/5/81 relative aux volets de la lutte contre la faim, de vulgarisation de certaines variétés végétales et espèces animales, de financement de programmes, de recherches et de projets agricoles de production, de stockage et de traitement de produits agricoles ;
Vu la Décision C/DEC.5/5/81 relative à la production de semences sélectionnées de base et aux choix des stations de production ;
Vu la Décision C/DEC.1/05/83 relative aux programmes à court et moyen termes sur la mise en œuvre de la stratégie régionale de développement agricole ;
Vu la Décision C/DEC.14/12/90 portant création d'un comité semencier ;
Vu la Décision C/DEC.16/12/90 portant création des comités techniques inter États chargés du suivi des tendances des prix pour produits agricoles ou groupes de produits ;
Considérant le rôle stratégique du secteur agricole dans l'économie des États membres à travers l'alimentation des populations et la réduction de la pauvreté en milieu rural ;
Considérant la nécessité de promouvoir au sein des états membres, une agriculture durable plus productive et compétitive permettant d'assurer la sécurité alimentaire et d'améliorer le niveau de vie des agriculteurs ;
Convaincu que les semences sont d'une importance fondamentale dans la promotion d'une agriculture durable et dans la réalisation de la politique agricole de la Communauté ;
Reconnaissant qu'un approvisionnement régulier du marché des États membres en semences de bonne qualité et accessibles aux producteurs est une

[30] Disponible sur : https://reca-niger.org/ Reglements_Semences_21305 (reca-niger.org)

condition essentielle de la réalisation de la sécurité alimentaire et de l'accroissement du niveau de vie des agriculteurs ;
Désireux d'assurer un approvisionnement sécurisé des marchés des États membres en semences de bonne qualité et à cette fin, d'harmoniser les règles régissant la production et la commercialisation des semences dans lesdits États ;
Se félicitant de l'implication active et de la contribution positive d'autres organisations sous-régionales telles que le CILSS et l'UEMOA dans l'élaboration, l'amélioration et la finalisation du projet du présent Règlement ;

SUR RECOMMANDATION de la réunion des Ministres chargés de l'Agriculture et de l'Alimentation des États membres de la CEDEAO qui s'est tenue à Ouagadougou le 8 novembre 2007 ;

Édicte

TITRE I

DISPOSITIONS GENERALES

CHAPITRE I – DEFINITIONS

Article Premier. – Définitions
Au sens du présent Règlement, on entend par :
A*griculteur–multiplicateur* **:** la catégorie d'agriculteurs spécialisés dans la multiplication des semences.
A*llogamie* **:** le mode de fécondation croisée où les deux gamètes (cellules reproductrices mâle et femelle) proviennent de deux individus différents.
A*nalyse des semences* **:** l'ensemble des techniques utilisées au laboratoire pour déterminer la qualité d'un échantillon de semences.
A*ntécédent ou précédent cultural* **:** la culture effectuée au cours de la campagne qui précède immédiatement celle dont il est question.
A*uto fécondation* **:** la fécondation d'un pistil par le pollen de la même fleur ou d'une autre fleur de la même plante.
A*utogamie* **:** le mode de fécondation où les gamètes mâle et femelle proviennent du même individu.
Castration des végétaux **:** l'enlèvement ou destruction des organes reproducteurs mâles des végétaux.
Catalogue des espèces et variétés **:** le document officiel qui contient la liste de toutes les espèces et les variétés homologuées.

Catalogue ouest africain des espèces et variétés végétales ou COAfEV : le catalogue des espèces et variétés végétales commun aux États membres.
Catégorie de semences : la classe de semences de même nature pouvant comporter une ou plusieurs générations.
Certificat phytosanitaire : le document conforme aux modèles préconisés par la Convention Internationale pour la Protection des Végétaux (CIPV).
Certification : l'aboutissement d'un processus de contrôle de qualité des semences au champ et au laboratoire, permettant de s'assurer que les semences sont conformes aux normes minimales de pureté variétale fondées sur la filiation généalogique et sur un système de sélection conservatrice de leurs caractéristiques variétales, selon les dispositions des règlements techniques en vigueur.
Champ semencier : toute portion de terrain consacrée à la production ou à la multiplication des semences d'une variété donnée.
Commercialisation : la vente, la détention en vue de la vente, l'offre de vente et toute cession, toute fourniture ou tout transfert, en vue d'une exploitation commerciale, de semences ou de plants, que ce soit contre rémunération ou non.
Commission : la Commission de la CEDEAO.
Communauté : la Communauté économique des États d'Afrique de l'Ouest.
Conditionnement des semences : L'Opération par laquelle les semences sont séchées, nettoyées, triées, traitées et emballées pour éviter leur dégradation physique, chimique ou biologique et faciliter leur manutention.
Contrat de multiplication : Convention écrite qui lie des agriculteurs-multiplicateurs à des producteurs de semences agréés par les services compétents.
Contrôle de qualité : l'ensemble d'activités menées par les services compétents visant à vérifier que la pureté variétale ou génétique des semences, leur état physiologique ou sanitaire ainsi que les normes technologiques sont conformes aux règlements techniques en vigueur dans les États membres.
Contrôleur semencier : tout technicien chargé d'inspecter les cultures sur pied afin de s'assurer que l'implantation et la conduite des parcelles de multiplication de semences s'effectuent conformément aux règlements techniques en vigueur dans les États membres ;
Déclaration de culture : le document ou formulaire à remplir par les personnes physiques ou morales inscrites sur la liste des producteurs semenciers.
Disjonction : tout plante issue de la descendance d'une variété et ne présentant pas les caractéristiques de la variété car non génétiquement fixée.
Distributeur de semences : toute personne physique ou morale, autre que le producteur de semences, qui commercialise des semences, en qualité de grossiste, demi-grossiste ou détaillant.
Droit communautaire : le droit résultant de l'application de dispositions du

Traité de la CEDEAO et des textes subséquents.
Échantillon de semences : toute portion représentative d'un lot de semences prélevée suivant les règlements techniques en vigueur.
Échantillonnage : l'ensemble d'opérations consistant à prélever un échantillon suivant un processus donné.
Emballage : tout récipient, notamment sacs, sachets, boîtes, en matériaux divers tels que coton, papier, aluminium, polyéthylène, dans lequel les semences sont conditionnées.
Épuration : l'élimination des plantes hors-types, des plantes malades ou de toutes autres plantes qui pourraient altérer la qualité des semences.
Espèce : l'ensemble d'individus qui se distinguent par un certain nombre de caractères communs et qui sont interféconds entre eux.
Essai ou test de germination : tout essai réalisé en laboratoire, visant à observer que l'apparition d'une plantule et son développement jusqu'au stade où l'aspect de ses organes essentiels indiquent qu'elle aurait été ou non capable de donner ultérieurement une plante normale dans des conditions favorables de pleine terre.
État sanitaire des semences : la situation se rapportant à la présence ou non de maladies causées notamment par les champignons, les bactéries, les virus ainsi que de parasites tels que les insectes, les acariens et les nématodes.
Étiquette : tout document présentant de manière visible et lisible, les informations précises permettant l'identification et la traçabilité de la semence.
Faculté germinative : la capacité de germination d'un lot de semences évaluée en calculant, dans le lot de semences considérées, le pourcentage de graines qui germent en conditions normalisées dans un temps donné.
Génération : la filiation dans les descendances successives.
Grain et semence de ferme : toute semence et graine produites sur l'exploitation elle-même, destinées à l'usage personnel de l'agriculteur en dehors de toute commercialisation.
Graine de mauvaises herbes : toute graine de plantes sauvages herbacées.
Homologation : la procédure par laquelle les variétés candidates à l'inscription au catalogue national des variétés sont inscrites ;
Homozygote : tout individu dont les cellules possèdent en double le gène d'un caractère donné.
Hors-types : toute plante issue d'une variété, mais non conforme au standard de la variété.
Hybride double : le produit d'un croisement entre deux hybrides simples faisant intervenir quatre lignées.
Hybride simple (F1) : le produit d'un croisement entre deux lignées pures obtenues par autofécondation artificielle.
Hybride trois voies : le produit d'un croisement entre un hybride simple femelle et une lignée pure mâle.

Hybride **:** le produit d'un croisement entre deux ou plusieurs variétés génétiquement différentes.
Individu **:** tout spécimen vivant d'une espèce animale ou végétale issu d'une cellule unique.
Isolement **:** les dispositions prises pour protéger une parcelle de production de semences de toute pollution par un pollen étranger.
Isolement dans le temps **:** le décalage de la date de semis des variétés de la même espèce de manière à ce que les périodes de floraison ne coïncident pas.
Isolement dans l'espace **:** le maintien d'une distance règlementaire entre une variété à multiplier et une autre variété de la même espèce ou entre une variété multipliée et la même variété non épurée.
ISTA **:** l'Association Internationale d'Essais de Semences ou International Seed Testing Association.
Laborantin (e) : toute personne formée pour travailler dans un laboratoire.
Laboratoire d'analyses des semences **:** tout local spécialement aménagé pour effectuer des essais de semences portant généralement sur la pureté spécifique, la pureté variétale, la germination, le taux d'humidité et l'état sanitaire, afin d'en déterminer la qualité ;
Lignée pure **:** toute lignée génétiquement homozygote et homogène.
Lignée **:** l'ensemble d'individus descendant d'un ou de plusieurs parents. Chez les Végétaux, la lignée est le résultat d'autofécondations successives réalisées au cours de plusieurs générations.
Lot de semences **:** toute quantité définie et identifiable par un numéro de semences homogènes en ce qui concerne notamment l'identité et la pureté variétale ou génétique, la pureté spécifique, la faculté germinative et le taux d'humidité.
Lot nature : tout lot de semences destinées à la certification.
Mainteneur **:** toute personne ou organisation responsable du maintien d'une variété figurant sur le Catalogue national, susceptible d'être admise à la certification.
Matériel parental **(G0) :** tout matériel initial ou génération zéro (G0) dont la production est basée sur une méthode bien précise de sélection conservatrice.
Matière active **:** le constituant d'un produit de traitement auquel est dû tout ou partie de son efficacité.
Matière inerte **:** toute impureté, telle que les débris, la terre ou les fragments de paille, contenue dans un lot de semences.
Normes **:** les éléments de référence permettant d'apprécier la qualité d'une semence.
Obtenteur **:** toute personne physique ou morale qui a créé ou qui a découvert et mis au point une variété nouvelle.
Organisme privé agréé **:** toute institution privée habilitée par l'État membre à assurer les activités de contrôle et de certification.
Origine du lot **:** tout lieu de production d'un lot de semences, tels que le pays,

la ville, le village ou toute autre localité pertinente.

Parcelle semencière : toute portion de terrain d'un seul tenant, comportant un ou plusieurs champs de semences.

Plante adventice : toute plante indésirable ou mauvaise herbe dans une culture.

Plante allogame : toute plante à fécondation croisée.

Plante autogame : toute plante qui se reproduit par la fécondation de ses ovules par son propre pollen.

Plant : tout jeune sujet végétal, bouture de tiges, de feuilles ou de racine, greffons et marcottes destinés à la production de plantes.

Plant malade : tout plant présentant des malformations de développement liées à une infestation.

Plantule : toute jeune plante issue de la germination de la graine et se nourrissant encore aux dépens de celle-ci.

Pollen : l'ensemble de grains microscopiques produits par les anthères et qui forment les éléments reproducteurs mâles des végétaux à fleurs.

Pollution : toute contamination d'une multiplication de semences par la présence de hors-types, d'adventices et, ou de maladies dangereuses et de plantes d'autres espèces cultivées, difficiles à séparer.

Producteur de semences : toute personne physique ou morale spécialisée dans la production de semences et dûment admise au contrôle.

Producteur-distributeur de semences : toute personne physique ou morale spécialisée dans la production de semences et qui s'adonne à la commercialisation de semences, en qualité de grossiste, demi-grossiste ou détaillant.

Pureté spécifique : la proportion de la spéculation considérée dans un lot de semences.

Pureté variétale ou génétique : la proportion, au champ, de plantes conformes au standard de la variété. Proportion, au laboratoire, de la variété considérée dans un lot de semences.

Règlement technique : le document énonçant les caractéristiques d'un produit ou les procédés et méthodes de production s'y rapportant, y compris les dispositions administratives qui s'y appliquent, dont le respect est obligatoire. Il peut aussi traiter en partie ou en totalité de terminologie, de symbole, ou de prescriptions en matière d'emballage de marquage ou d'étiquetage, pour un produit, un service, un procédé ou une méthode de production donnés.

Sélectionneur : toute personne physique ou morale qui fait de l'amélioration des plantes en vue de créer de nouvelles variétés.

Semence : tout matériel ou organe végétal ou partie d'organe végétal tels que, graine, bouture, bulbe, greffon, rhizome, tubercule, embryon, susceptible de reproduire un individu.

Semenceau : tout ou partie d'un tubercule destiné à l'ensemencement comme dans le cas des ignames ou des pommes de terre.

Semence conventionnelle : toute semence d'une variété dont les caractéristiques visuelles, technologiques et agronomiques ont été stabilisées par des manipulations utilisant les règles de génétique et les lois de la biologie classique.
Semence certifiée : toute semence obtenue par la première ou la deuxième multiplication de la semence de base.
Semence d'adventice : toute semence de plantes indésirables ou mauvaises herbes dans une culture.
Semence de base **(G4)** : toute semence issue de semence de pré-base et qui a été produite sous la responsabilité du mainteneur selon les règles de sélection conservatrice généralement admises pour la variété et qui est destinée à la production de semences certifiées.
Semence infectée : toute semence dans laquelle ont pénétré des agents pathogènes vivants tels que les bactéries, les mycoplasmes, les virus, les protozoaires, les champignons ou les levures.
Semence infestée : toute semence envahie d'animaux parasites tels que les insectes ou les acariens.
Semence mère : toute semence mise en terre pour produire une nouvelle génération. Toute génération peut être utilisée comme semence mère sauf celle qui est vendue à l'agriculteur pour produire les grains de consommation.
Semence non conventionnelle : toute semence autre que conventionnelle.
Semence de pré-base : toute génération **G1, G2 OU G3** de semences se situant entre le matériel parental et précédant les semences de base. La production de semence de pré-base est assurée directement par l'obtenteur de la variété ou son mandataire.
Service officiel de contrôle et de certification : le service ou organisme national chargé du contrôle et de la certification des semences.
Stockage des semences : la conservation des semences dans un magasin ou un entrepôt dans des conditions adéquates de température et d'humidité.
Taux d'humidité ou teneur en eau : le pourcentage de la quantité d'eau contenue dans un échantillon de semences.
Technicien-semences : tout professionnel des semences agrée par le service ou organisme national chargé du contrôle et de la certification des semences de l'État membre pour assister les producteurs de semences.
Traitement chimique : l'application d'un ou plusieurs agents chimiques sur les semences en vue de leur protection phytosanitaire.
Traitement phytosanitaire : l'application de produits chimiques sur les semences en vue de leur protection contre les maladies et les parasites.
Variété composite : toute variété obtenue par combinaison de plusieurs lignées ou populations et qui comporte une relative variabilité génétique.
Variété ou variété végétale : l'ensemble végétal d'un taxon botanique du rang le plus bas connu i) défini par l'expression des caractères résultant d'un certain génotype ou d'une certaine combinaison de génotypes, ii) distingué de tout

autre ensemble végétal par l'expression d'au moins un desdits caractères et iii) considéré comme une entité eu égard à son aptitude à être reproduit conforme.

CHAPITRE II – OBJET ET CHAMP D'APPLICATION

Article 2. – Objet
Le présent Règlement a pour objet d'harmoniser les règles régissant le contrôle de qualité, la certification et la commercialisation des semences végétales et des plants agricoles dans les États membres.
Cette harmonisation vise à garantir la bonne qualité et à déterminer l'origine des semences des variétés des espèces végétales énumérées dans le Catalogue Ouest Africain des Espèces et Variétés Végétales tel que défini à l'*article 9* du présent Règlement.
De manière plus spécifique, l'harmonisation doit permettre de :
- faciliter la production locale des semences de qualité ;
- faciliter le commerce de semences entre les États membres, par l'application de principes et règles régionalement convenues qui minimisent les entraves aux échanges commerciaux ;
- faciliter l'accès des agriculteurs aux semences de qualité en temps et lieux opportuns ;
- créer un environnement favorable à l'investissement privé dans l'industrie des semences ;
- faciliter l'accroissement des choix de semences disponibles aux agriculteurs ;
- promouvoir le partenariat entre le secteur public et le secteur privé.

Article 3. – Champ d'application
1. Le présent Règlement s'applique à l'ensemble des activités relatives aux semences notamment celles concernant le contrôle de qualité, la certification et la commercialisation des semences.
2. Il ne s'applique pas aux grains et semences de ferme dont l'usage est libre, sous réserve de l'application des règles en vigueur dans la CEDEAO.

CHAPITRE III – PRINCIPES GENERAUX

Article 4. – Principe d'harmonisation
Aux fins de la réalisation de l'harmonisation visée par le présent Règlement, la Communauté contribue au rapprochement des législations des États membres en matière de semences.

Article 5. – Principe de libre circulation des semences
Afin de contribuer à l'organisation du marché commun prévu par la politique agricole de la Communauté, les semences circulent librement sur le territoire des États membres dès lors qu'elles sont conformes aux normes de qualité en

vigueur dans la CEDEAO.
Article 6. – Principe de reconnaissance mutuelle et d'équivalence
1. Les États membres mettent en œuvre le principe de reconnaissance mutuelle des certifications fondées sur des prescriptions techniques et normes communautaires en matière de semences végétales ainsi que des procédures de contrôle et d'homologation en vigueur dans la CEDEAO, en les reconnaissant comme équivalentes.
2. Chaque État membre accepte sur son territoire les semences conformes aux normes techniques adoptées par un autre État membre.
Article 7. – Principe de reconnaissance des normes internationales
En vue d'assurer la libre circulation des semences dans la Communauté et de favoriser leur commerce régional et international, les États membres fondent leurs règlements techniques en matière de semences, sur les normes, directives et recommandations internationales.
Article 8. – Principe de participation et d'information
1. Les États membres assurent la pleine participation des différents acteurs du secteur semencier au processus de décisions publiques relatives aux semences.
2. Les États membres organisent l'accès du public à l'information relative aux semences que détiennent les autorités publiques.
3. Les États membres contribuent à la formation et à la sensibilisation des acteurs du secteur semencier.

CHAPITRE IV – INSTRUMENT ET ORGANE DE GESTION DES SEMENCES

Article 9. – Catalogue ouest africain des espèces et variétés végétales
1. Il est institué un Catalogue ouest africain des espèces et variétés végétales, ci-après dénommé « COAfEV », en vue d'une meilleure gestion des activités de contrôle de qualité et la certification des semences dans les États membres.
2. Le COAfEV est le document officiel qui contient la liste de toutes les variétés homologuées dans les États membres.
3. Le COAfEV est constitué par l'ensemble des variétés homologuées contenues dans les catalogues nationaux des États membres. À cette fin, chaque État membre institue un catalogue national des espèces et variétés végétales.
4. Les modalités d'organisation du COAfEV sont déterminées par la Commission par voie de Règlement d'exécution.
Article 10. – Comité Ouest Africain des Semences
1. Il est mis en place un Comité Ouest Africain des Semences, ci-après dénommé COASem. Ce comité assure la mise en œuvre des règlementations en vigueur en matière de contrôle de la qualité, de certification et de commercialisation des semences, afin de contribuer au développement du secteur semencier dans les États membres.

2. Le Comité Ouest Africain des Semences travaille en étroite collaboration avec les comités nationaux de semences pour le développement du secteur semencier. À cette fin, chaque État membre met en place un Comité National des Semences et un Fonds qui appui le secteur semencier.
3. Chaque État membre fournit à la demande du COASem les informations nécessaires permettant de vérifier la conformité des systèmes nationaux de contrôle de qualité et de certification des semences avec les textes communautaires. Pour confirmer la véracité des informations fournies, le COASem peut faire des inspections dans les États membres.
4. Les attributions, l'organisation, le fonctionnement et le financement du Comité Ouest Africain des Semences sont précisés ultérieurement.

TITRE II

CONTROLE

CHAPITRE V. – DISPOSITIONS PRELIMINAIRES

Article 11. – Objet du contrôle
1. Le contrôle permet au service officiel de contrôle et de certification ou tout autre organisme privé agréé, de s'assurer que les semences qui lui sont soumises :
- présentent un minimum de pureté variétale ou génétique ;
- possèdent un bon état physiologique et un bon état sanitaire ;
- répondent, le cas échéant, à des normes technologiques.
2. Les normes requises relatives aux caractéristiques ci-dessus indiquées, sont précisées dans les règlements techniques annexes prévus à l'*Article 58* du présent Règlement.
Article 12. – Domaine du contrôle
Le contrôle des semences s'exerce à tous les stades et en tout lieu de la production, du champ au magasin du producteur ou du distributeur préalablement admis au contrôle.
Article 13. – Responsable du contrôle
Le contrôle des semences dans chaque État membre est assuré par le service officiel de contrôle et de certification ou tout autre organisme privé agréé, conformément aux dispositions du présent Règlement.

CHAPITRE V. – ADMISSION AU CONTROLE

Article 14. – Demande d'admission au contrôle

(a) Dans chaque État membre, l'admission au contrôle est accordée à toute personne physique ou morale qui en fait la demande. Elle est assurée par le service national officiel du contrôle et de certification ou tout autre organisme privé agréé pour une ou plusieurs espèces inscrites au COAfEV et, pour chacune d'elle, pour une ou plusieurs catégories de semences telles que définies à l'*Article 22* du présent Règlement ;

(b) Toute demande d'admission est adressée au service officiel de contrôle et de certification ou à tout autre organisme privé agréé de l'État membre, sur un formulaire approprié, avant l'ouverture de la campagne agricole ;

(c) Le service de contrôle et de certification ou tout autre organisme privé agréé étudie la demande et s'assure que les conditions d'admission requises par la règlementation régionale en vigueur ont été remplies. L'acceptation ou le refus est notifié au demandeur dans les quinze (15) jours qui suivent le dépôt de la demande ;

(d) Lorsque le service officiel de contrôle et de certification ou tout autre organisme privé agréé l'estime nécessaire, il accorde un délai supplémentaire de dix (10) jours au demandeur pour le dépôt d'une nouvelle demande ou pour un complément d'informations.

Article 15. – Critères d'admission

(a) *Critères généraux* Toute personne physique ou morale qui désire être admise au contrôle doit remplir les conditions suivantes :

i. s'engager à respecter les règlements techniques annexes tels que prévus à l'*article 58* du présent Règlement ;

ii. disposer de terres suffisantes ;

iii. disposer d'un personnel technique suffisant et qualifié ;

iv. disposer d'installations et de matériels appropriés.

(b) *Critères particuliers* Les critères particuliers sont fixés par les règlements techniques annexes en fonction des caractéristiques de chaque espèce.

Article 16. – Carte professionnelle

1. Lorsque les conditions d'admission sont remplies, une carte professionnelle est délivrée par le service officiel du contrôle de qualité et de certification, aux personnes physiques ou morales.

2. La délivrance de cette carte est assujettie au paiement d'une taxe unique d'inscription relative au type d'activité. Le montant, les modalités d'acquittement ainsi que les conditions d'affectation des droits perçus au titre de la taxe unique d'inscription sont précisées par l'État concerné.

3. La carte professionnelle est délivrée aux personnes physiques ou morales suivantes :

(a) Sélectionneur ;

(b) Producteur de semences de base ;

(c) Producteur de semences certifiées ;
(d) Producteurs de plants (pépiniériste) ;
(e) Grossiste ;
(f) Détaillant ;
(g) Importateur /Exportateur ;
(h) Professionnels assimilés tels que les conditionneurs, les courtiers, les transporteurs ou les emballeurs.

Article 17. – Durée de validité de la carte professionnelle

La carte professionnelle est délivrée pour une durée de trois ans renouvelables à la demande du titulaire selon les procédures en vigueur.

Article 18. – Suspension de la carte professionnelle

1. La suspension de la carte professionnelle intervient, après notification écrite au titulaire, dans les cas suivants :
(a) le non-respect des prescriptions du présent Règlement malgré les instructions du service officiel de contrôle et de certification ;
(b) le titulaire fait l'objet d'une sanction conformément à la législation de chaque État membre relative à la répression des infractions.
2. En cas de suspension de la carte professionnelle, le titulaire dispose d'un délai de trente (30) jours à partir de la date de notification pour se conformer aux dispositions du présent Règlement. Passé ce délai, le titulaire est radié du registre des professionnels pour l'activité exercée.

Article 19. – Retrait de la carte professionnelle

1. Le retrait de la carte professionnelle intervient si :
(a) le titulaire n'a pas exercé d'activités pendant deux années consécutives ;
(b) le titulaire de la carte professionnelle commet, moins d'un an après la levée d'une mesure de suspension le concernant, un nouveau manquement qui devrait être sanctionné par une mesure de suspension ;
(c) le titulaire de la carte professionnelle faisant l'objet d'une suspension ne s'est pas conformé aux disposions du présent Règlement dans le délai de trente (30) jours qui lui est imparti conformément à l'*Article 18* du présent Règlement.
1. Le service officiel de contrôle et de certification adresse un avis de non-reconduction à l'intéressé. Toutefois, le titulaire de la carte professionnelle peut encore bénéficier des services du contrôle pour les cultures implantées avant la décision de retrait et obtenir, dans le cas où les semences sont conformes, la certification des semences qui en sont issues.
2. En cas de retrait de la carte, une nouvelle demande ne pourra être présentée avant un délai de trois ans révolus à compter de la date de retrait de la carte professionnelle.

CHAPITRE VII – ORGANISATION DE LA PRODUCTION

Article 20. – Producteur de semences et Agriculteur-Multiplicateur

1. Est producteur de semences, toute personne physique ou morale dûment admise au contrôle.
2. Tout producteur de semences peut passer un contrat de multiplication avec un ou plusieurs agriculteurs-multiplicateurs pour la même espèce.
3. Un agriculteur-multiplicateur n'est pas autorisé à passer un contrat de multiplication avec plusieurs producteurs de semences. Toutefois, il peut bénéficier de dérogations dans la mesure où le contrat passé avec plusieurs producteurs ne cause aucun préjudice à l'un d'entre eux.

Article 21. – Variétés à multiplier

1. Seules peuvent être multipliées, en vue de la certification, les semences de variétés inscrites au Catalogue national ou au COAfEV.
2. Les caractéristiques de ces variétés doivent être conformes à celles des échantillons déposés au moment de l'inscription au COAfEV et conservés sous la responsabilité du Comité national chargé de l'inscription audit catalogue.

Article 22. – Catégories de semences

1. Les différentes catégories de semences sont les suivantes :

(a) *Matériel parental* **(G0)** Le matériel parental **G0** désigne le matériel initial dont la production est basée sur une méthode bien précise de sélection conservatrice.

(b) *Semences de pré-base* **(G1, G2 et G3)** Les semences de pré-base **G1, G2 et G3** désignent les générations de semences se situant entre le matériel parental et les semences de base. La production des semences de pré-base est assurée directement par l'obtenteur de la variété ou son mandataire.

(c) *Semences de base* **(G4)** Les semences de base **G4** désignent les semences issues de semences de pré-base et qui ont été produites sous la responsabilité du mainteneur selon les règles de sélection conservatrice généralement admises pour la variété et qui sont destinées à la production de semences certifiées.

(d) *Semences certifiées* Les semences certifiées désignent les semences qui sont issues directement de la première ou la deuxième multiplication de la semence de base.

Article 23. – Générations de semences certifiées

1. Les semences certifiées concernent plusieurs générations successives :

-Semences certifiées de première génération ou ''R1'', issues des semences de base ;

-Semences certifiées de deuxième génération ou ''R2'', issues des semences certifiées R1 ;

- Semences certifiées de troisième génération ou ''R3'', issues des semences certifiées ''R2 ''.

2. Dans le cas des variétés hybrides, les semences certifiées sont issues de la seule et unique hybridation (F1) de semences de base. On parle donc de semences certifiées de variété hybride.
Article 24. – Générations des semences certifiées autorisées
1. La dernière génération autorisée par le présent Règlement est la semence certifiée de deuxième génération ''R2''. Elle n'est pas susceptible de produire des semences.
2. Toutefois, en cas de difficultés d'approvisionnement en semences certifiées suite à un cas de force majeure dans l'un des États membres, les autres États membres peuvent autoriser la livraison ou la commercialisation de semences issues de la dernière génération R2 autorisée, pour faire face à la situation de crise. Ces semences respectent les normes minimales requises pour les semences certifiées R2. Elles seront appelées semences de troisième génération ou ''R3''.
3. Les normes requises relatives aux caractéristiques ci-dessus indiquées, sont précisées dans les règlements techniques annexes prévus à l'*Article 58* du présent Règlement.

CHAPITRE VIII – CONDITIONS DE PRODUCTION

Article 25. – Emplacement du champ
1. Les personnes physiques ou morales admises au contrôle sont tenues de respecter les zones de production recommandées par l'obtenteur d'une variété donnée.
2. Le champ est accessible en tout temps pendant le cycle de la culture, pour permettre les différentes inspections.
Article 26. – Superficies
Les superficies minima et maxima par culture et par parcelle sont celles en vigueur dans chaque État membre.
Article 27. – Nombre de variétés et de catégories
1.Le nombre de variétés et de catégories de semences autorisées à être multipliées sur une même propriété agricole est fonction de l'espèce et des normes définies dans les règlements techniques annexes visés à l'*Article 58* du présent Règlement. .
2. Lorsqu'il s'agit de stations ou de champs expérimentaux, le nombre de variétés n'est pas limitatif. La non-limitation doit toutefois être prévue par les normes d'isolement visées dans les règlements techniques annexes ci-dessus mentionnés.
Article 28. – Origine des semences-mères
1. Le service officiel de contrôle et de certification ou tout autre organisme privé agrée s'assure que le producteur ou l'agriculteur-multiplicateur utilise effectivement des semences-mères certifiées.

2. Tout producteur ou agriculteur-multiplicateur justifie l'origine de la semence-mère par des documents tels que l'étiquette de certification, la facture, le bon de livraison ou tout autre document jugé pertinent.

CHAPITRE IX. – CONTROLE DE LA PRODUCTION

Article 29. – Périodes de contrôle

Le contrôle s'exerce à tous les stades de la filière que sont la production, la conservation, le conditionnement, l'emmagasinage, le transport, la commercialisation et l'utilisation des semences.

Article 30. – Déclaration de culture

1. Avant le début de chaque campagne de certification, les personnes physiques ou morales admises au contrôle font parvenir dans un délai raisonnable avant la mise en place des cultures, sous peine de refus, une déclaration de culture au service national de contrôle et de certification ou tout autre organisme privé agréé.

2. Toute modification ultérieure apportée à la déclaration de culture est immédiatement signalée au service de contrôle et de certification ou à tout autre organisme privé agréé.

3. Le modèle de déclaration de culture figure dans le Règlement d'exécution prévu à l'*Article 57* du présent Règlement.

Article 31. – Contrat de multiplication

1. Le contrat de multiplication conclu entre un producteur de semences et un ou plusieurs agriculteurs-multiplicateurs contient :

(a) l'engagement de l'agriculteur-multiplicateur à respecter la règlementation en vigueur, à permettre aux agents chargés du contrôle de visiter ses cultures et à ne pas gêner les cultures de semences voisines ;

(b) l'engagement du producteur à fournir à l'agriculteur-multiplicateur toutes les instructions techniques nécessaires et à livrer les semences-mères en temps opportun.

2. Le modèle de contrat de multiplication de semences figure dans le Règlement d'exécution prévu à l'*Article 57* du présent Règlement.

Article 32. – Agents du contrôle

1. Les cultures sont placées pendant tout leur cycle, sous la surveillance d'agents assermentés, ci-après dénommés inspecteurs, du service national officiel de contrôle et de certification de l'État membre ou tout autre organisme privé agréé.

2. Ces inspecteurs ont pour mission de visiter les cultures et d'en noter les caractéristiques et conditions d'implantation.

Article 33. – Inspections au champ

1. Les inspecteurs effectuent des visites au champ et ont, dans ce cadre, un libre accès aux cultures. Ils rédigent un rapport d'inspection au champ lors de

chaque visite.
2. Quatre inspections au moins sont prévues tout au long du cycle des cultures.
(a) *Première inspection : Inspection préliminaire*
Elle a lieu avant le semis et a pour but de vérifier la conformité du terrain choisi par le producteur aux caractéristiques et normes minimales requises pour l'espèce à multiplier.
(b) *Deuxième inspection : Période de préfloraison*
La deuxième inspection a lieu durant la phase végétative qui part du semis à l'initiation florale et à l'apparition des inflorescences.
(c) *Troisième inspection : Période de floraison*
La troisième inspection a lieu quand environ 50 % des plants sont en fleurs ; les fleurs sont ouvertes, les stigmates sont réceptifs et les anthères libèrent du pollen.
(d) *Quatrième inspection : Période de pré-récolte*
La quatrième inspection a lieu durant la période qui précède de quelques jours la récolte. La semence est suffisamment ferme et a atteint la maturité physiologique.
3. Les caractéristiques du terrain et les normes minimales requises pour chaque espèce sont précisées dans les règlements techniques annexes prévus à l'*Article 58* du présent Règlement.
Article 34. – Déterminants du nombre de contrôles
1. Le nombre de contrôles minimum est défini sur la base des caractéristiques suivantes :
- Environnement du champ semencier,
- Origine de la semence-mère,
- Précédent cultural,
- Isolement,
- État cultural.
2. L'ensemble des caractéristiques ci-dessus indiquées est précisé dans les règlements techniques annexes prévus à l'*Article 58* du présent Règlement.
Article 35. – Causes de rejet d'un champ semencier
1. Tout champ semencier fait l'objet d'un rejet par le service officiel de contrôle et de certification ou tout autre organisme privé agréé s'il ne satisfait pas aux normes requises relatives aux caractéristiques suivantes :
- Pureté physique,
- Plantes adventices,
- État sanitaire,
- Pureté variétale.
2. Les normes requises relatives aux caractéristiques ci-dessus indiquées, sont précisées dans les règlements techniques annexes prévus à l'*Article 58* du présent Règlement.

Article 36. – Rapport d'inspection

1. Les inspections s'effectuent en présence de l'agriculteur-multiplicateur ou d'un représentant agréé du producteur et font l'objet d'un rapport dans lequel sont consignées les observations sur l 'état cultural des parcelles.

2. Ce rapport contient en outre des recommandations ou instructions techniques conformés aux règles définies pour l'espèce considérée.

3. Le modèle du rapport d'inspection au champ figure dans le Règlement d'exécution prévu à l'*Article 57* du présent Règlement.

Article 37. – Techniciens-semences

1. Tout producteur de semences ne disposant pas des compétences techniques requises, a l'obligation de recourir au service d'un technicien-semences qu'il emploie de la production à la vente aux distributeurs.

2. Le technicien-semences remplit les conditions suivantes :

- être agrée par le service national officiel chargé de contrôle et de certification ;
- ne servir qu'un producteur à la fois. Toutefois, il bénéficie de dérogations dans la mesure où le contrat passé avec plusieurs producteurs ne cause aucun préjudice à l'un d'entre eux.

3. Le technicien-semences est soumis aux obligations suivantes :

- contrôle des cultures sur pied ;
- présence à chacune des visites de l'inspecteur ;
- nettoyage des matériels de semis, de plantation, de récolte, de transport, les installations de conditionnement et de stockage ;
- identification des lots ;
- stockage dans de bonnes conditions.

4. Le modèle de demande d'agrément de technicien-semences figure dans le Règlement d'exécution prévu à l'*article 57* du présent Règlement

Article 38. – Contrôle interne

Tout producteur admis au contrôle peut mettre en place une structure interne de contrôle en culture qui utilise des techniciens-semences.

Article 39. – Abandon d'une parcelle de semences

Une parcelle de semences peut être abandonnée pour des raisons climatiques ou techniques à n'importe quel stade de la végétation. Dans ce cas, le producteur en informe le service officiel de contrôle et de certification ou tout autre organisme privé agréé dans les délais les plus brefs.

Article 40. –Classement des cultures

1. Les inspecteurs effectuent le classement des cultures sur la base des résultats des notations lors des différents contrôles.

2. Le refus d'une culture est prononcé, si les recommandations et instructions techniques données lors des précédentes visites n'ont pas été respectées ;

(a) tout refus est notifié à l'intéressé dans les meilleurs délais ;

(b) lorsqu'il y a multiplication de semences-mères importées d'un pays non membre de la CEDEAO, le classement des parcelles est éventuellement subordonné aux résultats des contrôles variétaux réalisés en laboratoire ou en parcelles.

CHAPITRE X – CONTROLE DES LOTS

Article 41. – Constitution d'un lot
1. Tout lot de semences est physiquement identifiable par un numéro pouvant être des chiffres, des lettres ou la combinaison des deux.
2. Avec l'autorisation du service chargé du contrôle, un même lot de semences certifiées peut être composé du produit de plusieurs parcelles de la même variété et issues de la même semence-mère.
3. Toutefois, pour les semences de pré-base et de base, le produit d'une parcelle constitue un lot.
Article 42. – Taille d'un lot
La taille des lots est fonction de l'espèce et est précisée dans les règlements techniques annexes prévus à l'*Article 58* du présent Règlement.
Article 43. – Identification des lots nature
De la récolte au conditionnement, les lots nature de semences de toutes catégories, en sac ou en vrac, sont identifiables par un document provisoire tel que l'étiquette, la fiche de récolte ou tout autre document jugé pertinent afin d'éviter tout mélange accidentel.
Article 44. – échantillonnage
1. Pour déterminer la valeur des lots de semences, le service officiel de contrôle et de certification ou tout autre organisme privé agréé prélève des échantillons qui sont soumis à des analyses de laboratoire.
2. L'échantillonnage est réalisé conformément aux règles internationales élaborées par l'Association Internationale d'Essais de Semences ou International Seed Testing Association (ISTA).
3. Le poids des échantillons pour chaque espèce est précisé dans les règlements techniques annexes prévus à l'*Article 58* du présent Règlement.
4. Les échantillons sont prélevés dans des sachets portant les informations suivantes :
(a) Service officiel de contrôle et de certification ou organisme privé agréé de l'État membre ;
(b) Nom du producteur ;
(c) Espèce et variété ;
(d) Catégorie ;
(e) Numéro du lot ;
(f) Poids du lot ou nombre d'unités constituant le lot ;
(g) Traitement et produits utilisés ;
(h) Date de prélèvement ;
(i) Nom de l'agent du service officiel ou de l'organisme privé agréé chargé du contrôle et de certification ou du laborantin.

Article 45. – Contrôle au laboratoire

1. Tout lot de semences présenté à la certification fait l'objet d'une analyse dans le laboratoire désigné par l'État membre ou un laboratoire officiel affilié à l'ISTA.

2. Ces contrôles portent les cinq principaux points ci-dessous dont les normes sont précisées dans les règlements techniques annexes prévus à l'*article 58* du présent Règlement :

(a) *La pureté spécifique* Le contrôle au laboratoire de la pureté spécifique a pour objet de déterminer :

i. la composition de l'échantillon analysé ;

ii. l'identité des diverses espèces de semences et de particules inertes constituant l'échantillon.

(b) *La teneur en eau* Le contrôle au laboratoire de la teneur en eau vise à déterminer le taux d'humidité des semences par des méthodes appropriées.

(c) *L'essai de germination* L'essai de germination a pour objet d'obtenir des renseignements sur la valeur germinative des semences en vue du semis au champ et de fournir des données qui permettent de comparer différents lots de semences entre eux.

(d) *L'essai sanitaire* L'essai sanitaire consiste à déterminer l'état sanitaire d'un échantillon de semences en décelant sur les semences les maladies provoquées par les organismes tels que les champignons, les bactéries et les virus, ainsi que des parasites animaux tels que les nématodes et les insectes.

(e) *La pureté variétale*

1. Le contrôle au laboratoire de la pureté variétale consiste à vérifier l'identité variétale d'un lot de semences et à comparer sa pureté variétale par rapport à un échantillon de référence.

2. La détermination de l'identité variétale est soit morphologique, soit physiologique, soit cytologique, soit chimique.

Article 46. – Bulletins d'analyses

1. Tous les résultats des essais sont indiqués sur un bulletin d'analyse de semences délivré par le laboratoire national compétent d'analyses des semences de l'État membre.

2. Le modèle du bulletin d'analyses de semences figure dans le Règlement d'exécution prévu à l'*Article 57* du présent Règlement.

3. Dans le cadre du commerce des semences dans les États membres, un Bulletin International d'Analyses des Semences est aussi délivré par le laboratoire national compétent d'analyses des semences de l'État membre conformément aux règles en vigueur à l'ISTA.

Article 47. – Contrôle a posteriori

1. Le contrôle *a posteriori* est effectué postérieurement à la certification sur un échantillon de référence d'une production de semences de toute catégorie. En cas de litige ou de réclamation, ledit contrôle s'étend sur le matériel parental et sur les semences de pré-base,

2. En ce qui concerne les semences de pré-base ou de base, les résultats de ce contrôle, permettent de confirmer ou de modifier le classement des lots restant en stock et de la descendance des lots contrôlés.
3.L'échantillon servant au contrôle est prélevé selon les normes de l'ISTA et conservé par le service officiel de contrôle et de certification ou tout autre organisme privé agréé de l'État membre.
4. Le contrôle *a posteriori* est réalisé selon un protocole établi par le service de contrôle et de certification en collaboration avec les institutions nationales de recherche concernées.
5. Le contrôle de qualité lors de la commercialisation des semences s'exerce par les agents du service officiel de contrôle de qualité et de certification ou tout autre organisme privé agréé et ceux du Ministère chargé du Commerce.

CHAPITRE XI – CONDITIONNEMENT

Article 48. – Traitements des semences
Les semences présentées à la certification sont traitées dans une unité de conditionnement agréé par le service officiel de contrôle et de certification de l'État membre qui a produit ces semences. Article 49. – *Utilisation du tamis à grille de triage*
Les chaînes de triage des unités de conditionnement agréées utilisent au moins un jeu de trois tamis à grilles, constitué de grilles supérieures, centrales et inférieures, sélectionnées en fonction de l'espèce à traiter.
Article 50. – Entretien des installations
Les installations de conditionnement sont nettoyées après chaque utilisation pour éviter les mélanges accidentels.

CHAPITRE XII – EMBALLAGE

Article 51. – Gammes des emballages
La gamme des emballages utilisés est celle autorisée dans chaque État membre. Les emballages sont propres, résistants et assurer une bonne protection et une viabilité des semences.
Article 52. – *Marquage des emballages*
1. Tout producteur a l'obligation de procéder au marquage des emballages de ses semences.
2. Le marquage des emballages comporte, de façon apparente et en caractères facilement lisibles, les indications suivantes :
(a) le nom et l'adresse du producteur ou du distributeur ;
(b) le logo ou la marque commerciale, s'ils existent ;
(c) le nom de l'espèce et le nom de la variété tels qu'ils figurent au COAfEV ;
(d) la catégorie, la génération et le cycle de production ;
(e) le poids net ;

(f) l'étiquette de certification ;
(g) l'indication du nom du produit utilisé pour le traitement.

CHAPITRE XIII. – FRACTIONNEMENT - RECONDITIONNEMENT

Article 53. – *Fractionnement et reconditionnement*
Lorsque les lots de semences sont déjà constitués et portent des étiquettes, toute opération de fractionnement et/ou de reconditionnement de lots de semences est réalisée obligatoirement en présence des agents du service chargé du contrôle et de la certification, sous peine de refus.
Article 54. – *étiquetage*
En cas de fractionnement et/ou de reconditionnement, les nouvelles étiquettes portent les mêmes indications que celles qui figurent sur les étiquettes initiales, complétées par une indication précisant qu'il y a eu reconditionnement.

CHAPITRE XIV – STOCKAGE

Article 55. – Conditions tenant aux magasins de stockage
1. Tous les magasins de stockage de semences doivent avoir une température et une humidité adéquates, être propres et bien aérés afin de permettre une bonne conservation des semences.
2.Les magasins de stockage sont en outre être désinfectés régulièrement.
Article 56. – Conditions de stockage des sacs
Les sacs de semences sont disposés sur des caillebotis ou des palettes. Les sacs ne sont posés ni à même le sol, ni toucher les murs. Les lots de semences sont disposés de manière à laisser un passage entre les piles de semences pour faciliter le contrôle et l'échantillonnage.

CHAPITRE XV – MODALITES DE MISE EN ŒUVRE DU CONTROLE

Article 57. – Modèles de documents administratifs
Un Règlement d'exécution de la Commission précise les modèles de document administratif utilisés dans le cadre du contrôle de la qualité des semences dans les États membres.
Article 58. – Règlements techniques annexes
Un Règlement d'exécution de la Commission sur les règlements techniques annexes complète les modalités d'exercice de la certification et du contrôle de la qualité des semences dans les États membres.

TITRE III

CERTIFICATION DES SEMENCES

CHAPITRE XVI. – CERTIFICATION, CONDITIONS D'ELIGIBILITE ET REDEVANCES

Article 59. – Certification
Toute semence végétale produite à des fins de commercialisation est certifiée conformément aux dispositions du présent Règlement et de ses Règlements d'exécution.
Article 60. – Conditions d'éligibilité
La certification n'intervient que pour des lots issus de parcelles régulièrement acceptées au contrôle et pour les variétés inscrites au COAfEV.
Article 61. – Redevance de certification
1. Toute prestation relative à la certification, tant pour le contrôle en culture qu'au laboratoire, donne lieu à la perception d'une redevance de certification.
2. La redevance de certification est perçue par le service officiel ou tout autre organisme chargé du contrôle et de la certification lors de la remise des étiquettes ou des bulletins d'analyse.
3. Le montant, les modalités d'acquittement ainsi que les conditions d'affectation des droits perçus au titre de la redevance sont précisées par chaque État membre.

CHAPITRE XVII – ETIQUETAGE

Article 62. – Obligation d'étiquetage
1. Tout emballage contenant des semences certifiées est muni d'une étiquette de certification délivrée par le service officiel ou organisme de contrôle et de certification. Cette étiquette de certification est différente de l'étiquetage fait par le producteur de la semence conformément à l'*Article 52* du présent Règlement.
2. Le service officiel ou organisme chargé du contrôle de qualité et de la certification est le seul responsable de l'impression, de la distribution et de l'apposition des étiquettes officielles de certification. Toutefois, il peut déléguer cette responsabilité à un organisme privé agréé.
3. Les étiquettes de certifications sont fixées de façon à assurer l'inviolabilité de l'emballage.
4. Une étiquette de certification identique à celle fixée sur l'emballage est placée à l'intérieur dudit emballage, lorsque les indications relatives au lot ne sont pas imprimées sur celui-ci.

5. Le modèle des étiquettes de certification figure dans le Règlement d'exécution prévu à l'*Article 57* du présent Règlement.

Article 63. – Couleur des étiquettes de certification

Les couleurs des étiquettes de certification sont fonction de la catégorie des semences. Celles autorisées sont :

(a) *blanc barré violet* pour le matériel parental et les semences de pré-base ;

(b) *blanc* pour les semences de base ;

(c) *bleu* pour les semences certifiées de première génération "R1" et pour les semences certifiées de variété hybride ;

(d) rouge pour les semences certifiées de deuxième génération "R2".

Article 64. – Contenu des étiquettes de certification

1. Les étiquettes de certification portent obligatoirement au recto, les mentions suivantes :

(a) Nom de l'espèce, suivi éventuellement de la vocation culturale ou du type variétal, par exemple : Espèce : riz pluvial ou riz irrigué ; Maïs hybride ou maïs composite ;

(b) Nom de la variété tel qu'il figure au COAfEV ;

(c) Numéro du lot ;

(d) Calibre ;

(e) Faculté germinative minimale ;

(f) Année et mois de récolte ;

(g) Pureté génétique minimale ;

(h) Poids

(i) Référence au présent Règlement ;

(j) Nom du service officiel ou organisme de contrôle de qualité et de certification.

L'authenticité de l'étiquette de certification est assurée par l'apposition du cachet du service officiel de contrôle et de certification ou de l'organisme privé agréé du pays où la semence a été produite.

Aucune inscription n'est portée au verso de l'étiquette de certification.

Le nombre d'étiquettes de certification est strictement limité à celui des unités qui constituent chaque lot certifié.

Article 65. – *Retrait des étiquettes de certification*

1. Lorsqu'un lot de semences est déclassé ou refusé après analyse, pour non conformité aux normes, la totalité des étiquettes de certification déjà reçues est en conséquence retirée et récupérée par le service officiel de contrôle et de certification.

2. Le lot n'est plus utilisé ou commercialisé comme semences.

CHAPITRE XVIII – ATTESTATION DE CERTIFICATION

Article 66. – Délivrance de l'attestation de certification

1. L'attestation de certification est un document officiel délivré pour un lot de

semences par le service officiel de contrôle et de certification ou tout autre organisme privé agréé à la demande de toute personne désireuse d'utiliser ce lot.
2. Le modèle de l'attestation de certification figure dans le Règlement d'exécution prévu à l'*Article 57* du présent Règlement.

CHAPITRE XIX – DEROGATIONS

Article 67. – Délivrance exceptionnelle d'étiquettes de certification
(a) Autorisation de semences de pré-base et base non conformes
Le service officiel ou tout autre organisme privé agréé chargé du contrôle de qualité et de certification peut exceptionnellement délivrer des étiquettes de certification pour des semences de pré-base ou des semences de base dont la faculté germinative est inférieure aux normes prescrites. Dans ce cas, la faculté germinative réelle est portée sur l'étiquette.
(b) *Autorisation de semences non conformes*
Le service officiel tout autre organisme privé agréé chargé du contrôle de qualité et de certification, exceptionnellement délivre, en cas d'urgence et/ou pour des semences dormantes, des étiquettes de certification pour des lots de semences non conformes, après une évaluation préliminaire et rapide de la viabilité par une méthode biochimique.

CHAPITRE XX – LOTS EN REPORT

Article 68. – Déclaration des lots en report
1. Les lots de semences certifiées sont considérés en report à partir de la date d'ouverture de la nouvelle campagne agricole qui suit celle de la récolte. Lesdits lots sont déclarés au service officiel de contrôle de qualité et de la certification ou tout autre organisme privé agréé.
2. Les lots font l'objet d'un contrôle notamment de la faculté germinative, par le laboratoire national de l'État membre ou par tout autre laboratoire dûment agréé. Les étiquettes des lots non conformes sont retirées.

CHAPITRE XXI – RECONNAISSANCE MUTUELLE

Article 69. – Reconnaissance mutuelle des certifications
Les semences certifiées par un service compétent d'un État membre conformément aux dispositions du présent Règlement et de ses Règlements d'exécution sont reconnues comme telles par tous les autres États membres.

TITRE IV

COMMERCIALISATION DES SEMENCES

CHAPITRE XXII - COMMERCIALISATION PAR LES PRODUCTEURS ET LES DISTRIBUTEURS

Article 70. – Variétés de semences mises en vente au niveau régional
Seules sont commercialisées au niveau régional les semences de variétés inscrites au Catalogue Ouest Africain des Espèces et Variétés Végétales.
Article 71. – Agrément
1. L'exercice de l'activité de commercialisation de semences par les producteurs-distributeurs et les distributeurs est subordonné à l'obtention d'un agrément.
2. L'agrément est renouvelable tous les trois (03) ans, à la demande du titulaire.
3. Les conditions d'obtention de l'agrément sont précisées par chaque État membre, conformément aux dispositions du présent Règlement.
Article 72. – Comptabilité matière
Tout producteur-distributeur ou distributeur de semences tient une comptabilité matière détaillée des entrées et sorties de stocks de semences, dans un registre qui peut être consulté à tout moment, par le service officiel de contrôle et de certification ou tout autre organisme privé agréé ainsi que par les services compétents du Ministère chargé du Commerce.
Article 73. – Conditions tenant aux magasins de stockage
1. Afin de permettre une bonne conservation des semences, tout magasin de stockage de semences destinées à la commercialisation est dans des conditions de température et d'humidité adéquates ; il est propre et bien aéré.
2. Le magasin de stockage est en outre désinfecté régulièrement.
Article 74. – Conditions de stockage des sacs
Les sacs de semences sont obligatoirement disposés sur des caillebotis ou des palettes. Les sacs ne sont déposés ni à même le sol, ni en contact avec les murs. Les lots de semences sont disposés de manière à laisser un passage entre les piles de semences pour faciliter le contrôle et l'échantillonnage.
Article 75. – *Conditions de transport*
Les semences sont transportées dans des conditions qui maintiennent leur qualité intrinsèque.

CHAPITRE XXIII – EXPORTATIONS - IMPORTATIONS

Article 76. – Régimes
1. Sans préjudice de la règlementation communautaire en matière de commerce extérieur, l'importation et l'exportation des semences

conventionnelles sont soumises à déclaration préalable auprès du service officiel ou organisme de contrôle et de certification.

2. L'importateur ou l'exportateur fournit les renseignements suivants relatifs au lot :

- nom ou raison sociale ;
- nom et adresse du destinataire ou du fournisseur ;
- espèce et variété conformément au COAfEV ;
- catégorie et génération ;
- numéro de lot ;
- poids déclaré du lot ;
- nombre d'emballages ;
- poids unitaire des emballages ;
- numéros des étiquettes en précisant les premiers et derniers chiffres ;
- traitements chimiques avec le nom des matières actives utilisées.

3. L'importation et l'exportation des semences non conventionnelles sont régies par les textes en vigueur dans les États membres.

Article 77. – Délivrance du Bulletin international

Les laboratoires nationaux d'analyses des semences des États membres accrédités par l'I.S.T.A ou par tout organisme reconnu par la Commission sont habilités à délivrer le Bulletin International lorsqu'il est requis.

Article 78. – Certificat phytosanitaire

1. Toute exportation ou importation de semences est accompagnée d'un certificat phytosanitaire délivré par le Service ou organisation nationale chargée de la protection des végétaux du pays d'origine de la semence.

2. Aux fins d'établissement de certificat phytosanitaire, les États membres procèdent périodiquement à des enquêtes et échanges d'informations pour établir des inventaires exhaustifs périodiques des nuisibles présents dans les États respectifs.

3. Lesdits inventaires ont pour objet la mise à jour des listes de nuisibles de quarantaine et non quarantaine.

4. La liste des nuisibles de quarantaine et non quarantaine relative aux commerces inter et intra communautaires et les modalités du contrôle phytosanitaire des semences sont arrêtées par la Commission de la CEDEAO.

Article 79. – Recherche scientifique

Les échanges de matériel végétal entre États membres dans le cadre de la recherche scientifique ne sont pas concernés par les dispositions de l'*Article 76* ci-dessus. Toutefois, un certificat phytosanitaire est exigé.

Article 80. – Lot douteux

1. Tout lot de semences importé ou exporté sur lequel pèse un soupçon de fraude ou de falsification est considéré comme douteux et est provisoirement confisqué.

2. Un échantillon prélevé par le service officiel de contrôle et de certification ou tout autre organisme privé agréé est envoyé au laboratoire national

d'analyses des semences pour la recherche de fraudes et falsifications. Dans le cas où les résultats sont non conformes aux indications portées sur les documents accompagnant les semences, le lot est saisi par les agents et officiers de police judiciaire, les agents assermentés de la Douane et de la Protection des Végétaux. Par conséquent, l'utilisation du lot en cause, en tant que semences, n'est pas autorisée et les étiquettes en sont retirées et détruites.
Article 81. – Lots en transit
1. Tout lot en transit sur le territoire d'un État membre est déclaré au service officiel chargé de contrôle de qualité et de certification ou tout autre organisme privé agréé par la personne physique ou morale responsable de ce transit.
2. Les informations concernant le destinataire et le pays de destination sont communiqués aux services officiels du contrôle et de la certification ou tout autre organisme privé agréé et de la Protection des Végétaux par la personne physique ou morale susvisée.
3. Les lots en transit sont accompagnés d'un certificat phytosanitaire indiquant la provenance et la destination des semences. Lesdits lots ne font pas l'objet de contrôle dans les pays de transit.

TITRE V

SANCTIONS

Article 82. – Sanctions des violations
1. Sont constitutifs de violations des dispositions du présent Règlement et de ses Règlements d'exécution :
(a) la production de semences sans carte professionnelle ;
(b) la commercialisation de semences sans agrément ;
(c) les déclarations mensongères sur l'étiquette d'une semence, la modification ou l'altération volontaire d'une étiquette et l'utilisation de tout artifice en vue d'induire les tiers en erreur sur la qualité des semences ;
(d) la distribution, à des fins de consommation humaine ou animale, de semences traitées par des substances dangereuses pour la santé humaine ou animale et les rendant ainsi impropres à la consommation ;
(e) la non tenue du registre de comptabilité matière indiqué à l'*Article 72* du présent Règlement ;
(f) l'importation ou l'exportation des semences conventionnelles sans déclaration préalable ;
(g) l'importation ou l'exportation des semences non conventionnelles en violation de la règlementation en vigueur ;
(h) l'entrave à l'exercice de fonctions officielles d'inspection ou de contrôle ;

(i) le refus de se conformer aux conditions d'admission au contrôle ;
(j) la fraude ou tentative de fraude dans l'utilisation ou la commercialisation des semences en transit dans les État membres.
2. Les États membres prennent les mesures nécessaires pour sanctionner les violations des dispositions du présent Règlement.
Article 83. – Habilitation et pouvoirs des agents de contrôle
1. Les États membres dressent la liste des agents habilités à effectuer des vérifications de conformité.
2. Ces agents disposent de pouvoirs d'enquête et d'investigation leur permettant notamment :
(a) de pénétrer dans les locaux professionnels tels que les enceintes et les bâtiments de distribution de semences, les dépôts, entrepôts, magasins et lieu de stockage de ces produits ;
(b) d'accéder et de se faire communiquer tout document relatif au fonctionnement de l'exploitation du producteur semencier ou du distributeur de semences ;
(c) d'inspecter les installations, aménagements, ouvrages, véhicules, appareils et produits relatifs aux semences ;
(d) de procéder à des prélèvements d'échantillon, tout en s'assurant de leur représentativité et de leur possibilité d'examen contradictoire.
3. Les vérifications lors de la production et de la commercialisation s'effectuent en présence du producteur, du distributeur, ou de leur représentant.

TITRE VI

GARANTIES RECONNUES AUX PERSONNES ADMISES AU CONTROLE ET AUX DISTRIBUTEURS

Article 84. – étendue des garanties
À l'occasion des contrôles et inspections de conformité aux différentes phases de production, de certification ou de commercialisation des semences, les personnes physiques ou morales qui y sont assujetties jouissent des garanties suivantes :
(a) la confidentialité des informations liée au secret professionnel auquel les personnes habilitées sont astreintes ;
(b) le caractère représentatif des prélèvements servant de base à la mesure administrative contestée ;
(c) le droit de recourir à une expertise contradictoire et d'exercer un recours

selon les procédures en vigueur ;
(d) Le droit d'être présent ou représenté lors des contrôles ;
(e) le droit d'exiger la communication des pièces telles que la notification des mesures prises à leur encontre, les motifs de la décision, les récépissés de prélèvements et du procès verbal de saisie de semences, les résultats d'analyse, leurs déclarations et tout document ayant contribué à servir de base à la décision individuelle les concernant.

TITRE VII

DISPOSITIONS DIVERSES

Article 85. – Mise en œuvre
Dans le cadre de ses activités, le COASem peut être ouvert aux institutions sous-régionales opérant dans le secteur semencier. Des conventions spécifiques définiront les modalités de cette ouverture.
Article 86. – Relations avec d'autres textes communautaires
Les activités de contrôle de la qualité, de certification et de commercialisation des semences au sein de la Communauté s'exercent en conformité avec les dispositions en vigueur à la CEDEAO.

TITRE VIII

DISPOSITIONS FINALES

Article 87. – Publication
Le présent Règlement est publié par la Commission dans le Journal Officiel de la Communauté dans les trente (30) jours de sa date de signature par la Présidente du Conseil des Ministres. Il sera également publié par chaque État Membre dans son Journal Officiel dans le même délai.
Article 88. – *Entrée en vigueur*
Le présent Règlement entre en vigueur dès sa publication.

Fait à Abuja, le 18 mai 2008

Pour le Conseil
La présidente
S. E. Minata Samate Cessouma

PARTIE II

LE CADRE INSTITUTIONNEL EN MATIERE DE SANTÉ

LOIS SUR LE CADRE INSTITUTIONNEL

LOI D'ORIENTATION SUR LA SANTÉ ET SON TEXTE MODIFIE

LOI n° 02 – 049 / DU 22 JUILLET 2002 PORTANT LOI D'ORIENTATION SUR LA SANTÉ[31]

L'Assemblée nationale a délibéré et adopté en sa séance du 20 juin 2002 ;
Le Président de la République promulgue la loi dont la teneur suit :

CHAPITRE I : DES DISPOSITIONS GÉNÉRALES

Article 1er : La présente loi a pour objet de fixer les grandes orientations de la politique nationale de santé.

Article 2 : La politique nationale de santé repose sur les principes fondamentaux d'équité, de justice de solidarité, de participation de la population et de la société civile.

Elle prend en compte les engagements internationaux auxquels la République du Mali a souscrit.

Article 3 : Le plan décennal et le programme quinquennal de développement sanitaire et social servent de cade de référence à la mise en œuvre de la politique sectorielle de santé.

Article 4 : L'Etat, les collectivités locales, les populations bénéficiaires du service public de santé organisées en associations et en mutuelles, les fondations, les congrégations religieuses, les ordres professionnels du secteur et les établissements de santé concourent à la mise en œuvre de la politique nationale de santé dans les conditions fixées par les lois et les règlements en vigueur.

Article 5 : Les priorités de l'action sanitaire sont réservées à la prévention des maladies, à la promotion sanitaire et au bien-être de la famille en milieu rural et périurbain ainsi qu'à l'amélioration de l'accès des populations les plus pauvres aux soins de santé.

---

[31] Disponible sur : https://www.ilo.org/Loi 02-049 AN RM portant loi d'orientation sur la santé (ilo.org)

CHAPITRE II : DÉFINITIONS

Article 6 : Dans la présente loi on entend par :

Aire de santé : une unité géographique de base abritant une population minimum de cinq mille (5.000) habitants et formant la zone de constitution et d'intervention d'un centre de santé communautaire ; elle est fixée de façon consensuelle entre les communautés concernées ;

Association de santé communautaire (Asaco) : un groupement d'usagers du service public de la santé, pouvant être autorisé à créer et faire fonctionner un établissement de santé dénommé « Centre de santé communautaire » ;

Carte sanitaire : un document qui consacre le découpage du territoire national en aires de santé et sur la base duquel sont créés les établissements publics communautaires et privés de santé ;

Centre de santé communautaire (Cscom) : un établissement de santé de base construit sur une aire de santé par une association de santé communautaire ; le CSCOM comprend au moins un dispensaire, une maternité et un dépôt de médicaments essentiels ;

District sanitaire : une circonscription sanitaire, qui constitue l'unité opérationnelle de planification conformément à la stratégie africaine de développement sanitaire. Il regroupe un certain nombre d'aires de santé. Le district sanitaire correspond au cercle ou à une commune urbaine de Bamako.

Information - éducation - communication en santé : un ensemble de moyens et de méthodes utilisés pour informer et sensibiliser le ou les groupes de populations, appelés groupes cibles, sur certains phénomènes et évènements de santé, en vue d'obtenir un changement positif durable des attitudes ou comportements ;

Médicament : toute substance ou composition présentée comme possédant des propriétés curatives ou préventives à l'égard des maladies humaines et animales ainsi que tout produit pouvant être administré à l'homme ou à l'animal en vue d'établir un diagnostic ou restaurer, corriger ou modifier leur fonction organique ;

Médicament essentiel : tout produit dont l'efficacité et l'innocuité ont été scientifiquement démontrées et qui est indispensable pour assurer les soins de santé de base à titre préventif et curatif ;

Planification sanitaire : encadrement du développement et de l'action des services de santé par une mise en ordre stratégique de programmes à exécuter ; le processus de planification consiste à identifier les besoins prioritaires à fixer les objectifs à atteindre, à définir les stratégies et interventions appropriées, à évaluer les mesures nécessaires pour mener à bien ces interventions et à établir un calendrier pour leur mise en œuvre et leur suivi ;

Plan décennal de développement sanitaire et social (Pddss) : un document contenant l'ensemble des orientations stratégiques envisagées dans le cadre

de la mise en œuvre de la politique nationale de santé ;
Programme quinquennal de développement sanitaire et social (Prodess) : un document contenant l'ensemble des objectifs structurés en tâches à exécuter pour une période de 5 ans dans le cadre du Plan Décennal de développement sanitaire et social ;
Plan de développement sanitaire de cercle (Pdsc) : un document contenant l'ensemble des objectifs, des activités et des moyens à mettre en œuvre au niveau du cercle. Il a une durée de 5 ans.
Ordre professionnel : un établissement public à caractère professionnel doté de la personnalité morale et de l'autonomie financière chargé de l'organisation et de la représentation d'une profession ou d'un groupe de professions.

CHAPITRE III : OBJECTIFS

Article 7 : La politique nationale de santé est basée sur les principes des soins de santé primaires, sur l'initiative de Bamako et sur la stratégie africaine de développement sanitaire.
Article 8 : La politique nationale de santé a pour objectifs :
a) améliorer l'état de santé des populations en :
- réduisant les mortalités infanto-juvénile et maternelle ;
- réduisant la morbidité et la mortalité dues aux maladies prioritaires ;
- développant les services de planification familiale ;
- veillant à la promotion des attitudes et comportements favorables à la santé et au bien-être de la famille.
b) améliorer la couverture sanitaire du pays en :
- assurant l'extension de la couverture afin de rendre les services de santé accessibles aux populations y compris celles appartenant aux catégories les plus durement frappées par la pauvreté ;
- mettant en place un dispositif de soins adapté aux réalités du pays ;
- assurant des prestations de qualités produites au meilleur coût, géographiquement et économiquement accessibles ; y compris la disponibilité des médicaments essentiels ;
- améliorant l'utilisation des services de santé notamment par des actions d'information, d'éducation et de communication ;
c) rendre le système de santé viable et performant en :
- assurant l'intégration de la politique de santé dans celle du développement économique, social culturel du pays ;
- améliorant l'organisation et le fonctionnement des services de santé par une gestion rationnel des ressources humaines, matérielles et financières ;
- organisant la participation de l'État, des collectivités locales, des populations bénéficiaires et de partenaires au développement à la prise en charge des dépenses de santé ;
- développant une approche multidisciplinaire et multisectorielle de l'action

sanitaire.

CHAPITRE IV : ORGANISATION DU SYSTEME DE SANTÉ

Article 9 : Le système de santé est structuré en trois niveaux : central, régional et subrégional.
Article 10 : L'administration centrale est composée du cabinet, du secrétariat général et de
Services centraux.
Article 11 : L'administration centrale est chargée d'élaborer les éléments de la politique nationale en matière de santé et d'en assurer l'exécution, elle assure la coordination et le contrôle technique des services régionaux et subrégionaux, des services rattachés, des organismes personnalisés placés sous tutelle du Ministère chargé de' la santé et apporte un appui stratégique à l'ensemble des services de santé.
Article 12 : Les services techniques de région sont chargés d'appuyer et de contrôler ceux de cercles.
Article 13 : Les services techniques de cercles élaborent les plans de développement sanitaire de cercle (PDSC), planifient les actions, organisent la mise en œuvre, impulsent les ressources humaines et contrôlent les résultats des actions exécutées.
Article 14 : Les collectivités locales participent à l'administration de la santé dans de conditions définies par le Code des collectivités territoriales. Ainsi, le Conseil Communal, le Conseil de Cercle et l'Assemblée Régionale délibèrent sur la politique de création et de gestion de dispensaires, des maternités et des centres de santé communautaire, et des hôpitaux régionaux ; il délibère également sur les mesures d'hygiène publique, d'assainissement et de solidarité en direction des populations vulnérables.
Les modalités de transfert de compétences seront fixées par voie réglementaire.
Article 15 : Les ordres professionnels du secteur de la santé concourent à l'exécution de la politique nationale de santé dans les conditions fixées par la loi.
Article 16 : Les populations bénéficiaires organisées en associations ou en mutuelles, les fondations et les congrégations religieuses participent également à la conception et/ou à la mise en œuvre de la politique nationale de santé à travers les établissements de santé qu'elles sont admises à créer et à faire fonctionner.

CHAPITRE V : ETABLISSEMENTS DE SANTÉ

Article 17 : Les établissements de santé assurent les examens de diagnostic, la surveillance et le traitement des malades, des blessés et des femmes

enceintes en tenant compte de la situation psychologique du patient.
Ils assurent également la dispensation des médicaments.
Ils participent à des actions de santé publique notamment les actions médico-sociales coordonnées, les actions de prévention et d'éducation pour la santé.
Article 18 : Les établissements de santé comprennent :
- les établissements publics hospitaliers ;
- les centres de santé de référence ;
- les établissements de santé privés.
Article 19 : Les établissements publics hospitaliers sont dotés de la personnalité morale et de l'autonomie administrative et financière.
Leur objectif principal n'est ni industriel ni commercial.
Article 20 : La loi hospitalière fixe les principes fondamentaux de la création, de l'organisation et du fonctionnement des établissements publics hospitaliers.
Article 21 : Les établissements de santé privés sont créés et gérés dans les conditions prévues par la loi.
Ils comprennent ceux qui poursuivent un but lucratif et ceux à but non lucratif.
Article 22 : Les établissements de santé privés à but lucratif sont créés et gérés sous forme d'entreprises individuelles ou de groupements.
Article 23 : Les établissements de santé privés à but non lucratif sont créés et gérés notamment par des associations, des fondations ou des congrégations religieuses.
Article 24 : Les établissements de santé privés créés par des associations de santé communautaires sont dénommés « Centres de santé communautaires ».
Les conditions de création et les principes fondamentaux du fonctionnement des centres de santé communautaires sont fixés par décret pris en Conseil des Ministres.
Article 25 : Les centres de santé de référence sont les centres de santé des chefs-lieux de district sanitaire assurant les fonctions de première référence technique et de santé publique telles que définies dans la politique sectorielle de santé.

CHAPITRE VI : PLANIFICATION SANITAIRE

Article 26 : L'un des fondements de la politique nationale de santé et de population est de faire évoluer l'organisation du système de santé d'une conception administrative vers une conception plus fonctionnelle et participative.
Article 27 : La planification du système de santé se fait à travers le Plan décennal de développement sanitaire et social (Pddss) dont la tranche quinquennale constitue le Programme de développement sanitaire et social (Prodess).
Article 28 : L'extension de la couverture sanitaire est un objectif essentiel du

Pddss et du Prodess. À cet effet, il est institué une carte sanitaire qui repose sur le découpage du territoire national en districts sanitaires et en aires de santé.

Article 29 : La vocation de la carte sanitaire est de prévoir et de susciter les évolutions de l'offre de soins en vue de satisfaire de manière optimale la demande de santé.

La carte sanitaire détermine les limites des secteurs sanitaires constitués d'aires de santé. Elle détermine également la nature et l'importance des installations, des équipements et des activités soumis à la planification.

Les aires de santé doivent tenir compte, dans la mesure du possible, du découpage communal. Toutefois, dans les cas où une aire couvre les localités de deux (2) ou plusieurs communes, elle sera gérée selon les principes de l'intercommunalité telle que prévue dans le code des
Collectivités territoriales.

Article 30 : La carte sanitaire est adoptée par décret pris en conseil des ministres. Elle est révisée tous les cinq (5) ans.

Article 31 : Les districts sanitaires ont les mêmes limites territoriales que les cercles. Cependant, les spécificités géographiques et /ou démographiques de certains cercles peuvent conduire en leur subdivision en deux ou trois districts sanitaires.

À Bamako, les districts sanitaires correspondent aux communes urbaines.

CHAPITRE VII : POLITIQUE PHARMACEUTIQUE

Article 32 : La politique pharmaceutique est partie intégrante de la politique sanitaire. Elle a pour objectif de rendre accessibles, géographiquement, physiquement et financièrement à la population, des médicaments essentiels de qualité y compris ceux de la pharmacopée traditionnelle et les produits sanguins sécurisés.

Article 33 : La prescription de médicaments essentiels présentés sous leur dénomination commune internationale constitue l'option fondamentale de la politique nationale de santé.

Elle s'impose en conséquence à tout établissement de santé public ou participant au service public de santé et est fortement recommandée à tous les autres établissements de santé.

Article 34 : La liste officielle des médicaments essentiels est arrêtée par le Ministre chargé de la Santé sur proposition des organes techniques et scientifiques appropriés. Tout médecin travaillant dans un établissement de santé peut demander à tout moment sa modification, afin d'y intégrer des produits nouveaux jugés indispensables.

Article 35 : La conformité des produits pharmaceutiques aux normes scientifiques du moment est garantie par les contrôles de qualité.

CHAPITRE VIII : L'INFORMATION, L'ÉDUCATION ET LA COMMUNICATION

Article 36 : Le droit à la santé passe par l'information de tous les citoyens quant aux mécanismes de prévention et de transmission des maladies les plus courantes.
Article 37 : L'État doit utiliser l'ensemble des moyens techniques disponibles pour permettre à chaque citoyen de recevoir de façon régulière les informations nécessaires pour la protection de son état de santé.
Article 38 : Un programme de santé scolaire est élaboré d'un commun accord entre le ministère chargé de la santé et le ministère chargé de l'éducation nationale. Il doit faire l'objetd'une réactualisation au moins une fois tous les 5 ans.
Il doit permettre à tout enfant au terme d'une scolarité normale de disposer du niveau minimum de connaissance lui permettant d'adopter des conduites appropriées dans sa vie personnelle, au sein de sa famille et vis-à-vis de son entourage.

CHAPITRE IX : SYSTÈME DE RÉFÉRENCE – FORMATION ET RECHERCHE

Article 39 : Les établissements publics hospitaliers constituent des structures de référence secondaires et tertiaires pour les échelons périphériques de soins. Une complémentarité doit être développée entre eux.
Article 40 : La formation professionnelle des personnels de santé et la recherche constituent deux aspects de la politique nationale de santé.
Article 41 : Tous les établissements de santé doivent participer à la formation professionnelle des personnels de santé et à la réalisation des programmes de recherche.

CHAPITRE X : FINANCEMENT

Article 42 : Le financement du système de santé est assuré par l'Etat, les collectivités locales, les populations bénéficiaires, d'autres personnes physiques et morales privées et les partenaires au développement.
Article 43 : Le financement public est assuré conformément à la législation en vigueur. Les établissements publics hospitaliers bénéficient d'un régime financier et comptable particulier.
Article 44 : La participation des populations au financement de la santé consiste en :
- une participation physique et/ou financière à travers leurs contributions aux constructions et à la maintenance des centres de santé communautaire, à

l'aménagement, à l'équipement et à l'entretien des points d'eau ;
- une participation financière à travers l'institution d'un système de recouvrement des coûts
- un financement alternatif sous forme de prépaiement direct ou de tiers paiement, cotisations, mutuelles, assurance maladie obligatoire ou volontaire, fonds d'assistance médicale.

Article 45 : Les ressources générées par le système de recouvrement des coûts institué au profit des centres de santé communautaires, des centres de santé de première référence et des établissements publics hospitaliers sont exonérées de tous impôts et taxes.

Article 46 : Les coûts de participation des populations au financement du système de santé ne doivent pas entraver l'accès de celles-ci aux soins.

Ils ne doivent pas non plus compromettre le développement des services de santé de base.

CHAPITRE XI : ÉVALUATION

Article 47 : L'évaluation du système de santé est assurée par les organismes compétents.

CHAPITRE XII : DISPOSITIONS FINALES

Article 48 : Les options fondamentales, les objectifs et les stratégies du Pddss et du Prodess constituent les éléments d'application de la présente loi.

Article 49 : La présente loi abroge toutes dispositions antérieures contraires.

Bamako, le 22 juillet 2002

Le Président de la République,
Amadou Toumani TOURÉ

LOI HOSPITALIERE ET SON TEXTE MODIFIE

LOI n° 02 - 050 / DU 22 JUILLET 2002 PORTANT LOI HOSPITALIERE[32]

L'Assemblée nationale a délibéré et adopté en sa séance du 20 juin 2002 ;
Le Président de la République promulgue la loi dont la teneur suit :

CHAPITRE I : DES DISPOSITIONS GÉNÉRALES

Section 1 : Des principes fondamentaux

Sous section 1 : Des droits et des devoirs du malade

Article 1er : Le droit du malade au libre choix de son établissement hospitalier est un principe fondamental.
Les limitations apportées à ce principe ne peuvent être introduites qu'en considération des capacités techniques des établissements hospitaliers de leur mode de tarification, des modalités de prise en charge dans le cadre d'un système de tiers payant et des contraintes liées à l'accès géographique ainsi qu'aux moyens de transport.
Article 2 : Il est établi par arrêté du Ministre chargé de la santé, un document intitulé « charte du malade » indiquant les droits et les devoirs du malade vis-à-vis de rétablissement et du personnel qui y travaille.
Cette charte est affichée dans tous les services de rétablissement hospitalier.
Article 3 : Tout médecin ayant prescrit l'hospitalisation d'un malade dans un établissement hospitalier, a accès sur sa demande aux informations contenues dans le dossier médical dudit malade.
Tout médecin ayant admis un malade dans son service hospitalier, a accès, avec l'accord dudit malade, aux informations contenues dans le dossier médical de ce patient détenu par un autre établissement hospitalier public ou privé.
Article 4 : Tout malade hospitalisé a le droit d'obtenir, par l'intermédiaire d'un médecin de son choix, les informations contenues dans son dossier médical.
À sa sortie de l'établissement, le malade doit recevoir sous pli fermé, une correspondance faisant le bilan de l'hospitalisation, précisant l'éventuel diagnostic retenu, et résumant les prescriptions de sortie qui ont été faites.
Sous-section 2 : Des établissements hospitaliers
Article 5 : Les établissements hospitaliers assurent le diagnostic, le traitement et la surveillance des malades, des blessés et des femmes

---

[32] www.cnom.sante.gov.ml/docs/Loi 02-050_Loi_hospitaliere_Journal_Officiel.pdf

enceintes en tenant compte des aspects psychologiques et sociaux du patient. Ils assurent aussi, lorsque nécessaire, leur hébergement.
La qualité de leur prise en charge constitue un objectif essentiel pour tout établissement hospitalier.
Les établissements hospitaliers participent également à des actions de santé publique dans la limite de leurs compétences.
Article 6 : Les établissements hospitaliers comprennent :
- des établissements hospitaliers publics, classés selon leur niveau de technicité ;
- les établissements hospitaliers publics appartiennent à la catégorie des établissements publics hospitaliers (EPH) ;
- des établissements hospitaliers privés, constitués de cliniques privées à but lucratif et d'hôpitaux privés sans but lucratif.

Section 2 : Missions et obligations des établissements hospitaliers

Sous-section 1 : Du service public hospitalier

Article 7 : Le service public hospitalier garantit l'accès de toutes les personnes présentes sur le territoire national à des soins d'urgence ou à des soins de référence de qualité.
À ce titre, chaque établissement hospitalier est tenu d'accueillir en urgence et à tout moment, toute personne dont l'état de santé le justifie.
Article 8 : Sont considérées comme des cas d'urgence, les malades, les femmes enceintes ou les victimes d'accident dont la vie ou l'intégrité physique, y compris celle des enfants qu'elles portent, peuvent être remises en cause à bref délai.
Article 9 : Tout établissement hospitalier public ou tout établissement hospitalier privé participant au service public hospitalier doit être en mesure d'accueillir et de traiter les cas d'urgence qui sollicitent ses services, en leur apportant tous les soins offerts par l'établissement, ou doit les référer sous sa responsabilité à l'établissement hospitalier le plus proche ayant les compétences requises.
Article 10 : Tout malade, femme enceinte ou victime d'un accident présentant une situation reconnue d'urgence doit bénéficier d'une prise en charge thérapeutique immédiate et appropriée, sans que puisse être exigé de lui un financement préalable.
Article 11 : L'Etat est tenu de rembourser à tout établissement hospitalier public ou à tout établissement hospitalier privé participant au service public hospitalier les soins exigés par la prise en charge d'un cas d'urgence, dont il n'a pu recouvrer le tarif en totalité ou en partie, à condition qu'il ait pris toutes les mesures nécessaires pour exiger ce recouvrement.
Les modalités de cette prise en charge par l'État sont précisées par décret pris

en Conseil des Ministres.
Article 12 : En dehors des cas d'urgence, aucun patient ne peut être accueilli et recevoir des soins dans un établissement hospitalier public sans l'accomplissement préalable des formalités administratives et financières.
Article 13 : Le service public hospitalier concourt par ailleurs à :
- l'organisation de l'aide médicale d'urgence, conjointement avec les personnes et les services concernés ;
- la réalisation d'activités de médecine préventive et d'éducation pour la santé ;
- l'enseignement universitaire et postuniversitaire des professionnels de santé ;
- la formation initiale et continue des membres des professions liées aux activités de santé, qu'ils soient hospitaliers ou non ;
- la recherche dans tous les domaines de la santé ;
- la prise en charge de la population pénitentiaire dans des conditions prévues par arrêté conjoint du Ministre chargé de la santé et du Ministre chargé de l'Administration pénitentiaire ;
- la mise en œuvre de toute activité s'inscrivant dans le cadre des priorités de santé publique définies par le Ministre chargé de la santé.
Article 14 : Le service public hospitalier est assuré par les établissements hospitaliers publics et les établissements hospitaliers privés qui répondent aux conditions fixées par les articles 18 et 20 de la présente loi.
Article 15 : Les établissements hospitaliers publics peuvent conclure avec des établissements de santé privés autres que ceux participant au service public hospitalier des accords leur permettant d'améliorer le champ et la qualité de leurs prestations.
Article 16 : La participation des établissements hospitaliers militaires au service public hospitalier est définie par arrêté conjoint du Ministre chargé de la santé et du Ministre chargé des forces armées.

Sous-section 2 : De la Commission nationale hospitalière

Article 17 : Il est créé auprès du Ministre chargé de la santé une Commission nationale hospitalière, ayant pour mission de donner des avis sur les grandes questions de la politique nationalehospitalière.
Le champ de ses compétences, sa composition et les règles de son fonctionnement sont fixés par arrêté du Ministre chargé de la santé.

Sous-section 3 : De la participation au service public hospitalier des établissements hospitaliers privés

Article 18 : Les établissements hospitaliers privés peuvent être admis à participer au service public hospitalier sur leur demande ou sur celle de la

personne morale dont ils dépendent, sous réserve qu'ils s'engagent à respecter les obligations de service public, imposées aux établissements publics hospitaliers.
Article 19 : La décision d'admission ou de refus d'intégrer un établissement hospitalier privé au semi public hospitalier est prise par le Ministre chargé de la santé, après avis de la Commission Nationale Hospitalière.
Le refus d'admission doit être motivé.
Article 20 : Les établissements hospitaliers privés admis à participer au service public hospitalier sont soumis aux dispositions de la présente loi, en ce qui concerne le budget, la comptabilité, l'évaluation, la tutelle et le contrôle des établissements publics hospitaliers.
Les modalités de participation au service public sont définies par une convention que signe l'établissement concerné avec l'autorité de tutelle.

Sous-section 4 : De la prise en charge financière

Article 21 : Les modalités de prise en charge par les établissements hospitaliers publics des personnels des services de santé et des membres de leur famille sont définies par décret pris en Conseil des Ministres.
Article 22 : La prise en charge des tarifs des soins et des frais d'hospitalisation est assurée par les intéressés eux-mêmes ou par les organismes de tiers payant.
Les organismes de tiers payant prennent en charge tout ou partie des tarifs des soins et des frais d'hospitalisation, le solde éventuel restant à la charge des intéressés ou de leur famille.
Article 23 : Les organismes de tiers payant comprennent notamment :
- les assurances privées et les mutuelles, qui assurent la prise en charge de leurs membres ;
- l'État et les collectivités territoriales vis-à-vis de leurs agents ;
- les entreprises et autres employeurs signataires d'une convention avec les établissements hospitaliers de leur choix ;
- les organismes à vocation humanitaire qui assurent la prise en charge de personnes reconnues démunies, selon la réglementation en la matière.

Section 5 : Des alternatives à l'hospitalisation classique

Article 24 : L'hospitalisation à domicile et l'hospitalisation de jour sont des alternatives à l'hospitalisation classique, destinées à réduire les coûts d'hospitalisation et les dépenses des malades.
Les modalités d'organisation de l'hospitalisation de jour et de l'hospitalisation à domicile sont précisées par arrêté conjoint du Ministre chargé de la santé et du Ministre chargé des finances.

Sous-section 6 : Du système d'information hospitalier

Article 25 : Dans le respect du secret professionnel et des droits des malades, les établissements hospitaliers publics et privés participant au service public hospitalier, mettent en œuvre un système d'information permettant de connaître les activités, les coûts et l'impact de l'offre de soins hospitalier.
Article 26 : Les établissements hospitaliers publics et privés participant au service public hospitalier, transmettent au Ministre chargé de la santé un rapport semestriel répondant aux exigences du système d'information hospitalier. Le contenu de ce rapport est défini par arrêté du Ministre chargé de la santé

Sous-section 7 : Des autres obligations des établissements hospitaliers publics et des établissements hospitaliers privés participant au service public hospitalier

Article 27 : Les établissements hospitaliers publics et les établissements hospitaliers privés participant au service public hospitalier sont tenus d'assurer en toute circonstance un service minimum leur permettant de remplir leurs obligations de soins vis-à-vis des malades.
Article 28 : En cas de force majeure, le personnel médical et non médical de tout hôpital peut être réquisitionné par décision du Ministre chargé de la santé.
Article 29 : Dans le respect des règles déontologiques qui leur sont applicables, les praticiens des hôpitaux assurent l'information des personnes prises en charge en tenant compte de leur niveau de compréhension.
Les infirmiers et sages-femmes participent à cette information dans leur domaine de compétence et dans le respect de leurs règles professionnelles.
Tout séjour dans un hôpital doit être considéré par la direction et le personnel comme une occasion privilégiée pour élever les niveaux de connaissance des usagers en matière de santé, afin de promouvoir la prévention et d'améliorer les traitements.
Article 30 : L'ensemble du personnel des hôpitaux est tenu au strict respect du secret professionnel. Les établissements et les personnels doivent en conséquence protéger la confidentialité des informations qu'ils détiennent sur les personnes accueillies, conformément aux lois et règlements en vigueur.
Article 31 : Un dossier médical doit être constitué pour chaque malade pris en charge. Ce dossier est classé et conservé par l'établissement pendant une période de dix ans au moins. Les caractéristiques des différents types de dossier sont déterminées par arrêté du Ministre chargé de la santé.
Article 32 : Tout patient qui a été pris en charge par un établissement hospitalier se trouve sous la responsabilité de celui-ci jusqu'à ce qu'il ait été autorisé à regagner son domicile ou confié à un autre établissement ayant les compétences requises pour assurer la continuité des soins.

Tout patient qui demande à sortir d'un établissement hospitalier contre avis médical doit signer une décharge. En cas de refus, un procès verbal sera établi par un médecin de l'établissement.

Section 3 : De l'organisation du système hospitalier

Sous-section 1 : De la carte nationale hospitalière

Article 33 : La carte nationale hospitalière est un sous-ensemble de la carte sanitaire nationale.
Elle concerne l'ensemble des établissements hospitaliers, qu'ils soient publics ou privés.
Article 34 : La carte nationale hospitalière détermine :
- la catégorie de classement de chaque établissement hospitalier ;
- les limites géographiques des zones de couverture administrative de chaque établissement hospitalier ;
- pour chaque établissement hospitalier, la nature et l'importance des installations et des compétences nécessaires pour répondre aux besoins de la population ; à savoir :
* le nombre et la spécialité des services médicaux et médico-techniques,
* le nombre de lits et/ou de places ;
* la liste des équipements nécessitant une autorisation du Ministre chargé de la santé ;
* la liste des postes de médecins, de pharmaciens et de chirurgiens-dentistes titulaires d'une spécialisation, ainsi que celle de cadres administratifs, de cadres techniques et d'assistants médicaux ;
* le nombre total d'emplois de chaque établissement.
Article 35 : Le classement des établissements publics hospitaliers selon leur niveau de technicité est déterminé par arrêté du Ministre chargé de la santé.
Article 36 : La carte nationale hospitalière est fixée par décret pris en conseil des Ministres sur proposition du Ministre chargé de la santé. Elle peut être révisée, si nécessaire, une fois par an. Elle l'est obligatoirement tous les cinq ans après avis de la commission nationale hospitalière.

Sous-section 2 : Des autorisations

Article 37 : Sont soumis à l'autorisation du Ministre chargé de la santé, les projets relatifs :
- à la création, à l'extension, à la reconversion totale ou partielle, de tout établissement hospitalier public ou privé, ainsi qu'au regroupement de tels établissements ;
- à la mise en place des équipements et matériels lourds, dont la liste et les caractéristiques sont précisées par arrêté du Ministre chargé de la santé ;

- à la réalisation de certaines activités de soins de haute technicité ou particulièrement coûteuses, la liste est fixée par arrêté du Ministre de la santé.
Article 38 : Lorsqu'il est constaté que les taux d'occupation des installations ou d'utilisation des équipements, ou le niveau des activités de soins sont inférieurs, pendant une période déterminée, à des taux ou niveaux correspondant à une occupation, une utilisation ou une capacité normale déterminées par arrêté du Ministre chargé de la santé, l'autorisation mentionnée à l'article 37 ci-dessus, donnée à un établissement hospitalier, peut être retirée totalement ou partiellement par décision du Ministre chargé de la santé. L'établissement dispose d'un délai de trois mois pour présenter ses observations, à compter de la date de notification par le Ministre, des motifs du projet de retrait de l'autorisation. La décision de retrait est motivée.
Article 39 : Après une mise en demeure infructueuse ou en cas d'extrême urgence, le Ministre chargé de la santé peut prononcer la suspension totale ou partielle de l'autorisation de fonctionner d'une installation ou d'une activité de soins dans les cas suivants :
- en cas d'urgence tenant à la sécurité des malades ;
- lorsque les conditions techniques minimales de fonctionnement ne sont pas respectées ou lorsque sont constatées dans un établissement hospitalier, et du fait de celui-ci, des infractions aux lois et règlements pris pour la protection de la santé publique.
Article 40 : La décision de suspension est transmise sans délai à l'établissement concerné, assortie d'une mise en demeure de se conformer à la réglementation dans un délai prescrit.

Sous-section 3 : De la planification et de la programmation des établissements hospitaliers.

Article 41 : Les établissements hospitaliers publics et les établissements hospitaliers privés participant au service public hospitalier sont tenus de soumettre leur projet d'établissement à l'approbation de l'autorité de tutelle selon des modalités définies par arrêté du Ministre chargé de la santé.
Article 42 : Le projet d'établissement définit les objectifs de l'établissement dans le domaine médical, des soins infirmiers et obstétricaux, de l'accueil des malades et de leur famille, de la politique sociale. de la gestion, du système d'information, de l'hygiène et de la sécurité, de la formation et de la recherche.
Article 43 : Le projet d'établissement qui doit être compatible avec le plan national de développement sanitaire et social, détermine les moyens matériels et financiers, ainsi que les ressources humaines dont l'établissement doit disposer pour atteindre ses objectifs.
Article 44 : Le projet d'établissement est établi pour une durée de cinq ans. Il est préparé par la direction générale en collaboration avec la commission médicale d'établissement et les autres organes consultatifs.

Le projet d'établissement est voté par le conseil d'administration et approuvé par l'autorité de tutelle.
Il peut être révisé avant terme, à la demande du Ministre chargé de la santé.
Article 45 : Le Ministre chargé de la santé conclut avec les établissements hospitaliers publics et avec les établissements hospitaliers privés participant au service public hospitalier, des contrats pluriannuels d'objectifs et de moyens, dont la durée ne peut être inférieure à un an ou supérieure à cinq ans.
Le Ministre chargé de la santé peut déléguer ce pouvoir au représentant de l'État dans le lieu d'implantation des établissements concernés.
Article 46 : Le contrat d'objectifs et de moyens fait référence à un projet d'établissement et doit contribuer à sa réalisation.
Article 47 : Le contrat d'objectifs et de moyens fixe le montant des subventions de l'État à l'établissement pour la réalisation de ses objectifs.
Il décrit les transformations que l'établissement s'engage à opérer dans ses activités, son organisation, sa gestion et ses modes de coopération.
Il comporte en particulier, des objectifs en matière de qualité, de sécurité et de coûts des soins, ainsi que de mise en œuvre des orientations inscrites dans le plan de développement sanitaire et social.
Article 48 : En cas d'inexécution du contrat, le Ministre chargé de la santé, après mise en demeure restée sans effet, met en œuvre les sanctions, notamment financières, prévues audit contrat.
La décision de sanction est susceptible de recours devant la juridiction administrative compétente.

Section 4 : De l'évaluation des établissements hospitaliers

Article 49 : Afin d'assurer l'amélioration continue de la qualité et de la sécurité des soins, de leur efficience et de leur impact, tous les établissements hospitaliers publics et tous les établissements hospitaliers privés participant au service public hospitalier développent une politique d'évaluation des pratiques professionnelles, des modalités d'organisation des soins et de toute action concourant à une prise en charge du malade.
Article 50 : Il est créé un établissement public à caractère administratif dénommé « Agence nationale d'évaluation des hôpitaux ».
L'Agence nationale d'évaluation des hôpitaux a pour mission de veiller à la réalisation effective du service public hospitalier. Il s'agit notamment de :
- favoriser au sein des établissements hospitaliers publics et privés participant au service public hospitalier, le développement de l'évaluation des soins et des pratiques professionnelles ;
- procéder à l'analyse de l'activité et de la gestion de ces établissements hospitaliers ;
- procéder à l'évaluation externe de ces établissements en ce qui concerne la qualité des soins, la maîtrise des coûts et l'impact en termes de santé publique ;

- apporter aux hôpitaux des conseils techniques ;
- participer à l'évaluation des personnels hospitaliers ;
- donner au Ministre chargé de la santé tout avis qu'elle juge utile pour permettre aux hôpitaux de mieux remplir leurs missions.

Elle est placée sous la tutelle du Ministre chargé de la santé.

Les modalités d'organisation et de fonctionnement de cette agence sont précisées par décret pris en conseil des Ministres.

Article 51 : Tous les trois ans, le Ministre chargé de la santé soumet au Gouvernement un rapport comportant l'état des établissements hospitaliers publics et privés participant au service public hospitalier.

Ce rapport porte notamment sur la qualité, le coût et l'impact en termes de santé publique des soins délivrés par ces établissements. Il fait part de ses recommandations pour l'amélioration du système hospitalier, en vue d'une meilleure réalisation du service public hospitalier.

Une copie de ce rapport est adressée à l'Assemblée nationale et au Conseil économique, social et culturel.

Section 5 : Des actions de coopération

Sous-section : De la coopération hospitalière nationale

Article 52 : Les établissements hospitaliers publics et les établissements hospitaliers privés participant au service public hospitalier peuvent constituer des groupements de coopération inter-hospitalière, afin de gérer ensemble des services communs et de résoudre conjointement des problèmes communs.

Les groupements de coopération inter-hospitalière disposent de la personnalité morale et sont dirigés par un comité des directeurs généraux des établissements membres.

Les modalités d'organisation et de fonctionnement sont définies par Arrêté du Ministre chargé de la santé.

Sous-section 2 : De la coopération internationale

Article 53 : Dans le cadre de l'accomplissement de leurs missions, les établissements hospitaliers publics peuvent participer à des actions de coopération internationale, avec des personnes étrangères de droit public ou de droit privé. Pour la conduite de ces actions, ils peuvent signer des conventions dans le respect des engagements internationaux souscrits par le Mali.

CHAPITRE II : DES ETABLISSEMENTS PUBLICS HOSPITALIERS

Section 1 : De la définition et de la création

Article 54 : Les établissements publics hospitaliers sont des personnes morales de droit public dotées de l'autonomie administrative et financière. Leur objet principal est la réalisation du service public hospitalier. Il n'est ni industriel, ni commercial. Ils sont soumis au contrôle de l'État.
Article 55 : Les établissements publics hospitaliers sont créés par la loi, après avis de la Commission nationale hospitalière et approbation de l'Assemblée régionale de leur lieu d'implantation ou à Bamako du Conseil de District.

Section 2 : De l'organisation administrative

Sous-section 1 : Des organes d'administration et de gestion

Article 56 : Les organes d'administration et de gestion des établissements publics hospitaliers sont :
- le conseil d'administration ;
- la direction générale ;
- le comité de direction ;
- les organes consultatifs.

Paragraphe 1 : Du Conseil d'administration

Article 57 : Le conseil d'administration définit la politique générale de l'établissement public hospitalier et délibère sur :
1) le projet d'établissement ;
2) les programmes d'investissement relatifs aux travaux et équipements matériels lourds ;
3) les tarifs ;
4) le budget ;
5) la création de postes et les emplois ;
6) les conventions devant être passées par l'établissement ;
7) le rapport d'activités ;
8) le rapport de gestion,
9) le rapport social,
10) les Comptes et l'affectation des résultats d'exploitation ;
11) les créations, suppressions et transformations des structures médicales, pharmaceutiques ou odontologiques et des autres services ;
12) les actions de coopération inter-hospitalière nationale ou internationale ;
13) les modalités de la politique d'intéressement ;
14) le tableau des emplois permanents ;

15) les acquisitions, aliénations, échanges et affectations d'immeubles et les clauses des baux ;
16) les emprunts ;
17) le règlement intérieur ;
18) l'acceptation et le refus des dons et legs ;
19) les actions judiciaires ;
20) les hommages publics.

Article 58 : Le conseil d'administration est informé des observations de l'autorité de tutelle résultant notamment de l'exploitation des rapports d'évaluation et de contrôle sur le fonctionnement et la gestion de l'établissement.

Il veille à la prise en charge des dites observations.

Il est informé de la procédure et des résultats de tous les marchés de travaux et de fourniture de biens ou de services.

Article 59 : Le conseil d'administration est composé de membres représentant :

- avec voix délibérative :
- les collectivités territoriales ;
- les usagers ;
-les organismes de prise en charge financière des malades ;
- les personnalités qualifiées désignées au sein de la société civile par le Ministre chargé de la santé ;
- les professionnels de santé non hospitaliers ;
- la Commission médicale d'établissement ;
- le personnel de l'hôpital.
- avec voix consultative :
- l'autorité de tutelle ;
-la direction de l'hôpital ;
- les établissements de fondation ayant signé une convention avec l'établissement.

Le nombre total des membres du conseil d'administration doit être compris entre 17 et 25 personnes. Le nombre des membres de chaque catégorie du conseil d'administration et leurs modalités de nomination sont fixés par décret pris en conseil des Ministres.

Article 60 : Les membres des conseils d'administration des établissements publics hospitaliers sont nommés pour une période de trois ans renouvelables par décret pris en conseil des Ministres sur proposition du Ministre chargé de la santé.

Leurs mandats prennent fin pour les motifs suivants :

- l'expiration de la période de nomination ;
- la démission ;
- la révocation ;
- la perte de la qualité en vertu de laquelle est intervenue la nomination ;

- l'absence à plus de trois sessions consécutives ;
- le décès.

Article 61 : L'administrateur n'a pas de suppléant. Toutefois, en cas d'absence ou d'empêchement, l'administrateur peut se faire représenter par un autre membre du conseil d'administration. La délégation de pouvoir reçue à cet effet n'est valable que pour une seule session déterminée. Elle doit, le cas échéant, être renouvelée.

Un même administrateur ne peut représenter plus d'un administrateur absent au cours d'une même session du conseil.

Article 62 : Le conseil d'administration des établissements publics hospitaliers élit son président en son sein parmi les membres disposant d'une voix délibérative. La présidence du conseil d'administration ne peut, toutefois, être dévolue à un membre auquel il est fait application d'une incompatibilité résultant de sa qualité d'agent de l'établissement ou de personnel de santé non hospitalier.

Article 63 : En cas d'irrégularité grave ou de carence manifeste, le conseil d'administration peut être suspendu ou dissout par décret pris en conseil des Ministres.

En cas de dissolution, un nouveau conseil d'administration doit être constitué dans un délai maximum de trois mois.

Article 64 : Le conseil d'administration se réunit en session ordinaire une fois par semestre. Il peut se réunir en session extraordinaire chaque fois que l'intérêt de rétablissement l'exige, à la demande de l'autorité de tutelle du tiers.

Article 65 : Le président du conseil d'administration convoque toute session dudit conseil.

Pour les sessions extraordinaires, lorsque le président ne convoque pas le conseil d'administration, sous huitaine, les membres qui ont pris l'initiative de la réunion peuvent convoquer le conseil d'administration sans délai.

L'ordre du jour est arrêté par les auteurs de la convocation.

La convocation est alors adressée aux membres du conseil d'administration par l'autorité de tutelle.

Article 66 : Le conseil d'administration ne peut se réunir valablement que si la majorité des membres sont présents ou représentés.

Il prend ses décisions à la majorité simple.

Article 67 : Les délibérations du Conseil d'administration sont consignées dans un registre coté et paraphé par l'autorité de tutelle ; elles font l'objet d'un procès-verbal signé par le président et le secrétaire de séance.

Paragraphe 2 : Du Directeur général

Article 68 : L'établissement public hospitalier est géré par un Directeur général qui est un agent de la catégorie A de la fonction publique ou d'une

catégorie équivalente. Le Directeur général est nommé par décret pris en conseil des Ministres sur proposition du Ministre chargé de la santé après avis du Conseil d'administration.
Article 69 : Le Directeur général représente l'établissement en justice et dans tous les actes de la vie civile.
Il prépare les travaux du conseil d'administration et lui soumet le projet d'établissement.
Il est chargé de l'exécution des décisions de l'assemblée délibérante et met en œuvre la politique définie par cette dernière et approuvée par le représentant de l'État assurant la tutelle.
Il est compétant pour régler les affaires de l'établissement autres que celles énumérées à l'article 57.
Il assure la gestion et la conduite générale de l'établissement et en tient le conseil d'administration informé.
Les conditions d'exercice des fonctions du Directeur général sont fixées par décret pris en Conseil des Ministres.
Article 70 : Le Directeur général est assisté d'un adjoint qui le remplace en cas de vacance, d'absence ou d'empêchement.
Le Directeur adjoint est nommé par arrêté du Ministre chargé de la santé, sur proposition du Directeur général,
L'arrêté de nomination fixe ses attributions spécifiques.

Paragraphe 3 : Du Comité de direction

Article 71 : Dans chaque établissement public hospitalier, il est créé un comité de direction, présidé par le Directeur général.
Le comité de direction assiste le Directeur général dans tous les actes de gestion relatifs à la vie de l'établissement.
Le comité de direction comprend :
- le Directeur général ;
- le Directeur général adjoint ;
- le Président de la commission médicale d'établissement ;
- le Président de la commission des soins infirmiers et obstétricaux ;
-un représentant du personnel désigné par le comité technique d'établissement.

Paragraphe 4 : Des organes consultatifs

Article 72 : Dans chaque établissement public hospitalier, sont institués les organes consultatifs suivants :
- une Commission médicale d'établissement (CME), composée des représentants des médecins, des chirurgiens dentistes et des pharmaciens, qui élit, en son sein, son président ;

- une Commission des soins et obstétricaux, composée d'assistants médicaux et de techniciens supérieurs de santé, dont la présidence est assurée par le responsable des soins infirmiers et obstétricaux de l'établissement ;
- un Comité technique d'établissement, présidé par le Directeur général et composé de représentants du personnel, élus par collèges de listes présentées par les organisations syndicales et/ou par le personnel non syndiqué ;
- un Comité technique d'hygiène et de sécurité, composé de représentants élus de chaque catégorie de personnel, qui élit en son sein son président.
Les règles de désignation des membres, ainsi que les attributions et les modalités de fonctionnement des organes consultatifs sont fixées par décret pris en Conseil des Ministres.

Sous-section 2 : De l'organisation des services et des catégories d'hospitalisation

Paragraphe 1 : De l'organisation se services

Article 73 : Pour l'accomplissement de leurs missions, les établissements publics hospitaliers sont organisés en services administratifs médicaux, chirurgicaux, obstétricaux, pharmaceutiques et médico-techniques.
Les modalités d'organisation et de fonctionnement de ces services sont fixées par décret pris en Conseil des Ministres.

Paragraphe 2 : Des catégories d'hospitalisation

Article 74 : Les établissements hospitaliers publics peuvent offrir plusieurs catégories d'hospitalisation aux malades, qui correspondent à des tarifications différentes. Cette catégorisation ne doit pas avoir la moindre conséquence sur la qualité des soins médicaux et paramédicaux, qui doit rester similaire pour tous les usagers, quelle que soit leur catégorie d'hospitalisation.
Les modalités de classification, d'organisation et de gestion de ces catégories d'hospitalisation sont fixées par arrêté du Ministre chargé de la santé.

Section 3 : Des activités personnalisées et de l'intéressement des personnels

Sous-section 1 : Des activités personnalisées

Article 75 : Le personnel fonctionnaire exerce à temps plein dans les établissements publics hospitaliers et éventuellement à l'Université.
Article 76 : Dès lors que la bonne exécution du service public hospitalier n'y fait pas obstacle, le personnel médical relevant de la fonction publique et exerçant à temps plein dans les établissements publics hospitaliers et/ou à l'Université est autorisé à exercer des activités personnalisées au sein de son

établissement.
Article 77 : Sont considérées comme activités personnalisées, les consultations et les actes techniques réalisés à la demande expresse de l'usager pour pouvoir bénéficier des prestations d'un praticien nommément désigné.
Les tarifs particuliers des activités personnalisées viennent en complément des tarifs réguliers de l'établissement.
Avant de pouvoir bénéficier de ces activités personnalisées, les usagers doivent être explicitement informés de leurs spécificités et doivent s'acquitter des tarifs correspondants auprès du service de recouvrement de rétablissement.
Les modalités d'exercice des activités personnalisées sont définies par décret pris en Conseil des Ministres.

Sous-section 2 : De l'intéressement du personnel

Article 78 : Chaque établissement public hospitalier définit les primes et autres avantages non statutaires destinés à son personnel. Leur attribution dépend de l'activité et de la qualité des prestations de chacun.
Le montant de ces primes et autres avantages doit être nécessairement inscrit dans le budget de l'établissement.
Article 79 : Chaque établissement public hospitalier met en œuvre sur ses excédents une politique d'intéressement de son personnel aux résultats de l'exercice.
Article 80 : Les modalités d'organisation de l'intéressement sont fixées par décret pris en Conseil des Ministres.

Section 4 : De la participation des établissements de santé à la formation des professionnels de santé et à la recherche

Article 81 : Les établissements publics hospitaliers participent aux formations initiales et aux formations continues, dispensées aux différentes professions de santé, notamment en abritant des stages et en offrant un encadrement.
Article 82 : Les établissements publics hospitaliers peuvent s'associer avec les structures universitaires et les structures de recherche en santé dans le cadre d'une convention hospitalo-universitaire.
Un décret pris en conseil des Ministres fixe les modalités de mise en œuvre de cette convention.
Les établissements publics hospitaliers peuvent également s'associer avec les écoles de formation professionnelle par la signature d'une convention.

Section 5 : Du régime du personnel

Article 83 : Le personnel des établissements publics hospitaliers comprend :

- des agents de la fonction publique ayant un statut hospitalo-universitaire ou un statut militaire, qui sont mis à disposition de l'établissement ;
- des agents de la fonction publique en position de détachement, dont la rémunération est assurée à partir des dotations budgétaires versées par l'État ;
- des agents contractuels, à temps plein ou à temps partiel, dont la rémunération est assurée par les ressources de rétablissement ;
- du personnel vacataire dont la rémunération est assurée par unité de service rendu par l'établissement ;
- des agents mis à disposition dans le cadre d'accord de coopération.

Article 84 : Le personnel médical relevant de la fonction publique comprend :
- des médecins, pharmaciens et chirurgiens-dentistes bi-appartenant. Des établissements relevant du Centre hospitalier universitaire qui exercent en plus de leur temps hospitalier des responsabilités universitaires. En plus de leur rémunération assurée par le Ministère chargé de l'enseignement supérieur, ils bénéficient d'une indemnité spéciale versée par leur établissement, qui correspond au paiement de leurs activités hospitalières ;
- des praticiens hospitaliers à temps plein.

Article 85 : Chaque année, le Ministre chargé de la santé et le Ministre chargé de l'enseignement supérieur organisent conjointement un concours d'internat en médecine, un concours d'internat en pharmacie et un concours d'internat en odontostomatologie, sur proposition d'une commission hospitalo-universitaire.

Les modalités d'organisation des concours et d'emploi des candidats admis sont fixées par arrêté conjoint du Ministre chargé de la santé et du Ministre chargé de l'enseignement supérieur.

Article 86 : Les conditions d'affectation et de travail des personnels militaires au sein des établissements publics hospitaliers sont définies par arrêté conjoint du Ministre chargé de la santé et du Ministre chargé des forces armées.

Section 6 : Du budget et de la comptabilité des Etablissements publics hospitaliers

Article 87 : Les établissements publics hospitaliers sont soumis à un régime budgétaire et comptable spécifique. Un décret pris en Conseil des Ministres fixe les règles de la gestion budgétaire et comptable des établissements publics hospitaliers.

Sous-section 1 : Du budget

Article 88 : Les établissements publics hospitaliers élaborent un budget annuel d'exploitation et d'investissement.

Le budget est conçu en fonction des objectifs et des prévisions d'activité de l'établissement pour l'année à venir.

Il est établi par l'ordonnateur qui est le Directeur général de l'établissement, après avis des organes consultatifs. Il est soumis au vote du conseil

d'administration et à l'approbation du représentant de l'État chargé de la tutelle après avis conforme du Ministre chargé des finances.
L'exercice budgétaire débute le 1er janvier et se termine le 31 décembre de la même année.
Article 89 : Le budget des établissements publics hospitaliers prévoit l'ensemble de leurs ressources et l'ensemble de leurs charges.
Article 90 : Les établissements publics hospitaliers collectent et disposent de l'ensemble des ressources générées par leurs activités, ainsi que celles qui leur sont affectées.
Les ressources des établissements publics hospitaliers sont déposées dans des comptes ouverts en leurs noms dans des établissements bancaires situés sur le territoire national.
Article 91 : Les ressources des établissements publics hospitaliers proviennent :
- des transferts du budget de l'État et/ou des collectivités territoriales pour la prise en charge des activités de service public sous forme de dotation annuelle de fonctionnement ou de subventions spéciales ;
- des produits de la tarification des prestations de soins auprès des patients ou de leur famille et d'organismes de tiers payant ;
- des produits issus de la cession des médicaments et autres consommables médico-chirurgicaux ;
- des produits correspondant aux paiements des autres services que les soins assurés par l'établissement dans le cadre de ses missions ;
- des emprunts autorisés destinés exclusivement aux investissements ;
- des subventions des partenaires extérieurs ;
- des dons et legs ;
- des autres ressources.
Dans un délai de deux ans après la promulgation de la présente loi, les subventions de l'État devront s'inscrire dans le cadre d'un contrat d'objectifs et de moyens signé entre l'État et chaque établissement.
Article 92 : Afin de garantir la maîtrise des dépenses hospitalières, la somme des charges budgétaires de tous les établissements hospitaliers publics et des établissements hospitaliers privés participant au service public hospitalier est plafonnée. Le montant de ce plafond est fixé chaque année par Arrêté conjoint du Ministre chargé de la santé et du Ministre chargé des Finances.
Article 93 : Les établissements publics hospitaliers sont soumis aux règles générales de passation des marchés publics, adaptées aux spécificités des hôpitaux.

Sous-section 2 : De la comptabilité

Article 94 : La comptabilité des établissements publics hospitaliers et des établissements hospitaliers privés participant au service public hospitalier est tenue conformément à un plan comptable hospitalier inspiré du système comptable ouest africain.

Article 95 : La comptabilité administrative est tenue par l'ordonnateur.

La fonction d'ordonnateur est exercée par le Directeur général ou par des agents ayant reçu délégation de lui.

Article 96 : Le paiement des dépenses, le recouvrement des recettes et le maniement des fonds sont assurés par un comptable public conformément aux règles de la comptabilité publique.

Il est chargé de la comptabilité - deniers.

La comptabilité matière est tenue par un agent nommé par arrêté conjoint du Ministre chargé de la santé et du Ministre chargé des finances.

Article 97 : Les propositions de budget soumises à la tutelle pour approbation sont discutées par une commission budgétaire des hôpitaux réunie une fois par an sous la présidence du Ministre chargé de la santé. Cette commission a pour mission de procéder à la répartition du budget global des hôpitaux entre les établissements publics hospitaliers et les établissements hospitaliers privés participant au service public hospitalier.

Article 98 : Les règles de gestion budgétaire et comptable des établissements publics hospitaliers sont définies par un décret pris en Conseil des Ministres.

Section 6 : De la tutelle et du contrôle

Sous-section 1 : De la tutelle

Article 99 : Les établissements publics hospitaliers sont placés sous la tutelle du Ministre chargé de la santé.

L'exercice de cette tutelle est assuré par le représentant de l'État au niveau de leur région d'implantation ou du District de Bamako.

Article 100 : L'autorité de tutelle est garante :

- de la réalisation effective de ses missions par l'établissement public hospitalier ;
- du fonctionnement régulier des organes d'administration et de gestion ;
- du respect par l'établissement public hospitalier des textes organiques, du statut, des contrats, accords et conventions ;
- du patrimoine de l'établissement public hospitalier.

Article 101 : L'autorité de tutelle notifie périodiquement à l'établissement public hospitalier l'orientation et le contenu des objectifs sectoriels à poursuivre dans le cadre du plan national de développement sanitaire et social et précise la politique économique, sociale et financière à mettre en œuvre.

Article 102 : Les délibérations portant sur les matières énumérées aux 7° à 20° de l'article 57 sont exécutoires de plein droit dès leur réception par le représentant de l'État, chargé de la tutelle. L'autorité de tutelle défère aux juridictions financières et administratives compétentes, dans un délai de

quinze jours suivant leur réception, les délibérations dont il estime qu'elles entraînent des dépenses de nature à menacer l'équilibre budgétaire de l'établissement et dans un délai de deux mois les délibérations qu'il estime illégales. Dans les deux cas, il informe sans délai l'établissement de cette saisine, qu'il peut assortir d'un délai à exécution.
Les délibérations portant sur les matières mentionnées aux 1° à 6° de l'article 57 sont soumises au représentant de l'État, chargé de la tutelle en vue de leur approbation. L'autorité de tutelle dispose d'un délai de quinze jours à compter de la date de réception des délibérations pour notifier son approbation ou son refus d'approbation. Passé ce délai, l'autorisation de la tutelle est considérée comme acquise.
Tout refus doit être motivé.
Article 103 : Lorsque les organes d'administration et de gestion sont en défaut de prendre une mesure ou d'accomplir un acte prescrit en vertu des lois, règlements, décisions judiciaires, dispositions statutaires ou d'engagements contractuels, l'autorité de tutelle peut, après mise en demeure écrite invitant l'organe d'administration ou de gestion à prendre les mesures ou à accomplir les actes nécessaires dans le délai qu'il fixe, se substituer à lui pour prise de décision.
La mise en demeure devra obligatoirement préciser la nature et l'origine des ressources qui devront être utilisées pour la réalisation de cet acte.
Le délai de mise en demeure ne peut être inférieur à dix jours.
Article 104 : L'autorité de tutelle peut, par décision motivée, suspendre l'exécution de toute décision d'un organe de gestion jugée contraire à l'intérêt général, aux missions spécifiques de l'établissement public hospitalier ou qui est de nature à détériorer sa situation financière.
Lorsque la décision porte sur un engagement contractuel, l'autorité de tutelle doit se conformer aux règles et procédures légales ou contractuelles devant conduire à la suspension, à la résiliation ou à l'annulation de l'engagement concerné.

Sous-section 2 : Du contrôle

Article 105 : Le contrôle de la gestion des établissements publics hospitaliers est assuré par les organes de contrôle de l'État et le contrôle de la tutelle.
Article 106 : Pour l'exercice du contrôle qui lui incombe, le conseil d'administration peut nommer un commissaire aux comptes indépendant pour un mandat d'audit des comptes.

L'auditeur est désigné pour un mandat de trois ans non renouvelables.

Le Président de la République,
Amadou Toumani TOUR

TEXTE MODIFIE DE LA LOI HOSPITALIERE[33]

Article unique : L'article 99 de la Loi n°02-050 du 22 juillet 2002 portant Loi hospitalière est modifié comme suit :
« Article 99 (nouveau) : Les établissements publics hospitaliers sont placés sous la tutelle du ministre chargé de la Santé.
L'exercice de cette tutelle est assuré par le représentant de l'État au niveau de leur Région d'implantation ou du District de Bamako.
L'Hôpital de District sanitaire est placé sous la tutelle administrative de la Collectivité Cercle et Commune du District de Bamako et la tutelle technique de la Direction du service de santé et de l'Hygiène publique de Cercle ou de Commune du District de Bamako. »

Bamako, le 11 juillet 2018

Le Président de la République, Ibrahim Boubacar KEITA

[33] www.cnom.sante.gov.ml/docs/Loi 02-050_Loi_hospitaliere_Journal_Officiel.pdf.

LOI n° 2018-051 DU 11 JUILLET 2018 PORTANT CRÉATION DE L'HOPITAL DE DISTRICT SANITAIRE[34]

L'Assemblée nationale a délibéré et adopté en sa séance du 28 juin 2018
Le Président de la République promulgue la loi dont la teneur suit :

CHAPITRE I : DE LA CRÉATION ET DES MISSIONS

Article 1er : Il est créé, dans les Chefs-lieux de Districts sanitaires, un établissement public hospitalier doté de la personnalité morale et de l'autonomie financière dénommé Hôpital de District sanitaire.
Article 2 : L'Hôpital de District sanitaire a pour mission de participer à la mise en œuvre de la politique nationale de santé sur l'étendue du territoire du District sanitaire.
À cet effet, il est chargé :
- d'assurer le diagnostic, le traitement et la surveillance des malades, des blessés et des femmes enceintes ;
- de prendre en charge les urgences et les cas référés ;
- de participer à la formation initiale et continue des professionnels de santé ;
- de conduire des travaux de recherche dans le domaine de la santé ;
- d'assurer les activités de prévention et de promotion en matière de santé de la mère et de l'enfant.

CHAPITRE II : DE LA DOTATION INITIALE ET DES RESSOURCES

Article 3 : L'Hôpital de District sanitaire reçoit en dotation initiale l'ensemble des biens meubles et immeubles affectés par l'État.
Article 4 : Les ressources de l'Hôpital de District sanitaire sont constituées par :
- les revenus provenant des prestations de service ;
- les contributions des Collectivités territoriales ;
- les subventions de l'État ;
- les dons et legs ;
- l'aide extérieure ;
- les recettes diverses.

[34] Disponible sur : Mli180506.pdf (fao.org).

CHAPITRE III : DES ORGANES D'ADMINISTRATION ET DE GESTION

Article 5 : Les organes d'administration et de gestion de l'Hôpital de District sanitaire sont :
- le Conseil d'administration ;
- la Direction générale ;
- le Comité de direction ;
- les organes consultatifs.

CHAPITRE IV : DISPOSITIONS FINALES

Article 6 : Un décret pris en Conseil des Ministres fixe l'organisation et les modalités de fonctionnement de l'Hôpital de District sanitaire.

Bamako, le 11 juillet 2018
Le Président de la République,
Ibrahim Boubacar KEITA

LOI n° 2018-052 DU 11 JUILLET 2018 PORTANT CRÉATION DE LA DIRECTION GÉNÉRALE DE LA SANTÉ ET DE L'HYGIENE PUBLIQUE[35]

L'Assemblée nationale a délibéré et adopté en sa séance du 28 juin 2018.
Le Président de la République promulgue la loi dont la teneur suit :

Article 1er : Il est créé un service central dénommé Direction générale de la Santé et de l'Hygiène publique, en abrégé DGS-HP.
Article 2 : La Direction générale de la Santé et de l'Hygiène publique a pour mission d'élaborer les éléments de la politique nationale en matière de santé publique, d'hygiène publique et de salubrité, d'en assurer la coordination et le contrôle des services régionaux, subrégionaux et des services rattachés.
À cet effet, elle est chargée :
- de concevoir et d'élaborer les stratégies en matière de lutte contre la maladie, de la santé de la reproduction, de nutrition et d'hygiène publique et de salubrité ;
- d'élaborer la réglementation et de contribuer à l'élaboration des normes et de veiller à leur application ;
- de procéder à toutes les recherches et études nécessaires ;
- de préparer les projets, programmes et plans d'actions et de veiller à l'exécution desdits programmes ;
- de coordonner, de superviser et de contrôler les activités des services d'exécution et d'évaluer leurs résultats.
Article 3 : La Direction générale de la Santé et de l'Hygiène publique est dirigée par un Directeur général nommé par décret pris en Conseil des Ministres.
Article 4 : Un décret pris en Conseil des Ministres fixe l'organisation et les modalités de fonctionnement de la Direction générale de la Santé et de l'Hygiène publique.
Article 5 : La présente loi, qui abroge toutes dispositions antérieures contraires notamment celles de l'Ordonnance n°01-020/P-RM du 20 mars 2001 portant création de la Direction nationale de la Santé, sera enregistrée et publiée au Journal officiel.

Bamako, le 11 juillet 2018

Le Président de la République,
Ibrahim Boubacar KEITA

---

[35] Disponible sur :Mli180506.pdf (fao.org).

LOI n° 93- 032 PORTANT CRÉATION D'UN ETABLISSEMENT PUBLIC À CARACTERE INDUSTRIEL ET COMMERCIAL DENOMME PHARMACIE POPULAIRE DU MALI[36]

L'Assemblée Nationale a délibéré et adopté en sa séance du 14 mai 1993, Le Président de la République promulgue la loi dont la teneur suit :

CHAPITRE I : CRÉATION – MISSIONS

Article 1er : Il est créé un Etablissement public à caractère industriel et commercial doté de la personnalité morale et de l'autonomie financière dénommé Pharmacie populaire du Mali.
Article 2 : La Pharmacie populaire du Mali a pour mission principale l'approvisionnement, le stockage et la distribution des médicaments essentiels sur l'ensemble du territoire. Elle exerce en outre une activité industrielle et commerciale portant sur d'autres médicaments et consommables médicaux.

CHAPITRE II : DISPOSITIONS FINANCIERES

Section 1 : De la dotation Initiale

Article 3 : Il est alloué à la Pharmacie Populaire du Mali, à titre de dotation initiale, l'ensemble des biens, meubles et immeubles de l'ancienne Pharmacie Populaire du Mali à la date de la promulgation de la présente loi.

Section 2 : Des ressources Article 4 : Les ressources de la Pharmacie Populaire du Mali sont constituées par :
- les produits de la cession des médicaments et des consommables médicaux,
- les bénéfices et réserves,
- les emprunts,
- les subventions,
- les dons et legs.

Section 3 : Du fonds social
Article 5 : Il est créé un fonds social alimenté par un prélèvement de cinq (5) pour cent sur les bénéfices de la Pharmacie Populaire du Mali et les recettes provenant des dons et legs. Il est géré conformément à la réglementation en vigueur.

---

[36] http://www.sante.gov.ml.

CHAPITRE III : DISPOSITIONS FINALES

Article 6 : Les modalités d'application de la présente loi seront fixées par décret pris en Conseildes Ministres.
Article 7 : Sont et demeurent abrogées toutes dispositions antérieures contraires notamment l'Ordonnance n° 18 / PGP du 05 Octobre 1960 portant création de la Pharmacie Populaire du Mali.

Bamako, le 11 juin 1993

Le Président de la République,
Alpha Oumar KONARE

LOI n° 03- 043 DU 30 DÉCEMBRE 2003 PORTANT CRÉATION DE L'AGENCE NATIONALE DE LA SÉCURITÉ SANITAIRE DES ALIMENTS[37]

L'Assemblée Nationale a délibéré et adopté en sa séance du 29 novembre 2003 ;
Le Président de la République promulgue la Loi dont la teneur suit :

CHAPITRE I : DE LA CRÉATION ET DES MISSIONS

Article 1er : Il est créé un établissement public à caractère scientifique et technologique placé sous la tutelle du Ministre de la santé, dénommé Agence nationale de la sécurité sanitaire des aliments, en abrégé Anssa.
Article 2 : L'Agence nationale de la sécurité sanitaire des aliments a pour mission d'assurer la sécurité sanitaire des aliments. À ce titre, elle est chargée de :
- coordonner toutes les actions liées à la sécurité sanitaire des aliments ;
- apporter un appui technique et scientifique aux structures de contrôle ;
- assurer l'appui technique et scientifique nécessaire à l'élaboration de la réglementation relative à la sécurité sanitaire des aliments ;
- évaluer les risques sanitaires que peuvent présenter :
-les aliments destinés à l'homme, aux animaux ;
-les eaux destinées â la consommation humaine et animale ;
-les procédés et conditions de production, de transformation, de conservation, de transport, de stockage et de distribution des denrées alimentaires ;
-les additifs alimentaires ;
-les résidus de produits vétérinaires, phytosanitaires et autres contaminants ;
-les résidus de matières fertilisantes et supports de cultures ;
les conditionnements et matériaux destinés à se trouver en contact avec les éléments ci-dessus cités ;
- appuyer les activités des systèmes de surveillance et des réseaux épidémiologiques ;
- assurer la communication sur les risques.
Article 3 : L'Agence nationale de la sécurité sanitaire des aliments peut se saisir de toute question relative à la sécurité sanitaire des aliments et proposer aux autorités compétentes du Conseil national de la sécurité sanitaire des aliments toutes mesures de nature à préserver la santé publique lorsque celle-ci est menacée par un danger.

[37] http://extwprlegs1.fao.org/docs/pdf/mli151630.pdf.

CHAPITRE II : DE LA DOTATION INITIALE

Article 4 : L'Agence nationale de la sécurité sanitaire des aliments reçoit en dotation initiale les biens meubles et immeubles qui lui sont affectés par l'État.

CHAPITRE III : DES RESSOURCES

Article 5 : Les ressources de l'Anssa sont constituées par :
- les revenus provenant des prestations de service ;
- les produits d'aliénation des biens meubles et immeubles ;
- les revenus du patrimoine ;
- les subventions de l'État ;
- les dons, legs, subventions autres que celles de l'État ;
- les fonds d'aide extérieure ;
- les concours des personnes physiques ou morales nationales ou étrangères ;
- les emprunts ;
- les ressources diverses.

CHAPITRE IV : DES ORGANES D'ADMINISTRATION ET DE GESTION

Article 6 : Les organes d'administration et de gestion de l'Agence nationale de la sécurité sanitaire des aliments sont :
- le Conseil d'administration ;
- la Direction générale ;
- le Comité scientifique et technique.

CHAPITRE V : DES DISPOSITIONS FINALES

Article 7 : Un décret pris en Conseil des Ministres fixe l'organisation et les modalités de fonctionnement de l'Agence nationale de la sécurité sanitaire des aliments.

Bamako, le, 9 décembre 2003

Le Président de la République,
Amadou Toumani TOURÉ

LOI n° 09-030/ DU 27 JUILLET 2009 PORTANT INSTITUTION DU REGIME D'ASSISTANCE MÉDICALE[38]

L'Assemblée Nationale a délibéré et adopté en sa séance du 02 juillet 2009 ;
Le Président de la République promulgue la loi dont la teneur suit :

TITRE I

DES DISPOSITIONS GÉNÉRALES

CHAPITRE I : DE L'OBJET

Article 1er : Il est institué, conformément aux dispositions de la présente loi, un Régime d'Assistance Médicale, en abrégé RAMED, au profit des personnes visées aux articles 5 et 6 ci-dessous pour la prise en charge des frais de soins de santé qui leur sont dispensés dans les hôpitaux publics, les établissements publics de santé, les centres de santé de référence, les centres de santé communautaire, les établissements publics d'analyses médicales et les services de santé relevant de l'État ou ayant signé une convention avec le Ministère de la santé.

CHAPITRE II : DES DÉFINITIONS

Article 2 : Pour l'application des dispositions de la présente loi, il faut entendre par :
- Conventionnement : acte consistant à établir un contrat entre le Régime d'Assistance Médicale et les Prestataires des soins de santé.
- Indigent : toute personne dépourvue de ressources et reconnue comme telle par la collectivité territoriale.
- Maladie : toute altération de la santé constatée par une autorité médicale compétente.
- Médecin Conseil : praticien exerçant un contrôle médical pour le compte d'un régime d'Assurance Maladie Obligatoire ou complémentaire.
- Régime d'Assistance Médicale : dispositif public non contributif qui assure la couverture du risque maladie des personnes indigentes.
- Risque : événement susceptible de supprimer ou de diminuer la capacité de gain d'un assuré social (maladie), ou encore d'augmenter ses charges (maternité).

---

[38] https://www.ilo.org/dyn/natlex/docs/ELECTRONIC/103747/126193/F564929685/MLI-103747.pdf

- Système de tiers payant : mécanisme de facilité de paiement dans lequel le Régime d'Assistance Médicale paye directement aux prestataires de soins de santé les frais de soins du bénéficiaire.

CHAPITRE III : DES PRINCIPES

Article 3 : Le Régime d'Assistance Médicale est fondé sur les principes de la solidarité nationale et du tiers payant au profit des indigents.
Les personnes éligibles au Régime d'Assistance Médicale doivent être couvertes sans discrimination aucune due à l'âge, au sexe, leurs antécédents pathologiques ou à leurs zones de résidence.

TITRE II

DE L'ORGANISATION ADMINISTRATIVE

Article 4 : La gestion du Régime d'Assistance Médicale est assurée par un organisme public.

TITRE III

DES BENEFICIAIRES

Article 5 : Bénéficient des prestations du Régime d'Assistance Médicale dans les conditions fixées par décret pris en Conseil des Ministres les personnes qui ne sont pas couvertes par tout autre système d'assurance et qui sont reconnues indigentes et leurs ayants droit à charge.
Sont considérés comme ayants droit à charge :
- le (s) conjoint (s) ; - les enfants âgés de moins de 14 ans ;
- les enfants âgés de 14 ans à 21 ans s'ils poursuivent des études ;
- les enfants handicapés, quel que soit leur âge, qui sont dans l'impossibilité totale et définitive de se livrer à une activité rémunérée.

Article 6 : Sont admis de droit au bénéfice de l'assistance médicale :
- les pensionnaires des établissements de bienfaisance, orphelinats, ou des établissements de rééducation et de tout établissement public ou privé à but non lucratif hébergeant des enfants abandonnés ou adultes sans famille ;
- les pensionnaires des établissements pénitentiaires ; - les personnes sans domicile fixe.

Article 7 : La qualité de bénéficiaire de l'assistance médicale est prononcée à la demande de l'intéressé par le Maire après avis des services techniques en

charge de la solidarité dans les conditions et selon les modalités fixées par arrêté conjoint du Ministre en charge de la protection sociale et du Ministère chargé de l'Administration Territoriale.
L'octroi de cette qualité donne droit à la prise en charge totale des frais inhérents aux prestations couvertes par le Régime d'Assistance Médicale.

TITRE IV

DES PRESTATIONS GARANTIES ET DES MODALITÉS DE PRISE EN CHARGE

Article 8 : Le Régime d'Assistance Médicale donne droit à la prise en charge directe des frais de soins curatifs, préventifs et de réhabilitation médicalement requise par l'état de santé ou par la maternité des bénéficiaires.
Les conditions et modalités de prise en charge directe des frais de soins de santé sont déterminées par décret pris en Conseil des Ministres.
Article 9 : La liste des prestations garanties est fixée par arrêté conjoint du Ministre en charge de la Protection Sociale et du Ministre de la Santé.
Article 10 : Sont exclus de la couverture garantie par le Régime d'Assistance Médicale, les interventions de chirurgie plastique et esthétique, a l'exception des actes de chirurgie réparatrice et d'orthopédie maxillo-faciale, les lunetteries et toutes autres prestations et médicaments qui ne sont pas retenus dans la liste des actes et médicaments du Régime d'Assistance Médicale conformément à la règlementation en vigueur.
Article 11 : La prise en charge totale au titre des prestations citées à l'article 8 ci-dessus ne peut intervenir que pour les maladies nécessitant l'hospitalisation, les soins ou les examens pratiqués dans les établissements publics et communautaires de santé ainsi que les établissements privés ayant signé une convention avec l'État.
Article 12 : La prise en charge totale des prestations visées à l'article 8 ci-dessus ne peut intervenir que si celles-ci sont prescrites et administrées à l'intérieur du territoire national.
Article 13 : Toute prise en charge des prestations de santé doit faire l'objet d'un accord préalable de l'organisme de gestion du fonds.
Article 14 : Les conditions et les modalités de cette prise en charge sont fixées par décret pris en Conseil des Ministres.

TITRE V

DU CONVENTIONNEMENT

Article 15 : Les relations entre l'organisme de gestion du Régime d'Assistance Médicale et les prestataires de soins médicaux publics, privés ou communautaires ayant signé une convention avec le Ministère de la santé sont régies par des conventions qui sont conclues entre cet organisme et les représentants de ces prestataires.
Article 16 : Un modèle pour chaque type de convention est établi sur proposition de l'organisme de gestion après consultation des représentants des organisations professionnelles des prestataires de soins de santé et approuvé par arrêté du Ministre charge de la Protection Sociale.
Article 17 : Les conventions fixent :
- les obligations des parties contractantes ; - les tarifs de référence des prestations de soins ; -les outils de maîtrise des dépenses de santé ; - les outils de garantie de la qualité des services ;
- les procédures et les modes de paiement des prestataires de soins ; - les mécanismes de résolution des litiges.
Article 18 : Les délais et les modalités de conclusion des conventions sont fixés par décret pris en Conseil des Ministres.
Les conventions doivent être préalablement à leur mise en œuvre approuvées par l'administration en charge de la tutelle du Régime d'Assistance Médicale.
À défaut d'accord sur les termes, lors de la signature d'une convention, le Ministre chargé de la Protection Sociale reconduit d'office la convention précédente lorsqu'elle existe ou, le cas échéant, édicte un règlement provisoire s'imposant aux parties en désaccord et dont la durée ne peut excéder trois mois.
Article 19 : Le Ministre chargé de la Protection Sociale peut décider, sur demande de l'organisme de gestion et sans préjudice des sanctions des ordres professionnels, de placer un prestataire de soins médicaux hors convention pour non-respect ou violation des termes de la convention, après lui avoir permis de présenter ses commentaires.
La mise hors convention est décidée pour une durée déterminée ou de façon définitive.
Article 20 : La prise en charge des frais des prestations de soins garanties par la présente loi s'effectue, quelque soit le prestataire de soins, sur la base du tarif national de référence défini dans la convention.

TITRE VI

DU CONTRÔLE MEDICAL

Article 21 : L'organisme de gestion du Régime d'Assistance Médicale organise un contrôle médical ayant pour objet, notamment, de vérifier, auprès des prestataires de soins, la conformité des prescriptions et de la dispensation des soins médicalement requis, d'apprécier la validité des prestations au plan technique et médical et de constater, le cas échéant, les abus et fraudes en matière de prescription, de soins et de facturation.

Article 22 : Le contrôle médical est confié à des médecins et des pharmaciens conseil et autres professionnels agréés par l'organisme de gestion du Régime d'Assistance Médicale, chargés essentiellement des missions suivantes :

- le suivi et le contrôle de la qualité des services rendus par les prestataires de soins et l'observation de leur accommodement avec l'état de santé du bénéficiaire ;
- la coordination entre les différents intervenants en vue de garantir une prise en charge adéquate des prestations de soins fournies aux assurés et leurs ayants droit ;
- le suivi de l'évolution des dépenses de santé des assurés ;
- l'émission d'avis concernant la prise en charge des prestations de soins soumises à accord préalable.

Article 23 : Les praticiens chargés du contrôle médical ne peuvent cumuler la fonction de soins et la fonction de contrôle pour le dossier objet du contrôle.

Article 24 : Sous réserve du respect des principes déontologiques et de la législation en vigueur, les médecins conseils peuvent, à l'occasion de l'exercice de leurs missions :

- convoquer le bénéficiaire des prestations de soins et le soumettre au diagnostic ou le cas échéant à l'expertise ;
- obtenir tous les renseignements se rattachant à l'état de santé du bénéficiaire ;
- accéder au dossier médical du bénéficiaire ;
- demander des éclaircissements aux prestataires de soins concernant l'état de santé du bénéficiaire ;
- visiter les structures sanitaires pour constater les conditions de prise en charge des bénéficiaires.

Article 25 : Les praticiens et/ou les directeurs des établissements de santé, quelque soit leur statut, sont tenus de permettre le libre accès du praticien chargé du contrôle médical aux lieux d'hospitalisation et de mettre à sa disposition tous les documents nécessaires à l'accomplissement de sa mission de contrôle.

Les médecins traitants peuvent assister aux examens médicaux de contrôle, à la demande du bénéficiaire ou du praticien chargé de ce contrôle.

Article 26 : Aucun bénéficiaire des prestations prévues par la présente loi ne peut se soustraire au contrôle médical. En cas de refus, la prise en charge des prestations de soins est suspendue pour la période pendant laquelle le contrôle aura été rendu impossible.

Article 27 : En cas de contrôle médical, la décision prise par l'organisme de gestion est portée à la connaissance de l'intéressé.

Celui-ci a le droit de contester ladite décision auprès de l'administration centrale en charge de la Protection Sociale et ses services régionaux qui désignent un médecin expert pour procéder à un nouvel examen. Les conclusions du médecin expert s'imposent aux deux parties.

Article 28 : Les modalités, les conditions et les délais dans lesquels s'exerce le contrôle médical sont fixés par arrêté conjoint du Ministre en charge de la Protection Sociale et du Ministre de la Santé.

TITRE VII

DU FINANCEMENT ET DE LA GESTION DU REGIME D'ASSISTANCE MÉDICALE

CHAPITRE I : DES RESSOURCES

Article 29 : Le Régime d'Assistance Médicale est financé par :

- les subventions de l'État ;
- les subventions des collectivités territoriales ;
- les produits financiers ;
- les dons et legs ;
- toutes autres ressources affectées à ce régime en vertu de législation et règlementation particulières.

Article 30 : La contribution de l'État destinée au financement du Régime d'Assistance Médicale est inscrite annuellement dans la loi de finances. Les contributions des collectivités locales destinées au financement dudit fonds constituent pour ces dernières des dépenses obligatoires conformément à la législation en vigueur.

Les contributions sont inscrites annuellement dans les budgets desdites collectivités.

Article 31 : La contribution de l'État au budget du Régime d'Assistance Médicale représente 65 % et celle des collectivités territoriales 35 %.

CHAPITRE II : DE L'AFFILIATION ET DE L'IMMATRICULATION

Article 32 : Pour bénéficier des prestations du Régime d'Assistance Médicale, la personne reconnue indigente et ses ayants droit doivent être affiliés et déclarés au fonds.

TITRE VIII

DES DISPOSITIONS FINALES

Article 33 : Les modalités d'application de la présente loi sont fixées par un décret pris en Conseil des Ministres.
Article 34 : La présente loi abroge toutes dispositions antérieures.

Bamako, le 27 juillet 2009

Le Président de la République,
Amadou Toumani TOURÉ

LOI n° 2016-065/DU 30 DÉCEMBRE 2016 PORTANT MODIFICATION DE LA LOI n° 09-030 DU 27 JUILLET 2009 PORTANT INSTITUTION DU REGIME D'ASSISTANCE MÉDICALE[39]

L'Assemblée nationale a délibéré et adopté en sa séance du 24 novembre 2016
Le Président de la République promulgue la loi dont la teneur suit :

Article Unique : Les articles 6, 29 et 31 de la Loi n°09030 du 27 juillet 2009 portant institution du Régime d'Assistance Médicale, sont modifiés ainsi qu'il suit :

Article 6 : Sontadmis dedroit au bénéficede l'assistance médicale :
- les pensionnaires des établissements de bienfaisance, orphelinats, ou desétablissements de rééducationet de tout établissementpublicouprivéàbutnonlucratifhébergeant des enfants abandonnés ou adultes sans famille ;
- les pensionnaires des établissements pénitentiaires ;
- les personnes sans domicile fixe ; - les personnes blessées au cours ou à l'occasion de conflits armés ou de catastrophes.

Article29 : Le Régimed'Assistance Médicale est financé par :
- les subventions de l'État ;
- les subventions des collectivités territoriales ;
- les produits financiers ;
- les subventions d'organismes personnalisés de l'État et des établissements financiers ;
- les dons et legs ;
- toutesautresressourcesattribuéespartexteslégislatifs ou réglementaires.

Ces ressources sont destinées à la prise en charge :
- des dépenses techniques à hauteur de 70 % ;
- des dépenses d'administration à hauteur de 20 % ;
- des dépenses d'investissement et de modernisation de l'outil de gestion à hauteur de 10 %.

Article31 : Un décret pris en Conseil des Ministres fixe les taux de la subvention de l'État et des Collectivités territoriales au budget du Régime d'Assistance Médicale. Le régime peut bénéficier de subventions de collectivités décentralisées, d'organismes personnalisés et d'établissements financiers.

[39]https://www.ilo.org/dyn/natlex/docs/ELECTRONIC/103749/126197/F-1455579560/MLI-103479.pdf

Bamako, le 30 décembre 2016

Le Président de la République,
IbrahimBoubacar KEITA

LOI n° 09-0 15 DU 26 JUIN 2009 PORTANT INSTITUTION DU REGIME D'ASSURANCE MALADIE OBLIGATOIRE[40]

TITRE I

DES DISPOSIBLES GÉNÉRALES

CHAPITRE I : DE L'OBJET

Article 1er : II est institué en République du Mali un régime d'Assurance Maladie Obligatoire en abrégé AMO.

Article 2 : Le régime d'Assurance Maladie Obligatoire vise à permettre la couverture des frais de soins de santé inhérents à la maladie et à la maternité des assurés et des membres de leur ramille à charge.

Accident du travail : accident, quelle qu'en soit la cause, survenu par le fait ou à l'occasion du travail au travailleur.

Assujetti : toute personne soumise au régime d'assurance maladie obligatoire eu égard à son statut. Assurance maladie : dispositions qui permettent de couvrir, par une mise en commun des risques et des ressources, les frais des soins de santé et de maternité.

Assurance volontaire aux régimes de l'INPS : ensemble des dispositions qui permettent de couvrir les personnes non assujetties au régime de l'INPS.

Assuré : toute personne assujettie qui bénéficie de la couverture de l'assurance maladie.

Convention : contrat passé entre l'organisme de gestion de l'assurance maladie et le (s) représentant(s) des prestataires de soins de santé.

Fonctionnaire : tout personnel titulaire ayant vocation exclusive a occupé au sein des services publics de l'État et des Collectivités Territoriales les emplois administratifs permanents.

Maladies professionnelles : maladies ou manifestations morbides dont l'origine est imputable à l'activité professionnelle du travailleur.

Médecin/ Pharmacien Conseil praticien exerçant un médical/pharmaceutique pour le compte d'un régime d'assurance maladie.

Organisme de gestion : organisme qui a en charge la gestion du régime d'assurance maladie obligatoire.

Pensionné : toute personne titulaire d'une pension allouée en vertu des régimes suivants :

---

[40] https://www.ilo.org/dyn/natlex/docs/ELECTRONIC/96990/114906/F-1069222858/MLI-96990.pdf.

le régime de pensions du secteur privé ;
le régime de retraite parlementaire ;
le régime des pensions des fonctionnaires ;
le régime général des pensions militaires.
Période de Stage : délai entre le début de paiement des cotisations et le début du bénéfice des prestations par l'assuré.
Prestataire de soins de santé : toute personne ou structure soignant exerçant dans le domaine médical ou paramédical et tout professionnel participant aux soins à fournir aux bénéficiaires de l'assurance maladie obligatoire.
Prise en charge : couverture financière par l'assurance maladie des frais de soins dont bénéficie le patient sous forme de paiement direct au prestataire de soins de santé.
Régime d'Assurance Maladie Obligatoire : ensemble des dispositions d'ordre public qui fixent la situation des personnes couvertes au regard de l'assurance maladie.
Risque : événement susceptible de supprimer ou de diminuer la capacité de gain d'un assuré social (maladie) ou encore d'augmenter ses charges (maternité).
Système de tiers payant : mécanisme de facilité de paiement dans lequel l'assurance maladie paye directement au prestataire de soins de santé les frais de soins du bénéficiaire à l'exclusion du ticket modérateur.
Ticket modérateur : partie des frais de soins de santé qui reste a la charge de l'assuré et qui n'est pas couverte par le régime d'assurance maladie.

CHAPITRE II : DES PRINCIPES

Article 4 : L'Assurance Maladie Obligatoire est fondée sur les principes de la solidarité, de la contribution, de la mutualisation des risques et du tiers payant. Les personnes assurées et les bénéficiaires doivent être couverts sans discrimination liée notamment à l'âge, au sexe, à la nature de l'activité, au niveau et à la nature de leur revenu, aux antécédents pathologiques ou aux zones de résidence

TITRE II

DU CHAMP D'APPLICATION

CHAPITRE I : DES ASSUJETTIS

. Article 5 : Sont assujettis à l'Assurance Maladie Obligatoire :
- les fonctionnaires civils de l'État et des collectivités territoriales, les militaires et les députés ;

- les travailleurs au sens du Code du Travail ;
- les titulaires de pensions des secteurs publics et privés, les titulaires de pensions parlementaires et les titulaires de pension militaire ;
- les employeurs des secteurs public et privé.

Sont assimilés aux employeurs assujettis à l'Assurance Maladie Obligatoire les organismes gérant des régimes publics de pensions.

Article 6 : Peuvent adhérer à l'Assurance Maladie Obligatoire, les personnes affiliées au régime d'assurance volontaire de l'Institut National de Prévoyance Sociale.

Article 7 : Bénéficient de l'Assurance Maladie Obligatoire, les personnes physiques assujetties et les membres de leurs familles à charge.

Sont considérés comme membres de la famille à charge de l'assuré :
- le (s) conjoint (es) ;
- les enfants et les ascendants directs.

Article 8 : Sont enfants à charge
- les enfants issus du mariage de l'assuré ;
- les enfants de l'assuré nés antérieurement au mariage ;
- les enfants que la femme de l'assuré a eus d'un précèdent mariage lorsqu'il y a eu décès régulièrement déclaré à l'état civil ou divorce judiciairement prononcé ; toutefois dans ce dernier cas les enfants n'ouvrent pas droit aux prestations lorsqu'ils sont restés à la charge du premier mari ou que celui-ci contribue à leur entretien ;
- les enfants ayant fait l'objet d'une adoption par l'assuré ou d'une légitimation adoptive conformément aux dispositions du Code de la Parenté ;
- les enfants légalement reconnus par l'assuré.

Article 9 : Sont ascendants directs à charge, le père et la mère de l'assuré à condition que ceux-ci soient économiquement dépendants de l'assuré et ne bénéficient pas à titre personnel du régime d'Assurance Maladie Obligatoire.

Article 10 : L'Assurance Maladie Obligatoire donne droit à la prise en charge directe des frais de soins curatifs, préventifs et de réhabilitation médicalement requise par l'état de santé ou par la maternité des bénéficiaires.

Pour les risques faibles : les consultations générales ou spécialisées, les médicaments, les analyses de laboratoire et imagerie médicale, soins médicaux, soins dentaires (sans prothèse) ;

Pour les gros risques : les hospitalisations simples, les hospitalisations avec intervention chirurgicale.

Les conditions et modalités de prise en charge directe des frais de soins de santé sont déterminées par décret pris en Conseil des Ministres.

Article Il : La liste des prestations garanties est fixée par arrêté conjoint du Ministre en charge de la Protection Sociale et du Ministre de la Santé.

Article 12 : Les risques liés aux accidents du travail et aux maladies professionnelles demeurent régis par la législation et la règlementation les concernant.

Article 13 : Sont exclues du champ des prestations garanties par l'Assurance Maladie Obligatoire, les interventions de chirurgie esthétique, les cures thermales, l'acupuncture, la mésothérapie, la thalassothérapie, l'homéopathie et les prestations dispensées dans le cadre de la médecine dite douce, la lunetterie, les prothèses dentaires et toutes autres prestations non prévues par la nomenclature des actes médicaux et des médicaments établie par arrêté conjoint du Ministre en charge de la Protection Sociale et du Ministre de la Santé.

TITRE III

DE LA PRISE EN CHARGE

CHAPITRE I : DES CONDITIONS DE PRISE EN CHARGE

Article 14 : L'Assurance Maladie Obligatoire garantit la prise en charge directe d'une partie des frais de soins de santé par l'organisme de gestion ; l'autre partie restant à la charge de l'assuré.

Toutefois, l'assuré conserve la liberté de souscrire une assurance complémentaire en vue de couvrir les frais restants à sa charge.

Article 15 : Les taux de couverture par prestation ou groupes de prestations couvertes sont fixés par décret pris en Conseil des Ministres.

Article 16 : La prise en charge des frais de soins de santé par l'Assurance Maladie Obligatoire est effectuée :

- à l'acte sur la base de la nomenclature des actes médicaux et des médicaments fixés par arrêté conjoint du Ministre en charge de la Protection Sociale et du Ministre de la Santé ;
- éventuellement, sous forme de forfait par pathologie ou par groupe homogène de maladie.

Dans tous les cas, la facturation des prestations de soins doit être établie suivant les règles définies par décret pris en Conseil des Ministres.

Article 17 : La tarification nationale de référence pour la prise en charge des prestations de soins garanties est celle établie par le Ministère de la Santé.

Toutefois, une tarification préférentielle peut être établie par voie de convention négociée entre l'organisme de gestion et les prestataires de soins de santé.

Pour les médicaments, le tarif national de référence est le prix public desdits médicaments établi par le Ministère de la Santé.

Article 18 : Les prestations garanties au titre de l'Assurance Maladie Obligatoire ne peuvent être prises en charge que si les soins ont été prescrits et exécutés sur le territoire national.

Article 19 : Le bénéficiaire de l'Assurance Maladie Obligatoire conserve le libre choix du praticien de l'établissement de santé dans le respect de la pyramide sanitaire et sous des mesures de régulation fixées par la présente loi et les textes pris pour son application.
Article 20 : sont déterminer par décret pris en conseil des Ministres :
- les modalités de dépôt des documents attestant les frais exposés par le prestataire de soins de santé ainsi que le délai de ce dépôt ;
- le délai maximum pour le déboursement au profit du prestataire de soins de santé.

CHAPITRE II : DU CONVENTIONNEMENT

Article 21 : Les relations entre l'organisme de gestion et les prestataires de soins de santé publics, privés ou communautaires sont régies par des conventions qui sont conclues entre l'organisme de gestion et les représentants de ces prestataires.
Article 22 : Un modèle pour chaque type de convention est établi sur proposition de l'organisme de gestion après consultation des représentants des organisations professionnelles des prestataires de soins de santé et approuvé par arrêté du Ministre chargé de la Protection Sociale.
- les obligations des parties contractantes ;
- les tarifs de référence des prestations de soins ; les outils de maîtrise des dépenses de santé ;
- les outils de garantie de la qualité des services ;
- les procédures et les modes de paiement des prestataires de soins ;
- les mécanismes de résolution des litiges.
Article 24 : Les délais et les modalités de conclusion des conventions sont fixés par décret pris en Conseil des Ministres.
Ces conventions doivent être préalablement à leur mise en oeuvre, approuvées par le Ministre chargé de la Protection Sociale.
À défaut d'accord sur les termes, lors de la signature d'une convention, le Ministre chargé de la Protection Sociale reconduit d'office la convention précédente lorsqu'elle existe ou, le cas échéant, édicte un règlement provisoire s'imposant aux parties en désaccord et dont la durée ne peut excéder trois mois.
Article 25 : Le Ministre chargé de la Protection Sociale peut décider, sur demande de l'organisme de gestion et sans préjudice des sanctions prononcées par les ordres professionnels, de placer un prestataire de soins médicaux hors convention pour non-respect ou violation des termes de la convention, après lui avoir permis de s'expliquer.
Cette mise hors convention est décidée soit pour une durée déterminée soit définitive.
Article 26 : La prise en charge des frais des prestations de soins garanties par

la présente loi s'effectue, quel que soit le prestataire de soins, sur la base du tarif national de référence défini dans la convention.

Article 27 : L'organisme de gestion est tenu d'organiser un contrôle médical ayant pour objet, notamment, de vérifier, auprès des prestataires de soins, la conformité des prescriptions et de la dispensation des soins médicalement requis, d'apprécier la validité des prestations au plan technique et médical et de constater, le cas échéant, les abus et fraudes en matière de prescription, de soins et de facturation.

Article 28 : Le contrôle médical est confié à des médecins et des pharmaciens conseils et autres professionnels agréés par l'organisme de gestion chargés essentiellement des missions suivantes :

- le suivi et le contrôle de la qualité des services rendus par les prestataires de soins et l'observation de leur accommodement avec l'état de santé du bénéficiaire ;
- la coordination entre les différents intervenants en vue de garantir une prise en charge adéquate des prestations de soins fournies aux assurés et leurs ayants droit ;
- le suivi de l'évolution des dépenses de santé des assurés ;
- l'émission d'avis concernant la prise en charge des prestations de S0111S soumises à accord préalable.

Article 29 : Les praticiens chargés du contrôle médical ne peuvent cumuler la fonction de prestataires de soins et la fonction de contrôle pour le dossier objet du contrôle.

Article 30 : Sous réserve du respect des principes déontologiques. et de la législation en vigueur, les médecins et pharmaciens conseils peuvent, à l'occasion de l'exercice de leurs missions :

- convoquer le bénéficiaire des prestations de soins et le soumettre au diagnostic ou le cas échéant à l'expertise ;
- obtenir tous les renseignements se rattachant à l'état de santé du bénéficiaire ; accéder au dossier médical du bénéficiaire ;
- demander des éclaircissements aux prestataires de soins concernant l'état de santé du bénéficiaire ;
- visiter les structures sanitaires pour constater les conditions de prise en charge des bénéficiaires.

Article 31 : Les praticiens et/ou les directeurs des établissements de santé, quel que soit leur statut, sont tenus de permettre le libre accès du praticien chargé du contrôle médical aux lieux d'hospitalisation et de mettre à sa disposition tous les documents nécessaires à l'accomplissement de sa mission de contrôle. Les médecins traitants peuvent assister aux examens médicaux de contrôle, à la demande du bénéficiaire ou du praticien chargé de ce contrôle.

Article 32 : Aucun bénéficiaire des prestations prévues par la pressente loi ne peut se soustraire au contrôle médical. En cas de refus, la prise en charge des prestations de soins est suspendue pour la période pendant laquelle le contrôle

aura été rendu impossible.
Article 33 : En cas de contrôle médical, la décision prise par l'organisme de gestion à la suite dudit contrôle est portée à la connaissance de l'intéressé. Celui-ci a le droit de contester ladite décision auprès de l'administration centrale en charge de la Protection Sociale et ses services régionaux qui désignent un médecin expert pour procéder à un nouvel examen. Les conclusions du médecin expert s'imposent aux deux parties.
Article 34 : Les modalités, les conditions et les délais dans lesquels s'exerce le contrôle médical sont fixés par arrêté conjoint du Ministre en charge de la Protection Sociale et du Ministre de la Santé.

TITRE IV

DE LA GESTION DE L'ASSURANCE MALADIE OBLIGATOIRE

CHAPITRE I : DES CONDITIONS D'OUVERTURE, DE MAINTIEN, DE SUSPENSION OU DE FERMETURE DU DROIT AUX PRESTATIONS

Article 35 : L'ouverture du droit aux prestations d'Assurance Maladie Obligatoire est subordonnée au paiement préalable des cotisations. L'organisme de gestion suspend le service des prestations lorsque ce paiement n'a pas effectivement eu lieu.
Article 36 : Une période de stage préalable de six mois consécutifs à l'ouverture du droit aux prestations est obligatoire.
Article 37 : L'organisme de gestion est tenu de vérifier et contrôler l'admissibilité des personnes assujetties et valider en permanence l'ouverture et la fermeture du droit aux prestations de l'assurance Maladie Obligatoire.
Article 38 : Les personnes qui cessent de remplir les conditions pour relever, soit en qualité d'assuré, soit en qualité d'ayants droit, du régime d'Assurance Maladie Obligatoire bénéficient, à compter de la date à laquelle ces conditions ne sont plus remplies, du maintien de leur droit aux prestations pendant une période maximum de six mois.
Toutefois, si pendant cette période l'intéressé vient à remplir en qualité d'assuré ou d'ayant droit les conditions pour le bénéfice du régime d'Assurance Maladie Obligatoire ou du régime d'Assistance Médicale, le droit aux prestations du régime dont il relevait antérieurement est supprimé.
Article 39 : Les ayants droit de l'assuré décédé qui ne bénéficient d'aucune pension de survivant continuent de bénéficier, pendant une période d'une année, des prestations du régime d'Assurance Maladie Obligatoire dont relevait le défunt.

Pour bénéficier des prestations de l'Assurance Maladie Obligatoire, l'assuré et ses ayants droit doivent être affiliés et déclarés à l'organisme de gestion.
Article 41 : Les modalités d'affiliation et d'immatriculation des assujettis au régime d'Assurance Maladie Obligatoire sont fixées par décret pris en Conseil des Ministres.

CHAPITRE II : DES INCOMPATIBILITES

Article 42 : Dans le cadre de la gestion du régime de l'Assurance Maladie Obligatoire, il est interdit de cumuler la gestion des risques avec celle de l'établissement assurant des prestations de diagnostic, de soins ou d'hospitalisation et/ou de l'établissement ayant pour objet la fourniture de médicaments, matériels, dispositifs et appareillages médicaux.
Les organismes gestionnaires délégués doivent se conformer, dans un délai de cinq ans, aux dispositions relatives aux présentes incompatibilités.

TITRE V

DE L'ORGANISATION FINANCIERE, COMPTABLE ET TECHNIQUE

CHAPITRE I : DES RESSOURCES

- les cotisations, majorations, astreintes et pénalités de retard dues ;
- les produits financiers ;
- le revenu des placements ; les subventions ;
- les dons et legs ;
- toutes autres ressources attribuées au régime d'assurance maladie obligatoire en vertu d'une législation ou d'une réglementation particulière.

Article 44 : L'assiette des cotisations des assurés est définie selon le statut de la rémunération ou du revenu des personnes assujetties.
Pour les salariés et fonctionnaires civils et militaires, la cotisation est assise sur l'ensemble des rémunérations perçues par ces personnes, y compris les indemnités et primes.
Pour les titulaires de pensions, la cotisation est assise sur le montant de la pension servie par les régimes de retraite de l'assuré à l'exception de la pension de retraite complémentaire, lorsqu'elle existe.
Pour les personnes affiliées au régime d'assurance volontaire de l'Institut National de Prévoyance Sociale, la cotisation est assise sur le revenu forfaitaire de leurs classes de revenus.

Il doit être calculé de manière à assurer l'équilibre financier du régime d'Assurance Maladie Obligatoire en tenant compte des charges des prestations, des coûts de gestion administrative et pour alimenter la réserve de sécurité.
En cas de déséquilibre, le réajustement du taux de cotisation est opéré dans les mêmes conditions.
Article 46 : II est interdit à l'organisme de gestion d'utiliser les ressources de l'Assurance Maladie Obligatoire à des fins autres que celles prévues par la pressente loi.
Article 47 : L'employeur est débiteur vis-à-vis de l'organisme de gestion de la totalité de la cotisation est responsable de son versement.
Tout retard de paiement donne lieu à l'application d'une majoration de 2 % par mois de retard, sans préjudice du droit pour l'organisme de gestion de recourir à l'application des dispositions relatives à l'amende.
Les cotisations font l'objet d'un prélèvement à la source par l'employeur et sont versées à l'organisme de gestion selon les conditions, modalités et délais fixes par décret pris en Conseil des Ministres.
Article 48 : Les organismes gérant les régimes de pensions sont débiteurs vis-à-vis de I' organisation gestion des cotisations des pensionnés et sont responsables de leur versement.
Article 49 : L'organisme de gestion est tenu de constituer des réserves financières. La nature et les modalités de constitution de ces réserves sont fixées par décret pris en Conseil des Ministres.
Article 50 : L'organisme de gestion est tenu d'observer un plan comptable spécifique en conformité avec la législation et la réglementation en vigueur.

CHAPITRE II : DU CONTRÔLE FINANCIER, COMPTABILITE ET TECHNIQUE

Article 51 : Les comptes et opérations de l'Assurance Maladie Obligatoire sont soumis chaque année à un audit comptable et financier externe diligenté par le Ministre en charge de la Protection Sociale.
L'audit est obligatoirement réalisé à l'effet de s'assurer de la bonne santé financière de l'Assurance Maladie Obligatoire.
Article 52 : Une étude actuarielle de l'Assurance Maladie Obligatoire sera effectuée à la fin de la2ème année de fonctionnement. Par la suite, une étude actuarielle est réalisée tous les cinq ans.
Article 53 : La vérification du respect de l'obligation d'assurance maladie est effectuée par les agents dûment mandatés à cet effet par le Ministre en charge de la protection sociale.
Article 54 : Lorsque l'événement ouvrant droit aux prestations est dû à la faute d'un tiers, l'organisme de gestion doit délivrer à l'assuré ou à ses ayants droit les prestations prévues par l'assurance maladie sous réserve d'un droit de

recours contre le tiers responsable. L'assuré ou ses ayants droit conservent contre le tiers responsable le droit de réclamer, conformément aux règles du droit commun, la réparation du préjudice causé.
Toutefois, l'organisme de gestion est subrogé de plein droit à l'assuré ou à ses ayants droit dans leur action contre les tiers responsable pour le montant des prestations octroyées.
Le règlement amiable intervenu entre le tiers responsable et l'assuré ou ses ayants droit ne peut être opposé à l'organisme de gestion que s'il a été invité à participer à ce règlement.
Article 55 : Le recours contre le rejet d'une demande de prise en charge des prestations de l'Assurance Maladie Obligatoire ou de la restitution des cotisations indûment perçues, doit être, sous peine de déchéance, présenté au Ministre en charge de la Protection Sociale dans le délai d'une année à compter de la date de notification au requérant de la décision contestée.
Article 56 : Est passible d'une amende de 325 000 à 3 250 000 F CFA tout employeur qui ne procède pas dans les délais réglementaires à son affiliation à l'organisme de gestion avec l'Immatriculation de ses salariés dans un délai ne dépassant pas un mois.
Article 57 : Est passible d'une amende de 65 F CFA pour chaque salarié, tout employeur qui ne procède pas, dans les délais réglementaires, à l'immatriculation de ses salariés auprès de l'organisme de gestion avec injonction de procéder à l'immatriculation des salariés concernés dans un délai ne dépassant pas un mois.
Dans tous les cas, les salariés concernés conservent le droit de recours auprès de la juridiction compétente en vue d'obtenir les dommages et intérêts au titre des prestations dont ils ont été privés.
Article 58 : L'employeur qui n'a pas procédé au versement des cotisations, dans les délais prescrits, est passible d'une amende de 325 000 à 3 250 000 F CFA, sans préjudice pour J'organisme de gestion d'appliquer les procédures et sanctions prévues par la présente loi et/ou d'intenter une action judiciaire en recouvrement desdites cotisations.
Article 59 : Est passible d'une amende de 325 000 à 3 250 000 F CFA l'employeur qui a procédé sciemment au prélèvement de cotisations salariales indues.
Article 60 : Est puni d'une amende de 65 000 à 325 000 F CFA et du remboursement des sommes indûment perçues au titre de l'Assurance Maladie Obligatoire, quiconque se rend coupable de fraude ou de fausse déclaration pour obtenir des prestations qui ne sont pas dues, sans préjudice de poursuites judiciaires.
Article 61 : Est passible d'une amende de 130 000 à 650 000 F CFA, le prestataire de soins qui se rend coupable de fraude ou de fausse déclaration, sans préjudice des sanctions disciplinaires qui peuvent être prononcées à son encontre par l'ordre professionnel concerné ou de la mise hors convention et

d'autres poursuites judiciaires.

Article 62 : Tout employeur qui fait sciemment de fausses déclarations à l'organisme de gestion ou aux personnes assermentées pour vérifier le respect de l'obligation d'assurance maladie est puni d'une amende de 325 000 à 3 250 000 F CFA.

Article 63 : Les praticiens ou les directeurs des établissements de Santé qui refusent le contrôle médical sont passibles d'une amende de 325 000 à 1 300 000 F CFA sans préjudice de poursuites judiciaires.

Article 64 : En cas de récidive, la sanction est portée au double pour toutes les peines prévues dans ce titre.

TITRE VII

DES PRESCRIPTIONS

- l'action par l'employeur en remboursement des cotisations indûment versées à l'organisme de gestion à compter de la date à laquelle lesdites cotisations ont été aC4uillées ;
- l'action de l'organisme de gestion en recouvrement des prestations indûment payées à un bénéficiaire à compter de la date du paiement desdites prestations, sauf en cas de fraude ou de fausse déclaration ;
- l'action du prestataire de soins de santé pour le paiement des soins délivrés par lui depuis six mois.

Article 66 : La prescription des cotisations et des majorations de cotisations est de trente ans s'il est établi que les cotisations ont été retenues sur les salaires sans avoir été versées par l'employeur.

Le délai de prescription court à compter de l'expiration du délai imparti par les avertissements et mise en demeure adressé à l'employeur.

Article 67 : La gestion du régime de l'Assurance Maladie Obligatoire sera confiée à un organisme public qui déléguera certaines compétences à des organismes gestionnaires délégués.

Les termes de la délégation des compétences de l'organisme public aux organismes gestionnaires délégués sont précisés par une Convention de délégation approuvée par décret pris en Conseil des Ministres.

CHAPITRE I : DES ORGANISMES GESTIONNAIRES DELEGUES

Article 68 : L'organisme public de gestion délègue, sous son contrôle, l'exécution des fonctions techniques de recouvrement des cotisations et de paiement des prestataires de soins à des organismes gestionnaires délégués.

Article 69 : Les organismes de gestion délégués sont, chacun en ce qui concerne sa population couverte, chargés de :
- permettre l'attestation des droits des bénéficiaires auprès des formations conventionnées ;
- payer les prestataires de soins conventionnés dans le cadre de l'assurance maladie obligatoire pour les services rendus aux bénéficiaires ;
- établir les statistiques et les données financières et comptables correspondant à leurs activités de gestion ;
- recouvrer et reverser à la Caisse les cotisations de l'assurance maladie.

Article 70 : Sont organisme gestionnaire délégués du régime d'assurance maladie obligatoire
- la Caisse des Retraites du Mali pour les fonctionnaires, civils et militaires, les députés et pensionnés de ces catégories ;
- l'Institut National de Prévoyance Sociale pour les salariés et les pensionnés de cette catégorie.

Article 71 : L'organisme public de gestion alloue aux organismes gestionnaires délégués des dotations de gestion couvrant leurs dépenses de prestations et de gestion courante. Elle les appuie et les contrôle.

Article 72 : La gestion de l'assurance maladie obligatoire par les organismes gestionnaires délégués est autonome par rapport à celle des autres prestations assurées par eux.

À cet effet, les opérations financières et comptables afférentes à l'assurance maladie obligatoire font l'objet d'un budget autonome.

Article 73 : Le budget autonome des organismes gestionnaires délégués comprend en recettes les dotations de gestion allouées et en dépenses les paiements effectués au titre des prestations garanties et les dépenses de fonctionnement.

Article 74 : Les sessions des Conseils d'administration des organismes gestionnaires délégués relatives à l'assurance maladie obligatoire se tiennent séparément de celles relatives a la gestion des autres prestations.

TITRE VIII

DES DISPOSITIONS TRANSITOIRES ET FINANLES

Article 75 : Pendant une période de deux ans à compter de l'entrée en vigueur de la présente loi, les employeurs publics ou privés qui, à cette date, assurent à leurs travailleurs une couverture médicale à titre facultatif, soit au moyen de contrats de groupe auprès de compagnies d'assurance, soit dans le cadre de mécanismes internes, doivent procéder à l'affiliation et à l'immatriculation de leurs travailleurs au régime de l'Assurance Maladie Obligatoire.

De même, les travailleurs qui, à cette même date, sont organisés en mutuelles pour s'assurer une couverture Médicale à titre volontaire doivent être obligatoirement affiliés et immatriculés au régime de l'Assurance Maladie Obligatoire.
Toutefois, les employeurs et les travailleurs visés aux alinéas précédents peuvent transformer leur couverture Médicale en couverture complémentaire.
Article 76 : Un décret pris en Conseil des Ministres fixe les détails de l'application de la présente loi.
Article 77 : La présente Loi abroge toutes dispositions antérieures contraires.

Bamako, le 26 juin 2009

Le Président de la République,
Amadou Toumani TOURÉ

LOI n° 01-008 / DU 28 MAI 2001 PORTANT RATIFICATION DE L'ORDONNANCE n° 00-058 PRM DU 28 SEPTEMBRE 2000 PORTANT CRÉATION DE L'INSPECTION DE LA SANTÉ[41]

L'Assemblée Nationale a délibéré et adopté en sa séance du 27 avril 2001 ;

Le Président de la République promulgue la loi dont la teneur suit :

Article unique **:** Est ratifiée l'Ordonnance n° 00-058 / P-RM du 28 septembre 2000 portant création de l'Inspection de la santé.

Bamako, le 28 mai 2001

Le Président de la République,
Alpha Oumar KONARE

[41] Voir : https://www.iia-mali.ml/index.php/textes-et-lois/22-inspection-de-la-sante/40-inspection-de-la-sante.html

CODE DE PREVOYANCE SOCIALE[42]

Loi n° 99-041 du 12 août 1999
NB - Loi n°99-041 du 12 août 1999 portant Code de prévoyance sociale
Modifié par :
-la loi n°03-036 du 30 décembre 2003
-la loi n°06-008 du 23 janvier 2006

LIVRE 1 – DES DISPOSITIONS GENERALES

Article 1.- Le présent Code comprend les régimes suivants :
un régime de Prestations Familiales ;
un régime de Réparation et de Prévention des Accidents du Travail et des Maladies Professionnelles ;
un régime d'Assurance Vieillesse, Invalidité et Décès ; □ un régime de Protection contre la Maladie.
Article 2.- Le présent Code s'applique aux travailleurs tels qu'ils sont définis à l'article L1 du Code du Travail.
Article 3.- La gestion de l'ensemble des régimes est assurée par l'Institut National de Prévoyance Sociale.
Article 4.- L'Institut National de Prévoyance Sociale pourra se voir confier par la loi la gestion d'autres régimes de prévoyance sociale qui compléteront ceux prévus au présent
Code ; il pourra également être appelé à prêter son concours pour la gestion totale ou partielle de régimes ou institutions autres que ceux prévus ci-dessus et intéressant les travailleurs.

LIVRE 2 – DES PRESTATIONS

TITRE I – DES PESTATIONS FAMILIALES

Article 5.- Le régime des Prestations Familiales vise à permettre la diffusion dans les familles des notions et des moyens propres à assurer l'amélioration des conditions de vie et d'éducation des enfants.
Il existe au profit de tous les travailleurs visés à l'article 2 du présent Code.
Il comprend :
les prestations en nature de l'action sanitaire et sociale ;
la prime de premier établissement ;
l'aide à la mère et aux nourrissons sous forme d'allocations prénatales et d'allocations de maternité ;
les indemnités journalières prévues à l'article L.182 du Code de Travail en

[42] http://ilo.org/dyn/natlex/docs/SERIAL/58650/45533/F225184647/MLI-58650.pdf

faveur des femmes salariées ;
- les allocations familiales ;
-le congé de maternité.

Article 6.- Les prestations familiales sont attribuées aux travailleurs dans les conditions définies au présent titre et relatives à l'activité exercée, aux enfants, à la résidence.

Article 7.- L'activité de service prévue à l'article 6 doit s'exercer depuis neuf mois consécutifs, chez un ou plusieurs employeurs.

Ne sont comptés comme mois d'activité que ceux au cours desquels le salarié a travaillé au moins 18 jours ou 120 heures.

Sont considérés comme journées de travail :

1° les jours d'absence pour cause de maladie dûment constatée par un médecin ou un agent agréé, dans la limite fixée à l'article L.34, 3° du Code de Travail ;

2° les jours d'absence pour cause d'incapacité temporaire résultant d'un accident du travail ou d'une maladie professionnelle ;

3° les jours de repos correspondant aux périodes de congés prénatal et postnatal prescrites à l'article L.179 du Code du Travail pour les femmes salariées ;

4° jusqu'à concurrence d'un mois, les jours ouvrables durant lesquels le travailleur s'est trouvé dans l'impossibilité de s'acquitter de sa tâche pour cause de force majeure. Cette impossibilité doit être constatée par attestation de l'Inspecteur du Travail.

Article 8.- La rémunération de l'activité dont le travailleur doit tirer ses moyens normaux d'existence doit être, sauf pour les apprentis liés par contrat, au moins égale à celle du salaire minimum interprofessionnel garanti du lieu d'emploi.

Les travailleurs salariés étrangers introduits régulièrement au Mali ont vocation aux prestations familiales.

La veuve de l'allocataire bénéficie des prestations familiales lorsqu'elle assure la garde et l'entretien des enfants qui étaient à la charge de son époux.

Article 9.- Ouvrent droit aux prestations familiales les enfants déclarés à l'état civil et qui sont effectivement à la charge du bénéficiaire.

Est considérée comme ayant un enfant à charge toute personne qui assume les frais provoqués par la naissance, l'entretien, la nourriture et l'éducation de cet enfant.

Article 10.- L'allocataire et ses enfants doivent résider dans la République du Mali.

Toutefois, les travailleurs qui changent de résidence pendant les suspensions de leur activité professionnelle prévues à l'article 7 ci-dessus, continueront à percevoir les prestations familiales dans les mêmes conditions, selon les mêmes modalités précisées à la convention visée ci-dessous.

Peuvent bénéficier des prestations familiales, les travailleurs salariés dont les enfants résident à l'étranger à condition qu'ait été conclue entre l'Institut du

Mali et les organismes chargés de la gestion du régime des prestations familiales dans le lieu de résidence des enfants une convention dont les formes et modalités seront déterminées par décret pris en Conseil des Ministres.
Le régime des prestations appliqué est celui du lieu de résidence des enfants. Le service en est assuré par l'organisme de ce lieu pour le compte de l'Institut du Mali, dans les conditions arrêtées par la convention.
Dans le cas où, pour différents motifs tels que l'éducation ou la santé, l'enfant réside à l'étranger, l'allocation est versée à la personne désignée par l'allocataire et qui assure la garde et l'entretien de l'enfant.
Article 11.- Les taux des Prestations Familiales sont fixés par décret pris en Conseil des Ministres sur proposition du Ministre chargé du Travail après délibération du Conseil d'Administration.

Section 1 - La prime de premier établissement

Article 12.- La prime de premier établissement est une allocation qui permet au travailleur d'acquérir l'équipement nécessaire à son ménage.
Article 13.- Cette allocation est versée au travailleur en une seule fois sur présentation de l'acte de mariage contracté devant l'officier de l'État Civil.

Section 2 - Les allocations prénatales

Article 14.- Les allocations prénatales sont destinées à généraliser la surveillance médicale des grossesses et à assurer aux futures mères de meilleures conditions d'hygiène et de santé.
Le droit aux allocations prénatales est ouvert à toute femme salariée ou conjointe d'un travailleur salarié à compter du jour où l'état de grossesse est déclaré. Si cette déclaration accompagnée d'un certificat médical est adressée à l'Institut dans les 3 premiers mois de la grossesse, les allocations sont dues pour les 9 mois précédant la naissance.
Article 15.- Lors de la déclaration de grossesse, l'Institut délivre à l'intéressée un carnet de grossesse et de maternité, dont le modèle est fixé par le règlement intérieur de l'Institut et qui comporte les renseignements médicaux et d'état civil exigés.
Article 16.- L'attribution à l'intéressée des allocations prénatales est subordonnée à 3 examens médicaux aux époques et dans les conditions définies ci-après :
Le premier examen a lieu avant la fin du troisième mois de grossesse et est à la fois obstétrical et général. Il est effectué par un médecin.
Le médecin établit le certificat de ce premier examen sur les feuilles ad hoc du carnet de grossesse et de maternité délivré à la mère par l'Institut National de Prévoyance Sociale. Ce certificat peut être établi sur papier libre et tenir lieu de déclaration de grossesse dans le cas où le carnet n'aurait pas encore été

délivré. Il doit indiquer obligatoirement la date présumée de l'accouchement.
Les deuxième et troisième examens sont obstétricaux. Ils sont effectués par un médecin ou une sage-femme. Ils ont lieu :

- le 2ème examen vers le 6ème mois de la grossesse ;
- le 3ème examen vers le 8ème mois de la grossesse.

Ces examens sont certifiés sur les feuilles ad hoc du carnet de grossesse et de maternité. Ils ne peuvent être délivrés sur papier libre.
Dans les localités dépourvues de médecin et de sage-femme, le Ministre chargé de la Santé désignera le personnel appartenant ou non au Service de Santé, habilité à établir un rapport d'examen au vu duquel seront dressés les certificats prévus au présent article.
Article 17.- Si le médecin atteste que ses prescriptions pour la protection sanitaire de la mère et de l'enfant ne sont pas respectées, l'Institut peut après enquête, supprimer le versement de tout ou partie de fraction de l'allocation venant à échéance dans des conditions précisées au règlement intérieur.

Section 3 - Les allocations de maternité

Article18.- Les allocations de maternité sont attribuées dans le but de généraliser la surveillance médicale de l'accouchement et des premiers mois du nourrisson.
Le droit aux allocations de maternité est ouvert à toute femme salariée ou conjointe d'un travailleur salarié qui donne naissance sous contrôle médical à un enfant né viable et déclaré à l'état civil.
En cas de naissance multiple, chaque naissance est considérée comme une maternité distincte.
Article 19.- Le paiement des allocations de maternité est subordonné au contrôle médical de l'accouchement, à la surveillance médicale du nourrisson, attestés par les certificats prévus à la deuxième partie du carnet de grossesse et de maternité.
Le quatrième feuillet de ce carnet constitue le certificat constatant que l'accouchement a eu lieu sous contrôle médical. Le volet détaché de ce feuillet doit être accompagné de l'extrait de naissance du ou des enfants.
Le cinquième feuillet et le sixième feuillet comportent deux certificats de surveillance mensuelle du ou des nourrissons ; leur production entraîne le versement des deux dernières fractions de l'allocation de maternité.
L'allocation de maternité est payée en trois fractions.
1/2 à la naissance ou immédiatement après la demande ;
¼ lorsque l'enfant atteint l'âge de 6 mois ;
¼ lorsque l'enfant atteint un an.
Article 20.- Toute consultation omise fait perdre le bénéfice de la fraction correspondante de l'allocation de maternité.
En cas de décès de l'enfant avant l'âge prévu pour le paiement des fractions,

les fractions antérieures restent acquises ; le montant de la fraction à payer est proportionnel au nombre de mois ayant précédé le décès, le mois pendant lequel le décès est survenu étant compté.
Article 21.- Les allocations de maternité sont payées à la mère sous réserve des dérogations ci-après :
en cas de décès de la mère ou en cas de divorce prononcé judiciairement et ne laissant pas l'enfant à sa garde, les allocations de maternité sont payées à la personne qui a la charge et la garde effective de l'enfant ;
Si le médecin atteste que les allocations ne sont pas utilisées dans l'intérêt exclusif de l'enfant, que les soins ne lui sont pas dispensés normalement, ou qu'il est élevé dans des conditions d'alimentation et d'hygiène insuffisantes, le Directeur de l'Institut peut, après enquête, décider soit de suspendre tout ou partie des allocations, soit de les verser à une œuvre ou à une personne qualifiée qui aura la charge d'affecter ladite somme aux soins exclusifs de l'enfant.
La mère peut donner à toute personne procuration pour percevoir le montant des allocations.

Section 4 - Les allocations familiales

Article 22.- Les allocations familiales ont pour but d'encourager la surveillance médicale systématique des enfants et la fréquentation scolaire ; elles aident les familles à appliquer à leurs enfants les conseils d'hygiène et d'éducation qui leur sont donnés par les services compétents.
Article 23.- Des allocations familiales sont attribuées au travailleur pour chacun des enfants à sa charge, âgé de plus d'un an et de moins de 14 ans et qui rentrent dans les catégories suivantes :
1° les enfants issus du mariage à condition que ce mariage ait été déclaré à l'état civil ;
2° les enfants du travailleur nés antérieurement au mariage ainsi que les enfants de la femme salariée ;
3° les enfants que la femme du bénéficiaire a eus d'un précédent mariage, lorsqu'il y a eu décès régulièrement déclaré et inscrit à l'état civil ou divorce judiciairement prononcé ; toutefois dans ce dernier cas, les enfants n'ouvrent pas droit aux prestations lorsqu'ils sont restés à la charge du premier mari ou que celui-ci contribue à leur entretien ;
4° les enfants ayant fait l'objet d'une adoption par le travailleur marié ou d'une légitimation adoptive, conformément aux dispositions du Code de la parenté ;
5° les enfants naturels légalement reconnus par les travailleurs.
Article 24.- Le travailleur peut prétendre aux allocations familiales pour ceux de ses enfants répondant aux conditions suivantes :
être à la charge effective et permanente de l'allocataire ; les enfants salariés sont considérés comme à charge s'ils perçoivent une rémunération inférieure

à la moitié du salaire mensuel minimum interprofessionnel garanti ;
être inscrit dans un établissement scolaire et assister régulièrement aux cours.
Exceptionnellement l'âge limite est porté à 18 ans pour les enfants placés en apprentissage dans les conditions prévues au Code du Travail.
Cet âge limite est porté à 21 ans pour les enfants poursuivant leurs études, c'est-à-dire fréquentant pendant l'année scolaire un établissement où il leur est donné une instruction générale, technique ou professionnelle comportant des conditions de travail, d'assiduité, de contrôle, de discipline telle que l'exige normalement la préparation de diplôme ou de concours, de telles études étant incompatibles avec tout emploi rémunéré.
Pour les enfants en âge scolaire, mis en apprentissage ou poursuivant leurs études, les prestations familiales sont maintenues :
a) pendant les périodes d'interruption des études ou d'apprentissage pour cause de maladie dûment constatée par un médecin, dans la limite d'une année à partir de la date de l'interruption ;
b) pendant toutes les périodes de vacances scolaires y compris les vacances qui suivent la fin de la scolarité ;
c) s'il y a attribution de bourse d'enseignement ou d'apprentissage, quand la bourse n'est pas une bourse entière d'étude et d'entretien ; les prestations sont rétablies pendant les grandes vacances scolaires s'il est effectivement à la charge de l'allocation ;
d) quand l'apprenti perçoit une rémunération inférieure à la moitié du salaire mensuel minimum interprofessionnel garanti.
L'âge limite est porté à 21 ans pour les enfants infirmes ou atteints de maladie incurable, et dans l'impossibilité permanente de se livrer à l'exercice d'une activité professionnelle.
Article 25.- Les modalités de paiement des allocations familiales sont fixées par décret pris en Conseil des Ministres.
Article 26.- Le paiement de l'allocation est subordonné à la présentation de l'enfant à la visite médicale au moins une fois par semestre au cours de sa 2ème année et une fois par an jusqu'à l'âge où il est suivi par le service médical scolaire.
Article 27.- Les allocations familiales sont payées au chef de famille salarié, sous réserve des dispositions des Articles 9, 10 et 23 et des dérogations ci-après :
en cas de décès de l'attributaire ou de divorce prononcé judiciairement et ne laissant pas les enfants à sa garde, les allocations familiales sont versées à la personne qui a la garde et la charge effective des enfants ;
lorsque l'attributaire se trouve dans l'impossibilité matérielle d'assumer la charge et la garde des enfants, les allocations sont payées à la personne désignée par l'allocataire et ayant la charge effective des enfants, et leur garde permanente ;
si le médecin constate que les prescriptions qu'il a édictées pour la protection

sanitaire de la mère et de l'enfant ne sont pas respectées ou que les allocations ne sont pas employées dans l'intérêt de l'enfant, l'Institut peut, après enquête, soit faire désigner par la juridiction civile compétente un tuteur aux allocations familiales soit, suspendre leur versement.

Section 5 - L'indemnité journalière des femmes salariées en état de grossesse

Article 28.- Pour favoriser le repos prénatal et postnatal, l'Institut National de Prévoyance Sociale verse aux femmes salariées l'indemnité journalière prévue à l'article L182 du Code du Travail pendant la période de congé accordé à l'occasion de l'accouchement.

Cette indemnité journalière est égale à l'intégralité du salaire sans limitation, effectivement perçu au moment de la suspension du contrat de travail.

Elle est accordée pour la période de congé de maternité de 14 semaines prévu à l'article L179 du Code du Travail. L'indemnité journalière est due pour toute la période de repos prénatal et postnatal.

Article 29.- Le bénéfice de l'indemnité journalière et la gratuité des soins sont accordés à condition que la femme salariée :

1° justifie de sa qualité de salariée dans les conditions définies à l'article 7 du présent Code ;

2° fasse constater son état par un médecin ou une sage-femme et transmettre à l'Institut le certificat de l'examen délivré conformément aux dispositions de l'article 16 du présent Code.

3° suspende effectivement l'exercice de sa profession, la preuve de cette suspension étant produite par l'attestation de son employeur ;

4° justifie du salaire effectivement reçu lors de la cessation du travail par la transmission à l'Institut d'une attestation délivrée par l'employeur.

Les formalités prévues ci-dessus et destinées à prouver la qualité de salariée, l'état de grossesse et la surveillance médicale ne sont pas exigées si la femme salariée les a déjà accomplies pour bénéficier des allocations prénatales et de maternité.

Article 30.- L'indemnité journalière est due pendant tout ou partie de la prolongation de congé de 3 semaines prévu à l'article L181 du Code du Travail sous réserve d'une demande adressée à l'Institut accompagnée :

1° d'un certificat médical constatant l'inaptitude à reprendre le travail à l'expiration de la période de 14 semaines et établissant que cette inaptitude résulte de maladie consécutive à la grossesse ou aux couches ;

2° d'une attestation de son employeur que le travail n'a pas été repris à l'expiration de la période de 14 semaines.

Article 31.- Si l'employeur maintient à la femme salariée pendant la période de repos légal de couches tout ou partie de son salaire, il est subrogé de plein droit à l'intéressée dans les droits de celle-ci aux indemnités journalières qui

lui sont dues par l'Institut National de Prévoyance Sociale, sous réserve des conditions suivantes :
1° l'employeur doit être en règle au regard de ses obligations vis-à-vis de l'Institut ;
2° la partie du salaire payée par l'employeur doit être au moins égale à l'indemnité due par l'Institut.
Article 32.- Le repos de la femme salariée en couche est soumis au contrôle des agents du service social de l'Institut qui s'assureront qu'elle n'a effectué aucun travail salarié et qu'elle a observé tout le repos effectif compatible avec les exigences de sa vie domestique pendant les périodes de repos prénatal et postnatal.

Section 6 - Le congé de naissance

Article 33.- À l'occasion de chaque naissance d'enfant né viable survenue à son foyer, tout chef de famille salarié a droit à un congé de 3 jours, dans la limite fixée par l'article L147 du Code du Travail.
Article 34.- Ces jours de congé pourront être consécutifs ou non, après entente entre l'employeur et le bénéficiaire, mais devront être compris dans une période de 15 jours incluant la date de naissance.
Art.35.- La rémunération de ces jours sera égale aux salaires et indemnités qui seraient perçus par l'intéressé pour une égale période de travail à la même époque.

Elle sera versée par les soins de l'Institut à l'employeur en remboursement des sommes payées à l'intéressé le jour de paye qui suit immédiatement l'expiration du congé.
Les modalités de paiement de cette indemnité seront fixées par voie réglementaire.

TITRE II

DE LA PROTECTION CONTRE LA MALADIE

Section 1 - Le service médical

Article 36.- Toute Entreprise doit assurer à ses travailleurs un service médical et sanitaire destiné :
d'une part, dans le domaine de la prévention, à éviter toute altération de la santé des travailleurs du fait de leur travail, notamment par la surveillance des

conditions d'hygiène du travail, des risques de contagion et de l'état de santé des travailleurs ;

d'autre part, et en attendant l'institution d'un régime d'assurance maladie, à dispenser des soins aux travailleurs et, le cas échéant à leur famille dans les conditions et les limites définies au présent livre.

Article 37.- Toutes les fois que le nombre des salariés d'une même localité le permettra, il sera créé par l'Institut National de Prévoyance Sociale un Centre Médical Interentreprises.

Tous les employeurs seront tenus d'adhérer au Centre Médical Inter-entreprises de leur localité.

Article 38.- En cas d'isolement géographique ou de conditions particulières de travail, un Centre médical inter-entreprise propre à certains établissements ou entreprises pourra être créé après avis de l'Inspecteur du Travail du ressort, dans des conditions définies par arrêté du Ministre chargé du Travail.

Article 39.- Les dépenses afférentes aux Centres Médicaux Inter-entreprises sont à la charge de l'Institut qui perçoit à cet effet des cotisations.

Article 40.- Peuvent prétendre au bénéfice des prestations des Centres Médicaux Interentreprises :

les apprentis ;

les travailleurs engagés à l'essai ;

les travailleurs revenant dans l'établissement à des époques régulières pour y effectuer des travaux saisonniers ;

les membres de la famille du travailleur en application de l'article L164 du Code du Travail.

Article 41.- La compétence territoriale des Centres Médicaux Inter-entreprises doit être approuvée avant toute constitution par le Directeur du Travail.

Article 42.- Le Centre Médical Inter-entreprise est dirigé par un Médecin Chef nommé par le Directeur Général de l'Institut National de Prévoyance Sociale.

Section 2 - Les mesures de prévoyance et de soins

Article 43.- Tout travailleur fait obligatoirement l'objet d'un examen médical avant l'embauchage ou au plus tard avant l'expiration de la période d'essai qui suit l'embauchage. La liste des éléments constitutifs de l'examen est fixée par arrêté conjoint des Ministres chargés du Travail et de la Santé.

L'examen médical d'embauche a pour but de déterminer :

1° si le travailleur est médicalement apte au travail envisagé ;

2° s'il n'est pas atteint d'une affection dangereuse pour ses collègues de travail ;

3° les postes auxquels, du point de vue médical, il ne doit pas être affecté et ceux qui lui conviendraient le mieux.

En ce qui concerne les travailleurs recrutés hors du lieu d'emploi, cette visite s'effectue au lieu de résidence habituelle des intéressés. Les résultats en sont

obligatoirement communiqués au médecin du travail du lieu d'emploi.
Au moment de l'embauchage, le Médecin du travail établit :
une fiche de visite destinée à l'employeur et qui doit être conservée par celui-ci pour pouvoir être présentée à l'Inspecteur du Travail ou au Médecin Inspecteur du Travail ;
un dossier médical, toutes dispositions matérielles étant prises pour assurer le secret médical et l'inviolabilité du fichier détenu par le Médecin ;
une fiche établie spécialement, remise au travailleur lorsqu'il en fait la demande ou lorsqu'il quitte l'entreprise.
Art.44.- Tous les travailleurs sont obligatoirement soumis à un examen médical au moins une fois par an. Ceux âgés de moins de dix-huit ans le sont tous les trois mois.
Le médecin doit veiller à l'observation des différentes prescriptions relatives aux travaux dangereux et insalubres. De plus les sujets exposés à un travail dangereux quelconque, les femmes et les enfants notamment, dans les conditions prévues à l'article L185 du Code du Travail, les femmes enceintes, les mères d'un enfant de moins de deux ans, les mutilés et les invalides, sont l'objet d'une surveillance spéciale, le médecin restant juge, pour ces cas spéciaux, de la fréquence des examens.
Art.45.- Après une absence pour cause de maladie professionnelle, après une absence de plus de trois semaines pour cause de maladie non professionnelle ou en cas d'absences répétées totalisant plus de quinze jours dans le courant d'un semestre, les travailleurs doivent subir obligatoirement, lors de la reprise du travail, une visite médicale ayant pour seul but de déterminer les rapports qui peuvent exister entre les conditions de travail et la maladie et de pouvoir apprécier leur aptitude à reprendre leur ancien emploi ou la nécessité d'une réadaptation.
Article 46.- En cas de nécessité, le médecin peut demander des examens complémentaires lors de l'embauchage.
Lors des examens périodiques, il peut en être de même, mais et sous réserve toutefois des dispositions ci-après en matière de soins, les examens complémentaires nécessités par le dépistage des maladies professionnelles sont à la charge de l'employeur.
Le temps nécessité par les examens médicaux prévus au présent chapitre y compris les examens complémentaires est, soit pris sur les heures de travail des travailleurs sans qu'il puisse être effectué une retenue de salaire, soit rémunéré comme temps de travail normal.
Article 47.- Le Médecin est conseillé de la Direction, des Chefs de service et des délégués du personnel en ce qui concerne notamment :
1° la surveillance de l'hygiène générale de l'Entreprise, en particulier au point de vue propreté, aération, éclairage, vestiaire, lavabos, cabinets, douches, cantine, eaux de boisson ;
2° l'hygiène des ateliers et la protection des ouvriers contre les poussières et

les vapeurs dangereuses, contre les accidents, contre les maladies professionnelles ; le Médecin fait effectuer les prélèvements et analyses des produits nocifs qu'il estime nécessaires, sur autorisation de l'Inspecteur du Travail ;
3° la surveillance de l'adaptation des travailleurs aux postes de travail ;
4° l'amélioration des conditions de travail, notamment les constructions et aménagements nouveaux, l'adaptation des techniques de travail à la physiologie humaine, l'élimination des produits dangereux, l'étude des rythmes de travail ;
5° les conditions d'hygiène de l'habitation des travailleurs logés et de leurs familles ;
6° les conditions d'hygiène de la nourriture et la composition des rations alimentaires.
Le Médecin est obligatoirement consulté pour l'élaboration de toute nouvelle technique de production. L'employeur doit mettre le Médecin du travail au courant de la composition des produits employés dans son établissement.
Le Médecin du travail est tenu au secret du dispositif industriel et technique de fabrication et de la composition des produits employés ayant un caractère confidentiel.
Article 48.- Le Chef d'entreprise est tenu de prendre en considération les avis qui lui sont présentés par le médecin du travail, notamment en ce qui concerne les changements d'emploi et de postes et les améliorations des conditions d'hygiène sous contrôle de l'Inspecteur du Travail.
Article 49.- Le médecin du travail est tenu de :
1. signaler à l'employeur tous les cas de maladies professionnelles dont il aura connaissance ;
2. notifier dans les vingt-quatre heures au Médecin de la Circonscription Administrative et à l'Inspecteur du Travail les cas de maladies infectieuses et contagieuses des travailleurs et membres de leurs familles.
Article 50.- Dans chaque établissement, tout travailleur se déclarant malade doit être envoyé à la visite médicale du Centre Médical inter-entreprises à l'heure fixée au règlement intérieur du Centre Médical Inter-entreprises. Les femmes et les enfants du travailleur, s'ils le demandent, peuvent se présenter à cette visite pour y être examinés et, le cas échéant, recevoir les soins et traitement nécessaires dans la limite des moyens techniques et thérapeutiques prévus ci-dessous aux Articles 55 à 59.
Article 51.- Les résultats de cette visite sont consignés sur un registre spécial dont le modèle est fixé par arrêté conjoint des Ministres chargés du Travail et de la Santé Publique après avis du Conseil Supérieur du Travail.
Ce registre doit être tenu en permanence à la disposition de l'Inspecteur du Travail.
Article 52.- Le médecin du travail doit dispenser les soins nécessaires aux travailleurs et, le cas échéant, à leur famille, dans la limite des moyens

techniques et thérapeutiques prévus aux Articles 55 à 59.
Article 53.- Le Médecin doit faire évacuer sur la formation médicale la plus proche les blessés et les malades transportables non susceptibles d'être traités par les moyens dont il dispose en vertu des Articles 55 à 59.
S'il ne dispose pas immédiatement des moyens appropriés, il rend compte d'urgence au Chef de la Circonscription Administrative la plus proche qui fait procéder à l'évacuation par les moyens à sa disposition. Tous les frais occasionnés de ce chef à l'administration doivent être remboursés par le service médical au tarif officiel des transports médicaux.
Article 54.- En cas de maladie du travailleur, de son épouse ou des ses enfants, en application des dispositions de l'article L164 du Code du Travail, le Centre Médical est tenu de leur fournir gratuitement les soins ainsi que les médicaments dans la limite des moyens définis aux Articles 55 à 59 ci-après.
Par famille du travailleur, il faut entendre ses épouses et ses enfants vivant avec lui, régulièrement déclarés à l'état civil et dont le travailleur a la charge effective, au sens de l'article 9 du présent Code.
Article 55.- Tout centre médical inter-entreprises et dans les cas définis par les Articles 37 et 38, tout établissement devra s'assurer le concours de médecin ou d'infirmiers à temps complet, à raison au moins :
d'un médecin, d'un infirmier diplômé d'État et d'un infirmier du premier cycle pour un effectif de 100 à 499 travailleurs ;
d'un infirmier diplômé d'État et d'un infirmier du premier cycle supplémentaires par tranche de 250 ou fraction de 250 travailleurs ;
d'un infirmier diplômé d'Etat et d'un infirmier du premier cycle pour un effectif de 20 à 100 travailleurs lorsque le lieu de travail se trouve éloigné de toute formation sanitaire.
Lorsqu'un Centre Médical Inter-entreprises regroupe des établissements effectuant un travail de nuit, un service de garde est assuré pendant la nuit.
Article 56.- Le personnel infirmier doit être titulaire d'un diplôme reconnu par l'État et attestant de sa qualité d'infirmier.
1. de procéder à des visites sommaires de triage et de dépistage ;
2. de dispenser des soins élémentaires ;
3. de donner les premiers soins en cas d'accident ;
4. d'une façon générale de seconder le Médecin et de le suppléer dans les limites de sa compétence lorsqu'il est absent ou empêché.
Dans chaque atelier où sont effectués des travaux dangereux, un membre du personnel reçoit obligatoirement la formation nécessaire pour donner les premiers soins en cas d'urgence.
Les secouristes ainsi formés ne peuvent être considérés comme tenant lieu d'infirmiers prévus à l'article 55.
Article 57.- Le Centre Médical Inter-entreprises comprend au minimum :
une salle de visite d'une superficie minimum de vingt mètres carrés ;
une salle d'infirmerie et de pansement d'une superficie minimum de vingt

mètres carrés ;
une salle d'isolement de dix mètres carrés au moins pour les cas urgents ;
une salle d'examen radiologique ;
deux cabinets de déshabillage ;
des installations sanitaires.
L'inspecteur du travail, après avis du médecin, pourra prescrire les aménagements nécessaires à l'infirmerie d'entreprise.
Article 58.- Les locaux doivent comporter au moins :
un lit et deux couvertures ;
un lit supplémentaire par tranche de 150 personnes ;
un lit de consultation et de repos installé dans la salle de pansement ;
un matériel permettant la stérilisation de l'eau.
Il doit avoir un éclairage suffisant et être aménagé de telle façon qu'aucun bruit ne puisse gêner les examens médicaux.
Article 59.- Les installations doivent être approvisionnées par l'Institut en médicaments et accessoires selon les normes fixées par arrêté conjoint des Ministres chargés du Travail et de la Santé.

Section 3 - L'indemnisation du travailleur malade

Artice 60.- En attendant l'instauration d'un régime d'assurance maladie, le travailleur malade bénéficie des prestations et garanties prévues aux Article L34 et L37 du Code du Travail.

TITRE III

DE LA PREVENTION ET DE LA REPARATION DES ACCIDENTS DU TRAVAIL ET DES MALADIES PROFESSIONNELLES

Article 61.- Le régime de réparation et de prévention des accidents du travail et des maladies professionnelles existe au profit de tous les travailleurs salariés exerçant leur activité professionnelle dans la République du Mali ou pour le compte d'un employeur domicilié au Mali.
Article 62.- Est considéré comme accident du travail, quelle qu'en soit la cause, l'accident survenu par le fait ou à l'occasion du travail, à tous les travailleurs définis à l'article précédent.
Article 63.- Sont également considérés comme accident du travail, l'accident survenu à un travailleur pendant le trajet de sa résidence au lieu du travail et vice-versa, dans la mesure où le parcours n'a pas été interrompu ou détourné pour un motif dicté par l'intérêt personnel ou indépendant de son emploi, et l'accident survenu pendant les voyages dont les frais sont soumis à la charge

de l'employeur en vertu de l'article L164 du Code du Travail.

Article 64.- Bénéficient des dispositions du présent titre :

1° les membres des sociétés coopératives ouvrières de production ainsi que les gérants non salariés de coopératives et leurs préposés ;

2° les gérants d'une société à responsabilité limitée lorsque les statuts prévoient qu'ils sont nommés pour une durée limitée même si leur mandant est renouvelable et que leurs pouvoirs d'administration sont, pour certains actes, soumis à autorisation de l'Assemblée Générale, à condition que lesdits gérants ne possèdent pas ensemble plus de la moitié du capital social ; les parts sociales possédées par les ascendants, le conjoint ou les enfants mineurs entrent dans le calcul de sa part ;

3° les Présidents Directeurs et Directeurs Généraux des sociétés anonymes ;

4° les apprentis ;

5° les élèves des établissements d'enseignement technique et les personnes placées dans les Centres de formation, de réadaptation ou de rééducation professionnelles pour les accidents survenus par le fait ou à l'occasion de cet enseignement ou de cette formation.

En ce qui concerne les élèves de l'enseignement public ou privé, Etablissement d'enseignement technique, Centres d'Apprentissage et Centres de Formation Professionnelle rapide, les obligations de l'employeur incombent au Directeur ou à l'organisme responsable de la gestion de l'établissement ou du centre ;

6. les détenus exécutant un travail pénal, pour les accidents survenus par le fait ou à l'occasion de ce travail, dans les conditions déterminées par décret pris en Conseil des Ministres.

Article 65.- La faculté de s'assurer volontairement est accordée aux personnes qui ne sont pas visées à l'article ci-dessus.

Les personnes qui désirent bénéficier de l'assurance volontaire, adressent à l'Institut une demande conforme au modèle établi par cet organisme.

Cette demande est accompagnée d'un extrait de naissance.

Le requérant fait connaître à l'Institut dans sa déclaration le salaire annuel devant servir de base au calcul des cotisations et au calcul des prestations.

Ce salaire ne peut être inférieur au salaire minimum annuel prévu à l'article 122 ciaprès, ni supérieur à dix fois cette somme.

L'Institut vérifie, si la situation du requérant entre dans les catégories visées au premier alinéa et lui notifie sa décision dans un délai d'un mois à compter de la date de réception de la demande. En cas de refus le requérant peut en référer au Directeur National du Travail.

Les droits de l'assuré volontaire prennent effet à compter du jour de la notification de la décision de l'Institut.

L'assurance volontaire ouvre droit aux prestations prévues par le présent Code, à l'exception de l'indemnité journalière visée à l'article 111.

Les droits à l'assurance volontaire cessent lorsque les cotisations, qui sont entièrement à la charge de l'assuré volontaire n'ont pas été acquittées à deux échéances trimestrielles consécutives.

Article 66.- L'interruption de la formation professionnelle par suite de l'accident est assimilée à l'arrêt du travail visé à l'article 111.

Article 67.- Ne donne lieu à aucune réparation l'accident survenu par la faute intentionnelle de la victime.

Lors de la fixation de la rente, si l'Institut estime que l'accident est dû à une faute inexcusable de la victime, il peut demander au Tribunal du Travail compétent de diminuer la rente.

Article 68.- Lorsque l'accident est dû à une faute inexcusable de l'employeur ou des ses préposés, les indemnités dues à la victime ou ses ayants droit, en vertu du présent Code, sont majorées.

Le montant de la majoration est fixé par le Tribunal du Travail compétent, sans que la rente ou le total des rentes allouées puisse dépasser soit la faction du salaire annuel correspondant à la réduction de capacité, soit le montant de ce salaire. La majoration est payée par l'Institut qui en récupère le montant au moyen d'une cotisation supplémentaire imposée à l'employeur.

Il est interdit à l'employeur de se garantir par une assurance contre les conséquences de la faute inexcusable. L'auteur de la faute inexcusable en est responsable sur son patrimoine personnel.

Si l'accident est dû à une faute intentionnelle de l'employeur ou de l'un de ses préposés, la victime ou ses ayants droit conservent contre l'auteur de l'accident le droit de demander réparation du préjudice causé, conformément aux règles du droit commun dans la mesure où ce préjudice n'est pas réparé par l'application du présent Code.

L'Institut est tenu de servir à la victime ou à ses ayants droit, les prestations et indemnités visées par le présent Code. Il est admis de plein droit à intenter contre l'auteur de l'accident une action en remboursement des sommes payées par lui.

Article 69.- Si l'accident est causé par une personne autre que l'employeur ou ses préposés, la victime ou ses ayants droit conservent contre l'auteur de l'accident le droit de demander réparation du préjudice causé, conformément aux règles du droit commun, dans la mesure où ce préjudice n'est pas préparé par application du présent Code.

L'Institut est tenu de servir à la victime ou à ses ayants droit les prestations et indemnités prévues par le présent Code. Il est admis de plein droit à intenter contre l'auteur de l'accident une action en remboursement des sommes payées par lui.

Lorsque la victime est atteinte d'une incapacité permanente ou lorsque l'accident entraîne la mort, l'Institut est admis à réclamer au tiers responsable ou à l'employeur le capital constitutif de la rente à servir par lui.

Article 70.- Les employeurs sont tenus de faire apposer dans chaque atelier, chantier ou lieu de travail une affiche composée par l'Institut destinée à renseigner les travailleurs sur la réglementation concernant les accidents du travail et les maladies professionnelles.

Section 1 - Les formations Déclarations - Certificats Médicaux - Enquête

Art.71.- L'employeur est tenu de déclarer immédiatement ou au plus tard dans un délai de 48 heures tout accident de travail ou maladie professionnelle constaté dans l'entreprise.
Cette déclaration précise le lieu, la cause, les circonstances, les suites probables de l'accident, les noms, prénoms, âges, sexe et catégorie professionnelle de la victime, l'adresse de l'entreprise.
Elle est établie en quatre exemplaires sur les imprimés officiels délivrés par l'Institut à cet effet.
Dans les quarante-huit heures suivant l'accident, l'employeur est tenu d'adresser directement un exemplaire de la déclaration d'accident à l'Institut National de Prévoyance Sociale.
Deux exemplaires sont transmis par l'employeur dans les mêmes délais :
à l'Inspection Régionale du Travail du ressort, si l'accident est survenu dans les limites du cercle où l'Inspection à son siège ;
dans le cas contraire, au chef de la circonscription administrative qui retransmet un des deux exemplaires reçu à l'Inspection Régionale du Travail du ressort.
Le quatrième exemplaire est classé dans les archives de l'employeur et présentable à toute réquisition.
En cas d'accident de trajet, la victime ou ses ayants droit sont tenus, sauf cas de force majeure, de prévenir l'employeur dans les 48 heures suivant l'accident.
La transmission par l'employeur des documents ci-dessus se fait, soit par dépôt manuel, contre récépissé, soit par envoi sous pli recommandé avec accusé de réception, le reçu délivré par la poste tenant lieu de récépissé.
Article 72.- L'employeur est tenu, dès l'accident survenu :
1° de faire assurer les soins de première urgence ;
2° d'aviser le médecin chargé des services médicaux de l'entreprise ou à défaut, le médecin, le plus proche ;
3° éventuellement de diriger la victime sur le centre médical ou inter-entreprises, à défaut sur la formation sanitaire publique ou l'établissement hospitalier public ou privé le plus proche du lieu d'accident.
Article 73.- Si la victime n'a pas repris son travail dans les trois jours qui suivent l'accident, l'employeur est tenu de demander l'établissement d'un certificat médical indiquant l'état de la victime, les conséquences de l'accident ou, si les conséquences ne sont pas exactement connues, les suites éventuelles et, en particulier la durée probable de l'incapacité de travail. Ce certificat sera accompagné d'une notification attestant que la victime reçoit les soins

réguliers d'un médecin ou qu'elle a été dirigée sur une formation sanitaire publique ou privée agréée par le médecin traitant.
Le médecin est tenu d'adresser :
le premier exemplaire à l'Institut National de Prévoyance Sociale,
le second exemplaire à l'Inspection Régionale du Travail si l'accident est survenu dans les limites de la circonscription administrative où l'Inspection a son siège ; au Chef de la Circonscription Administrative dans les autres cas.
Il remet le troisième exemplaire à la victime ou à ses ayants droit et le quatrième à l'employeur.
Article 74.- Lors de la guérison de la blessure sans incapacité permanente ou, s'il y a incapacité permanente, au moment de la consolidation, un certificat final descriptif est établi par le médecin traitant. Le praticien envoie ou remet un certificat à chacun des destinataires indiqués à l'article précédent.
En cas de non-production du certificat du médecin traitant l'Institut fait appel à un autre praticien.
Article 75.- En dehors des cas d'urgence, si le praticien ne se conforme pas aux dispositions des Articles 73 et 74, l'Institut n'assure le paiement de ses honoraires.
L'employeur délivre à la victime, à ses ayants droit ou au médecin un carnet d'accident contenant toutes les pièces à établir ultérieurement et toutes les indications sur les personnes ou organismes à qui elles sont destinées.
Article 76.- Lorsque d'après les certificats médicaux transmis en exécution des articles précédents ou produits à n'importe quel moment par la victime ou par ses ayants droit, la blessure paraît devoir entraîner la mort ou une incapacité permanente absolue ou partielle du travail ou, lorsque la victime est décédée, l'Inspecteur du Travail ou le Chef de Circonscription Administrative à qui ont été adressés la déclaration et les certificats, procède sans délai à une enquête.
Le Chef de Circonscription Administrative peut désigner pour enquêter à la place et sous sa responsabilité, tout fonctionnaire assermenté servant dans sa circonscription et notamment les Commissaires de Police, les Chefs de Brigade de Gendarmerie et les Greffiers des Tribunaux.
L'Inspecteur Régional du Travail et le cas échéant, le contrôleur du travail est enquêteur d'office dans le Cercle où l'Inspection a son siège ; il peut, en cas d'empêchement, confier la responsabilité de l'enquête au Chef de la Circonscription Administrative.
Les Inspecteurs du Travail peuvent, dans le ressort de leur Inspection, effectuer euxmêmes toute enquête qu'ils estiment utile et contrôler le déroulement de toute procédure concernant les maladies professionnelles ou les accidents du travail.
L'Institut National de Prévoyance Sociale peut également requérir une enquête dans tous les cas où il l'estime nécessaire.
Un expert peut être désigné par l'Inspecteur du Travail ou le Chef de

circonscription administrative, soit d'office, soit à la demande de l'Institut, de la victime, de ses ayants droit ou de l'employeur.
L'expert est adjoint à l'enquêteur et dresse en triple exemplaire un rapport qui est joint au procès-verbal d'enquête.
Article 77.- L'enquêteur convoque la victime ou ses ayants droit, l'employeur et toute personne qui paraît susceptible de fournir des renseignements.
L'enquête est contradictoire, les témoins sont entendus par l'enquêteur en présence de la victime ou de ses ayants droit ou leurs représentants dûment mandatés à cet effet, de l'employeur et, le cas échéant, du représentant de l'Institut National de Prévoyance Sociale.
La victime peut se faire assister par une personne de son choix. Le même droit appartient à ses ayants droit en cas d'accident mortel.
Lorsque la victime est dans l'impossibilité de se déplacer, l'enquêteur se transporte auprès d'elle pour recevoir ses explications.
L'enquêteur doit recueillir tous les renseignements permettant d'établir :
La cause, la nature, les circonstances de temps et de lieu de l'accident et, éventuellement, l'existence d'une faute susceptible d'influer sur la réparation ainsi que les responsabilités encourues ; en cas d'accident de trajet, ces éléments doivent être particulièrement recherchés et notés avec soin en vue d'établir le cas échéant, les motifs qui auraient déterminé la victime à interrompre ou à se détourner de son chemin.
L'identité de la victime et le lieu où elle se trouve.
La nature des lésions.
L'existence d'ayants droit, l'identité et la résidence de chacun d'eux.
La catégorie professionnelle de la victime au moment de l'arrêt de travail, et, d'une façon générale, tous les éléments de nature à permettre la détermination des salaires servant respectivement de base de calcul des indemnités journalières et des rentes.
En vue de recueillir ces éléments, l'enquêteur peut effectuer au siège de l'établissement ou des établissements ayant occupé la victime, toutes constatations et vérifications nécessaires.
Le cas échéant, les accidents du travail antérieurs et pour chacun d'eux :
la date de l'accident,
le montant de la rente,
la date de la décision ayant alloué la rente, le point de départ de celle-ci,
le débiteur de la rente (toute déclaration inexacte de la victime peut entraîner une réduction éventuelle de la nouvelle rente).
7) Eventuellement, la pension militaire d'invalidité ou la pension civile de guerre dont la victime serait titulaire.
Article 78.- L'enquêteur consigne les résultats de l'enquête dans un procès-verbal établi en triple exemplaire qui fait foi, jusqu'à preuve du contraire.
Il envoie ce procès-verbal à l'Inspecteur du Travail ou au Chef de circonscription Administrative qui l'a désigné comme enquêteur, et ce, dans

un délai de vingt jours à compter de la date où lui a été notifiée cette désignation.
Dans le cas exceptionnel où ce délai doit se trouver dépassé, l'enquêteur le fait connaître aussitôt et indique les circonstances qui retardent la clôture de l'enquête et fait mention de ces circonstances dans le procès-verbal.
Un exemplaire du procès-verbal d'enquête et éventuellement du rapport de l'expert est transmis sans délai à l'Institut.
L'Inspecteur du Travail ou le Chef de la Circonscription Administrative responsable de cette transmission conserve dans ses archives le second exemplaire du procès-verbal d'enquête, et le cas échéant, du rapport de l'expert.
Dans tous les cas où, conformément à l'article 76 ci-dessus, le Chef de circonscription Administrative est à l'origine de l'enquête, il est tenu d'adresser le troisième exemplaire du procès-verbal d'enquête, et éventuellement du rapport de l'expert, à l'Inspecteur du Travail du ressort.
Article 79.- À la demande des intéressés, copies du procès-verbal d'enquête et du rapport de l'expert seront adressées par les soins de l'Institut à la victime ou à ses ayants droit, à l'employeur et à toute personne directement mise en cause.
Article 80.- L'enquête est gratuite ; cependant lorsqu'elle oblige à des déplacements éloignés, les frais occasionnés par ces déplacements sont supportés ou remboursés par l'Institut sur justification.
L'expertise est à la charge de l'Institut, les émoluments, frais de déplacement et de transport et éventuellement les indemnités de perte de salaire de l'expert sont payés par l'Institut sur justification.
Article 81.- Lorsque l'accident du travail est survenu hors de la République du Mali, le délai imparti à l'employeur pour faire la déclaration d'accident du travail ne commence à courir que du jour où il a été informé de l'accident.
L'employeur fait la déclaration en deux exemplaires dont l'un est adressé directement à l'Institut et le second à l'Inspecteur du Travail du ressort. Ce dernier peut, sous couvert du Gouvernement de la République du Mali, demander soit aux autorités locales, soit aux autorités consulaires compétentes, de faire procéder à une enquête sur les circonstances de l'accident et, le cas échéant, de lui transmettre les procès-verbaux des enquêtes qui auront pu être effectuées sur place.
Un exemplaire de ces procès-verbaux est transmis par ses soins à l'Institut.
Article 82.- L'Institut peut inviter la victime, directement ou par l'intermédiaire de l'employeur à faire viser selon le cas, par les autorités locales, ou par les autorités consulaires compétentes, les certificats médicaux relatifs à l'accident.
Article 83.- L'Institut peut, en raison de l'éloignement, autoriser l'employeur à faire l'avance pour son compte de l'indemnité journalière de la victime.
L'employeur qui a fait l'avance est subrogé de plein droit dans les droits de la

victime vis-à-vis de l'Institut.

Les avances faites, le cas échéant, pour le paiement de frais afférents aux soins de toute nature, les fournitures de médicaments ainsi que les frais d'hospitalisation sont remboursés par l'Institut sur production des pièces justificatives, dans la limite du taux qui aurait été appliqué si la victime avait été soignée dans le Territoire de la République du Mali, sauf dérogations exceptionnelles justifiées et sans que le remboursement puisse excéder les dépenses réellement engagées.

Art.84.- Dès réception des documents qui sont transmis en application des Articles 71, 73, 74, 78 et 81, l'Institut se réfère aux éléments du dossier de la victime pour assurer le paiement des indemnités et rentes, ainsi que la couverture des prestations et autres frais.

Section 2 - Les soins et les prestations

Art.85.- Les prestations accordées aux victimes comprennent, qu'il y ait ou non interruption de travail :

1° la couverture des frais entraînés par les soins médicaux et chirurgicaux ; les frais pharmaceutiques et accessoires ;

2° la couverture des frais d'hospitalisation ;

3° la fourniture, la réparation et le renouvellement des appareils de prothèse et d'orthopédie nécessités par l'infirmité résultant de l'accident et reconnus indispensables soit par le médecin traitant, soit par la Commission d'appareillage, dans les conditions fixées aux Articles 95 et suivants, ainsi que la réparation et le remplacement de ceux que l'accident a rendu inutilisable ;

4° la couverture des frais de transport de la victime à sa résidence habituelle, au centre inter-entreprise, à la formation sanitaire ou à l'établissement hospitalier ;

5° les prestations, autres que les rentes, dues en cas d'accident suivi de mort, définies à l'article 135 ci-dessous ;

6° et, d'une façon générale, la prise en charge des frais nécessités par le traitement, la réadaptation fonctionnelle, la rééducation professionnelle et le reclassement de la victime.

Article 86.- À l'exception des soins de première urgence qui sont à la charge de l'employeur dans les conditions fixées par l'article 72 ci-dessus, ces prestations sont supportées par l'Institut qui en verse directement le montant aux praticiens, pharmaciens, auxiliaires médicaux, fournisseurs et aux formations sanitaires publiques, établissements hospitaliers, centres médicaux, d'entreprises ou inter-entreprises.

Toutefois, les frais de transport peuvent donner lieu à remboursement à la victime.

Article 87.- Lorsque la victime d'un accident du travail est hospitalisée dans un établissement public, le tarif d'hospitalisation est le tarif le plus bas applicable en ce qui concerne le tarif des honoraires et frais accessoires dus aux praticiens et aux auxiliaires médicaux dudit établissement à l'occasion des soins donnés à la victime.

Dans le cas où la victime est hospitalisée dans un établissement privé dont les tarifs sont plus élevés que ceux de l'établissement hospitalier public de même nature le plus proche, l'Institut, sauf le cas d'urgence et sauf circonstances exceptionnelles, n'est tenu au paiement des frais que dans les limites des tarifs applicables dans l'établissement public le plus proche.

Sauf le cas d'urgence prévu à l'alinéa précédent, l'Institut ne peut couvrir les frais d'hospitalisation, de traitement et, le cas échéant, de transport de la victime dans un établissement privé que si cet établissement a été agréé dans les conditions fixées par arrêté conjoint des Ministres chargés de la Santé et du Travail.

Article 88.- Le service des prestations familiales est maintenu de plein droit au profit d'un allocataire victime d'un accident du travail pendant la durée de son incapacité temporaire.

Article 89.- La victime est tenue d'observer rigoureusement les prescriptions du praticien, notamment le repos au lit ou à la chambre qui a pu lui être ordonné. Elle ne peut quitter sa résidence que si le praticien le prescrit dans un but thérapeutique.

La victime dont l'envoi en convalescence est jugé nécessaire par le médecin traitant doit en aviser l'Institut avant son départ. Elle doit, pendant la durée de sa convalescence, se soumettre aux contrôles dans les conditions fixées par l'Institut.

En cas d'hospitalisation, elle doit se soumettre aux prescriptions des médecins et au règlement de l'établissement.

Article 90.- L'Institut peut, à tout moment faire procéder à un examen de la victime par le médecin de son choix, notamment dès qu'elle a connaissance de l'accident, pendant la période d'incapacité temporaire, en cas de rechute et au moment de la guérison ou de la consolidation de la blessure.

Il peut, également, à tout moment, faire contrôler par toute personne habilitée, les victimes d'accident du travail à qui il sert des prestations.

Article 91.- La victime ne peut se soustraire aux divers contrôles pratiqués par l'Institut.

En cas de refus, les prestations et les indemnités sont suspendues pour la période pendant laquelle le contrôle aura été impossible.

Notification en est adressée à l'intéressé.

L'Institut peut également retenir à titre de pénalité, après autorisation de l'Inspecteur du Travail, tout ou partie des indemnités journalières d'indisponibilité temporaire de la victime qui aurait volontairement enfreint les dispositions susvisées relatives au contrôle médical ou les prescriptions du médecin.

Article 92.- Pour tous les actes de contrôle médical, la victime a le droit de se

faire assister par son médecin. Les honoraires de ce dernier sont à la charge de l'Institut.
Les décisions prises par l'Institut, à la suite du contrôle médical doivent être immédiatement notifiées à la victime.
Article 93.- Dans tous les cas où il y a désaccord sur l'état de l'accident entre le médecin conseil de l'Institut et le médecin traitant, il est procédé à un nouvel examen par un médecin expert agréé par le Ministre chargé de la Santé Publique.
L'expert ne peut être ni le médecin conseil de l'Institut, ni le médecin traitant, ni le médecin attaché à l'entreprise ou au Centre Médical inter-entreprises.
Faute d'accord du médecin traitant et du médecin conseil sur le choix du médecin expert, ce dernier est choisi par le Ministre chargé de la Santé Publique.
L'expert convoque sans délai la victime ou se rend à son chevet ; il est tenu de remettre son rapport à l'Institut et au médecin traitant dans un délai maximum d'un mois à compter de la date à laquelle il a été saisi du dossier, faute de quoi il est pourvu à son remplacement sauf le cas de circonstances spéciales justifiant une prolongation de délai.
L'avis de l'expert n'est pas susceptible de recours.
Article 94.- Les frais de déplacement de la victime ou de ses ayants droit qui doivent quitter leur résidence pour répondre à la convocation du médecin conseil ou se soumettre à une expertise, à un contrôle ou à un traitement sont à la charge de l'Institut et remboursés sur justification.
Les frais de déplacement comprennent, le cas échéant, les frais normaux de transport et de séjour et l'indemnité compensatrice de perte de salaire.
Les honoraires dus au médecin traitant, au médecin expert ou au médecin spécialiste ainsi que leurs fais normaux de déplacement sont également à la charge de l'Institut ; en cas de contestation sur le taux des honoraires demandés, le différend sera soumis à l'examen du Ministre chargé de la Santé Publique.
Lorsque l'examen ou l'expertise a été prescrit à la requête de la victime ou des ayants droit et que leur contestation est reconnue manifestement abusive, la juridiction compétente peut mettre à leur charge tout ou partie des honoraires et frais correspondants.

Section 3 - La fourniture, la réparation et le renouvellement des appareils de prothèse et d'orthopédie

Art.95.- Le droit de la victime à la fourniture, à la réparation et au renouvellement des appareils de prothèse et d'orthopédie lui est reconnu conformément aux dispositions de l'Alinéa 3 de l'article 85 du présent Code.
Art.96.- Il est créé une Commission d'appareillage auprès du Ministre chargé de la Santé Publique qui en fixe les modalités de composition, d'organisation

et de fonctionnement.
L'appareillage comporte les appareils de prothèse et d'orthopédie proprement dits, leurs systèmes d'attache et touts autres accessoires nécessaires à leur fonctionnement, y compris notamment, les chaussures adaptées aux membres inférieurs artificiels.
En ce qui concerne la prothèse dentaire, l'appareillage prévu au présent titre ne comprend que la prothèse maxillo-faciale, la prothèse dentaire proprement dite étant assimilée aux soins médicaux, chirurgicaux et aux frais pharmaceutiques et accessoires.
La nécessité de la fourniture, de la réparation, du renouvellement ou du remplacement d'appareils de prothèse ou d'orthopédie est reconnue par le médecin traitant.
La victime ou l'Institut peut contester la décision du médecin traitant et saisir alors la Commission d'appareillage qui statue.
Art.97.- Lorsqu'il a été décidé qu'un appareil de prothèse ou d'orthopédie doit être fourni, réparé, renouvelé ou remplacé, la victime a le droit de choisir l'appareil convenant à son infirmité par les types agréés.
Au cas où l'Institut refuserait le choix fait par la victime, elle doit saisir la Commission d'appareillage qui statue.
La victime a droit pour chaque infirmité, à un appareil et, selon son infirmité, à un appareil de secours, et éventuellement à une voiturette ou à un fauteuil roulant. Ne peuvent toutefois prétendre à une voiturette ou à un fauteuil roulant que les mutilés atteints de lésions graves incurables du système locomoteur.
Les mutilés des membres inférieurs ont droit à un appareil provisoire, avant l'appareillage définitif. En aucun cas cet appareil provisoire ne pourra être considéré comme appareil de secours.
Il appartient à la victime qui demande la réparation ou le remboursement d'un appareil utilisé antérieurement à l'accident d'établir que cet accident a rendu l'appareil inutilisable.
Sauf le cas de force majeure, elle est tenue de présenter ledit appareil au praticien de l'Institut et, en cas de contestation, à la commission d'appareillage.
Art.98.- L'Institut remet à la victime un livret d'appareillage sur lequel sont mentionnés le type, le nombre et la tenue d'appareils délivrés, les réparations et les renouvellements effectués, les frais correspondants à chacune de ces opérations et, éventuellement, les décisions de la Commission d'appareillage ainsi que les contestations de réception et de convenance du médecin traitant.
Tout livret qui n'a plus d'utilisation doit être renvoyé à l'Institut.
L'Institut tient pour chaque victime une fiche sur laquelle sont portés tous les renseignements du livret.
Article 99.- Les appareils et leurs accessoires ne peuvent être ni cédés, ni vendus. Sauf le cas de force majeure les appareils non représentés ne sont pas

remplacés.
La victime d'un accident du travail est responsable de la garde et de l'entretien de ses appareils ; les conséquences de détériorations ou de pertes provoquées intentionnellement ou résultant d'une négligence flagrante demeurent à sa charge.
En cas de décès du bénéficiaire, la voiturette ou le fauteuil roulant doit être remis à l'Institut.
Article 100.- Avant d'être accepté et inscrit sur le livret, chaque appareil doit être utilisé pendant quinze jours.
Lors de la livraison d'un appareil fourni ou réparé, l'Institut le présente au Médecin traitant qui constate s'il convient au mutilé et mentionne sur le livret la réception et la convenance.
En cas de contestation, la commission d'appareillage peut être saisie pour statuer.
Lorsque la Commission d'appareillage, sur la demande de l'Institut constate que le port d'un appareil n'est plus justifié, elle mentionne avec avis motivé sur le livret d'appareillage qui est retiré à l'intéressé et restitué à l'Institut.
Article 101.- Le mutilé qui, par de fausses déclarations ou de quelque manière que ce soit, aurait obtenu un nombre supérieur d'appareils à celui auquel il a droit est tenu au remboursement du prix des appareils indûment reçus.
Article 102.- Les frais d'appareillage sont à la charge de l'Institut et comprennent :
1° les frais d'acquisition, de réparation et de renouvellement des appareils ;
2° les frais d'expédition des appareils et autres frais accessoires que pourraient comporter les opérations de fourniture, de réparation et de renouvellement ;
3° les frais légitimes de déplacement exposés par la victime lors de chacune de ses visites soit au médecin traitant, soit à la Commission d'appareillage, soit au fournisseur, les indemnités compensatrices éventuelles de perte ou de salaire et les frais normaux de séjour, sur justification ;
4° les frais de fonctionnement de la Commission d'appareillage qui comprennent les frais de déplacement et de séjour et les émoluments des membres de la Commission payés sur justification.

Section 4 - La réadaptation fonctionnelle, la rééducation professionnelle et le reclassement des victimes d'accidents du travail et des maladies professionnelles

Article 103.- La victime a le droit de bénéficier d'un traitement spécial en vue de sa réadaptation fonctionnelle.
Ce bénéfice lui est accordé soit sur sa demande, soit sur l'initiative de l'Institut après examen effectué par un médecin expert dans les conditions prévues à l'article 93.
Au vu de l'avis émis par l'expert, l'Institut détermine la nature et la durée du

traitement nécessité par l'état de l'intéressé.
En cas de contestation de la décision de l'Institut, le cas est porté devant une Commission composée de représentants des Ministères chargé du Travail, du Ministère chargé de la Santé Publique et du Ministère chargé de l'Enseignement Technique qui fait connaître son avis.
Si l'une des parties en cause ne partage pas cet avis, le différend est porté devant la juridiction compétente.
Article 104.- Le traitement prévu à l'article précédent peut comporter l'admission dans un établissement autorisé à cet effet par décision conjointe des Ministres chargés du Travail et de la Santé Publique, après avis du Ministre chargé de l'Enseignement Technique.
Les frais du traitement spécial en vue de la réadaptation sont à la charge de l'Institut.
La victime a droit, pendant tout cette période, à l'indemnité journalière prévue au présent Code.
Si elle est titulaire d'une rente servie par l'Institut pour incapacité permanente résultant de l'accident qui nécessite la réadaptation fonctionnelle l'Institut paie, s'il y a lieu, la fraction d'indemnité journalière qui excède le montant correspondant de la rente.
Article 105.- Le bénéficiaire de l'article précédent est tenu :
1° de se soumettre aux traitements et mesures de toute nature prescrite dans les conditions ci-dessus et par les autorités médicales compétentes ;
2° de se soumettre aux visites médicales et contrôles imposés par l'Institut ;
3° d'accomplir les exercices ou travaux prescrits en vue de favoriser sa rééducation ou son reclassement professionnel. En cas d'inobservation de ces obligations, l'Institut :
peut suspendre le service de l'indemnité journalière ou en réduire le montant sauf recours du bénéficiaire devant la juridiction compétente ;
cesse d'être tenu au paiement des frais de toute nature afférente audit traitement, à partir de la date constatée de la cessation de ses obligations.
Article 106.- Les accidents qui surviendraient à la victime au cours de son stage de réadaptation fonctionnelle par le fait ou à l'occasion de la réadaptation sont assimilés aux accidents du travail et réparés comme tels.
Article 107.- Si à la suite d'un accident du travail, la victime devient inapte à exercer sa profession ou ne peut le faire qu'après une nouvelle adaptation, elle a le droit, qu'elle ait ou non bénéficié de la réadaptation fonctionnelle, d'être admise dans un établissement public ou privé de rééducation professionnelle ou d'être chez un employeur pour se réadapter à sa profession ou y apprendre l'exercice d'une profession de son choix.
Article 108.- Le bénéfice de la rééducation est notifié à la victime, soit sur sa demande, soit sur l'initiative de l'Institut après un examen médical d'aptitude et, si possible un examen psychotechnique.
D'après les résultats de ces examens et compte tenu d'autres considérations,

notamment métier antérieur, habitude, âge de la victime, et taux d'incapacité, l'Institut statue sur l'attribution, à la victime, du bénéfice de la rééducation professionnelle.
La décision de l'Institut, susceptible de recours contentieux, est notifiée à la victime.
Article 109.- Compte tenu des résultats des examens ci-dessus, des places disponibles, et du choix de la victime, l'Institut fait admettre le bénéficiaire dans l'un des établissements institués à cet effet ou, s'il y a lieu, chez un employeur.
Les établissements de rééducation habilités comprennent :
1° les établissements ou centres publics relevant du Ministère chargé de la Santé Publique ou du Travail et créés en vue d'assurer la rééducation professionnelle des victimes du travail ;
2° les établissements privés habilités par le Gouvernement et dont le fonctionnement sera soumis au contrôle du Ministère chargé du Travail et le cas échéant de celui chargé de l'Enseignement.
Les victimes du travail dont résidence habituelle est située à l'étranger peuvent demander à être rééduquées dans l'établissement ou le centre public le plus proche de leur résidence habituelle, sous réserve de réciprocité entre le Mali et le pays d'origine des travailleurs à condition que la législation de leur pays d'origine prévoie des dispositions similaires.
Article 110.- Lorsque la victime est placée pour sa rééducation chez un employeur, un contrat type de rééducation définit les droits et obligations des parties et les modalités de contrôle de la rééducation professionnelle par l'Inspecteur du Travail et par l'Institut. Ce contrat est visé par l'Inspecteur du Travail du ressort.
Pendant toute la période de rééducation, l'indemnité journalière ou la rente est intégralement maintenue au mutilé.
Si elle est inférieure au salaire minimum interprofessionnel garanti, le mutilé reçoit, à défaut de la rémunération pendant la durée de rééducation, un supplément à la charge de l'Institut destinée à porter cette indemnité ou rente au montant dudit salaire.
Article 111.- Les frais de rééducation sont supportés par l'Institut. Ils comprennent, outre les frais des examens prévus à l'article 108 :
1° les frais de voyage aller et retour de la victime ;
2° le complément d'indemnité visé à l'Alinéa 3 de l'article précédent ;
3° les frais de la rééducation proprement dite ;
4° les prix de la journée, suivant un tarif fixé par décret pris en Conseil des Ministres ;
5° les cotisations d'accident du travail ;
6° les prix des appareils indispensables de prothèse de travail, qui ne seraient pas susceptibles d'être pris en charge.
Article 112.- Le contrat de travail de toute victime d'accident du travail ou de

maladie professionnelle est suspendu du jour de l'accident jusqu'au jour de la guérison ou de la consolidation de la blessure.
En cas d'invalidité permanente, si le travailleur est atteint d'une réduction de capacité le rendant professionnellement inapte à son ancien emploi, l'employeur doit indépendamment des mesures prévues aux Articles 103 à 111 du présent Code, s'efforcer de le reclasser dans son entreprise en l'affectant à un poste correspondant à ses aptitudes et capacités. Si l'employeur déclare ne disposer d'aucun emploi permettant le reclassement, le licenciement du travailleur sera subordonné à l'avis préalable de l'Inspecteur du Travail, donné dans la quinzaine suivant la demande présentée par l'employeur de la victime.
En cas de contestation, le travailleur ne pourra être licencié avant la décision du Tribunal du Travail obligatoirement saisi dans les quinze jours.
Les employeurs sont tenus de réserver aux mutilés du travail un certain pourcentage de leurs emplois qui sera déterminé par décret pris en Conseil des Ministres, compte tenu de la nature d'activité des entreprises et du nombre de leurs travailleurs.
La rente de l'ouvrier rééduqué ne peut être réduite du fait de l'exercice de la nouvelle profession.

Section 5 - Les indemnités et les rentes

Article 113.- Les indemnités dues aux bénéficiaires du présent Code comprennent :
1° l'indemnité journalière due à la victime pendant la période d'incapacité temporaire qui l'oblige à interrompre son travail ;
2° la rente due à la victime atteinte d'une incapacité permanente du travail et, en cas de mort, les rentes dues ayants droit de la victime.
Article 114.- La journée de travail au cours de laquelle l'accident s'est produit, quel que soit le mode de paiement du salaire, est intégralement à la charge de l'employeur.
L'indemnité journalière est payée à la victime par l'Institut à partir du premier jour qui suit l'arrêt du travail consécutif à l'accident, sans distinction entre jours ouvrables et dimanches ou jours fériés, pendant toute la période d'incapacité de travail qui précède, soit la guérison complète, soit la consolidation de la blessure ou le décès, ainsi que dans le cas de rechute ou d'aggravation.
Article 115.- L'indemnité journalière est égale :
1° au 1/30 du salaire du mois civil de travail précédant l'accident, en ce qui concerne le salarié payé au mois ou à la quinzaine ;
2° au 1/28 du salaire des deux dernières quatorzaines de travail pour les travailleurs payés à la quatorzaine, les deux derniers bulletins de paye faisant foi ;

3° au 1/28 du salaire des quatre dernières semaines de travail pour les salariés à la semaine, les quatre bulletins de paye faisant foi.

En ce qui concerne le travailleur journalier intermittent, l'indemnité journalière est égale au 1/30 du salaire de ses horaires multiplié par la durée mensuelle du travail de l'entreprise.

Dans tous les cas ci-dessus, on entend par salaire l'ensemble des sommes perçues en contrepartie du travail effectué, à l'exclusion des frais professionnels, des indemnités représentatives de remboursement de frais, et des prestations familiales.

Si pendant ce temps le travailleur a perçu des indemnités afférentes à une période plus étendue, seule sera prise en compte la quote-part correspondant à la période servant de calcul à l'indemnité journalière.

Si au moment de l'arrêt de travail, la victime travaillait depuis moins de trente jours (dans le cas d'un salarié mensuel) ou depuis moins de vingt huit jours (dans le cas d'un salarié payé à la semaine ou à la quinzaine) le salaire ou le gain servant à calculer l'indemnité journalière est celui qu'elle aurait perçu si elle avait travaillé dans les mêmes conditions pendant la période considérée.

Article 116.- Si l'incapacité temporaire se prolonge au-delà de deux mois et s'il survient postérieurement à l'accident une augmentation générale des salaires intéressant la catégorie à laquelle appartient la victime, le taux de l'indemnité journalière est révisé dans les mêmes proportions avec effet du premier jour du troisième mois d'incapacité ou de la date d'effet de l'augmentation des salaires si cette date est postérieure.

Il appartient à la victime de demander à l'Institut la révision du taux de l'indemnité journalière en produisant toutes pièces justificatives.

Article 117.- Si une aggravation de la lésion causée par l'accident entraîne pour la victime une nouvelle incapacité temporaire, l'indemnité journalière est calculée dans les mêmes conditions qu'à l'article 115, la période prise en considération étant celle qui précède l'arrêt du travail causé par cette aggravation.

Article 118.- Le salaire servant de base au calcul de l'indemnité journalière due au travailleur âgé de moins de dix-huit ans ne peut être inférieur au salaire minimum de la catégorie, de l'échelon ou de l'emploi de la profession en fonction duquel ont été fixés par voie d'abattement, dans le cadre des arrêtés sur les salaires ou des conventions collectives les salaires minima des travailleurs de moins de dix-huit ans.

À défaut de cette référence le salaire de base de l'indemnité journalière ne peut être inférieur au salaire le plus bas des ouvriers adultes de même catégorie occupés dans l'établissement ou à défaut, dans un établissement voisin similaire.

En aucun cas, le montant de l'indemnité journalière calculée pour un jeune travailleur ne pourra dépasser le montant de sa rémunération.

Toutefois, le salaire servant de base à la fixation de l'indemnité journalière

due à l'apprenti ne peut être inférieur au salaire minimum de la catégorie, de l'échelon ou de l'emploi où l'apprenti aurait normalement été classé à la fin de l'apprentissage.
Article 119.- L'indemnité journalière versée par l'Institut n'est pas cumulable avec le salaire dû à la victime par l'employeur en vertu de la Convention Collective régissant la branche d'activité intéressée.
En pareil cas, l'Institut paiera néanmoins l'indemnité journalière dès le second jour de l'accident étant entendu que ce versement libère l'employeur de l'obligation où il pouvait être de payer tout ou partie du salaire à la victime en vertu de la Convention Collective intéressée.
Article 120.- L'indemnité journalière est payée, soit à la victime, soit à son conjoint, soit si la victime est mineure, à la personne qui justifie l'avoir à sa charge, soit à un tiers auquel la victime donne délégation pour l'encaissement de cette indemnité.
Cette délégation n'est valable que pour une seule période d'incapacité ; elle ne fait pas obstacle au droit de l'Institut de surseoir au paiement pour procéder à vérification et de payer l'indemnité par la poste.
Article 121.- L'indemnité journalière doit être réglée mensuellement.
Elle est mise en paiement par l'Institut dès la réception de tout certificat médical attestant la nécessité d'arrêt du travail.
L'indemnité journalière n'est cessible ni saisissable que dans les limites fixées par les Articles L121 et L122 du Code du Travail et des règlements pris pour son application. Tout retard injustifié apporté au paiement de l'indemnité journalière donne droit au créancier, à partir du huitième jour de leur échéance, à une astreinte quotidienne prononcée par la juridiction compétente, de 1 % du montant des sommes non payées.
Article 122.- Les rentes dues aux victimes atteintes d'une incapacité permanente, ou en cas de mort, à leurs ayants droit sont calculées sur le salaire annuel de la victime dans les conditions suivantes : le salaire annuel de la victime comprend l'ensemble des rémunérations perçues pendant l'année telles que comprises à l'article 115.
Dans les cas particuliers ci-après, le calcul du salaire annuel s'effectuera de la façon suivante :
1° si la victime appartenait depuis moins de douze mois à la catégorie professionnelle dans laquelle elle est classée au moment de l'accident, le salaire annuel est calculé en ajoutant à la rémunération effective afférente à la durée de l'emploi dans cette catégorie, celle que la victime aurait pu recevoir pendant le temps complétant les douze mois. Toutefois, si la somme ainsi obtenue est inférieure au montant total des rémunérations perçues dans ses divers emplois, c'est sur ce dernier montant que sont calculées les rentes conformément au premier alinéa du présent article ;
2° si pendant ladite période de douze mois la victime a interrompu son travail en raison de maladie, accident, maternité, chômage indépendant de sa volonté,

congé non payé, il est tenu compte du salaire moyen qui aurait été perçu pendant ces interruptions de travail ;
3° si la victime travaillait dans une entreprise fonctionnant pendant une partie de l'année seulement ou effectuant normalement un nombre d'heures inférieur à la durée légale du travail, ou si par suite d'un ralentissement accidentel de l'activité économique, le travailleur n'a effectué qu'un nombre d'heures de travail inférieur à la durée légale du travail, le salaire annuel ne peut être inférieur à ce qu'il aurait été compte tenu du nombre légal d'heures du travail ;
4° le salaire annuel du travailleur journalier intermittent est égal à 12 fois son salaire mensuel reconstitué en multipliant son salaire horaire par la durée mensuelle du travail de l'entreprise au moment où s'est produit l'accident.
Article 123.- Les règles définies à l'article 118 pour le calcul de l'indemnité journalière des jeunes travailleurs et des apprentis sont applicables au calcul des rentes.
Article 124.- Les rentes dues pour la réparation d'un accident mortel ou entraînant une réduction de capacité au moins égale à 10 % ne peuvent être calculées sur un salaire annuel inférieur au salaire minimum interprofessionnel garanti, multiplié par le coefficient 1, 30.
Si le salaire annuel de la victime est supérieur au salaire annuel minimum fixé ci-dessus, il n'entre intégralement en compte pour le calcul des rentes que s'il ne dépasse pas dix fois le montant dudit salaire annuel minimum.
S'il le dépasse, l'excédent n'est compté que pour 1/3. Il n'est pas tenu compte de la fraction dépassant 28 fois le montant du salaire annuel minimum.

Article 125.- En cas d'incapacité permanente, la victime a droit à une rente égale au salaire annuel multiplié par le taux d'incapacité préalablement réduit de moitié lorsque ce taux qui ne dépasse pas 50 % est augmenté de moitié pour la partie qui excède 50 %.
Si l'incapacité permanente est totale et oblige la victime, pour les actes ordinaires de la vie, à recourir à l'assistance d'une tierce personne, le montant de la rente calculée d'après les bases indiquées précédemment est majoré de 40 %.
Le taux de l'incapacité permanente est déterminé d'après la nature de l'infirmité, l'état général, l'âge, les facultés physiques et mentales de la victime ainsi que d'après ses aptitudes et qualifications professionnelles, compte tenu du barème indicatif annexé au présent Code et qui peut être complété par décret pris sur proposition conjointe des Ministres chargés du Travail et de la Santé Publique.
Article 126.- La rente due à partir du décès aux ayants droit de la victime s'établit comme suit :
1) Conjoint survivant
La rente est égale à 30 % du salaire annuel de la victime pour le conjoint survivant non divorcé, ni séparé de corps, à condition que le mariage ait été

contracté antérieurement à l'accident.
Lorsque le conjoint survivant divorcé ou séparé de corps a obtenu une pension alimentaire, la rente viagère qui lui est due est ramenée au montant de cette pension sans pouvoir dépasser 30 % du salaire annuel et sans que, s'il existe un nouveau conjoint, celui-ci puisse garder moins de la moitié de la rente viagère de 30 %.
Le conjoint condamné pour abandon de famille est déchu de tous ses droits au titre de la réparation des accidents du travail et des maladies professionnelles. Il en est de même pour celui qui a été déchu de la puissance paternelle. Ce dernier est toutefois réintégré dans ses droits s'il est rétabli à nouveau dans l'exercice de la puissance paternelle. Les droits du conjoint déchu sont transférés sur la tête des enfants et des ascendants visés aux paragraphes 2° et 3° ci-dessous.
En cas de remariage, le conjoint survivant, s'il n'a pas d'enfants, cesse d'avoir droit à la rente mentionnée ci-dessus.
Il lui est alors alloué, à titre d'indemnité totale, une somme qui ne peut être supérieure à trois fois le montant de la rente. S'il a des enfants, le rachat sera différé aussi longtemps que l'un des enfants aura droit à une rente en vertu du paragraphe 2ème ci-dessous.
Lorsque le travailleur décédé laisse plusieurs veuves, la rente viagère est partagée également entre elles. Ce partage n'est pas susceptible d'être ultérieurement modifié.
Pour les personnes ayant conservé leur statut personnel, la notion juridique de mariage est celle adoptée par la réglementation en vigueur sur les prestations familiales.
2) Enfants et descendants de la victime.
La rente est égale à 15 % du salaire annuel de la victime s'il n'y a qu'un seul enfant à charge, 30 % s'il y a en deux, 40 % s'il y a trois enfants et ainsi de suite, la rente étant majorée d'un maximum de 10 % par enfant à charge.
La notion juridique d'enfant à charge est celle retenue par la réglementation en vigueur sur les prestations familiales.
La rente prévue au premier alinéa du présent paragraphe peut être portée à un maximum de 20 % pour chacun des enfants orphelins de père et de mère ou en cas de décès du conjoint survivant postérieurement à l'accident.
Les rentes ainsi allouées sont collectives et réduites suivant les dispositions qui précèdent au fur et à mesure que chaque orphelin atteint la limite d'âge retenue par la réglementation en vigueur sur les prestations familiales.
Les descendants de la victime privés de leurs soutiens naturels et les enfants mis à sa charge par un jugement civil, bénéficient des mêmes droits que les enfants visés aux alinéas précédents du présent paragraphe.
3) Ascendants de la victime.
La rente est égale à 10 % du salaire annuel de la victime à chacun des ascendants qui au moment de l'accident étaient à la charge de la victime ou

recevraient de lui une pension alimentaire.
Le total des rentes ainsi allouées ne doit pas dépasser 30 % du salaire annuel de la victime si cette quotité est dépassée, la rente de chacun des ayants droit sera réduite proportionnellement.
Article 127.- En aucun cas l'ensemble des rentes à la charge de l'Institut allouées aux différents ayants droit de la victime ne peut dépasser 85 % du montant du salaire annuel d'après lequel elles ont été établies.
Si leur total dépassait le chiffre de 85 %, les rentes revenant à chaque catégorie d'ayants droit feraient l'objet d'une réduction proportionnelle.
Article 128.- Les arrérages des rentes courent du lendemain du décès ou de la date de consolidation de la blessure.
En cas de contestation autres que celle portant sur le caractère professionnel de l'accident, l'Institut peut accorder à la victime ou à ses ayants droit sur leur demande, après avis de l'Inspecteur du Travail, des avances sur la rente.
Ces avances qui ne peuvent être inférieures à la rente proposée par l'Institut viennent à déduction de la rente ou de l'indemnité journalière due à la victime ou à ses ayants droit. Le montant de l'avance et les modalités de remboursement par prélèvement sur les premiers arrérages sont fixés par l'Institut.
Article 129.- Les rentes sont incessibles et insaisissables.
Elles sont payables à la résidence habituelle du titulaire par trimestre à terme échu.
Lorsque le taux d'incapacité permanente résultant de l'accident atteint ou dépasse 75 %, le titulaire de la rente peut demander que les arrérages lui soient réglés mensuellement. Le paiement mensuel est obligatoire pour les victimes atteintes d'une incapacité permanente de 100 %.
Inversement la rente est normalement payée par année lorsque le montant est inférieur à 10 % du salaire annuel minimum de réparation.
Une allocation provisionnelle à déduire du paiement des premiers arrérages de la rente peut être versée à la veuve ou aux ayants droit sur leur demande et après avis de l'Inspecteur du Travail. Le remboursement de l'allocation provisionnelle est opéré dans les conditions indiquées à l'article 128.
Article 130.- Tout retard injustifié apporté au paiement de la rente donne droit aux créanciers à partir du 9ème jour de son échéance à l'astreinte prononcée par la juridiction compétente prévue à l'article 121.
Les rentes allouées en réparation d'accidents du travail ou de maladies professionnelles se cumulent avec les pensions d'invalidité ou de retraite auxquelles peuvent avoir droit les intéressés en vertu de leur statut particulier et pour la constitution desquelles ils ont subi une retenue sur traitement ou salaire.
Article 131.- Toute modification dans l'état de la victime soit par aggravation, soit par atténuation de l'infirmité peut entraîner une révision de la rente.
En vue de déceler cette modification, l'Institut peut faire procéder par un

médecin expert à des examens de contrôle de l'état de la victime. Ces examens peuvent avoir lieu à intervalles de six mois durant les deux années suivant la guérison apparente ou la consolidation de la blessure et d'un an après expiration de ce délai.
La victime peut également faire constater dans ces conditions par son médecin traitant toute modification de son infirmité.
Elle est informée au moins six jours à l'avance par lettre recommandée ou autre procédé certain de notification de l'heure et de lieu de l'examen de contrôle. Les frais de transport et de séjour sont à la charge de l'Institut.
Si en raison de son état, la victime ne peut se rendre au lieu indiqué, elle doit en aviser immédiatement l'Institut.
Elle ne peut refuser de se prêter aux examens de contrôle sous peine de s'exposer à une suspension de paiement de la rente. Cette suspension ne peut intervenir qu'après l'avis de l'Inspecteur du Travail.
Article 132.- La rente allouée à la victime d'un accident du travail doit être rachetée à compter du point de départ des arrérages si le taux d'incapacité ne dépasse pas 10 %.
Si le taux d'incapacité dépasse 10 % la rente allouée à la victime d'un accident du travail peut, à la demande du titulaire majeur après l'expiration d'un délai de cinq ans à compter u point de départ des arrérages, être remplacée en totalité ou en partie par un capital dans les conditions ci-après :
si le taux d'incapacité ne dépasse pas 20 %, le rachat peut être opéré sur la totalité du capital correspondant à la valeur de la rente ;
si le taux d'incapacité est supérieur à 20 % et ne dépasse pas 50 %, le rachat peut être opéré dans la limite au plus du quart du capital correspondant à la valeur de la rente ;
si le taux d'incapacité dépasse 50 %, le rachat peut être opéré dans la limite au plus du quart du capital correspondant à la fraction de la rente allouée jusqu'à 50 %.
La demande motivée du rachat total ou partiel doit être adressée au Directeur de l'Institut. La décision est prise par l'Institut après enquête et sur avis de l'Inspecteur du Travail du ressort.
Article 133.- Lorsque la rente a été majorée, la conversion est opérée compte tenu de la majoration de la rente.
En cas d'accidents successifs, chaque rente envisagée isolément fait l'objet d'une demande distincte de conversion. Si un rajustement des diverses rentes a été effectué, le montant de la rente est seul pris en considération en vue de la conversion.
Article 134.- Les arrérages de la rente cessent d'être dus à la date d'effet de la conversion. Les arrérages de la rente primitive qui auraient été payés pour une période postérieure à la date ainsi déterminée sont déduits du montant du capital, ou des nouveaux arrérages.
Sauf en ce qui concerne la transformation de la rente en capital, qui est

irrévocable, les droits et obligations de la victime après la conversion s'exercent dans les mêmes conditions qu'auparavant.

Article 135.- La valeur de rachat des rentes d'accidents du travail susceptibles d'être remplacées en totalité ou en partie par un capital est égale au montant du capital représentatif de ces rentes calculés selon un barème fixé par arrêté du Ministre chargé du Travail.

Section 6 - Les dispositions diverses

Article 136.- À défaut de traité de réciprocité, ou d'adhésion de leur pays d'origine à la convention de Genève n°19 du 28 juillet 1951 les travailleurs étrangers victimes d'accidents du travail et qui cessent de résider dans un pays relevant de la zone monétaire dont fait partie la République du Mali reçoivent pour indemnité un capital égal à trois fois la rente qui leur a été allouée.

Il est de même pour les ayants droits étrangers cessant de résider dans un pays relevant de ladite zone sans que le capital puisse alors dépasser la valeur de rachat de la rente, telle que fixée aux Articles 132 et 135.

La victime a droit au transport jusqu'à son lieu de résidence habituelle lorsqu'elle est dans l'impossibilité de continuer son service sur place.

Article 137.- En cas d'accident mortel, les frais funéraires de la victime sont remboursés par l'Institut dans la limite des frais exposés et sans que leur montant puisse excéder le quart du salaire annuel minimum défini à l'article 124.

Les frais funéraires sont remboursés sur présentation des pièces justificatives.

L'Institut supporte également les frais de transport du corps au lieu de sépulture choisi par la famille ; ces frais seront augmentés éventuellement de ceux entraînés par le fait que la victime a quitté sa résidence habituelle à la demande de son employeur ou lorsque le décès s'est produit au cours d'un déplacement pour son travail.

Ces frais sont remboursés sur présentation des pièces justificatives.

Article 138.- Les dispositions des chapitres ci-dessus sont applicables aux maladies professionnelles sous réserves des dispositions des articles ci-après.

Article 139.- Les tableaux des maladies professionnelles sont complétés et modifiés par décret pris en Conseil des Ministres sur proposition conjointe des Ministres chargés du Travail et de la Santé Publique après avis du Conseil Supérieur du Travail pour l'étude des questions intéressant l'hygiène et la sécurité des travailleurs.

Il est énuméré dans ces tableaux, pour chaque agent nocif, pour chaque infection microbienne pouvant avoir une origine professionnelle, pour les infections susceptibles de résulter d'ambiance ou d'attitude nécessitée par l'exécution de certains travaux, pour chaque zone reconnue infectée, les manifestations morbides d'intoxication aiguë ou chronique présumées d'origine professionnelle présentée par les travailleurs exposés d'une façon habituelle à l'action desdits agents nocifs.

Le délai pendant lequel, à partir de la date où le travailleur a cessé d'être exposé aux agents nocifs, les maladies correspondant à chaque tableau doivent être prises en charge par l'Institut. Un tableau fixant la liste des maladies professionnelles reconnues est annexé au présent Code.

Article 140.- Tout employeur qui utilise des procédés de travail susceptibles de provoquer les maladies professionnelles visées au présent chapitre, est tenu sous peine d'amende, d'en faire la déclaration avant le commencement des travaux par lettre recommandée à l'Inspecteur du Travail ainsi qu'à l'Institut.

Article 141.- Toute maladie professionnelle d'un travailleur décelée par le Médecin d'entreprise ou le Médecin du centre médical interentreprises au cours de la visite systématique annuelle, doit faire l'objet d'une déclaration dans les conditions prévues aux Articles 71 à 75.

Sauf dans le cas prévu à l'alinéa précédent, toute maladie professionnelle dont la réparation est demandée en vertu des présentes dispositions doit être déclarée dans les mêmes formes par la victime ou ses représentants, dans les quinze jours suivant la cessation du travail.

L'employeur peut valablement procéder à cette déclaration au nom de la victime.

Dans tous les cas, le certificat médical accompagnant la déclaration indiquera la nature de la maladie et notamment les manifestations mentionnées aux tableaux et constatées ainsi que les suites probables.

TITRE IV

DE L'ASSURANCE VIEILLESSE, DE L'INVALIDITE ET DE L'ALLOCATION DE SURVIVANT

Section 1 - La durée des services, âge et admission au bénéfice des droits.

Article 142.- Le régime d'Assurance vieillesse-invalidité et allocation de survivant s'applique à tous les travailleurs visés à l'article 2 du présent Code.

Article 143.- (*Loi n°03-036*) Une pension de retraite est garantie à l'assuré ayant atteint cinquante trois ans et qui compte un minimum de treize années d'activités salariées ayant donné lieu à cotisation.

Article 144.- (*Loi n°03-036, Loi n°06-008*) L'âge de liquidation de l'allocation de retraite est fixé à cinquante huit ans. Toutefois, les assurés peuvent demander entre cinquante trois et cinquante cinq ans la liquidation de leur pension. Dans ce cas, le taux de la pension est affecté d'un abattement de 5 %

par année d'anticipation.
Les assurés ayant atteint l'âge de cinquante cinq ans révolus peuvent demander la liquidation de leur pension de retraite anticipée sans que cela ne donne lieu à un abattement.
Article 145.- (*Loi n°03-036*) L'âge de cinquante huit ans est abaissé sans abattement à cinquante trois ans pour les assurés reconnus médicalement inaptes au travail. Les modalités de constatation et du contrôle de cette inaptitude seront fixées par un arrêté du Ministre chargé du travail.
Article 146.- La pension normale ou la pension anticipée avec ou sans abattement, prend effet le premier jour du mois civil suivant la date de cessation d'activité à la condition que la demande de pension ait été adressée à l'INPS dans le délai de six mois qui suit ladite date. Si la demande de pension est introduite après expiration de ce délai, la pension prend effet le premier jour du mois civil suivant la date de réception de la demande.
Article 147.- (*Loi n°03-036*) L'assuré qui a accompli au moins six ans d'assurance et qui, ayant atteint l'âge de cinquante trois ans, cesse toute activité salariée alors qu'il ne satisfait pas aux conditions requises pour avoir droit à une pension de retraite reçoit une allocation uniforme et égale au minimum prévu à l'article 156 alinéa 3 du présent Code.
Article 148.- (*Loi n°03-036*) Une pension d'invalidité est octroyée au travailleur qui accomplit au moins huit ans d'assurance et qui est frappé d'incapacité.
Est reconnu invalide le travailleur qui, par suite de maladie ou d'accident d'origine non professionnelle, subit de ce fait une diminution de ses capacités physiques ou mentales le rendant incapable de gagner plus d'un tiers de la rémunération qu'un travailleur ayant la même formation peut se procurer par son travail.
Article 149.- La pension d'invalidité prend effet à la date de consolidation de la lésion ou de stabilisation de l'état de l'assuré. Toutefois, elle peut être attribuée à l'expiration d'une période de six mois consécutifs à l'incapacité qui, suivant l'avis du Médecin devrait durer six autres mois au moins.
Article 150.- (*Loi n°03-036*) La pension d'invalidité est allouée a titre temporaire et peut être révisée lorsque le bénéficiaire recouvre une partie de ses facultés physiques ou mentales lui permettant d'exercer une activité salariale. Elle est supprimée à l'âge de cinquante trois ans pour être remplacée par une pension de retraite sans abattement.
Article 151.- Sont considérées comme périodes normales d'activité salariée :
1° les périodes pendant lesquelles le travailleur aura perçu l'indemnité journalière due à la victime d'accident du travail ou de maladie professionnelle ;
2° les périodes pendant lesquelles le contrat de travail est suspendu pour l'un des motifs suivants prévus à l'article L34 du Code du Travail :
fermeture de l'établissement par suite du départ de l'employeur sous les

drapeaux ou pour une période obligatoire d'instruction ;
durée du service militaire du travailleur et des périodes obligatoires d'instruction militaire auxquelles il est astreint ;
durée d'absence du travailleur, dûment constatée par le médecin agréé limitée à six mois et éventuellement prolongée jusqu'à son remplacement, provoqué par une maladie ;
les périodes d'interruption de travail résultant d'une incapacité des deux tiers au moins provenant d'un accident du travail ou d'une maladie non professionnelle conformément à l'article L34 du Code du Travail.

Article 152.- En cas de décès du titulaire d'une pension de retraite ou d'invalidité, ou d'une pension anticipée, ainsi qu'en cas de décès d'un assuré qui remplissait les conditions requises pour bénéficier d'une pension de retraite, ou d'invalidité, les survivants ont droit à une pension de survivant.

Article 153.- Sont considérés comme survivants ouvrant droit à la pension :
a) la veuve ou le veuf à condition que le mariage ait été contracté deux ans au moins avant le décès de l'assuré ;
b) les enfants à la charge du décédé tels qu'ils sont définis au titre des prestations familiales.

Article 154.- (*Loi n°03-036)* Une allocation est accordée aux survivants de l'assuré qui compte moins de treize ans d'assurance à la date de son décès. Cette allocation est versée en une seule fois.

Section 2 - La liquidation - le calcul et le service des pensions, l'invalidité, la vieillesse et de décès

Article 155.- La liquidation de la pension de retraite ne peut être opérée que sur demande de l'intéressé adressée à l'Institut soit directement, soit par l'entremise de son dernier employeur, qui la transmet dans un délai ne pouvant excéder six mois.

Cette demande doit être accompagnée d'une justification de cessation d'activité et d'un engagement à ne pas reprendre une activité salariale. À la demande, doivent être jointes les justifications nécessaires au calcul des droits notamment celles relatives aux services antérieurs, aux périodes d'immobilité ou de guerre, à l'âge et à la situation matrimoniale.

Article 156.- (*Loi n°03-036*) Le montant de la pension de retraite ou d'invalidité ou de la pension anticipée est fixé en fonction de la rémunération mensuelle moyenne définie comme la quatre-vingt seizième partie du total des rémunérations soumises à cotisation au cours des huit dernières années précédant la date de cessation d'activité.

Pour le cadre de la pension d'invalidité, les années comprises entre l'âge effectif de l'invalidité, à la date où la pension prend effet, sont assimilées à des périodes d'assurance à raison de six mois par année.

Le montant mensuel de la pension de retraite, d'invalidité ou de la pension anticipée est égal à 26 % de la rémunération mensuelle moyenne. Si le total

des mois d'assurance et des mois assimilés dépasse 156 mois, le pourcentage est majoré de 2 % de la rémunération moyenne mensuelle pour chaque période d'assurance ou assimilée de douze mois au-delà de 120 mois.
Aucune pension de retraite, d'invalidité ou anticipée ne peut être calculée sur un salaire moyen mensuel inférieur au Salaire Minimum Interprofessionnel Garanti (SMIG) annuel multiplié par le coefficient 2.
Le bénéfice des allocations familiales est maintenu de plein droit aux titulaires des pensions de retraite et d'invalidité.
Article 157.- (*Loi n°03-036*) Les pensions de survivants sont calculées en pourcentage de la pension de retraite ou d'invalidité ou de la pension anticipée à la quelle l'assuré avait ou aurait eu droit à la date de son décès à raison de :
50 % pour la veuve ou le veuf. En cas de pluralité de veuves le montant est reparti entre elles à parts égales ;
10 % pour chaque orphelin sans que le total dépasse 50 % de la pension à la quelle l'assuré avait ou aurait eu droit. Si le nombre d'orphelins dépasse cinq, ledit montant est réparti entre les enfants à parts égales.
En aucun cas, le montant de la pension d'orphelin ne peut être inférieur à celui des allocations familiales. Le montant de l'allocation de survivant est égal à la pension de retraite à laquelle l'assuré aurait pu prétendre au titre de 156 mois d'assurance. Chaque mensualité est égale à six mois d'assurance à la date de son décès. En cas de pluralité des veuves, le montant est réparti au prorata du nombre des survivants.
Le bénéfice des allocations familiales est maintenu en faveur des enfants conformément aux dispositions du présent Code.
Article 158.- (*Loi n°06-008*) Les pensions de retraite sont payées mensuellement à terme échu.
Article 159.- Les pensions sont cessibles et saisissables dans les mêmes conditions et limites que le salaire.
Article 160.- Le travailleur étranger qui cesse de résider au Mali au moment de son départ en retraite et justifie avoir cotisé auprès de l'Institut au titre de la retraite, a droit au remboursement de cotisations personnelles qu'il a versées à l'Institut, sous réserve de l'existence de dispositions analogues dans la législation de son pays. Le travailleur étranger dont le pays a signé des accords de réciprocité avec le Mali peut bénéficier d'une retraite proportionnelle à ses cotisations.
Article 161.- Lorsque le fonctionnaire ou le travailleur salarié change de régime de retraite entre l'Institut National de Prévoyance Sociale et la Caisse des Retraites du Mali, l'organisme de retraite cédant reverse à l'organisme de retraite qui reçoit les cotisations (parts ouvrière et patronale) encaissées pour le compte de l'agent concerné.
Article 162.- Toutes contestations nées de l'application des textes régissant la retraite seront appréciées conformément aux dispositions des Articles 237 et 238 du présent Code.

TITRE V

DES DISPOSITIONS COMMUNES

Article 163.- Tout employeur est tenu de porter à la connaissance de l'Institut toute embauche ou tout licenciement de personnel, et ce dans les huit jours du début ou de la fin du travail d'un salarié au moyen de la déclaration de mouvement adressée en double exemplaire à l'Office de la Main-d'œuvre qui en adresse un sans délai à l'Institut.

Article 164.- Le service des prestations prévues au présent Code est soumis aux formalités préalables d'affiliation et d'immatriculation des salariés.

L'immatriculation est subordonnée à la présentation d'une demande du travailleur, rédigée sur un imprimé délivré par l'Institut, et accompagnée des pièces justificatives aux fins de vérification de l'état civil de l'allocataire, de son conjoint et de ses enfants.

Article 165.- L'Institut National de Prévoyance Sociale peut faire supporter aux employeurs la charge des prestations servies à ses salariés pour lesquels la déclaration prévue à l'article 163 ne lui a pas été adressée.

Article 166.- L'action de l'assuré pour le paiement des prestations prévues au présent Code se prescrit par deux ans à compter du 1er jour du trimestre suivant celui auquel se rapportent lesdites prestations.

Article 167.- Les prestations servies par l'Institut National de Prévoyance Sociale sont révalorisables par décret pris en Conseil des Ministres sur proposition du Ministre chargé du Travail, après délibération du Conseil d'Administration.

Article 168.- Il est institué un Fonds de Garantie et de Revalorisation des rentes d'accidents du Travail et de maladies professionnelles géré par l'Institut National de Prévoyance Sociale.

Ce Fonds sera alimenté par un prélèvement sur la masse des cotisations d'accidents du travail, dont le pourcentage sera fixé chaque année par arrêté du Ministre chargé du Travail après avis du Conseil d'Administration de l'Institut et en fonction des ressources d'accidents du travail.

Article 169.- Les ressources de ce fonds ont pour but :

a) de suppléer les débiteurs de rentes défaillants ou contestant leurs dettes, pour les rentes d'accidents survenus avant l'institution d'un régime d'assurance obligatoire et généralisé ;

b) de verser aux pensionnés du travail les majorations de rentes pour les cas où les révalorisations ont été décidées avant le 1er janvier 1958 ;

c) éventuellement de verser aux pensionnés du travail les majorations de

rentes en vertu des révalorisations qui pourront être arrêtées dans l'avenir.
Article 170.- Les rentes dues au titre des accidents du travail et des maladies professionnelles ne sont revalorisées que si elles correspondent à un taux d'incapacité permanente au moins égal à 10 %.
Lorsqu'une même victime bénéficie de plusieurs rentes à raison d'accidents successifs, chaque rente sera revalorisée quel que soit le taux d'incapacité correspondant, si celui qui résulte de l'ensemble des accidents est au moins égal à 10 %.
Article 171.- L'Institut National de Prévoyance Sociale assure le paiement des révalorisations dues soit en vertu du présent titre, soit aux victimes d'accidents survenus avant le 1er janvier 1958, par application d'une législation antérieure.

LIVRE III

DE L'ACTION SANITAIRE ET SOCIALE

Section 1 - L'action en faveur des familles

Article 172.- Dans le cadre de l'aide à la famille, l'action sanitaire et sociale se traduit par :
1° l'institution, la gestion et l'entretien de centres ou de services sociaux ou médicaux destinés à compléter l'équipement social et sanitaire et à diffuser auprès des femmes les notions d'hygiène, de puériculture et d'économie domestique propres à améliorer la condition de vie des familles ;
2° l'encouragement et l'aide à la formation du personnel d'action sociale (bourses d'études, concours publics, etc.…)
3° l'attribution de subventions ou de prêts aux services ou organismes qui contribuent à l'enseignement, la propagande et la documentation sur l'hygiène et l'économie familiale, ou qui exercent une action en faveur de la famille ;
4° la création et la gestion de tous établissements sanitaires ou sociaux en faveur des familles de travailleurs.

Section 2 - L'action pour la prévention, l'hygiène et la sécurité

Article 173.- Dans le cadre de la politique de prévention, d'hygiène et de sécurité définie par le gouvernement, l'action sanitaire et sociale en faveur des travailleurs, se traduit par l'action de l'Institut qui doit :
recueillir pour les diverses catégories d'établissements tous renseignements permettant d'établir les statistiques des accidents et des maladies professionnelles ;

procéder ou faire procéder à toutes enquêtes jugées utiles en ce qui concerne l'état sanitaire et social, les conditions d'hygiène et de sécurité des travailleurs ;
vérifier, sous le contrôle de l'Inspecteur du Travail, si les employeurs observent les mesures d'hygiène et de prévention prévues par la réglementation en vigueur.
recourir à tous les procédés de publicité et de propagande pour faire connaître, tant dans les entreprises que parmi la population, les méthodes de prévention ;
favoriser, par des subventions ou avances, l'enseignement de la prévention.
Article 174.- L'Institut peut consentir aux entreprises des subventions ou avances en vue de :
étudier et faciliter la réalisation d'aménagement destiné à assurer une meilleure protection des travailleurs ;
créer et développer des institutions dont le but est de susciter et de perfectionner les méthodes de prévention, de réadaptation et de rééducation, et améliorer les conditions d'hygiène et de sécurité.
Article 175.- Pour toutes les questions concernant l'action sanitaire et sociale, la prévention, l'hygiène et la sécurité des travailleurs, le Conseil d'Administration adopte un plan d'action dont la réalisation, étalée sur plusieurs exercices, est confiée au Directeur de l'Institut.
Ce plan est adopté après examen des projets élaborés par le Directeur en collaboration ave le Conseil Supérieur du Travail pour l'étude des questions intéressant l'hygiène et la sécurité des travailleurs.
À cette occasion, le Conseil d'Administration s'adjoint, à titre consultatif, des personnes choisies en raison de leur compétence technique médico-sociale ou de leur activité professionnelle.
Il peut, en outre, procéder au recrutement, sur contrat, après accord de l'Inspecteur du Travail, des spécialistes dont les services concourent à l'efficacité de l'action entreprise dans les domaines techniques.
Article 176.- En vue de prévenir certaines maladies professionnelles, des décrets pris en Conseil des Ministres sur proposition conjointe des Ministres chargés du Travail et de la Santé Publique pourront déterminer les mesures prophylactiques, mises à la charge des employeurs, qui seront rendues obligatoires pour les travailleurs d'une même branche d'activité et d'une même zone géographique.
Article 177.- Dans le cadre de l'action en faveur des victimes d'accidents du travail ou de maladies professionnelles atteintes d'une incapacité permanente, l'Institut peut :
susciter toutes études ou enquêtes susceptibles de définir les moyens de venir en aide aux travailleurs handicapés ;
créer, éventuellement en collaboration avec d'autres organismes ou services, les installations et équipements nécessaires à la rééducation et à la réadaptation professionnelle ;

aider, par des subventions ou tout autre moyen, les institutions ou organismes concourant au même but.

LIVRE IV

DES RESSOURCES

Article 178.- Les prestations légales prévues au présent Code, les frais de gestion de l'Institut National de Prévoyance Sociale, son plan d'action sanitaire et sociale et le fonds de réserve sont financés par :
1° des cotisations assises sur les salaires des travailleurs ;
2° des ristournes sur le budget de l'État et les subventions ;
3° le revenu des placements et investissements effectués par l'Institut ;
4° la contribution d'autres organismes ou institutions à la gestion desquels l'Institut est appelé à participer, ou dont il prend la succession pour le service de prestations ; □ 5° les dons et legs.
Article 179.- En aucun cas, l'Institut ne doit faire appel à une subvention de l'État pour couvrir les dépenses effectuées au titre des prestations légales. Pour pallier toute variation brusque et imprévisible soit du nombre des bénéficiaires, soit du montant des recettes, une partie du fonds de réserve est prévue pour que l'Institut puisse faire face à ses obligations en attendant que les mesures financières appropriées soient prises et produisent leur effet. Si ce fonds de réserve s'avérait insuffisant, l'Institut pourrait alors faire appel au Trésor Public pour obtenir une avance exceptionnelle et remboursable dans les moindres délais.
Article 180.- Le total des différents taux de cotisations tels qu'ils sont prévus aux Articles 192 à 198 ci-après, représente un taux de charges sociales indivisible destiné à couvrir l'ensemble des dépenses de Prévoyance Sociale.
Article 181.- Les employeurs sont responsables de la fourniture de la déclaration de salaire, du relevé nominatif, du versement des cotisations de prévoyance sociale, aussi bien de la part ouvrière que de la part patronale.
Article 182.- Les taux différenciés suivant les catégories de prestations servies doivent permettre à l'institut de couvrir pour chacun des régimes :
- la totalité des dépenses des prestations ;
-une partie des frais de gestion administrative ;
- une partie du budget d'action sanitaire et sociale.
Article 183.- La ventilation des cotisations effectivement perçues est effectuée entre les différents régimes, au prorata des résultats de la ventilation de ce qui aurait dû être encaissé.
Article 184.- Les recettes ainsi effectuées ne peuvent être utilisées à d'autres dépenses que celles des prestations correspondantes prévues au présent Code

ou aux différents chapitres des budgets de la gestion administrative et de l'action sanitaire et sociale.
Toutefois les excédents de recettes constituent un fonds de réserve général servant à équilibrer les régimes déficitaires.
Article 185.- La fraction des recettes de chaque régime consacré à la gestion administrative et à l'action sanitaire et sociale est déterminée aux sections 2 et 3 ci-après.
Article 186.- Les subventions, dons et legs doivent être utilisés suivant les prescriptions des donateurs.

Section 1 - Les cotisations

Article 187.- Les cotisations sont assises sur l'ensemble des rémunérations, salaires ou gains, y compris les avantages en nature et indemnités diverses, à l'exception de celles ayant un caractère de remboursement de frais perçus par les travailleurs assujettis aux différents régimes de prévoyance gérés par l'Institut National de Prévoyance Sociale.
Article 188.- Pour le calcul des cotisations afférentes à une période déterminée, tous les éléments de rémunération perçus pendant cette période doivent être pris en considération, qu'il s'agisse de payes normales ou d'éléments occasionnels, réguliers ou exceptionnels, sans qu'il soit tenu compte de la période de travail à laquelle ils se rapportent.
Article 189.- Le montant du salaire ou gain à prendre en considération pour base de calcul des cotisations ne peut être inférieur en aucun cas au montant du salaire minimum interprofessionnel garanti en vigueur dans la région où siège l'entreprise ou un de ses établissements.
Article 190.- Les cotisations dues pour les salariés " Gens de Maison " sont calculées sur les salaires réels.
Il en est de même pour les cotisations payées au titre de la main-d'œuvre occasionnelle.
Article 191.- Lorsqu'un employeur ne déclare pas le montant des salaires soumis à cotisations ou lorsque sa comptabilité ne permet pas d'établir ce montant, l'Institut est habilité à taxer d'office cet employeur. Cette taxation s'effectue sur les bases connues de l'Institut :
soit les salaires déclarés antérieurement, majorés de 10 %,
soit les salaires forfaitaires appliqués à chaque salarié, le nombre de salariés étant déterminé d'après des déclarations antérieures ou après enquête.
Article 192.- Les taux de cotisations se rapportant aux différents régimes de prestations assurées par l'Institut sont fixés par décret pris en Conseil des Ministres sur proposition du Ministre chargé du Travail, après délibération du Conseil d'Administration.
Article 193.- Le Conseil d'Administration doit tenir compte du montant moyen des prestations à servir au cours des cinq années à venir, pour chacun

des régimes, ainsi que du financement de la gestion administrative et de l'action sanitaire et sociale, financement dont les règles sont définies aux sections 2 et 3 du présent livre.
Article 194.- Les éléments concernant le nombre des bénéficiaires à prévoir, éléments nécessaires à l'estimation du montant moyen des dépenses, doivent figurer dans le plan statistique de l'Institut.
Article 195.- Le taux de chacune des prestations prévues au présent Code, est fixé par décret pris en Conseil des Ministres sur proposition du Ministre chargé du Travail, après délibération du Conseil d'Administration de l'Institut.
Article 196.- Le taux de la cotisation due au titre des accidents du Travail varie selon les branches d'activité professionnelle et éventuellement suivant le degré de sécurité de l'entreprise.
Article 197.- La couverture des charges du régime de retraite est assurée par une double cotisation patronale et ouvrière.
La part ouvrière représente 40 % du taux fixé pour ce régime.
Article 198.- Le Conseil d'Administration assure, dans le cadre des cotisations du régime, une pension de retraite égale à 80 % du salaire annuel moyen pour une durée de travail de 40 ans.
Article 199.- Les cotisations font l'objet de versements par l'employeur à l'Institut National de Prévoyance Sociale dans les quinze premiers jours de chaque mois si l'employeur occupe plus de 9 salariés et les quinze premiers jours de chaque trimestre lorsqu'il occupe moins de 10 salariés.
Article 200.- En cas de cession ou de cessation d'activité, le paiement des cotisations dues est immédiatement exigible. En cas de faillie ou de liquidation judiciaire, les cotisations dues à l'Institut National de Prévoyance Sociale jouissent du même privilège que le salaire.
Article 201.- La contribution ouvrière est précomptée à l'occasion de chaque paie.
Le salarié ne peut s'opposer à ce prélèvement.
Le paiement de la rémunération effectuée sous déduction de la cotisation ouvrière vaut acquit de cette contribution à l'égard du salarié par son employeur.
Article 02.- L'employeur qui ne peut acquitter le versement des cotisations dues à la date normale d'échéance, doit néanmoins verser immédiatement à l'Institut le montant des précomptes effectués sur la rémunération de ses salariés.
Article 203.- Les employeurs sont tenus de fournir à l'Institut à chaque échéance de paiement des cotisations, une « déclaration récapitulative de versement des cotisations » indiquant le montant des salaires ayant servi de base au calcul des cotisations.
Article 204.- Les employeurs sont tenus de fournir trimestriellement dans les délais prévus à l'article 199 un relevé nominatif des salaires soumis à

cotisations.
Article 205.- Le non-paiement des cotisations ne dispense pas l'employeur de la production de la « déclaration récapitulative des salaires » et du relevé nominatif trimestriel.
Article 206.- Sur leur demande, les personnes employant plus de cent salariés peuvent être autorisées par l'Institut à ne fournir qu'un relevé nominatif annuel.
Ce relevé doit être produit au cours du mois de janvier.
Cette autorisation peut être retirée à tout moment si l'employeur ne s'acquitte pas régulièrement des obligations prévues ci-dessus.
Article 207.- En ce qui concerne les Administrations d'État, les formalités de déclaration des salaires et les modalités d'encaissement des cotisations peuvent faire l'objet d'un protocole d'accord passé entre l'Institut National de Prévoyance Sociale, les Ministères chargés de la Fonction Publique et des Finances.
Article 208.- Les cotisations qui ne sont pas acquittées aux échéances prévues sont possibles d'une majoration de 2 % par mois ou fraction de mois de retard.
Article 209.- Les majorations de retard peuvent être réduites en cas de bonne fois ou de force majeure, par décision de la Commission de Recours Gracieux.
La décision de la Commission doit être motivée.
Article 10.- La production des relevés nominatifs trimestriels étant obligatoire, tout employeur défaillant pourra être astreint par l'Institut au paiement d'une amende dont le montant est fixé à :
7.500 FCFA pour les employeurs de gens de maison ;
15.000 FCFA pour les employeurs de moins de 10 salariés ;
30.000 FCFA pour les employeurs de plus de 9 salariés à raison d'une amende par relevé non fourni ;
45.000 FCFA pour les employeurs de plus de 100 salariés à raison d'une amende par relevé non fourni.
Article 211.- La taxation d'office prévue à l'article 191 du présent Code est indépendante des majorations et amendes fixées ci-dessus.
Article 212.- Ni la taxation d'office, ni l'amende ne dispensent l'employeur de la production du relevé nominatif trimestriel.
Article 213.- a) L'Institut est habilité à récupérer auprès des employeurs qui ne sont pas à jour de leurs cotisations, le montant des prestations servies à leurs salariés pendant les périodes pour lesquelles aucun versement des cotisations n'a été effectué.
La récupération des prestations servies ne dispense pas l'employeur de l'acquittement des cotisations dues pendant les périodes concernées.
L'Institut peut selon les cas, user de tous les moyens légaux pour obliger l'employeur à s'acquitter de ses cotisations.
Article 214.- Les employeurs qui ne versent pas les montants de la contribution ouvrière sur les salaires sont passibles des Tribunaux

Correctionnels pour retenue du précompte.
Article 215.- Avant constatation des infractions aux dispositions de la présente section, la procédure de la mise en demeure est obligatoirement appliquée.
Cette mise en demeure doit être faite par écrit, soit sur le registre d'employeur, soit par lettre recommandée avec accusé de réception.
Elle est datée et singée ; elle précise les sommes dues et fixe un délai de quinze jours dans lequel celles-ci devront être payées.
L'affaire est portée au contentieux, lorsque la dette n'a pas été réglée ni contestée dans les quinze jours.
L'Institut peut saisir le Président du Tribunal qui rendra sous huitaine une ordonnance nonobstant toute voie de recours.

Section 2 - Le financement de la gestion administrative

Article 216.- Le financement de la gestion administrative de l'Institut National de Prévoyance Sociale est assuré par des prélèvements effectués sur les recettes de chacun des régimes ou institutions à la gestion desquelles l'Institut est appelé à participer.
Article 217.- L'ensemble des ressources ainsi affectées à la gestion administrative doit couvrir toutes les charges de cette gestion.
Article 218.- Les prélèvements prévus à l'article 216 doivent être calculés chaque année en fonction :
du prix de revient des opérations caractéristiques accomplies pour les différentes gestions ;
du nombre de ces opérations.
Article 219.- Le prix de revient de chaque opération accomplie pour les différentes gestions est déterminé chaque année par le Conseil d'Administration à l'occasion de l'examen du budget prévisionnel.
À cet effet, le Directeur doit fournir au Conseil tous les éléments utiles et notamment :
le volume de travail effectué au cours de l'exercice précédent pour l'exercice à venir ;
le coût de fonctionnement de chacun des services de l'Institut ;
la répartition des charges entre les différents régimes de prestations légales et les institutions ou organisations à la gestion desquelles l'Institut participe.
Article 220.- Les modalités pratiques du calcul des prix de revient des différentes opérations sont fixées par arrêté du Ministre chargé du Travail.

Section 3-Le financement de l'action sanitaire et sociale.

Article 221.- Le financement de l'action sanitaire et sociale de l'Institut National de Prévoyance Sociale est assuré par :
1° un prélèvement sur l'ensemble des cotisations, majorations de retard et

amendes perçues par l'Institut pour les régimes de prestations légales dont il assure la gestion ;
2° des subventions, dons et legs de toute nature ;
3° tout ou partie des intérêts rapportés par le Fonds de Réserve Générale suivant décision du Conseil d'Administration.
Article 222.- Le taux du prélèvement prévu au 1er alinéa de l'article précédent est fixé avant chaque exercice par le Conseil d'Administration de l'Institut.
Article 223.- L'ensemble des Fonds ainsi attribués à l'Action Sanitaire constitue un budget unique, sans affectation particulière à l'un ou l'autre régime des prestations légales. L'emploi du budget d'Action Sanitaire et Sociale est déterminé chaque année par le Conseil d'Administration.
Section 4 - Le fonds de réserve générale
Article 224.- Le fonds de réserve générale est constitué par les excédents d'exploitation des régimes de Prévoyance Sociale prévus au présent Code.
Article 225.- Ces excédents doivent être placés pour 90 % au moins de leur montant en fonds ou valeurs, ou investis dans des entreprises ou des institutions.
Le fonds doit permettre en outre à l'Institut, comme prévu à l'article 179, de faire face aux effets de certaines variations imprévisibles du montant des ressources ou des prestations en attendant que les mesures financières appropriées soient prises pour établir l'équilibre des régimes.
Article 226.- Il appartient au Conseil d'Administration de déterminer chaque année l'utilisation des intérêts rapportés par le Fonds de Réserve.

LIVRE V

DU CONTENTIEUX ET DES SANCTIONS

TITRE I

DU CONTENTIEUX

Article 227.- Les Tribunaux du Travail sont compétents pour juger de toute contestation s'élevant entre les bénéficiaires des dispositions du présent Code, les Employeurs et l'Institut. Le Tribunal du Travail compétent est ainsi saisi par simple requête adressée au Secrétaire du Tribunal et à la partie adverse. Le Tribunal en avise la partie adverse qui a un délai de 15 jours pour répondre par écrit.
Les règles de procédure applicables sont celles prévues par les articles L190 et suivants du Code du Travail.

Article 228.- Les Tribunaux du Travail restent compétents alors même qu'une collectivité ou un établissement public est en cause et peuvent statuer sans qu'il ait lieu pour les parties d'observer, dans le cas où il en existerait, les formalités préalables qui sont prescrites avant qu'un procès-verbal puisse être adressé à ces personnes morales.
Article 229.- Le tribunal peut ordonner l'exécution par provision de toutes ses décisions.
Article 230.- Les infractions aux dispositions du présent Code sont constatées par les Inspecteurs du Travail par procès-verbal faisant foi jusqu'à inscription de faux.
L'Inspecteur du Travail peut donner délégation de pouvoir aux Contrôleurs de l'Institut qui sont dûment assermentés et tenus au secret professionnel.
Article 231.- Les oppositions ou obstacles aux visites ou inspections des Inspecteurs du Travail ou des Agents de Contrôle de l'Institut sont passibles des peines prévues à l'article L334 du Code du Travail.

Section 1 – Le contentieux accidents du travail

Article 232.- Les tribunaux du travail compétents sont ceux du lieu de l'accident, du domicile de la victime ou du lieu de l'établissement auquel appartient la victime.
Lorsque l'accident s'est produit à l'étranger, le tribunal du travail compétent, est celui de la circonscription où est installé l'établissement auquel appartient la victime.
Article 233.- Les décisions relatives à l'indemnité journalière sont, nonobstant appel, exécutoires par provision pour l'indemnité échue depuis l'accident jusqu'au trentième jour qui suit l'appel. Passé ce délai, l'exécution provisoire ne peut être confirmée que de mois en mois sur requête adressée pour chaque période mensuelle au Président du Tribunal dont la décision a été frappée d'appel, statuant seul.
Les avances éventuelles allouées peuvent toujours être modifiées en cours d'instance par le Tribunal. Elles sont, comme les rentes, incessibles et insaisissables dans les mêmes conditions que l'indemnité journalière.
Lorsque le montant de la provision excède les arrérages dus jusqu'à la date de la fixation de la rente, le tribunal peut ordonner que le surplus soit précompté sur les arrérages ultérieurs dans les proportions qu'il détermine.
Article 234.- Le Tribunal peut commettre un expert notamment lorsque les contestations portent sur les frais occasionnés par le traitement, sur le caractère professionnel de l'accident, sur la date de consolidation de la blessure, sur le taux d'incapacité permanente et sur l'action en révision.
L'expert ainsi désigné ne peut être ni le médecin qui a soigné la victime, ni le médecin attaché à l'entreprise, ni le médecin conseil de l'Institut.
Les frais d'expertise ainsi que les frais de transport, lorsque la victime est

obligée de quitter sa résidence pour se rendre à l'expertise, sont à la charge de l'Institut.
Les médecins experts désignés par les Tribunaux du Travail en sont immédiatement avisés par le Secrétaire du Tribunal ; ils doivent déposer leurs conclusions dans le délai maximum d'un mois, à défaut de quoi il est pourvu à leur remplacement, à moins qu'en raison des circonstances spéciales de l'expertise, ils n'aient obtenu du Tribunal un délai plus long.
Article 235.- Le bénéfice de l'assistance judiciaire est accordé de plein droit à la victime ou à ses ayants droits tant en première instance qu'en appel.
Le bénéfice de l'assistance judiciaire s'étend de plein droit à tous les actes d'exécution mobilière et immobilière et à toute contestation à l'exécution des décisions judiciaires.
Article 236.- Outre les sanctions prévues au Titre II, les employeurs ayant omis de s'affilier à l'Institut sont tenus de verser à l'Institut qui assure le service de la rente due à la victime, le montant du capital constitutif. Ce capital est égal au montant de la rente annuelle multiplié par le coefficient servant au calcul du rachat des rentes.
Dans le cas où l'employeur serait insolvable et où il a été impossible de lui faire supporter les frais prévus ci-dessus, l'Institut assume l'ensemble des charges découlant de l'accident du travail ou de la maladie professionnelle, quitte à lui de garantir sur les biens éventuels de l'employeur.

Section 2 - Le contentieux vieillesse

Article 237.- En cas de contestation sur l'état d'inaptitude, celui-ci est apprécié par une Commission composée de :
un médecin désigné par le Ministre chargé de la Santé, Président ;
un représentant du Ministre chargé du Travail ;
un médecin de l'Institut ;
un représentant des employeurs et un représentant des travailleurs.
Article 238.- En cas de contestation sur les conditions requises pour avoir droit aux avantages du régime vieillesse, ou sur le montant des avantages attribués par l'Institut, la Commission de Recours Gracieux doit être saisie en première instance, avant que le litige soit porté devant le Tribunal du Travail.

TITRE II

DES SANCTIONS

Art.239.- Seront punis d'une amende de 20 000 francs et en cas de récidive

d'une amende de 75 000 FCFA à 200 000 FCFA et d'un emprisonnement de six jours à trois mois ou l'une de ces deux peines seulement :
a) les employeurs qui ne sont pas affiliés à l'Institut ou qui auront contrevenu aux dispositions de l'article 199 ;
b) les employeurs qui n'auront pas fait la déclaration visée à l'article 163 ;
c) les employeurs qui auront retenu indûment le précompte de la cotisation de retraite ;
d) les employeurs qui omettront de faire la déclaration dans le délai prévu à l'article 70 du présent Code. Ils seront tenus de prendre en charge les prestations afférentes à l'incapacité temporaire (prestation en nature et indemnités journalières). Le service des rentes restera exclusivement à la charge de l'Institut.
Article 240.- Sera puni d'une amende de 20 000 FCFA à 100 000 FCFA et d'un emprisonnement de six jours à un mois ou de l'une de ces deux peines seulement toute personne qui aura omis de faire les déclarations prévues aux articles 71, 181, 191, 203 et 204.
En cas de récidive, l'amende sera de 75 000 FCFA à 200 000 FCFA et l'emprisonnement de quinze jours à trois mois.
Article 241.- Il y a récidive lorsque dans les douze mois antérieurs au fait poursuivi, le contrevenant a déjà subi une condamnation pour une contravention identique.
Article 242.- Sera puni d'une amende de 25 000 FCFA quiconque se sera rendu coupable de fraude ou de fausse déclaration pour obtenir des prestations ou des réparations qui ne sont pas dues, sans préjudice des peines prévues au Code pénal.
Sont passibles d'une amende de 25 000 FCFA et d'un emprisonnement d'un mois à trois ou de l'une de ces deux peines seulement, les Administrateurs, Directeurs ou Agents de l'Institut, en cas de fraude ou de fausse déclaration dans l'encaissement ou dans la gestion, le tout sans préjudice de plus fortes peines s'il y a lieu.
Article 243.- Sera puni d'une amende de 50 000 FCFA à 250 000 FCFA :
a) tout intermédiaire convaincu d'avoir offert moyennant rémunération ses services pour assurer aux victimes d'accidents ou à leurs ayants droit le bénéfice des prestations et indemnités prévues au Titre III du Livre II du présent Code ;
b) tout employeur ayant opéré sur le salaire de son personnel des retenues pour l'assurance accident ;
c) quiconque aura influencé ou tenté d'influencer une personne témoin d'un accident du travail à l'effet d'altérer la vérité et cela sans préjudice des peines prévues par le Code pénal.
Article 244.- Les entreprises qui ne respectent pas les mesures de prévention prévues par la loi, ou ne suivent pas les prescriptions des Inspecteurs du travail ou de sécurité sociale en cette matière peuvent être poursuivies et condamnées

à une amende de 25.000 FCFA à 250.000 FCFA.

LIVRE VI

DES DISPOSITIONS FINALES

Article 245.- La présente loi abroge toutes dispositions antérieures contraires, notamment la Loi n°62-68/AN-RM du 09 août 1962 portant institution en République du Mali d'un Code de Prévoyance Sociale.

TEXTES RÈGLEMENTAIRES SUR LE CADRE INSTITUTIONNEL

ORDONNANCE n° 2019-011/P-RM DU 27 MARS 2019 PORTANT CRÉATION DE L'INSTITUT NATIONAL DE SANTÉ PUBLIQUE[43]

Le Président de la République,

Vu la Constitution ;
Vu la Loi n°93-042 du 04 août 1993 portant création d'une Cellule d'exécution des programmes de renforcement des infrastructures sanitaires (CEPRIS) ;
Vu la Loi n°96-015 du 13 février 1996 portant statut général des établissements publics à caractère scientifique, technologique ou culturel ;
Vu la Loi n°2014-049 du 19 septembre 2014 portant principes fondamentaux de la création, de l'organisation et du contrôle des services publics ;
Vu la Loi 2018-073 du 27 décembre 2018 autorisant le gouvernement à prendre certaines mesures par ordonnances ;
Vu le Décret n°2018-0711/P-RM du 04 septembre 2018 portant nomination du Premier ministre ;
Vu le Décret n°2018-0712/P-RM du 09 septembre 2018 portant nomination des membres du Gouvernement,

La Cour Suprême entendue,

STATUANT EN CONSEIL DES MINISTRES,

ORDONNE :

CHAPITRE I : DE LA CRÉATION ET DES MISSIONS

Article 1 : Il est créé un établissement public national à caractère scientifique et technologique doté de la personnalité morale et de l'autonomie financière dénommé « Institut national de Santé Publique », en abrégé INSP.
Article 2 : L'Institut national de Santé publique a pour mission la mise en place d'un système de veille sanitaire et de surveillance épidémiologique et la promotion de la recherche sur les politiques et systèmes de santé.
À ce titre, il est chargé :
- de veiller à l'application du Règlement sanitaire international (RSI) 2005 et

---

[43]https://www.ilo.org/dyn/natlex/docs/ELECTRONIC/109108/135276/F-239692620/MLI-109108.pdf

à la mise en œuvre du Programme de Sécurité sanitaire mondiale au Mali ;
- de coordonner la mise en œuvre des interventions de surveillance et riposte au niveau national ;
- de contribuer au développement d'une capacité nationale de veille sanitaire et de surveillance épidémiologique ;
- de développer une capacité nationale en matière de vaccinologie ;
- d'assurer la référence dans le domaine du diagnostic biomédical ;
- d'assurer la gestion des réserves sanitaires notamment les stocks de produits biologiques, les équipements et les matériels nécessaires à la protection des populations face aux menaces sanitaires graves ;
- de recueillir et évaluer les informations sur les effets inattendus ou toxiques des médicaments et des vaccins ;
- de promouvoir la recherche médicale et pharmaceutique en santé publique ;
- de participer à la formation technique, au perfectionnement et à la spécialisation des cadres ;
- de promouvoir la coopération nationale et internationale dans le domaine de la recherche, la formation et la lutte contre la maladie ;
- de participer à la mise en œuvre des politiques, des programmes et des stratégies de santé publique.

CHAPITRE II : DE LA DOTATION INITIALE ET DES RESSOURCES

Article 3 : L'Institut national de Santé publique (INSP) reçoit en dotation initiale les biens meubles et immeubles de l'INRSP, du CREDOS, de l'ANSSA, du DOU-SP, du CVD, du Centre national Influenza et du Centre de pharmacovigilance.

Article 4 : Les ressources de l'Institut national de Santé publique sont constituées par :
- les produits des prestations de service ;
- les subventions de l'État ;
- les prises de participation ;
- les emprunts ;
- les concours des partenaires techniques et financiers ;
- les recettes diverses ;
- les dons et legs.

CHAPITRE III : DES ORGANES D'ADMINISTRATION ET DE GESTION

Article 5 : Les organes d'Administration et de gestion de l'Institut national de Santé publique sont :
- le Conseil d'administration ;

- la Direction générale ;
- le Comité scientifique et technique ;
- le Comité de gestion ;
- le Comité d'éthique.

Section 1 : Du Conseil d'Administration

Sous-section 1 : Des attributions

Article 6 : Le Conseil d'Administration de l'INSP exerce, dans les limites des lois et règlements en vigueur, les attributions spécifiques suivantes :
- fixer les orientations générales de l'INSP ;
- arrêter les programmes d'équipement et d'investissement ;
- adopter le programme annuel d'activités ;
- adopter le budget prévisionnel de l'INSP et ses modifications éventuelles,
- arrêter les comptes financiers avant leur transmission à l'autorité de tutelle ;
- examiner les rapports d'activités du directeur et les états financiers en fin d'exercice ;
- approuver le plan d'effectif et l'organigramme de l'INSP ;
- approuver le règlement intérieur de l'INSP ;
- autoriser la création des départements spécialisés de l'INSP, fixer leurs missions, leurs moyens et leur organisation interne ;
- accréditer les organismes privés dans le réseau national de veille et de sécurité sanitaire ;
- approuver les conventions visant la mise en œuvre des missions de l'INSP et précisant les modalités de fonctionnement des organismes constituant le réseau national de veille et de sécurité sanitaire ;
- fixer les conditions et modalités d'octroi des indemnités, primes et avantages spécifiques au personnel ;
- approuver les dons, legs et subventions autres que celles de l'État ;
- autoriser les acquisitions des meubles et immeubles.

Sous-section 2 : De la composition

Article 7 : Le Conseil d'Administration de l'Institut national de Santé publique (INSP) est composé des représentants :
- des pouvoirs publics ;
- d'établissements et/ou institutions publics à caractère professionnel ;
- du secteur privé professionnel ;
- de la société civile ;
- du personnel de l'Institut.

Le Conseil peut faire appel à toute personne en raison de sa compétence.
Article 8 : La liste nominative des membres du Conseil d'Administration est

fixée par arrêté du ministre chargé de la Santé.
Article 9 : Le Directeur général de l'INSP, son adjoint, l'agent comptable, les chefs de départements de l'Institut ainsi qu'un représentant de chaque service public et organisme privé membre du réseau national de veille et de surveillance sanitaire assistent aux sessions du Conseil d'Administration avec voix consultative.

Sous-section 3 : Des modes de désignation

Article 10 : Les représentants du personnel sont désignés en assemblée générale des travailleurs de l'INSP. Les représentants de la Fédération malienne des Thérapeutes traditionnels et Herboristes (FEMATH), des ordres professionnels et des associations des consommateurs sont désignés par leurs organisations respectives.
Article 11 : Les représentants des pouvoirs publics sont désignés es qualité.
Les représentants des établissements et/ou institutions publics à caractère professionnel, des organisations de la société civile et du secteur privé professionnel sont désignés selon les procédures qui leur sont propres.
Article 12 : La durée du mandat des membres du Conseil d'Administration de l'INSP est de trois (3) ans renouvelables.

Section 2 : De la Direction générale

Sous-section 1 : Des attributions

Article 13 : L'Institut national de Santé publique (INSP) est dirigé par un Directeur général nommé par décret pris en Conseil des Ministres.
Article 14 : Le Directeur général dirige, anime, coordonne et contrôle l'ensemble des activités de l'Institut. Il est responsable de la réalisation du programme et des objectifs fixés par le Conseil d'Administration de l'INSP.
À cet effet, il est notamment chargé :
- de veiller à l'exécution des décisions du Conseil d'Administration de l'Institut ;
- d'ordonner les recettes et les dépenses de l'INSP ;
- de représenter l'Institut dans tous les actes de la vie civile et en justice ;
- d'exercer toutes les fonctions d'administration et de gestion non expressément réservée au Conseil d'Administration et à la tutelle ;
- de lancer l'alerte sanitaire et appuyer la mise en œuvre de la réponse aux menaces et crises sanitaires ;
- de solliciter, face aux menaces sanitaires graves, l'autorisation du ministre chargé de la santé, pour l'acquisition, l'importation, le stockage, le transport et la distribution des produits et services nécessaires à la protection de la population ;

- de recruter, nommer et licencier le personnel non fonctionnaire recruté sur fonds propres et ce, conformément aux lois et règlements en vigueur ;
- de soumettre à la délibération du Conseil d'Administration les objectifs annuels à atteindre, le programme annuel d'activités, le rapport d'activités annuel et le budget prévisionnel correspondant ;
- de signer les baux, conventions et contrats au nom de l'INSP ;
- de veiller au déroulement régulier des activités administratives, de recherche et de production, menées au sein de l'INSP.

Section 3 : Du Comité scientifique et technique

Sous- section 1 : Des attributions

Article 15 : Le Comité scientifique et technique est obligatoirement consulté, avant leur adoption, sur :
- les orientations générales de l'INSP ; - les programmes d'équipement et d'investissement ; - le programme annuel d'activités ; - le cadre organique et l'organigramme de l'INSP ; - le règlement intérieur de l'INSP ; - la création des départements spécialisés de l'INSP, leurs missions, leurs moyens et leur organisation interne ; - l'accréditation des organismes privés dans le réseau national de veille et de sécurité sanitaire ; - les conventions visant la mise en œuvre des missions de l'INSP et la précision des modalités de fonctionnement des organismes constituant le réseau national de veille et de sécurité sanitaire ;
- le lancement de l'alerte sanitaire, la préparation et la mise en œuvre de la réponse aux menaces et crises sanitaires.
Il procède à l'évaluation scientifique des résultats des activités de l'INSP et établit annuellement un rapport sur lesdites activités à l'intention du Conseil d'Administration.

Sous-section 2 : De la composition

Article 16 : Le Comité scientifique et technique est composé d'un président et de dix membres choisis par le ministre chargé de la Santé sur une liste de personnalités scientifiques proposées par le Conseil d'Administration de l'INSP, saisi à cet effet par le Directeur général. Le Comité peut s'adjoindre toute autre personne en raison de ses compétences particulières.

Sous- section 3 : Des modes de désignation
Article 17 : Le président et les membres du Comité scientifique et technique sont nommés, pour une période de trois (3) ans renouvelables, par décision du ministre chargé de la Santé.

Section 4 : Du Comite de gestion

Sous-section 1 : Des attributions

Article 18 : Le Comité de gestion est un organe consultatif de l'INSP chargé d'assister le directeur général dans ses tâches de gestion. Il est obligatoirement consulté sur :
- toute mesure de nature à modifier la structure ou les effectifs du service, la durée du travail ou les conditions d'emploi ;
- toute initiative visant à l'amélioration des conditions de travail et de vie dans l'établissement ; - le plan de formation et de perfectionnement du personnel.

Sous-section 2 : De la composition

Article 19 : Le Comité de gestion se compose comme suit :
Président : le directeur général de l'INSP ;
Membres :
- le Directeur général adjoint de l'INSP ;
- les Chefs de Département ;
- les Chefs de service ;
- deux représentants des travailleurs.

Sous-section 3 : Des modes de désignation

Article 20 : Les membres du Comité de gestion sont nommés par décision du Directeur général de l'INSP.
Les représentants des travailleurs sont ceux désignés par l'assemblée des travailleurs de l'INSP pour siéger comme membres du Conseil d'Administration.

Section 5 : Du Comité d'éthique

Sous- section 1 : Des attributions

Article 21 : Le Comité d'éthique est chargé, en tenant compte du contexte socioculturel, de donner des avis sur les mesures de réponse aux menaces et crises sanitaires, les projets de recherche et les programmes d'information, d'éducation et de communication.

Sous-section 2 : De la composition

Article 22 : Le Comité d'éthique se compose comme suit :
- un représentant de la Direction générale de la Santé et de l'Hygiène publique ;

- un représentant de l'Institut des Sciences Humaines ;
- quatre (4) chercheurs désignés par le ministre chargé de la Recherche scientifique ;
- un représentant du Haut Conseil islamique ;
- un représentant de l'Eglise catholique ;
- un représentant de l'Association des groupements d'Eglises et Missions protestantes ;
- un représentant de l'Association malienne des Droits de l'Homme ;
- un représentant de l'Ordre national des Médecins du Mali ;
- un représentant des professionnels de la communication.

Le Comité d'éthique peut faire appel à toute personne ressource en fonction de ses compétences.

Sous- section 3 : Des modes de désignation

Article 23 : Les membres du Comité d'éthique sont nommés par décision du ministre chargé de la Santé.
Le Comité d'éthique élit en son sein un président.

CHAPITRE IV : DE LA TUTELLE

Article 24 : L'Institut national de Santé publique (I.N.S.P) est placé sous la tutelle du ministre chargé de la Santé.
Article 25 : Les actes d'administration et de gestion définis aux articles 26 et 27 ci-dessous sont soumis à l'autorisation préalable ou à l'approbation expresse de l'autorité de tutelle.
Article 26 : L'autorisation préalable est requise pour les actes suivants :
- les subventions, dons et legs assortis de conditions ;
- les emprunts de plus d'un (1) an ;
- la signature de convention et de contrat égal ou supérieur à 50 millions de francs CFA ;
- la prise de participation financière et toute intervention impliquant la cession des biens et ressources de l'Institut ;
- le lancement de l'alerte sanitaire, la préparation et la mise en œuvre des mesures de réponse aux menaces et crises sanitaires.

Article 27 : Sont soumis à l'approbation expresse :
- l'organigramme de l'INSP ;
- la création des établissements spécialisés de l'INSP ;
- l'accréditation des organismes privés dans le réseau national de veille et de sécurité sanitaire ;
- les conventions visant la mise en œuvre des missions de l'INSP et précisant les modalités de fonctionnement des organismes constituant le réseau national de veille et de sécurité sanitaire ; - le plan de recrutement ;

- les conditions et modalités d'octroi des indemnités, primes et avantages spécifiques au personnel ;
- l'approbation des dons, legs et subventions autres que celles de l'État ;
- les rapports annuels du Conseil d'administration de l'Institut ;
- le règlement intérieur de l'Institut ;
- le règlement intérieur du Conseil d'administration.

Article 28 : L'autorisation préalable ou l'approbation expresse est demandée par requête du Directeur général de l'INSP.

Le ministre chargé de la Santé dispose de quinze (15) jours à compter de la réception de la requête pour notifier son autorisation, son approbation ou son refus.

Passé ce délai, l'autorisation ou l'approbation est considérée comme acquise.

CHAPITRE V : DES DISPOSITIONS TRANSITOIRES

Article 29 : Le personnel et le patrimoine de l'INRSP, du CREDOS, de l'ANSSA, du DOU-SP, du CVD, du Centre national Influenza et du Centre de pharmacovigilance sont reversés au compte de l'INSP.

Article 30 : Sont et demeurent valables les contrats, accords, conventions signées par l'INRSP, le CREDOS, l'ANSSA, le DOU-SP, le Centre national Influenza et le Centre de pharmacovigilance avec les partenaires locaux et étrangers.

CHAPITRE VI : DISPOSITIONS FINALES

Article 31 : Un décret pris en Conseil des Ministres fixe l'organisation et les modalités de fonctionnement de l'Institut national de Santé publique (INSP).

Article 32 : La présente ordonnance abroge toutes dispositions antérieures contraires, notamment :
- la Loi n°93-014 du 11 février 1993, modifiée, portant création d'un établissement public à caractère administratif dénommé Institut national de Recherche en Santé publique (INRSP) ;
- la Loi n°03-043 du 30 décembre 2003 portant création de l'Agence nationale de la Sécurité sanitaire des Aliments (ANSSA) ;
- l'Ordonnance n°00-064/P-RM du 29 septembre 2000, modifiée, portant création du Centre de Recherche, d'Etudes et de Documentation pour la Survie de l'Enfant (CREDOS).

Article 33 : La présente ordonnance sera enregistrée et publiée au Journal officiel.

Bamako, le 27 mars 2019

Le Président de la République,
Ibrahim Boubacar KEITA

Le Premier ministre, Soumeylou Boubèye MAIGA
Le ministre de la Santé et de l'Hygiène publique, Professeur Samba Ousmane SOW
Le ministre de l'Economie et des Finances, Docteur Boubou CISSÉ
Le ministre de l'Education nationale, Professeur Abinou TÈMÈ
Le ministre de l'Innovation et de la Recherche scientifique, Professeur Assétou Founè SAMAKE MIGAN

ORDONNANCE n° 00 - 039 /P-RM DU 20 SEPTEMBRE 2000 PORTANT CRÉATION DE LA DIRECTION DE LA PHARMACIE ET DU MÉDICAMENT[44]

LE PRESIDENT DE LA REPUBLIQUE,

Vu la Constitution ;
Vu la loi n° 94-009 du 22 mars 1994 portant principes fondamentaux de la création, de l'organisation, de la gestion et du contrôle des services publics ;
Vu la loi n° 00-059 du 1er septembre 2000 autorisant le Gouvernement à prendre certaines mesures par ordonnances ;
Vu le décret n° 00-055 / P-RM du 15 février 2000 portant nomination du Premier ministre ; Vu le décret n°00-057 / P-RM du 21 février 2000 portant nomination des membres du Gouvernement ;
La Cour Suprême entendue ;
Statuant en Conseil des Ministres, Ordonne :
Article 1er : Il est créé un service central dénommé Direction de la pharmacie et du médicament.
Article 2 : La Direction de la pharmacie et du médicament a pour mission d'élaborer les éléments de la politique pharmaceutique nationale, de veiller à en assurer l'exécution et d'assurer la coordination et le contrôle des services qui concourent à la mise en œuvre de cette politique.
À ce titre, elle est chargée de :
- définir la réglementation pharmaceutique ;
- instruire et suivre les dossiers d'autorisation de mise sur le marché national des médicaments ;
- élaborer et mettre en œuvre les programmes nationaux des médicaments essentiels ;
- développer des outils d'aide à l'usage rationnel des médicaments.
Article 3 : La Direction de la pharmacie et du médicament est dirigée par un Directeur nommé par décret pris en Conseil des Ministres.
Article 4 : Un décret pris en Conseil des Ministres fixe l'organisation et les modalités de fonctionnement de la Direction de la pharmacie et du médicament.
Article 5 : Sont et demeurent abrogées toutes les dispositions antérieures contraires, notamment celles de l'Ordonnance n° 90-33 / P-RM du 05 juin 1990 portant création de la Direction nationale de la santé publique en ce qui concerne la politique du médicament. Article 6 : La présente ordonnance sera enregistrée et publiée au Journal officiel.

---

[44] https://clinregs.niaid.nih.gov/sites/default/files/documents/mali/DecreeNo2011-753.pdf.

Bamako, le 20 septembre 2000

Le Président de la République, Alpha Oumar KONARE
Le Premier ministre Mandé SIDIBE
Le Ministre de la santé, Madame Traoré Fatoumata NAFO

ORDONNANCE n° 00 – 040 / P-RM DU 20 SEPTEMBRE 2000 PORTANT CRÉATION DU LABORATOIRE NATIONAL DE LA SANTÉ[45]

Le Président de la Republique,

Vu la Constitution ;
Vu la loi n° 96-015 du 03 février 1996 portant statut général des Etablissements publics à caractère scientifique, technologique ou culturel ;
Vu la loi n° 00-059 du 1er septembre 2000 autorisant le Gouvernement à prendre certaines mesures par ordonnances ;
Vu le décret n° 00-055 / P-RM du 15 février 2000 portant nomination du Premier ministre ; Vu le décret n° 00-057 / P-RM du 21 février 2000 portant nomination des membres du Gouvernement ; La Cour Suprême entendue ; Statuant en Conseil des Ministres, Ordonne :

CHAPITRE I : CRÉATION ET MISSIONS

Article 1 : Il est créé un Etablissement public à caractère scientifique et technologique dénommé Laboratoire national de la santé.
Article 2 : Le Laboratoire national de la santé a pour mission de contrôler la qualité des médicaments, aliments, boissons ou toutes autres substances importées ou produites en République du Mali et destinées à des fins thérapeutiques, diététiques ou alimentaires en vue de la sauvegarde de la santé des populations humaines et animales.
À ce titre, il est chargé de :
- donner son avis technique pour l'autorisation ou l'interdiction de l'usage de tout produit, médicament, aliment ou boisson à usage thérapeutique, diététique ou alimentaires ;
- prélever et analyser des échantillons dans toute unité de production, d'importation de distribution ou de conservation de médicament, eaux, boissons diverses, aliments et toutes autres substances introduites dans l'organisme humain et animal dans un but thérapeutique, nutritionnel ou autre et concourant à l'amélioration ou la détérioration de l'état de santé de l'homme et de l'animal ; - participation à la formation universitaire et post-universitaire ;
- entreprendre des activités de recherches scientifiques et techniques ;
- contribuer à l'élaboration des normes et veiller à leur application.

---

[45] Voir : http://legispharm.org.

CHAPITRE II : DOTATION INITIALE ET RESSOURCES

Article 3 : La dotation initiale est constituée par les biens meubles et immeubles de l'ancien Laboratoire national de la santé.
Article 4 : Les ressources du Laboratoire National de la Santé sont constituées par :
- les revenus provenant des prestations de services ;
- les produits d'aliénation des biens meubles et immeubles ;
- les revenus du patrimoine ;
- les subventions de l'État ;
- les dons, legs, subventions autres que celles de l'État ;
- les fonds d'aide extérieure ;
- les concours de personnes physiques et morales nationales ou étrangère ;
- les emprunts ;
- les ressources diverses.

CHAPITRE III : ORGANES D'ADMINISTRATION ET DE GESTION

Article 5 : Les organes d'administration et de gestion du Laboratoire national de la santé sont :
- le Conseil d'administration ;
- le Comité scientifique et technologique.

CHAPITRE IV : DES DISPOSITIONS FINALES

Article 6 : Un décret pris en Conseil des Ministres fixe l'organisation et les modalités de fonctionnement du Laboratoire national de la santé.
Article 5 : Sont et demeurent abrogées toutes dispositions antérieures contraires, notamment l'Ordonnance n° 90-34 / P-RM du 05 juin 1990 portant création du Laboratoire national de la santé.
Article 6 : La présente ordonnance sera enregistrée et publiée au Journal officiel.

Bamako, le 20 septembre 2000

Le Président de la République, Alpha Oumar KONARE
Le Ministre de la santé, Madame Traoré Fatoumata NAFO

ORDONNANCE n° 00 – 041 / P-RM DU 20 SEPTEMBRE 2000 PORTANT CRÉATION DU CENTRE NATIONAL DE TRANSFUSION SANGUINE[46]

Le Président de la République,

Vu la Constitution ;
Vu la loi n° 96-015 du 03 février 1996 portant statut général des Etablissements publics à caractère scientifique, technologique ou culturel ;
Vu la loi n° 00-059 du 1er septembre 2000 autorisant le Gouvernement à prendre certaines mesures par ordonnances ;
Vu le décret n° 00-055 / P-RM du 15 février 2000 portant nomination du Premier ministre ; Vu le décret n° 00-057/P-RM du 21 février 2000 portant nomination des membres du Gouvernement ;

La Cour Suprême entendue ;
Statuant en Conseil des Ministres, Ordonne :

CHAPITRE I : CRÉATION ET MISSIONS

Article 1er : Il est créé un Etablissement public à caractère scientifique et technologique dénommé Centre national de transfusion sanguine, en abrégé Cnts.
Article 2 : Le Centre national de transfusion sanguine a pour mission de collecter, analyser, préparer, conditionner et conserver le sang humain et ses dérivés en vue de leur distribution aux établissements sanitaires publics et privés agréés ainsi qu'aux particuliers. À ce titre, il est chargé de :
- sensibiliser, recruter et fidéliser les donneurs de sang ;
- effectuer des analyses biomédicales et des expertises médico-légales ;
- réaliser des études et des recherches dans les domaines de sa compétence ;
- participer à la formation universitaire des étudiants et stagiaires, ainsi qu'à la formation continue des cadres.

CHAPITRE II : DOTATION INITIALE ET RESSOURCES

Article 3 : La dotation initiale est constituée par les biens meubles et immeubles de l'ancien
Centre national de transfusion sanguine.
Article 4 : Les ressources du Centre national de transfusion sanguine sont

---
46 http://www.sante.gov.ml.

constituées par :
- les revenus provenant des prestations de services ;
- les produits d'aliénation des biens meubles et immeubles ;
- les revenus du patrimoine ;
- les subventions de l'État ;
- les dons, legs, subventions autres que celles de l'État ;
- les fonds d'aide extérieure ;
- les concours de personnes physiques et morales nationales ou étrangères ;
- les emprunts ;
- les ressources diverses.

CHAPITRE III : ORGANES D'ADMINISTRATION ET DE GESTION

Article 5 : Les organes d'administration et de gestion du Centre national de transfusion sanguine sont :
- le Conseil d'administration ;
- la Direction générale ;
- le Comité scientifique et technologique.

CHAPITRE IV : DES DISPOSITIONS FINALES

Article 6 : Un décret pris en Conseil des Ministres fixe l'organisation et les modalités de fonctionnement du Centre national de transfusion sanguine.
Article 5 : Sont et demeurent abrogées toutes dispositions antérieures contraires, notamment l'Ordonnance n° 90-38 / P-RM du 05 juin 1990 portant création du Centre national de transfusion sanguine.
Article 6 : La présente ordonnance sera enregistrée et publiée au Journal officiel.

Bamako, le 20 septembre 2000

Le Président de la République,
Alpha Oumar KONARE

Le Premier ministre,
Mandé SIDIBE

Le ministre de la Santé,
Madame Traoré Fatoumata NAFO

ORDONNANCE n° 00 – 058 / P-RM DU 28 SEPTEMBRE 2000 PORTANT CRÉATION DE L'INSPECTION DE LA SANTÉ[47]

LE PRESIDENT DE LA REPUBLIQUE,

Vu la Constitution ;
Vu la loi n° 00-59 du 1er septembre 2000 autorisant le Gouvernement à prendre certaines mesures par ordonnances ;
Vu le décret n° 00- 055 / P-RM du 15 février 2000 portant nomination du Premier ministre ;
Vu le décret n° 00-057/ P-RM du 21 février 2000 portant nomination des membres du Gouvernement
Vu le Décret n° 00-082/P-RM du 08 mars 2000 fixant les intérims des membres du Gouvernement ;

La Cour Suprême entendue :
Statuant en Conseil des Ministres,

Ordonne :

Article 1 : Il est créé un service central dénommé Inspection de la santé.
Article 2 : L'Inspection de la santé a pour mission de :
1) contrôler le fonctionnement et l'action des services et organismes relevant du Ministère chargé de la santé ;
2) contrôler l'application des lois et règlements dans l'exercice tant public que privé ou communautaire des professions sanitaires ;
3) veiller au respect et à l'application des dispositions législatives et réglementaires relatives à la gestion administrative, financière et matérielle des services et organismes du département ;
4) assister les services et le personnel sanitaires par des conseils de gestion ou d'aide à l'organisation ou par la mise en œuvre de programmes d'information ou de formation.
L'Inspection de la santé effectue, à la demande de l'autorité hiérarchique ou d'office, toutes enquêtes ou missions particulières entrant dans le cadre de ses attributions.
Article 3 : Pour l'accomplissement de leurs tâches, les Inspecteurs de la santé disposent du pouvoir d'investigation le plus étendu et du droit de communication de tout document.
Les services publics et les organismes de toute nature auprès desquels sont effectuées les missions de contrôle ne peuvent leur opposer le secret

---

[47]Voir : Inspection de la Santé (iia-mali.ml).

professionnel.
Article 4 : Les Inspecteurs de la santé sont placés sous la protection de la Loi contre les injures, les provocations et les menaces dont ils peuvent être l'objet dans l'exercice de leurs fonctions ou à l'occasion de l'exercice de leurs fonctions. Ils **ne peuvent être ni inquiétés, ni poursuivis pour des faits signalés dans leurs rapports.** Ils peuvent, en cas de besoin requérir l'assistance des autorités civiles et des services de sécurité, pour garantir l'exécution correcte des missions qui leur sont confiées.
Ils sont tenus au secret professionnel.
Article 5 : L'Inspection de la santé est dirigée par un Inspecteur en chef nommé par décret pris en Conseil des ministres. Il est assisté d'un Inspecteur en chef adjoint et d'Inspecteurs nommés dans les mêmes conditions que lui.
Article 6 : Avant leur entrée en fonction, l'Inspecteur en chef, l'Inspecteur en chef adjoint et les Inspecteurs de la santé prêtent devant la Cour suprême, au cours d'audience solennelle publique, le serment suivant :
« Je jure de bien et fidèlement remplir ma fonction, de l'exercer en toute impartialité et objectivité dans le respect de la Constitution, des lois et règlements, de ne prendre aucune position publique et de ne donner aucune consultation à titre privé sur les questions relevant de la compétence de l'Inspection de la santé et de me conduire en tout, comme un digne et loyal inspecteur ».
Article 7 : Un décret pris en Conseil des ministres fixe l'organisation et les modalités de fonctionnement de l'Inspection de la santé.
Article 8 : Sont et demeurent abrogées toutes dispositions antérieures contraires, notamment celle de la loi n° 94-014 du 25 avril 1994 portant création de l'Inspection de la santé et de l'action sociale.
Article 9 : La présente ordonnance sera enregistrée et publiée au Journal officiel.

Bamako, le 28 septembre 2000
Le Président de la République,
Alpha Oumar KONARE

Le Premier ministre, M. Mandé SIDIBE
Le Ministre de la Promotion de la Femme, de l'Enfant et de la Famille, Ministre de la santé par Intérim, Mme Diarra Afoussatou THIERO

DÉCRET n° 04 – 065 / P-RM DU 4 MARS 2004 FIXANT L'ORGANISATION ET LES MODALITÉS DE FONCTIONNEMENT DE L'AGENCE NATIONALE DE LA SÉCURITÉ SANITAIRE DES ALIMENTS[48]

Le Président de la République,

Vu la Constitution ;
Vu la loi n° 96-015 du 13 février 1996 portant statut général des établissements publics à caractère scientifique, technologique ou culturel ;
Vu la loi n°03-043 du 30 décembre 2003 portant création de l'Agence nationale de la sécurité sanitaire des aliments ;
Vu le décret n°02-490 / P-RM du 12 octobre 2002 portant nomination du Premier ministre ;
Vu le décret n°02-496 / P-RM du 16 octobre 2002 modifié portant nomination des membres du Gouvernement ; -
Vu le décret n°02-503 / P-RM du 7 novembre 2002 fixant les intérims des membres du Gouvernement ; Statuant en Conseil des Ministres,

Décrète :

TITRE I

DES DISPOSITIONS GENERALES

Article 1er : Le présent décret fixe l'organisation et les modalités de fonctionnement de l'Agence nationale de la sécurité sanitaire des aliments.
Article 2 : L'Agence nationale de la sécurité sanitaire des aliments est placée sous la tutelle du Ministre chargé de la Santé.
Article 3 : Le siège de l'Agence est fixé à Bamako. Il peut être transféré en tout autre lieu du territoire national.
Article 4 : L'Agence nationale de la sécurité sanitaire des aliments peut s'assurer le concours de tout organisme ayant les mêmes vocations.

[48] http://extwprlegs1.fao.org/docs/pdf/mli151634.pdf

TITRE II

DES ORGANES D'ADMINISTRATION ET DE GESTION

CHAPITRE I : DU CONSEIL D'ADMINISTRATION

Section 1 : Des attributions

Article 5 : Le Conseil d'administration exerce dans les limites des lois et règlements en vigueur, les attributions spécifiques suivantes :
- fixer les orientations de l'Agence nationale de la sécurité sanitaire des aliments dans le cadre de l'évaluation des risques sanitaires et nutritionnels ;
- adopter les règles particulières relatives au fonctionnement de l'Agence nationale de la sécurité sanitaire des aliments ;
- délibérer sur les programmes d'activités, d'équipement et des investissements des services d'État chargés de l'évaluation des risques sanitaires et nutritionnels ;
- voter le budget prévisionnel de l'Agence et arrêter les comptes financiers avant leur transmission à l'autorité de tutelle ;
- examiner le rapport annuel d'activités du Directeur général et les états financiers en fin d'exercice ;
- fixer les modalités d'octroi au personnel des indemnités, primes et avantages spécifiques ;
- donner un avis sur toutes les questions soumises par l'autorité de tutelle,
- adopter le règlement intérieur de l'Agence nationale de la sécurité sanitaire des aliments.

Section 2 : De la composition

Article 6 : Le Conseil d'administration de l'Agence nationale de la sécurité sanitaire des aliments est composé de onze (11) membres comme suit :
Président :
- le Ministre chargé de la santé ou son représentant ; Membres :
- un représentant du ministre chargé du développement rural ;
- un représentant du ministre chargé de l'eau ;
- un représentant du ministre chargé de l'économie et des finances ;
- un représentant du ministre chargé de l'environnement ;
- un représentant du ministre chargé de l'industrie et du commerce ;
- un représentant du ministre chargé de la recherche scientifique et technique ;
- un représentant de l'Université du Mali ;
- un représentant de la Chambre de commerce et de l'industrie du Mali ;
- un représentant de l'Assemblée permanente des Chambres d'agriculture ;
- un représentant des travailleurs de l'Agence ;

- un représentant des consommateurs est désigné par les Associations de consommateurs Article 7 : Le représentant des consommateurs est désigné par les associations de consommateurs.
Article 8 : Le représentant des travailleurs est désigné au cours d'une assemblée générale des travailleurs de l'Agence.
Article 9 : Un arrêté du ministre chargé de la santé fixe la liste nominative des membres du Conseil d'administration pour une période de trois (3) ans.

Section 3 : Du fonctionnement

Article 10 : Le Conseil d'administration se réunit une fois par semestre. En outre, il peut se réunir en session extraordinaire lorsque l'intérêt de l'établissement l'exige ou à la demande du Ministre chargé de la santé ou du tiers (1/3) au moins de ses membres sera sur convocation de son Président.
Article 11 : Le Conseil d'administration ne peut se réunir valablement que si la majorité des membres sont présents ou représentés.

CHAPITRE II : DE LA DIRECTION GENERALE

Article 12 : L'Agence nationale de la sécurité sanitaire des aliments est dirigée par un Directeur général nommé par décret pris en Conseil des Ministres sur proposition du Ministre chargé de la santé. Le Directeur général est assisté d'un Directeur général adjoint qui le remplace de plein droit en cas de vacance, d'absence ou d'empêchement. Le Directeur général adjoint est nommé par arrêté du Ministre chargé de la santé sur proposition du Directeur général de l'Agence. L'arrêté de nomination fixe également ses attributions spécifiques.
Article 13 : Le Directeur général de l'Agence dirige, anime, coordonne et contrôle l'ensemble des activités de l'Agence nationale de la sécurité sanitaire des aliments. Il est responsable de la réalisation du programme et ces objectifs fixés par le Conseil d'administration et représente l'Agence nationale de la sécurité sanitaire des aliments dans toutes les actes de la vie civile.
À cet effet il est chargé de : - exercer toutes les fonctions d'administration et de gestion non expressément réservées au Conseil d'administration ou à l'autorité de tutelle ;
- recruter et licencier le personnel conformément à la réglementation en vigueur ;
- élaborer et soumettre à la délibération du Conseil d'administration les objectifs annuels à atteindre, les programmes de recherche et le budget prévisionnel correspondant ;
- veiller à l'application des décisions du Conseil d'administration et exécuter le budget du l'Agence nationale de la sécurité sanitaire des aliments dont il est l'ordonnateur ;

- transmettre au Conseil d'administration et au Conseil national de la sécurité sanitaire des Aliments, toutes les informations nécessaires à une gestion diligente des risques sanitaires ;
- signer les baux, conventions et contrats ;
- ester en justice.

CHAPITRE III : DU COMITÉ SCIENTIFIQUE ET TECHNIQUE

Section 1 : Des attributions

Article 14 : Le Comité scientifique et technique est chargé de :
- donner son avis sur les programmes d'études et de recherche afin d'assurer l'adéquation avec les besoins en matière de sécurité sanitaire des aliments ;
- procéder à l'évaluation scientifique des résultats des études et des recherches apporter à l'Agence tout appui scientifique et technique nécessaire à l'exécution des programmes ;
- établir annuellement un rapport sur les travaux de l'Agence nationale de la sécurité sanitaire des aliments à l'intention du Conseil d'administration et du Conseil national de la sécurité sanitaire des aliments.

Section 2 : De la composition

Article 15 : Le Comité scientifique et technique est composé comme suit : Président :
- Une personnalité scientifique choisie par l'autorité de tutelle et ayant une compétence établie dans l'un des domaines suivants : nutrition, hygiène alimentaire, génie sanitaire, toxicologie et santé publique Membres :
- un représentant de la Direction nationale de la santé ;
- un représentant de la Direction générale de la réglementation et du Pntr,
- un représentant de l'Institut national de recherche en santé publique ;
- un représentant de l'Agence nationale d'évaluation des hôpitaux ;
- un représentant du Laboratoire national de la santé ;
- un représentant du Laboratoire central vétérinaire ;
- un représentant du Laboratoire de la qualité des eaux ;
- un représentant de l'Institut de recherche scientifique et technologique
- un représentant de l'Institut d'économie rurale ;
- un représentant de l'Université du Mali ;

Le président et les membres sont choisis sur une liste : proposée par le Conseil d'administration.

Section 3 : Du fonctionnement

Article 16 : Le Comité scientifique et technique se réunit sur convocation de son président en session ordinaire, une fois par semestre. II peut se réunir en session extraordinaire en tant que de besoin à la demande de son président ou du tiers (1/3) au moins des membres. Le secrétariat du Comité scientifique et technique est assuré par la Direction générale de l'Agence nationale de la sécurité sanitaire des aliments.
Article 17 : Les membres du Comité scientifique et technologique reçoivent communication de tous les documents scientifiques, études et résultats de recherche provenant de l'Agence nationale de la sécurité sanitaire des aliments.

CHAPITRE IV : DE LA TUTELLE

Article 18 : Les actes d'administration et de gestion définis aux articles 19 el 20 ci-dessous sont soumis à l'approbation expresse ou à l'autorisation préalable du ministre de tutelle. Article 19 : L'autorisation préalable est requise pour les actes suivants :
- l'acceptation des subventions, dons et legs assortis de conditions ;
- les emprunts de plus d'un (1) an ;
- la signature de convention et de contrat d'un montant égal ou supérieur à 20 millions de francs ;
- la prise de participation financière et de toute intervention impliquant la cession de biens et ressources de l'Agence nationale de. la sécurité sanitaire des aliments.

Article 20 : Sont soumis à l'approbation expresse :
- les plans de recrutement et le cadre organique de l'Agence ;
- les rapports annuels du Conseil d'administration ;
- le budget annuel de l'Agence ;
- l'affectation des résultats ;
- le règlement intérieur de l'Agence.

Article 21 : L'autorisation préalable ou l'approbation expresse est demandée par requête du Directeur général de l'Agence nationale de la sécurité sanitaire des aliments. Le Ministre chargé de la santé dispose de quinze (15) jours à compter de la réception de la requête pour notifier son autorisation, son approbation ou son refus. Passé ce délai, l'autorisation ou l'approbation est considérée comme acquise
Article 22 : le Ministre de la santé, le Ministre de l'économie et des finances, le Ministre de l'agriculture, de l'élevage et de la pêche, le Ministre de l'industrie et du commerce et le Ministre de l'éducation nationale sont chargés, chacun en ce qui le concerne, de l'exécution du présent décret qui sera enregistré et publié au Journal officiel.

Bamako, le 04 mars 2004

Le Président de la République,
Amadou Toumani TOURÉ

DÉCRET n° 10 DU 2 6 OCT 2010 FIXANT LES PRINCIPES DE LA TARIFICATION PREFERENTIELLE ET LES TAUX DE COUVERTURE DES PRESTATIONS DE SOINS DE SANTÉ DE L'ASSURANCE MALADIE OBLIGATOIRE ET DE L'ASSISTANCE MÉDICALE[49]

Vu la Constitution ;
Vu la Loi n° 96-061 du 04 novembre 1996 portant principes fondamentaux de la Comptabilité Publique ;
Vu le Décret n° 97 -192 du 09 juin 1997 portant règlement général de la Comptabilité Publique ;
Vu la Loi n° 96-004 du 26 janvier 1996 portant création de l'Institut National de Prévoyance Sociale ;
Vu la Loi n° 1 0-029 du 12 juillet 2010 portant création de la Caisse Malienne de Sécurité Sociale ;
Vu la Loi n° 09-0 15 du 26 juin 2009 portant institution du régime d'Assurance Maladie
Vu la Loi n° 09-016 du 26 juin 2009 portant création de la Caisse Nationale d'Assurance Maladie ;
Vu la Loi n° 09-030 du 27 juillet 2009 portant institution du Régime d'Assistance Médicale ;
Vu la Loi n° 09-031 du 27 juillet 2009 portant création de l'Agence Nationale d'Assistance Médicale ;
Vu le Décret n° 09-552 / P-RM du 12 octobre 2009 fixant les modalités d'application de la Loi portant institution du régime d'assurance maladie obligatoire ;
Vu le Décret n° 09-553/P-RM du 12 octobre 2009 fixant l'organisation et les modalités de fonctionnement de la Caisse Nationale d'Assurance Maladie ;
Vu le Décret n° 09-554/P-RM du 12 octobre 2009 fixant l'organisation et les modalités de fonctionnement de l'Agence Nationale d'Assistance Médicale ;
Vu le Décret n° 09-555 / P-RM du 12 octobre 2009 fixant les modalités d'application de la Loi portant institution du régime d'assistance médicale ;
Vu le Décret n° 07-380/P-RM du 28 septembre 2007 portant nomination du Premier ministre ;
Vu le Décret n° 09-157/P-RM du 9 avril 2009 portant nomination des membres du Gouvernement ;

[49] https://mali.eregulations.org/media/INPS%20DG%20Decret%20n09-552.pdf.

TITRE I

DES DISPOSITIONS GÉNÉRALES

Article 1 : Le présent décret fixe les principes de la tarification préférentielle et les taux de couverture des prestations de soins de l'assurance maladie obligatoire et de l'assistance médicale.
Article 2 : La tarification préférentielle des prestations relatives à 'la prise en charge des bénéficiaires du régime d'assurance maladie se fait, en fonction du prestataire et de la nature de la prestation, selon deux modes :
La tarification préférentielle se fait sur la base de la tarification nationale de référence établit par le ministre de la Santé.
Article 3 : Le forfait par pathologie ou par groupe homogène de maladies est un montant arrêté pour la prise en charge d'une pathologie ou d'un groupe homogène de maladies.
Article 4 : Le règlement à l'acte est effectué sur la base du tarif de chaque acte médical, de biologie ou d'analyse de laboratoire posé par le praticien.
Article 5 : La nomenclature des actes professionnels est basée sur une codification par lettres-clés, selon les normes internationales admises.
Un arrêté conjoint des ministres chargés de la Santé et de· la Protection Sociale fixe la nomenclature desdits actes.

TITRE II

MISE EN ŒUVRE DE LA TARIFICATION PAR LES PRESTATAIRES CONVENTIONNES

Article 6 : Une tarification conventionnelle est établie pour chaque type de prestations ou groupe de prestations.
Article 7 : La tarification conventionnelle, quel que soit son mode, est appliquée par les prestataires conventionnés. Elle est susceptible de modification. Les prestataires ne sont pas autorisés à pratiquer vis-à-vis des bénéficiaires de l'assurance maladie des tarifs supérieurs aux tarifs conventionnels définis par les conventions spécifiques qui les lient à la Caisse Nationale d'Assurance Maladie et à l'Agence Nationale d'Assistance Médicale. Tout dépassement des dits tarifs est passible des mesures et sanctions prévues dans le cadre des conventions.
Article 7 : La Caisse Nationale d'Assurance Maladie établit, en collaboration avec le Ministère chargé de la Santé et agissant pour le compte de l'Agence Nationale ci' Assistance Médicale et son propre compte, la tarification des

prestations, actes et médicaments délivrés par les prestataires de soins du secteur public civil.
Article 8 : La Caisse Nationale d'Assurance Maladie établit, dans le cadre de conventions sectorielles, en concertation avec les organisations professionnelles représentatives et en collaboration avec les Ministères chargés de la Santé et de la Protection Sociale, la tarification des prestations, actes et médicaments délivrés par les prestataires de soins privés.
Article 9 : La Caisse Nationale d'Assurance Maladie et l'Agence'Nationale d'Assistance Médicale sont chargées de faire connaître et de communiquer aux prestataires, selon une périodicité définie par elles, la grille complète de la tarification conventionnelle.
Article 10 : Les tarifs des actes médicaux, de biologie et les analyses de laboratoire sont fixés par arrêté conjoint du ministre chargé de la Santé, du ministre chargé de la Protection Sociale et du ministre chargé des Finances.
Article 11 : Les frais occasionnés par l'octroi de soins de santé ou de maternité à un assuré ou à l'un de ses ayants droit sont couverts par : l'assuré, sous la forme d'une participation personnelle désignée par le terme « ticket modérateur » pour le régime d'Assurance Maladie Obligatoire ; la forme d'une assistance médicale ou d'une prise en charge partielle ou totale désignée par le terme « tiers-payant ».
Article 12 : Le taux du ticket modérateur est établi selon les modalités fixées par l'article 58 du décret 09-552 / P-RM du 12 octobre 2009, et proportionnellement aux tarifs appliqués. Article 13 : Un arrêté conjoint du ministre chargé de la Santé et du ministre chargé de la Protection Sociale détermine, en tant que de besoin, le détail de la tarification préférentielle.
Article 14 : Le ministre du Développement Social, de la Solidarité et des Personnes Agées, le ministre de la Santé et le ministre de l'Economie et des Finances sont chargés, chacun en ce qui le concerne, de l'exécution du présent décret qui sera emegistré et publié au Journal officiel.

Bamako, le 2 6 OCT 2010
Le Président de la République
Amadou Toumani TOURÉ

DÉCRET n° 09-552/P-RM DU 12 OCTOBRE 2009 FIXANT LES MODALITÉS D'APPLICATION DE LA LOI PORTANT INSTITUTION DU REGIME D'ASSURANCE MALADIE OBLIGATOIRE[50]

LE PRESIDENT DE LA REPUBLIQUE,

Vu la Constitution ;
Vu la Loi n° 09-015 du 26 juin 2009 portant institution du régime d'Assurance Maladie Obligatoire ;
Vu la Loi n° 96-061 du 04 novembre 1996 portant principes fondamentaux de la Comptabilité Publique ;
Vu le Décret n° 97-192/P-RM du 09 juin 1997 portant règlement général de la Comptabilité publique ;
Vu le Décret n° 07-380/P-RM du 28 septembre 2007 portant nomination du Premier ministre ; Vu le Décret n° 09-157/P-RM du 9 avril 2009 portant nomination des membres du Gouvernement ;
Vu le Décret n° 09-221/P-RM du 11 mai 2009 fixant les intérims des membres du Gouvernement ;

STATUANT EN CONSEIL DES MINISTRES,

DECRETE :

TITRE I

DES DISPOSITIONS GÉNÉRALES

Article 1 : Le présent décret fixe les modalités d'application de la loi portant institution du régime d'Assurance Maladie Obligatoire.

TITRE II

DE L'AFFILIATION ET DE L'IMMATRICULATION

CHAPITRE I : DE L'AFFILIATION

Article 2 : Sont assujettis au régime d'Assurance Maladie Obligatoire en qualité d'employeurs :
- les institutions et administrations de l'État, des collectivités territoriales et

[50] https://mali.eregulations.org/media/INPS%20DG%20Decret%20n09-552.pdf

les autres personnes morales de droit public ;
- les employeurs des salariés du secteur privé.

Article 3 : Sont assimilés aux employeurs assujettis au régime d'Assurance Maladie Obligatoire, les organismes gérant les régimes publics de pensions en ce qui concerne le prélèvement et le versement des cotisations des pensionnés.

Article 4 : Sont assujettis au régime d'Assurance Maladie Obligatoire en qualité d'assurés sociaux :
- les personnes immatriculées à la Caisse des Retraites du Mali ;
- les travailleurs immatriculés à l'Institut National de Prévoyance Sociale ;
- les titulaires de pensions des organismes gérant les régimes publics de pensions.

Article 5 : Sont assimilés aux assujettis au régime d'Assurance Maladie Obligatoire en qualité d'assurés sociaux les personnes immatriculées à l'assurance volontaire à certains régimes de prévoyance sociale de l'Institut National de Prévoyance Sociale.

Article 6 : À chaque membre des catégories visées aux articles précédents, il est attribué un numéro d'immatriculation au régime d'Assurance Maladie Obligatoire. L'affiliation d'un assuré prend effet à compter de la date de son immatriculation.

CHAPITRE II : DE L'IMMATRICULATION DES EMPLOYEURS

Article 7 : Est obligatoirement immatriculée au régime d'Assurance Maladie Obligatoire, en qualité d'employeur, toute personne physique ou morale, publique ou privée, laïque ou religieuse occupant un ou plusieurs travailleurs dans les secteurs public, parapublic et privé.

Article 8 : L'employeur est tenu d'adresser une demande d'immatriculation à l'organisme de gestion dans un délai de huit jours qui suit :
- la première prise de service ;
- l'ouverture ou l'acquisition de l'entreprise ;
- la première embauche d'un salarié lorsque celle-ci n'est pas concomitante au début de l'activité.

Article 9 : La demande d'immatriculation de l'employeur est établie sur un imprimé fourni par l'organisme de gestion. Elle comporte :
- la dénomination ou les nom et prénom de l'employeur ou sa raison sociale ;
- la dénomination commerciale de l'établissement ;
- l'adresse complète de l'établissement et, si l'établissement n'est pas le siège social ou principal, l'adresse de ce dernier ;
- la forme juridique de l'établissement ;
- la date de prise de service ou d'embauche du personnel salarié ;
- le nom du prédécesseur et la date de reprise lorsqu'il s'agit d'une reprise d'établissement ;
- la nature de l'activité exercée ;

- l'effectif du personnel salarié.

Article 10 : L'immatriculation de l'employeur consiste à l'identifier et à l'enregistrer dans les fichiers de l'organisme de gestion de l'Assurance Maladie Obligatoire en qualité de cotisant. Il lui est attribué un numéro d'immatriculation qui lui est notifié.

L'immatriculation de l'employeur est assurée par l'organisme de gestion dans un délai de huit jours.

Article 11 : L'employeur est tenu de mentionner son numéro d'immatriculation dans ses correspondances avec l'organisme de gestion.

Article 12 : Toute modification de l'effectif du personnel ou tout changement d'adresse de l'employeur doit être déclaré à l'organisme de gestion dans un délai de trente jours.

Article 13 : L'employeur est tenu de justifier à tout moment aux agents chargés du contrôle de l'organisme de gestion qu'il est immatriculé au régime d'Assurance Maladie Obligatoire et qu'il est à jour du paiement des cotisations salariales et des contributions patronales. Il doit produire à cet effet les pièces et documents attestant le respect de cette obligation.

CHAPITRE III : DE L'IMMATRICULATION DES ASSURES

Article 14 : Toutes les personnes travaillant à quelque titre que ce soit, pour le compte d'un ou de plusieurs employeurs, et quel que soit leur statut, sont immatriculées au régime d'Assurance Maladie Obligatoire.

Sont assimilés aux travailleurs salariés, les apprentis titulaires d'un contrat d'apprentissage conformément aux dispositions du Code du Travail.

Article 15 : L'immatriculation du travailleur est subordonnée à la présentation d'une demande de son employeur ou de lui-même rédigée sur un imprimé délivré par l'organisme de gestion accompagnée des pièces justificatives permettant de l'identifier.

Article 16 : Lors de son immatriculation au régime d'Assurance Maladie Obligatoire, l'assuré procède également à celle des personnes à sa charge.

Article 17 : Pour l'immatriculation des personnes à sa charge, l'assuré produit les pièces justificatives suivantes :

- un extrait d'acte de mariage ;
- un extrait d'acte de naissance du conjoint ou jugement supplétif en tenant lieu ;
- un extrait d'acte de naissance des enfants à charge ou jugement supplétif en tenant lieu ;
- un certificat de vie des enfants âgés de moins de 14 ans ;
- un certificat de scolarité pour les enfants âgés de 14 à 21 ans et poursuivant des études dans un établissement, public ou privé, d'enseignement supérieur ou de formation professionnelle ;
- un certificat médical justifiant l'impossibilité totale et définitive de se livrer

à une activité rémunérée pour les enfants handicapés ;
- un extrait d'acte de naissance du père ou jugement supplétif en tenant lieu ;
- un extrait d'acte de naissance de la mère ou jugement supplétif en tenant lieu ;
- le certificat de vie des père et mère ;
- une attestation de dépendance économique des ascendants directs délivrée par l'autorité communale ;
- une attestation de non-bénéfice de l'Assurance Maladie Obligatoire des ascendants directs.

Article 18 : Lorsque les enfants sont immatriculés par des parents qui ont tous les deux la qualité d'assuré, ceuxci désignent d'un commun accord celui auquel les enfants sont rattachés pour le bénéfice des prestations. Cette désignation est faite au moment de l'immatriculation.

Lorsque le parent désigné cesse d'ouvrir droit aux prestations au titre du régime d'assurance maladie obligatoire, celles-ci sont dues au titre de l'autre parent assuré.

Article 19 : Lorsque deux ou plusieurs assurés ont les mêmes ascendants, ceux-ci sont rattachés pour le bénéfice des prestations au premier assuré à les avoir immatriculés.

Lorsque l'assuré de rattachement cesse d'ouvrir droit aux prestations au titre du régime d'Assurance Maladie Obligatoire, celles-ci sont dues au titre d'un autre assuré.

Article 20 : L'immatriculation est assurée par l'organisme de gestion dans les trente jours à partir de la date de réception de la demande. Elle consiste à enregistrer le travailleur ou le pensionné dans ses fichiers et à lui attribuer un numéro d'assuré social qui lui est notifié.

Article 21 : Le numéro d'immatriculation doit être rappelé dans toutes les correspondances de l'assuré social adressées à l'organisme de gestion.

Article 22 : Tout changement d'adresse ou d'employeur et toute modification intervenue dans la situation des assurés sociaux ou de leurs ayants droit doivent être déclarés à l'organisme de gestion par l'entremise de l'employeur dans un délai de trente jours, avec les pièces justificatives y afférentes.

CHAPITRE IV : DE LA CARTE D'ASSURE

Article 23 : L'instruction de la demande d'immatriculation donne lieu à la délivrance d'une carte d'assuré social de l'Assurance Maladie Obligatoire au nom de l'assuré. Cette carte comporte la photographie, les éléments nécessaires à l'identification et le numéro d'immatriculation.

Une carte comportant les mêmes mentions est également délivrée à chacun des ayants droit de l'assuré.

Article 24 : Les cartes d'assuré sont valables sur toute l'étendue du territoire national. Elles doivent être présentées à tout prestataire pour toute sollicitation de prestation de santé à la charge du régime d'Assurance Maladie Obligatoire. En cas de doute, le prestataire de santé est en droit d'exiger de l'assuré, en plus de la carte, la présentation d'une pièce d'identité.

Article 25 : En cas de vol ou perte, une demande d'établissement d'une nouvelle carte doit être adressée à l'organisme de gestion par l'assuré dans les 48 heures suivant la date de constatation du vol ou de la perte.

Pendant le délai d'établissement de la nouvelle carte, l'organisme de gestion délivre une attestation tenant lieu de carte d'assuré. Cette attestation contient les mêmes éléments d'identification que la carte initiale.

La nouvelle carte est délivrée contre restitution de l'attestation d'affiliation et paiement par l'assuré d'un montant forfaitaire fixé par le Conseil d'Administration de l'organisme de gestion.

Article 26 : La carte d'assuré est invalidée lorsque l'assuré cesse de remplir les conditions d'affiliation au régime d'Assurance Maladie Obligatoire et ne bénéficie plus des prestations de l'Assurance Maladie Obligatoire. Dans ce cas, l'ex-assuré est tenu de restituer à l'organisme de gestion dans un délai de huit jours, la carte d'assuré qui lui avait été délivrée, faute de quoi, elle est annulée de plein droit.

Article 27 : Les cartes d'assuré non restituées font l'objet d'une opposition par l'organisme de gestion.

L'organisme de gestion inscrit sur une liste, destinée aux prestataires de santé, les numéros de cartes non restituées et faisant l'objet d'une opposition. Les modalités de mise à disposition de cette liste sont fixées par les conventions avec les prestataires de soins de santé.

TITRE III

DES PRESTATIONS DE SOINS DE SANTÉ COUVERTES

CHAPITRE I : DES SOINS AMBULATOIRES

Article 28 : Sont considérés comme soins ambulatoires, tous les soins requis par l'état de santé d'un malade non hospitalisé, qu'il s'agisse de consultation médicale, de soins infirmiers, de soins dentaires, d'imagerie médicale, d'examens de laboratoire, de petite chirurgie ou de toute autre prestation à caractère médical ou paramédical.

Le taux de prise en charge par l'assurance maladie de l'ensemble des frais liés aux soins ambulatoires est de 70 %.

Article 29 : Les frais occasionnés par la délivrance de soins ambulatoires à un assuré ou à l'un de ses ayants droit ne sont couverts que s'ils sont effectués dans un établissement conventionné.

Article 30 : Sauf autorisation préalable de l'organisme de gestion, ne sont pas pris en charge :
- plus d'une consultation ou visite du praticien pour la même affection dans les vingt-quatre heures à moins que l'évolution du cas de l'assuré ne nécessite une assistance médicale urgente ;
- plus d'une consultation ou visite des praticiens de la même discipline médicale par période de sept jours, sauf évolution nécessitant une assistance médicale urgente.
Ne sont pas également pris en charge, les renouvellements d'ordonnances sans prescription médicale.
Article 31 : Si le médecin consulté estime que le résultat des diagnostics antérieurs peut servir utilement pour la confirmation du diagnostic ou aux fins de la thérapie envisagée, l'assuré est tenu de procurer au médecin traitant ces données.
Article 32 : La prise en charge des prestations buccodentaires est soumise à la présentation d'un devis préalable. Ce devis doit décrire de façon détaillée le traitement envisagé et les matériaux utilisés.
Article 33 : Aucune prestation concernant l'orthodontie ne peut être prise en charge plus d'une fois.

CHAPITRE II : DES HOSPITALISATIONS

Article 34 : Les frais d'hospitalisation comprennent :
- les frais d'hôtellerie hospitalière à l'exclusion de toute dépense à caractère personnel ;
- les frais correspondants aux actes médicaux, chirurgicaux et médico-techniques nécessités par l'état du malade hospitalisé ainsi que toute autre prestation à caractère médical ou paramédical ;
- les frais occasionnés par le transport du malade vers laformation, où il doit être hospitalisé, ainsi que les frais correspondants à son retour à sa résidence habituelle en cas d'évacuation sanitaire à l'intérieur du territoire national décidée par un établissement sanitaire conventionné.
Le taux de prise en charge par l'assurance maladie de l'ensemble des frais liés aux hospitalisations est de 80 %.
Article 35 : Les frais occasionnés par l'hospitalisation d'un assuré ou de l'un de ses ayants droit ne sont pris en charge que si celle-ci a lieu dans une formation sanitaire conventionnée.
Article 36 : Les frais occasionnés par l'hospitalisation d'un assuré ou de l'un de ses ayants droit sont couverts conformément à la tarification nationale de référence.
Article 37 : Les frais de transport relatifs aux urgences médicales pris en charge par l'organisme de gestion sont ceux correspondant au moyen de transport le plus économique compatible avec les exigences de l'état de santé

du malade.
Article 38 : Sauf cas d'urgence ou de force majeure, lors de son admission en milieu hospitalier, le patient doit justifier de sa qualité d'assuré ou d'ayant droit.
Article 39 : En cas d'hospitalisation d'un assuré ou de l'un de ses ayants droit, la prise en charge doit être demandée à l'organisme de gestion dans les délais conventionnels.
Article 40 : Pour obtenir la prise en charge, l'établissement sanitaire concerné envoie à l'organisme de gestion une fiche dite « Fiche d'hospitalisation », qui mentionne obligatoirement :
- le nom de l'établissement sanitaire concerné ; - le nom, le prénom du bénéficiaire ;
- le numéro d'identification de l'assuré ; - la date d'entrée dans la formation sanitaire ; - l'affection ; - la date de sortie.
Au vu de la fiche d'hospitalisation, l'organisme de gestion établit une prise en charge des frais médicaux de l'assuré.
Article 41 : La prise en charge est déposée par les médecins contrôleurs de l'organisme de gestion contre émargement d'une fiche de contrôle.
Article 42 : La prise en charge dûment complétée est retournée à l'organisme de gestion, accompagnée de la facture d'hospitalisation ainsi que les pièces justifiant les frais engagés à ce titre.
Article 43 : L'organisme de gestion assure directement aux formations sanitaires concernées, le paiement du montant des frais d'hospitalisation de l'assuré ou de ses ayants droit hors ticket modérateur.

CHAPITRE III : DES PRODUITS PHARMACEUTIQUES

Article 44 : La liste des médicaments admis à la prise en charge de l'Assurance Maladie Obligatoire est établie par dénomination commune internationale et classe thérapeutique avec la présentation et la forme.
La liste des médicaments admis à la prise en charge de l'Assurance Maladie Obligatoire est fixée par arrêté conjoint du ministre chargé de la Santé et du ministre chargé de la Protection Sociale.
Article 45 : La prise en charge de toute spécialité pharmaceutique s'effectue sur la base du prix public du médicament générique de la spécialité de référence lorsque ce dernier existe.
Article 46 : Lorsqu'une molécule ne figurant pas dans la liste des médicaments admis à la prise en charge de l'Assurance Maladie Obligatoire est incluse dans un protocole validé dans le cadre d'un consensus thérapeutique faisant partie de la convention nationale, la prise en charge s'effectue sur la base du prix public de ladite molécule.

CHAPITRE IV : DES PRESTATIONS DE MATERNITE

Article 47 : Les prestations de maternité comprennent l'ensemble des frais médicaux, pharmaceutiques, d'examens et d'hospitalisation relatifs à la grossesse, à l'accouchement et à ses suites.
Article 48 : L'état de grossesse médicalement constaté de la femme assurée ou conjointe d'un assuré doit être déclaré par l'assuré au cours du troisième mois de grossesse à l'organisme de gestion.
Article 49 : Le droit à la prise en charge des prestations de maternité est ouvert à compter de la déclaration de grossesse jusqu'à la huitième semaine après l'accouchement.
Le droit à la prise en charge des prestations de maternité couvre les complications éventuelles de la grossesse et/ou de l'accouchement.
Article 50 : Pour bénéficier de la prise en charge des prestations de maternité, la femme assurée ou conjointe de l'assuré en état de grossesse doit subir trois examens médicaux aux périodes et dans les conditions définies aux articles ci-dessous.
Article 51 : Le premier examen a lieu au courant du troisième mois de grossesse. Il est pratiqué par une personne habilitée à cet effet. Le certificat du premier examen doit indiquer obligatoirement la date approximative prévue pour l'accouchement.
Article 52 : Les deuxième et troisième examens médicaux sont effectués par une personne habilitée à cet effet. Ils ont lieu respectivement au sixième et au septième ou au huitième mois de la grossesse.
Article 53 : Les certificats médicaux établis aux fins de prise en charge des prestations de maternité doivent mentionner clairement l'identité et la fonction de la personne habilitée qui a procédé à leur établissement ainsi que les références de la structure sanitaire.
Article 54 : En cas de grossesse pathologique ou de suites de couches pathologiques, la prise en charge médicale relève de l'Assurance Maladie Obligatoire à partir de la date de constatation de la pathologie.
Article 55 : Il n'est pris en charge par l'Assurance Maladie Obligatoire que trois échographies obstétricales par grossesse, sauf pathologie foetale ou maternelle.
Article 56 : L'assurée ou la conjointe d'un assuré titulaire d'une pension a droit aux prestations de maternité.
Article 57 : Les factures d'hospitalisation relatives à l'accouchement d'une assurée ou de la conjointe d'un assuré sont adressées à l'organisme de gestion accompagnées d'un certificat médical d'accouchement.

TITRE IV

DE LA PRISE EN CHARGE DES PRESTATIONS

CHAPITRE I : DE LA PARTICIPATION DE L'ASSURE

Article 58 : Le taux du ticket modérateur à la charge de l'assuré est égal à un pourcentage des frais de santé consécutifs à :
- des soins ambulatoires ;
- des hospitalisations ;
- des dépenses pharmaceutiques ;
- des prestations de maternité ;
- des évacuations sanitaires à l'intérieur du territoire national.

Les taux du ticket modérateur pour l'ambulatoire et les hospitalisations sont respectivement de 30 % et 20 %.

Article 59 : Le ticket modérateur est proportionnel aux tarifs servant de base au calcul des prestations.

Article 60 : L'assuré s'acquitte du ticket modérateur pour tous les soins ambulatoires, les hospitalisations, les dépenses pharmaceutiques. Il est payable directement auprès du prestataire de santé.

CHAPITRE II : DU PAIEMENT DES PRESTATIONS

Article 61 : La prise en charge par l'Assurance Maladie Obligatoire des prestations de santé fournies à l'assuré ou à ses ayants droit correspond au paiement du montant des frais desdites prestations après déduction du ticket modérateur payé par l'assuré.

Article 62 : Le paiement des prestations de santé s'effectue directement par l'organisme de gestion aux fournisseurs des prestations sur la base de la tarification nationale de référence et des taux de couverture des prestations de santé.

Article 63 : Les prestations de santé faisant l'objet d'un financement spécifique de l'État ne sont pas prises en charge par l'assurance maladie obligatoire.

La liste desdites prestations de santé exclues de la prise en charge de l'assurance maladie obligatoire est fixée par arrêté conjoint du ministre chargé de la Santé et du ministre chargé de la Protection Sociale.

Article 64 : La tarification nationale de référence des prestations de santé et les taux de couverture desdites prestations sont fixés par décret pris en Conseil des Ministres sur proposition du ministre chargé de la Protection Sociale.

TITRE V

DES PRESTATAIRES DE SOINS DE SANTÉ

CHAPITRE I : DES ETABLISSEMENTS SANITAIRES

Article 65 : Les établissements sanitaires sont classés compte tenu de leur nature, de leur plateau technique et de leurs qualités de confort et d'accueil.
Seuls les établissements agréés par le Ministère de la Santé peuvent passer des conventions avec l'organisme de gestion de l'Assurance Maladie Obligatoire.
Article 66 : Les établissements privés spécialisés en soins ambulatoires, en imagerie médicale ou en analyses biologiques ne peuvent être conventionnés que pour la spécialité reconnue par le Ministère de la Santé.

CHAPITRE II : DES PHARMACIES

Article 67 : Les officines de pharmacie et les dépôts de produits pharmaceutiques agréés par le Ministère de la Santé peuvent passer des conventions avec l'organisme de gestion de l'Assurance Maladie Obligatoire.
Les officines de pharmacie et les dépôts de produits pharmaceutiques conventionnés sont tenus au respect de la liste et des tarifs des médicaments admis à la prise en charge de l'Assurance Maladie Obligatoire.

CHAPITRE III : DES LABORATOIRES DE BIOLOGIE ET DES UNITES D'IMAGERIE MÉDICALE

Article 68 : Les laboratoires de biologie et les unités d'imagerie médicale agréés par le Ministère de la Santé peuvent passer des conventions avec l'organisme de gestion de l'Assurance Maladie Obligatoire.
Une nomenclature des actes de biologie et d'imagerie médicale admis à la prise en charge de l'Assurance Maladie Obligatoire est fixée par arrêté conjoint du ministre chargé de la Santé et du ministre chargé de la Protection Sociale.

CHAPITRE IV : DE L'IDENTIFICATION DES PRESTATAIRES DE SANTÉ

Article 69 : L'organisme de gestion attribue un code d'identification à chaque prestataire de santé dispensant, au titre de son activité principale, des actes ou prestations pris en charge par l'Assurance Maladie Obligatoire.
L'attribution du code d'identification est subordonnée à l'enregistrement du prestataire au Ministère de la Santé et à l'Ordre professionnel auquel il appartient.

Article 70 : Le code d'identification a pour objet d'identifier les prestataires conventionnés et de faciliter le contrôle de l'activité médicale des praticiens et établissements conventionnés.
Article 71 : Pour l'attribution du code, les informations suivantes sont exigées :
- nom de la structure de santé ;
- spécialité exercée ;
- adresse complète.

TITRE VI

DE LA DÉLIVRANCE DES PRESTATIONS

CHAPITRE I : DES CONDITIONS DE DÉLIVRANCE DES SOINS

Article 72 : Les soins dispensés aux bénéficiaires de l'Assurance Maladie Obligatoire doivent être délivrés conformément aux dispositions législatives et réglementaires en vigueur en la matière et dans le respect des clauses des conventions conclues avec l'organisme de gestion.
Article 73 : Les consultations médicales et les soins ambulatoires sont donnés au sein de l'établissement sanitaire sauf dans le cas où le bénéficiaire ne peut se déplacer en raison de son état de santé.
Article 74 : Toute prise en charge de prestation de santé doit faire l'objet d'un accord préalable de l'organisme de gestion.
Un arrêté du ministre chargé de la Protection Sociale fixe la procédure de demande d'accord préalable par catégorie de prestation.
Article 75 : La délivrance des prestations ne peut commencer qu'à la suite de la réponse à la demande d'accord préalable. Celle-ci doit intervenir au plus tard dans les 48 heures suivant le dépôt de la demande. Si l'organisme de gestion ne répond pas à la demande d'accord préalable dans les 48 heures celui est considéré comme acquis.
Toutefois, en cas d'urgence, le malade est immédiatement admis par l'établissement sanitaire et les soins lui sont délivrés, la demande d'accord préalable devant parvenir sans délai à l'organisme de gestion.

CHAPITRE II : DES FEUILLES DE SOINS

Article 76 : Les frais de soins ambulatoires délivrés par les établissements sanitaires ne sont pris en charge que si ceux-ci sont consignés sur des imprimés fournis par l'organisme de gestion appelés feuilles de soins.
Article 77 : Les prescripteurs sont tenus de n'inscrire sur les feuilles de soins

que les médicaments figurant sur la liste des médicaments admis à la prise en charge de l'Assurance Maladie Obligatoire.

Article 78 : Les feuilles de soins comportent des rubriques de renseignements dont l'indication conditionne l'ouverture des droits et la constatation des soins. Ces rubriques font apparaître :

- les nom, prénoms et l'identifiant de l'assuré ;
- les nom et prénoms de l'ayant droit bénéficiaire des actes ou prestations ;
- les nom et prénoms du prestataire ;
- la dénomination et le code d'identification de l'établissement dans lequel l'acte est effectué ;
- le montant des frais et celui de la participation de l'assuré ;
- la date à laquelle l'acte est effectué ou la prestation servie ;
- les numéros de code de l'acte figurant dans la nomenclature ;
- les médicaments inscrits sur la partie réservée à la prescription ;
- la signature du prestataire et, éventuellement, celle du patient ou de l'assuré.

Article 79 : Les feuilles de soins relatives aux actes effectués et aux prestations servies résultant d'une hospitalisation sont appelées bordereaux de facturation.

Les bordereaux de facturation, outre les renseignements indiqués ci-dessus, font apparaître les dates d'entrée et de sortie d'hospitalisation, les frais afférents aux prestations servies pendant l'hospitalisation. Ces frais sont :

- les frais de séjour du patient ; - les frais correspondant aux actes effectués.

Les bordereaux de facturation sont signés par le responsable de la facturation de l'établissement.

Article 80 : Les soins de santé exécutés par des paramédicaux ne sont pris en charge par l'Assurance Maladie Obligatoire que sur présentation d'une ordonnance médicale.

Une ordonnance distincte est nécessaire pour chaque prescription relevant d'un prestataire de soins différent.

Article 81 : Les analyses biologiques, examens d'imagerie médicale et toutes autres explorations complémentaires sont présentées sur des formulaires appelés feuilles d'examens.

Les feuilles d'examens comportent les rubriques suivantes :

- les noms, prénoms et l'identifiant de l'assuré ;
- les nom et prénoms de l'ayant droit bénéficiaire des actes ou prestations ;
- les nom et prénoms du prestataire ;
- la dénomination et le code d'identification de l'établissement dans lequel l'acte est effectué ;
- le montant des frais et celui de la participation de l'assuré ;
- la date à laquelle l'acte est effectué ou la prestation servie ;
- les numéros de code de l'acte figurant dans la nomenclature ;
- la signature du prestataire et, éventuellement, celle du patient ou de l'assuré.

Article 82 : Les modalités et conditions de mise à disposition des prestataires

de santé conventionnés des formulaires de prescription sont déterminées par voie conventionnelle.
Article 83 : Sauf dispositions contraires prévues dans les conventions, les prestations de santé et fournitures délivrées doivent correspondre à celles figurant sur l'ordonnance.

CHAPITRE III : DU CONTRÔLE MEDICAL

Article 84 : Des médecins, chirurgiens dentistes et pharmaciens assurent le contrôle médical pour le compte de l'organisme de gestion de l'Assurance Maladie Obligatoire. À ce titre, ils sont chargés de :
- effectuer les contrôles relatifs aux assurés hospitalisés ;
- autoriser la prise en charge de certains actes médicaux, paramédicaux et dentaires ainsi que celles des fournitures médicales dans la limite de la liste des prestations couvertes par l'Assurance Maladie Obligatoire ;
- vérifier la conformité de la tarification à l'acte prescrit ;
- évaluer périodiquement la qualité des soins ;
- constater, le cas échéant, les dérapages injustifiés de l'activité professionnelle du prestataire de santé.

Article 85 : Tout prestataire de santé signataire d'une convention avec l'organisme de gestion est tenu de permettre à celui-ci d'exercer un contrôle sur les assurés ou leurs ayants droits bénéficiaires de prestations de santé ou de maternité.
Article 86 : Pour effectuer son contrôle, le médecin contrôleur a libre accès aux établissements sanitaires signataires de convention avec l'organisme de gestion de l'Assurance Maladie Obligatoire.
Tout renseignement et tout document administratif d'ordre individuel ou général utiles à sa mission sont tenus à sa disposition par le responsable de l'établissement sanitaire ou le médecin concerné dans le strict respect du secret professionnel.
Tout renseignement et tout document d'ordre médical individuel ou général sont tenus à sa disposition par les praticiens dans le strict respect du secret professionnel et de la déontologie médicale.
À tout moment, et en tant que de besoin, le médecin contrôleur peut procéder à l'examen d'un patient. Le praticien traitant peut y prendre part.
Article 87 : Lorsque le praticien contrôleur estime, après avoir recueilli l'avis du médecin traitant, que la prise en charge par l'Assurance Maladie Obligatoire des frais exposés par un assuré ou l'un de ses ayants droit dans un établissement sanitaire n'est pas médicalement justifiée au jour de l'examen médical, l'organisme de gestion refuse la prise en charge ou, le cas échéant, y met fin.
Article 88 : Lorsque le praticien contrôleur estime, après avoir recueilli l'avis du médecin traitant, que le service ou l'établissement dans lequel se trouve

l'assuré ou son ayant droit n'est pas approprié à son état pathologique, le praticien conseil informe le responsable du contrôle médical qui est habilité à demander le transfert du malade dans un établissement où l'intéressé est susceptible de recevoir les soins appropriés à son état.

Article 89 : Les médecins contrôleurs n'ont pas à s'immiscer de manière inappropriée dans les rapports du malade et du médecin traitant. Ils doivent s'abstenir de formuler devant le malade un diagnostic ou une appréciation sur le traitement.

Article 90 : Les médecins traitants sont tenus de fournir sous pli fermé aux médecins du contrôle médical toutes les indications concernant le diagnostic et le traitement du malade.

Toutes les fois qu'ils le jugent utile dans l'intérêt du malade ou des missions de contrôle et de surveillance, les médecins contrôleurs doivent entrer en rapport avec le médecin traitant dans le respect du secret médical.

CHAPITRE IV : DES PRESCRIPTIONS ET CONSOMMATIONS ABUSIVES DE SOINS

Article 91 : Est considéré comme abus de prescription les soins médicaux jugés complaisants par le contrôle médical.

Article 92 : Est considéré comme abus de consommation de soins, le fait pour l'assuré ou l'un de ses ayants droit de provoquer la répétition en série de prestations de santés injustifiées ou de se procurer des médicaments sans lien direct avec une affection immédiate ou en cours de traitement.

Article 93 : Lorsqu'il est établi que les soins médicaux sont complaisants, ceux-ci sont exclus de la prise en charge.

Sont également exclues de la prise en charge les prescriptions de médicaments par simple mesure de précaution à l'occasion d'un voyage ou d'un séjour à l'étranger de l'assuré ou pour l'approvisionnement des trousses d'urgence.

Article 94 : Les constatations d'abus de soins par le contrôle médical sont notifiées à l'assuré. Cette notification est assortie d'un avertissement. En cas de récidive, l'organisme de gestion oppose à l'assuré son refus de prise en charge des prestations consommées.

Article 95 : Les abus de délivrance de soins par les prestataires de santé sont portés devant la commission médicale de l'organisme de gestion. Au terme de ses délibérations, les mesures suivantes peuvent être prises à l'encontre du prestataire de soins de santé en fonction de la gravité des cas :

- avertissement écrit ;
- mise en surveillance pendant une période déterminée ;
- suspension de la convention ;
- dénonciation de la convention paritaire.

Article 96 : En cas de récidive, l'assuré ou son ayant droit, est placé par l'organisme de gestion pour une période déterminée, devant l'obligation de la

déclaration d'un médecin réfèrent désigner d'office. Durant cette période, les services des médecins spécialistes sont obtenus sur transfert du médecin réfèrent.
Sauf cas d'urgence, les prestations délivrées ou ordonnées par d'autres médecins en violation des dispositions de l'alinéa 1er du présent article ne sont pas prises en charge.
La durée fixée pour la période prévue à l'alinéa 1er du présent article est de deux ans.
Au terme de cette période, et en cas de nouvelle récidive, l'assuré ou son ayant droit, a définitivement l'obligation de recours au médecin réfèrent désigner d'office et les dispositions prévues à l'alinéa 2 du présent article s'appliquent.
Une liste des personnes soumises à la déclaration du médecin réfèrent est communiquée périodiquement à l'ensemble des prestataires.
Article 97 : Les prestations, dont la prise en charge est rejetée par l'organisme de gestion, font l'objet d'une communication motivée du contrôle médical à l'assuré et aux prestataires intéressés.
Article 98 : En cas d'abus avéré sur les prestations consommées, l'organisme de gestion règle aux prestataires les frais y afférents sous réserve que sa responsabilité dans la délivrance des prestations soit établie. Il procède ensuite au recouvrement par tous moyens des sommes payées.
Si la responsabilité de l'organisme de gestion n'est pas avérée, les frais correspondants sont intégralement supportés par l'assuré.

CHAPITRE V : DE L'EXPERTISE MÉDICALE

Article 99 : Les contestations d'ordre médical de toute nature relative à l'application des dispositions du présent décret donnent lieu à une expertise médicale. Ces contestations sont d'abord portées devant le Médecin Conseil de l'organisme de gestion en vue d'une conciliation.
En cas d'échec de cette conciliation, un expert est désigné d'un commun accord, par le Médecin traitant et le Médecin Conseil ou, à défaut d'accord, par le Ministre de la Santé.
Article 100 : Pour l'application de la procédure d'expertise médicale, l'expert désigné convoque sans délai l'intéressé ou se rend à son chevet.
L'expert est tenu de remettre son rapport au Médecin Conseil de l'organisme de gestion et au Médecin traitant dans un délai de quinze jours à compter de la date à laquelle il a été saisi du dossier.
Sauf le cas de circonstances particulières justifiant une prolongation exceptionnelle de ce délai, il est pourvu au remplacement immédiat de l'expert qui n'a pas pu remettre son rapport dans le délai prescrit.
L'avis de l'expert n'est susceptible d'aucun recours et s'impose aux parties.
Article 101 : Les frais de déplacement de l'assuré ou de ses ayants droit pour répondre à une convocation d'expertise médicale sont pris en charge par

l'assurance maladie et remboursés sur justification.
Les frais de déplacement comprennent, le cas échéant, les frais de transport par le moyen le plus économique compatible avec l'état de santé du malade, et les frais de séjour dans la limite d'un plafond pendant la durée de la procédure d'expertise.
Article 102 : Lorsque l'expertise est prescrite à la demande de l'organisme de gestion, les honoraires dus au médecin traitant et au médecin expert, ainsi que leurs frais de déplacement sont à la charge de l'organisme de gestion et remboursés directement par lui.
Lorsque l'expertise est prescrite à la requête d'un assuré ou de ses ayants droit, et que leur contestation est reconnue manifestement abusive, l'organisme de gestion met à leur charge les honoraires et frais y afférents.

TITRE VII

DE LA GESTION FINANCIERE

CHAPITRE I : DE LA DÉCLARATION ET DU VERSEMENT DES COTISATIONS

Article 103 : La périodicité de versement des cotisations sociales par l'employeur à l'organisme de gestion est établie comme suit :
- les quinze (15) premiers jours de chaque mois, si l'employeur occupe plus de dix (10) salariés ;
- les quinze (15) premiers jours de chaque trimestre, si l'employeur occupe au plus dix (10) salariés.

Article 104 : Les cotisations des pensionnés sont versées par les organismes gérant des régimes de pensions dans les quinze (15) premiers jours de chaque mois.
Article 105 : Pour le calcul des cotisations afférentes à une période déterminée, tous les éléments de rémunération perçus pendant cette période doivent être pris en considération, qu'il s'agisse de payes normales ou d'éléments occasionnels, réguliers ou exceptionnels, sans qu'il soit tenu compte de la période de travail à laquelle ils se rapportent.
Article 106 : La rémunération est l'ensemble des sommes perçues en contrepartie du travail effectué à l'exclusion des frais professionnels, des indemnités représentatives de remboursement de frais et des prestations familiales.
Le montant de la rémunération à prendre en considération pour base de calcul des cotisations ne peut être inférieur en aucun cas au montant du Salaire

Minimum Interprofessionnel Garanti en vigueur.
Article 107 : La déclaration de cotisations, suivie de paiement ou non, doit indiquer le montant total des rémunérations ayant servi de base au calcul des cotisations dues ou versées.
Article 108 : Lorsqu'un employeur ne déclare pas le montant des rémunérations soumises à cotisation ou lorsque sa comptabilité ne permet pas d'établir ce montant, il lui est appliqué une taxation d'office.
Article 109 : La taxation d'office est effectuée sur les bases suivantes :
- soit les rémunérations déclarées antérieurement, majorées de cinquante pour cent (50 %), jusqu'à ce qu'il soit possible d'effectuer le décompte des cotisations sur des bases réelles ;
- soit les rémunérations forfaitaires appliquées à chaque travailleur, le nombre de travailleurs étant déterminé d'après des déclarations antérieures ou après enquête.
Article 110 : La couverture des charges du régime de l'Assurance Maladie Obligatoire est assurée par :
- une cotisation en deux parts : la part de l'employeur et celle du travailleur pour les agents publics et les salariés ; dans ce cas, la part ouvrière ne peut dépasser cinquante pour cent du taux fixé pour ce régime ;
- une cotisation unique pour les pensionnés.
Article 111 : Les taux de cotisation au régime d'Assurance Maladie Obligatoire sont fixés par décret pris en Conseil des Ministres.
Article 112 : Le relevé nominatif des rémunérations soumises à cotisations est fourni par les employeurs selon la même périodicité et les mêmes modalités que le versement des cotisations.
Article 113 : Le modèle du relevé nominatif de rémunérations est fourni par l'organisme de gestion. Toutefois, les employeurs peuvent fournir leur relevé de rémunérations sur un support différent, pourvu qu'il comporte dans l'ordre toutes les informations requises, entre autres :
* en en-tête, pour l'identification de l'employeur :
- la dénomination ou la raison sociale et le sigle ;
- le numéro d'immatriculation de l'employeur à l'organisme de gestion ;
- l'adresse complète de l'employeur ;
* dans le corps, pour chaque travailleur occupé au cours de la période :
- le numéro d'assurance, à lui attribué par l'organisme de gestion ;
- le matricule paie dans l'entreprise ou sous lequel l'employeur le traite ;
- les nom et prénoms, éventuellement le nom de jeune fille ;
- la date d'embauche et, le cas échéant, la date de cessation d'emploi ;
- le temps de travail accompli au cours de la période, en heures ou en jours ;
- le montant brut de la rémunération de la période considérée y compris tous les avantages, primes et indemnités ;
- le montant de la rémunération soumis à cotisation ;
- la cotisation calculée au titre dudit travailleur pour la période considérée.

Article 114 : Le montant de la pénalité applicable pour défaut de production des relevés nominatifs dans les délais ci-dessus précisés est fixé, à raison d'une pénalité par relevé non fourni, à :
- 15.000 F pour les employeurs de moins de 10 salariés ;
- 30.000 F pour les employeurs de 10 à 100 salariés ;
- 45.000 F pour les employeurs de plus de 100 salariés.
Article 115 : En cas de cession de l'entreprise ou de cessation d'activité de l'employeur, le paiement des cotisations dues est immédiatement exigible. En cas de faillite ou de liquidation judiciaire, le payement des cotisations dues à l'organisme de gestion est couvert du même privilège que le salaire.
Article 116 : Avant constatation des infractions aux dispositions du présent chapitre, la procédure de mise en demeure est appliquée.
La mise en demeure avant poursuite pour le recouvrement des cotisations impayées est faite par écrit et notifiée à l'employeur. Elle précise les sommes dues, en principal et les majorations de retard, et fixe un délai de quinze (15) jours dans lequel celles-ci devront être payées ou contestées.

CHAPITRE II : DES RESERVES

Article 117 : Sont constitués et maintenus par l'organisme de gestion de l'Assurance Maladie Obligatoire, les fonds de réserve suivants :
- une réserve de trésorerie dont le montant ne peut être inférieur à la moyenne trimestrielle des dépenses constatées au cours des deux derniers exercices ;
- une réserve de sécurité qui doit rester au moins égale à la moyenne semestrielle des dépenses techniques constatées au cours des deux derniers exercices ;
- une réserve technique qui ne peut être inférieure au montant des dépenses constatées au cours des trois derniers exercices.
Article 118 : La réserve de trésorerie est destinée à pallier les difficultés conjoncturelles de trésorerie. Son montant ne peut être inférieur à la moyenne trimestrielle des dépenses constatées au cours des deux derniers exercices.
Article 119 : La réserve de sécurité vise à faire face aux fluctuations aléatoires qui peuvent affecter les recettes au cours de l'année. Elle est au moins égale à la moyenne semestrielle des dépenses techniques constatées au cours des deux derniers exercices.
Article 120 : La réserve technique est destinée à éviter une fluctuation trop importante des cotisations durant une période déterminée. Elle ne peut être inférieure au montant total des dépenses constatées au cours des trois derniers exercices.
Article 121 : La constitution progressive des différents fonds de réserve est assurée par des versements trimestriels effectués par l'organisme de gestion, représentant chacun 25 % des dépenses prévisionnelles pour l'exercice en cours.

L'affectation aux différents fonds de réserve des sommes ainsi dégagées est décidée par le Conseil d'Administration lors de l'adoption du budget de l'organisme de gestion.
Article 122 : Les réserves affectées aux fonds de roulement et aux fonds de sécurité doivent être liquides et disponibles à tout moment.
Article 123 : Les fonds de réserve, les placements correspondant à chaque fonds, ainsi que leur produit sont comptabilisés séparément pour chaque fonds. Les fonds doivent être placés à court, moyen et long terme selon le plan financier établi par le Conseil d'Administration et approuvé par le ministre chargé de la Protection Sociale. Le plan financier doit réaliser la sécurité des fonds. Il vise à garantir une liquidité suffisante, un rendement optimal des placements ainsi que le développement économique et social de la Nation.

TITRE VIII

DES DISPOSITIONS FINALES

Article 124 : Le Ministre du Développement Social, de la Solidarité et des Personnes Agées, le Ministre de l'Economie et des Finances et le Ministre de la Santé sont chargés, chacun en ce qui le concerne, de l'exécution du présent décret qui sera enregistré et publié au Journal officiel.

Bamako, le 12 octobre 2009

Le Président de la République, Amadou Toumani TOURÉ

Le Premier ministre, Modibo SIDIBE

Le Ministre du Développement Social, de la Solidarité et des Personnes Agées, Sékou DIAKITE

Le ministre de la Santé, Oumar Ibrahima TOURÉ

DÉCRET n° 09-553/P-RM DU 12 OCTOBRE 2009 FIXANT L'ORGANISATION ET LES MODALITÉS DE FONCTIONNEMENT DE LA CAISSE NATIONALE D'ASSURANCE MALADIE[51]

LE PRESIDENT DE LA REPUBLIQUE,

Vu la Constitution ;
Vu la Loi n° 94-009 du 22 mars 1994 portant principes fondamentaux de la création, de l'organisation, de la gestion et du contrôle des services publics modifiée par la Loi n° 02-048 du 22 juillet 2002 ;
Vu la Loi n° 90-110/AN-RM du 18 octobre 1990 portant principes fondamentaux de la création, de l'organisation et du fonctionnement des Etablissements Publics à caractère Administratif ;
Vu la Loi n° 09-016 du 26 juin 2009 portant création de la Caisse Nationale d'Assurance Maladie (CANAM) ;
Vu la Loi n° 96-004 du 26 janvier 1996 portant création de l'Institut National de Prévoyance Sociale ;
Vu la Loi n° 93-013 du 11 février 1993 portant création de la Caisse de Retraites du Mali ;
Vu la Loi n° 96-061 du 04 novembre 1996 portant principes fondamentaux de la Comptabilité Publique ;
Vu le Décret n° 97-192 du 09 juin 1997 portant règlement général de la Comptabilité publique ;
Vu le Décret n° 07-380/P-RM du 28 septembre 2007 portant nomination du Premier ministre ;
Vu le Décret n° 09-157/P-RM du 9 avril 2009 portant nomination des membres du Gouvernement ;
Vu le Décret n° 09-221/P-RM du 11 mai 2009 fixant les intérims des membres du Gouvernement ;

STATUANT EN CONSEIL DES MINISTRES,

DECRETE :

TITRE I

DES DISPOSITIONS GÉNÉRALES

Article 1 : Le présent décret fixe l'organisation et les modalités de fonctionnement de la Caisse Nationale d'Assurance Maladie.

---

[51] Voir : http://canammali.ml/documents-officiels/

Article 2 : La Caisse Nationale d'Assurance Maladie est placée sous la tutelle du Ministre chargé de la Protection Sociale.
Article 3 : Le siège de la Caisse Nationale d'Assurance Maladie est fixé à Bamako. Il peut être transféré en tout autre lieu du territoire national.

TITRE II

DES ORGANES D'ADMINISTRATION ET DE GESTION

CHAPITRE I : DU CONSEIL D'ADMINISTRATION

Section 1 : Des attributions

Article 4 : Dans la limite des lois et règlements en vigueur, le Conseil d'Administration exerce les attributions suivantes :
- l'adoption du budget et des programmes annuels d'activités ;
- la détermination annuelle en termes quantitatif et qualitatif des objectifs à atteindre par la Caisse ;
- l'adoption des règlements d'application du régime d'assurance maladie obligatoire ;
- l'autorisation de la signature par le Directeur Général de tous contrats et conventions engageant la Caisse pour une durée qui excède vingt quatre (24) mois ;
- la détermination des structures de la Caisse et la création des services locaux ou spécialisés ;
- la définition des programmes d'équipement et d'investissement ;
- l'adoption des dotations de gestion des organismes gestionnaires délégués ;
- l'approbation des comptes de l'exercice financier précédent et du rapport d'activités du Directeur Général ;
- le consentement des hypothèques et autres garanties immobilières sur les biens de la Caisse ;
- l'autorisation des transactions immobilières.

Section 2 : De la composition

Article 5 : Le Conseil d'Administration de la Caisse Nationale d'Assurance Maladie est composé de dix-huit (18) membres dont les sièges sont répartis ainsi qu'il suit :
1-Au titre des pouvoirs publics :
- un (1) représentant du Ministre chargé de la Protection Sociale ;
- un (1) représentant du Ministre chargé des Finances ;

- un (1) représentant du Ministre chargé de la Fonction Publique ;
- un (1) représentant du Ministre chargé de la Santé ;
- un (1) représentant du Ministre chargé de la Défense.

2-Au titre des usagers de l'établissement :
- cinq (5) représentants des employeurs ;
- quatre (4) représentants des travailleurs ;
- deux (2) représentants des pensionnés ;
- un (1) représentant des députés.

3-Au titre du personnel de l'établissement :
- un (1) représentant du personnel de la Caisse.

Article 6 : Les représentants des travailleurs au Conseil d'Administration sont désignés sur proposition de l'organisation la plus représentative de travailleurs.

Article 7 : Les représentants des pensionnés au Conseil d'Administration sont désignés sur proposition de l'organisation la plus représentative de pensionnés de la Caisse de Retraites et de l'Institut National de Prévoyance Sociale.

Article 8 : Les représentants des employeurs au Conseil d'Administration sont désignés sur proposition de l'organisation la plus représentative d'employeurs.

Article 9 : Le représentant du personnel est désigné à la majorité simple en assemblée générale des travailleurs de la Caisse Nationale d'Assurance Maladie.

Article 10 : La présidence du Conseil d'Administration est assurée alternativement par le représentant des organisations syndicales des Employeurs et le représentant des organisations syndicales des Travailleurs.

Article 11 : Assistent aux réunions du Conseil d'Administration de la Caisse Nationale d'Assurance Maladie, sans voix délibérative, les Directeurs Généraux des organismes gestionnaires délégués.

CHAPITRE II : DE LA DIRECTION GÉNÉRALE

Article 12 : La Caisse Nationale d'Assurance Maladie est dirigée par un Directeur Général nommé par décret pris en Conseil des Ministres sur proposition du ministre chargé de la Protection Sociale.

Article 13 : Le Directeur Général de la caisse est chargé de l'application des lois et règlements relatifs à l'Assurance Maladie Obligatoire.

Il dirige, coordonne et anime l'activité de l'ensemble des services de la Caisse.

À ce titre, il est chargé de :
- soumettre à la délibération du Conseil d'Administration les objectifs à atteindre, le programme d'activités, le budget de la Caisse et la structure générale des services ;
- exécuter le budget dont il est l'ordonnateur ;
- gérer le personnel ;

- fixer l'organisation du travail des services ;
- passer les baux, conventions et contrats au nom de la Caisse ;
- soumettre au Conseil d'Administration, dans les trois (3) mois qui suivent la fin de l'exercice budgétaire, le rapport d'activités et les comptes financiers ;
- assurer la mise en œuvre des décisions du Conseil d'Administration ;
- exercer toutes les fonctions d'administration et de gestion non expressément réservées au Conseil d'Administration ou à l'autorité de tutelle.

Article 14 : Le Directeur Général de la Caisse Nationale d'Assurance Maladie est assisté par un Directeur Général Adjoint qui le remplace de plein droit en cas de vacance, d'absence ou d'empêchement.

Le Directeur Général Adjoint est nommé par arrêté du ministre chargé de la Protection Sociale sur proposition du Directeur Général de l'Agence Nationale d'Assistance Médicale.

L'arrêté de nomination du Directeur Général Adjoint fixe également ses attributions spécifiques.

CHAPITRE III : DE LA REPRESENTATION DU PERSONNEL AU COMITE DE GESTION

Article 15 : Le personnel de la Caisse Nationale d'Assurance Maladie est représenté au sein du Comité de Gestion par deux (2) membres désignés à la majorité simple en assemblée générale des travailleurs de la Caisse.

TITRE III

DE LA TUTELLE

Article 16 : Les contrats d'un montant égal ou supérieur à vingt millions (20 000 000) de francs CFA sont soumis à l'approbation de l'autorité de tutelle.

TITRE IV

DES DISPOSITIONS FINALES

Article 17 : Le Ministre du Développement Social, de la Solidarité et des Personnes Agées, le Ministre de l'Economie et des Finances, le Ministre de la Défense et des Anciens Combattants, le Ministre du Travail, de la Fonction Publique et de la Reforme de l'État et le Ministre de la Santé sont chargés, chacun en ce qui le concerne, de l'exécution du présent décret qui sera enregistré et publié au Journal officiel.

Bamako, le 12 octobre 2009

Le Président de la République, Amadou Toumani TOURÉ
Le Premier ministre, Modibo SIDIBE
Le Ministre du Développement Social, de la Solidarité et des Personnes Agées, Sékou DIAKITE
Le Ministre de la Sante, Oumar Ibrahima TOURÉ
Le Ministre Délégué auprès du Ministre de l'Economie et des Finances, chargé du Budget, Ministre de l'Economie et des Finances par intérim, Lassine BOUARE
Le Ministre de la Défense et des Anciens Combattants, Natié PLEA
Le Ministre du Travail, de la Fonction Publique et de la Reforme de l'Etat, Abdoul Wahab BERTHE

DÉCRET N 10 580 / PR-M DU 2 6 oct 2010 PORTANT APPROBATION DE LA CONVENTION TYPE DE DELEGATION DE GESTION DANS LE CADRE DE L'ASSURANCE MALADIE OBLIGATOIRE[52]

Vu la Constitution ;
Vu la Loi n° 96-061 du 04 novembre 1996 portant pnnClpes fondamentaux de la Comptabilité Publique ;
Vula Loi n° 96-004 du 26 janvier 1996 portant création de l'Institut National de Prévoyance Sociale ;
Vu la Loi n° 09-0 15 du 26 juin 2009 portant institution du régime d'Assurance Maladie Obligatoire ;
Vu la Loi n° 09-016 du 26 juin 2009 portant création de la Caisse Nationale d'Assurance Maladie ;
Vu le Décret n° 97 -192 du 09 juin 1997 portant règlement général de la Comptabilité publique ;
Vu la Loi n° 10-029 du 12 juillet 2010 portant création de la Caisse Malienne de Sécurité Sociale
Vu le Décret n° 09-553/P-RM du 12 octobre fixant l'organisation et les modalités de fonctionnement de la Caisse Nationale d'Assurance Maladie ;
Vu le Décret n° 09-554/P-RM du 12 octobre 2009 fixant l'organisation et les modalités de fonctionnement de l'Agence Nationale d'Assistance Médicale ;
Vu le Décret n° 09-555/P-RM du 12 octobre 2009 fixant les modalités d'application de la loi portant institution du régime d'Assistance Médicale ;
Vu le Décret n° 07-380/P-RM du 28 septembre 2007 portant nomination du Premier ministre ;
Vu le Décret n° 09-157/P-RM du 9 avril 2009 portant nomination des membres

STATUANT EN CONSEIL DES MINISTRES DECRETE :

Article 1er : Est approuvée la convention-type de délégation de gestion entre la Caisse Nationale d'Assurance Maladie et les organismes gestionnaires délé gués annexée au présent décret.
Article 2 : Le ministre du Développement Social, de la Solidarité et des Personnes Agées, le ministre de l'Economie et des Finances, le ministre de la Santé et le ministre de la Justice Garde des Sceaux sont chargés, chacun en ce qui le concerne, de l'exécution du présent décret qui sera enregistré et publié au Journal officiel :

---

[52] http://canammali.ml/documents-officiels/

Bamako le 26 OCT 2010

Le Président de la Répubique
Amadou Toumani Touré
Le Premier ministre, Modibo Sidibé
Le ministre de l'Economie et des Finances, Sanoussi Touré
Le ministre du Développement Social, de la Solidarité et des Personnes Agées, Sékou Diakité
Le ministre de la santé Oumar, Ibrahima TOURÉ

DÉCRET n° 10-577/P-RM DU 26 OCTOBRE 2010 FIXANT LES DELAIS ET LES MODALITÉS DE CONCLUSION DES CONVENTIONS ENTRE LES PRESTATAIRES DE SANTÉ ET LA CAISSE NATIONALE D'ASSURANCE MALADIE[53]

LE PRESIDENT DE LA REPUBLIQUE,

Vu la Constitution ;
Vu la Loi n° 96-061 du 04 novembre 1996 portant principes fondamentaux de la Comptabilité Publique ;
Vu la Loi n° 96-004 du 26 janvier 1996 portant création de l'Institut National de Prévoyance Sociale ;
Vu la Loi n° 10-029 du 12 juillet 2010 portant création de la Caisse Malienne de Sécurité Sociale ;
Vu la Loi n° 09-015 du 26 juin 2009 portant institution du régime d'Assurance Maladie Obligatoire ;
Vu la Loi n° 09-016 du 26 juin 2009 portant création de la Caisse Nationale d'Assurance Maladie ;
Vu la Loi n° 09-030 du 27 juillet 2009 portant institution du Régime d'Assistance Médicale ;
Vu la Loi n° 09-031 du 27 juillet 2009 portant création de l'Agence Nationale d'Assistance Médicale ;
Vu le Décret n° 97-192 du 09 juin 1997 portant règlement général de la Comptabilité Publique ;
Vu le Décret n° 09-553/P-RM du 12 octobre 2009 fixant l'organisation et les modalités de fonctionnement de la Caisse Nationale d'Assurance Maladie ;
Vu le Décret n° 09-554/P-RM du 12 octobre 2009 fixant l'organisation et les modalités de fonctionnement de l'Agence Nationale d'Assistance Médicale ;
Vu le Décret n° 07-380/P-RM du 28 septembre 2007 portant nomination du Premier ministre ;
Vu le Décret n° 09-157/P-RM du 9 avril 2009 portant nomination des membres du Gouvernement ;

STATUANT EN CONSEIL DES MINISTRES,

DECRETE :

Article 1 : Le présent décret fixe les délais et les modalités de conclusion des conventions entre les prestataires de santé et la Caisse Nationale d'Assurance Maladie.
Article 2 : Les conventions entre les prestataires de santé et la Caisse

---

[53] http://canammali.ml/documents-officiels.

Nationale d'Assurance Maladie déterminent le règlement minimum.
Article 3 : Le règlement minimum conventionnel est l'ensemble des dispositions minimales définissant les droits et les obligations entre partenaires ainsi que leurs rapports réciproques et figurant dans les conventions liant les institutions d'Assurance Maladie et d'Assistance Médicale aux prestataires de santé.
Article 4 : Les conventions sont conclues de manière sectorielle, entre les institutions d'Assurance Maladie et d'Assistance Médicale et les prestataires suivants :
- les pharmaciens d'officine ;
- les structures sanitaires publiques, communautaires et privées ;
- les dentistes ;
- les médecins libéraux ;
- les laboratoires d'analyses médicales ;
- les professions infirmières, de sages femmes et autres spécialités paramédicales.
Article 5 : Les conventions sectorielles sont conclues entre la Caisse Nationale d'Assurance Maladie, en son nom propre et au nom de l'Agence Nationale d'Assistance Médicale, et les représentants des prestataires, ordres nationaux ou syndicats.
Toutefois, l'Agence Nationale d'Assistance Médicale n'est pas concernée par les conventions conclues entre la Caisse Nationale d'Assurance Maladie et les prestataires privés.
Les discussions et négociations relatives à la conclusion des conventions sont conduites sous l'égide des ministres en charge de la Protection Sociale et de la Santé.
Les ministres arrêtent la liste des participants à la négociation, sur proposition des institutions en charge de l'Assurance Maladie et de l'Assistance Médicale.
Article 6 : La durée de la négociation des conventions ne doit pas excéder trois mois.
À défaut de conclusion d'une convention dans le temps imparti, le ministre chargé de la Protection Sociale édicte un règlement provisoire s'imposant aux parties en désaccord et dont la durée ne peut excéder trois mois et instruit aux parties de poursuivre la négociation de la convention pour une période de trois mois supplémentaires.
Faute d'accord conclu après cette période additionnelle, le ministre chargé de la Protection Sociale par arrêté transforme le règlement provisoire en convention sectorielle.
Article 7 : Les conventions sont conclues pour une durée de trois ans, sauf accord particulier entre les parties.
Article 8 : Les conventions font l'objet d'une renégociation à leur terme.
La durée de la renégociation ne peut excéder trois mois.
À défaut d'accord, le ministre chargé de la Protection Sociale reconduit

d'office la convention précédente.

Article 9 : Doivent figurer dans les conventions les éléments suivants :

- la définition des termes techniques spécifiques employés dans le corps de la convention ;
- le champ d'application de la convention, qui précise les prestataires et les bénéficiaires concernés, ainsi que les prestations couvertes ;
- les conditions et les modalités d'adhésion à la convention ;
- les règles liées à l'exercice conventionnel, qui précisent notamment les règles liées à l'accès aux soins et les dispositions spécifiques, telles que l'accord préalable. Elles précisent également les conditions de délivrance des prestations, de garantie de la qualité des services, de rédaction des prescriptions ainsi que les modes d'échange d'information entre les institutions d'assurance maladie et d'assistance médicale et les prestataires.

Ces dispositions intègrent :

- les éléments relatifs aux outils de maîtrise des dépenses de santé ;
- les modalités de rémunération des prestataires et notamment la rédaction des demandes de paiement aux institutions d'assurance maladie et d'assistance médicale ;
- les dispositions relatives au contrôle médical exercé par les institutions d'assurance maladie et d'assistance médicale ;
- les dispositions relatives à la mise en œuvre, au suivi de la convention et au règlement des litiges ;
- les modalités spécifiques de la formation des prestataires dans le cadre de la mise en œuvre de la convention ;
- les dispositions relatives à la lutte contre la fraude, notamment la prescription ou la délivrance abusive, l'exercice illégal ou les pratiques irrégulières des bénéficiaires ;
- la durée de la convention, les modalités de révision, de renonciation et de ré-adhésion éventuelle.

D'autres éléments, complémentaires et spécifiques à l'une ou l'autre des catégories de prestataires peuvent figurer dans les conventions.

Article 10 : Les annexes des conventions sectorielles incluent :

- les formulaires d'adhésion à la convention ;
- les formulaires utilisés dans les échanges entre les institutions d'assurance maladie et d'assistance médicale et les prestataires à savoir les feuilles de soins et les demandes de paiement ;
- les listes des produits ou prestations autorisés au titre de la convention ainsi que leur tarif de référence et le ticket modérateur applicable.

Ces annexes sont mises à jour annuellement par les institutions d'assurance maladie et d'assistance médicale et en tant que de besoin, selon une procédure déterminée par elles.

Article 11 : Toute modification des conventions, hormis les annexes, fait l'objet d'un avenant.
Article 12 : Les conventions sont, préalablement à leur mise en œuvre, approuvées par arrêté du ministre chargé de la Protection Sociale.
Article 13 : Le ministre du Développement Social, de la Solidarité et des Personnes Agées, le ministre de la Santé, le ministre de l'Economie et des Finances, le ministre de la Défense et des Anciens Combattants et le ministre du Travail, de la Fonction Publique et de la Réforme de l'État sont chargés, chacun en ce qui le concerne, de l'exécution du présent décret qui sera enregistré et publié au Journal officiel.

Bamako, le 26 octobre 2010

Le Président de la République, Amadou Toumani TOURÉ

Le Premier ministre, Modibo SIDIBE
Le ministre du Développement social, de la Solidarité et des Personnes Agées, Sékou DIAKITE
Le ministre de la Santé, Oumar Ibrahima TOURÉ
Le ministre de l'Economie et des Finances, Sanoussi TOURÉ
Le ministre de la Défense et des Anciens Combattants, Natié PLEA
Le ministre du Travail, de la Fonction Publique et de la Réforme de l'État, Abdoul Wahab BERTHE

DÉCRET n° 00 – 587 / P-RM DU 23 NOVEMBRE 2000 FIXANT L'ORGANISATION ET LES MODALITÉS DE FONCTIONNEMENT DU CENTRE NATIONAL DE TRANSFUSION SANGUINE[54]

LE PRESIDENT DE LA REPUBLIQUE,

Vu la Constitution ;
Vu la loi n° 94-009 du 22 mars 1994 portant principes fondamentaux de la création de l'organisation, de la gestion et du contrôle des services publics ;
Vu la loi n° 96-015 du 13 février 1996 portant statut général des établissements publics à caractère scientifique, technique ou culturel ;
Vu l'Ordonnance n° 00-041 / P-RM du 20 septembre 2000 portant création du Centre Centre national de transfusion sanguine de transfusion sanguine ;
Vu le décret n° 204 / P-RM du 21 août 1985 déterminant les modalités de gestion et de contrôle des structures des services publics ;
Vu le décret n° 00-055 / P-RM du 15 février 2000 portant nomination du Premier ministre ;
Vu le décret n° 00-057/ P-RM du 21 février 2000 portant nomination des membres du gouvernement ;
Vu le décret n°00-082/P-RM du 08 mars 2000 fixant les intérims des membres du gouvernement ; Statuant en Conseil des Ministres,

Décrète :

TITRE I

DISPOSITIONS GÉNÉRALES

Article 1 : Le présent décret fixe l'organisation et les modalités de fonctionnement du Centre National Transfusion sanguine.
Article 2 : Le siège du Centre national de transfusion sanguine de transfusion sanguine est fixé à Bamako. Il peut être transféré en tout autre lieu du territoire national.
Article 3 : Le Centre national de transfusion sanguine de transfusion sanguine peut s'assurer le concours de tout organisme ayant les mêmes vocations.

[54] https://sgg-mali.ml/JO/2000/mali-jo-2000-25.pdf.

TITRE II

DES ORGANES D'ADMINISTRATION ET DE GESTION

CHAPITRE I : DU CONSEIL D'ADMINISTRATION

Section 1 : Des attributions

Article 4 : Le Conseil d'administration exerce, dans les limites des lois et règlements en vigueur, les attributions suivantes :
- fixer les orientations du Centre national de la transfusion sanguine dans le cadre de la politique nationale de transfusion sanguine ;
- approuver le cadre organique des services du Centre national de la transfusion sanguine et les règles particulières relatives à son fonctionnement et à son administration ;
- délibérer sur les programmes d'équipement et les investissements à réaliser en fonction de ses objectifs ;
- voter le budget prévisionnel du Centre national de la transfusion sanguine et ses modifications éventuelles et arrêter les comptes financiers avant leur transmission à l'autorité de tutelle ;
- examiner le rapport annuel d'activités du Directeur général et les états financiers en fin d'exercice ;
- fixer les modalités d'octroi au personnel des indemnités, primes et avantages spécifiques ;
- délibérer sur les acquisitions, dispositions ou aliénations d'immeubles ;
- donner un avis sur les propositions du comité scientifique et technique ;
- donner un avis sur toutes questions soumises par l'autorité de tutelle ;
- adopter le règlement intérieur du Centre national de la transfusion sanguine.

Section 2 : De la Composition

Article 5 : le Conseil d'administration du Centre national de transfusion sanguine de transfusion sanguine est composé de onze (11) membres dont les sièges sont repartis comme suit :

1. Président :
- Le Ministre chargé de la santé ou son représentant ;

2. Membres :

1) Représentants des pouvoirs publics :
- le représentant du Ministre chargé du développement social ;
- le représentant du ministre chargé des finances ;
- le représentant du Ministre chargé de la recherche scientifique et technique ;
- le Directeur de la pharmacie et du médicament ;

- le Directeur national de la santé publique ;
- le Directeur national du développement social ;
- un représentant de la Faculté de Médecine, de Pharmacie et d'Odontostomatologie.

2) Représentants des usagers :
- un représentant de l'Association des donneurs bénévoles de sang ;
- un représentant de l'Association des consommateurs ;
- un représentant des hôpitaux.

3) Représentants du personnel :
- un représentant des travailleurs du Centre national de transfusion sanguine de transfusion sanguine.

Article 6 : Le représentant des travailleurs est désigné par les travailleurs lors d'une assemblée générale.

Article 7 : Un arrêté du ministre chargé de la santé fixe la liste nominative des membres du Conseil d'administration pour une période de trois (3) ans.

CHAPITRE II : DE LA DIRECTION GÉNÉRALE

Article 8 : Le Centre national de transfusion sanguine est dirigé par un Directeur général nommé par décret pris en Conseil des Ministres sur proposition du ministre chargé de la santé. Il est assisté et secondé d'un Directeur général adjoint qui le remplace de plein droit en cas de vacance, d'absence ou d'empêchement.

Le Directeur général adjoint est nommé par arrêté du Ministre chargé de la santé.

L'arrêté de nomination fixe également ses attributions spécifiques.

Article 9 : Le Directeur général anime, coordonne et contrôle l'ensemble des activités du Centre national de la transfusion sanguine. Il est responsable de la réalisation du programme et des objectifs fixés par le Conseil d'administration et représente le Centre national de transfusion sanguine de transfusion sanguine dans tous les actes de la vie civile. À cet effet, il est notamment chargé de :
- exercer toutes les fonctions d'administration et de gestion non expressément réservées au Conseil d'Administration ou à l'autorité de tutelle ;
- recruter et licencier le personnel conformément à la réglementation en vigueur ;
- élaborer et soumettre à la délibération du Conseil d'administration les objectifs annuels à atteindre, les programmes de recherche et le budget prévisionnel correspondant ;
- veiller à l'application des décisions du Conseil d'administration et exécuter le budget du Centre national de la transfusion sanguine dont il est l'ordonnateur ;
- signer les baux, conventions et contrats ;

- ester en justice.

CHAPITRE III : DU COMITÉ SCIENTIFIQUE ET TECHNIQUE

Section 1 : Des attributions et du fonctionnement

Article 10 : Le Comité scientifique et technique est chargé de :
- donner son avis sur les programmes de recherche, de production, de formation afin d'assurer leur adéquation avec les besoins de développement socio-sanitaires ;
- procéder à l'évaluation scientifique des résultats des études et des recherches ;
- apporter au Centre tout appui scientifique nécessaire à l'exécution des programmes ;
- établir annuellement un rapport sur les travaux du Centre national de la transfusion sanguine à l'intention du Conseil d'administration.

Article 11 : Le Comité scientifique et technique se réunit sur convocation de son président en session ordinaire une fois par semestre. Il peut se réunir en session extraordinaire chaque fois que de besoin à la demande de son président ou du tiers (1/3) au moins de ses membres.

Le secrétariat du Comité est assuré par la Direction générale du Centre national de transfusion sanguine de transfusion sanguine.

Article 12 : Les membres du Comité scientifique et technique reçoivent communication de tous documents scientifiques, études et résultats provenant du Centre National de la transfusion sanguine. Ils peuvent demander tout renseignement d'ordre scientifique ou technique à l'exclusion de documents comptables ou administratifs.

Ils reçoivent un exemplaire des documents approuvés par le Conseil d'administration.

Section 2 : De la composition

Article 13 : Le Comité scientifique et technique est composé comme suit :
- Président : Une personnalité scientifique ayant une compétence établie en matière de sang, choisie par l'autorité de tutelle ;
- Membre : Dix (10) membres choisis par l'autorité de tutelle parmi des personnalités scientifiques et des spécialités des problèmes socio-sanitaires.

Le président et les membres du Comité sont choisis sur une liste proposée par le Conseil d'Administration.

Le Comité peut s'adjoindre toute autre personne en raison de ses compétences particulières.

Article 14 : Le président et les membres du Comité scientifique et technique sont nommés pour trois (3) ans renouvelables par arrêté du ministre de tutelle.

CHAPITRE IV : DE LA TUTELLE

Article 15 : Le Centre national de transfusion sanguine de transfusion sanguine est placé sous la tutelle du Ministre chargé de la santé.
Article 16 : Les actes d'administrations et de gestion définis aux articles 17 et 18 ci-dessous sont soumis à l'approbation expresse ou à l'autorisation préalable du ministre de tutelle.
Article 17 : L'autorisation préalable est requise pour les actes suivants :
- l'acceptation des subventions, dons et legs assortis de conditions ;
- les emprunts de plus d'un (1) an ;
- la signature de convention et de contrat égal ou supérieur à 20 millions de francs ;
- la prise de participation financière et de toute intervention impliquant la cession des biens et ressources du Centre national de la transfusion sanguine.
Article 18 : Sont soumis à l'approbation expresse :
- le plan de recrutement ;
- les rapports annuels du Conseil d'administration ;
- l'affectation des résultats ;
- le règlement intérieur de service ;
- le règlement intérieur du Conseil d'administration.
Article 19 : L'autorisation préalable ou l'approbation expresse est demandée par requête du Directeur général du Centre national de la transfusion sanguine. Le Ministre chargé de la santé dispose de quinze (15) jours à compter de la réception de la requête pour notifier son autorisation, son approbation ou son refus. Passé ce délai, l'autorisation ou l'approbation est considérée comme acquise.

TITRE III

DES DISPOSITIONS FINALES

Article 20 : Le présent décret abroge toutes dispositions antérieures contraires, notamment :
- celles du décret n° 156 / PG-RM du 9 juillet 1984 fixant les modalités d'organisation et de fonctionnement des services rattachés à la Direction nationale de la santé publique en ce qui concerne le Centre national de la transfusion sanguine ;
- le décret n°90-268 / P-RM du 05 juin 1990 fixant l'organisation et les

modalités de fonctionnement du Centre National de la Transfusion Sanguine.
Article 21 : Le Ministre de la Santé et le ministre de l'Economie et des Finances sont chargés, chacun en ce qui le concerne, de l'exécution du présent décret qui sera enregistré et publié au Journal officiel.

Bamako, le 23 novembre 2001

Le Président de la République,
Alpha Oumar KONARE

Le Premier ministre,
Mandé SIDIBE

Le Ministre de la santé,
Madame Traoré Fatoumata NAFO
Ministre de l'économie et des finances par intérim, Madame Bouaré Fily SISSOKO

ARRÊTÉ n° 92-0779 /MSPAS-PF-CAB PORTANT RÉGLEMENTATION DE LA TRANSFUSION SANGUINE[55]

LE MINISTRE DE LA SANTÉ PUBLIQUE, DE L'ACTION SOCIALE ET DE LA PROMOTION FEMININE.

Vu l'Acte Fondamental n° 1 / CTSP du 31 mars 1991 ;
Vu l'Ordonnance n° 90-38/P-RM du 5 juin 1990 portant création du Centre National de Transfusion Sanguine ;
Vu le Décret n° 90-268/PRM du 5 juin 1990 fixant l'organisation et les modalités de fonctionnement du Centre National de Transfusion Sanguine ;
Vu le Décret n° 91-458/P-RM du 27 décembre 1991, modifié, portant nomination des membres du Gouvernement ;

ARRETE :

Article 1er : Le présent arrêté porte réglementation de la transfusion sanguine. Il détermine les conditions de prélèvement, de préparation, de conservation et de distribution de sang et vise à réunir les conditions les meilleurs garantissant la sécurité du donneur et du receveur.
Article 2 : Le sang, le plasma et leurs dérivés ne peut être prélevés que par le Centre National et les Centres Régionaux de Transfusion Sanguine.
Article 3 : Les produits sanguins sont préparés à partir du sang lui-même prélevé sur les donneurs volontaires apparemment sains, âgés de 18 à 60 ans.
Article 4 : Tout prélèvement de sang doit précéder d'un examen médical comportant un interrogatoire orienté sur le dépistage des maladies transmissibles, la mesure du ^poids et de la tension artérielle.
Article 5 : Tout sang prélevé est soumis aux examens biologiques obligatoires ci-après :
- Détermination du groupe ABO par deux techniques
- Détermination du Rhésus
- Dépistage sérologique des maladies transmissible par le sang.
Article 6 : La quantité de sang prélevé est fonction du sexe, du poids et de la tension artérielle. L'intervalle minimum entre deux dont est de (2) mois pour les hommes et trois (3) pour les femmes.
Article 7 : Le délai de conservation du sang prélevé est de vingt et un (21) jours au réfrigérateur à une température régulière entre trois et sept degrés Celsius.
Article 8 : La préparation, la conservation et la distribution du sang, du plasma et leurs dérivés, relèvent de la compétence du Centre National de Transfusion

[55] https://www.fichier-pdffr/2018/04/03/arrete-nd92-0779-mspas-pf-cab/.

Sanguine et des hôpitaux publics disposant d'une structure adéquate et d'un personnel qualifié.
Article 9 : contrôle de la préparation, la conservation et de la qualité des produits sanguins est exercé à tout moment par les services compétents du Département de la Santé Centre National
Article 10 : Le bénévolat étant le seul critère de recrutement des donneurs, la vente du sang est par conséquent prohibée.
Article 11 : Dans certaine circonstance, une indemnité pour frais de déplacement pourra être consentie pour les appels d'urgences et les groupes rares dont le montant correspond au remboursement des frais de transport aller et retour.
Article 12 : La délivrance du sang, de plasma et leurs dérivés est strictement subordonnée à la présentation d'une ordonnance médicale.
Article 13 : L'anonymat entre donneur et receveur doit être observé, sauf cas de force majeure.
Article 14 : Toute transfusion de sang, de plasma et de leurs dérivés doit être précédée d'un test de compatibilité.
Article 15 : Il est délivré à toute personne ayant consenti un don de sang une carte de groupage.
Cette carte ne peut être considérée comme valide qu'après un test survenant au second don.
Article 16 : Les Centres Régionaux de transfusion sanguine et les banques de sang des hôpitaux nationaux sont sous contrôle technique du Centre National de Transfusion Sanguine.
Article 17 : Le présent arrêté sera enregistré, publié et communiqué partout où besoin sera.

Koulouba, le 26 février 1992

Dr. Jean Brière de L'ISLE

DÉCRET n° 01- 074 / P-RM DU 12 FEVRIER 2001 FIXANT L'ORGANISATION ET LES MODALITES DE FONCTIONNEMENT DE L'INSPECTION DE LA SANTÉ[56]

LE PRESIDENT DE LA REPUBLIQUE,

Vu la Constitution ;
Vu la loi n° 94-009 du 22 mars 1994 portant principes fondamentaux de la création, de l'organisation, de la gestion et du contrôle des services publics ;
Vu l'Ordonnance n° 00-058 / P-RM du 28 septembre 2000 portant création de l'Inspection de la Santé ;
Vu le décret n° 204 / PG-RM du 21 août 1995 déterminant les modalités de gestion et de contrôle des structures des services publics ;
Vu le décret n° 00-055 / P-RM du 15 février 2000 portant nomination du Premier ministre ;
Vu le décret n° 00-055 / P-RM du 21 février 2000 portant nomination des membres du gouvernement ;
Vu le décret n° 00-082 / P-RM du 08 mars 2000 fixant les intérims des membres du gouvernement.
Statuant en conseil des ministres

Décrète :

Article 1 : Le présent décret fixe l'organisation et les modalités de fonctionnement de l'Inspection de la santé.
Article 2 : L'Inspection de la santé est placée sous l'autorité du ministre chargé de la santé.

CHAPITRE I : DE L'ORGANISATION

Section 1 : De l'Inspecteur en chef

Article 3 : L'Inspection de la santé est dirigée par un Inspecteur en chef nommé par décret pris en Conseil des ministres, sur proposition du Ministre chargé de la santé. Il est assisté d'un Inspecteur en chef adjoint et d'Inspecteurs nommés dans les mêmes conditions que lui.
Article 4 : L'Inspecteur en chef anime, coordonne et contrôle les activités de l'Inspection de la santé.
Il établit au début de chaque année le programme d'activités de l'Inspection

[56]https://www.iia-mali.ml/index.php/textes-et-lois/22-inspection-de-la-sante/40-inspection-de-la-sante.html.

de la santé dont une copie est transmise au ministre chargé de la santé, au Premier ministre et au Président de la République.
Article 5 : L'Inspecteur en chef établit à la fin de chaque année un rapport de synthèse des activités de l'Inspection de la santé et dont une copie est transmise au ministre chargé de la santé, au Premier ministre et au Président de la République. Ce rapport mentionne notamment :
- les agents, services et organismes inspectés ;
- les observations faites, les erreurs et violations commises ;
- les mesures de redressement prises et les améliorations souhaitées ;
- les réformes en vue du bon fonctionnement des services et organismes inspectés.
Article 6 : L'Inspecteur en chef adjoint seconde et assiste l'Inspecteur en chef qu'il remplace de plein droit en cas de vacances, d'absence ou d'empêchement. Son décret de nomination fixe, le cas échéant, ses attributions spécifiques.

Section 2 : Des structures

Article 7 : L'Inspection de la santé comprend deux départements :
- le département pharmacie et médicaments ;
- le département médecine et hygiène.
Les départements sont dirigés par des chefs de département nommés par arrêté du ministre chargé de la santé.

CHAPITRE II : DU FONCTIONNEMENT

Article 8 : L 'Inspecteur en chef, l'Inspecteur en chef adjoint et les Inspecteurs ont qualité pour effectuer, sur instruction du ministre chargé de la santé, toutes missions d'investigations ou d'enquêtes nécessaires à l'accomplissement de leur mission.
Ils peuvent, sur leur propre initiative, après approbation du ministre chargé de la santé, enclencher des missions de contrôle et d'investigation dans tous les services relevant de son autorité.
L'Inspecteur en chef, l'Inspecteur en chef adjoint et les Inspecteurs peuvent se faire communiquer par les services contrôlés tous les documents utiles et recueillir tous les témoignages nécessaires.
Article 9 : L'Inspecteur en chef évalue trimestriellement avec les Inspecteurs le point d'exécution du programme annuel.
Article 10 : Les Inspecteurs n'ont pas pouvoir de décision. Ils sont toutefois habilités, en cas de nécessité manifeste ou urgente, à prescrire des mesures conservatoires à l'exclusion des mesures privatives de liberté, à charge pour eux d'en rendre compte immédiatement à l'Inspecteur en chef.
Article 11 : À l'issue de leur mission, les Inspecteurs sont tenus de rédiger un

rapport dont copie est communiquée aux agents et responsables des services et organismes contrôlés qui seront invités à présenter, par écrit, leurs réponses aux observations dans le délai qui leur est imparti.
Le rapport définitif doit comporter des propositions de mesures destinées à remédier aux insuffisances, erreurs ou fautes constatées, à améliorer la qualité de la gestion administrative et financières, à accroître le rendement et l'efficacité du service ou de l'organisme contrôlé.
Deux (2) exemplaires du rapport définitif sont adressés par l'Inspecteur en chef au ministre chargé de la santé qui transmet un exemplaire au Premier ministre et au Président de la République dans les 20 jours qui suivent la transmission du rapport.

CHAPITRE III : DES DISPOSITIONS FINALES

Article 12 : Il est délivré aux inspecteurs une carte professionnelle signée par le Ministre chargé de la santé.
Article 13 : Un arrêté du ministre chargé de la santé fixe en tant que de besoin le détail des modalités d'organisation et de fonctionnement des départements de l'Inspection de la santé.
Article 14 : Le présent décret abroge toutes dispositions antérieures contraires, notamment le décret n° 94-169 / P-RM du fixant l'organisation et les modalités de fonctionnement de l'Inspection de la santé et de l'action sociale.

Article 15 : Le Ministre de la santé et le ministre de l'économie et des finances sont chargés, chacun en ce qui le concerne, de l'exécution du présent décret qui sera enregistré et publié au Journal officiel.

Bamako, le 12 février 2001

Le Président de la République,
Alpha Oumar KONARE

Le Premier ministre,
Mandé SIDIBE

Le Ministre de la promotion de la femme, de l'enfant et de la famille, Ministre de la santé par intérim, Madame Diarra Afoussatou THIERO

Le Ministre de l'économie et des finances, Bacari K

DECISION N° 95 - 328 / MSSPA – SG
PORTANT CREATION D'UN PROGRAMME NATIONAL DE LUTTE CONTRE LA TUBERCULOSE[57]

Le Ministre de la santé, de la solidarité et des personnes âgées,

Vu la Constitution ;
Vu le décret n° 94 – 067 / P-RM du 06 février 1994 portant nomination des membres du gouvernement modifié par le décret n° 95 – 097 / PRM du 27 février 1995;
Vu les nécessités de service

Décide :

Article 1 : Il est créé auprès du Ministère de la santé, de la solidarité et des personnes âgées un Programme national de lutte contre la tuberculose, en abrégé Pnlt.
Article 2 : Le programme a pour mission de mener des actions visant à :
- réduire le taux de prévalence de la tuberculose et le taux d'incidence des tuberculoses évitables.
- accroître le taux de couverture nationale en personnel ayant une formation adéquate pour la prise en charge des malades en médicaments antituberculeux et en établissements sanitaires offrant ce type de service.
- renforcer les soins antituberculeux dans le système national des soins primaires.

Article 3_: Le programme est Coordonnateur national placé sous la responsabilité d'un médecin.
Article 4 : Le responsable du Programme est chargé :
- de l'élaboration d'un programme d'activités annuelles du Pnlt ;
- du suivi des programmes d'activités (enquêtes, évaluations),
- du contrôle des activités du personnel du programme et de la supervision technique.
- de l'analyse périodique des résultats obtenus,
- de la gestion des ressources matérielles et financières mise à sa disposition

Article 5_: Le Programme national de lutte contre la tuberculose est sous l'autorité du Directeur national de la santé publique. A l'échelon régional l'appui du programme est placé sous la responsabilité du Directeur régional de la santé.

---
[57] http://www.sante.gov.ml.

Article 6_: A l'échelon opérationnel, le programme est placé sous la responsabilité des Chefs des services socio-sanitaires de Cercle.
Article 7_: Le Coordonnateur national du Programme de lutte contre la tuberculose est assisté d'un Comité technique restreint de cinq (5) membres désignés par le Directeur national de la santé publique.
Article 8_: Le Comité technique est assisté du comité national de lutte contre la tuberculose élargie à tous les partenaires du programme.
Article 9 : Le Directeur national de la santé qui sera publique est chargé de l'application de la présente décision partout où besoin sera enregistrée, publiée et communiquée partout où besoin sera.

Koulouba, le 27 octobre 1995
P / Le Ministre / Po
Le Secrétaire général
Dr Zakaria MAIGA

DÉCISION n° 95 - 062 / MSSPA - SG PORTANT CRÉATION D'UNE COMMISSION CHARGEE DE L'ELABORATION D'UN CODE DE LA SANTÉ PUBLIQUE[58]

LE MINISTRE DE LA SANTÉ, DE LA SOLIDARITE ET DES PERSONNES AGEES,

Vu la Constitution ;
Vu le décret n° 94 – 333 / PRM du 25 octobre 1994 portant nomination des membres du Gouvernement, modifié par le décret n° 95 – 097 / PRM du 27 février 1995.
Vu le décret n° 94 – 363 / PM-RM du 18 novembre 1994 fixant les attributions spécifiques des membres du Gouvernement.

DÉCIDE :

Article 1er : Il est crée auprès du Ministre de la santé, de la solidarité et des personnes âgées, une Commission chargée de l'élaboration d'un projet de code de la santé publique.
Article 2 : Le code de santé publique devra être un recueil unique des textes législatifs et réglementaires édictés en vue de la protection de la santé publique et de l'exercice privé des professions socio-sanitaires.
Article 3 : La Commission se compose comme suit : Président :
- L'Inspecteur en chef de la santé et de l'action sociale Membres :
- Le Directeur national de la santé publique ;
- Le Directeur national de l'action sociale ;
- Un représentant du Conseil national de l'Ordre des médecins
- Un représentant du Conseil national de l'Ordre des pharmaciens
- Un représentant du Conseil national de l'Ordre des sages-femmes
- Un représentant de l'Ecole nationale de médecine et de pharmacie
- Un juriste
- Un infirmier
- Un retraité de la santé et de l'action sociale
- Un vétérinaire

Article 4 : La Commission devra déposer un projet de code de la santé et son rapport au plus tard le 30 avril 1996.
Article 5 : La Commission pourrait recevoir toutes suggestions utiles et se faire assister, en cas de besoin, par toute personne susceptible de l'aider dans le cadre de l'exécution de sa mission La présente décision qui prend effet à compter de sa date de signature sera enregistrée et publiée partout où besoin

---

[58] https://sgg-mali.ml/JO/1996/mali-jo-1996-03.pdf.
Une décision sans effet, le projet de code n'a pu encore être concretisé.

sera.

Bamako, le 12 janvier 1996 Original.

Le Ministre de la santé, de solidarité et des personnes agées
Modibo Sidibé

PARTIE III

LOIS SUR LES ORDRES DE LA SANTÉ ET LOIS PORTANT CODE DE DÉONTOLOGIE
TITRE I : ORDRE DES MÉDECINS

LOI n° 2017-030 DU 14 JUILLET 2017 PORTANT CRÉATION DE L'ORDRE DES MÉDECINS DU MALI[59]

L'Assemblée nationale a délibéré et adopté en sa séance du 06 juin 2017
Le Président de la République promulgue loi dont la teneur suit :

CHAPITRE I : DE LA CRÉATION ET DES MISSIONS

Article 1er : Il est créé un établissement public à caractère professionnel doté la personnalité morale et de l'autonomie financière dénommé Ordre des médecins du Mali.
Article 2 : L'Ordre des médecins regroupe tous les médecins qui exercent leur activité professionnelle au Mali.
Article 3 : L'Ordre des médecins du Mali a pour mission l'organisation et la représentation des personnes physiques et morales exerçant les professions de médecin sur toute l'étendue du territoire national.
À ce titre, il est chargé :
- de veiller au respect des principes de moralité, de probité et de dévouement indispensables à l'exercice des professions médicales ;
- de veiller à la défense de l'honneur et de l'indépendance de la profession ;
- de veiller au respect, par tous les membres, des devoirs professionnels et des règles édictées par le code de déontologie ;
- de donner son avis, à la demande des Pouvoirs publics, ou formuler des suggestions de sa propre initiative sur toutes questions relatives au secteur sanitaire ;
- de soumettre au Ministre chargé de la santé toute mesure qui lui paraît propre à favoriser le développement sanitaire du pays ;
Article 4 : L'avis de l'Ordre des médecins du Mali est obligatoire lorsqu'il s'agit de questions relatives aux bonnes pratiques professionnelles dans les établissements publics et privés de santé.

---

[59] Disponible sur : http://www.sante.gov.ml/index.php/nep-mali/item/3009-loi-n-2017-030-du-14-juillet-2017-portant-creation-de-l-ordre-des-medecins-du-mali

CHAPITRE II : DES RESSOURCES ET DE LA DOTATION INITIALE

Article 5 : Les ressources de l'Ordre des médecins du Mali sont constituées par :
- les revenus provenant des droits d'inscription ;
- les cotisations ;
- la subvention de l'État ou de fonds d'aide extérieure ;
- les emprunts ;
- les dons et legs
- les recettes diverses.

Article 6 : L'Ordre des médecins du Mali reçoit, éventuellement une dotation initiale de l'État.

CHAPITRE III : DES ORGANES D'ADMINISTRATION ET DE GESTION

Article 7 : Les organes d'administration et de gestion sont :
- l'Assemblée générale des médecins du Mali ; - le Conseil national de l'Ordre ;
- les Conseils régionaux de l'Ordre ;
- les Conseils de cercle de l'Ordre
- les Conseils communaux de l'Ordre.

CHAPITRE IV : DES CONDITIONS D'EXERCICE DE LA PROFESSION

Article 8 : Le Président des différents conseils doit être de nationalité malienne.

Article 9 : Sont éligibles, les médecins : - inscrits au tableau de l'Ordre depuis au moins cinq ans ; - n'ayant fait l'objet d'aucune sanction disciplinaire prévue dans cette loi.

Sont électeurs, les médecins inscrits au tableau de l'Ordre et à jour de leurs cotisations.

Article 10 : Aucun médecin ne peut exercer son art sur le territoire national s'il n'est régulièrement inscrit au tableau de l'Ordre des médecins du Mali, y compris ceux du cadre actif des Armées.

Les médecins intervenant dans le cadre de la coopération doivent s'inscrire à l'Ordre pour la durée de leur séjour. À ce titre, ils bénéficient d'une autorisation temporaire d'exercer délivrée par le ministre de la Santé. Il en est de même pour les médecins en mission humanitaire.

La liste et les diplômes des médecins visés à l'alinéa ci-dessus doivent être transmis à l'Ordre des médecins un mois, au moins, avant le démarrage de

leurs activités, sauf cas de force majeure.
Article 11 : Nul ne peut être inscrit au tableau de l'ordre s'il ne remplit les conditions suivantes :
- être titulaire de diplôme d'État de docteur en médecine, ou d'un titre académique jugé équivalent ;
- être de nationalité malienne ou ressortissant d'un pays de l'Uemoa ou d'un pays accordant la réciprocité.
Le postulant est tenu de fournir un dossier et de remplir un questionnaire élaboré par le Conseil national de l'Ordre.
Article 12 : Le tableau de l'Ordre des médecins comporte des sections qui sont précisées par voie règlementaire.
Les conditions d'inscription et de radiation au tableau de l'Ordre sont précisées par décret.
Article 13 : Nul ne peut exercer, à titre privé, la profession de médecin s'il ne remplit les conditions de l'article 11, et si en outre, il n'y est autorisé par l'autorité administrative.
Article 14 : Par dérogation aux dispositions de l'article 11, peuvent être autorisés à exercer la profession de médecin au Mali, à l'exclusion de toutes activités privées de type libéral, les médecins ne remplissant pas les conditions de nationalités prévues à l'article 11, engagés par contrat de travail pour assurer le service médical d'entreprise commerciale ou industrielle. Dans ce dernier cas, la dérogation ne sera accordée que si le défaut de praticiens remplissant les conditions prévues à l'article 11 est constaté dans les conditions fixées par voie règlementaire.

CHAPITRE V : DE LA TUTELLE

Article 15 : L'Ordre des médecins du Mali est placé sous la tutelle du ministre chargé de la Santé. Sont soumis à l'autorisation préalable du ministre :
- les dons et legs assortis de conditions et de charges ;
- l'aliénation des biens meubles acquis sur les subventions de l'État et de ses partenaires ; - l'aliénation des biens immeubles faisant partie du patrimoine ;
- le règlement intérieur de l'Ordre.
Article 16 : L'autorisation est demandée par voie de requête du Président de l'Ordre des médecins du Mali.
L'autorité de tutelle dispose d'un délai de quinze (15) jours, à compter de la date de réception de la requête, pour notifier son approbation ou son refus.
Passé ce délai, l'autorisation est considérée comme acquise.
Article 17 : L'autorité de tutelle peut, par décision motivée, annuler toute délibération et/ou tout acte non conforme aux attributions légales de l'Ordre des médecins du Mali, aux lois et à l'ordre public.
À cet effet, l'autorité dispose d'un délai d'un mois, à partir de la notification, pour annuler.

CHAPITRE VI : DE L'EXERCICE ILLÉGAL DE LA MÉDECINE

Article 18 : Exerce illégalement la profession de médecin :
1) toute personne qui prend part, habituellement ou par direction suivie, même en présence d'un médecin, à l'établissement d'un diagnostic ou d'un traitement de maladies ou d'affections chirurgicales, congénitales ou acquises, réelles ou supposées, par actes personnels, consultations verbales ou écrites, ou par tous autres procédés quels qu'ils soient, sans être titulaire d'un diplôme dont la validité est reconnue.
2) toute personne qui se livre aux activités définies à l'alinéa précédent, sans être de nationalité malienne, ou ressortissant d'un pays accordant la réciprocité, le tout sans préjudice des dispositions contenues dans les accords internationaux.
3) toute personne qui munie d'un titre régulier, sort des attributions que la loi lui confère, notamment en prêtant concours aux personnes visées aux alinéas 1 et 2 à l'effet de les soustraire aux prescriptions du présent chapitre.
Article 19 : L'exercice illégal de la profession de médecin et l'usurpation du titre de médecin sont punis conformément aux dispositions législatives et règlementaires en vigueur.

CHAPITRE VII : DE LA DISCIPLINE

Article 20 : Tout manquement du médecin à ses devoirs professionnels et aux règles du code de déontologie, dans le cadre de l'exercice de ses fonctions, l'expose à une sanction disciplinaire, sans préjudice, le cas échéant, des peines prévues par la loi pénale.
Article 21 : Le Conseil national de l'Ordre des médecins siège comme formation disciplinaire ; il agit à la demande, soit des commissions disciplinaires, soit du ministre chargé de la santé publique, soit du Ministre chargé de la justice, soit des parties.
Article 22 : Au besoin, une commission disciplinaire non permanente sera mise en place. Elle est composée de trois membres qui vont élire un président en son sein. Cette commission a pour rôle de faire des propositions de sanction au Conseil national de l'Ordre.
Article 23 : Le Conseil national de l'Ordre statue par arrêt motivé et prononce une des sanctions suivantes :
- l'avertissement ;
- le blâme ;
- l'interdiction temporaire d'exercer ;
- la radiation du tableau de l'Ordre.

Article 24 : Le blâme prive automatiquement l'intéressé du droit de faire partie du Conseil national de l'Ordre pendant trois ans.

L'interdiction temporaire d'exercer ne peut excéder un an.
La radiation prive définitivement le médecin du droit de faire partie du Conseil national de l'Ordre. Le médecin radié ne peut se faire inscrire à une autre section, à un conseil régional, à l'Ordre d'un État accordant la réciprocité ou à l'Ordre d'un État avec lequel le Mali entretient des relations de coopération sanitaire.
Article 25 : Les poursuites disciplinaires se prescrivent dans un délai d'un an à partir de la commission de la faute.
Article 26 : Les médecins fonctionnaires inscrites à l'Ordre relèvent du statut général de la fonction publique, en matière disciplinaire, à leur égard auprès de l'autorité compétente.
Article 27 : Aucune sanction disciplinaire ne peut être prononcée sans que le médecin ait été entendu ou appelé à comparaître dans un délai de 30 jours à compter de la saisine du Conseil national de l'Ordre.
Article 28 : Le praticien mis en cause peut se faire assister d'un défenseur médecin ou un avocat. Les conditions d'exercice des droits du praticien en matière disciplinaire seront précisées dans le règlement intérieur. Le praticien peut exercer le droit de récusation dans les conditions déterminées en matière civile.
Article 29 : Le Conseil national de l'Ordre, s'il s'estime insuffisamment éclairé peut ordonner une enquête sur les faits dont la constatation lui paraît utile à l'instruction de l'affaire. La décision qui ordonne l'enquête indique les faits sur lesquels elle doit porter.
Elle précise, suivant les cas, si l'enquête a lieu devant lui ou devant ses représentants qui se transporteront sur les lieux.
Article 30 : La formation disciplinaire doit rendre sa décision dans un délai de trois mois lorsque le praticien mis en cause est présent sur le territoire et de six mois lorsqu'il en est absent.
Article 31 : Tout interrogatoire ou audition doit donner lieu à l'établissement d'un procès-verbal signé par les parties interrogées et par les membres du Conseil national de l'Ordre.
Article 32 : Les décisions du Conseil national de l'Ordre doivent se référer expressément à l'obligation professionnelle violée. Elles doivent être notifiées sans délais aux présidents des sections et dans les 10 jours au ministre chargé de la santé publique et aux Conseils régionaux.
Article 33 : Les recours contre une sanction disciplinaire sont portés devant la juridiction administrative.
Article 34 : Les frais résultant de l'action engagée sont supportés par le Conseil national de l'Ordre et dans les conditions qui seront précisées par le règlement intérieur.
Article 35 : L'exercice de l'action disciplinaire ne fait obstacle :
- ni aux actions civiles en réparation d'un dommage ;
- ni aux instances qui peuvent être engagées contre les médecins ou en raison

des abus qui leur seraient reprochés dans leur participation aux soins médicaux prévus par la législation sociale.
Le juge est tenu d'informer le Président du Conseil de l'ordre des médecins avant toute poursuite contre un médecin.

CHAPITRE VIII : DISPOSITIONS TRANSITOIRES ET FINALES

Article 36 : Tous les médecins sont tenus de se conformer aux dispositions de la présente loi dans un délai d'un an à compter de sa promulgation.
Article 37 : Un décret pris en Conseil des ministres fixe l'organisation et les modalités de fonctionnement de l'Ordre des médecins du Mali.
Article 38 : La présente loi abroge la Loi 86-35 / ANRM du 12 avril 1986 portant institution de l'Ordre national des médecins du Mali.

Bamako, le 14 juillet 2017

Le Président de la République,
Ibrahim Boubacar Kéita

ORDRE DES PHARMACIENS

LOI n° 2017-031 DU 14 JUILLET 2017 PORTANT CRÉATION DE L'ORDRE DES PHARMACIENS DU MALI[60]

L'Assemblée nationale a délibéré et adopté en sa séance du 06 juin 2017
Le Président de la République promulgue loi dont la teneur suit :

CHAPITRE I : DE LA CRÉATION ET DES MISSIONS

Article 1er : Il est créé un établissement public à caractère professionnel doté de la personnalité morale et de l'autonomie financière dénommé Ordre des Pharmaciens du Mali.
Article 2 : L'Ordre des Pharmaciens regroupe tous les pharmaciens qui exercent leur activité professionnelle au Mali.
Article 3 : L'Ordre des Pharmaciens du Mali est chargé de l'organisation et de la représentation des personnes physiques et morales exerçant les professions pharmaceutiques sur toute l'étendue du territoire national.
À ce titre, il est chargé
- de veiller au respect des principes de moralité, de probité et de dévouement indispensables à l'exercice des professions pharmaceutiques ;
- de veiller à la défense de l'honneur et de l'indépendance de la profession ;
- de veiller au respect, par tous les membres, des devoirs professionnels et des règles édictées par le code de déontologie annexé à la présente loi ;
- de donner son avis à la demande des pouvoirs publics ou formuler des suggestions de sa propre initiative sur toutes questions relatives au secteur pharmaceutique ;
- de soumettre au Ministre chargé de la santé toute mesure qui lui paraît propre à favoriser le développement sanitaire du pays ;
Article 4 : L'avis de l'Ordre des pharmaciens du Mali est obligatoire lorsqu'il s'agit des questions relatives aux bonnes pratiques professionnelles dans les établissements publics et privés pharmaceutiques.

CHAPITRE : DES RESSOURCES ET DE LA DOTATION INITIALE

Article 5 : Les ressources de l'Ordre des pharmaciens du Mali sont constituées par :
- les revenus provenant des droits d'inscription ;
- les cotisations ;
- la subvention de l'État ou de fonds d'aide extérieure ;

---

[60] http://www.cnom.sante.gov.ml/docs/Loi%202017031_Ordre%20des%20pharmaciens_JO%2003_08_2017.pdf

- les emprunts ;
- les dons et legs ;
- les recettes diverses.

Article 6 : L'Ordre des Pharmaciens du Mali reçoit éventuellement, en dotation initiale de l'État, des biens meubles et immeubles.

CHAPITRE III : DES ORGANES D'ADMINISTRATION ET DE GESTION

Article 7 : Les organes d'administration et de gestion sont :
- l'Assemblée générale des pharmaciens du Mali ;
- le Conseil national de l'Ordre ;
- les Conseils régionaux de l'Ordre ;
- les Conseils de cercle de l'Ordre - les conseils communaux de l'Ordre.

CHAPITRE IV : DU CONTRÔLE DE L'ACCÈS À LA PROFESSION

Article 8 : Le Président des différents Conseils doit être de nationalité malienne.

Article 9 : Sont éligibles, les pharmaciens : - inscrits au tableau de l'Ordre depuis au moins cinq ans ; - n'ayant fait l'objet d'aucune sanction disciplinaire prévue dans cette loi.

Sont électeurs, les pharmaciens inscrits au tableau de l'Ordre et à jour de leurs cotisations.

Article 10 : Aucun pharmacien ne peut exercer son art sur le territoire national s'il n'est régulièrement inscrit au tableau de l'Ordre des pharmaciens du Mali, y compris ceux du cadre actif des Armées.

Les pharmaciens intervenant dans le cadre de la coopération doivent s'inscrire à l'ordre pour la durée de leur séjour. À ce titre ils bénéficient d'une autorisation temporaire d'exercer délivrée par le Ministre de la santé. Il en est de même pour les pharmaciens en mission humanitaire.

La liste et les diplômes des pharmaciens visés à l'alinéa ci-dessus doivent être transmis à l'Ordre des pharmaciens un mois, au moins, avant le démarrage de leurs activités, sauf cas de force majeure.

Article 9 : Nul ne peut être inscrit au tableau de l'ordre s'il ne remplit les conditions suivantes : - être titulaire de diplôme d'État de docteur en pharmacie, ou d'un titre académique jugé équivalent ;
- être ressortissant d'un pays membre de l'Uemoa ou d'un pays accordant la réciprocité.

Le postulant est tenu de fournir un dossier et de remplir un questionnaire élaboré par le Conseil national de l'ordre.

L'établissement des pharmaciens ressortissants d'un État membre de l'UEMOA est effectuée conformément à la Directive n° 06/2008/CM /Uemoa du 26 juin 2008 relative à la libre circulation et à l'établissement des pharmaciens ressortissants de l'Union au sein de l'Espace Uemoa.

Article 12 : Le tableau de l'Ordre des pharmaciens comporte des sections qui sont précisées par voie règlementaire.

Les conditions d'inscription et de radiation au tableau sont précisées par décret.

Article 13 : Nul ne peut exercer, à titre privé la profession de pharmaciens s'il ne remplit les conditions de l'article 11, et si en outre, il n'y est autorisé par l'autorité administrative.

Article 14 : Par dérogation aux dispositions de l'article 11, peuvent être autorisés à exercer la profession de pharmacien au Mali, à l'exclusion de toutes activités privées de type libéral, les pharmaciens ne remplissant pas les conditions de nationalités prévues à l'article 11, engagés par contrat de travail pour assurer le service médical d'entreprise commerciale ou industrielle. Dans ce dernier cas, la dérogation ne sera accordée que si le défaut de praticiens remplissant les conditions prévues à l'article 11 est constaté dans les conditions fixées par voie règlementaire.

CHAPITRE V : DE LA TUTELLE

Article 15 : L'Ordre des pharmaciens du Mali est placé sous la tutelle du ministre chargé de la Santé. Sont soumis à l'autorisation préalable du ministre : - les dons et legs assortis de conditions et de charges ; - l'aliénation des biens meubles acquis sur les subventions de l'État et de ses partenaires ; - l'aliénation des biens immeubles faisant partie du patrimoine ; - le règlement intérieur de l'Ordre.

Article 16 : L'autorisation est demandée par voie de requête du Président de l'Ordre des pharmaciens du Mali.

L'autorité de tutelle dispose d'un délai de quinze (15) jours à compter de la date de réception de la requête pour notifier son approbation ou son refus. Passé ce délai, l'autorisation est considérée comme acquise.

Article 17 : L'autorité de tutelle peut, par décision motivée, annuler toute délibération et/ou tout acte non conforme aux attributions légales de l'Ordre des pharmaciens du Mali, aux lois et à l'ordre public.

À cet effet, l'autorité dispose d'un délai d'un mois, à partir de la notification, pour annuler.

CHAPITRE VI : DE L'EXERCICE ILLÉGAL DE LA PROFESSION DE PHARMACIEN

Article 18 : Exerce illégalement la profession de pharmacien :

1) à l'exception des actes délégués, toute personne qui prend part habituellement ou par direction suivie même en présence d'un pharmacien, à

la préparation et à la vente de médicaments, c'està-dire, toute drogue ou substance, ou préparation, ou composition présentée comme possédant des propriétés préventives ou curatives, à l'égard des maladies humaines ou animales, ainsi que tout produit pouvant être administré, à l'homme ou à l'animal, en vue d'établir un diagnostic médical, ou de restaurer, corriger ou modifier leurs fonctions organiques, sans être titulaire d'un diplôme dont la validité est reconnue. Il en est de même pour toute personne qui, sans diplôme reconnu : - vend des produits ou objets abortifs ainsi que des contraceptifs à base d'hormone ; - vend des objets de pansements, des seringues et aiguilles destinées aux injections parentérales et tous les articles présentés comme conformes aux pharmacopées autorisées. - vend des produits et réactifs conditionnés et destinés au diagnostic médical ou à celui de la grossesse. - vend des plantes médicinales inscrites aux pharmacopées autorisées.
2) Toute personne qui se livre aux activités définies à l'alinéa précédent, sans être de nationalité malienne, ou ressortissant d'un pays accordant la réciprocité, le tout sans préjudice des dispositions contenues dans les accords internationaux.

3) Toute personne qui munie d'un titre régulier, sort des attributions que la loi lui confère, notamment en prêtant concours aux personnes visées aux alinéas 1 et 2 à l'effet de les soustraire aux prescriptions du présent chapitre.
Article 19 : L'exercice illégal de la profession de pharmacien et l'usurpation du titre de pharmacien sont punis par les dispositions législatives et règlementaires en la matière.

CHAPITRE VII : DE LA DISCIPLINE

Article 20 : Tout manquement de pharmacien à ses devoirs professionnels et aux règles du code de déontologie, dans le cadre de l'exercice de ses fonctions, l'expose à une sanction disciplinaire, sans préjudice, le cas échéant, des peines prévues par la loi pénale.
Article 21 : Le Conseil national de l'Ordre des pharmaciens siège comme formation disciplinaire ; il agit à la demande, soit des commissions disciplinaires, soit du ministre chargé de la santé publique, soit du Ministre chargé de la justice, soit des parties.
Article 22 : Au besoin, une commission disciplinaire non permanente sera mise en place. Elle est composée de trois membres qui vont élire un président en son sein. Cette commission a pour rôle de faire des propositions de sanction au Conseil national de l'Ordre.
Article 23 : Le Conseil national de l'Ordre statue par arrêt motivé et prononce une des sanctions suivantes :
- l'avertissement ;
- le blâme ;

- l'interdiction temporaire d'exercer ;
- la radiation du tableau de l'Ordre.

Article 24 : Le blâme prive automatiquement l'intéressé du droit de faire partie du Conseil national de l'Ordre pendant trois ans.

L'interdiction temporaire d'exercer ne peut excéder un an.

La radiation prive définitivement le pharmacien du droit de faire partie du Conseil national de l'Ordre. Le pharmacien radié ne peut se faire inscrire à une autre section, à un conseil régional, à l'Ordre d'un État accordant la réciprocité ou à l'Ordre d'un État avec lequel le Mali entretient des relations de coopération sanitaire.

Article 25 : Les poursuites disciplinaires se prescrivent dans un délai d'un an à partir de la commission de la faute.

Article 26 : Les pharmaciens fonctionnaires inscrites à l'Ordre relèvent du statut général de la fonction publique en matière disciplinaire à leur égard auprès de l'autorité compétente.

Article 27 : Aucune sanction disciplinaire ne peut être prononcée sans que le pharmacien ait été entendue ou appelée à comparaître dans un délai de 30 jours à compter de la saisine du Conseil national de l'Ordre.

Article 28 : Le praticien mis en cause peut se faire assister d'un défenseur pharmacien ou un avocat. Les conditions d'exercice des droits du praticien en matière disciplinaire seront précisées dans le règlement intérieur. Le praticien peut exercer le droit de récusation dans les conditions déterminées en matière civile.

Article 29 : Le Conseil national de l'Ordre, s'il s'estime insuffisamment éclairé peut ordonner une enquête sur les faits dont la constatation lui paraît utile à l'instruction de l'affaire. La décision qui ordonne l'enquête indique les faits sur lesquels elle doit porter. Elle précise, suivant les cas, si l'enquête a lieu devant lui ou devant ses représentants qui se transporteront sur les lieux.

Article 30 : La formation disciplinaire doit rendre sa décision dans un délai de trois mois lorsque le praticien mis en cause est présent sur le territoire et de six mois lorsqu'il en est absent.

Article 31 : Tout interrogatoire ou audition doit donner lieu à l'établissement d'un procès-verbal signé par les parties interrogées et par les membres du Conseil national de l'Ordre.

Article 32 : Les décisions du Conseil national de l'Ordre doivent se référer expressément à l'obligation professionnelle violée. Elles doivent être notifiées sans délais aux présidents des sections et dans les 10 jours au ministre chargé de la santé publique et aux Conseils régionaux.

Article 33 : Les recours contre une sanction disciplinaire sont portés devant la juridiction administrative.

Article 34 : Les frais résultant de l'action engagée sont supportés par le Conseil national de l'Ordre et dans les conditions qui seront précisées par le règlement intérieur.

Article 35 : L'exercice de l'action disciplinaire ne fait obstacle :
- ni aux actions civiles en réparation d'un dommage ;
- ni aux instances qui peuvent être engagées contre les pharmaciens ou en raison des abus qui leur seraient reprochés dans leur participation aux soins médicaux prévus par la législation sociale.
Le juge est tenu d'informer le Président du Conseil de l'Ordre des pharmaciens avant toute poursuite contre un pharmacien.

CHAPITRE VIII : DISPOSITIONS FINALES TRANSITOIRES ET FINALES

Article 36 : Tous les pharmaciens sont tenus de se conformer aux dispositions de la présente loi dans un délai d'un an à compter de sa promulgation.
Article 37 : Un décret pris en Conseil des ministres fixe l'organisation et les modalités de fonctionnement de l'Ordre des pharmaciens du Mali.
Article 38 : La présente loi abroge les dispositions de la Loi 86-36 / AN-RM du 12 avril 1986 portant institution de l'Ordre national des Pharmaciens.

Bamako, le 14 juillet 2017

Le Président de la République,
Ibrahim Boubacar Kéita

ORDRE DES CHIRURGIENS-DENTISTES

LOI n° 2017-032 DU 14 JUILLET 2017 PORTANT CRÉATION DE L'ORDRE DES CHIRURGIENS-DENTISTES DU MALI[61]

L'Assemblée nationale a délibéré et adopté en sa séance du 06 juin 2017
Le Président de la République promulgue loi dont la teneur suit :

CHAPITRE I : DE LA CRÉATION ET DES MISSIONS

Article 1er : Il est créé un établissement public à caractère professionnel doté de la personnalité morale et de l'autonomie financière dénommé Ordre des chirurgiens-dentistes du Mali.
Article 2 : L'Ordre des chirurgiens-dentistes regroupe tous les chirurgiens-dentistes qui exercent leur activité professionnelle au Mali.
Article 3 : L'Ordre des chirurgiens-dentistes du Mali est chargé de l'organisation et la représentation des personnes physiques et morales exerçant la profession de chirurgien-dentiste sur toute l'étendue du territoire national.
À ce titre, il a pour mission :
- de veiller au respect des principes de moralité, de probité et de dévouement indispensables à l'exercice des professions de chirurgiendentiste ;
- de veiller à la défense de l'honneur et de l'indépendance de la profession ;
- de veiller au respect, par tous les membres, des devoirs professionnels et des règles édictées par le code de déontologie ;
- de donner son avis à la demande des Pouvoirs publics ou formuler des suggestions de sa propre initiative sur toutes questions relatives au secteur sanitaire ;
- de soumettre au ministre chargé de la Santé toute mesure qui lui paraît propre à favoriser le développement sanitaire du pays.
Article 4 : L'avis de l'Ordre des chirurgiensdentistes du Mali est obligatoire lorsqu'il s'agit de questions relatives aux bonnes pratiques professionnelles dans les établissements publics et privés de santé relevant de leur domaine.

CHAPITRE II : DES RESSOURCES ET DE LA DOTATION

Article 5 : Les ressources de l'Ordre des chirurgiens-dentistes du Mali sont constituées par :
- les revenus provenant des droits d'inscription ;
- les cotisations ;

---

[61] http://www.sante.gov.ml/index.php/nep-mali/item/3011-loi-n-2017-032-du-14-juillet-2017-portant-creation-de-l-ordre-des-chirurgiens-dentistes-du-mali

- la subvention de l'État ou de fonds d'aide extérieure ;
- les emprunts ;
- les dons et legs ;
- les recettes diverses.

Article 6 : L'Ordre des chirurgiens-dentistes du Mali reçoit éventuellement, en dotation initiale de l'État, des biens meubles et immeubles.

CHAPITRE III : DES ORGANES D'ADMINISTRATION ET DE GESTION

Article 7 : Les organes d'administration et de gestion sont :
- l'Assemblée générale des chirurgiens-dentistes du Mali ;
- le Conseil national de l'Ordre ;
- les Conseils régionaux de l'Ordre ;
- les Conseils de cercle de l'Ordre
- les conseils communaux de l'Ordre.

CHAPITRE IV : DES CONDITIONS D'EXERCICE DE LA PROFESSION

Article 8 : Le président des différents conseils doit être de nationalité malienne.

Article 9 : Sont éligibles les chirurgiens-dentistes ;
- inscrits au tableau de l'Ordre depuis au moins cinq ans ;
- n'ayant fait l'objet d'aucune sanction disciplinaire prévue dans cette loi.

Sont électeurs les chirurgiens-dentistes inscrits au tableau de l'Ordre et à jour de leurs cotisations.

Article 10 : Aucun chirurgien-dentiste ne peut exercer son art sur le territoire national s'il n'est régulièrement inscrit au tableau de l'Ordre des chirurgiens-dentistes du Mali, y compris ceux du cadre actif des Armées.

Les chirurgiens-dentistes intervenant dans le cadre de la coopération doivent s'inscrire à l'Ordre pour la durée de leur séjour. À ce titre, ils bénéficient d'une autorisation temporaire d'exercer délivrée par le ministre de la Santé. Il en est de même pour les chirurgiens-dentistes en mission humanitaire.

La liste et les diplômes des chirurgiens-dentistes visés à l'alinéa ci-dessus doivent être transmis à l'Ordre des chirurgiens-dentistes un mois, au moins, avant le démarrage de leurs activités, sauf cas de force majeure.

Article 11 : Nul ne peut être inscrit au tableau de l'Ordre des chirurgiens-dentistes s'il ne remplit les conditions suivantes :
- être titulaire de diplôme d'État de docteur en chirurgie dentaire, ou d'un titre académique jugé équivalent ;
- être de nationalité malienne ou ressortissant d'un pays de l'Uemoa ou d'un pays accordant la réciprocité.

Le postulant est tenu de fournir un dossier et de remplir un questionnaire élaboré par le Conseil national de l'Ordre.

CHAPITRE V : DE LA TUTELLE

Article 12 : Le tableau des chirurgiens-dentistes comporte des sections qui sont précisées par voie règlementaire.
Les conditions d'inscription et de radiation au tableau de l'Ordre sont précisées par décret.
Article 13 : Nul ne peut exercer à titre privé la profession chirurgien-dentiste s'il ne remplit les conditions de l'article 11, et si en outre, il n'y est autorisé par l'autorité administrative.
Article 14 : Par dérogation aux dispositions de l'article 11, peuvent être autorisés à exercer la profession de chirurgiens-dentistes au Mali, à l'exclusion de toutes activités privées de type libéral, les chirurgiens-dentistes ne remplissant pas les conditions de nationalités prévues à l'article 11, engagés par contrat de travail pour assurer le service médical d'entreprise commerciale ou industrielle. Dans ce dernier cas, la dérogation ne sera accordée que si le défaut de praticiens remplissant les conditions prévues à l'article 11 est constaté dans les conditions fixées par voie règlementaire.
Article 15 : L'Ordre des chirurgiens-dentistes du Mali est placé sous la tutelle du Ministre chargé de la Santé.
Sont soumis à l'autorisation préalable du Ministre :
- les dons et legs assortis de conditions et de charges ;
- l'aliénation des biens meubles acquis sur les subventions de l'État et de ses partenaires ;
- l'aliénation des biens immeubles faisant partie du patrimoine ;
- le règlement intérieur de l'Ordre.

Article 16 : L'autorisation est demandée par voie de requête du président de l'Ordre des chirurgiens-dentistes du Mali.
L'autorité de tutelle dispose d'un délai de quinze (15) jours, à compter de la date de réception de la requête, pour notifier son approbation ou son refus. Passé ce délai, l'autorisation est considérée comme acquise.
Article 17 : L'autorité de tutelle peut, par décision motivée, annuler toute délibération et/ou tout acte non conforme aux attributions légales de l'Ordre des chirurgiens-dentistes du Mali, aux lois et à l'ordre public.
À cet effet, l'autorité dispose d'un délai d'un mois à partir de la notification pour annuler.

CHAPITRE VI : DE L'EXERCICE ILLÉGAL DE LA PROFESSION DE CHIRURGIEN-DENTISTE

Article 18 : Exerce illégalement la profession de chirurgien-dentiste :

1) à l'exception des actes délégués, toute personne qui prend part habituellement ou par direction suivie même en présence d'un médecin ou d'un chirurgien-dentiste, à l'établissement d'un diagnostic ou d'un traitement de maladies ou d'affections chirurgicales, congénitales ou acquises, réelles ou supposées, par actes personnels, consultations verbales ou écrites, ou par tous autres procédés quels qu'ils soient, sans être titulaire d'un diplôme dont la validité est reconnue.
2) toute personne qui se livre aux activités définies à l'alinéa précédent, sans être de nationalité malienne, ou ressortissant d'un pays accordant la réciprocité, le tout sans préjudice des dispositions contenues dans les accords internationaux.
3) toute personne qui munie d'un titre régulier, sort des attributions que la loi lui confère, notamment en prêtant concours aux personnes visées aux alinéas 1 et 2 à l'effet de les soustraire aux prescriptions du présent chapitre.
Article 19 : L'exercice illégal de la profession de chirurgien-dentiste est puni conformément aux dispositions législatives et règlementaires en vigueur.
Chapitre 7 : De la discipline
Article 20 : Tout manquement du chirurgien-dentiste à ses devoirs professionnels et aux règles du code de déontologie, dans le cadre de l'exercice de ses fonctions, l'expose à une sanction disciplinaire, sans préjudice, le cas échéant, des peines prévues par la loi pénale.
Article 21 : Le Conseil national de l'Ordre des chirurgiens-dentistes siège comme formation disciplinaire ; il agit à la demande, soit des commissions disciplinaires, soit du ministre chargé de la santé publique, soit du Ministre chargé de la justice, soit des parties.
Article 22 : Au besoin, une commission disciplinaire non permanente sera mise en place. Elle est composée de trois membres qui vont élire un président en son sein. Cette commission a pour rôle de faire des propositions de sanction au Conseil national de l'Ordre.
Article 23 : Le Conseil national de l'Ordre statue par arrêt motivé et prononce une des sanctions suivantes :
- l'avertissement ;
- le blâme ;
- l'interdiction temporaire d'exercer ;
- la radiation du tableau de l'Ordre.
Article 24 : Le blâme prive automatiquement l'intéressé du droit de faire partie du Conseil national de l'Ordre pendant trois ans.
L'interdiction temporaire d'exercer ne peut excéder un an.
La radiation prive définitivement le chirurgien-dentiste du droit de faire partie du Conseil national de l'Ordre. Le chirurgien-dentiste radié ne peut se faire inscrire à une autre section, à un conseil régional, à l'Ordre d'un État accordant la réciprocité ou à l'Ordre d'un État avec lequel le Mali entretient des relations de coopération sanitaire.

Article 25 : Les poursuites disciplinaires se prescrivent dans un délai d'un an à partir de la commission de la faute.
Article 26 : Les chirurgiens-dentistes fonctionnaires inscrits à l'Ordre relèvent du statut général de la fonction publique, en matière disciplinaire à leur égard, auprès de l'autorité compétente.
Article 27 : Aucune sanction disciplinaire ne peut être prononcée sans que le chirurgien-dentiste ait été entendu ou appelé à comparaître dans un délai de 30 jours à compter de la saisine du Conseil national de l'Ordre.
Article 28 : Le praticien mis en cause peut se faire assister d'un défenseur chirurgien-dentiste ou un avocat. Les conditions d'exercice des droits du praticien en matière disciplinaire seront précisées dans le règlement intérieur. Le praticien peut exercer le droit de récusation dans les conditions déterminées en matière civile.
Article 29 : Le Conseil national de l'Ordre, s'il s'estime insuffisamment éclairé peut ordonner une enquête sur les faits dont la constatation lui paraît utile à l'instruction de l'affaire. La décision qui ordonne l'enquête indique les faits sur lesquels elle doit porter. Elle précise, suivant les cas, si l'enquête a lieu devant lui ou devant ses représentants qui se transporteront sur les lieux.
Article 30 : La formation disciplinaire doit rendre sa décision dans un délai de trois mois lorsque le praticien mis en cause est présent sur le territoire et de six mois lorsqu'il en est absent.
Article 31 : Tout interrogatoire ou audition doit donner lieu à l'établissement d'un procès-verbal signé par les parties interrogées et par les membres du Conseil national de l'Ordre.
Article 32 : Les décisions du Conseil national de l'Ordre doivent se référer expressément à l'obligation professionnelle violée. Elles doivent être notifiées sans délais aux présidents des sections et dans les 10 jours au ministre chargé de la santé publique et aux Conseils régionaux.
Article 33 : Les recours contre une sanction disciplinaire sont portés devant la juridiction administrative.
Article 34 : Les frais résultant de l'action engagée sont supportés par le Conseil national de l'Ordre et dans les conditions qui seront précisées par le règlement intérieur.
Article 35 : L'exercice de l'action disciplinaire ne fait obstacle :
- ni aux actions civiles en réparation d'un dommage ;
- ni aux instances qui peuvent être engagées contre les chirurgiens-dentistes ou en raison des abus qui leur seraient reprochés dans leur participation aux soins médicaux prévus par la législation sociale.
Le juge est tenu d'informer le Président du Conseil de l'ordre des chirurgiens-dentistes avant toute poursuite contre un chirurgien-dentiste.

CHAPITRE VIII : DISPOSITIONS TRANSITOIRES ET FINALES

Article 36 : Tous les chirurgiens-dentistes sont tenus de se conformer aux dispositions de la présente loi dans un délai d'un an à compter de sa promulgation.
Article 37 : Un décret pris en Conseil des Ministres fixe l'organisation et les modalités de fonctionnement de l'Ordre des chirurgiens-dentistes du Mali.

Bamako, le 14 juillet 2017

Le Président de la République,
Ibrahim Boubacar Kéita

ORDRE DES SAGES-FEMMES

LOI n° 2017-033 DU 14 JUILLET 2017 PORTANT CRÉATION DE L'ORDRE DES SAGES-FEMMES DU MALI[62]

L'Assemblée nationale a délibéré et adopté en sa séance du 06 juin 2017
Le Président de la République promulgue loi dont la teneur suit :

CHAPITRE I : DE LA CRÉATION ET DES MISSIONS

Article 1er : Il est créé un établissement public à caractère professionnel doté de la personnalité morale et de l'autonomie financière dénommé Ordre des sages-femmes du Mali.
Article 2 : L'Ordre des sages-femmes regroupe toutes les sages-femmes qui exercent leur activité professionnelle au Mali.
Article 3 : L'Ordre des sages-femmes du Mali a pour mission l'organisation et la représentation des personnes physiques et morales exerçant la profession de sage-femme sur toute l'étendue du territoire.
À ce titre, il est chargé :
- de veiller au respect des principes de moralité, de probité et de dévouement indispensables à l'exercice de la profession de sage-femme ;
- de veiller à la défense de l'honneur et de l'indépendance de la profession ;
- de veiller au respect, par tous les membres, des devoirs professionnels et des règles édictées par le code de déontologie ;
- de donner son avis à la demande des Pouvoirs publics ou formuler des suggestions de sa propre initiative sur toutes questions relatives au secteur sanitaire ; - de soumettre au ministre de la Santé toute mesure qui lui paraît propre à favoriser le développement sanitaire du pays.
Article 4 : L'avis de l'Ordre des sages-femmes du Mali est obligatoire lorsqu'il s'agit de questions relatives aux bonnes pratiques professionnelles relevant de leur domaine de compétence dans les établissements publics et privés de santé.

CHAPITRE II : DES RESSOURCES ET DE LA DOTATION INITIALE

Article 5 : Les ressources de l'Ordre des sages-femmes du Mali sont constituées par :

---

[62] http://www.sante.gov.ml/index.php/component/k2/item/3012-loi-n-2017-033-du-14-juillet-2017-portant-creation-de-l-ordre-des-sages-femmes-du-mali

- les revenus provenant des droits d'inscription ;
- les cotisations ;
- la subvention de l'État ou de fonds d'aide extérieure ;
- les emprunts ;
- les dons et legs ;
- les recettes diverses.

Article 6 : L'Ordre des sages-femmes du Mali reçoit éventuellement, en dotation initiale de l'État, des biens meubles et immeubles.

CHAPITRE III : DES ORGANES D'ADMINISTRATION ET DE GESTION

Article 7 : Les organes d'administration et de gestion sont :
- l'Assemblée générale des sages-femmes du Mali ;
- le Conseil national de l'Ordre ;
- les Conseils régionaux de l'Ordre ;
- les Conseils de cercle de l'Ordre
- les conseils communaux de l'Ordre.

CHAPITRE IV : DES CONDITIONS D'EXERCICE

Article 8 : La Présidente des différents conseils doit être de nationalité malienne.

Article 9 : Sont éligibles, les sages-femmes :
- inscrites au tableau de l'Ordre depuis au moins cinq ans ;
- n'ayant fait l'objet d'aucune sanction disciplinaire prévue dans cette loi.

Sont électrices, les sages-femmes inscrites au tableau de l'Ordre et à jour de leurs cotisations.

Article 10 : Aucune sage-femme ne peut exercer son art sur le territoire national si elle n'est régulièrement inscrite au tableau de l'Ordre des sages-femmes du Mali, y compris celles du cadre actif des Armées.

Les Sages-femmes intervenant dans le cadre de la coopération doivent s'inscrire à l'Ordre pour la durée de leur séjour. À ce titre, elles bénéficient d'une autorisation temporaire d'exercer délivrée par le ministre de la Santé. Il en est de même pour les sages-femmes en mission humanitaire.

La liste et les diplômes des sages-femmes visés à l'alinéa ci-dessus doivent être transmis à l'Ordre des sages-femmes un mois, au moins, avant le démarrage de leurs activités, sauf cas de force majeure.

Article 11 : Nul ne peut être inscrit au tableau de l'Ordre s'il ne remplit les conditions suivantes : - être titulaire de diplôme de sage-femme, ou d'un titre jugé équivalent ;
- être de nationalité malienne ou ressortissante d'un pays de l'Uemoa ou d'un

pays accordant la réciprocité.
La postulante est tenue de fournir un dossier et de remplir un questionnaire élaboré par le Conseil national de l'ordre.
Article 12 : Le tableau de l'Ordre des sages-femmes comporte des sections qui sont précisées par voie règlementaire.
Les conditions d'inscription et de radiation au tableau sont précisées par décret.
Article 13 : Nul ne peut exercer, à titre privé la profession de sage-femme s'il ne remplit les conditions de l'article 11, et si en outre, il n'y est autorisé par l'autorité administrative.
Article 14 : Par dérogation aux dispositions de l'article 11, peuvent être autorisées à exercer la profession de sage-femme au Mali, à l'exclusion de toutes activités privées de type libéral, les sages-femmes ne remplissant pas les conditions de nationalités prévues à l'article 11, engagées par contrat de travail pour assurer le service médical d'entreprise commerciale ou industrielle. Dans ce dernier cas, la dérogation ne sera accordée que si le défaut de praticiens remplissant les conditions prévues à l'article 11 est constaté dans les conditions fixées par voie règlementaire.

CHAPITRE V : DE LA TUTELLE

Article 15 : L'Ordre des sages-femmes du Mali est placé sous la tutelle du ministre chargé de la Santé. Sont soumis à l'autorisation préalable du ministre :
- les dons et legs assortis de conditions et de charges ;
- l'aliénation des biens meubles acquis sur les subventions de l'État et de ses partenaires ;
- l'aliénation des biens immeubles faisant partie du patrimoine ;
- le règlement intérieur de l'Ordre.

Article 16 : L'autorisation est demandée par voie de requête de la Présidente de l'Ordre des sages-femmes du Mali.
L'autorité de tutelle dispose d'un délai de quinze (15) jours, à compter de la date de réception de la requête, pour notifier son approbation ou son refus. Passé ce délai, l'autorisation est considérée comme acquise.
Article 17 : L'autorité de tutelle peut, par décision motivée, annuler toute délibération et/ou tout acte non conforme aux attributions légales de l'Ordre des sages-femmes du Mali, aux lois et à l'ordre public.
À cet effet, l'autorité dispose d'un délai d'un mois, à partir de la notification, pour annuler.

CHAPITRE VI : DE L'EXERCICE ILLÉGAL DE LA PROFESSION DE SAGE-FEMME

Article 18 : Exerce illégalement la profession de sage-femme :
1) à l'exception des actes délégués, toute personne qui prend part habituellement ou par direction suivie même en présence d'une sage-femme, à l'établissement d'un diagnostic ou d'un traitement de maladies ou d'affections chirurgicales, congénitales ou acquises, réelles ou supposées, par actes personnels, consultations verbales ou écrites, ou par tous autres procédés quels qu'ils soient, sans être titulaire d'un diplôme dont la validité est reconnue.
2) toute personne qui se livre aux activités définies à l'alinéa précédent, sans être de nationalité malienne, ou ressortissant d'un pays accordant la réciprocité, le tout sans préjudice des dispositions contenues dans les accords internationaux.
3) toute personne qui, munie d'un titre régulier, sort des attributions que la loi lui confère, notamment en prêtant concours aux personnes visées aux alinéas 1 et 2 à l'effet de les soustraire aux prescriptions du présent chapitre.
Article 19 : L'exercice illégal de la profession de sage-femme et l'usurpation du titre de sagefemme sont punis conformément aux dispositions législatives et règlementaires en vigueur.

CHAPITRE VI : DE LA DISCIPLINE

Article 20 : Tout manquement de sage-femme à ses devoirs professionnels et aux règles du code de déontologie, dans le cadre de l'exercice de ses fonctions, l'expose à une sanction disciplinaire, sans préjudice, le cas échéant, des peines prévues par la loi pénale.
Article 21 : Le Conseil national de l'Ordre des sages-femmes siège comme formation disciplinaire ; il agit à la demande, soit des commissions disciplinaires, soit du ministre chargé de la santé publique, soit du Ministre chargé de la justice, soit des parties.
Article 22 : Au besoin, une commission disciplinaire non permanente sera mise en place. Elle est composée de trois membres qui vont élire un président en son sein. Cette commission a pour rôle de faire des propositions de sanction au Conseil national de l'Ordre.
Article 23 : Le Conseil national de l'Ordre statue par arrêt motivé et prononce une des sanctions suivantes :
- l'avertissement ;
- le blâme ;
- l'interdiction temporaire d'exercer ;
- la radiation du tableau de l'Ordre.
Article 24 : Le blâme prive automatiquement l'intéressé du droit de faire

partie du Conseil national de l'Ordre pendant trois ans.
L'interdiction temporaire d'exercer ne peut excéder un an.
La radiation prive définitivement la sage-femme du droit de faire partie du Conseil national de l'Ordre. La sage-femme radiée ne peut se faire inscrire à une autre section, à un conseil régional, à l'Ordre d'un État accordant la réciprocité ou à l'Ordre d'un
État avec lequel le Mali entretient des relations de coopération sanitaire.
Article 25 : Les poursuites disciplinaires se prescrivent dans un délai d'un an à partir de la commission de la faute.
Article 26 : Les sages-femmes fonctionnaires inscrites à l'Ordre relèvent du statut général de la fonction publique en matière disciplinaire à leur égard auprès de l'autorité compétente.
Article 27 : Aucune sanction disciplinaire ne peut être prononcée sans que la sage-femme ait été entendue ou appelée à comparaître dans un délai de 30 jours à compter de la saisine du Conseil national de l'Ordre.
Article 28 : Le praticien mis en cause peut se faire assister d'un défenseur sage-femme ou un avocat. Les conditions d'exercice des droits du praticien en matière disciplinaire seront précisées dans le règlement intérieur. Le praticien peut exercer le droit de récusation dans les conditions déterminées en matière civile.
Article 29 : Le Conseil national de l'Ordre, s'il s'estime insuffisamment éclairé peut ordonner une enquête sur les faits dont la constatation lui paraît utile à l'instruction de l'affaire. La décision qui ordonne l'enquête indique les faits sur lesquels elle doit porter. Elle précise, suivant les cas, si l'enquête a lieu devant lui ou devant ses représentants qui se transporteront sur les lieux.
Article 30 : La formation disciplinaire doit rendre sa décision dans un délai de trois mois lorsque le praticien mis en cause est présent sur le territoire et de six mois lorsqu'il en est absent.
Article 31 : Tout interrogatoire ou audition doit donner lieu à l'établissement d'un procès-verbal signé par les parties interrogées et par les membres du Conseil national de l'Ordre.
Article 32 : Les décisions du Conseil national de l'Ordre doivent se référer expressément à l'obligation professionnelle violée. Elles doivent être notifiées sans délais aux présidents des sections et dans les 10 jours au ministre chargé de la santé publique et aux Conseils régionaux.
Article 33 : Les recours contre une sanction disciplinaire sont portés devant la juridiction administrative.
Article 34 : Les frais résultant de l'action engagée sont supportés par le Conseil national de l'Ordre et dans les conditions qui seront précisées par le règlement intérieur.
Article 35 : L'exercice de l'action disciplinaire ne fait obstacle :
- ni aux actions civiles en réparation d'un dommage ; - ni aux instances qui peuvent être engagées contre les sages-femmes ou en raison des abus qui leur

seraient reprochés dans leur participation aux soins médicaux prévus par la législation sociale.
Le juge est tenu d'informer le Président du Conseil de l'ordre des sages-femmes avant toute poursuite contre une sage-femme.

CHAPITRE VIII : DISPOSITIONS TRANSITOIRES ET FINALES

Article 36 : Toutes les sages-femmes sont tenues de se conformer aux dispositions de la présente loi dans un délai d'un an à compter de sa promulgation.
Article 37 : La présente loi abroge la Loi n°86-37 / AN-RM du 12 avril 1986 portant institution de l'Ordre des sages-femmes du Mali.
Article 38 : Un décret pris en Conseil des Ministres fixe l'organisation et les modalités de fonctionnement de l'Ordre des sages-femmes du Mali.

Bamako, le 14 juillet 2017

Le Président de la République,
Ibrahim Boubacar Kéita

ORDRE DES INFIRMIERS ET INFIRMIERES

LOI n° 2017-034 DU 14 JUILLET 2017 PORTANT CRÉATION DE L'ORDRE DES INFIRMIERES ET INFIRMIERS DU MALI[63]

L'Assemblée nationale a délibéré et adopté en sa séance du 06 juin 2017
Le Président de la République promulgue loi dont la teneur suit :

CHAPITRE I : DE LA CRÉATION ET DES MISSIONS

Article 1er : Il est créé un établissement public à caractère professionnel doté de la personnalité morale et de l'autonomie financière dénommé Ordre des infirmières et infirmiers du Mali.
Article 2 : L'Ordre des infirmières et infirmiers regroupe toutes les infirmières et tous les Infirmiers qui exercent leur activité professionnelle au Mali.
Article 3 : L'Ordre des infirmières et infirmiers du Mali a pour mission l'organisation et la représentation des personnes physiques et morales exerçant la profession d'infirmière et d'infirmier sur toute l'étendue du territoire national.
À ce titre, il est chargé :
- de veiller au respect des principes de moralité, de probité et de dévouement indispensables à l'exercice de la profession d'infirmier ;
- de veiller à la défense de l'honneur et de l'indépendance de la profession ;
- de veiller au respect, par tous les membres, des devoirs professionnels et des règles édictées par le code de déontologie ;
- de donner son avis à la demande des pouvoirs publics ou formuler des suggestions de sa propre initiative sur toutes questions relatives au secteur sanitaire ;
- de soumettre au ministre chargé de la Santé toute mesure qui lui paraît propre à favoriser le développement sanitaire du pays.
Article 4 : L'avis de l'Ordre des infirmières et infirmiers du Mali est obligatoire lorsqu'il s'agit de questions relatives aux bonnes pratiques professionnelles relevant de leur domaine de compétence dans les établissements publics et privés de santé.

---

[63] http://www.sante.gov.ml/index.php/component/k2/item/3013-loi-n-2017-034-du-14-juillet-2017-portant-creation-de-l-ordre-des-infirmieres-et-infirmiers-du-mali.

CHAPITRE II : DES RESSOURCES ET DE LA DOTATION INITIALE

Article 5 : Les ressources de l'Ordre des Infirmières et Infirmiers du Mali sont constituées par : - les revenus provenant des droits d'inscription ; - les cotisations ; - la subvention de l'État ou de fonds d'aide extérieure ; - les emprunts ; - les dons et legs ; - les recettes diverses.
Article 6 : L'Ordre des infirmières et infirmiers du Mali reçoit, éventuellement en dotation initiale de l'État, des biens meubles et immeubles.

CHAPITRE III : DES ORGANES D'ADMINISTRATION ET DE GESTION

Article 7 : Les organes d'administration et de gestion sont :
- l'Assemblée générale des infirmières et infirmiers du Mali ;
- le Conseil national de l'Ordre ;
- les Conseils régionaux de l'Ordre ;
- les Conseils de cercle de l'Ordre
- les conseils communaux de l'Ordre.

CHAPITRE IV : DES CONDITIONS D'EXERCICE

Article 8 : Le président des différents conseils doit être de nationalité malienne.
Article 9 : Sont éligibles les infirmières et infirmiers : - inscrits au tableau de l'Ordre depuis au moins cinq ans ; - n'ayant fait l'objet d'aucune sanction disciplinaire prévue dans cette loi.
Sont électeurs les infirmiers et infirmiers inscrits au tableau de l'Ordre et à jour de leurs cotisations.
Article 10 : Aucune infirmière ou infirmier ne peut exercer son art sur le territoire national s'il n'est régulièrement inscrit au tableau de l'Ordre des infirmières et infirmiers du Mali, y compris ceux du cadre actif des Armées.
Les infirmières et infirmiers intervenant dans le cadre de la coopération doivent s'inscrire à l'ordre pour la durée de leur séjour. À ce titre, ils bénéficient d'une autorisation temporaire d'exercer, délivrée par le ministre chargé de la Santé. Il en est de même pour les infirmières et les infirmiers en mission humanitaire.
La liste et les diplômes des infirmières et des infirmiers visés à l'alinéa ci-dessus doivent être transmis à l'Ordre des infirmières et infirmiers un mois au moins avant le démarrage de leurs activités. Sauf cas de force majeure.
Article 11 : Nul ne peut être inscrit au tableau de l'ordre des infirmières et infirmiers s'il ne remplit les conditions suivantes :
- être titulaire de diplôme d'infirmier ou d'infirmière obstétricienne, de

technicien de biologie médicale, de préparateur et d'assistant médical toutes spécialités confondues, ou d'un titre académique jugé équivalent ;
- être de nationalité malienne ou ressortissant d'un pays de l'Uemoa ou d'un pays accordant la réciprocité.
Le postulant est tenu de fournir un dossier et de remplir un questionnaire élaboré par le Conseil national de l'ordre.
Article 12 : Le tableau des infirmiers et infirmiers comporte des sections qui sont précisées par voie règlementaire.
Les conditions d'inscription et de radiation au tableau de l'Ordre sont précisées par décret.
Article 13 : Nul ne peut exercer à titre privé la profession d'infirmière et d'infirmier s'il ne remplit les conditions de l'article 11, et si en outre, il n'y est autorisé par l'autorité administrative.
Article 14 : Par dérogation aux dispositions de l'article 11, peuvent être autorisés à exercer la profession d'infirmière et d'infirmier au Mali, à l'exclusion de toutes activités privées de type libéral, les infirmières et infirmiers ne remplissant pas les conditions de nationalités prévues à l'article 11, engagés par contrat de travail pour assurer le service médical d'entreprise commerciale ou industrielle. Dans ce dernier cas, la dérogation ne sera accordée que si le défaut de praticiens remplissant les conditions prévues à l'article 11 est constaté dans les conditions fixées par voie règlementaire.

CHAPITRE V : DE LA TUTELLE

Article 15 : L'Ordre des infirmières et infirmiers du Mali est placé sous la tutelle du ministre chargé de la Santé.
Sont soumis à l'autorisation du ministre :
- les dons et legs assortis de conditions et de charges ;
- l'aliénation des biens meubles acquis sur les subventions de l'État et de ses partenaires ;
- l'aliénation des biens immeubles faisant partie du patrimoine ;
- le règlement intérieur de l'Ordre.
Article 16 : L'autorisation est demandée par voie de requête du Président de l'Ordre des infirmières et infirmiers du Mali.
L'autorité de tutelle dispose d'un délai de quinze (15) jours, à compter de la date de réception de la requête, pour notifier son approbation ou son refus. Passé ce délai, l'autorisation est considérée comme acquise.
Article 17 : L'autorité de tutelle peut, par décision motivée, annuler toute délibération et/ou tout acte non conforme aux attributions légales de l'Ordre des infirmières et infirmiers du Mali, aux lois et à l'ordre public.
À cet effet, l'autorité dispose d'un délai d'un mois à partir de la notification pour annuler.

CHAPITRE VI : DE L'EXERCICE ILLÉGAL DE LA PROFESSION

Article 18 : Exerce illégalement la profession d'infirmière ou d'infirmier :
1) toute personne qui prend part habituellement ou par direction suivie, même en présence d'une infirmière ou d'un infirmier, à l'établissement d'un diagnostic ou d'un traitement de maladies ou d'affections chirurgicales, congénitales ou acquises, réelles ou supposées, par actes personnels, consultations verbales ou écrites, ou par tous autres procédés quels qu'ils soient, sans être titulaire d'un diplôme dont la validité est reconnue ;
2) toute personne qui se livre aux activités définies à l'alinéa précédent, sans être de nationalité malienne ou ressortissant d'un pays accordant la réciprocité, le tout sans préjudice des dispositions contenues dans les accords internationaux.
3) toute personne qui, munie d'un titre régulier, sort des attributions que la loi lui confère, notamment en prêtant concours aux personnes visées aux alinéas 1 et 2 à l'effet de les soustraire aux prescriptions du présent chapitre.
Article 19 : L'exercice illégal de la profession d'infirmière ou d'infirmier et l'usurpation du titre d'infirmière ou d'infirmier sont punis conformément aux dispositions législatives et règlementaires en vigueur.

CHAPITRE VII : DE LA DISCIPLINE

Article 20 : Tout manquement de l'infirmier et de l'infirmier à ses devoirs professionnels et aux règles du code de déontologie, dans le cadre de l'exercice de ses fonctions, l'expose à une sanction disciplinaire, sans préjudice, le cas échéant des peines prévues par la loi pénale.
Article 21 : Le Conseil national de l'Ordre des infirmières et infirmiers siège comme formation disciplinaire ; il agit à la demande, soit des commissions disciplinaires, soit du ministre chargé de la santé publique, soit du Ministre chargé de la justice, soit des parties.
Article 22 : Au besoin, une commission disciplinaire non permanente sera mise en place. Elle est composée de trois membres qui vont élire un président en son sein. Cette commission a pour rôle de faire des propositions de sanction au Conseil national de l'Ordre.
Article 23 : Le Conseil national de l'Ordre statue par arrêt motivé et prononce une des sanctions suivantes :
- l'avertissement ;
- le blâme ;
- l'interdiction temporaire d'exercer ;
- la radiation du tableau de l'Ordre.

Article 24 : Le blâme prive automatiquement l'intéressé du droit de faire partie du Conseil national de l'Ordre pendant le mandat en cours.
L'interdiction temporaire d'exercer ne peut excéder un an.

La radiation prive définitivement l'infirmière et l'infirmier du droit de faire partie du Conseil national de l'Ordre. L'infirmière, ou l'infirmier, radiée ne peut se faire inscrire à une autre section, à un conseil régional, à l'Ordre d'un État accordant la réciprocité ou à l'Ordre d'un État avec lequel le Mali entretient des relations de coopération sanitaire.
Article 25 : Les poursuites disciplinaires se prescrivent dans un délai d'un an à partir de la commission de la faute.
Article 26 : Les infirmières et infirmiers fonctionnaires inscrits à l'Ordre relèvent du statut général de la fonction publique en matière disciplinaire à leur égard auprès de l'autorité compétente.
Article 27 : Aucune sanction disciplinaire ne peut être prononcée sans que l'infirmière ou l'infirmier ait été entendu ou appelé à comparaître dans un délai de 30 jours à compter de la saisine du Conseil national de l'Ordre.
Article 28 : Le praticien mis en cause peut se faire assister d'un défenseur infirmier ou infirmière ou un avocat. Il peut exercer le droit de récusation dans les conditions déterminées en matière civile.
Article 29 : Le Conseil national de l'Ordre, s'il s'estime insuffisamment éclairé peut ordonner une enquête sur les faits dont la constatation lui paraît utile à l'instruction de l'affaire. La décision qui ordonne l'enquête indique les faits sur lesquels elle doit porter. Elle précise suivant les cas si l'enquête a lieu devant lui ou devant ses représentants qui se transporteront sur les lieux.
Article 30 : La formation disciplinaire doit rendre sa décision dans un délai de trois mois lorsque le praticien mis en cause est présent sur le territoire et de six mois lorsqu'il en est absent.
Article 31 : Tout interrogatoire ou audition doit donner lieu à l'établissement d'un procès-verbal signé par les parties interrogées et par les membres du Conseil national de l'Ordre.
Article 32 : Les décisions du Conseil national de l'Ordre doivent se référer expressément à l'obligation professionnelle violée. Elles doivent être notifiées sans délais aux présidents des sections et dans les 10 jours au Ministre chargé de la santé publique et aux Conseils régionaux.
Article 33 : Les recours contre une sanction disciplinaire sont portés devant la juridiction administrative.
Article 34 : Les frais résultant de l'action engagée sont supportés par le Conseil national de l'Ordre et dans les conditions qui seront précisées par le règlement intérieur.
Article 35 : L'exercice de l'action disciplinaire ne fait obstacle :
- Ni aux actions civiles en réparation d'un dommage ;
- Ni aux instances qui peuvent être engagées contre les infirmières et infirmiers ou en raison des abus qui leur seraient reprochés dans leur participation aux soins médicaux prévus par la législation sociale.
Le juge est tenu d'informer le Président du Conseil de l'ordre des infirmières et infirmiers avant toute poursuite contre une infirmière ou un infirmier.

Chapitre 8 : Dispositions transitoires et finales

Article 36 : Toutes les infirmières et infirmiers sont tenus de se conformer aux dispositions de la présente loi dans un délai d'un an à compter de sa promulgation.

Article 37 : Un décret pris en Conseil des ministres fixe l'organisation et les modalités de fonctionnement de l'Ordre des infirmières et infirmiers du Mali.

Bamako, le 14 juillet 2017

Le Président de la République,
Ibrahim Boubacar Kéita

LOI PORTANT CODE DE DÉONTOLOGIE MÉDICALE ET CODE DE DÉONTOLOGIE DE LA PHARMACIE

CODE DE DÉONTOLOGIE MÉDICALE[64]

ANNEXE À LA LOI n° 86-35 / AN-RM DU 12 AVRIL 1986 PORTANT INSTITUTION DE L'ORDRE NATIONAL DES MÉDECINS

Article 1er : Les dispositions du présent code s'imposent à tout médecin ou chirurgien-dentiste inscrit à l'ordre national des médecins. Toute infraction à ces dispositions relève de la compétence disciplinaire du conseil de l'ordre sans préjudice des actions qui pourraient être engagées contre les contrevenants.

TITRE I

DEVOIRS DES MÉDECINS

Article 2 : Le respect de la vie et de la personne humaine constitue en toute circonstance le devoir primordial du médecin.
Article 3 : Le médecin ou chirurgien-dentiste doit assister et soigner tous ses malades avec la même conscience sans discrimination aucune.
Article 4 : Il est interdit au médecin ou chirurgien-dentiste d'exercer sa profession dans les conditions susceptibles de compromettre la qualité des soins.
Article 5 : Tout médecin, quelle que soit sa fonction ou sa spécialité, sauf cas de force majeure, est tenu de porter secours d'urgence à un malade en danger immédiat si une autre assistance ne peut être assurée.
Article 6 : Le médecin responsable d'un secteur médical ne peut abandonner ses malades en danger public, sauf sur réquisition des autorités habilitées.
Article 7 : Le secret professionnel s'impose à tout médecin, sauf dérogations prévues par la loi.
Article 8 : Les principes ci-dessous énoncés régissent la pratique médicale privée, sauf s'ils sont en opposition avec la loi et la réglementation en vigueur ou susceptibles d'entraver le bon fonctionnement des institutions de médecine sociale.
Ces principes sont :
- le libre choix du médecin par le malade

---

[64] Voir : http://www.cnom.sante.gov.ml/

- la liberté de prescription du médecin
- le paiement direct des honoraires par le malade au médecin.

Article 9 : Sous quelque forme que ce soit et sous aucun prétexte, le médecin ou chirurgien-dentiste ne doit aliéner son indépendance professionnelle.

Article 10 : Le médecin ou chirurgien-dentiste doit s'abstenir de tout acte de nature à déconsidérer sa profession, même en dehors de l'exercice de celle-ci. Il lui est en particulier interdit d'exercer en même temps que la médecine une autre activité incompatible avec la dignité professionnelle.

Article 11 : Tous les procédés directs ou indirects de publicité ou de réclame sur les manifestations spectaculaires n'ayant pas un caractère scientifique ou éducatif sont interdits.

Article 12 : Les seules indications qu'un médecin ou chirurgien-dentiste est autorisé à mentionner sur ses feuilles d'ordonnance ou dans un annuaire sont :

1.Celles pouvant faciliter ses relations avec ses malades, notamment le numéro de téléphone, l'adresse ;

2. La qualification qui lui aura été reconnue lors de son inscription à l'ordre national des médecins et approuvée par le Ministre chargé de la santé publique.

3. Les titres et fonctions reconnus par la république du Mali.

Article 13 : Le médecin ou chirurgien-dentiste est autorisé à faire figurer à la porte de son cabinet, les seules indications suivantes :

- Nom et prénoms
- Titres
- Qualification
- Jours et heures de consultation.

Article 14 : Le médecin ou chirurgien dentiste doit exercer sa profession dans un cabinet approprié où existent les moyens techniques nécessaires et adéquats.

Article 15 : Un médecin ou chirurgien-dentiste ne peut avoir en principe qu'un cabinet. Exceptionnellement, il peut créer ou maintenir un cabinet secondaire sur autorisation du Conseil Régional de l'Ordre, lorsque l'intérêt des malades l'exige. Cette autorisation doit être retirée chaque fois que l'installation d'un médecin ou chirurgien-dentiste de même discipline peut satisfaire les besoins des malades.

Article 16 : Sont interdites toutes opérations d'entente tacite et illicite :

1. Ristourne en argent ou en nature à un malade ;
2. Versement, acceptation ou partage clandestin d'argent entre praticiens ;
3. Commission à une tierce personne ;
4. Acceptation d'une commission pour un acte médical quelconque ;
5. Accord d'un avantage matériel injustifié et illicite à un malade.

Article 17 : Il est interdit à tout médecin ou chirurgien-dentiste d'accorder une facilité quelconque à toute personne se livrant à l'exercice illégal de la médecine.

Article 18 : Tout compérage entre médecins ou chirurgiens-dentistes et pharmaciens, auxiliaires médicaux ou toutes autres personnes est interdit.
Article 19 : Il est interdit à tout médecin ou chirurgien-dentiste remplissant un mandat électif ou une fonction administrative d'en user à des fins professionnelles pour accroître sa clientèle.
Article 20 : Sont interdits à un médecin ou chirurgien-dentiste toutes les pratiques propres à déconsidérer sa profession et notamment celles relatives au charlatanisme.
Article 21 : Tout médecin ou chirurgien-dentiste qui divulguerait dans le public médical un procédé de diagnostic ou de traitement nouveau et insuffisamment éprouvé, commet un acte répréhensible, à moins qu'il n'ait pris le soin de mettre des confrères en garde contre les dangers éventuels de ce procédé.
De même la divulgation de ce procédé dans le grand public constitue une faute.
Commet une faute grave, le médecin ou chirurgien-dentiste qui trompe la bonne foi des confrères ou de la clientèle en leur présentant comme salutaire et sans danger un procédé insuffisamment éprouvé.
Article 22 : Il importe que les certificats, attestations ou documents dont la production est prescrite par la législation en vigueur comportent la signature manuscrite du médecin ou chirurgien-dentiste qui les délivre.
Article 23 : Constitue une faute grave, la délivrance de rapports tendancieux ou d'un certificat de complaisance.

TITRE II

DEVOIRS DES MÉDECINS ENVERS LES MALADES

Article 24 : Le médecin ou chirurgien-dentiste, dès lors qu'il a accepté de prendre un malade en charge s'oblige :
1°/ À lui donner au besoin avec l'aide d'un tiers qualifié tous les soins médicaux que requiert son état.
2°/ À toujours se comporter avec correction et douceur envers les malades.
Article 25 : Le médecin ou chirurgien-dentiste doit toujours apporter la plus grande attention et usera de tout le temps nécessaire à l'élaboration de son diagnostic.
Il peut se faire aider si nécessaire de conseils éclairés et des méthodes scientifiques appropriées.
Le diagnostic une fois acquis et l'indication thérapeutique portée, le médecin doit s'attacher à obtenir l'exécution correcte du traitement notamment si la vie du malade est en danger.

En cas de refus du malade, il peut cesser ses soins dans les conditions de l'article 30.
Article 26 : Les prescriptions et actes sont limitées au nécessaire compatible avec la qualité et l'efficacité des soins, sans préjudice du devoir d'assistance morale envers le malade.
Article 27 : Le médecin ou chirurgien-dentiste appelé à donner des soins dans une famille ou dans une collectivité quelconque, doit après avoir dûment informé les malades et entourage, s'efforcer d'imposer les règles d'hygiène et de prophylaxie requises. Il doit au besoin aviser les autorités compétentes des mesures prises ou à envisager.
Article 28 : Devant le caractère d'urgence des soins que réclame l'état d'un mineur ou d'un_handicapé, lorsqu'il est impossible d'avoir en temps utile, l'avis du représentant légal, le médecin appelé doit donner les soins qui s'imposent.
Article 29 : Un pronostic grave peut légitimement être dissimulé au malade. Un pronostic fatal ne peut lui être révélé qu'avec la plus grande circonspection, mais il peut l'être généralement à sa famille ou à défaut à un proche qualifié.
Article 30 : Si pour des raisons majeures, le médecin ou chirurgien-dentiste est appelé à se dégager de sa mission, il ne doit le faire que sous les conditions suivantes :
1°/ Ne jamais nuire de ce fait à son malade ;
2°/ S'assurer de la continuité des soins et fournir à cet effet tous renseignements utiles.
Article 31 : Le médecin ou chirurgien-dentiste ne doit pas s'immiscer dans les affaires de famille.
Article 32 : Le médecin ou chirurgien-dentiste est libre de donner gratuitement ses soins, quand sa conscience le lui commande.
Néanmoins il est interdit à tout médecin ou chirurgien-dentiste d'abaisser ses honoraires dans un intérêt de concurrence au-dessous des barèmes publiés par les autorités compétentes.
Article 33 : Le forfait pour la durée d'un traitement est interdit sauf pour un accouchement, une opération chirurgicale, un traitement dans un établissement de soins, ou dans quelques cas exceptionnels pour une série d'intervention après accord du conseil régional. Le forfait pour l'efficacité d'un traitement est interdit en toutes circonstances.
Article 34 : La rencontre en consultation entre un médecin traitant et un médecin consultant légitime pour le second des honoraires spéciaux.
Article 35 : Tout partage d'honoraires entre médecin traitant d'une part, consultant chirurgien ou spécialiste d'autre part, lors d'une consultation, ou d'un acte opératoire étant formellement interdit, chaque médecin doit présenter sa note.
Article 36 : Le chirurgien a le libre choix de son ou de ses aides - opératoires

ainsi que de son anesthésiste.
Les honoraires de ceux-ci peuvent être réclamés par eux directement à l'opéré, soit figurés sur la note que le chirurgien remet à l'opéré. Toutefois lorsque le chirurgien croit devoir confier les fonctions d'aide opératoire ou d'anesthésiste au médecin traitant, celui-ci doit réclamer ses honoraires directement.
Article 37 : La présence du médecin traitant à une opération chirurgicale, si elle est demandée par le malade ou sa famille, lui donne droit à des honoraires spéciaux.

TITRE III

DEVOIRS DES MÉDECINS EN MATIÈRE DE MÉDECINE SOCIALE

Article 38 : Il est du devoir de tout médecin ou chirurgien-dentiste valide, et compte tenu de son éventuelle spécialisation de prêter son concours à toute action entreprise par les autorités compétentes pour la protection de la santé et l'organisation de permanence des soins là où le besoin s'en fait sentir.
Article 39 : L'exercice de la médecine sous toutes ses formes au service d'une entreprise, d'une collectivité ou d'une institution de droit privé, doit, dans tous les cas faire l'objet d'un contrat écrit. Tout projet de convention ou renouvellement de convention avec ses organismes doit être communiqué au préalable au conseil régional intéressé pour vérification de sa conformité avec les dispositions du présent code, et les dispositions législatives ou réglementaires.
Les dispositions du présent article ne sont pas applicables aux médecins régis par un statut de l'autorité publique
Article 40 : Nul ne peut être à la fois, sauf cas d'urgence, médecin - contrôleur et médecin traitant d'un Même malade
Article 41 : Le médecin contrôleur doit informer le malade soumis à son contrôle de médecin contrôleur, mais il doit être circonspect dans ses propos et s'interdire toute révélation ou interprétation.
Article 42 : Le médecin chargé du contrôle est tenu au secret vis-à-vis de son administration à laquelle il ne doit fournir que des conclusions sur le plan administratif sans indiquer les raisons d'ordre médical qui les motivent. Les renseignements d'ordre médical contenus dans les dossiers établis ne peuvent être communiqués ni à des personnes étrangères au service médical ni à une autre administration.
Article 43 : Nul ne peut être à la fois médecin - expert et médecin traitant d'un même malade.

Sauf accord des parties, un médecin ne doit accepter une mission d'expertise dans laquelle sont en jeu les intérêts d'un de ses clients, d'un de ses amis, d'un de ses proches, d'un groupement qui fait appel à ses services de même que ses propres intérêts

Article 44 : Avant d'entreprendre toute mission, le médecin expert, ou le médecin contrôleur, doit se récuser s'il estime que les questions qui lui sont posées ne relèvent pas de la technique proprement médicale. Le rapport d'un médecin - expert ne doit comporter que les éléments susceptibles de fournir les réponses aux questions posées dans sa décision de nomination.

TITRE IV

DEVOIRS DE CONFRATERNITÉ

Article 45 : Les rapports de bonne confraternité et d'assistance morale doivent être les principes qui régissent les relations entre médecins. Les dissentiments professionnels entre confrères doivent être réglés par une tentative mutuelle et sincère de réconciliation. En cas d'échec, le Président du conseil régional de l'ordre doit être avisé. Les calomnies et les médisances sur un confrère sont interdites de même que la propagation de propos susceptibles de lui nuire dans l'exercice de la profession. Il est de bonne confraternité de prendre la défense d'un confrère injustement attaqué.

Article 46 : Le détournement ou tentative de détournement de clientèle est interdit.

Article 47 : Le médecin ou chirurgien-dentiste appelé auprès d'un malade qui est soigné par un de ses confrères doit respecter les règles suivantes :

- Si le malade a simplement voulu demander un avis sans changer de médecin traitant, proposer une consultation en commun et se retirer après avoir assuré les seuls soins d'urgence.
- Si le malade a appelé en raison de l'absence de son médecin habituel un autre médecin, celui-ci doit assurer les soins pendant cette absence, les cesser dès le retour du confrère et donner toutes informations utiles.

Article 48 : Le médecin ou le chirurgien-dentiste peut dans son cabinet accueillir tous les malades quel que soit leur médecin traitant, sous réserve de s'efforcer d'entrer en rapport avec ce dernier afin de lui faire part de ses conclusions.

Article 49 : Chaque fois que les circonstances l'exigent le médecin traitant d'un malade doit proposer une consultation ou accepter une consultation demandée par le malade ou son entourage. Dans les deux cas, il a la charge d'organiser les modalités de la consultation. Il propose le consultant qu'il juge le plus qualifié, mais il doit tenir compte des désirs du malade et accepter en principe, sauf raison sérieuse, de rencontrer en consultation tout médecin

traitant ne croit pas devoir donner son agrément aux choix formulés, il a la liberté de se retirer et ne doit à personne l'explication de son refus.
Article 50 : Les conclusions d'une consultation entre eux ou plusieurs médecins doivent être rédigées en commun, signées par le médecin traitant et contresignées par les médecins consultants. S'il n'est pas rédigé de conclusion écrite, l'avis du médecin traitant est censé être partagé entièrement par le consultant.
Article 51 : Au cours d'une consultation entre médecins, s'il apparaît une divergence notable entre l'avis du médecin traitant et celui du consultant et que prévaut l'avis de ce dernier, le médecin traitant est libre de cesser ses soins.
Article 52 : Un médecin qui a été appelé en consultation ne doit pas revenir auprès du malade examiné en commun, en l'absence du médecin ou sans son approbation, au cours de l'affection ayant motivé la consultation.

TITRE V

DEVOIRS DES MÉDECINS ENVERS LES MEMBRES DES PROFESSIONS MÉDICALES ET PARAMÉDICALES

Article 53 : Dans leurs rapports professionnels avec les membres des professions médicales et paramédicales, les médecins ou chirurgiens-dentistes doivent se montrer courtois.
Article 54 : Le médecin ou chirurgien-dentiste a le devoir de se montrer courtois, bienveillant envers les auxiliaires médicaux et de s'attacher à ne pas leur nuire inconsidérément.

TITRE VI

DISPOSITIONS FINALES

Article 55 : Avant d'obtenir son inscription au tableau le médecin, ou le chirurgien-dentiste, doit affirmer devant le conseil régional de l'ordre qu'il a eu connaissance du présent code et s'engager par écrit à le respecter.

Koulouba, le 12 avril 1986
Le Président de la République,
Général Moussa TRAO

CODE DE DÉONTOLOGIE ANNEXE À LA LOI n° 86-36/AN-RM DU 12 AVRIL 1986 PORTANT INSTITUTION DE L'ORDRE NATIONAL DES PHARMACIENS[65]

Article 1 : Les dispositions du présent code s'impose à tout pharmacien inscrit à l'ordre national des pharmaciens. Toute infraction à ces dispositions relève de la compétence disciplinaire du conseil national de l'ordre sans préjudice des actions qui pourraient être engagées contre les contrevenants.

TITRE I

DEVOIRS DES PHARMACIENS

CHAPITRE I : DES DISPOSITIONS GENERALES

Article 2 : Le respect de la vie et de la personne humaine constitue en toute circonstance le devoir primordial du pharmacien.
Article 3 : Le pharmacien doit s'abstenir de tout fait ou manifestation de nature à considérer la profession, même en dehors de l'exercice de celle-ci. Il lui est interdit d'exercer, en même temps que la pharmacie, toute autre activité incompatible avec la dignité professionnelle.
Article 4 : Les pharmaciens doivent se refuser à établir tout certificat ou attestation de complaisance.
Article 5 : Les comptes-rendus d'analyse doivent toujours porter la signature du directeur du laboratoire et facultativement ses titres hospitaliers et scientifiques.

CHAPITRE II : DU CONCOURS DU PHARMACIEN À LA PROTECTION DE LA SANTÉ

Article 6 : Le pharmacien est au service du public. Il doit faire preuve du même dévouement envers tous les malades. Quelle que soit sa fonction ou sa spécialité, hors le seul cas de force majeure, le pharmacien ne peut quitter son poste si l'intérêt public exige qu'il y reste, sauf ordre écrit des autorités qualifiées. Le pharmacien détaillant ne peut fermer son officine qu'après s'être assuré que les malades peuvent recevoir chez un autre pharmacien suffisamment riche, les secours dont ils ont besoin.
Article 8 : Les pharmaciens sont tenus de prêter leur concours aux services de médecine sociale et de collaborer à l'œuvre des pouvoirs publics tendant à la

[65] Voir : http://www.cnom.sante.gov.ml.

protection et à la préservation de la santé publique.
Article 9 : Les pharmaciens doivent observer dans l'exercice de leur activité professionnelle les règles imposées par les statuts des collectivités publiques ou privées, à condition qu'elles ne soient pas contraires aux lois et règlements qui régissent l'exercice de la pharmacie.
Article 10 : Le pharmacien ne doit pas favoriser, par ses conseils, ou par ses actes, des pratiques contraires aux bonnes mœurs.
Article 11 : Le secret professionnel s'impose à tous les pharmaciens, sauf dérogations prévues par la loi. À ce titre, le pharmacien doit :
- s'abstenir en public, notamment à l'officine, des questions relatives aux maladies de ses clients.
- éviter toute allusion de nature à compromettre le secret professionnel dans ses publications.

CHAPITRE III : DE LA RESPONSABILITÉ ET DE L'INDÉPENDANCE DES PHARMACIENS

Article 12 : Le pharmacien gère son officine sous sa seule responsabilité. Il peut se faire aider d'un ou plusieurs pharmaciens assistants inscrits à l'ordre. En cas de fautes commises par le pharmacien assistant, la responsabilité disciplinaire de ce dernier et celle du pharmacien titulaire peuvent être simultanément engagées.
Article 13 : Toute officine doit porter de façon apparente, le nom du ou des pharmaciens propriétaires, ou s'il s'agit d'une officine exploitée en société le nom du ou des pharmaciens gérants responsables.
Article 14 : Pour les établissements de fabrication ou de vente en gros de produits pharmaceutiques, le nom et l'adresse de l'établissement doivent figurer sur l'étiquetage des médicaments.
Article 15 : Le pharmacien ne peut maintenir ouvert un établissement pharmaceutique s'il est dans l'incapacité d'exercer personnellement, où s'il ne se fait pas remplacer.
Article 16 : Les titulaires, gérants, assistants, ou pharmaciens remplaçants doivent, en aucun cas, conclure de convention tendant à l'aliénation, même partielle, de leur indépendance technique dans l'exercice de leur profession.
Article 17 : Le pharmacien chargé de la gérance d'une officine après décès du titulaire, doit se voir reconnaître la même indépendance professionnelle.
Article 18 : Les contrats de location de marques doivent respecter l'indépendance professionnelle des pharmaciens exploitants.
Article 19 : Il est interdit aux pharmaciens gérants, remplaçants assistants d'accepter une rémunération qui ne soit pas proportionnée, compte tenu des usages avec les fonctions et les responsabilités qu'ils assument. D'autre part, il est interdit aux pharmaciens titulaires d'établissements de proposer une semblable rémunération.

CHAPITRE IV : DE LA TENUE DES ETABLISSEMENTS PHARMACEUTIQUES

Article 20 : Tous les actes pharmaceutiques, notamment la préparation et la délivrance des médicaments, doivent être effectués avec un soin minutieux.
Article 21 : Les établissements pharmaceutiques doivent être installés dans des locaux biens adaptés aux activités qui s'y exercent, et être convenablement équipés et tenus.
Article 22 : Tout produit se trouvant dans un établissement pharmaceutique doit pouvoir être identifié par son nom. Ce nom doit être porté de façon lisible sur une étiquette disposée de façon appropriée. Cette étiquette doit être conforme au modèle réglementaire.

TITRE II

DES RELATIONS AVEC LA CLIENTÈLE

Article 23 : Les pharmaciens doivent s'interdire de solliciter la clientèle par des procédés et moyens contraires à la dignité de leur profession, même lorsque des procédés et moyens ne sont pas expressément prohibés par la législation en vigueur.
Article 24 : Seuls les dépositaires placés sous la responsabilité effective des pharmaciens d'officine sont habilités à délivrer les médicaments au public et aux collectivités publiques et privées dépourvues d'officine.
Article 25 : Le pharmacien doit inciter les clients à consulter un médecin chaque fois que cela est nécessaire.
Article 26 : Les pharmaciens ne peuvent modifier une prescription qu'avec l'accord exprès et préalable de son auteur.
Article 27 : Ils doivent répondre avec circonspection aux demandes faites par las malades ou par leurs préposés pour connaître la nature de la maladie traitée où la valeur des moyens curatifs prescrits ou appliqués.
Article 28 : Ils doivent s'abstenir de formuler un diagnostic ou un pronostic sur la maladie au traitement de laquelle ils sont appelés à collaborer, et éviter de commenter médicalement auprès des malades ou de leurs préposés, les conclusions des analyses qui leur sont demandées.

CHAPITRE I : DE LA PUBLICITÉ

Article 29 : Les inscriptions portées sur les officines en application des dispositions de l'article 13, ne peuvent être accompagnées que des seuls titres

universitaires hospitaliers et scientifiques dont la liste est établie par le conseil national de l'ordre.
Article 30 : À l'exception de celles qu'impose la législation commerciale ou industrielle, les seules indications que les pharmaciens peuvent faire figurer sur leurs entêtes de lettres, papiers d'affaires ou dans les annuaires sont :
1. celles qui facilitent leurs relations avec leurs clients ou fournisseurs tels que : noms, prénoms, adresses, numéros (ccp) ou et bancaires
2. l'énoncé des différentes activités qu'ils exercent.
3. les titres et fonctions retenus à cet effet par le conseil national de l'ordre. 4. les distinctions honorifiques reconnues par la République du Mali.
Article 31 : Toute publicité auprès du corps médical et pharmaceutique doit être véridique et loyale. Les procédés directs ou indirects de publicité ou de réclame, les manifestations spectaculaires n'ayant pas un caractère scientifique ou éducatif sont interdits.

CHAPITRE II : DE LA CONCURRENCE DÉLOYALE

Article 32 : Il est rigoureusement interdit aux pharmaciens de porter atteinte au principe de libre choix du pharmacien par les malades en octroyant des avantages qui ne leur seraient pas explicitement dévolus.
Article 33 : Il est notamment interdit d'accorder à l'ayant droit d'un service médico-pharmaceutique collectif, le remplacement d'un produit par une autre fourniture, même considérée comme ayant une valeur équivalente ou supérieure.
Article 34 : Les pharmaciens investis de mandats électifs ou remplissant une fonction administrative ne doivent pas en user pour accroître leur clientèle.
Article 35 : Les remplaçants assistants, anciens gérants, et étudiants stagiaires devenus pharmaciens, ne doivent pas exercer leur art en faisant à leurs anciens maîtres une concurrence déloyale. Titre 3 : Des relations avec les agents de l'Administration
Article 36 : Les pharmaciens doivent informer l'ordre des contrats de fournitures passées avec les administrations.
Article 37 : Les pharmaciens doivent maintenir des relations de confiance avec les autorités administratives.
Article 38 : Ils doivent donner, dans les établissements qu'ils dirigent toutes facilités aux inspecteurs de la pharmacie pour qu'ils puissent accomplir leur mission.

Article 39 : Tout pharmacien qui se plaint d'un agent de l'administration et qui désire obtenir réparation, peut s'adresser dans ce but à l'ordre, qui donnera à l'affaire la suite qu'elle requiert.

TITRE IV

DES RÈGLES À OBSERVER DANS LES RELATIONS AVEC LE PUBLIC

CHAPITRE I : PROHIBITION DE CERTAINES CONVENTIONS OU ENTENTES

Article 40 : Toute convention ou tout acte ayant pour objet de spéculer sur la santé ainsi que le partage avec des tiers de la rémunération des services du pharmacien, sont réputés contraires à la moralité professionnelle.
Sont en particulier interdits :
1. Tous versements et acceptations non explicitement autorisés, de sommes d'argent entre les praticiens.
2. Tous versements et acceptations de commission entre les pharmaciens et toutes autres personnes.
3. Toute ristourne en argent ou en nature sur le prix d'un produit ou d'un service.
4. Tout acte de nature à procurer à un client un avantage illicite.
5. Toute facilité accordée à quiconque se livre à l'exercice illégal de la pharmacie.
Article 41 : Les pharmaciens peuvent recevoir les redevances qui leur seraient reconnues pour leur contributions à l'étude ou à la mise au point de médicament ou d'appareils dès lors que ceux-ci ont été prescrits ou conseillés par d'autres qu'eux-mêmes. Ils peuvent verser dans les mêmes conditions les redevances reconnues aux praticiens auxquels les clients sont liés par des contrats. Lorsque l'inventeur a prescrit de manière habituelle l'objet de son invention le versement et l'acceptation des redevances sont subordonnés à l'autorisation de l'ordre dont relève cet inventeur.

CHAPITRE II : DES RELATIONS AVEC LES MEMBRES DES AUTRES PROFESSIONS PHARMACEUTIQUES ET MÉDICALES

Article 42 : Les pharmaciens assistants doivent être traités en confrères par les titulaires et par les autres pharmaciens.
Article 43 : Les pharmaciens doivent développer entre eux-mêmes et les autres membres du corps médical un climat d'estime, de confiance, et de courtoisie. Ils doivent dans leurs rapports professionnels avec les membres du cours médical, respecter l'indépendance de ceux-ci.
Article 44 : La citation de travaux scientifiques dans une publication de quelque nature qu'elle soit, doit être fidèle et scrupuleusement loyale.
Article 45 : Les pharmaciens doivent éviter tous agissements tendant à nuire

aux autres membres du corps médical.
Article 46 : Les pharmaciens doivent veiller à ce que des consultations médicales ne soient jamais données dans l'officine.
Article 47 : Les pharmaciens inscrits à l'ordre se doivent mutuellement aide et assistance pour l'accomplissement de leurs devoirs professionnels. En toutes circonstances, ils doivent faire preuve de loyauté et de solidarité.
Article 48 : Tout contrat passé entre pharmaciens doit être sincère et juste. Les obligations qui en découlent doivent être accomplies dans un esprit de confraternité.
Article 49 : Le pharmacien ne doit pas débaucher les collaborateurs d'un confrère ; toute contestation doit être soumise à l'ordre.
Article 50 : Toute parole ou tout acte dans le but de nuire à un confrère peut entraîner une sanction disciplinaire.
Article 51 : En cas de différend d'ordre professionnel, les pharmaciens en raison de leur devoir de confraternité doivent tenter de se réconcilier. À défaut de conciliation, l'ordre en sera avisé.

TITRE V

DISPOSITIONS DIVERSES

Article 52 : Avant d'obtenir son inscription au tableau, le pharmacien doit confirmer devant le conseil régional de l'ordre qu'il a eu connaissance du présent code, et s'engage par écrit à le respecter.

PARTIE IV

MÉDECINE HUMAINE ET MÉDECINE VÉTERINAIRE

TITRE I : MÉDECINE HUMAINE

TEXTES DE LOIS

LOI n° 85 – 41 / AN-RM PORTANT AUTORISATION DE L'EXERCICE PRIVE DES PROFESSIONS SANITAIRES[66]

L'Assemblée Nationale a délibéré et adopté en sa séance du 14 mai 1985
Le Président de la République promulgue la loi dont la teneur suit :

CHAPITRE I : DISPOSITIONS GÉNÉRALES

Article 1er : Il est autorisé l'exercice à titre privé des professions sanitaires. Ces professions peuvent être exercées par une personne physique ou morale à titre individuel ou en groupe.
Article 2 : Tout travailleur sanitaire exerçant dans un domaine privé est tenu d'exercer les réquisitions légalement établies par l'autorité publique.
Article 3 : Les professions sanitaires ont pour missions de contribuer à :
- la protection générale de la santé publique - la promotion socio-économique des populations
- l'amélioration de la couverte sanitaire du pays.
Article 4 : Les secteurs de la santé publique concernés par la privatisation sont les suivants :
- Médecine - Pharmacie - Odontostomatologie - Génie Sanitaire

CHAPITRE II: EXERCICE DES PROFESSIONS SANITAIRES

Section 1 : Conditions requises

Article 5 : Le postulant à une des professions sanitaires doit :
a. être de nationalité malienne ou ressortissant d'un État accordant la réciprocité aux maliens et jouir de ses droits civils et civiques ;
b. être âgé de 21 ans résolus
c. être titulaire d'un diplôme national donnant accès à l'exercice des

[66]http://www.cnom.sante.gov.ml/docs/loi-autorisation-exercice-prive-professions-sanitaires.pdf

professions sanitaires, ou de tout autre diplôme équivalent ;
d. être de bonne moralité e. être inscrit au tableau de l'ordre de la profession correspondante
Article 6 : L'exercice de la profession sanitaire dans le cadre privé est incompatible avec :
a) tout emploi de gérant, de directeur ou d'administrateur de société médicale et pharmaceutique ;
b) toute espèce de négoce. Les dispositions de cet alinéa ne sont pas applicables aux membres des professions pharmaceutiques ;
c) tout emploi public. Toutefois la profession sanitaire dans le cadre privé, est compatible avec les fonctions de chargé de cours dans les facultés ou les écoles.
Article 7 : Il est interdit à un membre d'une profession sanitaire, d'exercer en même temps, une autre profession sanitaire.
Article 8 : L'exercice à titre privé des professions sanitaires est effectué sous le contrôle du Ministère chargé de la santé publique, en collaboration avec les différents ordres professionnels de la santé.

Section 2 : Devoirs et obligations

Article 9 : Les membres des professions sanitaires sont tenus à une obligation de dignité, d'indépendance et de prudence exigée des membres des professions libérales.
Article 10 : Ils sont tenus au respect du secret professionnel et ne pourront déposer comme témoins sur les faits dont ils n'ont connaissance que dans l'exercice de leur profession. . Article 11 : Il est interdit aux membres des professions sanitaires d'utiliser un pseudonyme ou un titre impersonnel en cas d'exercice à titre individuel. Si l'exercice se fait en groupe, il est interdit de faire usage d'une dénomination autre que l'appellation du groupement des membres de la profession suivie, le cas échéant des mentions des spécialisations.
Article 12 : Celui qui exerce une profession sanitaire est en outre tenu au respect des devoirs et obligations définis par des codes de déontologie.
Article 13 : Les conditions d'exercice des droits, devoirs et obligations des membres des professions sanitaires seront précisées ou complétées dans des règlements intérieurs adoptés par les Assemblées générales des différents ordres professionnels sanitaires. Ces règlements intérieurs s'imposent à tous les membres des différents ordres professionnels.
Article 14 : Les copies des règlements intérieurs sont transmises au Ministère de la santé publique et à chaque membre de la profession concernée. Toute disposition des règlements antérieurs contraires à la loi, sera annulée par le Ministre de la santé publique. Les règlements intérieurs sont publiés au Journal officiel.

Section 3 : Comptabilité

Article 15 : Les membres des professions sanitaires sont tenus d'avoir :
1. un livre journal
2. Un grand livre
3. Un carnet à souches. Cette comptabilité pourra comporter d'autres documents à la demande du Ministre chargé de la santé publique ou du Ministre chargé des finances.

Article 16 : Les documents qui composent la comptabilité des membres des professions sanitaires, doivent être présentés :
- à toute réquisition des présidents des ordres intéressés, qui exercent un droit de contrôle général sur les honoraires perçus par les dits membres ;
- à tout contrôle ordonné par le Ministre chargé de la santé publique ;
- à tout contrôle des services financiers de l'État conformément aux textes en vigueur.

Article 17 : La non observation des obligations définies aux articles 15 et 16 ci-dessus, entraîne l'application des sanctions prévues par la législation en vigueur.

CHAPITRE III : ORGANES DE REPRÉSENTATION

Article 18 : Il est institué en République du Mali des ordres professionnels sanitaires dont le siège est à Bamako.

Article 19 : Des lois fixeront la compétence et l'organisation de ces ordres professionnels. Elles déterminent aussi les modalités d'association, de suppléance, de remplacement, d'honorariat des membres des professions sanitaires, ainsi que le régime disciplinaire qui leur est applicable.

CHAPITRE IV : DISPOSITIONS FINALES

Article 20 : Les dispositions de la loi n° 62-67 / AN-RM du 9 août 1962 portant code du travail s'appliquent aux contrats individuels que les membres des professions sanitaires employeurs pourront passer avec des travailleurs.

Article 21 : L'action en respect de la discipline ne fait nullement obstacle aux poursuites que le Ministère public ou les parties civiles se croient fondés à intenter soit devant les juridictions pénales pour la répression des actions qui constitueraient des délits ou crimes, soit devant les juridictions civiles pour la réparation des préjudices subis.

Article 22 : Les modalités d'application de la présente loi seront déterminées par décret pris en Conseil des Ministres.

Koulouba, le 22 juin 1985

Le Président de la République,
Général Moussa TRAORE

DÉCRET n° 02-311 / P-RM DU 04 JUIN 2002 FIXANT LE REGIME DE LA REMUNERATION DES ACTES MEDICAUX ET DE L'HOSPITALISATION DANS LES ETABLISSEMENTS PUBLICS DE SANTÉ[67]

LE PRESIDENT DU GOUVERNEMENT,

Vu la Constitution ;
Vu l'Ordonnance n° 77-54 / CMLN du 13 octobre 1977 portant règlement des hôpitaux ;
Vu la loi 90-110 / AN-RM du 18 octobre 1990 portant principes fondamentaux de la création, de l'organisation et du fonctionnement des établissements publics à caractère administratif
Vu la loi 94-009 du 22 mars 1994 portant principes fondamentaux de la création, de l'organisation, de la gestion et du contrôle des Services publics ;
Vu la loi 96-060 du 04 novembre 1996 relative à la loi des finances ;
Vu la loi 96-061 du 04 novembre 1996 portant principes fondamentaux de la comptabilité publique ;
Vu le décret 95-368 / P-RM du 13 novembre 1995 fixant le régime de rémunération des prestations en faveur des personnes âgées ;
Vu le décret 02-132 / P-RM du 18 mars 2002 portant nomination du Premier ministre
Vu le décret 02-135 / P-RM du 19 mars 2002 portant nominations des membres du gouvernement, modifié par les décrets 02-160 / P-RM du 30 mars 2002 et 02-211 / P-RM du 25 avril 2002 ;

Statuant en Conseil des Ministres

Décrète :

CHAPITRE I : DISPOSITIONS GÉNÉRALES

Article 1 : Le présent décret fixe le régime de la rémunération des actes médicaux, de l'hospitalisation et autres prestations dans les formations socio-sanitaires en République du Mali.

---

[67]http://41.73.116.156/chugabrieltoure/docs/pdf/decrets/decret-02-311-regime-remuneration-actes-medicaux.pdf

CHAPITRE II : DE LA RÉMUNÉRATION DES ACTES MÉDICAUX PRATIQUÉS SUR LES MALADES EXTERNES

Article 2 : Les actes médicaux effectués sur les malades externes sont rémunérés conformément à la nomenclature des actes médicaux fixée par le présent décret.

Toutefois, diverses formes de participation des collectivités, décidées par elles, selon les procédures réglementairement établies, sont autorisées dans les centres de santé de référence.

Dans tous les cas les soins et les examens paracliniques prodigués ou effectués sur les malades atteints de tuberculose, lèpre, cancer, maladies mentales, fistules recto-vaginales et de toutes les affections chroniques à caractère social restent gratuits.

Article 3 : Sont également gratuits les examens suivants :

- Recherche de B.K
- Recherche de B.H
- Recherche de microfilaires
- Recherche trypanosomiases
- Recherche de drépanocytes
- Examens pratiqués chez les donneurs de sang et chez les femmes enceintes
- Test Vih / sida.

De même sont gratuits les examens pour :

- les enfants de 0 à 12 ans
- les élèves et étudiants
- les soldats de 2° et 1° classes.

Article 4 : Les personnels socio-sanitaires, leurs conjoints, leurs enfants, leurs père et mère bénéficient de la gratuité de l'ensemble des examens y compris les actes de radiologie et de scanner.

Section 1 : De la nomenclature de rémunération

Article 5 : La nomination des actes médicaux est composée de lettres-clés et de chiffres indiquant le coefficient indiciaire. Ce coefficient indiciaire est fixé par arrêté du ministre de la santé sur proposition des organes délibérants des établissements publics de santé.

Article 6 : Selon le type d'actes, les lettres – clés à utiliser sont les suivants :

C1 : Consultation par le médecin, le chirurgien et le chirurgien-dentiste
C2 : Consultation par l'infirmier
C3 : Consultation par le kinésithérapeute
C4 : Consultation par la sage-femme
C5 : Actes de chirurgie et spécialités, y compris dialyse, prodigués par le médecin
Z : Actes utilisant les radiations ionisantes prodigués par le médecin y compris

le scanner
B : Actes de biologie clinique
D : Actes pratiqués par le chirurgien-dentiste
AMI : Actes pratiqués par l'infirmier ou l'infirmière
SF : Actes pratiqués par la sage-femme
AMM : Actes pratiqués par le masseur kinésithérapeute.
Article 7 : Tous les actes médicaux n'utilisant pas les radiations ionisantes sont côtés en k.
Article 8 : La nomenclature des examens et analyses de biologie clinique est fixée en annexe au présent décret.
Article 9 : La valeur indiciaire des actes médicaux cités à l'article 6 est fixée par arrêté du ministre chargé de la santé sur proposition des organes délibérants des établissements publics de santé.

Section 2 : De la rémunération des examens et analyses

Article 10 : Les tarifs des examens médicaux nécessaires à l'obtention des certificats médicaux d'aptitude : permis de conduire, examens et concours administratifs, visite et contre-visite y compris les examens afférents, expertises médicales sont fixés par arrêté du ministre chargé de la santé sur proposition des organes délibérants des établissements publics de santé.
Article 11 : Les visites systématiques annuelles des travailleurs du secteur privé lorsqu'elles sont effectuées dans les établissements publics hospitaliers et dans les centres de santé de référence sont supportées par l'employeur.
Article 12 : Le tarif des examens et analyses dans les laboratoires officiels et les formations sanitaires est fixé par arrêté interministériel du ministre chargé de la santé et du ministre chargé des finances après avis du conseil d'administration et des organes de délibération des établissements dans les établissements.

Section 3 : Des cessions

Article 13 : Les cessions d'examens de radiologie, de traitement de physiothérapie, d'analyses biologiques, de soins dentaires, d'actes médico-chirurgicaux sont consenties aux usagers externes.
Article 14 : Le détail des cessions énumérées à l'article précédant est fixé comme suit : interventions diverses aux consultants, analyses biologiques, soins dentaires, examens de radiologie ; il est fait référence à la nomenclature des actes médicaux, chirurgicaux, des actes de spécialités, des examens de radiologie, des examens et analyses biologiques. Le tarif de l'acte est celui obtenu en multipliant la valeur indiciaire de l'acte considéré par son coefficient.

Article 15 : Les modalités de cessions de médicaments essentiels, de matériel médico-chirurgical et de radiologie, de réactifs de laboratoire et des objets de pansement feront l'objet d'un arrêté du ministre de la santé sur proposition des organes délibérants des établissements publics de santé.

Section 4 : Des autres prestations

Transport de malades

Article 16 :
a) En cas d'urgence dûment constatée, le transport par les véhicules sanitaires est gratuit.
b) En toute autre circonstance, le tarif de remboursement des frais de transport est fixé par les organes délibérants sur proposition du comité de gestion de la structure.
c) Lorsque le malade est un accidenté de travail, les frais de transport sont à la charge de l'employeur ou de l'organisme assureur.
o Frais d'obsèques
Article 17 : Le tarif de remboursement des cercueils dans les établissements hospitaliers est fixé par arrêté conjoint du Ministre chargé de la Santé et du Ministre chargé des finances.

CHAPITRE III : DU REGIME D'HOSPITALISATION

Section 1 : Des conditions d'hospitalisation

Article 18 : Le régime de l'hospitalisation des malades varie selon le standing de la chambre affectée et la qualité de la nourriture servie.
À cet effet, il est prévu les catégories suivantes :
1°) Dans les hôpitaux nationaux
Catégorie spéciale : chambres individuelles spacieuses et climatisées, toilettes incorporées avec entretien adapté
1ère catégorie : chambres de 1 à 2 lits meublées, climatisées, toilettes communes incorporées nourriture.
2ème catégorie : chambres de 3 à 6 lits meublées, climatisées, toilettes communes incorporées nourriture.
3ème catégorie :
- chambres de 2 à 6 lits non climatisées, nourriture.
- chambres communes de plus de 6 lits, nourriture
2°) Dans les hôpitaux régionaux
- chambres climatisées.
- chambres non climatisées.
- salles communes de plus de 6 lits.

Article 19 : Le niveau d'ameublement de la chambre affectée et la qualité de la nourriture servie seront déterminés par arrêté du ministre chargé de la santé.

CHAPITRE IV : DES TARIFS D'HOSPITALISATION

1°) Fixation

Article 20 : L'hospitalisation des malades dans les hôpitaux et les maternités donne lieu au paiement de frais dont le taux, fixé par arrêté du ministre chargé de la santé, varie suivant la catégorie d'hospitalisation. Par hospitalisation s'entend l'occupation d'un lit.

Article 21 : Le tarif d'hospitalisation est le taux de rémunération afférent à la catégorie d'hospitalisation affecté des coefficients fixés par arrêté du ministre de la santé sur proposition des organes délibérants des établissements publics de santé.

Article 22 : La rétribution de l'hospitalisation des malades munis de certificats « soins gratuits » délivrés par une autorité administrative est entièrement à la charge de l'Administration dont relève l'autorité qui à délivré le certificat.

Article 23 : Les fonctionnaires et agents des entreprises du secteur d'Etat ou du secteur privé en activité ou en retraite supportent 20 % de la rémunération de leur hospitalisation ; le reliquat, soit 80 %, est pris en charge selon les cas par le budget d'État ou celui de l'entreprise concernée.

Les fonctionnaires et agents des entreprises du secteur d'Etat ou du secteur privé en retraite bénéficient de la gratuité des hospitalisations.

Article 24 : La contribution de l'État à la prise en charge de l'hospitalisation du personnel de l'Assistance technique est celle déterminée par les accords internationaux conclus à cet effet.

Article 25 : Lors de leur hospitalisation, les malades autres que ceux visés à l'article 23 ci-dessus sont tenus au versement d'une prévision d'une provision dont le montant correspond à celui de 15 jours d'hospitalisation. Un remboursement au prorata sera fait aux clients qui n'atteindront pas les 15 jours.

2°) Perception des frais

Article 26 : Pour les fonctionnaires et leurs familles, les feuilles nominatives de décompte des journées d'hospitalisation sont transmises à la Direction administrative et financière (DAF) de leur ministère de tutelle qui établit les ordres de recettes y afférent en vue du prélèvement sur les salaires des intéressés.

Article 27 : Pour les travailleurs des Sociétés et entreprises d'État ou privées et leurs familles, le décompte des frais d'hospitalisation est transmis à la Direction de l'entreprise concernée. L'employeur devra honorer la totalité de ces frais à la Direction de l'hôpital.

CHAPITRE V : DISPOSITIONS FINALES

Article 28 : Tous les actes prévus par la nomenclature annexée au présent décret seront effectués exclusivement dans les formations sanitaires de l'État. Les actes non énumérés dans le présent annexe feront l'objet d'une codification à soumettre aux organes délibérant avant leur application.
Article 29 : Sont et demeurent abrogées toutes les dispositions antérieures contraires notamment celles du décret n° 243 / PG-RM du 19 septembre 1983 fixant le régime de la rémunération des actes médicaux et de l'hospitalisation dans les formations sanitaires.
Article 30 : Le ministre de la santé et le ministre des finances sont chargés, chacun en ce qui le concerne, de l'exécution du présent décret qui sera enregistré et publié au journal officiel.

Bamako, le 04 juin 2002

Le Président de la République,
Alpha Oumar Konaré

Le Premier ministre,
M, Modibo Kéita

Le ministre de l'économie et des finances, Bacari Koné

Le Ministre de la santé, Mme Traoré Fatoumata Nafo

ANNEXE AU DECRET 02-311 / P-RM DU 04 JUIN 2002[68]

Titre 1 : Nomenclature des actes médicaux

1 / Examens et analyses de biologie clinique

A. Examens histo-pathologiques

B. Examens cyto-hormonaux

C. Examens chimiques

D. Examens sérologiques

E. Examens hématologiques

F. Examens parasitologiques

G. Examens bactériologiques

H. Examens divers

2 / Actes Radiologiques

Actes de traitement des traumatismes

3 / Actes portant sur les tissus en général

Peau et tissu cellulaire sous-cutané

B. Muscles, tendons, synoviales

C. Os

D. Articulations

E. Vaisseaux

F. Nerfs / infiltrations

Actes portant sur tête, crâne et encéphale

4 / Actes thérapeutiques

Orbite – oeil

Orthopédie et rééducation de l'ampliopie

Oreille

Face

Bouche, pharynx, langues

Maxillaires

Dents / gencives

Conditions générales d'attribution

Couronne dentaire

Prothèse restauratrice maxillo-faciale

Actes portant sur le cou

5 / Actes portant sur le thorax

Sein

Plèvres – poumons

Médiastin

Cœur péricarde

---

[68]http://41.73.116.156/chugabrieltoure/docs/pdf/decrets/decret-02-311-regime-remuneration-actes-medicaux.pdf

6 / Actes portant sur l'abdomen
Laparoscopie
Paroi abdominale, grande cavité péritonéale
Estomac et intestin
Rectum et anus
7 / Actes portant sur l'appareil urinaire
Endoscopie
Vessie
Uretère
Reins
8 / Actes portant sur l'appareil génital masculin
Verge
Prostate et vésicules séminales
Bourse
9 / Actes portant sur l'appareil génital féminin
Gynécologie médicale
Actes liés à la gestation et à l'accouchement
10 / Actes portant sur les membres inférieurs
Actes de chirurgie
Actes de pédicure
11 / Diagnostic des troubles mentaux / tests mentaux
12 / Actes de rééducation et réadaptation fonctionnelles
Actes de diagnostic
Cas simples
Traitement de rééducation et de réadaptation fonctionnelle
Rééducations diverses
13 / Soins infirmiers

DÉCRET n° 05 – 350 / P-RM DU 04 AOUT 2005 RELATIF À LA PRISE EN CHARGE GRATUITE DE LA CESARIENNE[69]

LE PRESIDENT DE LA REPUBLIQUE,

Vu la Constitution ;
Vu la loi n°02-049 du 22 juillet 2002 portant loi d'orientation sur la santé ;
Vu la loi n°02-050 du 22 juillet 2002 loi hospitalière ;
Vu le décret n°02-311 / P-RM du 4 juin 2002 fixant le régime de rémunération des actes médicaux et de l'hospitalisation dans les établissements publics de santé ;
Vu le décret n° 02-314 / P-RM du 4 juin 2002 fixant les détails des compétences transférées de l'État aux collectivités territoriales des niveaux commune et cercle en matière de santé ;
Vu le décret n° 04-140 / P-RM du 29 avril 2004 portant nomination du Premier ministre ;
Vu le décret n° 04 -141 / P-RM du 02 mai 2004, modifié, portant nomination des membres du Gouvernement ;

STATUANT EN CONSEIL DES MINISTRES,

DECRETE :

Article 1er : Les frais occasionnés par la pratique d'une césarienne sont pris en charge par le budget de l'État dans les conditions et suivant les modalités déterminées par le présent décret.
Article 2 : La prise en charge gratuite est assurée lorsque la césarienne est pratiquée à titre thérapeutique dans les établissements publics hospitaliers, les centres de santé de cercle et des communes du District de Bamako et les établissements du Service de santé des Armées.
Article 3 : La prise en charge thérapeutique gratuite porte sur :
- l'acte chirurgical et les examens préparatoires ;
- le kit pour l'intervention chirurgicale et le traitement post opératoire ;
- l'hospitalisation.

Aucune demande de paiement ne peut être exigée de la femme dont l'état nécessite la pratique d'une césarienne pour les actes cités ci-dessus.
Article 4 : L'Etat met les kits pour l'intervention chirurgicale et le postopératoire à la disposition des établissements publics hospitaliers, des centres de santé de cercle et des communes du District de Bamako et des établissements du Service de santé des Armées.
Il rembourse aux dits établissements et centres de santé, les coûts de l'acte

---

[69] Voir http://sgg-mali.ml/JO/2005/mali-jo-2005-29.pdf

chirurgical, des examens préparatoires de l'hospitalisation et du traitement postopératoire.
Un arrêté conjoint des Ministres chargés de la santé, des finances et des Forces armées fixe les modalités de ce remboursement.
Article 5 : La prise en charge thérapeutique gratuite de la césarienne par l'État se traduit par les inscriptions suivantes au budget d'État :
- au niveau de la Direction administrative et financière du ministère de la santé, une ligne intitulée « subvention césarienne » destinée à l'achat et à la mise à disposition des kits pour l'intervention chirurgicale et le postopératoire ;
- au niveau des régions et du District de Bamako, une ligne intitulée « subvention césarienne » destinée au remboursement des coûts de l'acte chirurgical, des examens préparatoires et de l'hospitalisation.
Article 6 : Le Ministre de la santé, le Ministre de l'administration territoriale et des collectivités locales, le Ministre de l'économie et des finances, le Ministre de la défense et des anciens combattants sont chargés, chacun en ce qui le concerne, de l'exécution du présent décret qui sera enregistré et publié au Journal officiel.

Bamako, le 04 août 2005

Le Président de la République, Amadou Toumani TOURÉ
Le Premier ministre, Ousmane Issoufi MAIGA
Le Ministre de la Santé, Mme MAIGA Zeïnab Mint YOUBA
Le Ministre de l'Economie et des Finances, Abou-Bakar TRAORE
Le Ministre de défense et des anciens combattants, Mamadou Clazié CISSOUMA
Le Ministre de l'Administration Territoriale et des Collectivités Locales, Kafougouna KONE

DÉCRET n° 94 – 337 / P-RM ACCORDANT UNE INDEMNITE DE RESPONSABILITE ET DE REPRESENTATION AUX CHEFS DES SERVICES SOCIO-SANITAIRES DE CERCLE ET DE COMMUNE[70]

LE PRESIDENT DE LA REPUBLIQUE,

Vu la Constitution ;
Vu l'Ordonnance n°44 / CMLN du 11 août 1975 fixant les principes généraux du régime des primes et indemnités allouées aux fonctionnaires et agents de l'État ;
Vu le décret n° 142 / PG-RM du 14 août 1993 fixant les conditions et modalités d'octroi des indemnités allouées aux fonctionnaires et agents de l'État ;
Vu le décret n° 151 / PG-RM du 26 août 1975 fixant les conditions et modalités d'octroi des primes aux fonctionnaires et agents de l'État ;
Vu le décret n° 94-065 / P-RM du 4 février 1994 portant nomination d'un Premier ministre ;
Vu le décret n° 94-067/P-RM du 6 février 1994 portant nomination des membres du Gouvernement.

Statuant en Conseil des Ministres

DÉCRÈTE :

Article 1 : Il est alloué aux chefs des services socio-sanitaires de Cercle et de Commune une indemnité de responsabilité et de représentation dont le montant est fixé à 5.000 FCFA par mois.
Article 2 : Le Ministre de la santé, de la solidarité et des personnes âgées et le Ministre des finances et du commerce sont chargés, chacun en ce qui le concerne, de l'exécution du présent décret qui sera enregistré et publié au Journal officiel.

Bamako, le 1er novembre 1994

Le Président de la République, Alpha Oumar KONARE

Le Premier ministre, Ibrahim Boubacar KEITA,
Le Ministre de la santé, de la solidarité ModiboSIDIBE,
Le Ministre des finances et du commerce PI, et des personnes âgées, Bakary Koniba TRAORE

---

[70] Voir : http://www.sante.gov.ml.

DÉCRET n° 94 – 282 / P-RM DETERMINANT LES CONDITIONS DE L'OUVERTURE DES CABINETS PRIVES DE CONSULTATION ET DE SOINS TRADITIONNELS, D'HERBORISTERIES ET D'UNITES DE PRODUCTION DE MÉDICAMENTS TRADITIONNELS AMELIORES[71]

Le Président de la République,

Vu la Constitution ;
Vu le décret n° 94 – 065 / P-RM du 4 février 1994 portant nomination d'un Premier Ministre ;
Vu le décret n°94 – 067 / P-RM du 6 février 1994 portant nomination des membres du Gouvernement ;

Statuant en Conseil des Ministres,

DÉCRÈTE :

CHAPITRE I : DISPOSITIONS GÉNÉRALES

Article 1er : Les conditions d'ouverture des cabinets privés de consultations et de soins traditionnels, d'herboristeries et d'unités de production de médicaments traditionnels améliorés sont déterminées par les dispositions du présent décret.
Article 2 : Les domaines de la médecine traditionnelle visés par le présent décret couvrent :
- les cabinets de consultation et de soins traditionnels ;
- les herboristeries ;
- les unités de production de médicaments traditionnels améliorés.

CHAPITRE II : LES CONDITIONS D'OUVERTURE

Article 3 : L'autorisation d'ouvrir un cabinet de consultation et de soins traditionnels, une herboristerie ou une unité de production de médicaments traditionnels améliorés est accordée par décision du Ministre chargé de la santé publique.
Article 4 : Nul ne peut ouvrir à titre privé un cabinet de consultation et de soins traditionnels, une herboristerie ou une unité de production de médicaments traditionnels améliorés, s'il ne remplit les conditions suivantes :
1. être de nationalité malienne et jouir de ses droits civils et civiques ou être

[71] Voir : http://www.sante.gov.ml.

ressortissant d'un État accordant la réciprocité aux Maliens.
2. avoir un avis technique délivré par les services compétents du Ministère chargé de la santé.

Article 5 : Toute personne désirant ouvrir un cabinet privé de consultation et de soins traditionnels, une herboristerie et/ou une unité de production de médicaments traditionnels améliorés, doit formuler une demande d'autorisation auprès du Ministère chargé de la santé. Cette demande doit préciser le, (s) domaine (s) d'activité choisi(s) par le postulant ainsi que le (s) lieu (x) d'exercice.

Article 6 : La demande doit être accompagnée de :

1. un extrait d'état civil ;
2. un certificat de nationalité ;
3. un extrait de casier judiciaire ;
4. un certificat de résidence ;
5. un certificat de notoriété délivré par l'autorité administrative de sa circonscription ;
6. un avis technique délivré par les services compétents du Ministère chargé de la santé.

CHAPITRE III : DÉFINITION DE L'ÉTABLISSEMENT DE SOINS, DE L'HERBORISTERIE ET DE L'UNITÉ DE PRODUCTION DE MÉDICAMENTS TRADITIONNELS AMÉLIORÉS

Article 7 : Le cabinet de consultation et de soins traditionnels est un établissement privé accueillant les malades qui peuvent y recevoir tous les soins dans le domaine de la médecine traditionnelle.

Article 8 : L'herboristerie est un local aéré et propre comportant des étagères de classement et un comptoir, exploité par toute personne agréée, destinée uniquement à la vente de plantes médicinales ou médicaments à base de plantes.

Toutefois, les pharmaciens d'Officine peuvent exploiter des rayons d'herboristerie.

Article 9 : L'unité de production de médicaments traditionnels améliorés est une unité semi industrielle ou industrielle qui transforme les matières premières d'origine végétale en formes pharmaceutiques élaborées.

CHAPITRE IV : CONTRÔLE DES CABINETS PRIVÉS DE CONSULTATION ET DE SOINS TRADITIONNELS, D'HERBORISTERIES ET D'UNITÉS DE PRODUCTION DES MÉDICAMENTS TRADITIONNELS AMÉLIORÉS.

Article 10 : L'inspection et le contrôle des cabinets privés de consultation et des soins traditionnels, d'herboristeries et d'unités de production de médicaments traditionnels améliorés, sont assurés par les services compétents du Ministère chargé de la santé.

CHAPITRE V : DISPOSITIONS FINALES

Article 11 : Les détails des règles d'organisation et de fonctionnement des cabinets privés de consultations et de soins traditionnels, d'herboristeries et d'unités de production de médicaments traditionnels améliorés seront fixés par arrêté du Ministre chargé de la santé.
Article 12 : Toute infraction aux dispositions du présent décret est passible des pelles prévues par le code pénal.
Article 13 : Le Ministre de la santé, de la solidarité et des personnes âgées, le Ministre des finances et du commerce, le Ministre chargé du développement rural et de l'environnement, le Ministre des mines, de l'industrie et de l'Hydraulique sont chargés, chacun en ce qui le concerne de l'exécution du présent décret qui sera enregistré et publié au Journal officiel.

Bamako, le 15 août 1994

Le Président de la République, Alpha Oumar KONARE

Le Premier Ministre, Ibrahim Boubacar KEITA
Ministre de la santé, de la solidarité, Modibo SIDIBE
Ministre des mines, de l'industrie et de l'hydraulique, et des personnes âgées, Cheickna Seydi Ahmadi DIAWARA
Ministre des finances et du commerce, Soumaïla CISSÉ
Ministre du développement rural et de l'environnement, Dr Boubacar Sada SY

ARRÊTÉ n° 95-1319 / MSS-PA / SG FIXANT LES REGLES D'ORGANISATION ET DE FONCTIONNEMENT DE CABINETS PRIVES DE CONSULTATION ET DE SOINS TRADITIONNELS, D'HERBORISTERIES ET D'UNITES DE PRODUCTION DE MÉDICAMENTS TRADITIONNELS AMELIORES[72]

Vu la Constitution ;
Vu le décret n° 94-282 / P-RM du 15 août 1994 portant organisation de l'ouverture des cabinets privés de consultations et de soins traditionnels, d'herboristeries et d'unités de production de médicaments traditionnels améliorés ;
Vu le décret n° 94-333 / P-RM du 25 octobre 1994 portant nomination des membres du Gouvernement, modifié par le décret n° 95-095 / PRM du 27 février 1995 ;

ARRÊTE :

CHAPITRE I : DISPOSITIONS GÉNÉRALES

Article 1er : Le présent arrêté fixe le détail des règles d'organisation et de fonctionnement de cabinets de consultation et de soins traditionnels, d'herboristeries ou d'unités de production de Médicaments traditionnels améliorés.

CHAPITRE II : ORGANISATION ET FONCTIONNEMENT DES CABINETS DE CONSULTATION ET DE SOINS TRADITIONNELS

Article 2 : La demande d'ouverture d'un cabinet privé de consultation et de soins traditionnels doit être accompagnée d'un certificat de notoriété et de moralité délivré par l'autorité administrative de la circonscription du requérant après avis motivé de l'autorité sanitaire locale et des Ordres professionnels médicaux de ladite localité.
Article 3 : L'appartenance à une association de thérapeutes traditionnels reconnue et enregistrée auprès du Ministère de l'Administration Territoriale facilite l'obtention du certificat de notoriété et de moralité par le requérant déplacé en milieu urbain ne disposant plus de légitimité traditionnelle.
Article 4 : L'ouverture de cabinet privé de consultation et de soins traditionnels peut être accordée à une association de thérapeutes traditionnels reconnue et disposant d'un numéro d'enregistrement auprès du Ministère de

[72] http://www.cnom.sante.gov.ml/docs/arrete-organisation-cabinet-prive-soins-traditionnels.pdf

l'administration territoriale. Elle doit alors satisfaire aux conditions définies à l'article 2 du présent arrêté.
Article 5 : Peuvent être autorisés par le Ministre chargé de la santé à ouvrir un cabinet de consultation et de soins traditionnels :
- les thérapeutes traditionnels agréés,
- le personnel médical et paramédical retraité du domaine de la médecine traditionnelle.
Article 6 : Le thérapeute traditionnel est une personne reconnue par la collectivité dans laquelle elle vit comme compétente pour dispenser des soins en médecine traditionnelle. Article 7 : Les collaborateurs du requérant doivent être des personnes ayant effectué un stage d'au moins 6 mois dans le domaine de la médecine traditionnelle. Article 8 : Les services compétents du Ministère chargé de la santé publique instruisent les dossiers de demande d'ouverture des cabinets de consultation et de soins traditionnels avec avis des ordres professionnels médicaux sur la base des critères suivants : 1. la garantie par le requérant de l'innocuité, de l'efficacité et la confirmation des médicaments qu'il utilise par le Ministère chargé de la santé publique.
2. la fourniture d'échantillons de chaque médicament pour soigner au moins trente malades. 3. les noms des médicaments, les indications, les posologies, les effets secondaires et les précautions d'emploi.

CHAPITRE III : ORGANISATION ET FONCTIONNEMENT DES HERBORISTERIES

Article 9 : L'herboristerie est un local aéré et propre comportant des étagères de classement et un comptoir, exploité par toute personne agréée, destiné uniquement à la vente de plantes médicinales ou médicaments à base de plantes. Toutefois les pharmaciens d'officine peuvent exploiter des rayons d'herboristeries.
Article 10 : Est considérée comme plante médicinale toute plante entière ou partie de plante délivrée en l'état pour usage thérapeutique.
Article 11 : Les plantes médicinales reconnues efficaces et inoffensives peuvent être vendues dans les herboristeries sous forme de tisanes, c'est à dire, triées, dépoussiérées avec soins et mises en sachets fermés. Elles peuvent être vendues également sous forme de poudre, d'extrait (teinture, solution, gélule) d'huile essentielle ou d'huile grasse.
Article 12 : Les plantes faisant partie de la composition de médicaments ayant obtenu l'Autorisation de mise sur le marché (AMM) sont les premiers éléments de la Pharmacopée nationale. Ces médicaments sont regroupés sous la désignation de Médicaments traditionnels améliorés (MTA).
Article 13 : Les médicaments traditionnels améliorés ne peuvent être commercialisés que dans les officines de pharmacie.

Article 14 : Aucun soin ne doit être administré dans une herboristerie.
Article 15 : Peuvent être autorisés par le Ministre chargé de la santé, à ouvrir une herboristerie :
- les vendeurs, agréés de plantes médicinales,
- les diplômés de l'Institut polytechnique rural de Katibougou (spécialité « eaux et forêts et diplôme équivalent),
- les diplômés de l'Ecole normale supérieure (spécialité « biologie » et diplôme équivalent).
Article 16 : Les médicaments destinés aux herboristeries peuvent être disponibles au Département Médecine traditionnelle ou chez un grossiste pharmacien spécialisé.
Article 17 : Peuvent être importés, les médicaments à base de plantes officiellement enregistrés dans leur pays d'origine.
Article 18 : La demande d'autorisation d'importation de médicaments à base de plantes doit être adressée au Ministre chargé de la santé publique et accompagnée des résumés des caractéristiques de chacun des produits visés : caractères botaniques, indications thérapeutiques, mode d'emploi, conditions de conservation, délai de validité thérapeutique, prix unitaire. La demande doit être accompagnée également d'un certificat ou de tout autre document prouvant que le médicament possède une autorisation de mise sur le marché dans le pays d'origine.
Article 19 : Parmi les organes de plantes, ne sont autorisés à l'exportation sous leur forme brute que les graines, les fruits, les huiles essentielles, les gommes et les feuilles.
Article 20 : Les médicaments cédés dans les herboristeries doivent être conditionnés dans des sachets, des pots ou des flacons uni doses ou multi doses.
Article 21 : L'étiquetage des médicaments cédés herboristeries est obligatoire et doit comporter :
- le nom du médicament ;
- le nom scientifique de la (des) plante (s) ;
- l'indication thérapeutique ;
- le nom de tout autre produit ajouté à la préparation ;
- le mode d'emploi et la posologie ; - la méthode de conservation et la date de péremption ;
- les effets indésirables et les contre-indications s'ils existent.
Article 22 : Les tisanes doivent être conditionnées en doses unitaires.
Article 23 : L'étiquette des tisanes doit porter les précisions suivantes :
- le nom scientifique de la plante ;
- l'indication thérapeutique ;
- le mode de préparation ;
- le poids de la tisane dans le sachet le mode et la durée de conservation.

CHAPITRE IV : ORGANISATION ET FONCTIONNEMENT DES UNITES DE PRODUCTION DE MÉDICAMENTS TRADITIONNELS AMELIORES

Article 24 : Les unités de production de médicaments traditionnels améliorés sont des unités semi-industrielles ou industrielles qui transforment les matières premières d'origines végétales en formes pharmaceutiques élaborées. La fabrication des médicaments traditionnels à base de plante doit se réaliser dans des locaux appropriés et individualisés, agréés par le Ministre chargé de la santé.

Article 25 : Sont susceptibles d'être exploitées à l'échelle industrielle, les plantes médicinales dont l'efficacité thérapeutique et l'innocuité sont scientifiquement établies.

Article 26 : L'exploitation industrielle des plantes médicinales basée sur les peuplements naturels, n'est autorisée que pour les herbes, les feuilles, les écorces de tige, les fruits et les graines. Elle est formellement interdite lorsqu'elle concerne les racines.

Article 27 : Toute exploitation à l'échelle industrielle des dites plantes ne peut se faire que si elles font l'objet de culture.

Article 28 : Toute unité de production de médicaments traditionnels améliorés, doit être dirigée par un pharmacien et les contrôles « in process » par un pharmacien ou un ingénieur chimiste ou un biologiste.

Article 29 : La fabrication et la commercialisation des médicaments traditionnels améliorés issus de la recherche du Département « Médecine traditionnelle » (DMT) de l'Institut national de recherche en santé publique se fait sur la base d'un contrat entre l'unité de production et le Ministère de la santé.

Article 30 : La fabrication et la commercialisation des médicaments traditionnels améliorés et des autres médicaments traditionnels à base de plante, sont subordonnées à l'obtention d'un visa délivré par le Ministre chargé de la santé publique.

Article 31 : La demande d'autorisation de mise sur le marché du médicament traditionnel à base de plante, doit être accompagnée :

- d'un dossier d'analyses chimiques ;
- d'un dossier toxicologique ;
- d'un dossier clinique et éventuellement d'un dossier pharmacologique.
- d'un dossier pharmaceutique précisant les bonnes pratiques de fabrication.

Article 32 : Les différents dossiers cités dans l'article 3 doivent comporter les caractéristiques suivantes :

Pour les matières premières : la définition botanique, c'est-à-dire le nom de genre, le nom d'espèce et le nom de l'auteur qui l'a décrite), devra être donnée afin de permettre une identification correcte de la plante. Une définition et une description de la partie de la plante utilisée dans la fabrication du médicament

devront être données (caractères organoleptiques, morphologiques et microscopiques) en précisant si la plante est utilisée à l'état frais, à l'état desséché ou après traitement.
Un constituant majoritaire au moins doit être indiqué et sa teneur minimum déterminée. Les éléments étrangers et la contamination microbienne devront être définis pour chaque lot. Un échantillon représentant chaque lot doit être authentifié par un botaniste et conservé pendant au moins trois ans. Un numéro pour chaque lot est obligatoirement donné.
Pour la fabrication : la fabrication des médicaments traditionnels améliorés nécessite un certificat délivré par le Ministre chargé de la santé publique après examen du dossier pharmaceutique fourni par le demandeur à cet effet. La méthode de fabrication doit être décrite de façon détaillée. Pour le Produit fini : l'étiquette du produit et la notice devront être compréhensibles pour le consommateur patient. L'information figurant sur la notice de conditionnement devra contenir tous les renseignements nécessaires pour une bonne utilisation du produit. Les éléments d'information ci-après sont généralement suffisants :
- nom du produit ;
- composition (liste des ingrédients actifs et quantité) ;
- forme pharmaceutique ;
- indications ;
- posologie (préciser la posologie pour les enfants et les personnes âgées, le cas échéant) ;
- mode d'administration
- durée d'utilisation ;
- principaux effets indésirables, le cas échéant ;
- information concernant le surdosage ;
- contre-indications, avertissements, précautions d'emploi et principales interactions avec d'autres médicaments ;
- utilisation pendant la grossesse et l'allaitement ;
- date d'expiration ;
- numéro du lot ;
- détenteur de l'autorisation de mise sur le marché.

La stabilité physique et chimique du produit dans le récipient prévu pour la commercialisation devra être testée dans des conditions de stockage définies ; la durée de conservation doit être établie.
Article 33 : Les effets pharmacologiques et cliniques actifs et les composés dotés d'une activité thérapeutique, s'ils sont connus, devront être spécifiés ou décrits.
Article 34 : Des données de toxicité devront être fournies. Elles doivent comporter au moins la recherche de la dose létale 50 %.
Article 35 : La publicité et autres activités de promotion auprès du personnel de santé devront correspondre exactement aux informations figurant sur

l'emballage. Il n'est pas toléré de faire de la publicité auprès du grand public.

CHAPITRE V : DISPOSITIONS FINALES

Article 36 : L'inspection des cabinets de consultation et de soins traditionnels, des herboristeries et des unités de production de médicaments traditionnels améliorés est assurée par les services techniques compétents du département de la santé.

Article 37 : Le présent arrêté sera enregistré, publié et communiqué partout où besoin sera.

Bamako, le 22 juin 1995

Le Ministre de la santé, de la solidarité et des personnes âgées, Modibo SIDIBE

ARRÊTÉ n° 91-4319 / MSPAS-PF-CAB DU 3 OCTOBRE 1991 FIXANT LES MODALITÉS D'ORGANISATION DE L'EXERCICE PRIVE DES PROFESSIONS MÉDICALES ET PARAMÉDICALES[73]

LE MINISTRE DE LA SANTÉ PUBLIQUE, DE L'ACTION SOCIALE ET DE LA PROMOTION FEMININE,

Vu l'Acte fondamental n° 1 / Ctsp du 31 mars 1991 ;
Vu la loi 85-41 / AN-RM du 22 juin 1985 portant autorisation de l'exercice privé des professions sanitaires ;
Vu le décret 91-106 / PRM du 15 mars 1991 portant organisation de l'exercice des professions sanitaires ;
Vu le décret 91-208 / P-Ctsp du 26 août 1991 portant nomination des membres du gouvernement ;

ARRÊTE :

Article 1 : Sont et demeurent abrogées les dispositions de l'article n° 5107 / Msp-As / Cab du 05 mai 1986 portant modalités d'application du décret n° 1771 / PG-RM du 23 juillet 1985 autorisant l'exercice privé des professions sanitaires.
Article 2 : Les dispositions du présent arrêté fixent les modalités d'organisation de l'exercice privé des professions médicales, de sages-femmes et des professions paramédicales.

TITRE I

DES CONDITIONS D'EXERCICE DES PROFESSIONS MÉDICALES, DE SAGE-FEMME ET DES PROFESSIONS PARAMÉDICALES

Article 3 : Nul ne peut exercer la profession de médecin, à titre privé, s'il ne réunit pas les conditions suivantes :
- être de bonne moralité ;
- être titulaire d'un diplôme d'État de docteur en médecine et de pharmacie du Mali ou de tout autre diplôme de médecin reconnu équivalent ;
- être âgé de 21 ans révolus ;
- être de nationalité malienne ou ressortissant d'un état accordant la réciprocité ; - être inscrit au tableau de l'Ordre national des médecins.
Article 4 : Nul ne peut exercer la profession de chirurgien dentaire à titre privé

[73] http://www.cnop.sante.gov.ml.

s'il ne réunit les conditions suivantes :
- être de bonne moralité ; - être titulaire d'un diplôme de docteur en chirurgie dentaire ou de tout autre diplôme de chirurgien dentaire reconnu équivalent ;
- être âgé de 21 ans révolus ;
- être de nationalité malienne ou de tout autre état accordant la réciprocité ;
- être inscrit au tableau de l'Ordre national des médecins.
Article 5 : Nul ne peut exercer la profession de sage-femme, à titre privé, s'il ne réunit les conditions suivantes :
- être de bonne moralité ;
- être titulaire d'un diplôme d'État de sage-femme délivré par l'Ecole secondaire de la santé ou de tout autre diplôme reconnu équivalent ;
- être âgé de 21 ans révolus ;
- être de nationalité malienne ou d'un état accordant la réciprocité ;
- être inscrit au tableau de l'Ordre national des sages-femmes Article 6 : Nul ne peut exercer une profession paramédicale, à titre privé, s'il ne réunit pas les conditions suivantes :
- être de bonne moralité ;
- être titulaire d'un diplôme malien ou de tout autre diplôme reconnu équivalent ; d'infirmier ; de phytothérapeute ; de kinésithérapeute ; de technicien de prothèse dentaire ;
- être âgé de 21 ans révolus ;
- être de nationalité malienne ou ressortissant d'un État accordant la réciprocité.
Article 7 : Tout postulant à l'exercice privé d'une profession médicale ou paramédicale doit formuler une demande d'autorisation auprès du Ministre chargé de la santé publique. Cette demande doit être accompagnée de :
- un extrait d'état civil ;
- un extrait de casier judiciaire ;
- un certificat de nationalité ;
- un certificat de résidence ;
- une copie du diplôme correspondant à la profession choisie ;
- une attestation d'inscription au tableau de l'Ordre de la profession correspondante.
Cette disposition ne s'applique pas aux postulants à l'exercice privé des professions paramédicales notamment les infirmiers, kinésithérapeutes, phytothérapeutes et techniciens de prothèse dentaire. Cette demande est transmise sous le couvert de l'Ordre concerné.
Article 8 : Toute personne qui exerce une profession médicale et paramédicale est tenue de l'exercer personnellement. L'exercice de ces professions se fait dans des établissements médicaux et paramédicaux.

TITRE II

ETABLISSEMENTS PRIVÉS MÉDICAUX ET PARAMÉDICAUX

CHAPITRE I : DISPOSITIONS GÉNÉRALES

Article 9 : On entend par établissement médical et paramédical :
a. établissement médical
- le cabinet de consultation et soins médicaux (acupuncture, etc.) ;
- la clinique médicale, chirurgicale et d'accouchement ;
- le laboratoire d'analyses biomédicales ;
- le laboratoire d'explorations fonctionnelles ;
- le cabinet de radiologie ;
- le centre de rééducation ;
- le centre de cure.

b. établissement paramédical - le cabinet de soins (physiothérapie, kinésithérapie, soins infirmiers)

Article 10 : Nul ne peut être autorisé à ouvrir un établissement médical ou paramédical s'il n'en est propriétaire ou copropriétaire. Toute ouverture d'un établissement médical ou paramédical, tout achat ou tout transfert dudit établissement doit faire l'objet de l'octroi d'une licence d'exploitation délivrée par le Ministre chargé de la santé publique. Outre les pièces mentionnées à l'article 7 du présent arrêté, la demande d'exploitation d'un établissement médical ou paramédical doit comporter :

1. Au titre du local, toute pièce justifiant que le postulant est propriétaire ou locataire du local proposé ou du terrain sur lequel la création est envisagée (acte de vente, attestation notariale, bail commercial, promesse de vente ou de location).
2. Un plan côté des locaux avec une brève description de l'aménagement futur.

CHAPITRE II : DES ÉTABLISSEMENTS PRIVÉS D'HOSPITALISATION MÉDICALE

Article 11 : On entend par établissement d'hospitalisation médicale :
- la clinique médicale ;
- la clinique chirurgicale ;
- la clinique d'accouchement.

Section 1 : Des infrastructures et de l'équipement technique

Article 12 : Les cliniques médicales disposent :
- d'une salle d'attente de 16 m2 au minimum ;

- d'un ou de plusieurs bureaux de médecins avec une ou plusieurs bureaux de médecins avec une ou plusieurs salles d'examens attenantes dont les surfaces utiles sont respectivement de 10 m2 et 6 m2 au minimum :
- d'une ou de plusieurs salles de soins de 12 m2 au minimum ;
- d'une salle de réanimation avec une source d'oxygène ;
- d'un appareil à stérilisation ;
- d'un groupe sanitaire pour le personnel ;
- des toilettes pour les consultants ;
- d'un vestiaire pour le personnel.

Article 13 : Les cliniques chirurgicales disposent de :
- des infrastructures de la clinique médicale prévue à l'article 12 du présent arrêté ;
- d'un bloc chirurgical ;
- d'une salle de stérilisation ;
- d'un dispositif d'incinération des déchets.

1. Le bloc chirurgical comprend :

a) Au titre des infrastructures :
- deux salles d'opération de 16 m2 au minimum chacune (une aseptique, une septique) pour 30 lits ;
- une salle de réanimation pour 10 lits d'hospitalisation (4 m2 par lit de réanimation) ;
- une salle de radiologie éventuellement ;
- une salle de soins de 13 m2 au minimum.

b) Au titre de l'équipement technique :
- une table d'opérations ;
- des boîtes chirurgicales complètes pour les interventions pratiquées dans la clinique ; - un appareil d'anesthésie à circuit fermé et accessoires ;
- une ou plusieurs tables pour le matériel médico-chirurgical ;
- une lampe scialytique ;
- un climatiseur
- un bistouri électrique ;
- un dispositif mobile de distribution d'oxygène ;
- un aspirateur mobile ;
- un lavabo d'eau stérile qui doit être situé en dehors de la salle d'opération.

2. La salle de stérilisation doit comprendre l'équipement technique suivant :
- une paillasse ou un meuble en tenant lieu ;
- un lavabo à deux compartiments au minimum ;
- un autoclave et un poupinel ;
- une armoire.

Article 14 : Les cliniques d'accouchement disposent :
- des infrastructures de la clinique médicale prévues à l'article 12 du présent arrêté.
- d'un bloc d'accouchement ;

- d'un équipement technique ;
1. le bloc d'accouchement doit comporter les infrastructures suivantes : o une salle de travail à deux tables de 13 m2 au minimum ; o une salle d'accouchement, à deux tables, de 16 m2 au minimum pour trente (30) lits ;
- une salle de soins pour nouveau-né (9 m2) ;
- une salle de stérilisation (9 m2) ;
- une bibéronnerie comprenant notamment : un poste d'eau chaude et d'eau froide, des appareils pour le nettoyage et la stérilisation des biberons avec contrôle de température ; - une salle de garde de 13 m2 au minimuI11 ;
- un vestiaire avec lavabo et toilette pour le personnel ;
- une salle d'attente de 16 m2 au minimum ;
- un dispositif d'incinération des déchets.
2. L'équipement technique minimum d'une clinique d'accouchement est constitué par :
- une table pour instruments et matériel, médico-obstétricale courant ;
- un appareil de réanimation pour nouveau-né ;
- un lavabo à eau stérile ;
-un dispositif d'oxygénation ;
- un éclairage artificiel doublé d'un système de secours ;
- un aspirateur chirurgical ;
- un climatiseur ;
- éventuellement, l'équipement requis pour les cas chirurgicaux.
Article 15 : Chaque clinique doit disposer en outre de :
- une installation téléphonique ;
- une cuisine avec réfrigérateur ou congélateur ou chambre froide
- un service administratif.

Section 2 : Equipement hôtelier

Article 16 : Les différentes chambres d'hospitalisation doivent disposer au minimum de l'équipement hôtelier ci-après :
16.1 Chambre de première catégorie : (surface utile : 12 m2 au minimum)
- climatisée ;
- un lit avec une table de nuit ;
- un bureau avec moustiquaire en chambre de maternité ;
- un fauteuil ;
- une armoire ;
- une sonnerie ;
- le sanitaire complet (WC, bidet, lavabo, douche) ;
- un dispositif mobile de distribution d'oxygène.
16.2 Chambre de deuxième catégorie : (surface utile 19 m2 au minimum)
- deux lits au maximum ;
- un berceau par lit avec moustiquaire en chambre de maternité

- une armoire par lit ;
- une sonnerie par lit ;
- une douche, WC et bidet, un lavabo
- un ventilateur au plafond ou ventilateur sur pied ;
- une chaise par lit ; - une table de nuit par lit ;

16.3 Chambre de troisième catégorie : (surface utile : 32 m2 au minimum)

- Quatre lits au maximum ;
- un berceau par lit avec moustiquaire en chambre de maternité
- une table de nuit par lit ;
- une armoire compartimentée ;
- une sonnerie ;
- un groupe sanitaire (douche, WC, bidet et lavabo) non incorporé ;
- un terminal de distribution centrale d'oxygène.

16.4 Le nombre maximum de lits autorisés dans une clinique ou une polyclinique est de 90 lits. Tout accroissement de la capacité d'hospitalisation doit être soumis à l'autorisation du Ministre chargé de la santé publique.

Section 3 : Du personnel

Article 17 : Chaque établissement d'hospitalisation médical doit disposer, en permanence, d'un effectif minimum en personnel qui se compose comme suit :

a. Dans la clinique médicale

- un médecin ; - un infirmier pour 15 lits ;
- un aide-soignant pour 15 lits ;
- un garçon ou une fille de salle pour 15 lits ;
- un cuisinier.

b. dans la clinique chirurgicale

- un chirurgien ;
- un anesthésiste ;
- un infirmier pour 10 lits ;
- un aide-soignant pour 10 lits ;
- un garçon ou une fille de salle pour 10 lits ;
- un cuisinier. c. dans la clinique d'accouchement
- une sage-femme pour 20 lits ;
- un infirmier pour 20 lits ;
- un garçon ou une fille de salle pour 20 lits ;
- un cuisinier ; d. dans la salle de réanimation :
- un infirmier pour 4 lits ;
- un aide-soignant pour 10 lits ;
- un garçon ou une fille de salle pour 10 lits.

Article 18 : les établissements privés médicaux et paramédicaux peuvent faire appel à des vacataires. Le personnel vacataire doit être obligatoirement lié par un contrat de travail à l'établissement. Toute infraction dans ce domaine sera punie par la réglementation en vigueur. Tous les établissements d'hospitalisation sont placés sous la responsabilité effective d'un médecin exerçant à temps plein. Toutefois, les cliniques d'accouchement tenues par des sages-femmes, doivent recourir à un service de supervision technique assuré par un médecin exerçant à temps plein ou temps partiel. Les conditions de cette supervision doivent être précisées dans un contrat.

Section 4 : Du menu

Article 19 : Le menu dans les établissements d'hospitalisation privés doit répondre aux normes de diététique en rapport avec la catégorie d'hospitalisation et la nature de la maladie.

Section 5 : Des registres

Article 20 : Dans tous les établissements d'hospitalisation, sont tenus :
- un quittancier ;
- un registre d'entrée et de sortie des clients ;
- un registre des soins ;
- un dossier clinique médical ;
- des registres de recettes et de dépenses. Ces archives doivent être conservées pendant cinq (5) ans. Il doit être tenu en outre :
- dans les cliniques chirurgicales, un cahier de protocole opératoire qui décrit en détail, le déroulement de toutes les interventions chirurgicales ;
- dans les cliniques d'accouchement, un registre d'accouchement mentionnant l'examen de la parturiente à l'entrée, le déroulement du travail, le traitement fait au cours du travail, le déroulement de l'accouchement et l'examen du nouveau-né. Il doit y être tenu également un cahier de biberonnerie qui doit mentionner la ration alimentaire du nouveau-né ainsi que son évolution staturo-pondérale. Ces archives doivent être conservées pendant cinq (5) ans.

CHAPITRE III : DES ÉTABLISSEMENTS DE CONSULTATION ET DE SOINS

Article 21 : Sont considérés comme établissements médicaux et de consultation ou de soins :
- le cabinet de consultation et de soins médicaux ;
- le cabinet de consultation pour sages-femmes ;
- le cabinet de soins (soins infirmiers, kinésithérapeutes et phytothérapeutes).

Section 1 : Des cabinets de consultation et soins médicaux

Article 22 : le cabinet de consultation et de soins médicaux doit comporter au minimum :
- un bureau de médecin ou à défaut une salle de consultation médicale pouvant servir de bureau ;
- une salle d'attente et de réception (16 m2) ;
- une salle de soins (12 m2) ;
- des toilettes.

Article 23 : Tout cabinet de consultation et de soins médicaux doit comporter l'équipement minimal suivant :
- une table de consultation ;
- un escabeau ;
- une source de lumière maniable ;
- une boîte complète d'instruments médicaux pour consultation médicale ;
- un stéthoscope ;
- un stérilisateur ;
- un pèse-personne ;
- un tambour de doigtiers et de gants stériles ;
- une armoire pour médicaments d'urgence ;
- une poubelle fermée. Pour le cabinet d'acupuncture.

En plus de l'équipement minimal pour consultation il faut en outre :
- 100 aiguilles de 5 cm fine ;
- 100 aiguilles de 4 cm fine ;
- 100 aiguilles de 2 cm 3cm 1/2 fine ;
- 100 aiguilles de 2 cm 1/3 ;
- un appareil électro-stimulateur ;
- un vibromasseur.

Article 24 : Tout cabinet de consultation médicale et de soins médicaux doit comporter le personnel minimum suivant :
- un médecin ;
- un infirmier ;
- un aide-soignant ou un (e) garçon (fille) de salle.

Article 25 : Dans tout cabinet médical, sont tenus :
- un quittancier ;
- un registre de soins ;
- des fiches médicales. Ces archives doivent être conservées pendant cinq (5) ans. Section 2 : Des cabinets de consultation pour sage-femme

Article 26 : Le cabinet de consultation pour sage-femme doit comporter au minimum :
- un bureau de sage-femme ou à, défaut, une salle de consultation pouvant servir de bureau (16 m2) ;
- une salle d'attente et de réception (16 m2) ;

- une salle de soins ; - des toilettes et WC.

Article 27 : Tout cabinet de consultation pour sage-femme doit comporter l'équipement minimal suivant :

- une table gynécologique ;
- un escabeau ;
- une source de lumière maniable ; - une table roulante pour le matériel de consultation ; - une boîte métallique fermée, pouvant être stérilisée et contenant : o des spéculums o des pinces longuettes o pinces de Pozzi o une paire de ciseaux à bouts mousses
- un tambour contenant des tampons de coton stérile - un tambour contenant des tampons de compresses stériles - un tensiomètre ;
- un pèse-personne et un pèse-bébé ;
- un stéthoscope ;
- un mètre ruban ;
- un tambour de gants stériles ;
- un tambour de doigtiers à deux doigts stériles ;
- un plateau - un stérilisateur ;
- un haricot ;
- une armoire pour médicaments d'urgence ;
- une poubelle fermée.

Article 28 : Tout cabinet de consultation pour sage-femme doit comporter le personnel minimal suivant :

- une sage-femme ;
- un aide-soignant ou un garçon de salle ou une fille de salle.

Article 29 : Dans un cabinet de consultation pour sage-femme, sont tenus :

- un quittancier ;
- un registre des soins ;
- des fiches médicales. Ces archives doivent être conservées pendant cinq (5) ans.

Article 30 : La liste de certaines substances des tableaux A, B et C, ainsi que la liste des médicaments pouvant être prescrits par une sage-femme, sont fixées après avis de l'Ordre national des pharmaciens et de l'Ordre national des sages-femmes. Cette liste fixée en annexe au présent arrêté est révisable tous les deux (2) ans.

Article 31 : La liste des examens de laboratoire pouvant être prescrits par une sage-femme est fixée en annexe au présent arrêté. Cette liste est révisable tous les deux (2) ans. Section 3 : Des cabinets de radiologie

Article 32 : Le cabinet de radiologie doit comporter au minimum :

- un bureau du médecin ;
- une salle d'attente ;
- une salle d'examen avec protection anti- rayons X ;
- des sanitaires pour les malades et pour le personnel ;
- un déshabilloir ; - n laboratoire de traitement des films.

Article 33 : Tout cabinet de radiologie doit comporter l'équipement minimal suivant :
- une réserve de films et produits ;
- un dispositif complet pour le développement manuel des films ;
- des casiers pour les cassettes ;
- un négatoscope ;
- des tabliers de protection anti-rayons X pour le personnel.

Article 34 : le personnel du cabinet de radiologie doit comprendre :
- un médecin radiologiste ;
- un manipulateur en radiologie ;
- un secrétaire
- caissier ;
- un garçon ou une fille de salle.

Article 35 : Dans tout cabinet de radiologie, sont tenus :
- un quittancier ; - un registre de consultation radiologique qui doit mentionner le nom du malade, l'examen radiologique demandé et le commentaire des résultats obtenus. Ces archives doivent être conservées pendant cinq (5) ans.

Section 4 : Des cabinets de soins (infirmiers, kinésithérapeutes, phytothérapeutes)

Article 36 : Aux fins du présent arrêté, on entend par cabinet de soins, tout centre habilité à dispenser des soins infirmiers ou des soins se rapportant soit à la physiothérapie, soit à la kinésithérapie.

Article 37 : Les activités du cabinet de soins infirmiers sont :
- les pansements ;
- les perfusions ;
- les injections intramusculaires (IM), intraveineuses (IV), sous cutanées (SC) et autres soins infirmiers.

Article 38 : Les activités d'un cabinet de physiothérapie sont celles qui se rapportent aux traitements par les agents physiques, notamment l'électrothermie, l'hydrothérapie, la thalassothérapie, la thermothérapie et l'héliothérapie.

Article 39 : Les activités d'un cabinet de kinésithérapie sont :
- les massages ;
- la rééducation et la réadaptation fonctionnelles.

Article 40 : Hormis les pansements, les soins indiqués aux articles 37, 38 et 39 du présent arrêté ne sont administrés que sur présentation d'une ordonnance médicale comportant la signature et le cachet d'un prescripteur autorisé.

Article 41 : Tout cabinet de soins infirmiers doit comporter au minimum : - une salle d'attente équipée de chaises et de bancs.
- une salle de soins.

Article 42 : L'équipement minimal d'un cabinet de soins infirmiers doit comporter :

a)Au titre du cabinet de soins infirmiers
- une table ou paillasse ;
- un tambour de coton stérile ;
- un tambour de compresses stériles ;
- une poissonnière ou un stérilisateur ;
- un haricot émaillé ou en acier inoxydable ;
- un plateau émaillé ou en acier inoxydable ;
- une réserve d'alcool éthylique et d'antiseptique ;
- une pince à servir.

b) Au titre des cabinets de kinésithérapie et de physiothérapie
- une table de massage ;
- un goniomètre ;
- une bicyclette ergométrie ;
- un pèse-personne ;
- un excito-moteur ;
- une source à infrarouge ;
- une source à ultrason
- un appareil de haute fréquence ;
- une source à ultra- son - un appareil d'ondes courtes ;
- une pâte à modeler ;
- un jeu de poids ;
- un jeu de coussins pour posture ;
- un jeu de sangles ;
- un mètre ruban ;
- une minuterie.

Article 43 : Le personnel d'un cabinet de soins infirmiers doit comporter suivant l'activité menée :
- un infirmier :
- un kinésithérapeute ;
- un phytothérapeute ;
- un garçon ou une fille de salle ;

Article 44 : Dans tout cabinet de soins infirmiers sont tenus :
- un quittancier ;
- un registre des soins devant mentionner : o nom et adresse du malade ; o schéma thérapeutique ordonné par l'auteur de la prescription ; o adresse du prescripteur. Ces archives doivent être conservées pendant cinq (5) ans.

TITRE III

DES ETABLISSEMENTS D'ODONTOSTOMATOLOGIE

Article 45 : Conformément aux dispositions de l'article 21 du décret 91-106 / P-RM du 15 mars 1991 sus visé, on entend par établissement d'odontostomatologie :
- la clinique d'odontostomatologie ;
- le cabinet dentaire ;
- le laboratoire de prothèse dentaire.

Article 46 : Nul ne peut être autorisé à ouvrir un établissement d'odontostomatologie, s'il n'en est propriétaire ou copropriétaire. Les dispositions relatives à l'exploitation des établissements d'odontostomatologie en société doivent être conformes à celles définies à l'article 59 du décret n° 91-106 / P-RM du 15 mars 1991 susvisé.

CHAPITRE I : DE LA CLINIQUE D'ODONTOSTOMATOLOGIE

Section 1 : Des infrastructures et de l'équipement

Article 47 : La composition des locaux et de l'équipement d'une clinique d'odontostomatologie doit être conforme aux dispositions prévues à l'article 48 du présent arrêté.

Article 48 : Une clinique d'odontostomatologie dispose de :
- un bureau de stomatologie ;
- une salle d'attente ;
- une salle de consultation pour des soins dentaires ;
- une chambre noire en cas de besoin ;
- des toilettes.
- une salle d'opération comprenant : o un fauteuil dentaire sur UNIT ; o un éclairage libre ou incorporé à l'UNIT ; o un appareil radio sur UNIT ou indépendant ; o un aspirateur chirurgical complet avec canule ;
- un tabouret d'opérateur ;
- un stérilisateur ;
- des boîtes à instruments ;
- tout le nécessaire pour développer les films radio ;
- une armoire pour les médicaments d'urgence.

Section 2 : Des chambres et de leur équipement

Article 49 : La composition des chambres et de l'équipement d'une clinique d'odontostomatologie doit être conforme aux dispositions prévues à l'article

16 du présent arrêté.

Section 3 : Du personnel

Article 50 : Une clinique d'odontostomatologie doit disposer au minimum du personnel suivant :
- un stomatologue ;
- un chirurgien dentiste ;
- un anesthésiste ;
- un infirmier pour dix (10) lits ;
- un infirmier assistant au fauteuil ;
- un aide-soignant pour dix 10 lits ;
- un garçon ou une fille de salle pour dix (10) lits ;
- un cuisinier.

Article 51 : La clinique d'odontostomatologie est placée sous la responsabilité effective d'un médecin stomatologue. Elle peut faire appel à des vacataires conformément aux dispositions de l'article 18 du présent arrêté.

Article 52 : Les dispositions relatives au menu et aux registres doivent être conformes à celles des articles 19 et 20 du présent arrêté.

CHAPITRE II : LE CABINET DE CONSULTATION DENTAIRE

Article 53 : Le cabinet de consultation dentaire doit comporter au minimum :
- un bureau ou à défaut une salle de consultation pouvant servir de bureau ;
- une salle d'attente et de réception ;
- éventuellement un laboratoire de prothèse dentaire ;
- des toilettes.

Article 54 : L'équipement minimal d'un cabinet de consultation dentaire doit comporter :
- un fauteuil dentaire (UNIT) ;
- un appareil radio sur UNIT ou indépendant ;
- un stérilisateur ;
- une armoire refermant des produits et des matériels techniques nécessaires ;
- des boîtes à instruments.

Article 55 : Un cabinet de consultation dentaire doit disposer, au minimum du personnel suivant :
- un chirurgien-dentiste ;
- un infirmier assistant au fauteuil ;
- un aide-soignant ou un garçon de salle ou une (fille) de salle.

Article 56 : Les dispositions relatives aux registres tenus dans un cabinet de consultation dentaire doivent être conformes à celles de l'article 20 du présent arrêté.

CHAPITRE III : DU LABORATOIRE DE PROTHESE DENTAIRE

Article 57 : Ne peuvent être autorisés que les laboratoires de prothèse dentaire placé sous la responsabilité d'un chirurgien dentiste. Le fonctionnement de ces laboratoires est obligatoirement assuré par un technicien en prothèse dentaire (prothésiste).

Article 58 : Les activités du laboratoire de prothèses dentaire sont celles qui se rapportent à la confection des prothèses dentaires. Ces activités ne sont effectuées que sur l'initiative et à la demande des chirurgiens dentistes.

Article 59 : Le laboratoire de prothèse dentaire doit comprendre au minimum :
- un atelier de travail ;
- une salle de plâtre, de cuisson, de moulage ;
- des toilettes pour le personnel.

Article 60 : Le personnel minimal du laboratoire doit comprendre :
- un prothésiste ;
- un aide-soignant ;
- un secrétaire dactylo.

Article 61 : Les dispositions relatives aux documents tenus dans un laboratoire de prothèse dentaires sont conformes à celles de l'article 20 du présent arrêté.

TITRE IV

DISPOSITIONS PARTICULIERES

Article 62 : Les cliniques médicales, les cliniques chirurgicales et d'odontostomatologie peuvent disposer éventuellement d'un laboratoire d'analyses biomédicales, qui sera tenu, conformément aux dispositions en vigueur.

TITRE V

DISPOSITIONS FINALES

Article 63 : Les dispositions relatives à l'ouverture et à l'exploitation du laboratoire d'exploration fonctionnelle, du centre de rééducation et du centre de cure, feront l'objet d'arrêtés ultérieurs.

Article 64 : Tous les établissements visés par le présent arrêté, sont contrôlés par les services ou agents dûment mandatés par le Ministre chargé de la santé publique. Ce contrôle s'étend au prix et tarifs.

Article 65 : Toute violation des dispositions des articles 20, 25, 35, et 44 du présent arrêté est punie par la réglementation en vigueur.
Article 66 : Le présent arrêté sera enregistré, publié et communiqué partout où besoin sera.

Koulouba, le 03 octobre 1991
Le Ministre de la santé publique, de l'action sociale et de la promotion féminine, Mme DIAKITE Fatournata N'DIAYE

ARRÊTÉ n° 08-2716/MS-SG DU 6 OCT 2008 PORTANT CHARTE DU MALADE DANS LES ETABLISSEMENTS HOSPITALIERS.

LE MINISTRE DE LA SANTÉ,

Vu la Constitution ;
Vu la Loi n°02-049 du 22 juillet 2002 portant loi d'orientation sur la santé ;
Vu la Loi n° 02-050 du 22 juillet 2002 portant loi hospitalière ;
Vu le Décret n° 07 - 383/P-RM du 3 octobre 2007, modifié, portant nomination des membres du Gouvernement ;

ARRETE :

Article 1 : Le présent arrêté fixe la charte du malade dans les établissements hospitaliers publics et privés.

CHAPITRE I : DES DISPOSITIONS GÉNÉRALES

Article 2 : La présente charte détermine les droits et devoirs essentiel des patients accueillis dans les établissements hospitaliers.
Article 3 : L'application de la charte du malade s'interprète au regard des obligations nécessaires au bon fonctionnement de l'hôpital et auxquelles sont soumis le personnel et les patients. Le patient doit pouvoir prendre connaissance du règlement intérieur qui précise celles-ci, notamment du livret d'accueil et du service local.
Article 4 : La charte du malade est expression des droits individuels fondamentaux de chaque patient au moment où elle entre en contact avec l'établissement. Les établissements hospitaliers se doivent de veiller au respect des droits de l'homme et de citoyen reconnus universellement : non discrimination, respect à la personne, de sa liberté individuelle, de sa vie privée, de son autonomie, notamment, le droit à l'autodétermination pour choisir son médecin, le droit à l'information, le droit à la liberté religieuse et philosophie.
Article 5 : La codification même des droits du malade ne peut suffire. Dans tout établissement
Hospitalier, les mesures appropriées doivent être mises en œuvre pour que ces droits soient connus, respectés, et permettre au malade de prendre conscience et de les revendiquer

CHAPITRE II : DE L'ACCES À L'HOPITAL

Article 6 : Les établissements hospitaliers sont tenus d'accueillir toutes personnes quels que soient leur origine, leur sexe, leur situation de famille, leur âge, leur état de santé, leur handicap, leurs opinions politiques, syndicales, philosophiques ou religieuses. À défaut de pouvoir les accueillir, ils doivent tout mettre en œuvre pour assurer leur admission dans un autre établissement.

Article 7 : L'accès au service public hospitalier est garanti à tous et, en particulier aux personnes les plus démunies.

Article 8 : L'hôpital est un lieu d'accueil privilégié où les personnes les plus démunies doivent pouvoir faire valoir leurs droits y compris sociaux. Dans ce but le soin d'accueil doit s'accompagner d'une aide dans les démarches administratives et sociales.

CHAPITRE III : DES DROITS DU MALADE

Article 9 : Les établissements hospitaliers garantissent la qualité des soins notamment à travers un bon accueil des usagers.

Article 10 : Le malade a le droit d'accéder aux services hospitaliers convenables à son état ou à sa maladie.

Article 11 : Le malade a le droit d'être soigné dans le respect de sa dignité humaine.

Cette prestation englobe non seulement les soins médicaux, infirmiers et analogues, mais également une sollicitude, un hébergement et un encadrement technique et administratif appropriés.

Article 12 : Le malade a le droit d'accepter ou de refuser l'hospitalisation ou toute prestation de diagnostic ou de traitement, s'il ne met pas en danger sa vie ou l'intérêt public.

Lorsqu'il est complètement ou partiellement (de par la loi ou de fait) incapable d'exercer ce droit, celui par son représentant ou par une personne légalement désignée.

Article 13 : Le malade a le droit d'être informé de ce qui concerne son état. C'est l'intérêt du malade qui doit être déterminant pour l'information à lui donner.

Cette information doit permettre d'obtenir un aperçu complet de tous les aspects médicaux et autres, de son état et de prendre lui-même les décisions ou de participer aux décisions pouvant avoir des conséquences sur son bien-être.

Article 14 : Pour des raisons légitimes et qui doivent demeurer exceptionnelles, un malade peut être laissé dans l'ignorance d'un pronostic ou d'un diagnostic grave. Un tel diagnostic fatal doit être révélé avec circonspection, mais à moins que le patient n'ait préalablement interdit, notamment au cours d'entretiens avec le médecin, cette révélation, ou désigné les tiers auxquels elle doit être faite, les proches doivent généralement en être prévenus. De même, la volonté du patient de n'être informé sur son état de santé doit être respectée.

Article 15 : Le malade ou son représentant a le droit d'être complètement informé à l'avance des risques que peut présenter toute prestation en vue du diagnostic ou de traitement.
Pareille prestation doit faire l'objet d'un consentement explicite du malade ; ce consentement peut être retiré à tout moment. Le malade doit pouvoir se sentir complètement libre d'accepter ou de refuser sa collaboration à la recherche clinique ou à l'enseignement ; il peut à tout moment retirer son l'acceptation.
Article 16 : Le malade a le droit, dans la mesure où les conditions matérielles de son environnement le permettent, à la protection de sa vie privée.
Le caractère confidentiel de l'information et du contenu des dossiers le concernant, notamment médicale, doit être garanti.
Article 17 : Le malade a le droit au respect et à la reconnaissance de ses convictions religieuses et philosophiques.
Article 18 : Le malade peut, à tout moment, quitter l'hôpital sauf exception prévu par la loi, après avoir été informé des risques éventuels qu'il encourt et signé une décharge.
Article 19 : Le malade peut accéder son dossier médical par l'intermédiaire d'un médecin de son choix.
Article 20 : Le malade a le droit de déposer une réclamation. Il a le droit à une suite par écrit de la part de l'administration de l'établissement.
Article 21 : En cas de décès, après le constat fait par le personnel médical, la famille est aussitôt informée et le corps immédiatement transféré à la morgue. Il lui est attribué un numéro d'identification dont une copie reste avec le surveillant général de l'établissement et le double est remis à la famille du défunt.
L'enveloppement du corps est subordonné à la présentation de ce numéro d'identification au surveillant général qui l'ordonne au gardien de la morgue.

CHAPITRE IV : DES OBLIGATIONS DU MALADE

Article 22 : Le malade doit respecter le règlement intérieur de l'établissement.
Article 23 : Le malade et les personnes qui l'accompagnent doivent se conformer aux normes de conduite requises pour sauvegarder la sécurité de l'hôpital et la salubrité de son environnement.
Article 24 : L'égalité d'accès des usagers aux prestations des personnels de l'hôpital est garantie.
À titre exceptionnel, une dérogation peut être fondée sur l'âge de l'usager, un handicap apparent ou l'urgence du cas. Dans cette situation, le personnel doit expliquer aux usagers présents les motifs de la décision d'accorder ce privilège.
Article 25 : Lorsque le malade ou son représentant légal (en cas d'incapacité) refuse l'hospitalisation ou les prestations de diagnostic ou de traitement que

son état nécessite, il doit signer une attestation traduisant ce refus ; dans le cas contraire, un procès-verbal devrait en être tenu par l'équipe qui a proposé l'hospitalisation ou les prestations de diagnostic ou de traitement.
Article 26 : Lorsqu'il accepte un traitement prescrit, le malade a le droit d'en assurer l'observation adéquate.

CHAPITRE V : DES VOIES DE RECOURS

Article 27 : Si la personne hospitalisée ou ses ayants droit estiment avoir subi un préjudice, lors du séjour dans l'établissement, ils peuvent saisir le Directeur de l'établissement d'une réclamation préalable en vue d'obtenir réparation.
Le Directeur mettra en place une fonction de médiation entre l'établissement et les patients afin d'instruire dans les meilleurs délais les demandes de réparation pour préjudice et donner à leurs auteurs les explications nécessaires.
Si celle-ci n'aboutit pas comme il le souhaite, soit que la demande soit rejetée, soit que l'hôpital garde le silence pendant plus de 30 (trente) jours, l'auteur de la réclamation dispose de droits de recours contentieux.

CHAPITRE VI : DISPOSITIONS FINALES

Article 28 : Un règlement intérieur propre à chaque établissement hospitalier, adopté par le Conseil d'Administration complète et précise les dispositions du présent arrêté.
Article 29 : Le présent arrêté sera enregistré, publié et communiqué partout où besoin sera.

Bamako, le 6 OCT 2008

LE MINISTRE DE LA SANTÉ Oumar Ibrahima TOURÉ

ARRÊTÉ INTERMINISTERIEL n° 09 0754 /MS/MF/MDAC/MATCL/SG DU 3 AVRIL 2009 FIXANT LES MODALITÉS DE REMBOURSEMENT DES COUTS LIES À LA PRISE EN CHARGE GRATUITE DE LA CESARIENNE[74]

LE PREMIER MINISTRE

Vu la constitution ;
Vu la Loi n° 02-049 du 22 juillet 2002 portant Loi d'Orientation de la Santé ;
Vu la Loi n° 02-050 du 22 juillet 2002 portant Loi Hospitalière ;
Vu le Décret n° 02-311/P-RM du 4 juin 2002 fixant le régime de rémunération des médicaux et de l'hospitalisation dans les établissements publics de santé ;
Vu le Décret n° 02-314/P-RM du 4 juin 2002 fixant les détails des compétences transférées l'Etat aux collectivités territoriales des niveaux
Vu le Décret n° 05-350/P-RM du 4 août 2005 relatif à la prise en charge gratuite de la césarienne ;
Vu le Décret n° 07-383/P-RM du 03 octobre 2007 portant nomination des membres du Gouvernement ;

ARRETENT :

TITRE I

DES DISPOSITIONS GÉNÉRALES

Article 1 : Le présent arrêté définit les modalités de remboursements des coûts liés à la prise en charge gratuite de la césarienne ;
Article 2 : Les coûts remboursables au titre de la césarienne au Mali sont
- les coûts de l'acte chirurgical,
- les frais des examens pré opératoires,
- les frais d'hospitalisation, Le kit est fourni par la Direction de la Pharmacie et du Médicament conformément aux besoins soumis par la Direction Nationale de la Santé.

Article 3 : Les montants remboursables sont Pour une césarienne simple
- acte chirurgical 10 000 FCFA
- frais d'hospitalisation 10 000 FCFA
- examens pré opératoires : 10 000 FCFA
- Kit pour l'intervention chirurgicale et le post opératoire ;
- Produit et consommable nécessaires à une césarienne simple 30 000F CFA

---

[74] Voir : http://www.cnom.sante.gov.ml.

Pour une césarienne compliquée :
- acte chirurgical 10 000 FCFA
- frais d'hospitalisation 10 000 FCFA
- examens pré opératoires : 10 000 FCFA
- Kit pour l'intervention chirurgicale et le post opératoire ;
- Produit et consommable nécessaires à une césarienne compliquée 42 000F CA

TITRE II

DES MODALITÉS DE REMBOURSEMENT

Article 4 : Le remboursement se fait sur base d'un état nominatif des parturientes césarienne selon le schéma directeur d'approvisionnement en médicament essentiels :

1. Niveau CSRéf : Les médecins chefs des centres de santé de référence doivent produire les états de paiement visés par le Président du Conseil de Cercle et les Maires des communes du District de Bamako. Les pièces annexées aux états de paiement sont les suivants :
• Un extrait du registre opératoire ;
• Un extrait du registre d'hospitalisation ;
• Les fiches d'admission ;
• Les fiches de sortie ;
• La facture établie par la pharmacie du centre

2. Niveau EPH : Les Directeurs des établissements publics hospitaliers doivent produire les états de paiement visés par le Président du Conseil d'administration de la structure.
Les pièces annexées aux états de paiement sont les suivants :
• Un extrait du registre opératoire ;
• Un extrait du registre d'hospitalisation ;
• Les fiches d'admission ;
• Les fiches de sortie ;
• La facture établie par la pharmacie de l'hôpital.

3. Niveau de santé des armées pratiquant la césarienne :
Les médecins chefs des services de santé des armées doivent produire les états de paiement visés par le Directeur des services de santé des armées.
Les pièces annexées aux états de paiement sont les suivants :
• Un extrait du registre opératoire ;
• Un extrait du registre d'hospitalisation ;
• Les fiches d'admission ;
• Les fiches de sortie ;
• La facture établie par la pharmacie du centre

Article 5 : le remboursement des frais des actes chirurgicaux, des examens préparatoires et de l'hospitalisation est de la responsabilité des Directeurs régionales du budget. Le renouvellement des kits se fait une fois par semestre. Les remboursements des frais des actes chirurgicaux, des examens préparatoires et de l'hospitalisation se font trimestriellement, sur la base du nombre de césariennes pratiquées, attesté par les pièces justificatives suivantes :

• un extrait du registre opératoire ;

• un extrait du registre d'hospitalisation ;

• les fiches d'évacuation ou d'autoréférence ;

• les fiches d'admission ;

• les fiches de sortie ;

• la facture établie par la pharmacie de la structure. Ces pièces seront produites en doubles exemplaires certifiés conformes aux originales. Elles sont annexées à

• un état de renouvellement des kits pour la Direction Administrative et Financière du Ministère de la Santé ;

• un état de paiement des actes pour les Directions régionales du budget.

Article 6 : Le présent arrêté sera enregistré, publié et communiqué partout où besoin sera. r--F

Bamako, le 4 mars 2009
Le Ministre de la Santé, Oumar Ibrahima TOURÉ
Le Ministre des Finances, Abou-Bakar TRAO
Le Ministre de l'Administration territoriale et des Collectivités locales, Kafougouna KONE
Le Ministre de la Défense et des Anciens Combattants, Natié PLEA

ARRÊTÉ INTERMINISTERIEL n° 06-1907 / MS - MIC - MEP - MA - SG DU 04 SEPTEMBRE 2006 PORTANT RÈGLEMENTATION DE LA COMMERCIA-LISATION, DE L'INFORMATION ET DU CONTRÔLE DU CONTRÔLE DE LA QUALITE DES SUBSTITUTS DU LAIT MATERNEL AU MALI[75]

Ministre de la santé,
Ministre de l'industrie et du commerce,
Ministre de l'élevage et de la pêche,
Ministre de l'agriculture,

Vu la Constitution ;
Vu la loi n° 02 – 001 du 16 janvier 2002 fixant les conditions de production, de transformation et de commercialisation du lait et des produits laitiers ;
Vu le décret n° 02 – 304 / P-RM du 03 juin 2002 fixant les conditions de production, de transformation et de commercialisation du lait et des produits laitiers ;
Vu le décret n° 12 / PG-RM du 30 janvier 1967 portant création du comité consultatif du lait et des produits laitiers ;
Vu le décret n°00 – 505 du 16 octobre 2000 portant réglementation du commerce extérieur ;
Vu le décret n° 04 – 141 / P-RM du 02 mai 2004 modifié, portant nomination des membres du Gouvernement ;

Arrêtent :

CHAPITRE I : DES DISPOSITIONS GÉNÉRALES

Section 1 : Du champ d'application

Article 1 : Le présent arrêté fixe les règles applicables à la commercialisation, à l'information et au contrôle de la qualité des substituts du lait maternel.
Sont exclus du champ d'application du présent arrêté les aliments de complément communément appelés « aliments de sevrage »

---

[75] Voir : https://www.ecolex.org/fr/details/legislation/arrete-interministeriel-n-06-1907-ms-mic-mep-ma-sg-du-04-septembre-2006-portant-reglementation-de-la-commercialisation-de-linformation-et-du-controle-du-controle-de-la-qualite-des-substituts-du-lait-maternel-au-mali-lex-faoc158595/

Section 2 : Des définitions

Article 2 : Aux termes du présent arrêté on entend par :
- agent de santé : personne travaillant dans un service relevant d'un système de soins de santé à titre professionnel ou non ;
- aliment de complément : tout aliment fabriqué industriellement ou produit localement, convenant comme complément ou présenté comme complément du lait maternel ou des préparations pour nourrissons ;
- distributeur : une personne physique ou morale, se livrant à la commercialisation, soit directement ou indirectement, en gros ou en détail d'un produit visé par le présent arrêté ;
- échantillon : un exemple unique ou une petite quantité d'un produit visé, fourni gratuitement ;
- étiquette : toute marque, tout label, signe figurant ou descriptif, écrit, imprimé, stencilé, marqué, estampé ou empreint, fixé ou apparaissant sous quelque forme que ce soit sur l'emballage d'un produit ;
- fabricant : une personne physique ou morale ayant pour activité la fabrication d'un produit visé s oit directement, s oit indirectement, par l'intermédiaire d'un agent ou d'une société qu'il contrôle ;
- logo : l'emblème, le dessin ou des caractères d'identification d'un fabricant ou d'un distributeur ;
- marque : le nom commercial d'un produit visé
- nourrisson : enfant de 0 à 12 mois ;
- personnel de commercialisation : toute personne dont les fonctions comportent la commercialisation d'un ou plusieurs produits visés ;
- préparation pour nourrisson : un produit laitier ou semblable au lait, d'origine végétale ou animale, formulé industriellement conformément à la norme nationale ou autre norme internationalement homologuée, pour satisfaire les besoins nutritionnels du nourrisson ;
- produits visés : tout produit commercialiser ou présenté comme substitut du lait maternel, partiellement ou, totalement, ainsi que tout autre produit qui sera ultérieurement classé comme tel ;
- promotion : toute méthode pour encourager directement ou indirectement une personne à acheter ou à utiliser un produit visé ;
- publicité : toute représentation par quelque moyen que ce soit dans le but de promouvoir la vente ou l'usage d'un produit visé ;
- substitut du lait maternel : tout aliment commercialisé ou présenté comme produit de remplacement partiel ou total, du lait maternel;
- stock : quantités d'un produit fournies pour être utilisées pendant une période prolongée, gratuitement ou à bas prix, à des fins sociales;
-système de soins de santé : les institutions ou organisations gouvernementales, non gouvernementales ou privées destinées à assurer directement ou indirectement des soins de santé aux mères, aux nourrissons et

aux femmes enceintes ainsi que les crèches ou autres institutions de soins aux enfants. Le système de soins de santé comprend aussi les agents exerçant à titre p rivé. Il n'englobe pas aux fins du présent code, les pharmaciens ou autres points de vente réguliers.

Section 3 : Des substituts du lait maternel

Article 3 : La composition des substituts du lait maternel doit être conforme aux normes internationales du Codex alimentarius en vigueur.

Article 4 : Les substituts du lait maternel doivent être conservés dans les conditions conformes aux normes internationales du Codex alimentarius en vigueur.

CHAPITRE II : DES CONDITIONS DE COMMERCIALISATION

Section 1 : De la promotion commerciale et de la publicité

Article 5 : La promotion des produits visés dans le présent arrêté est prohibée sous toutes ses formes.

Article 6 : Sont notamment interdits :

- la distribution par les fabricants et les distributeurs d'échantillon ainsi que les ventes promotionnelles des produits visés ;
- les publicités destinées à faire montrer la supériorité ou l'équivalence des produits visés et de l'alimentation artificielle par rapport au lait maternel et à l'allaitement ;
- les distributions par les fabricants et les distributeurs, d'échantillon de produits visés directement ou indirectement, aux femmes enceintes, aux mères ainsi qu'aux membres de leurs familles ;
- tout contact direct ou indirect à caractère promotionnel entre le personnel de commercialisation des produits visés et les mères de nourrissons et les femmes enceintes ;
- l'utilisation des établissements de santé et des aires de soins à des fins de promotion commerciale, ceci n'exclut pas la diffusion d'information aux professionnels de la santé ;
- les dons ou la distribution dans un établissement de soins d'équipements ou des services ainsi que les gadgets publicitaires faisant référence à la marque d'un produit visé par le présent arrêté ;
- aux fabricants et distributeurs d'offrir des bourses d'études à une structure 0 u aux agents de santé ou prendre en charge les frais de participation à une conférence, colloques ou toute autre rencontre sans l'avis du ministère chargé de la santé. Il en est de même pour tout don aux nourrissons financés par les fabricants ou les distributeurs ;
- l'exhibition dans un établissement de santé de calendrier, affiches, impressions, bloc-notes et tout autre objet se référant à un produit visé et destinés à le faire connaître et à en favoriser l'usage ;

- les stockages spéciaux, les ventes spéciales, les ventes à pertes, les ventes couplées, à l'exception des cas prévus à l'article 7 ci-dessous ;
- toute forme de publicité sur les produits de substitut du lait maternel, les tétines, les biberons et toute représentation de nourrisson ou autres illustrations de nature à idéaliser l'alimentation artificielle du bébé ;
- l'emploi à des fins de promotion commerciale des agents de santé.

Article 7 : Il est autorisé le don ou la vente à bas prix à des institutions ou organisations, de stock de préparation pour nourrissons ou d'autres produits visés par le présent arrêté, que ce soit en vue d'une utilisation à l'institution même ou en vue d'une distribution à l'extérieur.

Toutefois de tels stocks ne doivent être utilisés ou distribués qu'en faveur des nourrissons qu'on est obligé d'alimenter au moyen de substituts du lait maternel. Si la distribution est faite pour une utilisation en dehors des institutions, elle ne doit l'être que par les institutions ou organisations, concernées.

De tels dons ou ventes à bas prix ne devraient pas être faits par des fabricants ou distributeurs pour promouvoir les ventes.

Article 8 : La fourniture d'échantillon aux agents, structures et services de santé n'est autorisée qu'à des fins d'évaluation professionnelle ou de recherches.

Article 9 : La fourniture par les agents d'échantillon des produits visés aux mères et femmes enceintes n'est pas autorisée.

Section 2 : De la qualité des produits

Article 10 : L'avis technique préalable à la mise en vente ou distribution de tout produit nouveau sur l'étendue du territoire national, ne peut être délivré qu'après inspection sanitaire des lieux de fabrication et/ou de stockage, et des analyses de laboratoire effectuées aux frais du fabricant ou de l'importateur, à la demande du ministère chargé de la santé publique, donnant des résultats conformes aux nonnes nationales ou autre nonne internationale homologuée pour les aliments pour nourrisson et enfant en bas âge.

Article 11 : Les produits importés ou fabriqués sur place sont accompagnés d'un certificat de qualité délivré par les autorités compétentes du pays d'origine, attestant de la bonne qualité du produit et de sa conformité aux nonnes internationales.

Section 3 : De l'homologation des produits visés

Article 12 : Les produits visés ne peuvent être commercialisés sur le territoire national qu'après homologation par le Ministère de la santé.

Article 13 : L'homologation donne lieu à un certificat d'approbation du produit visé, certifiant qu'il est conforme aux nonnes de qualité requises et

que son étiquetage est conforme aux dispositions du présent arrêté.
Article 14 : Tout produit visé nouveau peut être mis sur le marché une fois homologué et est inclus dans la liste de produits visés homologués suivante.

Section 4 : De la commercialisation

Article 14 (bis) : Toute importation des substituts du lait maternel, des préparations pour nourrisson, de lait et produits laitiers, des aliments de complément est subordonné à une intention d'importation et à la présentation d'un certificat sanitaire d'origine.
Article 15 : Ces substituts du lait maternel peuvent être vendus en vrac ou conditionnés. Dans le premier cas, la vente devra avoir lieu dans les limites de la durée de conservation. Dans le second cas l'emballage devra porter obligatoirement de manière visible et visible le nom et l'adresse de l'unité de production, la date de fabrication, la date limite de vente autorisée et le taux de matière grasse.
Article 16 : Nul ne peut vendre les substituts du lait maternel, les préparations pour nourrisson, les autres produits laitiers et aliments de complément, s'il n'est détenteur d'une autorisation des services compétents du Ministère de la santé et s'il ne soumet ces produits à un contrôle de qualité permanent.
Article 17 : Les normes de qualité et du contrôle des substituts du lait maternel à la fabrication, au conditionnement et à la vente sont déterminées par arrêté du Ministre chargé de la normalisation.
Article 18 : Un arrêté interministériel des Ministres chargés de la santé, de l'élevage et de la pêche, de l'industrie et du commerce, de l'agriculture fixe la liste des substituts du lait maternel, des préparations pour nourrisson, de lait et produits laitiers et des aliments de complément.

CHAPITRE III : DE L'INFORMATION ET DE L'EDUCATION

Article 19 : Les informations relatives aux produits visés y compris celles portées sur les étiquettes doivent être objectives cohérentes, précises et claires.
Article 20 : Les matériels à but d'information et d'éducation, qu'il s'agisse de documentation écrite ou de matériel audiovisuel, établis à l'intention des femmes enceintes et des mères de nourrissons et de jeunes enfants et portant sur l'alimentation des nourrissons, doivent comporter des renseignements clairs sur :
a. les avantages et la supériorité de l'allaitement au sein ;
b. la nutrition maternelle et la façon de se préparer à l'allaitement au sein et de le poursuivre ;
c. l'effet négatif d'une alimentation partielle au biberon sur l'allaitement au sein ;
d. la difficulté de revenir sur la décision de ne pas nourrir son enfant au sein ;

e. en cas de besoin, l'utilisation correcte des préparations pour nourrissons, qu'elles soient industrielles ou fabriquées à la maison.

Lorsqu'ils contiennent des renseignements sur l'utilisation des préparations pour nourrissons, ces matériels doivent faire état des incidences sociales et financières de cette utilisation et signaler les dangers pour la santé de l'utilisation d'aliments ou de méthodes d'alimentation inadéquates et, en particulier, de l'utilisation non nécessaire ou incorrecte des' préparations pour nourrissons et autres substituts du lait maternel. Ces matériels ne devraient employer aucune image ou texte de nature à idéaliser l'utilisation de substitut du lait maternel.

Article 21 : Les fabricants ou les distributeurs ne doivent faire de dons de matériels d'équipement qu'à la demande et avec l'autorisation du ministre chargé de la santé.

Article 22 : Le matériel offert ne doit comporter que le nom ou logo du donateur en dehors des marques de produits visés.

Article 23 : Les étiquettes doivent être conçues de manière à fournir les renseignements nécessaires pour une utilisation appropriée du produit.

Les étiquettes doivent comporter :

- le mode de préparation et d'emploi correct du produit ;
- l'âge révolu à partir duquel le produit est recommandé ;
- l'avertissement sur les risques pour 1 à santé d'une mauvaise préparation et de l'emploi du produit avant l'âge recommandé ;
- les ingrédients utilisés, en spécifiant l'origine des protéines du produit ;
- la composition et l'analyse nutritionnelle du produit ;
- les conditions de conservation requises avant et après l'ouverture de l'emballage tenant compte des conditions climatiques du pays ;
- le numéro du lot, la date de fabrication, la date de validité et/ou la date limite de consommation du produit ;
- le nom et l'adresse du fabricant.

CHAPITRE IV : DES SANCTIONS

Article 24 : Les infractions aux dispositions du présent arrêté sont assimilées à des fraudes commerciales et sont sanctionnées conformément aux dispositions du code de commerce et ses textes d'application ainsi que celles de la loi n° 02-001 du 16 janvier 2002 fixant les conditions de production, de transformation et de commercialisation du lait et des produits laitiers.

CHAPITRE V : DES DISPOSITIONS FINALES

Article 25 : Le présent arrêté qui abroge toutes dispositions antérieures contraires, sera enregistré, publié et communiqué partout où besoin sera.

Bamako, le 4 septembre 2006

Le Ministre de la santé
Mme MAIGA Zeïnab Mint YOUBA

Le Ministre de l'industrie et du commerce,
Choguel Kokala MAIGA

Le Ministre de l'élevage et de la pêche,
Oumar Ibrahima TOURÉ

Le Ministre de l'agriculture
Seydou TRAORE

ARRÊTÉ n° 08-0229/MS-SG DU 30 JANVIER 2008 PORTANT OCTROI DE LA LICENCE D'EXPLOITATION D'UNE CLINIQUE MÉDICALE[76]

LE MINISTRE DE LA SANTÉ,

Vu la Constitution ;
Vu la Loi n° 85-41/AN-RM du 22 juin 1985 portant autorisation de l'exercice privé des professions sanitaires ;
Vu la Loi n° 86-35/AN-RM du 12 avril 1986 portant institution de l'Ordre National des Médecins et le Code de déontologie médicale annexé ;
Vu le Décret n° 91-106/P-RM du 15 mars 1991 portant organisation de l'exercice privé des professions sanitaires, modifié par le Décret n° 92-050/P-RM du 10 août 1992 ;
Vu le Décret n° 07-383/P-RM du 03 octobre 2007, modifié, portant nomination des membres du Gouvernement ; Vu l'Arrêté n° 89-2728/MSP-AS-PF-CAB du 30 septembre 1989 fixant les détails de délivrance des autorisations d'exercer à titre privé des professions socio sanitaires ;
Vu l'Arrêté n° 91-04319/MSP-AS-PF/CAB du 03 octobre1991 fixant les modalités d'organisation d'exercer à titre privé des professions médicales et paramédicales ;
Vu la Décision n° 02-0215/MS-SG du 12 avril 2002, autorisant Docteur FOFANA Famory, à exercer à titre prive la profession de Médecin ; Vu la demande de l'intéressé et les pièces versées au dossier ; Vu l'avis favorable du Conseil National de l'Ordre des Médecins transmis par le bordereau d'envoi n° 0376/2007/ CNOM du 24 décembre 2007 ;

ARRETE

Article 1 : Sont et demeurent abrogées les dispositions de l'Arrêté n° 03-0877/MS-SG du 31 décembre 2003 portant octroi de licence d'exploitation du Cabinet Médical « KONTI FOFANA » au Docteur Famory FOFANA, médecin généraliste à Kalanba-Coura ACI, Rue 305, Porte n° 410 Bamako.
Article 2 : Il est accordé au Docteur Famory FOFANA Médecin généraliste, inscrit au Conseil National de l'Ordre des Médecins du Mali sous le n° 03/88/D du registre national, la licence d'exploitation de la Clinique Médical « KONTI FOFANA » sis à Kalanba-Coura ACI, Rue 305, Porte n° 410 Bamako.
Article 3 : L'intéressé est tenu de se conformer aux dispositions législatives et

[76] Voir : http://www.cnom.sante.gov.ml.

réglementaires en vigueur en matière d'exercice privé des professions sanitaires.

Article 4 : Cette licence est accordée exclusivement au titre de la légalisation sur la médecine et ne dispense pas l'exploitant de se conformer à toute autre réglementation pouvant lui être applicable, notamment en ce qui concerne les législations fiscales, du travail et du commerce.

Article 5 : Le Docteur FOFANA devra informer l'Inspecteur en Chef de la Santé, le Directeur national, le Directeur régional et le médecin chef de sa résidence professionnelle du début effectif de ses activités professionnelles.

Article 6 : Le contrôle dudit établissement est effectué par l'Inspection de la Santé et la Direction Nationale de la Santé.

Article 7 : Le présent arrêté sera enregistré, publié et communiqué partout où besoin sera.

Bamako, le 30 janvier 2008

Le Ministre de la Santé, Oumar Ibrahima TOURÉ

ARRÊTÉ n° 08-0688/MS-SG DU 11 MARS 2008 PORTANT OCTROI DE LA LICENCE D'EXPLOITATION D'UN CABINET DE CONSULTATION PRENATALE[77]

LE MINISTRE DE LA SANTÉ,

Vu la Constitution ;
Vu la Loi n° 85-41/AN-RM du 22 juin 1985 portant autorisation de l'exercice privé des professions sanitaires ;
Vu la Loi n° 86-35/AN-RM du 12 avril 1986 portant institution de l'Ordre National des Médecins et le Code de déontologie médicale annexé ;
Vu le Décret n° 91-106/P-RM du 15 mars 1991 portant organisation de l'exercice privé des professions sanitaires, modifié par le Décret n° 92-050/P-RM du 10 août 1992 ;
Vu le Décret n°07-383/P-RM du 03 octobre 2007 portant nomination des membres du Gouvernement ;
Vu l'Arrêté n° 89-2728/MSP-AS-PF-CAB du 30 septembre 1989 fixant les détails de délivrance des autorisations d'exercer à titre privé des professions socio sanitaires ;
Vu l'Arrêté n° 91-4319/MSP-AS-PF/CAB du 03 octobre1991 fixant les modalités d'organisation d'exercer à titre privé des professions médicales et paramédicales ;
Vu la décision n° 05-1252/MS-SG du 14 novembre 2005, autorisant Mme COULIBALY Mariam MAIGA, à exercer à titre privé de la profession de Sage-femmes ;
Vu la demande de l'intéressée et les pièces versées au dossier ;
Vu l'avis favorable du Conseil National de l'Ordre des Sages-femmes du Mali transmis par le bordereau d'envoi n° 0003/2008/CNOM du 24 janvier 2008 ;

ARRETE :

Article 1 : Il est accordé à Mme COULIBALY Mariam MAIGA, Sage-femme d'État, la licence d'exploitation du Cabinet de Consultation pour Sagefemme dénommé « RAPHA » à Magnambougou Rue 417 Porte n° 104 Bamako.
Article 2 : L'intéressée est tenue de se conformer aux dispositions législatives et réglementaires en vigueur en matière d'exercice privé des professions sanitaires.
Article 3 : Cette licence est accordée exclusivement au titre de la légalisation sur la médecine et ne dispense pas l'exploitante de se conformer à toute autre réglementation pouvant lui être applicable, notamment en ce qui concerne les législations fiscales, du travail et du commerce.

---

[77] Voir : http://www.cnom.sante.gov.ml.

Article 4 : Mme COULIBALY Mariam MAIGA, devra informer l'Inspecteur en Chef de la Santé, le Directeur National de Santé, le Directeur Régional et le Médecin chef de sa résidence professionnelle du début effectif de ses activités professionnelles.
Article 5 : Le contrôle dudit établissement est effectué par l'Inspection de la Santé et la Direction Nationale de la Santé.
Article 6 : Le présent arrêté qui prend effectué pour compter de sa date de signature, sera enregistré, et communiqué partout où besoin sera.

Bamako, le 11 mars 2008

Le Ministre de la Santé, Oumar Ibrahima TOURÉ

LETTRE – CIRCULAIRE n° 91-005 / MSP-AS / CAB SANTÉ MATERNELLE & INFANTILE ET PF[78]

À Tous Gouverneurs
Tous Commandants de Cercle
Tous Directeurs régionaux de la santé publique et des affaires sociales Tous Médecins
- chefs de Cercle

Le Mali, en adoptant comme base de son développement socio-sanitaire la politique des soins santé primaires comportant les huit composantes de la Déclaration de Alma-Ata, entend faire accéder chaque Malien à l'état de santé qui lui permette de participer pleinement au développement social et économique du pays. Une des huit composantes des soins de santé primaires est « La santé maternelle et infantile et planification familiale », pour laquelle il a été développé et mis en œuvre un programme national. Les différentes enquêtes et évaluations réalisées dans le cadre de ce programme ont mis en évidence une faible couverture des Services de santé maternelle et infantile et de planification familiale. Le taux d'utilisation des services de santé maternelle et infantile et plus particulièrement de planification familiale demeure faible, la prévalence actuelle d'utilisation des méthodes contraceptives modernes étant de 1, 3 %, alors même que 49 % des femmes sont potentiellement désireuses de planification familiale. De même, la disponibilité des services de planification reste assez réduite, la nature même des produits utilisés (hormone), pour la plupart, et le manque d'information adéquate tant de personnel socio-sanitaire que des populations favorisent cela. Les taux de mortalité maternelle et infantile élevés observés sont étroitement liés à cette faiblesse de couverture des services de planification familiale. Pour étendre cette couverture des services de planification familiale et améliorer la santé de la mère et de l'enfant, le département a entrepris un projet de marketing social des contraceptifs s'intégrant dans le système de santé du pays. Bien que ce projet ne concerne au départ que quelques régions, il est appelé très rapidement à couvrir toute l'étendue du territoire national. Aussi, en vue d'une utilisation rationnelle de la planification familiale en tant qu'activité sanitaire à part entière, il vous est demandé de :

1. Prendre toutes les mesures techniques pour que les Centres de santé de Cercle, d'Arrondissement et tous les dispensaires tenus par du personnel qualifié dans vos régions, développent une composante de

[78] Voir : http://www.cnom.sante.gov.ml.

planification familiale dans leur programmation sanitaire ;

2. Assurer la disponibilité des contraceptifs dans le cadre de ces programmes, les médecins, Pharmaciens, les techniciens de santé (infirmier diplômé d'État, sage-femme), les agents techniques de santé (infirmier de 1er cycle) étant habilités à prescrire les contraceptifs hormonaux, et ce, en fonction du niveau des structures de la pyramide sanitaire. Sont autorisés également à distribuer les contraceptifs, ces mêmes agents dans les pharmacies ou les dépôts communautaires. En outre, les agents relevant de la communauté, n'ayant pas les compétences requises, pourraient seulement en distribuer après prescription par des personnels compétents habilités devant, par ailleurs, assurer les contrôles périodiques et la supervision.

3. Entreprendre, en relation avec les Comités locaux de l'Association malienne de promotion et de protection de la famille, des programmes d'information, d'éducation et de communication adéquats des populations concernées. Ces programmes porteraient, entre autres, sur :
- les avantages de la planification familiale pour la santé de la mère, des enfants, de la famille et de la collectivité ;
- les méthodes de contraception disponibles et les règles techniques pour leur choix et leur utilisation ;
- l'existence des services de planification familiale.

Je vous invite à l'application correcte et diligente des présentes directives.
Koulouba, le 25 janvier 1991
Présidence du Gouvernement

RÈGLEMENT INTERIEUR DE L'ORDRE DES MÉDECINS DU MALI

Dispositions générales

Article 1 : Le présent règlement intérieur, prévu par les articles 13 et 14 de la loi 85-41 AN-RM du 22 Juin 1985 et l'article 28 de la loi 86-35/AN-RM du 12 avril 1985 portant institution de l'Ordre national des Médecins, s'impose à tous les Médecins et chirurgiens-dentistes inscrits à l'Ordre.
Il a pour but de déterminer le détail de l'organisation et du fonctionnement du conseil national, des conseils centraux et des conseils régionaux de l'Ordre national des Médecins.

TITRE I

DU CONSEIL NATIONAL

CHAPITRE I : LES STRUCTURES DU CONSEIL NATIONAL

Article 2 : Le conseil national de l'Ordre des Médecins comprend :
- Le bureau du conseil national
- La commission disciplinaire du conseil nationa _è-2 l
- Les commissions spécialisées du conseil national.

Article 3 : Le bureau se compose de :
- Un président
- Un vice-président
- Un secrétaire général
- Un secrétaire général adjoint
- Un trésorier général
- Un trésorier général adjoint.

Article 4 : Le bureau est chargé, entre les réunions du conseil national, du suivi des activités de celui-ci.
Il se réunit deux fois par mois.
Le bureau peut s'adjoindre, en cas de besoin, les présidents des commissions, lors de ses réunions bimensuelles.
Article 5 : Le président préside les séances du conseil national et du bureau. Il représente l'Ordre auprès des autorités politiques, administratives et judiciaires, des organismes nationaux et internationaux.
Il veille sur la discipline générale, sur la moralité de la profession, les conditions sociales et juridiques de tous les Médecins et chirurgiens dentistes

membres de l'Ordre. Il veille particulièrement à l'esprit de confraternité et d'entraide. Il est saisi de toutes les questions intéressant l'Ordre. Il convoque le Bureau et le Conseil national. Il procède à l'ouverture de tout compte bancaire, chèque postal, au nom du conseil national, sous sa signature et celle conjointe du Trésorier général. Les chèques émis devront comporter la signature conjointe des deux personnes sus désignées. Il est ordonnateur des dépenses.
Il peut déléguer tout ou partie de ses attributions à un ou plusieurs membres du bureau.
Article 6 : Le vice-président assiste le président dans toutes ses fonctions et le remplace en cas d'empêchement définitif ou temporaire.
Article 7 : Le Secrétaire général assure les tâches de secrétariat.
Il est chargé de l'envoi de convocations et de l'organisation matérielle des réunions du bureau et du conseil national.
Il prépare les correspondances en accord avec le président.
Il veille à la mise à jour des tableaux de l'Ordre tenus par les sections et à la bonne conservation des archives du conseil national.
Il rédige les procès-verbaux des séances du bureau et du conseil national et donne lecture, au début de chaque séance, du procès-verbal et compte rendu de la séance précédente, compte - rendu qui sera publié au bulletin de l'Ordre.
Il fait un compte-rendu d'activités sur tous les problèmes intéressant l'ordre.
Il est chargé de la préparation et de la publication du bulletin de l'Ordre, qui est l'organe d'information de tous les médecins et chirurgiens-dentistes inscrits
En cas d'empêchement simultané du président et du vice-président, la présidence des réunions du bureau et du conseil national est assurée par le secrétaire général.
Article 8 : Le secrétaire général adjoint assiste le secrétaire général dans toutes ses fonctions et le remplace en cas d'empêchement définitif ou temporaire.
Article 9 : Le trésorier général est chargé de la gestion financière et du matériel du conseil national.
Il perçoit des trésoriers des conseils régionaux de l'Ordre les quotes-parts des cotisations annuelles réservées au conseil national et aux conseils centraux de section.
Il tient les registres comptables et élabore en collaboration avec les trésoriers des conseils régionaux un avant-projet de budget annuel à soumettre à l'examen et à l'approbation du conseil national.
Il prend, en rapport avec les trésoriers des conseils régionaux toutes les dispositions en vue de l'inscription des nouveaux membres de l'Ordre.
Article 10 : Le trésorier général adjoint assiste le trésorier général dans toutes ses fonctions et le remplace en cas d'empêchement définitif ou temporaire.
Article 11 : Le conseil national élit, en dehors de son bureau, deux commissaires aux comptes ayant voix délibérative, chargée du contrôle et de

la vérification des biens et avoirs de l'Ordre national des Médecins.
Le rapport des commissaires aux comptes est déposé auprès du Secrétaire général du conseil national.

CHAPITRE II : FONCTIONNEMENT DU CONSEIL NATIONAL

Article 12 : Le conseil national de l'Ordre se réunit en session ordinaire tous les deux mois, en présence au moins de la majorité de ses membres.
Il peut tenir des réunions extraordinaires sur convocation de son Président ou à la demande de la moitié des Conseiller nationaux. Le Président dirige les débats.
Les votes du Conseil national, sauf pour l'élection du bureau et, des Présidents des commissions spécialisées, se font à main levée à la majorité simple des conseillers nationaux élus.
En cas de partage des voix, celle du président est prépondérante. Toutefois, à titre exceptionnel, un membre élu du conseil national peut demander un vote à bulletin secret.
Article 13 : Les réunions du conseil national ne sont pas publiques.
Article 14 : Les décisions du conseil national sont notifiées aux conseils centraux de section et aux conseils régionaux dans le délai d'un mois.
Article 15 : Le conseil national de l'Ordre traite de toute question intéressant l'Ordre des médecins.
Il étudie également toutes les questions ou projets qui lui sont soumis, notamment par les pouvoirs publics, les autres Ordres nationaux, les conseils centraux de section et les conseils régionaux de l'0rdre des médecins, le syndicat national de la santé publique et des affaires sociales.
Il fixe le montant de la cotisation annuelle, qui est notifié au Ministre chargé de la santé publique. Il détermine également les quotités de ces cotisations qui reviennent respectivement au conseil national, aux conseils centraux de section et aux conseils régionaux.
Les cotisations sont obligatoires. Leur taux varie selon les sections.
Article 16 :
Les frais d'installation et de fonctionnement du conseil national, des conseils centraux de soutien et des conseils régionaux de l'Ordre, ainsi que les indemnités de déplacement (mission) et de présence des membres de ces conseils sont fixés par le conseil national.
Article 17 : Le conseil national contrôle la gestion des conseils centraux de section et des conseils régionaux de l'Ordre.
Les conseils centraux de section et les conseils régionaux de l'Ordre doivent rendre compte de leur gestion au conseil national à l'occasion de la réunion générale du conseil national de l'0rdre et des conseils centraux et régionaux.
Cette réunion générale se tient une fois par an, sur convocation du président du conseil national de l'Ordre.

Article 18 : Le Conseil national gère les biens de l'Ordre. Il peut créer ou subventionner des œuvres intéressant la profession.
Il organise l'entraide professionnelle en vue d'assurer les secours, allocations ou avantages quelconques reconnus aux membres ou anciens membres de l'Ordre, à leurs conjoints survivants ou à leurs enfants.

CHAPITRE III : LA COMMISSION DISCIPLINAIRE DU CONSEIL NATIONAL ET FONCTIONNEMENT DU CONSEIL NATIONAL SIEGEANT COMME FORMATION DISCIPLINAIRE

Article 19 : Il est créé au sein du conseil national, de chaque conseil central de section et de chaque conseil régional de l'Ordre, une commission disciplinaire prévu à l'article 38 de la loi n° 86-35 / AN-RM du 12 avril 1986.
Article 20 : La commission disciplinaire du conseil national est composée :
- du magistrat représentant le ministre de la justice, qui en est le président.
- de deux conseillers nationaux élus, membres.
Article 21 : La commission disciplinaire du conseil national reçoit et étudie les demandes de sanctions adressées au Conseil national soit par les commissions disciplinaires, conseils centraux de section ou des conseils régionaux de l'Ordre, soit par le Ministre chargé de la santé publique, soit par le Ministre de la justice, soit par les parties.
Dans tous les cas, elle est saisie par le président du conseil national de l'Ordre.
Article 22 : Le magistrat président de la commission disciplinaire du conseil national, saisi d'une demande de sanction disciplinaire, l'enregistre et la notifie dans la quinzaine au praticien mis en cause, lui adressant une copie intégrale par pli recommandé avec accusé de réception.
Dès réception de la demande, le magistrat président de la commission disciplinaire du conseil national désigne parmi les membres de sa commission un rapporteur, qui ne peut être choisi parmi les membres susceptibles d'être récusés en application du code de procédure civile, commerciale et sociale du Mali.
Article 23 : Le rapporteur procède à l'audience du praticien mis en cause, et d'une façon générale recueille tous les témoignages et procède ou fait procéder à toutes constations nécessaires à la manifestation de la vérité.
Lorsqu'il a achevé l'instruction, le rapporteur transmet le dossier accompagné de son rapport au magistrat président de la commission disciplinaire qui l'a désigné.
Son rapport doit être un exposé objectif des faits.
Article 24 : La commission disciplinaire doit statuer alors dans le délai de quinze jours à compter de sa saisine.
Ce délai ne peut en aucune façon être excédé.
Article 25 : À la fin de ses travaux, le magistrat président de la commission disciplinaire est tenu, dans tous les cas, de transmettre le dossier de l'affaire

avec les conclusions motivées de la commission au conseil national siégeant comme formation disciplinaire.
Le dossier qui est transmis doit comporter, cotées toutes les pièces sans exception qui ont été en possession de la commission disciplinaire du conseil national.
Article 26 : Le conseil national siégeant comme formation disciplinaire statue sur le dossier.
Au cas où le praticien en cause doit comparaître devant le conseil national, cette décision lui est notifiée par le Président du conseil national, par lettre recommandée avec demande d'accusé de réception, de même qu'au plaignant qui est convoqué dans les mêmes formes, au moins trente jours avant la date fixée pour l'audience devant le conseil national siégeant comme formation disciplinaire.
En cas de force majeure, le Président du conseil national est tenu d'user de tout autre moyen de communication rapide pour informer le praticien poursuivi et le plaignant de leur convocation.
La décision de comparution est notifiée également au Ministre chargé de la santé publique ainsi qu'au président du conseil régional dont relève l'intéressé.
Article 27 : L'incarcération du praticien ne peut constituer un obstacle à sa comparution devant le conseil national, qui prendra, pour cette comparution toutes les dispositions nécessaires auprès des autorités judiciaires.
Article 28 : Le praticien mis en cause peut se faire assister d'un défenseur médecin ou avocat.
La convocation précise que, jusqu'au jour fixé pour l'audience le praticien peut prendre connaissance du dossier par son défenseur, à condition que les noms, adresse et qualité de celui-ci soient portés préalablement à la connaissance du Président du Conseil national et en tout été de cause, quarante huit heures au moins avant le jour fixé par l'audience.
Article 29 : Le président du conseil national dirige les débats à l'audience.
Il donne d'abord la parole au magistrat président de la commission disciplinaire pour lecture du rapport de la commission disciplinaire.
Il procède ensuite à l'interrogation du praticien poursuivi et le cas échéant à l'audition des témoins.
Il donne la parole au plaignant, le praticien poursuivi ou son défenseur parlant au dernier.
Il peut retirer la parole à qui en abuse.
Article 30 : L'audience n'est pas publique.
Article 31 : Sauf cas de force majeure, le praticien poursuivi doit comparaître en personne. S'il ne se présente pas, le conseil national apprécie souverainement s'il doit passer ou non aux débats.

Article 32 : Le conseil national de l'0rdre, s'il s'estime insuffisamment éclairé, peut ordonner un supplément d'instruction dans les conditions fixée par l'article 44 de la loi 85-35 / AN-RM.
Article 33 : Le conseil national siégeant comme formation disciplinaire doit rendre sa décision dans un délai de trois (3) mois lorsque le praticien mis en cause est présent sur le territoire et de six (6) mois lorsqu'il est absent.
Ces délais ne peuvent en aucune façon être excédés.
En cas de poursuite devant une juridiction répressive, le conseil national doit surseoir à prendre sa décision jusqu'à l'intervention de la décision judiciaire.
Dans ce cas les délais de l'alinéa précédent courent à partir de la date de la décision judiciaire.
Article 34 : Les décisions du conseil national doivent être motivées et mentionner les noms des membres présents.
Elles sont inscrites sur un registre spécial, coté et paraphé par le Président du conseil national. Le registre ne peut être communiqué aux tiers.
Les expéditions des décisions sont datées et signées par le Président du conseil national par la personne à qui il aura donné pouvoir à cet effet.
Article 35 : Chaque décision du conseil national siégeant comme formation disciplinaire est notifiée le jour même de son prononcé au praticien poursuivi, au plaignant et au président des conseils centraux de sections.
Elle est notifiée dans les dix jours et à la même date, au Ministre chargé de la santé et aux conseils régionaux.
Article 36 : Les recours contre une sanction disciplinaire du conseil national siégeant comme formation disciplinaire sont portés devant la juridiction administrative, dans les formes fixées par les lois en vigueur.
Article 37 : Après épuisement des délais de recours, et en tout état de cause une fois les sanctions ordinaires devenues définitives, elles sont notifiées sans délais au praticien sanctionné, au plaignant et aux conseils centraux de sections, et dans le délai de dix jours et à la même date, au Ministre chargé de la santé publique et au conseil national de l'Ordre des sages-femmes, ainsi qu'au conseil national de l'Ordre des pharmaciens.
Le Ministre chargé de la santé publique adresse au Ministre chargé de l'administration territoriale et du développement à la base une copie de la décision qui lui a été notifiée, en lui demandant d'en assurer l'exécution, s'il y a lieu.
Article 38 : Le praticien frappé d'une sanction disciplinaire est tenu au remboursement des frais résultant de l'action engagée devant la juridiction professionnelle par le conseil national.
Article 39 : Le blâme prive automatiquement l'intéressé du droit de faire partie du conseil national de l'Ordre des médecins pendant le mandat en cours.
Le médecin ou le chirurgien-dentiste frappé d'interdiction temporaire d'exercer doit, soit fermer son établissement, soit se faire remplacer dans les conditions prévues par les lois en vigueur. L'interdiction temporaire en peut

excéder trois ans. Elle prive l'intéressé du droit de faire partie du conseil national de l'Ordre des médecins.
Article 40 : Le médecin ou le chirurgien-dentiste frappé d'une sanction disciplinaire ne le radiant pas du tableau de l'Ordre peut, après un délai de cinq ans, introduire une demande de réhabilitation auprès du conseil national de l'Ordre.
Le conseil national instruit l'affaire, qui fait l'objet d'une proposition au ministre chargé de la santé publique.
La réhabilitation éventuellement prononcée n'a d'effet que pour l'avenir.
Article 41 : La radiation prive définitivement le médecin ou le chirurgien-dentiste du droit de faire partie de l'Ordre national des médecins du Mali.
Le médecin ou le chirurgien-dentiste radié ne peut se faire inscrire à aucun Ordre d'un État accordant la réciprocité, ni à l'Ordre d'un État avec lequel le Mali entretient des relations de coopération sanitaire.
Article 42 : Les médecins et chirurgiens-dentistes fonctionnaires inscrits à l'Ordre relèvent du statut général des fonctionnaires en matière disciplinaire.
Le conseil national peut intenter l'action disciplinaire à leur égard, auprès de l'autorité compétente, notamment à l'occasion d'actes pratiqués dans le privé.
Article 43 : En attendant la publication des règles qui leur sont propres, les membres des professions paramédicales exerçant dans le privé sont soumis aux dispositions du présent règlement intérieur pour en ce qui concerne la procédure disciplinaire, sous réserve des dispositions des articles 39 et 40 de la Loi n° 86-35 / AN-RM qui ne leur sont pas applicables.

CHAPITRE IV : LES COMMISSIONS SPECIALISEES

Article 44 : En plus des organes de l'Ordre prévue par la loi n° 86-35 / AN-RM, il sera crée par le conseil national de l'Ordre des médecins, différentes commissions d'études notamment :

- une commission chargée des questions administratives et financières de la profession.
- Une commission sociale et des conflits
- Une commission scientifique et culturelle.

Article 45 : Outre ces commissions permanentes, le conseil national peut créer des commissions provisoires ayant pour but l'étude d'un problème précis.
Article 46 : Les commissions d'études sont les organes de réflexion, de proposition et de concertation, crées par le conseil national de l'Ordre des médecins pour l'aider dans le cadre des attributions que la loi lui a confiées.
Article 47 : Les résultats des travaux des commissions d'études sont soumis au conseil national et publiés dans le bulletin du conseil national.
Article 48 : Chaque commission d'étude comprend les membres, conseillers ou non, désignés par le bureau du conseil national. Les commissions d'études

sont présidées par des membres du conseil national.
Le président du conseil national de l'Ordre est membre de droit de toutes les commissions d'études.
Article 49 : La commission chargée des questions administratives et financières de la profession saisie par le conseil national, étudie notamment les problèmes suivants de l'exercice professionnel :
- l'installation du médecin ou du chirurgien-dentiste,
- aspects législatifs et réglementaires des modalités d'installation (contrats - types, cabinets de groupes, coopératives de médecins ou de chirurgiens-dentistes, autres types d'installation) ; problèmes juridiques et financiers de l'installation (prêts bancaires, assurance en responsabilité civile du médecin ou du chirurgien-dentiste).
- Le remplacement médical (réglementation)
- Les praticiens dangereux
- Les problèmes liés à l'application du droit médical et du code de déontologie et à l'éthique professionnelle.
La commission chargée des questions administratives et financières de la profession peut statuer sur toutes les questions touchant à l'organisation et au fonctionnement de l'Ordre national des médecins. En particulier elle étudie les propositions de modification du code de déontologie et règlement intérieur.
Elle est chargée de la réglementation de l'entraide professionnelle.
Article 50 : La commission chargée des questions administratives et financières de la profession est assistée du représentant du Ministère de la Justice auprès de l'0rdre national des Médecins.
Article 51 : La commission sociale et des conflits s'occupe des questions de sécurité sociale, notamment : les conventions entre le corps médical et les partenaires sociaux (services ou organismes publics, syndicats, caisses), la nomenclature, les tarifs, l'organisation et les prestations des soins.
Elle est dotée d'un pouvoir de conciliation, qu'elle exerce à la demande des intéressés, à l'occasion de litiges nés entre malades et praticiens (médecins, chirurgiens-dentistes, personnels paramédicaux), entre praticiens eux-mêmes, praticiens administrations.
Dans le domaine d'application des textes sur la législation sociale, elle peut se voir confier par le conseil national l'instruction de certains dossiers sur les fautes, abus, fraudes, et tous faits intéressant l'exercice de la profession, relevés à l'encontre des médecins, chirurgiens-dentistes ou personnels paramédicaux à l'occasion des soins dispensés aux assurés sociaux.
Elle s'occupe de la sécurité sociale des médecins, chirurgiens-dentistes, personnels paramédicaux.
Article 52 : La commission scientifique et culturelle est chargée d'étudier notamment les problèmes posés dans les domaines suivants :
L'ensemble médical (études des sciences de la santé, enseignement post-

universitaire) les questions hospitalières, les qualifications (critères, titres et modalités d'exercice professionnel) la démographie médicale, les fléaux sociaux. Ses travaux peuvent éclairer les prises de positions du conseil national sur certains sujets. Ces travaux sont publiés par le conseil national.
Cette commission est chargée de l'information du corps médical sur les différentes législations et réglementations intéressant la profession.
La commission scientifique et culturelle est chargée de l'organisation des manifestations récréatives, sportives et artistiques du conseil national de l'Ordre des Médecins.

TITRE II

DES CONSEILS CENTRAUX DE SECTIONS ET DES CONSEIL RÉGIONAUX DE L'ORDRE

CHAPITRE I : LES CONSEILS CENTRAUX DE SECTIONS

Article 53 : L'Ordre national des médecins comprend quatre sections. Chacune des sections est administrée par un conseil dont le siège est à Bamako.
Article 54 : Chaque conseil central de section comprend un bureau composé de trois membres :

- un président
- un secrétaire
- un trésorier.

Article 55 : Le président représente le conseil central dans toutes les activités intéressant la section sous le contrôle du conseil national.
Il peut déléguer tout ou partie de ses attributions à un ou plusieurs membres du conseil central.

Il est ordonnateur du budget de la section.
Article 56 : Le secrétaire remplace le président en cas d'empêchement définitif ou temporaire. Il assure les tâches de secrétariat.
Il veille à la mise à jour du tableau de l'Ordre pour la section concernée.
Article 57 : Le trésorier est responsable de la gestion financière et du matériel de la section.
Article 58 : Le conseil central de section se réunit une fois tous les deux (2) mois sur convocation de son Président et en présence de la majorité de ses membres.
Il peut tenir des réunions extraordinaires sur convocation de son Président ou à la demande de la majorité de ses membres.

Les votes du conseil central se font à main levée, sauf pour l'élection du bureau.
En cas de partage des voix, celle du président est prépondérante.
Article 59 : Le conseil central de section est assisté avec voix consultative :
- d'un magistrat
- d'un conseiller national représentant la section au conseil national de l'Ordre.
Article 60 : Les réunions du conseil central ne sont pas publiques.
Article 61 : Le conseil central de section étudie les dossiers, les propositions, les suggestions et tous les travaux qui lui sont soumis, notamment par :
- Les conseils régionaux de l'Ordre
- Le conseil national de l'Ordre.
Il veille à l'exécution des décisions du conseil national, des règlements établis par lui et de ses instructions.
Le conseil central de section est chargé par le conseil national :
- de la délivrance de licence de remplacement
- du contrôle du libellé des plaques et ordonnances.
Il peut donner son avis sur le cas de reconnaissance ou de refus de qualification.
Article 62 : Toutes les décisions du conseil central de section sont motivées. Elles sont notifiées au conseil national de l'Ordre dans un délai de quinze jours. Elles peuvent être reportées ou annulées par le conseil national soit d'office, à la demande des intéressés, dans les trois mois de leurs notifications.

CHAPITRE II : LES CONSEILS RÉGIONAUX DE L'ORDRE

Article 63 : Il existe au niveau du District de Bamako et de chacune des régions un conseil régional de l'Ordre.
Le conseil régional administre les médecins et les chirurgiens-dentistes exerçant dans le district ou la région et inscrits à l'une des quatre sections de l'Ordre.
Article 64 : Le bureau du conseil régional est composé de trois membres :
- un président
- un secrétaire
- un trésorier.
Article 65 : Le président représente le conseil régional dans toutes les activités intéressant l'ordre de la région.
Il peut déléguer tout ou partie de ses attributions à un ou plusieurs membres du conseil régional. Il est l'ordonnateur du budget du conseil régional.
Article 66 : Le secrétaire remplace le président en cas d'empêchement définitif ou temporaire. Il assure les tâches du secrétariat.
Article 67 : Le trésorier est chargé de la gestion financière et du matériel du conseil régional.

Il perçoit les cotisations annuelles de ses membres et reverse au compte du trésorier général du conseil national les quotes-parts réservées au conseil national et aux conseils centraux.

Article 68 : Le conseil régional se réunit une fois tous les deux mois, sur convocation de son président et en présence de la majorité de ses membres.

Il peut tenir des réunions extraordinaires sur convocation de son président ou à la demande de la majorité de ses membres

Les votes du conseil régional se font à main levée, sauf pour l'élection du bureau du conseil régional.

En cas de partage des voix, celle du président est prépondérante.

Article 69 : Le conseil régional est assisté d'un magistrat avec voix consultative.

Article 70 : Les réunions du conseil régional ne sont pas publiques.

Article 71 : Les conseils régionaux exercent à l'échelon de la région et sous le contrôle du conseil national, les attributions générales de l'Ordre des médecins.

Il assure le respect des lois et règlements qui régissant l'Ordre et l'exercice de la profession.

Il reçoit les demandes d'inscription à l'Ordre qui sont adressées au président du conseil régional de la région où le postulant se propose d'exercer. La demande, accompagnée de toutes les pièces requises est transmises au conseil national de l'Ordre par le conseil régional, après que celui-ci ait donné son avis motivé. Le conseil régional étudie les dossiers, les propositions, les suggestions, et tous les travaux qui lui sont soumis notamment par :

- le conseil national
- les conseils centraux de sections

Il veille à l'exécution des décisions du conseil national, des règlements établis par lui et de ses instructions.

Article 72 : Toutes les décisions du conseil régional sont motivées. Elles sont notifiées au conseil national dans un délai de 1 (un) mois.

Elles peuvent être reportées ou annulées par le conseil national soit d'office soit à la demande des intéressées, dans les trois mois de leur notification.

CHAPITRE III : LA COMMISSION DISCIPLINAIRE DES CONSEILS CENTRAUX DE SECTIONS DES CONSEILS RÉGIONAUX DE L'ORDRE

Article 73 : Chaque conseil central de section ou conseil régional a une commission disciplinaire composée :

- du magistrat, qui en est le président
- et de deux membres élus.

Article 74 : La commission disciplinaire du conseil central de section ou du conseil régional a pour rôle de faire des propositions de sanctions au conseil national de l'Ordre.

Article 75 : Le président d'un conseil central de section ou du conseil régional, saisi d'une demande de sanction disciplinaire, l'enregistre et la notifie dans la semaine au médecin ou au chirurgien-dentiste mis en cause, en lui adressant une copie intégrale par plis recommandé avec accusé de réception.
Le jour même de cette notification, la demande est transmise au magistrat président de la commission disciplinaire du conseil central de section ou du conseil régional concerné.
La commission disciplinaire est chargée de l'instruction de l'affaire.
La procédure est la même qu'aux articles 22, 23, 24 ci-dessus.
À la fin de ses travaux, le dossier est transmis au conseil national siégeant comme formation disciplinaire, par le Président du conseil central de section ou du conseil régional concerné avec les conclusions motivées de ce conseil, de la manière qu'il est prévu à l'article 25 ci-dessus.

TITRE III : DISPOSITIONS COMMUNES

Article 76 : Les fonctions occupées au sein des conseils (conseil national, conseils centraux de sections et conseils régionaux) et des bureaux sont gratuites.
Article 77 : Tout conseiller (membre du conseil national, d'un conseil central ou régional) qui, sans motif valable n'a pas siégé durant trois séances consécutives, peut, sur proposition du conseil intéressé, être déclaré démissionnaire par le conseil national.
Tout conseiller définitivement empêcher sera remplacé numériquement par le candidat ayant et tenu le plus de voix parmi les candidats élus lors des élections aux conseils.
Article 78 : Il y a une incompatibilité entre les fonctions de membre du conseil national de l'Ordre, d'un conseil central de section ou du conseil régional du District et l'une quelconque des fonctions de membres :
- soit un bureau national d'un syndicat professionnel de la santé
- soit du bureau national d'une amicale ou de toute association de professionnels de la santé.
Article 79 : Il y a incompatibilité entre les fonctions de président ou de trésorier l'un des conseils régionaux de l'Ordre autre que celui du District et les fonctions correspondants :
- soit d'un syndicat professionnel de la santé
- soit d'une association de professionnels de la santé

TITRE IV

DE LA CARTE D'IDENTITÉ DE LA FICHE SIGNALÉTIQUE

Article 80 : Une carte d'identité professionnelle et une fiche signalétique numérotées sont établis par le Président du conseil national au nom des médecins et chirurgien - dentistes inscrits au tableau de l'Ordre.
La carte d'identité est délivrée au médecin et au chirurgien - dentiste après paiement de leur cotisation annuel.
La fiche signalétique est conservée aux archives de l'Ordre.
Article 81 : En cas de suspension, la carte d'identité est déposée au secrétariat de l'Ordre pour la durée de la suspension.
En cas de radiation, elle est retirée définitivement.

CHAPITRE I : LES COTISATIONS

Article 82 : Les ressources de l'Ordre national des médecins proviennent essentiellement :
- des droits d'inscription
- des cotisations ordinaires et extraordinaires des membres
- des dons et legs acceptés par le conseil national
- des fonds issus des activités socio-culturelles des conseils
- des emprunts bancaires.

Article 83 : L'exercice financier commence le 1er janvier et se termine le 31 décembre de chaque année.
Article 84 : Les derniers de l'Ordre sont exclusivement destinés à assurer :
- le fonctionnement administratif et disciplinaire des différents conseils
- le fonctionnement des œuvres intéressant la profession
- le fonctionnement des œuvres d'entraide gérées ou approuvées par le conseil national.

Article 85 : Les cotisations, qu'elles soient ordinaires ou extraordinaires, sont obligatoires, sous peine de sanction par le conseil national.
Des cas d'exonération, totale ou partielle, peuvent être accordés par le conseil national.
Article 86 : Sont prévus les cas d'exonération totale suivants :
a) le médecin ou le chirurgien-dentiste pendant la durée du service national des jeunes ;
b) le médecin ou chirurgien dentiste frappé d'une interdiction temporaire pendant la durée de celle-ci ;
c) le médecin ou le chirurgien dentiste incarcéré, pendant la durée de cette incarcération.

Article 87 : Est prévu le cas d'exonération partielle à 50 % :
Le médecin ou le chirurgien dentiste inscrit, mais ne pratiquant plus aucun acte médical rémunéré.

Article 88 : Le non-paiement de la cotisation, après notification d'un rappel par le conseil régional au praticien, expose celui-ci aux sanctions disciplinaires de l'Ordre.

Article 89 : Le trésorier d'un conseil régional informe pour le 31 janvier au plus tard tous les médecins et chirurgien dentistes inscrits au tableau.
Les cotisations annuelles doivent être recouvrées le 31 Mars au plus tard. En cas de difficulté d'encaissement, le trésorier du conseil régional informe son conseil, qui peut déclencher l'action disciplinaire.

Article 90 : La réunion générale du conseil national et des conseils centraux de sections et conseils régionaux de l'Ordre est convoquée une fois par an par le Président du conseil national.
Au cours de cette réunion, chaque trésorier d'un conseil central de section ou d'un conseil régional présente un rapport sur :
- le bilan financier de l'année précédente
- la situation financière de l'année précédente
- la situation financière de son conseil, arrêté au 30 septembre de l'année en cours, ainsi que les prévisions du 4ème trimestre
- le projet de budget - programme de l'année suivante.

Article 91 : Après étude de ces projets de budget et après l'avis donné par les commissaires aux comptes, qui auront contrôlé la trésorerie du conseil national, celui-ci fixe le taux de la cotisation annuelle pour l'année à venir, ainsi que la quantité à reverser au conseil national et aux conseils centraux de section et des conseils régionaux sont notifiés aux conseils régionaux par le conseil national dans tous les cas avant le 31 décembre.

CHAPITRE II : L'ENTRAIDE PROFESSIONNELLE

Article 92 : Le conseil national s'efforcera de constituer une caisse d'entraide professionnelle.
Peuvent bénéficier de l'entraide professionnelle :
- les praticiens malades, invalides, à la condition qu'ils ne relèvent pas d'une caisse de retraite ;
- les veuves et les orphelins des praticiens.

POUR COMPLETER LE RÈGLEMENT INTERIEUR

TITRE I

DISPOSITIONS COMMUNES

CHAPITRE I : ELECTION DU CONSEIL NATIONAL

Article 76 : Le conseil national de l'Ordre est composé de :
Dix (10) membres élus titulaires
- Deux (2) membres élus suppléments ayant résidence professionnelle à Bamako.

Les membres du conseil national de l'Ordre sont élus pour trois (3) ans par l'Assemblée générale qui est composée de tous les médecins et chirurgiens dentistes inscrits à l'Ordre.

Le vote a lieu en scrutin secret. Il peut être fait par correspondance. Pour les médecins et chirurgiens dentistes régulièrement inscrit à l'Ordre sont éligibles. Les membres sortants sont rééligibles.

Article 77 : La liste de tous les médecins et chirurgiens dentistes régulièrement inscrits à l'Ordre national des médecins du Mali est mise pendant les trois mois qui précèdent l'élection à la disposition de tous les électeurs par le conseil.

Article 78 : Trois mois au moins avant la date de l'élection, le président du conseil national de l'Ordre adresse une convocation individuelle à chaque électeur.

Cette convocation indique :
- le nombre des candidats à élire : titulaires et suppléants
- les formalités à remplir pour le dépôt des candidatures
- les modalités, le lieu et la date de l'élection
- l'heure d'ouverture et de fermeture du scrutin.

Article 79 :
Les déclarations de candidature doivent parvenir par lettre recommandée avec demande d'avis de réception au siège du conseil national deux mois au moins avant le jour de l'élection.

La déclaration peut être faite, dans le même délai, au siège du conseil national.

Chaque candidat doit indiquer son nom, prénom, âge, qualification professionnelle et adresse ; ces indications sont portées sur un registre par ordre d'arrivée au siège du conseil national.

Article 80 : Le président du conseil national envoie aux électeurs un avis au moins avant la date de l'élection un exemplaire de la liste des candidats imprimée par ordre alphabétique sur papier blanc, avec les indications mentionnées à l'article précédente.

Article 81 : Les votes par correspondance sont a dressés ou déposés obligatoirement au siège du conseil régional de l'Ordre. Ils y sont conservés dans une grande enveloppe, qui sera scellée en présence des membres du conseil régional.

Les noms, prénom et adresse du votant par correspondance sont portés sur un registre d'arrivée.

La grande enveloppe contenant tous les votes par correspondance de la région sera confiée au délégué de la région pour l'assemblée générale le jour de l'élection.

Article 82 : Tout médecin ou chirurgien dentiste, régulièrement inscrit à l'Ordre peut, quelle que soit sa résidence, prendre part au vote à l'assemblée générale. Seuls les électeurs qui ont voté par correspondance ne peuvent pas prendre part au vote à l'assemblée générale.

Aucun vote par correspondance n'est valable, s'il parvient après la clôture de l'Assemblée générale.

Article 83 : L'Assemblée générale des électeurs n'est réunie que pour procéder au vote. Sur première convocation, elle se délibère que lorsque la majorité des membres inscrits à l'Ordre et présents au Mali sont présents ou représentés. Sur deuxième convocation qui a lieu après 72 heures, aucun quorum n'est requis.

Article 84 : Le Président du conseil national ouvre la séance et invite l'Assemblée Générale à élire son bureau de votre comprenant un président et quatre assesseurs.

Chacun d'eux doit avoir à la disposition la liste des électeurs ayant voté par correspondance et la liste des candidats.

Article 85 : Le bureau rappelle aux électeurs la liste des candidats et met à leur disposition des feuilles blanches vierges et des enveloppes.

Le scrutin est ouvert à 9 heures et clos à 13 heures.

L'ouverture du scrutin est annoncée et la clôture du scrutin prononcée par le président de l'assemblée générale

Il est précédé au vote ; chaque électeur inscrit sur la feuille blanche les douze candidats de son choix, la met dans l'enveloppe qu'il dépose dans l'urne.

Après le vote des électeurs présents les grandes enveloppes contenant les votes par correspondance sont ouvertes. Le bureau de l'assemblée procède au pointage des votants par correspondance et s'assure qu'aucun d'entre eux n'a voté dans la salle. Puis les bulletins de vote par correspondance sont déposés dans l'urne.

Article 86 : Le dépouillement a lieu en séance publique. Les assesseurs pointent le nombre de voix obtenues par chacun des candidats.

Aucun bulletin de vote ne doit comporter, sous peine de nullité, un nombre de noms supérieur à celui des postes à pourvoir.

Article 87 : Sont proclamés élus titulaires les dix candidats ayant obtenu le plus grand nombre de voix.
Sont proclamés élus suppléants les deux praticiens résident à Bamako, ayant obtenu le plus grand nombre de voix après les titulaires.
En cas d'égalité de voix, le plus âgé est proclamé élu.
Article 88 : Après la proclamation des résultats du scrutin le procès-verbal de l'élection est rédigé et signé des membres du bureau de l'assemblée générale dans les 48 heures au plus tard. L'assemblée générale ne peut être déclarée close qu'après la proclamation des résultats du scrutin.
Article 89 : Une copie du procès-verbal de l'élection certifiée conforme par les membres du bureau de l'Assemblée générale est adressée au ministre chargé de la santé publique dans les 72 heures au plus tard.
Article 90 : Les résultats de l'élection au conseil national de l'Ordre sont, par les soins du Président du conseil national, envoyés sans délai aux conseils régionaux, aux conseils de l'Ordre des sages-femmes et conseil national de l'Ordre des pharmaciens, ainsi qu'au ministre de la justice, et publiés dans un journal d'annonces légales.

CHAPITRE II : ELECTIONS DES CONSEILS CENTRAUX ET DES CONSEILS RÉGIONAUX DE L'ORDRE

Article 91 : Chaque conseil central est composé d'un nombre variable de membres suivant le nombre d'inscrits au tableau de la section. Il comporte :
- trois membres si le nombre des médecins et chirurgiens dentistes inscrits est égal ou inférieur à vingt (20).
- Quatre membres si ce nombre est de 21 à 30
- Cinq membres si ce nombre est supérieur à 30.

Article 92 : Chaque conseil régional est composé d'un nombre variable de membres suivant le nombre de médecins et chirurgiens-dentistes exerçant dans le District ou la région et inscrits à l'une des quatre sections de l'Ordre.
Le conseil régional comprend :
- Trois membres si le nombre d'inscrits de la région est égal ou inférieur à 30.
- Quatre membres si ce nombre est de 31 à 40
- Cinq membres si ce nombre est supérieur à 40.

Article 93 : Les membres de chaque conseil central de section ou conseil régional de l'Ordre sont élus pour trois ans par l'Assemblée générale qu'est l'ensemble des médecins et chirurgiens dentistes inscrits à la section pour le conseil central, exerçant dans la région pour le conseil régional.
Article 94 : Les conditions et modalités d'élections sont identiques à celles de l'élection du conseil national. Les élections sont organisées et se déroulent sous la supervision du conseil national.
Article 95 : Les résultats des élections des conseils centraux et régionaux de l'ordre sont adressés au Ministre chargé de la santé publique une semaine au

maximum après les élections. Les résultats des élections des conseils régionaux sont, envoyés par les soins du Président du conseil national de l'Ordre au Gouverneur de région et aux parquets de régions pour ce qui concerne la région.

L'ensemble des résultats des élections est publié dans un journal d'annonces légales.

MÉDECINE VÉTÉRINAIRE

TEXTES DE LOIS

LOI n° 2012-014/ DU 24 FEVRIER 2012 RELATIVE AU BIEN-ETRE ANIMAL[79]

L'assemblée nationale a délibéré et adopté en sa seance du 26 janvier 2012, LE PRESIDENT DE LA REPUBLIQUE PROMULGUE LA LOI DONT LA TENEUR SUIT :

CHAPITRE I : DISPOSITIONS GÉNÉRALES

Article 1 : La présente loi a pour objet d'assurer la protection des animaux contre les mauvais traitements, les usages abusifs, l'abandon et les souffrances inutiles.

Article 2 : Elle couvre l'ensemble des pratiques relatives aux animaux d'élevage, de compagnie, d'expérience, de sport, de loisir et des animaux sauvages, notamment :

- Les pratiques d'élevage et de l'habitat ; - Le transport des animaux et leur traitement ; - L'abattage des animaux ; - La mise à mort des animaux à des fins prophylactiques ;
- L'utilisation des animaux pour la recherche et l'enseignement ;
- L'utilisation des animaux dans les jeux, spectacles, présentations et parcs zoologiques ;
- L'utilisation des animaux pour le transport, le trait et le bât.

La présente loi complète, en ce qui concerne les animaux sauvages les dispositions de la Loi n° 95-031 du 20 mars 1995 fixant les conditions de gestion de la faune sauvage et de son habitat de la Loi n° 02-017 du 03 juin 2002 régissant la détention, l'exportation, la réexportation, l'importation, le transport et le transit de spécimens d'espèces de la faune et du flore sauvages et la Loi n° 95032 du 20 mars 1995 fixant les conditions de gestion de la pêche et de la pisciculture et celles du Règlement n° 4/ 2007/CM/UEMOA portant création et modalités de fonctionnement du Comité consultatif sur l'harmonisation des politiques et des Législations des États membres de l'UEMOA en matière de pêche et d'aquaculture.

---

[79] Voir : http://extwprlegs1.fao.org/docs/pdf/mli152384.pdf.

CHAPITRE II : DES DÉFINITIONS

Article 3 : Au sens de la présente loi on entend par :
Abattage : la mise à mort d'animaux à des fins de production de denrées alimentaires.
Animaux domestiques : animaux domestiques des espèces équine, bobine, ovine, caprine et porcine, lapin domestique, chiens et chats domestiques, pigeons domestiques, volaille domestique à savoir les poules, les pintades, les oies et canards domestiques.
Animaux sauvages : tous les vertébrés, à l'exception des animaux domestiques, des céphalopodes et des décapodes marcheurs.
Animaux de compagnie : animaux détenus par intérêt pour l'animal ou comme compagnon dans le propre ménage, ou destinés à une telle utilisation.
Animaux d'expérience : animaux utilisés dans une expérience ou destinés à une telle utilisation.
Animal jeune : l'animal qui n'a pas encore les qualités de la maturité.
Animal errant : désigne tout animal non soumis à la surveillance directe d'une personne ou susceptible de divaguer.
Empoisonnement : désigne l'induction de la mort par l'administration d'un poison violent.
Euthanasie : désigne l'induction de la mort en respectant les principes de bien être animal c'est-à-dire au moyen de méthodes provoquant une perte de conscience rapide et irréversible et réduisant au minimum douleur et stresses chez l'animal.
La règle des trois R : elle comprend :
- Le remplacement : désigne les méthodes utilisant des cellules, tissus ou organes d'animaux (remplacement relatif) ainsi que celles ne requérant pas l'utilisation d'animaux pour atteindre les objectifs scientifiques (remplacement absolu) ;
- La réduction : désigne les méthodes permettant aux chercheurs d'obtenir des informations comparables en utilisant moins d'animaux ou d'obtenir plus d'informations en utilisant le même nombre d'animaux.
- Le raffinement : désigne les méthodes prévenant, atténuant ou minimisant la douleur, la souffrance, le stress ou les dommages à long terme.
Maltraitance : ensemble des mauvais traitements infligés aux animaux.
Souffrance : désigne toute expérience désagréable et non désirée résultat de l'effet sur un animal de divers stimuli nocifs et/ou de l'absence de stimuli positifs. L'état de souffrance s'oppose à l'état de bien être.
Stress : ensemble de perturbations biologiques et psychiques provoqués par une agression quelconque sur un organisme.

CHAPITRE III : DE LA PROTECTION DES ANIMAUX

Article 4 : L'animal est un sensible ; à ce titre il doit être placé dans des conditions de vie qui répondent à ses besoins physiologiques, éthologiques et sanitaires sans lui occasionner inutilement de douleur ou de stress. Ces conditions incluent des éléments contribuant à la qualité de vie des animaux, parmi lesquels on compte les « cinq droits de l'animal » universellement reconnus :

- être épargné de la faim, de la soif et de la malnutrition ;
- être épargné de la peur et de la détresse ;
- être épargné de l'inconfort physique et thermique ;
- être épargné de la douleur, des blessures et des maladies ;
- être libre d'exprimer des modes normaux de comportement.

Article 5 : Toute personne qui détient un animal, qui en a la garde ou qui en prend soin est tenue de :

* lui donner la nourriture et les soins appropriés à son espèce de lui fournir un logement adapté à ses besoins physiologiques et éthologiques ;
* éviter de restreindre ses besoins naturels d'exercice et de mouvement de façon qu'il en résulte pour lui des douleurs, des souffrances ou des lésions.

Article 6 : L'utilisation d'animaux vivants pour la recherche et l'enseignement ne doit s'effectuer que si elle revêt un caractère de nécessité et doit se justifier d'un point de vue éthique.

Les établissements ouverts au public pour l'utilisation d'animaux sont soumis au contrôle de la Direction Nationale des Services Vétérinaires qui peut prescrire des mesures pouvant aller jusqu'à la fermeture de l'établissement, indépendamment des poursuites pénales qui peuvent être exercées conformément à la réglementation en vigueur.

Article 7 : Toute personne physique ou morale exploitant un commerce d'animaux, logeant des animaux moyennant une rémunération, les élevant à des fins commerciales, les louant, s'en servant à des fins de transport, les exposant ou les exhibant dans un but commercial, doit en demander l'autorisation à la direction des services chargés de la santé animale et à la direction des services chargé de la faune sauvage lorsque la demande concerne les animaux sauvages.

La présente disposition n'est pas applicable aux exploitants agricoles qui font le commerce des animaux de leur propre entreprise, ni aux cirques ambulants disposant d'une autorisation délivrée par les autorités de leur pays d'origine.

Article 8 : Un animal ne peut être tué ou abattu qu'après avoir été au préalable étourdi ou anesthésié sans préjudice des dispositions légales réglementant l'exercice de la chasse et de la pêche.

Toutefois, les abattages rituels et familiaux ne sont pas astreints à cette disposition. Le gibier blessé à mort par le chasseur doit être recherché et tué immédiatement dans le but de mettre fin à sa souffrance.

Article 9 : Toute intervention sur animal vertébré causant des douleurs ou des souffrances doit être effectuée sous anesthésie.
Si l'animal est un vertébré à sang chaud, l'anesthésie doit être pratiquée par un vétérinaire.
Une dispense de l'obligation d'avoir recours à un vétérinaire peut être accordée par le ministre chargé de l'Elevage, lorsque l'anesthésie est réalisée par projectile.
Sous réserve de l'application des dispositions légales et règlementaires concernant l'exercice de la médecine vétérinaire, l'anesthésie n'est pas requise :
* lorsque la même intervention pratiquée sur l'homme se fait normalement sans anesthésie ;
* lorsque le vétérinaire estime qu'une anesthésie est irréalisable ;
* lorsqu'il s'agit d'interventions mineures.
Article 10 : Un animal ne peut être amputé que sur des indications vétérinaires ou pour des motifs zootechniques impératifs.
Article 11 : Un animal ne peut faire l'objet d'une expérience que dans les buts suivants :
- la prévention des maladies des déficiences, de toute autre anomalie, ou de leurs effets chez l'homme, l'animal ou la plante, y compris le contrôle des médicaments, substances ou produits ;
- le diagnostic ou le traitement des maladies, des déficiences ou de toute autre anomalie ou de leurs effets chez l'homme, l'animal ou la plante ;
- le diagnostic et l'appréciation de l'état physiologique ;
- la prolongation de la vie de l'homme, de l'animal ou de la plante ;
- la protection de l'environnement ;
- la protection et le contrôle des denrées alimentaires ;
- l'élevage des animaux ;
- l'étude du comportement animal ;
- l'enseignement et la formation.
Article 12 : Quiconque se propose de procéder à des expériences sur des animaux vivants pour un des motifs énumérés à l'article 11, doit demander pour chaque projet expérimental l'autorisation au ministre chargé de l'Elevage, après avis d'un comité d'éthique.
Cette demande doit préciser le but visé, le mode d'exécution, les anesthésies éventuellement mises en œuvre, ainsi que l'espèce et le nombre d'animaux utilisés.
Cette autorisation peut être limitée dans le temps. Elle est révocable à tout moment.
Les centres de recherche disposant d'une animalerie agréée par le ministre chargé de l'Elevage sont dispensés de requérir l'autorisation dudit ministre.
Celui qui est responsable de l'exécution des expériences, doit posséder un diplôme universitaire de médecin, pharmacien, vétérinaire ou biologiste et

justifier la formation pratique nécessaire.
Article 13 : Les expériences sur des animaux ne peuvent être réalisées que dans des instituts ou laboratoires agréés disposant de personnel qualifié et d'installations adéquates. Les expériences faites dans le cadre d'une étude du comportement peuvent être faites en dehors de ces établissements.

CHAPITRE IV : DES INFRACTIONS ET PENALITES

Article 14 : Sera puni d'une amende de 1 500 à 18 000 francs et d'un emprisonnement d'un (01) jour à dix (10) jours ou de l'une de ces peines seulement :
- quiconque aura contraint un animal, sauf en cas de force majeure, à réaliser des performances qu'il est manifestement incapable d'atteindre parce qu'elles dépassent normalement ses forces ou parce que l'animal est malade ou se trouve dans un état de faiblesse ;
- quiconque aura cédé ou acquis un animal impotent et malade pour lequel le maintien en vie implique des souffrances incurables, dans un but autre que celui de sa suppression immédiate et sans douleur ;
- quiconque aura employé un animal pour des exhibitions, pour la publicité, pour le tournage de films, ou à des fins analogues, pour autant qu'il en résulte pour l'animal des douleurs et des maux ;
- quiconque aura excité l'agressivité d'un animal afin qu'il s'attaque à d'autres animaux ou le confronter à d'autres animaux vivants sans préjudice des règles d'exercice de la chasse ;
- quiconque aura gavé un animal ou l'aura nourri de force à moins que son état de santé n'exige cette mesure ;
- quiconque aura fourni sciemment à un animal une nourriture qui lui cause manifestement des douleurs ou des dommages considérables, ou lui aura administré des substances destinées à stimuler ses capacités physiques en vue d'activités sportives ;
- quiconque aura organisé des concours de tir sur des animaux vivants.
Article 15 : Sera puni d'une amende de 1 500 à 18 000 francs et d'un emprisonnement d'un (01) jour à dix (10) jours ou de l'une de ces peines seulement :
- quiconque aura fait travailler (trait ou selle) un animal surmené, blessé par son harnachement, par coups ou accidentellement, ainsi qu'un animal malade et sous alimenté, dont l'aspect dénote un mauvais état de santé ou d'entretien ;
- quiconque aura utilisé harnachements, brides, licols, selles, sangles métalliques ou réparé avec des objets métalliques points ou tranchants, ainsi que tout harnachement défectueux pouvant blesser l'animal ;
- quiconque sera surpris en train de frapper brutalement ou de maltraiter un animal, qui aura refusé ou négligé de soigner un animal blessé ou malade ;
- quiconque aura refusé de se conformer aux prescriptions des services

vétérinaires en particulier à faire travailler un animal pendant la période de repos prescrite ;
- quiconque aura utilisé les animaux dans le cadre de la recherche et de l'enseignement sans se conformer à la règle des Trois R qui comprend au niveau international le remplacement, la réduction et le raffinement.
Article 16 : Sera puni d'une amende de 2 000 à 18 000 francs :
- celui qui aura privé l'animal de nourriture et, lorsqu'il y a lieu, de l'abreuvement nécessaires à la satisfaction des besoins physiologiques propres à son espèce et à son degré de développement, d'adaptation ou de domestication ;
- celui qui l'aura placé et maintenu dans un habitat ou un environnement susceptible d'être, en raison de son exiguïté, de sa situation inappropriée aux conditions climatiques supportables par l'espèce considérée ou de l'inadaptation des matériels, installation ou agencements utilisés, une cause de souffrances, de blessures ou d'accidents ;
- celui qui aura utilisé, sauf en cas de nécessité absolue, des dispositifs d'attache ou de contention ainsi que des clôtures, des cages ou, plus, généralement, tout mode détention inadapté à l'espèce considérée ou de nature à provoquer des blessures ou des souffrances.
Article 17 : Quiconque aura effectué ou fait effectuer le transport d'un animal inapte au déplacement envisagé, et spécialement d'un animal manifestement malade ou blessé ou d'une femelle sur le point de mettre bas sera puni d'une amende de 2 000 à 18000 francs.
Cette disposition n'est pas applicable :
- dans le cas où le transport est prévu à des fins sanitaires ou en vue de l'abattage sanitaire ; - dans le cas de transport d'animaux de compagnie accompagnés par leur propriétaire ou leur gardien.
Article 18 : Quiconque aura, sans nécessité, publiquement ou non, exercé des sévices graves ou commis un acte de cruauté envers un animal domestique ou apprivoisé ou tenu en captivité, sera puni d'un emprisonnement de onze (11) jours à trois (03) mois et facultativement d'une amende de 10 000 à 100 000 francs.
En cas de récidive, les peines seront portées au double.
Article 19 : Quiconque aura volontairement empoisonné des poissons dans les étangs, viviers ou réservoirs, sera puni conformément aux dispositions de l'article 316 du code pénal.
Article 20 : Sans préjudice des dispositions de l'article 317 du code pénal et nonobstant les dispositions des articles 35, 36 et 37 de la loi portant charte pastorale en République du Mali, quiconque aura volontairement abandonné dans la nature des animaux domestiques, sera puni de onze (11) jours à un (01) mois d'emprisonnement et d'une amende de 18 000 à 100 000 francs ou de l'une de ces peines seulement.
Article 21 : Les animaux abandonnés sont en outre saisis et mis en fourrière

et les contrevenants, indépendamment des sanctions prévues à l'article précédent sont astreints le jour de l'enlèvement, au paiement des frais occasionnés par la mise en fourrière.
Article 22 : Si dans un délai de huit (08) jours les animaux ne sont pas retirés après paiement des droits visés à l'article précédent, ils sont vendus aux enchères publiques par ministère d'huissier.

CHAPITRE V : DE LA POURSUITE DES INFRACTIONS

Article 23 : Les vétérinaires et ingénieurs d'Elevage, les techniciens d'élevage, les agents techniques d'élevage assermentés de la Direction Nationale des Services Vétérinaires, les officiers et agents de police judiciaire ont qualité pour rechercher et constater par procès-verbaux les infractions en matière de bien être animal.
Article 24 : Les fonctionnaires de la Direction Nationale des Services Vétérinaires visés à l'article précédent peuvent s'introduire dans les maisons, fermes, cours dépôts et enclos accompagnés d'un représentant de la force publique ou de collectivité lequel signe le procèsverbal de l'opération à laquelle il a assisté.
Ils ont libre accès sur les quais fluviaux, dans les gares, aéroports et sur les voies de chemin de fer. Ils peuvent visiter les trains, véhicules, avions pinasses et embarcations de toute nature.
Article 25 : Les agents assermentés de services vétérinaires conduisent devant l'officier de police judiciaire, tous les contrevenants qu'ils surprennent en flagrant délit ou dont ils ne peuvent s'assurer de l'identité.
Ils peuvent dans l'exercice de leurs fonctions requérir verbalement ou par écrit directement la force publique.
Article 26 : Les infractions en matière de bien être animal sont prouvées par tous les moyens de droit.
Article 27 : Les procès –verbaux dressés par les agents de la Direction Nationale des Services Vétérinaires font foi jusqu'à preuve du contraire.
Article 28 : Ils remettent les procès-verbaux à leurs chefs hiérarchiques qui les transmettent directement au Procureur de la République.

CHAPITRE VI : DES TRANSACTIONS

Article 29 : Les agents assermentés des services vétérinaires peuvent transiger avant ou après jugement sur les infractions en matière de bien être animal. Avant jugement, la transaction éteint l'action publique.
Après jugement, la transaction n'a d'effet que sur les peines pécuniaires. Le montant de la transaction consenti doit être acquitté dans le délai fixé dans l'acte de transaction, faute de quoi, il est procédé à la poursuite judiciaire.
Article 30 : Les agents assermentés des services vétérinaires instruisent

l'affaire, dressent le procès verbal et envoient les conclusions et propositions de transaction au chef de service chargé du contrôle qui transige et renvoie le dossier pour exécution.

CHAPITRE VII : DES DISPOSITIONS FINALES

Article 31 : Les délais de prescription en matière de bien être animal sont ceux prévus par le Code de Procédure Pénale.
Article 32 : Des ristournes sont accordées aux agents de contrôle sur les produits des amendes de transactions en matière de bien être animal.
Article 33 : Le recouvrement des amendements résultant des jugements rendus ou des transactions intervenues après jument pour les contraventions et délits prévus par la présente loi sont assurés par des régies de recettes instituées par arrêté du ministre chargé des finances auprès des services vétérinaires chargés de la constatation des poursuites et des infractions.
Article 34 : Un décret pris en Conseil des Ministres fixe les modalités d'application de la présente loi.
Article 35 : La présente loi abroge toutes dispositions antérieures contraires.

Bamako, le 24 février 2012

Le Président de la République, Amadou Toumani TOURÉ

LOI n° 2011-028/ DU 14 JUIN 2011 INSTITUANT LE CONTRÔLE DES DENREES ALIMENTAIRES D'ORIGINE ANIMALE ET DES ALIMENTS POUR ANIMAUX[80]

L'Assemblée Nationale a délibéré et adopté en sa séance du 19 mai 2011
Le Président de la République promulgue la loi dont la teneur suit :

CHAPITRE I : DES DISPOSITIONS GÉNÉRALES

Section 1 : De l'objet et du champ d'application

Article 1 : La présente loi régit le contrôle des denrées alimentaires d'origine animale et des aliments pour animaux. Ce contrôle s'exerce sur tout le processus de la production jusqu'à la consommation. Il couvre en outre l'importation et l'exportation.
Article 2 : Le contrôle a pour objet de s'assurer de l'application des règles de bonnes pratiques et des normes relatives à la production, à la transformation, au conditionnement, au stockage et au transports des denrées alimentaires d'origine animale et des aliments pour animaux.

Section 2 : Des définitions

Article 3 : Au sens de la présente loi, on entend par :
- Aliment pour animal : tout produit destiné à la nutrition ou à l'alimentation des animaux ;
- Confiscation : perte des droits de propriété du propriétaire sur un produit délictueux qui alors devient propriété de l'État ;
- Consigne : acte administratif par lequel l'Etat interdit la circulation, l'usage d'une denrée animale ou d'origine animale le temps de s'assurer, par des opérations appropriées, de son état sanitaire ou de sa salubrité ;
- Consommateur : toute personne physique ou morale qui achète ou offre d'acheter, utilise ou est bénéficiaire en tant qu'utilisatrice finale, d'un bien, service ou technologie, quelle que soit la nature publique ou privée, individuelle ou collective des personnes ayant produit ou facilité leur fourniture ou leur transmission ;
- Danger : tout agent biologique, chimique ou physique ou l'état de l'aliment ayant potentiellement un effet nocif sur la santé ;
- Denrée alimentaire : toute substance traitée, partiellement traitée ou brute, destinée à l'alimentation humaine, et englobant les boissons, le chewing-gum

[80]http://http//www.journal-officiel.ml/1/56/fr/journal-officiel/le-journal-officiel.html.

et toutes les substances utilisées dans la fabrication, la préparation et le traitement des aliments, à l'exclusion des substances employées uniquement sous forme de médicaments ou de cosmétiques ;
- Denrée alimentaire d'origine animale : produit comestible élaboré par les animaux à l'état naturel ou transformé, ainsi que les denrées animales présentées à la vente après préparation, traitement, transformation, que ces produits ou denrées soient ou non mélangées avec d'autres denrées ;
- Étiquetage : ensemble des indications figurant sur le produit et son emballage destinées à l'information du consommateur ;
- Norme : document établi par consensus et approuvé par un organisme reconnu, qui fournit, pour des usages communs et répétés, des règles, des lignes directrices ou des caractéristiques pour des activités ou leurs résultats ;
- Risque : fonction de la probabilité d'un effet adverse pour la santé et de sa gravité, du fait de la présence d'un (de) danger (s) dans un aliment ;
- Salubrité des aliments : état d'un produit alimentaire au regard des risques de santé pour l'homme lors de son ingestion ;
- Saisie : dépossession provisoire ou définitive du détenteur des produits alimentaires d'origine animale et des aliments pour animaux délictueux ;
- Saisie vétérinaire : la saisie vétérinaire au sens large est un acte administratif par lequel l'autorité compétente déclare impropre à la consommation en l'état, une denrée animale ou d'origine animale, restreint son usage aux circuits de la transformation, de l'alimentation animale, l'équarrissage et la place sous le contrôle des services vétérinaires ;
- Sécurité sanitaire des aliments : assurance que les aliments sont sans danger pour le consommateur quand ils sont préparés ou consommés conformément à l'usage auquel ils sont destinés ;
- Traçabilité : caractéristique d'un produit alimentaire dont il est possible à tout moment de reconstituer l'ensemble des principaux événements passés qui ont pu modifier ou déterminer son état sanitaire et sa salubrité, tels l'état des matières premières dont il est issu, les entreprises dans lesquelles il a fait l'objet de manipulations, les produits au contact desquels il a été placé, les contrôles auxquels il a été soumis.

CHAPITRE II : DES AGENTS DU CONTRÔLE

Article 4 : Les agents des services vétérinaires chargés du contrôle des denrées alimentaires d'origine animale et des aliments pour animaux sont les vétérinaires et ingénieurs d'élevage, les techniciens d'élevage et les agents techniques d'élevage.
Avant d'entrer en fonction, ces agents prêtent devant le Tribunal de Première Instance du ressort du lieu d'affectation suivant la formule ci-après : « je jure et promets de bien et loyalement remplir mes fonctions et d'observer en tout, les devoirs qu'elles m'imposent ».

Article 5 : Des ristournes sont accordées aux agents chargés du contrôle sur les produits des amendes, des transactions et confiscations des denrées alimentaires ou des aliments pour animaux conformément à la réglementation en vigueur.

CHAPITRE III : DU POUVOIR DES AGENTS DE CONTRÔLE

Article 6 : Les agents chargés du contrôle des denrées alimentaires d'origine animale et des aliments pour animaux des services vétérinaires et ceux mandatés par l'état pour le contrôle sanitaire des denrées alimentaires d'origine animale sont habilités à :
- entrer dans les établissements de production, de transformation, de stockage et de commercialisation des denrées alimentaires d'origine animale et des aliments pour animaux ;
- accéder aux moyens de transport des denrées alimentaires d'origine animale et des aliments pour animaux ;
- consigner les denrées alimentaires d'origine animale et des aliments pour animaux non conformes aux normes requises ;
- saisir les denrées alimentaires d'origine animale et des aliments pour animaux non conformes aux normes requises ;
- transiger ; - procéder à des prélèvements d'échantillons pour les analyses ;
- accéder aux documents ayant trait aux activités prévues dans la présente loi et au besoin les garder à toutes fins utiles ;
- dresser des procès verbaux ;
- immobiliser les denrées aux fins d'opération de contrôle ;
- prendre la décision de la destruction des denrées alimentaires d'origine animale et des aliments pour animaux non conformes aux normes ;
- ordonner des mesures correctives ;
- prélever des droits de visite sanitaire sur les denrées alimentaires d'origine animale et des aliments pour animaux.

Article 7 : Sur proposition du Directeur National des Services Vétérinaires, le Ministre de l'Elevage et de la Pêche peut ordonner le rappel d'une denrée d'origine animale ou d'un aliment pour animaux présentant des risques de santé publique avérés.

CHAPITRE IV : DES OBLICATIONS DES USAGERS

Article 8 : les personnes qui manipulent des aliments d'origine animale et des aliments pour animaux sont soumises à un contrôle médical attesté par un certificat dont les conditions de délivrance sont définies par décret pris en Conseil des Ministres.

Article 9 : Les producteurs, les transformateurs et les distributeurs se prêtent au prélèvement d'échantillons sur leurs denrées.

Section 1 : Du contrôle à la production

Article 10 : Le contrôle à la production porte sur le respect des normes d'hygiène et de salubrité auxquelles sont soumis tous producteurs de denrées alimentaires d'origine animale et des aliments pour animaux.
Article 11 : Les producteurs de denrées alimentaires d'origine animale et d'aliments pour animaux sont soumis au régime de la déclaration d'exercice dans les conditions fixées par la réglementation.
Section 2 : Du contrôle à la transformation
Article 12 : Le contrôle à la transformation porte sur le respect des normes d'hygiène et de salubrité auxquelles est soumis tout transformateur.
Article 13 : Les transformateurs de denrées alimentaires d'origine animale et d'aliments pour animaux sont soumis au régime de la déclaration et de l'autorisation d'exercice selon les conditions fixées par la règlementation.
Article 14 : Les denrées alimentaires d'origine animale, issues de la transformation sont étiquetées de manière à pouvoir vérifier la date de péremption et établir leur traçabilité et de s'assurer de leur salubrité.
Les conditions nécessaires à l'établissement de la traçabilité des produits sont définies par voie règlementaire.
Les produits transformés, dont la liste est fixée par voie règlementaire, sont soumis à une autorisation de mise sur le marché.
Section 3 : Du contrôle au conditionnement, à la commercialisation et au transport.
Article 15 : Le contrôle à la commercialisation et au transport porte sur le respect des règles d'hygiène et des normes de salubrité, de conditionnement et de traçabilité des denrées alimentaires d'origine animale et des aliments pour animaux.
Article 16 : Les denrées alimentaires d'origine animale et les aliments pour animaux destinés à l'importation ou à l'exportation sont accompagnés d'un certificat d'origine et d'un certificat sanitaire. Ils doivent être conformes aux normes du pays de destination et de provenance.

CHAPITRE V : DES INFRACTIONS ET PENALITES

Section 1 : Des infractions

Article 17 : Il est interdit de produire, de mettre en vente, d'importer et d'exporter des denrées alimentaires d'origine animale ou des aliments pour animaux non conformes aux normes requises.
Article 18 : Il est interdit d'importer et d'exporter des produits et denrées alimentaires d'origine animale ou des aliments pour animaux sans certificat sanitaire et d'origine.

Article 19 : Il est interdit à toute personne atteinte de maladie contagieuse, dont le contact avec les aliments constitue un risque sanitaire, de se livrer aux activités de production, de transformation, de conditionnement, de transport et de distribution des denrées alimentaires d'origine animale et des aliments pour animaux.

Section 2 : De la constatation des infractions.

Article 20 : Sans préjudice des dispositions du code de procédure pénale, les agents de contrôle des denrées alimentaires d'origine animale et des aliments pour animaux recherchent et constatent par procès verbaux les infractions à la réglementation et aux normes en vigueur.

Article 21 : Les infractions en matière de contrôle des denrées alimentaires d'origine animale ou des aliments pour animaux sont prouvées par tous les moyens de droit.

Article 22 : Les procès verbaux dressés par les agents assermentés chargés du contrôle font foi jusqu'à preuve du contraire.

Article 23 : En cas de contestation d'une décision de contrôle, le propriétaire des produits peut recourir à un expert agréé de son choix ou à une commission de contre expertise du Conseil National de Normalisation et de Contrôle de la qualité.

Section 3 : De la saisie et de la confiscation

Article 24 : Les agents de contrôle sont habilités à procéder à la confiscation ou à la saisie des denrées alimentaires d'origine animale ou des aliments pour animaux ayant fait l'objet d'infraction constatée.

Article 25 : Les procès verbaux de constatation des infractions portent mention de la confiscation ou de la saisie des produits. Si ces produits disparaissent par l'action ou la faute du contrevenant, les tribunaux en déterminent la valeur à charge de restitution sans préjudice des dommages occasionnés. Dans ce cas, les peines prévues par le Code Pénal sont applicables. Si les produits sont impropres à la consommation humaine et animale, ils sont saisis, orientés vers la transformation ou détruits.

Section 4 : Des pénalités

Article 26 : Sans préjudice des dispositions en vigueur, quiconque détient, importe, exporte ou met en vente au Mali des denrées alimentaires d'origine animale ou des aliments pour animaux non conformes aux normes sanitaires requises ou sans certificat sanitaire d'origine est puni d'une amende de 25 000 à 3 000 000 francs et les produits sont définitivement saisis.

Article 27 : Sans préjudice des dispositions en vigueur, quiconque détient, importe, exporte ou met en vente au Mali des denrées alimentaires d'origine animale ou des aliments pour animaux sur la base de documents non à jour, non conformes ou falsifiés, est puni d'une amende de 100 000 à 3 000 000 francs et d'un emprisonnement de 11 jours à 3 mois ou de l'une des deux peines seulement.

Article 28 : Quiconque met en vente des denrées alimentaires d'origine animale ou des aliments pour animaux périmés est puni d'une amende de 5 000 francs par kilogramme ou par litre de produit. Les produits périmés sont saisis et détruits.

Article 29 : Quiconque se livre à la production, à la transformation et à la vente des denrées alimentaires d'origine animale ou des aliments pour animaux sans être muni d'un certificat médical en cours de validité est puni d'une amende de 25 000 à 1 000 000 francs et d'un emprisonnement de 11 jours à 3 mois ou de l'une des deux peines seulement, sans préjudice des dispositions du Code Pénal.

La reprise des activités est subordonnée à l'obtention d'un certificat médical à jour.

Article 30 : Quiconque fait obstacle à l'accomplissement des devoirs des agents chargés du contrôle est puni d'une amende de 50 000 à 150 000 francs et d'un emprisonnement de 11 jours à 3 mois ou de l'une des deux peines seulement, sans préjudice des dispositions du Code Pénal.

Ces peines sont portées au double du maximum fixé en cas de récidive dans un délai inférieur à cinq ans.

CHAPITRE VI : DISPOSITIONS FINALES

Article 31 : Un décret pris en Conseil des Ministres fixe les modalités d'application de la présente loi.

Bamako, le 14 juin 2011

Le Président de la République,
Amadou Toumani TOURÉ

DÉCRET n° 02-304/P-RM DU 03 JUIN 2002 PORTANT MODALITÉS D'APPLICATION DE LA LOI FIXANT LES CONDITIONS DE PRODUCTION, DE TRANSFORMATION ET DE COMMERCIALISATION DU LAIT ET DESPRODUITS LAITIERS[81].

LE PRESIDENT DE LA REPUBLIQUE,

Vu la Constitution ;
Vu la Loi n°02-001 du 16 janvier 2002 fixant les conditions de production, de transformation et de commercialisation du lait et des produits laitiers ;
Vu la Loi n° 96-055 du 16 octobre 1996 portant création de la Direction Générale de la Réglementation et du Contrôle du Secteur du Développement Rural ;
Vu l'Ordonnance n°00-040/P-RM du 20 septembre 2000 portant création du Laboratoire National de la Santé ;
Vu l'Ordonnance n°01-020/P-RM du 20 mars 2001 portant création de la Direction Nationale de la Santé ;
Vu la Loi n°94-027 du 30 avril 1994 portant création du Laboratoire Central Vétérinaire ;
Vu la Loi n° 92-013 du 17 septembre 1992 portant institution d'un système national de normalisation et de contrôle de qualité ;
Vu le Décret n° 12/PG-RM du 30 janvier 1967 créant le comité consultatif du lait et des produits laitiers ;
Vu le Décret n° 02-132/P-RM du 18 mars 2002 portant nomination du Premier Ministre ;
Vu le Décret n° 02-135/P-RM du 19 mars 2002 portant nomination des membres du Gouvernement, modifié par les Décrets n° 02-160/P-RM du 30 mars 2002 et n° 02-211/ P-RM du 25 avril 2002.

STATUANT EN CONSEIL DES MINISTRES,

DECRETE :

Article 1 : Le présent décret porte modalités d'application de la loi fixant conditions de production, de transformation et de commercialisation du lait et des produits laitiers.

CHAPITRE I : DE LA PRODUCTION

Article 2 : La traite doit être faite dans les meilleures conditions d'hygiène et de salubrité.

---

[81]Voir : http://extwprlegs1.fao.org/docs/pdf/mli153286.pdf

Le trayeur doit se laver les mains avant et après chaque traite et doit être en bonne santé.
Avant la traite, les mamelles et trayons doivent être nettoyés proprement à l'eau tiède et /ou avec un antiseptique inoffensif pour l'homme et l'animal.
Article 3 : Les ustensiles de traite doivent être en matière plastique ou métallique et régulièrement nettoyés et désinfectés.
Article 4 : Après la traite, le lait doit être filtré et stocké dans des récipients avec couvercle à l'abri des insectes et de la poussière.
Article 5 : Le lait doit être stocké et transporté dans des récipients plastiques ou métalliques facilement lavables à l'intérieur.

CHAPITRE II : DE LA COLLECTE, DU CONDITIONNEMENT ET DU TRANSPORT

Article 6 : Les récipients destinés au transport doivent être dotés d'un système de fermeture fait avec un matériau agréé. Le système de fermeture doit permettre d'isoler le produit de tout contact avec les poussières ou souillures extérieures ainsi que de toute autre matière ou produit dangereux. Le récipient sera maintenu fermé pendant toute la durée du transport.
Article 7 : Les récipients à usage répété devront, dans tous les cas, être maintenus dans un parfait état d'entretien. La surface en contact avec le produit, le dispositif de fermeture devront être absolument indemnes de tâches de rouille, de trace d'attaque, de fissure de porosité ou de dépôt quelconque.
Article 8 : Les récipients admis pour la collecte et le transport sont notamment :
- des récipients métalliques en aluminium, almasilium, acier inoxydable, fer ou acier vitrifié intérieurement ou émaillé
- des récipients en matière plastique rigide et de qualité alimentaire

Tout autre type de récipient ne pourra être admis qu'après avis du service chargé du contrôle et du conditionnement.
Article 9 : Les récipients constituant des emballages perdus ne pourront en aucun cas être employés après premier usage pour transporter du lait ou des produits laitiers ou tout autre produit alimentaire destiné à la consommation humaine.
L'utilisation d'emballage ayant contenu des produits pétroliers ou tout autre produit toxique est formellement prohibée.
Article 10 : Les véhicules transportant du lait ou des produits laitiers non conditionnés en emballage étanche ou dans des récipients hermétiquement clos devront être réservés exclusivement à cet usage.

CHAPITRE III : LE LAIT RECONSTITUE

Article 11 : Le lait ne peut être reconstitué que dans des ateliers ayant l'autorisation des autorités compétentes. La reconstitution du lait est interdite dans les fermes, exploitations agricoles ou pastorales et ateliers artisanaux.
Article 12 : Le lait en poudre utilisé pour la reconstitution doit répondre aux normes du Codex Alimentaire. Les emballages du lait en poudre doivent porter les indications suivantes :
- nom et adresse du fabricant - date de fabrication - date limite d'utilisation.
Le lait reconstitué doit être pasteurisé.
Article 13 : Le lait et les produits laitiers fabriqués totalement ou partiellement avec du lait en poudre doivent comporter sur l'emballage de vente la mention produit fabriqué à partir du lait en poudre.
Article 14 : Le reconditionnement du lait en poudre industriel en petits sachets pour la vente en détail n'est autorisé que dans des ateliers spécialement équipés et autorisés à cet effet.

CHAPITRE IV : DE LA TRANSFORMATION

Article 15 : La transformation du lait et des produits laitiers qu'elle soit faite à des points fixes, mobiles ou à domicile, est soumise dans tous les cas au contrôle des agents des services compétents.
Article 16 : Nul ne peut exercer l'activité de transformation du lait et produits laitiers à des fins commerciales, s'il n'est pas détenteur d'une autorisation délivrée par le Ministère chargé de l'industrie après avis technique des services compétents.
Article 17 : Tout utilisateur d'installation autorisée est tenu de se soumettre à tout contrôle que les services chargés de l'élevage et de l'hygiène jugeront utile d'effectuer ensemble ou individuellement.
Article 18 : Le lait et les produits laitiers devront être conditionnés dans des emballages en papier sulfurisé, feuille d'aluminium, papier ou carton paraffiné, film polyéthylène et film polystyrène.
Article 19 : Les produits biologiques, les arômes les colorants et les conservateurs autorisés à être incorporés dans le lait et les produits laitiers seront déterminés par arrêté conjoint des Ministres chargés de l'Elevage et de la Santé. L'arrêté précisera les normes d'utilisation notamment la composition physico-chimique et biologique du produit, les doses admises et les méthodes d'incorporation.

CHAPITRE V : DU NETTOYAGE ET DE LA DESINFECTION

Article 20 : Le nettoyage a pour but d'éliminer totalement les substances minérales et organiques qui forment une pellicule sur les surfaces en contact

avec le lait ou les produits laitiers.
Des solutions alcalines ou acides doivent obligatoirement être utilisées pour nettoyer lesdites surfaces. La concentration, le temps d'action et la température d'action doivent être déterminés par produits selon les fiches techniques qui accompagnent les produits de traitement.
Article 21 : On nettoie manuellement tout ce qui ne peut pas l'être automatiquement.
Les solutions utilisées doivent être de bonne qualité et ne doivent pas être corrosives ou être nocives pour la peau.
Article 22 : Les méthodes de désinfection autorisées sont :
- la désinfection physique par la vapeur pendant 30 minutes ou l'immersion dans l'eau bouillante pendant 20 minutes ;
- la désinfection chimique appliquée dans les circuits de pasteurisation et d'embouteillage.
Les produits autorisés sont : les hypochlorites et les iodophores.

CHAPITRE VI : DE LA COMMERCIALISATION

Article 23 : Le lait et les produits laitiers qu'ils soient vendus à des points fixes, mobiles ou à domicile, sont soumis dans tous les cas au contrôle des agents des services compétents.
Article 24 : Toute importation de lait et des produits laitiers doit se faire conformément à la législation en vigueur en matière de commerce et à la présentation d'un certificat sanitaire d'origine.
Article 25 : Après pasteurisation, le lait doit être vendu, conditionné dans des emballages rigides ou souples. Les emballages rigides doivent porter : le nom et l'adresse du fabricant, la date de fabrication, la date de péremption et le taux butyreux.
Les emballages souples doivent porter : le nom et l'adresse du fabricant la date limite de consommation et le taux butyreux.
Article 26 : Nul ne pourra mettre en vente du lait et des produits laitiers s'il ne réunit pas les conditions de leur conservation.

CHAPITRE VII : DES DISPOSITIONS FINALES

Article 27 : Les normes de qualité et du contrôle du lait et des produits laitiers à la fabrication, au conditionnement et à la vente sont déterminées par arrêtés conjoints des Ministres chargés de la normalisation et de l'élevage.
Article 28 : Un arrêté conjoint des Ministres chargés de l'Elevage et de la Santé déterminera les modalités pratiques d'application du présent décret.
Article 29 : Le présent décret abroge toutes dispositions antérieures contraires.
Article 30 : Le ministre du Développement Rural, le ministre de l'Industrie, du Commerce et des Transports et le ministre de la Santé sont chargés, chacun

en ce qui le concerne, de l'exécution du présent décret qui sera enregistré et publié au Journal Officiel.

Bamako, le 3 juin 2002

Le Président de la République, Alpha Oumar KONARE

Le Premier ministre, Modibo KEITA
Le ministre du Développement Rural, Mme CISSÉ Mariam Khaïdama SIDIBE
Le ministre de l'Industrie, du Commerce et des Transports, Mme TOURÉ Alimata TRAORE
Le ministre de la Santé, Mme TRAORE Fatoumata NAFO

ARRÊTÉ INTERMINISTERIEL n° 08-0345/MS-MFMEIC-MEP-MA-SG DU 13 FEVRIER 2008 FIXANT LES MODALITÉS PRATIQUES ET TARIFICATIONS DES OPERATIONS DE CONTRÔLE DE QUALITE DES MÉDICAMENTS, ALIMENTS, EAUX ET BOISSONS[82].

LE MINISTRE DE LA SANTÉ, LE MINISTRE DES FINANCES, LE MINISTRE DE L'ECONMIE, DE L'INDUSTRIE ET DU COMMERCE, LE MINISTRE DE L'ELEVAGE ET DE LA PECHE, LE MINISTRE DE L'AGRICULTURE,

Vu la Constitution ;
Vu la Loi n° 96-015 du 03 févier 1996 portant statut général des Etablissements Publics à caractère Scientifique, Technologique ou Culturel ;
Vu l'Ordonnance n° 00-040/P-RM du 20 septembre 2000 portant création du Laboratoire National de la Santé ratifiée par la Loi n° 01-050 du 02 juillet 2001 ;
Vu La Loi n° 03-043/AN-RM du 30 décembre 2003 portant création de l'Agence Nationale pour la Sécurité Sanitaire des Aliments ;
Vu l'Ordonnance n° 00-039/P-RM du 20 septembre 2000 portant création de la Direction de la Pharmacie et du Médicament ;
Vu le Décret n° 00-586/P-RM du 23 novembre 2000 fixant l'organisation et les modalités de fonctionnement du Laboratoire National de la Santé ;
Vu le Décret n° 04-557/P-RM du 01 décembre 2004 instituant l'Autorisation de Mise sur le Marché des Médicaments à usage humain et vétérinaire ;
le de la Sécurité Sanitaire des Aliments ;
Vu le Décret n° 06-259/P-RM du 23 juin 2006 instituant l'Autorisation de Mise sur le Marché des denrées alimentaires et additifs ;
Vu le Décret n° 07-383/P-RM du 03 octobre 2007, modifié, portant nomination des membres du Gouvernement ;
Vu les délibérations du 10ème Ca du Laboratoire National de la Santé du 21 janvier 2007.

ARRETENT

Article 1 : Le présent arrêté fixe les modalités de contrôle de qualité des médicaments aliments, boissons et eaux conditionnées, importés ou fabriqués localement ayant obtenu l'Autorisation de Mise sur le Marché (AMM) ainsi que la tarification des opérations de contrôle de qualité.

---

[82] Voir : http://extwprlegs1.fao.org/docs/pdf/mli198132.pdf.

Article 2 : Les principaux termes se définissent ainsi qu'il suit :
Médicament : Toute substance ou composition présentée comme possédant des propriétés curatives ou préventives à l'égard des maladies humaines ou animales ainsi que tout produit pouvant être administré à l'homme ou à l'animal en vue d'établir un diagnostic médical ou restaurer, corriger ou modifier leurs fonctions.
Aliment : Toute substance susceptible d'être digérée, de servir à la nutrition d'un être vivant.
Boisson : Tout liquide que l'on boit, destiné à la consommation d'un être vivant.
Eau conditionnée : Eau en sachet ou en bouteille.
Lot de produit : Quantité définie d'un produit fabriqué ou transformé par la même compagnie en une opération ou en une série d'opérations telle qu'elle puisse être considérée comme homogène. Le lot est conditionné dans des récipients ayant le même format, le même type présentation et portant les mêmes numéros ou le même code de fabrication ainsi que les mêmes dates de fabrication et de péremption.
Récipient : Article qui contient ou qui est destiné à contenir un produit qui est en contact direct avec celui-ci. C'est le conditionnement primaire.
Exemples : bouteille d'eau, pot, boîte de conserves, plaquette de paracétamol, etc.
Conditionnement : C'est l'unité de vente du médicament, de l'aliment ou de la boisson ou de l'eau conditionnée c'est le conditionnement secondaire.
Exemples : paquet de 12 gaufres ; boîte 10 chocolat, boîte de gélules.
Produits thermosensibles : Produits à conserver soit au frais (8-15°C), soit au réfrigérateur (2-8° C), soit au congélateur (-15°C).
Contrôle de qualité : Action qui permet de vérifier que les caractéristiques d'un produit sont conformes aux spécifications définies préalablement dans le dossier d'enregistrement.
Importance du lot (N) : Nombre de récipients primaires, ou échantillons unitaires du lot.
Echantillon unitaire : Récipient individuel (récipient primaire), fraction du contenu du récipient primaire ou mélange composite du produit que l'on examine en tant qu'unité simple.
Echantillon : Tout ensemble d'échantillons unitaires servant au contrôle. En règle générale, l'échantillon comprend tous les récipients ou échantillons unitaires prélevés dans un lot déterminé aux fins d'examen ou d'essai.
Echantillonnage : Opération consistant à choisir et à prélever des récipients ou des échantillons unitaires dans un lot ou un ensemble de produits.
Effectif de l'échantillon (n) : Nombre de récipients ou d'échantillons unitaires constituant l'échantillon global prélevé dans un lot ou un ensemble de produits.

Critère d'acceptation : Pour un plan d'échantillonnage donné, nombre maximal d'individus défectueux autorisé dans l'échantillon pour que le lot soit considéré comme satisfaisant aux spécifications d'une norme.

Plan d'échantillonnage : Ensemble de règles fixant les effectifs des échantillons, les niveaux de contrôle et les critères d'acceptation et ou de rejet en vue de prendre une décision quant à l'acceptation ou au rejet d'un lot ou ensemble de produits sur la base des résultats du contrôle et de l'examen de l'échantillon.

Article 3 : Sont concernés par le contrôle de qualité, les aliments, les eaux, les boissons ayant obtenu l'AMM, les médicaments de la liste nationale, des médicaments à usage humain en vigueur et les médicaments autorisés à usage vétérinaire.

Article 4 : Le contrôle des produits se fait par lot. Un lot de médicament, d'aliments, d'eaux ou de boissons est soumis systématique au contrôle si la quantité importée ou produite localement est supérieur ou égale à 100 conditionnements.

Article 5 : Les lots de médicaments, d'aliments, d'eaux ou de boissons importés ou produits localement même fractionnés feront l'objet de prélèvement aux fins de contrôle si leur quantité atteint 1 000 unités cumulée au bout de six mois.

Article 6 : Les prélèvements et échantillonnages sont présentés en annexe.

Article 7 : Le prélèvement des échantillons est fait par le Laboratoire National de Santé (LNS). L'importateur en est informé par une fiche de prélèvement.

Article 8 : Les importateurs sont tenus d'informer dans les quarante huit (48) heures la direction du LNS par courrier, de l'arrivée des médicaments, aliments, eaux ou boissons dans leurs entrepôts.

Article 9 : Le LNS dispose de 48 heurs après notification de l'arrivée des médicaments aliments, eaux ou boissons pour procéder aux préromantismes d'échantillons dossier.

Article 10 : Les importateurs sont tenus de joindre un certificat d'analyse du fabriquant à chaque lot de médicaments, d'aliments, d'eaux ou de boissons soumis au contrôle de qualité du LNS. Après émission par le LNS d'un « certificat provisoire de qualité », ils peuvent alors procéder à la mise à la consommation des produits. Dans le cas contraire, ils devront attendre le certificat d'analyse du LNS dans les huit 08) jours qui suivent la date de prélèvement avant de mettre les produits à la consommation du public.

Toutefois, en cas de non-conformité attestée à posteriori par le LNS, les services compétents engagent le mécanisme de rappel des lots concernés.

Article 11 : Les produits thermosensibles ne sont pas soumis à la délivrance d'un certificat de contrôle provisoire de qualité pour les formalités de dédouanement, mais devront toutefois faire l'objet de prélèvements dans les entrepôts de l'importateur dans les mêmes conditions que définies à l'article3.

Article 12 : Pour des raisons de santé publique, les médicaments hors liste nationale, peuvent faire l'objet de prélèvements et de contrôle de qualité à la charge du demandeur. La tarification est celle pratiquée par LNS.

Article 13 : Pour les formalités de dédouanement sans préjudices des autorisations données par les services de réglementation de médicaments, d'aliments, d'eaux et de boissons, le certificat ou « certificat par provisoire de qualité » du LNS est exigé.

Article 14 : Le montant des frais de contrôle de médicaments, aliments, eaux et bessons est fixé au taux forfaitaire de 0, 5 % de la valeur FOB de toutes les importations des produits visés par l'article 2. les frais sont payés par l'importateur.

Article 15 : Pour des raisons de santé publique, les dons de médicaments, aliments, d'eaux et de boissons importés font l'objet de contrôle de qualité conformément au plan d'échantillonnage en vigueur au LNS.

Article 16 : Conformément à sa mission de contrôle de qualité des médicaments, aliments, eaux et boissons, le LNS travaillera avec les autres structures intervenant en matière de sécurité sanitaire.

Article 17 : Le Directeur Général du Laboratoire National de la Santé, le Directeur de la Pharmacie, et du Médicament, le Directeur National du Commerce de la Concurrence, le Directeur Général des Douanes, le Directeur Général de l'Agence Nationale de la Sécurité Sanitaire des Aliments, le Directeur National de l'Agriculture, le Directeur National des Services Vétérinaires, sont chargés ; chacun en ce qui le concerne, l'exécution de présent arrêté qui sera enregistré, publié et communiqué partout où besoin sera.

Bamako, le13 février 2008
Le Ministre de la Santé, Oumar Ibrahima TOURÉ
Le Ministre des Finances Abou Bakar TRAORE
Le Ministre de l'Economie, de l'Industrie et du Commerce, Mme BAH Fatoumata Néné SY
Le Ministre de l'Elevage et de la Pêche, Mme DIALLO Madeleine BAH
Le Ministre de l'Agriculture, Tiémoko SANGARE

PARTIE V

LA PHARMACIE

PHARMACIE À USAGE HUMAIN

CODE DE DÉONTOLOGIE ANNEXE À LA LOI n° 86-36/AN-RM DU 12 AVRIL 1986 PORTANT INSTITUTION DE L'ORDRE NATIONAL DES PHARMACIENS

TEXTES RÈGLEMENTAIRES

DECRET n° 03 – 218 / P-RM DU 30 MAI 2003 PORTANT RÉGLEMENTATION DES PRIX DES MÉDICAMENTS EN DENOMINATION COMMUNE INTERNATIONALE DE LA LISTE NATIONALE DES MÉDICAMENTS ESSENTIELS[83]

LE PRESIDENT DE LA REPUBLIQUE,

Vu la Constitution ;
Vu l'Ordonnance n° 92-021 / P-CTSP du 13 avril 1992, instituant la liberté des prix et de la concurrence ;
Vu le décret n° 92-133 / P-CTSP du 24 avril 1992 réglementant la liberté des prix et de la concurrence ;
Vu le décret n° 02-490 / P-RM du 12 octobre 2002 portant nomination du Premier ministre ; Vu le décret n° 02-496 / P-RM du 16 octobre 2002 modifié portant nomination des membres du Gouvernement ;
Vu le décret n° 02-503 / P-RM du 7 novembre 2002 fixant les intérims des membres du Gouvernement ; Statuant en Conseil des Ministres,

Décrète :

Article 1 : Le présent décret réglemente les prix des médicaments de la liste nationale des médicaments essentiels en dénomination commune internationale.
Article 2 : Le prix de cession des médicaments essentiels sous conditionnement hospitalier vendus par la Pharmacie Populaire du Mali est déterminé par l'application d'un coefficient de 1, 325 sur le prix CAF (Coût

[83] Voir : http://www.legispharm.org.

Assurance Fret).
Article 3 : Le prix de cession des médicaments essentiels sous conditionnement hospitalier au niveau des dépôts répartiteurs de cercle est déterminé par l'application d'un coefficient de 1, 15 sur le prix de cession de la Pharmacie Populaire du Mali.
Article 4 : Le prix de vente public des médicaments essentiels sous conditionnement hospitalier au niveau des hôpitaux est déterminé par l'application d'un coefficient de 1, 15 sur le prix de cession de la Pharmacie Populaire du Mali.
Article 5 : Le prix de vente public des médicaments essentiels sous conditionnement hospitalier au niveau des dépôts de vente des centres de santé de commune du District de Bamako et des centres de santé communautaires du District de Bamako est déterminé par l'application d'un coefficient de 1, 15 sur le de cession de la Pharmacie Populaire du Mali. Article 6 : Le prix de vente des médicaments essentiels sous conditionnement hospitalier au niveau des dépôts de vente des centres de santé de cercle est déterminé par l'application d'un coefficient de 1, 20 sur le prix de cession des dépôts répartiteurs de cercle.
Article 7 : Le prix de vente maximum au public des médicaments essentiels sous conditionnement hospitalier au niveau des dépôts de vente des centres de santé communautaires, en dehors du District de Bamako est déterminé par l'application d'un coefficient de 1, 30 sur le prix de cession des dépôts répartiteurs de cercle.
Article 8 : La liste nationale des médicaments essentiels en Dénomination commune internationale est fixée par arrêté du ministre chargé de la santé. Elle est révisée tous les deux ans après avis d'une commission technique créée par décision du ministre chargé de la santé.
Article 9 : Le ministre de la santé, le ministre de l'économie et des finances, le ministre de l'industrie et du commerce sont chargés, chacun en ce qui le concerne, de l'exécution du présent décret qui sera enregistré et publié au Journal officiel.

Bamako le, 30 mai 2003

Le Président de la République,
Amadou Toumani TOURÉ
Le Premier ministre,
Ahmed Mohamed AG HAMANI
Le Ministre de la promotion de la femme, de l'enfant et de la famille,
Madame BERTHE Aissata BENGALY
Le Ministre de l'industrie et du commerce,
Ministre de la santé par intérim,
Choguel Kokala MAIGA

DÉCRET n° 05- - 063 / P-RM DU 16 FEVRIER 2005 FIXANT LES MODALITÉS D'ORGANISATION ET DE FONCTIONNEMENT DES PHARMACIES HOSPITALIERES[84]

LE PRESIDENT DE LA REPUBLIQUE,

Vu la Constitution,
Vu la loi n° 94-009 du 22 mars 1994, portant principes fondamentaux de la création, de l'organisation, de la gestion et du contrôle des services publics, modifiée par la loi n° 02-048 du 22 juillet 2002 ;
Vu la loi n° 02-049 du 22 juillet 2002 portant loi d'orientation sur la santé ;
Vu la loi n° 02-050 du 22 juillet 2002 portant loi hospitalière ;
Vu la loi n° 86-36 / AN-RM du 12 avril 1986 portant institution de l'Ordre national des pharmaciens ;
Vu le décret n° 95-448 / P-RM du 27 décembre 1995 autorisant la substitution des médicaments essentiels aux spécialités pharmaceutiques ;
Vu le décret n° 02-311 / P-RM du 04 juin 2002 fixant le régime de la rémunération des actes médicaux et de l'hospitalisation dans les établissements publics de santé.
Vu le décret n° 04-140 / P-RM du 29 avri12004 portant nomination du Premier ministre ;
Vu le décret n° 04-141 / P-RM du 2 mai 2004 portant nomination des membres du Gouvernement.

Statuant en Conseil des Ministres

DÉCRÈTE :

CHAPITRE I : DISPOSITIONS GÉNÉRALES

Article 1 : Le présent décret fixe les modalités d'organisation et de fonctionnement des pharmacies hospitalières.

CHAPITRE II : DES DÉFINITIONS

Article 2 : Au sens du présent décret, on entend par :
a. Maladie sociale : Les affections chroniques nécessitant un traitement de longue durée. b. Dispositif médical : Tout instrument, appareil, équipement, matière, produit, à l'exception des produits d'origine humaine ou autre article utilisé seul ou en association, y compris les accessoires et logiciels intervenant

[84] Voir : http://www.legispharm.org.

dans son fonctionnement, destiné par le fabricant à être utilisé chez l'homme à des fins médicales et dont l'action principale voulue n'est pas obtenue ni par des moyens pharmacologiques ou immunologiques, ni par métabolisme, mais dont la fonction peut être assistée par de tels moyens.

c. Dispositif médical stérile : Dispositif médical exempt de micro-organisme viable. Pour qu'un dispositif médical puisse être étiqueté « stérile », la probabilité théorique qu'un micro-organisme viable soit présent sur un dispositif doit être inférieure ou égale à 1 pour 1 million. d. Préparation hospitalière : Tout médicament, à l'exception des produits de thérapie génétique ou cellulaire, préparé selon les indications de la pharmacopée nationale ou toute autre pharmacopée internationale reconnue et en conformité avec les bonnes pratiques de pharmacie hospitalière, en raison de l'absence de spécialité pharmaceutique disponible ou adaptée dans une pharmacie à usage interne d'un établissement public hospitalier. Les préparations hospitalières sont dispensées sur prescription médicale à un ou plusieurs patients par la pharmacie à usage interne dudit établissement.

e. Préparation magistrale : Tout médicament préparé extemporanément en pharmacie selon une prescription destinée à un malade déterminé.

f. Produit officinal divisé : Toute drogue simple, tout produit chimique ou toute préparation stable décrite par la pharmacopée nationale ou toute autre pharmacopée internationale reconnue, préparé à l'avance par un établissement pharmaceutique et divisé soit par lui, soit par la pharmacie d'officine qui le met en vente, soit par une pharmacie à usage interne d'un établissement public hospitalier.

g. Spécialité pharmaceutique : Tout médicament préparé à l'avance, présenté sous un conditionnement particulier, caractérisé par une dénomination spéciale.

h. Pharmacovigilance : Activité qui consiste à noter, enregistrer et évaluer systématiquement les réactions indésirables aux médicaments délivrés avec ou sans ordonnance survenant dans des conditions normales d'utilisation, à des fins prophylactiques, diagnostiques ou thérapeutiques.

i. Matériovigilance : Activité qui consiste à noter, enregistrer et évaluer systématiquement les réactions indésirables face à l'utilisation des dispositifs médicaux délivrés avec ou sans ordonnance survenant dans des conditions normales d'utilisation, à des fins prophylactiques, diagnostiques ou thérapeutiques.

j. Dispensation des médicaments : Ensemble des pratiques comportant l'analyse d'une ordonnance écrite ou verbale, les techniques de conditionnement des médicaments et les conseils aux prescripteurs et surtout aux malades. L'objectif est d'assurer une préservation de la qualité des produits jusqu'à leur consommation finale, une bonne adhésion du patient pour une observance du traitement et la sécurité des patients et de leur entourage. k. Médicament : Toute substance ou composition présentée comme possédant des propriétés curatives ou préventives à l'égard des maladies humaines ou animales ainsi que tout produit destiné à être administré à l'homme ou à l'animal en vue d'établir un diagnostic médical ou restaurer, corriger ou modifier leurs fonctions organiques.

CHAPITRE III : DE L'ORGANISATION

Article 3 : Chaque établissement public hospitalier dispose d'une pharmacie hospitalière. Section 1 : Des missions
Article 4 : Les pharmacies hospitalières sont chargées d'assurer la disponibilité au sein des établissements publics hospitaliers des médicaments, matériels et dispositifs médicaux, indispensables à la prise en charge des malades hospitalisés, des malades atteints d'une maladie sociale et suivis par un service hospitalier et des malades admis en urgence. À cet effet, elles procèdent à :
- la préparation, la cession des médicaments et des dispositifs médicaux ;
- la cession des plantes médicinales inscrites aux pharmacopées autorisées ;
- la dispensation des prescriptions d'aliments diététiques destinés à des fins médicales s péciales ;
- la réalisation des préparations magistrales et hospitalières à partir de matières premières ou de spécialités pharmaceutiques ;
- la réalisation des préparations rendues nécessaires par les expérimentations pour essai des médicaments conformément à la réglementation en vigueur ;
- la participation à la réalisation de la pharmacovigilance et la matériovigilance ;
- l'organisation de l'action d'information sur les médicaments, produits ou dispositifs médicaux, ainsi qu'à toute action de promotion et d'évaluation de leur bon usage ;
- la participation à toute action susceptible de concourir à la qualité et à la sécurité des traitements et des soins dans le domaine relevant de leur compétence ;
- l'encadrement des internes, des étudiants en pharmacie et des élèves des écoles de fo rmation des techniciens de santé. Section 2 : De la structuration interne Article 5 : Chaque pharmacie hospitalière est dirigée par un pharmacien chef de service,
nommé par décision du Ministre chargé de la santé sur proposition du Directeur général de l'hôpital.
Article 6 : Le pharmacien chef de service est assisté par :
- un ou plusieurs pharmaciens ;
- un ou plusieurs assistants et/ou préparateurs en pharmacie.
Article 7 : La pharmacie hospitalière comprend les unités suivantes :
- une officine de vente ;
- un magasin de stockage ;

- un laboratoire de préparations galéniques ;
- un laboratoire de contrôle de qualité des matières premières qui entrent dans les préparations magistrales et hospitalières ;
- une salle de stérilisation ;
- des armoires d'urgence au niveau des services médicaux.

CHAPITRE IV : DU FONCTIONNEMENT

Article 8 : Les services de la pharmacie hospitalière sont réservés aux malades cités à l'article 4 du présent décret. Toutefois, le personnel de l'établissement public hospitalier peut en bénéficier selon les modalités fixées par arrêté du Ministre chargé de la santé.

Article 9 : Les pharmaciens exerçant au sein d'une pharmacie hospitalière doivent exercer personnellement leur profession. Ils peuvent se faire assister par des préparateurs en pharmacie ou des assistants médicaux spécialisés en laboratoire pharmacie.

Article 10 : La pharmacie hospitalière ne peut fonctionner qu'en présence du pharmacien, chef de service, d'un pharmacien, d'un assistant médical ou d'un interne en pharmacie.

Article 11 : L a pharmacie hospitalière doit fonctionner conformément aux règles et usages de bonnes pratiques de la profession pharmaceutique.

Article 12 : Le pharmacien ne peut substituer un médicament ou un produit à celui prescrit qu'avec l'accord express et préalable du prescripteur, sauf en cas d'urgence, sans préjudice des dispositions du décret autorisant la substitution des médicaments essentiels aux spécialités pharmaceutiques. En cas de substitution, le pharmacien est tenu d'inscrire sur l'ordonnance le nom et le mode d'utilisation du produit servi.

Article 13 : La pharmacie hospitalière ne peut être approvisionnée qu'en médicaments de la liste nationale des médicaments essentiels.

Toutefois, la pharmacie hospitalière peut, en cas de besoin et par dérogation spéciale, importer des produits pharmaceutiques spécifiques dans les cas suivants :
- non disponibilité au niveau des établissements d'importation et de vente en gros de produits pharmaceutiques ;
- produits nécessaires aux essais cliniques ;
- prise en charge de pathologie non encore répertoriée. À cet effet, une demande est adressée à la Direction de la pharmacie et du médicament qui, après vérification du bien fondé de la demande, délivre l'autorisation d'importation.

Article 14 : Le pharmacien chef de service doit être préalablement informé par les promoteurs d'essai ou d'expérimentation envisagés sur des médicaments, produits et objets mentionnés à l'article 4 ci-dessus ou sur des dispositifs médicaux stériles ou sur des préparations hospitalières.

Article 15 : Pour garantir la continuité dans l'approvisionnement pharmaceutique, les fonds provenant du recouvrement des coûts des produits pharmaceutiques sont déposés sur un compte bancaire spécifique ouvert à cet effet. Ils servent exclusivement à l'approvisionnement pharmaceutique.
Le Directeur général de l'hôpital est l'ordonnateur des dépenses et l'agent comptable assure la comptabilité denier.
Chapitre 5 : Des dispositions finales
Article 16 : Un arrêté du Ministre chargé de la santé fixe les modalités d'application du présent décret.
Article 17 : Le Ministre de la santé et le Ministre de l'économie et des finances sont chargés, chacun en ce qui le concerne, de l'exécution du présent décret qui sera enregistré et publié au Journal officiel.

Bamako, le 16 février 2005

Le Président de la République,
Amadou Toumani TOURÉ

Le Premier Ministre,
Ousmane Issoufi MAIGA

Le Ministre de la santé,
Mme MAIGA Zéinab Mint Youba

Le Ministre de l'économie et des finances,
Abou-Bakar TRAORE

DÉCRET n° 07 – 087 / P-RM DU 16 MARS 2007 FIXANT LES PRIX DES MÉDICAMENTS EN DENOMINATION COMMUNE INTERNATIONALE DE LA LISTE NATIONALE DES MÉDICAMENTS ESSENTIELS DANS LE SECTEUR PHARMACEUTIQUE PRIVE[85]

LE PRESIDENT DE LA REPUBLIQUE DE LA REPUBLIQUE,
Vu la Constitution ;
Vu la loi n° 85 – 41 / AN-RM du 22 juin 1985 portant autorisation de l'exercice privé des professions sanitaires ;
Vu la loi n° 86 – 36 / AN-RM du 12 avril 1986 portant institution de l'Ordre national des pharmaciens ;
Vu l'Ordonnance n° 92 – 021 / P-CTSP du 13 avril 1992 instituant la liberté des prix et de la concurrence ;
Vu la loi n° 02-049 du 22 juillet 2002 portant loi d'orientation sur la santé ;
Vu la loi n° 02-050 du 22 juillet 2002 portant loi hospitalière ;
Vu le décret n° 92 – 133 / P-CTSP du 24 avril 1992 réglementant la liberté des prix et de la concurrence ;
Vu le décret n° 04 – 140 / P-RM du 29 avril 2004 portant nomination du Premier ministre ;
Vu le décret n° 04 – 141 / P-RM du 02 mai 2004 modifié, portant nomination des membres du Gouvernement.

Statuant en Conseil des Ministres

DÉCRÈTE :

Article 1 : Le présent décret fixe les prix des médicaments de la liste nationale des médicaments essentiels en dénomination commune internationale (Dci) dans le secteur pharmaceutique privé. La liste des médicaments essentiels concernés est jointe en annexe et fait partie intégrante du présent décret.
Article 2 : Dans les officines de pharmacie, les prix doivent obligatoirement être portés sur les produits et affichés de façon à ce qu'ils soient visibles du public.
Article 3 : Les prix sont fixés pour une période de deux ans.
Article 4 : Le présent décret abroge toutes dispositions antérieures contraires, notamment le décret 06-086 / PRM du 28 février 2006 fixant les prix des médicaments en dénomination commune internationale de la liste nationale des médicaments essentiels dans le secteur pharmaceutique privé.
Article 5 : Le Ministre de l'industrie et du commerce et le Ministre de la santé, sont chargés, chacun en ce qui le concerne, de l'exécution du présent décret

---

[85] Voir : http://www.cnop.sante.gov.ml.

qui sera enregistré et publié au Journal officiel.

Bamako, le 16 mars 2007

Le Président de la République,
Amadou Toumani TOURÉ
Le Premier ministre, Ousmane Issoufi MAIGA
Le Ministre de l'économie et des finances, Abou Bakar TRAORE
Ministre de la santé par intérim, Madame DIALLO M'Bodji SENE

DÉCRET n° 95-448 / P-RM AUTORISANT LA SUBSTITUTION DES MÉDICAMENTS ESSENTIELS AUX SPECIALITES PHARMACEUTIQUES[86]

LE PRESIDENT DE LA REPUBLIQUE,

Vu la Constitution ;
Vu la Loi n° 85-41/AN-RM du 22 juin 1985 portant autorisation de l'exercice privé des professions sanitaires ;
Vu la loi n 86-36/AN-RM du 12 avril 1986 portant institution de l'Ordre national des Pharmaciens ;
Vu le Code de déontologie pharmaceutique annexé à la Loi n°86-36/AN-RM du 12 avril 1986 ;
Vu le Décret n° 91-106/PG-RM du 15 mars 1991 portant organisation de l'exercice privé des professions sanitaires, modifié par le Décret n°92-050/P-RM du 10 août 1992 ;
Vu le Décret n°94-065/P-RM du 4 février 1994 portant nomination d'un Premier ministre ;
Vu le Décret n°94-333/P-RM du 25 octobre 1994 portant nomination des membres du Gouvernement ; Statuant en Conseil des Ministres,
Décrète :
Article 1er : Les pharmaciens d'officines sont autorisés à substituer à la spécialité prescrite, le médicament essentiel en dénomination commune internationale (DCI) correspondant.
Article 2 : La substitution est pratiquée pour toute spécialité dont le principe actif figure sur la liste nationale des médicaments essentiels en vigueur.
Article 3 : Le ministre de la santé, de la solidarité et des personnes âgées est chargé de l'exécution du présent décret qui sera enregistré et publié au Journal officiel.

Bamako, le 27 décembre 1995

Le Président de la République, Alpha Oumar KONARE

Le Premier ministre, Ibrahim Boubacar KEITA.

Le Ministre de la santé, de la solidarité et des personnes agées, Modibo SIDIBE

---

[86]Voir : http://www.legispharm.org.

ARRÊTÉ n° 06 – 0730 / MS-SG FIXANT LA LISTE DES MÉDICAMENTS ESSENTIELS EN DENOMINATION COMMUNE INTERNATIONALE (DCI)[87]

LE MINISTRE DE LA SANTÉ,

Vu la Constitution ;
Vu la loi n ° 02-049 du 22 juillet 2002 portant loi d'orientation sur la santé ;
Vu la loi n° 02-050 du 22 juillet 2002 portant loi hospitalière ;
Vu le décret n° 02-496 / PRM du 16 octobre 2002 modifié portant nomination des membres du gouvernement ;
Vu le décret n° 03-218 / P-RM du 30 mai 2003 portant réglementation des prix des médicaments essentiels en dénomination commune Internationale (Dci) de la liste nationale des médicaments essentiels
Vu le décret n° 04-557 / P-RM du 01 décembre 2004 instituant l'autorisation de mise sur le marché des médicaments à usage humain et vétérinaire ;
Vu le décret n° 05-063 / P-RM du 16 février 2005 fixant les modalités d'organisation et de fonctionnement des pharmaciens hospitalières ;
Vu le décret n° 04-141 / P-RM du 02 mai 2004 portant nomination des membres du gouvernement modifié par le décret n ° 05-281 / P-RM du 20 juin 2005 ;

ARRÊTE :

Article 1 : Le présent arrêté fixe, suivant le tableau joint en annexe, la liste des médicaments essentiels en Dénomination Commune Internationale (DCI) suivant le niveau d'utilisation.
Article 2 : Il ne peut être dispensé au sein des pharmacies hospitalières et des dépôts de médicaments essentiels des centres de santé de cercle ou de CSCOM que les médicaments mentionnés au niveau correspondant, sans préjudice des dispositions du décret 05-063 / P-RM du 16 février 2005 fixant les modalités d'organisation et de fonctionnement des pharmacies hospitalières.
Article 3 : L'Inspecteur en chef de la santé, le Directeur de la pharmacie et du médicament, le Directeur national de la santé et les Directeurs généraux des hôpitaux sont chargés, chacun en ce qui le concerne, de l'application du présent arrêté.
Article 4 : Le présent arrêté qui abroge toutes dispositions antérieures contraires, notamment l'arrêté n° 04-0563 / Ms-Sg du 17 mars 2004, sera enregistré, publié et communiqué partout où besoin sera.

---

[87] Voir : http://legispharm.org.

Bamako, le 13 avril 2006

Le Ministre de la santé, Mme Maïga Zeinab Mint Youba

ARRÊTÉ n° 91-4318 / MSPAS-PF-CAB 3 OCTOBRE 1991 FIXANT LES MODALITÉS D'ORGANISATION DE L'EXERCICE PRIVE DES PROFESSIONS SANITAIRES DANS LE SECTEUR PHARMACEUTIQUE ET D'OPTICIEN LUNETIER[88]

LE MINISTRE DE LA SANTÉ PUBLIQUE, DE L'ACTION SOCIALE ET DE LA PROMOTION FEMININE,

Vu l'Acte fondamental n° 1 / Ctsp du 31 mars 1991 ; Vu la loi 85-41 / AN-RM du 22 juin 1985 portant autorisation de l'exercice privé des professions sanitaires ;
Vu le décret 91-106 / PRM du 15 mars 1991 portant organisation de l'exercice des professions sanitaires ;
Vu le décret 91-208 / P-Ctsp du 26 août 1991 portant nomination des membres du gouvernement ;

ARRÊTE :

Article 1 : Sont et demeurent abrogées les dispositions de l'arrêté n° 5108 / Msp-as-cab du 5 mai 1986 portant modalités d'application du décret n° 177 / PG-RM autorisant l'exercice privé de la profession sanitaire.
Article 2 : Les dispositions du présent arrêté fixent les modalités d'organisation de l'exercice, privé dans les établissements d'importation et ou de vente en gros des produits pharmaceutiques, dans l'officine de pharmacie, dans les laboratoires d'analyses biomédicales et dans les dépôts de produits pharmaceutiques. Elles fixent également les modalités d'organisation de la profession d'opticien lunetier.

CHAPITRE I : DOMAINE D'ACTIVITE DE LA PHARMACIE

Article 3 : Sont réservées exclusivement aux pharmaciens les activités stipulées à l'article 34 du décret n° 91-106 / P-RM du 15 mars 1991 susvisé.
Article 4 : Les pharmaciens peuvent également détenir dans leur officine :
- les plantes médicinales et aromatiques non inscrites dans les pharmacopées autorisées
- les produits phytopharmaceutiques ;
- les produits alimentaires spécialement destinés aux enfants, vieillards et malades ;
- les pastillages et confiseries pharmaceutiques ;
- les bandages herniaires ;
- les bas et bandes à varices ;

---

[88] Voir : http://legispharm.org.

- les ceintures orthopédiques et hygiéniques ;
- les appareils d'orthopédie et de prothèse (à usage médical) ;
- les produits de désinfection, dératisation, désinsectisation ;
- le matériel médico-chirurgical.

Outre les préparations magistrales et officinales, le pharmacien peut préparer dans son officine des "produits maison" ou "produits sous cachet" qui ne peuvent être vendus que dans sa seille officine et sous la responsabilité du pharmacien qui l'exploite.

CHAPITRE II : CONDITIONS D'EXERCICE DANS LES ETABLISSEMENTS D'IMPORTATION OU DE VENTE EN GROS DE PRODUITS PHARMACEUTIQUES.

Section 1 : De l'exercice de la pharmacie dans des établissements d'importation ou de vente en gros de produits pharmaceutiques.

Article 5 : Tout postulant à l'exercice privé de la profession de pharmacien dans des établissements d'importation ou de vente en gros de produits pharmaceutiques, doit être titulaire d'une autorisation délivrée par décision du ministre chargé de la santé

Publique et réunir les conditions suivantes :
- être titulaire d'un diplôme de docteur en pharmacie délivré par l'Ecole nationale de médecine et de pharmacie ou tout autre diplôme de pharmacien reconnu équivalent ;
- être de nationalité malienne ou ressortissant d'un État accordant la réciprocité aux nationaux maliens
- être inscrit à la section C de l'Ordre national des pharmaciens
- être âgé d'au moins 21 ans ;
- être de bonne moralité.

Article 6 : Le postulant à l'exercice privé de la profession de pharmacien dans les établissements d'importation ou de vente en gros de produits pharmaceutiques, doit adresser au Ministre de la santé publique, une demande sur papier timbrée à 100 F sous le couvert de l'Ordre national des pharmaciens. Cette demande est accompagnée des pièces prévues à l'article 3 du décret n° 91-106 / P-RM du 15 mars 1991.

Section 2 : De l'exploitation des établissements d'importation ou de vente en gros de produits pharmaceutiques.

Paragraphe 1 : Détention des parts

Article 7 : Dans les établissements d'importation ou de vente en gros de produits pharmaceutiques exploités en société anonyme, le Président du

Conseil d'administration ou le Directeur général ou un membre du Directoire est pharmacien. Les parts du capital social peuvent être détenues par ordre de priorité par des :
- Pharmaciens ou groupements de pharmacie privés ;
- Entreprises pharmaceutiques publiques ou parapubliques ou privées, nationales ou étrangères ;
- Médecins, dentistes et sages-femmes ;
- Autres professionnels paramédicaux ;
- Institutions financières étrangères ;
- Opérateurs économiques nationaux.

Article 8 : Dans les établissements d'importation ou de vente en gros de produits pharmaceutiques exploités en Société à responsabilité limitées, le gérant est pharmacien. Les pharmacies peuvent détenir des parts du capital social, mais pas obligatoirement la majorité.

Les autres membres de la Société sont constitués en priorité par des :
- médecins, sages-femmes et dentistes ;
- autres professionnels paramédicaux ;
- opérateurs économiques maliens ou étrangers.

Article 9 : Dans les établissements d'importation ou de vente en gros de produits pharmaceutiques exploités en société en nom collectif, tous les associés possesseurs de parts du capital social sont pharmaciens.

Paragraphe 2 : Conditions d'exploitation des établissements d'Importation ou de vente en gros de produits pharmaceutiques.

Article 10 : La licence d'exploitation d'un établissement d'importation ou de vente en gros de produits pharmaceutiques est délivrée à tout postulant, personne physique ou morale, par arrêté du ministre de la santé publique. Cette licence peut servir à exploiter des succursales de ladite Société à la condition qu'à la tête de chaque succursale soit placé un pharmacien titulaire d'une décision l'autorisant à exercer dans la catégorie C. A. Conditions communes

Article 11 : Toute personne physique ou morale désireuse d'exploiter un établissement d'importation ou de vente en gros de produits pharmaceutiques doit fournir les pièces ci-après : - un projet de création d'emplois ; - au titre du local utilisé pour l'exploitation ; - l'acte de propriété du local ou le contrat de location s'y rapportant ; - l'indication de l'emplacement exact, la superficie, l'adresse et le plan côté descriptif du local.

B. Conditions particulières

B1. Personne physique

Article 12 : Le postulant désireux d'exploiter un établissement d'importation ou de vente en gros de produits pharmaceutiques doit adresser au ministre chargé de la santé publique, une demande sur papier, timbrée à 5.000 FCFA sous le couvert de l'Ordre national des pharmaciens. Cette demande est accompagnée : - des pièces prévues à l'article Il, du présent arrêté ;
- d'une copie de la décision autorisant le postulant à exercer à titre privé la profession de pharmacien dans la spécialité importation ou vente en gros de produits pharmaceutiques ;
- d'un acte notarié attestant que le postulant est propriétaire de l'établissement.
B2. Personne morale
Article 13 : Le postulant désireux d'exploiter un établissement d'importation ou de vente en gros de produits pharmaceutiques doit adresser au Ministre chargé de la santé publique, une demande timbrée à 10.000 F sous le couvert de l'Ordre national des pharmaciens.
Cette demande est accompagnée :
- des pièces prévues à l'article Il du présent arrêté ;
- une copie des statuts de la société ;
- pour une société anonyme, une copie de la décision autorisant le Président ou le Directeur général ou un membre du Directoire à exercer la profession de pharmacien dans la spécialité importation ou vente en gros de produits pharmaceutiques ;
- pour une société à responsabilité limitée, une copie de la décision autorisant le gérant à exercer la profession dans la spécialité importation ou vente en gros de produits pharmaceutiques ;
- pour une société en nom collectif, une copie de la décision autorisant chacun des associés à exercer la profession de pharmacien dans la spécialité importation ou vente en gros de produits pharmaceutiques. La licence d'exploitation est délivrée au nom de la société.
Article 14 : Le bénéficiaire, personne physique ou morale, d'une licence dispose d'un délai de deux ans pour procéder à la création de l'établissement. Ce délai court à compter de la notification de l'octroi de la licence. À l'expiration de ce délai, le bénéficiaire d'une licence qui n'a pas procédé à l'ouverture de l'établissement, ne bénéficie que d'une seule prorogation d'un an. À l'expiration de ce délai la licence est retirée.
Article 15 : En cas de décès, d'empêchement grave ou de démission d'un pharmacien exerçant dans un établissement d'importation ou de vente en gros de produits pharmaceutiques ou dans une le, ses succursales, les dispositions prévues dans les statuts de la société en la matière sont applicables.

C. Exploitation

Article 16 : Dans les établissements d'importation ou de vente en gros de produits pharmaceutiques ainsi que dans leurs succursales doivent être au moins tenus :
- registre d'entrée et de sortie des stupéfiants ;
- les livres usuels de comptabilité suivants :
-le livre journal ;
-le livre des inventaires ;
- le registre des taxes sur le chiffre d'affaires,
- le livre de paie ;
- un registre de bon de commande ;
- un registre des bons de livraison. Tous ces documents auront été préalablement côtés et paraphés par les autorités compétentes. Ces archives doivent être conservées pendant au moins cinq (5) ans.

Article 17 : Les établissements d'importation ou de vente en gros de produits pharmaceutiques doivent se conformer aux pratiques de bon stockage préconisées par l'Organisation mondiale de la santé et annexées au présent arrêté.

Article 18 : Le stock de médicaments disponibles dans les établissements d'importation ou de vente en gros de produits pharmaceutiques et de leur(s) succursale(s) doit être suffisant pour assurer l'approvisionnement de la consommation mensuelle des officines du secteur qu'ils desservent. En outre le stock des médicaments doit correspondre, en nature, à une gamme de produits comportant - au moins les deux tiers du nombre de présentations
- de produits ayant obtenus le visa ou l'autorisation de mise sur le marché au Mali.

Article 19 : Tous les établissements d'importation ou de vente en gros en produits pharmaceutiques ou leur(s) succursale(s) doivent être en mesure d'assurer la livraison de toute spécialité faisant partie de cette gamme à toute officine entrant dans leur clientèle habituelle dans les 72 heures suivant la réception de la commande.

Article 20 : Les établissements d'importation ou de vente en gros de produits pharmaceutiques en plus de Président ou du Directeur général ou le gérant des dits établissements doivent faire appel à des pharmaciens assistants dont le nombre varie en fonction du volume des activités se rapportant aux actes pharmaceutiques ci-après :
- approvisionnement ;
- préparation des commandes destinées aux pharmaciens d'officine ;
- gestion du stock ;
- préparations officinales. Lorsque l'établissement compose une ou plusieurs succursales, un pharmacien assistant doit être désigné à la tête de la ou des dite(s) succursales.

CHAPITRE III : CONDITIONS D'EXERCICE DANS UNE OFFICINE DE PHARMACIE PRIVEE

Article 21 : On entend par officine, l'établissement tenu par un pharmacien propriétaire ou copropriétaire et affecté à l'exécution des ordonnances magistrales, à la préparation et la vente au détail des produits visés aux articles 3 et 4 du présent arrêté : l'officine est essentiellement un établissement vendant au détail au consommateur.

Section 1 : De l'exercice de la pharmacie dans une officine

Article 22 : Tout postulant à l'exercice de la profession de pharmacien dans une officine doit être titulaire d'une autorisation délivrée par décision du ministre chargé de la santé publique et réunir les conditions suivantes :
- être titulaire d'un diplôme de docteur en pharmacie délivrée par l'Ecole nationale de médecine et de pharmacie du Mali ou de tout autre diplôme de pharmacien reconnu équivalent ;
- être âgé d'au moins 21 ans ;
- être de bonne moralité ;
- être de nationalité malienne ou ressortissant d'un État accordant la réciprocité aux nationaux maliens ;
- être inscrit à la section A de l'Ordre national des pharmaciens.

Section 2 : D'exploitation de l'officine de pharmacie

Article 23 : Tout postulant à l'exploitation d'une officine de pharmacie doit être titulaire d'une licence d'exploitation délivrée par arrêté du ministre chargé de la Santé publique. A. Personne physique
Article 24 : Le postulant à l'exploitation d'une officine doit adresser au Ministre chargé de la santé publique une demande sur papier, timbrée à 100 F sous le couvert de l'Ordre national des pharmaciens. Cette demande est accompagnée des pièces suivantes :
- un acte notarié attestant que le postulant est propriétaire de l'officine ;
- une copie de la décision autorisant le postulant à exercer à titre privé la profession de pharmacien dans la spécialité officine ;
- un projet de création d'emplois ;
- au titre du local ou du terrain utilisé pour l'exploitation :
- l'acte notarié de propriété du local ou du terrain ou le contrat de location s'y rapportant ;
-l'indication de l'emplacement exact, la superficie, l'adresse et le plan côté descriptif du local et de ses dépendances.

B. Personne morale

Article 25 : La demande de la licence d'exploitation en société de l'officine timbrée à 1.000 F, est adressée au ministre chargé de la Santé publique par le ou les pharmaciens gérants de ladite société sous le couvert de l'Ordre national des pharmaciens. Cette demande est accompagnée de : - pour une société en nom collectif : une copie de la décision autorisant chacun des pharmaciens gérants de la société à exercer à titre privé la profession de pharmacien spécialité officine ; - pour une société à responsabilité limitée : une copie de la décision autorisant le gérant de la société à exercer à titre privé la profession de pharmacien spécialité officine, une copie des statuts de la société, un projet de création d'emplois, au titre du local utilisé pour l'exploitation ; o l'acte de propriété du local ou le contrat de location s'y rapportant ; o l'indication de l'emplacement exact, la superficie, l'adresse et le plan côté descriptif du local et ses dépendances. La licence est délivrée au nom de la société.
Article 26 : Le ou les pharmaciens responsables de la gestion de la société sont chargés d'assurer la qualité des produits vendus et de l'application de la législation pharmaceutique et du Code de déontologie pharmaceutique. Ils en assument la responsabilité disciplinaire ou professionnelle et pénale. La responsabilité civile est assumée par l'établissement.
Article 27 : Le bénéficiaire d'une licence d'exploitation dispose d'un délai d'un an pour procéder à l'ouverture de son officine. Ce délai court à compter de la notification de l'octroi de la licence. À l'expiration de ce délai, le pharmacien qui n'a pas procédé à l'ouverture de son officine bénéficie d'une seule prorogation d'un an. À l'expiration de ce délai, la licence est retirée.
Article 28 : La licence d'exploitation d'une officine donne la possibilité à son titulaire d'assurer directement l'approvisionnement de son établissement auprès des fournisseurs locaux. En cas de rupture sur le marché d'un médicament bénéficiant de l'autorisation de mise sur le marché au Mali, le titulaire d'une licence peut importer exclusivement pour les besoins de son officine une quantité dudit médicament correspondant à un (1) mois de stock. Dans ce dernier cas, l'enlèvement des colis au cordon douanier sera subordonné au visa pharmaceutique du service compétent du ministre chargé de la santé publique. La nomenclature des médicaments à importer ainsi que leur quantité doivent faire l'objet d'une autorisation préalable du ministre chargé de la santé publique.
Article 29 : En cas de décès ou d'empêchement grave du pharmacien d'officine, les dispositions de la loi n° 86-36 / AN-RM du 12 avril 1986 portant institution de l'Ordre national des pharmaciens, s'appliquent dans le cas d'une officine exploitée en société, les dispositions prévues en la matière par les statuts sont applicables. Toutefois, l'officine en l'absence du propriétaire ou du copropriétaire ne peut être maintenue ouverte au public que pendant un délai maximum de deux (2) ans sous la gérance d'un pharmacien.

Pour la société à responsabilité limitée, où le gérant est le seul pharmacien de la société, ce délai ne peut excéder quinze (15) jours sans pharmacien gérant. Le pharmacien gérant désigné par l'Ordre ou par les statuts de la société a la même responsabilité professionnelle qu'un pharmacien propriétaire ou copropriétaire d'officine.
Article 30 : Une officine ne peut être cédée qu'au titulaire d'une autorisation d'exercice, à titre privé, de la profession pharmaceutique délivrée par le Ministre chargé de la santé publique.
Article 31 : 1. Toute officine doit porter de façon apparente le nom du ou des pharmaciens titulaires ou gérants ;
Toute officine doit être signalée, de façon visible, par la croix verte combinée avec la coupe d'Hygie et le serpent d'Epidaure.

Section 3 : Equipement et personnel

Article 32 : Une officine doit avoir une surface bâtie minimale de 77 m² avec une surface de vente de 24 m² au minimum. Elle doit avoir en outre : - le bureau du pharmacien ; - la grande réserve de produits pharmaceutiques et d'objets de pansements ; - le préparatoire (lieu réservé pour les préparations et leurs conditionnements avec une réserve de droguerie, d'herboristerie et de verrerie) ; - des toilettes.
Article 33 : Pour le bon fonctionnement du préparatoire, un pharmacien doit avoir dans son officine, le matériel suivant : - une balance de précision ; - une balance de Roberval ; - deux mortiers en porcelaine ou en verre ; - deux capsules ; - trois entonnoirs de tailles différentes ; - trois éprouvettes graduées ; - deux spatules et deux agitateurs ; - deux paquets de papiers filtre ; - un ou des extincteur(s).
Article 34 : Le préparatoire doit également comprendre les conditionnements nécessaires aux préparations qui y sont réalisées. Ce sont :
- des flaconnages ;
- des flaconnages compte-gouttes ;
- des pots en porcelaine ou en plastique ; - des rouleaux d'étiquettes.
Article 35 : Outre le ou les pharmaciens titulaires ou gérants de l'officine, le personnel d'une officine doit comprendre au minimum :
- un ou plusieurs pharmacien(s) assistant(s) en fonction du chiffre d'affaires. Ce montant est fixé par le Ministre chargé de la santé publique ;
- un caissier ;
- un vendeur ;
- un manœuvre ;
- en cas de besoin le pharmacien peut recourir au service d'un préparateur en pharmacie ou d'un technicien de laboratoire ;
- un agent comptable ou un bureau de gestion comptable.

Article 36 : Le stock minimal des médicaments autorisés dans une officine de pharmacie, doit correspondre au besoin mensuel de la localité desservie.

Section 4 : Registres et ordonnancier

Article 37 : La bibliothèque professionnelle du pharmacien doit comporter :
- la dernière édition d'une des pharmacopées autorisées avec ses suppléments ;
- un manuel du préparateur en pharmacie ;
- le Vidal ou tout autre répertoire de produits pharmaceutiques.

Article 38 : Les différents registres tenus dans une officine sont :
- le livre registre d'ordonnances ou ordonnancier ;
- le registre d'inscription des stupéfiants ;
- les livres de comptabilité commerciale suivants :

a) le livre journal ; b) le livre des inventaires ; c) le registre des taxes sur le chiffre d'affaires ; d) le livre de paie. Ces archives doivent être conservées pendant cinq (5) ans.

Article 39 : Le livre registre d'ordonnances ou ordonnancier est un registre dans lequel, doit être consignée, toute délivrance au public ou à usage professionnel, de substance vénéneuse ou de médicaments qui figurent au tableau des substances vénéneuses. On entend par substance vénéneuse, toute substance dont l'administration peut engendrer des effets nocifs.

Ces substances vénéneuses sont classées en trois (3) tableaux qui sont :
- tableau A : substances "toxiques" ;
- tableau B : substances "stupéfiantes" ;
- tableau C : substances "dangereuses".

Article 40 : L'inscription dans le livre
- registre d'ordonnances doit comporter :
- un numéro d'ordre chronologique reporté sur l'ordonnance ;
- le nom du prescripteur ;
- la posologie des médicaments prescrits
- le nom et l'adresse du client.

L'ordonnancier doit être conservé pendant cinq (5) ans.

Article 41 : Le pharmacien ne peut délivrer des produits ou des préparations contenant des substances vénéneuses que sur présentation de l'ordonnance d'un médecin ou d'un vétérinaire ou de tout autre prescripteur autorisé. Toutefois, le chirurgien-dentiste peut prescrire sur ordonnance, certaines substances des tableaux A, B et C et cette liste fixée après avis de l'Ordre national des médecins et celui des pharmaciens figure en annexe au présent arrêté. Elle est révisable tous les deux (2) ans.

Article 42 : Toutes les ordonnances médicales doivent être datées et signées par leur auteur dont le nom doit être indiqué de façon lisible ainsi que le mode d'emploi du médicament. Les ordonnances prescrivant les substances du

tableau A doivent indiquer en toutes lettres les doses des substances et le nombre d'unités thérapeutiques. Les ordonnances prescrivant les substances du tableau B sont rédigées sur des feuilles extraites d'un carnet à souche d'un modèle déterminé par le Ministre chargé de la santé publique. Les doses des substances prescrites et le nombre d'unités thérapeutiques doivent être indiqués en toutes lettres.
Article 43 : Après l'exécution de la prescription, l'ordonnance doit être rendue au client, revêtue du cachet de l'officine où elle a été exécutée ; elle comportera également le numéro sous lequel la prescription est inscrite à l'ordonnancier et la date de délivrance.
Article 44 : À l'exception des liniments et des pommades, il est interdit de renouveler les préparations comportant des substances des tableaux A et B sauf sur indications écrites du prescripteur. Dans ce cas, le renouvellement, ne peut être exécuté qu'après le délai déterminé par le mode d'emploi du médicament indiqué par l'auteur de la prescription. Les prescriptions comportant les substances du tableau C, sont renouvelables, sauf indications contraires de l'auteur de la prescription, après un délai déterminé par le mode d'emploi du médicament.
Article 45 : Les renouvellements d'une ordonnance doivent être mentionnés sur le livre registre d'ordonnances sous un numéro d'ordre. Cette inscription peut consister en la seule indication numéro sous lequel, l'ordonnance a été initialement inscrite.
Dans tous les cas, une mention de la date et du numéro du renouvellement doit être faite sur l'ordonnance
Article 46 : Si la quantité prescrite d'un médicament dépasse la date thérapeutique maximale, le pharmacien doit s'en tenir strictement au tableau des doses usuelles et en informer l'auteur de la prescription. Lorsque le prescripteur ne peut être atteint et que le patient est à même de prouver que le médicament lui est indispensable pour la suite de son traitement, le pharmacien peut exceptionnellement lui remettre une dose correspondant à la posologie moyenne du médicament, à la condition expresse que le patient s'engage formellement à présenter une nouvelle ordonnance dans les plus brefs délais.
Article 47 : Le registre d'inscription des stupéfiants est un registre spécial d'entrée et de sortie des stupéfiants. Ce registre doit être :
- côté et paraphé par le Maire ou le Commissaire de police du lieu de la situation de l'officine ;
- tenu sans blanc ni rature.
L'inscription sur ce registre spécial est affectée d'un numéro d'ordre ; elle doit indiquer la date, le nom du fournisseur, le nom du produit et des quantités reçues. Article 48 : Toute substance du tableau B, délivrée en nature ou sous formes pharmaceutiques (spécialités, médicaments officinaux
ou magistraux) doit donner lieu à inscription en entrée et en sortie sur le

registre des stupéfiants.

CHAPITRE IV : EXPLOITATION DES LABORATOIRES D'ANALYSES BIOMÉDICALES

Section 1 : Conditions d'ouverture et d'exploitation d'un laboratoire d'analyses biomédicales

Article 49 : Un laboratoire d'analyses biomédicales peut être exploité par toute personne physique ou morale remplissant les conditions définies par les dispositions du décret 91-106 / P-RM susvisé.
Article 50 : La demande de licence d'exploitation d'un laboratoire d'analyses biomédicales est adressée au Ministre chargé de la santé publique sous couvert de l'Ordre intéressé.
Cette demande comporte :
- la description et le plan des locaux ;
- la liste complète du matériel ;
- la liste et la qualification du personnel ;
- la nature des analyses qu'il se propose d'exécuter
; - la décision autorisant le postulant à exercer à titre privé dans la spécialité laboratoire d'analyses biomédicales.
Article 51 : Lorsque le laboratoire est exploité par une personne physique celle-ci en assure la direction. Lorsque le laboratoire est exploité par une personne morale, celle-ci désigne les personnes ci-après :
- pour une société à responsabilité limité : le gérant ; - pour une société en nom collectif : les gérants associés.
Article 52 : Nul ne peut assurer la direction d'un laboratoire d'analyses biomédicales s'il n'est titulaire d'un diplôme de médecin biologiste ou de pharmacien biologiste ou de tout autre diplôme reconnu équivalent.
Article 53 : Une personne qui assure la direction effective d'un laboratoire d'analyses biomédicales, ne peut exercer dans plus d'un laboratoire. Les analyses biomédicales autorisées dans une officine de pharmacie conformément aux dispositions de l'article 48 alinéa 2 du décret n° 91-106 / P-RM du 15 mars 1991 doivent être effectuées dans un local réservé à cet effet. Section 2 : Equipement d'un laboratoire d'analyses biomédicales
Article 54 : Tout laboratoire d'analyses biomédicales doit comprendre :
- un bureau du directeur ;
- un local de réception ;
- un bureau de secrétariat et d'archives ;
- une salle de prélèvement ;
- deux salles, au moins, affectées aux activités techniques d'analyses ;
- une salle d'entretien et de stérilisation ;
- des toilettes.

Article 55 : Tout laboratoire d'analyses biomédicales doit avoir l'équipement minimum suivant :
- un microscope ;
- un distributeur d'eau ;
- un matériel de verrerie courant ;
- une étuve à température réglable jusqu'à 120 degrés Celsius ;
- un réfrigérateur à + 4° Celsius ;
- un appareil de stérilisation ;
- une centrifugeuse avec accessoires ;
- un bain-marie à température réglable ;
- une balance de précision ;
- un ou des extincteur(s).

Article 56 : Suivant les catégories d'analyses pratiquées par un laboratoire, l'équipement complémentaire minimum est le suivant :

1. Anatomie pathologie
- Microtome à paraffine ;
- Matériel pour les examens extemporanés ;
- Matériel à inclure à la paraffine ;
- Dispositif de rangement et de conservation des blocs de paraffine et des coupes colorées.

2. Hématologie
- Matériel et appareillage permettant de réaliser des hématocrites ;
- Appareil à sédimentation sanguine ;
- Cellules à numération ;
- Dispositif pour électrophorèse ;
- Hématimètre et jeu de pipettes pour hématimétrie ;
- Appareil pour le dosage de l'hémoglobine.

3. Sérologie et immunologie
- Agitateur type Kline ;
- Dispositif pour la détermination du facteur Rhésus ;
- Congélateur adapté aux examens pratiqués. 4. Virologie et bactériologie
- Autoclave avec indicateur de température et de pression ;
- Matériel pour la culture des germes anaérobies ;
- Matériel pour la culture des germes sous CO2 ;
- Microscope inversé dans le cas où le laboratoire effectue des examens aérobies.

5. Biochimie
- Centrifugeuse fournissant une accélération au fond comprise 500 et 1.000 tours à la minute ; - Spectrophotomètre permettant la lecture aux longueurs d'onde d'au moins 340 mm avec cuve thermostatée ;
- pH-mètre avec électrodes thermostatées permettant de mesurer le pH sanguin.

6. Parasitologie
- Un microscope binoculaire ;
- Une réserve de verreries, de lames, de lamelles et de cuves de coloration.

Section 2 : Fonctionnement d'un laboratoire d'analyses biomédicales

Article 57 : Tout laboratoire d'analyses biomédicales exploité par une personne physique ou en société est signalé au public par une plaque professionnelle apposée à la porte des locaux du laboratoire ou de l'immeuble dans lequel est installé ce laboratoire.
Article 58 : Sur tous les documents et titres professionnels, notamment sur tous les comptes-rendus émanant du laboratoire, doivent figurer de façon très apparente les mentions suivantes : - laboratoire d'analyses biomédicales ;
- l'adresse du laboratoire ; - le numéro d'agrément du laboratoire.
Article 59 : Les analyses biomédicales ne peuvent être effectuées que sur prescription médicale.
Article 60 : Tout compte-rendu émanant d'un laboratoire autorisé doit porter la signature du responsable technique du laboratoire.
Lorsqu'un prélèvement a été transmis aux fins d'analyses à un autre laboratoire spécialement équipé pour effectuer cette analyse, la mention de ce laboratoire, ainsi que le nom et la qualité de la personne qui a effectué l'analyse, doivent figurer de façon très apparente sur les résultats d'analyses.
Article 61 : Le relevé chronologique, ainsi que les résultats nominatifs des analyses effectuées par le laboratoire ou transmises par ce laboratoire à un autre laboratoire, sont établis et conservés pendant une période de dix (10) ans.

CHAPITRE V : EXPLOITATION DES DÉPÔTS DE PRODUITS PHARMACEUTIQUES

Article 62 : Dans le cas où la densité des officines de pharmacie est insuffisante dans une localité pour les besoins de la population, le Ministre chargé de la santé publique, peut autoriser l'ouverture temporaire de dépôts de produits pharmaceutiques.
Article 63 : L'autorisation d'ouverture de dépôts de produits pharmaceutiques est accordée à titre personnel, précaire et révocable par décision du Ministre chargé de la santé publique, après avis de l'Ordre national des pharmaciens, à toute personne remplissant les conditions prévues à l'article 51 du décret n° 91106 / P-RM du 15 mars 1991.
Article 64 : Le dossier de demande d'ouverture de dépôt de produits pharmaceutiques doit comporter : 1. une demande manuscrite indiquant les nom et prénom du postulant ;

2.le curriculum vitae du titulaire ainsi que les pièces prévues à l'article 3 du décret n° 91-106 / P-RM du 15 mars 1991 ;
3. le nom et l'adresse du pharmacien d'officine le plus proche pouvant assurer un approvisionnement urgent du dépôt ;
4. l'attestation de stage de trois (3) mois effectué dans une officine s'il s'agit d'un infirmier autorisé en spécialité pharmacie laboratoire ;
5. la copie du diplôme s'il s'agit d'un préparateur ;
6. La demande est transmise au Ministre chargé de la santé publique sous couvert de l'Ordre national des pharmaciens.
Article 65 : Cette autorisation devient caduque automatiquement dans un délai d'un an à compter de l'ouverture d'une officine dans la localité concernée à moins de 10 km à la ronde.
Article 66 : Toute personne autre que le titulaire de dépôt ne peut y délivrer des médicaments au public. En cas d'absence du titulaire du dépôt, le dépôt reste fermé.
Article 67 : Ne peuvent être détenus et débités, à titre gracieux ou onéreux, dans un dépôt de produits pharmaceutiques, que les médicaments dont la liste limitative est annexée au présent arrêté. Cette liste doit être affichée de façon apparente dans le dépôt. Cette liste sera régulièrement adaptée tous les deux (2) ans. Il est interdit au titulaire de dépôt, de participer de quelle que façon que ce soit, à la préparation, à la division ou au conditionnement des médicaments.
Article 68 : Le titulaire de dépôt est tenu de transmettre au pharmacien d'officine le plus proche les ordonnances régulières prescrivant les médicaments dont la détention et la vente sont interdites dans les dépôts. Ces ordonnances sont exécutées conformément aux formalités en usage dans une officine.
Article 69 : Les infractions pouvant entraîner la suspension ou le retrait de l'autorisation d'exploiter un dépôt de médicaments sont :
- le défaut répété d'approvisionnement ;
- la non observation de la réglementation relative à la détention et à la vente des produits pharmaceutiques conformément aux dispositions des articles 52 et 53 du décret n° 91-106 / P-RM du 15 mars 1991.

CHAPITRE VI : DE LA PROFESSION D'OPTICIEN LUNETIER

Article 70 : Nul ne peut exercer la profession d'opticien lunetier s'il n'est pas titulaire d'un diplôme d'opticien lunetier ou de tout autre diplôme équivalent reconnu par l'autorité compétente, Les conditions d'exploitation d'un établissement d'opticien lunetier sont celles prévues aux articles 3 et 57 du décret n° 91-106 / P-RM du 15 mars 1991.
Article 71 : Aucun verre correcteur ne peut être délivré ou renouvelé sans ordonnance.

Article 72 : Il est interdit à l'opticien lunetier :
- de colporter tous verres correcteurs ; - de formule tout diagnostic ophtalmologique ;
- d'employer ou prescrire des médicaments ; - de modifier toute ordonnance médicale sans l'accord du médecin traitant ;
- de donner des soins d'urgence.
Article 73 : L'opticien doit user de son autorité pour engager ses clients à consulter un médecin lorsqu'il a connaissance d'un état pathologique.

CHAPITRE VII : RÉGLEMENTATION DU REMPLACEMENT

Article 74 : La durée légale du remplacement ne peut excéder un an. a. Pour une absence de moins de huit (8) jours, le remplacement doit être effectué par l'une des personnes ci-après :
- un pharmacien titulaire d'une décision l'autorisant à travailler dans le privé ;
- un étudiant en pharmacie ayant validé sa cinquième année : - un collaborateur diplômé du pharmacien titulaire de l'officine, au cas où plusieurs pharmaciens travaillent dans la même officine. b. Pour une absence de huit (8) jours à trois (3) mois :
- l'absence doit être signalée au service chargé de l'inspection des pharmacies et du Conseil régional de l'Ordre ;
- le remplacement peut être effectué par les mêmes personnes citées en A. c. Pour une absence de trois (3) mois à un (1) an, le remplacement ne peut être assuré que par un pharmacien diplômé sans activité professionnelle.
Article 75 : En cas d'absence de la personne assurant la direction d'un laboratoire d'analyses biomédicales, le remplacement est assuré par un pharmacien ou un médecin remplissant les conditions définies par les dispositions en vigueur.

CHAPITRE VIII : DISPOSITIONS PARTICULIERES

Article 76 : Sauf pour les "produits sous cachet", l'information médicale est autorisée auprès des membres du corps médical, conformément aux dispositions du Code de déontologie pharmaceutique en vigueur. Les échantillons médicaux gratuits ayant obtenus le visa peuvent être distribués aux prescripteurs, la vente de ces échantillons au public est strictement interdite.
Article 77 : Les formes de publicité autres que celles mentionnées à l'article 75 du présent arrêté, doivent être soumises à ravis préalable du Ministre chargé de la santé publique.
Article 78 : Dans les localités dépourvues d'officine ou de dépôt de produits pharmaceutiques, le médecin ou le chirurgien-dentiste, peut être autorisé, sur avis du Conseil régional de l'Ordre des pharmaciens de la circonscription dont

il relève, à délivrer des médicaments aux personnes auxquelles il donne ses soins et dans la limite de ses prescriptions. Cette autorisation devient automatiquement caduque dès la création d'une officine ou d'un dépôt dans la localité concernée. Le contrôle technique du stock de ces médicaments est assuré par le pharmacien d'officine le plus proche qui est la seule habilité à le ravitailler.

Article 79 : Les dispositions relatives à l'ouverture et à l'exploitation des drugstores, herboristeries, drogueries et sociétés et entreprises de prestations de génie pharmaceutique feront l'objet d'arrêtés ultérieurs.

CHAPITRE IX : DISPOSITIONS FINALES

Article 80 : Tous les établissements visés par le présent arrêté sont contrôlés par les services ou agents dûment mandatés par le Ministre chargé de la santé publique.

Article 81 : Toute modification aux conditions ayant prévalu à l'obtention de licence d'exploitation de l'établissement doit faire l'objet d'un accord préalable du Ministre chargé de la santé publique.

Article 82 : Toute violation des dispositions des articles 16 et 39 est sanctionnée par la réglementation en vigueur.

Article 83 : Le présent arrêté sera enregistré, publié et communiqué partout où besoin sera.

Koulouba, le 03 octobre 1991

Le Ministre de la santé publique, de l'action sociale et de la promotion féminine,
Mme DIAKITE Fatournata N'DIAYE

ARRÊTÉ n° 08-0224/MS-SG DU 30 JANVIER 2008 FIXANT LES MODALITÉS DE MISE EN ŒUVRE DE LA PHARMACOVIGILANCE[89]

LE MINISTRE DE LA SANTÉ,

Vu la Constitution ;
Vu la Loi n° 01-040 du 7 juin 2001 portant ratification de l'Ordonnance n° 00-039/P-RM du 20 septembre 2000 portant création de la Direction de la Pharmacie et du Médicament ;
Vu la Loi n° 02-049 du 22 juillet 2002 portant Loi d'orientation sur la Santé ;
Vu la Loi n° 02-050 du 22 juillet 2002 portant Loi Hospitalière ;
Vu le Décret n° 00-585/P-RM du 23 novembre 2000 fixant l'Organisation et les modalités de fonctionnement de la Direction de la Pharmacie et du Médicament ;
Vu le Décret n° 04-557/P-RM du 01 décembre 2004 instituant l'Autorisation de mise sur le Marché des Médicaments à usage humain et vétérinaire ;
Vu le Décret n° 05-063/P-RM du 16 février 2005 fixant les modalités d'organisation et de fonctionnement des pharmacies ;
Vu le Décret n° 07-383/P-RM du 03 octobre 2007, modifié, portant nomination des membres du Gouvernement ;

ARRETE

Article 1 : Le présent arrêté fixe les modalités de mise en œuvre de la pharmacovigilance.

CHAPITRE I : REGLES GÉNÉRALES DE LA PHARMACOVIGILANCE

Article 2 : Au sens du présent arrêté, on entend par :
- Effet indésirable : une réaction nocive et non voulue, se produisant aux posologies normales utilisées chez l'homme pour la prophylaxie, le diagnostic ou le traitement d'une maladie pour la modification d'une fonction physiologique ou résultant d'un mésusage du médicament ou produit ;
- Effet indésirable grave : un effet indésirable létal, ou susceptible de mettre la vie en danger, ou entraînant une incapacité, ou provoquant ou prolongeant une hospitalisation ;
- Effet indésirable inattendu : un effet indésirable qui n'est pas mentionné dans le résumé des caractéristiques du produit concerné ;
- Mésusage : une utilisation non-conforme aux recommandations du résumé

[89] Voir : http://41.73.116.156/chugabrieltoure/docs/pdf/arretes/arrete-08-0224-pharmacovigilance.pdf

des caractéristiques du produit, à l'exclusion de l'usage abusif.
Article 3 : La pharmacovigilance a pour objet la surveillance du risque d'effet indésirable résultant de l'utilisation des médicaments et produits à usage humain titulaires d'une autorisation de mise sur le marché au Mali.
La pharmacovigilance comporte le signalement des effets indésirables inattendus et le recueil des informations les concernant, l'enregistrement, l'évaluation et l'exploitation de ces informations dans un but de prévention, la réalisation de toutes études et de tous travaux concernant la sécurité d'emploi des médicaments.

CHAPITRE II : ORGANISATION DE LA PHARMACOVIGILANCE

Article 4 : Il est institué un Système National de Pharmacovigilance qui comprend :
- la Coopération Nationale du Système de Pharmacovigilance ;
- le Système de Référence de la Pharmacovigilance ;
- le Comité National de Pharmacovigilance ;
- les Comités Régionaux de Pharmacovigilance ;
- les Comités Locaux du Médicament ;
- les Comités Thérapeutiques des Etablissements Publics Hospitaliers.

Article 5 : La Coordination Nationale du Système de Pharmacovigilance est assurée par la Direction de la Pharmacie et du Médicament.
Article 6 : La Coordination Nationale du Système de Pharmacovigilance définit les orientations de la pharmacovigilance, anime et coordonne les actions des différents intervenants et veille au respect des procédures surveillance.
Article 7 : Après exploitation des informations recueillies, le Directeur de la Pharmacie et du Médicament prend les mesures appropriées pour assurer la sécurité d'emploi des médicaments pour faire cesser les incidents et accidents ayant un lien avec leur emploi, et saisit les autorités compétentes dans tous les cas.
Il en informe dans le même délai l'entreprise ou l'organisation exploitant le médicament ou le produit concerné.
Article 8 : Le Système de Référence de la Pharmacovigilance est assuré par une structure sanitaire désignée comme Centre National de Référence de la Pharmacovigilance.
Article 9 : Le Centre National de Référence de la Pharmacovigilance est une institution spécialisée qui à pour vocation, la réalisation de toutes études et de tous travaux concernant la sécurité d'emploi des médicaments en vue de confirmer ou informer les faits signalés par les notifications. Il est chargé d'apporter tout appui technique au secrétariat du Comité National et aux différents comités.

Article 10 : Le Centre National d'Appui à la Lutte Contre la Maladie (CNAM) est désigné pour assumer de rôle de Centre National de Référence de la Pharmacovigilance (CNRP).

Article 11 : Le Comité National de Pharmacovigilance a pour missions de : réceptionner les dossiers qui lui sont fournis par les Comités Régionaux de Pharmacovigilance ;

- analyser, évaluer et valider les informations sur les effets indésirables des médicaments et produits titulaires d'une d'autorisation de mise sur le marché qui lui sont fournier par les Comités Régionaux de Pharmacovigilance ;
- donner un avis au Ministre chargé de la Santé et au Directeur de la Pharmacie et du Médicament sur les mesures à prendre pour faire cesser les incidents et accidents ayant un lien avec l'emploi de ces médicaments ;
- proposer au Ministre chargé de la Santé les enquêtes et travaux qu'il estime utiles à l'exercice de la pharmacovigilance ;
- veiller à l'exploitation des résultats de leurs évaluations au niveau national ;
- transmettre les informations au laboratoire fabriquant à travers la coordination nationale du système de pharmacovigilance ;
- se documenter et archiver les informations sur les effets indésirables des médicaments ;
- faire la rétro information aux comités régionaux et locaux de pharmacovigilance et aux comités thérapeutiques ;
- superviser et évaluer les activités des comités régionaux de pharmacovigilance ;
- mobiliser des fonds ;
- initier des recherches.

Article 12 : Le Comité National de Pharmacovigilance est composé de :

Président : Un expert choisi par le Ministre chargé de la Santé ;

Membres :

- L'Inspecteur en Chef de la Santé ;
- Un représentant de la Direction Nationale de la Santé ;
- Les présidents des Commissions Médicales des Etablissements Publics Hospitaliers (EPH) au niveau central ;
- Un représentant du Centre National de Transfusion Sanguine (CNTS) ;
- Un représentant du Laboratoire National de la Santé (LNS) ;
- Un représentant du Centre National d'Appui à la Lutte Contre la Maladie (CNAM) ;
- Un représentant de l'Institut National de Recherche en santé Publique (INRSP) ;
- Un représentant de l'Ordre des Médecins ;
- Un représentant de l'Ordre des Pharmaciens ;
- Un représentant de l'Ordre des Sages Femmes ;
- Un représentant du Comité National d'Ethique pour la Santé et les Sciences de la Vie (CNESS) ;

- Un représentant de la Direction Centrale des Services de Santé da Armée (DCSSA) ;
- Un représentant du Laboratoire Central Vétérinaire (LCV) ;
- Un représentant de la Pharmacie Populaire du Mali (PPM) ;
- Un représentant de la Faculté de Médicine, de Pharmacie et d'Odonto-Stomatologie (FMPOS) ;
- Un représentant des médecins privés ;
- Un représentant de l'Institut National de Prévoyance Sociale (INPS-CMIE) ;
- Un représentant des Pharmaciens Privés ;
- Un représentant des tradipraticiens et herboristes
- Un représentant du bureau de l'Organisation Mondiale de la Santé au Mali (OMS).

Le Secrétariat du Comité National est assuré par la Direction de la Pharmacie et du Médicament (DPM).

Le Comité National de Pharmacovigilance peut faire appel à toute personne qualifiée.

Le Comité National de Pharmacovigilance se réunit 1 (une) fois par semestre et en réunion extraordinaire chaque fois en que de besoin sur convocation de son président.

Article 13 : Le Comité Régional de Pharmacovigilance est chargé de :
- réceptionner des dossiers qui lui sont fournis par les comités locaux de pharmacovigilance et les comités thérapeutiques ;
- assurer la formation des acteurs ;
- analyser, évaluer et valider les informations sur les effets indésirables des médicaments qui lui sont fournies par les Comités Locaux du Médicament et les Comités Thérapeutiques ;
- veiller à l'exploitation des résultats de leurs évaluations au niveau régional ;
- transmettre les informations au comité national à travers la Direction de la Pharmacie et du Médicament ;
- se documenter et archiver les informations sur les effets indésirables des médicaments ;
- faire la rétro information aux Comités Locaux du Médicament et aux Comités Thérapeutiques ;
- coordonner les activités des Comités Locaux du Médicament et des Comités Thérapeutiques ;
- superviser et évaluer les activités des Comités Locaux du Médicament et des Comités Thérapeutiques.

Article 14 : Le Comité Régional de Pharmacovigilance est composé de :

Président : le président de la Commission Médicale d'Etablissement de l'Etablissement Public Hospitalier Régional ;

Membres :
- Un représentant du Conseil Régional de l'Ordre des Médecins ;
- Un représentant du Conseil Régional de l'Ordre des Pharmaciens ;

- Un représentant du Conseil Régional de l'Ordre des Sages Femmes ;
- Un pharmacien de l'Etablissement Public Hospitalier Régional ;
- Un représentant des médecins privés de la région ;
- Un représentant des pharmaciens privés de la région ;
- Un médecin de l'Institut National de Prévoyance Sociale (INPS) régional ;
- Un médecin des Services de Santé des Armées au niveau régional ;
- Un représentant du Conseil Régional de l'Ordre des Médecins Vétérinaires.

Le Secrétariat du Comité Régional est assuré par la Direction Régionale de la Santé.

Le Comité Régional de Pharmacovigilance peut faire appel à toute personne qualifiée.

Le Comité Régional de Pharmacovigilance se réunit en session ordinaire deux (02) fois par an sur convocation de son président.

Article 15 : Le Comité Local du Médicament est chargé de :
- collecter des informations issues des notificateurs ; - mener des investigations ;
- analyser, évaluer et prendre des décisions par rapport aux informations sur les effets indésirables des médicaments issues du niveau du District sanitaire ;
- veiller à l'exploitation des résultats de leurs évaluations au niveau local ;
- transmettre les informations au Comité Régional de Pharmacovigilance ;
- archiver les documents traités ; - faire la rétro information aux notificateurs ;
- mener l'information et la sensibilisation.

Article 16 : Le Comité local du médicament est composé de :
Président : Le Médecin Chef du district sanitaire
Membres :
- Les médecins du Centre de Santé de référence ;
- Un représentant des assistants médicaux ;
- Un représentant des pharmaciens privés ;
- Un représentant des médecins privés ;
- Un représentant des techniciens supérieurs de santé (sage femmes et infirmiers diplômés d'états, techniciens de laboratoire).

Le Secrétariat du comité Local du Médicament est assuré par un pharmacien, un médecin ou un technicien de laboratoire pharmacien désigné par le médecin chef.

Le Comité Local du Médicament peut faire appel à toute personne qualifiée.

Article 17 : Le Comité Thérapeutique des EPH est chargé de :
Collecter des informations issues des notificateurs ;
- Mener des investigations ; - Analyser, évaluer et prendre des décisions par rapport aux informations sur les effets indésirables des médicaments issus des services ;
- Veiller à l'exploitation des résultats de leurs évaluations au niveau EPH ;
- Transmettre les informations au Comité Régional de Pharmacovigilance ;
- Archiver les documents traités ;

- Faire la rétro information aux notificateurs ;
- Mener l'information et la sensibilisation.

Article 18 : Le Comité Thérapeutique des Etablissements Publics Hospitaliers est composé de :

Président : le Président de la Commission Médicale d'Etablissement ;

Membres :
- Les chefs de services cliniques ;
- Le Président de la Commission des Soins Infirmiers et Obstétricaux ;
- Le Président du Comité Technique d'Hygiène et de Sécurité.

Le Secrétariat du Comité Thérapeutique est assuré par le pharmacien chef de service.

Article 19 : Une Décision du Ministre chargé de la Santé désignera les membres du Comité National pour une période de trois ans.

Les membres du Comité Régional de Pharmacovigilance et du Comité Local du Médicament au niveau des districts sanitaires sont désignés par décision du Gouverneur de Région ou du District de Bamako pour trois ans.

Les membres du Comité Thérapeutique sont désignés par décision du Directeur Général de chaque EPH sur proposition du Président de la Commission Médicale d'Etablissement. Le Comité est mis place en tant que sous commission de travail de la Commission Médicale d'Etablissement et est renouvelé tous les deux ans.

Article 20 : Les Membres des Comités sont tenus d'adresser au Ministre chargé de la Santé et au président du Comité National une déclaration dans laquelle ils mentionnent les liens directs ou indirects qu'ils peuvent avoir avec les sociétés dont les produits sont susceptibles de faire l'objet d'une évaluation par la commission.

Les membres des Comités ne peuvent prendre part aux délibérations s'ils ont un intérêt direct ou indirect à l'affaire examinée.

Article 21 : Les délibérations des différents comités sont confidentielles.

Article 22 : Les travaux des comités sont préparés par le secrétariat technique sous la responsabilité du Président.

CHAPITRE III : OBLIGATIONS DE SIGNALEMENT

Article 23 : Tout médecin, chirurgien-dentiste, sage femme ou tout agent de santé investi d'une responsabilité de prescripteur ayant constaté un effet indésirable grave ou inattendu susceptible d'être dû à un médicament, qu'il l'ait ou non prescrit, doit en faire la déclaration immédiate au comité de pharmacovigilance de la circonscription dont il relève.

Article 24 : Tout pharmacien ayant eu connaissance d'un effet indésirable grave ou inattendu susceptible d'être dû à un médicament qu'il a délivré doit également le déclarer aussitôt au Comité de Pharmacovigilance de la circonscription dont il relève.

Article 25 : Tout membre d'une profession de santé ayant fait la même constatation qu'à l'article 23 doit également en informer le Comité de Pharmacovigilance le plus proche.

CHAPITRE IV : DISPOSITION FINALES

Article 26 : Les frais occasionnés par les travaux et études des différents comités et du Centre National de Référence de la Pharmacovigilance sont à la charge du Budget National.
Article 27 : L'Inspecteur en Chef de la Santé, le Directeur de la Pharmacie et du Médicament, le Directeur National de la Santé, les Directeurs Généraux des Etablissements Publics Hospitaliers sont chargés chacun en ce qui concerne de l'exécution du présent arrêté qui sera enregistré, publié et communiqué partout où besoin sera.

Bamako, le 30 janvier 2008

Le Ministre de la Santé, Oumar Ibrahima TOURÉ

ARRÊTÉ n° 91– 4320 / MSP-AS-PF / CAB FIXANT LES RÈGLES RELATIVES AUX ETABLISSEMENTS DE FABRICATION DE PRODUITS PHARMACEUTIQUES[90]

LE MINISTRE DE LA SANTÉ PUBLIQUE, DE L'ACTION SOCIALE ET DE LA PROMOTION FEMININE

Vu l'Acte fondamental n° 1 / CTSP du 31 mars 1991,
Vu la loi n° 85-41 / ANRM du 22 juin 1985 portant autorisation de l'exercice privé des professions sanitaires,
Vu le décret n° 91-106 / PRM du 15 mars 1991 portant organisation de l'exercice privé des professions sanitaires,
Vu le décret n° 91-208 / P-CTSP du 26 août 1991 portant nomination des membres du gouvernement.
Arrête :
Article 1 : Les dispositions du présent arrêté fixent les modalités d'organisation et de fonctionnement des établissements de fabrication des produits pharmaceutiques.
Article 2 : Aux fins du présent arrêté, il faut entendre par fabrication, toute préparation partielle ou totale des médicaments et produits destinés à être vendus en gros. Il s'agit des opérationsde division, changement de conditionnement ou de présentation et les opérations de contrôle. Elles peuvent être faites par le titulaire de l'Autorisation de mise sur le marché (A.M.M.) ou par un autre établissement (un façonnier) lié au titulaire de l'A.M.M. par un accord de façonnage.

CHAPITRE I : CONDITIONS D'EXERCICE DANS LES ETABLISSEMENTS DE FABRICATION DES MÉDICAMENTS

Section 1 : De l'exercice privé de la profession de fabricant des médicaments.

Article 3 : Tout postulant à l'exercice privé de la profession de pharmacien spécialisé à la fabrication de produits pharmaceutiques doit être titulaire d'une autorisation délivrée par décision du Ministre chargé de la santé publique et réunir les conditions suivantes :
- être de bonne moralité.
- être titulaire d'un diplôme de Docteur en pharmacie délivré par l'Ecole nationale de médecine et de pharmacie ou de tout autre diplôme de pharmacien reconnu équivalent.

[90] Voir : http://www.legispharm.org.

- être âgé d'au moins 21 ans révolus.
- être de nationalité malienne ou ressortissant d'un État accordant la réciprocité aux nationaux maliens.
- être inscrit à la section B de l'Ordre national des pharmaciens.

Article 4 : Le postulant de l'exercice privé de la profession de pharmacien spécialité fabrication de produits pharmaceutiques, doit adresser au ministre chargé de la santé publique une demande sur papier timbré à 1.000 FCFA sous le couvert de l'Ordre national des pharmaciens. Cette demande est accompagnée des pièces prévues à l'article 3 du décret n° 91-106 / PRM du 15 mars 1991 sus visé.

Section 2 : De l'exploitation des établissements de fabrication des médicaments.

Paragraphe I : Détention des parts

Article 5 : Dans les établissements de fabrication de médicaments exploités en Société anonyme, le président du Conseil d'administration ou le Directeur général ou un membre du directoire est pharmacien. Les parts du capital social peuvent être détenus par ordre de priorité par des :
- pharmaciens ou groupements de pharmaciens privés.
- entreprises pharmaceutiques publiques ou parapubliques ou privées nationales ou étrangères.
- médecins, dentistes et sages-femmes.
- autres professionnels paramédicaux.
- institutions financières étrangères.
- opérateurs économiques nationaux.

Article 6 : Dans les établissements de fabrication de médicaments exploités en Société à responsabilité limitée, le gérant est pharmacien. Les pharmaciens peuvent détenir des parts du capital social, mais pas obligatoirement la majorité. Les autres membres de la société sont constitués en priorité de :
- médecins, sages-femmes.
- autres professionnels paramédicaux.
- opérateurs économiques maliens ou étrangers.

Article 7 : Dans les établissements de fabrication des médicaments exploités en Société en Nom Collectif, tous les associés, possesseurs de parts du capital sont pharmaciens.

Paragraphe 2 : Conditions d'exploitation des établissements de fabrication des médicaments

Article 8 : Tout postulant désireux d'exploiter un établissement de fabrication, doit adresser au Ministre chargé de la santé publique une demande sur papier timbré sous le couvert de l'Ordre national des pharmaciens. Après avis favorable du Ministre chargé de la santé publique, celui-ci la transmet au Ministre chargé des industries, autorité de délivrance de la licence d'exploitation.

À / Conditions communes

Article 9 : Toute personne physique ou morale désireuse d'exploiter un établissement de fabrication doit fournir les pièces ci-après :
- Un projet de création d'emplois avec certificat de visite et de contre visite de chaque employé.
- Un acte notarié désignant le pharmacien responsable.
- Une preuve que le postulant dispose de locaux, de l'outillage industriel et de l'appareillage scientifique approprié.
- 5 exemplaires de l'étude de faisabilité réalisée sur l'établissement avec une mention particulière pour le système de contrôle de la qualité des médicaments fabriqués ou conditionnés.
- Des spécifications sur les substances et les préparations à mettre en œuvre, la nature des opérations et l'endroit où celles-ci sont effectuées ainsi que les copies des dossiers d'Autorisation de Mise sur le Marché des produits qu'on désire fabriquer.
- Un engagement à respecter les règles de bonnes pratiques de fabrication.
- Au titre du local ou du terrain utilisé pour l'exploitation :
* l'acte de propriété du local ou du terrain ou le contrat de la location

Article 10 : Le pharmacien responsable est une personne qualifiée possédant plusieurs années d'expérience professionnelle.

Il participe au programme de recherche de l'établissement.

Il est responsable des dossiers d'autorisation de mise sur le marché des produits fabriqués par l'établissement.

Il assure la supervision technique de la fabrication, du contrôle du stockage et de la délivrance des produits. Il a autorité sur les pharmaciens assistants.

B/ Conditions particulières

B1 - Personne physique

Article 11 : Le postulant désireux d'exploiter un établissement de fabrication des médicaments, doit adresser au ministre chargé de la santé publique une demande su papier timbré à 5.000 FCFA sous le couvert de l'Ordre national des pharmaciens. Cette demande est accompagnée de :
- Des pièces prévues à l'article 9 du présent arrêté.
- Un acte notarié attestant que le postulant est propriétaire de l'établissement.
- Une copie de la décision autorisant le postulant à exercer à titre privé la profession de pharmacien spécialisé en fabrication des produits

pharmaceutiques.

B2 Personne morale

Article 12 : Le postulant désireux d'exploiter un établissement de fabrication des médicaments, doit adresser au ministre chargé de la santé publique une demande de licence d'exploitation sur papier timbré à 10.000 FCFA sous le couvert de l'Ordre national des pharmaciens. Cette demande est accompagnée de :

- Des pièces prévues à l'article 9 du présent arrêté.
- Une copie des statuts de la société.
- Pour une Société anonyme une copie de la décision autorisant le président, ou profession de pharmacien spécialité fabrication de produits pharmaceutiques.
- Pour une Société à responsabilité limitée (Sarl), une copie de la décision autorisant le gérant à exercer à titre privé la profession de pharmacien spécialisé en fabrication de produits pharmaceutiques.

Article 13 : Le bénéficiaire d'une licence dispose d'un délai de cinq (5) ans pour procéder à la création de l'établissement. Passé ce délai, la licence devient caduque sauf prorogation expresse accordée par l'autorité compétente.

Article 14 : La licence est octroyée pour la fabrication de la forme et des présentations prévues dans la demande. À cet effet, elle doit être revue en fonction de l'évolution de la gamme fabriquée, des locaux et de l'équipement industriel. Toutefois, les modifications pouvant intervenir

Article 15 : En cas de décès, d'empêchement grave ou de démission, du pharmacien responsable ou du pharmacien dont la décision a servi à obtenir la licence d'exploitation de l'établissement de fabrication des médicaments, les dispositions prévues par la loi n°86-36 / ANRM du 12 avril 1986 portant institution de l'Ordre national des pharmaciens s'appliquent. Dans le cas d'un établissement exploité en société, les dispositions prévues en la matière par les statuts sont applicables.

Article 16 : Dans les établissements de fabrication des médicaments, doivent être au moins tenus :

- Un registre spécial d'entrée et sortie des stupéfiants.
- Un registre d'entrée et de sortie des autres substances vénéneuses.
- Un registre d'entrée et de sortie des matières premières.
- Un registre de contrôle des matières premières
- Un registre de contrôle des produits finis
- Un registre de fabrications.
- Les livres usuels de comptabilité. Tous ces documents auront été préalablement côtés et paraphés par les autorités compétentes.

Section 3 : De l'équipement et du personnel.

Article 17 : Les établissements de fabrication des médicaments doivent posséder des locaux aménagés, agencés et entrevus en fonction des opérations pharmaceutiques qui sont effectuées, le matériel, les moyens et le personnel nécessaires à l'exercice de ces activités. Ces établissements de fabrication doivent faire appel à des pharmaciens pour superviser les actes pharmaceutiques ci-après :
- Préparation des formes médicamenteuses.
- Contrôle de la qualité des matières premières, produits semi-finis et produits finis.
- Approvisionnement en matières premières et matériaux d'emballage.

Article 18 : Ces établissements sont tenus de contrôler systématiquement les matières premières qu'ils utilisent et les produits qu'ils fabriquent. Les contrôles doivent être effectués conformément aux protocoles et procédures décrits dans les dossiers d'autorisation de mise sur le marché qu'ils auront produits.

Article 19 : Les établissements de fabrication de médicaments doivent se conformer aux pratiques de bonne fabrication préconisées par l'Organisation mondiale de la santé (Oms) et annexées au présent arrêté.

Article 20 : L'établissement doit disposer des échantillons fabriqués par lui et conservés pendant la durée de leur validité ou pendant cinq ans pour les besoins du contrôle.

CHAPITRE II : DE LA FABRICATION DES AUTRES PRODUITS PHARMACEUTIQUES

Article 21 : Hormis les médicaments dont la préparation et la vente sont réservées aux pharmaciens conformément aux dispositions de l'article 34 du décret n° 91-106 / PRM du 15 mars 1991, l'autorisation de la fabrication et du conditionnement des autres articles visés par lesdites dispositions peut être accordée par décision du ministre chargé de la santé publique à toute personne physique ou morale remplissant les conditions suivantes :
- Etre de nationalité malienne ou ressortissant d'un État accordant la réciprocité aux Maliens.
- Etre âgé d'au moins 21 ans.
- Etre titulaire d'un diplôme de docteur en pharmacie délivré par l'Ecole nationale de médecine et de pharmacie ou de tout autre diplôme de pharmacien reconnu équivalent.
- Etre de bonne moralité.
- Etre inscrit à la section B de l'Ordre national des pharmaciens.

Article 22 : Tout postulant désireux d'exploiter un établissement de fabrication des autres produits pharmaceutiques doit être titulaire d'une licence d'exploitation délivrée par arrêté du ministre chargé des industries après avis du ministre chargé de la santé publique.

Article 23 : Tout postulant désireux d'exploiter un établissement de fabrication des autres produits pharmaceutiques doit adresser au ministre chargé de la santé publique une demande sur papier timbré à 5.000 FCFA.

Cette demande est accompagnée de :

- un acte notarié désignant le pharmacien responsable.
- Cinq (5) exemplaires de l'étude de faisabilité réalisée sur l'établissement avec une mention particulière pour le système de contrôle de la qualité des produits fabriqués ou conditionnés.
- Une copie de la décision autorisant le postulant à exercer à titre privé la profession de pharmacien spécialisé en fabrication de produits pharmaceutiques.
- Un projet de création d'emplois avec certificat de visite et de contre visite de chaque employé.
- Une copie des statuts de l'établissement au cas où il est exploité en société, ou un acte notarié attestant que la personne physique en est propriétaire.
- Au titre du local ou du terrain utilisé pour l'exploitation :
- l'acte de propriété du terrain ou du local ou le contrat de location,
- l'indication de l'emplacement exact, la superficie, l'adresse et le plan côté descriptif du local.

Article 24 : Le bénéficiaire d'une licence de fabrication des autres produits pharmaceutiques dispose de cinq (5) ans pour procéder à la création de l'établissement. Passé ce délai, la licence devient caduque sauf prorogation expresse de l'autorité compétente. Chapitre 3 : Dispositions finales

Article 25 : En cas de désaccord entre le Directeur général responsable de la fabrication au sujet des règles de fabrication, en informe le Ministre chargé de la Santé Publique.

Article 26 : Aucun médicament ou autre produit pharmaceutique peut être débité à titre gratuit ou onéreux sans Autorisation de mise sur le marché délivrée par le Ministre chargé de la santé publique.

Article 27 : Les fabricants de médicaments et autres pharmaceutiques, ne peuvent les vendre en public, ni au détail.

Article 28 : Tous les établissements visés par le présent arrêté, contrôlés par les services ou agents compétents du ministère chargé de la santé publique et conformément aux dispositions des articles 64 décret n° 91-106 / PRM du 15 mars 1991.

Article 29 : Le présent arrêté sera enregistré, publié et communiqué partout au besoin sera.

Koulouba, le 3 octobre 1991

Le Ministre de la santé, Mme DIAKITE / Fatoumata N'DIAYE

ARRÊTÉ INTERMINISTERIEL n° 05-2203/MSMEP-SG DU 20 SEPTEMBRE 2005 DETERMINANT LES MODALITÉS DE DEMANDE DES AUTORISATIONS DE MISE SUR LE MARCHÉ (AMM) DES MÉDICAMENTS À USAGE HUMAIN ET VÉTERINAIRE[91]

LE MINISTRE DE LA SANTÉ,
LE MINISTRE DE L'ELEVAGE ET DE LA PECHE,

Vu la Constitution ;
Vu la Loi n°85-41/AN-RM du 22 juin 1985, portant autorisation de l'exercice privé des professions sanitaires ;
Vu la Loi n°01-062 du 04 juillet 2001 régissant la pharmacie vétérinaire ;
Vu le Décret n°91-106/P-RM du 15 mars 1991 portant organisation de l'exercice privé des professions sanitaires, modifié par le Décret n°92-050/P-RM du 10 août 1992 ;
Vu le Décret n°94-282/P-RM du 15 août 1994 déterminant les conditions de l'ouverture des cabinets privés de consultation et de soins traditionnels, d'herboristeries et d'unités de production de médicaments traditionnels améliorés ;
Vu le Décret n°01-341/P-RM du 09 août 2001 fixant les modalités d'application de la loi n°01-062 du 04 juillet 2001 Régissant la Pharmacie vétérinaire ;
Vu le Décret n°04-557/P-RM du 01 décembre 2004 instituant l'autorisation de mise sur le marché (AMM) des médicaments à usage humain et vétérinaire ;
Vu le Décret n°04-141/P-RM du 2 mai 2004 portant nomination des membres du Gouvernement, modifié par le décret n°05-281/P-RM du 20 juin 2005 ;
Vu l'Arrêté n°91-4318/MSP-AS.PF/CAB du 03 octobre 1991 fixant les modalités d'organisation de l'exercice privé des professions sanitaires dans le secteur pharmaceutique et d'opticien lunetier ;

ARRETENT :

CHAPITRE I : DISPOSITIONS GÉNÉRALES

Article 1 : Le présent arrêté fixe les modalités d'application du décret n°04-557/P-RM du 01 décembre 2004, instituant une autorisation de mise sur le marché des médicaments à usage humain et vétérinaire au Mali.
Article 2 : L'Autorisation de Mise sur le Marché (AMM) est délivrée au fabricant du produit, ou le cas échéant à l'exploitant légalement déclaré de

---

[91] Voir : http://www.cnop.sante.gov.ml.

l'AMM, après examen de la commission nationale des Autorisations de Mise sur le Marché, d'un dossier complet introduit par le demandeur.

Article 3 : La décision octroyant ou refusant l'AMM est prise et notifiée au demandeur dans un délai n'excédant pas deux (2) mois, à compter de la date de tenue de la session au cours de laquelle le dossier a été examiné.

Article 4 : Le dossier de demande de l'AMM est adressé au Ministre chargé de la Santé et comprend :

- une demande écrite par dénomination, par forme, par dosage et par présentation du médicament ; - des pièces administratives et technique rédigées en français en nombre d'exemplaires requis.

Article 5 : Les dossiers de demande d'AMM sont repartis ainsi qu'il suit :

* la demande d'AMM pour les spécialités pharmaceutiques à usage humain ou vétérinaire
* la demande d'AMM pour les médicaments essentiels génériques en Dénomination Commune Internationale de la liste Nationale des médicaments essentiels du Mali ;
* la demande d'AMM pour les médicaments à base de plantes médicinales (médicaments issus de la pharmacopée traditionnelle).
* la demande de modification d'AMM
* la demande de renouvellement d'AMM
* la demande de cession d'AMM.

CHAPITRE II : DE LA DEMANDE D'AUTORISATION DE MISE SUR LE MARCHÉ (AMM)

Article 6 : Toute demande d'Autorisation de Mise sur le Marché (AMM), son renouvellement, sa modification, sa cession doit être adressée au Ministre chargé de la Santé et accompagnée du récépissé du versement d'un droit fixe dont le taux est fixé par voie réglementaire.

Article 7 : Les détenteurs de l'Autorisation de Mise sur le Marché sont tenus de transmettre immédiatement au Ministre chargé de la santé tout élément nouveau constituant une modification ou un complément d'information aux éléments du dossier initial de l'autorisation de mise sur le marché de leurs médicaments.

Les détenteurs de l'autorisation de mise sur le marché d'u médicament autorisé sont tenus de communiquer sans délai, au Ministre chargé de la Santé, toute interdiction ou restriction qui viendrait à être décidée par les autorités administratives des pays où le médicament concerné est commercialisé.

Article 8 : Le dossier de demande d'AMM pour les spécialités pharmaceutiques autres que celles citées dans les articles 9 et 11 suivants et des médicaments traditionnels à base de plantes de catégorie 4 définis à l'article 10 cidessous, comprend :

1°) une demande écrite comportant le nom et l'adresse complète du

demandeur de la mise sur le marché et lorsque celui-ci ne fabrique pas le médicament, le nom et l'adresse du fabricant ;
2°) un dossier technique complet libellé en français en deux
(2) exemplaires comprenant :
* la formule intégrale de la forme médicamenteuse,
* les techniques et résultats du contrôle des matières premières,
* les techniques et résultats du contrôle du médicament,
* les techniques et conditions de fabrication,
* les noms des experts analystes, biologistes et cliniciens,
* le compte rendu des contrôles analytiques, des tests biologiques et des essais cliniques,
* les résultats des tests de stabilité et de conservation du produit fini,
* la copie conforme du visa du pays d'origine,
3°) le résumé en français des caractéristiques du produit en 20 exemplaires, comportant la dénomination de la spécialité pharmaceutique et la dénomination commune internationale du ou des principes actifs ; la forme pharmaceutique, le dosage, la présentation et la voie d'administration, la composition qualitative et quantitative en principes actifs et en excipients ; la classe pharmacologique, les indications thérapeutiques ; les contre-indications ; les effets secondaires ; les précautions d'emploi et de mises en garde ; l'utilisation en cas de grossesses et d'allaitement ; les interactions médicamenteuses ; la posologie et le mode d'administration ; la conduite à tenir en cas de surdosage ; les incompatibilités ; la durée de stabilité le cas échéant avant et après reconstitution du produit ; les conditions de conservation, la nature du conditionnement primaire ; l'éventuelle inscription à une liste de substances vénéneuses.
4°) une quantité suffisante pour analyse du ou des principes actifs ainsi que des excipients, du même lot que ceux ayant servi à la fabrication de l'échantillon fourni ;
5°) trente (30) exemplaires, par forme, par présentation et par dosage, du modèle destiné à la vente au public accompagnés du projet de notice, en ce qui concerne les petits conditionnements ; les produits vétérinaires en grand conditionnement :
* 10 exemplaires pour les flacons de 500 ml ;
* 03 exemplaires pour les boites de 100 à 400 comprimés ;
* 01 exemplaire pour les sceaux de 500 comprimés ou plus, les sachets en poudre de 10 kg et les bidons de 1 litre ;
* 20 exemplaires pour les bidons de 1 litre et les sachets en poudre de 1 kg ;
* 10 exemplaires pour les bidons de 5 litres et les sachets en poudre de 5 kg ;
* 05 exemplaires pour les bidons de 10 litres et les sachets en poudre de 10 kg ;
* 15 exemplaires pour les sachets en poudre de 2 kg ;

6°) le Prix Grossiste Hors Taxe (PGHT) et le prix avec « Coût Assurance et Fret' (CAF) en francs CFA auquel le demandeur se propose de céder le produit aux grossistes du Mali ;
7°) la copie de récépissé du versement des droits de demande d'AMM fixés par voie réglementaire.
Article 9 : Le dossier de demande d'AMM pour les médicaments générique DCI inscrits sur la liste des médicaments essentiels arrêté par le Ministre chargé de la Santé, comprend :
1° la demande écrite comportant le nom et l'adresse du demandeur de la mise sur le marché et lorsque celui-ci ne fabrique pas le médicament, le nom et l'adresse du fabricant ;
2° un résumé en français des caractéristiques du produit en 20 exemplaires (nom et adresse du demandeur d'AMM et du fabricant si celui-ci ne fabrique pas le produit, les lieux de fabrication, de contrôle et de conditionnement, la DCI, la composition qualitative et quantitative en principes actifs et en excipients, la voie d'administration, la nature des matériaux de conditionnement, la classe thérapeutique, les contres indications et les effets secondaires, les propriétés pharmacocinétiques, les mises en grade et les précautions d'emploi, les précautions particulières de conservations, les interactions médicamenteuses, la posologie et le mode d'emploi, les symptômes, la conduite à tenir et l'antidote en cas de surdosage ; la date d'établissement du résumé des caractéristiques du produit),
3° la notice interne ou le projet de notice en français
4° un dossier pharmaceutique comportant :
* la composition qualitative et quantitative du produit fini ; de la forme pharmaceutique,
* la description du mode de préparation ;
* les méthodes de contrôle des matières premières, des produits intermédiaires de la fabrication et des produits finis,
* les résultats des essais de stabilité du produit fini.
5° un rapport d'expertise analytique précisant :
* les méthodes utilisées pour l'identification, le dosage et le titrage des principes actifs ;
6° un rapport bibliographique sur la biodisponibilité du principe actif et s'il y a lieu un rapport de bioéquivalence ou de dissolution comparé à un produit princeps ;
7° la copie conforme de l'AMM dans le Pays d'origine, ou à son absence, toute autorisation équivalente dont le libellé est conforme au système OMS de certification.
8° dix (10) échantillons modèles vente pour les conditionnements publics et 3 modèles vente pour les conditionnements hospitaliers, à l'exception des produits stériles pour lesquels il sera exigé 20 unités du modèle destiné à la vente au public ;

9° une quantité suffisante de matières premières actives pour analyse du même lot que celles ayant servi à la fabrication de l'échantillon ;
10° le récépissé de paiement des frais de dossiers de demande d'AMM fixés par voie réglementaire.
11° le PGHT et le prix CAF ainsi que le coût des traitements journalier et total.
12° le bulletin d'analyse du lot de fabrication soumis à l'enregistrement et signé par le responsable de contrôle de qualité.
13° L'autorisation d'ouverture de l'unité de fabrication
14° une attestation établie par les autorités compétentes précisant que l'unité de fabrication respecte les normes de bonnes pratiques de fabrication et qu'elle est régulièrement inspectée.
15° le nom et l'adresse du ou des responsables statutaires de l'établissement et des personnes ayant qualité pour engager celui-ci en cas de litige.
16° le nombre et la qualification des personnes opérant dans le processus de fabrication et de contrôle
17° la liste des pays ayant enregistré le médicament
18° une déclaration du demandeur d'AMM attestant l'origine des matières premières actives accompagnées des bulletins d'analyse.
Article 10 : On entend par médicament issu de la pharmacopée traditionnelle de catégorie 1, tout médicament préparé par le tradipraticien de santé pour un patient, de manière extemporanée avec des matières premières fraîches ou sèches de conservation généralement de courte durée.
On entend par médicament issu de la pharmacopée traditionnelle de catégorie 2 tout médicament issu de la pharmacopée traditionnelle couramment utilisé dans la communauté, préparé à l'avance et dont les principes actifs qui le composent sont des matières premières brutes.
On entend par médicament issu de la pharmacopée traditionnelle de catégorie 3, tout médicament issu de la recherche scientifique et dont les principes actifs sont des extraits standardisés, préparé à l'avance,
On entend par médicament issu de la pharmacopée traditionnelle de catégorie 4 tout médicament issu de la recherche scientifique et dont les principes actifs sont des molécules purifiées.
Article 11 : Le dossier de demande d'AMM pour les médicaments traditionnels à base de plantes rédigé en français doit comporter :
1er) la demande écrite adressée au Ministre chargé de la Santé, comportant le nom et l'adresse du demandeur de la mise sur le marché et lorsque celui-ci ne fabrique pas le médicament, le nom et l'adresse du fabricant ;
2°) un dossier administratif comportant :
* une copie de l'acte autorisant la création de la structure de production ;
* une compilation des protocoles d'accord, notamment une convention de partenariat entre le producteur et un institut de recherche ; (Médicament des catégories 3 et 4)
3°) Dix échantillons du modèle vente ;

4°) le récépissé du paiement des frais d'enregistrement fixés par voie réglementaire.
5°) un dossier pharmaceutique (pour médicaments des catégories 2 et 3) comportant :
* les monographies complètes des plantes utilisées comme matières premières ;
* la dénomination scientifique de chaque plante, synonyme (famille, genre, espèces et variété) ainsi que l'auteur du binôme scientifique ;
* les noms en langues locales et/ou en langue officielle ;
* la brève description des plantes ;
* les caractères organoleptiques et microscopiques (coupe et poudre) ;
* la distribution géographique et caractéristique de la station de récolte ;
* une méthode de préparation des extraits standardisés ;
* la formule, y compris les excipients ;
* le mode et les étapes de fabrication ;
* un rapport d'expertise concernant les bonnes pratiques de fabrication.
6°) un rapport d'expertise analytique précisant :
* une méthode de contrôle de qualité des matières premières ;
* les résultats des essais de stabilité et de contrôle de qualité des matières premières et des excipients (pureté, tests généraux de caractérisation et propriétés physicochimiques).
* la méthode et les résultats de contrôle des produits en cours de fabrication ;
* les résultats du contrôle de qualité du produit fini ; * les résultats des essais de stabilité du produit fini.
7°) un dossier pharmaco toxicologique (pour les médicaments des catégories 3) comportant :
* les données de pharmacodynamie ;
* les résultats des essais de toxicité aiguë et sub-chronique ;
* une revue bibliographique sur la pharmacologie et la toxicologie ;
* un rapport d'expertise sur les essais réalisés.
8°) un dossier clinique (médicaments de catégorie 3) comportant :
* une autorisation des essais cliniques, délivrée par un comité national d'éthique ;
* un protocole d'essai clinique suivant les méthodes standard (Phase I et II) ;
* les résultats ; * un rapport d'expertise sur les essais cliniques réalisés.
9°) un rapport d'expertise attestant une longue expérience d'utilisation du médicament dans sa forme actuelle ou dans sa forme traditionnelle (au minimum 20 ans). Les risques toxicologiques connus doivent être présentés en détails (risques de toxicité dépendante et/ou indépendante de la dose). Les risques liés à la mauvaise utilisation du médicament ainsi que les possibilités de dépendance physique ou psychique doivent être également indiquées.
Article 12 : Le dossier de demande de modification d'AMM comporte :
* une demande écrite adressée au Ministre chargé de la santé mentionnant la

dénomination, la forme, la présentation du produit ;
* une notification indiquant clairement la nature, les spécifications et les motifs des modifications intervenues dans les éléments fournis à la constitution du dossier initial de demande d'AMM ;
* L'AMM rectificative en vigueur dans le pays d'origine ou en son absence, toute autorisation équivalente dont le libellé est conforme est conforme au système OMS de certification dûment authentifié par l'autorité compétente ;
* cinq (5) modèles vente du produit pour les conditionnements publics ou trois (3) modèles vente pour les conditionnements hospitaliers, accompagnés du bulletin d'analyse du lot de fabrication dûment signé par le responsable du contrôle de qualité du laboratoire ou du responsable de la libération des lots correspondant aux échantillons fournis ;
* le récépissé de paiement des droits d'enregistrements correspondants.
Article 13 : sont considérés comme modifications mineures, les modifications relatives aux aspects suivants du produit commercialisé :
- le graphisme, ou logo du fabricant et/ou de l'exploitant du produit considéré ;
- la forme géométrique du conditionnement primaire, à l'exclusion de tout changement concernant les caractéristiques internes ou externes du contenant lorsqu'il s'agit d'une forme médicamenteuse liquide ou pâteuse.
Article 14 : Le dossier de demande de cession d'AMM comporte :
* une demande écrite adressée au Ministre chargé de la santé mentionnant la dénomination, la forme, la présentation du produit ;
* la copie de l'AMM délivrée par le Ministre de la santé objet de la demande de cession ;
* l'adresse précise du nouveau postulant, ainsi que la nature du type d'activités : fabricant ou exploitant commercial ;
* une notification du titulaire de l'AMM en faveur de la cession, indiquant clairement qu'aucune modification n'est intervenue dans les éléments fournis à la constitution du dossier initial de demande d'AMM ;
* l'AMM rectificative en vigueur dans le pays d'origine ou en son absence, toute autorisation équivalence dont le libellé est conforme au système OMS de certification dûment authentifié par l'autorité compétente ;
* cinq (5) modèles vent du produit pur les conditionnements publics ou trois (3) modèles vente pour les conditionnements hospitaliers, accompagnés du bulletin d'analyse du lot de fabrication dûment signé par le responsable du contrôle de qualité du laboratoire ou du responsable de la libération des lots correspondant aux échantillons fournis ;
* le récépissé de paiement des droits d'enregistrements correspondants.
Article 15 : Le dossier de demande de renouvellement d'AMM comporte :
- une demande écrite adressée au Ministre de la Santé mentionnant la dénomination, la forme, le dosage et la présentation du produit ;
- une attestation du fabricant précisant qu'aucune modification n'est intervenue dans les éléments produits à l'appui de la demande initiale, sous

réserve des modifications régulièrement autorisées entre temps ;
- la fiche signalétique ou le résumé des caractéristiques du produit (RCP) ;
- une copie de l'AMM en vigueur dans le pays d'origine, ou en son absence, toute autorisation équivalente dont le libellé est conforme au système OMS de certification ;
- cinq (5) modèles vente pour les conditionnements publics ou trois (3) modèles vente pour les conditionnements hospitaliers ;
- la confirmation du prix grossiste hors taxes proposé pour les grossistes maliens et du prix CAF ;
- le récépissé de paiement des frais de renouvellement fixés par voie réglementaire.

CHAPITRE III : DU FONCTIONNEMENT DE LA COMMISSION NATIONALE DES AMM

Article 16 : La Commission Nationale des AMM tient ses séances ordinaires tous les trois mois, et des séances extraordinaires autant que de besoin. Elle se réunit sur convocation de son Président.
Article 17 : Pour les produits nouveaux, les médicaments traditionnels à base de plantes médicinales et en cas de besoin, la Direction de la Pharmacie et du Médicament procède à une expertise des dossiers fournis pour les demandeurs d'AMM. Les résultats des expertises sont versés aux dossiers soumis pour analyse de la Commission Nationale des AMM.
La Commission peut également à l'issu de ses sessions demander au Directeur de la Pharmacie et du Médicament de soumettre certains dossiers qu'elle juge nécessaire à expertise. Les résultats sont versés aux dossiers de la session suivante comme réexamen de dossiers. Les frais nécessaires aux différents travaux d'expertise, y comprises les expertises analytiques sont assurés sur le budget national.
Article 18 : La Commission ne peut délibérer valablement que si la majorité de ses membres est présente. Les décisions sont prises à la majorité absolue des membres présents.
Article 19 : La décision de la Commission est toujours notifiée au demandeur. En cas de refus, elle doit être motivée.
Article 20 : Il est interdit aux membres de la commission nationale des AMM de diffuser toute information relative aux médicaments expertisés et les délibérations de la commission.

CHAPITRE IV : DE L'OCTROI, DU REFUS, DU RETRAIT ET DE LA SUSPENSION DE L'AMM

Article 21 : La décision portant octroi, suspension ou retrait de l'AMM est prise par le Ministre chargé de la Santé.

Article 22 : La notification de refus de l'AMM est faite par le Directeur de la Pharmacie et du Médicament après avis de la Commission Nationale des AMM.

Article 23 : Au cas où le fabricant ou le demandeur d'AMM ayant reçu un avis défavorable à un dossier, souhaite soumettre à nouveau ce dossier au deçà de trois mois, il est tenu de présenter un dossier complet accompagné du reçu de versement de nouveaux droits d'enregistrement.

Article 24 : En cas de retrait du marché d'un médicament pour des motifs de qualité, les frais liés au retrait et à la destruction des médicaments concernés le cas échant sont à la charge du titulaire de l'AMM.

Article 25 : La Commission Nationale des AMM refuse l'AMM dans les cas suivants :

a) la documentation et les renseignements fournis à l'appui de la demande ne satisfont pas aux prescriptions du présent arrêté ;

b) l'effet thérapeutique fait défaut ou est insuffisamment justifié par le fabricant à l'exception des produits de l'homéopathie ;

c) le produit n'a pas la composition qualitative ou quantitative déclarée ;

d) les moyens à mettre en œuvre pour appliquer la méthode de fabrication et les procédés de contrôle ne sont pas de nature à garantir la qualité du produit au stade de la fabrication en série ;

e) les conditions de fabrication et de contrôle ne sont pas conformes à la licence d'exploitation de l'établissement du fabricant ;

f) la spécialité n'apporte pas d'intérêt économique par rapport aux produits similaires commercialisés au Mali.

CHAPITRE V : DU CONTRÔLE D'IMPORTATION DES PRODUITS NON SOUMIS À L'AMM.

Article 26 : Sont assujettis à un contrôle à l'importation sans être soumis à une demande d'AMM, les produits appartenant aux catégories suivantes :

* les dispositifs médicaux stériles ou non ;
* les réactifs de laboratoire d'analyse de biologie médicale ;
*les produits cosmétiques susceptibles de contenir des teneurs de médicaments ;
* les produits étiquetés « compléments alimentaires » ;
* les échantillons de médicaments accompagnants les dossiers de demande d'AMM conformément aux dispositions du présent arrêté.

Les dispositifs médicaux concernés sont ceux dont la liste est annexée au présent arrêté.

Article 27 : Le contrôle de l'importation des produits cités à l'article 26 ci-dessus est effectué sous l'autorité du Directeur de la Pharmacie et du Médicament.

Ce contrôle porte sur :
* le respect par le fabricant des normes internationales en vigueur pour les dispositifs médicaux et les réactifs ;
* l'absence de médicaments à des teneurs non autorisées pour les produits cosmétiques et les compléments alimentaires ;
* la conformité avec les dossiers de demande d'AMM soumis à la Direction de la Pharmacie et du Médicament, pour ce qui concerne les échantillons médicaux.

Article 28 : On entend par Dispositifs Médicaux dans le contexte du présent arrêté :
Tout instrument, appareil, équipement, matière, produit, à l'exception des produits d'origine humaine et animale, ou autre article seul ou en association, y compris les accessoires et logiciels intervenant dans son fonctionnement, destinés par le fabricant à être utilisé chez l'homme ou à l'animal à des fins médicales et dont l'action principale voulue n'est pas obtenue par des moyens pharmacologiques ou immunologique ni par métabolisme, mais dont la fonction peu être assistée par de tels moyens.

Article 29 : On entend par Produit Cosmétique dans le contexte du présent arrêté : Toute substance ou préparation destinée à être mise en contact avec les diverses parties superficielles du corps humain, notamment l'épiderme, les systèmes pileux et capillaire, les ongles, les lèvres et les organes génitaux externe, ou avec les dents et les muqueuses buccales, en vue, exclusivement ou principalement, de les nettoyer, de les parfumer, d'en modifier l'aspect, de les protéger, de les maintenir en bon état ou de corriger les odeurs corporelles.

Article 30 : On entend par Réactifs d'analyse de biologie médicale toutes substances chimiques ou biologiques spécialement préparées pour leur utilisation in vitro (au laboratoire, pas sur un homme ou un animal), utilisées isolément ou en association, en vue d'analyse de biologie médicale.

Article 31 : On entend par Compléments alimentaires tous produits destinés à être ingérés en complément de l'alimentation courante, afin de pallier l'insuffisance réelle ou supposée des apports journaliers. Ces produits renferment dans leur composition les vitamines, les sels minéraux, les plantes riches en ces nutriments (céréales, légumineuses, algues, champignons) et certains produits animaux (produits de la ruche, huiles de poisson, coquilles minérales). Par extension, ils peuvent recouvrir également certains acides aminés, certaines hormones, et les plantes traditionnelles, dites médicinales, à la fois riches en nutriments et contenant des composés dont les propriétés thérapeutiques sont reconnues (antioxydants, caroténoïdes, flavonoïdes…).

Article 32 : Le dossier de demande d'importation des produits cités à l'article 26 du présent arrêté comporte :
* le nom et l'adresse complète de l'importateur ;
* le nom et l'adresse complète du fournisseur ;
* le nom et l'adresse complète du fabriquant s'il est différent du fournisseur ;

* le dossier de fabrication, incluant la description et la spécification des matières premières utilisées, ainsi que les tests effectués sur le produit fini avec les résultats obtenus ;
* le certificat d'origine du produit ;
* le certificat de Bonnes Pratiques de Fabrication ;
* les noms scientifiques des plantes faisant partie des matières actives en ce qui concerne les médicaments à base de plante ;
* tout autre document ou certificat pouvant attester de la conformité du produit aux normes internationales de qualité en vigueur ;
* la facture correspondant aux produits objectifs de l'importation.

Article 33 : Tout complément alimentaire renfermant des teneurs en vitamines ou sels minéraux en teneur égale au moins à la teneur minimale du produit utilisé en allopathie, ou un extrait de plantes inscrites à une pharmacopée est considéré comme médicaments.

Les fabricants de ces produits sont tenus de déposer des dossiers complets correspondants.

CHAPITRE VI : DISPOSITIONS DIVERSES

Article 34 : Tous les médicaments soumis à l'autorisation de mise sur le marché doivent porter sur leur emballage les indications suivantes :
* le nom et l'adresse complète du fabricant et de l'exploitant le cas échéant ;
* la DCI et le nom de marque s'il y a lieu ;
* la formule qualitative et quantitative ;
* la forme galénique ;
* la présentation ;
* le dosage par unité ;
* le numéro de lot de fabrication ;
* le numéro de visa du pays d'origine sur les conditionnements primaires et secondaires ;
* la date de péremption imprimée en clair et en caractère indélébile.

Article 35 : Pour les médicaments importés dans le cadre d'un appel d'offres ouvert de la Pharmacie populaire du Mali, une autorisation spéciale provisoire d'importation peut être donnée aux fabricants ou exploitants légaux, respectant les conditions du cahier de charges et les critères de contrôle de qualité. Le fournisseur dispose d'un délai de six (6) mois à partir de la date de notification du marché pour soumettre un dossier desdits produits à l'enregistrement.

Article 36 : L'Inspecteur en chef de la Santé, le Directeur de la Pharmacie et du Médicament, le Directeur Général du Laboratoire National de la Santé et le Directeur National de l'Elevage sont chargés ; chacun en ce qui le concerne de l'application du présent arrêté.

Article 37 : Le présent arrêté qui abroge toutes dispositions antérieures contraires, sera enregistré, publié et communiqué partout où besoin sera.

Bamako, le 20 septembre 2005

Le Ministre de l'Elevage et de la Pêche, Oumar Ibrahima TOURÉ
Le Ministre de la Santé Madame MAIGA Zeïnab Minit YOUBA

ANNEXE À L'ARRÊTÉ INTERMINISTERIEL n° 05-2203/MS-MEP-SG DU 20 SEPTEMBRE 2005

LISTE DES DISPOSITIFS MEDICAUX SOUMIS AU CONTRÔLE D'IMPORTATION.

1/ Matériel médico-chirurgical
Abord parentéral
- Aiguilles hypodermiques pour injection - Aiguilles à ailettes - Aiguilles pour biopsie - Aiguilles à ponction lombaire - Aiguilles dentaires - Aiguilles autres - Cathéters - Filtres terminaux à perfusion - Hémodialyseurs - Nécessaires pour perfusion - Nécessaires pour transfusion - Poches pur nutrition parentérale - Prolongateurs et robinets - Seringues
Abord digestif, respiratoire et génioto-urinaire
- Poches pour enterostomies
- Poches pour nutrition entérale
- Sondes à usage digestif - Sondes à usage trachéo et bronchique - Sondes à oxygène - Sondes vésicales et urétérales - Canules - Etuits péniens - Nécessaires pour drainage vésical - Poches et collecteurs d'urine - Bassin de lit - Lance-comprimés.
Abord chirurgical et matériel de soins et d'examen
- Agrafeuses mécaniques - Bistouris - Brosses chirurgicales - Champs opératoires - Doigtiers - Coupe-fils - Drains - Gants d'examen, de chirurgien et d'intervention - Ligatures et sutures - Rasoirs chirurgicaux - Abaisse langue - Garrot - Ciseaux - Pinces - Otoscope - Spéculum vaginal - Tensiomètre - Thermomètre médical.
2/ Pansements et articles de pansements
- Compresses de gaze - Coton - Pansements simples, composés ou spéciaux - Bandes de gaze et bandes extensibles - Sparadraps et bandes adhésives - Bandes plâtrées
3/ Matériel dentaire et divers
- Aiguille dentaire
- Anesthésique dentaire
- Ciment de scellement
- Composite pur restauration
- Bourre pâte
- Liquide pour ciment porcelaine
- Pâte pour fond
- Soluté sédatif
- Film radio
- Révélateur mixte

Bamako, le 20 septembre 2005

Le Ministre de la Santé, Madame MAIGA Zeïnab Mint YOUBA
Le Ministre de l'Elevage et de la Pêche, Oumar Ibrahim TOURÉ

ARRÊTÉ INTERMINISTERIEL n° 05-2440/MSMEF-MEP/SG DU 12 OCTOBRE 2005 FIXANT LE TAUX ET LES MODALITÉS DE RECOUVREMENT DU DROIT FIXE RELATIF AUX AUTORISATIONS DE MISE SUR LE MARCHÉ (AMM) DES MÉDICAMENTS À USAGE HUMAIN ET VÉTERINAIRE[92]

LE MINISTRE DE LA SANTÉ, LE MINISTRE DE L'ECONOMIE ET DES FINANCES, LE MINISTRE DE L'ELEVAGE ET DE LA PECHE,

Vu la Constitution ;
Vu la Loi n°85-41/AN-RM du 22 juin 1985, portant autorisation de l'exercice privé des professions sanitaires ;
Vu la Loi n°98-012 du 19 janvier 1998 régissant les relations entre l'Administration et les usagers des services publics ;
Vu l'Ordonnance n°00-039/P-RM du 20 septembre 2000 portant création de la Direction de la Pharmacie et du Médicament, ratifiée par la Loi n° 01-040/ du 07 juin 2001 ;
Vu la Loi n°01-062 du 04 juillet 2001 régissant la Pharmacie vétérinaire ;
Vu le Décret n°04-141/P-RM du 2 mai 2004 portant nomination des membres du Gouvernement, modifié par le Décret n°05-281/P-RM du 20 juin 2005 ;
Vu le Décret n°04-557/P-RM du 01 décembre 204 instituant l'autorisation de mise sur le marché (AMM) des médicaments à usage humain et vétérinaire ;

ARRETENT :

Article 1 : Le présent arrêté fixe les modalités d'application du Décret n°04-557/P-RM du 01 décembre 2004 instituant l'autorisation de mise sur le marché (AMM) des médicaments à usage humain et vétérinaire ;
Article 2 : Le droit relatif aux Autorisations de Mise sur le Marché (AMM) des médicaments à usage humain et vétérinaire est fixé à trois cent mille francs CFA (300 000) francs CFA.
Ce taux s'entend par forme, par présentation et par dosage.
Article 3 : Par dérogation aux dispositions de l'article 2, le droit d'AMM des médicaments génériques en Dénomination Commune International de la liste nationale des médicaments essentiels est fixé à deux cent mille francs CFA (200 000) francs CFA.
Article 4 : Par dérogation aux dispositions de l'article 2, le droit d'AMM des

---

[92] Voir : https://www.ecolex.org/fr/details/legislation/arrete-interministeriel-n05-2440ms-mef-mep-sg-12-octobre-2005-fixant-le-taux-et-les-modalites-de-recouvrement-du-droit-fixe-relatif-aux-autorisations-de-mise-sur-le-marche-amm-des-medicaments-a-usage-humain-et-veterinaire-lex-faoc156417/

médicaments issus de la pharmacopée traditionnelle est fixé à cinquante mille francs CFA (50 000) Francs CFA.

Article 5 : La demande de renouvellement, de cession ou de modification de l'AMM, accompagnée d'une attestation de Prix grossistes hors taxe et CAF, doit être adressée au Ministre chargé de la Santé, trois mois avant la date d'expiration de l'AMM.

Article 6 : Le taux de renouvellement de cession ou de modification de l'AMM des spécialités pharmaceutiques est fixé à cent cinquante mille francs CRA (150 000) francs CFA par forme, par présentation et par dosage. Le taux de renouvellement, de cession ou de modification de l'AMM des médicaments génériques en DCI de la liste nationale des Médicaments essentiels est fixé à cent mille francs CFA (100 000) francs CFA par forme, par présentation et par dosage. Le taux de renouvellement, de cession ou de modification de l'AMM des médicaments issus de la pharmacopée traditionnelle est fixé à vingt cinq mille francs CFA (25 000 F CFA) par forme, par présentation et par dosage.

Article 7 : Tout importateur agréé, tout fabricant ou tout dispensateur qui sera responsable ou complice de la vente de produits pharmaceutiques n'ayant pas une autorisation de mise sur le marché sera puni d'une amende allant de cent mille (100 000) francs CFA à 1 million (1 000 000) de francs CFA.

En cas de récidive, cette amende pourrait être assortie du retrait de la licence d'exploitation.

Article 8 : Les montants des droits et amendes sont versés au Trésor public. Ils restent définitivement acquis au Trésor, quelle que soit la suite réservée à la demande d'AMM.

Article 9 : Le présent arrêté qui abroge toutes dispositions antérieures contraires, notamment l'arrêté n°95-2084/MSS-PA-MFC-MDRE du 20 septembre 1995, sera enregistré, publié et communiqué partout où besoin sera.

Bamako, le 12 octobre 2005

Le Ministre de la Santé, Mme MAIGA Zeïnab Mint YOUBA
Le Ministre de l'Economie et des Finances, Abou-Bakar TRAORE
Le Ministre de l'Elevage et de la Pêche, Oumar Ibrahima TOURÉ

ANNEXE À L'ARRÊTÉ n° 08-0228/MS-SG DU 30 JANVIER 2008 PORTANT OCTROI DE LICENCE D'EXPLOITATION D'UNE OFFICINE DE PHARMACIE[93]

LE MINISTRE DE LA SANTÉ,

Vu la Constitution ;
Vu la Loi n° 85-41/AN-RM du 22 juin 1985 portant autorisation de l'exercice privé des professions sanitaires ;
Vu la Loi n° 86-36/AN-RM du 12 avril 1986 portant institution de l'Ordre National des Médecins et le Code de déontologie médicale y annexé ;
Vu la Loi n° 92-002AN-RM du 27août 1992 portant Code de Commerce en République du Mali ;
Vu le Décret n° 91-106/P-RM du 15 mars 1991 portant organisation de l'exercice privé des professions sanitaires, modifié par le Décret n° 92-050/P-RM du 10 août 1992 ;
Vu le Décret n° 07-383/P-RM du 03 octobre 2007, modifié, portant nomination des membres du Gouvernement ;
Vu l'Arrêté n° 91-4318/MSP-AS-PF/CAB du 03 octobre1991 fixant les modalités d'organisation d'exerce privé des professions sanitaires dans le secteur pharmaceutique et d'opticien lunetier ;
Vu l'Arrêté n° 98-0908/MSPAS-SG du 12 juin 1998 fixant le nombre d'habitants requis pour l'ouverture d'une officine de pharmacie ou d'un dépôt de produits pharmaceutiques ;
Vu la Décision n° 04-0434/MS-SG du 29 avril 2004 autorisant Monsieur Antandou Kassoum Jean Martin SOMBORO, inscrit au conseil national des pharmaciens sous le n° 04-03-01 section A, à exercer à titre privé la profession de pharmacien dans la section Officine de pharmacie ;
Vu la demande de l'intéressé et les pièces versées au dossier ;
Vu l'avis du Conseil National de l'Ordre des Pharmacies du Mali suivant la fiche courrier n° 0513/CNOP du 29 novembre 2007 ;

ARRETE

Article 1 : Il est accordé à Monsieur Antandou Kassoum Jean Martin SOMBORO, docteur en pharmacie, la licence d'exploitation d'une Officine de Pharmacie dénommée « Officine PASTEUR » sise à Saneye rue 114 porte 11, Commune Urbaine de Gao, Cercle de Gao, Région de Gao, République du Mali.

---

[93] Voir : https://sgg-mali.ml/JO/2009/mali-jo-2009-25.pdf

Article 2 : L'intéressé est tenu de se conformer aux dispositions législatives et réglementaires en vigueur en matière d'exercice privé des professions sanitaires.
Article 3 : Cette licence est accordée exclusivement au titre de la légalisation sur la pharmacie et ne dispense pas l'exploitant de se conformer à toute autre réglementation pouvant lui être applicable, notamment en ce qui concerne les législations fiscales, du travail et du commerce.
Article 4 : Le contrôle dudit établissement est effectué par l'Inspection de la Santé et la Direction de la Pharmacie et du Médicament.
Article 5 : Monsieur Antandou Kassoum Jean Martin SOMBORO devra informer l'Inspecteur en Chef de la santé, le Directeur de la Pharmacie et du Médicament, le Directeur régional de la santé, le Médecin chef de sa résidence professionnelle et le Président du conseil national de l'ordre des pharmaciens du Mali de la date du début effectif de l'exploitation de son établissement.
Article 6 : Le présent arrêté qui prend effet à compter de sa date de signature sera enregistré, publié et communiqué partout où besoin sera.

Bamako, le 30 janvier 2008

Le Ministre de la Santé, Oumar Ibrahima TOURÉ

CIRCULAIRE 06-1774 RETRAIT DE LA CHLOROQUINE.TXT[94]

LE MINISTRE DE LA SANTÉ, n° 1774 / MS-SG

À - Madame la Présidente directrice générale de la Pharmacie Populaire du Mali (PPM)
- Monsieur le directeur général de l'Usine malienne de produits pharmaceutiques (Umpp) - Monsieur le directeur de la Pharmacosma – SA
- Tous directeurs d'établissement d'importation et de vente en gros de produits pharmaceutiques
- Tous directeurs d'établissement public hospitalier
- Tous médecins chefs de centre de santé de référence
- Tous responsables de centre de santé communautaire

Objet : Retrait de la chloroquine de l'arsenal thérapeutique du Mali

Des études ont montré avec insistance, la résistance du Plasmodium à la chloroquine avec une moyenne de 30 % sur le territoire national. Ce qui a conduit le département à ne pas retenir, lors de l'adoption récente de la Politique nationale de lutte contre le paludisme, la chloroquine dans le schéma thérapeutique et à adopter l'introduction d'un schéma impliquant les combinaisons thérapeutiques à base d'artémisinine (CT A). À cet effet, la chloroquine ne devra plus être prescrite à partir du trente (30) juin 2007 et je vous invite en conséquence à prendre les dispositions nécessaires dès à présent, pour mettre en œuvre au niveau de vos structures respectives, un plan de retrait progressif. Ces dispositions concernent en particulier la cessation de l'importation de la chloroquine dès janvier 2007. Aucune compensation de la part de l'Etat ne sera faite à ceux qui disposeront encore de stocks au 30 juin 2007. Toutes les dispositions sont prises par le département pour assurer au cours du premier trimestre 2007 la disponibilité de l'Atesunate + Amodiaquine, la CTA de première ligne retenue par le Mali, la formation des prescripteurs, l'information et la sensibilisation des populations. J'attache du prix à l'exécution de la présente circulaire.
Ampliations :
- Inspecteur en chef de la santé
- DNS/DPMDirection des Service de la Santé des Armées - Tous directeurs régionaux de la santé - INPS - FENASCOM Mme MAIGA Zeïnab Mint YOUBA

---

[94] Voir : https://santé.gouv.ml.

DÉCISION n° 01 – 0023 / MS-SG ABROGEANT ET REMPLAÇANT LA DÉCISION n° 0204 / MS-SG DU 18 AVRIL 2000 PORTANT CRÉATION D'UNE COMMISSION DE DESTRUCTION DES PRODUITS PHARMACEUTIQUES[95]

LE MINISTRE DE LA SANTÉ,

Vu la Constitution ;
Vu l'Ordonnance n° 00-039 / P-RM du 20 septembre 2000 portant création de la Direction de la pharmacie et du médicament ;
Vu le décret n° 00-585/P-RM du 23 novembre 2000 fixant l'organisation et les modalités de fonctionnement de la Direction de la pharmacie et du médicament ;
Vu le décret n° 95-009 / P-RM du 11 janvier 1995 instituant un visa de produits pharmaceutiques ;
Vu le décret n° 00-057 / P-RM du 21 février 2000 portant nomination des membres du Gouvernement ;

DÉCIDE :

Article 1 : Il est créé auprès du Ministère chargé de la santé, une commission dénommée Commission de destruction des produits pharmaceutiques. La commission est représentée au niveau central, régional et local.
Article 2 : La Commission de destruction des produits pharmaceutiques a pour mission de veiller à la destruction ou à l'élimination effective :
- des médicaments périmés, avariés ou saisis et non conformes aux normes de qualité ;
- des stupéfiants ou drogues saisis ou avariés. À ce titre elle est chargée :
- de s'assurer, avant destruction, de la présence effective en qualité et quantité des produits soumis à la destruction ;
- de choisir un lieu approprié au respect de l'environnement et de la sécurité des populations pour l'élimination ou la destruction des dits produits ;
- de produire un procès verbal des séances de destruction.
Article 3 : La commission de destruction des produits pharmaceutiques se compose comme suit : Niveau central :
Président :
- Le Directeur de la pharmacie et du médicament ou son représentant ;
Membres :
- Un représentant du Laboratoire national de la santé ;
- Un représentant de la Direction générale des douanes ;

---
[95] Voir : http://www.legispharm.org.

- Un représentant de la Direction générale de la Police nationale ;
- Un représentant de la Direction générale de la Gendarmerie nationale ;
- Un représentant de la Direction nationale du commerce et de la concurrence ;
- Un représentant du Ministère de la justice ;
- Un représentant du conseil national de l'ordre des pharmaciens ;
- Un représentant de la Division chargée de l'hygiène publique de la Dnsp ;
- Un représentant des associations de Consommateurs du Mali.

Niveau régional : Président :

- Le Directeur régional de la santé publique ou son représentant ;

Membres :

- Un représentant de la Division chargée de l'hygiène publique de la Drsp ;
- Un représentant de la Direction régionale des douanes ;
- Un représentant de la Direction régionale de la police nationale ;
- Un représentant de la Compagnie de la Gendarmerie nationale ;
- Un représentant de la Direction régionale du commerce et de la concurrence ;
- Un représentant du Procureur de la République ;
- Un représentant du conseil régional de l'ordre des pharmaciens.

Niveau Local (cercle) :

Président :

- Le Médecin chef du Centre de santé de référence ou son représentant ;

Membres :

- Le chef du service d'hygiène ;
- Un représentant de la Brigade de la gendarmerie nationale ;
- Un représentant du juge de paix ;
- Un représentant des services des douanes, de la police nationale et de l'ordre des pharmaciens au cas où ils sont représentés au niveau du cercle.

Article 4 : La Commission de destruction des produits pharmaceutiques se réunit sur convocation de son président chaque fois que besoin est.

Article 5 : La Direction de la pharmacie et du médicament, la Direction régionale de la santé publique et le Centre de santé de référence de cercle sont chargés de stocker les produits pharmaceutiques à détruire ainsi que de l'organisation des séances de destruction respectivement pour le niveau central, régional et local.

Article 6 : Les frais occasionnés par la destruction des produits pharmaceutiques volontairement mis à la disposition de la commission par des détenteurs privés sont à leur charge.

Article 7 : La destruction fait l'objet d'un procès verbal qui mentionne :

- la liste quantitative des produits détruits (désignation, dosage, présentation) ;
- les lots concernés et leur origine. Ce procès verbal doit être daté et signé par tous les membres de la Commission.

Article 8 : Seules les Commissions au niveau central et régional sont habilitées à procéder à la destruction des stupéfiants ou drogues saisis et des produits sous contrôle international. En cas de destruction de stupéfiants ou drogues saisis par la commission régionale, le procès verbal doit être transmis à la Direction de la pharmacie et du médicament par le président de ladite commission. Les frais occasionnés par cette destruction sont à la charge du budget national.

Article 9 : La présente décision sera enregistrée et publiée partout où besoin sera.

Koulouba, le 19 janvier 2001

Le Secrétaire général, Dr Abdrahamane Tounkara

PHARMACIE À USAGE ANIMAL

TEXTES DE LOIS

LOI n° 2016-004/DU 12 FEVRIER 2016 REGISSANT LA PHARMACIE VÉTERINAIRE[96]

L'Assemblée nationale a délibéré et adopté en sa séance du 28 janvier 2016
Le Président de la République promulgue la loi dont la teneur suit :

CHAPITRE I : DISPOSITIONS GÉNÉRALES

Article 1 : La présente loi assure la transposition de la Directive n°07/2006/CM/UEMOA relative à la pharmacie vétérinaire.
Article 2 : Les dispositions de la présente loi sont relatives à la pharmacie vétérinaire. Le champ d'application porte sur la préparation, l'importation, l'exportation, la vente, la détention et la délivrance de médicaments vétérinaires et de matériels pour usage vétérinaire.
Article 3 : Les types de médicaments vétérinaires sont :
- le médicament vétérinaire préfabriqué ;
- la spécialité pharmaceutique ;
- le médicament générique ;
- les pré-mélanges médicamenteux ;
- les aliments médicamenteux.

Article 4 : Les règles de prescription et d'étiquetage des médicaments vétérinaires sont déterminées en fonction des catégories suivantes :
- les médicaments vétérinaires contenant un ou plusieurs principes actifs pouvant présenter soit une toxicité pour l'animal, soit un danger pour l'utilisateur de médicament ou le consommateur des produits d'origine animale par l'intermédiaire de résidus nocifs ;
- les médicaments vétérinaires ne présentant pas de toxicité pour l'animal, de danger pour l'utilisateur du médicament ou le consommateur des produits d'origine animale par l'intermédiaire de résidus nocifs.

CHAPITRE II : DES DÉFINITIONS

Article 5 : Au sens de la présente loi, on entend par :
* Aliments médicamenteux Tout mélange de pré mélange(s) médicamenteux vétérinaire(s) et d'aliment(s) préparé préalablement à sa mise sur le marché et

---

[96] Voir : http://extwprlegs1.fao.org/docs/pdf/mli155341.pdf.

destiné à être administré aux animaux sans transformation, en raison des propriétés curatives ou préventives ou des autres propriétés du pré mélange.
* Circulation intracommunautaire L'échange de lots de médicaments vétérinaires entre les États membres de l'Union, que ces médicaments aient été fabriqués dans un État membre ou importés d'un pays tiers.
* Dépositaire Toute entreprise ou organisme comportant un ou plusieurs établissements pharmaceutiques vétérinaires se livrant, d'ordre et pour le compte d'un ou plusieurs titulaires d'autorisation de mise sur le marché (AMM) ou exploitants, au stockage de médicaments vétérinaires dont il n'est pas propriétaire et à leur distribution en gros et en l'état.
* Distributeur en gros Toute entreprise ou organisme comportant un ou plusieurs établissements pharmaceutiques vétérinaires se livrant à l'achat ou à l'importation de médicaments vétérinaires autres que ceux soumis à des essais cliniques et que les aliments médicamenteux, à leur stockage et à leur distribution en gros et en l'état ou à leur exportation.
* Distributeur d'aliments médicamenteux Toute entreprise ou organisme comportant un ou plusieurs établissements pharmaceutiques vétérinaires se livrant à l'achat et au stockage d'aliments médicamenteux autres que ceux soumis à des essais cliniques et à leur distribution en l'état.
* Distribution en gros des médicaments vétérinaires Toute activité pharmaceutique à caractère commercial qui comprend l'achat, la vente, l'importation ou l'exportation de médicaments vétérinaires ou toute autre opération commerciale portant sur des médicaments vétérinaires, à des fins lucratives ou non, à l'exclusion de la fourniture par un fabricant, de médicaments vétérinaires fabriqués par lui-même, ou de la vente au détail de médicaments vétérinaires par les personnes habilitées à exercer cette activité conformément à la réglementation nationale de chaque État membre.
* Effet indésirable Toute réaction nocive et non voulue, se produisant aux posologies normalement utilisées chez l'animal pour la prophylaxie, le diagnostic ou le traitement d'une maladie ou la modification d'une fonction physiologique.
* Effet indésirable sur l'être humain Toute réaction nocive et non voulue, se produisant chez un être humain à la suite d'une exposition à un médicament vétérinaire.
* Effet indésirable grave Tout effet indésirable qui entraîne la mort ou est susceptible de mettre la vie en danger, ou qui provoque un handicap majeur ou une incapacité importante ou se traduit par une anomalie/malformation congénitale ou qui provoque des symptômes permanents ou prolongés chez l'animal traité.
* Exploitation Toute opération de vente en gros ou de cession à titre gratuit, de publicité, d'information, de pharmacovigilance, de suivi des lots et, s'il y a lieu, de leur retrait, ainsi que, le cas échéant, les opérations de stockage correspondantes.

L'exploitation est assurée soit par le titulaire de l'autorisation de mise sur le marché, soit, pour le compte de ce titulaire, par une autre entreprise ou organisme, soit par l'un et l'autre, chacun assurant dans ce cas une ou plusieurs catégories d'opérations constitutives de l'exploitation du médicament vétérinaire.
* Exploitant Toute entreprise ou organisme comportant un ou plusieurs établissements pharmaceutiques vétérinaires se livrant à l'exploitation de médicaments vétérinaires autres que ceux soumis à des essais.
* Exportation L'expédition par une entreprise ou un organisme hors du territoire de l'Union de lots de médicaments vétérinaires fabriqués dans les limites territoriales ou précédemment importés.
* Fabricant Toute entreprise ou organisme comportant un ou plusieurs établissements pharmaceutiques vétérinaires se livrant, en vue de leur vente en gros, de leur cession à titre gratuit ou de leur utilisation lors d'essais sur l'animal, à la fabrication de médicaments vétérinaires autres que les aliments médicamenteux.
* Fabrication de médicaments vétérinaires Toute activité pharmaceutique à caractère industriel qui conduit à la production d'un médicament vétérinaire, à savoir l'approvisionnement ou l'acquisition des matières premières et des articles de conditionnement, la mise en forme galénique, le contrôle de la qualité, la libération des lots de médicaments ainsi que les opérations de stockage correspondantes, telles qu'elles sont définies par les bonnes pratiques applicables à cette activité.
Pour les médicaments soumis à des essais, les opérations de suivi des médicaments et, s'il y a lieu, de retrait sont effectuées par le fabricant, sous la responsabilité du promoteur de l'essai.
* Fabricant d'aliments médicamenteux Toute entreprise ou organisme comportant un ou plusieurs établissements pharmaceutiques vétérinaires se livrant, en vue de leur vente, de leur cession à titre gratuit ou de la réalisation d'essais cliniques sur l'animal, à la fabrication d'aliments médicamenteux ; cette fabrication comprend les opérations concernant l'achat du ou des pré mélanges médicamenteux, des articles de conditionnement, le mélange, le contrôle de la qualité, les opérations de stockage correspondantes, les contrôles correspondants notamment en matière d'homogénéité, ainsi que le suivi des lots et, s'il y a lieu, leur retrait.
Pour les aliments médicamenteux soumis à des essais cliniques, les opérations de distribution, de suivi desdits médicaments et, s'il y a lieu de leur retrait, sont effectués par le fabricant, sous la responsabilité du promoteur.
* Importateur d'aliments médicamenteux Toute entreprise ou organisme comportant un ou plusieurs établissements pharmaceutiques vétérinaires se livrant, en vue de leur vente, de leur cession à titre gratuit ou de la réalisation d'essais cliniques sur l'animal, à l'importation, au stockage, au contrôle de la qualité des lots d'aliments médicamenteux ainsi qu'au suivi et, s'il y a lieu, au

retrait des lots d'aliments médicamenteux en provenance d'États non-membres de l'Union. Pour les aliments médicamenteux soumis à des essais cliniques, les opérations de distribution, de suivi et, s'il y a lieu, de retrait, sont effectuées par l'importateur, sous la responsabilité du promoteur.
* Importation L'entrée sur le territoire de l'Union de lots de médicaments vétérinaires, en vue de leur vente en gros, de leur cession à titre gratuit ou de leur utilisation lors d'essais cliniques sur l'animal, en provenance d'États non-membres de l'Union.
* Investigateur Toute personne physique qui dirige et surveille la réalisation des essais cliniques, et dans le cas des médicaments vétérinaires immunologiques, des essais d'efficacité.
* Médicament générique Tout médicament vétérinaire qui a la même composition qualitative et quantitative en substances actives et la même forme pharmaceutique que le médicament de référence et dont la bioéquivalence avec le médicament de référence a été démontrée par des études appropriées de biodisponibilité.
* Médicament immunologique vétérinaire Tout médicament vétérinaire administré aux animaux en vue de provoquer une immunité active ou passive ou de diagnostiquer l'état d'immunité.
* Médicament vétérinaire préfabriqué Tout médicament vétérinaire, préparé à l'avance et ne répondant pas à la définition des spécialités pharmaceutiques, mis sur le marché sous une forme pharmaceutique utilisable sans transformation.
* Médicament vétérinaire Toute substance ou composition présentée comme possédant des propriétés curatives ou préventives à l'égard des maladies animales.
Toute substance ou composition pouvant être administrée à l'animal en vue d'établir un diagnostic médical ou de restaurer, corriger ou modifier des fonctions physiologiques chez lui, est également considérée comme médicament vétérinaire.
* Organisme Tout établissement public ou association se livrant à une activité pharmaceutique vétérinaire par l'intermédiaire d'un établissement pharmaceutique vétérinaire.
* Pré mélange médicamenteux Tout médicament vétérinaire préparé à l'avance en vue de la fabrication ultérieure d'aliments médicamenteux.
* Préparation extemporanée Toute préparation réalisée sur prescription d'un docteur vétérinaire au moment de l'utilisation pour répondre à un besoin thérapeutique bien défini dans les lieux et le temps.
* Promoteur Toute personne physique ou morale qui prend l'initiative d'une expérimentation de médicament vétérinaire.
* Risque lié au médicament vétérinaire Tout risque lié à la qualité, la sécurité et l'efficacité du médicament vétérinaire pour la santé humaine, animale ou pour l'environnement.

* Spécialité pharmaceutique Tout médicament préparé à l'avance, mis sur le marché sous une dénomination spéciale et sous un conditionnement particulier.
* Substance Toute matière, quelle qu'en soit l'origine, celle -ci pouvant être :
- animale, telle que : les micro-organismes, animaux entiers, parties d'organes, sécrétions animales, toxines, substances obtenues par extraction, produits dérivés du sang ;
- végétale, telle que : les micro-organismes, plantes, parties de plantes, sécrétions végétales, substances obtenues par extraction ;
- chimique, telle que : les éléments, matières chimiques naturelles et les produits chimiques de transformation et de synthèse.
* Temps d'attente La période nécessaire entre la dernière administration du médicament vétérinaire à l'animal dans les conditions normales d'emploi et l'obtention des denrées alimentaires provenant de cet animal, afin de garantir qu'elles ne contiennent pas de résidus en quantité supérieure aux limites maximales de résidus établies.
Les limites maximales de résidus à prendre en compte pour préserver la santé du consommateur sont autant que possible celles établies par le Codex Alimentarius en attendant l'établissement par l'UEMOA de limites maximales de résidus au niveau communautaire.

CHAPITRE III : DE L'AUTORISATION DE MISE SUR LE MARCHÉ, DE L'IMPORTATION ET DE LA CIRCULATION INTRACOMMUNAUTAIRE

Article 6 : Exception faite des aliments médicamenteux, aucun médicament vétérinaire ne peut être délivré au public s'il n'a reçu au préalable une autorisation de mise sur le marché délivrée par la Commission de l'UEMOA dans les conditions mentionnées au Règlement n°02/2006/CM/ UEMOA du 23 mars 2006 établissant des procédures communautaires pour l'autorisation de mise sur le marché et la surveillance des médicaments vétérinaires et instituant un Comité régional du Médicament vétérinaire.
Article 7 : L'importation en provenance de pays tiers de tout médicament vétérinaire est soumise à une autorisation préalable du Directeur national des Services vétérinaires.
Toutefois, en cas d'épizooties ou d'affections graves pour lesquels il n'y a pas de médicaments vétérinaires adéquats, une autorisation provisoire d'importation de ces médicaments n'excédant pas six (6) mois, peut être accordée à un établissement pharmaceutique vétérinaire.
L'utilisation de ces médicaments par un docteur vétérinaire est soumise à autorisation. Les modalités d'importation et d'utilisation de ces médicaments seront définies par décret.
Article 8 : Tout médicament vétérinaire autorisé par la procédure centralisée, fabriqué dans un des États membres de l'Union, est libre de circuler dans

l'espace de l'Union à condition qu'il soit accompagné de l'autorisation de mise sur le marché et du certificat d'origine défini par l'Acte additionnel n°04/96 du 10 mai 1996, instituant un régime tarifaire préférentiel transitoire des échanges au sein de l'UEMOA et son mode de financement.

CHAPITRE IV : DES ETABLISSEMENTS DE PREPARATION INDUSTRIELLE, D'IMPORTATION, D'EXPORTATION ET DE DISTRIBUTION EN GROS

Article 9 : L'ouverture de tout établissement de préparation, d'importation, d'exportation et de distribution en gros de médicaments vétérinaires doit faire l'objet d'octroi d'une licence d'exploitation délivrée par voie réglementaire.

Article 10 : Tout établissement de préparation, d'importation, d'exportation et de distribution en gros de médicaments vétérinaires doit être la propriété d'un docteur vétérinaire, d'un pharmacien ou d'une société à la gérance ou à la direction générale de laquelle participe un docteur vétérinaire ou un pharmacien. Le docteur vétérinaire ou le pharmacien dénommé « Responsable pharmaceutique » est personnellement responsable de l'application des dispositions législatives et réglementaires concernant les médicaments vétérinaires.

Les responsables pharmaceutiques doivent justifier d'une expérience pratique appropriée :

- d'au moins un (1) an pour les établissements de préparation comportant des activités d'analyse qualitative des médicaments, d'analyse quantitative des principes actifs ainsi que d'essais et vérifications nécessaires pour assurer la qualité des médicaments vétérinaires ;
- d'au moins six (6) mois pour les établissements d'importation, d'exportation et de vente en gros de médicaments vétérinaires.

Les établissements agréés assurant la fabrication d'aliments médicamenteux doivent faire appel aux services d'un docteur vétérinaire ou d'un pharmacien, afin d'assurer la qualité des aliments médicamenteux et le respect des prescriptions légales et réglementaires. Le contrôle de la fabrication et de la distribution desdits aliments sont assurés obligatoirement par les services compétents de l'État.

Article 11 : Tout médicament ou produit biologique destiné à la vente doit être muni d'une étiquette de fabrication portant les mentions suivantes :

- la composition ; - les contre-indications ; - le nom et l'adresse du fabricant ;
- la date de fabrication ;
- la date de péremption ;
- le délai d'attente ;
- les conditions de conservation et d'utilisation ;
- la mention « Usage vétérinaire ».

Article 12 : Les aliments médicamenteux ne sont préparés qu'à partir de pré mélanges médicamenteux ayant reçu une autorisation de mise sur le marché délivrée par la Commission de l'UEMOA.

CHAPITRE V : DU CONTRÔLE ET DE L'INSPECTION DES ETABLISSEMENTS PHARMACEUTIQUES VÉTERINAIRES

Article 13 : Le contrôle et l'inspection des établissements pharmaceutiques vétérinaires sont assurés par les agents assermentés des services de contrôle des médicaments vétérinaires du Ministère chargé de l'Elevage sans préjudice du contrôle par les autres administrations compétentes. Les agents sont habilités à :
- procéder à des inspections dans les établissements de préparation, d'importation, d'exportation et de vente de médicaments vétérinaires ;
- prélever des échantillons ;
- avoir accès à tous les documents concernant leur domaine de compétences.

Article 14 : La Direction nationale des Services vétérinaires reconnaît les inspections effectuées par les Services vétérinaires des autres pays membres de l'UEMOA avec lesquels elle échange mutuellement les informations utiles sur les établissements. Sur demande motivée, la Direction nationale des Services vétérinaires peut solliciter la communication d'un rapport d'inspection ou les résultats d'un contrôle réalisé par le laboratoire d'un autre État membre.

CHAPITRE VI : DE LA CONSTATATION DES INFRACTIONS

Article 15 : Les agents des services vétérinaires prêtent serment devant le tribunal du ressort suivant la formule :

« JE JURE DE REMPLIR CONSCIENCIEUSEMENT MES FONCTIONS AVEC EXACTITUDE ET FIDELITE DANS LE RESPECT STRICT DES LOIS ET RÈGLEMENTS EN VIGUEUR ». La prestation de serment est enregistrée sans frais au greffe du tribunal.

Article 16 : Les agents assermentés des services vétérinaires recherchent et constatent par procès-verbaux les infractions en matière de pharmacie vétérinaire. Les citoyens ont la possibilité de s'inscrire en faux contre les procès-verbaux.

Les procès-verbaux sont adressés aux procureurs des juridictions compétentes.

Article 17 : La preuve des infractions en matière de pharmacie vétérinaire peut être apportée par tout moyen de droit.

Article 18 : Les procès-verbaux dressés par les agents assermentés des services de contrôle font foi jusqu'à preuve du contraire.

Article 19 : Quiconque fait obstacle à l'exercice des fonctions de personnes chargées du contrôle et de l'inspection est passible de peine prévue par le code pénal.

CHAPITRE VII : DE LA SAISIE, DE LA CONFISCATION, DE LA SUSPENSION ET DE LA FERMETURE

Article 20 : Les agents assermentés des services vétérinaires sont habilités à prendre des mesures de police administrative et peuvent demander la fermeture, la suspension ou le retrait des autorisations ou des agréments.
En outre, la licence d'exploitation peut être retirée temporairement ou définitivement en cas d'infraction aux dispositions législatives et réglementaires en vigueur.
Article 21 : Les procès-verbaux de constatation des infractions portent mention de la confiscation ou de la saisie desdits produits. Si ces produits disparaissent par l'action ou la faute du contrevenant, les tribunaux en déterminent la valeur, à charge de restitution, sans préjudice de dommages occasionnés. Dans ce cas, les peines prévues par le code pénal sont applicables.
Les produits reconnus consommables seront vendus aux enchères publiques.
Les agents ayant fait la constatation, les auteurs et complices de l'infraction ayant entraîné la confiscation ne peuvent bénéficier de ces ventes.
Les produits reconnus non consommables seront détruits ou éliminés à la charge du propriétaire des produits conformément à la réglementation en vigueur.
Article 22 : Les agents assermentés des services vétérinaires peuvent transiger avant jugement sur les infractions en matière de pharmacie vétérinaire.
Avant jugement, la transaction éteint l'action publique.
L'agent de constatation est habilité à accepter la transaction.

CHAPITRE VIII : DES INFRACTIONS ET DES PENALITES

Article 23 : Quiconque vend des produits vétérinaires sans Autorisation de Mise sur le Marché (A.M.M), est puni d'une amende de deux cent mille (200 000) à dix millions (10 000 000) de francs CFA et d'un emprisonnement d'un an à cinq ans ou de l'une de ces deux peines seulement
Article 24 : Est puni d'une amende de deux cent mille (200 000) à huit millions (8 000 000) francs CFA quiconque vend des produits vétérinaires sous-dosés, sur-dosés, contenant des impuretés, de contrefaçon ou de trafic.
Article 25 : Tout distributeur en gros qui se livre au commerce en détail est puni d'une amende de cinq cent mille (500.000) à un million (1.000.000) de francs CFA.
Article 26 : Quiconque vend des produits vétérinaires dont l'étiquette et/ou la notice est frauduleusement modifiée ou ne mentionne pas la composition, les

contre-indications, le nom du fabricant, le délai d'attente, les conditions de conservation et d'utilisation, la date de fabrication et la date de péremption, sera puni d'une amende de trois cent mille (300.000) à un million (1.000.000) de francs CFA par catégorie de médicaments ou de produits frauduleux. Les produits concernés seront saisis et/ou confisqués.

Article 27 : Quiconque vend des produits vétérinaires dont l'étiquette et/ou la notice est différente de celle indiquée dans la décision portant autorisation de mise sur le marché sera puni d'une amende de trois cent mille (300.000) à un million 1.000.000 de francs CFA par catégorie de médicaments ou de produits frauduleux. Les produits concernés seront saisis et/ou confisqués.

Article 28 : En cas de récidive, l'amende et la peine sont portées au double.

CHAPITRE IX : DE LA PHARMACOVIGILANCE

Article 29 : Les docteurs vétérinaires et autres professionnels de santé sont tenus de déclarer à la Direction nationale des Services vétérinaires tout effet indésirable survenant sur l'homme ou l'animal susceptible d'être imputé à un médicament vétérinaire. Ces informations sont transmises sans délai à la Commission de l'UEMOA et à la Commission nationale de la pharmacovigilance.

CHAPITRE X : DISPOSITIONS TRANSITOIRES

Article 30 : Un délai d'une année est accordé aux propriétaires des établissements déjà existants pour se conformer à la présente loi.

Article 31 : Les ingénieurs des sciences appliquées spécialité Elevage ne remplissant pas les conditions de l'article 9 de la présente loi, titulaires d'établissements pharmaceutiques vétérinaires, sont autorisés à exercer leurs activités.

Toutefois, aucune autorisation d'exercice ne sera plus accordée à cette catégorie professionnelle.

CHAPITRE XI : DISPOSITIONS DIVERSES ET FINALES

Article 32 : La circulation des médicaments ayant reçu l'autorisation nationale de mise sur le marché avant la parution de la Directive n°07/2006/CM/UEMOA du 23 mars 2006 n'est permise qu'à l'intérieur du territoire national jusqu'à ce que la Commission de l'UEMOA ait statué définitivement sur les dossiers d'autorisation de mise sur le marché, conformément à l'article 49 du Règlement n° 02/2006/CM/UEMOA du 23 mars 2006 établissant des procédures communautaires pour l'autorisation de mise sur le marché et la surveillance des médicaments vétérinaires et instituant un Comité régional du Médicament vétérinaire.

Article 33 : Les produits de désinfection utilisés en élevage, prescrits dans le cadre de la lutte contre les maladies animales réputées légalement contagieuses, sont concernés par la présente loi. Un arrêté du Ministre chargé de l'Elevage fixe la liste et les conditions particulières d'utilisation de ces produits.
Article 34 : Des remises sont accordées aux agents chargés du contrôle sur les produits des amendes et des transactions en matière de pharmacie vétérinaire. Un décret pris en Conseil des Ministres fixe le taux et la répartition de ces remises.
Article 35 : Les agents assermentés des services vétérinaires sont chargés de poursuivre et recouvrer les amendes, restitutions, frais, dommages et intérêts résultant des jugements rendus en faveur de l'Etat ou des transactions intervenues après jugement prononcé pour les infractions.
Article 36 : Un décret pris en Conseil des Ministres fixe les modalités d'application de la présente loi.
Article 37 : La présente loi abroge la Loi n°01-062 du 04 juillet 2001 régissant la pharmacie vétérinaire.

Bamako, le 12 février 2016

Le Président de la République, Ibrahim Boubacar KEITA

ARRÊTÉ n° 91-2776 SUR LES CONDITIONS D'IMPORTATION DES PRODUITS PHARMACETIQUES ET VÉTERINAIRES[97]

Vu l'Acte fondamental n°1 / CTSP du 31 mars 1991 ;
Vu la loi n° 63-43 / AN-RM du 31 mai 1963 instituant le code des douanes en République du Mali ;
Vu la loi n° 86-13 / AN-RM du 21 mars 1986 portant code de commerce ;
Vu la loi n° 85-41 / AN-RM du 22 juin 1985 portant autorisation de l'exercice à titre privé de la profession sanitaire ;
Vu la loi 86-64 / AN-RM du 26 juillet 1986 portant autorisation de l'exercice à titre privé de la profession vétérinaire ;
Vu le décret n° 89-194 / P-RM du 15 juin 1989 portant réglementation du commerce extérieur ;
Vu le décret n° 91-106 /P-RM du 15 mars 1991 portant organisation de l'exercice privé des professions sanitaires ;
Vu le décret n° 313 / PG-RM du 02 octobre 1986 portant organisation de l'exercice à titre privé de la profession vétérinaire ;
Vu le décret n° 73 / PG-RM du 19 mars 1985 instituant un visa pharmaceutique au Mali ;
Vu le décret n° 91-167/ P-CTSP du 16 juillet 1991 portant nomination aux membres du gouvernement

ARRÊTENT :

Article 1 : L'importation de produits pharmaceutiques et vétérinaires ne peut être effectuée que par des personnes physiques ou morales autorisées à cet effet.
Article 2 : Cette autorisation est donnée sous forme de décision du Ministre chargé du commerce.
Article 3 : La décision d'autorisation d'importation de produits pharmaceutiques ou vétérinaire est donnée à tout professionnel, personne physique ou morale remplissant les conditions suivantes :
- être agréée par les Services compétents ;
- être immatriculée au registre du commerce ;
- avoir un emplacement approprié pour le stockage de ces produits ;

[97] Voir : http://legispharm.org.

- détenir une patente import-export en cours de validité.

Article 4 : Le dossier de demande d'autorisation doit comprendre les pièces suivantes :

- une demande d'autorisation d'importation de produits pharmaceutiques ou vétérinaires,
- une copie de l'arrêté octroyant la licence d'importation et de vente en gros de produits pharmaceutiques ou une copie de la décision d'agrément du vétérinaire inscrit à l'ordre national ;
- une copie de la patente ;
- un certificat de situation fiscale ou quitus fiscal en cours de validité.

Article 5 : Le dossier complet est déposé à la direction nationale des affaires économiques qui, après étude, soumet le projet de décision à l'approbation du ministre chargé du commerce.

Article 6 : Le pétitionnaire doit avoir une suite favorable ou défavorable dans un délai de quinze (15) jours ouvrables après le dépôt du dossier complet à la Direction nationale des affaires économiques.

Faute de quoi, la requête de l'intéressé est considérée comme acceptée.

Article 7 : Pour une profession donnée, les pharmaciens et les vétérinaires inscrits à l'ordre national peuvent se regrouper en groupement d'intérêt économique (GIE) pour demander une autorisation d'importation.

À cet effet, le Groupement d'intérêt économique doit être immatriculé comme tel et chaque membre doit remplir les conditions énumérées à l'article 3.

Article 8 : Les Directeurs nationaux des affaires économiques, des impôts, de la santé publique, de l'élevage et le Directeur général des douanes, sont chargés, chacun en qui le concerne, de l'application du présent arrêté.

Article 9 : Le présent arrêté qui abroge toutes dispositions antérieures contraires, sera enregistré, publié et communiqué partout où besoin sera.

Bamako, le 25 juillet 1991

Bassary TOURÉ Le Ministre de l'agriculture de l'élevage et de l'environnement
Mme SY Maïmouna BA

Le Ministre de l'économie, et des finances
Bassary TOURÉ

PARTIE VI

LA RECHERCHE BIOMÉDICALE ET MÉDICALE
TITRE I : LA RECHERCHE BIOMÉDICALE

TEXTES DE LOIS

LOI n° 09-059 DU 28 DÉCEMBRE 2009 REGISSANT LA RECHERCHE BIOMÉDICALE SUR L'ÊTRE HUMAIN[98]

L'Assemblée Nationale a délibéré et adopté en sa séance du 15 décembre 2009 ;
Le Président de la République promulgue la loi dont la teneur suit :

TITRE I

DES DISPOSITIONS GÉNÉRALES

CHAPITRE I : DE L'OBJET ET DU CHAMP D'APPLICATION

Article 1 : La présente loi régit la recherche biomédicale sur l'être humain.
Les dispositions de la présente loi s'appliquent aux recherches sur les personnes vivantes, les embryons et fœtus, le matériau biologique d'origine humaine, les renseignements personnels identifiables, les cadavres, les embryons ou fœtus issus d'interruptions de grossesses ou d'avortement spontanés et les enfants mort-nés.

CHAPITRE II : DES DÉFINITIONS

Article 2 : Au sens de la présente loi, on entend par :
Comité de recherche : Un centre agréé par le Ministre en charge de la santé pour un ou plusieurs types de recherche biomédicale.
Comité institutionnel d'éthique : Comité d'éthique prévu dans les textes organiques d'une institution nationale de recherche.
Comité national d'éthique : Comité créé au niveau national ayant pour missions d'instruire les dossiers de recherche biomédicale sur le plan éthique,

---

[98] Voir : https://clinregs.niaid.nih.gov/sites/default/files/documents/mali/LawNo09-059-2009.pdf.

sur sa propre initiative, sur demande du Président de la République, du Premier ministre, d'un membre du Gouvernement, des Présidents d'institutions ou des Présidents des fondations et ONG reconnues d'utilité publique et des investigateurs de recherche.
Coordinateur de recherche : Personne physique ayant la charge de coordonner les actions des investigateurs travaillant sur le même projet et dans des centres différents.
Institution de recherche : Toute structure spécialisée, disposant de la personnalité morale, dont la mission est de promouvoir et de conduire la recherche biomédicale.
Investigateur de recherche : Personne physique ayant la charge de diriger et de surveiller la réalisation du projet de recherche du Promoteur, qui est habilitée en vertu de la loi malienne. Il faut un investigateur principal par projet de recherche.
Promoteur : Personne physique ou morale, établissement ou organisme qui initie et finance un projet de recherche sur l'être humain.
Recherche biomédicale : Tout essai ou expérimentation clinique, biologique ou chirurgical organisé et pratiqué sur l'être humain en vue du développement des connaissances biologiques ou médicales.
Recherche avec bénéfice direct : Recherche censée apporter un bénéfice direct à la personne qui s'y prête. Elle est aussi appelée recherche à finalité directe.
Recherche sans bénéfice direct : Recherche censée n'apporter aucun bénéfice direct à la personne qui s'y prête. Elle est aussi appelée recherche sans finalité directe. Elle peut augmenter les connaissances dans un domaine biomédical, avec une possibilité d'application à moyen et long terme.
Renseignements personnels identifiables : Les renseignements relatifs à une personne qui permettent de l'identifier ou de la réidentifier par une combinaison d'identificateurs indirects (tels que la date de naissance, le domicile ou des caractéristiques personnelles uniques).

TITRE II

DES CONDITIONS DE LA RECHERCHE BIOMÉDICALE SUR L'ÊTRE HUMAIN

Article 3 : Aucune recherche biomédicale ne peut être effectuée sur l'être humain à moins que les conditions suivantes soient réunies :
- la recherche est fondée sur le plan scientifique et est clairement décrite dans un protocole ;
- les renseignements disponibles d'ordre préclinique et clinique sont suffisants pour justifier la tenue de la recherche projetée ;
- le risque prévisible encouru par les personnes qui se prêtent à la recherche

est hors de proportion avec le bénéfice escompté pour ces personnes ou l'intérêt de cette recherche ;
- elle vise à étendre la connaissance scientifique de l'être humain et les moyens susceptibles d'améliorer sa condition ;
- elle est autorisée sous le régime de la présente loi.

Article 4 : Les recherches biomédicales ne peuvent être effectuées que :
- sous la direction et sous la surveillance d'un investigateur justifiant une formation et d'une expérience appropriée ;
- dans des conditions matérielles et techniques adaptées à l'étude et compatibles avec les impératifs de rigueur scientifique et de sécurité des personnes qui se prêtent à ces recherches.

Article 5 : Les recherches sans bénéfice individuel direct sur les femmes enceintes ou qui allaitent ne sont admises que si elles présentent un équilibre des avantages et des préjudices favorables pour la femme et son embryon, son fœtus ou son enfant.

Article 6 : Les personnes privées de liberté ne peuvent être sollicitées pour se prêter à des recherches biomédicales que s'il en est attendu un bénéfice direct et majeur pour leur santé.

Article 7 : Les mineurs, les majeurs sous tutelle, les personnes séjournant dans un établissement sanitaire ou social et les malades en situation d'urgence ne peuvent être sollicités pour une recherche biomédicale que s'ils peuvent en profiter individuellement ou collectivement.

Toutefois, les recherches sans bénéfice individuel direct sont admises si les trois conditions suivantes sont remplies :
- ne présenter aucun risque sérieux prévisible sur leur santé ;
- être utiles à des personnes présentant les mêmes caractéristiques d'âge, de maladie ou de handicap ;
- résultats ne pouvant être réalisés autrement.

Article 8 : Pour les recherches biomédicales sans bénéfice individuel direct, le promoteur assume, même sans faute, l'indemnisation des conséquences dommageables de la recherche pour la personne qui s'y prête, sans que puisse être opposé le fait d'un tiers ou le retrait volontaire de la personne qui avait initialement consenti à se prêter à la recherche.

Pour les recherches biomédicales avec bénéfice individuel direct, le promoteur assume l'indemnisation des conséquences dommageables de la recherche pour la personne qui s'y prête, sauf preuve à sa décharge que le dommage n'est pas imputable à sa faute ou à celle de tout intervenant sans que puisse être opposé le fait d'un tiers ou le retrait volontaire de la personne qui avait initialement consenti à se prêter à la recherche.

Pour toute recherche biomédicale sur l'être humain, le promoteur souscrit une assurance garantissant sa responsabilité civile telle qu'elle résulte du présent article et celle de tout intervenant, indépendamment de la nature des liens existant entre les intervenants et le promoteur.

Les dispositions du présent article sont d'ordre public.
Article 9 : La recherche biomédicale ne donne lieu à aucune contrepartie financière directe ou indirecte pour les personnes qui s'y prête, hormis le remboursement des frais exposés et sous réserve de dispositions particulières prévues.
Toutefois, en cas de bénéfice commercial d'une recherche, des ristournes doivent être négociées pour la communauté objet de l'étude.

TITRE III

DES MODALITÉS ET PROCÉDURES DE RECHERCHE BIOMÉDICALE

Article 10 : Préalablement à la réalisation d'une recherche biomédicale sur une personne, le consentement libre, éclairé et exprès de celle-ci doit être recueilli après que l'investigateur, ou la médecine qui le représente, lui ait fait connaître :
- l'objectif de la recherche, sa méthodologie et sa durée ;
- les bénéfices attendus, les contraintes et les risques prévisibles, y compris en cas d'arrêt de la recherche avant son terme ;
- l'avis d'un comité d'éthique agréé.

Il informe la personne dont le consentement est sollicité de son droit de refuser ou de participer, à une recherche ou de retirer son consentement à tout moment sans encourir aucune responsabilité, sans nuire à la qualité scientifique globale des résultats.
À titre exceptionnel, lorsque dans l'intérêt d'une personne malade, le diagnostic de sa maladie n'a pu lui être révélé, l'investigateur peut, dans le respect de la confidentialité et de l'anonymat, réserver certaines informations liées à ce diagnostic.
Dans ce cas, le protocole de la recherche doit mentionner cette éventualité.
Les informations communiquées sont résumées dans un document écrit remis à la personne dont le consentement est sollicité.
Le consentement est donné par écrit, ou en cas d'impossibilité, attesté par un tiers. Ce dernier doit être totalement indépendant de l'investigateur et du promoteur.
Le consentement peut aussi être enregistré ou filmé.
Article 11 : En cas de recherche biomédicale à mettre en œuvre dans des situations d'urgence qui ne permettent pas de recueillir le consentement préalable de la personne qui y sera soumise, le protocole présenté à l'avis d'un comité d'éthique agréé peut prévoir que le consentement de cette personne ne sera recherché et que seul sera sollicité celui de ses proches, s'ils sont présents,

dans les conditions prévues ci-dessus.
L'intéressé sera informé dés que possible et son consentement lui sera demandé pour la poursuite éventuelle de cette recherche.
Article 12 : Lorsqu'une recherche biomédicale est effectuée sur des mineurs ou sur des majeurs interdits avec bénéfice individuel direct ou sans bénéfice individuel direct, ne présentant pas de risque prévisible sérieux, le consentement doit être donné par leurs représentants légaux.
Article 13 : Avant de réaliser une recherche sur l'être humain, tout investigateur est tenu d'en soumettre le projet à l'avis d'un comité scientifique et d'un comité d'éthique agréé.
Le Comité scientifique donne son avis sur la validité scientifique du protocole de recherche.
Le Comité d'éthique donne son avis sur les conditions de validité de la recherche, notamment la protection des participants, leur information et les modalités de recueil de leur consentement, les compensations éventuellement dues, la pertinence générale du projet et l'adéquation entre les objectifs poursuivis et les moyens mis en œuvre ainsi que la qualification du ou des investigateurs. Il communique au Ministre chargé de la santé tout avis favorable ou défavorable donné à un projet de recherche en fonction du niveau de la recherche et de l'intérêt national.
Avant sa mise en œuvre, le promoteur ou l'investigateur principal transmet au Ministre chargé de la santé une demande décrivant les données essentielles de la recherche, accompagnée de l'avis du ou des comités consultés. Cet avis ne le dégage pas de sa responsabilité.
Lorsque la recherche doit se dérouler dans un ou plusieurs établissements publics ou privés, le promoteur ou l'investigateur principal en informe le ou les directeurs de ces établissements avant que cette recherche ne soit mise en œuvre.
Le promoteur informe, dès qu'il en a connaissance, le Comité national d'éthique, le ministre chargé de la santé, de tout effet ayant pu contribuer à la survenue d'un décès, provoqué une hospitalisation ou entraîné des séquelles organiques ou fonctionnelles durables et susceptibles d'être dues à la recherche. Il l'informe également de tout arrêt prématuré de la recherche en indiquant le motif de cet arrêt.
Article 14 : Sous réserve de toute obligation éthique ou juridique de divulguer des renseignements confidentiels, les membres des comités, les personnes appelées à collaborer à leurs travaux et les agents de l'État qui en sont dépositaires sont tenus de garder secrètes les informations dont ils peuvent avoir connaissance en raison de leurs fonctions et qui sont relatives à la nature des recherches, aux personnes qui les organisent ou qui s'y prêtent ou aux produits, objets ou méthodes expérimentés.
Ne peuvent valablement participer à une délibération les personnes qui ne sont pas indépendantes du promoteur et de l'investigateur de la recherche

examinée. Les chercheurs doivent préserver la confidentialité des renseignements personnels concernant les participants à la recherche, sous réserve de toute obligation d'ordre éthique ou juridique de divulguer des renseignements confidentiels.
Article 15 : Les recherches biomédicales sans bénéfice individuel direct ne doivent comporter aucun risque prévisible sérieux pour la santé des personnes qui s'y prêtent. Elles doivent être précédées d'un examen médical des personnes concernées. Les résultats de cet examen leur sont communiqués par l'intermédiaire de l'investigateur principal.
Article 16 : Dans le cas d'une recherche sans bénéfice individuel direct à l'égard des personnes qui s'y prêtent, le promoteur verse à ces personnes une indemnité en compensation des contraintes subies. Le montant total des compensations qu'une personne peut percevoir au cours d'une même année est limité à un maximum fixé par le comité d'éthique agréé.
Article 17 : Les inspecteurs de la santé, la Direction de la Pharmacie et du Médicament et les membres du comité d'éthique agréé, ont qualité pour veiller au respect des dispositions de la présente loi et des textes règlementaires pris pour son application.
Article 18 : Les renseignements relatifs à la recherche doivent être consignés dans des registres, traités et conservés de façon à permettre la présentation de rapports complets et exacts sur la recherche ainsi que son interprétation et sa vérification.
Ces renseignements doivent être disponibles chez l'organisme qui a commandité la recherche et chez le chercheur.

TITRE IV

DES INTERDICTIONS ET SANCTIONS

Article 19 : Nul ne peut se prêter simultanément à plusieurs recherches biomédicales qui pourraient nuire à sa santé ou aux résultats de la recherche.
Pour chaque recherche, le protocole soumis à l'avis consultatif du comité scientifique et du comité d'éthique agréé détermine une période d'exclusion au cours de laquelle la personne qui s'y prête ne peut participer à une autre recherche. La durée de cette période varie en fonction de la nature de la recherche.
Article 20 : Les recherches biomédicales ne peuvent être réalisées que par une équipe compétente, dans un lieu équipé de moyens matériels et techniques adaptés à la recherche et compatibles avec les impératifs de sécurité des personnes qui s'y prêtent.
Article 21 : Le fait de pratiquer ou de faire pratiquer sur une personne, une

recherche biomédicale sans avoir accueilli le consentement de la personne ou de ses représentants légaux dans les conditions prévues par la présente loi est puni de :

- Un (01) à trois (03) ans d'emprisonnement et de 300 000 à 1 000 000 de francs d'amende ou de l'une des deux peines seulement et l'interdiction, pour une durée de cinq ans au plus, d'exercer l'activité professionnelle ou sociale à l'occasion de laquelle ou dans l'exercice de laquelle l'infraction a été commise pourra être prononcée.
- S'il en est résulté une mutilation, amputation, privation de l'usage d'un membre ou d'un sens, perte de l'œil ou autres infirmités ou maladie, la peine sera de cinq à dix ans de réclusion criminelle et l'interdiction d'exercer l'activité professionnelle ou sociale à l'occasion de laquelle l'infraction a été commise pourra être prononcée.
- En cas de décès le coupable sera puni de la réclusion criminelle à vie et l'interdiction d'exercer l'activité professionnelle ou sociale à l'occasion de laquelle l'infraction a été commise doit être prononcée.

Les dispositions du Code Pénal sont applicables s'agissant de la complicité, de récidive et des circonstances atténuantes.

Article 22 : Quiconque entreprend une recherche sans autorisation du Ministre de la Santé est puni de cinq à dix ans d'emprisonnement, sans préjudice de la fermeture temporaire ou définitive de l'établissement de recherche.

Article 23 : Le promoteur dont la responsabilité civile n'est pas garantie par l'assurance prévue à l'article 8 de la présente loi est puni d'un emprisonnement de un à six mois et d'une amende de 300 000 à 1 000 000 de francs ou de l'une de ces deux peines seulement.

Le promoteur qui réalise ou fait réaliser une recherche biomédicale sans avoir transmis au Ministre chargé de la santé la demande prévue à l'article 13 de la présente loi est puni des mêmes peines.

Article 24 : Le Ministre chargé de la santé peut, à tout moment, en cas de risque pour la santé publique ou de non-respect des dispositions de la présente loi, suspendre ou interdire une recherche biomédicale.

TITRE V

DES DISPOSITIONS FINALES

Article 25 : Un décret pris en Conseil des Ministres fixe les modalités d'application de la présente loi.

Bamako, le 28 décembre 2009,
Le Président de la République, Amadou Toumani TOU

TEXTES RÈGLEMENTAIRES

DÉCRET n° 2017-0245 / P-RM DU 13 MARS 2017 FIXANT LES MODALITÉS D'APPLICATION DE LA LOI 09-059 DU 28 DÉCEMBRE 2009 REGISSANT LA RECHERCHE BIOMÉDICALE SUR L'ÊTRE HUMAIN[99]

LEPRESIDENT DE LA REPUBLIQUE,

Vu la Constitution ;
Vu la Loi n°86-11/AN-RM du 8mars 1986 déterminantles principes fondamentaux de larecherche scientifique et technologique ;
Vu la Loi n°86-35/AN-RM du 12 avril 1986 portant institution de l'Ordre national des Médecins et le Code de déontologie y annexé ;
Vu la Loi n°86-36/AN-RM du 12 avril 1986 portant institution de l'Ordre national des PharmaciensetleCode de déontologie y annexé ;
Vu la Loi n°86-37/AN.RM du 12 avril 1986 portant institution d'un Ordre national desSages-femmes et le Code de déontologie y annexé ;
Vu la Loi n°09-059 du 28 décembre 2009 régissant la recherchebiomédicalesurl'être humain ; Vu le Décret n°02-200 / P-RM du 22 avril 2002 portant création du Comité national d'éthique pour la santé et les sciences de la vie ;
Vu le Décret n°2015-0003/P-RMdu08janvier2015 portant nominationdu Premier ministre ;
Vu le Décretn°2016-0510/P-RM du 07 juillet 2016, modifié, portant nomination des membres du Gouvernement ;

STATUANT EN CONSEIL DES MINISTRES,

CHAPITRE I : DISPOSITIONS GÉNÉRALES

Article 1 : Le présent décret fixe les modalités d'application de la Loi n°09-059 du 28 décembre 2009 régissant la recherche biomédicale surl'êtrehumain.
Article2 : La recherche biomédicale est menée sur la base des principes éthiques fondamentaux reconnus, aux plans nationaletinternational, de respect de la personne humaine, de bienfaisance/la non malfaisance, dejusticeetd'équité.

---

[99]https://clinregs.niaid.nih.gov/sites/default/files/documents/mali/DecreeNo2017-0245.pdf.

CHAPITRE II : DES CONDITIONS DE LA RECHERCHE BIOMÉDICALE

Article 3 : La recherche biomédicale exige les conditions suivantes :
a) être profitable au pays en général et aux populations locales concernées ;
b) être conduite par une personne et/ou une équipe qualifiée en référence à leurs compétences scientifiques avérées dans le domaine ;
c) répondre aux critères de bonnes pratiques cliniques et de laboratoire reconnus au plan international ;
d) respecter les us et coutumes reconnus localement ;
e) être décrite dans un protocole rédigé en français, dans un langage facile à comprendre, décrivant toutes les procédures en la matière et respectant les normes admises aux plans national et international.

Article 4 : La rédaction d'un protocole de recherche
Biomédicale doit respecter un canevas conforme aux normes internationales.

Article 5 : Tout protocole de recherche biomédicale sur l'être humain doit êtresoumis à l'avis du Comité national d'Ethique pour la Santé et les Sciences de la vie ou à un comité d'éthique institutionnel agréé.

Le Comité national d'Ethique pour la Santé et les Sciences de la vie est informé de tout protocole de recherche approuvé par un comité institutionnel d'éthique agréé.

Les conditions d'obtention du consentement libre et éclairé des participants à la recherche doivent être clairement définies dans le protocole de recherche.

L'avis émis par un comité d'éthique devra être motivé et notifié par courrier confidentiel au chercheur principal.

Article 6 : Les droits des personnes vulnérables, telles que les femmes enceintes ou allaitantes, les personnes privées de liberté, les personnes incapables de s'exprimer en toute conscience ainsi que les mineurs doivent être particulièrement protégés quand elles sont participantes à une étude.

Article 7 : La prise en charge de la réparation des
Dommages survenus au coursd'unerecherche biomédicale est assurée conformément à la loi.

CHAPITRE III : DES MODALITÉS ET DES PROCÉDURES DE LA RECHERCHE BIOMÉDICALE

Article 8 : Le consentement du participant est une obligation dans la recherche biomédicale. Il implique le principe de respect de la personne et vise à lui donner les moyens de décider, en toute connaissance de cause, sur une base volontaire sans contrainte de participer ou non à la recherche.

Article 9 : Le consentement libre, éclairé et exprès est le consentement donné par un individu conscient et potentiellement apte à participer à une recherche biomédicale. Dans ces conditions, le participant :

- a préalablement reçu les informations nécessaires sur la recherche biomédicale envisagée et les a bien comprises ;
- est parvenu à une décision, après mûre réflexion, sans avoir fait l'objet d'aucune coercition, ni d'influence ou d'incitation indues, ni d'intimidation.
Le consentement donné peut être retiré à tout moment,
Sans préjudice pour le participant. Dans ce cas, la personne participante peut aussi demander son retrait de l'étude et celui de ses données et de son matériel biologique.
Article 10 : Le consentement est donné par écrit. Il est recueilli par l'investigateur principal ou l'investigateur sur Le terrain après l'avald'uncomitéd'éthiqueagrééquiaura évalué la mise enœuvre du protocole.
Le formulaire attestant du consentement est validé par ce comité. Il doit, en cas de besoin, être traduit en langues nationales par un traducteur accepté par la personne dont le consentement est requis, sous la responsabilité de l'investigateur ou de son représentant. Il est signé par le participant.
Article11 : Tout participant à la recherche doit, s'il le désire, être personnellement informé de son état de santé, suite à ce que peut révéler cette recherche sur sa personne.
L'investigateur principal ou son représentant local doit préciser au participant :
a)le contexteet la justificationde larecherche ;
b)les objectifs, le déroulement et la durée de la recherche ;
c)lesrisquesprévisiblessursasantéousaviequotidienne ;
d) la possibilité pour lui, de mettre fin, avant terme, à sa participation à la recherche et de demander le retrait de ses données personnelles ;
e)les bénéfices attendus de la recherchepourluietpoursa communauté.
Article 12 : Le processus du consentement libre et éclairé comprend les éléments suivants :
a) la description de la recherche biomédicale et les conditions d'enrôlement des participants approuvées par lecomité d'éthique ;
b) la description des risques que l'on peut raisonnablement prévoir sans les minimiser ;
c) la description des avantages escomptés sans les exagérer ;
d) la description d'autres possibilités, liées ou non à sa participation, mais susceptibles d'être avantageuses pour le participant et la communauté ;
e) l'explication du principe de confidentialité et sa préservation ;
f) l'explicationduprincipedecompensationpourletemps de travail consacré à l'étude ;
g) l'explicationdelapriseenchargeencasd'évènements indésirables survenus au cours de l'étude ;
h) l'explicationducaractèrevolontairedelaparticipation et le droit de se retirer à tout moment sans préjudice ;
i) la communication des coordonnées du comité d'éthique, du principal

investigateur et de tout organisme ou personne à contacter au sujet de la recherche biomédicale et des droits du participant.
Article 13 : Le formulaire de consentement notifie que la participation est strictement volontaire.
Il indiqueque le refus de participer à la recherche biomédicale, ou le désir de se retirer de l'étude à n'importe quel moment, n'entraîneront aucun préjudice pour le participant, ni la perte des avantages prévus. Ce participant ne peut plus prétendre aux avantages spécifiques liés à sa participation à la recherche en cours. Le formulaire indique aussi que la personne peut, en cas de retrait, demander le retrait de ses données et de son matériel biologique humain.
Article 14 : La responsabilité du chercheur consiste à protéger lesparticipantsen plaçant leur bien-êtrei ndividuel au-dessusdes intérêts de la science et de la société. À cet effet, sont développées les activités suivantes :
a) informer la communauté sur la pertinence de la recherche et les contraintes qui y sont liées ;
b) formuler des protocoles de recherche biomédicale scientifiquement valables et techniquement applicables ;
c) veiller à ce qu'aucun participant humain majeur et conscient ne participe à la recherche biomédicale sans avoir donné son consentement libre, éclairé et volontaire ;
d) communiquer à l'éventuel participant toutes les informations sur la recherche biomédicale envisagée, informations nécessaires et obligatoires à l'obtention du consentement ;
e) garantir la confidentialité des renseignements personnels identifiables des participants dans les limites prévuespar la loi ;
f) conduire la recherche biomédicale conformément au protocole approuvé par le comité d'éthique ;
g) ne rien changer sans l'accord du comité d'éthique ayant approuvé le protocole ;
h) veiller à ce que tous les membres de l'équipe de recherche soient convenablement formés pour les besoins de la recherche biomédicale y compris en éthique biomédicale.
i) se conformer à toutes les décisions être commandations du comité d'éthique ;
j) communiquer au comité d'éthique tout problème découvert pendant le déroulement de l'étude, y compris les infractions et déviations au protocole et toute plainte des participants à la recherche biomédicale. Ces informations doivent être communiquées immédiatement au comité d'éthique ;
k) veiller à ce que la communauté locale ait accès aux avantages postérieurs à l'étude après sa conclusion.
Article15 : Les promoteurs nationaux ont laresponsabilité de créer un environnement propice à l'intégrité, à l'objectivité et au respect des normes éthiques en matière derecherchebiomédicale. Cette responsabilité couvre la

conception de la recherche biomédicale, son exécution et la soumission des rapports requis. En particulier, les promoteurs doivent s'engager à protéger les participants à toute étude de recherche biomédicale. Ils sont tenus : a) d'avoir un engagement écrit d'acceptation et de collaboration du chef d'équipe de chaque établissement où se déroulent les activités de recherche ;
b) de prévoir l'assurance de l'étude, des chercheurs et des participants à la recherche ;
c) de suivre la recherche approuvée conformément aux avis du comité d'éthique ;
d) d'informer les autorités nationales des résultats de la recherche.
Article 16 : Les promoteurs internationaux ont les responsabilités suivantes :
a) prendre en charge l'évaluation scientifique et éthique des protocoles de recherches biomédicales ;
b) veiller à ce que la recherche biomédicale proposée soit compatible avec les exigences éthiques, réglementaires et juridiques nationales ;
c) apporter aide, notamment financière, documentaire et éducative, en vue de promouvoir le renforcement de la capacité d'évaluation éthique ;
d) développerdesactivitésraisonnablesappropriéespour mettre les résultats à la disposition des participants ;
e) aider à définir les politiques et procédures propres à encourager l'intégrité de la recherche biomédicale et à servir de guide en cas d'allégations ou de preuves d'inconduite scientifique. Article17 : L'institution promotrice et le comité d'éthique consulté doivent prendre les mesures nécessaires pour minimiserl'impactdesconflitsd'intérêts.
L'institution doit :
- assurer la formation du personnel qui participe à la conduitedelarecherchebiomédicale ;
- exigerdeschercheursqu'ilsdivulguentàl'avanceleurs conflits d'intérêts ;
- faireexaminer les déclarations deconflits d'intérêt par un comité d'éthique et, le cas échéant, de formuler une stratégie adaptée.
Article 18 : Toute recherche biomédicale engage la responsabilité morale de l'État. À cet effet, les autorités administratives compétentes, en ce qui les concerne, doivent :
- veillerau respectstrict des normeséthiques, de bonnes pratiques cliniques et de laboratoire par les chercheurs ;
- procéder à un arbitrage entre les participants à la recherche biomédicale et le / ou les chercheurs en cas de survenue d'infraction(s) et/ ou de déviation(s) ;
- appliquerlaloienvigueurpourtoute(s)infraction(s)et déviation(s) des protocoles par les chercheurs. Toutefois, l'État privilégiera la recherche de solution à l'amiable, en tous les cas.

CHAPITRE IV : DU COMITE D'ETHIQUE

Article 19 : La responsabilité morale de l'État dans une Recherche biomédicale est assumée par le Comité d'Ethique qui aura examiné puis adopté le protocole de ladite recherche. Aussi, ce Comité d'Ethique est amené à suivre le déroulement de la mise en œuvre du protocole adopté à tout moment, à sa propre charge.

Article 20 : La restitution des résultats d'une recherche
Biomédicale se fait sous forme d'atelier, d'un rapport d'étape et/ou final et d'une publication. Le comité d'éthique devra, dans tous les cas, recevoir une copie du rapport final de l'activité de recherche. Lorsque la recherche dureplus d'une année, unrapport d'étape annuel lui sera adressé.
Les rapports reçus sont conservés pendant au moins dix ans.

Article 21 : Lecomité d'éthique sollicité doit rendre de façon diligente son avis sur le protocole du projet de recherche qui lui a été soumis. Il doit le faire savoir aux chercheurs, par écrit, sous pli fermé.
En cas de refus, cette décision doit être motivée par écrit. Le chercheur a le droit de demander une réévaluation du protocole après avoir intégré les observations et éventuelles modifications demandées. Le comité d'éthique a l'obligation d'y donner suite avec diligence.
Les amendements au protocole en cours d'exécution doivent être soumis au comité d'éthique.
L'avis favorable du Comité d'Ethique est obligatoire pour tout investigateur principal, avant de commencer toute recherche biomédicale sur l'être humain.
Cet avis doit être communiqué, par l'investigateur principal, aux autorités compétentes et à tout organisme pouvant le lui demander.
L'avis de rejet d'un protocole de recherche doit être notifié à l'investigateur principal, communiqué auxautrescomités d'éthique et aux autorités compétentes.

Article 22 : Le financement et le renforcement des capacités des Comités d'éthique sont assurés par l'État, les collectivitésterritoriales, les partenaires au développement et les promoteurs.

CHAPITRE V : DISPOSITIONS FINALES

Article 23 : Un arrêté conjoint des ministres chargés de la Santé et de la Recherche scientifique fixe les modalités d'application du présent décret.

Article 24 : LeministredelaSantéetdel'Hygiènepublique, le ministre de la Justice et des Droits de l'Homme, Garde des Sceaux et le ministre de l'Enseignementsupérieur et de la Recherche scientifique, sont chargés, chacun en ce qui le concerne, de l'exécution du présent décret qui sera enregistréetpublié auJournalofficiel.

Bamako, le 13 mars 2017

LePrésident de la République, Ibrahim Boubacar KEITA

Le Premier ministre Modibo KEITA
Le ministre de la Santé et de l'Hygiène publique, DocteurMarie Madeleine TOGO
Leministre de la Justice et des Droits de l'Homme, Garde des Sceaux, Maître Mamadou Ismaïla KONATE
Le ministre de l'Enseignement supérieur et de la Recherche scientifique, Professeur Assétou Founè SAMAKE MIGAN

LA RECHERCHE MÉDICALE

TEXTES DE LOIS

LOI n° 09-017/DU 26 JUIN 2009, RELATIVE AU PRELEVEMENT ET À LA GREFFE D'ORGANES, DE TISSUS ET DE CELLULES HUMAINS

L'Assemblée Nationale a délibéré et adopté en sa séance du 11 juin 2009 ;
Le Président de la République promulgue la loi dont la teneur suit :

CHAPITRE I : DES DISPOSITIONS GÉNÉRALES

Article 1 : La présente loi régit le prélèvement et la greffe d'organes, de tissus et de cellules humains en République du Mali.
Article 2 : La personne humaine est sacrée et inviolable. Tout individu a droit à la vie, à la liberté, à la sécurité, et à l'intégrité de sa personne. II ne peut être porté atteinte à l'intégrité du corps humain qu'en cas de nécessité thérapeutique.
Article 3 : Le prélèvement d'éléments du corps humain et la collecte de ses produits ne peuvent être pratiqués sans le consentement préalable du donneur.
Article 4 : La greffe ou transplantation est une technique médicale qui vise à remplacer un organe malade par un organe sain prélevé sur un donneur.
Le prélèvement peut être effectué sur une personne vivante ou sur une personne décédée.

CHAPITRE II : DU PRELEVEMENT SUR UNE PERSONNE VIVANTE

Article 5 : Aucun prélèvement d'organes, de tissus, de cellules, aucune collecte de produits du corps humain en vue de don ne peut avoir lieu sur une personne vivante mineure ou sur une personne vivante majeure faisant l'objet d'une mesure de protection légale. Toutefois, un prélèvement de moelle osseuse peut être effectué sur un mineur au bénéfice de son frère ou de sa sœur.
Ce prélèvement ne peut être pratiqué qu'avec le consentement des titulaires de l'autorité parentale ou du représentant légal du mineur.
Article 6 : Le donneur qui entend autoriser le prélèvement sur son corps en vue d'une greffe est informé par écrit des conséquences éventuelles de sa décision par le Médecin Chef du service hospitalier dans lequel le prélèvement sera effectué ou par son remplaçant.

L'information donnée par l'établissement ou le médecin doit être simple, intelligible, loyale et accessible à tous les patients.
Elle doit être adaptée aux éventuelles difficultés de communication ou de compréhension des patients afin de garantir à tous l'égalité d'accès à l'information.
Le secret médical n'est pas opposable au patient. L'information porte sur :
- toutes les conséquences prévisibles d'ordre physique et psychique du prélèvement ainsi que les répercussions éventuelles de ce prélèvement sur la vie personnelle, familiale et/ou professionnelle du donneur ; - tous les résultats qui peuvent être attendus de la greffe par le receveur.
Article 7 : Le consentement du donneur doit être libre, éclairé et indépendant, donné dans les conditions définies par la loi.
Ce consentement est librement révocable à tout moment.
Article 8 : Le consentement du donneur est exprimé devant le Président du tribunal ou le Juge dans le ressort duquel se trouve la résidence du donneur ou de l'établissement hospitalier ou par acte notarié.
Le magistrat qui recueille le consentement du donneur s'assure au préalable que ce consentement est exprimé dans les conditions prévues par les dispositions de la présente loi. Il en dresse procès-verbal signé par lui, par le donneur et par le greffier.
Le greffer du Tribunal en transmet copie aux établissements hospitaliers autorisés à cette fin. La minute est conservée au greffier du Tribunal ou chez le notaire sur un registre tenu à cet effet.
Dans le cas où le consentement est recueilli devant notaire, celui-ci dresse un acte authentique conformément à la loi et en assure la transmission aux établissements hospitaliers habilités.

CHAPITRE III : DU PRELEVEMENT SUR UNE PERSONNE DECEDEE

Article 9 : Des prélèvements peuvent être effectués à des fins thérapeutiques ou scientifiques sur une personne décédée à condition qu'elle n'ait pas fait connaître, de son vivant, son refus d'un tel prélèvement et qu'après son décès, le refus d'un tel prélèvement n'ait pas été opposé par l'une des personnes suivantes jouissant de leur pleine capacité juridique et dans l'ordre ci-après :
-les enfants ;
- le père
- la mère ;
- le conjoint ;
-les frères et sœurs ;
- le tuteur légal ;
Le prélèvement ne peut être effectué, même avec le consentement de l'une de ces personnes lorsque le refus d'un tel prélèvement a été opposé par une autre

d'entre elles venant en rang par le Plus âgé des enfants du défunt. Toutefois, lorsque le défunt est un mineur, le prélèvement peut être effectué après le consentement des titulaires de l'autorité parentale. Article 10 : Le décès est constaté conformément aux règles communément admises et en usage en milieu médical et par deux médecins hospitaliers qui ne font pas partie de l'équipe qui effectuera le prélèvement et la greffe.
Les deux médecins qui procèdent au constat du décès en établissent un procès-verbal signé par eux. Le procès verbal mentionne la date, l'heure et la cause du décès ainsi que les moyens de constatation du décès.

CHAPITRE IV : DES MESURES DE SÉCURITÉ EN MATIERE DE PRELEVEMENT ET DE GREFFE

Article 11 : Le prélèvement d'éléments et la collecte d'organes, de tissus et de cellules humains à des fins thérapeutiques ou scientifiques sont soumis aux règles de sécurité sanitaire.
Article 12 : Le prélèvement et les greffes ne peuvent être effectués que dans les établissements publics hospitaliers autorisés à cette fin par décret pris en Conseil des Ministres.
Article 13 : Ces établissements doivent justifier des conditions nécessaires pour que ces opérations soient exécutées d'une façon satisfaisante.
Ils doivent disposer notamment :
- du personnel médical nécessaire et des moyens techniques permettant de constater la mort conformément aux dispositions de la pressente loi ;
- du personnel médical compétent pour effectuer les opérations de prélèvement et de greffe d'organes ;
-d'une salle d'opération et d'un plateau technique dotés du matériel nécessaire à l'exécution de ces prélèvements et greffes ;
- des moyens nécessaires â la conservation des corps, des éléments et des produits du corps :
- du personnel apte à effectuer la restauration tégumentaire.
Article 14 : chaque donneur doit bénéficier des soins médicaux gratuits et de suivi continu de l'établissement hospitalier qui a procédé au prélèvement, sans contrepartie pour les soins liés à la donation.

CHAPITRE V : DES INTERDICTIONS ET DES SANCTIONS

Article 15 : Est interdit le prélèvement sur de la totalité d'un organe vital d'une personne vivante en vue de sa greffe même avec son consentement. Est considéré comme organe vital l'organe dont le prélèvement entraîne inéluctablement la mort de la personne sur laquelle il a été prélevé.

Article 16 : Est interdit le prélèvement sur des personnes vivantes ou décédées d'organes de reproduction porteurs de gènes d'hérédité et ce, en vue d'une greffe.
Article 17 : Il est interdit de procéder à des prélèvements, moyennant une contrepartie pécuniaire ou toute autre forme de transaction, sans préjudice du remboursement des frais qu'ils peuvent occasionner.
Article 18 : Est interdite la publicité en faveur d'un don d'organes, d'éléments d'organes ou de produits du corps humain au profit d'une personne déterminée ou au profit d'un établissement ou organisme déterminé. Cette interdiction ne fait pas obstacle à l'information du public en faveur du don d'organes, de tissus et de cellules humains.
Article 19 : aucune rémunération ne peut être perçue par les patients effectuant des prélèvements d'organes au titre de cette activité.
Article 20 : Hormis les cas de dons volontaires le donneur ne peut connaitre l'identité du receveur, ni le receveur celle du donneur. Aucune information permettant d'identifier à la fois celui qui a fait don d'un élément ou d'un produit de son corps et celui qui l'a reçu ne peut être divulguée.
Article 21 : Le fait d'obtenir d'une personne l'un de ses organes contre un paiement qu'elle qu'en soit la forme est puni de 2 à 5 ans d'emprisonnement et de 750 000 à 7 500 000 F CFA d'amende. Est puni des mêmes peines, le fait d'apporter son concours pour favoriser l'obtention d'un organe contre paiement, ou de céder à titre onéreux un tel organe du corps d'autrui. Les mêmes peines sont dans le cas ou l'organe obtenu dans les conditions prévues au premier alinéa provient d'un pays étranger.
Article 22 : Le fait de prélever un organe sur une personne vivante majeure sans que le consentement.de celle-ci ait été recueilli dans les conditions prévues par la présente loi est puni de 5 à 10 ans de réclusion et de 1.000.000 à 12.500.000 F CFA d'amende. Est puni des mêmes peines le fait de prélever un organe sur un donneur vivant mineur ou sur un donneur vivant majeur faisant l'objet d'une mesure de protection légale sans avoir respecté les conditions prévues par la présente loi. Article 23 : Le fait de prélever un tissu ou des cellules sur une personne vivante majeure sans qu'elle ait exprimé son consentement est puni de 1 a 5 ans d'emprisonnement et de 500 000 à 1 500 000 F CFA d'amende ou de l'une de ces deux peines seulement.
Est puni des mêmes peines le fait de prélever un tissu ou des cellules ou de collecter un produit sur une personne vivante mineure ou sur une personne vivante majeure faisant l'objet d'une mesure de protection légale sans avoir respecté les conditions prévues par la présente loi.
Article 24 : Le fait d'obtenir d'une personne le prélèvement de tissus ou de cellules contre un paiement, qu'elle qu'en soit la forme, est puni de 1 à 3 ans d'emprisonnement et de 300 000 à 3 000 000 F CFA d'amende ou de l'une de ces deux peines seulement, sans préjudice du remboursement des frais qu'il peut occasionner. Est puni des mêmes peines le fait d'apporter son concours

pour favoriser l'obtention d'organes, de tissus et de cellules humains contre un paiement, quelle qu'en soit la forme, ou de céder à titre onéreux des organes, tissus et cellules humains.
Article 25 : Toute personne, qui procède à des prélèvements d'organes ou des transplantations d'organes, des greffes de tissus ou de cellules dans un établissement n'ayant pas obtenu l'autorisation requise par la réglementation en vigueur, est punie de 2 à 5 ans d'emprisonnement et de 5 000 000 à 10 000 000 F CFA d'amende ou de l'une de ces deux peines seulement sans préjudice des mesures administratives, notamment la fermeture de l'établissement pour une période de six mois à un an.
Article 26 : Le fait de procéder à la conservation ou à la transformation, à la distribution ou à la cession d'organes, de tissus ou de cellules et produits humains en vue d'un don sans que soient respectées les règles de sécurité sanitaire exigées par la loi, est puni de 6 mois à 2 ans d'emprisonnement et de 300 000 à 3 000 000 de F CFA d'amende sans préjudice de la fermeture de l'établissement pour une période d'un à six mois.
Article 27 : Tout établissement hospitalier qui aura procédé à des prélèvements d'organes, de tissus ou de cellules en violation du
Chapitre IV de la présente loi sera puni d'une amende de 5 000 000 de F CFA à 10 000 000 de F CFA sans préjudice des mesures disciplinaires à l'encontre des responsables.
Article 28 : Un Comite National des Greffes sera créé auprès du Ministre chargé de la Santé par décret pris en Conseil des Ministres.
Article 29 : Un décret pris en Conseil des Ministres fixe les modalités d'application de la présente loi.

Bamako, le 2 6 JUIN

Le Président de la République, Amadou Toumani TOURÉ

DÉCRET n° 02 – 200 / P-RM DU 22 AVRIL 2002 PORTANT CRÉATION DU COMITE NATIONAL D'ETHIQUE POUR LA SANTÉ ET LES SCIENCES DE LA VIE[100]

LE PRESIDENT DE LA REPUBLIQUE,

Vu la Constitution ;
Vu la Déclaration universelle des droits de l'homme ;
Vu la Charte africaine des Droits de l'Homme et des peuples ;
Vu la Déclaration d'Helsinki de l'Association médicale mondiale ;
Vu la Convention sur l'élimination de toutes les formes de discrimination à l'égard des femmes ;
Vu la Convention relative aux droits des enfants ;
Vu le décret n°02-132 / P-RM du 18 mars 2002 portant nomination du Premier ministre ;
Vu le décret n° 02-135 / P-RM du 19 mars 2002 portant nomination des membres du Gouvernement, modifié par le décret n°02-160 / P-RM du 30 mars 2002 ;
Vu le décret n° 01-326 / P-RM du 03 août 2001 fixant les intérims dès membres du Gouvernement ;

Statuant en Conseil des Ministres,

DÉCRÈTE :

CHAPITRE 1 : CRÉATION ET MISSION

Article 1 : Il est créé auprès du ministre chargé de la santé un organe consultatif dénommé Comité national d'éthique pour la santé et les sciences de la vie, en abrégé Cness.
Article 2 : Le Comité national d'éthique pour la santé et les sciences de la vie a pour mission de donner des avis sur les problèmes éthiques soulevés par les progrès de la connaissance dans le domaine de la médecine, de la pharmacie, de la biologie, de la santé et des autres sciences de la vie et de faire des recommandations sur ces sujets.

---

[100] https://clinregs.niaid.nih.gov/sites/default/files/documents/mali/DecreeNo02-200-2002.pdf

CHAPITRE II : ORGANISATION ET FONCTIONNEMENT

Article 3 : Le Comité national d'éthique pour la santé et les sciences de la vie est présidé par une personnalité scientifique nommée par décret du Président de la République pour une période de quatre (4) ans renouvelables une fois.
Article 4 : Le Comité national d'éthique pour la santé et les sciences de la vie est composé comme suit :
Trois personnalités désignées par le Président de la République ;
Vingt-six personnalités scientifiques choisies en raison de leur compétence et de leur intérêt pour les problèmes d'éthique à raison de :
un membre de l'Assemblée nationale désigné par son président ;
un membre du Haut conseil des collectivités désigné par son président ;
un membre du Conseil économique social et culturel désigné par son président ;
un membre de la Cour suprême désigné par son président ;
une personnalité désignée par le Premier ministre ;
deux personnalités désignées par le ministre chargé de la santé ;
deux personnalités désignées par le ministre chargé de la recherche scientifique ;
une personnalité désignée par le ministre chargé de la communication ;
une personnalité désignée par le ministre chargé de l'Industrie ;
une personnalité désignée par le ministre chargé de la justice ;
une personnalité désignée par le ministre chargé de l'énergie ;
une personnalité désignée par le ministre chargé du développement rural ;
une personnalité désignée par le ministre chargé de l'environnement ;
une personnalité désignée par le ministre chargé du travail ;
une personnalité désignée par le ministre chargé de la promotion de la femme ;
une personnalité désignée par le ministre chargé de la culture ;
un représentant de l'Association malienne des Droits de l'Homme ;
un représentant du Haut conseil islamique ;
un représentant de l'Eglise catholique ;
un représentant de l'Eglise protestante ;
un représentant des Associations de consommateurs du Mali ;
un représentant de l'Ordre national des médecins et chirurgiens – dentistes ;
un représentant de l'Ordre national des sages femmes ;
<un représentant de l'Ordre national des pharmaciens ;
un représentant de l'Ordre national des vétérinaires ;
sept chercheurs appartenant au secteur de la recherche ;
un représentant du Comité d'éthique de l'Institut national de recherche en santé publique ;
un représentant du Comité d'éthique de la Faculté de médecine, de pharmacie et d'odonto-stomatologie ;
un chercheur du Centre national de la recherche scientifique et technologique ;

un chercheur de l'Institut supérieur de formation et de recherche appliquée ;
un chercheur de l'Institut national de recherche en géronto-gériatrie ;
un chercheur de l'Institut des sciences humaines ;
un chercheur de l'Institut d'économie rurale.

Article 5 : Le Comité désigne en son sein un vice-président appelé à suppléer le Président.

Article 6 : La liste nominative des membres du Comité est fixée par arrêté du ministre chargé de la santé.

Article 7 : À la fin de leur mandat et sur proposition de la majorité des membres du Comité national d'éthique pour la santé et les sciences de la vie, le président et tout autre membre dudit Comité peuvent être nommés membres d'honneur.

Article 8 : Le mandat des membres du Comité est de quatre ans renouvelables une fois. En cas de décès, de démission, de cessation de fonction pour toute autre cause d'un membre du Comité en cours de mandat, ou d'absence prolongée, son remplacement s'effectue dans les mêmes conditions que sa nomination et pour le reste de la durée du mandat.

Article 9 : Le Comité peut être saisi directement par le Président de la République, le Premier ministre, un membre du Gouvernement, le Président de l'Assemblée nationale, le Président du Haut conseil des collectivités, le Président de la Cour constitutionnelle, le Président du Conseil économique, social et culturel, le Président de la Cour suprême, les présidents des fondations, les présidents des Associations et Ong reconnues d'utilité publique et œuvrant principalement dans la recherche, le développement technologique et scientifique ou la promotion et la protection des droits humains.

Article 10 : Le Comité peut se saisir des questions relatives à la recherche, au développement technologique et scientifique ou la promotion et la protection des droits humains posées par des personnes physiques ou morales autres que celles mentionnées à l'article 9 ci-dessus.

Article 11 : Le Comité se réunit sur convocation de son président. Le comité peut se réunir également à la demande de la majorité simple de ses membres en session extraordinaire chaque fois que les circonstances l'exigent.

Article 12 : Les séances du Comité ne sont pas publiques.
Le vote du scrutin secret est de droit sur décision du président ou sur demande d'un ou plusieurs membres présents. En cas de partage des voix, celle du président est prépondérante.

Article 13 : Le Comité ne peut délibérer que si la moitié au moins de ses membres est présente.

Article 14 : Le Comité peut entendre toute personne appelée à fournir un avis ou une expertise relative à tout point inscrit à l'ordre du jour.

Article 15 : Le Comité organise annuellement une conférence publique sur des thèmes spécifiques d'éthique dans tous les domaines concernant la santé

et les autres sciences de la vie.
Article 16 : Les résultats des travaux du Comité sont publiés sous forme de rapports périodiques, de publications d'articles, de revues ou de conclusions écrites.
Le Comité publie également chaque année un rapport d'activités pour faire connaître les résultats de ses travaux ainsi que son point de vue sur les grands problèmes de l'heure. Une copie du rapport est transmise au Président de la République et au Premier ministre.
Article 17 : Le Comité national d'éthique pour la santé et les sciences de la vie peut créer des commissions techniques, soit pour des études portant sur des questions spécifiques, soit pour des besoins d'enquêtes scientifiques.
Les commissions techniques peuvent comprendre, outre les membres du Comité, les membres des autres comités d'éthique.
Les commissions techniques peuvent faire appel à toute personne en cas de besoin.
Article 18 : Le Comité dispose d'un Secrétariat permanent dirigé par un Secrétaire permanent nommé par arrêté du ministre chargé de la santé. Le Secrétaire permanent a rang de chef de division d'un service central.
Article 19 : Le Secrétaire permanent est chargé de :
préparer les réunions et dresser les procès - verbaux des délibérations du Comité ;
coordonner sur le plan administratif les activités du Comité.
Article 20 : Le Secrétaire permanent est assisté, sur le plan administratif, de deux assistants chargés de la gestion administrative et médiatique des activités du Comité.
Article 21 : Le Comité établit son règlement intérieur qui fixe le détail des modalités de fonctionnement du Comité, de la Commission technique et du Secrétariat permanent. Le règlement intérieur est soumis à l'approbation du ministre chargé de la santé.

CHAPITRE III : DISPOSITIONS FINALES

Article 22 : Le Ministre de la santé, le Ministre de l'éducation, le Ministre du développement rural et le Ministre de l'économie et des finances sont chargés, chacun en ce qui le concerne, de l'exécution du présent décret qui sera enregistré et publié au Journal officiel.

Bamako, le 22 avril 2002

Le Président de la République, Alpha Oumar KONARE
Le Premier ministre, Modibo KEITA
Le Ministre de l'éducation, Moustapha DICKO
Le Ministre de la santé, Mme TRAORE Fatoumata NAFO

PARTIE VII

LOIS SUR LA PRISE EN CHARGE DES QUESTIONS SPÉCIFIQUES DE SANTÉ

LA SANTÉ DE LA REPRODUCTION

LES TEXTES DE LOIS

LOI n° 02 – 044 / DU 24 JUIN 2002 RELATIVE À LA SANTÉ DE LA REPRODUCTION[101]

L'Assemblée nationale a délibéré et adopté en sa séance du 07 juin 2002 ;
Le Président de la République promulgue la loi dont la teneur suit :

TITRE I

DES DÉFINITIONS

Article 1 : Au sens de la présente loi on entend par :
- Santé de la reproduction : le bien-être général, tant physique que mental et social, de la personne humaine, pour tout ce qui concerne l'appareil génital, ses fonctions et son fonctionnement et non seulement l'absence des maladies

[101] Voir : https://scorecard.prb.org/wp-content/uploads/2018/05/Loi-n%C2%B0-02-044-Relative-a%CC%80-la-Sante%CC%81-de-la-Reproduction-2002.-Mali.pdf

ou d'infirmités. Elle prend en compte l'ensemble' des mesures préventives, curatives et promotionnelles visant à améliorer la prise en charge des groupes vulnérables que constituent les femmes. les enfants, les jeunes adultes afin de réduire la mortalité et la morbidité maternelles, infantiles juvéniles et promouvoir ainsi le bien-être de tous les individus. - Services de santé en matière de reproduction : l'ensemble des méthodes, techniques et services qui contribuent à la santé et au bien-être en matière de procréation en prévenant et en résolvant les problèmes qui se posent en ce domaine.

- Contraception : l'ensemble des méthodes ou moyens employés pour prévenir les grossesses non désirées et espacer les naissances.

TITRE II

DE LA SANTÉ DE LA REPRODUCTION

Section 1 : Des principes et des droits en matière de santé de la reproduction

Article 2 : Les hommes et les femmes sont égaux en droit et en dignité en matière de santé de la reproduction. La santé de la reproduction, objet de la présente loi, suppose que toute personne peut mener une vie sexuelle responsable, satisfaisante et sans risque.

Article 3 : Les hommes et les femmes ont le droit égal de liberté de responsabilité, d'être informés et d'utiliser la méthode de planification ou de régulation des naissances de leur choix, qui ne sont pas contraires à la loi.

Article 4 : Tout individu, tout couple a le droit d'accéder librement à des services de santé de reproduction et de bénéficier des soins de la meilleure qualité possible. Les populations ont le droit d'accéder à de services de santé qui permettent aux femmes de mener à bien la grossesse et l'accouchement, afin de préserver l'état de santé de la mère et d1 nouveau-né.

Article 5 : Les membres du couple et les individus ont le droit de discuter librement et avec discernement des questions ayant trait à la santé de la reproduction dans le respect des lois en vigueur, de l'ordre public et des bonnes mœurs. Ils ont le droit de décider librement avec discernement du nombre de leurs enfants et de l'espacement de leurs naissances et de disposer des informations nécessaires pour ce faire.

Article 6 : Tout individu qui acquiert la connaissance de son état de malade du Sida ou vivant avec le VIH, a l'obligation d'informer son partenaire et de prendre toutes dispositions pour éviter de contaminer autrui.

Section 2 : Des soins et services de santé de reproduction

Article 7 : Par soins et services de santé de la reproduction, la présente loi vise principalement les activités suivantes :
- L'orientation, l'information, l'éducation, la communication, la recherche, les moyens, les méthodes et de manière générale tous les services en matière de planification familiale et de santé de la reproduction ;
- L'information et le counseling sur la sexualité, la parenté responsable et la santé de la reproduction ;
- Les soins prénatals, périnatals postnatals y compris la promotion de l'allaitement au sein ;
- La survie de l'enfant comprenant d'une part les consultations des enfants sains et d'autre part les consultations curatives notamment la prise en charge intégrée des maladies de l'enfant (Pcime) ;
-La prévention et le traitement de la stérilité, de l'infertilité et de l'impuissance ;
- La prévention de l'avortement et les moyens de faire face aux conséquences de cette pratique ;
- Les soins de post-abortum y compris les counselings en planification familiale ;
- La prévention et le traitement des infections des organes de reproduction ;
- Le traitement des affections de l'appareil génital ;
- Le traitement des conséquences de l'excision ;
- La prise en charge des besoins de santé de la reproduction des personnes âgées et des jeunes adultes ;
- Le traitement et la prévention des infections sexuellement transmissibles (Ist) et du Vih / Sida.

Article 8 : Toute personne physique ou morale intervenant dans le domaine de la santé de la reproduction a l'obligation de porter à la connaissance des individus et des couples les avantages, les risques et l'efficacité de toutes les méthodes de régulation de naissances qu'elle leur propose. En cas de non-respect des dispositions de l'alinéa précédent par la personne physique ou morale, les individus et les couples victimes seront fondés à la poursuivre à la réparation civile même en dehors de toute faute.

Article 9 : Les personnes malades du Sida ou vivant avec le Vih qui le déclarent bénéficient d'une assistance particulière, des soins de base et d'une garantie de confidentialité. Un décret pris en conseil des ministres fixe les conditions et modalités précises du bénéfice de cette assistance particulière et de la garantie de confidentialité.

Section 3 : De la contraception

Article 10 : La pratique de la contraception, par des moyens ou méthodes approuvées par l'autorité publique est autorisée sur l'ensemble du territoire national.

Article 11 : La fabrication, l'importation et la vente des produits contraceptifs de même que la publicité de méthodes contraceptives sont autorisées. Un décret pris en conseil des ministres détermine les conditions et modalités de fabrication des produits contraceptifs au Mali. Un arrêté conjoint du ministre chargé de la santé et du ministre chargé du commerce fixe les conditions d'importation des produits contraceptifs. Un arrêté du ministre chargé de la santé publique fixe la liste des produits, moyens et méthodes de contraception légalement approuvés.

Article 12 : Sont également autorisées, l'information et l'éducation concernant la contraception dans le respect de l'ordre public sanitaire et de la morale familiale.

Article 13 : L'interruption volontaire de la grossesse ne saurait en aucun cas être considérée comme une méthode contraceptive. Il est interdit tout avortement qui consiste dans l'emploi de moyens ou de substances en vue de provoquer l'expulsion prématurée du fœtus, quelque soit le moment de la grossesse où cette expulsion est pratiquée par tout motif autre que : - la sauvegarde de la vie de la femme enceinte ; - lorsque la grossesse est la conséquence établie d'un viol ou d'une relation incestueuse, à la demande expresse de la femme enceinte.

Article 14 : Toute personne majeure peut, sur son consentement écrit, bénéficier d'une méthode de contraception irréversible. Toutefois, concernant une personne mariée, l'accord de son conjoint est obligatoire. Sur avis médical confirmé par une contre expertise, toute femme mariée dont la vie pourrait être menacée par la survivance d'une grossesse peut, sur son seul consentement écrit, bénéficier d'W1e méthode de contraception irréversible.

TITRE III

DES DISPOSITIONS PÉNALES

Article 15 : La transmission volontaire du Vih / Sida est assimilée à une tentative de meurtre et punie des peines prévues par le Code Pénal pour la répression de cette infraction.

Article 16 : Quiconque aura vendu, distribué, offert ou fait la publicité d'un moyen de contraception non approuvée par l'autorité publique sera punie d'un emprisonnement de six mois à trois ans et d'une amende de 200.000 à

1.200.000 francs ou de l'une de ces deux peines seulement. Sera puni des mêmes peines quiconque aura conseillé ou incité à l'usage d'une méthode ou d'un moyen de contraception non approuvé par l'autorité publique. Les produits contraceptifs et les instruments ayant servi à la commission de l'infraction seront saisis. Le jugement de condamnation prononcera leur confiscation et leur destruction par l'autorité sanitaire qu'il désignera.
Article 17 : Toute personne qui, en dehors des cas limitativement prévus à l'article 13 de la présente loi, procède, incite à un avortement ou fournit conseil ou un moyen quelconque en vue de procéder à un avortement est punie des peines prévues par le Code pénal.
Article 18 : Les peines prévues à l'article 16 pourront être portées au double en cas de publicité mensongère concernant les produits et les moyens de contraception.
Article 19 : Quiconque aura pratiqué sur une personne une méthode ou un moyen de contraception irréversible sans s'assurer au préalable des consentements requis sera puni de un à cinq ans d'emprisonnement sans préjudice des dommages intérêts que la victime pourra réclamer. En outre, si le coupable est un agent de la santé ou des services socio-sanitaires, il pourra être prononcé contre lui une incapacité absolue d'exercer sa profession pendant un délai allant de six mois à cinq ans.
Titre 4 : Des dispositions transitoires et finales
Article 20 : À compter de la promulgation de la présente loi, un délai de six mois est donné à toutes les personnes physiques ou morales opérant dans le domaine de la santé de la reproduction pour se conformer aux nouvelles dispositions.
Article 21 : La présente loi abroge toutes dispositions antérieures contraires, notamment celles de la loi du 31 juillet 1920 réprimant la provocation à l'avortement et la propagande anticonceptionnelle.

Bamako, le 24 juin 2002

Le Président de la République, Amadou Toumani TOURÉ

TEXTES RÈGLEMENTAIRES

CIRCULAIRE 99-0019, INTERDICTION DE L'EXCISION DANS LES ETABLISSEMENTS DE SANTÉ[102]

Lettre circulaire n° 0019 / MSP-AS-SG Bamako, le 07 janvier 1999

La Ministre de la santé, des personnes âgées et de la solidarité
À Tous Directeurs régionaux de la santé publique
Tous Directeurs des hôpitaux de Bamako et Kati

Il me revient que la pratique de l'excision est tolérée dans certains de nos établissements sanitaires. Depuis plusieurs années, notre pays cherche les voies et moyens de prévenir efficacement cette pratique néfaste pour la santé des enfants qui en subissent les effets directs. Une récente enquête conduite par la Division santé familiale et communautaire et ses partenaires montre que :
- 29 % des femmes ayant subi l'excision ont des difficultés à l'accouchement. Ces complications sont, entre autres les hémorragies, les déchirures de périnée ;
- 62 % des personnels de santé souhaitent l'interdiction formelle de l'excision dans les établissements sanitaires ;
- 28 % pensent que la pratique n'est pas à encourager ;
- 10 % des personnels opérationnels dans les établissements sanitaires trouvent que cela est une bonne chose de pratiquer l'excision dans ces établissements. Dans le même temps, on peut observer que :
- 2 % des professionnels sont prêts à pratiquer cette prestation ;
- 4 % l'ont déjà fait ;
- 13 % pratiquent l'excision dans les établissements sanitaires.

Par ailleurs, 60 % des prestataires interrogés ont déjà été confrontés aux complications immédiates de l'excision et 68 % à des complications tardives. Compte tenu du rôle des établissements de santé dans la préservation de la santé des populations, la pratique de l'excision ne saurait y être tolérée. Par conséquent, je vous engage, chacun en ce qui le concerne, à prendre les

[102] Voir : http://cnom.sante.gouv.ml.

dispositions voulues aux fins d'empêcher la pratique, supposée ou réelle, de l'excision dans les établissements sanitaires sous votre responsabilité morale et technique. Vous voudrez bien me rendre compte des dispositions que vous aurez prises pour lutter efficacement contre la pratique de l'excision.

P / Le Ministre / Po Le Secrétaire général,
Dr Zakaria MAIGA Chevalier de l'Ordre national.

LETTRE – CIRCULAIRE n° 004 / MSP-AS / CAB SUR LA PLANIFICATION FAMILIALE[103]

À Tous Gouverneurs
Tous Commandants de Cercle
Tous Directeurs régionaux de la santé publique et des affaires sociales
Tous Médecins
- chefs des Services socio-sanitaires de Cercle Il me revient d'une part que l'accès des femmes désireuses et justiciables d'une méthode contraceptive reste subordonné à l'autorisation parentale et maritale, bien que la planification familiale soit un acte médical et sanitaire mettant en œuvre des techniques scientifiques efficaces, sûres et acceptables pour les populations. D'autre part, il m'a également été rapporté que les agents socio-sanitaires continuent à appliquer une telle consigne, par mesures conservatoires, pour se préserver de plaintes éventuelles ou d'agression dont ils peuvent être victimes de la part des parents ou conjoints.
L'adoption par le Parti et le Gouvernement de la planification familiale en tant qu'élément de la politique socio-sanitaire du pays, nous impose la nécessité de réussir nos programmes en faveur de la santé de la mère et de l'enfant. En conséquence, je rappelle à tous les services socio-sanitaires, aux agents et à toutes les autorités politiques et administratives que l'accès à une méthode contraceptive reste libre pour toute femme en âge de procréer qui le désire et qui le nécessite. J'invite tous les responsables politiques administratives et les administrations sanitaires, à la plus large diffusion et au respect de la présente circulaire.

Koulouba, le 25 janvier 1991

Présidence du Gouvernement

---

[103] Voir : http://cnom.**sante**.gouv.ml.

LA LUTTE CONTRE LE VIH/ SIDA

TEXTES DE LOIS

LOI n° 06-028 / DU 29 JUIN 2006 FIXANT LES REGLES RELATIVES À LA PREVENTION, À LA PRISE EN CHARGE ET AU CONTRÔLE DU VIH / SIDA

L'Assemblée nationale a délibéré et adopté en sa séance du 02 juin 2006 ;
Le Président de la République promulgue la loi dont la teneur suit :

CHAPITRE I : DES DEFINITIONS

Article 1 : Au sens de la présente loi on entend par :
- Virus de l'immunodéficience l'immunodéficience humaine (Vih) : Virus responsable de l'infection pouvant aller jusqu'au Sida.
- Syndrome d'immunodéficience acquise (Sida) : Un état caractérisé par une combinaison de signes et symptômes, causés par le Vih qui attaque et affaiblit le système immunitaire du corps humain, en rendant l'individu infecté vulnérable aux autres infections potentiellement mortelles.
- Test anonyme : Procédure délicate au cours de laquelle l'individu testé ne révèle pas son identité. Le nom de la personne testée est remplacé par un chiffre ou un symbole permettant au laboratoire et à la personne testée de connaître le résultat.
- Dépistage obligatoire : Test de dépistage du Vih imposé à une personne ou caractérisé par le manque de consentement ou par un consentement vicié, par l'usage de la force physique, d'intimidation ou toute forme de rétorsion.
- Recherche du contact : Méthode utilisée pour retrouver et prendre en charge le partenaire sexuel d'une personne qui a été diagnostiquée comme ayant une infection sexuellement transmissible.
- Monitoring Vih / Sida : Documentation et analyse du nombre d'infections Vih / Sida
- Prévention du Vih / Sida : Mesures visant à protéger les non infectés du Vih et à minimiser l'impact de la maladie sur les Pv Vih.
- Prise en charge : Ensemble des activités développées en direction des personnes affectées et infectées par le Vih / Sida pour les soulager, raccourcir le délai de portage du virus et diminuer le nombre de porteurs.
- Contrôle du Vih / Sida : C'est la maîtrise de l'infection par le Vih et l'empêchement de l'apparition de nouveaux cas ou des malades du Sida.
- Séropositif : Personne ayant la présence de VIH ou d'anticorps Vih lors du test.

- Séronégatif : Personne ayant une absence de Vih ou d'anticorps Vih lors du test.
- Test de dépistage Vih : Test de laboratoire fait sur un individu pour déterminer la présence ou l'absence d'infection à Vih.
- Transmission du Vih : Contamination d'une personne par une autre personne déjà infectée, le plus souvent par des rapports sexuels, la transfusion du sang, le partage d'aiguilles intraveineuses ou autres objets souillés et par la transmission mère enfant.
- Transmission volontaire du Vih : Tout attentat à la vie d'une personne par l'inoculation de substances infectées par le Vih, de quelque manière que ces substances aient été employées ou administrées et quelles qu'en aient été les suites. Est réputée inoculation de substances infectées par le Vih, la transmission volontaire par voie sexuelle et/ou par voie sanguine. - Comportement à risque : Participation d'une personne à des activités qui augmentent le risque de transmission ou d'acquisition du Vih.
- Consentement libre et éclairé : Accord volontaire d'une personne qui consent à se soumettre à une procédure basée sur l'information complète, que ledit accord soit écrit, verbal ou tacite.
- Confidentialité médicale : Relation de confiance existant ou devant prévaloir entre un patient en général ou une Pv Vih en particulier et son médecin, tout travailleur de la santé, ainsi que toute personne dont les prérogatives professionnelles ou officielles, lui permettent d'acquérir de telles informations.
- Personne vivant avec le Vih (Pv Vih) : Personne dont le test de dépistage révèle directement ou indirectement qu'elle est infectée par le Vih.
- Assistance psychosociale pré-test : Informations données à une personne sur les aspects biomédicaux du Vih / Sida et sur les résultats du test ainsi qu'à l'assistance psychologique et sociale nécessaire avant de lui faire subir le test de dépistage. - Assistance psychosociale post-test : Informations fournies à Une personne ayant subi le test de dépistage du Vih ainsi qu'à l'assistance psychologique et sociale à la remise des résultats. - Prophylaxie : L'ensemble des mesures qui visent à prévenir et à soigner le Vih sur l'individu et la communauté. - Test de dépistage volontaire du Vih : Tes effectué sur une personne ayant accepté volontairement de se soumettre au dépistage.
- Moyens de diffusions de masse : Radiodiffusion, télévision, internet, cinéma, presse, théâtre, prêche, sermon, affichage, exposition, distribution d'écrits ou d'images de toutes natures, discours, chants, et généralement tous procédés destinés à atteindre le public.
- Counseling : Technique de communication qui consiste à informer le patient sur le Vih / Sida, le mode de contamination, les moyens de dépistage, de traitement et de prévention ainsi que les conséquences sur les partenaires avant et après le test. - Mineur : Individu qui n'a pas atteint l'âge de la majorité civile tel que fixé par la loi. - Orphelins du Sida : Par orphelin dans le contexte du

Sida, on entend, un enfant de moins de 18 ans dont au moins un des parents est décédé du Sida. L'enfant peut être orphelin de mère ou de père ou des deux parents. - Enfant vulnérable : Est considéré comme enfant vulnérable au Vih / Sida tout enfant vivant une situation menaçant sa santé, son développement, son intégrité physique ou morale en rapport avec le Vih / Sida.

CHAPITRE II : DE L'EDUCATION EN MATIERE DE VIH / SIDA

Section 1 : De l'éducation en matière de Vih / Sida

Article 2 : De l'éducation en matière de Vih / Sida dans les structures du formel et du non formel Les Ministères chargés de l'éducation, de la jeunesse et des sports, de la culture, de l'agriculture, de l'élevage, de la pêche et de l'environnement sur la base des données officielles fournies par le Ministère charge de la santé, intègrent dans les programmes de formation du formel et du non formel l'éducation en matière de Vih / Sida et des infections sexuellement transmissibles. Lorsque, pour des motifs quelconques, l'intégration de cet enseignement est jugée inappropriée, les départements visés à l'alinéa précèdent du présent article conçoivent des modules spéciaux d'enseignement sur la prévention et la prise en charge des Pv Vih. Après concertation avec les associations des parents d'élèves, les syndicats d'enseignants, les écoles privées, les groupements communautaires, les chefs traditionnels et religieux, les
associations des Pv Vih ainsi que tous les groupes concernés d'une façon quelconque, le contenu des modules d'enseignement, sa formulation, la méthodologie ainsi que son adoption, sont adaptés à chaque niveau d'enseignement. Il est strictement interdit de dispenser un enseignement tel que celui prévu au présent article aux mineurs sans une consultation préalable et avisée avec l'association des parents d'élèves dont le consentement libre et éclairé est requis tant pour le contenu de l'enseignement et le matériel utilisé. Avant d'être autorisé à dispenser des enseignants sur le Vih / Sida, instructeurs et tous autres intervenants dans les cours et modules d'enseignements prévus aux alinéas premier et deuxième du présent article reçoivent une formation sur la prévention et le contrôle du Vih / Sida sous la supervision du Ministère chargé de la santé.
Article 3 : De l'éducation en matière de Vih / Sida dans les lieux de travail Tous les employés de l'État et du secteur privé, formel et informel, de quelque niveau qu'ils se situent dans la hiérarchie, les membres des forces de défense et de sécurité reçoivent une information de base standardisée sur le Vih / Sida qui comporte des thèmes sur la confidentialité dans le lieu de travail et le comportement envers les agents affectés ou infectés par le Vih / Sida. Le Ministère chargé de la santé, en collaboration avec les organes de lutte contre le Vih / Sida, la société civile et le Ministère chargé du travail, mène des

campagnes de sensibilisation dans les entreprises publiques et privées, tandis que les directions des forces de défense et de sécurité sont chargées de la mise en œuvre des dispositions prévues à l'alinéa précédent du présent article dans leurs structures respectives.
Article 4 : De la communication en matière de Vih / Sida dans les communautés de base Les Collectivités territoriales, les services déconcentrés de l'État, en collaboration avec les structures de lutte contre le Vih / Sida, la société civile et le département chargé de la santé, mènent des campagnes d'information, d'éducation et de communication sur le Vih / Sida. Les autorités locales et communales coordonnent ces campagnes qui réunissent, outre les organismes gouvernementaux impliqués, les ONG, les associations traditionnelles et religieuses.

Section 2 : De l'information en matière de Vih / Sida

Article 5 : De l'information en matière de Vih / Sida comme service de santé L'éducation et la diffusion des informations sur le Vih / Sida doivent faire partie des services de santé offerts par les médecins et le personnel de santé. La connaissance et les capacités des employés de la santé sont renforcées pour une rediffusion appropriée de l'information et de l'éducation sur le Vih / Sida. Les médecins privés ainsi que les médecins d'entreprise mettent à la disposition des bénéficiaires de leurs activités professionnelles, les informations nécessaires au contrôle de la propagation du Vih / Sida et celles qui corrigent les idées préconçues au sujet de cette maladie. La formation du personnel de la santé porte sur l'état des connaissances sur le Vih / Sida et sur les questions relatives à l'éthique dans le contexte du Vih / Sida, la confidentialité, le consentement éclairé et l'obligation de fournir un traitement approprié.
Article 6 : De l'information en matière de Vih / Sida des nationaux se rendant à l'étranger L'État assure à tous ses agents affectés à l'extérieur, l'information sur les modes de transmission, la prévention et les conséquences du Vih / Sida avant la confirmation officielle de leur affectation. Les Ministères chargés du travail, des affaires étrangères, du tourisme et de l'hôtellerie, de la justice, de la défense et de la sécurité, de l'immigration, en collaboration avec le Ministère chargé de la santé et tout autre organisme habilité et reconnu par l'État, sont chargés de la mise en œuvre des dispositions prévues à l'alinéa précédent du présent article. Le Ministère chargé du transport donne à l'occasion de l'examen du permis de conduire, section transport public, des informations sur les modes de transmission, la prévention et les conséquences du Vih / Sida. Les marins ne peuvent embarquer à bord de navires de pêche ou de passagers, s'ils ne justifient d'un document des autorités portuaires attestant qu'ils ont suivi une formation sur les modes de transmission, la prévention et les conséquences du Vih / Sida. Les compagnies aériennes

doivent assurer à leur personnel navigant technique et commercial une formation sur les modes de transmission, la prévention et les conséquences du Vih / Sida.

Article 7 : De l'information en matière de Vih / Sida pour les touristes et les voyageurs en transit Des supports d'information sur les modes de transmission, la prévention, et les conséquences de l'infection au Vih / Sida sont fournis de la manière la plus appropriée dans tous les points d'entrée et de sortie internationaux et les principaux sites touristiques.

Les Ministères chargés du tourisme et de l'hôtellerie, des affaires étrangères, de la justice, de l'immigration, en collaboration avec le Ministère chargé de la santé sont chargés de la mise en œuvre des dispositions prévues à l'alinéa précèdent du présent article.

Article 8 : De l'information en matière de Vih / Sida dans les établissements pénitentiaires et d'éducation surveillée Des supports d'information sur les modes de transmission, la prévention des conséquences de l'infection au Vih / Sida sont fournis de la manière la plus appropriée dans tous les établissements pénitentiaires et d'éducation surveillée. Les départements de la justice, de la santé et de l'éducation sont chargés de la mise en œuvre des dispositions prévues à l'alinéa précédent du présent article.

Article 9 : De l'information en matière de Vih / Sida sur les médicaments Des informations appropriées sont inscrites de manière lisible sur l'emballage de chaque médicament destiné à la vente ou au don. Elles contiennent des indications sur l'utilisation appropriée du dispositif ou de l'agent, son efficacité contre l'infection au Vih et les infections sexuellement transmissibles. Le Ministère en charge de la santé prend toutes dispositions pour assurer le contrôle de qualité et de l'efficacité des médicaments avant leur mise en consommation.

Article 10 : De la diffusion d'informations erronées ou mensongères en matière de Vih / Sida Est punie d'un emprisonnement de deux (2) mois à trois (3) ans, et d'une amende de 200.000 à 4.000.000 francs ou de l'une de ces peines seulement, toute personne physique ou morale coupable de diffusion d'informations relatives au contrôle et à la prévention du Vih / Sida à travers la publicité mensongère ou erronée et de sollicitations, par quel que moyen que ce soit, la promotion commerciale de médicaments, supports, agents ou procédures, sans l'autorisation préalable du ministère chargé de la santé.

CHAPITRE III : DES PRATIQUES SECURISEES ET DE LEURS PROCÉDURES

Article 11 : Des exigences sur le don de sang, de tissus ou d'organes Il est interdit aux établissements de santé d'accepter ou de conserver un don de sang, de tissu ou d'organes sans qu'un échantillon du sang, du tissu ou des organes n'ait été testé négatif au Vih. Le bénéficiaire du sang, de tissus ou

d'organes donnés peut exiger, si son état le lui permet, un second test avant que le sang ne lui soit transfusé ou les tissus et organes transplantés. Dans ce cas, il sera fait droit à sa demande. Dans le cas contraire, ses ayants droit peuvent exiger un second test de confirmation. Lorsque le sang, les tissus et organes donnés sont infectés au Vih, ils sont immédiatement détruits.
Article 12 : Des directives relatives aux interventions chirurgicales et autres procédures analogues L'État prend toutes mesures nécessaires pour garantir la mise en œuvre de bonnes pratiques professionnelles, pour éviter la transmission du Vih lors des interventions chirurgicales, des soins dentaires, de l'embaumement et d'autres procédures similaires. Le Ministère de la santé doit élaborer des directives générales relatives au maniement des cadavres et des déchets corporels des personnes décédées du Sida. Des équipements de protection nécessaires, sont fournis à tous les médecins et prestataires de services de santé. Les modalités de la mise en œuvre des dispositions du présent article sont fixées par décret pris en conseil des ministres.
Article 13 : Des sanctions pour pratiques et procédures à risque Est puni d'un emprisonnement de trois (3) mois à deux (2) ans et d'une amende de 20.000 à 300.000 francs CFA ou de l'une de ces deux peines seulement, quiconque, par maladresse, imprudence, inattention, négligence ou inobservation des règlements ainsi que des directives de protection visées à l'article précèdent, aura involontairement infecté au Vih une autre personne à l'occasion de la pratique de sa profession. L'interdiction d'exercer pendant une période ne pouvant excéder 12 mois peut être prononcée contre le coupable. En cas de délit commis dans un établissement de santé, la suspension de la licence d'exploitation ou de l'agrément de l'établissement peut être prononcée pendant une période ne pouvant excéder 12 mois. En cas de récidive, le retrait définitif de la licence d'exploitation ou de l'agrément de l'établissement est prononcé. Le conseil de l'ordre professionnel de la santé concerné peut prononcer la radiation

CHAPITRE IV : DE LA MÉDECINE TRADITIONNELLE EN MATIERE DE VIH / SIDA

Article 14 : De la commission de médecine traditionnelle en matière de Vih / Sida Il est créé une commission de médecine traditionnelle en matière de Vih / Sida. Le Ministère de la santé, en collaboration avec cette commission est chargé du recensement, de l'accréditation et du contrôle des activités des tradi-thérapeutes opérant sur le territoire national. La composition de la commission, ses attributions, son fonctionnement et les conditions de délivrance, de suspension et de retrait d'agrément des tradi-thérapeutes sont fixées par décret pris en conseil des Ministres.
Article 15 : De l'exercice de la médecine traditionnelle en matière de Vih / Sida Nul ne peut exercer la médecine traditionnelle en matière de Vih / Sida

sans l'agrément du Ministre chargé de la santé, après avis de la commission visée à l'article 14 de la présente loi. Est puni d'un emprisonnement de 3 mois à 5 ans et de 200.000 à 4.000.000 francs CFA d'amende toute personne qui exerce la médecine traditionnelle en matière de Vih / Sida sans agrément préalable de la commission.
Article 16 : La diffusion d'informations relatives au contrôle et à la prévention du Vih / Sida à travers de la publicité, par quelque moyen que ce soit, la promotion commerciale de médicaments, supports, agents ou procédures, sans l'autorisation préalable du Ministère de la santé est punie d'un emprisonnement de deux (2) mois à trois (3) ans.
L'organe de diffusion ayant servi de support à la diffusion de ces informations est condamné à une amende de 500.000 francs CFA à 2.000.000 francs CFA.
Chapitre 5 : u conseil et du test de dépistage au Vih / Sida
Article 17 : Du consentement au test au Vih. L'État prend toutes les dispositions pour encourager le test volontaire. Nul ne peut être soumis à un test de dépistage au Vih sans son consentement. Ce consentement doit être libre et éclairé. Il doit être écrit au préalable. Il est requis de la personne intéressée, si elle est majeure, de ses parents ou tuteurs si la personne est mineure ou frappée d'incapacité. Toutefois, dans le cas de dons d'organes, de tissus ou de sang, le consentement au test est présumé lorsqu'une personne accepte volontairement ou librement de faire don de son sang, de tissu ou d'organe pour une transfusion, une transplantation ou pour la recherche.
Article 18 : De l'interdiction de l'exigence de test au Vih. Est interdite toute demande de test au Vih comme condition préalable à l'emploi, à l'admission aux institutions scolaires ou universitaires, à l'exercice du droit au logement, du droit d'entrée, ou de séjour dans le pays, ou comme condition préalable à l'exercice du droit de voyager, d'obtenir des soins médicaux ou tout autre service, ou comme condition préalable au droit inaliénable de jouir des dits services, Toutefois, cette interdiction est levée dans les cas suivants :
a. lorsqu'une personne est inculpée d'infection, au Vih / Sida, d'une autre personne ou tentative d'infection au Vih par quelque moyen que ce soit ;
b. lorsqu'une personne est inculpée de viol ; c. lorsque la détermination du statut sérologique au Vih est nécessaire pour résoudre un litige matrimonial ;
d. dans les cas prévus à l'article 17 alinéa 3 de la présente loi ;
e. dans le cas de besoins spécifiques du Ministère de la santé qui répondent aux normes et standards internationaux.
Article 19 : Des centres de dépistage et du test de dépistage anonyme. L'État met en place un système de dépistage de l'infection par le Vih qui garantit l'anonymat, la confidentialité et la gratuité des tests. Pour exercer, tous les centres offrant des services de dépistage du Vih sont soumis à l'obtention d'une autorisation auprès du département chargé de la santé qui en fixera les conditions par décret pris en Conseil des Ministres. Tous les centres qui effectuent des tests de dépistage du Vih fournissent une assistance pré-test,

ainsi qu'une assistance post-test aux personnes auxquelles ils offrent des services de dépistage du Vih. Cependant, un tel service d'assistance n'est assuré que par des personnes qui répondent aux normes du département chargé de la santé. Le département chargé de la santé renforce les capacités techniques des centres de dépistage, en assurant la formation du personnel fournissant lesdites prestations.

CHAPITRE V : DES SERVICES DE SANTÉ ET D'ASSISTANCE

Article 20 : De l'assistance particulière de l'État Toute personne vivant avec le Vih ou malade du Sida bénéficie d'une assistance particulière de l'État et de la garantie de confidentialité de son état dans les conditions et modalités fixées par un décret pris en conseil de Ministres.
Article 21 : Des services hospitaliers Les personnes vivant avec le Vih reçoivent les prestations de services appropriés dans les établissements de santé publics et privés agréés.
Article 22 : Des services au sein des communautés Les structures spécialisées de l'État, en coordination avec les organisations non gouvernementales, les associations de personnes vivant avec le Vih / Sida et les groupes vulnérables au Vih effectuent des activités de prévention et de prise en charge psychosociale au sein des communautés.
Article 23 : Des programmes d'animation et de formation L'État met à la disposition des personnes vivant avec le Vih, des programmes de formation ayant pour objectifs l'animation et l'assistance mutuelle. Nul n'a le droit de refuser la participation pleine et entière des personnes vivant avec le Vih / Sida dans les programmes d'animation, d'assistance mutuelle et de coopération du fait de leur statut sérologique.
Article 24 : Du renforcement du contrôle des infections sexuellement transmissibles Le département chargé de la santé, en collaboration avec les organismes gouvernementaux concernés et les organisations non gouvernementales, le privé et le traditionnel prend toutes mesures nécessaires pour renforcer les activités de prévention, de prise en charge et de contrôle des infections sexuellement transmissibles afin de lutter contre la propagation de l'infection à Vih.

CHAPITRE VI : DE LA CONFIDENTIALITE

Article 25 : De la confidentialité médicale Le personnel des établissements de santé, les agences de recrutement, les compagnies d'assurances, les opérateurs de saisie et tout autre détenteur ou ayant accès aux dossiers médicaux, aux résultats de test de dépistage ou à toutes autres informations médicales relatives à l'identité et au statut sérologique de personnes vivant avec le Vih, sont tenus au secret professionnel tel que défini par le code pénal, les statuts

des agents de l'État et les codes de déontologie professionnelle. L'établissement de santé, public ou privé, garantit la confidentialité des informations médicales, financières et administratives, qu'il détient sur des Pv Vih hospitalisées. Aucune personne non habilitée par le malade lui-même, ne peut y avoir accès, sauf procédure judiciaire exécutée dans les formes légalement requises, sans que cette procédure n'ait pour effet de lever l'anonymat garanti par la loi. Toutefois, il n'y a pas violation du secret professionnel visé au 1er alinéa du présent article : a. lorsque les responsables d'un établissement de santé se conforment aux exigences épidémiologiques prévues par les textes en vigueur ; b. lorsque le personnel de santé, directement ou indirectement impliqué dans le traitement ou les soins d'une Pv Vih est informé ; dans ce cas, l'obligation du secret professionnel pèse sur le dit personnel ; c. lorsque le personnel de santé est appelé à témoigner à la requête d'un juge à l'occasion d'une procédure judiciaire où la détermination du statut sérologique est une question fondamentale du litige ; dans ce cas, le témoignage se fait par écrit, sous pli scellé, que seule l'autorité judiciaire compétente peut ouvrir.
Article 26 : Des résultats du test de dépistage Tout résultat de test de dépistage au Vih / Sida est confidentiel et ne peut être remis qu'aux personnes suivantes :
- la personne ayant subi le test ; - l'un et l'autre parent d'un enfant mineur qui a été testé ;
- le tuteur dans le cas de personnes incapables ou d'orphelins ayant subi le test ;
- l'autorité judiciaire ayant légalement requis le test.
Article 27 : De l'annonce aux conjoints et partenaires sexuels Toute personne vivant avec le Vih est tenue d'annoncer son statut sérologique au Vih à son conjoint ou partenaire sexuel le plus tôt possible. Ce délai ne peut excéder six (6) semaines révolues à compter de la date où elle a eu connaissance de son statut sérologique au Vih. Les services de prise en charge doivent apporter tout l'appui psychosocial nécessaire pour la réalisation de l'annonce, par la personne infectée par le Vih, à son conjoint ou à ses partenaires sexuels. L'établissement de santé, public ou privé doit notamment veiller à ce que l'annonce se fasse et que les moyens mis en œuvre soient adaptés aux difficultés éventuelles de communication et de compréhension du patient et de son conjoint ou de ses partenaires sexuels. Au cas où la personne dont le statut sérologique vient d'être connu ne se soumet pas volontairement à l'obligation d'annonce prévue à l'alinéa premier du présent article dans le délai imparti, le médecin ou tout autre personnel paramédical qualifié de l'établissement de santé, après l'en avoir informé, peut faire l'annonce au conjoint ou au partenaire sexuel, sans violer les dispositions relatives à la confidentialité, prévues par les lois en vigueur.

Article 28 : De l'annonce faite aux mineurs et aux majeurs protégés Le mineur est informé de son statut sérologique et des actes et examens nécessaires à son état de santé, en fonction de son âge et de ses facultés de compréhension. Le médecin ou tout personnel paramédical veille notamment à ce que l'annonce soit faite et que les moyens mis en œuvre soient adaptés aux éventuelles difficultés de communication et de compréhension du mineur. Le majeur protégé bénéficie d'une information appropriée. Les membres de sa famille sont informés et le médecin ou tout personnel paramédical veille notamment à ce que l'annonce à la famille soit faite et que les moyens mis en œuvre soient adaptés aux éventuelles difficultés de communication et de compréhension des membres de la famille. Les personnes visées à l'alinéa précédent du présent article sont tenues au secret professionnel. Toutefois, pour des raisons légitimes et exceptionnelles, un mineur ou un majeur protégé séropositif peut être laissé dans l'ignorance de son statut sérologique aussi longtemps que le médecin, le personnel paramédical l'estiment nécessaire et que cette situation ne crée pas de risque pour le mineur, le majeur protégé ou pour les autres.
Article 29 : Des sanctions pour violations de confidentialité Est punie d'un emprisonnement de 6 mois à 2 ans et d'une amende de 50.000 à 500.000 francs CFA toute personne physique ou morale coupable de violation des dispositions des articles 27 et 28 de la présente loi. Le tribunal peut en outre ordonner la suspension ou la révocation du permis d'exercer de l'auteur ou le retrait de l'autorisation d'établissement lorsque la responsabilité d'un établissement de santé est engagée.

CHAPITRE VII : DES ACTES DISCRIMINATOIRES

Article 30 : De la discrimination sur les lieux de travail Toute discrimination, sous quelque forme que ce soit, à l'encontre d'une personne dont la séropositivité au Vih est réelle ou supposée, notamment en matière de demande d'emploi, d'embauche, de promotion, de retraite est interdite.
En conséquence, est abusif tout licenciement d'un employé dont le motif est fondé sur le statut sérologique au Vih positif réel, supposé ou seulement suspecté.
Article 31 : De la discrimination dans les écoles Aucune institution éducative ne peut refuser, exclure, sanctionner ou écarter de ses biens et services, tout élève, étudiant, stagiaire, sur la base de son statut sérologique au VJR positif réel, supposé ou seulement suspecté.
Article 32 : Des atteintes relatives au droit au voyage et au logement Nul ne peut porter atteinte, sous quelque forme que ce soit, au droit de voyager ou de logement d'une personne dont le statut sérologique au Vih positif est réel, supposé ou seulement suspecté.
Nul ne peut être mis en quarantaine, placé en isolement, interdit d'entrer dans le territoire national ou en être expulsé, sur la base de son statut sérologique

au Vih positif réel, supposé ou seulement suspecté.
Article 33 : De l'accès aux fonctions publiques ou électives Nul ne peut être dénié, de quelque manière que ce soit, de son droit de postuler à une fonction élective ou de son droit d'admission à une fonction publique, sur la base de sa séropositivité avérée ou suspectée.
Article 34 : De l'accès au crédit et aux services d'assurance Nul ne se voit refuser l'accès au crédit et aux prêts ainsi qu'aux services d'assurance maladie, accidents et assurance-vie sur la base de sa séropositivité au Vih avérée ou suspectée, dès lors que l'individu n'a pas dissimulé son état sérologique à la compagnie d'assurance. La prorogation ou l'extension du crédit et de la police d'assurance ne peut être refusée sur la seule base du statut sérologique au Vih de la personne.
Article 35 : De la discrimination dans les établissements de santé Nul ne se voit refuser l'accès aux services dans les établissements de santé publics ou privés ni recevoir une facturation plus élevée que la normale, en raison de son statut sérologique au Vih.
Article 36 : Des sanctions des actes discriminatoires Est puni d'un emprisonnement de six (6) mois à deux (2) ans d'une amende de 500.000 à 2.000.000 FCFA ou de l'une de ses deux peines, toute personne physique ou morale coupable de l'un des actes discriminatoires prévus au chapitre 8 de la présente loi.

CHAPITRE VIII : DE LA TRANSMISSION VOLONTAIRE DU VIH

Article 37 : Des sanctions d'acte de transmission volontaire à Vih Quiconque aura volontairement inoculé des substances infectées par le Vih est coupable d'acte de transmission volontaire du Vih. Est complice d'acte de transmission volontaire du Vih toute Pv Vih ou non tout médecin, tradithérapeute, pharmacien et toute personne exerçant une profession médicale ou paramédicale ainsi que tout étudiant en médecine, en pharmacie ou en profession paramédicale étudiant ou employé en pharmacie, herboriste, bandagiste, marchand d'instruments de chirurgie, qui aura indiqué, favorisé, octroyé ou procuré les moyens de commettre l'infraction prévue à l'article 36 de la présente loi. La transmission volontaire du Vih est assimilée à une tentative de meurtre et punie des peines prévues par le code pénal pour la répression de cette infraction. . Les auteurs et complices d'actes de transmission volontaire du Vih sont condamnés à une peine de 5 à 20 ans.

CHAPITRE IX : DE LA RECHERCHE DANS LA PROPHYLAXIE DE L'INFECTION AU VIH

Article 38 : Sur la base dès principes universels d'éthique, la recherche, dans le cadre de la prophylaxie de l'infection par le virus de l'immunodéficience humaine et du syndrome de l'immunodéficience acquise est autorisée. Les domaines d'activités concernés sont : la surveillance épidémiologique, le renforcement des laboratoires d'analyse de biologie médicale, la prise en charge médicamenteuse, la mobilisation sociale, la vaccination et l'hygiène de vie et la coopération internationale. Elle promeut la compréhension de l'évolution de l'infection et l'adaptation de la réponse à ce fléau par le test et la mise au point de produits efficaces, notamment :

- des molécules pour le traitement médicamenteux ;
- des réactifs de tests d'analyses de biologie médicale ;
- des vaccins pour la vaccination individuelle ou de masse ;
- des activités adaptées de mobilisation sociale et de coopération internationale.

Article 39 : Des dispositions finales Sont abrogées, à compter de la date d'entrée en vigueur de la présente loi, toutes dispositions antérieures qui lui sont contraires.

Bamako, le 29 juin 2006

Le Président de la République,
Amadou Toumani TOURÉ

LOI n°2019-021 DU 03 JUILLET 2019 PORTANT CREATION DE LA CELLULE SECTORIELLE DE LUTTE CONTRE LE VIH/SIDA, LA TUBERCULOSE ET LES HEPATITES VIRALES[104]

L'Assemblée nationale a délibéré et adopté en sa séance du 20 juin 2019
Le Président de la République promulgue la loi dont la teneur suit :

Article 1_: Il est créé un service rattaché, à durée indéterminée, dénommé Cellule sectorielle de Lutte contre le VIH/Sida, la Tuberculose et les Hépatites virales, en abrégé CSLS-TBH.
Article 2 : La Cellule sectorielle de Lutte confre le VIH/Sida, la Tuberculose et les Hépatites virales a pour mission de faire la riposte sanitaire et de veiller au respect de la mise en œuvre des protocoles médicaux et psychosociaux de Lutte contre le VIH/Sida, la Tuberculose et les Hépatites virales.
À cet effet, elle est chargée :
-d'élaborer et mettre en œuvre avec la participation du Haut Conseil national de Lutte contre le Sida le Plan sectoriel de Lutte contre le VIH/Sida, la tuberculose et les hépatites virales, et d'assurer le suivi-évaluation de sa mise en œuvre ;
- de veiller à l'application des protocoles médicaux et psychosociaux de lutte contre le VIH/Sida, la Tuberculose et les Hépatites virales ;
-de donner l'alerte et d'organiser la prévention et le dépistage systématique du VIH/Sida, de la Tuberculose et des Hépatites virales ;
- de veiller à l'intégration stratégique des trois maladies ;
-de participer à la définition du circuit d'approvisionnement en médicaments et intrants de dépistage dans le cadre de la lutte contre le VIH/Sida, la tuberculose et les hépatites virales, et de s'assurer de leur disponibilité ;
-de faire le suivi, la prise en charge médicale et psychosociale des personnes vivant avec le VIH v Sida, la tuberculose et les hépatites virales ;
-de faire de la recherche-action dans le domaine de la Lutte contre le VIH/Sida, la tuberculose et les hépatites virales.
Article 3 : La Cellule sectorielle de Lutte contre le VIH/Sida, [a Tuberculose et les Hépatites virales est dirigée par un Coordinateur nommé par décret pris en Conseil des Ministres.
Article 4 : Un décret pris en Conseil des Ministres fixe l'organisation et les modalités de fonctionnement de la Cellule sectorielle de Lutte contre le VIH/Sida, la Tuberculose et les Hépatites virales.
Bamako le 3 JUIL. 2019
Le Président dc la République
Ibrahim Boubacar KEITA

---

[104] http://www.sante.gov.ml.

TEXTES RÈGLEMENTAIRES

DÉCRET n° 05 – 147 / P-RM DU 31 MARS 2005 FIXANT LES CONDITIONS ET MODALITÉS D'OCTROI DE L'ASSISTANCE PARTICULIERE DE L'ÉTAT AUX MALADES DU SIDA ET PERSONNES VIVANT AVEC LE VIH ET DE LA GARANTIE DE CONFIDENTIALITE[105]

LE PRESIDENT DE LA REPUBLIQUE,

Vu la Constitution ;
Vu la loi n° 02-044 du 24 juin 2002 relative à la santé de la reproduction ;
Vu la loi n° 02-049 du 22 juillet 2002 portant loi d'orientation sur la santé ;
Vu la loi n° 02-050 du 22 juillet 2002 portant loi hospitalière ;
Vu la loi n° 98-036 du 20 juillet 1998 régissant la lutte contre les épidémies et les vaccinations obligatoires contre certaines maladies ;
Vu le décret n° 95-448 / P-RM du 27 décembre 1995 autorisant la substitution des médicaments essentiels aux spécialités pharmaceutiques ;
Vu le décret n° 02-311 / P-RM du 04 juin 2002 fixant les régimes de la rémunération des actes médicaux et de l'hospitalisation dans les établissements publics de santé ;
Vu le décret n° 04- 140 / P-RM du 29 avril 2004 portant nomination du Premier Ministre ; Vu le décret n° 04-141/ P-RM du 02 mai 2004 portant nomination des membres du gouvernement ; Statuant en Conseil des Ministres,

Décrète :

CHAPITRE I : DES DISPOSITIONS GÉNÉRALES

Article 1 : Toute personne malade du Sida ou vivant avec le Vih, bénéficie d'une assistance particulière de l'État et de la garantie de confidentialité de son état dans les conditions et les modalités fixées par le présent décret.

---

[105] https://www.ilo.org/dyn/natlex/docs/ELECTRONIC/97004/114921/F703539693/MLI-97004.pdf

CHAPITRE II : DES CONDITIONS ET MODALITÉS D'OCTROI DE L'ASSISTANCE

Article 2 : Pour bénéficier de l'assistance particulière de l'Etat, la personne malade du Sida ou vivant avec le Vih doit avoir déclaré son état ou avoir été dépistée séropositive dans un établissement de santé public ou privé agréé.
Article 3 : La déclaration ou le test de dépistage positif fait obligatoirement l'objet d'un test de confirmation dans un établissement de soins habilité à cet effet. .
Article 4 : En cas de confirmation, le responsable de l'établissement délivre à la personne malade du Sida ou vivant avec le Vih, une fiche de santé individuelle lui permettant de bénéficier de l'assistance de l'État.

CHAPITRE III : DE LA NATURE DE L'ASSISTANCE

Article 5 : L'assistance particulière de l'État comprend :
- l'accès gratuit aux antirétroviraux et aux préservatifs masculins et féminins ;
- la prise en charge du coût des analyses, de dépistage et de suivi biologique ;
- la prise en charge du coût des consultations, des analyses et de traitement des maladies opportunistes ;
- la prise en charge de l'alimentation du bébé né d'une mère séropositive par les substituts du lait maternel ;
- l'information et le conseil sur la sexualité responsable des personnes vivant avec le Vih.

CHAPITRE IV : DE LA GARANTIE DE CONFIDENTIALITE

Article 6 : Les personnes malades du Sida ou vivant avec le Vih ont droit au respect de la confidentialité de leur statut. Toutes les personnes qui travaillent dans un centre de conseil - dépistage, de diagnostic ou de soins ou ont accès au dossier d'une personne malade du Sida ou vivant avec le Vih doivent veiller à préserver la confidentialité du statut du malade du Sida ou de la personne vivant avec le Vih dont elles ont connaissance.

CHAPITRE V : DES DISPOSITIONS FINALES

Article 7 : Un arrêté du Ministre chargé de la santé fixe les modalités d'application du présent décret.
Article 8 : Le Ministre de la santé et le Ministre de l'économie et des finances sont chargés chacun en ce qui le concerne, de l'exécution du présent décret qui sera enregistré et publié au Journal officiel.

Bamako, le 31 mars 2005
Le Président de la République,

Amadou Toumani TOURÉ
Le Premier ministre,
Ousmane Issoufi MAIGA

Le Ministre de l'économie et des finances,
Abou-Bakar TRAORE

Le Ministre de la santé,
Mme MAIGA Zeïnab Mint YOUBA

DÉCRET n° 05 – 546 / P-RM DU 20 DÉCEMBRE 2005 RELATIF AUX CENTRES DE CONSEIL ET DE DEPISTAGE VOLONTAIRE, ANONYME ET GRATUIT (CCDV) DE L'INFECTION PAR LE VIRUS DE L'IMMUNODEFICIENCE HUMAINE (VIH)[106]

LE PRESIDENT DE LA REPUBLIQUE,

Vu la Constitution ;
Vu la loi n° 85-41 du 22 juin 1985 portant autorisation de l'exercice privé des professions sanitaires ;
Vu la loi n° 86-35 / AN-RM du 12 avril 1986 portant institution de l'ordre national des Médecins et le Code de déontologie annexé ;
Vu la loi n° 86-36 / AN-RM du 12 avril 1986 portant institution de l'ordre national des pharmaciens et le Code de déontologie annexé ;
Vu la loi n° 86-37 / AN-RM du 12 avril 1986 portant institution de l'ordre national des sages-femmes et le Code de déontologie annexé ;
Vu la loi n° 98-036 du 20 juillet 1998 régissant la lutte contre les épidémies et les vaccinations obligatoires contre certaines maladies ;
Vu la loi n° 02-044 du 24 juin 2002 relative à la santé de la reproduction ;
Vu la loi n° 02-050 du 22 juillet 2002 portant loi hospitalière ;
Vu le décret n° 91-106 / P-RM du 15 mars 1991 portant organisation de l'exercice privé des professions sanitaires et ses textes d'application ;
Vu le décret n° 02-311 / P-RM du 04 juin 2002 fixant le régime de la rémunération des actes médicaux et de l'hospitalisation dans les établissements publics de santé ;
Vu le décret n° 05-147 / P-RM du 31 mars 2005 fixant les conditions et modalités d'octroi de l'assistance particulière de l'État aux malades du Sida et personnes vivant avec le Vih et de la garantie de confidentialité ;
Vu le décret n° 04-140 / P-RM du 29 avril 2004 portant nomination du Premier ministre ;
Vu le décret n° 04-141/ P-RM du 02 mai 2004 modifié, portant nomination des membres du Gouvernement ; Statuant en Conseil des Ministres, Décrète :

CHAPITRE I : DES DISPOSITIONS GÉNÉRALES

Article 1 : Les centres de conseil et de dépistage volontaire, anonyme et gratuit (Ccdv) de l'infection par le virus de l'immunodéficience humaine (Vih) sont des établissements de santé dont les activités visent à déterminer le statut sérologique, à prévenir la transmission du Vih par l'information, la connaissance et la réduction du risque par et pour le changement de

---

[106] https://www.ilo.org/dyn/natlex/docs/ELECTRONIC/97005/114922/F-1224802185/MLI-97005.pdf

comportement. Les centres de conseil et de dépistage volontaire, anonyme et gratuit (Ccdv) de l'infection par le virus de l'immunodéficience humaine (Vih) privés ne sont pas autorisés à proposer d'autres types d'analyses de biologie médicale. Les centres de conseil et de dépistage volontaire, anonyme et gratuit (Ccdv) de l'infection par le virus de l'immunodéficience humaine (Vih) constituent une porte d'entrée pour la prévention des infections sexuellement transmissibles, la prévention de la transmission mère-enfant du Vih et pour la référence aux sites de prise en charge thérapeutique et psychosociale des personnes infectées et affectées par le virus.

Article 2 : Les centres de conseil et de dépistage volontaire, anonyme et gratuit (Ccdv) de l'infection par le virus de l'immunodéficience humaine (Vih) offrent aux usagers des services d'accueil, de conseil, de dépistage du Vih et d'orientation selon les normes et procédures de conseil et de dépistage volontaire du Vih au Mali.

Article 3 : Le promoteur d'un centre de conseil et de dépistage volontaire, anonyme et gratuit (Ccdv) de l'infection par le virus de l'immunodéficience humaine (Vih) peut être l'État ou toute autre personne morale. Le centre de conseil et de dépistage volontaire, anonyme et gratuit (Ccdv) de l'infection par le virus de l'immunodéficience humaine (Vih) peut être public ou privé, autonome ou intégré dans un établissement de santé.

Article 4 : Le centre de conseil et de dépistage volontaire, anonyme et gratuit (Ccdv) de l'infection par le virus de l'immunodéficience humaine (Vih) doit être signalé par un panneau où sont mentionnées les indications suivantes :

- nom de l'établissement ;
- adresse ;
- n° de l'autorisation du Ministre chargé de la santé.

Article 5 : Le Ministre chargé de la santé établit, chaque année, la liste des établissements de santé publics notamment les établissements publics hospitaliers, les centres de santé de référence et les centres de santé communautaires et tout autre établissement abritant un centre de conseil et de dépistage volontaire, anonyme et gratuit (Ccdv) de l'infection par le virus de l'immunodéficience humaine (Vih).

CHAPITRE II : DES CONDITIONS ET MODALITÉS D'OUVERTURE DES CENTRES DE CONSEIL ET DE DEPISTAGE VOLONTAIRE, ANONYME ET GRATUIT (CCDV) DE L'INFECTION PAR LE VIRUS DE L'IMMUNODEFICIENCE HUMAINE (VIH)

Article 6 : Le postulant à l'ouverture d'un centre de conseil et de dépistage volontaire, anonyme et gratuit (Ccdv) de l'infection par le virus de l'immunodéficience humaine (Vih) doit adresser au Ministre chargé de la Santé un dossier comprenant les pièces suivantes :

- la demande comportant l'adresse précise du site du centre et visée par le médecin-chef du district sanitaire et le maire de la commune d'implantation ;
- l'attestation d'inscription au tableau de l'ordre professionnel concerné pour les personnels relevant d'un ordre ;
- l'accord cadre avec le ministère chargé de l'administration territoriale, le cas échéant ; - la convention particulière avec le ministère chargé de la santé ;
- les statuts et le règlement intérieur, le cas échéant.

Article 7 : Les locaux, les ressources humaines, le matériel, les activités et la documentation prévus doivent être conformes aux normes et procédures des centres de conseil et de dépistage volontaire, anonyme et gratuit (Ccdv) de l'infection par le virus de l'immunodéficience humaine (Vih) en vigueur.

La Cellule du comité sectoriel de lutte contre le Vih participe à la mise en place, à l'organisation et au fonctionnement du centre de conseil et de dépistage volontaire, anonyme et gratuit (Ccdv) de l'infection par le virus de l'immunodéficience humaine (Vih) en vue du respect des normes et procédures.

CHAPITRE III : DE L'OCTROI ET DU RETRAIT DE L'AUTORISATION D'OUVERTURE DES CENTRES DE CONSEIL ET DE DEPISTAGE VOLONTAIRE, ANONYME ET GRATUIT (CCDV) DE L'INFECTION PAR LE VIRUS DE L'IMMUNODEFICIENCE HUMAINE (VIH)

Article 8 : L'ouverture d'un centre de conseil et de dépistage volontaire, anonyme et gratuit (Ccdv) de l'infection par le virus de l'immunodéficience humaine (Vih) est subordonnée à l'obtention d'une autorisation délivrée par décision du Ministre chargé de la santé.

L'autorisation d'exploitation d'un centre de conseil et de dépistage volontaire, anonyme et gratuit (Ccdv) de l'infection par le virus de l'immunodéficience humaine (Vih) est retirée par décision motivée du Ministre chargé de la santé.

CHAPITRE IV : DU CONTRÔLE DES CENTRES DE CONSEIL ET DE DÉPISTAGE VOLONTAIRE, ANONYME ET GRATUIT (CCDV) DE L'INFECTION PAR LE VIRUS DE L'IMMUNODÉFICIENCE HUMAINE (VIH)

Article 9 : La personne morale au nom de laquelle l'autorisation d'exploitation du centre de conseil et de dépistage volontaire, anonyme et gratuit (Ccdv) de l'infection par le virus de l'immunodéficience humaine (Vih) a été établie, doit informer par écrit, dans les 30 jours francs qui suivent le début des opérations le Médecin chef du district sanitaire de résidence et le Directeur national de la santé de la date du début effectif des activités du centre.

Une ampliation de la lettre d'information est adressée à l'Inspecteur en chef de la santé.
Article 10 : Le contrôle de l'exploitation d'un centre de conseil et de dépistage volontaire, anonyme et gratuit (Ccdv) de l'infection par le virus de l'immunodéficience humaine (Vih) est effectué par l'Inspection de la santé.
Article 11 : Les centres de conseil et de dépistage volontaire, anonyme et gratuit (Ccdv) de l'infection par le virus de l'immunodéficience humaine (Vih) sont supervisés par la Direction nationale de la santé et la Cellule du Comité sectoriel de lutte contre le Vih / Sida. Ils doivent communiquer toutes les informations concernant le résultat de leurs activités à ces structures.
Article 12 : Le contrôle de l'activité du laboratoire des centres de conseil et de dépistage volontaire, anonyme et gratuit (Ccdv) de l'infection par le virus de l'immunodéficience humaine (Vih) est assuré par l'Institut national de recherche en santé publique et le Laboratoire national de la santé.

CHAPITRE V : DES DISPOSITIONS TRANSITOIRES ET FINALES

Article 13 : Les centres de conseil et de dépistage volontaire, anonyme et gratuit (Ccdv) de l'infection par le virus de l'immunodéficience humaine (Vih) en activité, doivent, dans un délai de 90 jours francs, se conformer aux dispositions du présent décret.
Article 14 : Le Ministre de la santé et le Ministre de l'administration territoriale et des collectivités locales sont chargés, chacun en ce qui le concerne, de l'exécution du présent décret qui sera enregistré, publié au Journal officiel.

Bamako, le 20 décembre 2005

Le Président de la République,
Amadou Toumani TOURÉ

DÉCRET n° 07 – 165 / P-RM DU 23 MAI 2007 FIXANT LA LISTE DE MALADIES À DECLARATION OBLIGATOIRE ET LES CONDITIONS DE CETTE DECLARATION[107]

LE PRESIDENT DE LA REPUBLIQUE,

Vu, la Constitution ;
Vu, la loi n° 98-035 du 20 juillet 1998 régissant le contrôle sanitaire aux frontières ;
Vu, la loi n° 98-036 du 20 juillet 1998 régissant la lutte contre les épidémies et les vaccinations obligatoires contre certaines maladies ;
Vu, le décret n° 04-140 / P-RM du 29 avril 2004 portant nomination du Premier ministre ;
Vu, le décret n° 04-141 / P-RM du 02 mai 2004, modifié, portant nomination des membres du gouvernement ; Vu le décret 04-146 / PRM du 13 mai 2004 fixant les intérims des membres du gouvernement ;

Statuant en Conseil des Ministres

DÉCRÈTE :

CHAPITRE I : DE LA LISTE DES MALADIES À DECLARATION OBLIGATOIRE

Article 1 : La liste des maladies dont la déclaration à l'autorité sanitaire est obligatoire est fixée comme suit :
a. Maladies à potentiel épidémique : la coqueluche, le choléra, la diphtérie, les fièvres hémorragiques virales, la fièvre jaune, la méningite cérébro-spinale, la rougeole, le paludisme dans le nord Mali, la shigellose ou diarrhée sanglante, la grippe aviaire.
b. Maladies à éradiquer : la poliomyélite antérieure aiguë, la dracunculose ou ver de Guinée.
c. Maladies à éliminer : la lèpre, le tétanos, le trachome, la filariose lymphatique.
d. Maladies endémiques : la brucellose, le charbon bactérien, la fièvre typhoïde, l'hépatite B, les infections respiratoires aiguës, les infections sexuellement transmissibles, l'infection par le virus de l'immunodéficience humaine ou Vih et le syndrome de l'immunodéficience acquise ou sida, l'onchocercose, le paludisme dans les zones du sud, la rage, la trypanosomiase

[107] https://www.ilo.org/dyn/natlex/docs/ELECTRONIC/97006/114923/F1994069974/MLI-97006.pdf.

humaine africaine, la schistosomiase, la tuberculose. e. Autres maladies à déclaration obligatoire : la maladie de Creutzfeldt Jacob, les encéphalopathies herpétiques, la peste, la rage, les toxi-infections alimentaires collectives

CHAPITRE II : DES CONDITIONS DE LA DECLARATION OBLIGATOIRE

Article 2 : Tout agent de santé, public ou privé, ayant diagnostiqué un cas de maladie dont la déclaration est obligatoire est tenu de la notifier immédiatement au médecin chef du District sanitaire le plus proche qui en informe le Préfet de cercle et le Directeur régional de la santé.
Article 3 : Le diagnostic des maladies dont la déclaration est obligatoire doit être confirmé dans un laboratoire, public ou privé, habilité par le ministre chargé de la santé.
Article 4 : Les établissements hospitaliers publics transmettent les informations au directeur régional de la santé.

CHAPITRE III : DES DISPOSITIONS FINALES

Article 5 : Les modalités d'application du présent décret sont fixées, en tant que de besoin, par arrêté du ministre chargé de la santé.
Article 6 : Le Ministre de la santé, le Ministre de l'économie et des finances, le Ministre de l'administration territoriale et des collectivités locales sont chargés, chacun en ce qui le concerne, de l'exécution du présent décret.

Bamako, le 23 mai 2007

Le Président de la République,
Amadou Toumani TOURÉ

Le Premier Ministre,
Ousmane Issoufi MAIGA

Le Ministre de la promotion de la femme, de l'enfant et de la famille, Ministre de la santé par intérim,
Madame MAIGA Zeïnab Mint YOUBA

Le Ministre de l'administration territoriale et des Collectivités Locales,
Général Kafougouna KONE

DECRET N°2019-0603/P-RM DU 05 AOUT 2019 FIXANT L'ORGANISATION ET LES MODALITES DE FONCTIONNEMENT DE LA CELLULE SECTORIELLE DE LUTTE CONTRE LE VIH/SIDA, LA TUBERCULOSE ET LES HEPATITES VIRALES[108]

LE PRESIDENT DE LA REPUBLIQUE,

Vu la Constitution ; Vu la Loi n°2014-049 du 19 septembre 2014 portant principes fondamentaux de la création, de l'organisation et du contrôle des services publics ;

Vu la Loi n°2019-021 du 03 juillet 2019 portant création de la Cellule sectorielle de Lutte contre le VIH/Sida, la Tuberculose et les Hépatites virales ;

Vu le Décret n°204/PG-RM du 21 août 1985, déterminant les modalités de gestion et de contrôle des structures des services publics ;

Vu le Décret n°04-106/P-RM du 31 mars 2004 portant création du Haut Conseil national de Lutte contre le Sida ;

Vu le Décret n°04-550/P-RM du 25 novembre 2004 fixant la composition du Haut Conseil national de Lutte contre le Sida ; Vu le Décret n°05-307/P-RM du 08 juillet 2005 fixant les attributions et les modalités d'organisation du Secrétariat exécutif du Haut Conseil national de Lutte contre le Sida ;

Vu le Décret n°05-147/P-RM du 31 mars 2005 fixant les conditions et modalités d'octroi de l'assistance particulière de l'État aux malades du Sida et personnes vivant avec le VIH et de la garantie de confidentialité ;

Vu le Décret n°2012-507/P-RM du 19 septembre 2012 fixant le niveau d'équivalence hiérarchique des chefs de services rattachés ;

Vu le Décret n°2019-0317/P-RM du 22 avril 2019 portant nomination du Premier ministre;

Vu le Décret n°2019-0328/P-RM du 05 mai 2019 portant nomination des membres du Gouvernement

---

[108] MLI-109855.pdf (ilo.org)

DECRETE :

CHAPITRE I : DISPOSITIONS GENERALES

Article 1er : Le présent décret fixe l'organisation et les modalités de fonctionnement de la Cellule sectorielle de Lutte contre le VIH/Sida, la Tuberculose et les Hépatites virales.

Article 2 : La Cellule sectorielle de Lutte contre le VIH/ Sida, la Tuberculose et les Hépatites virales est rattachée au Secrétariat général du ministère chargé de la Santé.

CHAPITRE II : DE L'ORGANISATION

Article 3 : Les organes d'administration et de gestion de la Cellule sectorielle de Lutte contre le VIH/Sida, la Tuberculose et les Hépatites virales sont le Comité d'orientation et la Coordination de la Cellule.

Section 1 : Du Comité d'orientation

Article 4 : Le Comité d'orientation est l'organe d'impulsion, d'orientation et de suivi/évaluation de la Cellule sectorielle de Lutte contre le VIH/Sida, la Tuberculose et les Hépatites virales. Il adopte les plans d'action, examine le rapport d'exécution et formule toutes recommandations et suggestions relatives au fonctionnement de la Cellule et de ses relations avec les services du département et les autres partenaires notamment les Comités sectoriels de lutte contre le VIH/Sida des autres ministères. Article 5 : Le Comité d'orientation est composé comme suit :

Président :

le ministre chargé de la Santé ou son représentant ;

Membres :

- le Conseiller technique chargé de la Santé publique ;

- le Directeur général de la Santé et de l'Hygiène publique ;

- le Directeur de la structure chargée du Médicament et de la Pharmacie ;

- le Directeur de la structure chargée des Laboratoires ;

- le Directeur du Centre national d'Immunisation ;

- le Directeur des Finances et du Matériel du ministère de la Santé ;

- le Directeur de la Cellule de Planification et de Statistique du secteur Santé, Développement social et Promotion de la Femme ;

- le Président-Directeur général de la Pharmacie populaire du Mali ;

- le Directeur général du Budget ;

- le Directeur général du Centre national de Transfusion sanguine ; - le Directeur général de la Caisse nationale de l'Assurance Maladie ;

- le Directeur général de l'Agence nationale d'Assistance médicale ;

- le Président du Comité national d'Ethique pour la Santé et les Sciences de la Vie ;

- le Président de la Fédération nationale des Associations de Santé communautaire (FENASCOM) ;

- deux représentants des associations des personnes vivant avec le VIH/Sida ;

- le Président du Comité antituberculeux ;

- un représentant des associations de lutte contre les Hépatites virales ;

- un représentant du Secrétariat exécutif du Haut Conseil national de Lutte contre le VIH/Sida ;

- un représentant de chacun des Comités sectoriels de lutte contre le VIH/Sida. Peuvent prendre part aux réunions du Comité, les représentants de chacun des partenaires techniques et financiers impliqués dans la lutte contre le VIH/Sida, la Tuberculose et les Hépatites virales.

Article 6 : Le Comité se réunit une fois par semestre et chaque fois que de besoin, sur convocation de son président. Le secrétariat du Comité d'orientation est assuré par la Coordination de la Cellule.

Section 2 : De la coordination de la Cellule

Article 7 : La Cellule sectorielle de Lutte contre le VIH/ Sida, la Tuberculose et les Hépatites virales est dirigée par un Coordinateur nommé par décret pris en Conseil des Ministres, sur proposition du ministre chargé de la Santé. Il a rang de directeur d'un service central.

Article 8 : Le Coordinateur de la Cellule sectorielle de Lutte contre le VIH/Sida, la Tuberculose et les Hépatites virales est chargé, sous l'autorité du ministre chargé de la Santé, de coordonner, superviser et contrôler les activités de la Cellule. Il définit les objectifs à atteindre, prépare les programmes et plans d'action et établit périodiquement les programmes de travail des divisions.

Article 9 : Le Coordinateur de la Cellule sectorielle de Lutte contre le VIH/Sida, la Tuberculose et les Hépatites virales est assisté d'un Coordinateur adjoint qui le remplace de plein droit en cas de vacance, d'absence ou d'empêchement. Il est nommé par arrêté du ministre chargé de la Santé sur proposition du Coordinateur de la Cellule. L'arrêté de nomination fixe également ses attributions spécifiques. Il a rang de directeur adjoint d'un service central.

Article 10 : La coordination de la Cellule sectorielle de Lutte contre le VIH/Sida, la Tuberculose et les Hépatites virales comprend :

- en staff :

♣ l'Unité Administration et Finance ;

♣ le Bureau d'Accueil, d'Orientation, d'Information et des Relations publiques ;

♣ le Centre de Documentation et d'Informatique.

- en ligne : ♣ la Division Planification et Suivi/évaluation ;

♣ la Division Surveillance épidémiologique et Recherche ;

♣ la Division Prévention, Prise en charge médicale et psycho sociale ;

♣ la Division Communication et Gestion communautaire ;

Article 11 : L'Unité Administration et Finance est chargée :

- d'assurer la gestion administrative et de participer à la gestion du personnel ;

- d'assurer l'évaluation, la gestion financière et matérielle.

Article 12 : Le Bureau d'Accueil, d'Orientation, d'Information et des relations publiques est chargé :

- d'élaborer la stratégie d'accueil et d'orientation des usagers et en assurer la mise en œuvre ;

- de guider et d'orienter les usagers vers les autres structures du service ;

- d'informer les usagers sur les procédures de traitement des dossiers ;

- d'assurer la liaison avec les services partenaires et d'autres usagers ;

- de tenir et d'exploiter la boîte à suggestions du service.

Article 13 : Le Centre de Documentation et d'Informatique est chargé :

- de collecter, centraliser, traiter et archiver la documentation relative au domaine de compétence du service ;

- de conserver les archives pour les besoins du service et du public ; - de constituer une base de données sur le VIH/Sida, la Tuberculose et les Hépatites virales et d'assurer sa mise à jour ;

- de concevoir des logiciels et des programmes de traitement et de gestion informatique ; - de développer les outils informatiques du Système national d'Information sur le VIH/Sida, la Tuberculose et les Hépatites virales (SNISTH) ;

- de veiller à la sécurité du réseau informatique.

Article 14 : La Division Planification et Suivi/évaluation est chargée :

- d'élaborer et de mettre à jour le Plan sectoriel de lutte contre le VIH/Sida, la Tuberculose et les Hépatites virales et d'assurer le suivi-évaluation de sa mise en œuvre ; - d'assurer l'intégration effective et pratique du Plan sectoriel dans tout Cadre stratégique national de lutte contre le VIH/Sida, la Tuberculose et les Hépatites virales.

Article 15 : La Division Planification et Suivi/évaluation comprend :

- la Section Elaboration et Suivi-évaluation du Plan Sectoriel de lutte contre le VIH/Sida, la Tuberculose et les Hépatites virales ; - la Section Intégration du Plan sectoriel dans les Cadres stratégiques nationaux de lutte contre le VIH/Sida, la Tuberculose et les Hépatites virales.

Article 16 : La Division Surveillance épidémiologique et Recherche est chargée :

- de veiller à l'organisation et à la mise en œuvre de la surveillance sentinelle du VIH/Sida, de la Tuberculose et des Hépatites virales ;

- de coordonner et de développer les activités de recherche sur le VIH/Sida, la Tuberculose et les Hépatites virales ;

- d'entreprendre toutes études et recherches concourant à la lutte contre le VIH/Sida, la Tuberculose et les Hépatites virales ;

- d'assurer le suivi de la notification des cas de VIH/Sida, de Tuberculose et des Hépatites virales.

Article 17 : La Division Surveillance épidémiologique et Recherche comprend :

- la Section Surveillance épidémiologique ;

- la Section Etudes et Recherches.

Article 18 : La Division Prévention et Prise en charge médicale et psycho sociale est chargée :

- de coordonner, suivre les activités de prévention de la transmission du VIH/Sida, de la Tuberculose et des Hépatites virales ;

- de renforcer les mesures de précaution contre la transmission du VIH/Sida, de la Tuberculose et des Hépatites virales ;

- de coordonner, de développer et d'élaborer ou de réviser les normes, procédures et protocoles dans les différents domaines de la prévention du VIH/Sida, de la Tuberculose et des Hépatites virales ; - de faire le diagnostic précoce des infections chroniques et de renforcer les tests de confirmation, ainsi que la notification et le conseil aux donneurs de sang ; - de veiller à assurer le dépistage systématique de qualité appliqué au sang et les dérivés sanguins utilisés pour la transfusion ;

- d'appuyer et de suivre les activités de prise en charge psychosociale des PV/VIH ou affectées par le VIH/Sida, la Tuberculose et les Hépatites virales;

- de renforcer les mesures de sécurité au travail et de lutter contre les infections nosocomiales en matière de VIH/Sida, de Tuberculose et des Hépatites virales;

- de suivre l'assurance/qualité des prestations de soins au niveau de sites PTME, de prise en charge pédiatrique, de prise en charge syndromique du VIH/Sida, de la Tuberculose et des Hépatites virales au niveau des structures, des centres de conseil et de dépistage volontaire ; - de suivre l'assurance/qualité en matière d'hygiène et de sécurité en milieu de soins (lutte contre les accidents d'exposition au sang et liquide contaminés) ;

- de s'assurer de la disponibilité et de l'efficacité du suivi biologique des malades ;

- d'évaluer les besoins en médicaments et intrants de dépistage du VIH/Sida, de la Tuberculose et des Hépatites virales ; - de s'assurer des approvisionnements en médicaments et intrants pour la lutte contre ces trois maladies ; - de contribuer à la définition avec les partenaires, des critères d'accréditation des sites de prise en charge ; - de contribuer à la création d'un environnement éthique et juridique favorable au respect de la dignité et des droits des personnes infectées ou affectées par le VIH/Sida, la Tuberculose et les Hépatites virales. Article 19 : La Division Prévention, Prise en charge médicale et psycho sociale comprend : - la Section Prévention ; - la Section Prise en charge ;

- la Section Pharmacie et Laboratoire.

Article 20 : La Division Communication et Gestion communautaire est chargée :

- de contribuer à la mobilisation des décideurs et autres leaders pour la réponse durable à la lutte contre le VIH/ Sida, la Tuberculose et les Hépatites virales ;

- de suivre l'assurance/qualité en matière de communication, de plaidoyer et de mobilisation dans le cadre de la lutte contre le VIH/Sida, la Tuberculose et les Hépatites virales ; - d'élaborer les plans de communication ;

- de promouvoir le partenariat entre le ministère de la Santé et les autres acteurs engagés dans la lutte contre le VIH/ Sida, la Tuberculose et les Hépatites virales ;

- de promouvoir la gestion communautaire ;

- de contribuer à la sensibilisation, à l'information de la personne infectée ou affectée et de la population sur les droits et les obligations des malades du Sida, de la Tuberculose et des Hépatites virales ;

- de promouvoir toutes activités de prévention de la transmission du VIH/Sida, la Tuberculose et les Hépatites virales ;

- de stimuler la réponse nationale inclusive.

Article 21 : La Division Communication et Gestion communautaire comprend:

- la Section Communication ;

- la Section Gestion communautaire.

Article 22 : L'Unité Administration et Finance, le Bureau d'Accueil, d'Orientation, d'Information et des Relations publiques, le Centre de Documentation et d'Informatique, les Divisions, sont dirigés respectivement par un Chef d'Unité, un Chef de Bureau, un Chef de Centre et des Chefs de Division, nommés par arrêtés du ministre chargé de la Santé, sur proposition du coordinateur de la Cellule. Ils ont rang de chef de division d'un service central. Les Sections sont dirigées par des Chefs de Section, nommés par décision du ministre chargé de la Santé, sur proposition du Coordinateur de la Cellule.

CHAPITRE III : DU FONCTIONNEMENT

Section 1 : De l'élaboration et de la politique du service

Article 23 : Sous l'autorité du Coordinateur, les chefs de division préparent les études techniques, les programmes d'activités concernant les domaines relevant de leur compétence et/ou attribution, procèdent à l'évaluation périodique des activités mises en œuvre, coordonnent et contrôlent les activités de leurs divisions respectives.

Article 24 : Sous l'autorité des Chefs de Division, du Chef d'Unité, du Chef de Bureau, du Chef de Centre, les chefs de section fournissent les éléments d'information indispensables à l'élaboration des études techniques et des programmes d'activités, procèdent à la rédaction des directives et instructions des services concernant leur domaine d'activités.

Section 2 : De la coordination et du contrôle

Article 25 : L'autorité de coordination et de contrôle s'exerce par : - un pouvoir d'instruction préalable sur le contenu des décisions à prendre et des activités à mener ;

- un droit d'intervention à posteriori sur les décisions consistant en l'exercice du pouvoir d'approbation, de suspension, de reformulation ou d'annulation.

Article 26 : Dans la mise en œuvre des activités, le Coordinateur de la Cellule travaille en étroite collaboration avec l'ensemble des services centraux et cellules des comités rattachés aux autres départements ministériels. La Cellule est représentée au niveau régional et du District de Bamako par les Directions régionales de la Santé.

CHAPITRE IV : DISPOSITIONS FINALES

Article 27 : Un arrêté du ministre chargé de la Santé fixe, en tant que besoin, le détail des modalités d'application du présent décret.

Article 28 : Sont et demeurent abrogées toutes dispositions antérieures contraires.

Article 29 : Le ministre de la Santé et des Affaires sociales, le ministre de l'Economie et des Finances, le ministre de la Solidarité et de la Lutte contre la Pauvreté et le ministre du Dialogue social, du Travail et de la Fonction publique sont chargés, chacun en ce qui le concerne, de l'exécution du présent décret qui sera enregistré et publié au Journal officiel. Bamako, le 05 août 2019 ;

Le Président de la République Ibrahim Boubacar KEITA

Le Premier ministre Docteur Boubou CISSE

Le ministre de la Santé et des Affaires sociales, Michel Hamala SIDIBE

Le ministre de l'Economie et des Finances, Docteur Boubou CISSE

Le ministre de la Solidarité et de la Lutte contre la Pauvreté, Hamadou KONATE

Le ministre du Dialogue social, du Travail et de la Fonction publique, Oumar Hamadoun DICKO

TEXTES DE LOIS

LOI n° 09-030/ DU 27 JUILLET 2009 PORTANT INSTITUTION DU REGIME D'ASSISTANCE MÉDICALE[109]

L'Assemblée Nationale a délibéré et adopté en sa séance du 02 juillet 2009 ;

Le Président de la République promulgue la loi dont la teneur suit :

TITRE I

DES DISPOSITIONS GÉNÉRALES

CHAPITRE I : DE L'OBJET

Article 1 : Il est institué, conformément aux dispositions de la présente loi, un Régime d'Assistance Médicale, en abrégé RAMED, au profit des personnes visées aux articles 5 et 6 ci-dessous pour la prise en charge des frais de soins de santé qui leur sont dispensés dans les hôpitaux publics, les établissements publics de santé, les centres de santé de référence, les centres de santé communautaire, les établissements publics d'analyses médicales et les services de santé relevant de l'État ou ayant signé une convention avec le Ministère de la santé.

CHAPITRE II : DES DÉFINITIONS

Article 2 : Pour l'application des dispositions de la présente loi, il faut entendre par :

- Conventionnement : acte consistant à établir un contrat entre le Régime d'Assistance Médicale et les Prestataires des soins de santé.

---

[109] https://www.ilo.org/dyn/natlex/docs/ELECTRONIC/103747/126193/F564929685/MLI-103747.pdf

- Indigent : toute personne dépourvue de ressources et reconnue comme telle par la collectivité territoriale.

- Maladie : toute altération de la santé constatée par une autorité médicale compétente.

- Médecin Conseil : praticien exerçant un contrôle médical pour le compte d'un régime d'Assurance Maladie Obligatoire ou complémentaire.

- Régime d'Assistance Médicale : dispositif public non contributif qui assure la couverture du risque maladie des personnes indigentes.

- Risque : événement susceptible de supprimer ou de diminuer la capacité de gain d'un assuré social (maladie), ou encore d'augmenter ses charges (maternité).

- Système de tiers payant : mécanisme de facilité de paiement dans lequel le Régime d'Assistance Médicale paye directement aux prestataires de soins de santé les frais de soins du bénéficiaire.

CHAPITRE III : DES PRINCIPES

Article 3 : Le Régime d'Assistance Médicale est fondé sur les principes de la solidarité nationale et du tiers payant au profit des indigents.

Les personnes éligibles au Régime d'Assistance Médicale doivent être couvertes sans discrimination aucune due à l'âge, au sexe, leurs antécédents pathologiques ou à leurs zones de résidence.

TITRE II

DE L'ORGANISATION ADMINISTRATIVE

Article 4 : La gestion du Régime d'Assistance Médicale est assurée par un organisme public.

TITRE III

DES BENEFICIAIRES

Article 5 : Bénéficient des prestations du Régime d'Assistance Médicale dans les conditions fixées par décret pris en Conseil des Ministres les personnes qui ne sont pas couvertes par tout autre système d'assurance et qui sont reconnues indigentes et leurs ayants droit à charge.

Sont considérés comme ayants droit à charge :

- le (s) conjoint (s) ; - les enfants âgés de moins de 14 ans ;

- les enfants âgés de 14 ans à 21 ans s'ils poursuivent des études ;

- les enfants handicapés, quel que soit leur âge, qui sont dans l'impossibilité totale et définitive de se livrer à une activité rémunérée.

Article 6 : Sont admis de droit au bénéfice de l'assistance médicale :

- les pensionnaires des établissements de bienfaisance, orphelinats, ou des établissements de rééducation et de tout établissement public ou privé à but non lucratif hébergeant des enfants abandonnés ou adultes sans famille ;

- les pensionnaires des établissements pénitentiaires ; - les personnes sans domicile fixe.

Article 7 : La qualité de bénéficiaire de l'assistance médicale est prononcée à la demande de l'intéressé par le Maire après avis des services techniques en charge de la solidarité dans les conditions et selon les modalités fixées par arrêté conjoint du Ministre en charge de la protection sociale et du Ministère chargé de l'Administration Territoriale.

L'octroi de cette qualité donne droit à la prise en charge totale des frais inhérents aux prestations couvertes par le Régime d'Assistance Médicale.

TITRE IV

DES PRESTATIONS GARANTIES ET DES MODALITÉS DE PRISE EN CHARGE

Article 8 : Le Régime d'Assistance Médicale donne droit à la prise en charge directe des frais de soins curatifs, préventifs et de réhabilitation médicalement requise par l'état de santé ou par la maternité des bénéficiaires.

Les conditions et modalités de prise en charge directe des frais de soins de santé sont déterminées par décret pris en Conseil des Ministres.

Article 9 : La liste des prestations garanties est fixée par arrêté conjoint du Ministre en charge de la Protection Sociale et du Ministre de la Santé.

Article 10 : Sont exclus de la couverture garantie par le Régime d'Assistance Médicale, les interventions de chirurgie plastique et esthétique, a l'exception des actes de chirurgie réparatrice et d'orthopédie maxillo-faciale, les lunetteries et toutes autres prestations et médicaments qui ne sont pas retenus dans la liste des actes et médicaments du Régime d'Assistance Médicale conformément à la règlementation en vigueur.

Article 11 : La prise en charge totale au titre des prestations citées à l'article 8 ci-dessus ne peut intervenir que pour les maladies nécessitant l'hospitalisation, les soins ou les examens pratiqués dans les établissements publics et communautaires de santé ainsi que les établissements privés ayant signé une convention avec l'État.

Article 12 : La prise en charge totale des prestations visées à l'article 8 ci-dessus ne peut intervenir que si celles-ci sont prescrites et administrées à l'intérieur du territoire national.

Article 13 : Toute prise en charge des prestations de santé doit faire l'objet d'un accord préalable de l'organisme de gestion du fonds.

Article 14 : Les conditions et les modalités de cette prise en charge sont fixées par décret pris en Conseil des Ministres.

TITRE V

DU CONVENTIONNEMENT

Article 15 : Les relations entre l'organisme de gestion du Régime d'Assistance Médicale et les prestataires de soins médicaux publics, privés ou communautaires ayant signé une convention avec le Ministère de la santé sont régies par des conventions qui sont conclues entre cet organisme et les représentants de ces prestataires.

Article 16 : Un modèle pour chaque type de convention est établi sur proposition de l'organisme de gestion après consultation des représentants des organisations professionnelles des prestataires de soins de santé et approuvé par arrêté du Ministre charge de la Protection Sociale.

Article 17 : Les conventions fixent :

- les obligations des parties contractantes ; - les tarifs de référence des prestations de soins ; -les outils de maîtrise des dépenses de santé ; - les outils de garantie de la qualité des services ;

- les procédures et les modes de paiement des prestataires de soins ; - les mécanismes de résolution des litiges.

Article 18 : Les délais et les modalités de conclusion des conventions sont fixés par décret pris en Conseil des Ministres.

Les conventions doivent être préalablement à leur mise en œuvre approuvées par l'administration en charge de la tutelle du Régime d'Assistance Médicale.

À défaut d'accord sur les termes, lors de la signature d'une convention, le Ministre chargé de la Protection Sociale reconduit d'office la convention précédente lorsqu'elle existe ou, le cas échéant, édicte un règlement provisoire s'imposant aux parties en désaccord et dont la durée ne peut excéder trois mois.

Article 19 : Le Ministre chargé de la Protection Sociale peut décider, sur demande de l'organisme de gestion et sans préjudice des sanctions des ordres professionnels, de placer un prestataire de soins médicaux hors convention pour non-respect ou violation des termes de la convention, après lui avoir permis de présenter ses commentaires.

La mise hors convention est décidée pour une durée déterminée ou de façon définitive.

Article 20 : La prise en charge des frais des prestations de soins garanties par la présente loi s'effectue, quelque soit le prestataire de soins, sur la base du tarif national de référence défini dans la convention.

TITRE VI

DU CONTRÔLE MEDICAL

Article 21 : L'organisme de gestion du Régime d'Assistance Médicale organise un contrôle médical ayant pour objet, notamment, de vérifier, auprès des prestataires de soins, la conformité des prescriptions et de la dispensation des soins médicalement requis, d'apprécier la validité des prestations au plan technique et médical et de constater, le cas échéant, les abus et fraudes en matière de prescription, de soins et de facturation.

Article 22 : Le contrôle médical est confié à des médecins et des pharmaciens conseil et autres professionnels agréés par l'organisme de gestion du Régime d'Assistance Médicale, chargés essentiellement des missions suivantes :

- le suivi et le contrôle de la qualité des services rendus par les prestataires de soins et l'observation de leur accommodement avec l'état de santé du bénéficiaire ;

- la coordination entre les différents intervenants en vue de garantir une prise en charge adéquate des prestations de soins fournies aux assurés et leurs ayants droit ;

- le suivi de l'évolution des dépenses de santé des assurés ;

- l'émission d'avis concernant la prise en charge des prestations de soins soumises à accord préalable.

Article 23 : Les praticiens chargés du contrôle médical ne peuvent cumuler la fonction de soins et la fonction de contrôle pour le dossier objet du contrôle.

Article 24 : Sous réserve du respect des principes déontologiques et de la législation en vigueur, les médecins conseils peuvent, à l'occasion de l'exercice de leurs missions :

- convoquer le bénéficiaire des prestations de soins et le soumettre au diagnostic ou le cas échéant à l'expertise ;

- obtenir tous les renseignements se rattachant à l'état de santé du bénéficiaire ;

- accéder au dossier médical du bénéficiaire ;

- demander des éclaircissements aux prestataires de soins concernant l'état de santé du bénéficiaire ;

- visiter les structures sanitaires pour constater les conditions de prise en charge des bénéficiaires.

Article 25 : Les praticiens et/ou les directeurs des établissements de santé, quelque soit leur statut, sont tenus de permettre le libre accès du praticien chargé du contrôle médical aux lieux d'hospitalisation et de mettre à sa disposition tous les documents nécessaires à l'accomplissement de sa mission de contrôle.

Les médecins traitants peuvent assister aux examens médicaux de contrôle, à la demande du bénéficiaire ou du praticien chargé de ce contrôle.

Article 26 : Aucun bénéficiaire des prestations prévues par la présente loi ne peut se soustraire au contrôle médical. En cas de refus, la prise en charge des prestations de soins est suspendue pour la période pendant laquelle le contrôle aura été rendu impossible.

Article 27 : En cas de contrôle médical, la décision prise par l'organisme de gestion est portée à la connaissance de l'intéressé.

Celui-ci a le droit de contester ladite décision auprès de l'administration centrale en charge de la Protection Sociale et ses services régionaux qui désignent un médecin expert pour procéder à un nouvel examen. Les conclusions du médecin expert s'imposent aux deux parties.

Article 28 : Les modalités, les conditions et les délais dans lesquels s'exerce le contrôle médical sont fixés par arrêté conjoint du Ministre en charge de la Protection Sociale et du Ministre de la Santé.

TITRE VII

DU FINANCEMENT ET DE LA GESTION DU REGIME D'ASSISTANCE MÉDICALE

CHAPITRE I : DES RESSOURCES

Article 29 : Le Régime d'Assistance Médicale est financé par :

- les subventions de l'État ;

- les subventions des collectivités territoriales ;

- les produits financiers ;

- les dons et legs ;

- toutes autres ressources affectées à ce régime en vertu de législation et règlementation particulières.

Article 30 : La contribution de l'État destinée au financement du Régime d'Assistance Médicale est inscrite annuellement dans la loi de finances. Les contributions des collectivités locales destinées au financement dudit fonds constituent pour ces dernières des dépenses obligatoires conformément à la législation en vigueur.

Les contributions sont inscrites annuellement dans les budgets desdites collectivités.

Article 31 : La contribution de l'État au budget du Régime d'Assistance Médicale représente 65 % et celle des collectivités territoriales 35 %.

CHAPITRE II : DE L'AFFILIATION ET DE L'IMMATRICULATION

Article 32 : Pour bénéficier des prestations du Régime d'Assistance Médicale, la personne reconnue indigente et ses ayants droit doivent être affiliés et déclarés au fonds.

TITRE VIII

DES DISPOSITIONS FINALES

Article 33 : Les modalités d'application de la présente loi sont fixées par un décret pris en Conseil des Ministres.

Article 34 : La présente loi abroge toutes dispositions antérieures.

Bamako, le 27 juillet 2009

Le Président de la République,

Amadou Toumani TOURÉ

LES AUTRES TEXTES DE LOIS[110]

LOI n° 2016-066/DU 30 DÉCEMBRE 2016 PORTANT ASSISTANCE MÉDICALE À LA PROCRÉATION[111]

L'Assemblée nationalea délibéré et adopté en sa séance du 24 novembre 2016
Le Président de la République promulgue la loi dont la teneur suit :

CHAPITRE I : DISPOSITIONS GÉNÉRALES

Article 1 : Au sens de la présente loi on entend par :
Infertilité d'un couple : l'incapacité du couple à concevoir au bout d'un an ou de plus de rapports sexuels réguliers non protégés en absence de toute contraception.
Infécondité : le fait de ne pas pouvoir procréer, c'est-àdire de mettre au monde un enfant vivant.
Couple : l'homme et la femme mariés légalement.
Article2 : Les dispositions de la présente loi s'appliquent à l'assistance médicale à la procréation.
Article3 : L'assistance médicale à la procréation s'entend
Des pratiques cliniques et biologiques, ou de toute technique d'effet équivalent permettant la procréation en dehors du processus naturel.
Article 4 : L'assistance médicale à la procréation a pour objet de remédier à l'infertilité dont le caractère pathologique a été médicalement diagnostiqué.
Elle est destinée à répondre à la demande parentale d'un couple. L'homme et la femme formant un couple doivent être vivants, en âge de procréer, mariés légalement depuis au moins un an et consentants à l'assistance médicale à la procréation.
Article 5 : La femme doit être âgée de 18 ans à 42 ans.
Le couple exprime par écrit son consentement à la réalisation de l'assistance médicale à la procréation.
Le décès de l'un des conjoints, surtout du mari empêche de facto l'insémination et/ou le transfert d'embryon.
Les règles de filiation des enfants sont celles qui régissent toute naissance.

---

[110] A notre connaissance, il n'existe pas de textes reglemetaires sur la procreation assistée

[111] https://www.ilo.org/dyn/natlex/docs/ELECTRONIC/103748/126195/F1479832105/MLI-103748.pdf

CHAPITRE II : DES TECHNIQUES DE L'ASSISTANCE MÉDICALE À LA PROCRÉATION

Article 6 : La pratique de tous procédés ou techniques de l'assistance médicale à la procréation autres que ceux autorisés est considérée comme pratique illicite et/ou illégale.
Article 7 : Les techniques et procédés de l'assistance médicale à la procréation autorisés sont :
- l'inséminationArtificielle avec du sperme préparé ;
- la Fécondation In Vitro (FIV) avec ou sans micro injection de spermatozoïdes ;
- le Transfert d'embryon congelé (TEC).

CHAPITRE III : DES STRUCTURES ET SERVICES DE L'ASSISTANCE MÉDICALE À LA PROCRÉATION

Article 8 : Toute personnephysiqueoumoraleintervenant dans le domaine de l'assistance médicale à la procréation a l'obligation de porter à la connaissance des couples demandeurs par écrit les avantages, les risques et l'efficacité des méthodes de l'assistance médicale à la procréation.
Article 9 : Tout couple remplissant lesconditionsfixéesà l'article 3 alinéa 2 de la présente loi a le droit d'accéder librement à des services d'assistance médicale à la procréation de la meilleure qualité possible.
Article 10 : L'homme et la femme ont undroit égal d'être informés et de bénéficier de l'assistance médicale à la procréation.
Article 11 : Par services d'assistance médicale à la procréation, la présente loi vise principalement :
- l'orientation, l'information, l'éducation, la communication, la recherche, les moyens, les méthodes ayant trait à l'assistance médicale à la procréation ;
- le traitement et les soins nécessaires par l'assistance médicale à la procréation.
Article 12 : La mise en œuvre de l'assistance médicale à la procréation doit être précédée d'entretiens particuliers du couple demandeur avec les membres de l'équipe pluridisciplinaire de l'établissement agréé.
Article 13 : L'assistance médicale à la procréation n'est autorisée que dans les établissements dûment agréés par l'État.
Ces établissements doivent disposer :
- d'une équipe pluridisciplinaire ;
- du personnel médical nécessaire et compétent pour assurer une assistance médicale à la procréation de qualité ;
- de locaux, d'équipements et de moyens techniques
Requis offrant touteslesgaranties d'efficacité et de sécurité requises.
Article14 : Tout établissement de santé autorisé à pratiquer des services

d'assistance médicale à la procréation est tenu de présenter à l'Agence Nationale d'évaluation des Hôpitaux, à l'inspection de la santé et au comité national d'éthiquepour la santéet les sciences de la vie, un rapport annuel d'activités suivant des modalités déterminées par arrêté du ministre chargé de la santé.
Le retrait de l'autorisation est également encouru en cas de violation des prescriptions fixées par l'autorisation ou si la qualité des résultats est insuffisante.
Article 15 : La rémunération des services et soins relatifs
À l'assistance médicale à la procréation est fixée par décret pris en Conseil des Ministres, conformément à la nomenclature des actes médicaux.

CHAPITRE IV : DES PROCEDES MEDICAUX PROHIBES

Article 16 : L'utilisation des techniques et pratiques médicales contraires à la bioéthique est interdite dans l'assistance médicale à la procréation.
Article 17 : Sont prohibés les procédés suivants :
- les recherches sur l'embryon destinées à des fins autres que la procréation humaine ;
- le clonage humain à titre de recherche scientifique ou thérapeutique ;
- le don d'ovocytes, d'embryon, de sperme ;
- la gestation pour autrui ;
- la congélation de sperme et/ou d'ovule ;
- le commerce de sperme, d'ovocytes, d'embryon ;
- l'insémination et le transfert d'embryon post mortem.

CHAPITRE V : CONSERVATION, DEVENIR DES EMBRYONS

Article 18 : Un embryon humain ne peut être conçu ni utilisé à des fins commerciales ou industrielles. Il ne peut être conçu in vitro que dans le cadre et selon les finalités d'une assistance médicale à la procréation telle que définie à l'article3 de laprésenteloi.
Il ne peut êtreconçu qu'avec des gamètes provenant du couple.
Il est conservé pour cinq ans au plus.
Article 19 : Le couple peut consentir par écrit à la fécondation d'un nombre d'ovocytes pouvant rendre nécessaire la conservation d'embryons dans l'intention de réaliser ultérieurement leur projet parental.
Une information détaillée est remise au couple sur les possibilités du devenir de leurs embryons conservés qui ne feraient plus l'objet d'un projet parental.
Un couple dont les embryons ont été conservés ne peut bénéficier d'une nouvelle tentative de fécondation in vitro avant le transfert de ceux-ci sauf si un problème de qualité affecte ces embryons.

Article 20 : Le couple dont les embryons sont conservés est consulté à la fin de la période de conservation par écrit sur le point de savoir s'il maintient son projet parental.
S'il n'a plus de projet parental ou en cas de décès de l'un d'entre eux, les deux conjoints, ou le membre survivant, peuvent consentir à ce qu'il soit mis fin à la conservation des embryons. Dans tous les cas, le consentement ou la demande est exprimé par écrit.
Danslecas oùl'undesconjointsconsultés n'émetpasson avis sur le maintien du projet parental dans un délai de 3 mois, il est mis fin à la conservation des embryons si la durée de celle-ci est au moins égale à cinq ans.
Il en est de même en cas de désaccord du couple sur le maintien du projet parental ou sur le devenir des embryons.

CHAPITRE VI : DES SANCTIONS

Article 21 : Tout contrevenant aux dispositions de la présente loi sera poursuivi pour pratiques illicites et nuisibles à la santé et puni conformément à l'article 213 du code pénal.
Article22 : Tout établissement ou toute personne qui aura commis des actes relatifs à l'assistance médicale à la procréation en violation de l'article 13 de la présente loi sera puni d'une amende de 1 million à 20 millions de francs CFA, sans préjudice des sanctions disciplinaires.
Article 23 : Est punie d'une réclusion de cinq (5) à dix (10) ans et d'une amende de 1 million à 5 millions de francs CFA, toute personne qui se livre au clonage humain, au commerce de spermatozoïdes, de sperme, d'ovocytes et/ ou d'embryon humain.
L'interdiction temporaire ou définitive de l'exercice de la médecine peut être prononcée contre le coupable. L'établissement de santé où les actes ci-dessus décrits ont été commis peut faire l'objet d'une mesure de fermeture ou d'interdiction de pratiquer l'assistance médicale à la procréation pour une durée de 2 ans à 5 ans.

CHAPITRE VII : DISPOSITIONS TRANSITOIRES ET FINALES

Article24 : Les établissements et les personnes pratiquant l'assistance médicale à laprocréation disposentd'un délai de deux (2) ans pour se conformer aux dispositions de la présente loi.
Article25 : Un décret pris en Conseil des Ministres définit les modalités d'application de la présente loi.

Bamako, le 30 décembre 2016
Le Président de la République,
Ibrahim Boubacar KEITA

LOI n° 2016-065/DU 30 DÉCEMBRE 2016 PORTANT MODIFICATION DE LA LOI n° 09-030 DU 27 JUILLET 2009 PORTANT INSTITUTION

DU REGIME D'ASSISTANCE MÉDICALE[112]

L'Assemblée nationale a délibéré et adopté en sa séance du 24 novembre 2016

Le Président de la République promulgue la loi dont la teneur suit :

Article Unique : Les articles 6, 29 et 31 de la Loi n°09030 du 27 juillet 2009 portant institution du Régime d'Assistance Médicale, sont modifiés ainsi qu'il suit :

Article 6 : Sontadmis dedroit au bénéficede l'assistance médicale :

- les pensionnaires des établissements de bienfaisance, orphelinats, ou desétablissements de rééducationet de tout établissementpublicouprivéàbutnonlucratifhébergeant des enfants abandonnés ou adultes sans famille ;

- les pensionnaires des établissements pénitentiaires ;

- les personnes sans domicile fixe ; - les personnes blessées au cours ou à l'occasion de conflits armés ou de catastrophes.

Article29 : Le Régimed'Assistance Médicale est financé par :

- les subventions de l'État ;

- les subventions des collectivités territoriales ;

- les produits financiers ;

- les subventions d'organismes personnalisés de l'État et des établissements financiers ;

- les dons et legs ;

---

[112]https://www.ilo.org/dyn/natlex/docs/ELECTRONIC/103749/126197/F-1455579560/MLI-103479.pdf

- toutesautresressourcesattribuéespartexteslégislatifs ou réglementaires.

Ces ressources sont destinées à la prise en charge :

- des dépenses techniques à hauteur de 70 % ;

- des dépenses d'administration à hauteur de 20 % ;

- des dépenses d'investissement et de modernisation de l'outil de gestion à hauteur de 10 %.

Article31 : Un décret pris en Conseil des Ministres fixe les taux de la subvention de l'État et des Collectivités territoriales au budget du Régime d'Assistance Médicale. Le régime peut bénéficier de subventions de collectivités décentralisées, d'organismes personnalisés et d'établissements financiers.

Bamako, le 30 décembre 2016

Le Président de la République,

IbrahimBoubacar KEITA

LA LUTTE CONTRE LES EPIDEMIES

CHAPITRE I : TEXTES DE LOIS

LOI n° 98 - 035 DU 20 JUILLET 1998 REGISSANT LE CONTRÔLE SANITAIRE AUX FRONTIERES[113]

L'Assemblée nationale a délibéré et adopté en sa séance du 18 mai 1998 ;

Le Président de la République promulgue la loi dont la teneur suit :
Article 1 : Le contrôle sanitaire aux frontières est régi en République du Mali par les règlements pris par l'Organisation mondiale de la santé (Oms), par les arrangements internationaux, ainsi que les lois et règlements nationaux pris en la matière afin de prévenir la propagation, par voie terrestre, maritime ou aérienne, des maladies transmissibles.
Article 2 : Les médecins, officiers et agents assermentés sont chargés de constater les infractions en matière de contrôle aux frontières.
Article 3 : Sera puni d'une peine six mois à deux ans d'emprisonnement et d'une amende de soixante mille (60 000) à un million cinq cent mille (1 500 000) francs CFA ou de l'une de ces deux peines, tout fonctionnaire, responsable ou officier d'un navire, d'un aéronef ou d'un transport terrestre qui, dans un document ou une déclaration, aura sciemment altéré ou dissimulé les faits ou qui aura omis d'informer l'autorité sanitaire de faits à sa connaissance, qu'il était dans l'obligation de révéler en application des règlements sanitaires.

Bamako, le 20 juillet 1998

Le Président de la République,
Alpha Oumar KONARE

---

[113] Voir : http://www.vertic.org/media/National%20Legislation/Mali/ML_Loi_Sanitaire_Frontieres_98-035.pdf

LOI n° 98-036 REGISSANT LA LUTTE CONTRE LES EPIDEMIES ET LES VACCINATIONS OBLIGATOIRES CONTRE CERTAINES MALADIES[114]

L'Assemblée Nationale a délibéré et adopté en sa séance du 18 mai 1998 ;
Le Président de la République promulgue la loi dont la teneur suit :

CHAPITRE I : DISPOSITIONS GÉNÉRALES

Article 1 : Les règlements sanitaires définis par la présente loi, sans préjudice de l'application de législations spéciales, des pouvoirs reconnus aux autorités locales et des décrets pris en Conseil des Ministres, fixent les règles générales en matière de prévention des maladies transmissibles.
Article 2 : Les autorités régionales et communales compléteront les dispositions des présents règlements sanitaires par voie réglementaire en vue d'assurer la protection de la santé publique, notamment dans les domaines de :
-la lutte contre les bruits de voisinage et la pollution atmosphérique d'origine domestique ;
- l'évacuation, le traitement, l'élimination et l'utilisation des eaux usées et des déchets ;
- la salubrité des habitations, des agglomérations et de tous les milieux de vie de l'homme ;
- la prévention des maladies transmissibles ;
- l'alimentation en eau destinée à la consommation humaine ;
- la préparation, la distribution, le transport et la conservation des denrées alimentaires.
Article 3 : Plusieurs régions ou communes peuvent s'associer pour l'exécution des mesures sanitaires. Dans ce cas, les mêmes règlements sont rendus obligatoires sur le territoire de ces régions ou communes.

CHAPITRE II : VACCINATION CONTRE CERTAINES MALADIES TRANSMISSIBLES

Article 4 : L'administration des vaccins contre la diphtérie, le tétanos, la coqueluche, la poliomyélite, la fièvre jaune, la rougeole et la tuberculose est obligatoire au cours de la première année de vie, de même que les différents rappels dans les délais requis.
Les parents ou tuteurs sont tenus personnellement responsables de ladite

---

[114] http://www.vertic.org/media/National%20Legislation/Mali/ML_Loi_Lutte_Epidemies_98-036.pdf

mesure. Par voie réglementaire, le ministre chargé de la Santé définit le calendrier des vaccinations obligatoires.
Article 5 : Sans préjudice des actions qui pourraient être exercées conformément au droit commun, la réparation de tout dommage imputable directement à une vaccination obligatoire pratiquée dans les conditions définies par le ministre chargé de la Santé est à la charge de l'État. Jusqu'à concurrence de l'indemnité qu'il a payée, l'État est, s'il y a lieu, subrogé dans les droits et actions de la victime contre les responsables du dommage.
Article 6 : Toute vaccination obligatoire pratiquée dans les conditions définies par la présente loi fait l'objet, de la part du médecin, de la sage-femme ou de l'infirmier qui l'a effectuée, d'une déclaration dont les modalités et le contenu sont fixés par le ministre chargé de la Santé.
Article 7 : Toute personne qui exerce une profession l'exposant à des risques de contamination d'un tiers, dans les établissements de santé public ou privé ou l'exposant, de par sa profession, doit être immunisée contre l'hépatite B, la diphtérie, le tétanos, la tuberculose et la poliomyélite.
La liste des vaccinations et les modalités de vaccinations du personnel des hôtels, des restaurants ou des débits de denrées alimentaires seront définies par voie réglementaire.
Le personnel des laboratoires d'analyses médicales doit, en plus, être immunisé contre la fièvre typhoïde.
Article 8 : Par voie réglementaire, les ministres chargés de la Santé, de l'Education et de l'Enseignement, tous ordres confondus, fixeront la liste des vaccins, leurs calendriers et les conditions d'administration en ce qui concerne les vaccinations obligatoires dans les établissements préscolaires, scolaires et universitaires.

CHAPITRE III : LUTTE CONTRE LES EPIDEMIES ET MALADIES À DECLARATION OBLIGATOIRE

Article 9 : En cas de menace ou face à une propagation des maladies transmissibles, le ministre chargé de la Santé propose au Conseil des Ministres l'institution d'un état d'alerte sanitaire sur une partie ou la totalité du territoire. Dans ce cas, les mesures obligatoires d'hygiène et de prophylaxie sont appliquées durant toute la période d'état d'alerte. Les dépenses afférentes sont à la charge de l'État.
Article 10 : Toute infraction à l'application de ces mesures définies est passible d'une amende de cinq mille à trente mille francs et d'un emprisonnement de cinq à quinze jours ou de l'une de ces deux peines seulement.
Article 11 : Un décret pris en Conseil des Ministres détermine la liste des maladies dont la déclaration est obligatoire à l'autorité sanitaire et les conditions de cette déclaration.

Cette liste peut, si la situation l'exige, être révisée dans les mêmes conditions.
Article 12 : La liste des maladies visées est dressée par décret pris en Conseil des Ministres sur proposition du ministre chargé de la Santé, après avis du Conseil national de l'Ordre des médecins et de la Faculté de médecine. Elle est révisée dans la même forme.
Article 13 : Toute personne atteinte d'une de ces maladies doit obligatoirement être examinée et traitée jusqu'à la fin de la période contagieuse. Son médecin traitant a obligation d'en faire une déclaration à l'autorité sanitaire. Les modalités et le contenu de cette déclaration sont fixés par le ministre chargé de la Santé.
Article 14 : La politique de lutte contre l'infection par le virus de l'immuno-déficience humaine relève de la responsabilité de l'État. À ce titre, le ministre chargé de la Santé désigne, dans chaque région ou localité où les conditions sont réunies, un centre de consultation destiné à effectuer, de façon anonyme, volontaire et gratuite, le dépistage de l'infection par le virus de l'immuno-déficience humaine. Les conditions de fonctionnement du centre et la prise en charge du dépistage sont précisées par un décret pris en Conseil des Ministres sur proposition du ministre chargé de la Santé.
Article 15 : Le ministre chargé de la Santé fixe les modalités de prise en charge des personnes atteintes par le virus de l'immuno-déficience humaine.
Article 16 : L'organisation de la lutte antivectorielle incombe à l'État. Les ministres chargés de la Santé, de l'Administration territoriale, de l'Environnement, de l'Agriculture, des Transports et de la Communication fixent par voie réglementaire les modalités de la lutte contre les épidémies et les endémies à transmission vectorielle.

CHAPITRE IV : TUBERCULOSE ET LEPRE

Article 17 : La tuberculose et la lèpre sont des maladies sociales à déclaration obligatoire dont la prévention et le traitement sont à la charge de l'État.
Article 18 : La prévention de la tuberculose par la vaccination BCG est obligatoire au cours de la première année de la vie sauf contre-indication médicale.
Article 19 : Le malade reconnu atteint de tuberculose bacillifère ou de lèpre peut être astreint à subir un traitement ambulatoire ou à l'hôpital. L'hospitalisation d'office éventuelle est prononcée par un arrêté du Haut Commissaire de la Région ou du District de Bamako.
Article 20 : Lorsque l'état de santé des malades visés à l'Article 19 le nécessite, ils peuvent bénéficier d'un congé maladie de longue durée de six (6) mois avec plein salaire. Ce congé peut être suivi d'un autre de six (6) mois supplémentaires avec demi-salaire. En aucun cas, sa maladie ou le traitement ne peuvent servir de prétexte à son employeur pour mettre fin à son contrat de travail.

Bamako, le 20 juillet 1998

Le Président de la République,
Alpha Oumar KONARE

TEXTES RÈGLEMENTAIRES

DÉCRET n° 07 – 165 / P-RM DU 23 MAI 2007 FIXANT LA LISTE DE MALADIES À DECLARATION OBLIGATOIRE ET LES CONDITIONS DE CETTE DECLARATION[115]

LE PRESIDENT DE LA REPUBLIQUE,

Vu, la Constitution ;
Vu, la loi n° 98-035 du 20 juillet 1998 régissant le contrôle sanitaire aux frontières ;
Vu, la loi n° 98-036 du 20 juillet 1998 régissant la lutte contre les épidémies et les vaccinations obligatoires contre certaines maladies ;
Vu, le décret n° 04-140 / P-RM du 29 avril 2004 portant nomination du Premier ministre ;
Vu, le décret n° 04-141 / P-RM du 02 mai 2004, modifié, portant nomination des membres du gouvernement ;
Vu le décret 04-146 / PRM du 13 mai 2004 fixant les intérims des membres du gouvernement ;

Statuant en Conseil des Ministres

DÉCRÈTE :

CHAPITRE 1 : DE LA LISTE DES MALADIES À DÉCLARATION OBLIGATOIRE

Article 1 : La liste des maladies dont la déclaration à l'autorité sanitaire est obligatoire est fixée comme suit :
a. Maladies à potentiel épidémique : la coqueluche, le choléra, la diphtérie, les fièvres hémorragiques virales, la fièvre jaune, la méningite cérébro-spinale, la rougeole, le paludisme dans le nord Mali, la shigellose ou diarrhée sanglante, la grippe aviaire.
b. Maladies à éradiquer : la poliomyélite antérieure aiguë, la dracunculose ou ver de Guinée. c. Maladies à éliminer : la lèpre, le tétanos, le trachome, la filariose lymphatique. d. Maladies endémiques : la brucellose, le charbon bactérien, la fièvre typhoïde, l'hépatite B, les infections respiratoires aiguës, les infections sexuellement transmissibles, l'infection par le virus de l'immunodéficience humaine ou Vih et le syndrome de l'immunodéficience acquise ou sida, l'onchocercose, le paludisme dans les zones du sud, la rage,

[115] https://www.ilo.org/dyn/natlex/docs/ELECTRONIC/97006/114923/F1994069974/MLI-97006.pdf

la trypanosomiase humaine africaine, la schistosomiase, la tuberculose. e. Autres maladies à déclaration obligatoire : la maladie de Creutzfeldt Jacob, les encéphalopathies herpétiques, la peste, la rage, les toxi-infections alimentaires collectives

CHAPITRE II : DES CONDITIONS DE LA DÉCLARATION OBLIGATOIRE

Article 2 : Tout agent de santé, public ou privé, ayant diagnostiqué un cas de maladie dont la déclaration est obligatoire est tenu de la notifier immédiatement au médecin chef du District sanitaire le plus proche qui en informe le Préfet de cercle et le Directeur régional de la santé.
Article 3 : Le diagnostic des maladies dont la déclaration est obligatoire doit être confirmé dans un laboratoire, public ou privé, habilité par le ministre chargé de la santé.
Article 4 : Les établissements hospitaliers publics transmettent les informations au directeur régional de la santé.

CHAPITRE III : DES DISPOSITIONS FINALES

Article 5 : Les modalités d'application du présent décret sont fixées, en tant que de besoin, par arrêté du ministre chargé de la santé.
Article 6 : Le Ministre de la santé, le Ministre de l'économie et des finances, le Ministre de l'administration territoriale et des collectivités locales sont chargés, chacun en ce qui le concerne, de l'exécution du présent décret.

Bamako, le 23 mai 2007

Le Président de la République,
Amadou Toumani TOURÉ

Le Premier Ministre,
Ousmane Issoufi MAIGA

Le Ministre de la promotion de la femme, de l'enfant et de la famille, Ministre de la santé par intérim,
Madame MAIGA Zeïnab Mint YOUBA

Le Ministre de l'administration territoriale et des Collectivités Locales,
Général Kafougouna KONE

PARTIE VIII

SANTÉ ET ENVIRONNEMENT

SANTÉ (TABAC ET STUPEFIANTS)

TEXTES DE LOIS SUR LE TABAC

LOI n° 10- 033 DU 12 JUILLET 2010 RELATIVE À LA COMMERCIALISATION ET À LA CONSOMMATION DU TABAC ET DES PRODUITS DU TABAC[116]

LE PRESIDENT DE LA REPUBLIQUE DU MALI,

L'Assemblée Nationale a délibéré et adopté en sa séance du 1er Juillet 2010
Le Président de la République promulgue la loi dont la teneur suit :

TITRE I

DISPOSITIONS GÉNÉRALES

CHAPITRE I : DE L'OBJET

Article 1 : La présente loi a pour objet de réglementer, en République du Mali, l'importation, la distribution, la vente, la publicité, la promotion et la consommation du tabac et des autres produits du tabac.

CHAPITRE II : DES DÉFINITIONS

Article 2 : Aux fins de la présente loi, on entend par : « Commerce illicite ›› toute pratique ou conduite interdite par la présente loi, relative a la production, l'expédition, la réception, la possession, la distribution, la vente ou I' achat, y compris toute pratique ou conduite destinée à faciliter une telle activité. "Publicité en faveur du tabac et promotion du tabac" toute forme de communication, recommandation ou action commerciale ayant pour but, effet

[116]https://www.tobaccocontrollaws.org/files/live/Mali/Mali%20-%20Law%20No.%2010-033%20-%20national.pdf

ou effet vraisemblable de promouvoir directement ou indirectement un produit du tabac ou l'usage du tabac. « Lutte antitabac}) toute une série de stratégies de réduction de l'offre, de la demande et des effets nocifs visant à améliorer la sante de la population en éliminant ou en réduisant sa consommation de produits du tabac et l'exposition de celle-ci à la fumée du tabac. « Industrie du tabac ›› les entreprises de fabrication et de distribution en gros de produits du tabac et les importateurs de ces produits. « Produits du tabac ›› des produits fabriques entièrement ou partiellement a partir du tabac en feuilles comme matière première et destines a être fumes, suces ou prises. « Parrainage du tabac ›› toute forme de contribution à tout événement, activité ou personne, ayant pour but, effet ou effet vraisemblable de promouvoir directement ou indirectement un produit du tabac ou l'usage du tabac.

TITRE II

DES MESURES DE PROTECTION CONTRE LE TABAC

CHAPITRE I : DU COMITE NATIONAL DE CONTRÔLE DU TABAC

Article 3 : Il est créé un Comité National de Contrôle du Tabac.
Article 4 : Le Comite National de Controle du Tabac est un organe de concertation sur les politiques nationales de lutte contre la prévalence du tabac. II a pour mission de veiller it l'application des textes en vigueur relatifs à l'importation, à la distribution, à la vente, à la publicité, à la promotion et à la consommation du tabac et des autres produits du tabac.
À ce titre, il est notamment chargé de :
• participer à la définition et veiller à la cohérence de la politique nationale de lutte antitabac ;
• suivre l'évolution de la prévalence du tabagisme et émettre des avis ;
• promouvoir l'information, la sensibilisation des populations sur les dangers du tabac et des autres produits du tabac ;
• donner son avis sur toutes les questions concernant le commerce illicite du tabac et la lutte antitabac qui lui sont soumises par les autorités compétentes en la matière ;
• communiquer au Gouvernement, avant le 31 janvier de chaque année, le rapport de l'année écoulée relatif aux mesures prises pour l'exécution de la présente loi ainsi que sur les modalités de sa mise en œuvre.
Article 5 : Le Comite National de Controle du Tabac comprend les représentants du secteur public, des Collectivités Territoriales, de la diaspora malienne, de la société civile et du secteur privé. L'organisation et les

modalités de fonctionnement du Comite National de Contrôle du Tabac sont fixées par décret.

CHAPITRE II : DES PRODUITS DU TABAC

Article 6 : Conformité à la réglementation
II est interdit de fabriquer, d'irnporter ou de vendre un produit du tabac qui n'est pas conforme aux dispositions de la présente loi ou de tout texte pris en application de celle-ci.
Article 7 : Informations relatives aux produits du tabac
Le fabricant ou l'importateur est tenu, chaque année, pour toutes les marques de produit du tabac qu'il fabrique ou importe, de soumettre au Comité National de Contrôle du Tabac les résultats des tests relatifs à la teneur en nicotine, en goudron et en monoxyde de carbone
Article 8 : Accès aux produits du tabac
II est interdit a toute personne de moins de dix-huit ans de vendre ou de distribuer des cigarettes ou autres produits du tabac. II est interdit de fabriquer ou de vendre des objets, notamment, des bonbons, des snacks et des jouets qui ressemblent à des produits du tabac.
Article 9 : Distributeurs de cigarettes
II est interdit de vendre les cigarettes et autres produits du tabac au moyen d'un distributeur automatique.
Article 10 : Conditions de vente
II est interdit de vendre des cigarettes a moins qu'elles ne se trouvent à l'intérieur d'un paquet.
Article 11 : Livraison des produits du tabac
II est interdit, moyennant paiement, de faire livrer un produit du tabac ou de I' envoyer par le service du courrier, a moins que la livraison ne soit effectuée entre les fabricants, les distributeurs, les grossistes ou les détaillants ou autre personne participant a une activité commerciale légale impliquant des produits du tabac.
II est interdit de faire la publicité d'une offre concernant la livraison ou l'expédition par le service du courrier d'un produit du tabac à l'intérieur du Mali.
Article12 : Informations exigées sur les paquets
Chaque paquet de produits du tabac ainsi que tout emballage extérieur, à l'exclusion des emballages transparents, utilises pour la vente au détail du produit, doit faire mention des avertissements sanitaires. Les fabricants sont tenus de faire figurer sur chaque paquet, cartouche et autres unités de conditionnement, le nom de la marque, les transcriptions en langue française suivantes : "Vente au Mali", le tabac nuit gravement à la santé le nom et le pays d'origine du fabricant et le numéro du lot. II ne doit apparaitre sur le paquet d'un produit du tabac aucun terme ou descripteur pouvant créer une

impression erronée concernant ses effets sur la sante. Pour l'application des dispositions du présent article les operateurs disposent d'un délai de douze (12) mois pour mettre leurs paquets aux normes de marquage requis. Au-delà de ce délais, tout paquet ne portant pas les mentions requises par le présent article sera considère comme illégal et sanctionne conformément aux dispositions prévues au titre III de la présente loi.

CHAPITRE III : DE LA PUBLICITE, DU PARRAINAGE ET DES AUTRES FORMES DE PROMOTION

Article 13 : Sont strictement interdites, toute forme de publicité du tabac et toute activité de promotion du tabac. Les operateurs disposent d'un délai de 03 mois à compter de la publication de la présente loi pour se conformer aux dispositions du présent article. Passe ce délai, tout matériel ou support publicitaire trouve sur le territoire Malien sera considère comme illégal et sanctionne conformément aux dispositions prévues au titre III de la présente loi.

CHAPITRE IV : EXPOSITION À LA FUMEE

Article 14 : II est interdit à toute personne d'exposer une autre personne à la fumée du tabac en dehors des emplacements réservés aux fumeurs.
Article 15 : Il est interdit de fumer dans :
- Les jardins d'enfants et lieux de séjour des enfants ;
- l' enceinte des services publics ;
- Les salles de réunions, de conférences ou de spectacles ;
- les salles de cours pratiques et théoriques ;
- Les réfectoires ;
- Les dortoirs ;
- Les transports publics de personnes ;
- Les salles de cinéma ;
- Les stations services ;
- Les établissements sanitaires publics, prives, communautaires et les hôpitaux ;
- Les établissements pharmaceutiques publics et prives, les dépôts de produits pharmaceutiques publics et prives ;
- Les aéroports et les aéronefs de passagers ;
- Les salles d'attente ;
- Les salles de réception. Toutefois, des zones réservées aux fumeurs peuvent être aménagées dans certains de ces lieux.

TITRE III

DES INFRACTIONS ET PENALITES

Article 16 : Sans préjudice des dispositions du Code Pénal et du Code de Procédure Pénale, les violations des dispositions de la présente loi sont constatées et poursuivies par les agents habilites du ministère charge du Commerce, conformément aux dispositions de l'Ordonnance n° 07-025/PRM du 18 juillet 2007 portant organisation de la Concurrence.

Article 17 : Sont passibles d'une peine d'emprisonnement de un a cinq ans et d'une amende de 250 000 à 10 000 000 de francs ou de l'une des deux peines seulement, ceux qui auront enfreint les dispositions des articles 6, 7, 8, 9, 11 et 12 ci - dessus.

Article 18 : Sera puni d'une amende de 300 à 18 000 francs et facultativement d'un emprisonnement d'un à dix jours celui qui aura contrevenu aux dispositions de l'article 10 ci-dessus.

Article 19 : Sont passibles d'une peine d'emprisonnement de un à quinze jours et d'une amende de 200 000 à 2 000 000 de francs ou de l'une de ces deux peines seulement, ceux qui auront enfreint a l'interdiction de publicité, de parrainage et autres formes de promotion du tabac.

Article 20 : Sera passible d'une peine d'emprisonnement de un à quinze jours et d'une amende de 5 000 à 25 000 francs ou de l'une de ces deux peines seulement, toute personne qui aura fume en dehors des emplacements réservés aux fumeurs en violation des dispositions de l'article 15 ci-dessus.

TITRE IV

DISPOSITIONS FINALES

Article 21 : Un décret pris en Conseil des Ministres détermine les modalités d'application de la présente loi.

Article 22 : La présente loi abroge la Loi n° 96-041 du 7 août 1996 portant restriction de la publicité

Bamako, le 12 Juillet 2010

Le President de la République
Amadou Toumani TOURÉ

LOI n° 96 – 041 PORTANT RESTRICTION DE LA PUBLICITE ET DE L'USAGE DU TABAC[117]

L'Assemblée nationale a délibéré et adopté en sa séance du 29 juin 1996 ;
Le Président de la République promulgue la loi dont la teneur suit

Article 1 : La publicité en faveur des tabacs, cigarettes et cigares est interdite à la télévision, à la radio, dans les salles de cinéma et sur certains panneaux publicitaires.

Article 2 : Il est interdit de fumer dans les lieux suivants :
- salles de réunions, de conférences ou de spectacles ;
- salles de cours pratiques et théoriques ;
- réfectoires ;
- dortoirs ;
- transports publics de personnes ;
- salles de cinéma ;
- stations services ;
- établissements sanitaires publics, privés, communautaires, hôpitaux ;
- établissements pharmaceutiques publics et privés, les dépôts de produits pharmaceutiques publics et privés ;
- bureaux des services publics ;
- jardins d'enfants et lieux de séjour des enfants ;
- aéroports et à bord des aéronefs de passagers ;
- salles d'attente ;
- salle de réception.

Toutefois, des zones réservées aux fumeurs peuvent être aménagées dans certains de ces lieux.

Article 3 : Les fabricants ou les détenteurs de monopole des produits du tabac sont tenus d'imprimer sur les paquets, étuis, pochettes, boîtes, cartouches ou autres formes d'emballage, les mentions suivantes :
- « vente au Mali »,
- « dangereux pour la santé » loi n° _____ du _____

Ils doivent, en outre, préciser sur les paquets, étuis, pochettes, boîtes, cartouches ou autres formes d'emballage la teneur en goudron et en nicotine.

Article 4 : Sera puni d'une amende de 20.000 à. 200.000 FCFA quiconque aura enfreint à l'interdiction de publicité prévue à l'article 1er ci-dessus.

Sera puni de la même peine tout fabricant ou détenteur de monopole des produits du tabac, qui n'aura pas respecté l'obligation d'impression des mentions spéciales prévues à l'article 3 de la présente loi.

Article 5 : Sera puni d'une amende de 300 à 18. 000 FCFA, quiconque aura fumé dans un des lieux cités à l'article 2 ci-dessus.

---

[117] http://www.otaf.info/files/public/docs/legislation/mli-19960807-loi-96-041.pdf

Article 6 **:** Un délai de douze (12) mois, à compter de la date de promulgation de la présente loi, est accordé aux fabricants et détenteurs de monopole des produits du tabac pour se conformer aux dispositions de l'article 3 ci -dessus.
.

Article 7 **:** Un décret pris en Conseil des ministres fixe les modalités d'application de la présente loi.

Bamako, le 7 août 1996

Le Président de la République, Alpha Oumar KONARE

TEXTES RÈGLEMENTAIRES SUR LE TABAC

DÉCRET n° 2012- 3 4 3 /P-RM DU 2 7 JUIN 2012 DETERMINANT LES MODALITÉS D'APPLICATION DE LA LOI n° 10-033 DU 12 JUILLET 2010 RELATIVE À LA COMMERCIALISATION ET À LA CONSOMMATION DU TABAC ET DES PRODUITS DU TABAC[118]

LE PRESIDENT DE LA REPUBLIQUE,

Vu la Constitution ;
Vu la Loi n° 92-002 du 27 août 1992 modifiée, portant Code de Commerce en République du Mali ;
Vu la Loi n° 0 1-020 du 30 mai 2001 relative aux pollutions et aux nuisances ;
Vu la Loi n° 0 1-75 du 18 Juillet 2001 instituant le Code des Douanes en République du Mali ;
Vu la Loi n° 0l-079 du 20 août 2001 portant Code pénal ;
Vu la Loi n° 0 1-080 du 20 août 2001 portant Code de procédure pénale ;
Vu la Loi n° 1 0-033 du 12 juillet 2010 relative à la commercialisation et à la consommation du tabac et des produits du tabac ;
Vu le Décret n° 2012-193/P-RM du 17 avril2012 portant nomination du Premier ministre· ;
Vu le Décret n° 2012-194/P-RM du 24 avril 2012 portant nomination des membres du Gouvernement ;
Vu le Décret n° 2012-222/P-RM du 11 mai 2012 fixant les intérims des membres du Gouvernement ;

STATUANT EN CONSEIL DES MINISTRES,

DECRETE :

TITRE I

DISPOSITIONS GÉNÉRALES

Article 1er : Le présent décret détermine les modalités d'application de la Loi n° 10-33 du 12 juillet 2010 relative à la commercialisation et à la

---

[118]https://www.tobaccocontrollaws.org/files/live/Mali/Mali%20-%20Decree%20No.%202012-343%20-%20national.pdf

consommation du tabac et des produits du tabac.

TITRE II

DES MESURES DE PROTECTION CONTRE LE TABAC

CHAPITRE I : DES INFORMATIONS RELATIVES AUX PRODUITS DU TABAC

Article 2 : Le fabricant ou l'importateur est tenu, avant la mise en vente sur le marché national de tout nouveau produit du tabac, de soumettre au Comité National de Contrôle du Tabac, les résultats des tests relatifs à la teneur en nicotine, en goudron et en monoxyde de carbone.
Les produits se trouvant sur le marché feront l'objet d'une déclaration, au Comité National de Contrôle du Tabac, dans les trois (3) mois suivant l'adoption du présent décret.
Cette déclaration7 sousforme de lettre signée, doit contenir les informations suivantes :

• le nom du fabricant ;
• le nom de 1' importateur ;
• la marque ;
• le pays d'origine ;
• les teneurs en nicotine, goudron et monoxyde de carbone.

Article 3 : Le Comité National de Contrôle du Tabac peut soumettre les résultats des tests visés à l'article 2, à la contre-expertise du laboratoire de son choix.
Au cas où les résultats transmis par le fabricant ou l'importateur se révèlent erronés, le Comité National de Controle·du Tabac saisit les-services techniques compétents de l'État, aux fins de procéder à la saisie et à la destruction des produits concernés, sans préjudice des sanctions prévues à l'article 17 de la Loi n° 10-033 du 12 juillet 2010 relative à la consommation et à la commercialisation du tabac et des produits du tabac.
Article 4 : Le Comité National de Contrôle du Tabac saisit également les services techniques compétents de l'État, pour procéder à la saisie et à la destruction de tout produit du tabac mis sur 1e marché national et pour lequel les résultats des tests relatifs à la teneur en nicotine, en goudron et en monoxyde de carbone ne lui ont pas été soumis, sans préjudice des poursuites judiciaires prévues en la matière.

CHAPITRE II : DES INFORMATIONS EXIGEES SUR LES PAQUETS, CARTOUCHES ET AUTRES UNITES DE CONDITIONNEMENT DU TABAC ET DES PRODUITS DU TABAC

Article 5 : Chaque paquet, cartouche et autre unité de conditionnement de produits du tabac, mis à la consommation du public, doit porter l'avertissement sanitaire suivant : « Le tabac nuit gravement à la santé. ».

Article 6 : L'avertissement sanitaire couvre 30 % de chacune des deux (2) faces principales du paquet, cartouche et autre forme de conditioMement de produits du tabac.

Il est imprimé en caractères gras « Helvetica » noirs, indélébiles et parfaitement lisibles, sur fond blanc et èn minuscules, sauf pour la première lettre du message, sur la partie inférieure du paquet, de la cartouche ou de toutes autres formes de conditionnement du tabac et des produits du tabac, parallèlement au bord inférieur, le tout étant contenu dans un encart dont les bordures sont en couleur noire et d'une épaisseur minimale de 3 mm.

Article 7 : Les paquets, cartouches et autres formes de condiüonnement du tabac et des produits du tabac, fabriqués au Mali ou importés, destinés à être commercialisés sur le marché malien, doivent porter et de façon parfaitement lisible, sur l'une des faces latérales, en caractères « Helvetica », les indications et informations suivantes : « Fabriqué ou vente au Mali », le nom et le pays d'origine du fabricant, ainsi que les teneurs en nicotine, en goudron et en monoxyde de carbone.

Les mentions relatives au numéro du lot et à la· marque doivent apparaître de façon très lisible. Elles peuvent être imprimées ou gravées sur une ou plusieurs faces.

Article 8 : Les tailles minimales des indications et informations exigées sont définies comme suit :

Pour les produits fabriqués localement :

- « Fabriqué au Mali » : 2 mm ;
- « Vente au Mali » : 2 mm ;
- « Nom du fabricant » : 2 mm.

Pour les produits importés :

- « Vente au Mali » : 2 mm ;
- « Nom du fabricant » : 1 mm ;
- « Pays d'origine du fabricant » : l mm.

Les mentions relatives aux teneurs en goudron, en nicotine et en monoxyde de carbone sont imprimées horizontalement sur l'une des faces latérales du paquet ou de la cartouche et doivent couvrir au moins J 0 % de la surface correspondante.

Article 9 : Un arrêté intenninistériel des ministres chargés de l'Industrie, de la

Santé et de l'Environnement fixe les teneurs maximales en goudron, en nicotine ct en monoxyde de carbone.
Article 10 : Les fabricants et importateurs de tabac et de produits du tabac disposent d'un délai de douze (l2) mois, à compter de la date de publication du présent décret au Journal officiel, ·pour se conformer aux dispositions des articles 5 à 8.
Les contrevenants à cette disposition s'exposent aux sanctions prévues à l'article 17 de la Loi n° 10-033 du 12 juillet 2010 relative à la consommation et à la commercialisation du tabac et des produits du tabac.

CHAPITRE III : DE LA PUBLICITE, DU PARRAINAGE ET DES AUTRES FORMES DE PROMOTION DU TABAC.

Article 11 : Sont strictement interdites, sur toute l'étendue du territoire national, toute forme de publicité tendant à promouvoir, à l'égard du public, le tabac ou les produits du tabac, ainsi que toute activité de parrainage et de promotion desdits produits, à travers notamment :
• les émissions radiodiffusées ou télévisées ;
• les articles de presse et les présentations sur les sites Internet ;
• l es projections ou annonces dans les salles de spectacles et d'autres lieux publics ;
• les affiches, les panneaux et les prospectus.
Article 12 : Il est strictement interdit toute forme de communication sur le tabac et les produits du tabac destinée à être lue, vue ou entendue par plus d'une personne à la fois, ainsi que des diffusions individuelles effectuées vers plusieurs personnes.
Article 13 : L'offre, la remise, la distribution, à titre gratuit, du tabac et des produits du tabac, revêtant une forme déguisée de promotion, sont interdites.
Article 14 : Il est strictement interdit toute propagande en faveur du tabac et des produits du tabac qui, par son vocabulaire, son graphisme, sa fonne, la combinaison de ses couleurs ou logos sur les points de vente, constitue une publicité indirecte ou déguisée vers le public.
Article 15 : Les dispositions des articles 11à 14 ci-dessus cités ne s'appliquent pas à la conununication entre-professionnels du domaine et aux points de vente du tabac et des produits du tabac au Mali.
Article 16 : Tout manquement aux dispositions des articles 11 à 14 ci-dessus expose le contrevenant aux sanctions prévues à l'article 19 de la Loi n° 1 0-03 3 du 12 juillet 2010 relative à la commercialisation et à la consommation du tabac et des produits du tabac.

CHAPITRE IV : DE L'EXPOSITION À LA FUMEE DU TABAC

Article 17 : Des zones réservées aux fumeurs peuvent être aménagées dans les aéroports.
Lesdites zones sont des salles closes dans lesquelles aucune prestation de service n'est délivrée et où les tâches d'entretien et de maintenance ne peuvent y être exécutées sans que l'air ait été renouvelé, en l'absence de tout occupant, pendant au moins une heure.
Les zones réservées aux fumeurs respectent les normes suivantes :
• être interdites aux personnes âgées de moins de 18 ans ;
• être identifiées comme « zone fumeur » ;
• être équipées d'un dispositif d'extraction d'air par ventilation mécanique permettant un renouvellement d'air minimal de dix (10) fois le volume d'air contenu dans l'espace aménagé, par heure. Ce dispositif est entièrement indépendant du système de ventilation ou de climatisation d'air du bâtiment. Le local est maintenu en dépression continue d'air d'au moins cinq (5) pascals par rapport aux pièces communicantes ;
• être dotées de fermetures automatiques sans possibilité d'ouverture non intentionnelle ;
• ne pas consister en un lieu de passage.

CHAPITRE V : DE LA CONSTATATION, DE LA POURSUITE ET DE LA REfRESSION DES INFRACTIONS

Article 18 : Les violations des dispositions de la Loi n° 10·-033 du 12 juillet 2010 relative à la commercialisation et à la consommation du tabac et des produits du tabac sont constatées par les officiers de police judiciaire, les agents des services de douanes et les agents habilités du Ministère chargé du Commerce.
À cet effet, ils dressent un procès verbal qui est transmis aux autorités judicaires compétentes.
Article 19 : La poursuite et la répression des infractions aux dispositions de la Loi n° 10-033 du 12 juillet 2010 relative à la commercialisation et à la consommation du tabac et des produits du tabac relèvent de la compétence des autorités judiciaires.
Toutefois, les officiers de police judiciaire, les agents des services de douanes et les agents habilités du Ministère chargé du Commerce sont autorisés à transiger pour les infractions visées à l'article 15 de la Loi n° 10-033 du 12 juillet 2010 relative à lacommercialisation et à la consommation du tabac et des produits du tabac.

TITRE III

DISPOSITIONS FINALES

Article 20 : Le présent décret abroge toutes dispositions antérieures contraires, notamment le Décret n° 97-0162/P-RM du 07 mai 1997 fixant les modalités d'application de la Loi n° 96041 du 07 août 1996 portant restriction de la publicité et de l'usage du tabac.

Article 21 : Le ministre du Commerce, des Mines et de l'Industrie, le ministre de la Santé, le ministre de l'Energie, de l'Eau et de l'Environnement, le ministre de l'Equipement, des Transports, du Logement et de l'Urbanisme, le ministre de la Sécurité Intérieure et de la Protection Civile, .le ministre de l'Economie, des Finances et du Budget, le ministre de la Justice, Garde des Sceaux, le ministre de la Jeunesse, du Travail, de l'Emploi et de la Formation Professionnelle, le ministre de l'Economie, des Finances et du Budget et le ministre de l'Artisanat, de la Culture et du Tourisme sont chargés, chacun en ce qui le concerne, de l'exécution du présent décret qui sera enregistré et publié au Journal officiel.

Bamako, le 2 7 JUIN 2012

P /Le Président de la République par intérim,
Le Premier ministre
Docteur Cheick Mohamed Abdoulaye Souad dit Modibo DIARRA

Le Ministre de la Santé
Soumana Makadji

Le ministre de l'Agriculture, de l'Elevage et de la Pêche,
Moussa Léo SIDIBE

Le ministre de la Justice et des gardes Sceaux,

Malick COULIBALY

DÉCRET n° 97-162-PRM DU 7 MAI 1997 FIXANT LES MODALITÉS D'APPLICATION DE LA LOI PORTANT RESTRICTION DE LA PUBLICITE ET DE L'USAGE DU TABAC[119]

LE PRESIDENT DE LA REPUBLIQUE ;

Vu la constitution ;
Vu la loi n°96-041 du 07 Aout 1996 portant restriction de la publicité et de l'Usage du tabac
Vu le décret n° 94-064/PRM du 04 Février 1994 Portant nommination du premier ministre
Vu le décret n°96-206/PRM du 22 juillet 1996 Portant nommination des membres du gouvernement

STATUANT EN CONSEIL DES MINISTRES

DECRETE :

Article 1 : Le present decret fixe les modalités d'application de la loi n°96-041 du 07 août 1996 Portant restrction de la publicité et l'usage du tabac
Article 2 : L'interdiction de publicité en faveur du tabac, de cigarettes et sigare ne s'applique pas aux supports publictaires.
- Panneaux et banderoles deployés à l'occasion de certains evenements lorsque la marque de la firme est engagée dans le parrainage de l'action et uniquement sur les lieux de l'action ;
- Gadget portant la marque de la firme ;
- Vêtements
Article 3 : Des zones pour fumeurs doivent être amenagées dans les aeroports et dans certaines salles d'attentes. Ces zones doivent être amenagées de facon à preserver les nons fumeurs des effets du tabac.
Article 4 : Le ministre de la santé, de la solidarité, et des personnes agées, le ministre de la justice et des gardes sceaux, le ministre de l'administration territoriale et la sécurité, le ministre de la culture et de la communication, porte parole du gouvernement sont chargés chacun en ce qui le concerne, de l'exécution du present decret qui sera enregistré et publi é au journal officiel.

---

[119] http://www.sante.gov.ml/index.php/nep-mali/item/2452-decret-97-162-limitation-usage-du-tabac

Bamako le 07 mai 1997

Le président de la Republique
Alpha Oumar KONARE

ARRÊTÉ INTERMINISTERIEL n° 2019-1184/MCCMEF-MDIPI/SG DU 17 AVRIL 2019 INSTITUANT UN SYSTEME DE SUIVI ET DE TRAÇABILITE DES PRODUITS DU TABAC FABRIQUES ET IMPORTES AU MALI[120]

LE MINISTRE DU COMMERCE ET DE LA CONCURRENCE,
LE MINISTRE DE L'ECONOMIE ET DES FINANCES,
LE MINISTRE DU DEVELOPPEMENT INDUSTRIEL ET DE LA PROMOTION DES INVESTISSEMENTS,

ARRÊTENT :

CHAPITRE I : CHAMP D'APPLICATION

Article 1 : Le présent arrêté a pour objet d'instaurer un système de suivi et de traçabilité des produits du tabac fabriqués ou importés en République du Mali. Ce système permettra à l'État de contrôler efficacement la chaîne logistique des produits du tabac et de détecter et prévenir tout commerce illicite s'y rapportant.

Article 2 : Au sens du présent arrêté, on entend par :

« suivi et traçabilité » : le contrôle systématique et la reconstitution, par les autorités compétentes ou par toute autre personne agissant en leur nom, du parcours ou des mouvements des articles tout le long de la chaîne logistique ;

« tabac » : une plante herbacée de la famille des solanacées dont les feuilles sont riches en nicotine, travaillées et présentées sous diverses formes pour la consommation ;

« produits du tabac » : des produits fabriqués entièrement ou partiellement à partir de tabac en feuilles comme matière première et destinés à être fumés, sucés, chiqués, prisés ;

« paquet » : le plus petit conditionnement individuel d'un produit du tabac mis sur le marché au détail pour les consommateurs ;

« cartouche » : le conditionnement qui contient les paquets ;

« carton » : le conditionnement qui contient les cartouches ; « unité de conditionnement » : paquet, cartouche, carton ou toute autre forme de conditionnement des produits du tabac ;

« conditionnement extérieur » : tout conditionnement dans lequel les produits du tabac sont mis sur le marché, comprenant une unité de conditionnement ou un ensemble d'unités de conditionnement. Les suremballages transparents ne sont pas considérés comme des emballages extérieurs ;

« commerce illicite » : toute pratique ou conduite interdite par la loi, relative à la production, l'expédition, la réception, la possession, la distribution, la

[120] http://sgg-mali.ml/JO/2019/mali-jo-2019-14.pdf

vente ou l'achat, y compris toute pratique ou conduite destinée à faciliter une telle activité ;
« chaîne logistique » : comprend la fabrication, l'importation, le transport, la distribution, l'entreposage, la vente en gros ou l'exportation des produits du tabac ;
« marque unique d'identification » : le code alphanumérique imprimé de façon inamovible sur les unités de conditionnement extérieur d'un produit, qui fournit une identification unique, sécurisée et inamovible pour le produit. Il permet d'accéder à des informations relatives aux mouvements des produits du tabac sur la chaîne logistique.

CHAPITRE II : MARQUAGES SECURISES

Article 3 : Les paquets, les cartouches, les cartons et tous les autres conditionnements des produits du tabac, à l'exclusion des suremballages transparents, doivent porter une marque unique d'identification générée sur ligne de production sous le contrôle du gouvernement et imprimée sous la forme de codes sécurisés, de façon inamovible et indélébile.
La marque unique d'identification doit être imprimée sous la forme d'un code alphanumérique à plusieurs caractères lisible machine et repris sous la forme d'un code lisible par l'humain.
Le code lisible machine mis en œuvre par le fabricant doit utiliser toute norme de codage AIM, ANCI, GS1 ou ISO pour permettre son interopérabilité.
Article 4 : La marque unique d'identification n'est en aucun cas interrompue, ni masquée sous quelque forme que ce soit. Elle contient les renseignements suivants :
- la date et le lieu de fabrication ;
- la date limite de consommation ;
- l'unité de fabrication ;
- la description du produit ;
- le marché sur lequel le produit est destiné à être vendu au détail.

Article 5 : Les fabricants des produits du tabac sont tenus d'installer le système standard adéquat pour le marquage des codes générés de façon sécurisée à la volée sur les lignes d'emballage de leurs unités de fabrication.
Les importateurs des produits du tabac ont l'obligation de faire imprimer les marques uniques d'identification sur les produits par leurs fournisseurs avant leur entrée sur le territoire national.
Article 6 : Les paquets et cartouches des produits du tabac destinés à la vente en gros ou en détail sur le marché intérieur du Mali doivent comporter l'indication « Vente autorisée au Mali ».

CHAPITRE III : ENREGISTREMENT ET ACCESSIBILITE DES INFORMATIONS

Article 7 : Aux fins de suivi, de traçabilité et de contrôle, les renseignements indiqués à l'article 4 ci-dessus et les informations ci-après sont dûment enregistrés dans des traitements automatisés de données des fabricants.
Les fabricants et les importateurs veillent à mettre à disposition des autorités et des agences de détection et de répression, au moyen d'un lien ou d'une plateforme informatique dédiée par le gouvernement, les informations suivantes :
- la machine utilisée pour fabriquer les produits du tabac ;
- l'équipe de production ou l'heure de fabrication ;
- le nom de l'importateur et le cas échéant du premier acheteur qui n'est pas affilié au fabricant ou à l'importateur, le numéro de facture, le numéro de commande et l'état de paiement pour la vente au premier client indépendant ;
- le lieu d'entreposage et d'expédition du produit, le cas échéant ;
- le marché sur lequel le produit est destiné à être vendu au détail.

Article 8 : La totalité des informations enregistrées dans les traitements automatisés de données des fabricants et des importateurs est envoyée dans une base de données centrale située au ministère chargé du Commerce.

Article 9 : Les informations de la base de données centrale sont exploitées pour le suivi et la traçabilité des produits du tabac et pourraient être exploitées également pour le contrôle des volumes de fabrication et d'importation par les services de détection et de répression du ministère du Commerce et de la Concurrence et du ministère de l'Economie et des Finances.
Les renseignements indiqués à l'article 7 ci-dessus sont accessibles, aux États parties au Protocole pour éliminer le commerce illicite des produits du tabac, au moyen d'un lien établi par l'autorité chargée de l'administration de la base de données centrale dans le cadre du régime mondial de suivi et de traçabilité.

Article 10 : Les fabricants et les importateurs tiennent des registres de toutes les transactions pertinentes qui sont conservés pendant trois (03) ans.

Article 11 : Les produits du tabac importés pour la mise à la consommation en République du Mali doivent être acheminés vers les bureaux de douane en vue d'accomplir les formalités de dédouanement.

Article 12 : Les cartons, cartouches et paquets des produits du tabac importés ou fabriqués pour la mise à la consommation en République du Mali doivent répondre aux exigences en vigueur en matière de marquage et d'étiquetage.

CHAPITRE IV : DES DISPOSITIONS TRANSITOIRES ET FINALES

Article 13 : La fabrication, l'importation, le transport, la vente et la détention en vue de la vente des produits du tabac sans marque unique d'identification ou comportant des marques uniques d'identification non conformes aux

dispositions du présent arrêté sont interdites.
Article 14 : Les fabricants ou importateurs soumis au marquage unique d'identification, exerçant en République du Mali, disposent d'un délai maximum de trente-six (36) mois pour se conformer aux dispositions du présent arrêté.
Article 15 : Les infractions aux dispositions du présent arrêté sont constatées, poursuivies et réprimées conformément à la règlementation en vigueur.
Article 16 : Le présent arrêté abroge toutes dispositions antérieures contraires.
Article 17 : Le Directeur Général du Commerce, de la Consommation et de la Concurrence, le Directeur Général des Douanes et le Directeur National de l'Industrie sont chargés, chacun en ce qui le concerne, de l'exécution du présent arrêté interministériel qui sera enregistré et publié au Journal officiel.

Bamako, le 17 avril 2019

Le ministre, Alhassane AG HAMED MOUSSA
Le ministre, Docteur Boubou CISSÉ

TEXTES DE LOIS SUR LES STUPEFIANTS

LOI n° 83-14 RELATIVE À LA RÉPRESSION DES INFRACTIONS EN MATIERE DE SUBSTANCES VENENEUSES ET DE STUPEFIANTS[121]

L'Assemblée nationale a délibéré et adopté en sa séance du 31 mai 1983
Le Président de la République promulgue la loi dont la teneur suit :

Article 1 : Sont considérées comme vénéneuses les substances ou plantes dont la liste sera fixée par décret pris en Conseil des ministres sur préparation du Ministre de la santé publique. Sont considérées comme stupéfiants les substances vénéneuses dont la liste sera également fixée par décret pris dans les mêmes conditions que ci-dessus.
Article 2 : Sont interdits la culture, la production, la fabrication, l'extraction, la préparation, la détention, l'offre, la mise en vente, l'achat, la livraison a quelque titre que ce soit, le courtage, l'envoi, l'expédition en transit, le transport, l'importation et l'exportation des substances vénéneuses et des stupéfiants et, d'une manière générale, toutes opérations agricoles, industrielles ou commerciales relatives a ces substances. Des autorisations spéciales peuvent être délivrées par le Ministre de la santé publique à des fins thérapeutiques, de recherches médicales ou scientifiques.
Article 3 : Seront punis de cinq a dix années de travaux forcés et d'une amende de 200 000 à 2 000 000 de francs ceux qui auront commis les infractions mentionnées à l'article 2 ci-dessus en ce qui concerne les plantes ou substances vénéneuses non classées comme stupéfiants. Toutefois, lorsque le crime aura consisté dans la production, la fabrication, l'importation ou l'exportation illicite des stupéfiants, la peine sera celle des travaux forces à perpétuité et de 50 millions à 100 millions de francs d'amende
La tentative d'une des infractions prévues par l'alinéa précédent sera punie comme le crime consommé. Il en sera de même en cas d'entente ou d'association pour commettre ces infractions. Les peines prévues aux deux alinéas précédents pourront être prononcées alors même que les divers actes qui constituent les différents éléments de l'infraction auront été accomplis dans des pays différents.

---

[121]https://sherloc.unodc.org/cld/uploads/res/document/mli/loi-83-14_html/mali-loi_stupefiants.pdf

Article 4 : Seront punis de cinq à dix années de travaux et d'une amende de 250 000 à 25 millions de francs ou de l'une de ces deux peines seulement :
- Ceux qui, au moyen d'ordonnances fictives ou d'ordonnances médicales de complaisance se seront fait délivrer ou auront tenté de se faire délivrer des substances ou plantes classées comme stupéfiants ;
- Ceux qui auront délivré lesdites ordonnances de complaisance ;
- Ceux qui, connaissant le caractère fictif ou de complaisance de ces ordonnances, sur la présentation qui leur en a été faite, auront délivré lesdites substances ou plantes ;
- Ceux qui auront facilité à autrui l'usage desdites substances ou plantes à titre onéreux ou Ã titre gratuit, soit en procurant dans ce but un local, soit par tout autre moyen.
Lorsque l'usage desdites substances ou plantes aura été facilité à un ou des mineurs de moins de 21 ans ou lorsque ces substances ou plantes auront été délivrées dans les conditions prévues au 3ème alinéa du présent article, la peine sera de cinq à dix années de travaux forcés.
Article 5 : Les peines prévues à l'article précédent sont encourues par tout propriétaire, usufruitier possesseur, locataire ou occupant :
- D'un terrain affecté à la culture des stupéfiants ;
- D'un immeuble où se pratiquent la production, la fabrication, la transformation, l'extraction ou la préparation des stupéfiants ;
-D'un véhicule ayant servi au transport de stupéfiants lorsque la preuve aura été faite qu'ils ont eu connaissance de cette utilisation sans s'y opposer.
Article 6 : Dans tous les cas prévus aux articles précédents, la cour d'assises ordonnera la confiscation :
- Des substances ou plantes saisies ;
- Des moyens de transport dont le propriétaire aura autorisé ou toléré l'emploi à des fins interdites par la présente loi ;
- Des objets mobiliers ayant servi à la culture, à la production, la fabrication, la transformation, l'extraction, la préparation desdites plantes ou substances.
Les plantes ou substances saisies sont détruites. Un arrêté conjoint du Ministère de la défense nationale et du Ministère de la santé publique fixe les conditions de destruction. Toutefois, les autorités médicales pourront en prélever, aux fins de recherches scientifiques ou thérapeutiques, dans les conditions qui seront déterminées par le Ministre de la santé publique.
Article 7 : Dans tous les cas prévus aux articles précédents, la cour d'assises pourra également ordonner la fermeture temporaire ou définitive de tout hôtel, maison meublée, pension, débit de boissons, restaurant, lieu de spectacle ou de danse ou tout autre lieu ouvert au public lorsque les infractions prévues par la présente loi y auront été commises ou tolérées par l'exploitant. La cour pourra ordonner en outre la confiscation des ustensiles et meubles dont les lieux sont décorés.

Article 8 : Seront punis de cinq à dix années de travaux forcés et d'une amende de 200 000 à 2 millions de francs ou de l'une de ces deux peines seulement ceux qui auront de manière illicite fait usage de l'une des substances ou plantes visées à l'article premier de la présente loi.
Article 9 : Toute personne prévenue ou accusée de tentative d'usage illicite de stupéfiants pourra, après expertise médicale, être astreinte par décision motivée de la juridiction d'instruction ou de jugement à une cure de désintoxication dans les conditions fixées par la réglementation en vigueur. Dans ce cas, la juridiction saisie pourra ne pas prononcer de peine. Ceux qui auront refusé de se soumettre à la cure de désintoxication seront punis des peines prévues à l'article 8.
Article 10 : La juridiction prononcera en outre :
- L'interdiction des droits civiques, civils et de famille ;
-L'interdiction de séjour, le retrait du passeport, le retrait du permis de conduire.
Article 11 : Les peines prévues par la présente loi seront portées en double en cas de récidive dans les conditions de l'article 13 du Code pénal.
Article 12 : Concurremment avec les agents de l'autorité administrative ou judiciaire, les agents de l'agriculture, des Eaux et Forêts, des Douanes, des Affaires économiques et les inspecteurs de pharmacie sont habilités à rechercher et à constater toutes infractions à la loi. Lorsque les infractions prévues par la présente loi auront été constatées cumulativement avec les infractions douanières, la transaction n'éteindra pas l'action publique à l'égard des infractions relatives au trafic illicite des substances vénéneuses des stupéfiants. Les contrevenants seront, après transaction éventuelle, obligatoirement déférés à l'autorité judiciaire compétente.
Article 13 : Des visites, perquisitions et saisies pourront être faites à toute heure du jour et de la nuit dans les locaux où sont fabriqués, transformés ou entreposés les stupéfiants. Article 14 : Sans préjudice des dispositions des articles 19 et 20 du Code pénal, seront punis de cinq Ã dix années de travaux forcés et d'une amende de 500 000 à 5 millions de francs ou de l'une de ces deux peines seulement ceux qui, par un moyen quelconque, auront incité autrui à commettre les infractions prévues par le présent texte alors même que cette provocation n'aurait pas été suivie d'effets, ou qu'ils les auront présentées sous un jour favorable.
Article 15 : Seront punis des peines prévues à l'article précédent ceux qui, par un moyen quelconque, auront provoqué, alors même que cette provocation n'aurait pas été suivie d'effets, à l'usage de substances présentées comme ayant l'effet de substances ou plantes stupéfiantes, [si que] ceux qui auront provoqué au moyen d'un écrit, même introduit de l'étranger, de la parole ou de l'image, même si celles-ci ont été émises de l'étranger, pourvu qu'elles aient été perçues au Mali.

Article 16 : La cure de désintoxication prévue par l'article 10 de la présente loi sera subie soit dans un établissement spécialisé, soit sous surveillance médicale. L'autorité judiciaire sera informée de son déroulement et de ses résultats par le médecin responsable. Un décret fixera les conditions dans lesquelles la cure sera exécutée. Les dépenses d'aménagement des établissements de cure ainsi que les frais d'hospitalisation, de cure et de surveillance entraînés par l'application de l'article 10 seront pris en charge par l'État et prévus par un budget constitué en partie par des prélèvements effectués sur les amendes infligées aux personnes condamnées pour les infractions prévues par la présente loi.
Article 17 : Des décrets d'application fixeront les mesures sanitaires, sociales, éducatives et préventives ainsi que les moyens propres à lutter contre l'usage illicite et abusif des substances vénéneuses et des stupéfiants.
Article 18 : Pour le jugement des infractions prévues par la présente loi, il sera fait application des dispositions de l'ordonnance No 35/CMLN du 31 juillet 1973 instituant une procédure spéciale en matière de vols qualifiés.

Bamako, le 1er septembre 1983

Le Président de la République,
Général Moussa Traore

LOI n° 62-56 / AN-RM AUTORISANT LE GOUVERNEMENT À ADHERER À LA CONVENTION UNIQUE SUR LES STUPEFIANTS[122]

L'Assemblée nationale de la République du Mali,

Vu la Constitution de la République du Mali ;
Vu la Convention Unique sur les stupéfiants adoptée le 30 mars 1961 à New York ;

À délibéré et adopté la loi dont la teneur suit :
Article unique : L'adhésion de la République du Mali à la Convention unique des stupéfiants est autorisée.

Fait et délibéré en séance publique à Bamako, le 6 août 1962.

Pour le Président de l'Assemblée nationale,
Le Premier Vice-président, Yacouba MAIGA.
Le Secrétaire de séance, Amadou THIOYE.

---

[122] http://www.sante.gov.ml/index.php/nep-mali/item/2450-loi-62-56-adhesion-convention-stupefiants

LOI n° 95-045 AUTORISANT L'ADHESION DE LA REPUBLIQUE DU MALI À LA CONVENTION DES NATIONS UNIES CONTRE LE TRAFIC ILLICITE DES STUPEFIANTS ET DES SUBSTANCES PSYCHOTROPES, ADOPTEE À VIENNE LE 20 DÉCEMBRE 1988[123]

L'Assemblée nationale délibéré et adopté en sa séance du 14 juillet 1987 ;
Le Président de la République promulgue la loi dont la teneur suit :

Article unique : Est autorisée l'adhésion de la République du Mali à la Convention des Nations unies contre le trafic illicite des stupéfiants et des substances psychotropes, adoptée à Vienne le 20 décembre 1988.

Bamako, le 12 juin 1995

Le Président de la République,
Alpha Oumar KONARE

---

[123]www.sante.gov.ml/index.php/nep-mali/item/2449-loi-95-045-adhesion-a-la-convention-de-vienne

LES TEXTES RÈGLEMENTAIRES SUR LES STUPEFIANTS

DÉCRET n° 96 – 302 / PRM PORTANT CRÉATION D'UNE COMMISSION NATIONALE DE LUTTE CONTRE LA DROGUE[124]

LE PRESIDENT DE LA REPUBLIQUE,

Vu la Constitution ;
Vu le Décret n° 95-230 / PRM du 22 juin 1995 portant adhésion de la République du Mali à la Convention sur les substances psychotropes adoptée à Vienne le 21 février 1971 ;
Vu le décret 95-231 / PRM du 22 juin 1995 portant adhésion de la République du Mali au Protocole portant modification de la Convention unique sur les stupéfiants de 1972 ;
Vu le décret 95-232 / PRM du 22 juin 1995 portant adhésion de la République du Mali à la Convention des Nations unies contre le trafic illicite des stupéfiants et des substances psychotropes adoptée à Vienne le 20 décembre 1988 ;
Vu le décret n° 94-065 / P-N1 du 04 février 1994 portant nomination d'un Premier ministre ; Vu le décret n°96-206 / PRM du 22 juillet 1996 portant nomination des membres du Gouvernement ;

Statuant en Conseil des Ministres,

DÉCRÈTE :

CHAPITRE I : CRÉATION

Article 1 : Il est créé auprès du Ministre chargé de la sécurité un organisme consultatif dénommé Commission nationale de lutte contre ma drogue, en abrégé « CLD. »
À ce titre le Ministre chargé de la sécurité est le Ministre coordonnateur de la politique nationale de lutte contre la drogue.
La Commission nationale de lutte contre la drogue siège à la Direction générale de la police nationale.

[124]http://www.sante.gov.ml/index.php/nep-mali/item/2453-decret-96-302-commission-lutte-contre-drogue

CHAPITRE II : MISSION

Article 2 : La Commission nationale de lutte contre la drogue a pour missions de :
- participer à l'élaboration de la politique nationale en matière de lutte contre la drogue ; - préparer les décisions du Gouvernement tant au plan national qu'au plan international en ce qui concerne la lutte contre la production, le trafic et la consommation des drogues et, d'une façon générale, toutes questions liées à la lutte contre la toxicomanie ;
- œuvrer à la coordination des actions des différents Services de l'État en matière de substances psychotropes ;
- centraliser tous les renseignements que lui communiquent les organes, structures ou services nationaux et internationaux impliqués dans la lutte contre la drogue ;
- veiller à la transmission des rapports et comptes-rendus requis dans le cadre de la mise en des conventions internationales ;
- présenter chaque année au gouvernement un rapport sur la situation nationale en matière de lutte contre la drogue et formuler toutes propositions susceptibles de favoriser ou d'améliorer les actions de lutte ;
- émettre des avis sur toutes les actions et mesures envisagées par le Gouvernement en matière de stupéfiants et de substances psychotropes.

CHAPITRE III : COMPOSITION ET FONCTIONNEMENT

Article 3 : La Commission nationale de lutte contre la drogue est composée comme suit : Président : Le Ministre chargé de la sécurité (ministre coordinateur) ;
Premier vice-président : Le Ministre chargé de la justice ;
Deuxième vice-président : Le Ministre chargé de la santé et de l'action sociale
Membres :
- un représentant de la Primature ;
- un représentant du ministère chargé de la sécurité ;
- un représentant du ministère chargé de la justice ;
- un représentant du ministère chargé de l'intégration africaine ;
- un représentant du ministère chargé de la santé et de l'action sociale ;
- un représentant du ministère chargé de l'éducation de base ;
- un représentant du ministère chargé de la recherche scientifique ;
- un représentant du ministère chargé des affaires étrangères ;
- un représentant du ministère chargé du commerce ;
- un représentant du ministère chargé des sports ;
- un représentant du ministère chargé de la communication ;
- un représentant du ministère chargé des Forces armées ;
- un représentant du ministère chargé de l'agriculture et du développement

rural
- un représentant du ministère chargé l'environnement ;
- un représentant du commissariat à la promotion des femmes ;
- un représentant du Commissariat à la promotion des jeunes ;
- un représentant du Conseil économique et social et culturel ;
- trois (3) représentants des Organisations non Gouvernementales et associations œuvrant en matière de lutte contre la drogue ;
- le Coordinateur national. Selon les questions inscrites à son ordre du jour la Commission nationale de lutte contre la drogue peut inviter à siéger en son sein tout autre département, institution, structure ou personne physique en raison de ses compétences propres.

Article 4 : La Commission nationale de lutte contre la drogue se réunit une fois par semestre sur convocation de son Président. Toutefois, en cas de nécessité, elle peut tenir des réunions extraordinaires sur convocation de son Président.

Article 5 : Un arrêté du Ministre chargé de la sécurité fixe la liste nominative des membres de la Commission nationale. Les différents représentants sont nommés sur proposition des chefs des départements, organismes ou institutions concernés.

Tous les membres sont nommés deux (2) pour renouvelables.

Toutefois, ceux représentants des Organismes et Institutions à mandat électif perdent de facto leur qualité de membre de la CLD si leur mandat venait à expirer en cours des deux ans. Dans ce cas, il est pourvu à leur remplacement dans les mêmes conditions de nomination que dessus.

Article 6 : La Commission nationale de lutte contre ma drogue comporte :
- un Bureau ;
- Un Secrétariat ;
- six (6) sous-commissions.

Article 7 : Le Bureau de la Commission nationale de lutte contre la drogue comprend :
- le Président ;
- les Vices présidents ;
- le Coordinateur national ;
- les Présidents des Sous-commissions.

Article 8 : Le Bureau est chargé d'examiner, entre deux sessions de la Commission nationale, les questions urgentes relevant normalement de la compétence de celle-ci. Il se prononce, à l'intention du Gouvernement, sur les questions techniques se rapportant à l'exécution du plan d'action nationale de lutte contre la drogue. Il se réunit en tant que de besoin sur convocation du Président.

Article 9 : Le Secrétariat de la Commission nationale de lutte contre la drogue est assuré par la Direction générale de la police nationale.

Il est placé sous la responsabilité d'un Coordinateur national nommé par arrêté

du ministre chargé de la Sécurité pour une durée de 2 ans renouvelable.
Article10 : Le Coordinateur national anime l'action du Secrétariat, coordonne les activités des sous-commissions. Il veille au suivi des dossiers, expédie les affaires courantes et prépare les délibérations du Bureau et de la Commission nationale. Article 11 : La Commission nationale comporte les Sous-commissions suivantes constituées sur la base des domaines d'activité en matière de lutte contre la drogue :
- Sous-commission législation ;
- Sous-commission Prévention et formation ;
- Sous-commission Contrôle et répression ;
- Sous-commission Soins et réinsertion sociale ;
- Sous-commission Coopération internationale ;
- Sous-commission Finances.

Article 12 : Les départements ministériels, les Institutions de l'État et les Organisations non gouvernementales concernées apportent leur contribution aux sous-commissions et au Coordinateur national dans le cadre de la réalisation des missions assignées à la Commission nationale de lutte contre la drogue. À ce titre, les études et rapports élaborés par les sous-commissions sont soumis à l'approbation de la Commission nationale de lutte contre la drogue.
Article 13 : Un arrêté conjoint du Ministre chargé de la Sécurité, du Ministre chargé de la justice et Ministre chargé de la santé fixe les détails de l'organisation et du -fonctionnement des sous-commissions.

CHAPITRE IV : DISPOSITIONS FINALES

Article 14 : Le Ministre de l'administration territoriale et de sécurité, le Ministre de la justice, garde des sceaux et le Ministre de la santé, de la solidarité et des personnes âgées sont chargés, chacun en ce qui le concerne, de l'exécution du présent décret qui sera enregistré et publié au Journal officiel.

Bamako, le 07 novembre 1996

Le President de la République,
Alpha Oumar KONARE

Le Premier ministre,
Ibrahim Boubacar KEITA

Le Ministre de l'administration territoriale et de sécurité, PI : Mamadou BA
Le Ministre de la justice, garde des sceaux, Cheickna Detteba KAMISSOKO

DÉCRET 88-199 FIXANT LA LISTE DES STUPEFIANTS[125]

LE PRESIDENT DU GOUVERNEMENT,

Vu la Constitution ;
Vu la loi n° 62-56 / AN-RM du 6 août 1962 portant adhésion du Mali à la Convention unique des stupéfiants
Vu la loi n° 83-14 / AN-RM du 1er septembre 1983 relative à la répression des infractions en matière de stupéfiants et substances vénéneuses
Vu le décret n° 152 / PG-RM du 6 juin 1988 portant nomination des membres du Gouvernement Statuant en conseil des ministres
Décrète
Article 1er : Conformément à l'article premier de la loi 83-14 / AN-RM du 1er septembre 1983 susvisée, sont considérées comme stupéfiants les substances dont la liste suit :
- Acétorphine
- Acéty-methadol
- Acétyl-dihydro-codéine
- Alfentanil
- Allylprodine
- Alpha-cétyl-méthadol
- Alpha-méprodine
- Alpha-méthadol
- Alpha-prodine
- Aniléridine
- Benzéthidine
- Benzyl-morphine
- Béta-cétyl-méthadol
- Béta-meprodine
- Béta-méthadol
- Béta-prodine
- Bézitramide
- Butyrate de diaxa-phétyl
- Cannabis (chanvre indien) et résine de cannabis (résine de chanvre indien)
- Cétobémidone
- Clonitazène
- Coca (feuille de)
- Cocaïne
- Codéine
- Codoxime

[125] http://www.sante.gov.ml/index.php/actualites/item/2455-decret-88-199-liste-stupefiants

- Concentré de paille de pavot
- Déso-morphine
- Dextro-moramide
- Dextro-propoxy-phène
- Diapromide
- Di-éthyl-thiambutène
- Di-fenoxine
- Di-hydro-codéïne
- Di-hydro-morphine
- Di-ménoxadol
- Di-mépheptanol
- Di-méthyl-thiambutène
- Di-phenoxylate
- Di-pipanone
- Drotébanol
- Ergonine, ses esters et dérivés sont transformables en ocgonine et codéine
- Éthyl-méthyl-thiambutène
- Ethyl-morphine
- Etonitazène
- Etorphine
- Etoxèridine
- Fentanyl
- Funethidine
- Héroïne
- Hydro-codone
- Hydro-morphinol
- Hydro-morphone
- Hydro-pethidine
- Iso-methadone
- Levopromazine
- Levomeramide
- Levo-phenacy-morphane
- Levorphanol
- Métazocine
- Méthadone
- Méthadone intermédiaire de la péthyl-désorphine
- Méthyl-dihydro-morphine
- Méthopan
- Moramide, intermédiaire de morphéridine
- Morphine métho-bromide et autres dérivés morphiniques à azote pentavalent, y compris notamment les dérivés N-oxy-morphiniques (telle N-oxycodéine)
- N-oxymorphine

- Nyrophine
- Nicocodine
- Nicodicodine
- Nicomorphine
- Noramy-methadol
- Norcodéine
- Nor-levophanol
- Nor-méthadone
- Nor-morphine
- Opium
- Oxy-codone
- Oxy-morphone
- Péthidine
- Péthidine, intermédiaire
À de Péthidine intermédiaire
B de la péthidine, intermédiaire
C de la Phénadoxone
- Phénampromide
- Phénazodine
- Phéna-morphane
- Phéno-péridine
- Pholcodine
- Piminodine
- Piritramide
- Proheptazine
- Propéridine
- Propiran
- Racé-métorphane
- Ravénormide
- Racémorphane
- Sufentanil
- Thébacone
- Thébaïne
- Tilidine
- Trimépridine
- Les isomères, esters, éthers et sels des stupéfiants désignés ci-dessus, dans tous les cas où ces isomères, éthers et sels peuvent exister conformément à la désignation chimique qui leur est propre.

Article 2 : Ces substances et plantes ci-dessus énumérées sont classées au tableau B. Article 3 : Le Ministre de la santé publique et des affaires sociales, le Ministre de la défense nationale, le Ministre des finances et du commerce et te Ministre de la justice garde des Sceaux sont chargés, chacun en ce qui le concerne, de l'exécution du présent décret qui sera enregistré et publié au

Journal officiel.

Koulouba, le 12 juillet 1988

Le Président du gouvernement,
Général Moussa TRAORE
Le Ministre de la défense nationale,
Abdoulaye OUOLOGUEM
Le Ministre de la justice, garde des sceaux
Oumar Issaka BA
Le Ministre de la santé et des affaires sociales,
Pr. Mamadou DEMBELE.

DÉCRET n° 245 / PG-RM FIXANT LA LISTE DES SUBSTANCES ET PLANTES VENENEUSES[126]

LE PRESIDENT DU GOUVERNEMENT,

Vu la Constitution ;
Vu la loi n° 62-56 / AN-RM du 6 août 1962 portant adhésion du Mali à la Convention unique des stupéfiants
Vu la loi n° 83-14 / AN-RM du 1er septembre 1983 relative à la répression des infractions en matière de stupéfiants et substances vénéneuses
Vu le décret n° 152 / PG-RM du 6 juin 1988 portant nomination des membres du Gouvernement
Statuant en conseil des Ministres
Décrète :
Article 1er : Conformément à l'article premier de la loi 83-14 / AN-RM du 1er septembre 1983 susvisée, sont considérées comme substances et plantes vénéneuses celles dont la liste suit :
Substances du tableau A
- Amobarbital
- Alprozolam
- Amfépramone
- Barbital
- Bromazépam
- Camazépam
- Chlordiazépoxide
- Clobazam
- Clonazépam
- Clorazépate
- Clotiazépam
- Cyolobarbital
- Dature Innoxia
- Datura métel
- Dalorazépam
- Diazépam
- Estazolam
- Fludiazépam
- Flunitrazépam
- Halzépam
- Haloxazolam

[126] http://www.sante.gov.ml/index.php/actualites/item/2454-decret-88-245-substances-et-plantes-veneneuses

- Kétozolam
- Loprazolam
- Lorazépam
- Lormétazépam
- Médazépam
- Nimétazépam
- Nitrazépam
- Nordiazépam
- Oxazépam
- Oxazolam
- Pinazépam
- Prazépam
- Secobarbital
- Strichnos spinosa
- Témazépam
- Tétrazépam
- Triazolam Substances du tableau B
- Amphétamine
- Banzépamine
- Barahoxyl
- Cillutethimide
- Di-éthyl-tritamine
- Di-méthyl-heptyl-pyranne (DMHP)
- Di-méthyl-tryptamine (DMT)
- Doxamphétemine
- Eticycline PCE
- Ethochlorvynol
- Ethinamate
- Ethyl-plazépate
- Fénétylline
- Lafetamine
- Levamphetamine
- Lévoniéthamphétamine
- Lysergide LSD - LSD-25
- Mazindol
- Mécloqualone
- Méprobamate
- Mescaline
- Méthamphétamine
- Métaqualone
- Méthyl-phénidate
- Méthy-prylone
- Nens-phétamjne

- Pamoline
- Pentazocine
- Pentobarbital
- Phénoqualidine PCP
- Phendimétrazine
- Pripadol
- Pipéridine
- Psyloscibine (STP-DOM)
- Polycyclidone (PHP-CPY) (Psilocine, Psiletrin) Bliscychidine
- Tenocyclidine (TCP – THC) Substances du tableau C
- Acide anthranilique
- Anhydride acétique
- Ephédrine
- Ephédrol
- Ergotamine
- Ether Ethylique
- Phénobarbital
- Phényl 2 propane.

Article 2 : Le ministre de la santé publique et des affaires sociales, le ministre de la défense nationale, le ministre des finances et du commerce et te ministre de la justice garde des sceaux sont chargés, chacun en ce qui le concerne, de l'exécution du présent décret qui sera enregistré et publié au Journal officiel.

Koulouba, le 12 juillet 1988

Le Président du gouvernement,
Général Moussa TRAORE
Le Ministre de la défense nationale,
Abdoulaye OUOLOGUEM
Le Ministre de la justice, garde des sceaux,
Oumar Issaka BA
Le Ministre de la santé et des affaires sociales,
Pr. Mamadou DEMBELE
Le Ministre des finances et du commerce,
Tiéna COULIBALY

DÉCRET n° 97- 230 / PRM DU 08 AOUT 1997 FIXANT LES MODALITÉS D'IMPORTATION, DE STOCKAGE ET DE DÉLIVRANCE DES SUBSTANCES VENENEUSES ET DES STUPEFIANTS[127]

LE PRESIDENT DE LA REPUBLIQUE,

Vu la Constitution ;
Vu la loi n° 62-56 / AN-RM du 14 août 1962 portant adhésion du Mali à la convention unique sur les stupéfiants ;
Vu la loi n° 83-14 / AN-RM du 1er septembre 1983 relative à la répression des infractions en matière de substances vénéneuses et de stupéfiants ;
Vu la loi n°85-41 / AN-RM du 22 juin 1985 portant autorisation de l'exercice privé des professions sanitaires ;
Vu la loi n° 86-35 / AN-RM du 12 avril 1986 portant institution de l'Ordre national des médecins ;
Vu la loi n° 86-36 / AN-RM du 12 avril 1986 portant institution de l'Ordre national des pharmaciens ;
Vu la loi n° 86-37 / AN-RM du 12 avril 1986 portant institution de l'Ordre national des sages-femmes ;
Vu la Loi n° 86-64 / AN-RM du 26 juillet 1986 portant autorisation de l'exercice à titre privé de la profession vétérinaire ;
Vu la loi n° 88-45 / AN-RM du 06 mai 1988 portant institution de l'Ordre national de la profession vétérinaire ;
Vu la loi n°92-002 du 27 août 1992 portant code de commerce en République du Mali ;
Vu le décret n° 199 / PG-RM du 12 juillet 1988 fixant la liste des stupéfiants ;
Vu le décret n° 245 / PG-RM du 15 septembre 1988 fixant la liste des substances et plantes vénéneuses ;
Vu le décret n° 91-106 /P-RM du 15 mars 1991 portant organisation de l'exercice privé des professions sanitaires, modifié par le décret n° 92-050 / P-RM du 10 août 1992 ;
Vu le décret n° 94-065 / P-RM du 04 février 1994 portant nomination d'un Premier ministre ; Vu le décret n° 206 / P-RM du 22 juillet 1996 portant nomination des membres du gouvernement ;
Statuant en Conseil des Ministres

[127] http://www.sante.gov.ml/index.php/2014-11-10-17-29-36/documents-politiques22/item/2451-decret-97-230-modalites-usages-emplois-stupefiants

DÉCRÈTE :

CHAPITRE I : IMPORTATION

Article 1 : Les opérations d'importation, d'entreposage, de transport en transit, d'emmagasinage sur une aire de dédouanement ou de placement sous tout autre régime douanier, portant sur les substances ou préparations visées par le décret n° 199 / PG-RM du 12 juillet 1988, sont subordonnées à la délivrance d'un certificat spécial délivré par le ministre chargé de la Santé et dont la nature est déterminée par celle de l'opération.

Article 2 : Le certificat spécial est délivré à la demande du pharmacien responsable d'un établissement d'importation agréé ou d'un établissement sanitaire. La demande est signée par le pharmacien responsable et contresignée par le responsable de l'établissement. Elle est adressée au Ministre chargé de la santé et mentionne obligatoirement :

- dénomination du produit (Dénomination commune internationale, le nom de marque) - la quantité en chiffres et en lettres du produit faisant l'objet de la demande ;
- les noms et adresses de l'expéditeur et du destinataire ;
- le mode de transport envisagé, le point de passage en douane et, s'il y a lieu, le Transitaire en douane ;
- l'utilisation qui sera faite du produit.

Article 3 : Le certificat spécial d'importation, délivré par le Ministre chargé de la santé, outre les mentions spécifiées sur la demande, doit contenir les mentions relatives à la date de validité du certificat, à la nature et à la quantité de drogue contenue dans un produit.

Article 4 : La validité du certificat spécial pour chaque opération est de trois mois à compter de la date de délivrance dudit certificat. En cas d'expiration de ce délai, sans effectivité de l'opération, l'original du certificat est retourné à l'Inspection de la Santé et de l'Action Sociale. En cas de renouvellement de la demande, l'original doit y être joint.

Article 5 : La déclaration d'exportation qui accompagne l'envoi de substances ou préparations classées comme stupéfiants doit être endossée par l'importateur après avoir indiqué les quantités effectivement reçues et la date de réception. La déclaration d'exportation doit être adressée à l'Inspection de la santé et de l'action sociale, dans les huit (8) jours qui suivent la date de réception de l'envoi.

Article 6 : L'importation par tout établissement pharmaceutique ou sanitaire agréé, de substances ou de préparations classées comme stupéfiants, doit faire l'objet d'une déclaration trimestrielle auprès de l'Inspection de la santé et de l'action sociale. Cette déclaration doit préciser, pour chaque substance :

- les quantités de produits importés ;
- le dosage par unité de prise ;

- la forme et la présentation ;
- le nom et l'adresse du fournisseur.

CHAPITRE II : STOCKAGE ET DÉLIVRANCE

Article 7 : Les substances ou préparations classées comme stupéfiants sont placées dans des armoires ou locaux fermés à clef. Les armoires et locaux de stockage sont régulièrement contrôlés par les Inspecteurs de la santé et de l'action sociale ou tout autre agent dûment mandaté par les ministres chargés de la santé et de la justice. Tout vol ou détournement est signalé aux autorités de police et à l'Inspection de la santé et de l'action sociale.
Article 8 : Tout produit classé comme stupéfiant doit être prescrit sur un carnet à souches délivré par l'Inspection de la santé et de l'action sociale dont le modèle est annexé au présent décret. Le bénéficiaire du carnet est responsable de son utilisation et est, sans délai, tenu de signaler à l'Inspection de la santé et de l'action sociale toute perte, vol ou fraude constatée. En cas de condamnation pour une infraction aux dispositions de la loi n° 83-14 / AN-RM du 1er septembre 1983 susvisé, le carnet à souches pour la prescription des stupéfiants est retiré d'office.
Article 9 : Les produits visés au décret n° 199 / PG-RM du 12 juillet 1988 fixant la liste des stupéfiants sont prescrits pour une durée te traitement médical n'excédant pas sept (7) jours. L'ordonnance ainsi délivrée n'est pas renouvelable auprès d'un pharmacien. Toutefois, si le traitement devrait se poursuivre, une autre ordonnance est rédigée par le médecin -traitant du malade.
Article 10 : Les documents relatifs à la prescription sont conservés trois ans par les intéressés pour être présentés à toutes réquisitions des autorités compétentes.
Article 11 : Il est interdit aux pharmaciens d'exécuter des ordonnances comportant des substances classées comme stupéfiants si elles ne sont pas rédigées sur le carnet à souches. La délivrance des mêmes substances en nature est proscrite. Pour la comptabilité des produits classés comme stupéfiants, le pharmacien détient un registre des stupéfiants dont le modèle est joint au présent décret. Le registre des stupéfiants doit être paraphé et régulièrement contrôlé par les inspecteurs lors de leurs missions.
Article 12 : Les commandes et achats des produits visés au décret n° 199 / PG-RM du 12 juillet 1968 susmentionné sont obligatoirement effectués conformément au modèle joint au présent décret. Article 13 : Les documents définis comme modèles dans le présent décret ne doivent comporter ni ratures, ni surcharges.
Article 14 : Toute violation des dispositions du présent décret expose son auteur aux sanctions prévues par la loi n° 83-14 / AN-RM du 1 er septembre 1983 relative à la répression des infractions en matière de substances

vénéneuses et de stupéfiants.

CHAPITRE III : DISPOSITIONS FINALES

Article 15 : Le Ministre de la santé, de la solidarité et des personnes âgées, le Ministre de l'administration territoriale et de la sécurité, le Ministre de la justice, garde des sceaux, le Ministre des finances et du commerce et le ministre des forces arm ées et des anciens combattants sont chargés, chacun en ce qui le concerne, de l'exécution du présent décret qui sera enregistré et publié au Journal officiel.

Bamako, le 08 août 1997

Le Président de la République,
Alpha Oumar KONARE,

Le Premier ministre,
Ibrahim Boubacar KEITA

Le Ministre santé, de la solidarité et des personnes âgées,
Modibo SIDIBE

TEXTES SUR L'ENVIRONNEMENT

LOI SUR LES POLLUTIONS ET NUISANCES

LOI n° 01-020/ AN-RM DU 30 MAI 2001 RELATIVE AUX POLLUTIONS ET AUX NUISANCES[128]

L'Assemblée a délibéré et adopté en sa séance du 26 avril 2001 ;
Le Président de la République promulgue la loi dont la teneur suit :

CHAPITRE I : DES DISPOSITIONS GÉNÉRALES

Article 1 : La présente loi fixe les principes fondamentaux du contrôle des pollutions et des nuisances.
Article 2 : Au sens de la présente loi, on entend par :
1) Environnement : Un ensemble perçu comme une entité un espace et en un temps donné, des facteurs physiques, chimiques, biologiques et sociaux susceptibles d'avoir un effet direct ou indirect, immédiat ou à terme, sur l'espèce humaine et ses activités et sur les espèces animales et végétales ;
2) Assainissement : Toute action visant à l'amélioration de toutes les conditions qui, dans le milieu physique de la vie humaine, influent ou sont susceptibles d'influer défavorablement sur le bien-être physique, mental ou social ;
3) Principe de précaution : Le principe selon lequel l'absence de certitudes, compte tenu des connaissances scientifique et technique du moment, ne doit pas retarder l'adoption de mesures effectives et proportionnées visant à prévenir un risque de dommages graves et irréversibles à l'environnement ;
4) Principe du pollueur-payeur : Le principe selon lequel les frais résultants des mesures de prévention, de réduction de la pollution et de lutte contre celle-ci doivent être supportés par le pollueur ;
5) Information environnementale : Toute donnée qui est disponible sous forme écrite, d'images ou sur tout autre support d'information se rapportant :
- À l'état des eaux, de l'air, du sol, de la faune et de la flore ;
- Aux activités provoquant des nuisances et des pollutions ;
- Aux activités ou mesures visant à protéger l'environnement.
6) Nuisance : Toute agression contre le milieu naturel ou artificiel entourant l'homme et causant un désagrément ou dommage à ce dernier ;
7) Déchet : Toute substance solide, liquide, gazeuse ou résidu d'un processus de production, de transformation ou d'utilisation de toutes autres substances éliminées ou destinées à être éliminées ;

---

128 http://www.vertic.org/media/National%20Legislation/Mali/ML_Loi_Pollutions_Nuisances_01-020.pdf

8) Déchet domestique : Tout déchet résultant de l'activité des ménages, y compris les excréta humains ;
9) Déchet industriel : Tout déchet résultant des activités industrielles, artisanales ou commerciales non assimilé aux déchets domestiques ;
10) Déchet agricole : Tout récipient ayant contenu des produits chimiques ou tout emballage ayant servi à l'utilisation de ces produits dans les activités agricoles, horticoles, piscicoles et d'élevage ;
11) Déchet biomédical : Tout déchet provenant d'activités de soins, de pharmacie et d'analyses biomédicales ;
12) Déchet dangereux : Tout déchet présentant des risques graves pour la santé et la sécurité publique et pour l'environnement ;
13) Polluant : Tout rejet solide, liquide ou gazeux, tout déchet, odeur, son, vibrationceux-ci susceptibles de provoquer une pollution ;
14) Pollution : Toute contamination ou modification directe ou indirecte de l'environnement provoquée par un acte susceptible d'influer négativement sur le milieu, de provoquer une situation préjudiciable pour la santé, la sécurité, le bien-être de l'homme, de la faune, de la flore ou des biens collectifs et individuels ;
15) Produit obsolète : Produit dont l'utilisation est interdite en raison de son caractère dépressif pour des raisons sanitaires ou de protection de l'environnement ;
16) Etude d'impact sur l'environnement : L'identification, la description et l'évaluation des effets des projets sur l'homme, la faune et la flore, le sol, l'eau, l'air, le climat et le paysage, y compris les interactions entre ces facteurs, le patrimoine culturel et d'autres biens matériels ;
17) Rapport d'étude d'impact sur l'environnement : Tout document contenant les résultats de l'étude d'impact sur l'environnement requis pour l'obtention de l'autorisation administrative pour la réalisation de tout projet ;
18) Audit d'environnement : L'outil d'évaluation et de gestion interne qu'effectuent les sociétés et les services de l'administration publique afin de s'assurer que les exigences politiques, réglementaires et nominatives en matière de protection de l'environnement sont respectées ;
19) Administration compétente : Direction Nationale de l'Assainissement et du Contrôle des Pollutions et des Nuisances ou toute autre structure habilitée par l'État.

CHAPITRE II : DE LA PROCÉDURE D'ETUDE D'IMPACT SUR L'ENVIRONNEMENT

Article 3 : Les activités susceptibles de porter atteinte à l'environnement et à la qualité du cadre de vie sont soumises à une autorisation préalable du ministre chargé de l'Environnement sur la base d'un rapport d'étude d'impact sur l'environnement.

Article 4 : Un décret pris en Conseil des Ministres sur proposition du ministre chargé de l'environnement fixe, révise la liste des projets soumis à l'étude d'impact sur l'environnement et précise le contenu de cette procédure.

CHAPITRE III : DE L'AUDIT D'ENVIRONNEMENT

Article 5 : Sont obligatoirement soumis à l'audit d'environnement tout travail, tout aménagement et tout ouvrage industriel, agricole, minier, artisanal, commercial ou de transport dont l'activité peut être source de pollution, de nuisance ou de dégradation de l'environnement.
Article 6 : Un décret pris en Conseil des Ministres détermine les conditions d'exécution de l'audit.

CHAPITRE IV : DE L'ACCES À L'INFORMATION ENVIRONNEMENTALE

Article 7 : Toute personne a droit au libre accès aux informations environnementales. L'accès aux informations environnementales, dont la publication affecte les relations internationales, la défense nationale, la confidentialité ou pouvant provoquer un grave danger pour la sécurité, est soumis à autorisation.
Article 8 : La demande d'information environnementale doit être refusée si elle se réfère à la transmission dossiers n'étant encore clos ou de données dont le traitement n'est pas encore achevé ou de communications administratives internes.

CHAPITRE V : DES DECHETS

Section 1 : Des déchets domestiques solides

Article 9 : Il est interdit de détenir ou d'abandonner des déchets domestiques solides dans les conditions favorisant le développement d'organismes nuisibles, d'insectes et vecteurs de maladies susceptibles de provoquer des dommages aux personnes et à l'environnement.
Article 10 : Toute personne qui produit ou détient des déchets domestiques solides dans des conditions susceptibles de porter atteinte à la santé et à la sécurité publique ou à l'environnement de façon générale, est tenue d'en assurer l'élimination ou le recyclage.
Article 11 : Il est interdit d'incinérer des déchets domestiques solides en plein air à l'intérieur de toute agglomération.
Article 12 : Il est interdit d'entreposer ou d'enfouir les déchets domestiques solides dans des lieux que ceux prévus par l'autorité compétente.

Section 2 : Des déchets domestiques liquides

Article 13 : Il est interdit de déverser dans les cours d'eau, dans les caniveaux ou autres lieux publics ou privés, les déchets domestiques liquides non conformes aux normes de rejet. Article 14 : Toute personne qui produit des déchets domestiques liquides est tenue de veiller à ce qu'ils ne puissent porter atteinte à la santé humaine et l'environnement.

Section 3 : Des déchets agricoles

Article 15 : Il est interdit de détenir ou d'abandonner des déchets agricoles dans les conditions qui favorisent le développement d'organismes nuisibles, d'insectes et autres vecteurs de maladies susceptibles de provoquer des dommages aux personnes et à l'environnement. Article 16 : Toute personne qui produit ou détient des déchets agricoles dans des conditions susceptibles de porter atteinte à la santé et à la sécurité publique ou à l'environnement de façon générale, est tenue d'en assurer l'élimination et le recyclage.

Section 4 : Des déchets biomédicaux et industriels

Article 17 : Il est interdit de déverser les déchets biomédicaux et industriels, artisanaux ou commerciaux dans les cours d'eau, dans les caniveaux ou autres lieux publics ou privés sans au préalable procéder à leur traitement.
Article 18 : Il est formellement interdit de déposer les déchets biomédicaux et industriels solides dans une décharge sans autorisation préalable du ministre chargé de l'Environnement. Article 19 : Il est interdit d'incinérer des déchets biomédicaux et industriels solides en plein air à l'intérieur de toute agglomération. Les opérations par incinération ne doivent avoir lieu que dans des établissements autorisés par le Ministre chargé de l'Environnement.
Article 20 : Il est interdit d'enfouir des déchets biomédicaux et industriels et de les déposer dans des lieux autres que les décharges qui leur sont réservées et les centres de stockage autorisés.

Section 5 : Des déchets dangereux

Article 21 : Tout déchet en provenance de l'étranger est présumé dangereux au sens de la présente loi.
Article 22 : Sont interdits, tous actes relatifs à l'achat, à la vente, à l'importation, à l'exportation, au transit, au transport, traitement, au dépôt et au stockage des déchets dangereux sans autorisation préalable.
Article 23 : Tout producteur de déchets dangereux est tenu de faire parvenir annuellement au Ministre chargé de l'environnement, la nature, la quantité et les dates d'élimination des déchets produits.

Article 24 : Les exportations de déchets dangereux ne peuvent être autorisées vers un pays que lorsque celui-ci dispose d'installations adéquates pour les éliminer selon des méthodes écologiquement rationnelles. Les déchets dangereux destinés à l'exportation doivent être emballés, étiquetés et transportés conformément aux normes et règles internationales acceptées et reconnues en matière d'emballage, et de transport.
Article 25 : Lorsque les déchets dangereux font l'objet de trafic illicite, de frais de renvoi, les frais de remise en état des lieux contaminés et la réparation des dommages causés sont à la charge du contrevenant sans préjudice des sanctions prévues par la réglementation en vigueur.
Article 26 : Aucune matière radioactive, aucun appareil mettant en œuvre une telle matière, ne peut être introduit au Mali, sans autorisation préalable des ministres chargés de l'Environnement et de la santé.

CHAPITRE VI : DE LA POLLUTON ATMOSPHERIQUE

Article 27 : Les immeubles, établissements industriels artisanaux et agricoles, les mines et carrières, les moteurs et notamment, les véhicules, les groupes électrogènes, les moulins ou autres objets mobiliers possédés, exploités ou détenus par toute personne physique ou morale doivent être construits, exploités ou utilisés de manière à éviter la pollution de l'atmosphère. Article 28 : Il est interdit d'exploiter une unité industrielle émettant des substances polluantes dans l'air sous forme de fumée, poussière, gaz ou liquide sans se conformer aux normes d'émission.

CHAPITRE VII : DES BRUITS ET DES NUISANCES

Article 29 : Est interdit tout bruit susceptible de nuire au repos, à la tranquillité ou à la sécurité publique.
Article 30 : L'exploitation de tout établissement humain, industriel ou artisanal abritant des sources sonores ou lumineuses susceptibles de constituer une menace pour les personnes et la faune doit être faite dans le respect des normes fixées par la réglementation en vigueur.

CHAPITRE VIII : DE LA PROTECTION DES ESPACES VERTS, DES CIMETIERES ET DES DECHARGES

Article 31 : La protection des espaces verts contre toutes les causes de dégradation est d'intérêt général. Lorsqu'ils ont acquis la propriété d'espaces verts, boisés ou non, l'État, les établissements publics ou les collectivités territoriales s'engagent à les préserver, à les aménager et les entretenir.
Article 32 : La désaffectation des espaces verts, des cimetières et des décharges est soumise à une autorisation préalable du Ministre chargé de

l'Environnement, après avis conforme des Ministres chargés de l'Urbanisme, de la Santé et de Collectivités Territoriales.

CHAPITRE IX : DES SUBSTANCES CHIMIQUES

Article 33 : Les substances chimiques qui, en raison de leur toxicité ou de leur concentration dans la chaîne biologique, susceptibles de présenter un danger pour l'homme ou son environnement, sont soumises au contrôle des ministres chargé de l'Environnement et de la Santé.
Article 34 : Les établissements industriels susceptibles de détenir et/ou d'éliminer des polluants organiques persistants sont soumis à un audit de leurs installations.
Article 35 : L'importation, l'utilisation, la détention, la distribution, le reconditionnement et le stockage des substances chimiques n'ayant pas fait l'objet d'une homologation ou d'une autorisation sont interdits. Toutefois, des dérogations peuvent être accordées par arrêté conjoint des ministres chargés de l'Environnement de la Santé et de la Recherche Scientifique aux institutions spécialisées pour des besoins de recherche et d'expérimentation.
Article 36 : Toute personne intervenant dans l'importation, la production et la distribution des substances chimiques doit se munir d'une autorisation délivrée par les ministres chargés de l'Environnement, de la Santé, de l'Agriculture et des Industries.
Article 37 : Tout détenteur de substance chimique doit prouver la qualité de son produit par la présentation d'un certificat d'analyse délivré par un laboratoire agréé. En cas de doute sur la qualité du produit, l'Administration compétente procède à des analyses de contre-expertise. Les frais d'analyse sont à la charge du détenteur.
Article 38 : Toute substance chimique obsolète ou périmée doit être déclarée à l'administration compétente.

CHAPITRE X : DE LA POURSUITE ET DES SANCTIONS

Section 1 : De la constatation des infractions

Article 39 : Les agents assermentés de la Direction Nationale de l'Assainissement et du Contrôle des Pollutions et des Nuisances et les Officiers de police Judiciaire recherchent et constatent par procès verbaux les infractions aux dispositions de la présente loi.
Article 40 : Les agents visés à l'article ci-dessus peuvent se faire assister en cas de besoin par des agents de la Police, de la Gendarmerie, de la Douane, de la Santé et de la Conservation de la Nature.
Article 41 : Les agents assermentés de la Direction Nationale de l'Assainissement et du Contrôle des Pollutions et des Nuisances conduisent

devant l'officier judiciaire tous les délinquants dont ils ne peuvent s'assurer de l'identité. Ils ont le droit de requérir verbalement ou par écrit la force publique pour la répression des infractions relatives à la matière.

Section 2 : Des infractions et des pénalités

Article 42 : Lorsque l'infraction est commise dans le cadre de l'activité d'une personne morale, la responsabilité pénale incombe à toute personne physique qui de par ses fonctions, a la responsabilité de la gestion, de la surveillance ou du contrôle de cette activité. Toute personne morale en cause est tenue à titre principal au paiement des amendes, réparation civiles, frais et dépens.
Article 43 : Seront punis d'une amende de 3 000 à 18 000 francs les auteurs d'infractions aux dispositions des articles 9, 11, 13 et 15.
Article 44 : Seront punis d'une amende de 20 000 à 120 000 francs et d'un emprisonnement de onze jours à trois mois ou de l'une des deux peines : - quiconque se sera opposé aux agents verbalisateurs visés aux articles 39 et 40 ci-dessus ; - les auteurs d'infraction aux dispositions des articles 17, 18, 19, 20, 27, 28, 32, et 33 ci-dessus.
Article 45 : Seront punis d'une amende de 50 000 à 500 000 francs :
- les auteurs d'infractions aux dispositions de l'article 35 ;
- quiconque exécuterait un projet susceptible de porter atteinte à l'environnement sans la réalisation d'une étude d'impact sur l'environnement approuvée par le Ministre chargé de l'Environnement. En cas de récidive, les amendes pourraient être portées au double avec peine d'emprisonnement de 3 à 6 mois.
Article 46 : Seront punis d'une amende de 100 000 à 1 000 000 de francs et d'un emprisonnement de six mois à deux ans ou de l'une des deux peines seulement les auteurs d'infractions aux dispositions des articles 23, 26, et 32 ci-dessus. En cas de récidive, les amendes et peines pourraient être portées au double.
Article 47 : Sera punie d'une amende de 1 000 000 à 10 000 000 de francs et d'une peine d'un à deux ans ou de l'une des deux peines toute personne ayant enfreint aux dispositions de l'article 22 et de l'alinéa 2 de l'article 24 ci-dessus. En cas de récidive, les amendes et peines pourraient être portées au double.

Section 3 : Des transactions

Article 48 : En cas d'infractions aux dispositions de la présente loi, l'administration compétente a plein pouvoir de transiger. La procédure de transaction est exercée avant jugement. La procédure de transaction est écartée en cas de récidive.

CHAPITRE XI : DES DIPOSITIONS FINALES

Article 49 : Les remises sont accordées aux agents de la Direction Nationale de l'Assainissement et du Contrôle des Pollutions et des Nuisances chargés de l'application des dispositions de la présente loi.
Article 50 : Des décrets pris en Conseil des Ministres fixent les modalités d'application de la présente loi.
Article 51 : La présente loi abroge toutes dispositions antérieures contraires, notamment la Loi n° 91-047/AN-RM du 23 février 1991 relative à la protection de l'environnement et du cadre de vie.

Bamako, le 30 Mai 2001

Le Président de la République,
Alpha Oumar KONARE

LOI SUR LE CONTRÔLE PHYTOSANITAIRE ET LA SÉCURITÉ EN BIOTECHNOLOGIE

LOI n° 02-013 DU 03 JUIN 2002 INSTITUANT LE CONTRÔLE PHYTOSANITAIRE EN REPUBLIQUE DU MALI[129]

L'Assemblée Nationale a délibéré et adopté en séance du 20 mai 2002 ;
Le Président de la République promulgue la loi dont la teneur suit :

Article 1 : La présente loi fixant les règles phytosanitaires relatives à la production, à l'importation et à l'exportation des végétaux et produits végétaux.

CHAPITRE I : DES DÉFINITIONS

Article 2 : Au sens de la présente loi on entend par :
- Végétaux : Les plantes vivantes et les parties des plantes vivantes, y compris les semences au sens botanique du terme, destinées à être plantées ;
-Produits végétaux : Les produits d'origine végétale non transformés ou ayant fait l'objet d'une préparation simple telle mouture, décorticage, séchage, pression, y compris les graines destinées à la consommation, non visées par la définition du terme « végétaux ».
- Pépinière : La parcelle ou l'endroit réservé à la production, à la multiplication et à la culture des plantes ligneuses ou herbacées qui réclament les soins particuliers en attendant leur mise en place définitive.
- Organismes nuisibles : Les ennemis des végétaux ou des produits végétaux, appartenant au règne animal ou végétal, ou se présentant sous forme de virus, mycoplasme ou autres agents pathogènes.
-Organisme de quarantaine : Organisme nuisible qui a une importance potentielle pour l'économie de la zone menacée et qui n'est pas encore présent dans cette zone ou bien qui y est présent, mais à distribution restreinte et faisant l'objet d'une lutte officielle.
-Quarantaine : Les restrictions imposées à des végétaux ou produits végétaux dans les conditions particulières d'isolement sous surveillance officielle et spécifique de manière à assurer l'interception de tout organisme nuisible susceptible d'être présent sur ces végétaux ou produits végétaux.
- Mesures phytosanitaires : Toute législation, réglementation ou méthode officielle ayant pour objectif de prévenir l'introduction et/ou la dissémination des organismes nuisibles.
Réglementation phytosanitaire : Ensemble de règlements officiels vivant à

---

[129] http://extwprlegs1.fao.org/docs/pdf/mli153268.pdf

prévenir l'introduction et/ou dissémination d'organismes nuisibles en contrôlant la production, le déplacement ou l'existence de marchandises ou d'autres articles ou activités normales des personnes et en établissant des systèmes de certification phytosanitaire.
- Dissémination : Répartition géographique d'un organisme nuisible à l'intérieur d'une zone. - Certification phytosanitaire : Utilisation de procédure phytosanitaire permettant la délivrance d'un certificat phytosanitaire.
- Certificat phytosanitaire : Certificat conforme aux modèles préconisés par la Convention Internationale pour la Protection des Végétaux de l'Organisation des Nations Unies pour l'Alimentation
- Permis d'importation : Document officiel attestant de l'avis technique favorable à l'importation d'une marchandise conforme aux exigences phytosanitaires du pays importateur.

CHAPITRE II : DES PRINCIPES GÉNÉRAUX

Article 3 : L'introduction, la dissémination ou le transport des organismes nuisibles est interdit sur le territoire national. Toutefois, une dérogation pourrait être accordée pour des besoins de recherche et d'expérimentation.
Article 4 : Sans préjudice de leur liberté de circulation, tous les végétaux et produits végétaux sont soumis au contrôle phytosanitaire à l'importation et à l'exportation, afin de produire à l'article 3 de la présente loi son plein effet. L'importation peut être soumise à permis d'importation ou prohibé.
Article 5 : Le contrôle phytosanitaire porte sur l'examen officiel des végétaux, produits végétaux ou d'autres articles réglementés afin de déterminer la présence ou l'absence d'organismes nuisibles et/ou de s'assurer du respect de la réglementation phytosanitaire. Article 6 : Le contrôle phytosanitaire à l'importation et à l'exportation s'effectue avant le cordon douanier. À cet effet, il peut s'effectuer à bord d'un navire, sur les quais, dans les entrepôts, sur les wagons ou camions avant ou après débarquement.
Article 7 : Les agents assermentés du service chargé du contrôle phytosanitaire assurent le contrôle. Ces agents sont munis d'une carte professionnelle qu'ils doivent présenter dans le cadre de l'exercice de leur pouvoir de police phytosanitaire. La carte sera retirée à la cessation des fonctions.
Article 8 : L'exportation est subordonnée à la délivrance de certificat phytosanitaire au niveau des postes de contrôle installés sur le territoire.
Article 9 : Le modèle de certificat phytosanitaire est conforme à celui de la Convention Internationale pour la Protection des Végétaux.
Article 10 : La délivrance du certificat phytosanitaire ou de permis d'importation s'effectue à titre onéreux.
Article 11 : Les envois postaux sont soumis aux dispositions du contrôle phytosanitaire à l'importation et à l'exportation.

Article 12 : Toute personne qui produit à titre d'activités principales, des plants à des fins de multiplication, des boutures, greffes, porte-greffes, des végétaux vivaces liés ainsi que des semences, doit s'inscrire auprès du ministère chargé de l'Agriculture.

CHAPITRE III : DU POUVOIR DES AGENTS DE CONTRÔLE

Article 13 : Afin de garantir la qualité phytosanitaire des végétaux et produits végétaux à l'exportation, les agents assermentés du service chargé du contrôle phytosanitaire sont habilités à :
- imposer des analyses et/ou des traitements de désinsectisation ou de désinfection préalables ;
- visiter les cultures d'où provient les végétaux ou produits végétaux ;
- ordonner le cas échéant, la mise en quarantaine, l'interdiction de plantation et au besoin la destruction par le feu ou par tout autre procédé des végétaux ou partie des végétaux.

Article 14 : Les agents chargés du contrôle phytosanitaire peuvent procéder au prélèvement d'échantillons de végétaux ou produits végétaux susceptibles de véhiculer les organismes nuisibles. En cas de prélèvement d'échantillons l'agent chargé du contrôle phytosanitaire délivre une décharge.

Article 15 : L'identification des organismes nuisibles est effectuée par un laboratoire agrée. Le laboratoire dresse dans un délai d'une semaine à un mois un rapport où sont consignés les résultats de l'examen. Ce délai ne peut être prorogé que pour des raisons liées à la nature de l'analyse. Le service chargé du contrôle phytosanitaire informe le propriétaire de la prorogation du délai de l'analyse s'il y a lieu et des résultats de l'analyse qu'il s'agisse d'une analyse de routine ou d'un prélèvement relatif à la réglementation nationale ou aux échanges internationaux. Main levée est aussitôt donnée pour les produits en cause si l'examen est négatif. En cas de contestation d'une saisie ou d'une confiscation, le propriétaire des végétaux ou produits végétaux d'une saisie ou d'une confiscation, le propriétaire des végétaux ou produits végétaux peut recourir à la commission de contre l'expertise du Conseil National de Normalisation et du Contrôle de Qualité.

Article 16 : Les administrations des douanes, des postes, des forces de gendarmeries et de police doivent apporter leur collaboration pour le contrôle des importations des végétaux et des produits végétaux, ainsi que des envois postaux.

CHAPITRE IV : DES INFRACTIONS ET DE LEUR RÉPRESSION

Article 17 : Est puni d'un emprisonnement d'un (1) mois à deux (2) ans et d'une amende de cinq mille (5 000) à cinq cent mille (500 000) francs ou de l'une de ces peines seulement quiconque introduit, détient ou transporte sur le

territoire national des organismes nuisibles quelque soit leur stade de développement sous réserve de la dérogation prévue à l'article 3 de la présente loi, sans préjudice des dommages et intérêts éventuels.
Article 18 : Est punie d'une amende de dix mille (10 000) à cent mille (100 000) francs toute personne qui sur un fonds lui appartenant ou exploité par elle, ou sur des produits ou matières qu'elle détient en magasin constate la présence d'un organisme nuisible ou d'un fléau et omet de le déclarer aux autorités administratives ou aux agents des services techniques compétents, sans préjudice des dommages et intérêts éventuels.
Article 19 : Est punie amende de cinq mille (5 000) à cinq cent mille (500 000) francs toute personne qui, produisant à titre d'activités principales, des plants à des fins de multiplications, des boutures, greffes, portegreffes des végétaux vivaces ligneux ainsi que des semences omet de s'inscrire auprès du Ministère chargé de l'Agriculture sans préjudice des dommages et intérêts éventuels.
Article 20 : Est puni d'un emprisonnement de un (1) mois à deux (2) ans et d'une amende de dix mille (10 000) à cent mille (100 000) francs ou de l'une de ces peines seulement, tout propriétaire ou exploitant qui, ayant constaté la présence d'un organisme nuisible dans les pépinières, désobéit aux prescriptions relatives aux traitements, la mise en quarantaine, la désinfection complète ou à la destruction de tout ou partie des végétaux contaminés, sans préjudice des dommages et intérêts éventuels.
Article 21 : Quiconque tente de s'opposer par la violence ou voie de fait à l'accomplissement par les agents assermentés chargés du contrôle des végétaux et des produits végétaux des missions qui leur ont été confiées est passible des peines prévues par l'article 79 du Code Pénal.
Article 22 : En cas de récidive, le maximum de l'amende est obligatoirement prononcé.

CHAPITRE V : DE LA CONSTATATION DES INFRACTIONS

Article 23 : Les agents chargés du contrôle phytosanitaire recherchent et constatent par tous les moyens de droit les infractions en matière de contrôle des végétaux et produits végétaux à l'importation, à l'exportation et à l'intérieur du territoire national. Ils dressent procès verbal de leur constatation. Ces procès-verbaux de constatation portent mention de la saisie ou de la confiscation desdits produits par les autorités qui en ont effectué la rédaction et sont adressés à l'autorité chargée du contrôle phytosanitaire. Ils font foi jusqu'à preuve du contraire.
Article 24 : Sous réserve des règles de visites domiciliaires, les agents chargés du contrôle phytosanitaire, accompagné au besoin de représentants de la force publique ou de la collectivité locale peuvent s'introduire à toute heure légale dans les exploitations agricoles, horticoles et forestières, publiques et privées, dans le terrains et jardins clos ou non, les cours et enclos ainsi que dans les

dépôts ou magasins pour les besoins de la recherche, de l'identification ou de la destruction des végétaux et produits contaminés. Si nécessaire et sous l'autorisation préalable de l'administration des douanes, et accompagnés des agents du service, ils ont libre accès aux bureaux de douanes, entrepôts et magasins sous douanes. Ils peuvent visiter les halles, foires et marchés, quais fluviaux, gares, aérogares, trains, et bateaux, avions, véhicules et autres.
Article 25 : Les agents de constatation des infractions à la réglementation phytosanitaire peuvent procéder à la saisie ou à la confiscation des végétaux ou produits végétaux susceptibles de véhiculer des organismes nuisibles ou en violation de la présente loi. Les agents assermentés chargés du contrôle phytosanitaire pourront en outre imposer une amende allant de vingt-cinq mille (25 000) à deux cent cinquante mille (250 000) francs à toute personne qui, par des procédés frauduleux, parvient à soustraire ses produits du contrôle imposé par la présente loi, si à l'issue du contrôle lesdits produits sont jugés sains.
Article 26 : Dans le cas où il y a matière à la saisie ou à confiscation, les végétaux et produits végétaux sont mis sous scellé. Si les produits disparaissent par l'action ou la faute du contrevenant, les services compétents désignés à l'article 23 en déterminent la valeur à charge de restitution sans préjudice des dommages occasionnés.

CHAPITRE VI : DES DISPOSITIONS FINALES

Article 27 : Les services de recouvrement du trésor sont chargés de poursuivre et de recouvrer les amendes, restitutions, dommages et intérêts résultant des jugements rendus pour les contraventions et délits prévus par la présente loi. La contrainte par corps sera de droit prononcé pour le recouvrement des sommes dues par suite d'amende, frais, restitutions, dommages et intérêts.
Article 28 : Un décret pris en conseil des Ministres fixe les modalités d'application de la présente loi.
Article 29 : La présente loi abroge toute disposition antérieure contraire, notamment la loi 95-062 du 2 août 1995 portant répression des infractions à la réglementation de la protection des végétaux.

Bamako, le 03 JUIN 2002

Le Président de la République,
Alpha Oumar KONARE

LOI n° 02-014 DU 03 JUIN 2002 INSTITUANT L'HOMOLOGATION ET LE CONTROLE DES PESTICIDES EN REPUBLIQUE DU MALI[130]

L'Assemblée Nationale a délibéré et adopté en sa séance du 20 mai 2002 ;
Le Président de la République promulgue la loi dont la loi dont la teneur suit :

Article 1 : La présente loi fixe les règles de l'homologation et du contrôle des pesticides.

CHAPITRE I : DES DÉFINITIONS

Article 2 : Au sens de la présente loi on attend par :

• Pesticides : Toute substance ou association de substances qui est destinée à repousser, détruire ou combattre les ravageurs, y compris les vecteurs de maladies humaines ou animales, et les espèces indésirables de plantes ou d'animaux causant des dommages ou se montrant autrement nuisibles durant la production, la transformation, le stockage, le transport ou la commercialisation des denrées alimentaires, des produits agricoles, du bois et des produits ligneux, ou des aliments pour animaux ou qui peut être administrée aux animaux pour combattre les insectes, les arachides et les autres endo- ou ecto-parasites ; Le terme comprend les substances destinées à être utilisées comme régulateur de croissance des plantes, défoliants, comme agent de dessiccation, comme agent d'éclaircissage des fruits ou pour empêcher la chute prématurée des fruits, ainsi que les substances appliquées sur les cultures, soit avant, soit après la récolte, pour protéger les produits contre la détérioration durant l'entreposage et le transport ;

• Autorisation d'expérimentation : L'autorisation délivrée par les autorités nationales d'utiliser un produit agro pharmaceutique dans une certaine condition stipulée dans le but de recueillir des renseignements nécessaires pour envisager l'homologation ;

• Homologation : Le processus par lequel les autorités nationales approuvent la mise sur le marché d'un pesticide après examen des données scientifiques complètes montrant que le produit est efficace pour les usages prévus et ne présente pas pour la santé humaine, animale ou pour l'environnement ;

• Formulation : Combinaison de divers composés visant à rendre le produit utilisable efficacement pour le but recherché, forme sous laquelle le pesticide est commercialisé ;

• Conditionnement : Contenant avec son emballage protecteur utilisé pour amener les pesticides jusqu'au consommateur par les circuits de distribution

---

[130] http://extwprlegs1.fao.org/docs/pdf/mli73666.pdf

de gros et de détail ;

• Reconditionnement : Transfert d'un pesticide d'un conditionnement commercial dans un autre contenant général généralement plus petit pour la vente ultérieure ;

• Mise sur le marché : Toute personne à titre onéreux ou gratuit ;

CHAPITRE II : DES PRINCIPES GENERAUX

Article 3 : Il est interdit d'importer, de fabriquer, de formuler, de conditionner ou de reconditionner, de stocker, d'utiliser ou de mettre sur le marché tout pesticide non homologué ou non autorisé.

Toutefois, une dérogation pourrait être accordée pour les besoins de recherche et d'expérimentation.

Article 4 : L'importation, l'exploitation, la fabrication, le conditionnement, le reconditionnement, le stockage, l'utilisation et/ou la mise sur le marché des pesticides sont subordonnés au respect de la réglementation relative à l'homologation et du contrôle des pesticides en vigueur.

Article 5 : Le contrôle des pesticides à l'importation et à l'exportation porte sur leur examen officiel afin de s'assurer du respect de la réglementation phytosanitaire.

Article 6 : Le contrôle des pesticides à l'importation et à l'exportation s'effectue avant le cordon douanier. À cet effet, il peut s'effectuer à bord d'un navire sur les quais, dans les entrepôts, sur les wagons ou camions avant ou après débarquement. Le service chargé du contrôle des pesticides met à la disposition des services des douanes la liste actualisée des pesticides autorisés à l'importation et à l'exportation après chaque session du Comité Sahélien des Pesticides (CSP).

Article 7 : Les agents assermentés du service chargé du contrôle phytosanitaire assurent le contrôle des pesticides. Ces agents sont munis d'une carte professionnelle qu'ils doivent présenter dans le cadre de l'exercice de leur pouvoir de police phytosanitaire. La carte sera retirée à la cessation des fonctions.

Article 8 : toute modification de la composition chimique, biologique ou physique d'un produit utilisé dans l'agriculture ainsi tout changement dans la destination pour laquelle un produit a été autorisé ou homologué, sont soumis à l'examen du Comité Sahélien des Pesticides qui décide si une nouvelle demande d'autorisation d'homologation doit être présentée.

Article 9 : Le titulaire d'autorisation ou d'homologation doit tenir un registre de gestion des pesticides. Ce registre doit être mis à la disposition des autorités chargées des contrôles. Il doit être conservé pendant cinq ans à compter de la date d'expiration des autorisations ou de l'homologation.

Article 10 : Toute publicité pour un pesticide est interdite, sauf s'il bénéficie d'une autorisation provisoire de vente où d'homologation.

Article 11 : Toute personne qui fabrique, formule, importe ou reconditionne des pesticides pour leur mise sur le marché national doit être titulaire d'une intention d'importation délivrée par le Ministre chargé du Commerce. Un agrément délivré par le Ministre chargé de l'Agriculture est requis pour toute personne qui procède à la mise sur le marché des pesticides.

Article 12 : Toute infraction à la réglementation concernant l'homologation et le contrôle des pesticides est constatée par procès verbal établi en trois (3) exemplaires

CHAPITRE III : DU POUVOIR DES AGENTS DE CONTROLE

Article 13 : Les agents chargés du contrôle des pesticides peuvent procéder au prélèvement d'échantillons pour examen. En cas de prélèvement d'échantillons, l'agent chargé du contrôle délivre au propriétaire une décharge.

Article 14 : L'examen des pesticides est effectué par un laboratoire agrée. Le laboratoire dresse dans un délai d'une semaine à un mois un rapport où sont consignés les résultats de l'examen. Ce délai ne peut être prorogé que pour des raisons liées à la nature de l'analyse. Le service chargé du contrôle des pesticides informe le propriétaire de la prorogation du délai qu'il s'agisse d'une analyse de routine ou d'un prélèvement relatif à la réglementation nationale ou aux échanges internationaux.

Main levée est aussitôt donnée pour les produits en cause si l'examen est négatif. En cas de contestation d'une saisie ou d'une confiscation, le propriétaire des pesticides peut recourir à la commission de contre expertise du Conseil National de Normalisation et du Contrôle de Qualité.

Article 15 : Les administrations des douanes, commerce et de la concurrence, des forces de gendarmerie et de police doivent apporter leur collaboration pour le contrôle de l'importation, de l'exportation, de la fabrication, du conditionnement, du reconditionnement, du stockage, de l'utilisation ou de la mise sur le marché des pesticides.

CHAPITRE IV : DES INFRACTIONS ET DE LEUR REPRESSION

Article 16 : Sans préjudice des dispositions du Code Pénal et du Code des Douanes, sont punis d'un emprisonnement de trois (3) mois à trois (3) ans et d'une amende de cent mille (100 000) à un million (1 000 000) de francs ou de l'une de ces deux peines seulement et sans préjudice des dommages et intérêts éventuels :

- Tous ceux qui, sauf dérogations accordées spécialement, pour des besoins de recherche et d'expérimentation, importent, fabriquent, formulent, conditionnent, reconditionnent, stockent, utilisent ou mettent sur le marché, tout pesticide non homologué ou non autorisé ;

- Tout titulaire d'autorisation provisoire de vente qui omet de tenir un registre de gestion des pesticides ou refuse de mettre ce registre à la disposition des autorités chargées du contrôle, omet de la conserver cinq (5) ans à compter de la date d'expiration des autorisations ou de l'homologation.

Article 17 : Sans préjudice d'application de la législation sur les fraudes et les falsifications en matière des produits et des services, est puni d'un emprisonnement de six (6) mois à deux (2) ans et d'une amende de cent mille (100 000) à un million (1 000 000) de francs ou de l'une de ces deux peines seulement et sans préjudice des dommages et intérêts éventuels, quiconque :

- Modifie la composition chimique, biologique ou physique d'un produit ;
- Change la destination pour laquelle un produit a été autorisé où homologuer.

Article 18 : Sans préjudice des dispositions de l'Ordonnance n° 92-021/P-CTSP du 13 avril 1992 instituant la liberté des prix et de la concurrence, est puni d'une amende de cent mille (100 000) à un million (1 000 000) de francs et sans préjudice des dommages et intérêts éventuels, quiconque :

- Fait de la publicité pour un pesticide sans une autorisation provisoire de vente ou une homologation ;
- Mentionne dans la publicité des indications autres que celles mentionnées dans l'autorisation ou l'homologation.

Article 19 : Quiconque tente de s'opposer par la violence ou voie de fait à l'accomplissement par les agents assermentés chargés du contrôle des pesticides des missions qui leur ont été confiées est passible des peines prévues par le Code Pénal en la matière.

Article 20 : En cas de récidive, le maximum de l'amende est obligatoirement prononcé.

CHAPITRE V : DE LA CONSTATATION DES INFRACTIONS

Article 21 : Les agents chargés du contrôle des pesticides recherchent et constatent par tous moyens de droit, les infractions en matière d'importation, d'exportation, de fabrication, de formulation de conditionnement, de reconditionnement, de stockage, d'utilisation ou de mise sur le marché des pesticides. Ils dressent procès verbal de leur constatation. Ces procès verbaux de constatation portent mention de la saisie ou de la confiscation desdits produits par les autorités qui ont effectué la rédaction et sont adressés à l'autorité chargée du contrôle des pesticides. Ils font foi jusqu'à preuve du contraire

Article 22 : Sous réserve des règles de visite domiciliaire, les agents chargés du contrôle des pesticides, accompagnés au besoin de représentants de la force publique ou de la collectivité locale ont libre accès à toute heure légale, aux biens meubles et immeubles, locaux, véhicules, quais, gares et aérogares où est exercé toute activité d'importation, de fabrication, de stockage, de formulation, de conditionnement, de reconditionnement, ou de mise sur le

marché des pesticides. Si nécessaire, et sous l'autorisation préalable de l'administration des douanes et accompagnés des agents du service, ils ont libre accès aux bureaux des douanes, entrepôts et magasins sous douanes.
Article 23 : Les agents de constatation des infractions à l'homologation et au contrôle des pesticides peuvent procéder à la saisie ou à la confiscation des pesticides non conformes à la présente loi.
Article 24 : Dans le cas où il y a matière à saisir ou à confiscation, les pesticides sont mis sous scellé. Si les produits disparaissent par l'action ou la faute du contrevenant, les services compétents désignés à l'article 21 en déterminent la valeur à charge de restitution sans préjudice des dommages occasionnés.
Article 25 : En cas de péril imminent, les pesticides saisis sont éliminés par les agents du service chargé de la protection de l'environnement en collaboration avec les agents du service chargé de contrôle des pesticides. Les frais y afférents sont à la charge de l'auteur de l'infraction.
Article 26 : Le Directeur Général du service chargé du contrôle des pesticides peut transiger avant jugement sur les infractions en matière de reconditionnement, d'utilisation ou de mise sur le marché des pesticides. Il peut déléguer ses pouvoirs en la matière aux Chefs de Divisions Centrales, aux Directeurs Régionaux et aux agents en mission. Avant jugement la transaction éteint l'action publique. Le montant des transactions consenti doit être acquitté dans le délai fixé dans l'acte de transaction, faute de quoi la poursuite reprend son cours. Un décret pris en conseil des Ministres fixe les modalités de répartition du montant des transactions.
Article 27 : Les agents chargés du contrôle des pesticides instruisent l'affaire, dressent procèsverbal et envoient conclusions et proposition de transaction au chef de service chargé du contrôle qui transige et renvois le dossier pour exécution.
Article 28 : Des primes sont accordées aux agents chargés du contrôle sur les produits des amendes transactionnelles et confiscation en matière de reconditionnement, d'utilisation ou de mise sur le marché des pesticides.

CHAPITRE VI : DES DISPOSITIONS FINALES

Article 29 : Les services de recouvrement du trésor sont chargés de poursuivre et de recouvrer les amendes, restitutions, dommages et intérêts résultant des jugements rendus pour les contraventions et délits prévus par la présente loi. La contrainte par corps sera de droit prononcé pour le recouvrement des sommes dues par suite d'amende, frais, restitutions, dommages et intérêts.
Article 30 : Un décret pris en conseil des Ministres fixe les modalités d'application de la présente loi.
Article 31 : La présente loi abroge toute disposition antérieure contraire, notamment la loi 95-061 du 2 août 1995 portant répression des infractions à

la réglementation de l'homologation et de contrôle des produits agropharmaceutiques.

Bamako, le 03 juin 2002
Le Président de la République,
Alpha Oumar KONARE

LOI n° 08-042/AN-RM DU 1ER DÉCEMBRE RELATIVE À LA SÉCURITÉ EN BIOTECHNOLOGIE EN REPUBLIQUE DU MALI[131]

L'Assemblée Nationale délibéré et adopté en sa séance du 13 novembre 2008
Le Président de la République promulgue la loi dont la teneur suit :

CHAPITRE I : DES DISPOSITIONS GÉNÉRALES

Section I : Du champ d'application

Article 1 : La présente loi s'applique à l'importation, l'exportation, le transit, l'utilisation confinée, la libération ou la mise sur le marché de tout Organisme Génétiquement Modifié (OGM) qu'il soit destiné à être libéré dans l'environnement ou utilisé comme denrée alimentaire, aliment pour bétail ou produit de transformation, ou d'un produit dérivé d'organisme génétiquement modifié. Elle s'applique également aux OGM à double fonction pharmaceutique et alimentaire d'intérêt agricole.

Section II : Des définitions

Article 2 : Aux termes de la présente loi les définitions sont les suivantes :
a) « Accord préalable en connaissance de cause » : désigne tout accord obtenu sur la base des informations pertinentes communiquées avec l'entière responsabilité de la personne ayant communiqué les informations par rapport à leur exactitude et leur intégralité avant le début de toute activité. Cet accord concerne l'introduction de l'OGM sur le territoire national et les utilisations subséquentes : scientifique, agricole ou commerciale.
b) « Acide Désoxyribonucléique » (ADN) : désigne la molécule constituant le chromosome dans les cellules responsables de la transmission des caractères héréditaires.
c) « Biotechnologie moderne » : désigne les applications techniques suivantes :
- la recombinaison d'acide nucléique impliquant la formation de nouvelles combinaisons de matériel génétique par l'introduction de molécules d'acide nucléique produites par tout autre moyen à l'extérieur d'un organisme, à l'intérieur d'un virus, d'une bactérie, d'un plasmide de tout autre vecteur, et leur incorporation à l'intérieur d'un organisme hôte dans lequel ces molécules ne peuvent exister naturellement, mais où elles sont capables de se propager continuellement ;
- techniques impliquant l'introduction directe dans un organisme d'un matériel génétique préparé à l'extérieur dudit organisme, notamment la micro-

---

[131] http://extwprlegs1.fao.org/docs/pdf/mli152165.pdf

injection, et l'encapsulation ;
- la fusion cellulaire (notamment la fusion des protoplastes) ou les techniques d'hybridation où des cellules vivantes avec de nouvelles combinaisons de matériel génétique sont formées par la fusion de deux ou de plusieurs cellules.
d) « Centre d'Echange sur la Biosécurité » ou Biosafety Clearing House (BCH) fournit l'accès à l'information pertinente pour le protocole sur la prévention des risques biotechnologiques. Il donne des renseignements sur les interlocuteursnationaux, les lois et réglementations, l'information en vue de la prise de décision, la création de capacités, la liste des experts. Le Point Focal du Centre d'Echange National du Mali est le Secrétariat Technique Permanent du Cadre Institutionnel de la Gestion des Questions Environnementales (STP/CIGQE). Il assure la liaison et facilite l'échange d'informations avec le Secrétariat du Protocole de Cartagena sur la prévention des risques biotechnologiques.
e) « Demandeur » : désigne toute personne physique ou morale qui soumet une demande par écrit à l'Autorité Nationale Compétente pour obtenir l'autorisation d'importer, faire transiter, utiliser en milieu confiné, libérer, ou commercialiser les organismes génétiquement modifiés ou de produits dérivés d'organismes génétiquement modifiés, ou, le cas échéant, toute personne ayant déjà obtenu l'autorisation de mener ces activités.
f) « Dissémination volontaire » ou « dissémination » : encore, appeler libération intentionnelle ou libération désigne toute introduction intentionnelle dans l'environnement d'un organisme génétiquement modifié ou du produit d'un organisme génétiquement modifié ; il s'agit notamment de la libération pour des raisons commerciales, l'aide alimentaire, les traitements curatifs, la recherche dans des expériences sur le terrain, l'utilisation des organismes génétiquement modifiés dans des serres, en aquaculture, dans l'élevage, à moins que les installations ne soient approuvées pour utilisation en milieu confiné pour un laboratoire ou de toute autre infrastructure approuvée, l'élimination de déchets contenant des organismes génétiquement modifiés, l'importation, l'exportation ou le transport des organismes génétiquement modifiés ou des produits des organismes génétiquement modifiés. g) « Evaluation des risques » : désigne l'évaluation directe ou indirecte, à court, moyen et long terme, des risques sur la santé humaine, la diversité biologique et l'environnement en général, notamment sur les conditions socioéconomiques ou les valeurs étiques, causés par l'importation, le transit, l'utilisation en milieu confiné, la libération ou la mise sur le marché d'un organisme génétiquement modifié ou du produit d'un organisme génétiquement modifié.
h) « Exportation » : désigne tout mouvement transfrontière intentionnel d'un pays à un autre. i) « Exportateur » : désigne toute personne morale ou physique, relevant de la juridiction de la Partie exportatrice, qui prend des dispositions pour qu'un organisme génétiquement modifié ou le produit d'un

organisme génétiquement modifié soit exporté.
j) « Fins hostiles » : désigne l'élaboration, le développement, l'acquisition ou la libération intentionnelle d'un organisme génétiquement modifié ou du produit d'un organisme génétiquement modifié dans l'intention de nuire à la santé humaine, à la biodiversité, à l'environnement ou à la propriété pour un objectif non autorisé par l'autorité compétente.
k) « Génie génétique » : désigne toute technique impliquant l'isolation, la classification, la modification ou l'introduction de l'ADN (Acide Désoxyribonucléique) dans des cellules vivantes ou vecteurs utilisés pour le transfert de l'ADN (plasmides, virus, chromosomes artificiels).
l) « Impact socio-économique » : désigne les effets directs ou indirects d'un organisme génétiquement modifié ou du produit dérivé d'un organisme génétiquement modifié sur l'économie ou sur les conditions socioculturelles ou sur le mode de vie ou les systèmes ou techniques de connaissances d'une ou plusieurs communautés indigènes, notamment sur l'économie du pays.
m) « Importation » : désigne tout mouvement transfrontière intentionnel d'un pays à un autre.
n) « Importateur » : désigne toute personne physique ou morale qui prend des dispositions pour qu'un organisme génétiquement modifié ou un produit dérivé d'organisme génétiquement modifié soit importé.
o) « Mise sur le marché » : désigne la communication ou la mise à disposition à des tiers d'un organisme génétiquement modifié ou du produit d'un organisme génétiquement modifié, suivi ou non d'une transaction financière, et notamment dans le cas de dons en aide alimentaire.
p) « Mouvement transfrontière » : désigne tout mouvement d'un organisme vivant modifié en provenance d'une Partie et à destination d'une autre Partie.
q) « Notification » : désigne la communication des informations et, le cas échéant, la fourniture des échantillons aux autorités compétentes, tout en prenant la responsabilité de l'exactitude et de l'intégralité de ces informations.
r) « Organisme génétiquement modifié » (OGM) : désigne tout organisme biologique capable de se reproduire ou de transférer du matériel génétique, notamment les plantes, les animaux, les microorganismes (virus, bactéries, champignons), les cultures cellulaires, tous les vecteurs de transfert de gènes (plasmides, virus, chromosomes artificiels) et les acides nucléiques nus tels les viroïdes ou les séquences d'ADN dans lesquelles le matériel génétique a été altéré par des techniques biotechnologiques modernes.
s) « Organisme vivant modifié » (OVM) désigne toute entité biologique capable de transférer ou de répliquer du matériel génétique, y compris des organismes stériles, des virus et des viroïdes, possédant une combinaison de matériel génétique inédite obtenue par recours à la biotechnologie moderne.
Il ressort de cette définition que les OGM sont l'une des deux grandes catégories d'OVM, c'est-à-dire ceux dont le matériel génétique, ou ADN, a été transformé d'une manière qui ne s'effectue pas par multiplication ou

recombinaison naturelle. En conclusion, un OVM est un OGM.
t) « Personne » : désigne toute personne physique ou morale.
u) « Principes de Précaution » : désigne l'absence de preuves scientifiques concluantes ne justifiant pas la non-intervention en particulier lorsque celleci risque d'avoir des conséquences catastrophiques ou que les coûts de l'intervention sont négligeables.
v) « Produit d'un organisme génétiquement modifié » : désigne tout matériel dérivé de la transformation, ou de tout autre moyen, d'un organisme génétiquement modifié ou du produit d'un organisme génétiquement modifié.
w) « Technologie cellulaire » : désigne toutes les techniques de production de cellules vivantes avec de nouvelles combinaisons de matériels génétiques par la fusion de deux ou plusieurs autres cellules.
x) « Utilisation » : ce terme exclut l'acquisition, à partir de marchés locaux ou de sources nationales autorisées, notamment l'aide alimentaire, par achat ou tout autre moyen, par le grand public et l'utilisation ou la distribution, à moins que des conditions spécifiques n'aient été définies sur cette utilisation, comme à des fins de recherche scientifique.
y) « Utilisation en milieu confiné » désigne toute opération dans laquelle les organismes génétiquement modifiés sont produits, cultivés, stockés, détruits ou utilisés de manière différente dans un système fermé ayant un volume inférieur à X cm3 dans lequel des barrières physiques sont utilisées, seules ou avec des barrières chimiques et/ou biologiques, en vue d'empêcher effectivement leur contact avec des barrières, et leur impact sur les êtres humains et l'environnement externe.

CHAPITRE II : DU CADRE INSTITUTIONNEL

Article 3 : Le cadre institutionnel se compose du Point Focal National/Correspondant National, de l'Autorité Nationale Compétente, du Comité National de Biosécurité et des Comités Institutionnels Publics de Biosécurité.
Article 4 : Le Point Focal National/Correspondant National du Mali pour le Protocole de Cartagena est la structure désignée pour gérer les questions Environnementales. Il assure la liaison avec le Secrétariat du Protocole de Cartagena sur la prévention des risques biotechnologiques avec le Centre d'échanges sur la Biosécurité (BCH), et facilite l'échange d'informations entre l'Autorité Nationale Compétente et les différents organes. Il est également le Point de contact pour les notifications
Article 5 : L'Autorité Nationale Compétente (ANC) est le Ministère Chargé de l'Environnement. L'Autorité Nationale Compétente a pour mission d'assurer le suivi et de veillez au contrôle de l'application de la présente loi.

À ce titre, elle est chargée :
- de définir les critères, les normes, les directives et les règles appropriées pour la réalisation des objectifs de la présente loi ;
- de tenir compte des recommandations de indications du Comité National de Biosécurité lors des délibérations relatives à l'importation, le transit, l'utilisation en milieu confiné, la dissémination et/ou libération ou la mise sur le marché d'un organisme génétiquement modifié ou du produit dérivé d'organisme génétiquement modifié ;
- de susciter la mise sur pied de comités institutionnels publics sur la biosécurité dans les institutions concernées et la nomination des groupes ou conseils d'experts indépendants si nécessaire, qui serviront de conseillers techniques ou scientifiques sur les problèmes de biosécurité ;
- du suivi très rapproché de l'évolution relative aux organismes génétiquement modifiés partout dans le monde et lorsque l'un d'entre eux semble poser un risque grave pour la santé ou pour l'environnement, interdire son passage sur le territoire national et prévenir le Centre d'Echange sur la Biosécurité, les services de douane et les fonctionnaires chargés du commerce extérieur ;
- du suivi de l'accessibilité et de la circulation de l'information entre le Centre d'Echange National et celui du Secrétariat du Protocole de Cartagena ;
- du maintien et de la mise à la disposition du public qui en font la demande d'une base de données sur les organismes génétiquement modifiés et les produits d'organismes génétiquement modifiés destinés à l'alimentation humaine ou animale ou à la transformation ;
- de la déclaration par l'intermédiaire du Centre d'Echange sur la biosécurité à l'effet que :
i) un organisme génétiquement modifié ou un produit d'organisme génétiquement modifié destiné à l'alimentation humaine ou animale ou à la transformation ne peut être importé qu'après avoir fait l'objet d'une évaluation intégrale des risques qu'il pose, conformément aux termes de la présente loi ; et
ii) la demande d'autorisation d'importation déclenche l'évaluation des risques. Cette évaluation n'est toutefois pas automatique chaque fois qu'un nouvel organisme génétiquement modifié est déposé au Centre d'Echange ;
- l'évaluation ou la réévaluation des risques sur les organismes génétiquement modifiés ou les produits dérivés d'organismes génétiquement modifiés. Lorsqu'un organisme génétiquement modifié ou un produit d'organisme génétiquement modifié doit être importé, les frais d'importation sont supportés par l'importateur ;
- la prise de mesures légales à l'échelle nationale et internationale pour protéger la santé humaine, la biodiversité et l'environnement en général des risques que peuvent poser les organismes génétiquement modifiés ou les produits des organismes génétiquement modifiés, entre autres, par l'application de la présente loi et du protocole de Cartagena sur la

biodiversité ;
- la désignation d'inspecteurs de Biosécurité ainsi que d'autres mesures de contrôle afin d'assurer le respect de la présente loi ;
- et assurer toutes les autres fonctions qui peuvent lui être assignées par le gouvernement. Article 6 : Un Comité National de Biosécurité, chargé de faire des recommandations et de donner des directives à l'Autorité Nationale Compétente en matière de Biotechnologie et de Biosécurité est mis en place. Un décret pris en Conseil des ministres détermine ses attributions, sa composition et les modalités de son fonctionnement.
Article 7 : Les institutions impliquées dans l'importation, l'exportation, la manutention, l'utilisation en milieu confiné, la dissémination et/ou libération ou la mise sur le marché d'organismes génétiquement modifiés ou de produits dérivés d'organismes génétiquement modifiés vont établir des Comités institutionnels publics de Biosécurité pour instituer et contrôler les procédures de sécurité ainsi que les procédures d'autorisation.

CHAPITRE III : DE LA NOTIFICATION

Article 8 : Nul ne peut se livrer à l'importation, au transit, à l'utilisation en milieu confiné, à la dissémination et/ou libération ou la mise sur le marché d'un organisme génétiquement modifié ou d'un produit dérivé d'organismes génétiquement modifiés sans l'accord préalable en connaissance de cause ou une autorisation écrite de l'Autorité Nationale Compétente, selon le cas.
Article 9 : Toute personne qui souhaite se livrer à l'importation, ou à la dissémination et/ou libération, ou à l'utilisation en milieu confiné ou à la mise sur le marché d'un organisme génétiquement modifié ou d'un produit dérivé d'organismes génétiquement modifiés doit déposer une demande écrite auprès de l'Autorité Nationale Compétente.
Article 10 : Cette demande doit être accompagnée des renseignements suivants :
- les informations énumérées à l'Annexe I de la présente loi ainsi que celles exigées par l'Autorité Nationale Compétente ;
- un rapport d'évaluation des risques que l'organisme génétiquement modifié ou le produit dérivé d'organismes génétiquement modifiés peut faire courir à la santé humaine, à la diversité biologique ou à l'environnement, ainsi que les conséquences d'une dissémination involontaire et/ou libération accidentelle ;
- les informations relatives à un transfert précédent ou actuel de l'organisme génétiquement modifié ou du produit dérivé d'un organisme génétiquement modifié à l'intérieur du pays ou dans tout autre pays ;
- les informations relatives aux autorisations déjà accordées ou refusées dans tout autre pays. - les recommandations du Comité institutionnel public de biosécurité si la demande d'autorisation est destinée à la recherche-

développement ;
- une description claire et séquentielle des étapes qui seront suivies lors de la mise en œuvre du projet, et les procédures de suivi et d'évaluation qui seront effectuées à la fin de chaque étape, ainsi que le mode d'élimination des déchets ;
- le lieu et le but pour lequel l'organisme génétiquement modifié ou le produit dérivé d'organismes génétiquement modifiés doit être élaboré, utilisé, conservé, disséminé et/ou libéré ou commercialisé, ainsi que les conditions d'utilisation et une procédure d'étiquetage et d'emballage conformément aux dispositions prévues à l'Annexe II de la présente loi relative à l'étiquetage des produits ; et
- une déclaration sur l'honneur attestant l'exactitude des informations fournies signée par le notifiant, y compris, selon le cas, un engagement de la part du fournisseur de cette information garantissant que cette information est exacte et complète. Article 11 : Toute personne souhaitant importer un organisme génétiquement modifié ou un produit d'organismes génétiquement modifiés directement destiner à l'alimentation humaine ou animale ou à la transformation, doit soumettre à l'Autorité Nationale Compétente une demande écrite mentionnant les informations disponibles au Centre d'Echange.

CHAPITRE IV : DES DÉCISIONS

Section I : De la participation du public

Article 12 : L'Autorité Nationale Compétente doit, à la réception de la notification mentionnée à l'article 10 et à l'article 11, rendre public les informations pertinentes et avertir les ministères concernés. Article 13 : Toute personne physique ou morale peut donner son avis par écrit dans un délai qui sera spécifié par l'Autorité Nationale Compétente. Toute personne qui récuse l'avis de l'Autorité Nationale Compétente peut solliciter une contre expertise en prenant en charge les frais y afférents. Article 14 : L'Autorité Nationale Compétente peut décider d'organiser une consultation publique concernant un projet d'importation, de transit, d'utilisation en milieu confiné, de dissémination et/ou libération ou de mise sur le marché d'un organisme génétiquement modifié ou d'un produit dérivé d'organismes génétiquement modifiés. L'avis de consultation est publié dans les journaux et les médias nationaux 15 jours au moins avant la prise de décision.
La consultation du public, conformément à la loi et la réglementation nationale, respectera le caractère confidentiel des informations.
Article 15 : L'Autorité Nationale Compétente doit, lors de l'examen ou du réexamen de sa décision, tenir compte des opinions et des préoccupations du public, exprimées conformément aux articles 13 et 14 de la présente loi.

Article 16 : L'Autorité Nationale Compétente doit rendre public les informations suivantes :
- celles relatives à tout organisme génétiquement modifié ou produit dérivé d'organismes génétiquement modifiés pour lequel l'importation, l'utilisation en milieu confiné, la dissémination et/ou libération ou la mise sur le marché a été autorisée ou refusée ; et - en particulier, tout rapport d'évaluation des risques concernant l'organisme génétiquement modifié ou le produit dérivé d'organismes génétiquement modifiés en question.

Section II : De la procédure de prise de décision

Article 17 : L'Autorité Nationale Compétente doit s'assurer que l'importation, le transit, l'utilisation en milieu confiné, la dissémination et/ou libération ou la mise sur le marché d'un organisme génétiquement modifié ou du produit d'organismes génétiquement modifiés ne s'effectue qu'après l'obtention d'une autorisation préalable par écrit.
Article 18 : L'Autorité Nationale Compétente doit évaluer l'information présentée par le demandeur ou disponible au Centre d'Echange. Selon le cas, elle peut décider :
- de demander d'autres informations pour faciliter la prise de décision ;
- de donner suite à la demande ;
- de donner suite à la demande, mais uniquement dans les conditions qu'elle aura déterminées ; ou
- de ne pas donner une suite à la demande.
Article 19 : L'Autorité Nationale Compétente doit notifier au demandeur par écrit et informer le public des décisions prises, avec ampliation au Centre d'Echange dans un délai minimum de quatre vingt dix (90) jours à compter de la date de la réception de la demande.
Article 20 : L'Autorité Nationale Compétente peut, avant de prendre une décision, exiger d'autres informations qu'elle jugera nécessaires. Tout demandeur qui ne communiquera pas les informations additionnelles requises sera considéré comme ayant retiré sa demande.
Article 21 : Toute autorisation doit spécifier les étapes successives de la mise en œuvre de la procédure de décision et indiquer que les risques doivent être évalués à chaque étape.
Cependant, si l'Autorité Nationale Compétente considère qu'il n'y a pas de risques significatifs pour la santé humaine, la diversité biologique ou l'environnement, elle peut se contenter d'une procédure simplifiée.
Article 22 : La procédure simplifiée permet à la partie importatrice, sous réserve que des mesures adéquates soient appliquées pour assurer le mouvement transfrontière intentionnel sans danger d'organismes vivants modifiés conformément à l'objectif du protocole, de spécifier à l'avance au Centre d'Echange pour la prévention des risques biotechnologiques :

a) les cas où un mouvement transfrontalier intentionnel dont elle est la destination peut avoir lieu au moment même où le mouvement lui est notifié ;
b) les importations d'organismes vivants modifiés exemptés de la procédure d'accord préalable en connaissance de cause. Les notifications visées en alinéa a) ci-dessus peuvent valoir pour des mouvements similaires ultérieurs à destination de la même Partie.

Article 23 : Pour obtenir une autorisation d'importer, faire transiter, utiliser en milieu confiné, disséminer et/ou libérer ou mettre sur le marché un organisme génétiquement modifié, le demandeur doit continuellement effectuer une étude pour contrôler et évaluer les risques pendant une période équivalente au cycle de vie des espèces, conformément aux directives définies par l'Autorité Nationale Compétente.

Article 24 : Aucune autorisation ne pourra être accordée si la preuve n'est pas établie que l'organisme génétiquement modifié ou le produit dérivé d'organismes génétiquement modifiés est sans risque significatif pour la santé humaine, la diversité biologique ou l'environnement.

Article 25 : Dans l'éventualité de dommages graves ou irréversibles, l'application du principe de précaution doit être de règle.

Article 26 : Une autorisation ne peut être délivrée que si l'Autorité Nationale Compétente estime ou décide que l'importation, le transit, l'utilisation en milieu confiné, la dissémination/libération ou la mise sur le marché de l'organisme génétiquement modifié ou d'un produit dérivé d'organismes génétiquement modifiés doit :

- bénéficier au pays sans causer de risques ou risques majeurs à la santé humaine, la diversité biologique et l'environnement en général ;
- contribuer au développement durable ;
- ne doit pas avoir d'impacts socioéconomiques négatifs ; et
- respecter les valeurs éthiques et tenir compte des préoccupations des communautés et ne doit pas nuire au savoir et aux technologies de ces communautés.

Article 27 : La décision définitive prise concernant l'utilisation d'un Organisme Vivant Modifié (OVM) pour l'alimentation humaine ou animale ou la transformation sur le territoire national, y compris sa mise sur le marché, est communiquée au Centre d'Echange sur la Biosécurité dans les quinze (15) jours suivant la décision avec les informations de l'annexe II du Protocole. Une copie de l'information sera fournie aux Etats qui n'ont pas accès au Centre d'Echange sur la Biosécurité. Il en sera de même pour toutes les Parties qui font la demande d'informations supplémentaires visées au paragraphe b) de l'annexe II du protocole.

Article 28 : Le demandeur doit fournir à l'Autorité Nationale Compétente la preuve qu'il a les moyens de remplir ses obligations, telles que prévues dans la présente loi sous peine de voir sa demande rejetée.

Section III : Du réexamen des décisions

Article 29 : Toute autorisation peut être retirée ou soumise à des conditions supplémentaires autres que celles déjà imposées, si l'Autorité Nationale Compétente obtient par la suite des éléments d'informations nouveaux ou supplémentaires sur l'organisme génétiquement modifié ou le produit dérivé d'organismes génétiquement modifiés indiquant qu'il existe un risque pour la santé humaine, la diversité biologique ou l'environnement.
Article 30 : Si le demandeur a connaissance de nouveaux éléments d'informations pertinents, il doit en informer l'Autorité Nationale Compétente dans les plus brefs délais.

CHAPITRE V : DES RISQUES

Section I : De l'évaluation des risques

Article 31 : Le demandeur doit effectuer ou faire effectuer une évaluation de tous les risques que peut causer un organisme génétiquement modifié ou le produit dérivé d'un organisme génétiquement modifié pour lequel il/elle demande l'autorisation d'importer, faire transiter, utiliser en milieu confiné, disséminer et/ou libérer ou mettre sur le marché.
Article 32 : Aucune décision sur une demande d'importer, de faire transiter, utiliser en milieu confiné, disséminer et/ou libérer ou mettre sur le marché un organisme génétiquement modifié ou le produit d'un organisme génétiquement modifié ne peut être prise par l'Autorité Nationale Compétente sans qu'une évaluation des risques pour la santé humaine, la diversité biologique et l'environnement en général n'ait été effectuée, notamment sur les conditions socio-économiques et les normes culturelles.
Article 33 : L'évaluation des risques que peut causer un organisme génétiquement modifié ou le produit dérivé d'un organisme génétiquement modifié doit se faire au cas par cas et conformément aux dispositions de l'Annexe III de la présente loi par le demandeur ou l'Autorité Compétente au besoin.
Article 34 : L'Autorité Nationale Compétente doit examiner ou faire examiner le rapport d'évaluation des risques ainsi que les résultats de l'évaluation avant de prendre une décision sur la demande d'importer, faire transiter, utiliser en milieu confiné, dissémination/libération ou mettre sur le marché un organisme génétiquement modifié ou le produit dérivé d'un organisme génétiquement modifié.
Article 35 : Au cas où l'examen du rapport d'évaluation montre que les risques sont inévitables, l'Autorité Nationale Compétente ne doit pas autoriser l'importation, le transit, l'utilisation en milieu confiné, la dissémination/libération ou la mise sur le marché de l'organisme

génétiquement modifié ou du produit dérivé d'un organisme génétiquement modifié.

Article 36 : En cas de refus d'autorisation tel que mentionné à l'Article 35 ci-dessus, tout brevet ou demande de brevet lié à un organisme génétiquement modifié ou un produit dérivé d'organismes génétiquement modifiés ne sera pas reconnu ou sera rejeté, selon le cas.

Article 37 : L'Autorité Nationale Compétente peut exiger du demandeur qu'il supporte les coûts de l'examen du rapport d'évaluation des risques ou à l'évaluation des risques, le cas échéant.

Article 38 : Toute personne qui participe à l'évaluation des risques relatifs à un sujet dans lequel elle a des intérêts directs ou indirects quelconques, doit le déclarer et se retirer du processus d'évaluation.

Article 39 : S'il n'est pas possible de conduire une évaluation des risques libre de toute dépendance à l'égard des intérêts des producteurs ou s'il n'est pas possible de vérifier que l'évaluation des risques a été conduite de manière indépendante, l'Autorité Nationale Compétente peut rejeter la demande.

Section II : De la gestion des risques

Article 40 : L'Autorité Nationale Compétente doit mettre sur pied, entretenir et utiliser en cas de besoin, une stratégie de gestion de risques, en vue de protéger la santé humaine, la diversité biologique et l'environnement en général contre les accidents pouvant survenir dans l'ingénierie génétique, l'utilisation d'organismes génétiquement modifiés ou des produits des organismes génétiquement modifiés.

Article 41 : L'Autorité Nationale Compétente doit imposer les mesures nécessaires pour la mise en application des dispositions de l'Annexe IV de la présente loi et visant à éviter les effets néfastes d'un organisme génétiquement modifié ou du produit dérivé d'un organisme génétiquement modifié sur la santé humaine, la diversité biologique et l'environnement en général, notamment sur les conditions socioéconomiques.

Article 42 : Sans préjudice des articles 40 et 41, l'Autorité Nationale Compétente peut :

- demander que tout organisme génétiquement modifié soit soumis à une période d'observation pour étudier son cycle de vie ou sa période de génération, aux frais du demandeur, avant et/ou après toute utilisation ;
- interdire l'importation, le transit, l'utilisation en milieu confiné, la dissémination/ libération ou la mise sur le marché d'un organisme génétiquement modifié ou du produit dérivé d'un organisme génétiquement modifié, s'il a des caractéristiques ou s'il constitue une menace spécifique entraînent des risques inacceptables pour la santé humaine, la diversité biologique, l'environnement, les conditions socioéconomiques et les normes culturelles ; - ordonner l'arrêt de toute activité entreprise ou utilisation faite

en violation des dispositions prévues par la présente loi ou de toute décision prise conformément à la loi ;
- ordonner l'arrêt de toute activité ou utilisation impliquant un organisme génétiquement modifié ou le produit d'un organisme génétiquement modifié dont les risques sur la santé humaine, la diversité biologique et l'environnement sont connus ;
- Exiger de la personne responsable de toute activité prévue par la présente loi qu'elle prenne toutes les mesures nécessaires pour prévenir les menaces pour la santé humaine, la diversité biologique, l'environnement en général, ou les conditions socio-économiques et culturelles, ou de rétablir autant que possible l'environnement dans son état initial ;
- prendre toutes les mesures nécessaires, aux frais de toute personne responsable,
au cas où elle manque aux obligations en matière de sécurité prescrites par l'Autorité Nationale Compétente ;
- prendre toutes les mesures nécessaires en cas de danger réel et grave pour la santé humaine, la diversité biologique et l'environnement en général, les conditions socio-économiques et culturelles ou l'ordre public causé par un organisme génétiquement modifié ou le produit dérivé d'un organisme génétiquement modifié, aux frais de la personne responsable dudit danger ; et exiger du demandeur qu'il soumette des rapports périodiques sur le contrôle et l'évaluation des risques menés après l'autorisation d'importer, faire transiter, utiliser en milieu confiné, disséminer et/ou libérer ou mettre sur le marché un organisme génétiquement modifié ou le produit dérivé d'un organisme génétiquement modifié ;
- évaluer et, au besoin interdire, l'importation, le transit, l'utilisation en milieu confiné ou la dissémination/libération d'un organisme génétiquement modifié ou d'un produit dérivé d'un organisme génétiquement modifié qui pourrait être utilisé à des fins hostiles.

CHAPITRE VI : DE LA DISSEMINATION INVOLONTAIRE ET/OU LIBERATION ACCIDENTELLE ET DES MESURES D'URGENCE

Article 43 : Pour gérer toute dissémination involontaire et/ou libération accidentelle et toute situation d'urgence résultant d'un accident dû à un organisme génétiquement modifié ou à un produit dérivé d'un organisme génétiquement modifié, l'Autorité Nationale Compétente doit, au besoin, s'assurer que :
- Un plan d'urgence est élaboré pour assurer, en cas d'accident, la protection de la santé humaine, de la diversité biologique et l'environnement en général en dehors de la zone où a été libéré ou utilisé en milieu confiné l'organisme, et que les services d'urgence compétents sont conscients des risques et en soient dûment informés par écrit ; et

- les informations sur les mesures et les consignes de sécurité à adopter en cas d'accident sont mises à la disposition des personnes qui peuvent être affectées par l'accident, par le demandeur. Ces informations doivent être mises à jour et rendues disponibles périodiquement. Elles doivent également être mises à la disposition du public.

Article 44 : En cas d'accident, le demandeur doit immédiatement informer l'Autorité Nationale Compétente dans les plus brefs délais et communiquer les informations suivantes :

- les circonstances de l'accident ;
- l'identité et la quantité de l'organisme génétiquement modifié ou de produits dérivés d'organismes génétiquement modifiés libérés accidentellement ;
- toutes les mesures et informations nécessaires prises pour évaluer les conséquences de l'accident sur la santé humaine, la biodiversité et l'environnement en général ; et
- les mesures d'urgence prises ou à prendre.

Article 45 : Dès la réception de l'information prévue à l'article 44, l'Autorité Nationale Compétente doit :

- s'assurer que toutes les mesures possibles ont été prises pour neutraliser les risques pour la santé humaine, la diversité biologique et l'environnement en général ; et
- informer les organisations gouvernementales et non gouvernementales compétentes dans les pays pouvant être affectés, ainsi que le Centre d'Echange sur la biosécurité.

CHAPITRE VII : DE L'IDENTIFICATION ET DE L'ÉTIQUETAGE

Article 46 : Tout organisme génétiquement modifié ou produit dérivé d'un organisme génétiquement modifié doit être clairement identifié et étiqueté en tant que tel. L'identification doit spécifier les détails des traits et caractéristiques pertinents pour assurer sa traçabilité.

Article 47 : Tout organisme génétiquement modifié ou tout produit dérivé d'un organisme génétiquement modifié doit être clairement étiqueté et emballé avec les mentions prévues dans l'Annexe II, partie C, et conformément à toutes les autres obligations, le cas échéant, imposées par l'Autorité Nationale Compétente, en vue d'indiquer si le produit et /ou dérivé d'un organisme génétiquement modifié et, le cas échéant, s'il peut éventuellement provoquer des allergies ou causer d'autres risques.

CHAPITRE VIII : DES RENSEIGNEMENTS COMMERCIAUX CONFIDENTIELS

Article 48 : L'Autorité Nationale Compétente doit assurer la protection des informations qu'elle estime confidentielles après qu'une requête écrite pour

confidentialité ait été déposée par le demandeur.
Article 49 : les informations ci-après communiquées par le demandeur ne doivent en aucun cas être tenues pour confidentielles :
- la description des organismes génétiquement modifiés ou des produits dérivés des organismes génétiquement modifiés, les noms et adresses du demandeur, le but et le lieu de l'importation, du transit, de l'utilisation en milieu confiné, de la dissémination et/ou libération ou de la mise sur le marché de l'organisme génétiquement modifié ou du produit dérivé d'organismes génétiquement modifiés ;
- les méthodes et les plans de contrôle de l'organisme génétiquement modifié ou du produit dérivé d'un organisme génétiquement modifié et pour les mesures d'urgence à prendre ; et
- l'évaluation des effets possibles, notamment tout effet pathogène et/ou pouvant provoquer des perturbations écologiques
Article 50 : L'Autorité Nationale Compétente peut, après avoir avisé le demandeur, décider que certaines informations énoncées aux articles 10 et 11 conformément aux dispositions prévues à l'article 12, malgré leur nature confidentielle, soient portées à la connaissance du public, et ce, dans l'intérêt général. L'Autorité Nationale Compétente veillera à consulter les auteurs des notifications et à réviser les décisions en cas de désaccord sur la confidentialité des informations.
Article 51 : Si pour quelque raison que ce soit le demandeur retire sa demande avant l'obtention de l'autorisation, l'Autorité Nationale Compétente doit respecter le caractère confidentiel des informations fournies sauf en ce qui concerne celles mentionnées aux alinéas 2 et 3 de l'article 49.
Article 52 : Toute personne accomplissant l'une des activités quelconques stipulées dans la présente loi doit communiquer les informations nécessaires à l'Autorité Nationale Compétente pour qu'elle puisse effectuer les tâches de supervision, de contrôle ou de mise en application, ou de prendre les mesures d'urgence relatives à ladite activité ; le demandeur ne doit pas requérir la confidentialité des informations communiquées.

CHAPITRE IX : DE L'EXPORTATION

Article 53 : Toute personne désireuse d'exporter un organisme génétiquement modifié ou le produit dérivé d'un organisme génétiquement modifié doit déposer auprès de l'Autorité Nationale Compétente l'accord préalable donné en connaissance de cause délivré par écrit par l'Autorité Nationale Compétente du pays importateur.
Article 54 : La présentation de l'accord préalable donné en connaissance de cause par l'exportateur ne dispense pas ce dernier de respecter les autres lois régissant le commerce extérieur.
Article 55 : La présentation de l'accord préalable donné en connaissance de

cause ne doit pas empêcher le pays exportateur de prendre en compte les autres aspects dans sa prise de décision sur l'autorisation ou non d'exporter. Article 56 : Aucune autorisation ne doit être délivrée pour la réexportation d'un organisme génétiquement modifié ou du produit dérivé d'un organisme génétiquement modifié qui a déjà été interdit par les lois du pays exportateur.

CHAPITRE X : DE LA RESPONSABILITE ET DE LA REPARATION

Article 57 : Toute personne qui importe, fait transiter, utilise en milieu confiné, dissémine et/ou libère ou met sur le marché un organisme génétiquement modifié ou le produit dérivé d'un organisme génétiquement modifié est tenue entièrement responsable de tous les dommages causés par ledit organisme génétiquement modifié ou produit dérivé d'un organisme génétiquement modifié. Ces dommages doivent être entièrement réparés.
Article 58 : La responsabilité doit incomber à la personne qui a mené l'activité ayant provoqué le dommage et causé le préjudice ou la perte, ainsi qu'au fournisseur, au distributeur et ou dépositaire ou au développeur et au producteur de l'organisme génétiquement modifié ou des produits dérivés des organismes génétiquement modifiés.
Article 59 : S'il existe plus d'une personne responsable du dommage, du préjudice ou de la perte, les personnes concernées sont alors solidairement et conjointement responsables. Article 60 : En cas de dommage sur l'environnement et la diversité biologique par un organisme génétiquement modifié ou le produit dérivé d'un organisme génétiquement modifié, le montant de la compensation doit intégrer les coûts des mesures de rétablissement, de réhabilitation ou d'assainissement qui ont été réellement engagés et, le cas échéant, les coûts liés aux mesures préventives.
Article 61 : Les dommages causés aux ressources génétiques des communautés suite au transfert, à l'utilisation, à la manipulation des organismes génétiquement modifiés et produits dérivés d'organismes génétiquement modifiés et leur utilisation dans la biotechnologie, feront l'objet de réparation au profit des communautés.
Article 62 : En cas de dommage pour la santé humaine, les compensations comprennent : - tous les frais nécessaires pour obtenir le traitement médical requis et approprié ; - le montant des indemnités d'invalidité, de diminution de qualité de vie et le total des frais encourus pour rétablir, dans la mesure du possible, la qualité de vie dont jouissait la personne avant qu'elle n'ait subi les dommages ;
- le montant du capital-décès et l'ensemble des frais encourus pour les obsèques.
Article 63 : La responsabilité et la réparation s'étendront aussi aux considérations socioéconomiques :
- les nuisances et les dommages causés directement ou indirectement par

l'organisme génétiquement modifié ou le produit dérivé d'un organisme génétiquement modifié à l'économie ;
- les conditions sociales et culturelles, notamment les effets négatifs sur les modes de vie, les connaissances ou technologies traditionnelles d'une ou de plusieurs communautés ;
- les dommages et pertes causés par des troubles publics suscités par l'organisme génétiquement modifié ou le produit d'un organisme génétiquement modifié ;
- la destruction totale ou partielle des systèmes de production industrielle ou agricole, la perte de récoltes, la contamination des sols ;
- les dommages causés à la diversité biologique, à l'économie d'une région et tout autre dommage et intérêts indirects.

Article 64 : En cas de dommage provoqué par un organisme génétiquement modifié ou par le produit dérivé d'un organisme génétiquement modifié, le droit d'intenter une action en justice ne pourra être prescrit qu'après un délai de 10 ans à partir de la prise de conscience du dommage par la personne ou par la communauté affectée, en tenant compte des éléments suivants : - le temps nécessaire à la manifestation du dommage ; et - le temps nécessaire pour faire le lien entre le dommage et l'organisme génétiquement modifié ou le produit dérivé d'un organisme génétiquement modifié, en tenant compte de la situation de la ou des personnes ou de la communauté ou des communautés affectée(s), ou des circonstances dans lesquelles elles se trouvent.

Article 65 : Toute personne, tout groupe de personnes, toute organisation publique ou privée peut être autorisée à déposer une plainte ou une requête pour demander réparation d'une violation ou d'une menace de violation d'une des dispositions de la présente loi, notamment les dispositions relatives aux dommages sur la santé humaine, la diversité biologique et l'environnement en général, ou sur les conditions socio-économiques :
- dans l'intérêt de cette personne ou du groupe de personnes ;
- dans l'intérêt ou au nom d'une personne qui est, pour des raisons pratiques, incapable d'introduire une telle procédure ;
- dans l'intérêt ou au nom d'un groupe ou classe de personnes dont les intérêts sont attaqués ;
- dans l'intérêt général du public ; et
- dans l'intérêt de la protection de l'environnement ou de la diversité biologique.

Article 66 : Aucun frais ne doit être imputé à l'une des personnes ci-dessus mentionnées qui manque d'intenter une des actions ci-dessus visées si ces actions ne tiennent pas compte de l'intérêt public ou de la protection de la santé humaine, de la diversité biologique et de l'environnement en général.

CHAPITRE XI : DES INFRACTIONS ET DES SANCTIONS

Article 67 : Constituent des infractions en matière de biosécurité :
- l'importation, l'exportation, le transit, la dissémination et/ou libération, la commercialisation, la mise sur le marché, l'utilisation dans un milieu confiné d'un quelconque organisme génétiquement modifié (OGM) ou d'un produit dérivé d'un organisme génétiquement modifié sans une autorisation préalable écrite de l'Autorité Nationale Compétente ;
- l'utilisation des organismes génétiquement modifiés ou de produits dérivés d'organismes génétiquement modifiés à des fins hostiles ;
- toute violation des obligations et règles ci-dessus évoquées en matière de biosécurité ; - les informations fausses, déclarations mensongères et toutes autres manœuvres frauduleuses en vue d'obtenir une autorisation ; les entraves au bon fonctionnement de l'Autorité Nationale Compétente ;
- tout mouvement illicite d'organismes génétiquement modifiés ou de produits dérivés d'organismes génétiquement modifiés.

Article 68 : Seront punis d'un emprisonnement de 6 mois à 5 ans :
- ceux qui en vue d'obtenir une autorisation auront fourni à l'Autorité Nationale Compétente, lors de l'évaluation des risques des informations fausses ou auront fait des déclarations mensongères ;
- ceux qui, étant détenteurs d'autorisation, auront dissimulé ou se seront abstenus en connaissance de cause de fournir des éléments d'information qui leur sont parvenus et susceptibles de modifier l'évaluation des risques posés par leurs projets ;
- ceux qui, étant détenteurs d'autorisation, auront refusé ou omis d'observer les formalités relatives à l'étiquetage, à l'emballage et éventuellement à l'indication des caractéristiques essentielles des produits.

Article 69 : Seront punis de 5 à 10 ans de réclusion et d'une amende de 1 000 000 CFA à 5 000 000 CFA ou à l'une de ces deux peines seulement :
- ceux qui, sans autorisation préalable de l'Autorité Nationale Compétente, auront importé, exporté, fait transiter, disséminer et/ou libérer, commercialisé, mis sur le marché, utilisé en milieu confiné un quelconque organisme génétiquement modifié ou un produit dérivé d'un organisme génétiquement modifié ;
- ceux qui, en connaissance de cause, auront fait des obstructions empêchant l'accomplissement correct des tâches dévolues à l'Autorité Nationale Compétente ;
- ceux qui, étant détenteurs d'une autorisation, auront refusé ou omis d'informer l'Autorité Nationale Compétente dans les plus brefs délais en cas d'accident ou d'une situation d'urgence impliquant un organisme génétiquement modifié ou un produit d'un organisme génétiquement modifié.

Les peines pourront être portées au double lorsqu'il est établi que ces organismes génétiquement modifiés ou ces produits dérivés d'organismes

génétiquement modifiés sont de nature à entraîner des risques graves pour la santé humaine et animale, la diversité biologique, l'environnement en général, les conditions socio-économiques et culturelles. En outre la juridiction pourra facultativement prononcer une interdiction de séjour de 1 à 10 ans.
Article 70 : seront punis de 10 à 20 ans de réclusion et d'une amende de 10 000 000 CFA à 30 000 000 CFA ou à l'une de ces deux peines seulement et facultativement d'une interdiction de séjour de 5 à 20 ans ceux qui auront utilisés un organisme génétiquement modifié ou le produit dérivé d'un organisme génétiquement modifié à des fins hostiles. La peine sera la réclusion à perpétuité sans préjudice des peines d'amende lorsqu'il est établi que ces organismes génétiquement modifiés et ces produits dérivés sont de nature à entraîner des risques graves pour la santé humaine et animale, la diversité biologique, l'environnement en général, les conditions socioéconomiques et culturelles.
Article 71 : Dans tous les cas d'infraction en matière de biosécurité, la confiscation des organismes génétiquement modifiés ou des produits dérivés des organismes génétiquement modifiés sera ordonnée. L'auteur du mouvement transfrontière illicite éliminera à ses propres frais les organismes génétiquement modifiés ayant fait l'objet du mouvement illicite par destruction ou rapatriement.
Article 72 : Toute personne qui commet l'une des infractions quelconques à la présente loi, pourra être interdite de toute activité au Mali, liée aux organismes génétiquement modifiés ou aux produits dérivés d'organismes génétiquement modifiés. Cette interdiction s'étendra à toute entreprise, entité physique ou morale qui pourrait être utilisée pour éviter les effets de ladite interdiction.
Article 73 : Au moment du paiement des amendes, leurs montants seront calculés sur la base de la monnaie ayant cours légal au Mali au jour du prononcé de la décision.

CHAPITRE XII : DES VOIES DE RECOURS CONTRE LES DÉCISIONS DE L'AUTORITÉ NATIONALE COMPETENTE

Article 74 : Les voies de recours contre les décisions de l'Autorité Nationale Compétente sont celles prévues par la législation en vigueur.

CHAPITRE XIII : DES DISPOSITIONS TRANSITOIRES

Article 75 : Pour toute importation, utilisation en milieu confiné, dissémination et/ou libération ou commercialisation ou mise sur le marché d'un organisme génétiquement modifié ou d'un produit dérivé d'un organisme génétiquement modifié qui a déjà commencé avant l'application de la loi en vigueur, le demandeur doit déposer une demande adressée à l'Autorité Nationale Compétente, conformément aux termes des articles 8 et 9 de la présente loi.

CHAPITRE XIV : DES DISPOSITIONS FINALES

Article 76 : Concernant les mouvements transfrontières, le Gouvernement du Mali peut conclure des accords et arrangements bilatéraux avec d'autres États, Parties ou non en ce qu'ils n'ont rien de contraire avec l'objectif de la présente loi.

Article 77 : Les annexes I, II, III et IV font parties intégrantes de la présente loi.

Article 78 : Des décrets pris en Conseil des ministres, détermineront les modalités d'application de la présente loi.

Bamako, le 1er décembre 2008

Le Président de la République
Amadou Toumani TOURÉ

TEXTES RÈGLEMENTAIRES EN MATIERE ENVIRONNEMENTALE

RÈGLEMENT RELATIVE AUX POLLUTIONS ET AUX NUISANCES

DÉCRET n° 01 -394/P-RM DU 06 SEPTEMBRE 2001 FIXANT LES MODALITÉS DE GESTION DES DECHETS SOLIDES[132]

LE PRESIDENT DE LA REPUBLIQUE,

Vu la Constitution ;
Vu la Loi n° 00-081 du 22 décembre 2000 portant ratification de l'Ordonnance n° 00-035/P-RM du 14 septembre 2000 autorisant l'adhésion de la République du Mali à la Convention de Bâle sur le contrôle des mouvements transfrontières de déchets dangereux et de leur élimination, adoptée à Bâle le 22 mars 1989 ;
Vu la Loi n° 98-036 du 20 juillet 1998 régissant la lutte contre les épidémies et les vaccinations obligatoires contre certaines maladies ;
Vu la Loi n° 01-020 du 30 mai 2001 relative aux pollutions et aux nuisances ;
Vu le Décret n° 00-055/P-RM du 15 février 2000 portant nomination du Premier ministre ;
Vu le Décret n° 01-276/P-RM du 23 juin 2001 portant nomination des membres du Gouvernement ;

STATUANT EN CONSEIL DES MINISTRES, DECRETE :

CHAPITRE I : DES DISPOSITIONS GÉNÉRALES

Article 1 : Le présent décret fixe les modalités de gestion des déchets solides.
Article 2 : La gestion des déchets solides a pour objet :
- la prévention et la réduction du volume des déchets solides et de leur nocivité ;
- la valorisation des déchets solides par le recyclage ;
- la promotion de décharges ;
- l'organisation de l'élimination des déchets solides et la remise en état des sites contaminés ;
- la lutte contre les effets nocifs des déchets plastiques sur la santé humaine, le sol, l'eau, la faune et la flore ;
- la limitation, la surveillance et le contrôle du transfert des déchets solides.

---

[132] http://extwprlegs1.fao.org/docs/pdf/mli49663.pdf.

Article 3 : Au sens du présent décret, on entend par :
a) déchet solide : toute substance solide ou tout objet provenant d'activités industrielles, commerciales, domestiques ou agricoles, déchets biomédicaux dont le détenteur se défait ou a l'intention de s'en défaire ou dont il a l'obligation de se défaire ou d'éliminer.
b) déchet plastique : Toute substance solide ou objet provenant d'activités industrielles, commerciales, domestiques, agricoles ou médicopharmaceutiques constituée de matières plastiques et dont le détenteur se défait ou a l'intention de se défaire.
c) gestion : Toutes les opérations relatives à la production, à la collecte, au transport, au traitement, à la valorisation et à l'élimination des déchets solides, y compris le contrôle de ces opérations et le contrôle des centres de stockage et d'élimination, des décharges et des unités de valorisation. Elle comprend les opérations suivantes :
a) recyclage : Valorisation, y compris le compostage, consistant en la récupération des matières premières ou de produits de déchets ; des matières premières ou de produits de déchets à l'exclusion de l'énergie ;
b) pré traitement : Processus physique, chimique, thermique et biologique qui modifie les caractéristiques des déchets de manière à réduire leur volume ou leur caractère dangereux ;
c) récupération : Processus qui consiste à trier, collecter, transporter de façon discriminatoire des matières dont les catégories ont été désignées en vue de recyclage, compostage ou autre technologie éprouvée et à les conditionner si nécessaire dans un centre de récupération prévu à cette fin ;
d) compostage : Processus qui consiste à la dégradation biologique ou la réduction de la matière organique en une matière moins nocive ;
e) décharge : lieu où s'effectue le déversement des déchets solides ;
f) décharge contrôlée : Emplacement aménagé, choisi pour ses caractéristiques géologiques et géographiques et qui respecte une réglementation destinée à éviter les nuisances où s'effectue le déversement des déchets solides ;
g) producteur : Toute personne dont l'activité produit des déchets soit à travers des activités de production ou d'importation et/ ou toute personne qui effectue des opérations de pré traitement, de mélange ou autre conduisant à un changement de nature ou de composition de ces déchets ;
h) détenteur ou possesseur : Toute personne en possession des déchets ;
i) Administration compétente : Direction Nationale de l'Assainissement et du Contrôle des Pollutions et des Nuisances ;
Article 4 : Toute personne dont l'activité produit des déchets solides ou qui les détient dans des conditions susceptibles de porter atteinte à la santé humaine ou animale et d'avoir des effets négatifs sur le sol, sur la flore ou sur la faune, de causer la dégradation des sites et des paysages ou de polluer l'air ou l'eau ou d'engendrer des odeurs ou des nuisances visuelles, est tenue de

les éliminer conformément aux dispositions du présent décret.
Article 5 : Si le contrevenant ne procède pas à l'élimination des déchets qu'il a rejetés dans le délai qui lui a été fixé, l'Administration compétente se charge d'office de les éliminer aux frais du contrevenant. Dans le cas où la pollution présente un danger nécessitant l'intervention urgente ainsi que dans les cas où le contrevenant est inconnu, l'Administration compétente, sans délai, se charge de l'élimination des déchets polluants sans mise en demeure.
Article 6 : Les dépenses occasionnées par les analyses et expertises techniques nécessaires pour leur élimination, selon les cas, sont à la charge du contrevenant.

CHAPITRE II : DE LA GESTION DES DECHETS PLASTIQUES ET DES EMBALLAGES

Article 7 : Les emballages doivent être fabriqués à partir de matières les rendant aptes au recyclage ou à la transformation compatible avec les exigences de la protection de la santé publique et de l'environnement. La prolifération des déchets d'emballage et plastiques doit être évitée par :
- la limitation du volume minimum nécessaire pour la protection du contenu et la commercialisation du produit et en utilisant le minimum de matières et de produits colorants ;
- la reprise des emballages et leur recyclage.
Article 8 : Tout producteur et tout distributeur qui commercialise ou utilise dans ses activités professionnelles des matières plastiques ou autres emballages non biodégradables et toute personne responsable de leur première mise sur le marché, au cas où le producteur et le distributeur sont inconnus, est tenu de procéder à la reprise de ses matières plastiques et emballages utilisés en vue de les recycler.
Article 9 : Les personnes visées à l'article 8 sont tenues de :
- procéder elles-mêmes à la reprise des matières plastiques qu'elles mettent sur le marché à des fins de réutilisation ou de valorisation ;
- établir un système permettant la reprise des matières plastiques, leur collecte et leur orientation vers les unités de réutilisation ou de valorisation.
Article 10 : Tout établissement public ou privé qui utilise des quantités de matières plastiques supérieures à cinq kilogrammes par jour, est tenu de se faire enregistrer auprès de l'Administration compétente et lui communiquer semestriellement les méthodes de traitement desdites matières plastiques.
Article 11 : Tout producteur de matières plastiques est tenu d'apposer son label sur cellesci et de communiquer régulièrement les quantités produites et autres caractéristiques physicochimiques à l'Administration compétente avant leur livraison sur le marché.
Article 12 : L'utilisation de produits recyclés dans la fabrication d'emballage destinés à contenir directement des produits alimentaires est strictement

interdite sauf autorisation préalable du ministre chargé de la Santé après avis motivé du ministre chargé de l'Environnement.

Article 13 : L'utilisation d'emballages de produits chimiques pour contenir des produits alimentaires est interdite et sont obligatoirement apposés sur les emballages de produits chimiques des signaux apparents avertissant des risques qui menacent la santé humaine du fait de la réutilisation de ces emballages pour le stockage de produits alimentaires.

Un Arrêté conjoint des ministres chargés de l'Environnement, des Industries et de la Santé fixe les conditions d'application du présent article ainsi que les produits chimiques emballés soumis à cette obligation.

Article 14 : La réutilisation, le recyclage ou la valorisation des déchets plastiques peuvent être effectuées par le producteur ou toute entreprise publique ou privée agréée par l'Administration compétente. Les coûts de recyclage, de valorisation ou de traitement éventuel sont à la charge du producteur ou du détenteur.

Article 15 : Les déchets plastiques ne peuvent être traités, stockés ou déposés que dans des installations ou équipements particulièrement agréés dans le but de leur élimination.

Article 16 : En cas de traitement des déchets plastiques avant leur réutilisation, l'établissement public ou privé concerné est tenu de communiquer semestriellement à l'Administration compétente, les méthodes de traitement utilisées ou présenter un certificat de traitement ou de valorisation délivré par l'entreprise qui a effectué le traitement.

Article 17 : La création et l'exploitation d'unités de traitement ou de transformation des déchets plastiques sont soumises à l'autorisation du ministre chargé de l'Environnement.

CHAPITRE III : DU TRANSPORT ET DU DEPOT DES DECHETS SOLIDES DANS LES DECHARGES

Article 18 : Les déchets solides doivent être empilés de façon ordonnée ou liés en paquet pour éviter leur éparpillement et faciliter leur enlèvement.

Article 19 : Tout moyen de transport utilisé pour les fins d'un service d'enlèvement des déchets solides doit être étanche et ne doit pas laisser tomber des déchets solides sur le sol.

Article 20 : Une seule décharge peut recevoir plusieurs catégories de déchets à condition queles opérations d'élimination spécifiques à chacune de ces catégories soient exécutées dans des compartiments du site séparés les uns des autres et que chaque compartiment réponde aux règles et exigences spécifiques à la catégorie de décharges concernées.

Article 21 : L'ouverture ou l'implantation de décharges et des centres de collecte, de tri et de recyclage est soumise à l'autorisation du ministre chargé de l'Environnement. L'autorisation indique les types de déchets qui pourront

être acceptés et ceux qui devront être refusés, les règles spécifiques aux opérations de conditionnement et d'élimination, les procédures de contrôle ainsi que les opérations d'évacuation du site et de son réaménagement.
Article 22 : L'Administration compétente élabore en rapport avec les services techniques et les collectivités territoriales concernées, des plans fixant les conditions dans lesquelles seront effectuées les opérations de collecte et d'élimination des ordures ménagères.
Article 23 : La décharge doit être entourée d'une clôture permettant d'en interdire l'accès et doit être identifiée comme tel à l'entrée au moyen d'une affiche indiquant qu'il s'agit d'une décharge.
Article 24 : Les conditions de fermeture des décharges et de réaménagement de sites ayant servi de décharges sont déterminées par arrêté conjoint des ministres chargés de l'Environnement et des Collectivités Territoriales. Toute fermeture des décharges de déchets et des centres de collecte, de tri et de stockage fait obligation à leurs exploitants de procéder à leur remise dans un état de façon à éviter toutes pollutions ou nuisances à la santé publique et à l'environnement par une opération de décontamination.
Article 25 : Tout terrain qui a été utilisé comme lieu de décharge des déchets solides et qui est désaffecté ne peut être utilisé à des fins de construction sans autorisation du ministre chargé de l'Environnement.

CHAPITRE IV : DE L'EXPLOITATION DES DECHETS SOLIDES ET DE LEUR ELIMINATION

Article 26 : Nul ne peut exploiter un système de gestion des déchets solides ou une partie de celui-ci sans autorisation du ministre chargé de l'Environnement.
Article 27 : Est soumis à une autorisation préalable du ministre chargé de l'Environnement, tout établissement ou entreprise assurant une ou plusieurs activités de collecte, de tri, de transport, de stockage ou d'élimination et de valorisation des déchets solides. Les modalités de délivrance de l'autorisation seront fixées par arrêté du ministre chargé de l'Environnement.
Article 28 : L'opération d'élimination des déchets doit avoir lieu selon les conditions susceptibles de faciliter la récupération, la transformation et la valorisation de la plus grande proportion de déchets dont notamment les éléments non biodégradables et les matières pouvant être valorisées.
Article 29 : Les sites d'enfouissement de déchets solides ne doivent pas être situés à une distance telle qu'ils :
- altèrent la qualité des cours d'eau ;
- portent préjudice aux voies ferrées, routières, aux domaines aéroportuaires et aux ports fluviaux ;
- provoquent des nuisances aux occupants des habitations, parcs ou lieux de loisir.

Article 30 : Tout incinérateur doit être pourvu d'une fosse ou d'une aire de réception des déchets solides à l'intérieur d'un bâtiment et maintenue sous pression négative. Les résidus d'incinération doivent être éliminés dans un lieu d'enfouissement et ne doivent en aucun cas être utilisés dans les activités agricoles. Avant d'être éliminés, les résidus d'incinération doivent être éteints et refroidis.
Article 31 : Les opérations d'élimination par incinération ne doivent avoir lieu que dans des établissements autorisés conformément aux dispositions du présent décret.
Article 32 : Tout incinérateur doit respecter les normes d'émission de contaminants dans l'atmosphère en vigueur. Tout exploitant d'incinérateur de déchets doit mesurer et enregistrer en continu la concentration des métaux lourds, des gaz acides, des oxydes d'azote, du monoxyde de carbone, de l'oxygène, des dioxines et furannes, de même que la température des gaz de combustion à la sortie de la dernière chambre de combustion.

CHAPITRE V : DES DISPOSITIONS SPÉCIFIQUES AUX DÉCHETS DANGEREUX

Article 33 : Les déchets dangereux ne peuvent être traités en vue de leur élimination ou valorisation que dans des installations autorisées par les ministres chargés de l'Environnement et de la Santé.
Article 34 : Le ministre chargé de l'Environnement et le ministre chargé de la Santé peuvent, par arrêté conjoint, adjoindre à la liste des déchets dangereux visés par les Conventions internationales auxquelles le Mali est Partie, d'autres déchets lorsqu'ils estiment nécessaire.
Article 35 : Les établissements et entreprises qui produisent, détiennent, transportent ou gèrent les catégories de déchets visées à l'article 34 cidessus sont tenus de communiquer chaque année au ministère chargé de l'Environnement toutes les informations sur les déchets qu'ils produisent, exportent ou gèrent, sur leurs origines, leurs quantités, leurs caractéristiques, leurs destinations et le mode de leur gestion. Ces entreprises et établissements concluent obligatoirement des contrats d'assurance couvrant en totalité leur responsabilité contre les risques résultant de la production de ces déchets, de leur transport et de leur gestion.
Article 36 : Toute personne qui dépose ou fait déposer des catégories de déchets visées à l'article 34 du présent décret auprès d'une personne ou d'un établissement ne comptant pasparmi les exploitations d'installations agréées pour l'élimination des déchets dangereux est considérée comme solidairement responsable avec lui de tout dommage causé par les déchets.
Article 37 : Au cours des opérations de collecte, de transport et de stockage, les déchets dangereux doivent être emballés et étiquetés conformément aux normes en vigueur. L'Administration compétente peut effectuer des

opérations d'inspection régulières ou inopinées des lieux de stockage, des entreprises et des cargaisons. Elle peut saisir les cargaisons contrevenant aux règles fixées par le présent décret et ses textes d'application.
Article 38 : Des arrêtés conjoints des ministres chargés de l'Environnement, de la Santé et de l'Industrie, seront pris pour réduire au minimum la production de déchets dangereux, ainsi que ceux visant à mettre au point et à exécuter des plans pour maîtriser et limiter autant que possible la production de déchets dangereux.

CHAPITRE VI : DE L'IMPORTATION, DE L'EXPORTATION ET DU TRANSIT DES DÉCHETS NON DANGEREUX

Article 39 : L'importation, l'exportation et le transit des déchets non dangereux sont soumis à l'autorisation du ministre chargé de l'environnement.
L'autorisation d'importation, d'exportation et de transit de déchets non dangereux est attribuée par le ministre chargé de l'Environnement dans les conditions suivantes :
- le respect des règles et des normes de conditionnement et d'étiquetage internationalement admises ;
- la présentation d'un contrat écrit entre l'exportateur et le centre d'élimination ;
- la présentation d'un contrat d'assurance ;
- la présentation d'un document de mouvement signé par la personne chargée de l'opération de transport transfrontière.
Article 40 : Toute personne physique ou morale qui importe, exporte des déchets nondangereux, est tenue de fournir des informations concernant leur origine, leur nature, leurs caractéristiques, leur destination et les méthodes utilisées pour leur élimination, à l'Administration compétente le premier trimestre de chaque année.
Article 41 : Si des déchets ont été importés ou exportés d'une manière contraire aux dispositions de l'article 39 du présent décret, l'Administration compétente enjoint à leur détenteur, leur transporteur ou leur producteur selon le cas de les renvoyer au pays d'origine dans un délai de 24 à 72 heures. Si le contrevenant ne s'exécute pas, l'Administration compétente peut prendre toutes les mesures nécessaires pour assurer le renvoi de ces déchets et exiger le remboursement des frais au contrevenant.
Article 42 : Toute personne est tenue d'informer l'Administration compétente en cas d'accident ou d'un risque d'accident ou en cas de danger imminent pour la santé de l'homme et l'environnement pouvant être causé par une opération de rejet, de stockage, de transport ou de traitement de déchets non dangereux.

CHAPITRE VII : DES DISPOSITIONS FINALES

Article 43 : Un arrêté du ministre chargé de l'Environnement fixe en tant que de besoin les modalités d'application du présent décret.
Article 44 : Le présent décret abroge toute disposition antérieure contraire notamment celle du Décret n° 95-325/P-RM du 14 septembre 1995 portant modalités d'application de la Loi n° 91047/AN-RM du 23 février 1991 relative à la protection de l'environnement et du cadre de vie ;
Article 45 : Le ministre de l'Equipement, de l'Aménagement du Territoire, de l'Environnement et de l'Urbanisme, le ministre de la Santé, le ministre de l'Industrie, du Commerce et des Transports, le ministre des Mines, de l'Energie et de l'Eau et le ministre de l'Administration Territoriale et des Collectivités Locales sont chargés, chacun en ce qui le concerne, de l'exécution du présent décret qui sera enregistré et publié au Journal Officiel.

Bamako, le 06 septembre 2001

Le Président de la République, Alpha Oumar KONARE
Le Premier ministre, Mandé SIDIBE
Le ministre de l'Equipement, de l'Aménagement du Territoire, de l'Environnement et de l'Urbanisme, Soumaïla CISSÉ
Le ministre de la Santé, Madame Traoré Fatoumata NAFO
Le ministre de l'Industrie, du Commerce et des Transports, Madame Touré Alimata TRAORE
Le ministre de l'Administration Territoriale et des Collectivités Locales, Ousmane SY
Le ministre des Mines, de l'Energie et de l'Eau, Aboubacary COULIBALY

DÉCRET n° 01 – 395 / P-RM DU 06 SEPTEMBRE 2001 FIXANT LES MODALITÉS DE GESTION DES EAUX USEES ET DES GADOUES[133]

LE PRESIDENT DE LA REPUBLIQUE,

Vu la Constitution ;
Vu la loi n° 92- 013 du septembre 1992 portant institution d'un système national de et de contrôle de qualité ;
Vu la loi 98 – 036 du 20 juillet 1998 régissant la lutte contre les épidémies et les vaccinations obligatoires contre certaines maladies ;
Vu la loi n° 01 – 020 du 30 mai 2001 relative aux pollutions et aux nuisances ;
Vu le décret n°00 – 055 / PRM du 15 février 2000 portant nomination du Premier ministre ; Vu le décret n° 01 – 276 / PRM du 23 juin 2001 portant nomination des membres du Gouvernement ;
Statuant en Conseil des Ministres,

DÉCRÈTE :

CHAPITRE I : DES DISPOSITIONS GÉNÉRALES

Article 1 : Le présent décret fixe les modalités de gestion des eaux usées et des gadoues.
Article 2 : La gestion des eaux usées et des gadoues a pour objet :
- la prévention et la réduction de la nocivité des eaux usées et des gadoues ;
- l'utilisation des eaux traitées pour divers besoins ;
- la protection des sources d'eau de surface et des eaux souterraines contre les pollutions dues aux eaux usées et aux gadoues.

Article 3 : Au sens du présent décret, on entend par :
- Eaux usées et déchets liquides : eaux modifiées dans leurs qualités par utilisation ménagère, commerciale, artisanale, agricole ou industrielle.
- Eaux usées domestiques déchets liquides domestiques : ensemble des eaux provenant de la lessive, du nettoyage, des latrines, fosses septiques, des puisards ou tout autre ouvrage d'assainissement individuel et des travaux de cuisine.
- Eaux usées industrielles : ensemble des eaux usées provenant des procédés de transformation industrielle ou artisanale et des établissements commerciaux.
- Installation de traitement d'eaux usées : Equipement servant à réduire la nocivité des eaux usées ou à les éliminer.

---

133 http://extwprlegs1.fao.org/docs/pdf/mli49663.pdf

- Egouts : Conduites souterraines affectées à la collecte et à l'élimination des eaux usées.
- Caniveaux : Rigoles ou fossés affectés il la collecte et à 1 élimination des eaux pluviales ;
- Collecteur : Conduite reliant les réseaux d'égout ou les caniveaux au milieu récepteur ou aux emplacements prévus ou prévisibles pour réaliser, l'épuration des eaux usées.
- Déversement d'eaux usées : Introduction d'eaux usées dans une eau souterraine ou dans une eau de surface ou un espace public ou privé.
- Gadoues : Produit de vidange de fosse septique, de latrines, de fosse fixe, decabinet à eau et autre ouvrage de traitement des eaux usées domestiques.
- Administration compétente : Direction nationale de l'assainissement, du contrôle des pollutions et des nuisances.

Article 4 : Les eaux usées déversées, dans les cours d'eau, dans les égouts publics ne doivent contenir aucun gaz dissous inflammable ou explosif.

Article 5 : Les normes de rejet des eaux usées sont fixées par arrêté des Ministres chargés de l'environnement, de l'eau et de la normalisation.

CHAPITRE II : DE LA GESTION DES EAUX DOMESTIQUES

Article 6 : Le branchement des eaux usées domestiques à un réseau d'égout est soumis il autorisation de l'Administration compétente.

Article 7 : Le déversement des eaux usées domestiques dans les égouts publics peut être autorisé aux conditions générales suivantes :
- les eaux déversées ne peuvent contenir ni fibres textiles ni emballages ou matières plastiques, ni déchets ménagers solides ou organiques ;
- les eaux déversées ne peuvent contenir d'huiles minérales, de produits inflammables ni de solvants volatils, de substances toxiques ou dangereuses ni d'autres matières extractibles à l'éther ni des hydrocarbures.

Article 8 : Les habitations situées dans une zone pourvue d'égouts publics et d'un réseau d'adduction d'eau, sont obligatoirement raccordées à ces égouts. Les frais de raccordement sont à la charge des bénéficiaires.

Article 9 : Les habitations situées dans une zone non pourvue d'égouts publics doivent être obligatoirement équipées d'installations individuelles de traitement d'eaux usées.

CHAPITRE III : DE LA GESTION DES AUX USÉES INDUSTRIELLES

Article 10 : Toute unité industrielle doit être pourvue d'un équipement de traitement des eaux usées.

Article 11 : Les établissements industriels, artisanaux et commerciaux situés dans une zone pourvue d'égouts publics sont obligatoirement raccordés à ces

égouts. Les frais de raccordement sont à la charge des bénéficiaires.
Article 12 : Les déversements d'eaux usées industrielles sont soumis à l'autorisation de l'Administration compétente.
Article 13 : Le contrôle du respect des normes de rejets des eaux usées dans les égouts publics ou dans les cours d'eau est effectué par analyse d'échantillons dans les laboratoires agréés par l'Administration compétente.
Article 14 : Tout exploitant d'établissement industriel, commercial ou artisanal ayant obtenu une autorisation à déverser dans les égouts publics, ou dans un cours d'eau, doit procéder à des contrôles périodiques de ses rejets et tenir, à cet effet, un registre où sont consignés les dates de prélèvement, les résultats des analyses et les adresses des laboratoires où sont effectuées les analyses.

CHAPITRE IV : DE LA GESTION DES GADOUES

Article 15 : Les gadoues sont traitées dans des établissements agréés à cet effet.
L'acheminement des gadoues vers ces installations se fait aux frais du producteur. Ce dernier prend également en charge les frais de traitement.
Article 16 : Les gadoues sont évacuées vers des installations de traitement par des entreprises spécialisées. Ces dernières doivent obtenir un également un agrément.
Article 17 : Les moyens de collecte et de transport des gadoues doivent être hermétiques pour éviter tout écoulement ou émanation d'odeur durant toutes les opérations jusqu'au lieu du traitementLes moyens de collecte et de transport son soumis à un contrôle régulier des agents assermentés de l'Administration compétente.

CHAPITRE V : DE LA CONSTRUCTION ET DE L'EXPLOITATION DES INSTALLATIONS DE TRAITEMENT DES AUX USÉES ET DES GADOUES

Article 18 : Nul ne peut construire, exploiter une unité commerciale, artisanale ou industrielle sans installation d'un équipement de traitement des eaux usées.
Article 19 : Nul ne peut procéder à l'installation de dispositifs pour traitement des eaux usées sans autorisation et avant d'en avoir soumis les plans et devis à l'Administration compétente. Lorsqu'elle est saisie d'une demande d'autorisation, l'Administration peut exiger toute modification qu'elle juge nécessaire au projet ou aux plans et devis soumis.
Article 20 : L'Administration compétente peut retirer l'autorisation si l'exploitation de l'équipement n'est pas conforme aux normes et règlements en vigueur.

Article 21 : L'Administration compétente peut, après enquête, obliger, dans la mesure où elle le juge nécessaire, tout établissement commercial ou industriel à installer un système de traitement ou de pré traitement des eaux usées.

CHAPITRE VI : DES DISPOSITIONS FINALES

Article 22 : Un arrêté du ministre chargé de l'environnement fixe, en tant de besoin, les modalités d'application du présent décret.
Article 23 : Le présent décret abroge toutes dispositions antérieures contraires, notamment celles des articles 6, 7, 8 et 9 du décret n° 95-325 / P-RM du 14 septembre 1995 ponant modalités d'application de la loi n° 91-047 / AN-RM du 23 février 1991 relative à la protection de l'environnement et du cadre de vie.
Article 24 : Le Ministre de l'équipement, de l'aménagement du territoire, de l'environnement et de l'urbanisme, le Ministre de la santé, le Ministre des mines, de l'énergie et de l'eau et le Ministre de l'Administration territoriale et des collectivités locales sont chargés, chacun en ce qui le concerne, de l'exécution du présent décret qui sera enregistré et publié au Journal officiel.

Bamako, le 06 septembre 2001

Le Président de la République,
Alpha Oumar KONARE

Le Premier ministre,
Mandé SIDIBE
Le Ministre de l'équipement de l'aménagement du territoire, de l'environnement et de l'urbanisme,
Soumaïla CISSÉ
Le Ministre des mines, de l'énergie et de l'eau
Aboubacary COULIBALY
Le Ministre de la santé,
Mme Traoré Fatoumata NAFO
Le Ministre de l'industrie, du commerce et des transports
Mme Touré Alimata TRAORE
Le Ministre de l'administration territoriale, et de collectivités locales,
Ousmane SY

DÉCRET n° 01-396/P-RM DU 06 SEPTEMBRE 2001 FIXANT LES MODALITÉS DE GESTION DES POLLUTIONS SONORES[134]

LE PRESIDENT DE LA REPUBLIQUE,

Vu la Constitution ;
Vu la Loi n° 01-020 du 30 mai 2001 relative aux pollutions et aux nuisances ;
Vu le Décret n° 99-189/P-RM du 05 juillet 1999 portant institution de la procédure d'études d'impact sur l'environnement ;
Vu le Décret n° 00-055/P-RM du 15 février 2000 portant nomination du Premier ministre ;
Vu le Décret n° 01-276/P-RM du 23 juin 2001 portant nomination des membres du Gouvernement ;

STATUANT EN CONSEIL DES MINISTRES,

DECRETE :

CHAPITRE I : DES DISPOSITIONS GÉNÉRALES

Article 1er : Le présent décret fixe les modalités de gestion des pollutions sonores.
Article 2 : La gestion des pollutions sonores a pour objet : - la prévention et la réduction des bruits ; - la lutte contre les effets nocifs des bruits sur la santé, la sécurité, le confort des personnes et des animaux ; - le contrôle des niveaux sonores en milieu ambiant et en milieu de travail.
Article 3 : Au sens du présent décret, on entend par :
a) Pollution sonore : Présence dans l'air d'énergie acoustique susceptible de mettre en danger la santé, la sécurité, le confort des personnes et des animaux ;
b) Son : Vibration susceptible d'être détectée par l'oreille ;
c) Bruit : Son plus ou moins intense, de nature à causer aux personnes et aux animaux qui le subissent une lésion, une gêne ou un inconfort ;
d) Milieu ambiant : Ensemble des facteurs physico-chimiques et biologiques qui agissent sur un être vivant ou une espèce, dans le lieu où il vit ordinairement ;
e) Zone de sensibilité : Espace géographique dont les caractéristiques justifient sa vulnérabilité à certains niveaux sonores ;
f) Zone tampon : Espace vide ou occupé par des installations autres que les habitations, les hôpitaux et les lieux de détente, laissé entre deux zones de

---

134 http://extwprlegs1.fao.org/docs/pdf/mli49664.pdf

sensibilités différentes pour protéger les populations contre les effets des bruits excessifs ;
g) Carte de bruit : Caractéristiques des niveaux sonores des machines d'une entreprise industrielle, artisanale ou commerciale ;
h) Niveau sonore : Valeur mesurée de l'énergie acoustique rayonnée par une source de bruit. Il est exprimé en décibel (dB) ;
i) Administration compétente : Direction Nationale de l'Assainissement et du Contrôle des Pollutions et des Nuisances ou toute autre structure habilitée par l'État.

CHAPITRE II : DU MILIEU AMBIANT

Article 4 : Les zones sont classées suivant leur degré de sensibilité aux nuisances sonores :
- zone de sensibilité I : les zones de détente et les formations sanitaires et sociales ;
- zone de sensibilité II : les zones d'habitation et celles réservées aux installations publiques ;
- zone sensibilité III : les zones mixtes d'habitation où des entreprises artisanales peuvent être admises ;
- zone de sensibilité IV : les zones industrielles et aéroportuaires.

Article 5 : Le classement et le déclassement des zones citées à l'article 4 se font par un arrêté conjoint des ministres chargés de l'Environnement, de la Santé, de l'Urbanisme et des Collectivités Territoriales.
Article 6 : La construction de maison à usage d'habitation est interdite dans les zones de sensibilité IV.
Article 7 : Les valeurs limites des émissions sonores admissibles dans les zones de sensibilité I, II, et III sont déterminées par arrêté conjoint des ministres chargés de l'Environnement, de la Santé, de l'Urbanisme, de la Normalisation et des Collectivités Territoriales.
Article 8 : La liste des entreprises artisanales qui peuvent être admises dans les zones de sensibilité III et leurs horaires d'ouverture et de fermeture sont définis par arrêté conjoint des ministres chargés de l'Environnement, de la Santé, de l'Urbanisme, de l'Artisanat et des Collectivités Territoriales.
Article 9 : Les sites réservés aux zones de sensibilité IV doivent être séparés des zones de sensibilité I, II, et III par une zone tampon dont les limites sont définies par arrêté conjoint des ministres chargés de l'Environnement, de la Santé, de l'Urbanisme, des Transports, de l'Industrie et des Collectivités Territoriales.
Article 10 : Les populations riveraines des voies de grande circulation doivent être protégées des bruits des engins par des dispositifs aménagés à cet effet. Ces voies et les mesures d'aménagement des dispositifs contre les bruits sont déterminés par arrêté conjoint des ministres chargés de l'Environnement, de

la l'Urbanisme, de la Santé, des Transports et des Collectivités Territoriales.
Article 11 : Les engins à moteurs doivent être munis de dispositifs d'amortissement des bruits.

CHAPITRE III : DU MILIEU DE TRAVAIL

Article 12 : Tout établissement ou entreprise utilisant des machines et tout appareil sonore doit se conformer aux normes en vigueur.
Article 13 : Tout chef d'établissement ou d'entreprise industrielle, artisanale ou commerciale est tenu de fournir annuellement à l'autorité compétente un rapport d'audit environnemental comportant tous les aspects y compris la carte de bruit de ses installations.
Article 14 : Dans le cas où la carte de bruit n'est pas conforme aux normes en vigueur, le chef d'entreprise est tenu d'octroyer aux travailleurs les matériels de protection adéquats et de veiller à leur utilisation correcte.
Article 15 : La formation, l'information, l'éducation et la sensibilisation des travailleurs en vue de leur protection contre les bruits sont de la responsabilité première du chef d'entreprise. Article 16 : Les valeurs limites d'exposition aux bruits en milieu de travail sont définies par arrêté conjoint des ministres chargés de l'Environnement, de la Santé, de la Normalisation et du Travail.

CHAPITRE IV : DES DISPOSITIONS FINALES

Article 17 : Sont et demeurent abrogées toutes les dispositions antérieures contraires, notamment celles du Décret n° 95-325/P-RM du 14 septembre 1995 portant modalités d'application de la Loi n° 91-047/AN-RM du 23 février 1991 relative à la protection de l'environnement et du cadre de vie.
Article 18 : Le ministre de l'Equipement, de l'Aménagement du Territoire, de l'Environnement et de l'Urbanisme, le ministre de la Santé, le ministre de l'Industrie, du Commerce et des Transports, le ministre de l'Administration Territoriale et des Collectivités Locales, le ministre de l'Emploi et de la Formation Professionnelle, le ministre de l'Artisanat et du Tourisme et le ministre de la Protection Civile et de la Sécurité sont chargés, chacun en ce qui le concerne, de l'exécution du présent décret qui sera enregistré et publié au Journal officiel.

Bamako, le 06 septembre 2001

Le Président de la République, Alpha Oumar KONARE

Le Premier ministre, Mandé SIDIBE
Le ministre de l'Equipement, de l'Aménagement du Territoire, de l'Environnement et de l'Urbanisme, Soumaïla CISSÉ

Le ministre de la Santé, Madame Traoré Fatoumata NAFO
Le ministre de l'Administration Territoriale et des Collectivités Locales, Ousmane SY
Le ministre de l'Industrie, du Commerce et des Transports, Madame Touré Alimata TRAORE
Le ministre de l'Emploi et de la Formation Professionnelle, Makan Moussa SISSOKO
Le ministre de la Sécurité et de Protection Civile, Général Tiécoura DOUMBIA
Le ministre de l'Artisanat et du Tourisme, Madame Zakyatou Oualett HALATINE

RÈGLEMENT RELATIVE AU CONTRÔLE PHYTOSANITAIRE ET À L'ETUDE D'IMPACT ENVIRONNEMENTAL ET SOCIAL

DECRET n° 02-305/P-RM DU 03 JUIN 2002 FIXANT LES MODALITÉS D'APPLICATION DE LA LOI INSTITUANT LE CONTRÔLE PHYTOSANITAIRE EN REPUBLIQUE DU MALI[135]

LE PRESIDENT DE LA REPUBLIQUE,

Vu La Constitution ;
Vu La Loi n° 96-055 du 16 Octobre 1996 portant création de la Direction Générale de la Réglementation et du Contrôle du Secteur du Développement Rural ;
Vu La Loi n° 02-013 du 03 juin 2002 instituant le contrôle phytosanitaire en République du Mali ;
Vu L'Ordonnance n° 92-021/P-CTSP du 13 avril 1992 institution la liberté des prix et de concurrence ;
Vu Le Décret n° 96-347/P-RM du 11 décembre 1996 fixant l'organisation et les modalités de fonctionnement de la Direction Générale de la Réglementation et du Contrôle du Secteur du Développement Rural ;
Vu Le Décret n° 02 132/P-RM du 18 mars 2002 portant nomination du Premier Ministre ;
Vu Le Décret n° 02 135/P-RM du 19 mars 2002 portant nomination des membres du Gouvernement, modifié par les Décrets n° 02-160/P-RM du 30 mars 2002 et n° 02-211/P-RM du 25 avril 2002 ;

STATUANT EN CONSEIL DES MINISTRES,

DECRETE :

Article 1 : Le présent décret fixe les modalités d'application de la loi instituant le contrôle phytosanitaire en République du Mali.

CHAPITRE I : DES DISPOSITIONS GÉNÉRALES

Article 2 : Sont fixés par arrêtés du Ministre chargé de l'agriculture :
- les conditions dans lesquelles peuvent circuler sur le territoire, les végétaux et produits végétaux, les échantillons de sol, fumiers, composts et supports de

[135] https://pflanzengesundheit.julius-kuehn.de/dokumente/upload/ml3-2002-305pqreg_fr-de.pdf

cultures ainsi que conteneurs et tout autre objet ou matériel de toute autre susceptible d'abriter ou diffuser des organismes nuisibles ;
- la liste des organismes nuisibles frappés d'interdiction à l'importation ;
- la composition de la commission de destruction par le feu ou tout autre procédé des végétaux et produits végétaux contaminés ou souillés.
Article 3 : Un arrêté conjoint des Ministres chargés de l'Agriculture, des Finances et du Commerce fixe :
- les restrictions aux conditions d'importation et de circulation des végétaux, produits végétaux, supports de cultures ou d'emballages ;
- les exigences administratives et techniques imposées aux documents demandés à l'importation ;
- les mesures de contrôle phytosanitaire.
Article 4 : Les dérogations à l'importation, à l'introduction et au transfert sur le territoire national des organismes nuisibles sont accordées, pour des besoins de recherche et d'expérimentation par arrêté du Ministre chargé de l'Agriculture aux institutions de recherche.
Article 5 : Les agents chargés du contrôle phytosanitaire prêtent serment devant le président du Tribunal de Première Instance ou devant le Juge de Paix à Compétence Etendue de leur premier poste d'affectation. La carte des agents assermentés doit contenir les mentions suivantes :
- le sceau de la république du Mali ;
- le nom de la structure chargée de la réglementation et du contrôle du secteur du développement rural ;
- nom, prénom, numéro matricule, fonction, corps, photo et signature du titulaire ;
- cachet et signature de l'autorité de contrôle ;
- le caractère strictement personnel de la carte. Le détail matériel de la présentation de la carte fera l'objet d'un arrêté du Ministre chargé de l'Agriculture.

CHAPITRE II : DU CONTRÔLE PHYSOSANITAIRE À L'IMPORTATION, À L'EXPORTATION ET DANS LES PEPINIERES

Section 1 : Du contrôle phytosanitaire à l'importation

Article 6 : Toute personne qui importe les végétaux et produits végétaux doit sans préjudice des autres dispositions en vigueur :
- Présenter le permis d'importation ;
- Présenter, le cas échéant, avec la marchandise, un certificat phytosanitaire du pays d'origine ou un certificat de réexpédition, de modèle conforme à celui de la Convention Internationale pour la Protection des Végétaux, mentionnant, si nécessaire les déclarations supplémentaires ou traitements requis.

Article 7 : La délivrance du permis d'importation par la Direction Générale du service chargé du contrôle phytosanitaire est assujettie au paiement par le demandeur d'une taxe fixée par arrêté interministériel des Ministres chargés de l'agriculture et des finances.
Article 8 : Les envois postaux sont soumis aux dispositions de la présente section. Section II : Du contrôle phytosanitaire à l'exportation
Article 9 : Tout exportateur desdits produits doit s'adresser au chef du service chargé du contrôle phytosanitaire pour obtenir la délivrance d'un certificat phytosanitaire ou d'un certificat de réexpédition de modèle conforme à celui de la Convention Internationale pour la Protection des végétaux et aux exigences du pays importateur.
Article 10 : La délivrance de certificat phytosanitaire dans les postes de contrôle est assujettie au payement d'une taxe fixée par arrête interministériel des Ministres chargés de l'Agriculture et des Finances.
Article 11 : L'exportation d'organismes nuisibles ou de végétaux et produits végétaux contaminés requiert l'autorisation préalable des autorités compétentes du pays de destination. Article 12 : Les frais résultant de l'analyse et du traitement des végétaux et produits végétaux à l'exportation sont à la charge de l'exportateur.
Article 13 : Les envois postaux sont soumis aux dispositions de la présente section.

Section III : Du contrôle phytosanitaire des pépinières.

Article 14 : Toute personne qui produit au titre d'une de ses activités et pour la mise sur le marché des plants, des boutures, des greffes, des greffons, des porte-greffes de végétaux vivaces ligneux est tenue de s'inscrire auprès du service chargé du contrôle phytosanitaire.
Article 15 : Les mesures prévues à l'article 11 de la loi, une fois ordonnées sont exécutoires. La destruction par le feu ou par tout autre procédé des végétaux ou parties de végétaux est faite par une commission. La composition de cette commission est fixée par arrêté du Ministre chargé de l'agriculture.

CHAPITRE III : DISPOSITIONS FINALES

Article 16 : Des primes sont accordées aux agents chargés du contrôle sur produits des amendes en matière de contrôle phytosanitaire.
Article 17 : Le présent décret abroge toute disposition antérieure contraire notamment celles du décret n° 95-403-P-RM du 10 Novembre 1995 portant réglementation de la protection des végétaux.
Article 18 : Le ministre du Développement Rural, le ministre de la Sécurité et de la Protection Civile, le Ministre de l'industrie de Commerce et des Transports, le ministre de l'Administration Territoriale et des Collectivités

Locales, le ministre de la Justice, Garde des Sceaux, le ministre de la Santé et le Ministre de l'Economie et des Finances sont chargés chacun en ce qui le concerne, de l'exécution du présent décret qui sera enregistré et publié au Journal officiel.

Bamako, le 03 juin 2002

Le Président de la République,
Alpha Oumar KONARE

Le Premier Ministre,
Modibo KEITA
Le ministre de la Sécurité et de la Protection Civile,
Général Tiécoura DOUMBIA
Le ministre du Développement Rural,
Mme CISSÉ Mariam Khaïdama SIDIBE
Le ministre de l'Industrie, du Commerce et des Transports,
Le ministre de l'Administration Territoriale et des Collectivités Locales,
Ousmane SY
Le ministre de la Justice, Garde des Sceaux,
Abdoulaye O. POUDIOUGOU
Le ministre de la Santé,
Mme TRAORE Fatoumata NAFO

DÉCRET n° 08/346 /P-RM DU 26 JUIN 2008 RELATIF À L'ETUDE D'IMPACT ENVIRONNEMENTAL ET SOCIAL, MODIFIE PAR LE DECRET n° 09-318/P-RM DU 26 JUIN 2009[136]

LE PRESIDENT DE LA REPUBLIQUE,

Vu la Constitution ;
Vu la Loi n° 95-004 du 18 janvier 1995 portant condition de gestion des ressources forestières ;
Vu la Loi n° 95-031 du 20 mars 1995 portant condition de gestion de la faune sauvage et de son habitat ;
Vu la Loi n° 95-032 du 20 mars 1995 portant condition de gestion de la pêche et de la pisciculture ;
Vu la loi n° 98- 058 du 17 Décembre 1998 ratifiant l'Ordonnance n° 98-027/P-RM du 25 Août 1998 portant création de la Direction Nationale de l'Assainissement et du Contrôle des Pollutions et des Nuisances ;
Vu la Loi n°01-004 du 27 février 2001 portant charte pastorale en République du Mali ;
Vu la loi n° 01- 020 du 30 Mai 2001 relative aux pollutions et aux Nuisances ;
Vu l'Ordonnance n° 99- 032/P-RM du 19 Août 1999 portant Code minier en République du Mali ;
Vu le Décret n° 01-394/P-RM du 06 septembre 2001 fixant les modalités de gestion des déchets solides ;
Vu le Décret n° 01-395/P-RM du 06 septembre 2001 fixant les modalités de gestion des eaux usées et des gadoues ;
Vu le Décret n° 01- 396/R-RM du 06 septembre 2001 fixant les modalités de gestion des pollutions sonores ;
Vu le Décret n° 01- 397/R-RM du 06 septembre 2001 fixant les modalités de gestion des polluants atmosphériques ;
Vu le Décret n° 07- 380 / P-RM du 28 septembre 2007 portant nomination du Premier Ministre ;
Vu le Décret n° 07- 383/P-RM du 3 octobre 2007 portant nomination des Membres du Gouvernement.

---

[136] http://extwprlegs1.fao.org/docs/pdf/mli152625.pdf

STATUANT EN CONSEIL DES MINISTRES,

DECRETE :

CHAPITRE I : DU CHAMP D'APPLICATION ET DES DÉFINITIONS

Section 1 : Du champ d'application

Article 1 : Le présent décret fixe les règles et procédures relatives à l'Etude d'Impact Environnemental et Social.

Article 2 : L'Etude d'Impact Environnemental et Social a pour objet : - la prévention de la dégradation de l'environnement et de la détérioration du cadre de vie des populations suite à la réalisation des projets ; - la réduction et /ou la réparation des dommages causés à l'environnement par l'application des mesures d'atténuation de compensation ou de correction des effets néfastes issus de la réalisation des projets ;

- l'optimisation de l'équilibre entre le développement économique, social et environnemental ;
- la participation des populations et organisations concernées aux différentes phases des projets ;
- la mise à disposition d'informations nécessaires à la prise de décision.

Section 2 : Des définitions

Article 3 : Au sens du présent décret, on entend par :

1) Administration compétente : la Direction Nationale de l'Assainissement et du Contrôle des Pollutions et des Nuisances et ses démembrements.
2) Analyse environnementale : l'examen du REIES par un comité technique interministériel d'analyse pour vérifier la conformité de l'étude avec les termes de référence approuvés par l'administration compétente.
3) Consultation publique : l'ensemble des techniques servant à informer, à consulter ou à faire participer les parties prenantes d'un projet.
4) Etude d'Impact Environnemental et Social (EIES) : l'identification, la description et l'évaluation des effets des projets sur l'homme, la faune et la flore, le sol, l'eau, l'air, le climat et le paysage, y compris les interactions entre ces facteurs, le patrimoine culturel, socioéconomique et d'autres biens matériels.
5) Evaluation Environnementale : l'étude qui consiste à déterminer, à évaluer rationnellement les impacts qu'un projet peut avoir sur l'environnement et recommander des moyens d'éviter ou de réduire ceux qui sont néfastes.
6) Evaluation Environnementale Stratégique (EES) : l'ensemble des procédures qui contribuent à l'élaboration, l'exécution et le suivi des Politiques, Programmes, conformément aux normes environnementales

établies.
7) Impact : les effets positifs ou négatifs, à court, moyen et long terme, d'un projet sur les milieux physique, social et culturel et les ressources naturelles.
8) Mesures d'atténuation : l'ensemble des mesures et actions envisagées pour réduire ou éliminer les effets des impacts négatifs du projet sur l'environnement.
9) Mesures de compensation : l'ensemble des mesures et actions destinées au remplacement en nature ou en espèce des pertes et dommages subis suite à la mise en œuvre d'un projet.
10) Notice d'impact Environnemental et Social (NIES) : le document relatant une description sommaire du projet, les impacts éventuels sur l'environnement et les mesures envisagées pour réduire ou éliminer les impacts négatifs.
11) Permis Environnemental : la décision écrite du Ministre chargé de l'Environnement donnant droit à un promoteur de réaliser son projet, suite à l'approbation du rapport d'étude d'impact environnemental et social.
12) Plan Cadre de Gestion Environnementale et Sociale (PCGES) : le Rapport descriptif des activités de compensation, d'atténuation des impacts négatifs des politiques et programmes avec leur chronogramme et responsables d'exécution.
13) Projet : Toute activité, tout aménagement ou tout ouvrage industriel, agricole, minier, artisanal, commercial ou de transport dont la mise en œuvre peut être source de pollution, de nuisance ou de dégradation de l'environnement.
14) Promoteur : la personne physique ou morale, privée ou publique initiatrice d'un projet.
15) Quitus : l'acte en vertu duquel la gestion d'un promoteur de projet est reconnue exacte et régulière.
16) Rapport d'étude d'impact environnemental et social (REIES) : le document contenant les résultats de l'étude d'impact sur l'environnement requis pour l'obtention de l'autorisation administrative pour la réalisation de tout projet.
17) Suivi environnemental : le suivi de l'évolution de certains éléments des milieux naturel et humain affectés par la réalisation du projet. Il permet de mesurer les impacts réels du projet, de les comparer aux impacts potentiels et d'évaluer ainsi l'efficacité des mesures d'atténuation et de bonification retenues.
18) Surveillance environnementale : la surveillance environnementale consiste à s'assurer que les lois et règlements en matière d'Etude d'Impact Environnemental et Social et les engagements pris par le promoteur incluant les mesures d'atténuation et/ou de compensation sont respectés lors des phases d'implantation et d'exploitation des projets.

19) Zone d'étude : l'espace géographique à l'intérieur duquel sont examinés les impacts d'un projet.

CHAPITRE II : DE L'OBLIGATION DE L''ETUDE D'IMPACT ENVIRONNEMENTAL ET SOCIAL, ET DE LA NOTICE D'IMPACT ENVIRONNEMENTAL SOCIAL

Article 4 : Les projets sont classés dans les catégories ci-après selon l'importance de leurs impacts sur l'environnement et sur le social. Projets de Catégorie A : Les projets pouvant avoir des impacts très négatifs, généralement irréversibles, sans précédent, le plus souvent ressentis dans une zone plus vaste que les sites faisant l'objet des travaux ; Projets de catégorie B : Projets dont les impacts négatifs sur l'environnement et sur les populations sont moins graves que ceux des projets de la catégorie A. Ces impacts sont d'une nature délimitée et rarement irréversible. Projets de catégorie C : Projets dont les impacts négatifs ne sont pas significatifs sur l'environnement. La liste des projets de catégories A, B et C est annexée au présent décret.
Article 5 : Les projets, qu'ils soient publics ou privés, consistant en des travaux, des aménagements, des constructions ou d'autres activités dans les domaines industriel, énergétique, agricole, minier, artisanal, commercial ou de transport dont la réalisation est susceptible de porter atteinte à l'environnement sont soumis à une Etude d'Impact Environnemental et Social (EIES) ou à une Notice d'Impact Environnemental et Social (NIES).
Article 6 : Les projets des catégories A et B sont soumis à l'Etude d'Impact Environnemental et Social (EIES) qui se caractérise par :
- l'identification et l'évaluation détaillée des impacts ;
- la description des méthodes utilisées pour la consultation publique ;
- le plan de gestion environnementale et sociale (PGES). L'étude est sanctionnée par un rapport d'Etude d'Impact Environnemental et Social. Les projets de la catégorie C sont soumis à une étude d'impact simplifiée qui se caractérise par :
- l'identification et l'évaluation sommaire des impacts ;
- un plan de suivi et de surveillance. L'étude est sanctionnée par une notice d'impact environnemental et social (NIES).
Article 7 : Lorsqu'un projet est assujetti à l'étude d'impact environnemental et social, l'obtention d'un Permis Environnemental, délivré par le Ministre chargé de l'environnement est obligatoire avant le commencement de tous travaux.
Article 8 : Les promoteurs des projets de la catégorie C sont tenus de déposer auprès de l'Administration compétente la Notice d'Impact Environnemental et Social qui doit contenir des indications sérieuses pouvant permettre une appréciation globale des incidences environnementales du projet.
Article 9 : Les travaux modificatifs d'un projet d'envergure nationale déjà

réalisé ne peuvent être exécutés qu'après production d'une Notice d'Impact Environnemental et Social approuvéepar le Directeur National de l'Assainissement et du Contrôle des Pollutions et des Nuisances. Pour les cas de Notice d'Impact Environnemental et Social initiées au niveau régional, les rapports sont approuvés par le Directeur Régional de l'Assainissement et du Contrôle des Pollutions et des Nuisances. Les projets devant produire la Notice d'Impact Environnemental et Social ne sont pas assujettis à la demande de Permis Environnemental délivré par le Ministre en charge de l'Environnement. Toutefois, lorsque les modifications ont pour effet d'accroître de façon significative les conséquences dommageables sur l'environnement, une Etude d'Impact Environnemental et Social doit être réalisée avant l'exécution des travaux.

CHAPITRE III : DE LA PROCÉDURE

Article 10 : Nul ne peut entreprendre l'exécution des projets visés à l'article 6 ci-dessus sans, au préalable, l'obtention du Permis Environnemental ou l'approbation de la Notice d'Impact Environnemental et Social.
Article 11 : Tout promoteur qui veut entreprendre la réalisation d'un projet ou programme est tenu d'adresser à l'Administration compétente une demande timbrée comportant :
- Le nom ou la raison sociale et l'adresse du promoteur ;
- le nom et l'adresse des consultants ou du bureau d'étude mandaté par le promoteur (s'il y a lieu) ;
- une copie du document indiquant le coût du projet ou étude de faisabilité du projet ;
- le calendrier de réalisation.

Article 12 : À la réception de la demande, l'Administration compétente indique au promoteur la nature de l'étude à mener. Si le projet est assujetti à une Etude d'Impact Environnemental et Social, le promoteur élabore le projet de termes de références de l'étude d'impact à réaliser conformément aux directives fournies.
Dans le cadre d'une Notice d'Impact Environnemental et Social, le promoteur n'a pas à fournir des termes de références. Aussi, l'administration compétente exige du promoteur le payement de tous les frais afférents à :
- l'acquisition des directives (guides généraux et guide spécifique) ;
- la visite de terrain pour l'approbation des termes de références ;
- la visite du site du projet par les membres du comité technique interministériel d'analyse environnementale ;
- l'analyse environnementale du rapport d'Etude d'Impact Environnemental et Social ;
- la consultation publique ;
- la supervision de la mise en œuvre du plan de suivi et de surveillance

environnemental. [Modifié par le Décret n°09-318 du 26 juin 2009] Le montant de ces frais est un pourcentage du coût total des investissements corporels fixé par arrêté conjoint des ministres chargés de l'Environnement, des Investissements et des Finances. Ce même arrêté détermine les modalités de payement et de gestion sommes perçues.

Article 13 : (modifié par le Décret n°09-318 du 26 juin 2009) : Le dossier est déposé contre accusé de réception auprès de l'Administration compétente.

Article 14 : L'Administration compétente dispose de 15 jours pour approuver les termes de références. L'approbation des termes de références ne peut intervenir qu'à la suite d'une visite de terrain effectuée par une commission constituée de représentants des services techniques concernés et du promoteur ou de son représentant.

Article 15 : Dès l'approbation des termes de références, les populations de la zone d'intervention sont informées par le promoteur du projet. À cet effet, celui-ci fait connaître aux autorités locales et à toutes les personnes concernées, les éléments relatifs au projet à réaliser.

Article 16 : Une consultation publique ayant pour objectif de recueillir les avis des populations concernées par le projet est organisée par le représentant de l'État ou le maire du lieu d'implantation du projet avec le concours des services techniques et la participation du promoteur. Les modalités pratiques de conduite de la consultation publique sont définies par arrêté conjoint des Ministres chargés de l'Environnement et de l'Administration Territoriale.

Article 17 : Les procès verbaux dressés à l'occasion de la consultation publique sont signés de toutes les parties et annexés au rapport d'Etude d'Impact Environnemental et Social.

Article 18 : Le Rapport d'Etude d'Impact Environnemental et Social est déposé par le promoteur en quinze (15) exemplaires auprès de l'Administration compétente pour des fins d'analyse environnementale.

Article 19 : L'analyse du rapport d'Etude d'Impact Environnemental et Social est faite par un comité technique interministériel qui effectue au préalable une visite de terrain. L'analyse consiste à s'assurer que tous les éléments contenus dans les termes de référence sont traités de façon exhaustive et exacte et à contrôler la fiabilité des données présentées dans l'étude. Après l'analyse du comité interministériel, le promoteur produit un rapport final intégrant toutes les observations et dépose cinq (5) copies auprès de l'Administration compétente pour l'acquisition du Permis Environnemental.

Article 20 : Lorsque le Rapport d'Etude d'Impact Environnemental et Social est jugé satisfaisant, le Ministre chargé de l'Environnement délivre, par décision, un Permis Environnemental pour la réalisation du projet avec ou sans modification et aux conditions qu'il détermine.

Si dans un délai maximum de quarante cinq (45) jours, à compter de la date de réception du Rapport d'Etude d'Impact Environnemental et Social, le Ministre chargé de l'Environnement ne notifie pas sa décision, le promoteur

est autorisé à réaliser son projet.
Article 21 : Tout projet dont l'étude d'impact environnemental et social a été approuvée et qui n'a pas connu un début d'exécution dans les trois ans qui suivent est de nouveau assujetti à une nouvelle Etude d'Impact Environnemental et Social.
Article 22 : Le Ministre chargé de l'Environnement peut soustraire un projet d'Etude d'Impact Environnemental et Social lorsque la réalisation de ce projet vise à réparer ou à prévenir des dommages causés à l'environnement par une catastrophe naturelle ou technologique. Dans ce cas, le Ministre chargé de l'Environnement délivre un Permis Environnemental qui peut être assorti de conditions qu'il juge nécessaires pour protéger l'environnement.
Article 23 : Le promoteur d'un projet soumis à l'Etude d'Impact Environnemental et Social, est responsable de la réparation des dommages causés à l'environnement et au cadre de vie des populations pendant l'exécution du projet et, le cas échéant, de la restauration des milieux dégradés par le projet. Les superficies déboisées à l'occasion de la réalisation du projet doivent faire l'objet de reboisement compensatoire.
Article 24 : Lorsque l'étude d'impact n'a pas été réalisée ou la procédure d'étude d'impact n'a pas été respectée, l'Administration compétente requiert la mise en œuvre des procédures d'urgence appropriées permettant de suspendre l'exécution des travaux envisagés ou déjà entamés. Les procédures d'urgence sont engagées sans préjudice des sanctions pénales prévues par la législation en vigueur.
Article 25 : Le Ministre chargé de l'Environnement peut suspendre, par arrêté, l'exécution d'un projet lorsque son promoteur ne se conforme pas aux obligations contenues dans le rapport d'Etude d'Impact Environnemental et Social. En cas de récidive, le Permis Environnemental peut être retiré définitivement par le Ministre chargé de l'Environnement sans indemnisation ni dédommagement.

CHAPITRE IV : DES RAPPORTS D'ÉVALUATION ENVIRONNEMENTALE STRATEGIQUE (EES), D'ETUDE D'IMPACT ENVIRONNEMENTAL ET SOCIAL (EIES), DU PLAN CADRE DE GESTION ENVIRONNEMENTALE ET SOCIALE (PCGES) ET DE NOTICE D'IMPACT ENVIRONNEMENTAL ET SOCIAL (NIES)

Article 26 : Les Rapports d'Evaluation Environnementale Stratégique (EES), d'Etude d'Impact Environnemental et Social et de Plan Cadre de Gestion Environnementale et Sociale doivent contenir les éléments ci-après :
- un résumé non technique du dossier d'étude d'impact sur l'environnement ;
- des informations générales, notamment la description du projet proposé, les caractéristiques et les limites de la zone d'étude, les principales parties

concernées ;
- une description de l'environnement du projet proposé : les caractéristiques physiques, biologiques et socioculturelles, les tendances et menaces pour l'environnement ;
- une identification et une évaluation des impacts positifs et négatifs potentiels : directs et indirect, immédiats et à long terme, importants et secondaires, locaux et éloignés du projet proposé sur l'environnement ;
- une analyse des solutions de remplacement ;
- une estimation des types et quantités de résidus et des émissions attendus (pollution de l'eau, de l'air et du sol, bruit, vibration, etc.…) occasionnés par le projet ;
- une description des mesures permettant de prévenir, de réduire ou de compenser dans la mesure du possible de graves détériorations de l'environnement ainsi que la description des mesures alternatives ou d'intervention non compensables mais prioritaires dans la nature, le paysage et le milieu humain ;
- une brève description des méthodes utilisées pour la consultation publique et les résultats y afférents ;
- une analyse coûts/avantages ;
- un plan de gestion environnementale et sociale.
Article 27 : Le Rapport de la Notice d'Impacts Environnemental et Social (RNIES) doit comporter :
- une description sommaire du projet à réaliser ;
- une analyse de l'état initial du site ;
- un plan de suivi et de surveillance.

CHAPITRE V : DU SUIVI ET DE LA SURVEILLANCE ENVIRONNEMENTALE

Article 28 : Le promoteur doit mettre en œuvre le plan de suivi et de surveillance environnementale en collaboration avec les services techniques concernés et l'Administration locale.
Article 29 : L'Administration compétente doit s'assurer du respect des autorisations émises et superviser la mise en œuvre du plan de suivi et de surveillance environnementale. Article 30 : Le Ministre chargé du secteur du projet et le Ministre chargé de l'Environnement assurent le contrôle du programme de suivi et de surveillance de l'environnement. Les autorités locales des lieux d'implantation des projets et les services techniques sont associés au suivi rapproché.
Article 31 : Avant la fin du projet, le promoteur doit procéder à un audit d'environnement. L'audit est soumis à l'analyse du comité technique interministériel d'analyse environnementaleSi l'analyse conclut au respect par le promoteur de ses engagements et obligations en matière environnementale,

le Ministre chargé de l'Environnement délivre un quitus.

CHAPITRE VI : DE L'ÉVALUATION DES POLITIQUES, STRATEGIES ET PROGRAMMES

Article 32 : Les politiques, stratégies et programmes font l'objet d'une évaluation environnementale stratégique. L'évaluation environnementale stratégique est commanditée par le département concerné sous la conduite de l'Administration compétente.

CHAPITRE VII : DES VIOLATIONS ET DES SANCTIONS

Article 33 : Constituent des violations aux règles prescrites par le présent décret :
- le fait pour un promoteur d'avoir entrepris l'exécution de son projet sans obtention préalable d'un Permis Environnemental ou sans approbation du rapport de la notice d'impact ;
- l'inexécution totale ou partielle des obligations contenues dans le rapport d'Etude d'Impact Environnemental et Social ou de Notice d'Impact Environnemental et Social ;
- le fait pour un promoteur de s'être abstenu de prendre les mesures de correction ou de compensation prescrites.

Article 34 : La constatation des violations aux règles donne lieu aux sanctions ci-après :
- l'avertissement par lettre recommandée ;
- l'injonction de remise en état des lieux ;
- l'injonction de procéder dans un délai préfixé à la mise en œuvre de mesures de correction et de compensation ;
- la suspension ou le retrait du Permis Environnemental ou le retrait de l'approbation du rapport de la Notice d'Impact Environnemental et Social.

Les sanctions sont prononcées par le Ministre chargé de l'Environnement en concertation avec le Ministre sectoriel compétent.

CHAPITRE VIII : DES DISPOSITIONS FINALES

Articles 35 : Le présent décret abroge toutes dispositions antérieures contraires, notamment le décret n° 03-594 /P-RM du 31 décembre 2003 relatif à l'Etude d'Impact sur l'Environnement ;

Article 36 : Le Ministre de l'Environnement et de l'Assainissement, le Ministre de l'Energie, des Mines et de l'Eau, le Ministre de l'Economie de l'Industrie et du Commerce, le Ministre de l'Equipement et des Transports, le Ministre de l'Agriculture, le Ministre de l'Elevage et de la Pêche, le Ministre du Logement, des Affaires Foncières et de l'Urbanisme, le Ministre de la

Santé, le Ministre de l'Administration Territoriale et des Collectivités Locales, le Ministre de la Sécurité Intérieure et de la Protection Civile sont chargés, chacun en ce qui le concerne, de l'exécution du présent décret qui sera enregistré et publié au Journal officiel.

Bamako,

Le Président de la République, Amadou Toumani TOURÉ
Le Premier Ministre, Modibo SIDIBE
Le Ministre de l'Energie des Mines et de l'Eau, Ahmed SOW
Le Ministre de l'Environnement et de l'Assainissement, Aghatam AG ALHASSANE
Le Ministre de la Santé, Oumar Ibrahima TOURÉ
Le Ministre de l'Agriculture, Tiémoko SANGARE
Le Ministre de l'Elevage et de la Pêche Mme Diallo Madeleine BA Le Ministre de l'Equipement et des Transports, Hamed Diane SEMEGA
Le Ministre de l'Administration Territoriale et des Collectivités Locales, Kafougouna KONE
Le Ministre de la Sécurité Intérieure et de la Protection Civile, Sadio GASSAMA
Le Ministre du Logement, des Affaires foncières et de l'Urbanisme, Mme Gakou Salamata FOFANA
Le Ministre de l'Economie, de l'Industrie et du Commerce, Ahmadou Abdoulaye DIALLO

DÉCRET n° 09-313/P-RM DU 19 JUIN 2009 FIXANT LES MODALITES D'APPLICATION DE LA LOI INSTITUANT L'HOMOLOGATION ET LE CONTROLE DES PESTICIDES EN REPUBLIQUE DU MALI[137]

LE PRESIDENT DE LA REPUBLIQUE, Vu la Constitution ;

Vu la Loi N°05-012 du 11 février 2005 portant création de la Direction Nationale de l'Agriculture ; Vu la Loi N°01-020 du 30 mai 2001 relative aux pollutions et nuisances ; Vu la Loi N°02-014 du 03 juin 2002 instituant l'homologation et le contrôle des pesticides en République du Mali ;

Vu le Décret N°09-186/P-RM du 04 mai 2009 fixant l'organisation et les modalités de fonctionnement de la Direction Nationale de l'Agriculture ;

Vu le Décret N°380/P-RM du 28 septembre 2007 portant nomination du Premier ministre ;

Vu le Décret N°09-157/P-RM du 9 avril 2009 portant nomination des membres du Gouvernement ;

DECRETE :

Article 1er : Le présent décret fixe les modalités d'application de la loi instituant l'homologation et le contrôle des pesticides en République du Mali.

CHAPITRE I : DES DISPOSITIONS GENERALES

Article 2 : L'homologation des pesticides se fait conformément à la Réglementation Commune aux États membres du Comité Permanent Inter-Etats de Lutte contre la Sécheresse dans le Sahel (CILSS). Le Comité Sahélien des Pesticides (CSP) est l'organe chargé de l'homologation pour les États membres du CILSS. La procédure d'homologation prévoit :

- l'autorisation d'expérimentation ; - le refus ou l'ajournement de la décision pour complément d'information ;
- l'autorisation provisoire de vente ;
- l'homologation. L'autorisation provisoire de vente et l'homologation peuvent être modifiées ou retirées par le Ministre Coordinateur du CILSS, sur avis motivé du Comité Sahélien des Pesticides.

Article 3 : Les règles d'emballage, de transport, de stockage et d'élimination des pesticides ainsi que la procédure pour l'analyse des produits saisis, sont fixées par arrêté conjoint des Ministres chargés de l'Agriculture, de l'Environnement et de la Santé. Article 4 : La publicité pour les pesticides ne peut mentionner que les indications contenues dans l'autorisation ou l'homologation et doit être conforme aux lois et règlements en vigueur.

137 http://extwprlegs1.fao.org/docs/pdf/mli156348.pdf

Article 5 : Un arrêté du Ministre chargé de l'Agriculture fixe les conditions de délivrance de l'agrément de vente et revente des pesticides.

Article 6 : Un arrêté du Ministre chargé de l'Agriculture fixe les conditions et les modalités d'utilisation des pesticides.

Article 7 : La fabrication ou la formulation des pesticides destinés à la consommation locale ou à l'exportation, préparés et conditionnés conformément aux spécifications et aux instructions de l'acheteur ou de toute autre partie, est soumise à l'autorisation du Ministre chargé du Commerce, après avis du Comité National de Gestion des Pesticides.

Ne peuvent faire l'objet d'importation au Mali que les pesticides ayant reçu l'homologation ou l'autorisation provisoire de vente par le Comité Sahélien des Pesticides. L'importation et/ou l'exportation des pesticides sont dévolues aux seuls professionnels du secteur munis d'un agrément du Ministre de l'Agriculture, après avis conforme du Comité National de Gestion des Pesticides prévu à l'article 14 ci-dessous. Article 8 : Des dérogations à l'importation, à la fabrication, à la formulation, au conditionnement, au reconditionnement, au stockage et à l'utilisation des pesticides peuvent être accordées aux institutions spécialisées pour des besoins de recherche et d'expérimentation.

Article 9 : Toute personne produisant, important ou distribuant des pesticides au Mali est tenue de soumettre, à l'aide de formulaires fournis par le service chargé du contrôle des pesticides, un rapport trimestriel indiquant la quantité de pesticides distribuée au cours de la période concernée. Le rapport doit parvenir au service chargé du contrôle des pesticides dans les vingt (20) jours suivant la fin du trimestre.

Article 10 : Les pesticides fabriqués ou importés au Mali doivent répondre aux normes de qualité définies par la réglementation en vigueur.

Article 11 : Lorsque le produit fait l'objet d'un retrait ou d'un refus de renouvellement d'autorisation provisoire de vente ou d'homologation pour des considérations autres que celles de santé publique ou animale, d'environnement ou de toxicité à l'égard des cultures, la mise sur le marché de ce produit doit cesser deux ans après la date de notification du retrait ou du refus de renouvellement. Si le retrait ou le refus de renouvellement d'un produit est justifié par des considérations de santé publique ou animale, d'environnement ou de toxicité à l'égard des cultures, la mise sur le marché de ce produit doit cesser immédiatement après la notification de la décision.

Article 12 : Toute infraction à la réglementation concernant l'homologation et le contrôle des pesticides est constatée par procès verbal établi en trois (3) exemplaires par les agents chargés du contrôle des pesticides. Article 13 : Les agents chargés du contrôle des pesticides prêtent, devant le Président du tribunal de Première Instance ou devant le Juge de Paix à Compétence Etendue de leur premier poste d'affectation, le serment suivant : « Je jure de bien et fidèlement remplir mes fonctions, de les exercer en toute impartialité dans le respect des lois et règlements et de remplir ma mission en tout honneur et en toute conscience ».

La carte des agents porte les mentions suivantes :

- les Armoiries de la République ; - le nom de la structure chargée du contrôle;
- les nom, prénom, numéro matricule, fonction, corps, photo et signature du titulaire ;
- les cachet et signature de l'autorité de contrôle ;
- le caractère personnel de la carte. Le détail matériel de la présentation de la carte fera l'objet d'un arrêté du Ministre chargé de l'Agriculture.

CHAPITRE II : DES ATTRIBUTIONS ET DE LA COMPOSITION DU COMITE NATIONAL DE GESTION DES PESTICIDES

Article 14 : Il est institué auprès du Ministre chargé de l'Agriculture un Comité National de Gestion des Pesticides (CNGP).

Article 15 : Le Comité National de Gestion des Pesticides est chargé de :

- veiller à l'application, au niveau national, des décisions du Comité Sahélien des Pesticides (CSP) ;
- proposer au Ministre chargé de l'Agriculture toutes les mesures susceptibles de contribuer à la normalisation, à la définition et à l'établissement des conditions et modalités de gestion des pesticides ;
- proposer les principes et orientations générales de la réglementation des pesticides au Mali ;
- actualiser la liste des pesticides autorisés et ceux qui sont interdits ;
- veiller à la mise en œuvre du système national de toxico vigilance ;
- émettre un avis sur les demandes d'intention d'importation ou d'agrément ;
- recourir, le cas échéant, à des expertises des laboratoires agréés par le Ministre chargé de l'Agriculture.

Article 16 : Le Comité National de Gestion des Pesticides est composé comme suit : Président : - le Ministre de l'Agriculture ou son représentant.

Vice-Présidents :

- le représentant du Ministère chargé de l'Environnement ;
- le représentant du Ministère chargé de la Santé.

Membres :

- un représentant du Ministère chargé des Finances ;
- un représentant du Ministère chargé de l'Administration Territoriale ;
- un représentant du Ministère chargé du Commerce ;
- un représentant du Ministère chargé de l'Industrie ;
- un représentant du Ministère chargé de la Justice ;
- un représentant du Ministère chargé de la Recherche Scientifique ;
- le Directeur National de l'Agriculture ou son représentant ;
- le Directeur National de l'Assainissement, du Contrôle des Pollutions et des

Nuisances ou son représentant ;
- le Directeur National des Services Vétérinaires ou son représentant ;
- le Directeur National de l'Hydraulique ;
- le Président Directeur Général de la Compagnie Malienne pour le Développement des Textiles ou son représentant ;
- le Directeur Général de la Protection Civile ou son représentant ;
- le Directeur Général de l'Office de Protection des Végétaux ou son représentant ;
- le Directeur du Centre National de Lutte contre le Criquet Pèlerin ou son représentant ; - le Directeur Général de l'Institut d'Economie Rurale ou son représentant ;
- le Directeur Général de l'Agence Nationale de la Sécurité Sanitaire des Aliments ou son représentant ; - le Directeur Général du Laboratoire Central Vétérinaire ou son représentant ; - le
Directeur du Programme National de Lutte contre le Paludisme ou son représentant ;
- deux représentants du Comité Sahélien des Pesticides ;
- un représentant de la Chambre du Commerce et d'Industrie du Mali ;
- un représentant de l'Assemblée Permanente des Chambres d'Agriculture du Mali ;
- les Autorités nationales désignées de la Convention de Rotterdam ;
- les points focaux des Conventions de Stockholm, de Bâle et de Bamako ;
- un représentant de la Coordination des Consommateurs du Mali ;
- un représentant du Secrétariat de Coordination des ONG ;
- un représentant du Conseil de Concertation et d'Appui aux ONG ;
- un représentant de Crop Life-Mali ;
- un représentant de Pesticide Action Network. Le Comité peut faire appel à toute personne ressource en raison de sa compétence.

Article 17 : La liste nominative des membres du Comité National de Gestion des Pesticides est fixée par arrêté du Ministre de l'Agriculture.

Article 18 : Le Comité National de Gestion des Pesticides se compose de deux commissions de travail :
- la Commission Législation, Réglementation et Contrôle ; - la Commission Formation, Information et Sensibilisation.

Article 19 : La Commission Législation, Réglementation et Contrôle est chargée de :
- collecter et analyser la réglementation nationale relative aux pesticides ;
- donner un avis sur le contrôle de la qualité des pesticides et des résidus des pesticides dans les produits végétaux et animaux ;
- donner un avis sur les pesticides à usage domestique non examinés par le Comité Sahélien des Pesticides.

Article 20 : La Commission Formation, Information et Sensibilisation est chargée de :
- veiller à la création et à la mise à jour des bases de données nationales sur les pesticides ; - proposer la liste des pesticides dont l'emploi est autorisé et ceux dont l'emploi est interdit ; - informer et sensibiliser les utilisateurs et l'ensemble des autres acteurs sur les décisions et recommandations du Comité Sahélien des Pesticides.

Article 21 : Le secrétariat du Comité National de Gestion des Pesticides (SP/CNGP) est assuré par la Direction Nationale de l'Agriculture. Elle est assistée par la Direction Nationale de l'Assainissement et du Contrôle des Pollutions et des Nuisances et la Direction Nationale de la Santé

CHAPITRE III : DES DISPOSITIONS FINALES

Article 22 : Un arrêté du Ministre chargé de l'Agriculture fixe les modalités d'application du présent décret.

Article 23 : Le présent décret abroge le Décret N°02-306/ P-RM du 03 juin 2002 fixant les modalités d'application de la loi instituant l'homologation et le contrôle des pesticides en République du Mali.

Article 24 : Le Ministre de l'Agriculture, le Ministre de la Santé, le Ministre de l'Administration Territoriale et des Collectivités Locales, le Ministre de l'Elevage et de la Pêche, le Ministre de l'Environnement et de l'Assainissement, le Ministre de la Sécurité Intérieure et de la Protection Civile, le Ministre de l'Industrie, des Investissements et du Commerce, le Ministre de l'Economie et des Finances et le Ministre de la Justice, Garde des Sceaux sont chargés chacun en ce qui le concerne, de l'exécution du présent décret qui sera enregistré et publié au Journal officiel.

Bamako, le 19 juin 2009
Le Président de la République, Amadou Toumani TOURE
Le Premier Ministre, Modibo SIDIBE
Le Ministre de l'Agriculture, Aghatam AG ALHASSANE
Le Ministre de la Santé, Oumar Ibrahima TOURE Le Ministre de l'Administration Territoriale et des Collectivités Locales, Général Kafougouna KONE
Le Ministre de l'Elevage et de la Pêche, Madame DIALLO Madeleine BA
Le Ministre de L'Environnement et de l'Assainissement, Tiémoko SANGARE
Le Ministre de la Défense et des Anciens Combattants, Ministre de la Sécurité Intérieure et de la Protection Civile par intérim, Natié PLEA
Le Ministre de l'Economie et des Fiances, Ministre de l'Industrie, des Investissements et du Commerce par intérim, Sanoussi TOURE Le Ministre de l'Economie et des Finances, Sanoussi TOURE
Le Ministre de la Justice, Garde des Sceaux, Maharafa TRAORE

PARTIE IX

LA JURISPRUDENCE EN MATIERE DE SANTÉ[138]

JURISPRUDENCE DE L'ORDRE JUDICIAIRE

DÉCISIONS DE L'ORDRE JUDICIAIRE

A déclaré s'en rapporter à justice Jugement n°188 du 05 Juin 2003(Affaire M. T. S., IT Contre M.C. et l'Hôpital Nianankoro Fomba de Ségou)

n° 188 / Jugement Tribunal de première instance de Ségou
Du…………/2003 (République du Mali)
Audience du 05 juin 2003
n° 155 / RG Affaire Madame Touré Mawila Santara Ibrahima Touré Contre Manifa Coulibaly et L'Hôpital Nianankoro Fomba.
Nature de l'affaire
Réparation de préjudice
Décision
(Voir dispositif)
(contradictoire)
À l'audience publique ordinaire du Tribunal de première instance de Ségou (République du Mali) céans au Palais de justice de ladite ville.
Du cinq juin deux mille trois tenues pour les affaires civiles et commerciales par :
Monsieur Yacouba Koné, Président assisté de maître Amadou Simpara, greffier assermenté avec le concours de M. Diabado Diarra
Préalablement prêté, a été rendu le jugement ci-après ;
Dans la cause, entre :
Madame Touré M. SANTARA, ménagère domiciliée à Ségou et Ibrahima Touré commerçant domicilié à Ségou
Demandeurs, d'une part
Et Manifa Coulibaly et l'Hôpital Nianankoro Fomba de Ségou
Défendeurs, d'autre part ;
Sans que les présentes qualités puissent nuire ou préjudiciel en rien aux droits et intérêts respectifs des parties en cause, mais au contraire sous les plus expresses réserves de fait et de droit :

---

[138] Vu la rareté de la jurisprudece en matière de santé, nous pensons qu'il est indispensable d'y ajouter quelques jurisprudences en matière de santé.

L'affaire a été inscrite au rôle généralduGreffe du Tribunal civil sousle numéro 155 / de l'année en cours ;
Le Ministère Public à qui le dossier avait été prealalement communiqué
Vu les pièces du dossier, Oui Mawila Santara et Ibrahima Touré en leurs demandes, fins et conclusions
Oui le [Dr] M. Coulibaly et l'Hôpital de Ségou en leurs explications, moyens de [défense] et conclusions
Attendu :
Que par requête introductive d'instance en date du 25 avril 2003, dame Mawila Santara, épouse de Ibrahima Touré, ménagère domiciliée à Ségou assignait [le sieur] M. Coulibaly, Docteur en service à l'Hôpital Nianankoro Fomba et ce dernier établissement devant le Tribunal civil de céans en réclamation de dommages-intérêts suite à des dommages subis par elle des suites d'une intervention chirugicale ;
Que, Ibrahima Touré, époux de M., [en] intervention volontaire dans l'instance en qualité de demandeur à l'action arguant du fait qu'il subissait lui aussi un préjudice, qu'à ce sujet, Maîtres Boubacar Tounkara et Mahamadou Sylla tous conseils défendeurs soulevaient in limine litis une exception de fin non-recevoir du fait que le demandeur en intervention volontaire n'avait aucune qualité à intervenir dans l'instance ;
Attendu qu'à l'appui de leur demande commune M. Santara et son époux Ibrahima Touré exposent qu'ils ont subi des préjudices tant financier que [moral] suite au comportement fautif du docteur Manifa Coulibaly qui a procédé à une césarienne puis ensuite à une ablation de l'utérus de Mawila sans avoir obtenu au préalable le consentement de Ibrahima Touré, le mari d'une part et d'autre part en faisant rétention de l'information sur les conséquences de l'opération, les faisant débourser de l'argent avec l'espoir que leur procréation pourra continuer ;
Qu'ils concluent tous deux à ce qu'il plaise au Tribunal condamner M. Coulibaly à réparer le préjudice subi par eux par l'octroi de dommages-intérêts ;

Que Maître Mamadou Tounkara, avocat à la Cour Bamako, conseil des demandeurs Mawila Santara et Ibrahima Touré dans ses plaidoiries, affirme que ses clients ont subi des dommages, tant financier que moral, découlant du comportement fautif du docteur Manifa Coulibaly qui, selon lui, s'il n'a pas commis de faute professionnelle technique, a cependant commis deux fautes d'ordre déontologique en ne s'assurant pas du consentement du mari de Mawila présent sur les lieux avant de procéder à l'ablation de l'utérus de cette dernière et en n'informant pas le couple des conséquences exactes de son opération laissant celui-ci exposer d'autres frais médicaux dans l'espoir de pouvoir continuer sa procréation ;
Que Maître Mamadou Tounkara d'ajouter que c'est ce défaut d'information qui constitue la faute dommageable reprochée au docteur Manifa Coulibaly et subséquemment à l'hôpital de Ségou où il a pratiqué l'opération ;
Qu'il conclut qu'il plaise au Tribunal recevoir la demande volontaire de Ibrahima Touré dans l'Instance en qualité de demandeur en rejetant l'exception de non-recevoir des défendeurs d'une part et d'autre part en recevant dans la forme de demande commune de Mawila Santara et de Ibrahima Touré et en déclarant ladite demande bien fondée au fond et d'y faire entièrement droit en condamnant docteur Manifa Coulibaly à payer la somme de 80.000.000 FCFA au couple à titre de dommages-intérêts et, en déclarant l'Hôpital de Ségou, où l'opération a eu lieu et avec le matériel auquel elle a été effectuée, garant du docteur Manifa Coulibaly et d'ordonner, compte tenu de l'urgence, l'exécution provisoire de la décision tout en mettant les dépens à la charge des défendeurs ;
Attendu qu'en réplique, Docteur Manifa Coulibaly ainsi que l'Hôpital de Ségou Représenté par Docteur Zoumana Traoré a comparu et a conclu personnellement à l'audience ;
Que Docteur M. Coulibaly d'affirmer qu'il n'a commis aucune faute à l'origine des préjudices dont Mawila Santara et Ibrahima Touré demandent réparation ;
Qu'il expose qu'il a reçu en urgence, alors qu'il était médecin de garde à l'hôpital le __/01/2002 dame M qui n'arrivait pas à accoucher normalement ;
Qu'il décida de procéder à une césarienne avec le consentement de cette dernière et découvrait un enfant de sexe masculin mort-né et un utérus perforé laissant écouler beaucoup [de sang] ainsi qu'une baisse de la tension nécessitant une intervention rapide afin d'éviter la mort certaine de la patiente ;
Qu'il affirme n'avoir commis aucune faute dans le cadre de cette intervention obstétricale qui, si elle prive Mawila de continuer à procréer naturellement, cependant, permet de continuer à vivre ; le dommage évité étant, en son sens, plus grave que celui causé à la patiente ;
Qu'il conclut qu'il plaise au tribunal débouter M. et Ibrahima de leur demande de réparation de préjudice ;

Attendu que, pour sa part, l'Hôpital régional de Ségou représenté par le Docteur Zoumana Traoré conclut également à ce qu'il plaise au Tribunal débouter les demandeurs de leur demande au motif qu'aussi bien techniquement que professionnellement, leur agent le docteur Manifa Coulibaly n'a commis aucune faute ;
Attendu que dans leurs plaidoiries respectives, les conseils des défenseurs à savoir Maître Boubacar Tounkara et Maître Mahamadou Sylla tous avocats à la Cour, ont exposé que le docteur M Coulibaly n'a commis aucune faute dommageable susceptible d'engager sa responsabilité civile même si, il est vrai, que l'ablation de l'utérus a causé un dommage à M et à son époux.
Qu'ils affirment que la faute tirée du défaut d'information et du défaut de consentement de l'époux n'est pas établie contre Manifa Coulibaly qui a obtenu le consentement de la patiente elle-même avant de procéder à la césarienne et celui de la mère de cette dernière avant l'ablation de l'utérus ;
Que la dénégation de ce consentement donné par la mère est dictée par la menace de divorce que l'époux de Mawila avait laissé planer au cas où il s'avérait que sa belle mère avait consenti à l'opération ;
Que toujours selon les conseils des défendeurs, la profession médicale étant difficile, le praticien est souvent confronté au choix entre la violation de l'obligation de prendre le consentement qui lui impose de mettre son savoir [en œuvre] pour sauver ou tenter de sauver la vie humaine dès lors que celle-ci est en danger ;
Que selon les conseils, docteur Manifa aurait pu laisser mourir la patiente Mawila en s'abstenant de l'ablation de l'utérus, mais en risquant des sanctions disciplinaires devant le conseil de l'ordre des médecins ou des sanctions administratives de la part de son service employeur ou même des sanctions pénales pour non assistance à personne en péril ;
Que Maître Mahamadou d'affirmer que son client est victime de sa compétence professionnelle qui lui vaut des jalousies ;
Que les conseils des défendeurs concluent, quant à eux, qu'il plaise au Tribunal débouter Mawila et Ibrahima de leur demande en réparation et, compte tenu du préjudice que ce procès cause à Manifa Coulibaly et à l'hôpital de Ségou (préjudice moral), ils demandent reconventionnellement des dommages-intérêts [de] 80.000.000 F CFA et demandent l'exécution provisoire de la condamnation pécuniaire et la mise des dépens à la charge de Mawila et de Ibrahima ;
Attendu, cependant, que la demande en intervention volontaire de Ibrahima Touré est régulière dans la forme, sa qualité d'époux de la demanderesse Mawila Santara ainsi que les préjudices allégués dont réparation est demandée (le préjudice moral de voir subitement arrêter la procréation du couple) donne à cette dernière qualité pour intervenir aux côtés de sa femme, l'intérêt à agir étant manifeste ; qu'il [échet] de recevoir Ibrahima Touré en sa demande ;
Attendu, par ailleurs, qu'il est constant, tel que cela est établi par les débats,

que dame Mawila Santara a été amputée de son utérus par le docteur Manifa Coulibaly de l'Hôpital de Ségou lors d'une opération chirurgicale dite césarienne et cela avec le consentement manifeste de la patiente ;
Que ladite césarienne suivie de l'ablation de l'utérus est intervenue dans les conditions d'urgence et de nécessité absolue pour sauver la vie de Mawila Santara ;
Que l'ablation a eu pour conséquence l'arrêt prématuré de la procréation de cette dernière qui n'était âgée que 32 années ;
Que la perte d'un organe aussi important pour une femme cause, à n'en pas douter, un préjudice réel, sérieux et certain à Mawila et par ricochet à son époux Ibrahima Touré ;
Que cependant le préjudice dont se prévaut le couple n'a pas le caractère d'un dommage réparable, aucune faute technique ou professionnelle n'étant imputable au docteur Manifa Coulibaly qui a agi dans les conditions d'extrême urgence et de nécessité en prenant soin d'avoir le consentement préalable de la mère de la patiente Mawila, le mari de cette dernière étant absent de l'hôpital pour [...] recherche de sang ;
Que la dénégation faite par la mère semble provenir de la crainte à elle [inspirée] par la menace de divorce proférée par son gendre Ibrahima Touré au cas où il était établi qu'un tel consentement émanerait d'elle ;
Qu'au regard à la spécificité de l'action médicale et de ses contraintes [le défaut] de consentement du mari de Mawila n'est constitutif d'aucune faute dans la mesure où le seul consentement donné par cette dernière au praticien et relatif à la césarienne suffit à lui seul au docteur M Coulibaly pour procéder à tous autres actes médicaux subséquents à la condition qu'il y ait urgence et nécessité d'agir pour éviter une mort certaine ;
Que cela ressort d'une jurisprudence bien établie au terme de laquelle [l'avis] donné par le malade comporte celui de modifier au cours d'une intervention [la nature] de l'opération dictée par la découverte de l'état exact des organes à [condition] qu'il y ait eu urgence ou nécessité (Rouen 17 déc. 1970.D-71, 152 ; Paris, déc.1980-D-81 – CIV.1, 14 jan 1992) ;
Qu'en l'espèce l'ablation de l'utérus est intervenue dans l'urgence suite au consentement personnel donné au docteur M Coulibaly et suite à la [découverte], par ce dernier, de l'état exact de ses organes ;
Que toute autre attitude passive du docteur entrainant le décès de Mawila serait en une violation grave de son serment et l'exposerait, éventuellement, à des poursuites pénales du chef de la non-assistance à personne en péril ;
Qu'en outre la faute du défaut d'information dont se prévaut le couple [ne résiste] pas à l'analyse ; l'obligation d'information du patient imposée au praticien, à l'instar de l'obligation de provoquer le consentement, doit être observée [par ce] dernier avant de procéder à l'acte médical chirurgical ;
Qu'en l'espèce, le consentement préalable de M Santara autorisant M Coulialy [à] opérer écarte, du coup, le défaut d'information allégué ;

Que le défaut d'information tenant à la non révélation à la patiente des [conséquences] après l'opération ne saurait constituer une faute, une telle information [post] opératoire n'étant pas une obligation professionnelle ou déontologique ;
Qu'eu égard à ce qui précède, il y a eu lieu, pour le Tribunal, de recevoir la [demande] en réparation de préjudice de Manifa Coulibaly et de l'hôpital et, au fond, de leur demande mal fondée et de les en débouter ;
Attendu par ailleurs que la demande reconventionnelle de Manifa Coulibaly et de l'hôpital, si elle doit être reçue dans la forme, les demandeurs ayant [été] déboutés de leur demande doit, cependant, être déclarée mal fondée au [fond] ; l'action intentée par Mawila et Ibrahima Touré n'ayant aucun caractère abusif, comme le prétend Maître Mahamadou Sylla et ladite action n'est inspirée par aucune [intention] de nuire ; du moins, une telle intention n'est pas établie, la bonne foi du couple [n'étant] pas en cause ;
Attendu que M Santara et Ibrahima Touré ont perdu, leur procès [il y] a lieu de mettre les dépens solidairement à leur charge.

Pour ces motifs
Vidant son délibéré ;
Statuant publiquement, contradictoirement à l'égard des parties en matière [civile] et en premier ressort ;
Reçois dans la forme la demande en réparation de préjudice de Mawila Santara et Ibrahima Touré
Au fond, déclare leur demande mal fondée et les en déboute, en conséquence ;
Reçois, par ailleurs, la demande reconventionnelle en réclamation de dommage-intérêts de Manifa Coulibaly et l'hôpital dans la forme ;
Au fond, déclare leur demande mal fondée et les déboutés.
Mets les dépens à la charge de Mawila Santara et Ibrahima Touré.

Ainsi fait jugé et prononcé publiquement par le tribunal civil de céans les jours, mois et an que dessus.
Et ont signé le Président et le Greffier,
Suivent les signatures
Enregistré à Ségou, le 13 / 06 / 2003
Vol n° 6 / Fol 59
n° 373 Bordereau 183
Reçu : Trois mille FCFA
L'Inspecteur de l'enregistrement,
Signé illisible
Pour expédition conforme sur 2 rôles
Ségou, le 18 juin 2003
Le Greffier en chef

ARRET n° 93 R.G. n° 583 R.C. n°479- 2005 (AFFAIRE CENTRE DE SANTÉ COMMUNAUTAIRE DE DJELIBOUGOU ET PHARMACIE POPULAIRE DU MALI CONTRE SMT)[139]

Arrêt n° 93 R.G. n° 583 R.C. n° 479-2005

Centre de santé communautaire de Djélibougou et la Pharmacie populaire du Mali

Contre

S M Traoré

Réparation de préjudice

République du Mali
Un Peuple – Un but – Une foi

Cour d'appel de Bamako
(Matière civile)

Audience publique ordinaire du 8 février 2006

La Cour d'Appel de Bamako, séant au Palais de Justice de ladite ville en son audience publique ordinaire du huit février deux mil six, tenue en matière civile et à laquelle siégeaient :
Messieurs Bouréima Coulibaly, Conseiller à la Cour d'appel de Bamako, Président ;
Mahamadou Berté, Tiécoura Samaké, Conseillers à la Cour d'appel de Bamako, membres
En présence de Monsieur Moussa Bagayoko, Substitut général près ladite Cour ;
Avec l'assistance de Mme Coulibaly Dabou Traoré, greffière ;
À rendu l'arrêt suivant dans la cause entre Centre de santé communautaire de Djélibougou et la Pharmacie populaire du Mali, appelants ayant pour conseils Maîtres Mahamane Cissé et l'Etude Youba, avocats à la Cour, concluant à l'audience de l'organe desdits conseils ;
D'une part
S M Traoré, intimé, ayant pour conseil Maître Salif Touré, avocat à la Cour,

[139] Arret obtenu à Cour d'appel de Bamako en 2018

concluant l'audience par l'organe dudit conseil
D'autre part
Dans une instance en réparation de préjudice

La Cour,
Vu les pièces du dossier ;
Oui les parties en demandes, fins et conclusions
Oui le Ministère public en ses réquisitions ;
Après en avoir délibéré conformément à la loi

La Cour, à la confirmation du jugement entrepris, en ce qu'il l'a mise hors de cause ;
Qu'elle rappelle qu'elle est un établissement public à caractère industriel et commercial ayant pour mission de conduire la politique des médicaments au Mali par la fourniture des Centres de santé communautaire, des hôpitaux et des grossistes en médicaments essentiels ;
Qu'elle n'a jamais reçu de réclamation sur la qualité de ses produits ;
Que lesdits produits sont achetés par appel d'offre international obéissant aux spécifications suivantes :
Certificat d'analyse du fournisseur ;
Facture du fournisseur ;
Bon de livraison du fournisseur ;
Liste de colisage ;
Attestation de vérification ;
Déclaration de mise à la consommation.
Que le produit en cause, en l'occurrence l'acétyle salicylate obéit à toutes ces spécifications ainsi qu'au contrôle du Laboratoire national de santé ;
Qu'il est donc inexact d'affirmer que les médicaments vendus par la PPM sont défectueux alors même qu'ils ont été déclarés conformes par le Laboratoire national et le fabricant ;
Qu'il est d'ailleurs à noter que l'analyse faite par le Laboratoire national de la santé le 28 juin 2003 a porté sur des restes de solution injectée à l'enfant ;
Que c'est dans ces restes de solution qu'a été décelée la présence de particules insolubles ;
Qu'or, la PPM ne vend pas l'acétyle salicylate en solution, mais plutôt en poudre sous forme d'ampoule injectable ;
Que dès lors, l'argument tiré de la mauvaise qualité l'acétyle salicylate doit être écarté ;
Que donc, c'est à bon droit que le jugement entrepris l'a mise hors de cause, qu'il y a lieu de confirmer ledit jugement sur ce point.
Considérant que Sidi Mohamed Traoré ayant pour conseil Maître Salif Touré, avocat à la Cour, déclare former appel incident conformément aux dispositions de l'article 564 CPCCS en ce que le jugement entrepris a mis hors

de cause la Pharmacie populaire du Mali ;
Qu'il soutient que le Centre de santé communautaire de Djélibougou et la PPM sont solidairement responsables du préjudice établi ;
Qu'en ce qui concerne le Centre de santé communautaire, sa responsabilité découle du fait que c'est un agent de cette structure qui a procédé à l'injection de la substance qui a provoqué une thrombose artérielle ;
Que dès lors, sa responsabilité doit être retenue en vertu des dispositions de l'article 125 de la loi n° 87-31 ANRM du 29 août 1987 fixant le régime général des obligations ;
Que s'agissant de la Pharmacie populaire du Mali, celle-ci, pour solliciter sa mise hors de cause, affirme que « ses produits sont conformes suivant les certificats du Laboratoire national de santé »
Qu'or, il apparaît clairement desdites analyses « la présence de particules insolubles dans l'échantillon », ce qui n'est pas conforme aux spécifications de la solution injectable de l'ASL ;
Que cependant, il apparaît que l'Aspégic PAN ASL 500 mg injectable, origine Plan Pharme AS France n° de lot 011540, date de fabrication 11-2000, date de péremption 11-2003, est incontestablement le produit vendu par la PPM sont relatives au même médicament, mais sur un lot différent du lot OM 540, date de fabrication 11-2000, date de péremption 11-2003 ;
Qu'en professionnel agréé, le fournisseur qu'est la PPM a failli à son obligation de livrer un produit exempt de tout défaut de nature à causer un dommage pour les personnes et les biens ;
Qu'au regard de tout ce qui précède, il sollicite qu'il plaise à la Cour, retenir également la responsabilité de la Pharmacie populaire du Mali et condamner celle-ci à lui payer, solidairement avec le Centre de santé communautaire de Djélibougou, la somme de 50 millions de francs CFA à titre de réparation de préjudice subi.
Sur la responsabilité civile de l'Asacodje
Considérant qu'aux termes de l'article 125 de la loi n° 87-31 ANRM du 29 août 1987 fixant le régime général des obligations : *« Toute personne qui, par sa faute, même d'imprudence, de maladresse ou de négligence cause un dommage à autrui est obligée de le réparer » ;*
Que l'article 144 de la même loi indique que « les commettants répondent des dommages causés par une personne soumise à leur autorité, lorsque celle-ci encourt dans l'exercice de ses fonctions une responsabilité à l'égard d'autrui » ;
Considérant qu'il ressort des pièces du dossier ainsi que des débats que c'est à la suite de l'injection « d'Aspégic » au patient Sidi Mohamed Traoré par un agent du Centre de santé communautaire de Djélibougou que s'est manifestée une thrombose artérielle qui, se compliquant, a fini par provoquer l'amputation du tiers moyen de la jambe du patient ;
Que dès lors, il y a lieu, en application des articles susvisés, de retenir la

responsabilité civile de l'Asacodje.
Sur la responsabilité de la Pharmacie populaire du Mali
Considérant qu'en dépit des arguments développés par la PPM, il apparaît clairement, des analyses effectuées par le Laboratoire national de la santé, que des particules insolubles non conformes aux spécifications de la solution injectable de l'ASL ont été trouvées dans le produit ;
Qu'il en résulte que le produit dont la vente n'est pas contestée par la PPM n'était pas exempt de défaut ;
Que du reste, les rapports d'analyses fournis par la PPM sont relatifs à un lot différent ;
Qu'aucune recherche n'a pu aboutir sur le lot dont est issu le produit en cause ;
Qu'au regard de ce qui précède, il apparaît qu'en mettant hors de cause la Pharmacie populaire du Mali, le jugement entrepris a fait une mauvaise appréciation des faits et une application erronée de la loi ; qu'il échet de l'infirmer sur ce point et, statuant à nouveau, déclarer la Pharmacie populaire solidairement responsable avec le Centre de santé communautaire de Djélibougou, du préjudice causé à Sidi Mohamed Traoré.
Sur la réparation du préjudice
Considérant qu'en vertu des dispositions de l'article 125 de la loi 87-31 du 29 août 1987 fixant le régime général des obligations, « toute personne qui, par sa faute même d'imprudence, de maladresse ou de négligence, cause à autrui un dommage est obligée de réparer » ;
Considérant qu'en l'espèce le jeune S M Traoré, suite à une thrombose artérielle due à l'injection d'Aspégic 0, 5 mg, vendu par la Pharmacie populaire du Mali et administré par le Centre de santé communautaire de Djélibougou, a été amputé d'une jambe alors qu'il n'avait que deux ans ;
Que la responsabilité civile de la PPM et de l'Asacodje ayant été retenue, il échet de les condamner à réparer le préjudice subi par la victime ;
Considérant qu'en allouant la somme de 20 000 000 F CFA à titre de dommages-intérêts, le jugement entrepris a fait une bonne estimation du préjudice ;
Qu'il convient de le confirmer sur ce point.
Par ces motifs
Statuant publiquement, contradictoirement en matière civile, en appel et en dernier ressort :
En la forme :
Reçoit les appels interjetés
Au fond :
Confirme le jugement entrepris en ce qu'il a déclaré l'action de Sidi Mohamed Traoré, représenté par Adama Traoré, bien fondée et retenu la responsabilité du Centre de santé communautaire de Djélibougou ;
L'infirme en ce qu'il a mis hors de cause la Pharmacie populaire du Mali.
Statuant à nouveau sur ce point :

Déclare la Pharmacie populaire du Mali et le Centre de santé communautaire de Djélibougou responsable du préjudice causé à Sidi Mohamed Traoré ;
Les condamne, en conséquence, à payer « in solidum » la somme de 20 millions de francs CFA à Sidi Mohamed Traoré à titre de réparation de préjudice ;

Met les dépens à leur charge ;
*A*insi fait, jugé et prononcé publiquement par la Cour d'Appel de céans les jour, mois et an que dessus.
Et ont signé le président et la greffière.
Suivent les signatures
Suivent les signatures
DF= 6000
Enregistré à Bamako, le 06 mars 2006
Vol 1, Fol 71, n°1, Bordereau 75
Reçu : six mille
L'Inspecteur de l'Enregistrement
Signé : illisible
« Au nom du peuple malien »
« En conséquence, la République du Mali mande et ordonne à tous huissiers de justice, sur ce requis, de mettre ledit arrêt à exécution, aux Procureurs généraux et aux Procureurs de la République près les Cours d'appel et les Tribunaux de première instance d'y tenir la main à tous Commandants et Officiers de la force publique, de prêter main forte lorsqu'ils en seront légalement requis ».

En foi de quoi le présent arrêt a été signé et délivré par Nous, greffier en chef de la Cour d'appel de Bamako pour servir de première grosse à Sidi Mohamed Traoré, ayant pour conseil Maître Salif TOURÉ, avocat à la Cour.

Pour 1ère grosse
Bamako, le 6 mars 2006
Le greffier chef,
Baba Mamadou Traoré

DÉCISIONS DE L'ORDRE ADMINISTRATIF

Jugement n°1 du 19 Janvier 2001 (Affaire Le Sieur À C et autres contre L'hôpital Gabriel TOURÉ ET L'État du MALI)

JUGEMENT :
L'an deux mille un et le dix neuf ans janvier
Le tribunal administratif de Bamako a rendu un jugement dont la teneur suit :
ENTRE
Le Sieur A C et autres ayant pour conseil Maître Modibo H Dicko, Avocat à la cour, Bamako.
DEMANDEURS
D'une part,
ET
L'hôpital Gabriel TOURÉ ET L'État du MALI
Conseils : Le Contentieux du gouvernement : Maître Nouhoum Camara du cabinet TAPO ET Maître Ousmane A. BOCOUM, Avocat à la cour, Bamako
Intervention volontaire : La Caise d'Assurance maladies et de Réassurances (CNAR), ayant pour conseil Maître Cheick Oumar COULIBALY, Avocat à la Cour, Bamako,
DÉFENDEURS
D'autre part
Sans que les présentes qualités puissent nuire en quoi que ce soit aux parties et sous les plus expresses reserves de droit et de fait.
EN MATIERE DE RECOURS DE PLEIN CONTENTIEUX
Faits et procédures :
Le 21-05-1999, une fillette agée de sept (7) à huit et (8) mois, répondant au nom de Aichetou Cissé fut évacué a l'hôpital Gabriel Touré ou elle fut admise au service de pédiatrie dans état fiévreux et convulsif accompagné de diarhée et vomissements/
Au niveau de ce service hospitalier, son traitement fut confié par l'infirmier-major à des infirmiers de l'équipe de garde du 21-05-2000 dont la qualification parait douteuse pour les requérants.
Ces infirmiers en voulant placer un serum, essayèrent à plusieurs reprises cherchant de façon maladroite la veine aux plis du coude, alors que la perfusion était en cours, il y avait eu apparition d'un oedème au niveau de l'avant-bras de la fillette et la maman de cette dernierne sans tarder l'aurait signalé à l'infirmier en chef de l'unité du jour qui fit arrêter aussitôt le traitement.
Cependant l'arret du traitement n'ayant pas suffi à faire disparaitre l'oedème en question, l'interne de garde alerté par la maman de la fillette effectua au bras de cette dernière un pansement alcoolisé avec un bandage du membre

dans le but de faire disparaitre l'œdème.
Malgré tout, le 22-05-1999, la mère de la fillette constata que nonobstant les assurances des infirmiers, loedème se compliquait de plus en plus avec apparition ecchymoses au niveau des doigts et décide de toute seule de faire le pansement.
Avec l'insistance de la tante de la petite Aichetou, sa maman se décida enfin d'alerter un médecin-chef du même service hospitalier qui ordonna le transfert de la patiente aux urgences chirurgicales ou elle sortit deux semaines plus tard avec l'avant-bras amputé.
C'est ainsi que le sieur Aboubacrine et la dame Assa SOGOBA, parents de la victime, estimant que cet accident était du a un comportement fautif des agents du service hospitalier Gabriel TOURÉ, ont saisi le tribunal du céans aux fins de réparation du préjudice subi par leur fillette.

Sur ce, il a été statué comme suit :
-Oui Monsieur Salif Sankaré juge, en la lecture de son rapport ;
-Vu le mémoire ampliatif de la l'avocat conseil des requérants en date du 17-01-2000 ;
-Vu le mémoire en défense de l'hôpital Gabriel TOURÉ et l'État du Mali du contentieux du gouvernement en date du 29-02-2000 ;
-Vu le mémoire en défense de Maître Nouhoum CAMARA du cabinet TAPO, conseil des défendeurs en date du 15-08-2000 ;
-VU le mémoire en défense de MAÎTRE Cheick Oumar Coulibaly, conseil de l'intervenante volontaire la CNAR en date du 25-08-2000 ;
-VU les conclusions ecrites de Monsieur le Commissaire du gouvernement en date du 08-01-2000 ;
-Oui les parties en leurs observations orales ;
EN DROIT :
A/En la forme :
Attendu que par la requête introductive d'instance du 13-02-1999, le sieur Aboubacrine et madame saisissaient le Tribunal Administratif de Bamako aux fins d'indemnité et de prise en charge de leur fille amputée de l'avant-bras ;
-Attendu que par la lette en date du 01-07-1999 enregistrée au Ministère de la santé, de la solidarité et des personnes agées sous le n°3049 du 12-12-1999, ils avaient au préalable sollicité le ministère a cette fin :
-Que leur lettre est restéé sans suite ;
-Que dès lors les délais ne courent pas ;
-Attendu qu'il ressort du recu n°96 en date du 15-12-1999 à eux délivré par le greffier en chef du tribunal administratif qu'ils ont consigné ;
-Attendu qu'étant les parents directs de la fillette Aichetou CISSÉ, victime de l'imputation, ils ont en vertu de l'autorité parentale mandat légal et légitime pour représenter leur fille mineure et pour agir en son nom et pour son compte,
-QU'ils ont dès lors qualité et interet à agir ;

-Qu'il échet par conséquent de recevoir la requête du sieur Aboubacrine CISSÉ et autres en la forme ;

B/Au fond :

-Attendu que la fillette Achetou CISSÉ âgée de sept (7) à huit (8) mois évacués le 21-05-1999 à l'hôpitâl Gabriel TOURÉ pour déshydratation en sort le 30-06-1999 l'avant-bras amputé ;

-Que ses parents Aboubacrine et ASSA SOGOBA ayant estimé que cet accident etaitdu a un comportement fautif des agents de service de pédiatrie de l'hôpital, ont attaqué ledit hôpital, ainsi que l'État malien aux fins d'indemnisation et la prise en charge de leur fillette,

-Attendu qu'au soutien de leur requête, le sieur Cisse et autres sous la plume de leurs conseils déclarent :

« Qu'évacuée au niveau du service hospitalier Gabriel TOURÉ, leur fillette fut confiée par l'infirmier-major a une demoiselle bénévole n'ayant aucune qualification requise :

-Que cette dernière manifestement incompétente, en voulant placer un serum s'acharna sur le bras gauche de la pauvre petite fille cherchant de façon maladroite la veine au pli du coude ;

-Que traumatisé à cet endroit, le bras de l'enfant s'est enflé durant une longue semaine, sans qu'aucune attention lui soit accordée par le personnel qualifiéde l'hôpital ;

-Que bien au contraire à chaque fois que l'anomalie était signalée, les agents, àcommencer par le major, la trouvait bénigne, passagère et sans conséquence sur l'intégrité physique de l'enfant ;

-Que contrairement à leur explication, lorsque le médecin-chef fut alerté par les parents de l'enfant, passant outre les angents de la pédiatrie, celle-ci fut transférée aux urgences chirurgicales ou elle sorti l'avant-bras amputé ;

-que cet accident est imputable au comportement négligeant du personnel soignant de la pédiatrie et à leur manquement du devoir et a la déontologie ainsi qu'au mauvais fonctionnent dudit service hospitalier,

-que cette attitude a réellement cause à la petite Achetou CISSÉ, ainsi qu'à ses parents un préjudice certain tant corporel et moral qu'esthétique et financier, lequel mérite une juste réparation ;

-Qu'il plaise au tribunal de Ceans de bien déclarer l'hôpital Gabriel TOURÉ et L'État du Mali responsable de la mutilation endurée de leur fillette du fait de leurs agents et les condamner solidairement à payer la somme de cinq cent millions (500.000.000) francs CFA toutes causes de préjudices confondues ; condamner l'État malien à accordée à la victime l'assistance sociale et post-chirurgicale nécessitée par son état.

Attendu d'autre part que l'hôpital Gabriel TOURÉ et l'État Malien dans leurs conclusions soutiennent :

-« Que l'hôpital en général, le médecin en particulier ne sont tenus que d'une obligation de moyen et non de resultat ;

Qu'a ce titre, ils sont tenus n'ont pas de garantir la guérison du malade, mais seulement de recourir a tout ce que la science et la technique ont mis a leur disposition pour aider le patient a combattre le malade ;
Que dans le cas d'espèce, le personnel sanitaire de la pédiatrie de l'hôpital Ggabriel TOURÉ a usé de tous les moyens pour guérir l'enfant ;
Que même s'il existe une faute, elle ne peut être imputable au personnel socio-sanitaire de l'hôpital ;
Qu'en conséquence, la responsabilité de l'hôpital encore moins celle de l'État malien ne saurait être engagée du moment où ce sont des infirmiers qualifiés et non des bénévoles qui se sont occupés de la petite aichetou à la pédiatrie de l'hôpital.
Que plutôt la mère de Aichetou ayant défait le bandage alcoolisé sans se référer aux infirmiers est responsable de l'accident survenu »,
-Attendu qu'en d'autres points, les défendeurs reconnaissent la responsabilité de l'hôpital, mais seulement qu'ils trouvent les prétentions des requérants sans commune mesure avec le préjudice subi ;
Qu'il y'a lieu, selon eux, de ramener la juste réparation sur la base des références en la matière à savoir le code CIMA et la procédure suivie pour indemnisation les victimes de la repression du 26-03-1991 ;
Qu'ils estiment sur cette base que les requérants ne peuvent prétendre à plus de :
Attendu toutefois qu'il est clair que la petite Aichetou a été victime d'une imputation à l'avant-bras
-Q'au vu du rapport d'expertise versé au dossier, sans aucun doute cette amputation était rendue inévitable par l'apparition de l'œdème pendant le traitement au service de la pédiatrie ;
Que cet accident n'aurait de toute évidence pas eu lieu si les tentatives de ponctions veineuses n'ont pas été nombreuses et maladroites ;
Que de telle maladresse pour accomplir un acte de soin aussi courant que banal que constitue le placement de serum, dénote un manque de qualification notoire si non d'une négligence coupable des agents de la pédiatrie de l'hôpital Gabriel TOURÉ :
Attendu qu'il est démontré par le rapport d'expertise que l'utilisation des matériels inadaptés tels que les épicrâniennes peut etre un facteur favorisant à la survenance de l'accident ;
Que le rapport du surveillant de la pédiatrie démontre à suffisance le mauvais fonctionnement du service hospitalier avec des membres de phrases édifiant en la matière tels que « Le traitement de l'enfant fut confié aux infirmiers par l'intermédiaire d'une aide-soignante » ;
Que l'aide-soignante n'ayant aucune autorité pour ordonner à des infirmiers ne saurait le faire logiquement qu'a des bénévoles.
Attendu que selon les commentaires du professeur Marhouf KEITA, le bandage alcoolisé aurait pu être un facteur aggravant s'il était serré.

Que la mère de l'enfant ayant essayé toute seule de défaire le bandage après avoir constaté la présente decchymoses ne saurait être tenue pour responsable de l'accident ;
Attendu que les erreurs ainsi commises par les services de la pédiatrie peuvent être considérées comme de toute évidence à l'origine de l'accident survenu à la petite Aichetou ;
Qu'il est de jurisprudence constante que de telles erreurs sont constitutives de faute médicale de nature à engager la responsabilité de l'hôpital ;
Que l'hôpital Gabriel TOURÉ étant un service public établissement public à caractère administratif, l'État du MALI doit être solidaire de la responsabilité à lui imputée ;
Attendu toutefois que ni le code CIMA, ni la procédure suivie par l'État malien pour indemniser les victimes du 26-03-1991ne ne peuvent et ne doivent lier le juge administratif ;
Qu'il appartient au tribunal administratif d'estimer en toute indépendance le préjudice subi par la victime.
Que le contrat d'assurance liant l'hôpital Gabriel TOURÉ à la CNAR est un contrat type purement privé, il n'appartient donc pas au juge administratif de se prononcer sur un litige né de l'exécution d'un tel contrat

Par ces motifs :

Le tribunal administratif de Bamako ou siegaient :
-Monsieur salif SANKARE Juge Rapporteur Président
-Monsieur Yaya Togola Juge
-Madame Keita Djeneba Karabenta Juge
En présence de Monsieur Metaga Coulibaly Commissaire du Gouvernement
Avec l'assistance de Madame Keita Korotoumou Coulibaly, Greffier en Chef au tribunal administratif.
Statuant publiquement, contradictoirement, en matière de recours de plein contentieux, en premier ressort et après avoir deliberé conformément à la loi ;
Vu la loi n°94-006/AN-RM du 18-03-1994 PORTANT ORGANISATION ET FONCTIONNENEMENT des tribunaux administratifs ; modifié par la loi n°95-057/AN-RM du 02-08-1995 ;
Vu les pièces versées au dossier
A/En la forme : reçoit la requête du sieur Aboubacrine CISSÉ et autres régulières ;
B/Au fond : Condamne l'hôpital Gabriel toure a payé au titre de dommages-intérêts à la petite Aichetou la somme de quinze millions (15.000.000) de Francs CFA ;
-à Aboubacrine CISSÉ et autres le franc symbolique ;
-condamne l'état du Mali a accorder à la petite Aichetou l'assistance sociale

et post-chirurgicale nécessitée par son état ;
-rejette le surplus des demandes ;
-ordonne la restitution de l'amende de consignation versée par le requérant ;
-met les dépens à la charge du trésor public.
Ainsi fait et jugé, les jours mois et an que dessus.

TYPES DE DÉCISIONS DE L'AUTORITÉ ADMINISTRATIVE

Décision n°000472/M.C.CII de la Mairie de la Commune II du District de Bamako du 2 mars 2017[140].

MINISTERE DE L'ADMINISTRATION TERRITORIALE DE LA DÉCENTRALISATION ET DE LA REFORME DE L'ÉTAT
GOUVERORAT DU DISTRICT DE BAMAKO
MAIRIE COMMUNE II Le Maire de la Commune II du District de Bamako

CN 00472/ M.CII-DB
OBJET : NON-RESPECT DES NORMES ENVIRONNEMENTALES
A
Monsieur le Promoteur de la Clinique médicale XXX, Bamako
Monsieur,
Depuis 2015, le maire de la commune II à travers son Service de l'Assainissement et du Contrôle des Pollutions et des Nuisances, vous a adressé deux correspondances :
-Une première, via l'ordre des médecins privés du Mali, une lettre à la date du 12 janvier 2015, relative au non-respect des normes environnementales ;
-Une seconde fut adressée à tous les promoteurs de cliniques, laboratoires, cabinets et centres de santé privés de la commune II à la date du 16 décembre 2016 pour acquittement et conformité.
Depuis vous n'avez rien fait concrètement pour être respectueux des lois et décrets du pays en la matière. Étant donné que vous ne disposiez pas de permis et de quitus environnemental, conformément aux dispositions de la loi n° 01-020 du 30 mai 2001 relative aux pollutions et aux nuisances, au décret n° 08-346/ P-RM du 26 juin 2008 et n° 06-258 P-RM du 22 juin 2006 fixant les conditions cd'exécution et d'audit d'environnement, vous êtes en infraction.
Les poursuites dans ce cas étant prévues à l'article 45 du chapitre X de la loi n° 01-020, je vous invite aux paiements d'une pénalité de cent cinquante mille (150000 Fcfa) au niveau de la régie de la Mairie de la Commune II et entamé dans un meilleur délai les démarches pour la réalisation de l'audit d'environnement pour la vérification de conformité environnementale. Le non-paiement de cette pénalité et l'entame du processus d'acquisition du quitus environnement m'obligeront à la fermeture de votre clinique pour faute de non-conformité. Vous avez quinze jours à compter de la date de réception de cette lettre pour payer la pénalité et un mois pour entamer le processus

[140] Décision obtenue à la Mairie de la Commune II du District de Bamako en 2018

d'acquisition du quitus environnemental.
Veuillez croire Monsieur, à l'expression de ma disponibilité pour une franche collaboration.

Bamako, le 02 mars 2017
Le Maire

Décision n°000473/M.C.CII de la Mairie de la Commune II du District de Bamako du 2 mars 2017.

MINISTERE DE L'ADMINISTRATION TERRITORIALE DE LA DÉCENTRALISATION ET DE LA REFORME DE L'ÉTAT
GOUVERORAT DU DISTRICT DE BAMAKO

MAIRIE COMMUNE II Le Maire de la Commune II du District de Bamako
CN 00473/ M.CII-DB
OBJET : NON-RESPECT DES NORMES ENVIRONNEMENTALES
A
Monsieur le Promoteur de la Clinique médicale XXX, Bamako
Monsieur,
Depuis 2015, le maire de la commune II à travers son Service de l'Assainissement et du Contrôle des Pollutions et des Nuisances, vous a adressé deux correspondances :
-Une première, via l'ordre des médecins privés du Mali, une lettre à la date du 12 janvier 2015, relative au non-respect des normes environnementales ;
-Une seconde fut adressée à tous les promoteurs de cliniques, laboratoires, cabinets et centres de santé privés de la commune II à la date du 16 décembre 2016 pour acquittement et conformité.
Depuis vous n'avez rien fait concrètement pour être respectueux des lois et décrets du pays en la matière. Étant donné que vous ne disposiez pas de permis et de quitus environnemental, conformément aux dispositions de la loi n° 01-020 du 30 mai 2001 relative aux pollutions et aux nuisances, au décret n° 08-346/ P-RM du 26 juin 2008 et n° 06-258 P-RM du 22 juin 2006 fixant les conditions cd'exécution et d'audit d'environnement, vous êtes en infraction.
Les poursuites dans ce cas étant prévues à l'article 45 du chapitre X de la loi n° 01-020, je vous invite aux paiements d'une pénalité de cent cinquante mille (150000 Fcfa) au niveau de la régie de la Mairie de la Commune II et entamé dans un meilleur délai les démarches pour la réalisation de l'audit d'environnement pour la vérification de conformité environnementale. Le non-paiement de cette pénalité et l'entame du processus d'acquisition du quitus environnement m'obligeront à la fermeture de votre clinique pour faute de non-conformité. Vous avez quinze jours à compter de la date de réception de cette lettre pour payer la pénalité et un mois pour entamer le processus d'acquisition du quitus environnemental.
Veuillez croire Monsieur, à l'expression de ma disponibilité pour une franche collaboration.

Bamako, le 02 mars 2017

Le Maire

POSTFACE

Le droit de la santé est un champ très vaste qui renferme en soi divers aspects de la santé. Comme corpus de règles juridiques destiné à la santé, il reste en parfaite symbiose avec d'autres domaines lui apportant, concours lorsque les circonstances l'exigent. L'environnement qui a une influence directe sur notre cadre de vie, fait partie de ces domaines. De même les pratiques nuisibles à la santé telles que la consommation de tabac et de produits psychotropes en font partie.

Les textes juridiques qui permettent la matérialisation de ce droit au Mali sont assez nombreux même si leur source d'élaboration peut être des plus variées. Cependant, c'est surtout la disparité des textes sur la santé qui peut rendre difficile la connaissance ou l'usage des règles édictées. C'est pourquoi, il est paru notoire de mettre en place un dispositif capable de rassembler l'ensemble des textes qui existent en matière de santé. Toute chose qui permet de leur donner une visibilité, mais aussi de faciliter l'exploitation de ceux-ci par le grand public (professionnels du droit et de la santé, acteurs de la santé, autorités administratives, etc.) qui s'intéresse à cette matière. Un recueil à notre avis, peut servir à bon escient à la concrétisation de cet objectif dont la nécessité n'est plus à démontrer.

Ainsi, de par ce premier volume, un panorama des règles juridiques tant nationales qu'internationales sur la santé vous est offert.

BIBLIOGRAPHIE

BECKER Charles, Projet de loi portant Code de la Santé au sénégal, sous la forme d'un CD-ROM daté de juillet 2016 (263,5 mégaoctets).

WEBOGRAPHIE

www.ceomecmo.eu/sites/default/files/documents/code_international_dethique_medicale_de_lamm.pdf

https://www.fhi360.org/

oviedo.pdf (cfef.org)

Déclaration d'Alma-Ata (who.int)

NEPAD Booklet proof (au.int)

UEMOA - Reglement n°07/2007/CM/UEMOA du 6 avril 2007 relatif a la securite sanitaire des vegetaux, des animaux et des aliments dans l'UEMOA (www.droit-afrique.com)

pages_-_regl_02_2005_cm.pdf (uemoa.int)

http://www.uemoa.int/fr.

http://www.uemoa.int/efault/files/bibliotheque/reg_08_2010_cm_uemoa.pdf.

Règlement n04-2020_procedures d'homologation des produits pharmaceutiques a usage humain dans les Etatats de l'UEMOA.pdf (dphmt-msp.ne)

Règlement 04 laboratoires decontrole qualité médicaments vet.doc (uemoa.int)

UEMOA - Reglement n°03/2006/CM/UEMOA du 23 mars 2006 instituant des redevances dans le domaine des medicaments veterinaires au sein de l'UEMOA (www.droit-afrique.com)

UEMOA - Reglement n°07/2010/CM/UEMOA du 1er octobre 2010 portant statut du personnel de l'UEMOA (www.droit-afrique.com)

Directive 07 relative pharmacie vétérinaire.doc (uemoa.int)

Directive 06-2008 portant libre circulation des pharmaciens (uemoa.int)
Directive 06-CM-UEMOA Médecins.doc
Directive 07-2008 portant libre circulation des chirurgiens-dentistesProjet (uemoa.int)
Décision 06-2010-CM-UEMOA adoption lignes directrices homologation des compléments nutritionnels.
Décision n°07/2010/CM/UEMOA portant adoption des lignes directrices pour l'homologation des produits cosmétiques dans les États membres de l'UEMOA | Union Economique et Monétaire Ouest Africaine
http://www.uemoa.int/fr/decision -ndeg082010cmuemoa-portant-adoption-du-guide-de-bonnes-pratiques-de-fabrication-des-produits.
http://www.uemoa.int/Décision 09-2010-CM-UEMOA adoption guide bonnes pratiques produits pharmaceutiques à usage humain
Codes Harmonisés de Déontologie et d`Exercice | CEDEAO (studylibfr.com)
https://reca-niger.org/ Reglements_Semences_21305 (reca-niger.org)
https://www.ilo.org/Loi 02-049 AN RM portant loi d'orientation sur la santé (ilo.org)
www.cnom.sante.gov.ml/docs/Loi 02-050_Loi_hospitaliere_Journal_Officiel.pdf
www.cnom.sante.gov.ml/docs/Loi 02-050_Loi_hospitaliere_Journal_Officiel.pdf
Mli180506.pdf (fao.org)
Mli180506.pdf (fao.org)
http://extwprlegs1.fao.org/docs/pdf/mli151630.pdf
https://www.ilo.org/dyn/natlex/docs/ELECTRONIC/103747/126193/F564929685/MLI-103747.pdf
https://www.ilo.org/dyn/natlex/docs/ELECTRONIC/103749/126197/F-1455579560/MLI-103479.pdf

https://www.ilo.org/dyn/natlex/docs/ELECTRONIC/96990/114906/F-1069222858/MLI-96990.pdf

https://www.iia-mali.ml/index.php/textes-et-lois/22-inspection-de-la-sante/40-inspection-de-la-sante.html

http://ilo.org/dyn/natlex/docs/SERIAL/58650/45533/F225184647/MLI-58650.pdf

https://www.ilo.org/dyn/natlex/docs/ELECTRONIC/109108/135276/F-239692620/MLI-109108.pdf

https://clinregs.niaid.nih.gov/sites/default/files/documents/mali/DecreeNo2011-753.pdf

http://legispharm.org.

http://extwprlegs1.fao.org/docs/pdf/mli151634.pdf

https://mali.eregulations.org/media/INPS%20DG%20Decret%20n09-552.pdf

https://mali.eregulations.org/media/INPS%20DG%20Decret%20n09-552.pdf

http://canammali.ml/documents-officiels/

http://canammali.ml/documents-officiels/

http://canammali.ml/documents-officiels/

https://sgg-mali.ml/JO/2000/mali-jo-2000-25.pdf

https://www.fichier-pdffr/2018/04/03/arrete-nd92-0779-mspas-pf-cab/.

Voir : Inspection de la Santé (iia-mali.ml)

https://www.iia-mali.ml/index.php/textes-et-lois/22-inspection-de-la-sante/40-inspection-de-la-sante.html

http://www.sante.gov.ml/index.php/nep-mali/item/3009-loi-n-2017-030-du-14-juillet-2017-portant-creation-de-l-ordre-des-medecins-du-mali

http://www.cnom.sante.gov.ml/docs/Loi%202017031_Ordre%20des%20pharmaciens_JO%2003_08_2017.pdf

http://www.sante.gov.ml/index.php/nep-mali/item/3011-loi-n-2017-032-du-14-juillet-2017-portant-creation-de-l-ordre-des-chirurgiens-dentistes-du-mali
http://www.sante.gov.ml/index.php/component/k2/item/3012-loi-n-2017-033-du-14-juillet-2017-portant-creation-de-l-ordre-des-sages-femmes-du-mali
http://www.sante.gov.ml/index.php/component/k2/item/3013-loi-n-2017-034-du-14-juillet-2017-portant-creation-de-l-ordre-des-infirmieres-et-infirmiers-du-mali
http://www.cnom.sante.gov.ml/
http://www.cnom.sante.gov.ml.
http://www.cnom.sante.gov.ml/docs/loi-autorisation-exercice-prive-professions-sanitaires.pdf
Voir : http://41.73.116.156/chugabrieltoure/docs/pdf/decrets/decret-02-311-regime-remuneration-actes-medicaux.pdf
http://41.73.116.156/chugabrieltoure/docs/pdf/decrets/decret-02-311-regime-remuneration-actes-medicaux.pdf
http://sgg-mali.ml/JO/2005/mali-jo-2005-29.pdf
http://www.sante.gov.ml.
http://www.cnom.sante.gov.ml/docs/arrete-organisation-cabinet-prive-soins-traditionnels.pdf
http://www.cnop.sante.gov.ml
http://www.cnom.sante.gov.ml/docs/Arrete%2008-2716_Charte%20du%20malade.pdf
https://www.ecolex.org/fr/details/legislation/arrete-interministeriel-n-06-1907-ms-mic-mep-ma-sg-du-04-septembre-2006-portant-reglementation-de-la-commercialisation-de-linformation-et-du-controle-du-controle-de-la-qualite-des-substituts-du-lait-maternel-au-mali-lex-faoc158595/
http://cnom.sante.gov.ml/docs/Reglement-interieur-ordre-national-medecins-Mali-2013.pdf

http://extwprlegs1.fao.org/docs/pdf/mli152384.pdf
http://Http//www.journal-officiel.ml/1/56/fr/journal-officiel/le-journal-officiel.html.
http://extwprlegs1.fao.org/docs/pdf/mli153286.pdf
http://extwprlegs1.fao.org/docs/pdf/mli198132.pdf.
http://www.legispharm.org.
http://41.73.116.156/chugabrieltoure/docs/pdf/arretes/arrete-08-0224-pharmacovigilance.pdf
http://www.legispharm.org.
https://www.ecolex.org/fr/details/legislation/arrete-interministeriel-n05-2440ms-mef-mep-sg-12-octobre-2005-fixant-le-taux-et-les-modalites-de-recouvrement-du-droit-fixe-relatif-aux-autorisations-de-mise-sur-le-marche-amm-des-medicaments-a-usage-humain-et-veterinaire-lex-faoc156417/
https://sgg-mali.ml/JO/2009/mali-jo-2009-25.pdf
https://santé.gouv.ml.
http://www.legispharm.org.
[1]https://sgg-mali.ml/JO/1996/mali-jo-1996-03.pdf.
http://extwprlegs1.fao.org/docs/pdf/mli155341.pdf.
http://legispharm.org.
https://clinregs.niaid.nih.gov/sites/default/files/documents/mali/LawNo09-059-2009.pdf.
https://clinregs.niaid.nih.gov/sites/default/files/documents/mali/DecreeNo2017-0245.pdf.
file:///C:/Users/HP/Downloads/Mali%20%20Act%20on%20the%20use%20and%20protection%20of%20the%20name%20and%20emblem%20of%20the%20Red%20Cross%20and%20Red%20Crescent,%202009%20[Fre].pdf
https://clinregs.niaid.nih.gov/sites/default/files/documents/mali/DecreeNo02-200-2002.pdf

https://scorecard.prb.org/wp-content/uploads/2018/05/Loi-n%C2%B0-02-044-Relative-a%CC%80-la-Sante%CC%81-de-la-Reproduction-2002.-Mali.pdf

http://ilo.org/dyn/natlex/docs/ELECTRONIC/75673/114909/F1004244465/MLI-75673.pdf

https://www.ilo.org/dyn/natlex/docs/ELECTRONIC/97004/114921/F703539693/MLI-97004.pdf

https://www.ilo.org/dyn/natlex/docs/ELECTRONIC/97005/114922/F-1224802185/MLI-97005.pdf

https://www.ilo.org/dyn/natlex/docs/ELECTRONIC/97006/114923/F1994069974/MLI-97006.pdf.

https://www.ilo.org/dyn/natlex/docs/ELECTRONIC/103748/126195/F1479832105/MLI-103748.pdf

http://www.vertic.org/media/National%20Legislation/Mali/ML_Loi_Sanitaire_Frontieres_98-035.pdf

http://www.vertic.org/media/National%20Legislation/Mali/ML_Loi_Lutte_Epidemies_98-036.pdf[1]

https://www.ilo.org/dyn/natlex/docs/ELECTRONIC/97006/114923/F1994069974/MLI-97006.pdf

https://www.tobaccocontrollaws.org/files/live/Mali/Mali%20-%20Law%20No.%2010-033%20-%20national.pdf

http://www.otaf.info/files/public/docs/legislation/mli-19960807-loi-96-041.pdf

https://www.tobaccocontrollaws.org/files/live/Mali/Mali%20-%20Decree%20No.%202012-343%20-%20national.pdf

http://www.sante.gov.ml/index.php/nep-mali/item/2452-decret-97-162-limitation-usage-du-tabac

http://sgg-mali.ml/JO/2019/mali-jo-2019-14.pdf

https://sherloc.unodc.org/cld/uploads/res/document/mli/loi-83-14_html/mali-loi_stupefiants.pdf

http://www.sante.gov.ml/index.php/nep-mali/item/2450-loi-62-56-adhesion-convention-stupefiants

www.sante.gov.ml/index.php/nep-mali/item/2449-loi-95-045-adhesion-a-la-convention-de-vienne

http://www.sante.gov.ml/index.php/nep-mali/item/2453-decret-96-302-commission-lutte-contre-drogue

http://www.sante.gov.ml/index.php/actualites/item/2455-decret-88-199-liste-stupefiants

http://www.sante.gov.ml/index.php/actualites/item/2454-decret-88-245-substances-et-plantes-veneneuses

http://www.sante.gov.ml/index.php/2014-11-10-17-29-36/documents-politiques22/item/2451-decret-97-230-modalites-usages-emplois-stupefiants

http://www.vertic.org/media/National%20Legislation/Mali/ML_Loi_Pollutions_Nuissances_01-020.pdf

http://extwprlegs1.fao.org/docs/pdf/mli153268.pdf

http://extwprlegs1.fao.org/docs/pdf/mli73666.pdf

http://extwprlegs1.fao.org/docs/pdf/mli152165.pdf

http://extwprlegs1.fao.org/docs/pdf/mli49663.pdf.

http://extwprlegs1.fao.org/docs/pdf/mli49663.pdf

http://extwprlegs1.fao.org/docs/pdf/mli49664.pdf

https://pflanzengesundheit.julius-kuehn.de/dokumente/upload/ml3-2002-305pqreg_fr-de.pdf

http://extwprlegs1.fao.org/docs/pdf/mli152625.pdf

http://extwprlegs1.fao.org/docs/pdf/mli156348.pdf

TABLE DES MATIÈRES

www.ingramcontent.com/pod-product-compliance
Lightning Source LLC
LaVergne TN
LVHW011212061026
849535LV00001BA/1
* 9 7 8 2 1 4 0 3 4 2 1 6 5 *